LYONNAIS

DAUPHINÉ

PROVENCE

GRENOBLE

VIENNE

VALENCE

NIMES

MONTPELLIER

MARSEILLE

AIX

DRAGUIGNAN

GRASSE

NICE

TURIN

Embouchures du Rhône

GOLFE DU LION

ÎLES D'HYÈRES

MER MÉDITERRANÉE

Kilomètres 1:1,500,000   Engl. Miles

Les nombres 39 39etc., désignent les départements. Les noms des chefs-lieux de département sont soulignés.

Valeurs approximatives, au pair, en or et en argent.

| France, Belgique, Italie, Suisse, Grèce | | Allemagne | | Autriche | | Amérique | | Angleterre | | | Russie | | Hollande | |
Francs	Centimes	Marks	Pfennige	Florins	Kreuzer	Dollars	Cents	L. St.	Shillings	Pence	Roubles	Kopecks	Florins	Cents
—	5 (1 sou)	—	4	—	2	—	1	—	—	$1/2$	—	$1^1/_4$	—	2.4
—	25 (5 -)	—	20	—	10	—	5	—	—	$2^1/_2$	—	$6^1/_4$	—	12.9
—	50 (10 -)	—	40	—	20	—	10	—	—	$4^3/_4$	—	$12^1/_2$	—	23.8
—	75 (15 -)	—	60	—	30	—	15	—	—	$7^1/_4$	—	$18^3/_4$	—	36.7
1	— (20 -)	—	80	—	40	—	20	—	—	$9^3/_4$	—	25	—	47.6
1	25	1	—	—	50	—	25	—	1	—	—	$31^1/_4$	—	60.5
2	—	1	60	—	80	—	40	—	1	7	—	50	—	95.2
2	50	2	—	1	—	—	50	—	2	—	—	$62^1/_2$	1	19
3	—	2	40	1	20	—	60	—	2	$4^3/_4$	—	75	1	43
4	—	3	20	1	60	—	80	—	3	$2^1/_2$	1	—	1	90
5	—	4	—	2	—	1	—	—	4	—	1	25	2	38
6	—	4	80	2	40	1	20	—	4	$9^3/_4$	1	50	2	85
7	—	5	60	2	80	1	40	—	5	$7^1/_4$	1	75	3	33
8	—	6	40	3	20	1	60	—	6	$4^3/_4$	2	—	3	80
9	—	7	20	3	60	1	80	—	7	$3^1/_2$	2	25	4	28
10	—	8	—	4	—	2	—	—	8	—	2	50	4	76
11	—	8	80	4	40	2	20	—	8	$9^3/_4$	2	75	5	23
12	—	9	60	4	80	2	40	—	9	$7^1/_4$	3	—	5	70
13	—	10	40	5	20	2	60	—	10	$4^3/_4$	3	25	6	18
14	—	11	20	5	60	2	80	—	11	$2^1/_2$	3	50	6	65
15	—	12	—	6	—	3	—	—	12	—	3	75	7	12
16	—	12	80	6	40	3	20	—	12	$9^3/_4$	4	—	7	60
17	—	13	60	6	80	3	40	—	13	$7^1/_4$	4	25	8	10
18	—	14	40	7	20	3	60	—	14	$4^3/_4$	4	50	8	57
19	—	15	20	7	60	3	80	—	15	$2^1/_2$	4	75	9	04
20	—	16	—	8	—	4	—	—	16	—	5	—	9	52
25	—	20	—	10	—	5	—	1	—	—	6	25	11	90
100	—	80	—	40	—	20	—	4	—	—	25	—	47	60

GUIDES BÆDEKER.

ALLEMAGNE. — ALLEMAGNE DU NORD. Avec 18 cartes
et 37 plans de villes. 11e édition. 1900. 6 marcs.

—— ALLEMAGNE DU SUD ET AUTRICHE. Avec
45 cartes et 36 plans de villes. 12e édition. 1902. 8 marcs.

—— LES BORDS DU RHIN. Avec 43 cartes et 19 plans de
villes. 16e édition. 1900. 6 marcs.

BELGIQUE ET HOLLANDE. Avec 14 cartes et 21 plans de
villes. 17e édition. 1901. 6 marcs.

EGYPTE. Avec 36 cartes et plans de villes, 58 plans de
temples, etc., et 58 vues et dessins. 1903. 15 marcs.

ESPAGNE ET PORTUGAL. Avec 7 cartes et 47 plans. 1900.
16 marcs.

ETATS-UNIS, AVEC UNE EXCURSION AU MEXIQUE. Avec
17 cartes et 22 plans de villes. 1894. 12 marcs.
CANADA, en langue anglaise. Avec 10 cartes et 7 plans de villes.
2e édition. 1900. 5 marcs.

FRANCE. — PARIS ET SES ENVIRONS. Avec 12 cartes et
80 plans. 14e édition. 1900. 6 marcs.

—— LE NORD-EST DE LA FRANCE. Avec 10 cartes et
15 plans de villes. 6e édition. 1899. 5 marcs.

—— LE NORD-OUEST DE LA FRANCE. Avec 8 cartes et
24 plans de villes. 7e édition. 1902. 5 marcs.

—— LE SUD-EST DE LA FRANCE, DU JURA À LA MÉDI-
TERRANÉE ET Y COMPRIS LA CORSE. Avec 19 cartes, 18 plans
de villes et un panorama. 7e édition. 1901. 6 marcs.

—— LE SUD-OUEST DE LA FRANCE, DE LA LOIRE À
LA FRONTIÈRE D'ESPAGNE. Avec 12 cartes et 20 plans de villes.
7e édition. 1901. 6 marcs.

GRÈCE: 3e éd. allemande, avec 8 cartes, 15 plans etc. 1893.
8 marcs; 2e éd. anglaise, avec 8 cartes, 15 plans etc. 1894. 8 marcs.

ITALIE. — ITALIE SEPTENTRIONALE JUSQU'A
FLORENCE. Avec 25 cartes et 35 plans. 15e éd. 1899. 8 marcs.

—— ITALIE CENTRALE ET ROME. Avec 11 cartes,
45 plans, 1 panorama et des vues. 12e édition. 1900. 7 marcs 50 pf.

—— ITALIE MÉRIDIONALE ET LA SICILE, AVEC
EXCURSIONS À MALTE, EN SARDAIGNE, À TUNIS ET À CORFOU.
Avec 27 cartes et 21 plans. 13e édition. 1903. 6 marcs.

—— L'ITALIE DES ALPES A NAPLES. Avec 15 grandes
et 49 petites cartes et plans. 1901. 8 marcs.

LONDRES ET SES ENVIRONS. Avec 4 cartes et 24 plans.
10e édition. 1899. 6 marcs.
En langue anglaise: GREAT BRITAIN. Avec 18 cartes et 89 plans.
1901. 10 marcs.

PALESTINE ET SYRIE. Avec 18 cartes, 44 plans et un
panorama de Jérusalem. 2e édition. 1893. 12 marcs.

RUSSIE. Avec 19 cartes et 32 plans. 3e édition. 1902. 15 marcs.
Manuel de langue Russe. 2e édition. 1897. 1 marc.

SUÈDE ET NORVÈGE ET LES PRINCIPALES ROUTES A TRAVERS
LE DANEMARK. Avec 31 cartes, 21 plans. 3e éd. 1898. 10 marcs.

SUISSE. Avec 59 cartes, 13 plans et 11 panoramas. 22e éd. 1901. 8 marcs.

MANUEL DE CONVERSATION POUR LE TOURISTE, EN
QUATRE LANGUES (français, allemand, anglais, italien). 3 marcs.

LE SUD-EST

DE

LA FRANCE

LE SUD-EST

DE

LA FRANCE

DU JURA A LA MÉDITERRANÉE

ET Y COMPRIS LA CORSE

MANUEL DU VOYAGEUR

PAR

K. BÆDEKER

AVEC 19 CARTES, 18 PLANS DE VILLES ET UN PANORAMA

SEPTIÈME ÉDITION

REVUE ET MISE A JOUR

LEIPZIG

KARL BÆDEKER, ÉDITEUR

1901

Qui songe à voyager,
Doit soucis oublier,
Dès l'aube se lever,
Ne pas trop se charger
D'un pas égal marcher
Et savoir écouter.

PRÉFACE

Le *Sud-Est de la France* comprend, sous bien des rapports, la région la plus intéressante du pays, celle dont les curiosités sont le plus variées. Il suffit de rappeler que là sont les grandes villes de *Lyon* et de *Marseille,* les célèbres cités de la *Provence,* les *Alpes* de la *Savoie* et du *Dauphiné* et les *bords de la Méditerranée,* aux stations d'hiver bien connues.

Les CARTES et les PLANS, qui font en partie le succès de nos guides, sont toujours l'objet d'une attention spéciale et soigneusement mis à jour. La présente édition a été enrichie des cartes de la région d'Aix-les-Bains, d'Annecy et des Bauges, des environs de Menton et de la Riviera entre Menton et Fréjus, ainsi que des plans d'Aix-les-Bains, avec carte des environs, d'Aix en Provence et d'Ajaccio. Le plan de Menton a été entièrement renouvelé.

Les HÔTELS, les RENSEIGNEMENTS PRATIQUES en général, sont aussi des choses dont nous nous occupons particulièrement, parce que les agréments d'un voyage en dépendent beaucoup. Il y a p. XVIII-XXI, des observations relatives aux hôtels qu'il importe de ne pas oublier.

On sait que *nos recommandations ne s'achètent à aucun prix, pas même sous forme d'annonce* ni d'éloges exagérés et immérités ; il ne peut par conséquent y avoir de doute sur notre impartialité. En principe, *nous indiquons* d'une manière spéciale *les hôtels qui nous paraissent le mériter,* nous marquons d'un *astérisque* (*) ceux qui nous semblent particulièrement *recommandables,* et nous donnons simplement *les noms des autres,* avec une observation quand il y a lieu, ou bien nous les *omettons,* si nous avons des raisons pour le faire.

Nous prétendons toutefois encore moins sous ce rapport que sous d'autres à l'infaillibilité, car ce sont là surtout des choses sujettes à varier souvent et rapidement. La manière dont on est reçu et traité dans un hôtel dépend du reste d'une foule de circonstances qu'il est généralement impossible de prévoir. Les exigences varient aussi avec les voyageurs et par conséquent les jugements sur une même maison. Les dispositions personnelles du moment, les incidents du voyage, la saison, le temps y sont encore pour quelque chose. On doit donc toujours s'attendre en route à de l'imprévu, à quelques tracas, et s'efforcer de ne pas perdre pour cela sa bonne humeur.

Cette édition est encore due surtout à M. *A. Delafontaine*, de Paris, rédacteur de la plupart de nos guides français jusqu'en 1900.

Pour ceux qui ne voudront pas porter tout le volume avec eux, le texte est divisé en *six parties brochées séparément*, mais qui ne se vendent pas à part: I, le Lyonnais; II, la Savoie; III, le Dauphiné; IV, les Cévennes et les bords du Rhône; V, la Provence; VI, la Corse. Pour en détacher une, casser le volume au commencement et à la fin de cette partie et couper avec un couteau la gaze du dos. Il n'est pas non plus difficile, avec un peu de précaution, de détacher les cartes et les plans.

Enfin nous devons remercier les personnes qui nous ont donné des renseignements spéciaux, ainsi que les nombreux voyageurs qui ont signalé les erreurs et les omissions qu'ils ont constatées dans les éditions antérieures. Nous nous sommes empressés d'en tenir compte et nous prions les amis de nos guides de continuer ce bienveillant concours, en adressant leurs notes *directement* à l'éditeur,

Karl Bædeker,
Leipzig (Allemagne).

TABLE MÉTHODIQUE

Introduction.

Le Sud-Est de la France.

I. Le Lyonnais.

II. La Savoie.

Cartes, plans et panorama.

Cartes.

Plans.

(Toujours orientés au nord, à moins d'indication contraire.)

Panorama.

Abréviations.

Hôt., H., hôtel.
Gr.-H., Grand-Hôtel.
Pens., P., pension.
Aub., auberge.
ch., chambre.
t. c., tout compris.
dep., depuis.
boug., b., bougie.
écl., éclairage.
serv., s., service.
déj., dé., déjeuner.
din., dî., dîner.
rep., repas (1er et 2e déjeuner et dîner).
fr., franc.
c., centime.
E., est.

N., nord.
O., ouest.
S., sud.
dr., droite.
g., gauche.
h., heure.
hab., habitants.
anc., ancien.
env., environ.
kil., kilomètre.
m., mètre ou mort en . .
min., minute.
omn., om., omnibus.
p., page ou (prix) pension.
pers., personne.
pl., plan.

R., route.
s., avec chiffres romains, siècle.
s. n°, sans numéro.
st., stat., station.
t. les j., tous les jours.
v., voir.
v. c., vin compris.
v. n. c., vin non compris.
voit., voiture.
chev., cheval.
C. A. F., Club Alpin Français.
S. T. D., Société des Touristes du Dauphiné.

L'astérisque (*) a pour but de désigner les choses particulièrement dignes d'attention et les hôtels, etc., relativement recommandables.

Un nombre entre parenthèse à la suite d'un nom de lieu ou de montagne, par ex.: Mont-Blanc (4810 m.), en indique l'altitude ou la hauteur au-dessus du niveau de la mer.

INTRODUCTION

I. Frais, saisons et plans de voyage. Bagage et costume.
Agences de voyages.

Frais. — Bien qu'il semble que la vie doive être un peu moins chère dans le Midi, où se récolte le vin, où abondent les fruits de toute sorte, c'est plutôt le contraire qui a lieu, au moins dans les endroits particulièrement fréquentés par les touristes et dans les stations d'hiver. On y peut cependant encore, en général, se tirer d'affaire avec 12 à 15 fr. par jour, y compris le chemin de fer, si l'on ne voyage pas très vite. On aura même assez de 10 à 12 fr. si l'on s'arrête assez longtemps en route, si l'on ne descend pas dans les grands hôtels, etc. D'un autre côté, les frais sont souvent en proportion plus considérables quand on voyage avec des dames, parce qu'on ne peut plus guère se contenter des petits hôtels et qu'il faut plus souvent prendre des voitures. Il sera toutefois bon d'emporter, outre son budget largement calculé, quelques centaines de francs de plus, pour les imprévus, surtout si l'on doit rapporter des souvenirs, des cadeaux, etc.

Nota. — Il importe d'avoir toujours de la *petite monnaie*, les gens à pourboire n'ayant jamais de quoi rendre, les employés des musées souvent aussi quand on achète des catalogues.

Saisons. — La partie de la France dont traite ce volume présente deux sortes de régions, par rapport au temps où il convient de les visiter: la première comprend les montagnes, surtout les Alpes, où les grandes courses ne sont guère possibles qu'en été; la seconde les plaines, la vallée du Rhône, la Provence, les bords de la Méditerranée et la Corse, où les voyages ne sont pas ordinairement agréables en été, ni même en automne, où tout est desséché et où surviennent souvent des pluies torrentielles.

Plans de voyage. — On ne devrait jamais se mettre en voyage, même pour son agrément, sans s'être tracé un plan, un itinéraire détaillé, non seulement afin de ménager son temps et sa bourse, mais encore pour bien voir tout ce qui mérite d'être vu, pour passer son temps le plus agréablement possible et s'éviter des ennuis, comme de séjourner dans des endroits qui n'offrent ni intérêt ni ressource, de manquer une correspondance, d'arriver trop tard, etc.

Vu leur diversité, ce n'est pas même un plan, mais au moins deux qu'il faut faire pour visiter les régions qui nous occupent. Ces contrées ne sont pas seulement très variées, elles offrent encore le plus grand intérêt par leurs beautés naturelles, leurs monuments anciens et modernes et leurs collections artistiques.

On suivra d'abord à peu près les itinéraires suivants; plus tard, on sera suffisamment orienté pour s'en faire d'autres sans difficulté. Ils sont divisés par journées, et les noms des endroits à visiter particulièrement sont imprimés en italiques. Nous supposons qu'on ne voyage que de jour.

UN MOIS EN SAVOIE ET DANS LE DAUPHINÉ.

1.2. *Lyon.*
3. Lyon, Cluses ou Martigny, Chamonix.
4-7. *Chamonix et ses environs.*
8. Chamonix, la Roche, Annecy.
9. *Annecy et son lac.*
10. Annecy, *Aix-les-Bains*, Chambéry.
11. *Chambéry, Albertville.*
12. 13. Albertville, Moûtiers, *Brides-les-Bains*, Pralognan.
14-15. *Environs de Pralognan.*
16-17. Pralognan, *col de la Vanoise*, Termignon, Modane.
18. Modane, Montmélian (Chambéry), *Grenoble.*
19. 20. *Environs de Grenoble, Grande-Chartreuse*, etc.
21. Grenoble, le Bourg-d'Oisans, la Grave.
22. La Grave, *col de la Lauze*, St-Christophe.
23-25. *Environs de St-Christophe et de la Bérarde.*
26. La Bérarde, *col de la Temple*, Vallouise.
27. 28. *Environs de Vallouise.*
29. Vallouise, *Briançon et ses environs.*
30. Briançon, Gap, Grenoble, Lyon, ou Valence (v. ci-dessous).

Ou bien, si l'on n'est pas alpiniste :

1-20. Comme ci-dessus.
21. Grenoble, *Uriage*, le Bourg-d'Oisans.
22. Le Bourg-d'Oisans, *la Bérarde.*
23-24. *Environs de la Bérarde*, le Bourg-d'Oisans.
25. Le Bourg-d'Oisans, *la Grave.*
26. *Environs de la Grave*, le Lautaret.
27. *Le Lautaret et ses environs.*
28. Le Lautaret, *Briançon.*
29. Briançon, *Gap*, Grenoble.
30. Grenoble, Lyon ou Valence.

TROIS SEMAINES DANS LA VALLÉE DU RHÔNE, EN PROVENCE, ETC.

1. Lyon, *Vienne, Valence.*
2. Valence, *Orange*, Avignon.
3. *Avignon*, Arles.
4. *Arles*, Marseille.
5. 6. *Marseille*, Toulon.
7. *Toulon*, Hyères.
8. *Hyères*, St-Raphaël, Cannes.
9-10. *Cannes, Grasse*, Nice.
11. *Nice et ses environs.*
12. Nice, *Monaco, Menton.*
13. Menton, *Fréjus*, Marseille.
14. Marseille, *Aix*, Rognac, Arles.
15. Arles, *Montpellier.*
16. Montpellier, *Nîmes.*
17. Nîmes, *Aigues-Mortes*, Nîmes.
18. Nîmes, St-Georges-d'Aurac, le Puy.
19. *Le Puy*, St-Etienne,
20. *St-Etienne*, Clermont-Ferrand ou Lyon.

Comme il est facile de le voir sur la carte des chemins de fer, ces itinéraires peuvent au besoin se rattacher l'un à l'autre. On peut naturellement aussi les suivre en sens inverse, mais il est toujours bon de s'assurer d'avance si les trains correspondent et s'il n'y a pas trop à attendre aux embranchements.

Bagage. — Le bagage est l'ennemi du voyageur, surtout du touriste. Non seulement un excédent augmente vite, dans un long voyage, les frais de transport, mais le bagage cause toujours de l'embarras, met en contact avec des gens plus ou moins agréables et entrave partout la liberté. L'idéal est de pouvoir sortir immédiatement d'une gare les mains libres, sans avoir rien à attendre, rien à réclamer, rien à chercher, tout entier au plaisir de se dégourdir les membres et de jouir immédiatement des curiosités pour lesquelles on est venu. Et l'agrément n'est pas moindre au retour, quand on peut partir à sa guise et terminer sa promenade à la gare, sans repasser par l'hôtel, pour prendre l'omnibus, qui est peut-être déjà parti ou qui ne va pas au train (v. p. xx).

Si l'on ne peut se passer de bagage, il importe du moins d'en prendre aussi peu que possible. Un touriste, qui voyage pour son agrément et n'a pas tant besoin d'une toilette élégante et variée que d'une bourse bien garnie, peut se suffire, même pour un long voyage, avec le contenu d'une valise et d'un sac. La valise est pour la réserve et le sac pour les besoins du jour, les articles de toilette, et autres menus objets (v. p. xxiii). La valise même doit pouvoir se porter à la main. On la met aux bagages, et on la laisse en gare le plus souvent possible. Le sac, que l'on garde avec soi, est de son côté mis à la consigne toutes les fois que l'on peut s'en passer, par ex. aux endroits où l'on s'arrête entre deux trains.

Les dames qui voyagent en touristes, c'est-à-dire plus pour voir que pour être vues, peuvent aussi réduire leur bagage dans les mêmes proportions.

Costume. — Un pardessus et un costume de rechange sont souvent plus que suffisants, comme vêtements, avec ceux qu'on porte, même pour un long voyage. C'est surtout de linge dont on a le plus besoin; mais il est facile d'en faire blanchir durant son séjour dans une ville, et encore plus simple de le remplacer, au moins en partie, par de la flanelle de couleur. Si ce n'est dans les grandes chaleurs, rien de plus pratique et de plus agréable qu'une chemise de flanelle. On est maintenant habitué, dans les centres d'excursions, à voir des touristes qui en portent, et elle peut se dissimuler avec un col blanc, un plastron et un gilet montant. Même dans le midi, on devra donner la préférence aux vêtements de drap. La toile n'est point pratique et peut occasionner des refroidissements. Les chaussettes de laine douce sont aussi préférables, surtout pour les excursions à pied (v. p. xxii). La chaussure mérite une attention particulière. Il faut qu'elle soit forte, large et déjà faite au pied, et il importe d'en avoir une paire de rechange. La coiffure doit être également pratique, c.-à-d. en feutre de couleur foncée, légère et souple, avec une bride si l'on va dans les montagnes. Un en-tout-cas de coton léger ou un parapluie de soie, avec une poignée commode, est enfin nécessaire durant les chaleurs comme par un temps variable.

Agences de voyages. — Pour les personnes qui aiment mieux voyager avec d'autres et avec un itinéraire tout tracé que se guider seules à leur gré, il y a des agences de voyages, qui organisent des excursions à forfait, c'est-à-dire pour des prix déterminés, comprenant les frais de transport, d'hôtels, de conducteur, etc. Elles annoncent leurs voyages dans les journaux et par des prospectus détaillés, et elles renseignent aussi par correspondance. Ces agences délivrent encore des coupons d'hôtels, des billets de chemins de fer, etc. Elles ont, en France, leurs sièges à Paris et quelques succursales en province. La plus ancienne à Paris est l'*agence Cook*, place de l'Opéra, 1, plutôt une agence anglaise, organisant d'ordinaire de longs voyages dans le goût de sa clientèle spéciale. Il en est de même de l'*agence Gaze*, rue Scribe, 3. Sont plus particulièrement françaises et plus spéciales pour les excursions en France: l'*agence des Voyages économiques*, rue du Faubourg-Montmartre, 17, et rue Auber, 10, et l'*agence Lubin*, boulevard Haussmann, 36. — Adresses en province: à *Marseille*, Cook, place de Noailles, 43; Voyages Economiques, rue Cannebière, 16; Lubin, rue Haxo, 10. — A *Nice*: Cook, avenue (quai) Masséna, 16; Gaze, Jardin Public, 3; Lubin, place Charles-Albert, 4.

II. Chemins de fer, voitures publiques et de louage.
Passeport, douane et octroi.

Chemins de fer. — Le touriste qui visite les principales curiosités de la France n'y voyage plus guère qu'en chemin de fer, sauf dans certaines parties des hautes montagnes. Six grandes compagnies, l'Etat et quelques petites compagnies se partagent les chemins de fer. La partie de la France qui nous occupe est surtout desservie par la comp. de *Paris à Lyon et à la Méditerranée* (P. L. M.).

L'organisation des chemins de fer est à peu près partout la même. On notera que les trains vont toujours *à gauche,* que par conséquent on monte et on descend à g. et que lorsqu'une gare a un côté du départ et un côté de l'arrivée, le premier est à g. pour celui qui part, comme le second pour celui qui arrive. On n'est ordinairement admis dans les *salles d'attente* qu'après avoir pris son billet, mais on n'est pas obligé de rester dans ces salles sur les lignes de la partie de la France qui nous occupe, l'accès des quais étant libre pour les voyageurs munis de billets. Partout, on a l'avantage de pouvoir choisir sa place.

Les *prix des places* sont calculés à raison de 11 c. 20 par kil. pour la 1re classe, 7 c. 56 pour la 2e et 4 c. 92 pour la 3e, avec un minimum de 65, 45 et 30 c., pour 6 kil. Il y a un impôt de 10 c. sur les billets au-dessus de 10 fr., compté dans les prix perçus pour ces billets et dans ceux que nous donnons, mais non dans les tableaux de l'Indicateur des chemins de fer (p. xv).

La *distance kilométrique*, d'après laquelle sont établis les prix, est souvent plus ou moins majorée, quand le point de départ n'est pas tête de ligne ou quand il doit y avoir changement de ligne, les fractions de kilom. étant comptées pour des kilomètres. D'autres fois cependant, il y a des détours qui n'entrent pas en compte, le tarif étant établi d'après la ligne la plus directe, ou bien il y a des concurrences qui forcent à des réductions, etc. Il reste donc plus ou moins d'imprévu, pour le public, dans les prix des chemins de fer, et nos indications peuvent, pour cette raison, n'être pas toujours absolument exactes.

Les trains *rapides* et les *express* n'ont pas de tarifs plus élevés que les trains omnibus, mais les premiers n'ont qu'une classe et les seconds deux, assez souvent aussi seulement une. De plus ces trains ne prennent pas toujours les voyageurs qui n'ont qu'un petit parcours à effectuer. Les *coupés* de 1re cl. sont confortables, ceux de 2e cl. souvent assez médiocres. Il y a 8 places dans les premiers et 10 dans les autres. Les wagons de 3e cl. ont d'ordinaire, dans le Sud-Est, des banquettes rembourrées. L'hiver, les trois classes sont chauffées. Il y a des compartiments pour les *dames* et d'autres pour les *fumeurs.*

On fume bien aussi ailleurs, mais ce n'est que toléré et il faut que les autres voyageurs y consentent.

Il y a des *wagons-lits* sur presque toutes les grandes lignes.

Des *trains de luxe*, avec wagons-lits, etc., circulent, au moins dans la saison, sur la ligne de Nice par Lyon et Marseille et de Mâcon à Genève: v. l'*Indicateur*. Les prix sont de 50 % plus élevés que ceux des premières. Il y a aussi sur ces lignes, à certains trains, des *wagons-restaurants:* 1er déj., 2 fr.; 2e déj., 3 fr. 50; dîn., 5 fr., non compris le vin, qui se paie 1 fr. 50 la bout. d'ordinaire et 1 fr. la demi-bouteille.

Oreillers et *couvertures* à louer, dans les grandes gares, 1 fr.

Pour les *bagages*, on a droit par toute la France au transport gratuit de 30 kilogr., mais on paie 10 c. pour l'enregistrement. Les excédents se paient *40 c.* pour 1 à 5 kilogr. jusqu'à 170 kilom. exclusivement, pour 5 à 10 kilogr. jusqu'à 85 kilom., pour 10 à 20 kilogr. jusqu'à 43 kilom., pour 20 à 30 kilogr. jusqu'à 29 kilom. et pour 30 à 40 kilogr. jusqu'à 22 kilom., puis 5 c. par 20, 10, 5, 4, 3 et 2 kilom., selon l'excédent, comme ci-dessus. A partir de 40 kilogr., 4 c. 15 par 10 kilogr. et par kilom., avec minimum de 6 kilomètres. — Pour l'étranger, excepté sur le territoire suisse, où il n'y en a pas, la franchise n'est que de 25 kilogr., et le droit d'enregistrement est de 60 c. — *Chiens:* 30 c. par tête jusqu'à 20 kilom. exclusivement, puis 5 c. par 3 kilom., et 10 c. d'«enregistrement».

Il n'y a de *buffets* qu'aux stations principales, et l'on n'a pas toujours le temps de s'y restaurer ou de s'y rafraîchir tranquillement. Pour cette raison, et parce qu'ils sont assez chers et souvent médiocres, on fera bien de se munir de provisions ou du moins de s'arranger de façon à ne pas être obligé d'y prendre ses principaux repas. En tout cas, il n'est pas inutile de s'assurer, avant un long trajet, si le train s'arrêtera suffisamment pour permettre de déjeuner ou de dîner en route. Les buffets ont du reste des tarifs affichés dans leurs salles, et ils servent des repas à plusieurs prix, de 1 fr. 50 à 4 fr., ce qu'il est bon de noter, si l'on ne peut ou ne veut pas prendre part à la table d'hôte.

On trouvera à peu près tous les renseignements dont on aura besoin dans l'*Indicateur des chemins de fer,* qui paraît tous les samedis et se vend partout 85 c. Il est assez encombrant, mais relativement moins cher que les *Livrets Chaix*, 5 livrets spéciaux, qui ne paraissent que tous les mois et se vendent séparément 50 c. On en détachera les feuilles dont on aura besoin, et on laissera le reste dans sa valise ou sa malle. On devra toujours le consulter d'avance relativement à la durée du trajet et à la coïncidence des trains. Les numéros sur les cartes sont le moyen le plus expéditif pour y trouver une ligne, ces numéros renvoyant à la page à consulter.

Les gares ont l'heure de Paris, avec 5 min. de retard à l'intérieur.

Il y a souvent dans les gares un bureau de *consigne*, où les voyageurs peuvent déposer leurs bagages. Ils reçoivent un bulletin spécial et paient 5 c. par jour pour chaque colis, sans toutefois que la somme due puisse être inférieure à 10 c. Là où il n'y a pas de consigne, les employés gardent les effets moyennant un pourboire. On peut aussi les laisser en gare à l'arrivée; dans ce cas, on conserve le bulletin qu'on a reçu au départ.

Des *billets d'aller et retour* se délivrent sur les divers réseaux avec env. 25% de réduction, soit à raison de 16 c. 80, 12 c. 095 et 7 c. 885 selon la classe. Leur validité varie selon les compagnies. Sur le réseau Paris-Lyon-Méditerranée: 2 jours, jusqu'à 200 kil., 3 jusqu'à 300, 4 jusqu'à 400, 5 jusqu'à 500, 6 jusqu'à 700, 7 jusqu'à 900 et 8 au delà de 900, avec faculté de prolonger 2 fois la validité de moitié moyennant un supplément de 10%. Les coupons de retour des billets délivrés le samedi et la veille d'une fête légale, ou ces jours-là, sont toujours valables jusqu'au lundi ou jusqu'au lendemain de la fête et jusqu'au mardi si le lundi est jour de fête.

Sont considérés comme fêtes légales: le 1er janvier, le lundi de Pâques, l'Ascension, le lundi de la Pentecôte, le 14 juillet (fête nationale), l'Assomption (15 août), la Toussaint (1er nov.) et Noël.

Il sera néanmoins toujours bon de se renseigner. Les tarifs des billets d'aller et retour ne se trouvent pas dans l'Indicateur des chemins de fer, mais ils sont dans les Livrets Chaix.

Il existe aussi, sur le réseau P.-L.-M., des *billets d'aller et retour collectifs* pour les villes d'eaux, valables 30 jours, et des *billets d'aller et retour* de bains de mer, valables 33 jours. — Sur le même réseau, on a le droit de s'arrêter 24 h. en route avec un billet simple pour plus de 400 kil. et 48 h. s'il est pour plus de 700 kil.

Nous ne saurions recommander les *trains de plaisir*, parce qu'il y a toujours de l'encombrement, que la société qui en profite est en général fort turbulente et que surtout le trajet se fait le plus souvent de nuit, tant à l'aller qu'au retour. En outre, il n'est pas rare d'avoir de la peine à se loger en arrivant et de payer pour cela des prix exorbitants, qui absorbent plus ou moins les économies du trajet.

Les *voyages circulaires* sont au contraire jusqu'à un certain point recommandables, au moins les *voyages circulaires à itinéraires fixes*, à cause de la réduction de prix et de l'avantage de pouvoir s'arrêter où il plaît, de n'avoir pas toujours à se présenter aux guichets et de pouvoir expédier ses bagages en avant, mais il n'y a d'ordinaire pour ces voyages que des billets de 1re et de 2e classe. Les *voyages circulaires à itinéraires facultatifs*, pour les 3 classes, ne sont plus guère avantageux, depuis la dernière réglementation (1896), que pour les longs parcours. On devra d'abord bien lire les détails à ce sujet dans l'Indicateur ou sur le formulaire que donnent les compagnies. L'avantage dans les prix est en principe de 23 fr., 11 fr. 60 et 9 fr. 30 pour 1000 kil., 78, 48 et 26.50 pour 2000, 143, 91 et 53 pour 3000, mais il faut payer 1 fr. pour la confection du carnet, il y a des majorations dans les kilométrages par sections, on est souvent obligé de faire entrer dans un tracé des parcours qu'on ne désire pas et ne fera pas, on ne peut y comprendre les lignes des compagnies secondaires, quelquefois importantes pour le voyageur, et il y a surtout la question du *minimum*, l'obligation de tracer un grand circuit, si l'on ne veut perdre plus ou moins la réduction promise. Il est dit, en effet, que le prix ne peut être inférieur au double du prix d'un billet ordinaire entre la gare de départ et la gare la plus éloignée dans l'itinéraire. On n'a même pas alors la réduction accordée à un aller et retour. On ne peut, par ex., faire un voyage circulaire avantageux avec Paris et Nice comme gares extrêmes que si l'on a un circuit mesurant plus de 2176 kil., le double des 1088 qu'il y a de Paris à Nice, attendu qu'il faut payer au moins pour 2176 kil., soit: 243 fr. 70, 164 fr. 50 et 107 fr. 30; mais on a droit pour ces prix, ou plus exactement pour 244 fr., 168 et 108 fr., au tarif réduit (plus 1 fr. pour la confection du carnet), à un parcours de 4601 à 4800 kil. en 1re, 4201 à 4400 en 2e et 3601 à 3800 en 3e. Il y a encore enfin maintenant, comme désavantages, l'obligation de désigner dans sa demande les gares où l'on veut s'arrêter et la nécessité de reprendre, avec son carnet, un billet ordinaire au départ après chaque arrêt!

Voitures publiques. — Les *diligences*, de plus en plus rares, sont généralement médiocres et assez malpropres. Elles ont 3 ou 4 sortes de places: coupé, en avant; intérieur, au milieu; rotonde, à l'arrière, et banquette ou impériale. Celles du coupé, au nombre de 3, sont les meilleures et les plus chères et souvent retenues d'avance. L'intérieur a d'ordinaire 6 places, la rotonde, qui n'existe pas toujours, 4 à 6. Les plus mauvaises places sont celles de derrière, particulièrement à cause de la poussière. Toutefois elles offrent au retour, comme compensation, un dernier coup d'œil sur la contrée qu'on vient de visiter. L'impériale est préférable, quand il fait beau, pour ceux qui veulent jouir de la vue. Il est bon de retenir sa place d'avance; dans tous les cas, ceux qui se sont fait inscrire passent avant les autres, et les places sont données d'après l'ordre d'inscription. Les prix sont fixés par un tarif. — On remplace cependant peu à peu les diligences par des *breaks*, dans les endroits les plus fréquentés par les touristes, et les voitures publiques sont particulièrement bonnes sur les routes menant à Chamonix.

Sur les parcours moins importants, les diligences sont remplacées par des *omnibus*, sans distinction de places; ils ne valent pas mieux. Pour les omnibus des hôtels et des chemins de fer, v. p. xx.

Il importe toujours de *se renseigner d'avance* sur les services des voitures publiques, dont les heures et les prix varient souvent et qui même peuvent être supprimées d'un jour à l'autre. L'*Indicateur* ne mentionne malheureusement que les correspondances reconnues par les comp. de chemins de fer, mais il existe bien d'autres voitures publiques qui peuvent rendre service aux touristes.

Voitures de louage. — On trouve à peu près dans tous les endroits fréquentés comme séjours ou comme centres d'excursions des voitures et des montures à louer. Une voiture coûte d'ordinaire, à 1 chev., 12 à 20 fr.; à 2 chev., 25 à 30 fr. par jour, plus 1 ou 2 fr. de pourboire. Il est nécessaire de débattre les prix et de bien s'entendre d'avance. Les cochers, comme les guides, prétendent ordinairement à une indemnité de retour, lorsqu'on doit les quitter en route. Il y a lieu alors de tenir compte de la chance qu'ils ont de se louer aussi pour le retour. Ou bien on verra s'il est possible de les congédier à un endroit plus rapproché de leur domicile. Les voitures de louage font d'habitude env. 50 kil. par jour, en s'arrêtant 2 ou 3 h. vers midi. — Les voitures de retour ne coûtent guère moins de 10 à 15 fr. par jour, mais il n'y a plus d'indemnité à payer.

Passeport. — On n'en demande plus, en principe, mais comme la prudence conseille d'avoir une pièce de légitimation, on fera bien de s'en procurer un et de l'avoir toujours sur soi, surtout dans les excursions aux frontières d'Italie. Il n'est pas nécessaire de le faire viser. — Les amateurs de photographie éviteront d'en faire aux environs des places fortes, les dessinateurs d'y prendre des croquis et les touristes d'y écrire.

Nota. — L'étranger qui s'établit en France pour y exercer une profession, un commerce ou une industrie doit en faire la déclaration aux autorités dans les huit jours de son établissement.

Douane et octroi. — La *visite douanière* des bagages a lieu en principe aux gares frontières, et l'on doit y assister. Ceux qui sont enregistrés pour Paris n'y sont toutefois soumis qu'à l'arrivée dans cette ville. L'attention des employés porte particulièrement sur le tabac; les droits sont de 36 fr. par kilogr. sur les cigares et cigarettes, 25 fr. sur les tabacs du Levant et 15 fr. sur les autres. En général, n'emporter que le nécessaire en vêtements et en linge.

A la frontière suisse, les membres des *associations vélocipédiques* obtiennent un laisser-passer pour leurs machines sur la présentation de leurs cartes d'associés.

La *visite de l'octroi*, à l'entrée d'une ville, a surtout pour but de faire payer les taxes sur les denrées alimentaires.

Il est bon de déclarer d'avance tous les objets passibles de droits; la visite est alors rapidement terminée.

III. Hôtels, maisons meublées, restaurants et cafés.

Hôtels. — Les premiers hôtels des grandes villes de France sont naturellement bien organisés, mais il n'en est pas toujours ainsi des autres. Leurs lits sont sans doute encore généralement bons et propres, et leur table d'hôte est au moins passable; mais ils laissent bien à désirer pour le reste. Même dans beaucoup de prétendus «grands hôtels», certaines pièces communes sont d'une malpropreté repoussante. La faute n'en est pas toutefois seulement aux hôteliers ni à leur personnel, mais aussi à bien des voyageurs, qui devraient avoir honte de se respecter si peu.

Le mieux est donc, en province, de choisir les premiers hôtels; mais il ne faut pas toujours s'en rapporter au nom, car on a surtout abusé des mots «grand hôtel». Nous avons tâché de classer ces maisons d'après leur importance, en marquant les plus recommandables d'un astérisque (*); mais on se rappellera ce que nous avons dit à ce sujet dans la préface. Une des causes principales de changement, c'est le personnel, qui se renouvelle souvent.

Les hôtels près des gares sont en général d'ordre secondaire, sinon inférieur, sans table d'hôte et avec cafés ordinaires.

On vous offre rarement du premier coup la meilleure chambre ou la moins chère, et il est bon de faire son choix. Dans les grands hôtels, il n'est pas rare que les gens modestes soient logés dans les combles et mal servis, sans que leur note en soit plus modérée. Le voyageur de passage fait toujours bien, surtout là où il y a foule, de se faire montrer immédiatement la chambre qu'on lui destine.

Les *prix* des chambres varient habituellement entre 1 fr. 50 et 3 fr., tout compris. Il n'y a guère d'exceptions à faire que pour les *grandes villes*, les *villes d'eaux*, les *bains* et les *stations d'hiver*, dans la saison. Là, il est très prudent de s'informer des prix d'avance. Le petit déjeuner, de café au lait, avec pain et beurre, coûte d'habitude 1 fr.-1 fr. 25; le second déjeuner, vers 11 h., 2 fr. 50 à 4 fr.; le dîner, vers 6 h., 3 à 5 fr., vin compris, sauf dans les maisons qui ont adopté les habitudes étrangères et en général dans les stations d'hiver, où l'on exploite aussi maintenant le voyageur en comptant la boisson à part, car le repas revient toujours plus cher. La table d'hôte n'est pas d'habitude obligatoire, mais on ne saurait guère, en province, être mieux servi au restaurant, et on ne s'en dispense pas. Quelquefois, du reste, le prix de la chambre est plus élevé si l'on ne prend ses repas à l'hôtel. Aussi est-ce assez l'usage d'y compter à la journée, de 8 à 12 fr. pour la chambre, le 2ᵉ déjeuner (pas le 1ᵉʳ) et le dîner, ce qui accorde l'avantage d'une petite réduction.

Nota. — Les *prix indiqués* dans le corps de ce livre sont en général ceux que nous ont donnés les hôteliers eux-mêmes, en réponse à une circulaire, ou ceux de notes communiquées par des voyageurs, mais nous ne pouvons les garantir. Il est toujours bon de se renseigner, surtout dans les maisons qui ne donnent pas leurs prix. Nous avons dû les indiquer avec des abréviations exceptionnelles; on en trouvera l'explication à la page x. Par «repas», nous entendons les deux déjeuners et le dîner, selon l'usage français. Le petit déjeuner est souvent plus cher servi dans la chambre et les autres repas en dehors de la table d'hôte, sans être pour cela meilleurs. Souvent aussi le petit déjeuner n'est pas compris dans la «pension». La «bougie» est un des item qui peuvent renchérir notablement une chambre, car on compte pour cela jusqu'à 1 fr. dans les grands hôtels et même davantage quand on en allume plus d'une.

Si l'on reste quelque temps dans un hôtel et qu'on n'y prenne point tous ses repas ou qu'on y fasse des dépenses exceptionnelles, il est bon, pour éviter des «erreurs», de demander sa note tous les 3 ou 4 jours, car il est plus facile alors d'obtenir des rectifications. Quand on doit partir de bon matin, se faire donner cette note la veille, sauf à ne la régler qu'au départ, quand on n'a pas besoin de changer un billet: c'est quelquefois à dessein qu'on vous fait attendre. Demander toujours une note détaillée et se défier des additions sommaires et de vive voix.

On gardera dans sa malle son *argent* et ses *valeurs*, car les meubles des hôtels n'offrent pas assez de sûreté. Si l'on a de grosses sommes, il est bon de les confier, contre un reçu, au maître de la maison ou mieux encore à un banquier ou à un ami. En arrivant le soir, demander par précaution où sont les *cabinets*, et se faire donner des *allumettes*, car il y en a rarement dans les chambres. On n'y trouve pas non plus de tire-bottes.

Les hôtels de province ont généralement des *omnibus* aux gares ou, s'ils n'en ont pas, le service est fait par un omnibus du chemin de fer. Mais il y a longtemps que les hôteliers n'envoient plus leurs voitures gratis, pour attirer chez eux les voyageurs. La plupart, il est vrai, ne comptent que 50 c. par personne; mais il y en a dont les maisons se trouvent si près qu'une voiture est inutile, et tous ne se contentent pas de 50 c., même près des gares. Quelquefois, l'omnibus n'appartient pas à l'hôtel dont il porte le nom, mais à un entrepreneur, qui se fait payer en arrivant, et autant pour un colis à la main qu'on lui confie que si l'on faisait personnellement usage de sa voiture. Et ces omnibus, qui sont prêts à vous transporter à l'arrivée, ne le sont pas toujours au départ, quand le train qu'il s'agit de prendre ne doit pas leur amener de voyageurs et que vous êtes seul. Il est donc bon de se renseigner d'avance à ce sujet. Le mieux serait de pouvoir se passer de ces voitures, en ne s'embarrassant pas de bagages ou en se logeant, s'il est possible, près de la gare. Il est du moins facile, quand on ne fait que passer, de se débarrasser des ennuis du bagage, comme nous l'avons dit p. xv, et d'être ainsi son maître pour le retour. Dans tous les cas, si l'on a des bagages à faire transporter, veiller bien à ce qu'ils soient réellement et tous chargés sur la voiture, et ne pas s'en remettre uniquement aux domestiques.

A ceux à qui la société ne déplaît pas et qui ne sont pas trop exigents, nous recommandons les hôtels fréquentés par les *voyageurs de commerce*. On les reconnaît à l'arrivée aux omnibus chargés de caisses d'échantillons, noires avec garnitures de cuivre. Ces maisons sont passables, sans être trop chères, et elles ont d'habitude une bonne table à un prix modéré, quelquefois la meilleure table. Cependant il faut ajouter que les meilleures chambres y sont pour les clients habituels, pour les voyageurs connus du propriétaire. Les voyageurs de commerce y paient d'ordinaire 7 fr. 50 par jour, pour la chambre, le second déjeuner et le dîner.

Maisons meublées. — On trouve beaucoup de logements meublés dans les villes d'eaux et de bains et les stations d'hiver, à louer en totalité ou en parties, depuis la villa la plus luxueuse jusqu'à la plus modeste chambre garnie. Pour en avoir à sa convenance et à meilleur compte, le mieux est de s'en occuper soi-même, car tout est parfait dans les annonces, et les agences sont toujours des intermédiaires coûteux, la remise que leur font les propriétaires devant se retrouver dans les prix de location. Si l'on se contente de peu, il n'est pas impossible de trouver en arrivant dans un séjour un logement garni, sinon il vaut encore mieux descendre d'abord dans un hôtel. Du reste il n'est pas rare que les hôteliers vous fassent des concessions pour vous garder.

On fera bien de ne pas s'installer dans une maison ou un appartement avant d'avoir fixé les conventions par écrit, sur papier timbré, et d'y avoir inséré un état des lieux aussi détaillé que possible, dans lequel on n'oubliera pas les moindres défectuosités des meubles, du linge, de la vaisselle, des tapis, des papiers peints, etc. On conviendra aussi d'avance du montant des indemnités qu'on pourrait avoir à payer. Plus on mettra de soin à faire un tel écrit, moins on aura l'occasion d'avoir des différends en quittant la maison, et cependant on ne s'en tirera guère sans une explication finale. L'assistance d'une personne du pays peut être très utile pour un loyer de ce genre.

Restaurants. — Il n'y a guère en province, si ce n'est dans les grandes villes, de restaurants qu'on puisse recommander aux étrangers. Les hôtels en tiennent lieu, car on peut toujours, sans y demeurer, s'y présenter aux heures des repas pour demander de déjeuner ou de dîner à la table d'hôte, et l'on peut encore s'y faire servir à d'autres moments. On a toujours avantage à manger à la table d'hôte; les repas à la carte ne valent pas souvent les autres et coûtent plus cher. Dans tous les cas, s'informer des prix s'ils ne sont pas marqués sur la carte ou dire à quel prix on veut être servi.

Cafés. — Les cafés sont nombreux en province, comme à Paris, et dans le même genre. Les consommations y sont d'ordinaire de qualité médiocre, et on n'y saurait recommander la bière dans les petites villes du Midi. Le café est dans la soirée le rendez-vous de ceux qui n'ont pas d'intérieur et d'autres encore, qui y viennent lire les journaux et faire leur partie. Il n'y a souvent pas d'autre distraction. On y trouve ce qu'il faut pour y faire sa correspondance.

Les *cireurs de chaussures* sont une catégorie d'industriels agaçants dans le Midi, où cependant la propreté laisse souvent à désirer. Ils vous relancent aux portes des cafés et sur la voie publique, avec leurs cris: «Cirer, monsieur, cirer»? Le plus simple, si l'on n'en a pas besoin, est de ne pas leur répondre.

IV. Monuments et musées.

Monuments. — Les églises sont généralement ouvertes toute la journée, et on peut les visiter à loisir, en examiner librement les œuvres d'art, sans avoir à demander d'autorisation ni chercher de sacristain, et sans être importuné, si ce n'est quelquefois par des mendiants. Ces édifices sont au nombre des principales curiosités de la France, et beaucoup ont été classés parmi les monuments historiques, dépendant du ministère de l'Instruction publique et des Beaux-Arts, qui les a fait restaurer presque partout de nos jours avec goût et magnificence. Les autres monuments, tels que palais, châteaux, hôtels, etc., appartenant à l'Etat ou aux municipalités, sont souvent aussi publics, ou bien il est facile d'obtenir l'autorisation de les visiter. Les particuliers même accueillent d'ordinaire les étrangers avec bienveillance, quand ils demandent à visiter leurs châteaux, leurs collections, leurs parcs, etc.

Musées. — Les musées de province sont d'habitude publics le dimanche et souvent aussi le jeudi, de 10 h. ou de midi à 4 h., et les étrangers peuvent à peu près partout obtenir de les visiter les autres jours moyennant un pourboire.

La méthode pratique pour les faire visiter sans perte de temps consiste à suivre l'ordre des salles et à mentionner les objets au fur et à mesure qu'ils se présentent. Mais l'auteur ne peut naturellement tout voir en même temps, et il lui arrive aussi de trouver des musées fermés, ce qui fait qu'il a préféré ou dû quelquefois suivre l'ordre des catalogues. On n'oubliera pas non plus qu'il y a aussi là souvent des changements, nécessaires ou non. Une œuvre d'art qui porte un nom de maître bien connu et que nous ne mentionnons pas est ordinairement omise parce que c'est une copie.

V. Excursions à pied. Guides et chevaux.

Excursions à pied. — La partie de la France dont traite ce volume présente des endroits très intéressants qu'on ne peut visiter qu'à pied. Les vrais touristes préfèrent même encore souvent aller à pied dans les montagnes, lorsqu'ils pourraient faire autrement.

Un certain *entraînement* est toutefois utile aux personnes qui sont peu habituées à la marche, afin qu'elle ne leur soit pas trop pénible. On doit aussi pour cela éviter le plus possible dans la nourriture ce qui peut favoriser la production de la graisse : aliments gras et aliments dits d'épargne, farineux, sucre et boissons aqueuses, mais la machine humaine a néanmoins besoin, comme les autres, d'être bien alimentée. On doit également, pour s'entraîner, se priver d'alcool et de tabac.

Le *costume*, en laine (v. p. xiii), sera plutôt léger, mais, surtout si l'on est sujet à transpirer beaucoup, on aura de quoi se couvrir à l'arrivée, particulièrement sur une hauteur, si l'on doit y stationner. Au besoin, ôter durant la marche un vêtement qu'on remettra en arrivant. Il sera encore bon alors de boire aussi peu que possible et plutôt chaud que froid, en tout cas à petites gorgées.

C'est surtout pour les excursions dans les montagnes qu'il importe d'avoir de *bonnes chaussures,* des brodequins ou mieux des souliers larges, à fortes semelles et déjà faits aux pieds, qui doivent être garnis de gros clous avant les grandes ascensions et pour aller sur les glaciers. Avec des souliers, il faut de plus de fortes guêtres en drap. Les pieds tendres s'habituent plus facilement qu'on ne le croit d'abord à ces sortes de chaussures. On doit aussi alors porter des chaussettes de laine, avec lesquelles on a rarement des ampoules et qui sont du reste souvent nécessaires à cause du froid dans les hautes montagnes. Quand on a des ampoules, on les perce en y passant un fil de soie qu'on y laisse. Les pieds s'endurcissent quand on les frotte matin et soir avec de l'eau-de-vie et du suif. On fait bien aussi, après une marche forcée, de prendre un bain de pied avec du son. Un bain chaud' fatigue pour le lendemain. Avant d'entreprendre de grandes courses, on frottera l'intérieur de ses bas, jusqu'aux chevilles, avec du savon ou du suif.

Si l'on doit prendre des *bagages*, il faut un *sac* qui puisse se porter facilement sur le dos et, si léger qu'il soit, on ne saurait guère s'en charger, car la marche est déjà assez fatigante à elle seule. On a donc alors besoin d'un porteur, si l'on n'a pas un guide qui prenne le sac, ce qui renchérit notablement les excursions. Souvent il faut aussi des provisions de bouche et divers objets spéciaux, mais on doit se charger et s'embarrasser le moins possible. On trouve des bâtons ferrés, à raison de 1 fr. et davantage, aux endroits où l'on en a besoin. Comme on ne doit jamais boire pure l'eau des torrents ni des glaciers, il faut un bidon rempli de vin, de rhum, de café ou de thé froid, et un gobelet en cuir. Un bon couteau à tire-bouchon est encore souvent nécessaire. On aura ensuite, suivant les besoins: une carte spéciale, une corde (v. p. xxiv), une longue-vue ou une jumelle, une petite boussole, un petit thermomètre, un baromètre anéroïde, une petite fiole d'ammoniaque (pour les piqûres d'insectes) ou mieux une pharmacie de poche, etc.

Voici encore quelques règles essentielles pour les excursions et pour la marche. Avant d'entreprendre une excursion longue ou difficile, on doit *s'informer du temps* la veille, auprès de l'hôtelier ou d'un homme mûr et expérimenté. Il ne faut pas trop ajouter foi aux assertions des guides. C'est un signe de *beau temps* durable lorsque le vent souffle le soir des hauteurs dans la vallée, ou quand les nuages se divisent et qu'il vient de tomber de la neige sur les montagnes. Quand les troupeaux paissent en remontant la montagne, on peut compter, dit-on, sur un ciel serein. Le *mauvais temps* est à craindre dès que les sommets lointains, colorés en bleu foncé, tranchent vivement sur l'horizon et paraissent plus proches; le vent d'ouest, les tourbillons de poussière sur les routes, les vents soufflant de bas en haut, sont autant de signes de pluie.

On commence par de très petites journées, et la plus longue ne devrait jamais dépasser 10 h. de marche. On se fera avant tout une règle de partir de bonne heure. Après 2 à 3 h. de marche, on se reposera 1/2 h. à un endroit convenable, dont on laissera le choix au guide, si on en a un, et l'on prendra quelque chose. Le mieux est de s'arranger de façon à être arrivé à son but vers midi; si ce n'est pas possible, on se reposera pendant les chaleurs, de midi à 3 h., pour continuer ensuite son chemin. On se dessèche la bouche en fumant et en parlant beaucoup durant la marche.

Dans les *ascensions*, la règle est de marcher lentement, d'un pas égal et suivi: *Chi va piano, va sano; chi va sano, va lontano.* Tel marcheur exercé, qui a devant lui une montagne escarpée, semble à peine se mouvoir; mais il arrivera au sommet plus vite que le bouillant novice. On se fatigue vite en faisant une ascension immédiatement après un repas. Il n'est pas moins fatigant de monter à côté d'un cheval, dont le pas règle celui du voyageur.

Un piéton, surtout d'âge mûr, ne doit avoir égard qu'à ses aises et ne hâter sa marche sous aucun prétexte. Dès que la gêne commence, le plaisir cesse. Eviter aussi les compagnons de route que l'on ne connaît pas suffisamment; ils peuvent vous retarder, déranger tout votre plan et même vous mettre dans l'embarras. Les ascensions sérieuses ne doivent de plus se faire qu'en petits groupes.

Les *glaciers* doivent se franchir autant que possible avant 10 h. du matin, car les rayons du soleil amollissent la croûte de glace qui se forme durant la nuit sur les fissures et les crevasses. Il est d'ailleurs très fatigant de marcher à midi, par la chaleur et un soleil éblouissant, sur des champs de neige ou de glace à demi fondue. Sur les glaciers, on marchera toujours attachés les uns aux autres avec une corde, de façon qu'il y ait au moins 3 m. d'intervalle entre chaque personne, et on ne laissera pas traîner la corde, on aura même soin de la tenir bandée. La plupart des accidents ont été la suite de l'inobservation de cette règle.

Il importe du reste aussi d'*arriver de bonne heure* sur les sommets, avant 9 ou 10 h. du matin, parce que plus tard les brouillards résultant de l'élévation de la température masquent d'ordinaire la vue, surtout au midi.

A l'*arrivée*, on ne se livrera pas tout de suite à un repos absolu. Après s'être assis un moment, on fera une courte promenade, pour conserver la souplesse des membres.

On devra coucher le moins possible dans les montagnes, si ce n'est dans un refuge d'alpinistes. Mieux vaut partir de l'hôtel au milieu de la nuit, au besoin avec une lanterne. Si la longueur d'une course exige que l'on couche dans un refuge, prendre d'abord des renseignements au sujet de ce refuge, pour savoir en quel état il se trouve, si peut-être il ne sera pas déjà occupé, etc. On tâchera aussi d'arriver à temps à l'hôtel, afin d'être plus sûr d'y trouver de la place, d'y bien dîner, de prendre ses mesures en vue du départ, si l'on continue son excursion le lendemain (guide, provisions, etc.), et de se coucher de bonne heure.

Les *indications* relatives aux montagnes ne sauraient être d'une exactitude absolue. L'état d'une montagne, au moment où on la gravit, en rend toujours l'ascension plus ou moins facile ou difficile, et cela dépend encore des dispositions et des aptitudes des touristes. Ceux qui n'ont pas l'habitude de ces sortes de courses devront souvent compter plus de temps qu'il n'est dit, et certains alpinistes trouveront que c'est trop.

Guides. — On n'ira nulle part dans les hautes montagnes sans guide, quand il ne sera pas dit qu'on peut s'en passer. Il n'y a que le novice qui fasse fi des dangers que peuvent présenter même des excursions en apparence sans difficulté, par suite d'un accident quelconque, d'un changement de temps subit, etc. On évitera surtout, en principe, de traverser seul un glacier. Malheureusement les bons guides sont rares. On en trouve cependant aux endroits les plus fréquentés, comme à Chamonix, à St-Christophe-en-Oisans, à la Grave, à Pralognan, à Val-d'Isère, etc. Le salaire d'un guide est de 6 à 8 fr. par jour, dans une excursion ordinaire et ne prenant pas plus de 8 h. Pour les autres, ils se paient en raison des difficultés et de la longueur de ces excursions, 10 fr. et davantage. Il y a du reste, dans les principaux centres d'excursions, des compagnies de guides, ayant un règlement et un tarif qu'on se fera montrer. Nous avons indiqué aux articles spéciaux les prix de ces derniers temps, mais il ne sera jamais inutile de bien s'entendre d'avance.

Chevaux. — Un cheval ou un mulet coûte 10 à 12 fr. par jour dans les Alpes, plus 1 ou 2 fr. de pourboire, et à certains endroits, par ex. à Chamonix, on vous fait payer autant pour le conducteur. Il est, jusqu'à un certain point, agréable d'être à cheval dans une ascension, mais si elle n'est pas trop longue, un bon piéton préférera la marche et se sentira moins fatigué que le cavalier. Pour descendre, au contraire, c'est très incommode et fatigant, et on ne saurait même le conseiller aux personnes sujettes au vertige.

VI. Poste et télégraphe. Colis postaux.

Les services de la poste et du télégraphe sont, autant que possible, réunis dans un même local. Les *débits de tabac* vendent partout des timbres-poste, en province encore des journaux, etc. Outre les boîtes aux lettres locales, souvent aussi aux bureaux de tabac, il y en aux gares, dont la levée se fait un peu avant le départ des courriers, et non seulement il y a des trains-poste au moins tous les soirs, mais il se trouve dans beaucoup d'autres trains un employé des postes recevant et expédiant les lettres.

Poste. — Le service de la poste en France comprend les lettres ordinaires et chargées, les cartes-lettres, les cartes postales simples et avec réponse payée, les imprimés, les papiers d'affaires, les échantillons, les objets recommandés, les objets précieux, des mandats ordinaires, des mandats-cartes, des bons de poste, une caisse d'épargne, le recouvrement des effets de commerce, même avec protêt, l'abonnement aux journaux, etc. Nous ne donnerons ici que les renseignements essentiels, avec les taxes pour la France et pour l'étranger. Quant au reste, s'adresser dans un bureau de poste, consulter les notices qui y sont affichées ou encore le calendrier des Postes, qui se trouve à peu près dans chaque maison. — Une *adresse de lettre* doit comprendre, avec celui de la localité, le nom du département où elle se trouve et même celui du bureau de poste qui la dessert.

Tarifs de la poste, timbres, etc.

I. FRANCE, ALGÉRIE ET TUNISIE (bureaux français). *Lettres ordinaires:* 15 c.; non affranchies, 30 c., par 15 gr. ou fraction de 15 gr., le poids de 15 c. ou de 3 fr. — *Cartes-lettres*, 15 c., le prix du timbre. — *Cartes postales :*

ordinaires, 10 c.; avec réponse payée, 20 c. — *Journaux:* 2 c. par exemplaire jusqu'à 25 gr. ou fraction de 25 gr. et 1 c. par excédant de 25 gr., moitié prix pour les journaux expédiés dans le département où ils sont publiés et poids double pour ce prix, sauf dans les départ. de la Seine et de Seine-et-Oise. — *Autres imprimés sous bandes:* 1 c. par 5 gr. jusqu'à 20 gr.; 5 c. de 20 gr. jusqu'à 50 gr., puis 5 c. par 50 gr. Les bandes ne doivent pas couvrir plus du tiers de la surface des paquets, sinon la taxe est la suivante. — *Papiers d'affaires et échantillons:* 5 c. par 50 gr. ou fraction de 50 gr. Les imprimés et papiers d'affaires peuvent peser jusqu'à 3 kilogr., les échantillons 350 gr. Les dimensions ne peuvent excéder 45 centim. pour les imprimés et les papiers d'affaires (75 sur 10 en rouleau) et aussi pour les échantillons d'étoffes sur carte, 30 centim. pour les autres échantillons. — *Recommandation:* pour les lettres, 25 c. en sus; pour les imprimés, papiers d'affaires et échantillons, 10 c. — *Lettres chargées* ou contenant des valeurs déclarées (maximum de 10000 fr.), le montant devant être inscrit en toutes lettres sur l'enveloppe et celle-ci fermée au moins avec 2 cachets à la cire, outre le port ordinaire: 25 c. de droit fixe et 10 c. par 100 fr. ou fraction de 100 fr. déclarés. — *Mandats de poste,* 1%. — *Bons de poste* de 1 à 10 fr., 5 c. en sus de la somme; de 10 à 20 fr., 10 c. — *Envois contre remboursement,* jusqu'à une valeur de 2000 fr., sans excéder 500 cent. ni 30 centim.: 25 c. de fixe, 5 c. par 50 gr. et 10 c. par 500 fr., plus une taxe pour le renvoi de l'argent, 1% jusqu'à 50 fr., puis 1/2% par 50 fr., ou 10 c. en cas de non encaissement. — *Boîtes chargées,* jusqu'à 10000 fr., les dimensions n'excédant pas 30 et 10 centim., le dessus et le dessous recouverts de papier blanc collé et fermées avec une ficelle scellée sur les autres faces: 5 c. par 50 gr., plus 25 c. de recommandation et 10 c. par 500 fr. — *Avis de réception,* sur demande, 10 c. — *Timbres-poste:* 1, 2, 3, 4, 5, 10, 15, 20, 25, 30, 40 et 50 c., 1 fr. et 5 fr. — *Enveloppes timbrées:* pour lettres ordinaires, 16 c.; pour cartes de visite, 5 c. 1/2. *Bandes timbrées:* 1 c. 1/3, 2 c. 1/3, 3 c. 1/3.

II. Etranger, pays de l'Union postale universelle. *Lettres ordinaires:* affranchies, 25 c.; non affranchies, 50 c. — *Lettres recommandées et cartes postales,* comme ci-dessus. — *Cartes-lettres,* 25 c., le prix du timbre. — *Lettres chargées:* pour l'Allemagne, la Belgique, l'Espagne, l'Italie, le Luxembourg et la Suisse, affranchissement et recommandation comme pour les autres et 10 c. par 300 fr. ou fraction de 300 fr. déclarés; pour l'Angleterre, 20 c. par 300 fr., jusqu'à 3000. Voir ci-dessus. Les timbres apposés sur les lettres chargées pour l'étranger doivent y être espacés les uns des autres. *Imprimés* en général, 5 c. par 50 gr. — *Papiers d'affaires:* 25 c. jusqu'à 250 gr., puis 5 c. par 50 gr. — *Mandats de poste:* 25 c. par 25 fr., pour la plupart des pays de l'Union, avec maximum de valeur de 500 ou de 1000 fr.; pour la Suisse, comme pour la France même (v. ci-dessus); pour l'Angleterre, 10 c. par 10 fr., avec maximum de valeur de 252 fr.

Télégraphe. — Les dépêches télégraphiques doivent être écrites lisiblement, sans abréviations ni altérations et en caractères usités en France. Le tarif s'applique par mot, avec un minimum de 10 mots dans la correspondance intérieure et de 5 mots ou sans minimum dans la correspondance internationale. Dans la première, toutes les expressions françaises ne sont comptées que pour un seul mot lorsqu'elles figurent au Dictionnaire de l'Académie. Il en est de même pour les noms composés de départements, villes, communes, boulevards et rues, et pour les numéros des maisons. Cela ne s'applique pas au service international, mais on y peut écrire certains noms composés en un seul mot, par ex. *Aixlachapelle* pour «Aix-la-Chapelle» et *rue Delapaix* pour «rue de la Paix». Toutefois la longueur maximum du mot est fixée à 15 caractères pour la correspondance européenne et 10 pour la correspondance extra-européenne. 1 à 5 chiffres réunis dans la première correspondance et

1 à 3 dans la seconde comptent pour un mot. Les signes de ponctuation ne comptent que dans les nombres, si l'on en met.

Tarifs des dépêches, etc.

FRANCE. *Dépêche* entre deux bureaux quelconques de la France et de la Corse, de la principauté de Monaco, de l'Algérie et de la Tunisie, par mot, avec minimum de 10 mots, 5 c. — *Télégramme avec priorité* pour les trois dernières destinations ci-dessus, le double de la taxe ordinaire. — *Récépissé*, sur demande, 10 c. — *Accusé de réception*, aussi sur demande, comme une dépêche de 10 mots. — *Exprès*, 50 c. pour le 1er kilom. et 30 c. pour chacun des suivants.

Des *mandats télégraphiques* peuvent être expédiés à l'intérieur de la France jusqu'à concurrence de 5000 fr., aux conditions des mandats de poste, plus le prix du télégramme et 50 c. pour avis au destinataire.

ETRANGER : par mot, avec minimum de 5 mots, Belgique, Luxembourg, et Suisse, 12 c. 1/2; Allemagne, 15 c.; Hollande, 16 c.; Angleterre, Autriche-Hongrie, Italie, Espagne, Portugal, 20 c.; — sans minimum, Danemark, 24 c. 1/2; Suède, 28 c.; Roumanie, Serbie, 28 c. 1/2; Norvège, 36 c.; Russie d'Europe et du Caucase, 40 c.; R. d'Asie, 1 fr. 90 et 3 fr. 025; Turquie d'Europe et d'Asie, 53 c.; Grèce, 53 c. 1/2 et 57 (îles). — *Télégramme urgent*, le triple de la taxe ordinaire. — *Mandats télégraphiques* entre la France et certains pays, tels que l'Allemagne, l'Autriche-Hongrie, la Belgique, la Hollande, l'Italie, la Suisse, etc., jusqu'a 500 fr., aux mêmes conditions que ci-dessus.

Le *téléphone* existe maintenant dans quantité d'endroits et entre Paris et un certain nombre de grandes villes : se renseigner au télégraphe.

Colis postaux. — Les petits colis de 3 et 5 kilos (bientôt aussi de 10), dits *colis postaux* comme dans d'autres pays, bien que leur service ne dépende pas de la poste, sont transportés à prix réduits et uniformes. Ils doivent être remis aux gares ou aux bureaux des compagnies de chemins de fer, mais l'administration des postes s'en charge là où il n'y a pas de chemin de fer, moyennant une taxe supplémentaire de 25 c. Le tarif est, selon la catégorie, de 60 ou de 80 c. pour un colis livrable en gare, de 85 c. et 1 fr. 05 à domicile; le double contre remboursement jusqu'à 500 fr., 10 c. en plus pour 300 fr. et 20 pour 500 avec valeur déclarée, etc. Ce service est même étendu, par l'intermédiaire des compagnies maritimes subventionnées, à la Corse, à l'Algérie, à la Tunisie et aux colonies françaises. Le tarif des colis de 10 kilos doit être de 1 fr. 25 en gare et 1 fr. 50 à domicile.

Il existe également un service de colis postaux entre la France et la plupart des pays de l'Europe, mais sans distinction entre 3 et 5 kilos. Ils doivent être cachetés à la cire. Les tarifs varient selon les pays.

VII. Cartes géographiques.

Les meilleures cartes de France sont celles du Service Géographique de l'Armée, dit auparavant Dépôt général de la Guerre, et qu'on appelle *cartes de l'Etat-Major*. Il y en a une à l'échelle de 1/80 000, en 273 feuilles, mesurant 80 centim. sur 50, sans les marges, et une à l'échelle de 1/320 000, la réduction de la précédente, comptant 33 feuilles (1 pour 16 de l'autre) ou seulement 27 pour la France proprement dite. Elles ont été d'abord gravées, mais il en existe des reports, auparavant sur pierre et maintenant sur zinc. Les feuilles gravées sont naturellement les meilleures. Les reports manquent de clarté dans les parties montagneuses, mais ils sont plus souvent mis à jour. Les feuilles du 80 000ᵉ n'étant pas commodes à cause de leurs dimensions, on les a refaites en quarts de feuille, qui se vendent séparément.

Le Service Géographique a fait de plus des *cartes de la Frontière des Alpes* au 80 000ᵉ et au 320 000ᵉ. Elles sont en trois couleurs, et elles ne s'arrêtent pas aux frontières comme la carte générale. Chaque feuille correspond à un quart de feuille de cette dernière.

Le même service a encore entrepris des cartes en cinq couleurs, au 50 000ᵉ et au 200 000ᵉ, dont les feuilles ont 64 centim. sur 40 et correspondent, les premières à ¼ et les autres à 4 de celles du 80 000ᵉ.

D'autre part, le ministère de l'Intérieur a publié, de 1881 à 1894, une *nouvelle carte de France au 100 000ᵉ*, et il y a aussi une *carte de France du Ministère des Travaux Publics* au 200 000ᵉ, plus une *carte du Dépôt des Fortifications* au 500 000ᵉ, toutes également en plusieurs couleurs.

Les feuilles gravées des cartes au 80 000ᵉ et au 320 000ᵉ se vendent 2 fr., les feuilles en report 50 c., quand elles existent encore, et les ¼ de feuille, 1 fr. et 30 c. Pour la Frontière des Alpes, le prix de chaque feuille est de 50 c. Le 100 000ᵉ est à 85 c., le 200 000ᵉ du Service Géographique à 1 fr. 50; celui des Travaux Publics, à 40 c., et le 500 000ᵉ à 1 fr. 50.

Pour Chamonix, il y a la *Chaîne du Mont-Blanc*, par Imfeld, au 50 000ᵉ (1896, 8 fr.) et le *Massif du Mont-Blanc*, par Mieulet, au 40000ᵉ (1865, 1 fr.).

Toutes ces cartes peuvent se trouver dans les librairies des endroits fréquentés par les touristes, mais ceux qui en auront besoin pour des excursions feront bien de se les procurer d'avance. Elles se vendent à Paris chez Baudoin, rue et passage Dauphine, 30; chez Barrère, rue du Bac, 4, etc.

Le catalogue du Service Géographique de l'Armée, qui se vend 1 fr., contient des *tableaux d'assemblage* de ses cartes, vendus 10 c. au détail. Le catalogue Barrère (gratuit) en contient du 80 000ᵉ, du 200 000ᵉ et du 320 000ᵉ. Tableau du 100 000ᵉ, à la librairie Hachette; du 200 000ᵉ des Travaux Publics, à la librairie Delagrave, rue Soufflot, 15, à Paris.

LE SUD-EST DE LA FRANCE

I. LE LYONNAIS

1. De Paris à Lyon.

A. Par la Bourgogne ou par Dijon et Mâcon.

512 kil. Trajet en 7 h. 30 à 17 h. 30 jusqu'à la gare de Perrache (v. p. 6).
Prix : 57 fr. 45, 38 fr. 80, 25 fr. 35. Départ de la gare de Lyon.

Nota. Excepté aux abords de Lyon, nous ne mentionnons ci-après que
les *stations principales*, celles où l'on s'arrête en faisant directement le trajet de jour, par les trains express. Nous n'indiquons non plus que som-
mairement les *principales curiosités.* Voir pour les détails *Paris et ses environs* et le *Nord-Est de la France*, par Bædeker.

D'abord 155 kil. de trajet sans arrêt par les trains express, dans

Bædeker. S.-E. de la France. 7e édit. **1**

les vallées de la *Seine* et de l'*Yonne*, en 2 h. 15 à 2 h. 30, jusqu'à *Laroche*, à l'embranch. de la ligne d'Auxerre.

Puis la vallée de l'*Armançon*. Belle contrée aux approches de Dijon. Nombreux tunnels et viaducs, le 3e tunnel de 4100 m. de long et l'un des viaducs de 44 m. de haut.

315 kil. **Dijon** (bon *buffet*; *Gr.-H. de la Cloche, H. de Bourgogne*, etc.). 67736 hab. A g. de la rue de la Gare, une belle promenade et la *statue de Rude*. En face, la *porte Guillaume*, de 1784, et à peu de distance à dr., *St-Bénigne*, du XIIIe s. Plus loin, au delà de la porte, l'*hôtel de ville*, l'anc. palais des ducs de Bourgogne, qui contient un **musée* très important, avec les tombeaux de Philippe le Hardi et de Jean sans Peur. Un peu au delà, *St-Michel*, des XVIe-XVIIe s. Assez loin dans la même direction, le *monument du 30 octobre* (1870). A quelques min. derrière l'hôtel de ville, **Notre-Dame*, du XIIIe s. Assez loin aussi dans cette direction, le *monument de Carnot*; non loin de là, à g., la *statue de St Bernard*; etc.

Autres lignes, v. le *Nord-Est de la France*, par Bædeker.

440 kil. **Mâcon** (*buffet*; hôt. : *des Champs-Elysées, de l'Europe*), ville de 18739 hab., sur la *Saône*. La rue Joséphine, à g., mène aux quais. Là se trouvent la *statue de Lamartine*, l'*hôtel de ville*, etc. Derrière, *St-Pierre*, église moderne du style roman. Plus loin, près du quai, les restes de l'*ancienne cathédrale*, etc.

Ligne de *Bourg*, vers la Savoie et la Suisse, v. p. 58. — Autres lignes, v. le *Nord-Est de la France*, par Bædeker.

On continue de descendre la vallée de la Saône, qui s'embellit aux approches de Lyon. Pas de station de grande importance. — **492** kil. *St-Germain-au-Mont-d'Or*, où aboutit la ligne suivante. — **494** kil. *Neuville-sur-Saône*, localité considérable, desservie aussi par la ligne de Trévoux (p. 25) et un tramway de Lyon. — **497** kil. *Couzon* (Rhône). — **500** kil. *Collonges-Fontaines*, que desservent encore, de Lyon, des bat. à vap. et un tramway. — **504** kil. *L'Ile-Barbe* (p. 24). — **507** kil. *Lyon-Vaise*, première gare de Lyon (v. p. 6). Plus loin, un tunnel de 2175 m., sous la colline de Fourvière, dont on aperçoit l'église et le belvédère, et enfin un pont sur la Saône.

512 kil. **Lyon**, gare de *Perrache* (buffet). Description, v. p. 6-24.

B. Par le Bourbonnais et Paray-le-Monial.

507 kil. Trajet en 12 h. 5 et 15 h. 30, jusqu'à la gare de Perrache (v. p. 6). Prix : 56 fr. 90, 38 fr. 45, 25 fr. 10. Départ de la gare de Lyon.

Nota. Il n'y a également d'abord ici, jusqu'à *Paray-le-Monial* (380 kil.), qu'une description sommaire, comme il est dit p. 1.

Jusqu'à *Montargis*, quelques trains, dont deux express en été, vont par les petites villes de *Corbeil* (33 kil.), *Malesherbes* (77 kil.) et *Beaune-la-Rolande* (102 kil.). — L'autre ligne est la même que celle de Dijon jusqu'à *Moret* (67 kil.; v. ci-dessous). — **45** kil. *Melun*. — **59** kil. *Fontainebleau*. — **67** kil. *Moret* (buffet), à la bifurcation. Ensuite la vallée du *Loing*. — **87** kil. *Nemours*. 4602 hab. Anc. château ducal.

118 kil. **Montargis** *(buffet).* 11 314 hab. *Eglise* des xiiie-xvie s. *Statue de Mirabeau.* *Hôtel de ville* moderne, avec un petit musée. Jonction des canaux du Loing et de Briare. 2 embranchements.

155 kil. **Gien** *(buffet).* 8271 hab. Anc. *château,* du xve s., dominant la *Loire,* l'un et l'autre plus loin à dr. 3 embranchements.

196 kil. *Cosne.* 8610 hab. 2 embranchements. — 227 kil. *La Charité.* 5339 hab.

254 kil. **Nevers** *(buffet; hôt. de la Paix,* etc.), ville de 27 108 hab., au confluent de la Loire et de la Nièvre. **Palais de justice,* anc. château ducal. **Cathédrale,* des xiiie - xve s. *Eglise St-Etienne,* du style roman auvergnat. *Porte du Croux,* du xive s., etc.

Autres lignes, v. le *Sud-Ouest* et le *Nord-Est de la France,* par Bædeker.

Pont sur la Loire. — 264 kil. *Saincaize.* Ligne de Bourges. Ensuite à dr. l'*Allier.*

313 kil. **Moulins** *(buffet;* hôt.: *de Paris, de l'Allier, du Dauphin),* anc. capitale du Bourbonnais. 22 215 hab. *Cathédrale* goth., en partie moderne. *Église du Sacré-Cœur,* moderne, du style goth. primitif. *Tour de l'Horloge,* du xve s. *Mausolée de Henri II de Montmorency,* dans la chapelle du lycée, etc.

Lignes de *Roanne, Vichy* et *St-Etienne,* v. R. 3. — Autres lignes, v. les mêmes volumes que ci-dessus.

La ligne de Lyon prend ici à l'E. — 327 kil. *Montbeugny.* — 334 kil. *Thiel.* — 341 kil. *Dompierre-Sept-Fonts.* 3304 hab. — 348 kil. *Diou.* On traverse le *canal Latéral* et la *Loire.* — 350 kil. *Gilly-sur-Loire.* — 360 kil. *St-Agnan.* — Pont sur l'*Arroux.* — 369 kil. **Digoin,** ville industrielle et commerçante de 5869 hab., sur la Loire, le canal Latéral et les canaux du Centre et de Roanne.

380 kil. **Paray - le - Monial** *(buffet;* hôt.: *de la Poste,* dans la grand' rue; *Drago,* en face du couvent, pour pèlerins; *de Bourgogne,* à la gare, bon et pas cher), ville de 4088 hab., sur la Bourbince. Elle a plutôt l'air d'un gros bourg que d'une ville. Elle doit son surnom à un ancien couvent de bénédictins et une certaine célébrité à un couvent de la Visitation encore existant, dont l'une des religieuses, Marie Alacoque (m. 1690), mit en faveur le culte du Sacré-Cœur de Jésus. Une recrudescence de dévotion, à laquelle l'esprit de parti n'était pas étranger, y amena en juin 1873 plus de 100 000 pèlerins.

L'**église* de Paray-le-Monial, où l'on arrivera directement par la première rue à dr. dans la ville, mérite à elle seule une visite. Bien que plus petite que son modèle, l'église abbatiale de Cluny, maintenant en majeure partie détruite, c'est encore une grande église de transition du xiie s., de plus de 49 m. de long et 27 m. de haut dans œuvre, et l'une des plus remarquables qui existent. Elle est à trois nefs, avec transept, deux tours à la façade, sur un narthex, et une tour centrale. Elle a de belles colonnes et de curieux chapiteaux, en particulier au narthex. Il y a au S. un *cloître,* où l'on entre du bras dr. du transept. A dr. de la nef est l'ancien *couvent* dont dépendait l'église et plus loin l'ancien *palais abbatial.*

La rue en face du portail latéral du N. longe à dr. le *couvent de la Visitation,* dont on remarquera seulement la *chapelle,* pleine d'ex-voto.

En tournant plus loin à g., on arrive sur une petite place où se trouvent le *tribunal,* reste d'une anc. église du xvi⁰ s., et la *mairie,* anc. maison de la Renaissance, qui a une façade richement sculptée, avec des inscriptions datées de 1525 et 1528. — On se retrouve un peu plus loin à g. dans la grand' rue.

Lignes de *Chagny* (Dijon), *Mâcon* et *Roanne,* v. le *Nord-Est de la France,* par Bædeker.

De Paray-le-Monial à Lamure (66 kil.), la nouvelle ligne de Lyon, terminée en 1900, est une des plus intéressantes du réseau P.-L.-M. Cette section va traverser au S.-E. les *Cévennes centrales,* pour passer du bassin de la Loire dans celui du Rhône. Il y a 11 viaducs et 9 tunnels, mesurant ensemble 8750 m. de longueur, mais les rampes ne dépassent pas 11 mm. par m., grâce au grand tunnel des Echarmeaux et à la boucle de Claveisolles. — 386 kil. *Lugny-lès-Charolles,* qui a un château du xvi⁰ s. Puis un tunnel de 430 m. et un pont sur l'*Arconce.* — 394 kil. *St-Julien-Changy.* Viaduc d'env. 24 m. de haut. — 398 kil. *Dyo.* Ensuite un petit tunnel, et on longe à g. la ligne de Chalon à Roanne.

409 kil. **La Clayette** (pron. «claitte»; *hôt. du Nord*), petite ville dans un site pittoresque, sur un coteau près d'un joli *lac* et avec un château. Ligne de Chalon (92 kil.) à Roanne (44 kil.), v. le *Nord-Est de la France.* Viaduc de 236 m. et tunnels de 100 et 163 m. — 413 kil. *Chassigny-sous-Dun.* Tunnel de 150 m. — 416 kil. *Mussy-sous-Dun.* Bientôt après, le grand *viaduc de Mussy,* de 561 m. de long et 60 de haut, et un tunnel de 133 m. — 419 kil. *Chauffailles,* bourg industriel de 4888 hab. Plus loin, deux viaducs, d'env. 33 et 26 m. de haut. — 426 kil. *Belleroche-Belmont.* Vient ensuite le *tunnel des Echarmeaux,* de 4152 m. de long, le second de France (premier, p. 305), à près de 526 m. d'alt., sous le col de ce nom (718 m.), qui évite une plus forte montée. — 431 kil. *Poule.* On redescend dans la belle vallée populeuse et industrielle de l'*Azergues,* en passant d'abord par deux viaducs d'env. 20 et 26 m. de haut, la *boucle de Claveisolles,* de plus de 4500 m. de développement, avec trois viaducs, de 30, 26 et 27 m. 50 de haut, par laquelle la voie descend de 42 m., et un tunnel de 263 m. — 440 kil. *Claveisolles.* Enfin un tunnel de 1262 m., après lequel on atteint le fond de la vallée. — 442 kil. *St-Nizier-d'Azergues.*

446 kil. **Lamure**-*sur-Azergues* (hôt. Chaumont), dans un bassin entouré de hauteurs boisées. — 449 kil. *Grandris-Allières.* — 452 kil. *St-Just-d'Avray.* — 455 kil. *Chamelet,* dans un site pittoresque, avec un donjon d'un anc. château fort. — 460 kil. *Ternand,* aussi dans un site pittoresque, avec des restes de château. — 462 kil. *St-Laurent-d'Oingt.* — 446 kil. *Bois-d'Oingt-Legny.* — 470 kil. *Chessy.* Château. Mines de cuivre abandonnées.

472 kil. *Châtillon-d'Azergues.* Ruines remarquables d'un château du moyen âge, avec une belle chapelle à deux étages, en partie du XIIe s., possédant un tableau d'Hipp. Flandrin.

476 kil. *Lozanne.* Ligne de Roanne, v. p. 6. — 480 kil. *Chazay-Marcilly.* — 482 kil. *Les Chères - Chassel.*

487 kil. *St - Germain - au - Mont - d'Or* (petit buffet), où l'on rejoint la ligne de Paris par Dijon (p. 2). — 507 kil. *Lyon* (p. 6).

C. Par le Bourbonnais et Roanne.

517 kil. Plus de service direct depuis l'ouverture de la ligne précédente, les express qui vont à Roanne continuant de là sur St-Etienne (R. 3). Trajet en 12 h. 40 et 13 h. 30. Prix comme par Paray-le-Monial.

Jusqu'à *Moulins* (312 kil.), v. p. 3. On continue tout droit. — 342 kil. *Varennes-sur-Allier.* Embranchement.

355 kil. **St-Germain-des-Fossés** (*buffet*; hôt. *du Parc*, à la gare), à la bifurcation des *lignes de Lyon*, *Clermont-Ferrand* (p. 33) et *Vichy* (p. 27). — Pays plus accidenté et plus joli. Montagnes à dr. — 372 kil. *La Palisse.*

421 kil. **Roanne** (*buffet*; hôt.: *du Nord*, rue de la Sous-Préfecture; *du Commerce*, place du Marché), ville industrielle de 33912 hab. et chef-lieu d'arr. de la Loire, sur la rive g. de la Loire, la *Rodomna* ou *Roidomna* des Romains. Elle a d'importantes filatures et manufactures de cotonnades, et elle fait encore un grand commerce de lainages au crochet, fabriqués dans la campagne environnante.

Roanne offre peu de curiosités aux touristes. Le cours de la République, à dr. au sortir de la gare, et la rue de la Côte, à l'extrémité à g., conduisent à la rue Nationale, qui descend vers la Loire. Cette rue passe, à dr., à l'*hôtel de ville*, édifice assez remarquable, construit de 1868 à 1873, où il y a un petit *musée*, surtout d'antiquités et d'objets d'art, public les dim. et jeudi, de 10 h. à midi et de 2 à 4. Plus loin, à g., *Notre-Dame-des-Victoires*, belle église moderne dans le style du XIIIe s. — La seconde artère de la ville est celle qui passe devant la sous-préfecture, à dr. à l'extrémité de la rue de la Côte (v. ci-dessus), et se continue à g. vers le *collège*, qui est neuf, et vers *St-Etienne*, l'église principale, des XIIIe-XIVe s. La rue transversale en deçà de cette église ramène à la gare.

De Roanne à *Paray-le-Monial* (p. 3), *Montchanin* et *Chagny*, v. le *Nord-Est de la France*, par Bædeker.

A 13 kil. à l'O. (omn., 1 fr.), **St-Alban** (*hôt. St-Louis*, etc.), village qui a des eaux minérales froides ferrugineuses et gazeuses, connues depuis l'antiquité et fort estimées comme eaux de table. Elles s'utilisent relativement peu sur place, mais il y a cependant un *établissement* bien organisé et un *casino*. Le gaz acide carbonique, très abondant, s'y emploie également seul et pour faire de la limonade. — Excursions variées dans les *monts de la Madeleine*, d'où on a une belle vue sur la vallée de la Loire.

Après avoir contourné la ville à g., la voie traverse la *Loire*, à laquelle on a fait à cet endroit un nouveau lit près de l'ancien. — 423 kil. *Le Coteau*, faubourg de Roanne, où se détachent, à dr., la ligne de St-Etienne (R. 3); à g., celle de Paray-le-Monial. Celle de

Tarare-Lyon remonte la vallée du Rhins, qu'elle va traverser plusieurs fois. — 430 kil. *L'Hôpital.* Puis 4 petits tunnels.

437 kil. *Régny*, vieux village, sur le Rhins, où il y eut un prieuré de l'ordre de Cluny et qui a encore des restes de fortifications. Belle église moderne sur les plans de Bossan (p. 11), couronnant un rocher qui surplombe la rivière. Fabriques de cotonnades et de crayons Conté, pour le dessin. — Ensuite un tunnel, après lequel on voit, à g., la manufacture de crayons Conté, et plus loin un autre tunnel. — 443 kil. *St - Victor - Thizy* (buffet).

EMBRANCH. de 7 kil. sur **Thizy** *(hôt. du Midi)*, ville de 4892 hab., au N.-E., dans un site pittoresque, et centre important pour la fabrication des cotonnades, des étoffes d'ameublement, des couvre-pieds de soie, de la toile amiantine, des écharpes, etc. — Embranch. aussi de St-Victor, long de 14 kil., sur **Cours** *(hôt. de la Poste)*, autre ville industrielle, de 5755 hab., fabriquant surtout, avec les déchets de laine, etc., des couvertures à bon marché.

Les travaux d'art deviennent plus considérables et le pays plus accidenté à l'approche des montagnes du Lyonnais. 2 tunnels.

449 kil. **Amplepuis** *(hôt.: du Centre, du Commerce)*, à g., localité de 6960 hab., qui a des fabriques de linge de table, cotonnades, mousselines, foulards, etc. Elle est dominée par un château moderne.

La voie monte considérablement, passe dans un tunnel de 2926 m. et redescend rapidement dans le bassin du Rhône. Contrée pittoresque. On traverse encore un tunnel de 800 m., avant lequel on voit bien Tarare, à gauche.

463 kil. **Tarare** *(buffet; hôt. de l'Europe)*, ville industrielle moderne de 12 028 hab., dans l'étroite vallée de la Turdine, entourée de montagnes. Elle est le centre d'une fabrication importante de *mousselines* unies et brodées et de peluche de soie pour chapeaux. Statue en bronze de *Simonnet* (1710-1778), qui y créa la première fabrique de mousseline. — 468 kil. *Pontcharra - St - Forgeux.* — 472 kil. *St - Romain - de - Popey.* Puis 2 petits tunnels.

479 kil. **L'Arbresle** *(Grand-Hôtel)*, à g., ville ancienne de 3577 hab., dominée par un vieux *château*, dont le donjon a été restauré, et qui a conservé deux portes de son enceinte fortifiée, ainsi que des maisons du moyen âge et de la Renaissance. — Ligne de Montbrison, v. p. 24. — Encore 4 petits tunnels et à g. la ligne précédente.

486 kil. *Lozanne.* Suite, p. 5 et 2.

2. Lyon.

Gares. Lyon a 7 gares de voyageurs, sans compter celles des Ficelles (p. 8), la principale la *gare de Perrache* (pl. C 6; buffet), où vont tous les trains passant à celle de *Vaise* (pl. A 1), sur la ligne de Paris-Dijon (p. 2) et à la *gare de Genève* ou des *Brotteaux* (pl. G 3), sur la ligne de Genève (R. 11 B). Les autres sont: la *gare de la Croix-Rousse* ou des *Dombes* (pl. D 2; Ficelle de Sathonay), pour Bourg et au delà; la *gare de St-Paul* (pl. C 3) pour la ligne de Montbrison (p. 24); la *gare de St-Just* (pl. B 5; Ficelle de Fourvière), pour la ligne de Mornant et Vaugneray (p. 25), et la *gare de l'Est* (pl. G 5), pour la ligne d'Aoste-St-Genix (p. 25). — *Départs* de Lyon,

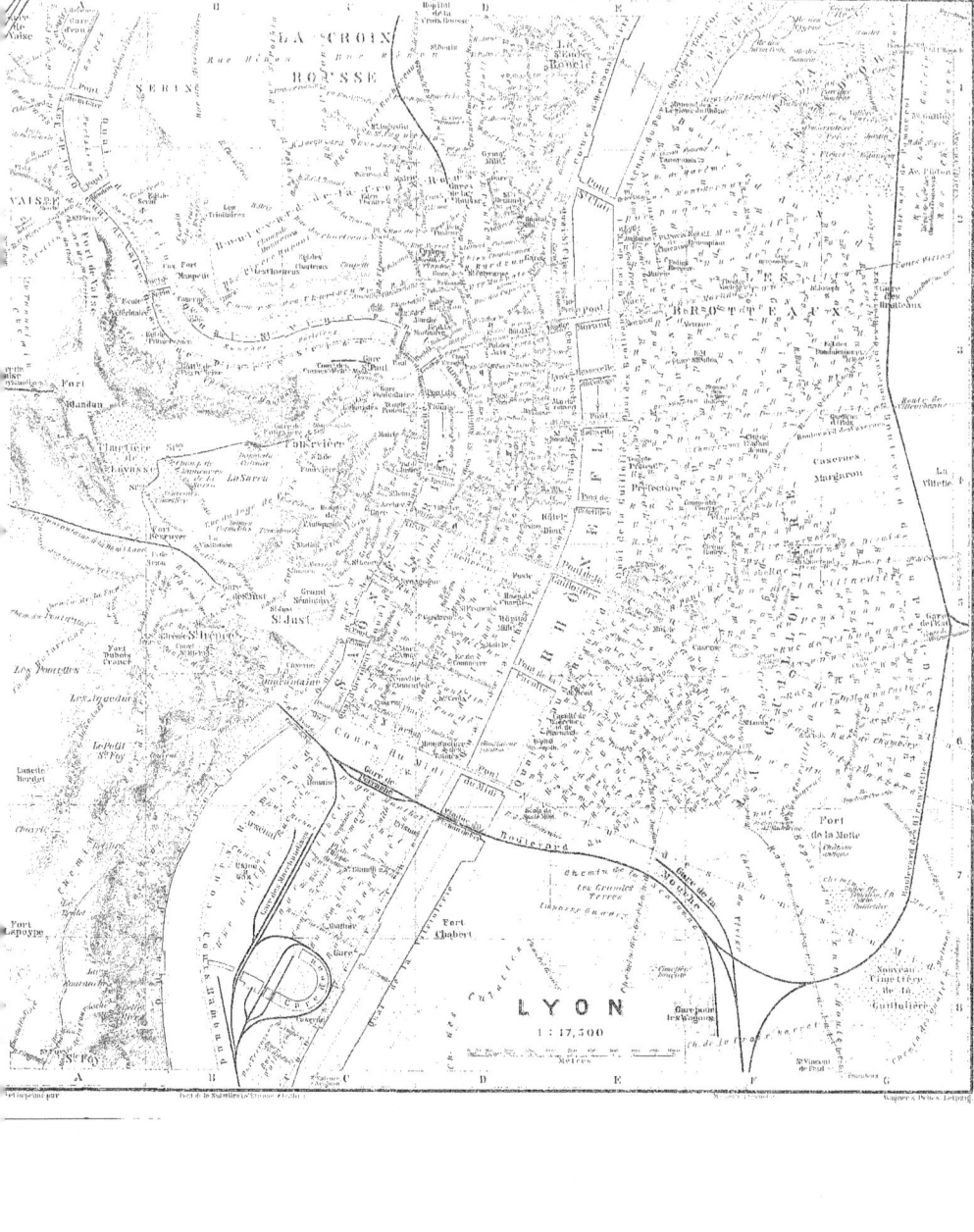

LYON
1 : 17,500

v. p. 24/25. — Les hôtels ont des *omnibus* à la gare de Perrache, mais la plupart presque aussi chers que les voitures de place, plus chers si l'on est plusieurs, et il n'est pas rare que leurs départs soient retardés par le chargement de nombreux colis.

Hôtels. — 1° Dans le centre de la ville: *Gr.-H. de Lyon* (pl. a, D 3), rue de la République, 16 (ch. dep. 3 fr., b. 50 c., serv. compté si l'on prend ses repas au dehors, rep. 1.50, 4 et 5); *Gr.-H. de Bellecour* (pl. c, D 5), place du même nom, 20, avec café-rest. (v. ci-dessous); *Gr.-Nouvel-Hôtel* (pl. h, E 4), rue Grolée, 11, donnant par derrière sur le Rhône (ch. t. c. 3 à 15 fr., rep. 1.50, 3 et 3 50); *Gr.-H. de l'Europe* (pl. d, D 4), rue Bellecour, 1 (ch. t. c. dep. 4 fr. ou 4 fr. 50, rep. 1.50, 3 et 5); *H. Bayard* (pl. s, D 4), rue Président-Carnot, 4, avec rest. (dé. 2 fr. 50, dî. 3); *H. de Rome* (pl. p, CD 5), rue de Peyrat, 4; *Gr.-H. des Beaux-Arts* (pl. f, D 4), rue de l'Hôtel-de-Ville, 75 (ch. t. c. dep. 3 fr., rep. 1.25, 3 et 4); *Gr.-H. des Etrangers* (pl. g, D 4), rue Stella, 5 (p. t. c. 6 à 10 fr.); *Gr.-H. du Globe* (pl. e, D 4), rue Gasparin, 21; *H. des Archers* (pl. o, D 4), rue de ce nom, 15 (ch. t. c. 2.50 à 1 fr., rep. 75 c., 2.50 et 3 fr.); *H. de Russie* (pl. m, D 4), rue Gasparin, 6 (ch. d'p. 2 fr., dé. 3, dî. 3.50); *H. de Milan* (pl. n, D 3), place des Terreaux, 8 (ch. t. c. 2 à 10 fr., rep. 1, 2.50 et 3); *H. de Paris & du Nord* (pl. q, D 3), rue de la Platière, 16.

1° Près de la gare de Perrache, mais assez loin des curiosités de la ville: *H. de l'Univers* (pl. i, D 6), cours du Midi, 27 et 29; *H. d'Angleterre* (pl. j, C 6), place Carnot, 21, bon (ch. t. c. 3 à 7 fr., rep. 1.50, 3 et 4); *H. de Bordeaux & du Parc* (pl. k, C 6), cours du Midi, à dr. au sortir de la gare (ch. t. c. 3.50 à 4 fr., rep. 1.25, 3 et 4); *H. de Nice* (pl. r, D 6), cours du Midi, 23, simple.

Restaurants: *Café Neuf*, place Bellecour, 7; *Morateur*, rue Gentil, 12; *Baptiste*, place des Cordeliers, 1; *Farge*, id.; *Maison-Dorée*, sur la place Bellecour, là où a lieu le concert (p. 11); *Maderni*, rue de la République, 19; *Grand-Café*, même rue, 8; *R. du Helder*, rue de l'Hôtel-de-Ville, 98, tous de 1er ordre, et avec prix en conséquence; *Gr.-C.-Restaur. de Bellecour*, à l'hôtel de ce nom (3 et 4 fr.); *Café de la Paix*, place Bellecour, à la rue de l'Hôtel-de-Ville (3.50 à 4 fr.); *Eden-Restaur.*, place des Terreaux, 8 (hôt. de Milan; 2.50 et 3 fr.); dans beaucoup de cafés (dé. 2 fr. et 2.50, dî. 3) et dans les grandes brasseries. — *Bouillons Gailleton*, place de la République, 42; quai de la Pêcherie, 1; *Bouillon Montesquieu*, place Carnot, 25.

Cafés: *Maderni*, *Café Neuf*, *Maison-Dorée* (v. ci-dessus); *Gr.-C. Riche*, place de la République; *C. de la Paix* (v. ci-dessus); *C. de l'Univers*, place des Jacobins, 9; *C. Anglais*, rue de la République, 24; *C. du XIXe Siècle*, même rue, 37; *C. de Madrid*, place de la Comédie et rue de la République, 1; *C. Morel*, rue de l'Hôtel-de-Ville, 106, et place Bellecour; *Gr.-C. de Lyon*, rue de l'Hôtel-de-Ville, 49.

Brasseries: *brasserie du Tonneau*, rue de la République, 66, près de la place Bellecour; *Gr.-Tav. Gruber*, place des Terreaux, 13; *brass. Kléber*, place de la Comédie, 23; *tav. du Coq-d'Or*, rue de la République, 77; *tav. de Lyon*, id., 50; *brass. Georges*, cours du Midi, 28 et 30, grand local près de la gare de Perrache, du côté du Rhône, avec dépendance en face (Hoffherr); *brass. Thomassin*, rue Thomassin; *brass. de l'Étoile*, cours Gambetta, 1.

Voitures de place: à 2 et 3 pl., course, 1 fr. 50; heure, 2 fr.; à 4 pl., 1 fr. 75 et 2 fr. 50; 50 c. de plus de min. à 6 h. du matin. — *Bagages:* 1 colis, 25 c.; 2 colis, 50 c.; 3 colis et plus, 75 c.

Tramways, à traction électrique. I° DE LA PLACE BELLECOUR (pl. D 5), rue de la Barre, à l'E.: 1, à *Montchat* (pl. G 6); 2, au *Bon-Coin* (Villeurbanne; pl. G 5); 3, à *Vénissieux* (pl. G 8), tous par la Guillotière (p. 10); 4, au *pont d'Ecully* (pl. A 2); 5, à la *gare de Vaise* (pl. A 1), l'un et l'autre par la rive dr. de la Saône. — II. DE LA PLACE DES CORDELIERS (pl. DE 4): 6, à *Villeurbanne* (pl. G 3); 7, à l'*asile de Bron* (pl. G 5); 8, à *Monplaisir-la-Plaine* (pl. G 8), par les Brotteaux et par la Guillotière. — III. DE LA GARE DE PERRACHE (pl. C 6): 9, aux *Brotteaux*, gare de Genève (pl. G 3), par le centre de la ville; 10, au *parc de la Tête-d'Or* (pl. F G 1), par la Guillotière et les Brotteaux; 11, à *St-Clair* (pl. E 1), au N., par la rive dr. du Rhône. — 12. De la *place du Pont* (pl. E 5) à la *gare de Vaise* (pl. A 1),

par le pont Lafayette, le centre de la ville, la rive g. de la Saône, etc.
— 13. De la *place de la Charité* (pl. D 5) à *Oullins* et *St-Genis-Laval*, au S.
(pl. C 8), par la rive dr. du Rhône. — 14. De l'*archevêché* (pl. C 4) à *Mon-
plaisir* (pl. G 6, marge). — 15. Du *quai de la Pêcherie* (pl. D 3), par la rive
g., puis la rive dr. de la Saône, à *Collonges, Fontaines, Couzon* et *Neuville-
sur-Saône* (16 kil. 100). — 16. Du *pont Mouton* (pl. A 2) à *Ecully*, à *Cham-
pagne*, à *St-Cyr-au-Mont-d'Or.* — 17. De *St-Just* (Ficelle; pl. B 5) à *Ste-Foy.*
— Prix ordinaires: dans la ville, 1re cl., 20 c.; 2e cl. (impér.), 10 c.; hors
de la ville, 10 et 5 c. en sus ou davantage, sur les longs parcours.

Bateaux-omnibus. — SUR LA SAÔNE: *les Mouches*, entre Perrache (pont
du Midi; pl. C 6), Vaise (pont Mouton; pl. A 2), et St-Rambert (Ile-Barbe),
à 10 c. en sem. et 15 c. les dim. et fêtes pour Vaise, 25 ou 30 c. pour tout le
trajet; *les Parisiens*, en été, entre Lyon (quai St-Antoine; pl. D 4) et Collonges,
par Vaise, l'Industrie, Rochecardon (en face, la tour de la Belle-Allemande),
la Caille, le Lycée, Cuire, l'Ile-Barbe et le quai du Vernay (25 et 50 c.), et
plus loin pour Chalon-sur-Saône, les lundi, mercr. et vendr.; prix 3 et
2 fr. pour Mâcon, 6 et 4 pour Chalon. — SUR LE RHÔNE: *le Gladiateur*, du
quai de la Charité (pl. D E 5) à Avignon (p. 280), les mercr. et sam. à 6 h.
du matin; trajet en 11 à 12 h., pour 11 fr. 50 et 6 fr. 50.

Chemins de fer funiculaires, dits *Ficelles.* 1° De l'*avenue de l'Archevêché* (Pl. C 4) à *Fourvière*, place de Fourvière, en face de la basilique:
trajet en 3 min. 1/2; départ toutes les 5 à 10 minutes. Prix: 1re cl.,
20 c.; 2e cl., 10 c. On paye à la gare d'en haut seulement. Ce petit
chemin de fer monte de 120 m. sur une longueur de 430. — 2° De l'*avenue de
l'Archevêché* (pl. C 4) à *St-Just* (97 m. sur 840). La ligne se rattache à St-Just
à celle de Mornant et Vaugneray (p. 25). Près de là, à g., le tramw. de
Ste-Foy (v. ci-dessus). — 3° De la *place Sathonay* (pl. D 3) à la *Croix-Rousse*
(p. 9 et 21; 72 m. sur 486); départ toutes les 5 min.; prix, 10 c. La ligne se
rattache à celle de Sathonay-Bourg, qui a des bureaux dans le bas, même
pour les bagages. — 4° De la *place Croix-Pâquet* (pl. D 2; p. 23), également
à la *Croix-Rousse* (76 m. sur 520).

Poste: bureau principal, place de la Charité et place Bellecour, 19 (pl.
D 5): bureaux auxiliaires, rue de l'Hôtel-de-Ville, 3; cours du Midi,
34 (Perrache), et dans les faubourgs.

Télégraphe et téléphone: bureau central, ouvert jour et nuit, rue de
la Barre, 7; bureaux auxiliaires, gare de Perrache, etc. — *Téléphone:* rue
de l'Hôtel-de-Ville, 25 et aux principaux bureaux des postes et télégr.;
communications entre Lyon, Paris (1 fr. 50 par 3 min.), Marseille (1 fr.),
St-Etienne (40 c.), etc.

Théâtres: *Grand-Théâtre* (pl. D E 3), place de la Comédie (7 fr. à 60 c.);
théâtre des Célestins (pl. D 4), place du même nom (4 fr. à 60 c.).

CAFÉS-CONCERTS: *Casino des Arts* (pl. D 4), rue de la République, 79;
Scala, rue Thomassin, 20. — *Folies-Bergère*, avenue de Noailles, 55. — *Cirque*
(pl. F 5), avenue de Saxe, 20 bis. — *Théâtres de Guignol*, caractéristiques
pour Lyon, où a été inventé le type de Guignol (canut, p. 21): place des
Célestins (pl. D 4), passage de l'Argue (entre la rue de la République
et la rue Centrale) et quai St-Antoine, 30 (pl. D 4).

Bains: *de la Grotte*, rue de la Charité, 4 (pl. Bellecour); *de la Gare-
de-Perrache*, même rue, 80; *Chantre*, rue de la République, 71; *Hammam
Lyonnais*, rue du Plat, 29; *B. du Rhône*, sur le Rhône, quai de Retz et quai
de l'Hôpital, etc.

CONSULATS ET VICE-CONSULATS: *Angleterre*, quai de Retz, 9 (de 9 h. à
10 h.); *Autriche-Hongrie*, rue Lafont, 20 (pl. E 3); *Belgique*, rue de l'Arbre-
Sec, 28 (pl. D 3); *Etats-Unis*, quai St-Clair, 7 (9 h. à midi); *Italie*, quai
de l'Hôpital, 9 (9 h. à midi); *Russie*, cours du Midi, 11 (9 h. à 11 h.); *Suisse*,
rue du Bât-d'Argent, 7 (pl. D E 3; 9 h. à 11 h. et 1 à 4).

TEMPLES PROTESTANTS: de l'*église réformée*, place du Change (pl. C 3-4;
à 10 h. 1/2); quai de la Guillotière, 3 (pl. E 4; 9 h.); — de la *Confession
d'Augsbourg*, rue Fénelon, 12 (pl. E F 3; 9 h., 10 h. 1/2, en all., et 4 h.);
de l'*église évangélique*, rue Lanterne, 10 (pl. D 3; 10 h. 1/2); — de l'*église
anglicane*, quai de l'Est, 3 (pl. E 2; 10 h. 1/2 et 3 h. 1/2).

SYNAGOGUE (pl. C 5), quai de Tilsitt 13.

Principales curiosités, dans l'ordre de la description : *places Carnot* et *Bellecour* (p. 10), *N.-D.-de-Fourvière* (p. 11), *St-Jean* (cathédrale; p. 13), *hôtel de ville* (p. 15), *musées* du palais des Arts (p. 16), *Bourse* et *musée historique des tissus* (p. 21), *parc de la Tête-d'Or* (p. 23).

Lyon (170-310 m. d'altit.), le *Lugdunum* des Romains, l'anc. capitale du *Lyonnais* et actuellement le chef-lieu du départ. du *Rhône,* le siège du commandement du xive corps d'armée, d'un archevéché, d'une université depuis 1896, de l'école du service de santé militaire, etc., est une ville de 466 028 hab., la première de France après Paris, non seulement par son étendue, mais encore par son industrie et son commerce. Elle occupe un des premiers rangs par sa magnifique situation, au confluent de deux grandes rivières navigables, le *Rhône* et la *Saône,* bordés de 10 kil. de beaux quais, et sur les versants des collines qui en forment le bassin et en portent les fortifications.

Lyon fut fondée par des Grecs, en 560 av. J.-C., mais son importance ne date que de l'an 41 av. J.-C., où le consul Lucius Munatius Plancus y commença des constructions importantes, par ordre du sénat romain. Auguste en fit la capitale de la Gaule Celtique, qui fut nommée *Lyonnaise.* La ville romaine occupait la colline de la rive droite de la Saône, qui porte le nom de *Fourvière,* du latin *Forum Vetus.* L'empereur Claude, qu'elle a vu naître, lui fit accorder le privilège de colonie romaine (v. p. 19); Néron la rebâtit après un grand incendie, Trajan y construisit un édifice magnifique, qui fut le Forum Vetus. Le christianisme y fut apporté par St Pothin, au iie s., et elle eut à souffrir de la persécution de Marc-Aurèle, mais surtout de celle de Septime-Sévère. Abandonnée par les empereurs lors des invasions des barbares, Lyon changea ensuite bien des fois de maîtres et eut bien des calamités à subir, par suite de son importance et de sa situation, jusqu'à l'époque où elle se donna au roi de France, au commencement du xive s. L'industrie et le commerce s'y développèrent dès lors considérablement; mais elle fut encore durement éprouvée pendant les guerres d'Italie et les guerres de religion. Assez paisible ensuite durant deux siècles, elle eut des jours encore plus néfastes à la Révolution. Attachée à l'ancien régime, elle se révolta contre la Convention, dut être assiégée deux mois, en 1793, et fut condamnée à être démolie. Afin d'aller plus vite, l'infâme comédien Collot d'Herbois employa la mine et la mitraille; mais il ne put heureusement achever son œuvre de destruction et de carnage, par suite de la chute de Robespierre. Napoléon Ier releva Lyon de ses ruines, et alors commença une nouvelle période de prospérité sans égale, qui ne fut plus troublée que d'une manière transitoire, par une crise commerciale en 1831, par une insurrection politique en 1834 et par une inondation terrible en 1856. C'est surtout de ce temps que datent ses beaux quais et les grandes transformations qui en ont fait une des plus belles villes modernes. Lyon est la première ville du monde pour l'*industrie de la soie;* la moitié de ce qui se récolte de soie sur le globe passe dans ses magasins, et il s'y fabrique annuellement pour env. 400 millions d'articles dans lesquels la soie domine. Il y a encore des brasseries renommées. — Cette ville est la patrie des empereurs Claude, Marc-Aurèle, Caracalla et Géta, de St Irénée, Sidoine Apollinaire, St Ambroise, Philibert Delorme, Barrème, Coyzevox, Nic. et Guill. Coustou, de Jussieu, Suchet, Ampère, Jacquart, Flandrin, Meissonier, Puvis de Chavannes, etc.

Le Rhône et la Saône divisent Lyon en trois parties bien distinctes : la ville proprement dite, dans la langue de terre formée par le confluent des deux rivières, avec l'ancien faubourg de la *Croix-Rousse* (p. 21), sur la colline du même nom; la rive droite de la Saône, avec la colline de *Fourvière* et l'ancien faubourg de *Vaise,* et la rive gauche du Rhône, comprenant l'ancien faubourg de la *Guillotière* (v. ci-dessous) et les *Brotteaux* (p. 23).

La *gare de Perrache* (pl. C 6), la principale, sur un énorme remblai, doit son nom au quartier créé à la fin du siècle dernier par le sculpteur lyonnais Perrache, qui agrandit la ville en faisant reculer plus au S. le confluent du Rhône et de la Saône, auparavant à l'E. de la gare. On en descend au large *cours du Midi*, qui s'étend entre le Rhône, à-dr., et la Saône, à g.

La **place Carnot**, au delà du cours, naguère encore *place Perrache*, est une belle place oblongue, décorée depuis 1890 d'un *monument de la République* qui rappelle celui de la place de ce nom à Paris. Il se compose d'une statue en bronze de la République de 7 m. 20 de haut, par *Paynot*, sur un pylône de 16 m. de haut, précédé de la Ville de Lyon et entouré de groupes représentant la Liberté, l'Egalité et la Fraternité. Il y a déjà eu là un monument de Napoléon Ier (v. p. 16), puis des foutaines.

Le cours du Midi aboutit au Rhône au grand et magnifique po.t du **Midi** (pl. D6), reconstruit de 1888 à 1591 par l'ingénieur *Clavenad*. De l'autre côté, à l'extrémité S. du quartier populeux et peu intéressant de la **Guillotière**, un anc. faubourg, se trouvent, à dr., l'*Ecole de Santé mi'itaire* (1895), et à g., plus en amont, la **Faculté de médecine et de pharmacie** (pl. E6), vaste et belle construction moderne sur les plans de *Hirsch*. Il y a sur le devant une *statue de Claude Bernard* (1813-1878), le physiologiste (1894).

La rue Victor-Hugo, à la suite de la place Carnot, conduit vers le centre de la ville. Un peu plus loin que la place Carnot, à g., est la place Ampère, décorée de la *statue d'Ampère* (1775-1836), le physicien, bronze par Textor (1886), sur un piédestal formant fontaine. A peu de distance derrière cette place,

l'**église St-Martin-d'Ainay** (pl. C5), fondée au vi[e] s., rebâtie aux xe et xie s., dans le style roman et modifiée plus tard. La façade, décorée d'incrustations rouges en losange, a trois portails en ogive et un clocher carré avec quatre acrotères à la base de la flèche. Sur la croisée est une autre tour carrée très basse, formant à l'intérieur une coupole qui repose sur quatre grosses colonnes antiques. Il y a cinq nefs, les trois principales à colonnes et voûtées en berceau, les autres ajoutées au xiie ou au xiiie s.. Les absides sont décorées de peintures sur fond d'or par *Hipp. Flandrin*, le Christ et divers saints, et la coupole de peintures anciennes restaurées en 1899. Dans le chœur se voit un pavé en mosaïque du commenc. du xiie s., mais restauré en 1859, la Consécration de l'église par Pascal II, et le maître autel, œuvre moderne en bronze doré, a lui-même une belle mosaïque moderne. La chapelle de la Vierge, à dr., en deçà du chœur, a un autel sculpté par *Fabisch* et une Vierge par *Bonnassieux*. Ensuite, du même côté, la chapelle Ste-Blandine, une des parties les plus anciennes de l'église, avec une crypte restaurée depuis 1896. Au commenc. du bas côté de g., un beau portail plus ancien.

Nous revenons à la rue Victor-Hugo, qui aboutit plus loin à la **place Bellecour** («Bella Curia»; pl. D 5), la plus importante de Lyon, de 310 m. de long sur 200 de large. Elle est décorée d'une *statue équestre de Louis XIV*, en empereur romain, chef-d'œuvre de *Lemot*, sculpteur lyonnais (1775-1827). C'est la promenade à la mode de la ville, et la haute société habite les alentours. Il y a concert l'après-midi ou le soir dans la bonne saison: entrée dans l'enceinte, 50 c. Les grands bâtiments à l'O. et à l'E. sont occupés par la direction de l'enregistrement et la poste centrale. L'édifice imposant sur la hauteur à l'O. est l'église de Fourvière (v. ci-dessous).

En deçà de cette place, rue Sala, 12 (près de la Saône), se trouve un petit *musée de la Propagation de la Foi*, visible gratuitement tous les jours, dans la sem. de 9 h. à 11 h. et de 1 h. à 4 h., les dim. et fêtes de midi à 3 h. Il comprend des reliques, des instruments de torture, d'autres souvenirs de missionnaires et une petite collection ethnographique. Il y a un catalogue. — Les souscriptions recueillies dans le monde catholique pour l'œuvre de la Propagation de la Foi, dont le siège est à Lyon, s'élèvent à plus de 6 millions 1/2 par an.

A côté de la poste se voient l'*église* et l'*hospice de la Charité* (1217 lits), fondés par Kléberger, dit le «bon Allemand», et construits au commencement du XVIIe s. L'église a des vitraux par L. Bégule (1890).

Dans l'angle N.-E. de la place Bellecour, commencent deux belles rues modernes: la *rue de la République*, menant à la place de la Comédie, et la *rue de l'Hôtel-de-Ville*, se dirigeant vers la place des Terreaux (v. p. 15).

Si le temps n'est pas brumeux, ce qui est malheureusement assez commun à Lyon, nous allons immédiatement par la rue Bellecour, au N.-O., du côté de Fourvière, pour jouir de son point de vue superbe, et nous jetons en passant un coup d'œil sur les rives pittoresques et très animées de la *Saône*. Le cours sinueux de cette rivière est traversé dans Lyon par 13 ponts et passerelles, auxquels doit s'ajouter un pont gigantesque entre les collines de la Croix-Rousse et de Fourvière, à env. 83 m. de hauteur. Le Rhône n'a que 9 ponts (v. p. 22 et 23). L'église à dr. est la cathédrale, que nous verrons au retour. Au bout de l'avenue de l'Archevêché, au delà du pont, est la modeste *gare de l'Archevêché* ou des *Ficelles de Fourvière et de St-Just* (v. p. 8). Il vaut beaucoup mieux prendre ce ch. de fer, qui abrège et épargne la fatigue d'une montée pénible (autres chemins, v. p. 13). La *colline de Fourvière* (v. p. 9), que la Saône contourne de l'O. au S., est formée par un éperon de granit sur lequel s'est amoncelée, à l'époque glaciaire, une moraine de 40 m. d'épaisseur.

L'*église de Notre-Dame de Fourvière (pl. C4), à côté de laquelle subsiste l'anc. chapelle (p. 13), est un monument fort curieux par son originalité, massif à dessein, en vue de l'effet d'ensemble à distance, mais d'un goût douteux comme style. Elle a été entreprise en 1872, à la suite d'un vœu du clergé lyonnais pendant la guerre de 1870-71, et consacrée en 1896. Elle est sur les plans de *P. Bossan* (m. 1888) et dans une sorte de style byzantin modernisé. Elle se trouve à 122 m. au-dessus de la place Bellecour et elle a 86 m. de long, sur 35 de large et 38 de haut. L'*abside*, du côté de la ville, est la partie qui attire d'abord l'attention et la plus remarquable de l'extérieur. Elle est entourée d'une galerie semi-circulaire, d'où l'on donne la bénédiction à la ville le 8 sept., et flanquée de tours polygonales terminées par des espèces de couronnes. De chaque côté sont quatre demi-tours carrées, remplaçant les contreforts, et il y a à la façade deux tours comme à l'abside, qui achèvent de donner à l'ensemble le caractère d'un château fort.

La *façade* présente de plus un riche portique avec quatre colonnes monolithes de 8 m. 20 de haut, en granit du lac Majeur, supportant une galerie avec des anges-cariatides, au-dessus de laquelle il y a un fronton, dont les sculptures, trop petites pour la hauteur où elles sont placées, représentent le Vœu de la peste de 1643 et le Vœu de la guerre de 1870, par Dufraine. Sous le porche est une frise aux sujets bibliques et symboliques qui doit se continuer sur les façades latérales et à l'intérieur. Une ouverture dans le perron permet de descendre directement de ce côté dans la crypte, qui communique aussi avec l'église haute (v. ci-dessous).

L'*intérieur* de l'église présente une grande et deux petites nefs de même hauteur, divisées en trois travées par huit groupes de deux colonnes en marbre gris-bleu, à piédestaux et chapiteaux en marbre blanc, reliées dans le haut par de riches arcades avec des anges-cariatides. Les voûtes sont ornées de mosaïques, de peintures et de dorures, et il y en a de semblables sur les murs. Le chœur a dix colonnes en marbre rouge et à chapiteaux dorés, d'autres anges aux retombées de la voûte, une grande clef de voûte à pendentif, des mosaïques, des revêtements de marbre, etc., encore plus riches que dans les nefs. L'autel est naturellement d'une grande magnificence, fait des matériaux les plus précieux et orné de sculptures, de mosaïques, etc., avec un ciborium et une statue de la Vierge immaculée. Au fond de la grande nef, un tableau votif de la ville de Lyon après le choléra de 1832, par V. Orsel, auparavant à la cathédrale.

La *crypte*, consacrée à St Joseph, règne sous toute l'église; elle est aussi en partie décorée de mosaïques.

On peut monter, pour jouir de la vue, à la tour à g. du chœur, qui a 48 m. 50 de haut et qui compte 316 degrés. Prix: 50 c.

Le *PANORAMA, détaillé par une table d'orientation, peinte tout autour sur lave émaillée, est superbe, quand le temps est clair. Outre qu'on y a une vue d'ensemble de la ville et qu'on peut en admirer de là le site très pittoresque et les environs, le regard embrasse une étendue de plus de 200 kilomètres.

La vue comprend surtout, du N. à l'E., etc.: le Mont-d'Or (au-dessus du dôme des Chartreux), la Bresse, avec le Jura à l'arrière-plan; le Bugey, avec les Alpes; le Mont-Blanc, à 160 kil. à l'E., dans la direction du pont Lafayette, un peu à g.; le massif des Bauges, les montagnes d'Allevard et de la Grande-Chartreuse, le massif du Pelvoux, le Vercors, la vallée du Rhône en aval, au S., au-dessus de la gare de Perrache; le massif du Pilat, dans les Cévennes, et d'autres montagnes moins importantes, jusqu'à celles du Beaujolais, au N.-O.

La *chapelle de Notre-Dame-de-Fourvière*, à côté de la nouvelle
église (v. p. 11), est un édifice relativement moderne et sans valeur
architecturale, mais très fréquenté comme pèlerinage. Elle possède une Vierge noire et elle est toute tapissée d'ex-voto, qui n'ont
également rien de remarquable. Sa tour est couronnée d'une statue
de la Vierge en bronze doré, par Fabisch. On a aussi une très belle
vue du sommet (25 c.).

Au delà de ses églises (descentes, v. ci-dessous), ce quartier n'a guère
de curiosités que des *restes d'aqueduc romain*, à l'extrémité de la rue du
Juge-de-Paix (pl. B4) et à dr. derrière la caserne du Fort Dubois-Crancé
(pl. A5); puis cinq *tombeaux romains* (1er s.), sur la place de Choulans
(pl. B5), trouvés là où est la gare de St-Just (p. 6). — A l'O. de la colline,
le *cimetière de Loyasse* (pl. A4). Au S., *l'église St-Just* (pl. BC5; xviiie s.),
le *grand séminaire*, etc.

Pour redescendre de Fourvière, on pourra prendre, au-dessous de
l'église, de préférence à g., le *passage du Rosaire*, qui abrège considérablement (5 c.). C'est un sentier agréable en lacets, assez ombragé et bordé de quinze petits monuments d'après Bossan, avec
des hauts-reliefs peints, par Fabisch, représentant les mystères du
Rosaire. Il y a aussi un chemin de la croix. Ce sentier aboutit à la
longue «montée St-Barthélemy», le chemin des voitures, mais de
l'autre côté de la rue se trouve un escalier, la montée des Chazeaux,
qui compte 242 degrés et descend vers la cathédrale. Dans le bas,
à dr., la rue de la Bombarde. La descente de ce côté prend à peu
près 10 min.

En prenant au contraire la rue à g. en deçà de la façade de l'église
de Fourvière, la montée des Anges, on va passer à la *Tour Métallique*,
de 74 m. de haut, qui est en petit la reproduction de la tour Eiffel de
Paris (1 fr.). On paie 5 c. pour traverser la propriété (café et passage
Gay), où l'on remarque aussi quelques antiquités. La rue en deçà, à dr.
(451 degrés), aboutit comme le passage à la «montée des Carmes-Dé-
chaussés», par où l'on redescend (235 degrés) dans la direction de l'hôtel
de ville.

La *place St-Jean* (pl. C4), qui précède la cathédrale, est décorée
d'une jolie *fontaine* moderne du style de la Renaissance, en marbre
blanc, avec un édicule abritant un groupe en bronze d'après Bonnassieux, le Baptême de J.-C.

*St-Jean, la *cathédrale* ou *église primatiale* (pl. C4), au pied de
la colline de Fourvière, est l'église la plus remarquable de Lyon et
même une des plus curieuses de France. Cet édifice date des xiie-xve s.
La façade, à dr. de laquelle est la Manécanterie dont nous reparlerons
plus loin, comprend trois portails, privés de leurs statues, mais qui
ont encore de petits médaillons dégradés; puis une galerie, une rose
à meneaux flamboyants et deux tours sans flèches, terminées à la fin
du xve s. Il y a deux autres tours aux extrémités du transept. —
A l'intérieur, la partie la plus remarquable est le chœur, qui réunit
dans ses arcades et ses fenêtres les styles roman et gothique mêlés
à dessein. Le style roman se retrouve aussi dans le transept.

La grande nef se distingue par la pureté et l'élégance des lignes, bien
que les travées les plus rapprochées du portail, du xve s., diffèrent

un peu des autres, du siècle précédent. Les fenêtres sont à trois baies, surmontées de trois roses. Il y a sur le devant une galerie comme à Notre-Dame de Dijon. Ces fenêtres, comme celles du chœur, ont de magnifiques vitraux anciens, des xiiie et xive s., et de beaux vitraux modernes. Les deux nefs latérales ne se prolongent pas au delà du transept, et le chœur, qui était trop petit, a été agrandi de deux travées prises à la grande nef. Du côté dr. se voit d'abord une chapelle basse et longue, dans la Manécanterie (v. ci-dessous). Ensuite la *chapelle St-Louis* ou *des Bourbons*, magnifique construction du xve s., due au cardinal de Bourbon et à son frère Pierre, gendre de Louis XI. Les vitraux sont modernes, de Maréchal. — Parmi les œuvres d'art de l'église, il faut citer, dans le chœur, des statues modernes en marbre de St Jean et de St Etienne, la stalle de l'archevêque, également moderne, d'après Bossan; dans le croisillon de g., une *horloge* astronomique des xvie et xviie s., restaurée depuis 1894; dans la 5e chap. de g., une copie du Martyre de St Barthélemy par le Dominiquin; dans la nef, une chaire moderne en marbre, d'après Chenavard, etc. Les deux croix processionnelles aux extrémités du maître autel y sont depuis le 2e concile œcuménique de Lyon (1274, le 1er en 1245), en signe de l'union des églises grecque et latine, que ce concile avait pour but de réaliser, mais ne put obtenir qu'en partie.

La *Manécanterie* ou maison des chantres (latin «mane cantare», chanter matin), à dr. de la façade de la cathédrale, présente une curieuse façade du xie s., avec des arcatures et des incrustations. Elle a malheureusement été mutilée et mal restaurée.

La *rue St-Jean*, qui longe la cathédrale et s'étend au N. parallèlement à la Saône, a conservé de *vieilles maisons* intéressantes de la Renaissance, surtout dans les cours, aux num. 9, 11, 26, 36, 37, 40, 46 et 60. Il y en a aussi dans les rues voisines, par ex. rue du Bœuf (à g.), 1, 11 et 20. Le *palais de justice* (pl. C4), rue St-Jean et sur le quai, est une construction lourde dans le style classique, de 1835, par Baltard, avec un péristyle de 24 colonnes corinthiennes trop rapprochées l'une de l'autre et fronton trop élevé. L'intérieur laisse également beaucoup à désirer.

Le pont voisin nous ramène sur la rive g. au quai des Célestins, où est le *théâtre des Célestins* (pl. D4), incendié en 1871 et 1880 et reconstruit sur les plans de G. André. Il a une assez jolie façade avec des bustes dorés de Scribe, Alf. de Musset et V. Hugo.

Sur la place qui précède ce théâtre, une *fontaine* monumentale en fonte, dont la vasque est supportée par des cariatides.

Un peu plus loin, à g., nous arrivons sur la *place des Jacobins* (pl. D4), décorée d'une jolie *fontaine* monumentale en marbre, de 1880, dans le style de la Renaissance, par G. André, avec statues d'illustrations lyonnaises: Phil. Delorme, Gér. Audran, Guill. Coustou et Hipp. Flandrin, par Degeorge.

De l'autre côté est la *rue de l'Hôtel-de-Ville*, déjà mentionnée p. 11, qui passe plus loin derrière St-Nizier (p. 15).

Il y a encore dans les vieilles rues de cette partie de la ville des *maisons anciennes* intéressantes pour les archéologues, notamment dans la *rue Mercière*, qui commence à g. à la place des Jacobins et aboutit près de St-Nizier. A citer, les num. 4, 6, 14, 20, 58, 68 et 88, les dernières du côté de la place. Elles sont des xvie et xviie s. et la partie intéressante est souvent aussi dans la cour. Au 13 de la rue de la Poulaillerie, entre St-Nizier et la Bourse, l'anc. hôtel de ville.

L'église St-Nizier (pl. D 3) est l'anc. cathédrale, rebâtie au xve s. dans le style goth., sauf son portail central, construction massive du siècle suivant, due à Phil. Delorme. La façade a des statues modernes par Fabisch et Bonnassieux (Vierge). La belle flèche de la tour de dr. est également moderne. L'intérieur est à trois nefs, avec transept très rapproché de l'abside et chapelles latérales. La grande nef et l'abside ont un joli triforium à frontons et une voûte très élevée, à réseaux, avec écussons coloriés. La chaire, le maître autel et les vitraux sont des ouvrages modernes remarquables, les vitraux par Cl. Lavergne. Au 2e autel à dr. du chœur, une statue de la Vierge par Coyzevox; au 2e à g., une statue de St Pothin, par Chinard. Sous le chœur, une crypte du vi^e s.

La rue de l'Hôtel-de-Ville passe plus loin, à g., à côté du palais St-Pierre ou des Arts, dont il sera question p. 16.

L'*hôtel de ville (pl. D 3) est un bel édifice, construit de 1646 à 1655 par le Lyonnais *Sim. Maupin*, incendié en 1674, restauré en 1702 par *H. Mansart* et en 1853 par *Desjardins*. La façade, sur la place des Terreaux (v. ci-dessous), est d'une grande richesse d'ornementation. Elle a dans le haut une statue équestre moderne de Henri IV, par Legendre-Héral, et d'autres sculptures par Fabisch, Bonnaire et Bonnet. Un peu en arrière, la tour de l'Horloge, haute de 40 m. et de forme originale. Dans le vestibule de ce côté se voient des *statues* de la Saône et du Rhône, en bronze, par les *Coustou;* elles étaient au pied de l'anc. statue de Louis XIV, place Bellecour. La partie qui donne sur la place de la Comédie (p. 21), est plus simple et plus élégante que la façade, refaite par Mansart. Elle se compose de deux ailes que relient trois arcades, surmontées d'une galerie à balustrade, et il y a une seconde galerie de ce genre dans la cour. L'intérieur de l'hôtel est également remarquable; il a des plafonds par Blanchet (xviie s.).

La place des Terreaux (pl. D 3), devant l'hôtel de ville, est la plus importante de Lyon après la place Bellecour. Elle a été créée sur le lit d'un anc. canal romain entre le Rhône et la Saône, en grande partie comblé avec des «terreaux». C'est sur cette place que Richelieu fit décapiter, en 1642, Cinq-Mars et de Thou, coupables de trahison envers lui, et ici également que fonctionna la guillotine en 1794, jusqu'au jour où l'on substitua la mitraille à ce genre de supplice, trop lent à cause du grand nombre des victimes.

La *fontaine qui décore la place depuis 1892, dite *fontaine Bartholdi*, du nom du sculpteur, est une œuvre d'art très remarquable, avec un groupe colossal en plomb repoussé, les Fleuves et les Sources allant à l'Océan. Quatre chevaux y supportent une vasque dans laquelle est un char conduit par une femme allégorique. Quand l'eau coule de la vasque dans le bassin inférieur, les roues du char semblent tourner, et il sort des narines des chevaux une vapeur d'un fort bel effet.

Le **palais St-Pierre** ou **des Arts** (pl. D 3), au S. de cette place, est un vaste édifice du xviiie s., restauré depuis 1879. Il appartenait jadis aux Dames bénédictines, dont le beau réfectoire a été conservé (v. p. 17). Il a au centre une cour transformée en jardin public et entourée de galeries à portiques en avant-corps, l'ancien cloître.

Les *MUSÉES que renferme ce palais, où il y a aussi une bibliothèque, sont des plus importants. Il y a un *musée de sculpture,* un *musée de peinture,* un *musée des antiques, du moyen âge et de la Renaissance,* un *musée épigraphique* et un *musée d'histoire naturelle.* Les deux premiers et le dernier sont publics tous les jours de 9 h. à 4 ou 5 h., les autres seulement les dim., jeudi et jours de fête, de 11 h. à 4 h., mais visibles aussi tous les jours, aux mêmes heures, pour les étrangers. Il est difficile de tout voir en une fois. Si l'on a peu de temps, commencer par le musée de peinture du 2e étage, puis voir le musée des antiques, etc. Pas de vestiaire. Le catalogue sommaire illustré (1899; 1 fr., éd. de luxe, 5 fr.) se vend dans la Grande galerie (p. 19) et dans la Salle des antiques (p. 18). Conservateurs: MM. *Dissard* (collections des antiques) et *Giraud* (collections du moyen âge et de la Renaissance).

REZ-DE-CHAUSSÉE.

Vestibule: la Force et la Loi, par *Diébolt,* hauts-reliefs en bronze d'un monument de Napoléon Ier, qui était place Perrache (p. 10).

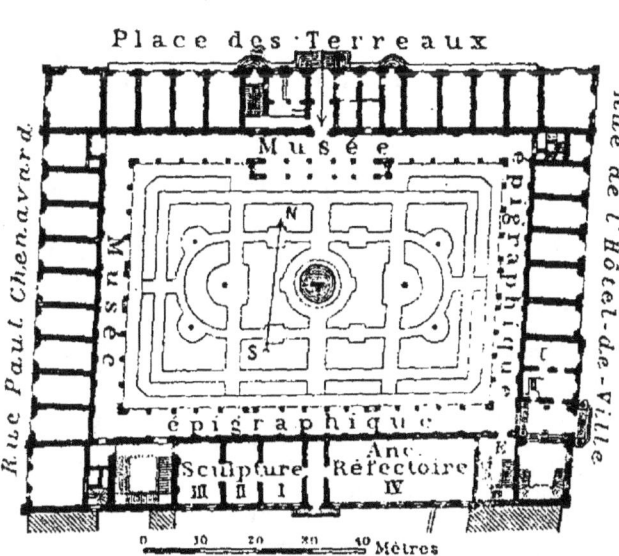

MUSÉE ÉPIGRAPHIQUE, *sous les* portiques: nombreux fragments de sculptures et d'inscriptions antiques, stèles, sarcophages, autels, grands vases en terre, etc. Il y a des étiquettes explicatives dans des cadres aux piliers. La collection épigraphique de Lyon est la plus importante de France, par le nombre et encore plus par l'importance de ses inscriptions, qui ont en outre le mérite d'être toutes de provenance lyonnaise.

Il y a encore la célèbre table de Claude au 1er étage (p. 19).

Musée de sculpture. — Aux PORTIQUES, des bas-reliefs antiques et des médaillons d'illustrations lyonnaises. — Dans le JARDIN, un bassin avec une statue d'Apollon, par *Vietty,* et d'autres statues en bronze: à dr., Dé-

mocrite, par *Delhomme;* Retour d'une fête à Bacchus, par *Cugnot;* Chactas
sur la tombe d'Atala, par *Duret;* Centauresse et faune, par *Courtet.* A g.,
un Discobole, par *Deschamps;* Giotto enfant, par *Legendre-Héral;* Joueur
de flûte, par *Delorme.*

GALERIE DE SCULPTURE, de l'autre côté du jardin, en face de l'entrée.
— VESTIBULE: débris d'architecture antique. — Ire SALLE, à dr.: sculptures du moyen âge et de la Renaissance, ornements architectoniques,
bas-reliefs, statues, statuettes, etc. A remarquer, entre autres, 8, statue
d'un abbé de Labussière à genoux (travail bourguignon du XVe s.); 4,
Noé, statue en pierre provenant probablement du puits de Moïse de Dijon;
5, bas-relief d'une femme couchée, sculpture funéraire (XIVe s.); 13, ex-
voto, bas-relief en pierre peinte (travail lyonnais du XVIe s.); 15, médaillon du baron de Montal (XVIe s.); 18, 19, cheminées du XVIe s.; 20,
buste de St. Pierre (travail italien du XIIe s.); *25, *éc. de Donatello,* deux
enfants musiciens (terre cuite, XVe s.); 28, grand tympan avec un bas-
relief (Venise, XVe s.); 29, *Mino da Fiesole,* buste de St Jean-Baptiste
(XVe s.); 30, Vierge avec l'Enfant, terre cuite attr. à Rossellino (XVe s.),
dans un riche cadre, etc. — IIe SALLE: 2, sarcophage mumiforme gréco-
phénicien; sarcophages romains, surtout celui g., n° 3, où est représenté le triomphe de Bacchus; urnes cinéraires; à la fenêtre, un autel
romain; *1, fragment de statue archaïque de Vénus, provenant de Marseille (VIe s. av. J.-C.); etc. — IIIe SALLE: à g., 79, *Truphême,* Jeune fille
à la source; 50, *Fabisch,* Béatrix; 62, *Legendre-Héral,* Silène; 71, *Pradier,*
Odalisque; 36, *Delaplanche,* Ste Agnès; 60, 63, *Legendre-Héral,* Léda, Minerve, d'après l'antique; 82, *Vietty,* la Nymphe de la Seine; 31, *Cortot,*
Pandore; 70, *Pollet,* le Crépuscule; 19, 14, *Chinard* (de Lyon), Persée délivrant Andromède, modèle et groupe inachevé; 69, *Pallez,* la Vérité;
78, *Schœnewerk,* l'Aurore; au milieu, 54, *Gaston-Guitton,* Léandre; 55, *de
Gravillon,* Peau d'Ane; 40, *Delorme,* Mercure; 61, *Legendre-Héral,* Eury-
dice; 2, *Barye,* Tigre dévorant un jeune cerf; 39, *Delorme,* Psyché. —
IVe SALLE, de l'autre côté du vestibule, l'ancien *réfectoire* des Dames de
St-Pierre, remarquable par sa décoration, des hauts-reliefs de grandeur
naturelle, représentant des saints et des scènes de la Bible, en stuc, par
Sim. Guillaume, et, aux extrémités et au plafond, des peintures par *P.-L.
Cretey,* la Multiplication des pains et la Cène, etc., le tout du XVIIe s.
En outre 55 bustes de Lyonnais célèbres, la plupart en marbre et mo-
dernes (étiquettes), et 2 mosaïques antiques. — Une petite porte à g. dans
le fond donne sur l'escalier (E sur le plan) du musée de peinture
(v. ci-dessous).

PREMIER ÉTAGE.

Musée de peinture. — Escalier (pl. E) à l'extrémité de la galerie
transversale de g., par rapport à l'entrée du palais. Salles à g. en montant. — Ire salle: 98, *Ph. de Champaigne,* Exhumation de St Gervais et
St Protais; 47, *Salvi,* dit *Sassoferrato,* Vierge; 28, *Giordano,* Renaud dans
les bras d'Armide; 321, *Jouvenet,* Madeleine aux pieds de Jésus; 381, *le
Sueur,* Martyre de St Gervais et St Protais. Sur le parquet, dans cette
salle et les suiv., des mosaïques romaines. — IIe-IVe salles (galerie Paul-
Chenavard): 255, *L.-E. Charpentier,* Bonaparte passant le St-Bernard;
d'autres tableaux et l'un des cartons que le peintre lyonnais *P. Chenavard* (m. 1895) fit, après la révolution de Février, pour un projet de décoration du Panthéon de Paris. Ces cartons, en partie seulement exposés,
surtout les grands dont les num. sont ci-dessous en chiffres gras, représentent l'histoire de la civilisation, depuis la Genèse jusqu'à la Révolution
française, et la plupart se distinguent par la grandeur du style et la
clarté de la composition: 1, le Déluge; 2, Zoroastre; 3 à 5, Guerre de
Troie; 6, Hippocrate; 7, Mort de Socrate; 8, Commencements de Rome;
9, Brutus condamnant ses fils; 10, Destruction de Carthage; 11, Scipion;
12, Mort de Caton d'Utique; 13, César passant le Rubicon; 14, Temple
de Janus fermé; 15, Temps d'Auguste; 16, Naissance de J.-C.; 17, Prédication de J.-C.; 18, Passion de J.-C.; 19 et 20, les Catacombes; 21, Baptême
de Constantin; 22, Théodose et St Ambroise; 23 et 24, Attila aux portes

de Rome; 25, l'Hégire ou la fuite de Mahomet; 26, Couronnement de Grégoire VII; **27,** Entrée des Croisés à Constantinople; 28, Sac de cette ville; 29, Serment du Grütli; 30, les Poètes d'Italie; 31, Découverte de l'Imprimerie; 32, le Siècle de Léon X; **33,** Luther faisant brûler les Décrétales; **34,** Charles-Quint prenant l'habit de moine; **35,** le Siècle de Louis XIV; 36, Voltaire; 37, l'Assemblée constituante; 38, Napoléon Ier; **39,** la Philosophie de l'histoire; 40, le Purgatoire; 41, l'Enfer; 42, la Résurrection; 43, le Paradis, les derniers sujets destinés au pavé. — A la suite vient une partie du *musée d'histoire naturelle* (p. 19). Nous revenons d'abord sur nos pas.

Salles en face des précédentes ou à dr. en montant (galerie du xixe s.). — Ve salle: 319, *F. Humbert,* Maternité; 263, *Court,* Scène du déluge; 13, *C. Caliari,* fils de P. Véronèse, la Reine de Chypre faisant son entrée solennelle à Venise; 289, *E. Dubufe,* l'Adoration des anges. — VIe salle: tableaux peu importants. — VIIe salle: moulages de sculptures du Parthénon et des portes de bronze du Baptistère de Florence. — VIIIe salle: 272, *Daubigny,* Marine; 256, *Corot,* Paysage; 337, *Marilhat,* Lisière d'une

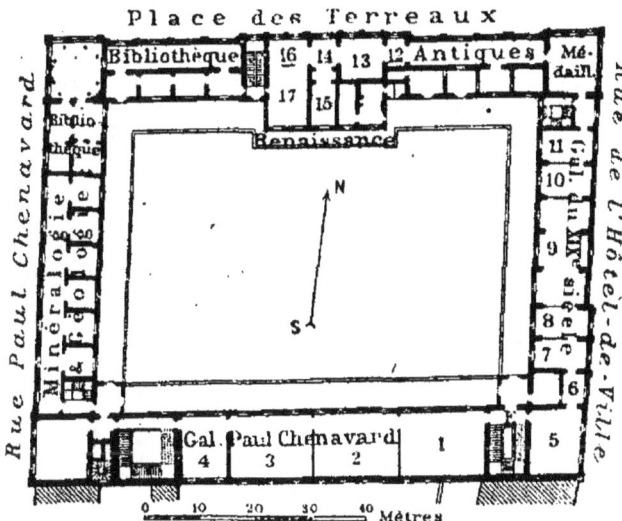

forêt; 390, *Troyon,* Vaches au pâturage; 288, *Drolling,* le Bon Samaritain; 296, *Froment,* Omphale; 300, *le baron Gérard,* Corinne au cap de Misène; 276, *Delacroix,* Odalisque couchée; 274, *David,* Une maraîchère, étude. — IXe salle: *E. Delacroix,* Derniers moments de Marc-Aurèle; 254, *Charlet,* Episode de la retraite de Russie; 369, *Ricard,* portr. de jeune fille; 356, *de Pinelli,* Salle du Change à Pérouse au xve s.; 302, *Gigoux,* Martyre de Ste Agathe; 329, *Jules Lefebvre,* Nymphe et Bacchus; 363, *Prud'hon,* Femme et deux enfants; 373, *Riesener,* Toilette de Vénus. Au milieu, une mosaïque antique. — Xe salle: à g., 257, 258, *Corot,* 259, *Courbet,* 391, *van Marcke,* paysages; 313, *Guillaumet,* Prière du soir dans le Sahara; 316, *Henner,* la Créole; 262, *Courbet,* les Amants heureux. — XIe salle, tableaux de l'anc. musée Bernard: à g., *de Vries, Maas, Momper,* etc., paysages; *inconnu,* Vierge avec l'Enfant et des anges; 388, *Tœpffer,* Rétablissement du culte après la Révolution; 365, *Raoux,* portr. de femme; 154, *Ommeganck,* le Retour à la ferme; 37, *Piazzetta,* Mangeurs de crême; 88, *Brekelenkam,* Intérieur d'un savetier; 172, *J. van Ruisdael,* paysage; 36, *Panini,* Ruines; 271, *Dagnan-Bouveret,* Noce chez un photographe; 140, *Mengs,* portr. du cardinal Archinto, etc. — Enfin une salle vide.

*Musée des antiques, du moyen âge et de la Renaissance. — Il est à la suite du précédent, et il a une entrée particulière par l'escalier au commencement de la galerie du rez-de-chaussée qui conduit à celui du second étage. — SALLE DES MÉDAILLES: riche collection de médailles; 7, frise en marbre, représentant des suovétauriles; masques, fragments de statues, bustes, etc. — SALLE DES ANTIQUES: d'abord des *terres cuites, des bronzes, des verres et des vases antiques, des statuettes et des sarcophages égyptiens. — 3e vitrine (hexagone), bijoux et camées antiques. 4e vitr., très beaux bronzes: cistes, miroirs, statuette de la Fortune, etc.

A g., encore des verres et des bronzes antiques. 5ᵉ vitr. (hexagone), suite
des bijoux, colliers et bracelets en or. — Dans un cabinet à g., surtout
(n° 12) une *table de bronze contenant une grande partie du discours,
cité par Tacite (Ann. XXI, 24), que l'empereur Claude prononça pour
approuver la demande faite par la Gaule chevelue d'avoir le droit de
fournir des membres au sénat romain; des fragments de mosaïques, etc.
— Suite de la salle, 6ᵉ vitr., au milieu et à g., toujours de beaux bronzes.
Puis (n° 70) un foculus ou brasier portatif, une tête de Junon (n° 59) et un
Jupiter (n° 49). Aux fenêtres (nᵒˢ 67, 66), des têtes en bronze de Domitien
et de Vespasien. — XIIᵉ SALLE: beaux vases, statuettes et petits bustes en
bronze, ouvrages ital. du XVIᵉ s.; médaillons et plaquettes ital. et franç.,
des XVIᵉ et XVIIᵉ s.; bronzes, fers, etc., de diverses fabrications, surtout
des XVᵉ et XVIᵉ s., aussi (n° 41) une plaquette byzantine en bronze, du
IXᵉ ou du Xᵉ s.; à dr., deux vieux coffres; en haut, des armes. —
XIIIᵉ SALLE: env. 40 magnifiques émaux de Limoges plus (n° 232) un triptyque qui en a 27; orfèvrerie d'église des XVᵉ et XVIᵉ s., armes orientales et autres, des XIVᵉ-XVIIIᵉ s.; serrurerie des XVᵉ-XVIIᵉ s.; meubles
du XVIᵉ s. — XIVᵉ SALLE: 180-185, vitraux suisses du XVIᵉ s.; 65, grand
lustre gothique du XVᵉ s.; meubles du XVIᵉ s. — XVᵉ SALLE, à g. de la précédente: statue tombale (n° 40) et diverses autres sculptures du moyen âge
et de la Renaissance (nᵒˢ 22, 23, la Vierge et l'Ange de l'annonciation, deux
statues en bois peint, ouvrages italiens du XIVᵉ s.), boiseries. — XVIᵉ SALLE:
suite des meubles et porte en bois sculpté du XVIᵉ s.; beaux ivoires des
VIᵉ et XIVᵉ-XVIᵉ s. — XVIIᵉ SALLE: faïences et porcelaines du Japon, his-
pano-moresques, de Hollande, de France, surtout 2 grands bassins de Pa-
lissy, de Perse, de Turquie, de Chine, etc.

Au sortir de ce musée, on se trouve sur la terrasse, d'où l'on peut
aller à dr. au muséum ou redescendre.

Muséum ou *musée d'histoire naturelle*, au 1ᵉʳ et au 2ᵉ étage de l'autre
côté du grand escalier, ou dans l'angle du bâtiment de dr. Le 1ᵉʳ étage
est consacré à la minéralogie et à la géologie, le 2ᵉ à la zoologie, à
l'anthropologie et à la paléontologie. Directeur, M. le prof. L. Lortet.
Les collections de botanique sont au parc de la Tête-d'Or (p. 24).

La BIBLIOTHÈQUE du palais occupe au 1ᵉʳ la partie comprise entre le
muséum et le musée des antiques. Elle renferme 60 000 vol. traitant
spécialement d'arts, de sciences, d'industrie et d'archéologie, et elle a des
cabinets d'estampes et de dessins comptant env. 20 000 pièces. Elle est
ouverte t. les j. non fériés, de 10 h. à 3 h., et, sauf le sam., de 6 h. à 9 h.
du soir. Le 2ᵉ étage du même côté est occupé par *l'école des Beaux-Arts.*

SECOND ÉTAGE.

MUSÉE DE PEINTURE. — Dans le haut de l'escalier, des *peintures de
Puvis de Chavannes, de Lyon: le Bois sacré cher aux muses, Vision antique, Inspiration chrétienne.

*GRANDE GALERIE, tableaux de toutes les écoles. De g. à dr.: 232,
Gérard David, Arbre généalogique de la Vierge; 399, *éc. franç. du XVIᵉ s.*,
Guillaume de Montmorency; 95, *B. Bruyn*, portr. d'homme; 206-209, *éc.
allem. du XVIᵉ s.*, le Christ portant sa croix, la Descente de croix, le Père
éternel tenant son fils crucifié, la Mort de la Vierge; 108, d'ap. *A. Durer*,
Ex-voto, l'empereur Maximilien Iᵉʳ et Ste Catherine, à genoux devant la
Vierge avec l'enfant Jésus, etc., copie, avec variantes, d'un tableau qui est
à Prague (à dr., l'artiste, avec une inscription); 220-223, *éc. allem. du XVᵉ s.*,
Scènes de la vie du Christ; 229, 230, *éc. flam. du XVᵉ s.*, Mort et Couronnement de la Vierge; 64, *éc. ferraraise du XVIᵉ s.*, St Jérôme; 207, *éc. allem.
primit.*, Jésus descendu de la croix; 139, école de *Metsys*, Jésus couronné
d'épines. — 20, *L. Carrache*, Baptême de J.-C.; 29, d'ap. *Giotto*, la Navicella
(Nacelle), vieille copie, avec variantes, de la mosaïque qui est à l'intérieur du portique de St-Pierre à Rome; 22. *Aug. Carrache*, Un chanoine;
*45, le *Tintoret*, Danaé; 11, 10, *P. Véronèse*, Bethsabée au bain, Moïse sauvé
des eaux; 12, d'ap. *P. Véronèse*, Adoration des mages; 55, *André del Sarto*,
Sacrifice d'Abraham (copie d'après le tableau de Dresde); *58, le *Pérugin*,

2*

l'Ascension, un des meilleurs tableaux du maître, peint vers 1495 pour l'église de St-Pierre à Pérouse, offert en 1816 par le pape Pie VII; *59, *le Pérugin*, St Herculan et St Jacques le Majeur; 44, *le Tintoret*, Ex-voto, la Vierge, l'Enfant et des saints; 35, *Palma le J.*, Jésus à la colonne; 231, copie d'après *H. Memling*, la Vierge et l'enfant; 34, *Palma Vecchio*, portr. de femme; 24, *L. Costa*, Ste Famille; 18, *Raffaellino del Garbo*, 226, *éc. ital. du XVIe s.*, 233, *H. Memling* (repeint), portr. d'hommes; 60, *le Dominiquin*, Angélique et Médor; 72, *Zurbaran*, le Corps de St François d'Assise; 70, *Ribera*, Saint en extase; 68, *Cano*, Jésus descendu de la croix; 187, *Teniers le J.*, la Délivrance de St Pierre; 79, *A. van Beyeren*, nature morte; 109, *A. van Dyck*, deux têtes d'étude; 188, *éc. holl.* (et non *Terburg*), le Message; *159, *P. Potter*, paysage avec animaux; 167, *Rubens*, Adoration des mages (vers 1618); 112, *P. Dubordien* (et non *van den Eeckhout*), portr. d'un jeune homme (1636); 170, *J. van Ruisdael* (?), le Ruisseau; 120, *de Heem*, Fruits; 75, *Becks*, portr. d'homme; 131, 130, *Jordaens*, Jésus dans l'étable, la Visitation; 103, *de Crayer*, St Jérôme. — Mur transversal: 132, *Jordaens*, Mercure et Argus; 84, *F. Bol*, portr. d'un jeune homme; 144, *van Mierevelt*, portr. de femme; *166, *Rubens*, St François, St Dominique et plusieurs autres saints préservant le monde de la colère de J.-C., tableau provenant de l'anc. église des Dominicains à Anvers (1619-1620); 156, *J. van Oost*, jeune homme recevant un billet; 101, *J.-B. de Champaigne*, Adoration des bergers. — 143, *van Mierevelt*, portr. de femme; 100, *Ph. de Champaigne*, portr. d'un magistrat; 178, *Seghers*, Fleurs; 155, *van Oost*, Vieillard en méditation; 190, *G. van de Velde*, marine; 195, *S. de Vos*, son portrait (copie); 113, *Everdingen*, paysage; 119, *de Heem*, le Prince d'Orange, plus tard Guillaume III d'Angleterre, dans un cartouche entouré de fleurs et de fruits; *153, *Jan van Noordt*, portr. d'un jeune seigneur; 136, *Sal. Konink*, le Sacrifice de Manué (plutôt le Jeune Tobie et sa femme); 189, *Terburg*, portr. d'homme; 114, *Joost van Geel*, marine; 97, *Corn.-Janssens van Ceulen*, portr. d'une dame; 128, 127, *J. van Huysum*, fleurs; 171, *J. van Ruisdael*, Site norvégien; 77, *Berck-Heyde*, la Grand' Place à Harlem; 179, *Snyders*, Gibier; 196, 197 (plus loin), *Corn. van der Voort*, portr. de Joost Baeck et de sa femme; 117, *Frans Hals* (?), portr. du peintre Stella de Lyon; 129, *Dujardin*, Berger gardant son troupeau; 200, *Weenix*, Bouquet; 116, *J. van Hagen*, Intérieur de forêt; 125, *Huysmans*, paysage; 115, *J. van Goyen*, Maison rustique au bord de la mer; 320, *Jouvenet*, les Vendeurs chassés du temple; 15, *Canale*, vue de Venise; 344, 343, *Monnoyer*, Fleurs; 376, *Rigaud*, portr. du graveur P. Drevet; 322, *Jouvenet*, St Bruno en prière; *325, *Largillière*, portr. de Jean Thierry, sculpteur lyonnais; 340, *Monnoyer*, Fleurs; 349, *le Nain*, portr. d'un chevalier de l'ordre de St-Michel; 250, *Lebrun*, Actions de grâce de Louis XIV; 245, *Bourdon*, portr. d'homme; 395ᵃ, *S. Vouet*, son portr.; 298, *Cl. Lorrain*, marine; 375, 374, *Rigaud*, portr. d'hommes; 306, *Greuze*, Une dame charitable; 339, *N. Mignard*, son portr.; 282, *Desportes*, Animaux et fruits.

GALERIE DES LYONNAIS, à côté de la précédente. — Iʳᵉ SALLE: à dr. 632, *Rey*, Vienne (France), à l'époque romaine; à g., 438, *James Bertrand*, Conversion de Ste Thaïs. — A côté de cette salle, à dr. en entrant, une salle contenant des dessins et des aquarelles. — IIᵉ SALLE de la galerie: 476, *Chatigny*, Illustrations lyonnaises; 489, *Cornu*, Auguste donnant une constitution à la Gaule; *621, *Puvis de Chavannes*, l'Automne. — IIIᵉ SALLE: à dr., 554, *Guindrand*, paysage; 642, *St-Jean*, Emblèmes eucharistiques; 455, *Bonnefond*, le Mauvais propriétaire; 572, *Janmot*, Fleurs des champs; 458, *Bonnefond*, Cérémonie de l'eau sainte; 599, *Orsel*, Adam et Eve auprès d'Abel; 643, *St-Jean*, Offrande à la Vierge; 414, *Bail*, la Fanfare de Bois-le-Roi; 620, *Ponthus-Cinier*, les Bûcherons; 652, *N. Sicard*, Entrée du pont de la Guillotière; 617, *Poncet*, Jeune joueur de flûte; — 439, *Biard*, la Sibylle; 595, *Montessuy*, Fête à Cerbara (Apennins); 459, *Bonnefond*, Jacquard; 585, *Loriet*, le Mont-Blanc; 498, *Dubuisson*, Chevaux remorqueurs; 594, 593, *Meissonier*, le Général Championnet, portr. de Chenavard (v. p. 17); 487, *Comte*, H. de Guise jurant de venger son père, assassiné par Poltrot de Méré; 513, *Hipp. Flandrin*, le Dante aux enfers; 515, *Paul Flandrin*, les Pénitents de la mort; 619, *Ponthus-Cinier*, le Lavoir.

L'*église St-Pierre* (pl. D 3), rue Paul-Chenavard, à côté du palais, a un portail roman du IXe s., mais le reste est du XVIIe s.

A quelque distance au N.-O. de la place des Terreaux se trouve la *place Sathonay* (pl. D 3), décorée d'une *statue de Jacquard* (1752-1834), l'inventeur du métier à tisser qui porte son nom, bronze par Foyatier (1840). — Un peu plus haut, l'ancien *Jardin des Plantes*, transformé en square, et à dr. les *gares de la Croix-Rousse* (p. 6 et 8). — Le quartier de la **Croix-Rousse**, sur la colline au N. de la ville, ainsi nommé d'une anc. croix en calcaire rougeâtre, est principalement habité par les ouvriers en soierie, dits vulgairement *canuts*, et n'offre guère rien de curieux au simple visiteur. Le boul. de la Croix-Rousse y passe à l'O., ou à g. en montant, non loin du *jardin des Chartreux* (pl. BC 2), où est le *monument de Pierre Dupont* (1821-1870), le chansonnier, un buste précédé d'un groupe allégorique par Suchetet (1899). Belle vue de là sur la ville du côté de la Saône.

De la place des Terreaux, nous passons à côté de l'hôtel de ville (seconde façade, v. p. 15), et nous nous trouvons sur la petite *place de la Comédie*, devant le *Grand-Théâtre* (pl. DE 3), construction peu remarquable élevée de 1827 à 1830, avec des arcades occupées par des boutiques de petits libraires, etc. A l'intérieur, des plafonds par A. de Pujol (salle) et Domer (foyer). — Un peu plus loin est la place Tolozan, sur la rive dr. du Rhône, etc. (v. p. 23).

Nous tournons maintenant dans la *rue de la République*, qui part de la place de la Comédie et se dirige, comme la rue de l'Hôtel-de-Ville, vers la place Bellecour (p. 10). C'est aussi une rue moderne percée en 1855-56, et une des plus belles de Lyon.

Le palais de la Bourse et du Commerce (pl. D 3-4), à g. en venant de la place de la Comédie, est un des édifices les plus remarquables de la ville. Il a été construit de 1853 à 1860, sur les plans de *Dardel*, dans un style renouvelé de la Renaissance. Il a deux façades magnifiques, mais un peu lourdes, avec leurs énormes pavillons à toits pointus. L'intérieur, qui est encore plus remarquable, rappelle par les dispositions du rez-de-chaussée la Bourse de Paris. Il y a au centre une cour carrée où se font les opérations financières, de 11 h. à midi $\frac{1}{2}$. Tout autour règnent deux étages de portiques et au-dessus sont des fenêtres flanquées de 24 cariatides en bois, d'après G. Bonnet, soutenant le plafond, qui est décoré de peintures. Sous les portiques, huit statues des Eléments et des Saisons, par Bonnassieux, Fabisch et Roubaux. On remarquera aussi la décoration de l'horloge, trois statues en marbre blanc par Bonnassieux, l'Heure passée, l'Heure présente et l'Heure à venir. C'est au sortir de ce palais que le président Carnot a été assassiné en 1894.

Le premier étage est occupé par le tribunal de commerce et le conseil des prud'hommes, et au second, dans le fond à dr., se trouve un **musée historique des tissus*, public les dim., jeudi et jours de fête, de 11 h. à 4 h., et ouvert aussi aux étrangers les autres jours, sauf le lundi (pourb.). L'entrée est par la façade du côté de la place de la Bourse ou au N., d'où l'on monte à gauche.

D'abord une galerie contenant les *tissus les plus anciens*, coptes et autres. Puis deux salles parallèles avec des guipures et des dentelles, des xvie-xviiie s.; des *broderies*, depuis les premiers siècles de notre ère; des *dessins* de tissus. — A la suite de la première de ces salles, une petite galerie où il y a des *métiers à tissser;* au milieu, un fac-similé de la machine de Jacquard (p. 21); aux murs, des cartes relatives à l'industrie de la soie; à l'extrémité, la machine à coudre de Thimonnier (1829). — Parallèlement à cette galerie, des cabinets où sont des *dessins* pour la fabrique; une jolie chaise à porteurs, etc., et une salle qui contient des *ornements d'église* des xiiie et xvie s., une *tapisserie flamande*, un *devant d'autel*, du xvie s.; de vieux *tapis persans*, etc. — Galerie plus loin à dr., *tissus lyonnais* du xixe s. — Enfin encore 4 salles, la 1re contenant des *tissus russes* modernes; la 2e, des *tissus orientaux* divers; la 3e, des *tissus indiens* et *chinois* anciens et modernes, et la 4e, des *tissus japonais* anciens et modernes.

A ce musée est annexée une *bibliothèque* spéciale, ouverte ordinairement les dim., mardi, mercr., vendr. et sam. de 11 h. à 4 h., et tous les jours excepté le lundi de 7 h. à 9 h. $^1/_2$ du soir.

La seconde façade de la Bourse donne sur la place des Cordeliers, où s'élève aussi l'*église St-Bonaventure* (pl. E 4), du xve s. On en remarque principalement les vitraux modernes, par Steinheil, Thibaud, Lobin, etc., la plupart d'une couleur admirable; les balustrades des chapelles et les autels modernes de chaque côté du chœur, ornés de bas-reliefs. — Derrière cette église passe la *rue du Président-Carnot*, belle rue neuve qui va du pont Lafayette (p. 23) à la rue de la République.

La *place de la République* (pl. D 4), à la jonction de ces deux rues et non loin de la place Bellecour (p. 10), est décorée depuis 1900 d'un **monument Carnot**, par *Gauquié*. Il se compose surtout d'une statue en marbre de l'anc. président, adossée à une pyramide de 18 m. de haut, précédée d'une statue de la Ville de Lyon et accompagnée de deux statues qui rappellent les visites des marins français à Cronstadt (1892) et des russes à Toulon (1893).

A la place Bellecour, nous tournons à g. pour arriver sur la rive dr. du *Rhône*, qui présente un coup d'œil imposant, avec ses larges quais et ses nombreux ponts très animés. Le pont voisin est le *pont de la Guillotière* (pl. E 5), un des plus anciens, qui remonte jusqu'au xiiie s.

De l'autre côté, la *place Raspail*, avec des *bustes de Raspail*, le démocrate, et d'*Ed. Thiers*, capitaine qui se distingua à Belfort en 1870-71.

A g., sur la rive dr., les vastes bâtiments de l'*Hôtel-Dieu* (pl. DE 5-4), dont la fondation remonte au vi^e s. La façade actuelle, sur le quai, est d'après Soufflot. On y remarque particulièrement les statues du roi Childebert et de la reine Ultrogothe, fondateurs de l'hôpital (vi^e s.). Il y a derrière un grand dôme. Dans la cour, la *statue du Dr A. Bonnet* (1809-1858), professeur de clinique chirurgicale. L'*église*, de l'autre côté, a des sculptures en marbre, une grande châsse et une chaire assez remarquables.

Le *pont de l'Hôtel-Dieu* nous mène maintenant sur la rive g., dans le quartier moderne qui fait suite, en amont, à celui de la Guillotière (p. 10).

La **préfecture** (pl. E 4), près du pont, cours de la Liberté, en est le principal édifice. C'est une grande et belle construction dans le style de la Renaissance, de 1880-1890, sur les plans d'*A. Louvier*. La partie principale est occupée par des salles de réunion et de réception richement décorées, mais qu'on ne peut visiter sans une autorisation spéciale. Sur les côtés comme sur le derrière se trouvent les appartements du préfet, les bureaux, les archives, etc. — Dans le jardin, les statues du poète N. de Laprade (1812-1883) et du général Duphot (1770-1798), des Lyonnais.

A peu de distance en amont, sur le quai, un beau *temple protestant* (église réformée; pl. E 4), dans le style roman, sur les plans de G. André. Puis une petite place avec la *statue de Bern. de Jussieu* (1699-1777), par P. Aubert (1892). Nous retraversons près de là le Rhône sur le beau *pont Lafayette* (pl. E 4), reconstruit de 1888 à 1890. Plus loin sur le quai de la rive dr., le *lycée* (pl. E 3), où se trouve la *bibliothèque de la ville*, qui compte env. 100 000 volumes et 1600 manuscrits. Elle est ouverte au public les jours non fériés, de 10 h. à 4 h. Entrée, rue Gentil, 27. On cite comme des plus précieux son manuscrit de plusieurs livres de la Bible du vi^e s., le Pentateuque, Josué et les Juges.

Ensuite le beau *pont Morand*, reconstruit de 1888 à 1890, et à g., le Grand-Théâtre (p. 21). Puis la *place Tolozan* (pl. E 3), avec une *statue du maréchal Suchet* (1772-1826), bronze par Dumont (1858). — Non loin de là, place de la Croix-Pâquet, la nouvelle «Ficelle» de la Croix-Rousse (p. 8).

Le dernier pont actuel de la ville de ce côté est le *pont St-Clair* (pl. E 2), un pont suspendu. En deçà, place St-Clair, est le *monument de Joséphin Soulary*, poète lyonnais moderne, buste sur une pyramide au pied de laquelle est une muse tenant une fleur, bronzes par Suchetet (1895).

La *place Morand* (pl. E 3), au delà du pont de ce nom, sur la rive g., est décorée d'une fontaine en pierre d'après Desjardins, avec des génies et une statue de la Ville de Lyon, par G. Bonnet.

De ce côté est le beau quartier moderne des *Brotteaux*. La deuxième rue que traverse le cours Morand, la rue de Vendôme, y passe à dr. à l'*église St-Pothin* (pl. F 3), du style classique, par Crépet, et près du *monument des victimes du siège de 1793* (pl. F 3), à g. à l'*église de la Rédemption* (pl. E F 2), qui est moderne et inachevée, dans le style du xiiie s.

Au rond-point qui précède l'entrée du parc de la Tête-d'Or (pl. E 1) se voit le *monument des Enfants du Rhône*, érigé en mémoire de la défense nationale en 1870-71, sur les plans de *Coquet* et sculpté par *Pagny* (1887). Il se compose d'un groupe en bronze, sur un piédestal décoré d'un bas-relief représentant un lion mourant, et d'un hémicycle entourant ce piédestal.

Le *parc de la Tête-d'Or (pl. F G 1-2; tramw., p. 7) est une promenade digne d'une grande et riche cité comme celle de Lyon. Il a 114 hectares de superficie, et il est établi dans des terrains autrefois marécageux, préservés maintenant, comme les Brotteaux, des terribles inondations du Rhône par une puissante digue, qui a coûté 2530000 fr. Il n'existe que depuis 1856, mais il a déjà de beaux arbres. Au milieu est un vaste *lac* avec des îles, ce qui lui donne une certaine ressemblance avec le bois de Boulogne de Paris. Il y a un chalet-restaurant à l'E. de ce lac (v. le plan). Une partie du parc, à l'opposé du Rhône, a été transformée en *jardins zoologique* et *botanique*. Les serres y renferment des collections d'orchidées, de palmiers et de cycadées très remarquables. Le *conservatoire botanique*, où sont les collections botaniques du Muséum (p. 19), est ouvert tous les jours, excepté le dim., de 8 h. à midi et de 2 à 6. Il y a dans le même local un petit *observatoire*. Le chemin de fer de Genève longe le parc à l'E.

Environs. — L'**Ile-Barbe**, à 5-6 kil. au N., est le plus joli but de promenade de Lyon, en bateau à vapeur, par la Saône, dont les bords sont très pittoresques et parsemés de maisons de campagne. L'île elle-même, en aval de laquelle il y a un grand barrage, et la petite localité qui s'y trouve offrent peu de curiosités. Il y a eu un couvent et un château fort, dont il subsiste quelques restes, des xie, xiie, xive et xve s. Fêtes célèbres («vogues») les lundis de Pâques et de Pentecôte. L'île est reliée par un pont à *St-Rambert*, sur la rive dr., où il y a une église romane intéressante, reconstruite au xixe s. — Ch. de fer, v. p. 2. Tramw. sur la rive g. (pont à péage), celui de Neuville-sur-Saône (v. p. 8).

Charbonnières (hôt.: *de l'Europe, des Bains, du Cheval-Blanc, de la Jeune-France*), à 9 kil. à l'O., par la ligne de Montbrison (v. ci-dessous), est très fréquenté comme promenade par les Lyonnais, dans la bonne saison. Le village occupe un vallon dont les alentours sont en partie boisés, et il a un établissement d'*eau minérale* ferrugineuse froide (entrée, 10 c.), dans un petit parc, avec *casino*, à côté du ch. de fer, au delà de la station.

Le **Mont-d'Or**, montagne au N. de Lyon, sur la rive dr. de la Saône, présente trois sommets principaux, le *Mont-Ceindre* (467 m.), le *Mont-Houx* ou *Montou* (612 m.) et le *Mont-Verdun* (625 m.), d'où l'on a de beaux points de vue, mais les deux dernières hauteurs sont occupées par des fortifications qui en rendent les sommets inaccessibles au public. Le mieux est d'y aller par le tramw. du pont Mouton (pl. A2) à *St-Cyr-au-Mont-d'Or* (t. les 1/2 h.; 50 et 25 c.). On arrive de là en 40 min. sur le Mont-Ceindre (restaur.). Le Mont-Houx est 50 min. plus loin et le Mont-Verdun à 40 min. de ce dernier. On peut revenir par la ligne de Paris, en la prenant à la station de Couzon (p. 42).

De Lyon à *Paris*, R. 1; à *Besançon* par *Bourg*, v. le *Nord-Est de la France*, par Bædeker; à *St-Étienne* et au *Puy*, R. 6; à *Nîmes*, R. 33; à *Marseille*, R. 36; à *Genève*, p. 99, 59-60 et 66; à *Aix-les-Bains*, R. 11; à *Chambéry*, R. 14; à *Grenoble*, R. 19.

De Lyon à **Montbrison**: 79 kil.; 3 h. 10 à 3 h. 35; 8 fr. 85, 5 fr. 95, 3 fr. 90. On part de la *gare St-Paul* (pl. C3) et traverse immédiatement un tunnel de 1400 m., sous la colline de Fourvière. — 2 kil. *Lyon-Gorge-de-Loup*, station après laquelle on croise la ligne de Paris et passe dans un autre tunnel, de 305 m. — 4 kil. *Ecully-Demi-Lune*. Ecully, à dr., est un gros village de la banlieue lyonnaise. — 6 kil. *Tassin*. Puis la halte du *Méridien*. — 9 kil. **Charbonnières** (*buffet*; v. ci-dessus). On passe ensuite à dr. à son casino. — 12 kil. *La Tour-de-Salvagny*. — 16 kil. *Lentilly*. — 19 kil. *Fleurieux-Lozanne*. Pays accidenté et en partie boisé. A dr., la ligne de Roanne à St-Germain-au-Mont-d'Or et Lyon (p. 6). — 23 kil. **L'Arbresle** (p. 6). La voie remonte au S.-O. la vallée de la *Brévenne*. — 26 kil. *Sain-Bel*. A 2 kil. au N.-O. est le village de *Savigny*, jadis célèbre par son abbaye, dont il reste peu de chose. Mines importantes de pyrite de cuivre. — 31 kil. *Bessenay*, bourg à 20 min. à dr. — 34 kil. *Courzieu*. 7 viaducs et 3 tunnels. — 43 kil. *Ste-Foy-l'Argentière*, gros village où il y a un vieux château, des mines de houille et un séminaire (à l'Argentière; 3 kil.). — 50 kil. *Meys.* Ensuite un tunnel de 650 m., par lequel on passe dans le bassin de la Loire. — 53 kil. *Viricelles-Chazelles.* Chazelles (5607 hab.) a six manufactures de chapeaux de feutre, occupant env. 600 ouvriers. Encore un tunnel. — 60 kil. *Bellegarde-St-Galmier*, stat. à 7 kil. au N. de St-Galmier (p. 26; corresp.). Enfin la plaine. — 63 kil. **Montrond** (p. 26). On passe ensuite, à g., près des ruines du château de Montrond, traverse la *Loire* et parcourt une plaine parsemée d'étangs. — 79 kil. *Montbrison* (p. 40).

De Lyon a Trévoux, que dessert aussi la ligne de Dijon-Paris (p. 2): 26 kil.; 1 h. 5 à 1 h. 10; 2 fr. 70, 2 fr., 1 fr. 45. Départ de la *gare de la Croix-Rousse* (pl. D 2; p. 6). Nombreuses stations de banlieue, les premières celles de *Cuire*, de *Montessuy*, de *Caluire* et du *Vernay*. Beaucoup de maisons de campagne et d'établissements industriels. — 7 kil. *Sathonay*, gros village où il y a un camp de manœuvres, à g. de la voie. On gagne ensuite les bords de la Saône. — 17 kil. *Neuville-sur-Saône* (p. 2). — 26 kil. (17e st.) *Trévoux* (v. le *Nord-Est de la France*).

De Lyon a Mornant et a Vaugneray: 28 et 14 kil., autre ligne d'intérêt local, partant de la *gare de St-Just* (pl. B 5; p. 6). Elle dessert le S.-O. de la banlieue lyonnaise et quantité de bourgades qui ont de 1000 à 3000 hab. Elle se bifurque à *Craponne* (10 kil.), à g. sur *Vaugneray* (4 kil.; 1961 hab.), à dr. sur **Mornant** (18 kil.; *buffet*, *hôt. du Nord*, etc.), ville de 2053 hab., dominée par la haute *tour du Vingtain*, reste de ses fortifications du xive s. A la sortie du côté opposé à la gare se voit un *pont* qui est l'un des mieux conservés de l'anc. aqueduc romain du Mont-Pilat. — *Ste-Catherine-sous-Riverie*, à 10 kil. à l'O. (correspond.), est un centre d'excursions dans les montagnes voisines, qui offrent de beaux points de vue, par ex. au *Châtelard* (804 m.), à 1500 m. au S. On passe à ¼ d'h. en deçà de Ste-Catherine au vieux bourg féodal de *Riverie*, qui a encore son château.

De Lyon a Aoste-St-Genix *(St-Béron)*: 72 kil.; 2 h. 30 et 3 h. 10; 5 fr. 95, 4 fr. 45, 3 fr. 25. — Cette ligne d'intérêt local, qui a sa propre gare à la Guillotière (pl. G 3), dessert au S.-E. un pays de plaine peu intéressant. — 3 kil. **Villeurbanne** (« Villa Urbana »), sorte de faub. industriel de Lyon. 21 714 hab. Tramways aussi de Lyon (p. 7). C'est dans le voisinage que commence la dérivation du Rhône dite *canal de Jonage*, construite depuis 1894 pour procurer des forces motrices électriques à Lyon, en particulier à ses tisseurs de la Croix-Rousse (p. 21). Ce canal a une chute de 12 m. de haut et un débit de 100 m. cubes par seconde, avec 20 turbines, chacune d'une force de 1000 chevaux. — 8 kil. *Décines.* — 12 kil. *Meyzieux*, petite ville avec un château. — 18 kil. *Pusignan*, qui a un château en ruine. — 21 kil. *Janneyrias*, aussi avec les restes d'un château. On traverse ensuite la Bourbre. — 26 kil. *Pont-de-Chéruy-Tignieu* (hôtels). Fabrique de câbles et de fils de bronze et même d'or et d'argent. Correspond. pour la Balme-les-Grottes (p. 58). — 29 kil. *St-Romain-Barens.* — 32 kil. **Crémieu** (*hôt. Bouillet*), ville déchue de 1912 hab., qui a encore une partie de son enceinte des xive et xvie s., notamment deux portes bien conservées. — 37 kil. *Dizimieu-les-Tronches.* — 39 kil. *St-Hilaire-de-Brens.* Embranch. de 11 kil. sur *Jallieu*, près de Bourgoin (p. 152). — 42 kil. *Trept*, stat. près de laquelle est un château du moyen âge. — 46 kil. *Soleymieu-Sablonnières.* Ligne d'Ambérieu-Montalieu (p. 58). — 52 kil. *Passin*, avec un beau château moderne. — 3 stations. — On croise à la fin de l'embranch. de Virieu-le-Grand à Pressins (p. 116). — 72 kil. *Aoste-St-Genix* (hôt. Labully), officiellement *St-Genix* (Savoie), localité industrielle de 1912 hab., sur le Guiers, à 2 kil. du bourg d'*Aoste* (p. 59). — Tramw. de St-Genix à St-Béron, par le Pont-de-Beauvoisin, v. p. 116.

3. De Paris à St-Etienne.

A. Par Roanne.

500 kil. Trajet en 10 h., 11 h. et 13 h. 45. Prix: 56 fr. 10, 37 fr. 90, 24 fr. 75.

Jusqu'à *Roanne* (421 kil.), v. p. 2-3 et 5. On quitte la ligne de Lyon après la stat. suiv., le *Coteau* (2 kil.). Le pays est ensuite très acci-

denté. — 431 kil. *St-Cyr-de-Favières*. 3 tunnels, de 643, 163 et
764 m. — 437 kil. *Vendranges-St-Priest*. Tranchées et 2 tunnels,
de 394 et 230 m. — 442 kil. *St-Jodard*. On se retrouve sur le bord
de la Loire, dont le lit est ici encaissé entre des coteaux du Forez,
qui s'étendent jusque vers Roanne. Tunnel de 396 m. — 452 kil. *Bal-
bigny*. La vallée s'élargit ensuite à dr.; elle est parsemée d'étangs
et bornée au loin par les *monts du Forez* (p. 36).

462 kil. *Feurs* («Forum»; hôt. de la Poste, etc.), à dr., ville de
3719 hab., qui fut la capitale du Forez. Belle église du style goth.
fleuri, en partie moderne. Statue du colonel Combes (m. 1837, à
Constantine), bronze par Foyatier.

CORRESPOND. pour *Panissières*, bourg de 4714 hab., à 15 kil. au N.-E.,
fabriquant le linge de table et le linge de toilette.

473 kil. **Montrond** (*Gr.-H. du Forez, H. Mallière*, etc.), village
à 1400 m. à dr., avec les restes imposants d'un *château* des XIVe et
XVIe s., dominant la Loire. On croise ici la ligne de Lyon à Montbrison (p. 24). Des forages exécutés en 1881, pour trouver du
charbon, ont fait jaillir à Montrond, d'une profondeur de plus de
500 m., la *source du Geyser* (26° C.), qui s'éleva alors jusqu'à 40 m.
C'est une source d'eau bicarbonatée-sodique gazeuse, très abondante,
qui s'exporte. On a même entrepris de l'exploiter dans un établissement thermal, où conduit un chemin à g. en arrivant au village.
L'endroit manque de charme et de promenades ombragées.

482 kil. **St-Galmier** (hôt.: *Lassounery, de la Poste*, etc.), ville
malpropre de 3296 hab., à env. 4 kil. à g. (omn., 45 c.), sur une hauteur où on l'aperçoit du ch. de fer. Elle est célèbre par ses *eaux minérales* bicarbonatées-calciques très gazeuses, qui s'exportent comme
eaux de table, mais qui s'utilisent peu sur place. Le débit annuel
des sources atteint 100 millions de litres et l'exportation 30 millions de bouteilles, aussi y a-t-il ici une verrerie spéciale. L'*église*
est des XVe-XVIIe s. Contre le 2e pilier à dr. de la grande nef se
trouve un édicule remarquable du XVIe s., avec des statues de la
Vierge, de St Fiacre et de St Clément, et un retable orné de peintures. Correspond. pour Bellegarde (p. 25).

487 kil. *La Renardière*. — 488 kil. *St-Just-sur-Loire*, où l'on
se retrouve près des collines de la rive g. et où l'on rejoint la ligne
de Clermont-Ferrand (R. 5).

DE ST-JUST-SUR-LOIRE A FIRMINY (Annonay): 19 kil.; 40 min. à 1 h.;
2 fr. 15, 1 fr. 45, 95 c. On regagne la vallée de la Loire par un tunnel
de 154 m. — 6 kil. *St-Just-St-Rambert*, stat. desservant **St-Rambert-*sur-
Loire***, ville de 3049 hab., qui a encore des restes de fortifications. Ensuite
les *gorges de la Loire*. 3 viaducs, de 17, 30 et 28 m. de haut, le deuxième
après 3 petits tunnels et avant un tunnel de 434 m. — 9 kil. *St-Victor-sur-Loire*.
Puis 2 viaducs, le premier de 31 m. de haut, 2 petits tunnels, 1 viaduc, 2 tunnels, encore 1 viaduc et 2 tunnels. — 17 kil. *Fraisse-Unieux*, aussi sur la ligne
du Puy à St-Etienne (R. 6), qu'on suit jusqu'à la stat. suivante. — 19 kil.
Firminy (p. 47).

491 kil. *La Fouillouse*. — 495 kil. *Villars*. A g., sur la hauteur,
le château de St-Priest. Les mines de houille et les usines sont de

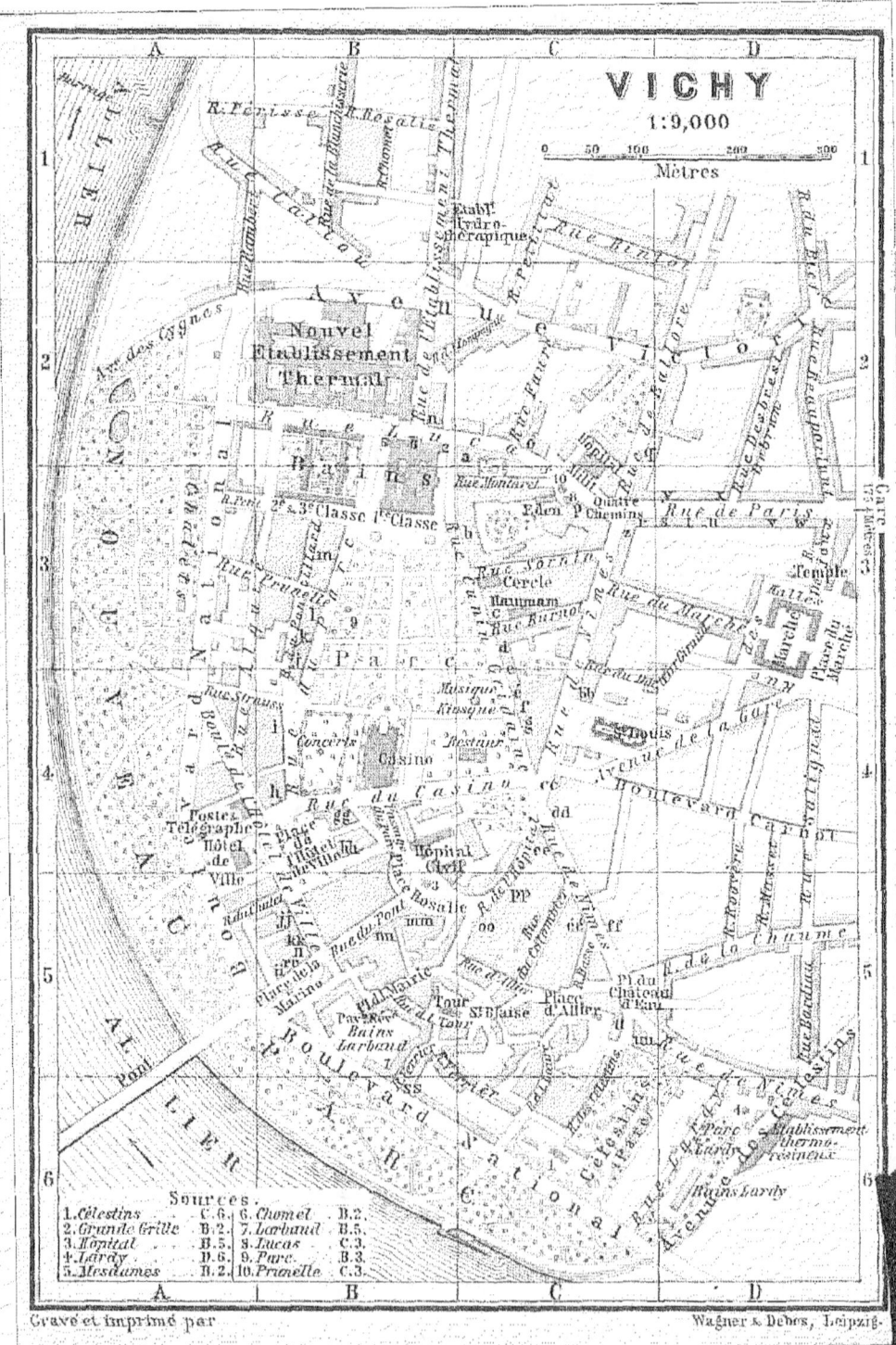

VICHY

1:9,000

plus en plus nombreuses. Le bassin houiller de St-Etienne est un des premiers de France et toute la contrée, jusqu'au Rhône, est le siège d'industries des plus variées et des plus actives. Aussi ne voit-on partout que de hautes cheminées, et tout y est noirci par la fumée et le charbon. — 497 kil. *La Terrasse*, stat. déjà à St-Etienne (à dr.). On rejoint la ligne du Puy et contourne la ville, en passant sur un viaduc courbe. A g., la manufacture d'armes.

500 kil. *St-Etienne* (p. 43).

B. Par Vichy, Thiers et Montbrison.

499 kil. Trajet en 15 h. par le seul train en correspond. (le mat.). Pas de billets directs, mais prix à peu près comme par la ligne précéd. (500 kil.). — A *Vichy*: 365 kil.; 6 h. 30 à 13 h. 30; 41 fr., 27 fr. 70 et 18 fr. 10. — De Vichy à *Thiers*: 38 kil.; 1 h. 40 à 2 h.; 4 fr. 70, 3 fr. 50 et 2 fr. 25. — De Thiers à *Montbrison*: 65 kil.; 2 h. à 2 h. 15; 7 fr. 40, 5 fr. et 3 fr. 25. — De Montbrison à *St-Etienne*: 33 kil.; 1 h. à 1 h. 30; 3 fr. 80, 2 fr. 55, 1 fr. 70.

Jusqu'à *St-Germain-des-Fossés* (355 kil.), v. R. 1. Se défier ici et dans le train des *pisteurs* de Vichy. La ligne de Vichy continue de suivre la vallée de l'Allier. A g., celle de Roanne, à dr., celle de Clermont-Ferrand (R. 4), et belle vue de ce côté. — 365 kil. *Vichy*.

Vichy. — Les hôtels ont des omnibus à la gare (jusqu'à 2 fr. par pers.). Omnibus du chemin de fer: 30 c. le jour, 50 c. la nuit. Fiacres, v. p. 28.

Hôtels. Sur le Parc, rue Cunin-Gridaine (pl. C 2-4), à partir de l'établissement thermal: *Gr.-H. des Bains* (pl. a); *Nouvel-Hôtel* (Guilliermen; pl. b; ch. t. c. 5 à 10 fr., rep. 1.50 ou 2, 4 et 6, p. 13 à 20); *H. de l'Amirauté* (pl. c); *H. Velay & des Anglais* (pl. d); *Royal-Hôtel* (pl. e); *H. Mombrun & du Casino*, réunis (pl. é, f; pens., 10 à 20 fr. par jour); *Gr.-H. Bonnet* et *Gr.-H. de la Restauration* (pl. g). — Rue du Parc (pl. B 3-4), de l'autre côté du parc, à partir du casino: *Gr.-H. des Ambassadeurs & Continental* (pl. h), ouvert toute l'année (ch. t. c. 6 à 12 fr., rep. 2, 4 et 6, p. 12.50 à 20.50, om. 1, et 60 c. par colis); *H. des Thermes* (pl. i; ch. t. c. dep. 4 fr. 50, rep. 1.50, 4 et 5, p. 11.50 à 16.50, om. 2); *H. de Cherbourg* (pl. j; 9 à 20 fr. par j.); *des Princes & de la Paix* (pl. k, l; 10 à 15 fr. par j.); *du Parc & Grand-Hôtel* (pl. m). — Rue de l'Etablissement, *H. Richelieu* (pl. n, B 2). — Rue Lucas, près de là: *H. Britannique* (pl. o, C 2); *H. de la Source-Lucas* (pl. p, C 3). — Rue de Ballore, *Gr.-H. Maussand & de Madrid* (pl. q, C 2). — Rue de Paris (pl. D 3): à dr. en allant à la gare, *H. du Louvre & de Reims* (pl. r), *Gr.-H. de l'Univers* (pl. s), *Dubessay* (pl. t), *du Rhône* (pl. u), *de la Couronne* (pl. v), *du Beaujolais* (pl. w); à g., *H. de la Suisse* (pl. x), *de Rome* (pl. y; dep. 7 fr.), etc. (v. p. 28). — Rue de Nîmes (pl. C 3-5): *H. de la Loire* (pl. z; 2ᵉ ordre); *de Nice* (pl. bb), près de l'église St-Louis (ch. 3 à 6 fr., rep. 1, 3 et 4, p. dep. 7.50); *de l'Europe* (pl. cc); *d'Orléans* (pl. dd); *de Milan* (pl. ee); *du Régent*, à côté, non loin du Parc; *du Palais* (pl. éé); *de Genève* (pl. ff; ch. t. c. 3 à 4 fr., rep. 1, 2.50 et 3.50, p. 7 à 9, om. 50 c.). — Rue du Casino, *H. Molière* (pl. gg, B 4), bien situé (ch. t. c. 3 à 6 fr. 50, rep. 1.25, 3 et 4, p. 8 à 12.50, om. 50 c.). — Place et boulev. de l'Hôtel-de-Ville (pl. B 4-5), également bien situés: *H. de Londres* (pl. kk); *de Séville* (pl. jj); *de Rivoli* (pl. ll; 7 à 9 fr.; ouv. toute l'année), tous de 2ᵉ ordre. — Près de la source de l'Hôpital (pl. B 5): *H. Soalhat & de Russie* (pl. mm; ch. t. c. 3 fr., rep. 75 c., 3 et 3 fr. 50); *H. de l'Union* (meublé; pl. nn); *Gr.-H. du Centre* (pl. pp); *H. de la Porte-de-France* (pl. oo), etc. — Place de la Marine (pl. B 5): *H. Beau-Site* (pl. rr; 7 à 9 fr. par j.), *H. des Charmilles* (pl. ii). — Boul. National (pl. B 6): *H. du Pavillon-Sévigné* (12 à 20 fr.), *H. Belle-Vue* (pl. ss). — Derrière le parc des Célestins (pl. C 5): *Gr.-H. du Palais-Royal* (pl. tt) et *H. des Célestins* (pl. uu), de 2e ordre, dans une rue calme. — Derrière l'église St-Louis (pl. C4): *Gr.-H. de Bellecour* (8 à 10 fr.), *Gr.-H. de Bade & Notre-Dame.* — Encore dans la rue de Paris, en se rapprochant de la gare, quantité de maisons plus modestes, mais bonnes et pas chères (dé. 2 fr. 50, dî. 3): *H. de la Côte-d'Or, de Castille, de Brest* (ch. 2 fr. 50, rep. 75 c., 2.50 et 3 fr.), *Beauparlant, de la Poste, du Globe* (recomm.; voy. de comm.; ch. dep. 2 fr., rep. 30 c. à 1 fr., 2.50 et 3 à t. d'h.; p. 7). — Il y a aussi des hôtels modestes et beaucoup de maisons meublées dans le vieux Vichy.

La vie n'est pas aussi chère à Vichy qu'on est porté à le croire, eu égard à son importance; il y a du moins des hôtels pour toutes les bourses, les prix variant entre 6 et 30 fr. par jour.

Cafés: café-restaur. dit *la Restauration*, dans le Parc, à g. du casino, de 1er ordre; *C. de l'Eden* (v. ci-dessous); *Gr.-C. de la Perle, C. Riche, Grand-Café, Alcazar*, rue de Nîmes, près de la rue de Paris; *Gr.-C. de l'Univers*, même rue, près du casino; *Gr.-Café Neuf*, square de l'Hôtel-de-Ville, etc. — *Brasserie de la Grande-Grille*, rue Sornin.

Etablissement thermal, ouvert toute l'année (v. ci-dessous). Aux *buvettes*, l'eau minérale bue sur place est gratuite. Toute personne qui s'y présente y reçoit, si elle le veut, un verre d'eau. Emportée à domicile, elle se paie 30 c. le litre. Pour les bains, on doit d'abord se faire inscrire au bureau, dans la grande galerie de 1re classe. Tarif: bains ou douches de luxe, 5 fr.; bains minéraux, 1re cl., 2 fr. 50; 2e cl., 1 fr. 50; 3e cl., 60 c.; bains de piscine, 2 fr., etc., conformément au tarif, affiché dans l'établissement. Le fort de la saison est en juillet et en août.

Médecins. La liste complète des médecins consultants à Vichy est affichée dans les galeries de l'établissement, avec leurs adresses.

Voitures de place. De la gare aux hôtels, avec ou sans bagages, le jour (6 h. du m. à 8 h. du s.), à 1 chev., 1 fr. 50; à 2 chev., 2 fr. 50; la nuit, 1 fr. de plus. Moyennant ces prix, on est conduit jusqu'à ce qu'on ait trouvé à se loger. — Course: le jour, 1 fr. 25 et 2 fr.; la nuit, 2 et 3 fr. L'heure: le jour, 3 et 4 fr.; la nuit, 4 et 6 fr., puis par fractions de 1/2 h., etc.

Voitures de promenade, bureaux place de la Croix-de-Mission (pl. C4, cc) et place Rosalie (pl. B5); jours et prix, v. p. 31 et 32. — Tramway de Cusset, v. p. 31.

Poste et télégraphe (pl. A4), près de l'hôtel de ville.

Chaises et fauteuils: dans les parcs, 10 c.; aux concerts de jour, 20 c.; aux concerts de nuit, 50 c.; 10 fr. par abonn. pour la saison et 5 fr. pour un mois.

Casino (v. p. 30): entrée, 2 fr. pour une journée, 25 fr. pour un mois. L'abonnement donne droit à l'entrée dans toutes les salles, excepté le théâtre, et à l'usage des chaises dans les promenades et les parcs publics. Entrée au théâtre, avec stalle numérotée, 4 fr. Entrée au casino et au théâtre, 5 fr.; abonnement pour les deux, 60 fr., etc. On doit se faire présenter par une «personne honorablement connue».

Eden-Théâtre, derrière le Nouvel-Hôtel, avec entrées aussi rue Lucas et rue Sornin. Entrée libre dans le jardin (café-concert); au théâtre 2 et 3 fr.

Cercle international (pl. C3), rues Cunin-Gridaine et Sornin. On n'y est admis que si l'on fait déjà partie d'un cercle ou sur présentation.

Temple protestant, place du Marché (pl. D3).

Vichy (259 m. d'altit.) est une ville de 12 330 hab., dans un assez joli site et sous un climat sain et tempéré, sur la rive dr. de l'*Allier*. C'est la principale ville d'eaux de France et même de l'Europe, car il y vient annuellement env. 70 000 étrangers. Sauf son vieux quartier, qui ne remonte pas au delà du moyen âge, c'est une ville toute moderne. Ses eaux, cependant bien connues des Romains, qui l'avaient nommée *Vicus Calidus*, ne rentrèrent en faveur que vers la fin du xviie s., lorsque Mme de Sévigné les eut signalées à la cour de Louis XIV, et elles ne sont réellement en vogue que depuis le second empire. La célébrité des eaux de Vichy ne tient toutefois pas seulement à ce qu'elles ont été mises à la mode par Napoléon III, qui y vint plusieurs fois, ni à la transformation dont la ville lui est en partie redevable, mais encore aux vertus exceptionnelles et bien reconnues de ces eaux, bicarbonatées sodiques et ferrugineuses. Le succès est aussi dû à l'excellente organisation de l'établissement, qui est propriété de l'État et exploité par une compagnie fermière. Les eaux se prennent surtout en boisson, et néanmoins l'affluence des étrangers y est telle, au fort de la saison, que la compagnie est en mesure de donner 3500 bains par jour. L'expédition des eaux est aussi énorme; d'env. 350 000 en 1850, lors de la mise en ferme des sources de l'État, le nombre des bouteilles expédiées annuellement de Vichy est monté aujourd'hui à 14 000 000.

La longue rue de Paris nous mène de la gare vers le centre de la ville neuve. Nous prenons ensuite, presque en face, la rue Lucas, qui passe entre l'*hôpital militaire*, à dr., et les *sources Lucas* (29° C.) et *Prunelle*, à g., la première employée surtout pour les bains, la seconde propriété particulière. — Plus loin à g., la rue Cunin-Gridaine, qui longe l'établissement thermal et le Parc, et où se trouvent une partie des principaux hôtels et l'Eden-Théâtre (p. 28).

L'établissement thermal (pl. B 2-3), en partie en reconstruction derrière l'emplacement actuel (v. le plan), se compose surtout jusqu'à présent d'un vaste bâtiment à arcades en plein cintre, d'une architecture massive, élevé en 1820 et auquel on a ajouté en 1853 une annexe encore plus considérable, à l'O. Le premier corps de bâtiment, où sont les bureaux, est réservé aux bains de 1re classe. Là aussi sont plusieurs des principales sources: le *puits Chomel* (44° C.), au bout de la galerie en venant du Parc, où l'eau est montée par une pompe; la *Grande-Grille* (42°), la plus célèbre des sources de Vichy, dont l'eau jaillit naturellement en gros bouillons à l'extrémité E. de la galerie transversale du fond et qui contient 4 gr. 88 de bicarbonate de soude par litre; la *source Mesdames* (16°), à l'autre extrémité, amenée ici de la route de Cusset, et le *puits Carré* (44°), la source la plus abondante (252 000 litres par jour), qui est dans les sous-sols. Le débit total des dix sources de la ville appartenant à l'État dépasse 288 400 litres par jour. L'eau du puits Chomel s'emploie surtout contre les maladies des voies digestives, celle de la Grande-Grille contre les affections du foie, les douleurs hépathiques; celle de la source Mesdames contre la chlorose, et celle du puits Carré sert uniquement à l'alimentation des bains. Pour les autres sources, v. p. 30 et 31.

La *pastillerie*, qui était derrière l'établissement, là où s'élèvent les nouvelles constructions, a été réédifiée plus loin à droite. C'est là que se fabriquent les sels et les pastilles de Vichy, et l'entrée en est publique.

Le **Parc** (pl. B C 3-4), entre l'établissement thermal et le casino, est une promenade ombragée de beaux arbres, plantée sous Napoléon Ier. C'est le centre de Vichy, le rendez-vous des buveurs et des baigneurs, lors des *concerts*, le matin de 8 h. $\frac{1}{2}$ à 9 h. $\frac{1}{2}$ et l'après-midi de 2 h. $\frac{1}{2}$ à 3 h. $\frac{1}{2}$, après lesquels on va aux sources. Il est encore plus fréquenté dans la soirée. A dr. en venant de l'établissement est la *source du Parc* (16°), qui sert peu, bien que préférable pour certaines personnes à celles de l'Hôpital et des Célestins (v. ci-dessous). — Plus loin, à dr. du casino, l'enceinte des concerts; à g., un des kiosques de musique et la Restauration (p. 28).

Le **casino** (pl. B 4), qu'on agrandit et transforme également, est une belle construction, un peu écrasée, du style de la Renaissance, élevée de 1860 à 1865 par Badger. La façade, que précède un petit jardin, présente au milieu une véranda et de chaque côté un pavillon, avec une grande fenêtre entre deux cariatides colossales et un fronton circulaire. Les cariatides, représentant les Saisons, sont par Carrier-Belleuse. Sur le derrière se trouve un haut-relief colossal aussi par Carrier-Belleuse, les Sources de Vichy. L'intérieur offre naturellement toutes les ressources des établissements de ce genre. Il y a surtout une grande salle des Fêtes, un salon de lecture, abondamment pourvu de journaux français et étrangers, un salon réservé aux dames, une salle de billard, une salle de jeux et un grand et beau théâtre. Le casino est ouvert officiellement du 1er mai au 15 oct. et le théâtre du 15 mai au 30 sept., mais la saison ne dure réellement que du 1er juin au 15 septembre. Entrée, v. p. 28.

Sur la droite du casino, au delà du Parc, se trouve l'*hôtel de ville* (pl. A 4), petit bâtiment fort simple, devant lequel est un joli jet d'eau. A côté, la *poste* et le *télégraphe*. Derrière le casino et du côté g. sont de grands et nombreux *bazars*.

Le passage du Parc nous mène à la *place Rosalie* (pl. B 5), où est la *source de l'Hôpital* (34°), ainsi nommée d'un anc. hôpital. Elle est dans le genre de celle de la Grande-Grille. Son eau s'emploie principalement contre les gastralgies et elle a son propre établissement de bains sur la place.

La rue du Pont, qui descend de cette source vers l'Allier, traverse le **Nouveau Parc**, magnifique promenade établie depuis 1861, par la construction d'une digue de près de 2 kil. de long, dans des terrains que l'Allier inondait souvent. Il règne presque tout le long de la ville, sur le bord de la rivière, et sa superficie est de 12 hectares. Belle vue sur la vallée et les hauteurs de l'autre rive. Le pont a été construit depuis 1866. Il y a un barrage plus loin en aval.

Le vieux Vichy, que ce parc longe à g. de la rue du Pont, n'a à peu près rien qui puisse intéresser le visiteur. La tour de l'Horloge est restée d'un château du xve s. Dans le bas de ce quartier, les *bains Larbaud* (pl. B 5), propriété particulière, aussi avec une buvette gratuite, et un peu au-dessus le *pavillon Sévigné* (hôtel), ainsi nommé parce qu'il fut habité en 1676 par Mme de Sévigné, qui fit alors une saison à Vichy et en parle dans ses lettres.

Plus loin encore sont les *sources des Célestins* (pl. C6), ainsi nommées parce qu'il y a eu là jusqu'au XVIIIe siècle un couvent de Célestins. Elles sont au nombre de trois (13°): la source de la Grotte, la première; la Vieille source, plus loin, peu abondante; et la Nouvelle source, la plus fréquentée. Leurs eaux, qui sont des plus agréables à boire, mais dont il faut, dit-on, user avec réserve, s'emploient contre la goutte, la gravelle et le diabète. Ce sont les plus riches en bicarbonate de soude (5 gr. 10). Il y a audessus des sources un assez joli *parc*, qui donne de l'autre côté sur la rue de Nîmes.

Le boulevard National aboutit, à l'extrémité du Nouveau Parc, à l'avenue des Célestins, qui contourne la ville en passant devant l'établissement particulier des *bains Lardy* (pl. D6), et la rue de Nîmes ramène de l'extrémité dans la ville.

Dans la rue de Nîmes, près du Casino, se trouve l'*église St-Louis* (pl. C4), qui est moderne, du style roman, et décorée à l'intérieur de peintures polychromes.

Excursions. — A CUSSET, 3 kil. à l'E., au delà du ch. de fer. Tramw. de l'église St-Louis (pl. C4) et passant par la gare (20 c.) et omn. gratuit pour les baigneurs de l'établissement Ste-Marie. Outre la route, il y a l'*allée des Dames*, promenade agréable le long du *Sichon*, petit affluent de l'Allier, où l'on va par la rue de Ballore. Cusset (hôt.: *du Globe*, place des Halles; *de l'Etoile*, rue St-Antoine) est une ville ancienne, de 6441 hab., qui a aussi son *établissement de bains*, possédant 2 sources d'eaux froides bicarbonatées sodiques et ferrugineuses. Il est situé un peu en deçà du cours Lafayette, où s'arrêtent les voitures et où il y a encore une source du même genre. Eglise moderne du style goth. du XIIIe s. et maisons du XVIe s., dont deux place Victor-Hugo, à g. de l'église. — 4 kil. plus loin sur la gauche, les *Malavaux*, dans une vallée relativement peu intéressante.

A L'ARDOISIÈRE, suite de la route précédente. 12 kil. de Vichy. Voit. à 1 chev., 10 fr.; à 2 chev., 15 fr., retour compris et avec 1 h. d'arrêt. A 3 kil. de Cusset, dans la vallée du Sichon, le village des *Grivats*; 3 kil. plus loin, dans une gorge pittoresque, le *Gour Saillant*, une jolie petite cascade, et à 3 kil. de là, l'*Ardoisière*, endroit moins intéressant que la route qui y conduit. Il y a un restaurant assez cher (dé. 5 fr., dî. 6).

Au CHÂTEAU DE BOURBON-BUSSET, suite de la route précédente, 14 kil. de Vichy. On y va aussi par *St-Yorre* (v. ci-dessous), mais cette route est préférable pour le retour, à moins qu'on ne veuille profiter du chemin de fer et aller ensuite à pied. Voit. à 1 chev., 15 ou 16 fr.; à 2 chev., 20 ou 22, selon la route. Voit. de promen. (bur., p. 28), t. les j. à 11 h. 3/4; 3 fr. 50 par personne. Il n'y a plus que 2 kil. de montée de l'Ardoisière au plateau où s'élève le château de Bourbon-Busset, avec le gros village de *Busset*. Ce château, qu'on peut visiter, est devenu au XVIIIe s. la propriété d'une branche de la maison de Bourbon, mais sa construction remonte au XIVe s. C'est un château féodal assez curieux, où l'on entre par un pont-levis entre deux grosses tours rondes modernes. Le bâtiment du fond, le seul ancien, mais restauré au XIXe s., est d'aspect sévère et pittoresque, avec sa grosse tour à mâchicoulis. Il y a de ce côté une terrasse d'où l'on a une *vue superbe, sur la vallée de l'Allier, la Limagne (p. 38), les monts Dôme et les monts Dore, en Auvergne, et aussi sur les monts du Forez (p. 36). A g. de la cour est une petite chapelle reconstruite dans le style du XIIIe s. Les appartements ont été en partie fort bien restaurés dans le style du château. — En revenant par St-Yorre (5 kil.), on jouit de beaux points de vue sur la vallée de l'Allier et les montagnes.

Aux sources de Vesse et de Hauterive. La première est une *source intermittente* près de Vichy, à 1500 m. sur la rive g. de l'Allier par le pont. Les heures où elle jaillit sont affichées à l'établissement thermal. Elle s'élève à 6 m. de hauteur. 50 c. d'entrée quand elle jaillit, 25 à d'autres moments. — *Hauterive*, 4 kil. plus loin (voit., 7 ou 10 fr.), possède, dans un beau parc, une des principales sources minérales exploitées par la compagnie fermière. L'eau, dans le genre de celle des Célestins (p. 31), sert uniquement à l'exportation.

Au château de Randan, 16 kil. par le *bois de Randan*. Voit.: à 1 chev., 15 fr.; à 2 chev., 20 fr., 18 et 24 fr. si l'on revient par Maulmont (v. ci-dessous). Voit. de promen. (bur., p. 28), les dim. et jeudi à 11 h. 3/4; 3 fr. 50 par personne. Le château de **Randan**, dans la petite ville de ce nom (hôt. du Parc), est d'origine fort ancienne, mais il a été presque entièrement reconstruit depuis 1822, par Mme Adélaïde d'Orléans, sœur de Louis-Philippe. Il appartient maintenant à la comtesse de Paris. On n'en visite plus que le parc, public les dim. et jeudi, de 1 h. à 6 h. — On revient ordinairement par le rendez-vous de chasse de *Maulmont* (8 kil.), aussi de construction moderne. De là on continue par *Hauterive* (v. ci-dessus), ou bien l'on va traverser l'Allier sur le pont de Ris (3 kil.; v. ci-dessous).

La *côte St-Amand*, à 4 kil. au S.-E. de Vichy, à g. de la route de Thiers, et la *Montagne-Verte*, à 4 kil. au N., sont surtout visitées pour la vue dont on y jouit, analogue à celle de Busset: voit., 7 et 10 fr.

On visite aussi de Vichy les ruines pittoresque du *château de Billy*; elles sont à 4 kil. de la station de St-Germain-des-Fossés (p. 5). Voit. de promen. (bur., p. 28), certains jours, à 4 fr. par personne.

Trains de plaisir, dans la saison: pour *Thiers* (p. 38), 5 fr., 4 fr. et 2 fr. 50; pour *Clermont-Ferrand* (v. le *Sud-Ouest de la France*, par Bædeker) 10, 8 et 5 fr.

Le chemin de fer suit encore au delà de Vichy la rive dr. de l'Allier. A g., l'hôpital de la ville.

374 kil. **St-Yorre** *(hôt. Gay)*, qui a diverses sources d'eaux minérales, bicarbonatées sodiques, froides, dont les produits se vendent sous le nom de «Vichy-St-Yorre». Il y a un établissement dans un beau parc, près duquel on passe à dr. avant la station. Excursion à Busset, dont le château s'aperçoit à g. (4 kil.), v. p. 31.

381 kil. *Ris-Châteldon. Ris*, près du confluent de l'Allier et de la Dore, a un beau pont suspendu sur l'Allier (à Randan, v. ci-dessus). *Châteldon* (2 hôt.), à 5 kil. au S.-E. (omn.), au pied de hauteurs rocheuses, est une localité ancienne de 2064 hab.; mal bâtie, avec des restes de fortifications, un vieux château restauré, qu'on ne peut visiter, et de vieilles maisons pittoresques. Il y a aussi des *eaux minérales*, ferrugineuses bicarbonatées, mais elles ne sont exploitées que pour l'expédition.

On longe ensuite la *Dore* (p. 38). A dr. se voient les monts Dôme (p. 34). — 386 kil. *Puy-Guillaume.* — 393 kil. *Noalhat.*

399 kil. *Courty* (buvette), sur la ligne de Clermont-Ferrand à *Thiers, Montbrison* et *St-Etienne* (p. 38).

4. De Paris au Puy.

A. Par Roanne et St-Just-St-Rambert ou St-Etienne.

561 ou 586 kil. Trajet en 12 h. 30 par St-Just-St-Rambert, en 15 h. 40 et 18 h. 10 par St-Etienne. Prix: par St-Just (pas de billets directs), 63 fr. 05, 42 fr. 60, 27 fr. 80; par St-Etienne, 65 fr. 75, 44 fr. 40, 29 fr.

Jusqu'à *St-Just-sur-Loire* (487 kil.), v. p. 2-3, 5 et 25-26; de là à *Fraisse-Unieux* (17 kil.; ligne de St-Etienne au Puy), par *St-Just-St-Rambert* ou bien à *St-Etienne* (13 kil.), v. p. 26, et de St-Etienne et Fraisse-Unieux au *Puy* (86 ou 57 kil.), p. 47-48.

B. Par Clermont-Ferrand.

567 kil. Trajet en 17 h. 40 et 18 h. 10. Prix: env. 63 fr. 70, 43 fr. 05, 28 fr. 10. — Jusqu'à *Clermont-Ferrand*, par Nevers: 420 kil.; 8 h. 30 à 14 h.; 47 fr. 15, 31 fr. 85, 20 fr. 80. Cette ligne est fort belle à partir de Clermont. Vue de là surtout à dr., jusqu'à St-Georges-d'Aurac, puis à dr. et à g.

Jusqu'à *St-Germain-des-Fossés* (355 kil.), v. p. 2-3 et 5. Pour les détails de là à Clermont-Ferrand et sur cette ville, v. le *Sud-Ouest de la France*, par Bædeker. — Pont sur l'Allier. La voie monte. Montagnes du Forez à g. et de l'Auvergne à dr.

379 kil. *Gannat.* 5676 hab. Ligne de Montluçon.

407 kil. **Riom** (*Gr.-H. Place-Desaix*). 11131 hab. *Palais de justice* avec *Ste-Chapelle, de l'anc. château des ducs d'Auvergne (xive-xve s.), près de la place Desaix. A l'extrémité de la rue de ce nom, la *tour de l'Horloge*, du xve s., et deux maisons de la Renaissance. *Eglise St-Amable*, plus loin dans la même direction, en partie romane. *Notre-Dame-du-Marthuret*, au bas de la grande rue transversale, des xve et xvie s.

420 kil. **Clermont-Ferrand** (*H. de la Poste, H. de l'Univers* etc., place de Jaude; *H. des Voyageurs*, à la gare; tramways électr.). 50870 hab. La rue en face de la gare mène à la place Delille et aux boulevards qui contournent la vieille ville. De l'autre côté, rue de ce nom, **Notre-Dame-du-Port*, église fort remarquable du style roman auvergnat (xe s.). De là, à dr., à la partie N. des boulevards (rue A. Moinier), où il y a une *statue de Pascal*, né à Clermont en 1623. Ensuite à g., par la rue St-Louis, vers la place de Jaude. A g., au bout de la rue des Gras, la *cathédrale, des xiiie-xve s., la façade moderne. La *place de Jaude* est comme le centre de la ville. Vers le milieu, à dr., vue du puy de Dôme (p. 34). A l'extrémité, la *statue de Desaix* (1768-1800), originaire d'Auvergne. On ira de là à g. par les rues d'Assas (Préfecture) et du St-Esprit (lycée), puis à dr. par la rue Ballainvilliers. A l'extrémité, à g., un petit *musée* et le *jardin Lecoq*. Le cours Sablon, à l'E., puis le boul. Trudaine ramènent à la place Delille. Entre les deux, une *fontaine* du xvie s.

Royat, la première station thermale d'Auvergne, est à 2 kil. à l'O. de Clermont (tramw. électr.), dans une vallée encaissée, du côté du puy de Dôme. Eaux alcalines mixtes, chlorurées sodiques, ferrugineuses et arsénicales. Il y règne un assez grand ton et la vie y est coûteuse. Promenades restreintes et peu ombragées.

Le **puy de Dôme** (1465 m.), une des principales montagnes volcaniques de la région, les *monts Dôme*, à 14-16 kil. de Clermont, est le but d'une excursion intéressante et facile, qu'on peut faire en voiture même jusqu'au sommet (voit. spéciale pour l'ascension). A pied, par Royat, elle prend env. 7 h. aller et retour. Le chemin d'accès est au S. ou à g. en allant, au *col de Ceyssat* (1078 m.; aub.). Très belle vue du sommet, où il y a un observatoire, des ruines d'un temple antique et un café-restaurant.

Pour plus de détails et pour le reste de l'Auvergne, v. le *Sud-Ouest de la France*, par Bædeker. De Clermont à *St-Etienne*, R. 5; à *Nîmes*, R. 32.

En repartant de Clermont-Ferrand, on laisse à dr. la ligne de Limoges par le N. de l'Auvergne, et l'on voit du même côté le puy de Dôme, le plateau de Gergovie et le Mont-Rognon. — 428 kil. *Sarliève-Cournon*. — 430 kil. *Le Cendre-Orcet*. On arrive sur le bord de l'*Allier*, que la voie va suivre à travers un pays accidenté offrant surtout de belles vues à dr. Il y a beaucoup de châteaux anciens et de ruines dans cette contrée, la plupart sur des puys (lat. «podium»). — 435 kil. *Les Martres-de-Veyres*. A 2 kil. ¹/₂ à dr., le *puy de Monton* (585 m.), sur lequel il y a une Vierge de 21 m. de haut. On traverse l'Allier.

438 kil. *Vic-le-Comte*, stat. pour la petite ville de ce nom, à 1 h. au S.-E. (omn.). Son église, dite la *Ste-Chapelle*, est un beau monument de la fin de la période goth. et du commencement de la Renaissance. La station de Coudes (v. ci-dessous) n'en est pas plus éloignée, et, avec un détour d'env. ¹/₄ d'h., on peut en s'en retournant de ce côté passer par les ruines de Buron.

Plus loin, à g., les ruines grandioses du *château de Buron*, ancienne forteresse des comtes d'Auvergne, à ³/₄ d'h. de Coudes. A dr., au bord de l'Allier, les ruines d'une tour de péage, et plus haut, *Montpeyroux*, que domine une tour du xiii⁰ s.

445 kil. *Coudes* (hôt. du Commerce, à la gare). Voit. pour St-Nectaire (v. le *Sud-Ouest de la France*). A dr. et à g., des rochers et des localités dans des sites fort pittoresques. On traverse de nouveau l'Allier. A dr., à l'horizon, les monts Dore.

455 kil. **Issoire** (*buffet; hôt. de la Poste*, sur le boulev., au delà de l'église), à dr., ville riante de 6011 hab. et chef-lieu d'arr. du Puy-de-Dôme, sur la *Couse d'Issoire*. Calvinistes et catholiques y commirent bien des excès au xvi⁰ s. Elle a, à quelques min. de la gare, une très belle *église*, dans le style roman auvergnat, ressemblant à Notre-Dame-du-Port de Clermont.

La contrée est maintenant un peu moins curieuse. A g., à une certaine distance, le *château de la Grange*. — 460 kil. *Broc-Beaurecœuil*. Au loin à dr., en arrière, *St-Germain-Lembron*, localité considérable, sur une hauteur; puis les ruines du château de *Châlus*. — 464 kil. *Le Breuil*. — 468 kil. *Le Saut-du-Loup*. Pont suspendu sur l'Allier. On traverse l'*Alagnon*. A g. encore un château en ruine. Puis un petit tunnel. — 474 kil. *Brassac-les-Mines*, centre d'un petit bassin houiller.

480 kil. **Arvant** (426 m. 50; *buffet; hôt. du Midi & de la Gare*).

Ici s'embranche la ligne d'Aurillac, d'où se détache plus loin celle de Béziers par St-Flour (v. le *Sud-Ouest de la France*).

Halte de *Laroche-Faugère*. — A dr., sur une hauteur, le *château de Paulhac*, du xve s.; à g., un bel amphithéâtre de montagnes.

490 kil. **Brioude** (*hôt. du Nord*, à g. de la place Lafayette), ville ancienne de 4963 hab. et chef-lieu d'arr. de la Haute-Loire, à dr. un peu au delà de la station. Le boulevard qui la contourne à dr. et la 3e rue à g. mènent à la place Lafayette, d'où l'on a une belle vue des monts du Forez. Près de cette place, à g. en y arrivant, se trouve l'*église St-Julien*, monument remarquable des xiie et xiiie s., presque entièrement du style roman auvergnat. Il y a une tour à chaque extrémité, l'une et l'autre reconstruites au xixe s., celle du portail sans flèche. L'intérieur est à trois nefs très élevées, avec voûtes d'arêtes et voûtes à nervures, des arcades ogivales au chœur (tribunes) et de curieux chapiteaux. Belles chapelles absidales en hémicycle. Retable en bois dans la 1re chapelle à g. Il y a au-dessus de la 1re travée, à côté de l'orgue, une chapelle St-Michel, qui renferme une fresque du xiie s. représentant l'enfer.

On retraverse l'Allier 3 kil. plus loin. — 501 kil. *Frugières-le-Pin*. Ensuite, à dr., les ruines pittoresques du *château de Domeyrat*, du xve s., dominant le village du même nom. — 508 kil. *Paulhaguet*.

514 kil. *St-Georges-d'Aurac* (572 m.; hôtel près de la gare), où l'on quitte la ligne de Nîmes (R. 32). — La voie monte ensuite en faisant un grand circuit vers le S. Belles vues. — 521 kil. *Rougeac*. Plus loin, un tunnel de 286 m. et un viaduc. A g., le *Mont-Briançon* (1043 m.). — 533 kil. *La Chaud* (899 m.). Vue de plus en plus étendue. A g., au loin, les monts d'Auvergne; à dr., les Cévennes; en arrière, les monts du Cantal. — 538 kil. *Fix-St-Geneys* (998 m.). On domine à dr. une belle gorge. La voie traverse aussitôt les *monts du Velay* par un tunnel de 2076 m., atteint 1116 m. de hauteur et redescend dans le bassin de la Loire. Vue très étendue et belle à dr., dans la direction des montagnes que domine le Mézenc (p. 53).

546 kil. *Darsac* (887 m.; petits hôtels à la gare). Correspond. (courrier) pour la Chaise-Dieu (p. 37). Puis un plateau, avec la halte de *Lissac*, où la vue est très étendue des deux côtés, et on arrive dans la belle vallée de la *Borne*.

553 kil. *Borne*. Correspond. pour St-Paulien (p. 52). On traverse plus loin une première fois la rivière et l'on voit à g. les ruines du *château de St-Vidal*. Ensuite un autre pont et un tunnel, et l'on descend rapidement. A g., Espaly (p. 52), avec ses rochers et une statue de St-Joseph. Bientôt enfin une *vue très curieuse de la ville du Puy, avec ses rochers à pic, que couronnent une statue de la Vierge et l'église St-Michel, etc., et la voie fait un grand circuit de l'O. à l'E. autour de la ville basse, pour atteindre la gare.

567 kil. *Le Puy* (p. 48).

C. **Par Vichy, Ambert et la Chaise-Dieu.**

Env. 527 kil. 465 kil. de chemin de fer jusqu'à *Arlanc*, trajet en 15 h., pour 52 fr. 20, 35 fr. 25 et 23 fr. — 17 kil. de route de là à *la Chaise-Dieu*, desservie par une voit. publ. (courrier) au premier train (env. 2 h. 1/2; 2 fr.). Voit. partic., 8 fr. pour 1 à 4 personnes. Ch. de fer en construction jusqu'à Darsac (47 kil.). — 24 kil. de route et correspond. 2 fois par jour de la Chaise-Dieu pour *Darsac* (3 h.; 2 fr.), stat. de la ligne précéd., à 21 kil. du Puy. Le courrier repart de la Chaise-Dieu pour Arlanc à 10 h. du soir. Les piétons peuvent gagner env. 7 kil. en prenant les raccourcis dans les gorges (v. p. 37), au retour un peu après le 3e kil.; à dr. au commencement de la forêt.

Jusqu'à *Vichy* et à *Courty* (399 kil.), v. p. 27 et 32.

La ligne d'Ambert se confond ensuite avec celle de Clermont jusqu'à la stat. suiv., avant laquelle elle traverse la Dore. — 401 kil. *Pont-de-Dore* (buffet). — Puis elle remonte au S. la vallée de cette rivière, qui s'embellit. Vue surtout à g. De ce côté, Thiers et les *monts du Forez* (v. ci-dessous).

411 kil. *Courpière* (hôt. de France), à dr., vieille ville de 3677 hab., qui a une église du style roman auvergnat, renfermant un St-Sépulcre du xve s. — On traverse la Dore et passe dans un défilé rocheux et boisé où il y a 4 tunnels. C'est la plus belle partie de la vallée. Vues à dr., puis à g. — 423 kil. *Giroux*. La voie franchit de nouveau la rivière, enfile deux tunnels, retourne sur la rive dr., puis encore sur la gauche, par un haut pont d'où l'on voit Olliergues à g., et repasse dans un tunnel.

428 kil. *Olliergues*, à g., toute petite ville, dans un site pittoresque sur une colline de la rive droite. — Encore deux tunnels et un pont sur la Dore, et la vallée s'élargit. — 436 kil. *Vertolaye*.

A env. 1/2 h. au S.-E. de ce village, le bourg de *Job* (hôt. des Voyageurs), d'où l'on peut faire, en 2 h. 1/2 à 3 h., l'ascension de **Pierre-sur-Haute** (1640 m.), principal sommet des *monts du Forez*, lesquels font partie du contrefort des Cévennes courant du S. au N., entre les vallées de la Loire et de la Dore. On en peut redescendre en 1 h. 1/2 à Chalmazel (p. 40).

Plus loin, un autre pont, suivi de deux tunnels, une plaine et un pont à Ambert.

449 kil. **Ambert** (531 m.; *H. de la Tête-d'Or*, rue du Pont et boul. de Sully; *H. de Paris*, même boulevard), à g., ville très ancienne et mal bâtie, de 7709 hab.. chef-lieu d'arr. du Puy-de-Dôme, au pied des hauteurs de la rive dr. de la Dore et au N. d'un bassin qui a dû former un lac. Elle a depuis le moyen âge d'importantes fabriques de papier fin, et elle fabrique encore spécialement des objets de piété (chapelets), puis des étamines pour drapeaux et pavillons. Plus haut dans la vallée, on fait beaucoup de dentelle. Ambert a subi plusieurs sièges dans les guerres de religion, au xvie s. Son *église St-Jean*, où mène la rue du Pont, à g. au sortir de la gare, est des styles goth. et de la Renaissance et remarquable par le plan et l'ornementation, ainsi que la belle tour qui en flanque la façade. Principal boulevard, les *Allées*, avec une belle fontaine moderne, à dr. en sortant de l'église. Vieilles maisons, des xve et xvie s.

Job (v. ci-dessus) est à 9 kil. au N. d'Ambert.

On retraverse la Dore. — 457 kil. *Marsac*, 2734 hab. Enfin un dernier pont et la dernière station.

465 kil. **Arlanc** (596 m.; hôt.: *du Prince, Rérol*), à dr., ville mal bâtie, de 3352 hab., sur le versant d'une colline entre la Dore et la Dolore, son affluent. Petit *établissement thermal*, avec deux sources ferrugineuses.

La route de la Chaise-Dieu monte d'abord au S., comme la vallée de la Dore, puis tourne avec elle à l'O., à env. 4 kil. $\frac{1}{2}$ d'Arlanc, au *Procureur*. Vaste horizon de montagnes en arrière. Au Procureur commencent des lacets qui ont env. 9 kil., dans trois *gorges* boisées et à travers de belles forêts de sapins. On laisse à g. à l'entrée le chemin de char qui abrège (v. p. 36), recommandable pour les piétons au retour. La première gorge est la plus belle. Le chemin de fer s'en écartera, en faisant un détour de 11 kil., par St-Alyre.

Montée presque continuelle dans les gorges et à la fin 3 kil. en plaine en vue de la Chaise-Dieu.

482 kil. **La Chaise-Dieu** (*hôt. du Lion-d'Or*), vieille petite ville fort déchue, de 1608 hab., sur une hauteur (1090 m.) dominant toute la contrée. Elle doit son nom à une célèbre abbaye de bénédictins, la *Casa Dei*, fondée vers l'an 1036 par St Robert. Elle a eu pour abbés et titulaires Roger de Beaufort, plus tard pape sous le nom de Clément VI; Mazarin, Richelieu, etc.

L'ÉGLISE est ce qu'il reste de plus curieux de l'abbaye, mais la plus grande partie est fort dégradée et le tout très négligé. L'édifice actuel est une construction goth. des xive-xve s., imposante dans son ensemble, mais pauvre comme décoration sculpturale. La façade est précédée d'un grand escalier et flanquée de deux tours sans flèches. L'intérieur est un vaisseau grandiose à trois nefs de même hauteur, qui a un grand jubé du xviie s., avec un christ remarquable de 1603 et une galerie contournant les piliers. Du côté du portail, un buffet d'orgue, aussi du xviie s. Le chœur est entouré d'une clôture en pierre. Il renferme les principales œuvres d'art: le *tombeau de Clément VI*, par Pierre Roye, auparavant orné de 45 statues de marbre, mais qui n'a plus que celle du défunt; 146 *stalles gothiques* et 14 *tapisseries flamandes*, de 1501-1518. Il y a aussi des tapisseries à dr. au pourtour, tandis qu'à g. se trouve une Danse des morts maintenant très dégradée (copie au musée du Puy), de la seconde moitié du xve s.

Les vastes bâtiments de l'*abbaye* furent entourés au xive et au xve s. de fortifications dont des parties subsistent encore, notamment la *tour de Clément VI* (vue), à dr. du chœur de l'église (abords malpropres), où il reste deux galeries du *cloître*, de la même époque. Les autres bâtiments, derrière, sont affectés à divers usages et peu curieux.

Pour la route de la Chaise-Dieu au Puy par St-Paulien, v. p. 52.

La route qui va rejoindre le chemin de fer, à Darsac, continue dans la direction du S., par un plateau un peu accidenté et en partie boisé. Elle laisse à g., au bout de 6 kil., celle du Puy par St-Paulien. Les montagnes voisines sont les *monts du Velay*. Des endroits dégagés, on voit encore au N.-E. les monts du Forez, et au N.-O. les monts d'Auvergne. Au loin, au S.-E., les Cévennes, avec le Mézenc.

16 kil. (de la Chaise-Dieu). *Allègre* (env. 1030 m.; hôt. du Commerce), petite ville de 1720 hab., dominée par un *château* en ruine du xive s. — Plus loin, à g., le *mont de Bar* (1167 m.), montagne volcanique dont l'ascension se fait en une petite $^1/_2$ h. Le cratère du volcan existe encore au sommet. Belle vue.

24 kil. *Darsac*, où l'on rejoint la ligne de St-Georges-d'Aurac à St-Etienne par *le Puy* (21 kil.; p. 35).

5. De Clermont-Ferrand à St-Etienne (Lyon).

145 kil. Trajet en 5 h. 5 à 5 h. 25. Prix: 15 fr. 45, 10 fr. 45, 6 fr. 75. — A Thiers: 46 kil.; 1 h. 25 à 1 h. 45; 4 fr. 35, 2 fr. 95, 1 fr. 90. — Vue surtout à dr. — *De Clermont à St-Etienne par le Puy* (233 kil.), v. p. 33-35 et 48-47. — PRINCIPAUX POINTS de cette ligne: *Thiers* et *Montbrison*.

Clermont-Ferrand, v. p. 33. On suit un instant la ligne de Paris, puis on tourne à l'E., pour traverser la *Limagne*, bassin fertile de la Basse-Auvergne arrosé par l'Allier. A g., des casernes, un champ de manœuvres, des usines et Montferrand. Les monts Dôme se verront encore longtemps en arrière. — 6 kil. *Aulnat*. On traverse ensuite l'*Allier*.

13 kil. *Pont-du-Château* (hôt. des Voyageurs), petite ville à 1 kil. au N., plus loin à g., sur la rive g. de l'Allier. Ruines d'un château, sur une colline. Sources de bitume. — 16 kil. *Vertaizon*.

EMBRANCH. de 9 kil. sur **Billom** (pron. «biion»; *hôt. des Voyageurs*), ville ancienne de 4251 hab., qui eut jadis une école célèbre et qui a maintenant une école d'enfants de troupe. On en remarque l'*église St-Cerneuf*, des xie et xiiie s., qui renferme des œuvres d'art remarquables, surtout un beau tombeau du xive s. — Env. 8 kil. plus loin au S.-E., sur une hauteur, les ruines considérables du *château de Mauzun*, qui date au moins du xiiie s.

25 kil. *Lezoux* (hôt. de la Croix-d'Or), ville de 3645 hab., qui a de nombreuses fabriques de poterie. — 35 kil. *Pont-de-Dore* (buffet).

Ligne de *Vichy* à *Ambert*, etc., v. R. 4 C.

On traverse la *Dore*, affluent de l'Allier qu'il ne faut pas confondre avec la Dore du puy de Sancy (Dordogne).

37 kil. *Courty* (buvette), où aboutit la ligne de Vichy (p. 32).

Notre ligne monte ensuite considérablement, en faisant vers le N. un grand circuit qui allonge de plus du double le trajet jusqu'à Thiers. Très belle vue à dr. sur la vallée de la Dore, vers la hauteur où est la Chaise-Dieu (p. 37), sur la Limagne et sur les monts Dôme et les monts Dore. On passe dans 2 tunnels.

46 kil. **Thiers** (hôt.: *de l'Univers, de Paris*, rue des Grammonts), ville de 17135 hab., chef-lieu d'arr. du Puy-de-Dôme et centre manufacturier très important pour la coutellerie et la papeterie de luxe, employant exclusivement le chiffon. Elle se compose de deux

parties bien distinctes, la ville neuve, dans le haut, du côté de la gare, et la ville du moyen âge, plus loin, sur un coteau très escarpé de la rive dr. de la *Durolle,* mal bâtie, mais excessivement pittoresque. Il y a là beaucoup de vieilles maisons noircies par le temps, remontant au xvᵉ s. et au delà.

Arrivé à la rue des Grammonts, au delà d'une place, on descendra à dr., où l'on sera bientôt à l'hôtel de ville, et la rue des Barres, à g. de cet édifice, mènera dans la vieille ville, à la place du Piroux. Là se voit le *château du Piroux,* une maison en bois fort pittoresque, et il y en a encore deux particulièrement remarquables à quelques pas à g., dans la rue de la Vaur, qui descend en face. Presque tous les rez-de-chaussée des maisons sont occupés dans ce quartier par de petits ateliers de coutellerie, les ouvriers travaillant chez eux.

L'*église St-Genès,* à dr. un peu plus haut que la place du Piroux, est des styles roman et ogival des xiᵉ et xiiᵉ s. Il y a sous un porche du côté g. un tombeau du xiiiᵉ s. On remarque surtout à l'intérieur les chapiteaux et les vitraux, qui sont modernes.

La rue Durolle, à dr. en revenant de l'église, descend vers la *Durolle,* rivière dont les bords sont pittoresques et d'où la ville se présente sous son plus bel aspect. Il y a là quantité d'établissements industriels, des papeteries, des ateliers de repassage de ciseaux et de couteaux, etc. Particularité curieuse, les émouleurs travaillent couchés à plat ventre sur une planche au ras du sol, et l'humidité du local leur a fait prendre l'habitude d'avoir durant le travail un chien dressé à se coucher sur leur dos pour les réchauffer.

Plus loin en aval, à g., se trouve l'*église du Moûtier,* reste d'une abbaye de bénédictins du style roman, fondée au viiᵉ ou au viiiᵉ s. et reconstruite en grande partie au xiᵉ s. On y remarque aussi de curieux chapiteaux. Au N. de cette église, un autre reste de l'abbaye, une anc. *porte* à deux tours, transformée en maison. — La vallée est également fort intéressante en amont.

Au N.-E. se trouve le **puy de Montoncel** (1292 m.), qui se rattache aux monts du Forez. Il faut 5 h. pour y aller et en faire l'ascension à pied, par *St-Remy-sur-Durolle* (7 kil.; v. ci-dessous) et *Paladus* (6 kil.), jusqu'où il y a une route de voitures; puis par *la Lisolle* (5 kil.), d'où l'on monte à l'E. au sommet (1 h.). Vue très étendue et fort belle, particulièrement sur l'ensemble des monts Dore.

En repartant de Thiers, on passe par un tunnel de 605 m. sous la ville, qu'on revoit ensuite à dr. Plus loin encore 7 tunnels, de 220 m., 332 m., etc., 2 viaducs et 2 ponts. Belles vues sur la gorge de la Durolle. On longe à dr. les *monts du Forez* (p. 36 et 40). — 51 kil. *St-Remy-sur-Durolle,* stat. à 4 kil. au S.-E. du gros bourg de ce nom, qui fabrique de la coutellerie. Au puy de Montoncel, v. ci-dessus. Puis un petit tunnel. — 54 kil. *Celles.* — 59 kil. *Chabreloche.* Encore un tunnel, par lequel on quitte la vallée de la Durolle, et la vue commence à se dégager. — 68 kil. *Noirétable.* La voie descend maintenant la vallée de l'*Auzon.* —

75 kil. *St-Julien-la-Vêtre*. 3 petits tunnels. — 80 kil. *St-Thurin*.
Encore 3 tunnels. — 87 kil. *L'Hôpital-sous-Rochefort*, à dr., village
qui eut un prieuré bénédictin fortifié, dont il reste surtout deux
portes à créneaux, du xve s., et l'église, qui possède une belle Vierge
en bois, de la fin du xve s.; une croix du xiiie s., etc.

En arrivant à la stat. de Sail, à dr., sur une colline, les ruines
pittoresques du **château de Couzan*, des xie - xvie s., comprenant
une citadelle et trois enceintes, à 20 min. de Couzan.

91 kil. **Sail-sous-Couzan** ou simplement *Couzan*, stat. desservant
le village de ce nom (omnibus), à env. ¹/₂ h. au S. (hôt. des Roches,
etc.). Il a des *sources minérales* froides bicarbonatées mixtes, ferrugineuses et gazeuses, avec un établissement de bains bien organisé. On y traite la dyspepsie, la chlorose, la gravelle, etc. L'eau
de Couzan s'exporte beaucoup.

Une route intéressante, de 15 kil., mène d'ici à l'O., par la belle vallée du *Lignon* et *St-Georges-en-Couzan* (8 kil.; hôtel), à **Chalmazel** (867 m.;
hôt. des Voyageurs), bourg d'où l'on peut faire l'ascension de *Pierre-sur-*
Haute (1640 m.; v. p. 36), en 2 h. à 2 h. ¹/₂, et d'autres excursions dans les *monts*
du Forez. Chalmazel a un ancien *château* des xiiie et xvie s. et une belle
église moderne. Belle vue d'une hauteur voisine, où il y a une Vierge.

Ensuite la vallée du *Lignon*. On sort des montagnes. — 94 kil.
Boën (Central-Hôtel), à g., vieille petite ville, dans un site pittoresque. A env. 1 h. à l'E. dans la vallée, le *château de la Bâtie*,
du moyen âge.

Puis on laisse à g. le Lignon, qui se dirige vers la Loire à
travers une plaine encore en partie semée d'étangs. — 100 kil.
Marcilly-le-Pavé, à dr., dominé par un beau *château* goth., reconstruit au xixe s. A g., le *mont d'Uzore* (540 m.), d'origine volcanique, au sommet duquel il y a un séminaire, deux chapelles, etc.

107 kil. *Champdieu*, à dr., bourg qui a eu un prieuré bénédictin,
dont on remarque l'*église* fortifiée, du style roman auvergnat, à deux
tours, avec narthex et crypte et des fonts curieux. Le prieuré et le
bourg ont eu chacun leur enceinte fortifiée aux xive et xve s., et il y
a des restes considérables de la première. Champdieu a encore un
hôpital du xve s., avec une haute tourelle à dix pans inégaux.

112 kil. **Montbrison** (buvette; hôt.: *du Lion-d'Or*, quai des Eaux-
Minérales; *de la Poste*, boul. Carnot), à dr., vieille ville de 7170 hab.,
anc. capitale du Forez et anc. chef-lieu du départ., maintenant
chef-lieu d'arr. de la Loire, sur le *Vizezy* et au pied d'une colline
surmontée d'un calvaire.

En descendant directement en face de la gare et tournant à dr.
en face d'une caserne précédée d'une porte avec trophées, du xviiie s.,
on arrive en 10 min. à un beau boulevard et à g. à *Notre-Dame-de-*
l'Espérance, l'église principale. C'est un assez bel édifice du style
goth., des xiiie-xve s. On en remarque particulièrement le portail,
malheureusement privé de presque toutes ses statues. L'intérieur est
à trois nefs, mais sans transept. Il y a partout des vitraux modernes,
par Maréchal, qui le rendent très sombre. Belle statue dans la chap.

de la Vierge, à dr., le Magnificat, par Fabisch. Au chœur, de vieux tombeaux avec statues couchées. Stalles, clôtures, autels, chaire, tribune et buffet d'orgue modernes remarquables.

Derrière cette église, la *Diana* (Decana), anc. salle du chapitre et des assemblées de la noblesse du Forez, à façade originale et fort riche. Sa fondation remonte à l'an 1300 environ, mais elle a été restaurée en 1866 par Viollet-le-Duc. Elle n'est pas dégagée. La voûte de la salle est décorée d'écussons peints (48 répétés 36 fois, en tout 1728) et il y en a encore au-dessous 150, soutenus par des animaux fantastiques. La Diana renferme maintenant la *bibliothèque* de la société historique et archéologique du Forez et celle de la ville. Dans une cour voisine se trouve un *musée*, composé d'antiquités et de curiosités locales, de sculptures diverses, etc. S'adresser à g. chez le cordonnier.

La rue Notre-Dame, qui passe devant l'église, mène plus loin à la rue Tupinerie, une des principales de la ville, qui relie les boulevards (boul. Carnot à dr.). En tournant à g. dans cette rue, puis à dr. sur les boulevards et dans la deuxième rue à g., on arrive au *jardin de la Ville* ou jardin Allard, joli petit parc où est la *statue de Victor de Laprade* (1812-1883), le poète, de Montbrison, bronze par Bonnassieux.

Il y a sur la rive dr. du Vizezy des sources d'eaux minérales froides à peu près inexploitées, la principale près de l'extrémité de la rue Tupinerie. — En continuant tout droit par la rue du Jardin-de-la-Ville, on arrive bientôt dans une partie de la vallée où l'on peut faire une belle promenade. — Boul. de la Préfecture, n° 13, au delà de la rue du Jardin-de-la-Ville, un autre petit *musée*, qui comprend des collections d'histoire naturelle et de curiosités. — Belle vue de la butte du calvaire, autour de laquelle est la vieille ville, qui a encore des parties curieuses. Le dôme qu'on a aperçu de ce côté est celui de l'église d'un ancien couvent, transformé en palais de justice.

A 30 min. au S. de la ville, *Moingt,* où l'on a trouvé des ruines d'édifices romains et qui a conservé le donjon d'un château féodal.

De Montbrison à *Lyon,* par Montrond et l'Arbresle, v. p. 24.

119 kil. *St-Romain-le-Puy,* à g., dominé par les ruines d'un *prieuré* du commencement du xiᵉ s. — 124 kil. *Sury-le-Comtal,* qui a une église du style goth. flamboyant et un château de la Renaissance richement décoré à l'intérieur. — 127 kil. *Bonson.*

De Bonson a Craponne-sur-Arzon; 53 kil.; env. 2 h. 15; 5 fr. 95, 4 fr., 2 fr. 60. — A g. de la voie, sur une hauteur, le *château de Batailloux.* — 6 kil. *St-Marcellin.* 2050 hab. — 27 kil. (7ᵉ st.) St-Bonnet-le-Château *(hôt. du Commerce)*, vieille petite ville dans un site très pittoresque, sur un plateau (846 m.) d'où la vue s'étend jusqu'au Mont-Blanc. Le château n'existe plus. L'*église* est des xvᵉ-xviᵉ s. Elle a un joli portail de la Renaissance, un autel très riche du xviiᵉ s. et une crypte avec des fresques du xvᵉ s. On montre dans un caveau des cadavres momifiés naturellement. Restes de fortifications, surtout une porte. Curieuses maisons anciennes rue Dessous; deux de la Renaissance dans la rue de la Châtelaine, qui aboutit à la porte. St-Bonnet fabrique de la dentelle et de la serrurerie.

— 40 kil. (9e st.) *Usson.* 3166 hab. — 53 kil. (11e st.) Craponne-sur-Arzon (*hôt. du Nord*, etc.), ville de 4082 hab., qui fabrique beaucoup de dentelle. Des routes la relient à *Arlanc* (19 kil.; p. 37), à *la Chaise-Dieu* (19 kil.; p. 37) et à *Vorey* (26 kil.; p. 47).

La voie traverse ensuite la *Loire*, souvent en grande partie à sec. — 130 kil. *Andrézieux.* On arrive dans la région industrielle et minière de St-Etienne.

133 kil. *St-Just-sur-Loire*, où aboutit la ligne de Roanne.

Ligne de Firminy et suite de la ligne de *St-Etienne*, v. p. 26.

6. De Lyon à St-Etienne et au Puy.

581 kil. jusqu'à *St-Etienne*, trajet en 1 h. 25 à 2 h., pour 6 fr. 50, 4 fr. 40 et 2 fr. 85. — De St-Etienne au *Puy :* 86 kil.; 2 h. 40 à 3 h.; 9 fr. 65, 6 fr. 50 et 4 fr. 25. — De Lyon au Puy : 144 kil.; 5 h. 15 à 6 h. 40; 16 fr. 35, 11 fr. 05 et 7 fr. 25. — Départ de la gare de Perrache (p. 6).

Lyon, v. p. 6. On suit d'abord la ligne de Paris jusqu'au pont sur la *Saône*, puis on revient en arrière en s'écartant de la gare, traverse l'extrémité de la presqu'île de Perrache et encore une fois la Saône, près de son confluent avec le *Rhône* (à g.), sur un pont qui a une partie publique. Beau coup d'œil en arrière, à g., sur Lyon. Ensuite un petit tunnel et, à dr., *la Mulatière* (3420 hab.).

5 kil. *Oullins*, localité de 9085 hab., dans un beau site, avec beaucoup de maisons de campagne. Tramway de Lyon. On suit la rive dr. du Rhône. A g. encore l'église et le belvédère de Fourvière. — 6 kil. *Pierre-Bénite.* — 10 kil. *Irigny.* — 11 kil. *Sellettes.* — 14 kil. *Vernaison.* Villages industriels. Les piliers à différents endroits au bord du Rhône servent à des «trailles» ou bacs reliés à des câbles en fer. — 16 kil. *La Tour-de-Millery.* — 17 kil. *Grigny.* — 18 kil. *Le Sablon.* Plus loin, à g., un embranch. qui traverse le Rhône et se raccorde avec la ligne de la rive g. (R. 36).

21 kil. *Givors-Canal* (buffet), où notre ligne se détache de celle de la rive dr. du Rhône (Lavoulte; R. 33 B) et où passe aussi (de l'autre côté) celle de St-Etienne à Chasse (p. 268). Nous passons ensuite sur le *canal du Gier* ou *de Givors* (21 kil. 44) et sous la ligne de la rive droite.

22 kil. **Givors** (*hôt. de Provence)*, à g., ville de 11035 hab., au confluent du Rhône et du *Gier.* Elle a d'importantes verreries. La vallée très accidentée du Gier, que la voie remonte, est le siège d'industries des plus variées et des plus actives, et elle possède en outre un des principaux bassins houillers de France. Aussi voit-on partout de hautes cheminées, et tout y est noirci par la fumée et le charbon.

27 kil. *St-Romain(-en-Gier)*, station qui est suivie de 5 tunnels. — 31 kil. *Trèves-Burel.* Puis encore 2 tunnels. — 35 kil. *Couzon* (Loire). Plus loin, un tunnel de 500 m.

36 kil. **Rive-de-Gier** (*buffet ; hôt. du Nord*, etc.), ville de 13803 hab., sur le Gier et le canal du même nom, à dr. en deçà de la station. Elle a plus de 50 puits pour l'extraction de la houille, des verreries

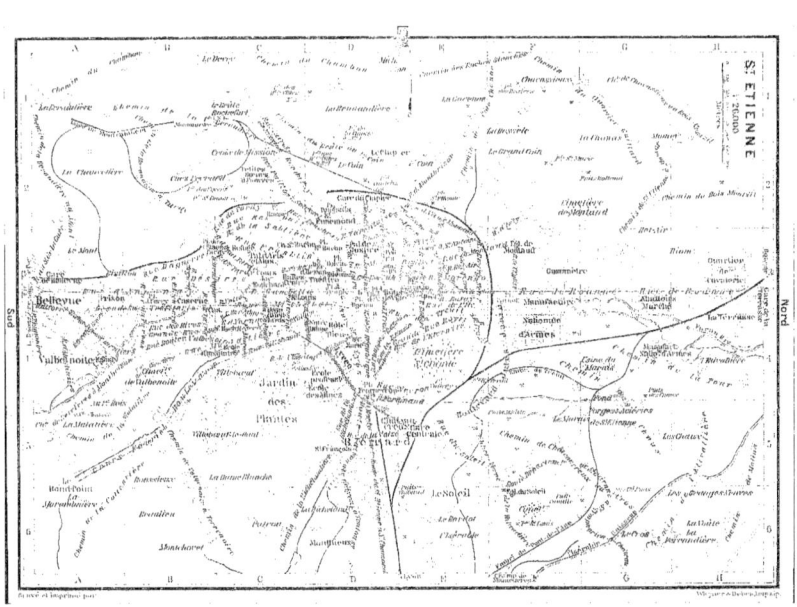

renommées, d'importants ateliers travaillant la soie; mais l'industrie principale y est maintenant la métallurgie. Tramw. à vap. pour les stat. suiv. jusqu'à Firminy (v. ci-dessous et p. 47).

39 kil. *Lorette.* 4224 hab. On aperçoit ensuite, à g., le Mont-Pilat (p. 46), à l'extrémité d'une vallée latérale. — **41 kil.** *La Grand-Croix.* 4765 hab.

46 kil. St-Chamond (hôt.: *de la Poste, du Lion-d'Or*), à dr., ville de 14463 hab., qui a des mines de houille, des ateliers pour le moulinage de la soie, la fabrication des rubans et des lacets, des fabriques de clous, des forges, etc. Dans le jardin public, un monument de Carnot, buste et statues allégoriques par Vermare. On peut faire d'ici l'excursion au Mont-Pilat, qu'on revoit encore plus loin à g. Tramw. à vap., comme il est dit ci-dessus. — Ensuite un petit tunnel.

52 kil. *Terre-Noire*, localité de 3929 hab., avec des forges et des hauts fourneaux. — Puis un tunnel de 1298 m. de long, par lequel on passe du bassin du Rhône dans celui de la Loire.

58 kil. St-Etienne. — ARRIVÉE. St-Etienne a 4 gares: la *gare centrale* ou *de Châteaucreux* (pl. E5; buffet), au N.-E.; la *gare de la Terrasse* (pl. H3), au N., sur la ligne de Roanne, loin du centre (tramway); la *gare du Clapier* (pl. D2), à l'O., sur la ligne du Puy, la plus rapprochée de l'hôtel de ville, et la *gare de Bellevue* (pl. A3), au S., sur la même ligne, mais loin du centre (tramways).

HÔTELS: *du Nord* (pl. a, D3-4), rue de la République, 7, près de la place Dorian (8 fr. par j.); *de France* (pl. b, D3), place Dorian, 2 (ordinaire); *de l'Europe* (pl. c, D3), rue du Général-Foy, 9, près de la place du Peuple (7 fr. 50); *des Arts*, rue Gambetta, 11 bis, près de l'église St-Louis (pl. C3); *de la Poste*, rue du Petit-St-Jacques, 7; *du Centre*, rue Neuve, 11, même quartier (dé. ou dî. 2 fr. 50; 6 fr. par j.); *du Forez*, avec brasserie, près de la gare centrale.

CAFÉS: *Gr.-C. Glacier, Gr.-C. des Négociants, C. de l'Hôtel-de-Ville, C. Lainé*, place de l'Hôtel-de-Ville, etc.; *Gr.-Brass. d'Alsace-Lorraine*, pl. Marengo, 16.

VOITURES DE PLACE: à 2 pl., le jour, course, 1 fr. 25; heure, 2 fr.; à 4 pl., 1 fr. 50 et 2 fr. 50; la nuit, apr. 11 h., 50 c. de plus; 1 colis, 15 c.; 2, 30 c.; 3 et plus, 50 c.

TRAMWAYS A VAPEUR: dans la ville, de *la Terrasse* (pl. H3) à *Bellevue* (pl. A3), par la longue rue qui la traverse du N. au S. (v. p. 44); pour *St-Chamond* (v. ci-dessus), de la place de l'Hôtel-de-Ville (pl. D3), en 1 h.; pour *Firminy* (p. 47), de la place Bellevue, à l'extrémité S. de la ville, en 45 min.; pour *la Digonnière*, de la même place. Prix, 20 et 10 c.

TRAMWAYS ÉLECTRIQUES: de la *place Dorian* (pl. D3) au *Rond-Point* (pl. A5); de la *place Dorian* à *la Rivière*, au delà de Bellevue; de *Châteaucreux* (gare; pl. E5) à *Bellevue* (pl. A3), tous en correspondance. Prix, 15 et 10 c. — Les principales localités des environs sont en outre desservies par des *omnibus* partant des places Dorian, de l'Hôtel-de-Ville, Marengo et du Peuple, de la rue Traversière, etc.

POSTE ET TÉLÉGRAPHE, à la préfecture, rue de ce nom.

Grand Théâtre (pl. D3), place des Ursules. — *Eden-Concert*, rue de la Croix, 3.

St-Etienne est une ville manufacturière très importante, de 136030 hab., et le chef-lieu du départ. de la *Loire* depuis 1856. C'est la ville de France qui s'est développée le plus vite au XIXe s. Il s'y fabrique surtout des armes à feu, des rubans, les 4/5 de la production totale de la rubanerie française; de la quincaillerie, etc. C'est de plus le centre du bassin houiller le plus considérable du

Midi, produisant de 30 à 40 millions de quintaux de houille par an. Pour le simple touriste, St-Etienne offre relativement peu d'intérêt; c'est une grande ville moderne, bien bâtie et très animée, mais aussi sans originalité.

De la *gare centrale* (pl. E 5), construction légère à cause du peu de résistance du terrain, où il y a des mines de charbon, on va surtout dans la ville par l'avenue Denfert-Rochereau, puis, à dr., la rue de la République, qui aboutit à la place de l'Hôtel-de-Ville.

L'ÉGLISE STE-MARIE (pl. D 4), à g. de la rue de la République, mais avec sa façade de l'autre côté, rue de Lyon, est la plus belle de la ville, une église moderne de style romano-byzantin, par Boisson. Les portails et l'intérieur sont richement sculptés et il y a trois coupoles sur la nef, avec tribunes sur les côtés à la première et la troisième travée.

L'HÔTEL DE VILLE (pl. D E 3) est un édifice également moderne, aux proportions massives, avec un dôme surmonté d'une lanterne et un perron décoré de statues de la Métallurgie et de la Rubanerie, en fonte, par Montagny, de St-Etienne. Derrière se trouvent la belle *place Marengo* (pl. E 3) et la *préfecture*, une grande construction neuve; à g. de là, la place Paul-Bert, avec la petite *église St-Charles*.

L'artère dont fait partie la rue de la République se croise, place Dorian, avec celle qui traverse toute la ville du N. au S., sur une longueur de plus de 4 kil.: rues de Paris et de la Préfecture à dr., rues du Général-Foy, Gambetta et d'Annonay à g. C'est du côté N. (1200 m.) que se trouve la vaste *manufacture d'armes nationale* (pl. F 3-4), qui fabrique surtout des fusils et des revolvers et qui occupe env. 10 000 ouvriers. Elle est fermée au public. L'industrie privée fabrique en outre ici annuellement de 70 à 80 000 armes de chasse et de luxe.

A g. de la rue des Jardins, qui fait suite à celle de la République, le *palais de justice* (pl. D 3), grande construction moderne, restée inachevée à cause des mines de charbon qui sont au-dessous. La façade a un portique de 10 colonnes corinthiennes, précédée d'un haut perron et surmontée d'un groupe allégorique par L. Merley.

L'*église St-Etienne* (pl. D 3), dans le vieux quartier à dr. de la rue du Général-Foy ou à g. en deçà du palais de justice, est du xve s. et n'a rien de curieux à l'extérieur, qui est même fort dégradé, mais elle est tout autre à l'intérieur, où l'on remarque surtout neuf autels modernes en marbre, dont plusieurs à retables, et de beaux vitraux, aussi modernes.

La rue Gambetta passe à g devant l'*église St-Louis* (pl. C 3), qui n'a rien de remarquable. Ensuite, à dr. le *cours Jovin-Bouchard*, avec le *monument des Enfants de la Loire* (1870-71), la partie principale une Renommée, qui tend une palme à un soldat blessé à mort, bronze par A. Vermare (1898).

Le PALAIS DES ARTS (pl. C 3), situé derrière, sur le versant d'une colline, à peu de distance de l'église St-Étienne, renferme les *musées*, qui sont publics les dim., mardi et jeudi, de 10 h. à midi et de 2 à 4 ou 5 h., et visibles aussi les autres jours (pour les étrangers), quoi qu'en dise l'écriteau.

Rez-de-chaussée. — Dans le vestibule et dans l'escalier, divers moulages d'après des sculptures antiques et modernes, les modèles de la statue de Papin par *Millet*, du Réveil de Madeleine par *Peène*, du fronton du palais de justice de St-Etienne (p. 44) par *Merley*, et d'un fronton du Louvre par *Bonnassieux*.

Un **musée d'artillerie**, comprenant surtout des armes à feu de toutes les époques et de tous les systèmes (étiquettes), occupe les salles de gauche. — Iᵣᵉ SALLE: serrurerie, armes, poudres (imitations). — IIᵉ SALLE: armes, les plus primitives à g.; à la 1ʳᵉ fen., des crosses et d'autres pièces en bois sculpté fort remarquables; entre les fen., un fusil revolver ital. de 1760; vitr. suiv., de très belles pièces de gravure et de ciselure; 3ᵉ fen., batteries; 4ᵉ, incrustations, ciselures, damasquines et filigranes; 5ᵉ vitr., outillage d'armurerie; au milieu, la suite des armes à feu, les plus anc. à l'opposé des fenêtres. — IIIᵉ SALLE: armures et modèles de pièces d'artillerie, la première armure, de Montecuculli; deux petits canons hanovriens de 1660; suite des armes à feu, et de fort belles dans la vitrine du milieu; reproductions galvanoplastiques de bas-reliefs et de parties d'armes; pièces de tour; armure de cheval dite de François Iᵉʳ.

L'autre partie du rez-de-chaussée renferme une *bibliothèque*, surtout d'ouvrages d'art et d'industrie (35 000 vol.), ouverte dans la sem., de 9 h. à midi et de 2 h. à 10 h. du soir, le dim. de 3 à 7.

Iᵉʳ étage. — Dans l'escalier: à g., le Triomphe de la force, tableau par *Glaize*; à dr., J. le Hennuyer, évêque de Lisieux, sauvant des protestants à la St-Barthélemy (le fait a été reconnu inexact), par *Alex. Fragonard*; en face, Néron essayant des poisons sur un esclave, par *Alb. Aublet*.

Le **musée de peinture**, *sculpture et objets d'art* occupe la partie principale en face et à dr. de l'escalier. — Iᵣᵉ SALLE ou galerie: de dr. à g., 108, *Al. Defaux*, Environs de Granville; divers autres paysages et tableaux de genre; 99, *Bail*, Intérieur de tisserands à Veules (Normandie); 40, *Nattier*, la Source; — s. nº, *Zuber*, le Labourage; 104, *J. Bertrand*, Acis et Galatée; 119, *Gueldry*, les Mouleurs (fonderie); 107, *Ch. Bruneau*, le Printemps; — 83, *école flam.*(?), Adoration des mages; s. num., *F. de Vuillefroy*, Marché en Picardie; *P. Saïn*, Crépuscule (environs d'Avignon); *Hipp. Flandrin*, Polytès; 15 *Ribera* (?), la Bénédiction de Jacob; s. nº, *Eug. Petit*, Fleurs; 126, *Ch. Poilpot*, Diogène; 11, *Chenu*, Solitude (effet de neige); 1, *L.-E. Adan*, Un coin du Ghetto; 122, *Luminais*, Gaulois blessé; 103, *P. Bergeret*, Fruits; 84, *van de Velde*, marine; s. nº, *Honthorst*, Arracheur de dents; 131, *Uberti*, la Chapelle de la Bâtie (p. 40); — 47, *école franç.*; Jésus et le Centurion; 81, *Moucheron*, paysage d'Italie; 76, *S. Rosa*, Jésus guérissant un aveugle; 27, *Gervex*, Souvenir de la nuit du 4 (siège de Paris en 1870-71); 10, *Chazal*, la Reine de Saba rendant visite à Salomon; — 37, *Lorentz*, Napoléon Iᵉʳ passant une revue aux Tuileries; 124, *Pelouze*, Chaumière à Batilly; 109, *Defaux*, Moulin à Cernay; 100, 101, *Beauverie*, paysage, Pêche d'étang, etc. — IIᵉ SALLE: petits tableaux (collection Bancel), dessins, aquarelles, gravures, très beau coffre, vase de Sèvres. Il y a des tableaux attribués à Porbus le J., *Mierevelt*, Ant. Moro, J. van Eyck, Fr. Clouet, J.-H. Fragonard, une Vierge au donateur par *L. de Moralès*, une Scène joyeuse par *Roehn*, un paysage par *Ph. Wouwerman*, et une Vierge par *A. van der Werff*. — IIIᵉ SALLE, à g.: encore des peintures, copies et originaux; des coffres goth., un piano à décors chinois, etc. — IVᵉ SALLE, de l'autre côté de la 2ᵉ: meubles, surtout un lit; cabinets, sièges; faïences et quelques sculptures. — Vᵉ SALLE: gravures, médailles, meubles, plaque d'ivoire niellée, trois tapisseries et vase de Sèvres.

Un **musée industriel**, fort intéressant, remplit une grande salle à l'autre extrémité de la galerie de peinture; il comprend des *rubans*, des *tissus de soie*, des *broderies lyonnaises* et, au milieu, des modèles de *métiers* relatifs à l'industrie de la soie. Il y a des étiquettes.

IIᵉ ÉTAGE: *musée d'histoire naturelle*, surtout important pour la minéralogie, et riches collections de marbres taillés et d'agates polies. — On doit y installer aussi des *sculptures*, du côté droit à la montée.

Revenu à la grande rue, on pourra encore aller voir, de l'autre côté à dr., par la troisième rue parallèle, l'*église St-Roch*, qui est un bel édifice moderne, dans le style goth. du XIIIe s., avec une tour sur la façade et de beaux vitraux. — Plus loin à g., le *jardin des Plantes* (pl. C 4-5), promenade publique sur le versant de la colline opposée à celle du musée. — St-Etienne possède près de là une importante *école des mines* (pl. D 4), d'où sortent presque tous les ingénieurs et chefs d'industrie de la région. L'entrée est dans une rue qui prend à l'extrémité de la rue de la République, à dr. en retournant à la gare. Elle a des collections curieuses.

De St-Etienne à *Roanne*, à *Clermont-Ferrand*, etc., v. R. 3 et 5; à *Annonay* par Firminy, R. 7.

EXCURSION AU MONT-PILAT: 26 kil. de route jusqu'à la ferme du Pilat et moins de 1/2 h. de là au Crêt de la Perdrix. Voit. publ. 2 fois le jour de la place du Peuple, 22, pour Rochetaillée (7 kil.; 50 c.) et les dim. et mercr. mat. de la place Dorian, 9, pour le Bessat (18 kil.). — L'ascension du Pilat se fait déjà aussi facilement de la stat. de Chavanay (p. 240), d'où il y a un service de voit. pour l'hôtel du Mont-Pilat (v. ci-dessous), et un ch. de fer à crémaillère doit même relier les deux points. Voit. publ. également le matin, dans la saison, de St-Chamond (p. 43) et de Grand-Croix (p. 43), trajet en 5 h., pour 6 fr. aller et retour. — De St-Etienne, la route passe au S.-E., par le faub. de *Valbenoîte*, d'où elle continue par la rive g. du *Furan* ou *Furens*, torrent qui vient du Pilat. — 7 kil. *Rochetaillée*, bourg dans un site pittoresque, sur un rocher isolé et dominé par les ruines d'un château. Son église a de beaux fonts baptismaux. Env. 1/4 d'h. plus loin, dans une gorge sauvage, le curieux *réservoir du Gouffre-d'Enfer*, construit de 1861 à 1866 pour alimenter St-Etienne. Il est formé par un barrage de 100 m. de long, 56 m. de haut et 39 m. d'épaisseur à la base, se rattachant à un rocher qui se dresse au milieu du lit du Furan. Il peut contenir 1 700 000 m. cubes d'eau. — 11 kil. *Réservoir du Pas-du-Riot*, dans le genre du précédent, d'une contenance de 1 350 000 m. c. — 18 kil. *Le Bessat* (1166 m.; aub.). La route passe ensuite par le col de la *Croix de Chaubouret* (1 kil.), puis en partie sous bois, et on a le Crêt de la Perdrix à dr. — 26 kil. *Ferme du Pilat* (1307 m.), au pied de ce sommet (env. 25 min.), où l'on peut avoir des rafraîchissements et même coucher. On peut déjà faire l'ascension directement de la route, sans aller jusqu'à la ferme.

Le **Mont-Pilat**, au S.-E. de St-Etienne, est une des principales montagnes des *Cévennes septentrionales*. Il est couvert de forêts dans le bas et de pâturages dans le haut. On y distingue surtout trois sommets: le *Crêt de la Perdrix* (1434 m.), dans la partie O. du massif; le *Crêt de l'Œillon* (1381 m.; croix) et le *pic des Trois-Dents* (1209 m.), vers le milieu et plus à l'E. C'est à l'E. du deuxième, du côté du *col de la Croix-du-Collet*, que se trouve le nouvel *hôtel du Mont-Pilat* (1260 m.) — Le Pilat des Cévennes a sa légende tout comme le Pilate des bords du lac des Quatre-Cantons en Suisse. D'après cette légende, c'est ici que Ponce-Pilate se serait tué de désespoir, en se précipitant dans l'abîme. Le Pilat sert aussi aux habitants du pays pour prévoir le beau ou le mauvais temps, et ils disent: «Si Pilat a son chapeau, voyageur, prends ton manteau.» La même remarque se fait du reste pour les nuages amoncelés sur le puy de Dôme, etc. — Du sommet, on a un *panorama superbe, s'étendant à l'E. jusqu'aux Alpes, au S. sur la vallée du Rhône et les Cévennes méridionales, à l'O. sur les monts d'Auvergne et au N. sur le prolongement des Cévennes, les monts du Lyonnais, du Beaujolais et du Charolais. Les deux autres cimes, bien que moins hautes, offrent aussi de belles vues. Le Gier a également sa source au Crêt de la Perdrix, près de la ferme; il forme env. 1 h. plus bas une belle cascade, le *Saut-du-Gier*, qui a 30 m. de hauteur.

La ligne du Puy contourne St-Etienne à l'O., en passant, à dr., à la manufacture d'armes et sur un viaduc courbe. A dr. aussi la ligne de Roanne (R. 3). — 61 kil. *Le Clapier*, stat. à l'O. de St-Etienne (rue des Jardins). Puis des tunnels de 233 et 268 m. — 64 kil. *Bellevue*, à l'extrémité S. de St-Etienne (tramw.). Ensuite un tunnel de 2081 m. — 67 kil. *La Ricamarie*, localité industrielle de 7310 hab., qui fabrique des chevilles pour chaussures et des boulons, et qui possède d'importantes mines de houille, dont l'une brûle depuis le xve s. Tramw. pour St-Etienne.

70 kil. *Le Chambon-Feugerolles*, ville de 9915 hab., qui a des forges, des fabriques de limes et des mines de charbon. Tramw. pour St-Etienne et Firminy. A 1 kil. au S., le curieux *château de Feugerolles*, des xie, xive, xve et xviie s.

73 kil. **Firminy** (*buffet; hôt. du Nord*), autre ville industrielle, de 15771 hab., qui a surtout des usines à fer et des mines de houille.
Lignes de *St-Just-sur-Loire*, v. p. 26; ligne d'*Annonay* et *St-Rambert-d'Albon*, v. R. 7. — *Tramway de St-Etienne*.

75 kil. *Fraisse-Unieux* et l'embranch. de St-Just-sur-Loire. Puis 2 tunnels, le 2e de 416 m., et on arrive, à dr., sur les bords de la *Loire*, qui coule de ce côté entre des montagnes pittoresques.

77 kil. *Pertuiset* (plus. hôtels), qui a un établiss. de bains de rivière, fréquenté par les hab. de St-Etienne. La contrée change maintenant d'aspect; à un pays dévoré par la fièvre de l'industrie et tout noirci par le charbon et la fumée succède une vallée paisible, aux paysages pittoresques et pleins de fraîcheur. Vue surtout à dr. jusqu'au Puy. — A g., le *Mont-Cornillon*, où sont les ruines d'un *château* des xiie-xvie s. Il y a dans la première enceinte une *église* des xiie et xve s., qui a un clocher original, des retables et une belle boiserie des xiie et xviie s., des devants d'autels en cuir de Cordoue, un trésor assez curieux, etc. — Petit tunnel, viaduc de 20 m. de haut et tunnel de 665 m. — 83 kil. *Aurec*. 2232 hab. Encore 2 tunnels, de 385 et 163 m., et un viaduc. A dr., au loin, le *château de Rochebaron*.

94 kil. *Bas-Monistrol*, stat. desservant les deux bourgs de *Bas* (pron. «bass»; hôt. des Voyageurs), à 4 kil. à l'O., et de *Monistrol* (omn., 40 c.) à 3 kil. 1/2 à l'E. C'est de Bas qu'on visite les ruines de Rochebaron, Monistrol a un château du xve s. — Plus loin, 3 tunnels, de 600, 263 et 100 m., et on traverse la Loire. — 99 kil. *Pont-de-Lignon*. La vallée de la Loire forme de belles gorges en partie boisées. 2 tunnels et 2 ponts sur le fleuve.

111 kil. *Retournac* (hôt. Pradon). 3859 hab. Encore un pont et un tunnel. Sur une colline à dr., les ruines du *château d'Artiac*. — 115 kil. *Chamalières*, qui a eu une abbaye, dont il reste l'église romane, visible à g. après la station. Un pont, 3 tunnels, le premier de 344 m., et encore un pont. — 124 kil. *Vorey*. 2217 hab. Un petit tunnel. — 129 kil. *St-Vincent*.

132 kil. *Làvoûte-sur-Loire*, qui a un vieux *château* pittoresque, plus loin au bord de la Loire (v. ci-dessous).

De Lavoûte-sur-Loire a Yssingeaux : 23 kil.; 1 h. 15; 2 fr. 60, 1 fr. 95 et 1 fr. 40. Cette ligne traverse la Loire, puis remonte la vallée d'un petit affluent, dans de belles gorges en partie boisées, où elle gravit, par des courbes très prononcées, des rampes qui atteignent 32 mm. Elle atteint son point culminant (env. 1000 m.) au plateau de·*Bessamorel* (stat.), d'où l'on a une très belle vue de la vallée de la Loire et des montagnes de la région. On redescend à peu près aussi rapidement. — **Yssingeaux** (860 m.; *Grand-Hôtel, H. de l'Europe*) est une vieille ville manufacturière de 8004 hab. et un chef-lieu d'arr. de la Haute-Loire, qui n'a rien de bien intéressant pour le touriste, sauf son anc. *château*, du xve s., à créneaux, mâchicoulis et tourelles surmontées de campaniles, jadis résidence d'été des évêques du Puy et auj. converti en hôtel de ville et palais de justice. L'*église paroissiale*, qui en est voisine, a un beau tableau de Sigalon. Fabriques de blondes et de dentelles-rubans. Promenades et excursions intéressantes aux environs. — La ligne doit être prolongée jusqu'au Cheylard (p. 241), par *Tence* (15 kil.), ville de 4884 hab., sur le *Lignon*, rivière dont elle remontera en partie la belle vallée.

On traverse ensuite deux ponts sur la Loire, très rapprochés l'un de l'autre. A dr., le *château de Lavoûte*. Plus loin, un autre pont, 3 tunnels, un dernier pont et un dernier tunnel, de 230 m., pour quitter la vallée de la Loire. Enfin un viaduc et *vue très curieuse du Puy, à dr., avec ses rochers à pic, surtout celui que couronne une statue de la Vierge.

144 kil. Le Puy (631 m.) — Hôtels : *H. des Ambassadeurs*, place du Breuil; *Grand-Hôtel* (Garnier), boul. St-Louis, 17-19; *H. de l'Europe*, place de l'Hôtel-de-Ville; *H. de Paris*, près de la gare, recommandé. — Cafés : place du Breuil; à l'*hôt. de Paris*, etc. — Tramways (électr.), de la *place du Breuil* à la *gare* et pour les environs : *Brives*, à l'E.; *Espaly* (p. 52) à l'O. Prix, 15 et 10 c. — *Poste et télégr.*, boul. St-Louis, 50.

Le Puy, en lat. *Podium*, est une ville de 20793 hab., l'anc. capitale du *Velay* et auj. le chef-lieu du départ. de la *Haute-Loire*. Elle est généralement mal bâtie, mais dans un site très pittoresque, entre la *Borne* et le *Dolezon* et sur le versant du mont Anis, où s'élèvent sa cathédrale et un rocher avec une statue colossale de la Vierge.

De la gare, on traverse un faubourg, puis le Dolezon, et l'on tourne à g., sur le boulevard St-Jean, pour arriver à la grande et belle **place du Breuil**, le centre de la ville basse. Au milieu se voit la *fontaine Crozatier*, ainsi nommée parce qu'elle est due au fondeur en bronze de ce nom, originaire du Puy (1796-1855). C'est une fontaine monumentale en marbre et bronze, dont les sculptures sont par Bosio, le neveu. Ces sculptures se composent d'une statue de la Ville du Puy, debout au sommet du monument, des statues assises de la Loi e, de l'Allier, de la Borne et du Dolezon, quatre rivières du département, et de Génies, groupés dans le bas autour de quatre vasques, le tout en bronze.

A g. de la place, un assez beau *théâtre*, de construction récente, et le *palais de justice*; au fond, la *préfecture*, derrière laquelle est un *jardin public*, avec le musée. Il y a encore dans le jardin, derrière la préfecture, un *monument des Enfants de la Haute-Loire* (1870-71), pyramide précédée d'une reproduction en bronze du Courage militaire par P. Dubois, au tombeau de Lamoricière à Nantes.

Le *musée, dit *musée Crozatier*, est un bel édifice moderne dû également à la munificence de Crozatier. Ce musée est public les dim. et jeudi de 9 h. à midi et de 2 h. à 4 h. et visible les autres jours moyennant pourboire. Directeur, M. *Lascombe*.

Rez-de-chaussée, SCULPTURES ET ANTIQUITÉS. — Dans le vestibule, quelques sculptures, avec des inscriptions : la Charité, par *Oudiné*; modèles de la statue de Lafontaine et de l'Amalthée par *Julien*; plâtres d'après l'antique. — 2 salles à g. : petites collections de mécanique et d'histoire naturelle, surtout de géologie et de paléontologie. — 1re salle à dr. : antiquités lapidaires jusqu'au XIIIe s.; curiosités diverses. 2e salle, à g. : antiquités préhistoriques, surtout dans la vitr. à g., des ossements fossiles humains trouvés aux environs du Puy, dans un terrain volcanique, ce qui a fait conclure que l'homme existait avant l'extinction complète des volcans du pays et en même temps que les grands mammifères de l'époque quaternaire. — 3e salle au fond : objets d'art, vases antiques, momies, meubles et bois sculptés, ivoires, armes, tapisseries, etc. — Salle au pied de l'escalier : suite des antiquités lapidaires. Dans l'escalier, des copies de peintures murales du Puy et de la région; peintures de la cathédrale de cette ville (XIIIe et XVe s.), Jugement dernier de la chapelle du château de Valprivas (XVIe s.), Danse macabre de la Chaise-Dieu (XVe s.; p. 37), Enfer de St-Julien de Brioude (XIIe s.; p. 35), etc.

Premier étage, PEINTURES, ETC. — Ire SALLE : à dr., *le Tintoret* (?), St-Jérôme; 126, *Em. Giraud*, Crozatier; en face, s. n°, *Wencker*, St Jean Chrysostome et l'impératrice Eudoxie; 62, *P. Porbus* (?), Henri II de France; s. n°, *primitif inconnu*, Vierge; au-dessus de l'entrée, *Alv. Dumont*, Un sauvetage. — IIe SALLE, à dr. : de dr. à g. : d'abord des paysages; 78, *van Orley*, Henriette-Marie de France, reine d'Angleterre; s. n°, *Brisset*, Arrestation de Broussel (1648), conseiller au parlement, par ordre d'Anne d'Autriche; 50, *Nic. Maes*, Un ministre protestant; 156, *Lapito*, vue de la vallée de Royat; s. n°, *Rigaud*, le maréchal de Belle-Ile; 43 bis, *Dav. de Heem*, Fleurs, fruits et oiseaux; s. n°, *F. Barrias*, Hélène se réfugiant à l'autel de Vesta; 70, *G. Terburg*, portr. d'un bourgmestre hollandais; 92, *L. Rousseau*, nature morte; 69, *Teniers le J.*, portr. de femme inconnue; s. n°, *Roux*, St Thomas d'Aquin; *Oudry*, le Loup et l'Agneau; — 167, *le Nain*, Vieille femme; 256, *école franç.*, la Fuite d'Henriette-Marie de France, reine d'Angleterre (salle vois., v. ci-dessous); 4, *Badalocchio* (?), St Jérôme; 44, *Huysmans*, Une forêt; 48, *G. Kalf*, Fruits et accessoires; s. n°, *L. Lair*, Supplice de Prométhée; 72, *Terburg*, portr. de Karel du Jardin; 30, 31 (plus loin), *Begyer*, dit *Bega*, Buveurs à la porte d'une taverne; 77, *Weenix*, Gibier; s. n°, *Glaize*, les Vierges folles; 69, *Teniers le J.*, Concert champêtre; 55, *M.-J. van Mierevelt*, portr. d'homme; 45, *Hobbema*, paysage; 43, *de Heem*, Fruits et accessoires; s. n°, *Drolling*, Séparation d'Hécube et de Polyxène; 60, *van der Plas*, son portrait; 41, *Franck le V.* (?), portr. présumés de l'auteur et de sa famille; 63, *Rubens et Brueghel* (paysage), Départ d'Adonis pour la chasse; 23, *Ribera*, Mort de Caton; — s. n°, *J. Vernet*, paysage d'Italie; 56, *van Mierevelt*, portrait de femme; 199, *Thuillier*, vue du Puy; s. n°, *H. Motte*, Vercingétorix se rendant à César. — IIIe SALLE, au fond de la 2e : collection d'histoire naturelle, surtout riche en oiseaux. — IVe SALLE, à g. de l'entrée : de dr. à g., s. n°, *J. Romain*, le Nain armé; 97, *le Brun*, portr. d'un inconnu; 128, *D. Nillet*, le Laboureur et ses enfants; 237, *J.-B. Santerre*, Jeune fille à la fenêtre; 162, *Gué*, Combat à la porte Pannessac du Puy; s. n°, *Fr. de Troy*, Jason arrêtant le taureau; 268, *Limborch*, le Repos de la Ste Famille; 171, *J. Ouvrié*, le Château de Pierrefonds; — 8, *Cerquozzi*, Un champ de bataille; — 105, *A. Dauzats*, Intérieur de la cathédrale d'Albi; 104, *Dagnan*, Vue du boul. St-Martin à Paris; s. n°, vers l'entrée, *Mignard*, portr. de la duchesse de Savoie. — Il y a aussi des sculptures: Thésée vainqueur du Centaure, bronze par *Barye;* une Vierge, aussi en bronze, dernier ouvrage de *Crozatier.*

V^e salle: riche collection de dentelles, guipures, passements et galons. La fabrication des dentelles est l'industrie principale du pays, où elle occupe plus de 100 000 ouvrières.

La rue Porte-Aiguière, en face de la fontaine Crozatier, conduit à l'*hôtel de ville,* édifice de 1766 qui n'a rien de remarquable. En passant à dr. de la façade et prenant la première rue à dr. (Chènebouterie), puis continuant par la rue Raphaël, on arrive à une petite place où l'on voit à dr., à l'extrémité d'une rue montante,

*Notre-Dame, la *cathédrale.* C'est une église très curieuse en général, mais surtout par ses dispositions, dont certaines particularités ne se retrouvent nulle part. Elle est en grande partie des xie et xiie s. On y accède par un grand escalier qui a 60 marches au dehors, 42 dans un crypto-portique, sous la nef même de l'église, et 32 sur le côté, à dr. Autrefois, cet escalier était tout droit, traversait le pavé de la nef et aboutissait au transept, devant le chœur, de sorte que les fidèles voyaient, dit-on, l'officiant des degrés du dehors. Le grand *portail* comprend trois arcades à plein cintre donnant sur le *porche;* plus haut, de petites arcatures, puis trois fenêtres, à l'extrémité de la nef, et trois pignons, ceux des côtés dépassant le toit et à jour. On remarque déjà dans cette église le mélange de pierre blanche et de pierre noire propre aux églises de l'Auvergne et qui sert à la décoration. Il y a une petite chapelle sous le porche et des traces de peintures. L'escalier de g., sous le porche, conduit au **cloître,* que nous visitons immédiatement, pour n'avoir point à revenir sur nos pas. Il est en partie fermé par une belle grille romane, qu'on peut se faire ouvrir par le suisse, mais on le voit déjà bien sans cela. C'est une très belle construction, dont la partie la plus ancienne remonte au ixe ou même au viiie s., et qui a été restaurée au xixe s. On en admire surtout les colonnettes et la magnifique corniche, avec toutes sortes de têtes d'hommes et d'animaux. Le bâtiment à l'O., à mâchicoulis, est un reste de forteresse du xiiie s.

L'*intérieur* de la cathédrale présente trois nefs à six coupoles dans le style byzantin, un petit transept avec lanterne au centre, des tribunes et de petites chapelles doubles aux extrémités, un chœur carré et une sorte d'abside sous le clocher (v. ci-dessous). Il y a au maître autel une petite Vierge noire moderne, non moins vénérée que celle qui l'a précédée et qui fut détruite en 1793. Les ex-voto accrochés aux piliers du chœur indiquent le caractère de la dévotion dans la contrée. Dans le fond, au mur du clocher, une fresque remarquable de la fin du xiiie s., provenant du cloître (v. ci-dessus) et restaurée au xixe s.; elle représente surtout le Christ entre la Vierge et St Jean.

En sortant par une porte à l'extrémité du bas côté de g., on se trouve sous le *portail du N.,* en ogive très peu prononcée.

Le *portail S.* ou *porche du For,* de l'autre côté du clocher, est très remarquable. Il forme une sorte de porche original, chaque face présentant une arcade en plein cintre, qui ne s'y rattache que par trois tenons. Le *clocher*, surtout de la fin du xiiie s., est un des rares clochers de transition qui existent encore. Il compte sept étages à arcades romanes, simples et trilobées, entremêlées avec d'autres en ogive.

L'édifice à côté du portail latéral du S. est l'*évêché*. On a une assez belle vue de la petite place qui le précède.

Du côté du portail latéral du N., un *baptistère*, peut-être seulement du xie s., mais dont quelques parties sont des restes d'un édifice romain, et une *chapelle des Pénitents* («Societas Gonfalonis»), de la Renaissance (1584), dont l'intérieur est tout décoré de peintures d'artistes du pays : François (Francesco Guido ; plafond), Buffet, Servan, Staron : s'adresser, pour la visiter, au concierge de l'évêché.

Un ruelle qui passe entre les deux conduit à la montée du rocher de Corneille, où l'on paie 10 c. d'entrée.

Le rocher de Corneille, qui forme le sommet du mont Anis, est un massif de brèche volcanique, qui se dresse à pic à 132 m. au-dessus de la ville basse et à 757 m. au-dessus du niveau de la mer. On y monte par une série d'escaliers pratiqués dans la roche. Au sommet a été érigée en 1860 une STATUE DE NOTRE-DAME DE FRANCE, de 16 m. de haut, sur un piédestal de 6 m. 70. Elle est en fonte, d'après Bonnassieux, et elle a été faite avec plus de 200 canons russes pris à Sébastopol, comme ceux qui gisent alentour sur la plate-forme. La Vierge est représentée debout et tenant l'enfant Jésus, qui bénit la France. Malgré ses dimensions colossales, elle n'est pas en rapport avec le rocher qui lui sert de base. On peut monter à l'intérieur, jusque dans la tête. Des ouvertures pratiquées à divers endroits permettent de jouir de la vue magnifique qu'offrent les environs, avec leur immense cirque de montagnes, formé surtout par les Cévennes et où l'on distingue particulièrement, au S.-E., le Mézenc et le Gerbier-de-Jonc (p. 53). Dans un faubourg du Puy, au N.-O., le rocher de St-Michel, dont il sera question ci-dessous ; plus loin, à g., Espaly et ses Orgues (p. 52) ; à dr., les ruines de Polignac (p. 52), etc. — Sur la plate-forme du rocher de Corneille se trouve encore la *statue de Mgr de Morlhon*, évêque du Puy (m. 1862), en bronze, également d'après Bonnassieux.

En descendant, il vaut mieux repasser par la cathédrale que de s'engager dans les ruelles tortueuses et mal pavées qui la contournent.

La rue Grangevieille, tout droit à l'extrémité de celle des Tables, par laquelle nous sommes montés à la cathédrale, conduit vers les boulevards de l'O., où l'on remarque, à g. en arrivant, la *tour Pannessac*, massive et peu élevée, à mâchicoulis, reste d'une porte de la ville au xiiie s. Sur le boulevard voisin, la *statue de la Fayette* (1757-1834), élevant en l'air la cocarde nationale, bronze par Hiolle. — Nous descendons le boulevard du côté de la tour.

St-Laurent, église du xive s., dans le bas près de la Borne, renferme un *monument de B. du Guesclin* (m. 1380), avec sa statue. A g. de l'entrée, de beaux fonts en pierre du style gothique.

On tourne dans la rue en deçà de cette église pour aller voir, sur un *rocher* de 85 m. de haut, dyke volcanique dans le genre du rocher de Corneille et encore plus pittoresque, l'**église de St-Michel-d'Aiguilhe*. On y monte par une suite d'escaliers qui comptent 271 marches, et l'on paie 10 c. d'entrée à la personne à qui elle est « affermée ». Cette église ou plutôt cette chapelle remonte aux années 962-984, et elle est fort curieuse comme architecture. Le plan en est très irrégulier, et le portail est orné de curieux bas-reliefs. Elle forme une sorte d'ovale, dont le sanctuaire occupe l'extrémité à dr. de l'entrée, et elle a devant ce sanctuaire une petite nef centrale, circonscrite par des colonnes fort basses et entourée d'un petit bas côté. A l'opposé de l'entrée se trouve un clocher isolé, dans le genre de celui de la cathédrale, le haut moins ancien que l'église.

Dans le faubourg même, à peu de distance en face du rocher, est le prétendu *temple de Diane,* un anc. baptistère, une anc. chapelle des templiers ou une anc. chapelle funéraire, du xiie s.

Du Puy a Espaly, a Polignac, etc. — Espaly, que dessert un tramw. (p. 48), est à 1 kil. à l'O. et Polignac à 5 kil. au N.-O. La route partant du Puy traverse la Borne au delà de l'église St-Laurent et monte pendant longtemps, en laissant à dr., à mi-côte, un chemin qui mène plus directement à Polignac et par où l'on pourra revenir. — *Espaly* est un gros village, au-dessus duquel on voit déjà de la route un curieux massif de basalte, présentant de très belles colonnes, que leur disposition a fait nommer les *Orgues d'Espaly*, et sur les rochers est une *statue de St Joseph*. — Polignac, plus loin à dr. de la route de St-Paulien et de la Chaise-Dieu, est célèbre par les ruines imposantes du *château du même nom, sur un grand plateau rocheux qui domine le village et où l'on a trouvé des débris de constructions romaines, exposés au milieu de ces ruines. Le plateau est entouré d'une enceinte crénelée assez bien conservée. Le chemin qui y monte commence près de l'église. Il reste peu de chose du château proprement dit, qui datait des xiie-xve s. La personne qui vous conduit (pourb.) vous donne les explications nécessaires. Les parties principales sont le donjon, de forme carrée et très élevé (xive s.), que le prince de Polignac a fait restaurer au xixe s., et une tour ronde (xiiie s.), qui donnent à l'ensemble un aspect pittoresque. — Le second chemin indiqué ci-dessus pour le retour se voit dans la vallée de l'autre côté de Polignac; il contourne la hauteur à droite.

La route continue par un pays très accidenté. A 14 kil., la route venant de Darsac (p. 35), et 3 kil. plus loin *Nolhac*. — 21 kil. *St-Paulien*, petite ville qui a dû remplacer le *Ruessium* de l'antiquité, capitale des Vellaves. On y a trouvé des antiquités. L'*église*, du xie s., occupe l'emplacement d'un édifice antique. — A g. de la route se montre le *mont de Bar* (1167 m.; p. 38). — 32 kil. *St-Just-près-Chomélix*, où la route prend à g. — 43 kil. *Chamborne*, où elle appuie de nouveau à g. — 50 kil. *La Chaise-Dieu* (p. 37).

Du Puy au Mézenc, par le Monastier. — 37 kil. de route jusqu'aux Estables, dont 21 desservis par une voit. publ. du Puy au Monastier (à 2 h.; 1 fr. 60), et 1 h. 1/2 de sentier des Estables au sommet. — On se dirige d'abord vers l'E., du côté de la gare. — 4 kil. *Charensac*, où on traverse la Loire. — 5 kil. *Brives*, où la route du Mézenc tourne à dr. A g., le *Mont-Doue* (835 m.), où se trouve une anc. abbaye de prémontrés, du xiie s. 6 kil. plus loin, à dr., sur une autre hauteur, le beau *château de Bouzols*, dont la partie la plus ancienne remonte au xie s. — 12 kil. *Arsac*. — 13 kil. *La Terrasse*, où il y a de vieilles grottes artificielles jadis habitées. — 21 kil. Le Monastier (*hôt. Ponsonaille*), localité de 3739 hab., qui a dû son nom à un monastère dont il reste l'*église*, en partie du style roman et intéressante. — La route (voit. partic., 10 fr.) continue dans la direction du S.-E. par

Freycenet-la-Tour (5 kil.) et plusieurs hameaux. — 37 kil. *Les Estables* (1134 m.; aub. Testud, etc.), localité assez importante à l'O. du Mézenc. — Le **Mézenc** (1754 m.) est une montagne volcanique isolée et escarpée, sauf à l'O., du côté des Estables. Il y a sur ses flancs d'excellents pâturages. Du sommet, où il y a une croix, on a un très beau *panorama, s'étendant à l'O. jusqu'aux monts du Cantal, au N. sur les montagnes des deux rives de la Loire et la vallée de cette rivière, à l'E. sur les monts du Dauphiné et de la Savoie, jusqu'au Mont-Blanc; au S. sur les Cévennes, où l'on distingue surtout le Gerbier-de-Jonc, et sur l'extrémité O. des Alpes, où se dresse, à l'horizon, le Mont-Ventoux. — Il faut env. 4 h. 1/2 pour aller du Mézenc au *Gerbier-de-Jonc*, autre montagne volcanique où la Loire a sa source. Il n'a plus que 1551 m. d'altitude, depuis un éboulement qui eut lieu en 1821; il en avait auparavant 1710. L'ascension en est fatigante et la vue naturellement inférieure à celle du Mézenc.

Du Puy à *Arvant* et *Clermont-Ferrand*, à la *Chaise-Dieu*, etc., v. R. 4.

7. De St-Etienne à Annonay et à St-Rambert-d'Albon.

100 kil. A Annonay: 80 kil., en 4 h. à 4 h. 30, pour 9 fr. 05, 6 fr. 10 et 5 fr. De là à St-Rambert: 20 kil.; 45 min. à 1 h.; 2 fr. 25, 1 fr. 50, 1 fr.

Cette ligne est une des plus curieuses de la France pour les travaux d'art. Elle n'a pas moins de 38 tunnels, formant ensemble une longueur d'env. 12 kil., soit près du 1/9 de toute la voie; elle a 19 viaducs de moyenne longueur, mais dont les hauteurs varient entre 10 et 33 m., des tranchées également très nombreuses et très profondes, et elle forme à Bourg-Argental une boucle très hardie, avec un tunnel, dans le genre des boucles de la ligne du St-Gothard. — Vue généralement à droite.

Jusqu'à *Firminy* (19 kil.), v. p. 47. La ligne d'Annonay prend ici au S. et remonte d'abord la vallée industrielle de la *Demène*, où il y a des rampes considérables. Belles vues à dr.; à g., le massif du Mont-Pilat (p. 46). 2 tunnels, de 243 et 432 m. de long, 1 viaduc, 1 tunnel de 230 m., 1 viaduc, 1 tunnel de 1264 m., 1 viaduc, 1 tunnel. *Vue grandiose à dr. sur la gorge où la rivière coule à une grande profondeur. — 28 kil. *Pont-Salomon*. 2 viaducs et 2 tunnels, le second de 699 m.

37 kil. **St-Didier-la-Séauve** (736 m.; hôt. *Verdier*), ville de 5105 hab., après laquelle on quitte la vallée de la Demène. 1 viaduc de 24 m. de haut, 1 tunnel de 268 m. — 43 kil. *St-Pal-St-Romain* (860 m.). 1 tunnel de 593 m., 1 viaduc de 105 m. sur 32 m. 50, le plus haut de cette ligne; immédiatement 1 tunnel de 240 m. et 1 viaduc de 160 m. sur 18, le plus long de tous.

50 kil. *Dunières-Montfaucon*, deux localités importantes. On remonte la vallée de la *Dunières*, dans laquelle la voie tourne au N.-E. 2 viaducs et 1 tunnel.

52 kil. *Riotord* (865 m.; hôt. Souvignet), petite ville, centre du commerce des bois de la région, utilisés dans les mines. Elle a une vieille église romane, avec une grosse tour carrée au centre.

Ensuite le principal tunnel, de 2400 m. La voie, qui s'est élevée à env. 900 m., redescend à l'E. par une pente qui atteint la proportion énorme, pour une ligne ordinaire, de 3 cm. par mètre.

62 kil. *St-Sauveur-en-Rue* (783 m.). 1 viaduc et 5 tunnels, de 296, 363, 343, 333 et 226 m., après lesquels commence la *boucle de Bourg-Argental*, où le chemin de fer fait un circuit complet, avec

un rayon de 287 m. Avant d'y entrer, on voit la ville à g. dans le
bas, et on la revoit ensuite à dr. A une grande hauteur au-dessus
de la stat., à dr., une partie de la voie où l'on vient de passer.
Au delà de la vallée, le *Mont-Pilat* (p. 46).

71 kil. **Bourg - Argental** (535 m.; *hôt. de France*, etc.), ville
industrielle de 4513 hab., sur la *Déome*. Elle fabrique des crêpes,
des rubans, etc. Son *église,* dont le reste est moderne, a un portail
très remarquable du xiie s.

La boucle de la voie se termine plus loin par un tunnel de
973 m. Puis on descend la vallée de la Déome. — 77 kil. *St-Marcel-
lès-Annonay.* — 80 kil. *Boulieu.* — 1 viaduc et 1 tunnel. Belle
vue à dr. sur Annonay.

84 kil. **Annonay** (*hôt. du Midi,* place des Cordeliers, bon), ville
industrielle de 17 028 hab., importante par ses mégisseries et ses
papeteries et célèbre par ses veaux cirés pour la chaussure et ses
papiers de luxe. Elle occupe un site pittoresque, à la jonction des
profondes vallées de la Déome et de la *Cance,* mais elle est mal bâtie
et généralement des plus mal pavées.

On y descend en prenant à dr. à quelques pas de la gare, et on
arrive directement à la place des Cordeliers, où les frères Montgolfier gonflèrent en 1783 le premier aérostat. Une pyramide y rappelle
cet événement. On a de l'autre côté de cette place et du pont suivant des coups d'œil très pittoresques sur les bords des rivières, où
les vieilles maisons sont capricieusement perchées sur des rochers.
La rue Montgolfier, à dr. de la pyramide, et la rue Boissy-d'Anglas,
qui y fait suite, sont la principale artère de la ville. A dr. est
l'*église Notre-Dame,* du xviiie s., avec des tribunes sur les côtés.
On y remarque la chaire et un christ en bois. Presque en face,
l'*église du Trachin,* du style goth., avec un clocher à flèche en
pierre. A l'extrémité de la rue, la petite place de l'Hôtel-de-Ville,
avec le *monument des frères Montgolfier,* par H. Cordier (1888).
Derrière l'hôtel de ville, un peu à dr., se trouve la place du Champ-
de-Mars, où est la *statue de Boissy - d'Anglas,* le conventionnel
(1756-1826), bronze par Hébert. On a de cette place une fort
belle vue.

Annonay et ses établissements industriels sont alimentés d'eau par un
réservoir dans le genre de ceux de St-Etienne, Rive-de-Gier et St-Chamont
et créé à la même époque. Il est à 9 kil. au N.-O. dans un vallon un
peu en deçà de St-Marcel-lès-Annonay (v. ci-dessus). Il est formé par le
barrage du Ternay, muraille de 33 m. de haut, 28 m. d'épaisseur à la base
et 180 m. de long au sommet. Sa contenance est de 2 800 000 m. c.

Après Annonay, 1 tunnel de 180 m. — 89 kil. *Midon.* La voie
tourne de nouveau au N.-E. et redescend rapidement. 4 tunnels, le
premier de 638 m., et deux hauts viaducs. Belle vue sur la vallée
du Rhône. — 98 kil. *Peyraud,* aussi sur la ligne de Lyon à Nîmes
par la rive dr. du Rhône (p. 240), au-dessus de laquelle on vient
de passer. On traverse enfin le *Rhône,* à un endroit où il forme
une île. — 104 kil. *St-Rambert-d'Albon* (p. 271).

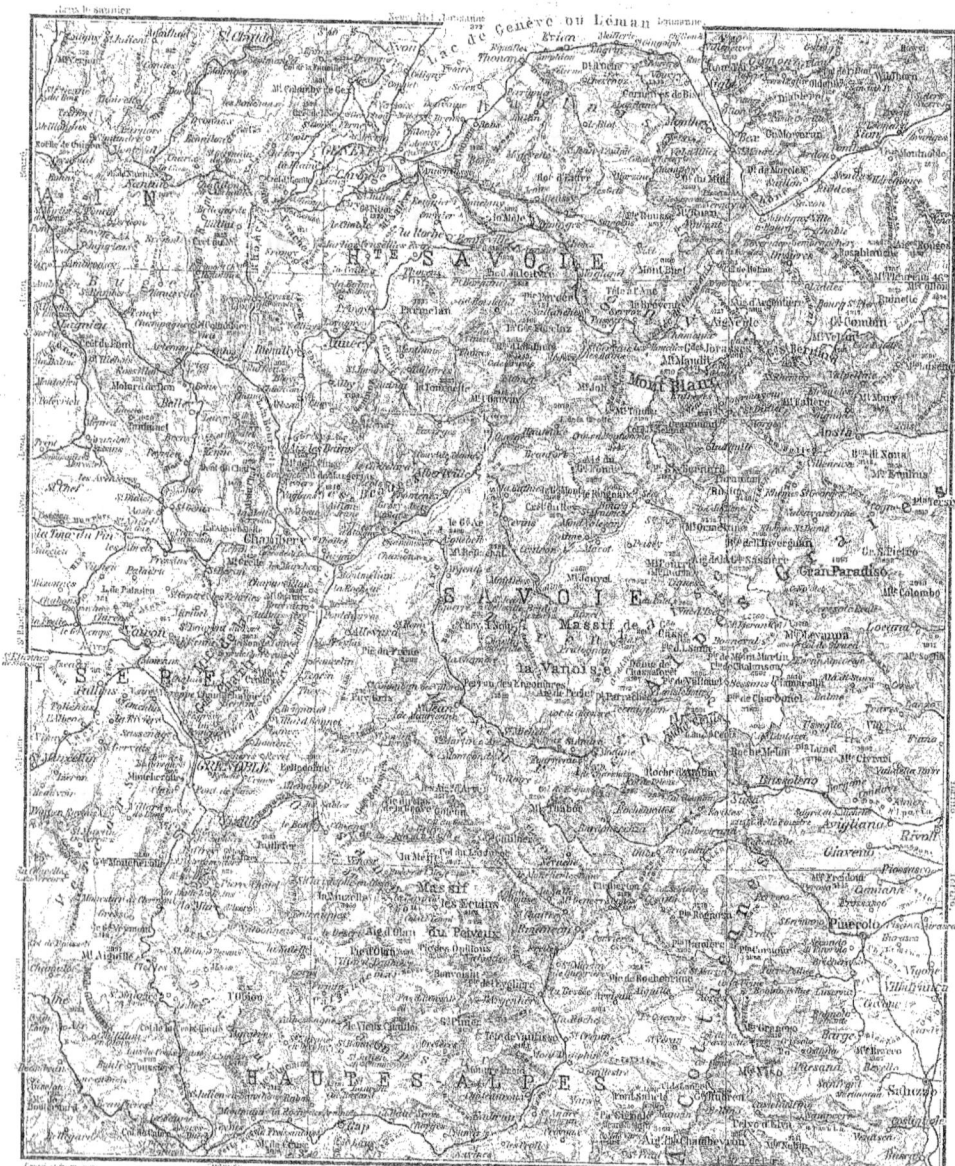

II. LA SAVOIE

(Voir la carte générale ci-contre).

8. De Paris à Chamonix.

A. Par la ligne directe.

714 kil. Trajet direct en 15 h. 30 à 21 h. Prix, v. p. 58 et 65. Billets d'aller et retour, à prix réduits, dans la saison, valables pour 15 jours, avec faculté de prolongation d'égale durée, moyennant 10 % du supplément et faculté de passer par Genève. — Wagons-lits (jusqu'à Genève),

en été, aux rapides du soir. Wagons-restaur. entre Mâcon et Genève. — On évite par cette ligne la visite de la douane suisse. Passeport à la frontière d'Italie, v. p. 58.

I. De Paris au Fayet-St-Gervais.

694 kil. Chemin de fer. Trajet en 14 h. 30 à 20 h. Prix : 77 fr. 90, 52 fr. 65, 34 fr. 35. — Départ de la gare de Lyon. — Détails jusqu'à *Ambérieu*, v. le *Nord-Est de la France*, par Bædeker. On trouvera aussi dans ce volume des détails sur la ligne plus courte (de 50 kil.) et plus pittoresque *par Nantua*, mais par laquelle il n'y a pas de train direct pour la Savoie ni pour la Suisse.

Jusqu'à *Mâcon* (440 kil.), v. p. 1-2. Notre ligne s'embranche ici à g. de celle de Lyon et traverse la *Saône*.

478 kil. **Bourg** (*buffet*; hôt.: *de France*, de 1er ordre, bon, *de l'Europe*, tous deux en ville; *de la Paix*, à la gare). 18501 hab. *Eglise de Brou*, dans un faub. à l'opposé de la gare, à env. ¹/₂ h. de distance. On l'aperçoit ensuite à g. de la voie.

Autres lignes, v. aussi le *Nord-Est de la France.*

On traverse plus loin l'*Ain* et on gagne la vallée de l'Albarine.

509 kil. **Ambérieu** (*buffet*; hôt. du Commerce, à la gare), ville manufacturière de 3548 hab., à ¹/₄ d'h. à g., sur l'Albarine et au pied du Jura. On y voit une *statue du Dr Bonnet* (p. 22), qui en était originaire.

Embranch. d'intérêt local, par *Lagnieu* (7 kil. ; v. ci-dessous), sur *Montalieu* (18 kil.), dans la vallée du Rhône, où il y a d'importantes carrières de pierre, et de là jusqu'à *Sablonnières* (37 kil.), sur la ligne de Lyon à Aoste-St-Genix, qui est 26 kil. plus loin et à 2 kil. en deçà d'Aoste (v. p. 59). — Correspond. (50 c.) à Lagnieu pour *la Balme-les-Grottes* (hôt. Gallay), village à 6 kil. au S., au delà du Rhône, où il y a une grotte à stalactites remarquable, à l'entrée de laquelle se trouve une double *chapelle* du XIIe s. S'adresser à l'hôtel : 2 fr. par pers. et 1 fr. 50 pour le guide. Correspond. aussi entre la Balme et la stat. de Pont-de-Chéruy (20 kil. ; 1 fr. 50 ; p. 25).

Tramway d'Ambérieu sur le bourg industriel de *Cerdon* (299 m. ; hôtels), à 23 kil., dans le Jura, au N.-O. du *signal de l'Avocat* (1017 m. ; environ 2 h. ¹/₂ ; vue).

La voie entre maintenant dans le Jura, par la belle *vallée de l'Albarine*, et elle traverse nombre de fois la rivière. Vue surtout à g. Beaucoup de vignes. Rochers calcaires grandioses. — 515 kil. *Torcieu.*

520 kil. **St-Rambert-en-Bugey** (*hôtel*), ville manufacturière de 4113 hab., avec les maigres restes d'un *château*, sur la hauteur à la station. La vallée se rétrécit et prend un caractère sauvage.

527 kil. **Tenay** (*hôt. Syvot*), autre ville manufacturière, de 4214 hab., à g., dans un coude de la vallée de l'Albarine.

De Tenay à Hauteville: 14 kil., route desservie par une voiture publ., remontant la vallée supérieure de l'Albarine, qui forme de magnifiques gorges, où il y a, lors des fortes eaux, une *cascade* de 150 m. de haut, à env. 10 kil. de Tenay. — Hauteville (*hôt. Roland*, etc.) est un village dans un site très pittoresque, fréquenté comme station d'été. Une société lyonnaise y a construit en 1898-99 un *sanatorium* pour les tuberculeux adultes pauvres, à près de 1000 m. d'alt. et à la lisière de magnifiques forêts de sapins.

La voie quitte ensuite la vallée, dont la partie supérieure est également très pittoresque. Ensuite une gorge et de petits étangs. A dr., le *Molard de Don* (1219 m.). — 541 kil. *Rossillon*. Puis un tunnel de 572 m. et le *lac de Pugieu*.

547 kil. *Virieu-le-Grand* (hôt. Pellisson). Il y a de maigres ruines d'un château qui fut une dépendance de la Savoie et dont les ducs firent leur séjour, où mourut de consomption Philiberte de Médicis, sœur de Léon X, et où d'Urfé (1568-1625) écrivit son roman de l'Astré.

EMBRANCH. de 47 kil. sur Pressins (St-André-le-Gaz). — 15 kil. (3e st.) Belley (*hôt. Charles*), ville très ancienne de 6070 hab., chef-lieu d'arr. de l'Ain et siège d'un évêché, dans un site pittoresque. Sa *cathédrale* est du style goth. du xve s., mais en majeure partie moderne; elle a une belle Vierge moderne en marbre, par Chinard. — 19 kil. *Brens*, à env. 2 kil. à l'O. du *fort de Pierre-Châtel*, sur une colline isolée, à 170 m. au-dessus du Rhône, au *défilé d'Yenne*. On atteint ensuite les bords du *Rhône*, dont le cours est très capricieux. — 32 kil. (6e st.) *Brégnier-Cordon.* Puis on traverse le fleuve, près de l'embouchure du Guiers, et la ligne de Lyon à Aoste-St-Genix (p. 25). — 38 kil. *Aoste*, bourg qui a remplacé une colonie romaine du nom d'Augustum ou Augusta. Il a un petit «musée communal», composé des antiquités qu'on y a trouvées: poteries, verreries, statuettes, médailles, autel, etc. Correspond. pour St-Genix (30 c.), à 2 kil. au N.-E. (p. 25). — 47 kil. *Pressins* (p. 116).

TRAMWAY aussi de Virieu à *Ruffien*, à 10 kil. au N.-E. d'Hauteville (v. p. 58).

551 kil. *Artemare* (hôtel-buffet). On longe ensuite à g. le *Grand-Colombier* (1534 m.), au sommet duquel il y a une croix. L'ascension s'en fait surtout de Culoz, en 4 h. $\frac{1}{2}$, et l'on y a une très belle vue. Puis on arrive dans la vallée du *Rhône*, et l'on a une belle vue sur les Alpes.

559 kil. **Culoz** (*buffet*; hôt. *Folliet*, à la gare), au pied du Colombier et sur la rive dr. du Rhône. Ligne d'Aix-les-Bains, etc., v. p. 98.

Notre ligne remonte au N. la vallée du Rhône, sur la rive dr.

577 kil. **Seyssel** (hôt.: *du Commerce*, rive dr.; *de Genève*, rive g.), deux localités du même nom, celle de la rive g. en Savoie, et reliées par un pont suspendu, auquel sont adaptées des herses que les douaniers descendent le soir pour empêcher la contrebande par le fleuve. Route de Rumilly, v. p. 106.

123 kil. *Pyrimont*, où il y a des mines d'asphalte. Petit tunnel. En face, le *Crédo* (1624 m.). Viaduc de 37 m. de haut sur la *Vézeronce* et un cirque d'érosion à g. Vallée pittoresque; encore 3 tunnels, de 450, 840 et 1025 m.

592 kil. **Bellegarde** (*buffet*; hôt. près de la gare: *H. des Touristes, de la Poste, de la Gare, de France*), stat. frontière et bourg de 2494 hab., près du confluent du Rhône et de la Valserine. Visite de la douane française à l'entrée de Suisse en France et même quand on vient de Savoie, où il n'y en a pas de ce côté. Demander par conséquent un permis de rentrer pour les objets soumis aux droits (bicyclette, etc.) avec lesquels on veut revenir de Savoie en France.

La *perte du Rhône*, autrefois une curiosité de Bellegarde, était un gouffre où le fleuve disparaissait lors des basses eaux, de nov.

à févr:, sur une centaine de pas. Les rochers sous lesquels il s'engouffrait ont été détruits, mais cette partie de la vallée est très pittoresque. La rue à g. des hôtels descend à un pont sur le lit très profond de la *Valserine,* à 400 m. à dr. duquel il y a un autre pont sur le *Rhône,* là où était la perte du fleuve. Plus haut, à g., est l'entrée d'un *canal* de dérivation de 750 m. de long, dont 550 m. sous terre, à l'autre extrémité duquel se trouvent, en aval du pont, trois *turbines,* qui font marcher deux établissements industriels. Il faut s'adresser au premier établissement pour visiter ces turbines ; on n'en voit rien de l'autre rive.

On pourra aussi visiter, près de la gare, le *viaduc de la Valserine* mentionné ci-dessous et la *gorge* où la rivière s'est creusé, dans la roche calcaire, un lit de 26 m. de profondeur, en formant elle-même une *perte* de 400 m. de long, à env. 2 kil. du viaduc.

Ligne de *Nantua,* ascension du *Crédo,* et excursions dans le *Jura,* v. le *Nord-Est de la France,* par Bædeker.

Ensuite le *viaduc de la Valserine,* de 250 m. de long et 52 m. de haut. Puis le *tunnel du Crédo,* de 3900 m. de long, dans la montagne du même nom, et le *défilé de l'Ecluse,* échancrure étroite et profonde entre l'extrémité S. du Jura et la *montagne de Vuache* (1111 m.), par laquelle le Rhône sort de la Suisse. Ce défilé est commandé par le *fort de l'Ecluse,* sur un rocher à g. (423 m.). La fondation du fort remonte aux ducs de Savoie, mais il a été rebâti sous Louis XIV par Vauban, démantelé par les Autrichiens en 1815, rétabli et augmenté d'un fortin depuis 1824. — Il y a encore plus loin un tunnel de 185 m. et la vue se dégage à dr., du côté des Alpes. On laisse à g. la ligne de Genève (p. 66), traverse le Rhône et passe immédiatement dans un tunnel de 325 m. Puis on longe la frontière. Le fort de l'Ecluse reste longtemps en vue en arrière. A g., le Jura et la vallée supérieure du Rhône. — 605 kil. *Valleiry.* A dr., le *Salève* (v. ci-dessous). — 611 kil. *Viry.* 1635 hab.

616 kil. **St-Julien** (*hôt. des Balances*), petite ville de 1423 hab. et chef-lieu d'arr. de la Haute-Savoie, reliée par un tramw. à vap. à Genève (10 kil. ; p. 66). A 20 min. au S.-E., les ruines pittoresques du *château de Ternier.* — 619 kil. *Archamps.* On se rapproche du Salève. — 624 kil. *Bossey-Veyrier.*

Veyrier, à g. au delà de la station, est un village suisse desservi par un tramway de Genève, qui va jusqu'à *Collonges,* au delà de Bossey.

De Veyrier au Salève (carte, p. 66) : ch. de fer électr., trajet en 1/2 h. jusqu'à *Monnetier-Mairie,* où l'on rejoint une autre ligne venant d'Etrembières (v. p. 61), en 1 h. jusqu'aux *Treize-Arbres* ; prix, 95 c. et 3 fr. 20, 1 fr. 50 et 5 fr. aller et retour. La voie traverse la ligne d'Annemasse, contourne de grandes carrières de pierre et monte au-dessus du *Pas de l'Echelle* (v. ci-dessous), à la fin par un tunnel de 110 m. — 3 kil. 3. *Monnetier-Eglise* (712 m.). — 4 kil. 7. *Monnetier-Mairie.* — A pied, de Veyrier, on prend par le *Pas de l'Echelle,* au-dessous du ch. de fer électr., et à la fin par un escalier de 101 degrés dans les rochers. — Suite, v. p. 61.

On longe ensuite, à dr., les parois à pic du Salève ; puis on arrive au bord de l'*Arve,* torrent qui descend de la vallée de Chamonix, et on découvre aussi à dr. les Alpes, en particulier le Môle (p. 62) 'et même le Mont-Blanc. Vue du Salève à g. en arrière. On dépasse la bifurcation de la Roche (v. ci-dessous) et on traverse l'Arve. — 629 kil. *Etrembières*, arrêt pour la correspond. avec la seconde ligne du Salève (v. ci-dessus).

631 kil. Annemasse (436 m.; *buffet*; hôt.: *du Mont-Blanc, de la Paix, de France,* dans la ville; *de la Gare,* avec café). 2460 hab. On aperçoit déjà le Mont-Blanc de la gare, à dr. au delà du bâtiment, à plus de 60 kil. en ligne droite, entre la pyramide du Môle et la double cime de la Pointe d'Andey (p. 62).

Ligne de *Genève*, v. p. 68; ligne d'*Evian* (Martigny-Chamonix), p. 69.

D'Annemasse au Salève (carte p. 66): 2 kil. de tramw. à vap., par une ligne venant de Genève, jusqu'à *Etrembières*, sur la rive g. de l'Arve, et ch. de fer électr. de là à *Monnetier* et aux *Treize-Arbres* (5 kil. 8). Prix: 95 c. et 3 fr. 20, 1 fr. 50 et 5 fr. aller et retour. On passe au vieux château d'Etrembières et l'on monte en contournant le versant du *Petit-Salève*. Il y a d'abord 3 stat.: *Bas-Mornex* (425 m.), *Haut-Mornex* (680 m.) et *Monnetier-Mairie* (v. ci-dessous). — **Mornex** (hôt.: **Beau-Site, de l'Ecu de Savoie,* etc.), dans un site charmant, au S. du Petit-Salève, est très fréquenté comme station d'été. — **Monnetier** (hôt.: **de la Reconnaissance, *du Château, *Trottet,* à Monn.-Eglise; *Belvédère, des Plantes, Bellevue,* ce dernier à la Mairie), dans une gorge entre le Petit et le Grand-Salève, est aussi une station d'été. Le *Petit-Salève* (898 m.), qui offre une vue charmante, se gravit facilement de l'Eglise en 1/2 h. et le *Grand-Salève* (v. ci-dessous) en 1 h. 1/2 jusqu'aux Treize Arbres, par un bon chemin muletier en lacets. — De *Monnetier-Mairie*, où aboutit l'embranch. de Veyrier (v. p. 60), la voie monte sur le versant en partie boisé du Grand-Salève, jusqu'au terminus des *Treize-Arbres* (1142 m.; buffet-rest.; hôt. des Treize-Arbres). De cet endroit, on met 1/4 d'h. pour arriver, par la croupe de la montagne, sur le *Crêt de Grange-Tournier* (1304 m.), point culminant du *Grand-Salève*, d'où l'on a une *vue splendide de toute la chaîne du Mont-Blanc et d'autres parties des Alpes, des lacs de Genève et d'Annecy et du Jura. Il y a encore 1 h. 1/4 de marche de ce point aux *Pitons* (1379 m.), qui se rattachent à la longue montagne du Salève.

D'Annemasse a Bonneville: 22 kil. de tramway (27 par le chemin de fer), trajet en 1 h. 25 à 1 h. 35, pour 1 fr. 80 et 1 fr. 10. C'est la même ligne que celle de Samoëns jusqu'à *Bonne* (9 kil.; p. 76), d'où l'on gagne la rive dr. de l'Arve, qu'on traverse à *Bonneville* (p. 62).

En continuant sur Cluses, on retourne un peu en arrière, retraverse l'Arve et monte au S.-E., d'abord sur la rive g. du torrent. — 634 kil. *Monnetier-Mornex*. Les deux localités sont aussi desservies par la ligne du Salève (v. ci-dessus). La seconde se voit à dr. sur la hauteur, dans un joli site. Plus loin, 3 viaducs. La vue se dégage de plus en plus. — 640 kil. *Reignier* (509 m.). — 643 kil. *Pers-Jussy-Chevrier*.

647 kil. **La Roche**-*sur-Foron* (580 m.; **hôt. de la Croix-Blanche,* rue Président-Carnot), à g., ville de 3318 hab., sur un rocher de la rive g. du Foron, affluent de l'Arve, avec une *église* du XIIe s. et, à l'opposé de la gare, une *tour* en ruine de la même époque, reste de son ancien château. — Ligne d'Annecy, v. R. 12.

Ensuite un grand viaduc sur le ravin où coule le Foron, après lequel notre ligne s'embranche à g. de celle d'Annecy. La voie redescend. Encore un viaduc et un petit tunnel. Vue à g. et plus loin à dr.; le Mont-Blanc, dans la direction de la vallée. — 654 kil.

St-Pierre-de-Rumilly. Voit. publique 2 fois le jour pour le Petit-Bornand (1 h. ¹/₂; p. 115). On traverse ensuite le *Borne*, affluent de l'Arve dans la vallée duquel est le Petit-Bornand; puis l'Arve à Bonneville, qu'on voit à g. et dont le centre est à 10 min. de la gare.

658 kil. **Bonneville** (450 m.; hôt.: *de la Couronne*, près de la grand'place; *de la Balance*, sur la place), ville de 2173 hab., anc. cap. du Faucigny et auj. chef-lieu d'arr. de la Haute-Savoie, pittoresquement située sur la rive dr. de l'*Arve*, dans une vallée fertile, que dominent, au S., la Pointe d'Andey; au N., un contrefort du Môle (v. ci-dessous). Elle n'a rien de bien curieux. L'*église* est près de la grand'place, au N. A g., le *château de Bonne*, qui sert de prison. Un beau pont traverse l'Arve à Bonneville et il y a à côté, sur la rive dr., un petit *monument*, en l'honneur des soldats de la Haute-Savoie morts dans la guerre de 1870-71 et une statue du sénateur *Chardon* (1896), sur la rive g. une *colonne* de 22 m. de haut, avec la statue du roi Charles-Félix de Sardaigne.

Tramway d'*Annemasse*, v. p. 61. Bureau sur la grand'place.

Le **Môle** (1869 m.), montagne conique isolée au N.-E., se gravit de Bonneville en 3 h. ¹/₂ à 3 h. ³/₄. Guide (pas nécessaire), 10 fr. On passe par *Lépargny* (20 min.), *Gallinous* et le couloir du *Pertuis* et la *grange à Béroud* (1 h. ³/₄ ou 2 h.), jusqu'où l'on peut aller en voiture, ou par *Reyret* (Reray), le *col de Reyret* (926 m.) et aussi la *grange à Béroud*. Ensuite un bon sentier menant à la *Lardère* (³/₄ d'h.; 1518 m.), où il y a depuis 1891 un chalet-refuge du C. A. F. et d'où l'on découvre déjà le massif du Mont-Blanc. Le sommet est ³/₄ d'h. plus haut, aussi par un bon sentier. Panorama magnifique. — Ascension de St-Jeoire, v. p. 76.

La **Pointe d'Andey** (1879 m.), au S., demande 3 h. ou 3 h. ¹/₂, selon qu'on va par *Pontchy* (¹/₄ d'h.) et *Andey* (³/₄ d'h.) ou bien par *Thuet* (³/₄ d'h.), *Brizon* (1 h.; aub.), jusqu'où l'on peut aller en voit., en passant par *Vougy*; puis par *Solaizon* (1 h.), à ³/₄ d'h. du sommet. Riche flore. La vue est très belle, mais en partie interceptée au S. par les *rochers de Leschaux* (1940 m.). Au S.-E., la longue chaîne rocheuse du *Vergy* ou *Bargy* (2305 m.), avec le *pic de Jallouvre* (2438 m.).

La voie ferrée passe après Bonneville du côté N. de la vallée de l'Arve, assez large dans cette partie et jusqu'à Cluses, côtoie le Môle et traverse le *Giffre*, affluent de l'Arve. — 665 kil. *Marignier* (hôt.: *de la Gare*, modeste), qu'un tramw. à vap. relie à celui de Samoëns au pont du Risse (7 kil.), près de St-Jeoire (p. 76). — 669 kil. *Le Nanty*. On regagne ensuite l'autre côté de la vallée, qui se rétrécit.

672 kil. **Cluses** (485 m.; *H. de la Gare*, bon; *H. Revuz* ou *Michaud*), ville de 2403 hab., peuplée surtout d'horlogers et qui a une *école nationale d'horlogerie*.

De Cluses a Taninges (*Sixt*), 10 kil. de route, par le *col de Châtillon* (7 kil.; 862 m. d'alt.), où il y a des ruines d'un château fort et un hôtel. Il existe un chemin plus court et recommandable pour les piétons, l'anc. route, à dr. à 10 min. de Cluses; on arrive par là en 1 h. au col. — *Taninges*, v. p. 76.

Après Cluses, un tunnel de 298 m., sous la *Pointe de Chevran* (1228 m.). La vallée de l'Arve se rétrécit pour un temps considérablement et devient pittoresque. — 676 kil. *Balme*, hameau dépendant d'*Arâches*, village d'horlogers situé plus haut à g. de la vallée (955 m.). On voit plus loin à g., à 228 m. d'élévation, dans un rocher, l'entrée de la *grotte de Balme*, grotte à stalactites dont la visite, peu intéressante, demande 2 h. aller et retour et coûte 4 fr. pour une pers. seule, 3 ou 2 fr. par pers. pour une société. — 679 kil. ¹/₂. *Magland*, au pied de rochers escarpés. Puis on a à dr. la *Pointe d'Areu* et la *Pointe Percée* (v. ci-dessous), à g. l'*Aiguille de Varan* (v. ci-dessous). Au loin à g., la *cascade d'Arpenaz*, haute de 50 m., qui est belle après de longues pluies. — La vallée s'élargit. — 683 kil. *Oëx.* La voie passe ensuite sur la rive g. de l'Arve et l'on a à g. une *vue splendide de la chaîne du Mont-Blanc, qui se dessine si nettement, avec ses neiges éblouissantes, à l'extrémité de la vallée, qu'on s'en croirait tout près, quoiqu'il soit encore à env. 50 kil. de distance en ligne droite. Les principaux sommets se présentent successivement dans l'ordre suivant: Aiguille des Glaciers, Aig. de Trélatête, précédée de son vaste glacier; Aig. de Bionnassay, Dôme du Goûter et, derrière, le Mont-Blanc lui-même; Mont-Maudit et Mont-Blanc du Tacul, Aig. du Midi, etc.

689 kil. **Sallanches** (546 m.; hôt.: *de Bellevue, des Messageries*), petite ville industrielle. Jolie fontaine en mémoire de la Révolution, avec statue de la Paix par Cambos (1890). Peintures murales à l'église et à l'hôtel de ville, par Ferrary et Viccario. Courrier le matin pour Mégève (p. 114); trajet en 2 h. ¹/₄.

La vue de la chaîne du Mont-Blanc est naturellement encore plus étendue des hauteurs voisines de Sallanches, déjà même de la *montagne de St-Roch*, au N.-O. — C'est du même côté que se gravit, en 5 h. à 5 h. ¹/₂, avec un guide, la **Pointe Percée** (2752 m.), dite aussi *Montfleury et Aiguille du Reposoir*, un des premiers belvédères pour la vue du Mont-Blanc, par le *Praz-ès-Ros* (2 h. ¹/₂) et le *col des Verts* (2 h.). Il y a vers le sommet une cheminée pénible et un endroit où il est prudent de passer à califourchon, mais le sentier doit être bientôt amélioré. On en peut redescendre à l'O. dans la vallée du Grand-Bornand (p. 115) ou dans celle du Reposoir (p. 115). De ce côté se trouve un refuge, à 400 m. du sommet. — La **Pointe d'Areu** (2468 m.), plus au N., demande 6 h., aussi par *St-Roch*, puis par la *cascade* et les *chalets de Doran* (2 h.). — A l'**Aiguille de Varan** ou *Varens* (2488 m.), au N.-E., 6 h. ¹/₂, avec un guide, par *Villy*, les *Juillards*, le *Bay*, les *chalets de Varan* (3 kil. ¹/₂; 1586 m.) et les *chalets de Barme-Rousse* (1 h.). — A la **Pointe du Colloney** (2692 m.), encore plus loin, course du même genre, assez difficile, par la rive dr. de l'Arve en aval, puis par la vallée du *Nant-d'Arpenaz* (1 h. ³/₄), les *chalets de Véran* (vers Haon; env. 2 h.; 1616 m.) et le *Désert de Platé* («lapiaz»; p. 112). Vue splendide.

691 kil. *Passy-Domancy.* Route de Mégève, v. p. 114. A dr., le *mont d'Arbois* (1829 m.) et le *Mont-Joly* (p. 89).

694 kil. **Le Fayet-St-Gervais** (587 m.), stat. terminus (buffet assez cher), au hameau du *Fayet*, près des *bains* et à ³/₄ d'h. du *village de St-Gervais.*(om. 1 fr. 25, 75 c. au retour). — HÔTELS au Fayet: *H. des Alpes* (ch. 2.50 à 3 fr., dé. 3 et 3.50, dî. 4, v. c.); *H. de la Paix; café-rest. de la Gare.* — Route de Chamonix, v. p. 65.

Du Fayet à *Sixt* par la montagne, 8 à 9 h. avec un guide, intéressant pour les alpinistes. On monte par les *Escaliers de Platé*, dans le genre de ceux de la Gemmi, en Suisse, et même, dit-on, plus curieux; puis par le *Désert de Platé* («lapiaz», p. 112), où l'on longe à dr. la *Pointe de Platé*

(2253 m.; **1 h.**; très belle vue), et on passe par le *col de la Portettaz* (2384 m.; belle vue), entre cette Pointe, au S., et le *Signal de Platé* (2476 m.; **1 h.**; très belle vue), pour redescendre par les *chalets de Salles* (1890 m.), une gorge grandiose où sont les belles *cascades de la Pleureuse* et *du Rouget* (p. 78) et enfin par *Salvagny* (p. 78), près de *Sixt* (p. 77).

St-Gervais-les-Bains. — Hôtels: *H. des Bains*, à l'établissement. — *H. du Mont-Joly, du Mont-Blanc, Splendide & des Etrangers, de Genève*, au village, bons; divers hôt.-pens. aussi au village. — Voitures publiques: du *Fayet*, v. p. 63; du village, pour *Chamonix*, à 3 h. du s.; pour *Ugines* (Annecy; Albertville), vers 8 h. 1/2 du mat. (v. p. 113). — Voit. partic. et guides tarifés.

St-Gervais-les-Bains se compose de deux parties bien distinctes: le *village* et les *bains*, toutes deux à dr. de la route. Les *bains* (633 m.), dans la gorge boisée qui aboutit au Fayet et d'où sort le *Bon-Nant* («nant», torrent), en occupaient le fond, par un bâtiment transversal et deux ailes en deçà, le long du torrent et contre la montagne sur laquelle est le village. La débâcle d'une sorte de lac du glacier de Tête-Rousse, dans le massif du Mont-Blanc (v. p. 87), l'a presque complètement détruit en 1892, en faisant de nombreuses victimes et ravageant cette belle gorge boisée. On a reconstruit l'établissement contre la montagne, où il domine la vallée de l'Arve. Il y a 3 sources thermo-minérales, 2 chlorurées-sulfatées-sodiques et calciques, les sources de Mey et Gonthard, à 42 et 39° C., et une chlorurée-sodique-sulfureuse, la source du Torrent, à 39° C. Les eaux s'utilisent en boisson et en bains, surtout dans le traitement des maladies de la peau, de la goutte et du rhumatisme.

Le *village* (817 m.) occupe un beau site dégagé, à 4 kil. du Fayet par la route d'Ugine ou à 1/2 h. par la traverse, à dr. de la route et à 184 m. au-dessus des bains. On y monte aussi directement de là en 25 min., par un sentier escarpé. Un petit sentier vers le haut, à 5 min. du village, mène à la belle *cascade du Crépin*, formée par le Bon-Nant (50 c.), surtout belle vers 3 h. de l'après-midi, quand elle est éclairée par le soleil. A voir aussi dans le bas, au delà des sources, la *cascade des Bains*. — Place de l'Eglise, une statue de la République. Carrières de jaspe sanguin, dont on fait des objets d'art.

De St-Gervais au Fouilly ou *aux Houches* (p. 65), 5 à 6 h., par un chemin muletier où il est bon d'avoir un guide (6 fr.). On passe par les pyramides de terre dites *Cheminées des Fées* et par le col de la Forclaz (1556 m.; autre, p. 75; refuge des chasseurs alpins), situé entre la *Tête-Noire* (1768 m.; autre, p. 97) et le *Prarion* (1969 m.; 1/4 d'h. du col; pavillon-rest. à 1860 m. d'alt.). — On peut également prendre par le *col de Voza* (p. 88), ce qui est plus intéressant, mais demande 1 h. de plus. On suit alors la route des Contamines (v. ci-dessous) jusqu'à *Bionnay* (3 kil. 1/2), hameau au confluent du Bon-Nant et du torrent de Bionnassay, qui fut en majeure partie détruit par la catastrophe de 1892. Ensuite on remonte la vallée du torrent, on passe par *Bionnassay*, et l'on rejoint les chemins mentionnés p. 89.

Le *Mont-Joly* (p. 89) se gravit aussi de St-Gervais, en 4 h. 1/2 à 5 h., par *Orcins, les Granges* et le *pavillon du Mont-Joly* (3 h. 1/2; env. 1200 m.; 12 lits), jusqu'où l'on peut aller à mulet. — Aux *gorges de la Diosaz* (6 kil.), v. p. 65. — Route d'*Ugines*, v. p. 114-113. — De St-Gervais aux *Contamines* (p. 89), 2 h. de route carrossable.

II. Du Fayet-St-Gervais à Chamonix.

20 kil. CHEMIN DE FER ÉLECTRIQUE (ouverture en juillet 1901), à voie large de 1 m., en 3/4 d'h., pour 4 fr. 50 et 2 fr. — *Voir la carte p. 76.*

La ligne traverse le Bon-Nant et l'Arve et passe, au delà de (3 kil.) *Chedde*, devant la grande usine électro-chimique de Corbin et Cie, qui dispose d'une force de 12000 chevaux fournie par une chute d'eau de 130 m. Ensuite la ligne décrit une grande courbe et franchit l'Arve par un beau pont métallique de 45 m. d'ouverture avec une rampe de 90 millim. Au sortir d'un petit tunnel de 80 m. de long, elle s'engage dans le vallon boisé du *Châtelard* où se trouve (5 kil.) la 1re usine de la Comp. P.-L.-M. destinée à produire le courant électrique pour les trains, avec une puissance de 4000 chevaux. Un peu plus loin, au delà du *tunnel du Châtelard* (126 m.), on arrive à la gare de *Servoz* (7 kil.).

A g., une route descendant au village de *Servoz* (817 m; hôt.: de la Diosaz, A la Fougère), d'où on visite, de ce côté, les *gorges de la Diosaz (1 kil.). Le torrent de ce nom, qui vient du Buet (p. 78), s'y est creusé un lit très profond et y forme de belles cascades. Une galerie de 1 kil. de long est adaptée à léurs parois comme dans les gorges du Fier (p. 106) et du Trient (p. 74), et passe à un endroit à env. 30 m. au-dessus de l'eau qu'elle surplombe. On paie 1 fr. d'entrée. On ira jusqu'à la *cascade du Soufflet*, l'endroit le plus grandiose à l'extrémité. Chemin de Chamonix (12 kil.), v. ci-dessous. — De Servoz à *Sixt* (p. 77) par le *col du Dérochoir* (5 h.; 2238 m.), à l'E. de la Pointe de Platé (p. 63), et les *chalets de Salles* (3/4 d'h.,; p. 64), 7 h. 1/2 à 8 h., avec un guide, intéressant, mais pénible à la montée, sur les restes d'un éboulement de 1751, auquel le col doit son nom. — Trajet plus long (8 h. 15), mais plus facile, par le *col d'Anterne* (5 h.; p. 78) et les *chalets des Fonds* (1 h. 1/4; p. 78).

Après avoir monté l'espace de 1 kil. 1/2 env., une rampe de 80 millim., on aperçoit à g. et un peu avant la borne kil. 9, la 2e usine électrique de la compagnie, avec une puissance de 10800 chev. fournie par une chute d'eau de 95 m. La ligne traverse ensuite (10 kil.) le *souterrain de la Cascade*, long de 82 m. 50, et franchit l'Arve, pour la troisième fois, sur le magnifique **viaduc de Ste-Marie*, haut de plus de 50 m., composé de 7 arches de 15 m. et d'une arche centrale de 25 m. d'ouverture. On arrive peu après à la gare des (12 kil.) *Houches*, en face du village de ce nom. C'est près de cette gare, sur l'autre rive de l'Arve, que sera placée la gare qui servira de tête de ligne au chemin de fer électrique du Mont-Blanc projeté par MM. Vallot et Fabre. — En quittant les Houches, la ligne débouche dans la vallée de Chamonix, où s'ouvre, à dr., une vue surprenante sur le massif du Mont-Blanc, avec les *glaciers de Taconnaz* et *des Bossons* qui en descendent. Après avoir franchi l'Arve une quatrième fois, sur un pont de 25 m. d'ouv., nous arrivons à la gare des *Bossons* (16 kil.; p. 84); puis on repasse encore deux fois la rivière et l'on est à (20 kil.) *Chamonix* (p. 79), du côté E. du village.

B. Par Genève.

718 kil. env., dont 2 pour la traversée de Genève. Trajet direct en 18 h. à 20 h., mais pas de billets directs pour Chamonix, et les voyageurs

ont à pourvoir au transport de leurs personnes et de leurs bagages de la gare de Genève-Cornavin à celle de Genève-Eaux-Vives (v. ci-dessous.) On peut toutefois passer par Genève avec les billets d'aller et retour mentionnés p. 57. Départ aussi de la gare de Lyon.

I. De Paris à Genève.

626 kil. Trajet d'env. 11 h. 45 à 20 h. Prix: 70 fr. 10, 47 fr. 35, 30 fr. 90. — Wagons-lits et wagons-restaurants, v. p. 57-58. — *De Paris à Genève par Lyon:* 680 kil.; 14 à 15 h. en express, env. 17 et 20 h. en train omnibus; 76 fr. 25, 51 fr. 50, 33 fr. 60. Itinéraire, v. p. 1-2, 99 et 58-60.

Jusqu'à *Bellegarde* (592 kil.) et au delà du *défilé de l'Écluse,* v. p. 58-60. On laisse ensuite à dr. la ligne directe de Chamonix, avec son viaduc et son tunnel, et l'on continue par la rive dr. du Rhône. — 600 kil. *Sous-Villard,* d'où part l'embranch. de Gex et Divonne (v. le *Nord-Est de la France,* par Bædeker). — 603 kil. *Collonges.* — 606 kil. *Pougny-Chancy,* stat. frontière, Chancy, sur la rive g., déjà en Suisse.

611 kil. *La Plaine,* d'où il y a jusqu'à Genève, outre les stat. suiv., 4 haltes desservies par des trains légers. La voie s'écarte du Rhône. — 616 kil. *Satigny.* — 620 kil. *Vernier-Meyrin.* On est enfin dans une belle plaine parsemée de villas.

626 kil. **Genève.** — Voir, pour les détails, *la Suisse,* par Bædeker.

Gares. On arrive par la ligne directe à la *gare de Cornavin,* au N. de la ville. La *gare des Eaux-Vives,* pour la Savoie, en est à env. 2 kil. 1/2, au S.-E., mais elles sont desservies par des voit. publ.: correspond. du chemin de fer, 50 c. le jour, 75 c. la nuit (9 h. à 6 h.) et 30 c. pour 30 kilos de bagages. Tramway pour la place du Molard, 10 c.; de là à la gare des Eaux-Vives, 15 c. — *Consigne,* aux gares, 10 c., par colis et par jour, compté de minuit à minuit.

Hôtels. Rive dr., où est la gare de Cornavin, les hôt.: *National, des Bergues, de Russie, de la Paix, Beau-Rivage, d'Angleterre,* sur les quais, où on a la vue des Alpes, tous de 1er ordre (ch. dep. 4 et 5 fr., dé. 3 à 4, dî. 5, v. n. c.); *Suisse,* rue du Mont-Blanc (ch. t. c. dep. 3 fr., rep. 3 et 4); *de Genève,* même rue (ch. t. c. 2 à 4 fr., dé. 3, dî. 3.50, v. c.); *Terminus & Baur, de la Gare* (ch. 2 fr. 50), etc. — Rive g. du Rhône, les hôt.: *de la Métropole* (1er o.), *de l'Écu* (1er o.), avec vue sur le lac; *du Lac, de la Poste, de Paris* (ch. t. c. dep. 2 fr. 50, dé. 2.50, dî. 3), *de la Balance* (ch. dep. 2 fr., rep. 3 et 2.50, v. c.), *du Mont-Blanc, du Nord,* etc.

Cafés: *Kiosque des Bastions,* sur la promenade du même nom (p. 67); *C. du Nord,* au Grand-Quai; *du Théâtre,* au théâtre, etc. — Brasseries: *Ackermann,* rue du Rhône, 92; *Berger,* place des Alpes, 11; *Landolt,* en face de l'Université (p. 67); autres près du théâtre, rue du Mont-Blanc, etc. Prix ordin.: canette, 25 c.; chope, 20 c.; bock, 15 c.

Fiacres: course, 1 fr. 50; heure, 2 fr. 50, puis 60 c. par 1/4 d'h.; 50 c. de plus la nuit (10 h. à 5 h. en été); bagages, 50 c.

Tramways: de la gare de Cornavin pour la place du Molard (près du lac), le rond-point de Plainpalais (Université), etc. — Tramways a vapeur: pour *Annemasse* (p. 61), de la place du Molard; pour *St-Julien* (p. 60), du quai de la Poste; pour *Veyrier* (le Salève; p. 60), du cours de Rive; pour *Ferney,* de la place des XXII Cantons, non loin de la gare de Cornavin, etc.

Bateaux à vapeur, v. p. 68.

Nota. L'heure suisse est de 51 min. en avance sur l'heure française, 55 sur celle des chemins de fer français.

Genève est une ville de plus de 90 000 hab., la plus riche de la Suisse et la capitale du plus petit de ses cantons. Elle est ad-

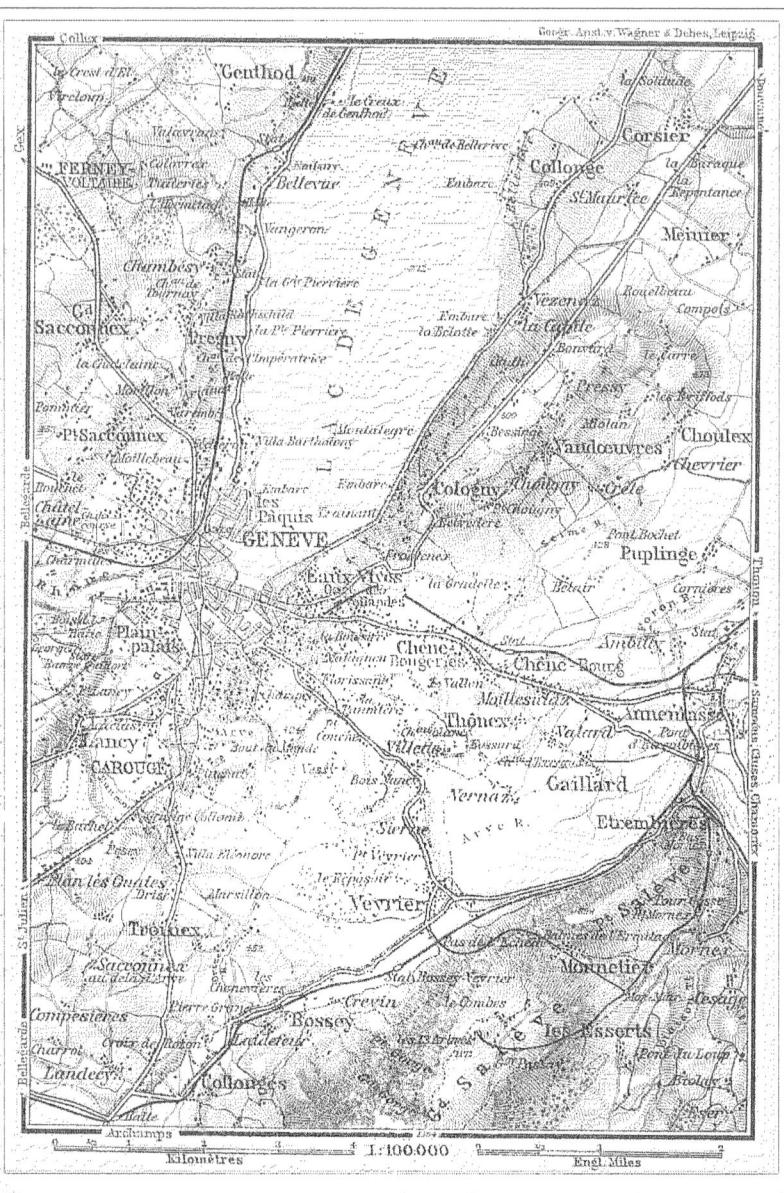

mirablement située, sur les deux rives du *Rhône* et à l'extrémité
S. du *lac de Genève* ou *Léman* (v. ci-dessous).

On va directement de la gare de Cornavin au lac par la grande
rue du Mont-Blanc, en passant devant le magnifique *hôtel des
Postes* (à g.). Du *pont du Mont-Blanc,* le premier en amont des six
qui relient les deux parties de la ville, et du *quai du Mont-Blanc*
qui l'avoisine, on a, par un temps clair, une *vue admirable sur la
chaîne du Mont-Blanc. Pour les détails, v. le disque sur le quai,
au bord du lac. Sur une place voisine, le *monument du duc
Charles II de Brunswick* (m. 1873), qui a légué sa fortune à la
ville. Sur l'autre rive, près du pont, le *Monument National,* érigé
en 1869, en mémoire de la réunion de Genève à la Confédération
Helvétique en 1814. Plus loin, la jolie *promenade du Lac,* où l'on
voit un beau *relief du Mont-Blanc* (50 c.). En aval du pont du
Mont-Blanc est la petite *île Rousseau,* accessible du pont suivant
ou pont des Bergues. Au milieu, la *statue de J.-J. Rousseau,* en
bronze, par Pradier. En aval du dernier pont, l'*usine des forces
motrices* de la ville, intéressante même pour le simple visiteur.

Sur la hauteur à laquelle s'adosse la vieille ville, la *cathédrale,*
achevée en 1034, dans le style roman, mais défigurée par les modifications des siècles suivants et surtout par l'addition d'un portique
corinthien au xviiie s. Elle est ouverte le dim. à midi et dans la
sem. de 1 h. à 3 h. Le concierge demeure derrière, rue Farel, 8. —
A l'O. de là, Grand'Rue, 11, le *musée Fol,* composé surtout d'antiquités; il est ouvert les dim. et jeudi de 1 h. à 4 h. — Plus haut, à
dr. en montant par la rue de la Terrasse, le *musée Rath,* public
tous les jours, sauf les mardi et samedi, où on peut encore le visiter
avec un pourboire. Il comprend des peintures et des sculptures
modernes, surtout d'artistes suisses.

A côté, le *théâtre,* élevé de 1872 à 1879, avec une partie du
legs du duc de Brunswick. Devant cet édifice, la statue équestre
du *général Dufour* (m. 1875). Au delà, la *promenade des Bastions,*
le *jardin botanique* et la *promenade de la Treille.* Sur la première
promenade est l'*Université,* une construction moderne; dans le
bas de celle de la Treille, l'*hôtel de ville,* et à côté, l'*arsenal,* avec
un musée historique, visible les dim. et jeudi de 1 h. à 4 h.

Au S.-E. du jardin botanique, l'*Athénée,* l'hôtel de la société
des Beaux-Arts; plus loin, le boulevard Helvétique, qui passe près
de l'*observatoire* et d'une belle *chapelle russe,* et qui descend vers
le lac, au delà de la promenade du Lac.

Le **lac de Genève** ou *Léman* (372 m.) est une vaste nappe d'eau,
d'un beau bleu foncé, que forme le Rhône, qui le traverse, et 41 rivières,
qui s'y perdent. Il a 72 kil. de long, 2 kil. ¹/₂ à 13 kil. de large,
80 à 310 m. de profondeur et 58236 hectares de superficie. Il figure
assez bien un croissant, le plus grand côté tourné au N. Il n'est pas
des plus pittoresques, mais il est néanmoins intéressant à parcourir,
pour les coups d'œil variés et magnifiques qu'on y a sur les Alpes.

La partie N., la principale et où la vue est plus dégagée, appartient à la Suisse; la partie S., de Hermance à St-Gingolph (v. ci-dessous), est à la France depuis l'annexion de la Savoie.

A 25 min. au N.-E. de la gare de Cornavin (tramw. de Ferney), le **musée Ariana**, public les dim. et jeudi de 10 h. à 6 h. et visible les autres jours, excepté le lundi, moyennant 1 fr. C'est un musée d'art industriel et d'ethnologie orientale, légué à Genève par l'écrivain Gust. Révilliod. On y a une très belle vue et il est dans un parc ouvert toute la journée.

Des bateaux à vapeur desservent les deux rives, de Genève au Bouveret, et l'on peut ainsi faire le tour du lac (cartes, p. 66 et 68). Départs du quai du Mont-Blanc et du jardin du Lac. Au Bouveret, par la rive N., 4 h. ³/₄ à 5 h., 5 fr. ou 2 fr. 50; par la rive S., 3 h. ¹/₂ à 5 h., 6 ou 3 fr. A Thonon, par la rive S., 2 h. ¹/₂ à 2 h. ³/₄, 3 fr. 60 ou 1 fr. 80; à Evian, 3 h. ¹/₄ à 3 h. ¹/₂, 4 fr. 20 ou 2 fr. — Ch. de fer préférable de Thonon au Bouveret.

STATIONS DE LA RIVE N.: *Bellevue, Versoix, Coppet, Céligny, Nyon, Rolle, St-Prex.* — 44 kil. *Morges*, d'où l'on a une belle vue du Mont-Blanc. — *St-Sulpice.* — 50 kil. 5. **Ouchy**, port de *Lausanne.* Beau coup d'œil sur cette ville. — *Pully, Lutry, Cully.* Belle vue des Alpes. — *Rivaz, Corsier.* — 69 kil. **Vevey** (2 stations), ville de 10000 hab., très fréquentée comme séjour d'été. — **Clarens**, **Montreux**, localités du même genre. — 77 kil. *Territet-Chillon*, point de départ du ch. de fer des *Rochers de Naye*, d'où l'on a une *vue splendide, et stat. pour **Chillon**, célèbre par son vieux *château pittoresque, sur un rocher au bord du lac. — 80 kil. *Villeneuve*, petite ville à l'extrémité du lac et stat. du ch. de fer de Genève-Lausanne dans la vallée supérieure du Rhône (Martigny, p. 74). — 87 kil. *Le Bouveret* (p. 73). — Pour les détails, v. *la Suisse*, par Bædeker.

STATIONS DE LA RIVE S.: *Cologny, la Belotte, Bellerive, Corsier, Anières.* — 13 kil. *Hermance*, dont le ruisseau forme la frontière. *Tougues-Douvaine. Nernier.* — 24 kil. *Yvoire.* On double le cap où il s'élève, avec son vieux château, et l'on est dans le Grand-Lac. Vue étendue sur les Alpes, de la Savoie. — *Anthy-Séchex.* — 37 kil. **Thonon** (*Rive;* p. 69). Plus loin, le *château de Ripaille* (p. 70). La Drance a formé ici un grand terrain d'alluvion. — 46 kil. *Amphion* (p. 71). — 49 kil. **Evian** (p. 71). — Puis *la Tour-Ronde* et *Meillerie* (p. 72). — 55 kil. *St-Gingolph* (p. 72). Enfin *le Bouveret* (p. 73).

De Genève à *Ferney*, dans le *Jura français*, v. le *Nord-Est de la France*, par Bædeker; à *Lyon*, v. p. 66; à *Annecy* et *Aix-les-Bains*, R. 12; au *Salève* et aux *Voirons*, par Annemasse, v. p. 69 et p. 61.

II. De Genève à Chamonix.

89 kil. CHEMIN DE FER jusqu'au *Fayet-St-Gervais*, 69 kil., en 2 h. 33 à 3 h. 27 min., pour 7 fr. 50, 5 fr. et 3 fr. 30, et, dès le mois de juillet 1901, TRAMWAY ÉLECTR. de là à *Chamonix*, 20 kil., en ³/₄ d'h., pour 4 fr. 50 et 2 fr. De Genève à Chamonix: 12 fr. et 7 fr. (avec 10 kilos de bagage). Billets circulaires, à prix réduits, valables pour 15 jours, avec retour par la Tête-Noire et Martigny ou réciproquement (moins recommandable parce qu'il faut coucher à Martigny). — Départ de la gare des Eaux-Vives (p. 66) et heure française à cette gare, en retard, à l'extérieur de la gare, de 51 min. sur l'heure suisse.

On traverse bientôt un tunnel. — 3 kil. ¹/₂. *Chêne* (422 m.), bourg genevois, qu'on prendrait pour une ville. C'est la patrie de L. Favre, entrepreneur du tunnel du St-Gothard, et on lui a érigé une statue en 1893. Le *Foron* forme ici la frontière de la Savoie. A dr., le Mont-Blanc, entre la pyramide du Môle (p. 62) et la double cime de la Pointe d'Andey (p. 62).

7 kil. *Annemasse* (p. 61). Pas de visite douanière, la Haute-Savoie n'étant pas ici soumise à la douane. Suite du trajet jusqu'à *Chamonix*, v. p. 61-65.

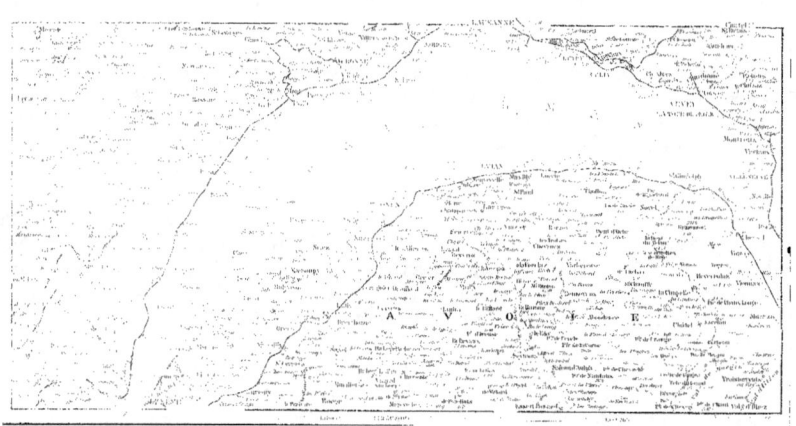

C. Par Evian, Martigny et le col de Balme.

I. De Paris à Martigny.

731 kil. Trajet d'env. 21 h. 1/2 et 25 h. 1/2. Prix: 82 fr. 25, 55 fr. 55, 36 fr. 60. Départ de la gare de Lyon.

Nota. Il y a une route plus courte de 136 kil., de Paris à Martigny, celle de *Dijon, Pontarlier* et *Lausanne*, dont la longueur est de 595 kil., mais le trajet direct ne se fait pas plus vite; il y a seulement une notable économie, de 17 fr. 70, 12 fr. et 7 fr. 85. Pour les détails jusqu'à Lausanne et de là à St-Maurice, où l'on retombe dans la route suiv., v. le *Nord-Est de la France* et la *Suisse*, par Bædeker. — Trajet direct et plus économique aussi par là de *Paris à Evian*, en ch. de fer jusqu'à Lausanne et de là (Ouchy) en bat. à vap. sur le lac de Genève à Evian : 28 fr. 10 en 1ʳᵉ, contre 30 fr. 60 par Nantua et 33 fr. 05 par Ambérieu.

Jusqu'à *Annemasse* (631 kil.), v. p. 58-61. La ligne d'Evian-Martigny continue tout droit.

637 kil. *St-Cergues.* Plus loin, à g., le *lac de Genève* (p. 67). — 639 kil. *Machilly.* — 645 kil. *Bons-St-Didier.*

On fait jusqu'à présent d'ici, au S.-E. (de Boëge, v. p. 76), en 2 h. 1/2 à pied (raccourcis), l'ascension des Voirons, mais il doit y avoir un funiculaire de St-Cergues. Correspond. au ch. de fer en été; trajet en 3 h., pour 4 fr. Voit. partic., 15 et 25 fr. La route (16 kil.) passe par le *col de Saxel* (7 kil.), qu'évite le sentier (à dr., 3/4 d'h. en deçà) et tous deux par le hameau de *Clavel.* Les *Voirons (1486 m.; hôt.: *de l'Ermitage, des Chalets,* p. t. c. 10 fr., bons) sont une montagne très fréquentée, comme le Salève (p. 61), pour la *vue du Mont-Blanc, du lac de Genève, du Jura, etc. C'est en même temps une station d'été et il y a des eaux bicarbonatées sodiques et ferrugineuses. De charmantes promenades conduisent en 10 min. du premier hôtel, ou 20 min. du second, au *Calvaire* ou *Grand-Signal* (1486 m.), la principale cime, où il y a un pavillon; en 20 min. à un anc. *couvent* (chap.), au N.-O.; en 1/2 h. à la *crête d'Audoz* (1400 m.), au S.-O., et en 1 h. env. au *Pralaire,* au S. (p. 76).

651 kil. *Perrignier.* — 654 kil. *Allinges-Mesinges* (v. p. 70).

661 kil. **Thonon-**les-*Bains* (430 m.; hôt.: *des Bains,* près de l'établissement, avec vue du lac; *de l'Europe,* place du Château; *de France,* près de la gare, bon; *H.-Pens. du Lac,* en face du débarcadère, p. t. c. 6 à 8 fr.), ville de 5666 hab. et chef-lieu d'arr. de la Haute-Savoie, l'anc. capitale du *Chablais,* où résidaient les comtes et ducs de Savoie. Elle comprend deux parties, la ville proprement dite, sur un plateau dominant le lac de Genève, et *Rive,* dans le bas, où est le port, relié à la ville par un funiculaire aboutissant à la place du Château (10 c.), mais qui ne marche qu'aux heures des bateaux ou s'il y a au moins 3 personnes.

La gare est dans un beau quartier neuf. On traverse ce quartier et l'on tourne à g. pour arriver à la Grande-Rue, où se trouve, à dr., l'*église St-Hippolyte,* du xvᵉ s., remarquable par ses voûtes et qui a une crypte romane du xiᵉ s. A côté, la nouvelle *basilique St-François-de-Sales,* du style goth., inachevée. La rue aboutit plus loin à la place où était le château et d'où l'on domine le quartier de Rive. Belle vue sur le lac.

En prenant à dr. à l'autre extrémité de la Grande-Rue, on va à l'*établissement de bains,* de création récente, où ont été amenées des environs les eaux bicarbonatées benzoïques froides de la Versoie.

Excursions. — En bateau à *Genève*, v. p. 68. — A env. 1/2 h. au N.-E., par *Concise*, ou par un nouveau quai au bord du lac, la *chartreuse* et le *château de Ripaille* (de «ripa», rive), où se retira en 1434 Victor-Amédée VIII de Savoie, qui y mena sans doute joyeuse vie, d'où l'expression «faire ripaille», ce qui n'empêcha pas le concile de Bâle de le nommer pape en 1439. Il fut antipape sous le nom de Félix V, renonça à la papauté en 1449, revint à Ripaille, avec le titre de cardinal et évêque de Genève, et y mourut en 1451. C'est maintenant une propriété particulière, restaurée et qu'on ne visitait plus les temps derniers. — A 1 h. au S.-O. de Thonon, *les Allinges* (539 m.), bourgade à 3/4 d'h. de laquelle sont les *ruines* d'un château du Xe s., sur des rochers (712 m.) d'où l'on a une belle vue. La chapelle a été restaurée. La localité n'est qu'à 1/4 d'h. de la halte de ch. de fer d'Allinges-Mesinges (v. p. 69).

De Thonon a St-Jeoire : 38 kil. de route, dont 22 desservis 2 fois le jour par une voit. publ., en 4 h. (2 fr.), jusqu'à Bellevaux. On remonte d'abord, au S., la *vallée de la Drance* (v. ci-dessous). 6 kil. 5. *Armoy.* Puis une gorge très profonde et pittoresque. — 12 kil. *Reyvroz*, dans la vallée latérale du Brevon. — 15 kil. *Vailly.* De l'autre côté, le *Billard* (v. ci-dessous). Puis une gorge boisée. — 22 kil. *Bellevaux* (915 m. ; aub.), qui est relié à Seytroux (v. ci-dessous), à l'E., par un sentier passant au *col de la Balme* (1445 m.), au S. du *massif de Nifflon*, dont le sommet principal est la *Pointe d'Ireuse* (1891 m.). — La route continue de monter au S. — 25 kil. *Col de Jambaz* (1058 m.). On redescend ensuite dans la vallée du Risse. — 30 kil. *Mégevette.* D'ici à St-Jeoire, v. p. 76.

Vallée de la Drance et de Thonon a Samoëns : 34 kil. de route jusqu'à Morzine, 3 h. 1/2 et 5 h. de chemin de là à Taninges et Samoëns. Courrier de Thonon au Biot (21 kil.). — La *vallée de la Drance* mérite une visite; elle présente de belles *gorges* qui commencent déjà à 3 kil. de la ville, au delà du *pont des Français*, par lequel la route passe sur la rive droite. Il y a aussi là des *grottes*. — 12 kil. *Bioge*, au confluent de la Drance proprement dite, du Brevon (v. ci-dessus) et de la Drance d'Abondance (v. p. 71). On repasse sur la rive dr. et il y a une forte montée, dans des défilés. — 16 kil. 5. *Le Jotty* (aub.), hameau à 5 min. à g. duquel se trouvent un pont naturel dit *pont du Diable* et des *gorges*, rendues accessibles par une galerie. Le *Billard* (1901 m.), à dr. de la vallée, se gravit du hameau en 3 h. 1/2, par *Mévonne* (2 h.). Belle vue. On en peut redescendre en 2 h. à Vailly (v. ci-dessus.) — On retraverse ensuite la Drance. A dr., *la Baume*; à g., *le Biot*; à dr., la vallée de *Seytroux* (col de la Balme et Pointe d'Ireuse, v. ci-dessus); les gorges des *Tines*, un tunnel et les maigres *ruines de l'abbaye d'Aulph*, du XIIe s. — 25 kil. **St-Jean-d'Aulph** (pron. «au»; hôt.: *du Lion-d'Or*, *du Roc-d'Enfer*, etc.), d'où l'on peut faire diverses ascensions intéressantes, la principale, assez difficile, au *Roc-d'Enfer* (2240 m.), au S.-O. (v. la carte p. 76), en 4 h. 1/2, par le *col de Grédon* ou *du Grand-Souvre*, au delà duquel est la vallée de Bellevaux (v. ci-dessus). La route continue par la vallée (carte p. 76). — 30 kil. *Pont des Plagnettes* (hôt.), à env. 1500 m. en deçà du village de *Montriond* (hôtels) et d'où l'on va directement, en 1 h., au lac de Montriond (1050 m.), belle nappe d'eau de 1500 m. de long sur 500 de large, entourée de montagnes escarpées et où il y a eu un hôtel, maintenant fermé. A l'extrémité supérieure est la belle *cascade d'Ardens*, haute de 30 m., à 1 h. de l'anc. hôtel. — A env. 1500 m. du pont des Plagnettes, en face de Montriond, se détache de celle de Morzine la route qui mène à *Taninges* (3 h. 1/2; p. 76), par *les Gets* (1 h. 1/2; 1172 m.). — 34 kil. **Morzine** (*hôtel des Alpes*), dans un joli site et centre d'excursions. Promenade de 2 h. à la vallée des ardoisières, au N.-E. Ascensions de la *Pointe de Ressachau* (2174 m.), au S.-E., 2 h. 1/2, facile, par un joli sentier; de la *Pointe de Nions* (2023 m.) et de la *Pointe d'Angolon* ou *Nangolon* (2097 m.), au S., 3 et 4 h., également faciles et intéressantes. — Trois chemins mènent de Morzine à Samoëns. Le 1er (6 h. 1/2) reste dans la vallée et passe près de la *source de la Drance* (2 h.), sous l'escarpement des *Terres Maudites*, en laissant à g. en deçà un sentier qui conduit en 3 h.-3 h. 1/2 à Champéry (p. 73) par le col de Coux (p. 73). Ensuite il monte, en tournant à l'O., puis au S., au col de la **Golèse** (env. 1 h. 1/4; 1671 m.), et il redescend dans la vallée du Giffre par les chalets des *Chavannes* et le hameau des *Allamands*, en 2 h. 1/2 à Samoëns (p. 77). — Le 2e chemin (de Morzine à [Samoëns; 5 h. 3/4) monte au S., sur la rive g., puis à l'O. des Pointes de Nions et d'Angolon, au *col de Jouplane* (3 h. 1/4; 1718 m.), d'où la vue est aussi fort belle, et il redescend par les chalets de *Pitty* et *Vigny*. — Le 3e chemin (6 h. 1/4) passe par le *col d'Angolon* (3 h. 3/4; env. 1750 m.), entre les deux précédents (vue) et redescend sur les *chalets d'Angolon* (1/4 d'h.) et, les *Allamands* (50 min.; v. ci-dessus).

De Thonon a Abondance: 30 kil. de route et voit. publ., par la vallée de la Drance proprement dite jusqu'à *Bioge* (12 kil.; v. p. 70), puis à g. par la vallée de la *Drance d'Abondance*, où elle laisse à g. *Chevenoz* et *Vacheresse* (21 kil.). — **Abondance** (909 m.; *hôt. du Mont-de-Grange*) est une petite localité dans un joli site, où il y a une anc. abbaye remontant à l'an 595, avec une église et un cloître remarquables. C'est un centre d'excursions. En continuant par la vallée, dont les versants sont boisés, on passe à *la Chapelle d'Abondance* (env. 1 h. 1/2; hôt.) et à *Châtel* (3/4 d'h.) et on traverse la frontière suisse au *col d'Abondance* ou *Pas de Morgin* (1380 m.) pour descendre à *Morgin* (1 h. 1/2; 1343 m.; Grand-Hôtel), petits bains suisses à env. 3 h. de Monthey (p. 73). — Au N.-E. d'Abondance sont les *Cornettes de Bise* (2438 m.), qui se gravissent en 5 h. 1/2 env. par *la Chapelle* et (à dr.) le chalet de *la Callaz*, à 1 h. 1/2 du sommet, d'où l'on a un panorama superbe. L'ascension se fait aussi de la station de *Vouvry* (p. 73), où l'on peut redescendre. — Au S.-E., la *Pointe de Grange* (2438 m.). dont l'ascension, plus facile, demande env. 4 h. d'Abondance, par la *vallée de Charmy*. La vue y est aussi très belle, mais plus restreinte du côté du lac de Genève. On va par la même vallée et le *col de Bassachaux* (env. 1800 m.), en 6 h. env. au *lac de Montriond*, etc. (p. 70).

De Thonon à *Laringes* (p. 72), 10 kil., et 10 kil. de là à *Bernex* (p. 72).

Le ch. de fer traverse ensuite la *Drance*, presque à sec en été et qui forme un vaste delta à son embouchure dans le lac.

Halte d'**Amphion**-*les-Bains* (hôt.: *Grand-Hôtel, H. des Bains*), dans un beau site, près du lac, avec un établissement de bains assez fréquenté, qui a deux sources d'eaux minérales froides, dont une ferrugineuse, mais fermé les temps derniers. Il est aussi desservi par certains bateaux du lac et par des voitures d'Evian. Ensuite la voie domine le lac à g., où se montre Evian.

670 kil. **Evian**-*les-Bains*, à g., stat. à 10 min. de la ville, celle où sont les omnibus. Correspond., 50 c. Long arrêt des trains. — 671 kil. *Bains d'Evian*, halte près de la ville.

Hôtels: *Splendide-Hôtel*, dans le haut, près des bains Cachat (tramw. électr.), mais loin du quai, d'où l'on y monte par des rues escarpées (ch. t. c. 5 à 10 fr., rep. 1.50, 3.50 et 5, v. n. c., p. 12 à 15); *Gr.-H. d'Evian*, un peu à l'écart, mais bien situé, au-dessus du port (ch. t. c. dep. 4 fr. 50, dî. 5, v. n. c.); *H. de Fonbonne*, sur le quai; *H. de Paris*, aussi sur le quai, au delà du casino, tous de 1er ordre: *Beaurivage*, au même endroit; *H. de France*, rue Nationale (Grande-Rue), 59 (ch. t. c. 3 à 4 fr., rep. 1, 2.50 et 3.50, v. n. c.; p. 8 à 10); *H. des Alpes*, même rue, 30, en face des bains Cachat; *Continental*, id., n° 65; *des Etrangers*, n° 69 (7 fr. à 8 fr. 50), *National*, n° 26; *du Nord*, n° 12 (dé. 3 fr., dî. 4, v. n. c.). — *Villas et appartements meublés; villa des Quatre-Saisons*, dépend. de l'hôt. de France (ch. t. c. 5 à 6 fr.).

Cafés: *Café-rest. du Casino, du Théâtre* (dé. 2 fr. 50 et 3, v. c.), *Beau-Site, de la Régence*, tous sur le quai; *C. Français, C. Helvetia*, rue Nationale, num. 48 et 37 bis.

Etablissements de bains: abonnement à toutes les sources, 10 fr. pour un mois et 15 pour la saison; bains, 1 fr. 50 à 3 fr., 1.25 à 2.50 par abonn.; douches, 1.25 à 3.50 ou 1 à 3; entrée au casino, 50 c. pendant un concert,

1 fr. pour une journée; abonnement aux sources et au casino, 15 fr. pour un mois et 20 fr. pour la saison.

BATEAUX: *bateaux à vapeur* pour *Genève* et pour *le Bouveret*, par la rive S., v. p. 68; pour *Ouchy* (2 et 1 fr.) et par là pour les stations de la rive N.; *bateaux pour promenades*, 3 fr. la 1ʳᵉ h., 2 fr. 50 la 2ᵉ et 2 fr. les suivantes.

Poste & télégraphe, rue Nationale (Grande-Rue), 29.

Evian est une ville de 2831 hab., dans un joli site, bâtie en amphithéâtre au S. du lac de Genève, et avec des eaux minérales qui en font une station d'été importante, fréquentée principalement par la haute société française.

De la gare, on descend à l'extrémité O. et de la halte à l'extrémité E. de la rue Nationale ou Grande-Rue, qui traverse Evian à mi-côte et passe près de l'*établissement Cachat*, situé jusqu'à présent non loin de la halte, entre cette rue et le Splendide-Hôtel, anc. H. des Bains, mais qui doit être transféré sur les quais. Les eaux d'Evian sont des bicarbonatées mixtes froides, peu minéralisées, qui s'emploient en boisson et en bains, dans le traitement des affections des voies digestives et urinaires, et la principale source est là source Cachat, près de laquelle est la source Bonnevie.

De vilaines rues escarpées descendent de la vieille ville au quartier neuf sur le bord du lac, qui a des *hôtels* et d'autres constructions remarquables, particulièrement le *théâtre* et le *casino*, en partie dans l'anc. château de Blonay. Le casino a ses propres *bains*, avec les sources des Cordeliers et Clermont.

A l'extrémité E. du quai est le *port*, considérablement amélioré de nos jours, grâce à la munificence du prince roumain Bassaraba de Brancovan, qu'y rappelle un monument, avec buste en bronze, par Lanson. 10 min. plus loin, la *source des Grottes*, avec parc et restaurant.

[] EXCURSIONS charmantes sur le lac de Genève, en particulier à *Ouchy*, port de Lausanne, par des bateaux spéciaux qui font la traversée en 40 min. (2 et 1 fr.), et de là à Lausanne même par un funiculaire. Voir *la Suisse*, par Bædeker. — Il s'organise dans la saison des excursions en voiture, à certains jours (Grande-Rue, 27): pour *Laringes* (hôt. du Château), à 5 kil. au S., où il y a un château en ruine, avec une tour d'où l'on a une très belle vue (entrée, 1 fr.; enf., 50 c.); pour *le Jotty*, env. 8 kil. plus au S. (v. p. 70); pour *les Allinges* (p. 70) et pour *Bernex* (893 m.; hôt.-pens.), 14 kil. au S.-E. d'Evian, d'où se fait, en 4 h. ½ à 5 h., l'ascension pénible, mais très intéressante de la *Dent d'Oche* (p. 73), par *Malpasset*, le *pré des Rochers* et le *chalet d'Oche* (p. 73). — Autres excursions, en particulier du Jotty dans la vallée de la Drance et chemins menant dans la vallée du Giffre (Samoëns, Sixt), v. p. 70-71 et 73 et les cartes p. 76 et 80.

Plus loin, à g. de la voie, le vieux château de Blonay. — 676 kil. *Lugrin-Tour-Ronde*. Puis un petit tunnel. — 681 kil. *Meillerie*, qui a des carrières de pierre renommées. Les bateaux de Genève abordent également à cette stat. et aux suivantes. Encore un tunnel, de 805 m.

687 kil. *St-Gingolph* (hôt.: du Lion-d'Or, du Lac), moitié à la France et moitié à la Suisse, sur la *Morge*, qui forme la frontière.

Le **Blanchard** (1550 m.), au S.-O., se gravit d'ici en 3 h. ¼ env., par *Novel* (1 h. ¼; bonne aub.), petit village français, sur la rive g. Belle vue.

La **Dent d'Oche** (2225 m.), plus loin dans la même direction, demande env. 5 h. de Novel, avec un guide, par les *Granges* (1/2 h.) et le *chalet d'Oche* (2 h. 1/2). Il y a un couloir et une arête à escalader pour atteindre le sommet (2 h.), que désigne une croix. Beau et vaste panorama. On peut redescendre par *Bernex* (v. p. 72).

Le *Grammont (2175 m.), au S., se gravit sans difficulté de St-Gingolph, en 4 h., par les chalets de *Fritaz* et de *la Chaumeny*, puis par des pentes de gazon et enfin par des blocs de rocher. Vue superbe. Ascension plus pénible de Novel (4 h. av. un guide). De Vouvry, v. ci-dessous.

693 kil. **Le Bouveret** (hôt: *de la Tour, du Chalet-de-la-Forêt*), où se raccordent les lignes française et suisse, à l'extrémité du lac de Genève, env. 1/4 d'h. au S. de l'embouchure du Rhône dans ce lac. Heure suisse, en avance de 55 min. sur l'heure française. Bateaux à vapeur, v. p. 68.

On remonte ensuite la rive g. du fleuve. Pour plus de détails, v. *la Suisse*, par Bædeker. — **700 kil.** *Vouvry* (hôt. de la Poste).

Le *Grammont (2175 m.), au N.-O., se gravit d'ici sans difficulté en 5 h., par *Miex* (979 m.; aub.) et *Tanay* (1420 m.; lac), à 1 h. 1/2 du sommet. De St-Gingolph, v. ci-dessus. — Les *Cornettes de Bise (2438 m.), à l'O., à la frontière, demandent 6 h., par *Miex*, le *col de Vernaz* (3 h. 1/2 à 4 h.), la crête à dr. et le chalet de *la Callaz* (1/4 d'h.); v. p. 71.

710 kil. *Monthey* (hôt.: du Cerf, des Postes, bons).

Au S.-O. est le VAL D'ILLIEZ, belle vallée arrosée par la *Vièze*, dans le haut de laquelle se trouve **Champéry** (1033 m.; hôt.: *de la Dent-du-Midi, des Alpes, *Berra, *de la Croix-Fédérale*), à 2 h. 1/2-3 h. de Monthey (voit. publ.). — Excursions de ce village: aux *Galeries* (20 min.), pour la vue (50 c. d'entrée); au *Roc d'Ayerne* (1 h.); au *Culet* (1966 m.; 3 h.); à la *Dent du Midi* (3260 m.; 7 à 8 h.; pénible), à la *Tour Sallières* (3227 m.; 8 à 9 h.; pénible), aux *Dents Blanches* (2774 m.; 6 h.), v. *la Suisse*.

DE CHAMPÉRY A MORZINE OU A SAMOËNS: env. 5 h. ou 6 h. 1/2, par un chemin muletier qui remonte la vallée et passe au **col de Coux** (3 h.; 1924 m.; aub.), d'où l'on redescend dans la *vallée de la Drance* pour aller à dr. à *Morzine* (p. 70) ou remonter à g. dans la direction de *Samoëns*, par le *col de la Golèse* (1 h. 1/2; p. 71).

DE CHAMPÉRY A SIXT, PAR LE COL DE SAGEROU, 8 à 9 h., pénible et seulement pour les alpinistes éprouvés, avec un guide (18 fr.). On descend de l'hôtel de la Dent-du-Midi par une petite route de voitures, qui remonte la vallée, jusqu'à un pont (20 min.); puis on va jusqu'à l'endroit où deux ruisseaux forment la *Vièze*, cours d'eau principal de la vallée (3 min.), et l'on passe sur un second pont (éviter le sentier de g.). A 10 min. de là, on prend un second sentier à g., qui monte considérablement pendant 1 h., passe 10 min. après aux chalets de *Bonavaux*, et monte lentement le long de rochers escarpés, pour atteindre, en 40 min., le *pas d'Encel*, à partir duquel il faut grimper pendant quelque temps avec précaution. On laisse ensuite à g. le chemin du col de Clusanfe, par où l'on irait à la Dent du Midi (v. ci-dessus) ou à Vernayaz (v. p. 74), et on s'élève lentement à travers les pâturages de l'*alpe de Susanfe*, sur la rive g. du ruisseau, traverse ce ruisseau au bout de 1/2 h. et monte enfin sur des rochers (petit sentier vertigineux) jusqu'au col de **Sagerou** (1 h.; 2413 m.), crête escarpée des deux côtés, sur la frontière. De là on descend en 3/4 d'h. aux *chalets de Vogealle* (1864 m.), puis en 1/2 h. aux *chalets de Boré*, et en 1/2 h. au fond de la vallée du *Giffre*, en longeant une paroi de rocher presque à pic. Ensuite dans la vallée, en laissant à g. le *Fer-à-Cheval* (p. 77), à *Nant-Bride* (1 h. 1/4) et à *Sixt* (1 h. 1/4; p. 77).

Le chemin de fer traverse la Vièze à Monthey, se rapproche du Rhône et rejoint celui de Genève par Lausanne.

716 kil. **St-Maurice** (420 m.; *buffet*; hôt. *Grisogono*, à la gare; *hôt. des Alpes*, etc.), toute petite ville dans un beau site, ainsi nom-

mée, dit-on, parce que St Maurice y aurait souffert le martyre avec
la légion thébaine, dont il était le chef, l'an 302. — A $^1/_2$ h. à l'E.,
la Lavey, qui a des bains dont les eaux sont sulfatées-sodiques (30° C.);
on l'aperçoit à g. de la voie.

723 kil. *Evionnaz.* Ensuite à dr., après un rocher au bord du
Rhône, la **cascade de Pissevache*, formée par la *Salanfe*, qui se
précipite dans le Rhône d'une hauteur de 70 m. Cette cascade, qui
est surtout belle dans la matinée, est à $^1/_4$ d'h. de la stat. suivante.

726 kil. **Vernayaz-Salvan** (hôt.: *Gr.-H. des Gorges-du-Trient*,
à 10 min., à l'entrée des gorges; *H. des Alpes, H. de la Gare*, bons).
— A $^1/_4$ d'h. en amont, les **gorges du Trient*, encore plus grandioses
que celles de la Diosaz (p. 65) et du Fier (p. 106). Les rochers ont
jusqu'à 130 m. de hauteur. Il y a une galerie (1 fr.), par laquelle on
peut s'avancer jusqu'à $^1/_4$ d'h. de distance. — A Chamonix par Salvan, chemin préférable au suivant, mais non à celui de la Tête-
Noire (p. 97), quand le temps est incertain, v. p. 97-98. Voit. pour
le Châtelard, 25 fr.; guide (inutile), 6 fr. Autres voit., v. p. 80.

Avant Martigny, sur une hauteur à dr., la tour de *la Batiaz*,
reste d'un château des évêques de Sion, d'où l'on a une belle vue de
la vallée ($^1/_4$ d'h. du pont; 30 c. d'entrée).

731 kil. **Martigny** (475 m.; hôt.: *Clerc; du Mont-Blanc, du
Grand-St-Bernard,* bons), petite ville animée en été, par suite de sa
situation près du chemin de fer de la vallée du Rhône et sur les
routes de Chamonix, du St-Bernard et du Val de Bagnes. L'abondance des petits moustiques produits par les marais voisins en rend
le séjour très incommode en automne.

Suite du chemin de fer dans la vallée, jusqu'à *Brigue*, route du
Grand-St-Bernard, etc., v. *la Suisse*.

II. De Martigny à Chamonix par le col de Balme.

*(Autres routes, v. p. 95 et 97. Les voitures de correspondance passent par la
Tête-Noire, en partant de Martigny à 8 h. du mat.).*

10 h., dont 6$^1/_4$ jusqu'au col de Balme. Route de voitures de Martigny
jusqu'à $^1/_4$ d'h. au delà du col de la Forclaz, ou jusqu'à Trient, et du Tour
à Chamonix. Voit.: pour Trient, à 2 chev., 1 à 3 pers., 30 fr.; 4 pers.,
40 fr.; du Tour à Chamonix, à 2 chev., 1 à 3 pers., 15 fr. Bagages, v. p. 95.
On peut se passer de guide (12 fr.). Cheval ou mulet, avec le conducteur,
24 fr. Le chemin est si mauvais du col de Balme au Tour, qu'il vaut
mieux aller à pied. Il y a le long du chemin plusieurs auberges et des
chanes où l'on peut avoir des rafraîchissements.

En quittant la ville, on suit au S.-O. la route du Grand-St-Bernard et traverse *Martigny-Bourg.* — 30 min. *Pont de la Drance*
(500 m.). — 4 min. *La Croix* (à dr., l'ancienne route de Chamonix).
— 15 min. *Le Brocard.* On prend à dr. la nouvelle route de voitures de Chamonix, qui monte lentement. Elle croise souvent
l'ancien chemin direct, et les deux se confondent quelquefois.
— 20 min. *Les Rappes.* — 25 min. *La Fontaine.* — 10 min. *Le
Sergnieux* (860 m.). — 15 min. *Le Fay.* La route monte ici à dr.
en faisant un détour avec lacets, que coupe le chemin muletier. —

45 min. *Chalet de Bellevue,* où l'on a un beau coup d'œil en arrière sur la vallée du Rhône. — 20 min. *Les Chavans* (restaur.).

40 min. (3 h. de Martigny). **Col de la Forclaz** (1523 m.; *hôt. Gay-Descombes,* bon, dé. 3 fr.; ¹/₂ bout. de vin ord. 1 fr.; *rest. de la Fougère,* simple). Chemin de la Tête-Noire, v. p. 97.

Un chemin presque de plain-pied, à g. du col, conduit en 1 h. ¹/₂ au *glacier du Trient (extrém. infér., 1693 m.), le dernier au N. dans le groupe du Mont-Blanc. On le voit bien en montant env. ¹/₂ h. du côté gauche. A 2 min. seulement du col, on a une belle vue des gorges du Trient.

15 min. Bifurcation (poteau); on quitte le chemin de Trient pour descendre à g., en face du col de Balme. — 10 min. Pont (cantine), en face des maisons du haut de *Trient* (p. 97) On monte ensuite dans une prairie à g. A g. aussi se montre le *glacier du Trient* (v. ci-dessus). — 20 min. Pont sur le *Nant-Noir.* Après avoir fait env. 200 pas sur la rive dr., on monte pendant 1 h. dans la *forêt de Magnin,* éclaircie par les avalanches, ensuite on continue au N. par des pentes couvertes d'herbe et de roses des Alpes — 15 min. *Chanton de l'Arole* (1900 m.). Cantine.— 15 min. *Chalets de Zerbazière* (2080 m.).

30 min. (6 h. ¹/₄ de Martigny). ***Col de Balme** (2202 m.; *hôt. Suisse,* recomm.), sur la frontière. Vue célèbre de la chaîne du Mont-Blanc, entourée des Aiguilles du Tour, d'Argentière, Verte, du Dru, de Charmoz, du Midi, du Mont-Blanc et du Dôme du Goûter. On voit toute la vallée jusqu'au col de Voza. A dr., les Aiguilles Rouges; à côté, à g., le Brévent; à dr., la cime neigeuse du Buet. En se retournant, on voit au delà de la Forclaz le Valais et les montagnes qui le séparent de l'Oberland Bernois, jusqu'à la Gemmi, reconnaissable à ses deux bosses; au Finsteraarhorn, au Grimsel et à la Furca.

La vue est encore plus étendue à ¹/₄ h. au N.-O. de l'hôtel, du sommet de la *Croix-de-Fer* ou *Aiguille de Balme* (2344 m.), où aboutit la chaîne de montagnes qui s'élève à pic du col de Balme. Là, le Mont-Blanc se montre plus dégagé et produit un effet encore plus grandiose; on aperçoit au N.-E. toute la chaîne des Alpes Bernoises, comme une énorme muraille blanche couronnée d'une infinité de créneaux; à l'E., à ses pieds, la gorge de la Tête-Noire, et derrière, la Dent du Midi. On peut commencer la descente immédiatement à cet endroit.

A la descente, le chemin est raide et mauvais jusqu'à Argentière (1 h. 50), et l'on n'y peut guère passer qu'à pied. Il traverse des pâturages parsemés de roses des Alpes, etc., souvent marécageux par un temps humide, et on a continuellement à dr. l'*Arve,* qui y prend sa source. — A ³/₄ d'h., à g., les chalets de *Charmillon* (1819 m.), et ¹/₂ h. après *le Tour* (1431 m.). Voitures, v. p. 80. — A g., le beau *glacier du Tour.* — 10 min. La *Buisme,* décharge du glacier. — 20 min. L'*Arve.* — 5 min. *Argentière* (p. 95). Pour le reste de la route jusqu'à *Chamonix* (2 h.), v. p. 95.

D. Par Annemasse, Sixt et les cols d'Anterne et du Brévent.

I. De Paris à Sixt.

682 ou env. 680 kil., selon qu'on se rend à Annemasse par la ligne directe ou par Genève, où il faut traverser la ville pour changer de gare, comme il est dit p. 66. Tramw. à vap. d'Annemasse à Samoëns: 44 kil., en 3 h., pour 3 fr. 55 et 2 fr. 20. Route de Samoëns à Sixt: 7 kil., en 1 h., pour 1 fr. Nous ne mentionnons que les stations principales. Beaucoup de poussière en été.

Jusqu'à *Annemasse* (631 kil.), v. p. 58-61. Le tramway part de la gare, traverse la ville, laisse à dr. la vallée de l'Arve et passe à *Malbrande, Bas-Monthoux, Borly*. A g., les *Voirons* (p. 69). — 7 kil. (d'Annemasse). *La Bergue* (512 m.; hôt. de la Croix-Blanche).

Le **Pralaire** (1412 m.), cime S. des *Voirons* (p. 69), se gravit de ce côté en 2 h., par *Lucinges* (³/₄ d'h.) et *les Gets*. Il y a une Vierge au sommet. Vue splendide.

9 kil. *Bonne* (hôt. du Navire), bourg sur la Menoge, avec des restes de fortifications. Embranch. de 13 kil. sur Bonneville (v. p. 61 et 62). — 11 kil. *Pont de Fillinges* (544 m.), au confluent de la Menoge et du Foron.

Omnibus 2 fois le jour (75 c.) pour *Boëge* (hôt.: des Allobroges, des Balances), à 7 kil. au N., d'où part le chemin le plus commode montant aux *Voirons* (2 h.; p. 69).

On remonte ensuite la vallée du *Foron*. — 16 kil. *Viuz-en-Sallaz*. Puis à g. la *Pointe des Brasses* et à dr. le *Môle* (v. ci-dessous).

21 kil. **St-Jeoire** (588 m.; hôt.: *de la Couronne, des Alpes*; restaur.: *Chalet du Môle*, à la gare; *Blanc*, à l'extrémité E. de la grand'rue), bourg de 1515 hab., en deçà duquel est le *château de la Fléchère*, à g. au pied de la montagne. *Statue de Sommeiller* (1815-1871), un des ingénieurs du tunnel du Mont-Cenis.

A 8 ou 9 kil. au N., par *Pouilly* et *Onion, Mégevette* (aub. Decroux), qui a de vastes *grottes*, en partie inexplorées, au hameau de *la Culaz*, 20 min. en deçà. Guide à l'auberge. — Route de Mégevette à *Thonon*, v. p. 70.

La **Pointe des Brasses** (1507 m.) se gravit facilement de St-Jeoire, en 3 h. env., par la montagne de l'*Arbette* (Herbette). — Le **Môle** (1869 m.; v. aussi p. 62) se gravit de ce côté en 4 h., par *Montrenaz* et les chalets de *Pinget, Char-d'en-Bas, Char-d'en-Haut* et l'*Écutieu*. On peut monter à cheval jusqu'à 1 h. du sommet. Trajet un peu plus court par *La Tour, Bovère* et le *Petit-Môle* (1518 m.). Le chalet-refuge est plus loin au S. (v. p. 62).

22 kil. *Pont du Risse*. Tramway de Marignier (p. 62).

On gagne ensuite, par un défilé, la *vallée du Giffre*, à g. de laquelle on monte beaucoup. Très belle vue à dr. — 27 kil. *Mieussy* (678 m.), à l'O. de la *Pointe de Marcelly* (v. ci-dessous). Dans la direction de la vallée, le Buet et le Mont-Blanc. On contourne le *Roc de Suets* (915 m.) et s'écarte du Giffre.

34 kil. **Taninges** (641 m.; *hôt. des Balances*), petite ville industrielle, à 10 min. de laquelle se trouve l'anc. *abbaye de Mélan*, transformée en petit séminaire et collège. — Route et chemin de Cluses, v. p. 62; à Morzine, p. 70.

La **Pointe de Marcelly** (1628 m.), au N., se gravit de Taninges en 3 h. ¹/₂, par un sentier escarpé qui la contourne à l'E., en passant par

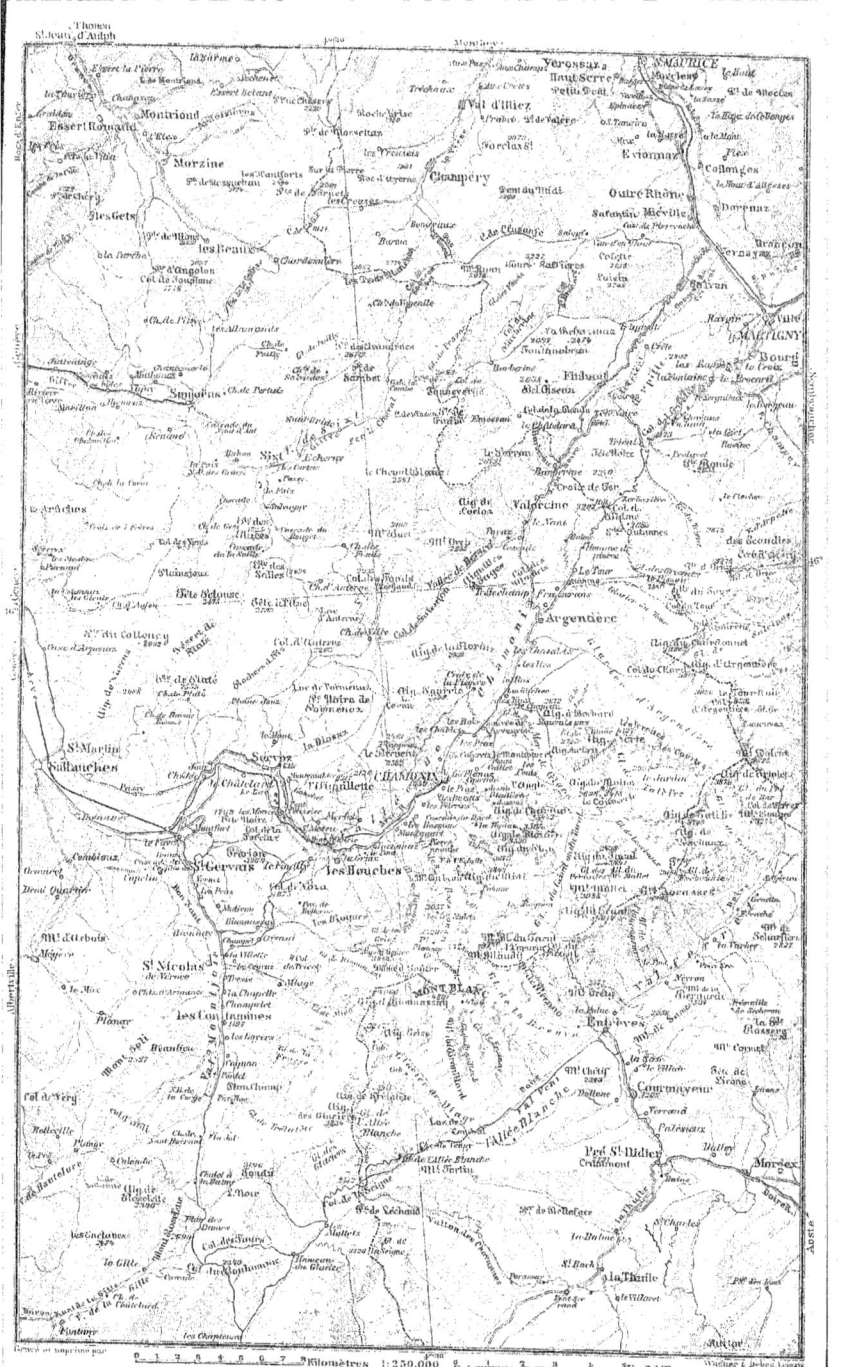

Praz-de-Lys ou *Pradely* (env. 1 h. 1/2, où il y a un nouvel *hôtel* de montagne (1530 m.), puis par *Planey.*

Puis on regagne la rive g. du Giffre; à l'extrémité de la vallée on remarque surtout le *Criou* (2250 m.). — 41 kil. *Verchaix-Morillon* (hôt.-pens. du Mont-Buet).

44 kil. **Samoëns** (pron. «samoën»; 759 m.; hôt.: *de la Croix-d'Or, du Commerce,* à la gare, modeste mais bon), ville de 2540 hab., sur le Giffre et au pied du Criou. Belle vue sur la vallée de la petite chapelle à 10 min. au-dessus de l'église. Comme curiosité, sur la place de l'église, un tilleul de 8 m. de tour et 20 m. de haut.

De Samoëns à Thonon, au N., en 4 h. par le *col de Jouplane* (1718 m.; aub.), à g., ou par le *col de la Golèse* (1671 m.), à dr., etc.: v. p. 71-70. — A Champéry, aussi au N., en 7 h. par le *col de la Golèse* et le *col de Coux* (1924 m.): v. p. 73.

La ROUTE DE SIXT passe dans le *Défilé des Tines,* et l'on a plus loin un beau coup d'œil, à dr. sur la vallée des Fonds, avec la cascade du Rouget (p. 78); puis, à g., sur la *vallée de Sixt,* avec l'imposante pyramide du Tanneverge (v. ci-dessous).

51 kil. **Sixt** (757 m.; *hôt.-pens. du Fer-à-Cheval,* bon; guide, *Raffet),* localité dans un beau site, qui s'est formée autour d'un anc. couvent et qu'on appelle aussi pour cette raison *Abbaye-de-Sixt.*

Au printemps, lorsque la fonte des neiges gonfle les torrents, les environs de Sixt offrent un aspect extraordinairement grandiose, avec les magnifiques cascades qui se précipitent dans la vallée, des flancs à pic des montagnes. On en compte alors jusqu'à 30 dans la partie supérieure de cette vallée, nommée le Fer-à-Cheval, un petit cirque de Gavarnie, à env. 2 h. au N.-E. Mais en plein été et plus tard encore, le nombre des cascades se réduit à 5 ou 6. On y va en remontant tout droit la vallée du Giffre, par *les Cartets* (1/4 d'h.), *Nant-Bride* (1 h.), le *pont d'Eau-Rouge* (1/4 d'h.), etc. Les principaux sommets du fond sont : en face, le *pic de Tanneverge* (2932 m.) et la *Pointe de la Finivaz* (2877 m.); à dr., le *Cheval-Blanc* (2841 m.); et à g. le *Mont-Ruan* (v. ci-dessous). Il y a encore, à g. à l'extrémité de la vallée (3 h. de Sixt), à *Fond-de-la-Combe,* une cascade du Giffre sous une voûte de neige de cent pas de profondeur, où l'on peut aller en voiture, et l'excursion dans cette vallée est vivement recommandée.

Belle vue du *collet d'Anterne* (1799 m.), à 3 h.-3 h. 1/2 au S., par le chemin du col d'Anterne (p. 78), puis un vallon à dr. à la cascade du Rouget; de même de la *Croix de Commune* (1932 m.), à 3 h. 1/2-4 h. à l'E., d'abord par le chemin du Fer-à-Cheval, puis au S.-E. par les Granges de Commune.

De Sixt au *Fayet* et à Servoz, v. p. 64-63 et 65.

De Sixt à Champéry, par le *col de Sagerou* (5 h.; 2413 m.), v. p. 73. Le col est à l'O. du **Mont-Ruan** (3078 ou 3047 m.), dont l'ascension est assez facile et se fait de là en 4 h.-4 h. 1/2, avec un guide. La vue y est fort belle, mais un peu masquée à l'E. par la Tour Sallières et inférieure à celle du Buet (p. 78) du côté du Mont-Blanc.

Le pic de Tanneverge ou *Tenneverge* (2932 m.), la pyramide du fond de la vallée de Sixt, se gravit également du col de Sagerou, en 5 h. 1/2 à 6 h., avec un guide. On y monte toutefois mieux du *col de Tanneverge* (2391 m.), entre le pic de ce nom et la Pointe de la Finivaz (v. ci-dessus), à 7 h. de Sixt (9 h. 1/2 en tout), mais il n'y a pas de ce côté de chalet où l'on puisse coucher. Belle ascension, assez difficile. Vue comme au Ruan; mais on n'y voit pas le lac de Genève et l'on voit mieux la vallée de Sixt. On redescend par le col de Tanneverge en 6 h. à Sixt, mais on peut aussi descendre de ce col aux *chalets d'Emosson,* à une bonne heure à l'E., dans la *vallée de Barberine*, et remonter de là au *col de la Gueula* (1/2 h.; 1945 m.), d'où l'on gagnerait une des routes de Chamonix à *Finhaut* (1 h. 1/2; p. 98).

La **Pointe des Avaudrues** (2532 m.), à l'O. de la Combe, se gravit en 5 h. de Sixt, par les *chalets de Salvadon* (2 h. 1/2; 1611 m.), dont le chemin prend à g. de celui du Fer-à-Cheval, aux *Cartets* (p. 77). Le sommet est un cône assez difficile à gravir. On fait aussi des chalets, en 2 h., l'ascension du *Sambet* (2234 m.).

L'ascension de la **Pointe** ou **Tête Pelouse** (2475 m.), au S. de Sixt, s'effectue sans difficulté en 5 h. 1/2 à 6 h., par le *lac de Gers* (2 h. 1/2; chalets) et le *col de Platé* (2 h. 1/2; env. 2150 m.). On a du sommet une très belle vue du Mont-Blanc. De là, on peut redescendre au Fayet et à St-Gervais (p. 84), par le *Désert de Platé* («lapiaz»; p. 112) et ses *Escaliers* (p. 63).

II. De Sixt à Chamonix par les cols d'Anterne et du Brévent. Le Buet.

Env. 11 h. (33 kil.), chemin muletier, excursion très intéressante, parce qu'on y a la vue la plus grandiose du Mont-Blanc, mais fatigante par sa longueur et parce qu'on franchit les cols vers midi. S'il fait beau et qu'il n'y ait pas de neige, on n'a pas besoin de guide (18 fr. retour compris). Se munir de provisions, car on ne trouve guère en route que du lait. — A partir de la cascade du Rouget (ci-dessous), v. la carte suivante, dans le haut, angle de gauche.

On traverse le Giffre et remonte d'abord, au S., la *vallée des Fonds,* où l'on a devant soi la *Pointe de Salles* (2494 m.; 2 h. des chalets des Fonds). A dr. avant *Salvagny* (1/2 h.), la charmante *cascade du Déchargeur* et 1/2 h. plus loin la grande et magnifique *cascade du Rouget.* A 2 h. de Sixt (7 kil.), les *chalets des Fonds* (1381 m.; petite aub.), au pied du Buet, avec la villa «Eagle's Nest», à sir A. Wills. A 5 min. de là, après un pont, on laisse à g. le chemin du col de Léchaud et du Buet (v. p. 78). Puis on passe aux *chalets de Grasse-Chèvre* (1707 m.), à 1 h. des précédents, et on est 1 h. après au plateau du *Bas du Col-d'Anterne* (2076 m.), à 11 kil. 5 de Sixt. Là on laisse à dr. les chalets d'Anterne, et l'on passe par le plateau uniforme et au *lac d'Anterne* (20 min., 2040 m.), au delà duquel se voit la *Tête-à-l'Ane* (2793 m.). Il y a encore 3/4 d'h. de montée pour arriver au *col d'Anterne* (2263 m.), à env. 5 h. ou 16 kil. de Sixt. On a là tout à coup devant soi le Mont-Blanc, et la vue est d'une beauté d'un grandiose surprenant, supérieur même à toute autre.

On laisse ensuite à dr. un chemin qui descend rapidement à Servoz (2 h. 1/2; p. 65); on passe aux *chalets de Moède* (1/2 h.; 1878 m.), descend dans la *vallée de la Diosaz*, traverse le torrent sur un pont (1 h. 1/2; 1687 m.) et remonte par les *chalets d'Arlevé* au **col du Brévent** (2461 m.), à 3 h. 1/2 ou 9 kil. 1/2 de l'autre, où l'on a aussi une très belle vue du Mont-Blanc. Enfin il y a encore au moins 2 h. 1/2 (7 kil. 1/2) de chemin jusqu'à Chamonix, par les *chalets de Planpraz* (1/2 h.; 2064 m.; aub. assez chère; au Brévent, v. p. 83) et le *restaur. des Chablettes.* — Chamonix, v. p. 79.

De Sixt a Chamonix par le Buet: 11 à 12 h., course recommandable, mais pénible et possible seulement avec un guide (23 fr. retour compris). Prendre aussi des provisions. Jusqu'aux *chalets des Fonds*, v. ci-dessus. Le chemin de g. mène ensuite en 2 h. 1/2 au *col de Léchaud* ou *des Fonds* (2263 m.), d'où il y a encore 2 h. jusqu'au sommet du *Buet* (3109 m.;

refuge). Vue magnifique et très étendue sur la chaîne du Mont-Blanc, le Mont-Rose, le Mont-Cervin, les Alpes Bernoises, la Dent du Midi, le Jura, au S.-O. jusqu'aux montagnes du Dauphiné. On redescend en 5 h. à 5 h. 1/2 à Chamonix, par la *vallée de Bérard* et la route venant de Martigny (p. 95).

9. Chamonix et le Mont-Blanc.

I. Chamonix et ses environs.

ARRIVÉE: par la route de *Cluses*, v. p. 65; la route d'*Annecy* et d'*Albertville*, p. 114; la route de *Martigny*, p. 76 et 95; la route de *Vernayaz*, p. 97. Départs par les premières, v. l'Indicateur des chemins de fer; par les autres, s'adresser aux bureaux des voitures.

HÔTELS: *Impérial*, *H. d'Angleterre & de Londres* (jardin), *Royal* (Allem.), tous les trois dans le même genre (ch. t. c. dep. 3 ou 4 fr., rep. 1.50, 3.50 et 5 ou 6, v. n. c., comme aux autres); *H. du Mont-Blanc* (Franç.; ch. t. c. 2 fr. 50 à 5, dî. 5); *Couttet* (Anglais; ch. t. c. dep. 3 fr., dî. 4); *H. des Alpes* (Allem.; ch. t. c. dep. 3 fr., dî. 4). — Plus modestes: *H. de France & de l'Union* (ch. dep. 2 fr., dé. 2.50, dî. 3); *H. Balmat*; *H. de Paris*; *H. de l'Europe*, en face de la poste, recomm. (ch. t. c. dep. 2 fr. 50); *Beau-Site*, à l'entrée (ch. dep. 2 fr., rep. 1.50, 2.50 et 3.50); *Suisse* (Allem.; ch. 2 fr., rep. 1.25, 2.50 et 3.50); *H. de la Poste* (Allem.; ch. t. c. 2 à 3 fr., dî. 3.50). *H. de la Croix-Blanche* (ch. 1 fr. 50 à 2.50, dé. 2.50, dî. 3); *H. de la Paix* (mêmes prix); *Beau-Rivage*, dans un endroit dégagé, sur la rive g. (ch. dep. 2 fr. 50, rep. 1.25, 2.50 et 3.50); *H. de la Mer-de-Glace*, route de Martigny (ch. dep. 2 fr. 50, rep. 1.25, 3 et 3.50); *Bellevue*, à 5 min. à l'O. du bourg; *Beauséjour* (garni); *H. de la Terrasse*, au bord de l'Arve (dé. 2 fr. 50, dî. 3, v. c.); *H. de Chamonix*, place de l'Eglise, recommandé (ch. dep. 1 fr. 50, rep. 1, 2 et 2.50).

CAFÉS: *Carrier*, assez cher; *de la Terrasse* (v. ci-dessus). — *Casino*.

GUIDES. Un guide est superflu, avec les descriptions suivantes, pour les promenades ordinaires: au *Montanvert*, à la *Flégère*, au *Brévent* et à la *Pierre-Pointue*. On rencontre du reste partout des voyageurs ou des habitants de la vallée. — Les guides sont organisés en compagnie sous la direction d'un guide-chef, qui les désigne à tour de rôle pour chaque excursion, mais on en peut demander un de son choix. En tout cas, il est bon de se renseigner pour savoir si celui que désigne le guide-chef a déjà fait la course projetée. Les bagages sont portés par les guides ou à leur frais, lorsqu'ils ne dépassent pas le poids de 12 kilogr. pour les courses ordinaires et de 7 pour les courses extraordinaires. Les courses ordinaires sont censées accomplies en totalité lorsque la moitié du trajet a été effectuée et que le voyageur lui-même juge à propos de ne pas aller plus loin. Au-dessous de la moitié, il est dû les ²⁄₃ du prix. Il y a un tarif spécial dans ce cas pour l'ascension du Mont-Blanc. On recommande pour les excursions difficiles: *Mich.* et *Fréd. Payot*, *Henri Devouassoud*, *Benoît Simon* dit *Benoni*, *Jos.-Adolphe* et *Jules Simond*, des Praz; *Franç.* et *Alf.*, *Jos.-Alb.*, *Franç.* et *Jos.-Alex. Simond*, de Lavancher; *Gasp.* et *Jos. Simond*, des Mossons; *Arm. Couttet*, *Ed.* et *Aug. Cupelin*, *Mich.* et *Franç. Folliguet*, *Mich. Savioz*, *Franç. Meugnier*, *Mich.*, *Aug.* et *Jos. Dessailloud*, *Jean-Jos. Burnet*, *Alf.* et *P.-Ch. Comte*, *Jos. Cachat*, *Jos. Tournier*, *Arist. Farini*, etc.

CHEVAUX ET MULETS: mêmes prix que les guides pour les courses ordinaires.

VOITURES PARTICULIÈRES. Courses en aval, à 1 chev.: aux *Bossons*, 1 à 3 pers., 6 fr., 8 all. et ret.; 4 ou 5 p., 8 et 10; aux *Houches*, 1 à 3 p., 8 fr., 10 all. et ret.; 4 ou 5 p., 10 et 12; à *Servoz*, 1 à 3 p., 10 fr., 12 all. et ret.; 4 ou 5 p., 15 et 17; à *St-Gervais-les-Bains*, 1 à 3 p., 16 fr., 20 all. et ret.; 4 ou 5 p., 22 et 30; à *St-Gervais-le-Village*, 1 à 3 p., 18 fr., 20 all. et ret.; 4 ou 5 p., 25 et 34; à *Sallanches*, 1 à 3 p., 18 fr., 24 all. et ret.; 4 ou 5 p., 25 et 34; aux *Contamines*, 35 et 45 fr. — Courses en amont, les principales à 2 chev.; au *pied de la Flégère*, 1 à 3 pers., 6 fr.; 4 ou 5 p., 8; aux *Tines* et à l'*Arveyron*, 1 à 3 p., 6 fr., 8 all. et ret.; 4 ou 5 p., 8 et 10; aux *Chazalets*, 1 à 3 p., 8 fr., 12 all. et ret, 4 ou 5 p., 12 et 20; à l'*Argentière*, 1 ou 2 p., 7 fr., 9 all. et ret.; 3 p., 8 et 10; 4 p., 10 et 12; 5 p., 12 et 14; au *Tour*, 1 à 3 p., 15 fr., 17 all. et ret.; 4 ou 5 p., 17 et 19; à *Trélechamp*, 1 ou 2 p., 10 fr., 12 all. et ret., 3 ou 4 p., 14 et 16; à la *cascade de Bérard*, 1 ou 2 p., 15 fr., 3 ou 4 p., 20; à *Barberine* ou au *Châtelard*, 1 ou 2 p., 25 fr., 70 all. et ret.; 3 ou 4 p., 30 et 35; à la *Tête-Noire*, 1 ou 2 p., 30 fr., 35 all. et ret.; 3 p., 35 et 40; 4 p., 40 et 45; à *Martigny*, 1 ou 2 p., 40 fr., 70 et 75 all. et ret.; 3 p., 50 et 75; 4 p., 60 et 110; à *Finhaut*, 1 ou 2 p., 45 fr., 70 all. et ret.; à *Trient*, 1 ou 2 p., 35 fr., 40 all. et ret.; 3 p., 40 et 45; 4 p., 45 et 50; à *Vernayaz*, 1 ou 2 p., 45 et 70 fr.

POSTE ET TÉLÉGRAPHE, dans la rue derrière l'hôt. de France; lettre pour la Suisse limitrophe, 15 c.

Des nombreuses *longues-vues* à la disposition du public pour observer les ascensions du Mont-Blanc, la meilleure est celle de Louis Donat (23 cm. de diam.), dans une cour à l'extrémité O. du bourg (50 c.).

Il paraît en été à Chamonix, au bureau des guides, une *Revue du Mont-Blanc*, qui renseigne sur les courses de montagnes, etc.; prix, 20 c.

Chamonix (1050 m.) est un bourg de 2435 hab., qui n'a d'importance que par son site, dans la vallée du même nom.

La *vallée de Chamonix* est une vallée haute, de 5 lieues de long sur $^1/_4$ de l. de large, descendant du N.-E. au S.-O., du *col de Balme* jusqu'aux *Houches*. Elle est traversée par l'*Arve* et bornée au S.-E. par la chaîne du *Mont-Blanc*, avec les énormes *glaciers des Bossons, des Bois (Mer de Glace), d'Argentière* et *du Tour;* au N.-O., par les pics des *Aiguilles-Rouges* et le *Brévent*. Cette vallée, défrichée dès le XIIe s. par des bénédictins, n'est cependant bien connue que depuis le XVIIIe s., par suite des relations des Anglais Pococke et Windham (1741) et des Suisses de Saussure (m. 1760) et Bourrit (m. 1769).

Un monument de Saussure, par *J. Salmson*, s'élève sur une petite place à l'opposé de l'église. C'est un groupe en bronze, érigé en 1887, au centenaire de l'ascension du Mont-Blanc par le célèbre naturaliste. Il y est représenté avec le guide *J. Balmat*, qui l'y avait précédé en 1786 et qui avait déjà un petit monument devant l'église.

Derrière l'hôtel Royal, sur le chemin du Montanvert, l'**exposition de M. Loppé**, l'habile peintre des Alpes : entrée libre, mais un petit pourboire.

On va d'abord, dans une première visite à Chamonix, au *Montanvert*, à la *Mer de Glace*, au *Chapeau* et à la *Flégère*, et l'on peut en faire le tour en une journée: au *Montanvert* (p. 81), env. 2 h. $^1/_4$; de là, par la *Mer de Glace*, au *Chapeau* (p. 82), 1 h. $^1/_4$; puis aux *Tines* (p. 82), $^3/_4$ d'h.; à la *Flégère* (p. 82), 2 h. $^3/_4$, et retour à Chamonix, 1 h. $^3/_4$, soit env. 8 h. $^3/_4$ de marche. Le chemin du Montanvert est à l'ombre le matin, de bonne heure; celui de la Flégère, l'après-midi, du moins en partie, et on arrive aussi de cette manière à la Flégère juste au moment où le Mont-Blanc commence à être le mieux éclairé. Un guide n'est guère nécessaire, dans cette excursion, que pour traverser la Mer de Glace, et on en trouve au Montanvert. Si l'on a un mulet, on le fait conduire du Montanvert aux Tines ou au Chapeau. L'excursion du Montanvert et du Chapeau demande à elle seule env. 5 h. et celle de la Flégère aussi 5 h., arrêts non compris. — Quand on vient de l'E. et qu'on a couché à *Argentière* (p. 95), on quitte la route à *Lavancher* et l'on va au Montanvert par le Chapeau et la Mer de Glace. — On peut aussi, dans le même cas, monter à la Flégère de *la Joux* (p. 95), sur la rive dr. de l'Arve, mais

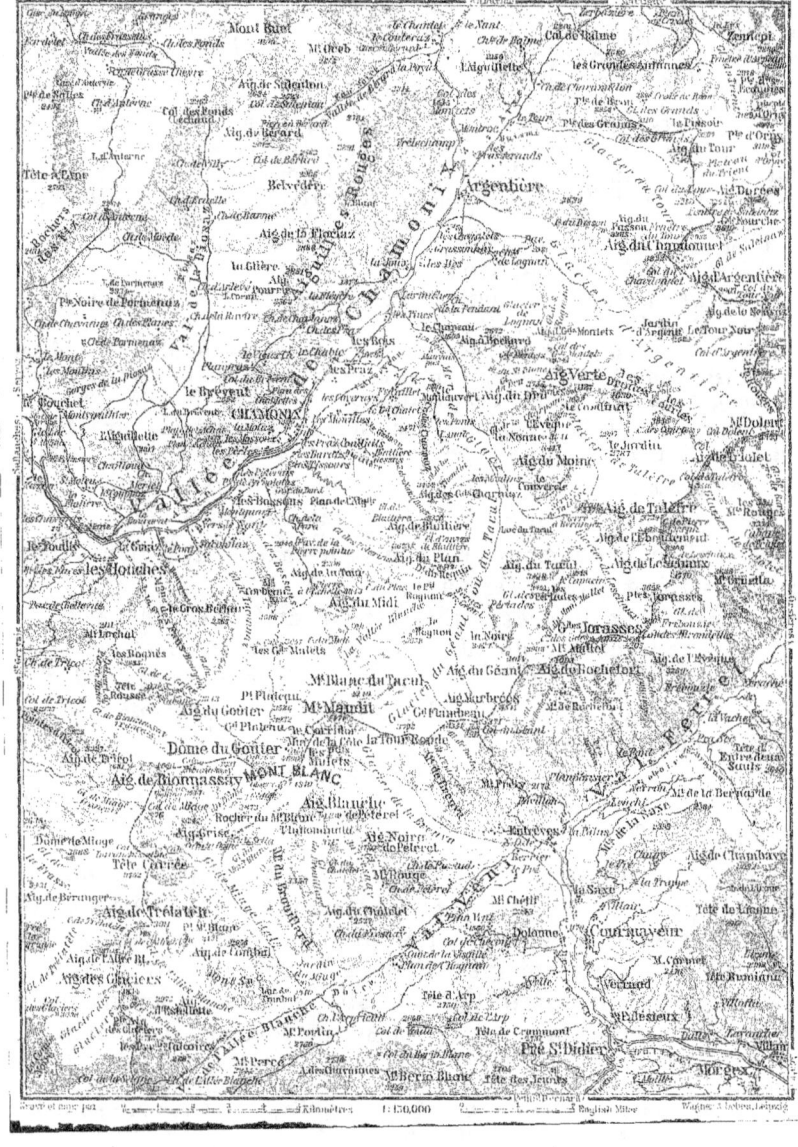

seulement à pied, par un mauvais chemin qu'il faut se faire montrer (prendre un enfant; 1 fr. à 1 fr. 50).

Outre le Montanvert, le *glacier des Bossons* (p. 84) mérite d'être visité l'après-midi, lorsque le ciel est couvert et qu'on n'aurait pas de vue des hauteurs : aller et retour en 3 h. — *Cascade de Blaitière*, à l'E. de Chamonix, 1/2 h.; entrée, 50 c. — *Plan de l'Aiguille* (p. 84), 3 h. à 3 h. 1/2, 4 h. avec le *lac de la Blaitière*, 7 h. all. et ret., arrêt compris. — Excursion à la *Pierre-Pointue* (p. 84), 5 à 6 h. aller et retour; env. une journée si l'on va en même temps à l'Aiguille de la Tour et à la Pierre-à-l'Echelle. — Ascension du *Brévent* (p. 83), 7 h. aller et retour, 2 h. de plus en montant ou en descendant par la Flégère.

Le *Montanvert ou *Montenvers* (1910 m.) est une hauteur à l'E. de la vallée de Chamonix, qui se gravit en 2 h. à 2 h. 1/2 (guide inutile; mulet et son conducteur, 12 fr.). On n'en fait l'ascension que pour la vue de l'énorme glacier qui remplit les gorges les plus hautes de la chaîne du Mont-Blanc, en formant trois bras, les *glaciers du Géant* ou *du Tacul, de Leschaux et de Talèfre*, et qui descend dans la vallée de Chamonix en une seule et énorme masse de glace, d'env. 7 kil. de long sur 750 à 2000 m. de large, nommée *Mer de Glace* au-dessus et *glacier des Bois* au-dessous du Montanvert. On voit de cette hauteur les vagues de la Mer de Glace sur un espace de 2 lieues. Le chemin muletier, qui monte en grande partie sous bois, prend à g. de l'hôtel Royal au temple anglais et au cimetière (à g.). On se guidera du reste sur le télégraphe de l'hôtel du Montanvert. A 1/4 d'h., les chalets des *Mouilles*, au premier desquels on prend à dr., par un bois de pins. A 1/4 d'h. de là, encore à dr., et 10 min. après, les chalets des *Planards*. 40 min. plus loin, ceux du *Caillet* (1487 m.; rafraîch.), à peu près à mi-chemin. La montée devient ensuite plus raide, pendant 1 h. sous bois. On laisse à g. au bout de 12 min. un chemin muletier descendant aux Bois (p. 95). Avant d'être à l'hôtel, la vue se dégage, et l'on est émerveillé du coup d'œil. L'*hôtel du Montanvert* est une grande maison sur la croupe de la montagne (1908 m.; ch. 3 à 4 fr., rep. 2, 4 et 5, vin ord. 2). On a là devant soi la *Mer de Glace* et les énormes montagnes qui la dominent : en face, l'imposante *Aiguille du Dru* (3755 m.); à g., l'*Aiguille Verte* (4127 m.), couverte de neige, et, plus bas, l'*Aiguille à Bochard* (2672 m.); à dr., l'*Aiguille du Moine* (3413 m.); dans le fond, les *Grandes Jorasses* (4205 m.), le *Mont-Mallet* (3988 m.) et l'*Aiguille du Géant* (4014 m.); en deçà, tout à fait à dr., l'*Aiguille des Charmoz* (3442 m.) et l'*Aiguille de Blaitière* (3520 m.).

La *Mer de Glace est située entre le Montanvert et le Chapeau, et l'on va ordinairement par là d'un endroit à l'autre en 1 h. 1/4 à 1 h. 1/2. La descente de l'hôtel par la moraine demande 10 min. Le passage du glacier n'offre pas de difficulté, et, si l'on a le pied sûr, on n'a pas besoin de guide (à l'hôtel; 3 fr., 6 fr. jusqu'au Chapeau; chaussons, si l'on n'a pas de chaussures ferrées, 1 fr.). On arrive en 10 à 15 min. de l'autre côté, en se dirigeant à la fin vers la gauche de deux rochers assez gros, et il faut encore 10 min. pour gravir la moraine latérale de dr., où l'on arrive à une baraque (rafraîch.; faire prix). De là on descend en 40 min. au Chapeau, par un étroit sentier et, en dernier lieu, par des degrés dans un rocher escarpé appelé le *Mauvais Pas*, garni de barres de fer. Il y a de ce côté trois cascades, qui peuvent être fort belles.

Le *Chapeau (1609 m.; petite aub.) est la paroi escarpée de roche calcaire qui s'élève au N.-E. du glacier des Bois, au pied de l'*Aiguille à Bochard* (2672 m.). Bien qu'il soit beaucoup moins élevé que le Montanvert, on y voit très bien le *glacier des Bois*, aujourd'hui considérablement diminué dans sa partie inférieure. Au fond, le *Mont-Mallet* (3988 m.) et l'*Aiguille du Géant* (4014 m.); à dr., les *Aiguilles des Charmoz* (3442 m.), *de Blaitière* (3520 m.) et *du Midi* (3843 m.), le *Dôme du Goûter* (4331 m.) et l'*Aiguille du Goûter* (3843 m.), ainsi que la vallée de Chamonix. — Ensuite il y a un bon chemin de mulets par la moraine, puis par un bois. Il se bifurque au bout de 25 min., à dr. sur *Lavancher* (¹/₄ d'h.; p. 95), à g. sur *les Tines* (20 min.; p. 95), en passant à mi-chemin au petit hôt. Beau-Séjour (p. 95). — Il y a un chemin plus court d'env. ¹/₄ d'h., mais en partie plus mauvais, à g. à 20 min. du Chapeau. Il descend par la moraine, en laissant à g. la source de l'Arveyron, puis par *les Bois* et *les Praz* (40 min.; p. 95).

Le *Jardin (2997 m.) est un rocher triangulaire qui s'élève au milieu du *glacier de Talèfre*, et qui est entouré de tous côtés comme d'un mur de moraines. — C'est un but d'excursion seulement pour les alpinistes, avec un guide: prix, 14 fr., 16 si l'on couche au Montanvert. De là on met 5 h. à 5 h. ¹/₂. On va d'abord longer à dr. *les Ponts*, des rochers désagréables pour les pers. sujettes au vertige, on passe à l'*Angle* (¹/₂ h.) et sur les moraines de la Mer de Glace, des glaciers du Tacul, de Leschaux et de Talèfre (beaucoup de cristaux), pour arriver au pied du *Couvercle*, qu'on gravit par un long couloir (2 h. de l'Angle). Ensuite on continue de monter par un sentier neuf le long des rochers, au-dessus des *séracs de Talèfre*, jusqu'à ce que l'on se trouve en face de l'énorme rocher du Jardin et enfin par le *glacier de Talèfre*, au pied de ce rocher (1 h. ¹/₂ à 2 h.). On redescend par la cabane de la *Pierre-à-Béranger* (¹/₂ h.; 2472 m.), au S. des séracs, et l'on met env. 3 h. pour rentrer au Montanvert.

L'*Aiguille Verte (4127 m.) se gravit du Montanvert en 10 h. env.; c'est une ascension très difficile, seulement pour les ascensionistes de premier ordre: guide, 100 fr. On suit le chemin du Jardin jusqu'au *Couvercle* (v. ci-dessus), puis on passe par le *glacier de Talèfre* et un long couloir de neige, pour arriver à l'arête entre l'Aig. Verte et les Droites, et on monte à g. au sommet. — Très difficiles aussi les ascensions de l'*Aig. du Dru* (*Grand Dru* ou *Pointe Est*, 3755 m.; guide, 90 fr.; du *Petit Dru* ou *Pointe Charlet*, 3732 m.; g., 130 fr.); de l'*Aig. de Blaitière* (3520 m.; g., 80 fr.), et de l'*Aig. des Charmoz* (3442 m.; g., 80 fr.). — Au *glacier d'Argentière* par le *col des Grands-Montets*, v. p. 95.

La *Flégère (1877 m.), en face de la Mer de Glace, est une montagne qui s'adosse à l'*Aiguille de la Floriaz* (2888 m.), un des plus hauts pics des Aiguilles Rouges (p. 83). On y va en 3 h. de Chamonix; guide, pas nécessaire, 7 fr.; chev. et son conducteur, 14 fr. Les piétons suivent la route d'Argentière (p. 95) pendant ¹/₂ h., jusqu'au *Chable*, et tournent à g. immédiatement en deçà du pont de l'Arve. Le chemin muletier, plus long de quelques min.,

traverse l'Arve et *les Praz*, tourne 10 min. plus loin à g., près d'un bois, et retraverse l'Arve, là où aboutit le sentier. On monte ensuite en zigzag pendant 35 min., sur une pente nue et escarpée; puis on entre à dr. sous bois. 25 min. plus loin, le *pavillon du Praz* (rafraîch.); 50 min. après, là *croix de la Flégère*, où il y a un hôtel (ch. 2 fr. 50, dé. 3.50, dî. 4, pens. 6). La *vue de là (v. le panorama) embrasse toute la chaîne du Mont-Blanc, depuis le col de Balme jusqu'au delà du glacier des Bossons. En face, le glacier des Bois (Mer de Glace), entouré d'aiguilles très aiguës: à g., l'Aig. du Dru et l'Aig. Verte, couverte de neige; à dr., les Aig. de Charmoz, de Blaitière, du Plan et du Midi. Le Mont-Blanc lui-même se voit en entier, mais il ressort moins, à cause de son éloignement. Les cimes déchirées des Aiguilles Rouges, au N. de la Flégère, offrent aussi un aspect tout particulier. L'effet est le plus beau vers le soir.

Le chemin muletier se prolonge jusqu'à 1 h. au delà de la Flégère, au *pavillon de la Floriaz*, d'où les alpinistes peuvent faire, en 2 h. 1/2, l'ascension de l'*Aiguille de la Glière* (2851 m.; guide, 15 fr.), en 3 h. celle de l'*Aiguille de la Floriaz* (2888 m.; g., 20 fr.) et en 4 h. celle du *Belvédère* (2966 m.; g., 20 fr.), principal sommet des *Aiguilles Rouges*, qui jouit d'une vue magnifique, à l'O. jusqu'au lac de Genève. — On peut, en se faisant indiquer le sentier, descendre de la Flégère du côté d'Argentière. On arrive à un pont sur l'Arve à *la Joux* (p. 95) et on continue de là par la route de la rive g. ou bien par un sentier de la rive dr. jusqu'au pont des *Chazalets* (p. 95), en deçà d'*Argentière* (p. 95).

On peut aller de la Flégère au Brévent (v. ci-dessous), par la «route de Planpraz», à 20 min. au-dessous de la croix. Magnifiques coups d'œil. A mi-chemin, les *chalets de Charlanoz*. On est en 2 h. à l'hôt. de *Planpraz* (2064 m.; v. ci-dessous), déjà visible de la Flégère, et il y a encore de là 1 h. 1/4 d'ascension escarpée à g., à la fin par une cheminée, où il y a des degrés et des barres de fer, maintenant en partie descellées, ce qui fait qu'il peut être bon d'avoir un guide, surtout à la descente.

Le *Brévent (2525 m.), continuation S.-O. dès Aiguilles Rouges, offre une vue dans le même genre, mais plus grandiose que celle de la Flégère, particulièrement sur le Mont-Blanc. Guide (inutile), 10 fr.; mulet et conduct., 14 fr. Le chemin ordinaire, qui prend à g. de l'église de Chamonix, demande 4 h. 1/2. Il passe par *la Molaz* et *les Mossoux*, puis par un bois de sapins et par le *Plan Lachat* (1 h. 1/2; 1473 m.; rafraîch. chers), d'où l'on a une vue superbe, et il atteint par de nombreux lacets le *Plan Bel-Achat* (1 h. 3/4; 2126 m.; restaur.; lit, 2 fr.; dî., 4), sur la croupe de la montagne, au S.-O. du sommet. Il y a encore enfin 1 h. 1/4 d'ascension, en passant près du sombre et petit *lac du Brévent*. Il y a au sommet un modeste *chalet-hôtel*. Si la Mer de Glace et l'Aiguille Verte se présentent de la Flégère au premier plan, on voit du Brévent le Mont-Blanc lui-même dans toute sa majesté. Le Brévent offre en outre un panorama complet: au N.-E., à dr. à côté du Buet et des Aiguilles Rouges, les Alpes Bernoises; au S.-O., les montagnes du Dauphiné.

Pour l'ascension du Brévent par *Planpraz* (2064 m.; *hôtel, p. 6 à 7 fr.), il y a deux chemins, l'un direct, celui des piétons, à dr. du précédent, qui mène en 3 h. à l'aub. de Planpraz, et l'autre par la Flégère (v. ci-dessus).

Le glacier des Bossons, celui qui descend aujourd'hui le plus dans la vallée et qui progresse de nouveau, est un joli but de promenade. Il faut 3 h., aller et retour, et un guide pour le traverser: 6 fr. de Chamonix, 2 fr. du pavillon près du glacier. On peut naturellement faire le trajet dans les deux sens, mais on y va plus souvent par le côté droit (autre chemin, v. ci-dessous), en suivant d'abord la route de Genève, jusqu'au delà du *pont de Perrolataz* (¹/₂ h.) et prenant à g. dans le village des *Bossons* (tramway électr. de Chamonix aux Bossons, 4 kil., en 8 min., v. p. 65). On arrive ensuite en ³/₄ d'h. à un *pavillon* (env. 1350 m.; rafraîch.), sur la moraine de l'énorme *glacier des Bossons*, qui offre un beau coup d'œil. Ses aiguilles atteignent 80 m. de hauteur. Il est dominé par le *Mont-Blanc du Tacul* (4249 m.); à g., les *Aiguilles du Midi* (3843 m.) et *du Plan* (3673 m.). Une grotte de 80 m. de profondeur, dont la visite est intéressante, a été creusée dans le glacier (entrée et éclairage, 1 fr.). La traversée du glacier ne peut se faire sans guide (v. ci-dessus; chaussons, si l'on n'a pas de chaussures ferrées, 1 fr.); on arrive en ¹/₂ h. sur l'autre moraine, où il y a une buvette. De là on va rejoindre aussi en ¹/₂ h., en traversant deux torrents sur des ponts tremblants, le chemin de la Pierre-Pointue (v. ci-dessous).

Le *Plan de l'Aiguille* (2203 m.) est un but d'excursion très intéressante, demandant 3 h.: guide, inutile, 9 fr.; mulet, 9 fr. On prend par la rive g. de l'Arve et l'on passe d'abord aux maisons des *Praz-Conduits*, des *Barats* et des *Tissours* (20 min.). Ensuite on monte à g. à un poteau, par un bon chemin muletier sous bois, d'où l'on a une belle vue de la vallée de Chamonix et plus haut du glacier des Bossons, de l'Aig. et du Dôme du Goûter, du Mont-Blanc, de l'Aig. du Midi et du glacier des Pèlerins; on passe à un chalet où se débitent des rafraîch. et par des pâturages, et l'on arrive en 2 h. ¹/₄ au *chalet du Plan de l'Aiguille* (rest. et ch.). De là il y a un sentier (guide pas nécessaire) montant par un désert de rochers, d'où l'on a une vue magnifique de toute la chaîne du Mont-Blanc, avec ses glaciers (des Bossons, des Pèlerins, de Blaitière, etc.), et des montagnes de la Tarentaise (par dessus le col de Voza), en 25 min. jusqu'à un petit lac bleu transparent, au pied de l'énorme moraine du *glacier de Blaitière*, que dominent les *Aiguilles du Midi, du Plan* et *de Blaitière*.

Les alpinistes peuvent redescendre du Plan de l'Aiguille, avec un guide, par la moraine et l'extrémité du *glacier des Pèlerins*, puis le *pavillon de la Pierre-Pointue* (1 h.; v. p. 85; guide, 10 fr.), ou bien en passant au-dessous des *glaciers de Blaitière* et *des Nantillons* et par le *Montanvert* (3 h.; p. 81; g., 12 fr.).

La *Pierre-Pointue* (2049 m.), sur le chemin du Mont-Blanc (p. 86), est aussi elle-même un but d'excursion et très fréquentée. On y va en 2 h. ¹/₂ à 3 h., par un chemin muletier où l'on n'a pas besoin de guide (mulet, 8 fr.). Jusqu'aux *Tissours* (20 min.), v. ci-dessus. Là on tourne à gauche et bientôt après à dr. (à g., le chemin du Plan de l'Aiguille; v. ci-dessus), et l'on monte sous bois sur la rive dr. du torrent. 25 min. plus loin, un pont sur un petit

torrent, d'où l'on peut aller à la jolie *cascade du Dard*, qui forme
une double chute (aub.), visible ensuite du chemin. On franchit un peu
après le *Nant des Pèlerins*, et on laisse à 5 min. de là à dr. le sentier
du glacier des Bossons (v. p. 84). Ensuite on, monte en zigzag. A dr.,
la vallée sauvage dans laquelle le *Nant-Blanc* se précipite entre des
blocs de rocher. Au bout de ³/₄ d'h., le *chalet de la Para* (1605 m.;
rafraîch.). Puis on traverse un bois et des prairies pendant 1 h. ¹/₂,
jusqu'à la *Pierre-Pointue* (2049 m.), sur le bord de l'énorme
glacier des Bossons (pavillon-restaur. assez cher). Vis-à-vis et en
apparence tout près du spectateur: le Mont-Blanc, le Dôme du
Goûter, l'Aiguille du Goûter, etc.; vue splendide aussi en particulier
au N. et à l'O.

A l'Aiguille de la Tour (2306 m.), d'où on a la meilleure vue du glacier des Bossons, ³/₄ d'h., par un chemin muletier, du pavillon de la Pierre-
Pointue. — A la Pierre-à-l'Echelle (2411 m.), également intéressant;
1 h.; guide utile. On suit un étroit sentier, le chemin du Mont-Blanc,
qui contourne un rocher à dr., près d'un chalet, et qui cesse au glacier
des Bossons. Il faut y marcher avec prudence, car il y tombe des pierres.
Vue splendide sur les masses crevassées du glacier; au-dessus, l'Aiguille
et le Dôme du Goûter, les Bosses du Dromadaire et la cime du Mont-
Blanc; au premier plan, les *Grands-Mulets* (p. 87), qui sont à 2 h. ¹/₂
de distance (seulement avec un guide; 20 fr.). — A l'Aiguille du Midi (3843 m.),
difficile, en 8 h. ¹/₂, avec un guide (60 fr.), par la *Pierre-à-l'Echelle* (v. ci-
dessus) et le *col du Midi* (6 h. ¹/₂), un peu au-dessus duquel il y a un
refuge (3564 m.). *Vue des plus grandioses. On peut redescendre par la
Vallée-Blanche et le *glacier du Géant* au *col du Géant* (v. ci-dessous). —
Retour intéressant mais pénible (guide utile) de la Pierre-Pointue par
le *Plan de l'Aiguille* (v. p. 84).

De Chamonix au Buet *(Sixt)*, ascension recommandable, mais fatigante,
de 9 à 10 h., avec un guide (15 fr. aller et retour en 1 j., 20 en 2 j.). A
Argentière (2 h.) et à l'entrée de la *vallée de Bérard* (³/₄ d'h.), par la
route de la Tête-Noire, v. p. 95-96. Puis en 3 h. au *chalet de la Pierre-
à-Bérard*, où l'on fait bien de coucher pour être de bonne heure en haut.
De là, alternativement par des éboulis et par les neiges, en 3 h. ¹/₂ de
marche pénible, jusqu'au sommet du *Buet* (p. 78).

De Chamonix à *Sixt*, par les *cols du Brévent* et *d'Anterne*, v. p. 78.

De Chamonix à Courmayeur, PAR LE COL DU GÉANT, 12 à 13 h., passage
fatigant, mais sans trop de difficulté pour les vrais alpinistes et très intéressant (guide, 50 fr.; porteur, 30 fr.). On va d'abord coucher au *Montanvert* (p. 81). De là on traverse la partie supérieure de la *Mer de Glace*, le
glacier du Tacul ou *du Géant* (crevasses); on passe à dr. au *Mont-Blanc du
Tacul* (4249 m.), à g. à l'*Aig.* ou *Dent du Géant* (4014 m.), et l'on monte
ainsi en 6 h. au col du Géant (3371m.), entre le *Grand Flambeau* (3554 m.),
à dr., et les *Aig. Marbrées* (3541 m.), à g. Il y a un refuge-hôtellerie du
C. A. I. (ref. Torino) et l'on y jouit d'une vue magnifique. Ensuite on
descend le long d'une paroi de rocher presque verticale au *pavillon du
Mont-Fréty* (1 h. ¹/₂ à 2 h.; p. 93) et à *Courmayeur* (1 h. ¹/₂; p. 92).

Autres passages de Chamonix à Courmayeur par le Mont-Blanc, tous
très difficiles, parfois même dangereux et praticables seulement aux alpinistes de première force: col de Triolet (3691 m.) au S.-E. dans le haut du
glacier de Talèfre, entre l'*Aig. de Triolet* et la *Pointe Isabelle*; col de Talèfre
(3576 m.), plus à l'O., aussi dans le haut du *glacier de Talèfre*, à l'E., entre
l'*Aig. de Triolet* et l'*Aig. de Talèfre* (g., 50 fr.); col de Pierre-Joseph (3478 m.),
au S. de l'*Aig. de Talèfre* (g., 60 fr.); col des Hirondelles (3465 m.), entre
les *Petites* et les *Grandes Jorasses* (g., 60 fr.); col de Miage (3376 m.; refuge),
au S.-O. de l'*Aig. de Bionnassay* et le *Dôme de Miage* (g., 60 fr.).

II. Le Mont-Blanc.

Le Mont-Blanc, depuis 1860 la frontière de la France et de l'Italie, atteint 4810 m. d'altitude. C'est le roi des Alpes, mais non des montagnes de l'Europe, comme on le croyait encore naguère, car l'Elbrouz, dans le Caucase, a 5631 m. (Gaorisankar, en Asie, 8840 m.). Dans les Alpes, on ne peut citer immédiatement après lui, pour la hauteur, que le Mont-Rose, qui a 4638 m. Le plus haut sommet des Pyrénées, le Néthou, a seulement 3404 m. Il se compose en grande partie de granit.

Le Mont-Blanc a été gravi pour la première fois en 1786 par le guide Jacques Balmat (p. 80), et par le docteur Paccard; en 1787, par le célèbre naturaliste de Saussure (p. 80), dont le voyage, entrepris en compagnie de 18 guides, a été d'un grand intérêt pour la science. Le chemin est maintenant bien connu et en partie jalonné, et l'ascension, néanmoins toujours pénible, est grandement facilitée par *l'hôtellerie des Grands-Mulets*, à 6 h. de Chamonix, et le *refuge-observatoire Vallot*, à 1 h. ¹/₂ du sommet. Il y a même au sommet un *observatoire*, depuis 1893. Aussi trouve-t-on presque tous les jours à Chamonix, au cœur de l'été, quand il fait beau, des personnes qui veulent entreprendre cette excursion.

1. Ascension du Mont-Blanc.

Cette ascension, facile par le beau temps, pour les alpinistes, est toujours pénible. La vue du haut du Mont-Blanc n'est pas toujours en rapport avec la peine qu'on a pour y monter, car les objets cessent parfois d'être distincts à cause de la grande distance. Quand le temps est trop beau, on ne distingue que les grands traits du paysage, les Alpes, le Jura, les Apennins. Comme pour tous les panoramas lointains, la vue n'est complète et nette que si des nuages légers et très élevés tamisent l'éclatante lumière du soleil, sans toutefois l'intercepter. Bien des personnes sont en outre plus ou moins incommodées par le mal de montagne (grande difficulté pour respirer), et l'on ne peut guère stationner au sommet à cause du froid. L'ascension est de plus très coûteuse. D'après le règlement, il faut, pour une personne seule, 2 guides à 100 fr., plus 1 porteur à 50 fr., et 1 guide supplémentaire pour chaque personne s'adjoignant à la société. Une personne habituée aux ascensions peut toutefois se contenter de 1 guide et 1 porteur. Il faut ensuite compter les provisions, les frais aux Grands-Mulets, etc., de sorte que l'ascension du Mont-Blanc ne coûte pas moins de 220 à 250 fr. par personne. — On se chaussera le plus chaudement possible pour marcher sur la neige.

L'ascension s'est faite d'ordinaire jusqu'à présent par les *Grands-Mulets*, mais il y a depuis 1898 une nouvelle route, des *Houches* par la *Tête-Rousse* (p. 87).

De *Chamonix*, l'ascension prend env. 13 h., mais on la divise d'ordinaire en 3 jours, en couchant à l'aller aux Grands-Mulets (6 h. de montée) et au retour au refuge Vallot ou aux Grands-Mulets, mieux encore à la Pierre-Pointue (2 h. ¹/₂; p. 84), si l'on ne pousse pas immédiatement jusqu'à Chamonix, 2 h. plus loin. Le 1ᵉʳ jour, on monte d'abord à la *Pierre-Pointue* (p. 84) et à la *Pierre-à-l'Échelle* (env. 4 h.; p. 85); puis on traverse le *glacier des Bossons*, où commencent les difficultés, mais dont on admire les séracs, en passant à sa jonction avec le glacier de Taconnaz. Il y a env. 3 h. de traversée jusqu'aux **Grands-Mulets** (3057 m.), rocher à 6 h. de Chamonix, à l'O. duquel se trouve une petite *hôtellerie* (3020 m.; 8 ch.; lit, 12 fr.; rep. 3, 4 et 6, vin ord. 4 fr.; nourriture et boisson souvent médiocres; gîte gratuit pour les guides, dî. 2 fr. 50, v. c.). Il y a aussi une cabane-observatoire. La vue y est déjà très étendue. — Le 2e jour, on repart de grand matin, on passe, par le *glacier de Taconnaz* et se dirige vers le *Petit-Plateau* (3 h.; 3526 m.) et le *Grand-Plateau* (1 h.; 3932 m.). Là on laisse maintenant d'ordinaire à g. un chemin plus long, qui mène au sommet en 3 à 4 h., par le *Corridor*, le *Mur de la Côte*, les *Rochers-Rouges* (à dr., la «cabane Janssen», fermée au public; 4508 m.), les *Petits Rochers-Rouges* (4580 m.) et les *Petits-Mulets* (4690 m.). A dr., où les névés sont jalonnés, on y va par le *col du Dôme* (Dôme du Goûter, à dr., v. p. 88), puis le *rocher des Bosses* (4367 m.), où se trouvent le *refuge Vallot*, dit aussi *refuge des Bosses* (lits), ouvert gratuitement aux voyageurs, et l'*observatoire Vallot* (4362 m.), à M. Jos. Vallot. Il n'y a plus de là que 1 h. ½ à 2 h. de montée, par les *Bosses du Dromadaire* (4525 et 4556 m.) et la *Tournette* (4671 m.), jusqu'au **sommet du Mont-Blanc**, où est l'*observatoire Janssen*. La construction, en forme de pyramide tronquée, de 10 m. sur 5 à la base et de 15 m. de haut, est établie directement sur la neige, les fouilles, poussées jusqu'à 12 et 23 m. de profondeur, n'ayant pu faire trouver le rocher. L'habitation est dans le sous-sol, et le public n'a d'accès qu'à la cuisine.

Des *Houches* (p. 88), à 1 h. ½ de Chamonix, d'où il y a même un ch. de fer électrique concédé jusqu'au sommet du Mont-Blanc, l'ascension, qui prend env. 12 h., peut se faire en partie à dos de mulet, jusqu'au plateau de Tête-Rousse (env. 6 h.; v. ci-dessous), et le reste sans difficulté à pied par un beau temps, et elle est plus intéressante de ce côté que de l'autre, par où l'on peut redescendre pour varier. Le chemin muletier est d'abord le même que celui du tour du Mont-Blanc jusqu'au pavillon de Bellevue (1 h.; p. 88), où il est bon d'aller coucher, pour repartir de grand matin (2 h.), afin de traverser le couloir ci-dessous avant le dégel. Du pavillon, on prend à l'E. par le *Mont-Lachat* (1 h.; 2111 m.) et l'arête à l'E. des *Rognes* (2695 m.), puis par le *glacier de Tête-Rousse* au *chalet-hôt. de Tête-Rousse* (3 h. ½; 3170 m.; dî. 4 fr., v. c.; lits). Dans le gl. de Tête-Rousse était la poche pleine d'eau dont la débâcle a causé la catastrophe de St-Gervais en 1892 (p. 64). On y a percé en 1899 un tunnel pour faciliter l'écoulement régulier de l'eau, et c'est en vue des travaux qu'un chemin a été ouvert jusque là et qu'on y a construit des baraques qui servent maintenant de refuges. Il y a ensuite un long *couloir de glace* où il faut tailler des degrés (chutes de pierres à craindre quand il dégèle), et l'on arrive en 2 h. ½ à 3 h. à la cabane (3815 m.) au S.-E. de l'*Aiguille du Goûter* (3843 m.). De là enfin on passe par le *Dôme du Goûter* (p. 88), pour gagner, en 2 h. ½, le *refuge Vallot*, etc. (v. ci-dessus).

De *St-Gervais* (p. 64), l'ascension se fait aussi par le *pavillon de Bellevue*, qu'on gagne de là directement en 1 h. ¾, par *Bionnay* et *Bionnassay*.

On y monte aussi de *Courmayeur* (p. 93), en 14 h. env., par le *lac de Combal* (p. 92), le *glacier de Miage* (7 h. ½ de Courmayeur) et la *cabane du Dôme* (3150 m.), au pied de l'*Aiguille Grise* (3247 m.); puis par le *glacier du Dôme*, l'arête O. du *Dôme du Goûter* et le *refuge Vallot* (5 h.; v. ci-dessus). — Un autre chemin passe par le *lac de Combal* (p. 92), les *glaciers de Miage* et *du Mont-Blanc* et le *refuge Q. Sella* (7 à 8 h.; 3107 m.), situé au pied du *rocher du Mont-Blanc*, à 7 h. du sommet, mais on ne saurait le conseiller, surtout pour la descente, à cause des chutes de pierres. — L'ascension par les *glaciers du Brouillard* et *du Fresnay* est rès difficile et dangereuse, de même que la montée directe par le *glacier te la Brenva*.

L'**Aiguille du Goûter** (3843 m.) et le **Dôme du Goûter** (4331 m.; p. 87) se gravissent sans grande difficulté des Grands-Mulets ou de la Tête-Rousse, en 3 h. et 4 h. 1/2 : guide de Chamonix, 40 et 60 fr.

II. Tour du Mont-Blanc, par les cols du Bonhomme et de la Seigne.

L'excursion dite **tour du Mont-Blanc** se fait souvent, et on peut la recommander d'une façon particulière, comme étant sans difficulté et intéressante. Pour faire complètement le tour du Mont-Blanc, on peut, de Courmayeur, gagner Martigny par le col Ferret (p. 93) ou par le Grand-St-Bernard et revenir à Chamonix par le col de Balme (p. 75) ou la Tête-Noire (R. 10). — Il est bon d'avoir un *passeport* pour les courses de montagne à la frontière d'Italie, car les douaniers italiens et français demandent maintenant des papiers de légitimation. — On peut aussi passer par là en *Tarentaise*, grâce à la route et au service de voiture des Chapieux à Bourg-St-Maurice (p. 91).

Chemin de mulets. 3 jours de marche : 1° aux Contamines, par le pavillon de Bellevue, 6 h., ou mieux à Nant-Borrant, 7 h. 3/4 ; 2° des Contamines ou de Nant-Borrant aux Mottets, 5 h. 1/2, ou par le col des Fours, 7 h. 1/4 (1 h. de plus par les Chapieux) ; 3° à Courmayeur, 6 h. 1/2. Il vaut encore mieux, en renonçant au pavillon de Bellevue, aller le soir à St-Gervais, pour y coucher, le lendemain aux Mottets et le surlendemain à Courmayeur. — Avec de l'expérience et s'il fait beau, on peut se passer d'un guide, qui sans cela peut être utile pour passer le col des Fours : de Chamonix à Courmayeur, pour 2 jours, 20 fr. ; pour 3 jours, 24 fr., plus 16 fr. pour le retour.

Chemin de fer électrique jusqu'à la gare des *Houches* (8 kil., en 20 min.), v. p. 65 ; le village est à 1 kil. au S., sur la rive g. de l'Arve. A pied, on suit la route de Genève pendant 1 h. 1/4, jusqu'à *la Griaz*. Là on tourne à g., près d'une croix de fer ; puis on traverse le *Nant de la Griaz*, qui coule dans un lit très profond, et l'on atteint en 1/4 d'h. les **Houches** (hôt. du Glacier, simple). 2 min. au delà de l'église, située dans un endroit pittoresque, coule un ruisseau que traverse la route. Il y a sur sa rive g. un sentier passable et facile à tenir, qui passe 1/2 h. plus loin, à dr., par une gorge boisée, et qui mène au **pavillon de Bellevue** (1 h. 1/2 ; 1781 m. ; aub.). Ce chalet est bâti sur une crête du *Mont-Lachat* (2111 m. ; v. ci-dessous), voisin du col de Voza, et il offre, surtout le soir, une *vue magnifique de la vallée de Chamonix, jusqu'au col de Balme, de la chaîne du Mont-Blanc (le Mont-Blanc proprement dit est caché par le Dôme du Goûter) et de la vallée de l'Arve.

8 min. au delà des Houches, à une croix, s'embranche à g. un autre chemin, d'abord plus commode, mais ensuite plus mauvais, surtout quand il a plu ; il mène en 2 h. au col de **Voza** (1675 m.), entre le *Mont-Lachat* (2111 m.) au S.-E. et le *Prarion* au N. (p. 64), 20 min. à l'O. du pavillon de Bellevue. La vue y est également belle, mais plus restreinte. Il y avait une aub., qui est maintenant fermée (rafraîch. au chalet). On redescend par la rive dr. du ruisseau et *Bionnay* à *Bionnay* (1 h. 1/4 ; 973 m.), sur la route de St-Gervais aux Contamines, ou mieux (plus court) à g., par le versant de la montagne, vers le pont du torrent de Bionnassay, où l'on rejoint le chemin ci-dessous. — Du pavillon de Bellevue au *chalet-hôt. de Tête-Rousse*, v. p. 87 ; à *St-Gervais* par le *pav. de Prarion*, v. p. 64.

Du pavillon de Bellevue, on descend au S., en laissant à g. le nouveau chemin du Mont-Blanc par Tête-Rousse (v. p. 87), ainsi que l'*Aiguille de Bionnassay* (4066 m.), passant au-dessous des chalets du *Planey* et traversant le *torrent de Bionnassay*, qui sort du glacier de ce nom. C'est par ce torrent que s'est précipitée la trombe qui a détruit en 1892 les bains de St-Gervais (v. p. 64, 87). On arrive d'abord aux *chalets de la Pierre.* Plus loin on suit un assez bon sentier de mulets sur la rive g., et l'on est en 1 h. ¼ au *Champel*, où l'on descend à g., près d'une fontaine, par un chemin escarpé. On a de là une belle vue de la *vallée de Montjoie*, vallée bien cultivée et bien boisée que borne à l'O. le *Mont-Joly* (v. ci-dessous), avec le *Mont-Roselette* (2690 m.) à l'arrière-plan. On voit aussi à l'E., au-dessus de hauteurs couvertes de verdure, quelques cimes neigeuses à l'O. de la chaîne du Mont-Blanc: *Aig. de Tricot, de Trélatête*, etc. — Au bout de 18 min., *la Villette*, et 6 min. plus loin, la route de St-Gervais (p. 64) aux Contamines. Cette route traverse le *torrent de Miage* avant le hameau de *Tresse.* A dr., sur le versant du Mont-Joly, la belle église de *St-Nicolas-de-Véroce.*

Au lieu de descendre dans la vallée de Bionnassay, on peut prendre à dr. à l'extrémité du glacier de ce nom (v. ci-dessus) et monter par là aux *chalets de Tricot*, puis au col de Tricot (2133 m.; petite aub.), à 2 h. ½-3h. du pavillon de Bellevue, entre la *Pointe de Tricot* et le *Mont-Vorassay*, pour descendre ensuite aux *chalets de Miage*, d'où l'on a un beau coup d'œil au S. sur le *glacier de Miage*, le *Dôme de Miage* (3688 m.), le *col de Miage* (p. 85) et l'*Aig. de Bionnassay* (4066 m.), et par la rive g. du torrent de Miage à *Tresse*, sur la route des *Contamines* (2 h. ½; v. ci-dessus; guide de Chamonix, 15 fr.).

Le *Mont-Joly (2527 m.), qui offre une vue splendide du Mont-Blanc, etc., se gravit sans difficulté de St-Nicolas-de-Véroce, en 3 h. Guide, 6 fr. On passe par le *pavillon du Mont-Joly* (2 h.), comme à la montée du côté de St-Gervais (p. 64). Le Mont-Blanc a de ce côté un aspect tout autre qu'à la Flégère ou au Brévent; au lieu de courbes régulières et harmonieuses, il présente des lignes brisées et des aiguilles de la plus grande majesté. Ascension de *Megève*, v. p. 114.

On passe ensuite à une certaine hauteur du côté dr. du *Bon-Nant*, qui arrose la vallée de Montjoie, et l'on monte peu à peu, par *la Chapelle* et *Champelet*, en 1 h., vers

Les Contamines (1197 m.; hôt.: *de l'Union, du Bonhomme*, bons), gros village avec une belle église, à l'E. de la vallée.

Il y a des Contamines au *pavillon de Trélatête* (p. 90) un chemin plus commode que celui de Nant-Borrant; il monte à g. à 20 min. au-dessus des Contamines. — A Nant-Borrant par le pavillon, 3 h. ½, intéressant. — A *St-Gervais*, v. p. 64; à *Beaufort*, par le *col du Joly*, v. p. 121.

Au delà des Contamines, la route de voitures descend vers le Bon-Nant, en offrant toujours une belle vue sur toute la vallée jusqu'aux cimes du Bonhomme. Puis la vallée se rétrécit et on atteint la *chapelle Notre-Dame-de-la-Gorge* (1 h.), dans une gorge profonde, au pied du Mont-Joly. Là cesse la route de voitures, à laquelle succède un chemin muletier, qui est pavé et raide. On laisse un pont à dr. et on monte tout droit. On passe devant quantité de rochers polis par les glaciers, puis à travers un bois et près de deux cascades. Au bout de ½ h., on franchit sur un pont la gorge du Bon-Nant, et 10 min. plus loin on est aux **chalets de Nant-Borrant** (1457 m.; *hôt.*, ch. 3 à 4 fr., dî. 3). On passe ensuite à g. un pont en bois, puis on monte dans des prairies, par un sentier le plus souvent rocailleux. Dans le haut à g., l'extrémité du grand *glacier de Trélatête*, avec le *col de Béranger*. En arrière, le regard s'étend jusqu'à l'Aiguille de Varens, près de Sallanches.

De Nant-Borrant ou mieux des Contamines (v. ci-dessus) aux Mottets ou au col de la Seigne, directement, par le **col du Mont-Tondu** (2895 m.), 7 h. et 8 h. ½, pénible et seulement pour les alpinistes, avec 1 ou 2 guides (30 fr.). On monte à g. de Nant-Borrant (jolies cascades), en 1 h. ½ au *pavillon de Trélatête* (1976 m.; aub. recommandée), d'où l'on a une belle vue des séracs du *glacier de Trélatête.* Puis sur les versants de dr. et par le glacier même au col, entre le *Mont-Tondu* (3196 m.), à dr., et la *Pointe de la Lanchette* (3088 m.), à g. Belle vue, en particulier de la hauteur à g. On redescend à dr., par le *glacier de la Lanchette*, aux *Mottets* (p. 91) ou à g., par des rochers escarpés et le *glacier des Lancettes* ou *des Glaciers*, au col de la Seigne (p. 91). — Par le col de Trélatête (3498 m.), à l'O. de l'Aig. de Trélatête, au *glacier de l'Allée-Blanche* et au *lac de Combal* (p. 92), très difficile, avec 2 guides, à 60 fr.

50 min. Chalet à la Balme (1715 m.), petite auberge dans le haut de la vallée de Montjoie. Jusqu'à cet endroit, un guide est inutile; on peut aussi s'en passer au delà, quand il fait beau.

Si cependant l'on croit ne pouvoir se passer de guide, on en prendra un aux Contamines plutôt qu'à Nant-Borrant ou à la Balme, où l'on n'est pas sûr d'en trouver. Des Contamines jusqu'au col du Bonhomme, 6 à 8 fr.; au col des Fours, même prix; aux Chapieux, 8 à 10 fr.; aux Mottets, 10 à 12 fr., davantage si le guide ne peut revenir le même jour. Si l'on ne prend de guide que jusqu'au col du Bonhomme, exiger qu'il vienne jusqu'au point le plus élevé, à la croix du Bonhomme (v. p. 91), où le chemin se bifurque pour monter à g. au col des Fours ou descendre tout droit aux Chapieux. Excepté peut-être au col même ou lorsqu'il y a beaucoup de neige, on ne peut guère s'égarer. Mulet de Nant-Borrant au col du Bonhomme, 8 fr.: faire prix d'avance.

On monte une pente raide au milieu de blocs de rocher d'un aspect sauvage, en suivant toujours un chemin marqué par des perches. A ½ h., le *Plan Jovet* (1962 m.), où il y a quelques chalets, en deçà desquels est une cascade, à gauche.

Outre le col des Fours (p. 91), il y a pour se rendre d'ici aux Mottets le *col d'Enclaves* (2686 m.), entre le Mont-Tondu et la Tête d'Enclaves, avant lequel on passe au petit *lac Jovet* (2176 m.). Ce chemin est plus court, mais aussi plus difficile: 4 h. à 4 h. ½ de Nant-Borrant.

30 min., le *Plan des Dames*, où un tas de pierres rappelle, dit-on, des dames qui auraient péri à cet endroit dans un ouragan. Le sentier monte à dr. à l'extrémité de la vallée (½ h.), et il atteint en 25 min. le **col du Bonhomme** (2340 m.; refuge des chasseurs alpins). Le regard y embrasse le fond désert de la vallée dans laquelle jaillit la *Gitte.*

Un sentier praticable aux mulets descend du col, par le *chalet de la Sauce* et la rive g. du ruisseau de ce nom, en 2 h. à la *Gitte* (1674 m.), et de là en 3 h. ½ à *Beaufort* (p. 121): guide utile jusqu'aux chalets de la Gitte.

Deux hauts rochers s'élèvent ici, semblables à des tours écroulées; ce sont la *Tête du Bonhomme* (2593 m.) et la *Femme du Bonhomme.* On prend ensuite à g., sur le versant de la montagne, par un chemin que désignent des perches et qui passe à une excellente source, où l'on fait bien de déjeuner. Puis on monte jusqu'au **col de la Croix-du-Bonhomme** (40 min.; 2483 m.), d'où l'on a une vue magnifique sur les montagnes de la Tarentaise, au milieu desquelles on remarque la belle pyramide neigeuse du Mont-Pourri (p. 125).

À dr. à ce col se détache un chemin qui descend tout droit en 1 h. 3/4 aux Chapieux, par où l'on peut aussi continuer l'itinéraire, en l'allongeant d'env. 3/4 d'h. — **Les Chapieux** ou *Chapiu* (1509 m.; *H. du Soleil*, bon; *H. des Voyageurs*, simple) sont un vieux village, avec des baraques de chasseurs alpins, dans le *Val des Glaciers*, par où un chemin va rejoindre le suivant au N.-E., aux chalets des Glaciers (1 h.).

Des Chapieux à *Beaufort* (Albertville), v. p. 121.

Des Chapieux a Bourg-St-Maurice (*Tarentaise*): 15 kil., route neuve et voit. publ. en été, à 4 h. du soir, trajet en 2 h., pour 1 fr. 50 (de Bourg-St-Maurice, à 7 h. 1/2 du mat., en 3 h. 1/2, pour 2 fr. 50). On descend la vallée du *torrent des Glaciers*, d'abord dans un défilé entre la *Clavetta* (2625 m.), à g., et la *Terrasse* (2889 m.). à dr. — 3 kil. 5. *Le Crey* (1460 m.). — 9 kil. *Bonneval-les-Bains*, etc. (v. p. 125).

Notre chemin, désigné d'abord par des perches, monte à g., à la croix du Bonhomme, en 35 min. au **col des Fours** (2710 m.; ref. des chas. alp.), en dernier lieu en passant sur de la neige. Un guide y est utile aux personnes peu habituées aux courses de montagnes. La *Pointe des Fours* (2719 m.), à 5 min. à dr. du col, offre une vue superbe. Descente escarpée sur des éboulis de roche schisteuse, puis par des pâturages. A 1 h. 1/4 du col, les premiers chalets (2004 m.); 20 min. plus loin, les *chalets des Glaciers*, où aboutit, à dr., le chemin venant des Chapieux (v. ci-dessus). On descend là à g. vers un pont (1781 m.), traverse le torrent des Glaciers et remonte dans la direction des maisons des **Mottets** (1/2 h.; 1898 m.; *hôt.* chez la Vve Fort; ch. 3 fr. à 4 fr. 50, dé. 2, dî. 4; mulet pour le col de la Seigne, 6 fr.). Les Mottets sont dans le haut du *Val des Glaciers*, au N.-E. duquel est l'*Aiguille des Glaciers* (v. ci-dessous), avec le grand *glacier des Glaciers*.

Chemin des Contamines par le *col du Mont-Tondu*, v. p. 90; du Plan Jovet par le *col d'Enclaves*, p. 90.

Ensuite il y a un sentier de mulets, qui monte en serpentant au **col de la Seigne** (1 h. 3/4; 2512 m.; ref. des chas. alp.). Au sommet, où une croix indique la frontière de la France et de l'Italie, on a une *VUE grandiose sur l'**Allée-Blanche**, vallée de plusieurs lieues de longueur, dans laquelle la partie S. de la chaîne du Mont-Blanc se dresse à pic à une hauteur effrayante.

Immédiatement à g. du col, l'*Aig. des Glaciers* (3834 m.), qui se gravit de là en 6 h., et l'*Aig. de Trélatête* (3911 m.); puis l'imposant dôme de neige du *Mont-Blanc*, avec ses énormes soubassements du *Rocher du Mont-Blanc* et du *Mont-Maudit*. Plus loin, à g. de l'*Aig. de l'Estelette*, un pic isolé et hardi, l'*Aig. Blanche de Pétéret* (4109 m.). Plus à dr., à l'arrière-plan, les montagnes du Grand-St-Bernard; derrière, le *Mont-Velan*, le *Grand-Combin*, etc. Dans le fond se voit le lac de Combal (v. ci-dessous). En arrière, on a encore un joli coup d'œil sur les montagnes de la Tarentaise, mais il n'est rien en comparaison de la vue grandiose à l'E.

Un sentier mène au S.-E. du col de la Seigne au *glacier du Breuil*, d'où l'on peut faire l'ascension de la *Pointe de Léchaud* ou *montagne de la*

Seigne (3 h.; 3126 m.), qui offre un panorama merveilleux. On en peut redescendre aux Mottets (3 h.; v. p. 91), par des sentiers difficiles passant au *col du Breuil* (2901 m.) et au *col de l'Oueillon* (2704 m.?). — Un autre sentier mène en 1 h. du col de la Seigne au *col des Chavannes* (2606 m.) et de là en 2 h. ¹/₄ env., par le *vallon des Chavannes*, à Pont-Serrand, sur la route du *Petit-St-Bernard* (p. 94). — Du col des Chavannes enfin, on fait encore, en 2 h., l'ascension de la *Pointe de Léchaud* (p. 91), par les arêtes.

On redescend du col de la Seigne, en appuyant à g., sur de la neige et des éboulis, puis par des pâturages, et l'on est au bout de ¹/₂ h. aux derniers *chalets de l'Allée-Blanche* (2205 m.), occupés seulement quelques semaines au cœur de l'été. 25 min. plus loin, les chalets du bas (2175 m.), à l'extrémité d'un petit plateau. De là on tourne une colline à dr., traverse un ruisseau et descend à un second plateau. Vue magnifique sur l'imposant *glacier de l'Allée-Blanche*, que domine l'*Aiguille de Trélatête*. A l'extrémité du plateau (³/₄ d'h.) est le **lac de Combal** (1940 m.), lac vert borné au N. par la moraine colossale du *glacier de Miage*. A l'autre extrémité de ce lac (10 min.), près d'un barrage, le chemin passe sur la rive g. de la *Doire*, qui en sort, et descend le long de la moraine dans une gorge remplie de toutes sortes de débris. On repasse au bout de 40 min. sur la rive dr. La vallée s'élargit et prend le nom de *Val Veni*; on y est en 10 min. à la *cantine de la Visaille* (1653 m.; rafraîch. et lits), d'où l'on a une vue splendide, en particulier des Jorasses et de la Dent du Géant.

Puis vient un bon chemin, dans des prairies et dans un bois, passant, sur la rive g., aux *chalets de Purtud* (³/₄ d'h.; cantine sur la rive g.). A g., le beau *glacier de la Brenva*, qui a beaucoup reculé; il remplissait auparavant toute la vallée. Au bout de 20 min., le *chalet de Notre-Dame-de-Berrier*. Un peu plus bas, au sortir du bois, qui est ravagé par des avalanches, le regard embrasse jusqu'à une grande hauteur le glacier de la Brenva. A g., l'Aig. de Pétéret, et au-dessus, la cime neigeuse du Mont-Blanc; à dr., le pavillon du Mont-Fréty (v. p. 93) et le pic déchiqueté de la Dent du Géant. Le chemin tourne quelques min. plus loin, à un rocher près de la *chap. de Notre-Dame-de-Berrier* ou *N.-D.-de-Guérison* (1486 m.). A g., dans le bas, au débouché du Val Ferret, le village d'*Entrèves*. On descend ensuite vers la Doire, à l'endroit où elle reçoit la Doire du Val Ferret et prend le nom de *Doire Baltée*. On la traverse encore une fois, vis-à-vis des petits bains de *la Saxe* (³/₄ d'h.; 1233 m.); on arrive en ¹/₄ d'h. à l'*hôtel du Mont-Blanc* (v. ci-dessous) et 10 min. après à

Courmayeur. — Hôtels: *Royal (ch. 4 à 6 fr., rep. 1.50, 3.50 et 5); *de l'Ange (mêmes prix); *de l'Union; *du Mont-Blanc, ce dernier à 10 min. du village. — Rest. Savoie (ch. à louer). — Café du Mont-Blanc. — Etabliss. hydrothér. Tavernier, avec café-restaurant. — Il y a une compagnie des guides, qui a à peu près les mêmes prix que celle de Chamonix. On peut recommander les suiv.: Laur. et Julien Proment, J. Petigax, J. Gadin, L. Berthollier, F., J. et L. Croux, Al. Fenoillet, Cés. Ollier, P. et L. Revel, etc. On ne s'adressera pas seulement au guide-chef, mais on s'entendra aussi avec les guides sur les courses et les prix.

Courmayeur (1228 m.) est un village dans un site magnifique, à l'extrémité de la vallée supérieure d'Aoste, très fréquenté par les Italiens comme séjour d'été et à cause de ses *eaux minérales,* bicarbonatées-calciques. Il y a 4 sources, les sources Victoria, 25 min. au S.-O.; Marguerite, $^1/_4$ d'h. au S.; de la Saxe (v. ci-dessus) et Jean-Baptiste, à l'établiss. Tavernier. Bien que Courmayeur soit situé plus haut que Chamonix, le climat y est plus doux et la végétation plus riche. La cime principale du Mont-Blanc y est masquée par le *Mont-Chétif* (2343 m.), mais on la voit à 10 min. au S., sur la route de Pré-St-Didier (p. 94).

En face de Courmayeur est **Dolonne**, petit village d'où l'on a une vue superbe des escarpements énormes des *Jorasses,* avec leur glacier. Jolie promenade par le *pont de la Doire* (10 min.) et le village, un sentier ombragé à l'extrémité N. et la rive g. au retour (1/2 h.). — Chemin muletier (guide inutile) de Dolonne, à l'O., au **col de Chécouri** (2 h.; 1960 m.), au S.-O. du *Mont-Chétif* (2343 m.), qui se gravit de là sans grande difficulté en 1 h. Vue magnifique du col sur le Mont-Blanc. Retour par le Val Veni, v. p. 92 et ci-dessus.

Le ***mont de la Saxe** (2358 m.; 3 h.; guide, 6 fr., inutile) offre une vue complète de la partie orientale de la chaîne du Mont-Blanc, depuis le col de la Seigne jusqu'à celui de Ferret: la Dent du Géant et les Jorasses sont dans son voisinage immédiat. Il y a un bon chemin muletier qui y monte à dr. de Courmayeur, par *la Saxe, Villair* et les *chalets du Pré* (2 h.; 1975 m.), à 1 h. de la première cime. On peut redescendre dans le *Val Ferret* par les *chalets de Leuchi* (1922 m.).

Le ***Crammont** (2737 m.), qui offre une des vues les plus grandioses du Mont-Blanc, se gravit le mieux de *Pré-St-Didier* (v. p. 94). Il faut de là 3 h. 1/2 et les alpinistes peuvent se passer de guide. On suit la route du Petit-St-Bernard (20 min. par la traverse) jusqu'au premier tunnel, puis on monte à dr. par *Chanton* (1/2 h.; 1820 m.), à 2 h. 1/2 de la cime. Il y a 5 min. plus bas un refuge du C. A. I. — Un autre chemin (muletier), qui rejoint le précédent, se détache de la route à *Elevaz,* à 1 h. de Pré-St-Didier, au delà des deux tunnels.

Excursion intéressante de 2 h. 1/2 à 3 h., par un bon chemin muletier, passant à *Entrèves,* au **pavillon du Mont-Fréty** (2173 m.), où il y a une aub. assez chère, quand on apporte des provisions. De là au *col du Géant* (3371 m.; refuge; p. 85), 3 h. à 3 h. 1/2 de montée raide. Guide jusqu'au pavillon (pas nécess.), 6 fr.; jusqu'au col (indispens.), 12 fr. all. et ret., 20 en 2 jours. — Du col au sommet de l'*Aiguille* ou *Dent du Géant* (4014 m.), 5 à 7 h., très difficile. — Du col au *Montanvert,* 4 à 5 h., et de là à *Chamonix,* 1 h. 1/2 (v. p. 85).

Aux **Grandes Jorasses** (4205 m.). 13 à 14 h., avec un guide, course difficile et où l'on est exposé aux avalanches. On prend au N. par le *Val Ferret,* passe au-dessus d'*Entrèves* sur la Doire, aux chalets de *Mayen* (1507 m.), puis sous bois, par des pentes de gazon, un glacier et des rochers à la fin très pénibles (il y a une corde), et on arrive en 5 h. 1/2 à 6 h. à une *cabane* du C. A. I. (2804 m.), puis par le *rocher du Reposoir,* en 5 à 6 h. au sommet.

De Courmayeur a Chamonix, par le col du Géant: 14 h.; guide, 40 fr.; porteur, 25 fr., 50 et 30 fr. pour 2 jours. Il faut 2 guides ou 1 guide et 1 porteur. Voir p. 85.

Ascension du *Mont-Blanc* (guide, 100 fr.), v. p. 87.

De Courmayeur à *Martigny,* par le *col Ferret* (2533 m.) et *Orsières,* chemin le plus court pour aller en Suisse, 15 h. 1/2, fatigant et en somme peu intéressant. A *Aoste,* par Pré-St-Didier (v. ci-dessous), voit. publ. 3 fois le jour. Voir *la Suisse* et l'*Italie septentrionale,* par Bædeker.

De Courmayeur à Bourg-St-Maurice, par le Petit-St-Bernard: 58 kil. de route, 9 à 10 h. par les raccourcis; voit. publ. du 1er juil. au 15 sept., a 5 h. du m.; trajet en 6 h. jusqu'à l'hospice; de là à Bourg-St-Maurice (32 kil.), à 4 h. du soir; trajet en 3 h., pour 6 fr. (dans l'autre sens, v. p. 125). — La route descend de Courmayeur à la Doire et en suit d'abord la rive g., dans une gorge boisée, puis passe sur la dr., à *Palésieux*, 3/4 d'h. en deçà de Pré-St-Didier. Les piétons prendront de préférence l'anc. chemin, où l'on a de belles vues (en arrière, sur le Mont-Blanc); il reste à g. dans le haut et rejoint la route au delà de Pré-St-Didier. — 4 kil. **Pré-St-Didier** (990 m.; hôt.: *de l'Univers, de la Couronne, de Londres*), village qui a des bains. On y laisse à g. la route d'*Aoste* (41 kil.; v. l'*Italie septentr.*, par Bædeker), qui continue par la vallée et que dessert un ch. de fer électrique. La route du Petit-St-Bernard s'élève au S.-O., dans la vallée de la *Thuile*, où elle passe dans deux tunnels. A dr., le *Crammont* (v. p. 93). Pont sur la Thuile à *la Balme* (1312 m.). — 14 kil. **La Thuile** (1441 m.; *H. National*), d'où l'on aperçoit, au S.-E., le grand *glacier du Rutor* ou *Ruitor*. Le torrent qui en descend forme les magnifiques *cascades du Rutor*, à 2 h. du village. La *Tête du Rutor* (3486 m.) se gravit aussi de la Thuile, en 7 h. env., avec un guide (40 fr.). Il y a une cabane à env. 3 h. 1/2 de la Thuile et 2420 m. d'alt. et une autre au col du Rutor, à env. 3350 m. On en peut redescendre du côté de Ste-Foy (p. 125). — La route fait ensuite de nombreux lacets, mais il y a des raccourcis. Elle traverse encore trois fois la Thuile, la deuxième fois (2 kil.) à *Pont-Serrand* (1651 m.), sur un pont de 30 m. de haut. Vallon des Chavannes, etc., v. p. 92. — Ensuite la *cantine des Eaux-Rouges* (2055 m.), à 1 h. du pont; le *lac de Verney*, à dr., et le *col du Petit-St-Bernard* (2188 m.), où il y a une colonne romaine de 7 m. de haut, la «colonne de Joux» (Jovis), maintenant avec une statue de St Bernard, à env. 10 min. de l'hospice. Il y a même des restes d'un prétendu «cirque d'Annibal», ainsi nommé en souvenir du fameux général carthaginois, qui y passa peut-être, en 219, pour se rendre en Italie.

26 kil. **Hospice du Petit-St-Bernard** (2153 m.), sur la frontière de la France et de l'Italie, dans le genre de celui du Grand-St-Bernard, sur la route de Martigny à Aoste. Cet hospice a été aussi fondé au x⁶ s. par St Bernard de Menthon (p. 110), et il est desservi par le même ordre religieux spécial. Les voyageurs y sont en principe reçus et hébergés gratuitement, mais il y a une table à prix fixes où l'on est mieux servi. Dans tous les cas, il est d'usage, si l'on n'est pas indigent, de donner au moins autant qu'on aurait payé dans un hôtel. L'hospice a un bureau de poste, un observatoire et un jardin alpin d'acclimatation. — A 1 h. au S., le *Traverset* (2406 m.), col où il y a une anc. redoute et d'où l'on a une très belle vue. Il est très intéressant de faire de l'hospice les ascensions du *Belvédère* (1 h. 1/2; 2642 m.), au N.-E.; du *Mont Valésan* ou *Chardonney* (2 h.; 2892 m.), au S.-E., et de la *Lancebranlette* (2 h. 1/2 à 3 h.; 2936 m.), au N.-O.; on y a une excellente vue de la chaîne du Mont-Blanc.

La route de l'hospice à Bourg-St-Maurice (voit., v. ci-dessus) descend peu à peu, plus loin en faisant d'immenses lacets, mais il y a à dr. un chemin beaucoup plus court, une anc. voie romaine. On a toujours une belle vue sur la vallée supérieure de l'Isère, la Tarentaise, et sur les montagnes de la Savoie. Il n'y a pas de localité importante sur la route avant Séez. Sur le chemin de traverse est *St-Germain* (1274 m.). — 55 kil. *Séez*, sur le chemin de Tignes (p. 125). — 58 kil. *Bourg-St-Maurice* (p. 125).

10. De Chamonix dans le Valais.

Deux ROUTES DE VOITURES et un CHEMIN MULETIER relient la vallée de Chamonix au Valais. Les deux routes se confondent jusqu'au Châtelard, à 4 h. 1/4 de Chamonix. De là, celle de dr. conduit à Martigny, par la Tête-Noire, aussi en 4 h. 1/4, et celle de g. à Vernayaz, par Finhaut et Salvan, en 4 h. La première est la plus fréquentée, mais elle est inférieure à la seconde pour la beauté et la variété du paysage. Quant au chemin muletier, comme ce qu'il a de plus intéressant est la vue qu'il offre sur la vallée de Chamonix et le Mont-Blanc, une des plus belles des Alpes, nous l'avons déjà décrit à partir de Martigny, p. 74-75. — On n'oubliera pas que les horloges avancent en Suisse de 51 min. sur celles de France.

I. De Chamonix à Martigny, par la Tête-Noire.

8 h. ½. Route de voitures, celle par où l'on passe dans l'excursion à Chamonix avec billet circulaire. Voit. de la correspond., à 3 ou 4 places, 16 fr. par personne. Billets à Chamonix au bureau des Messageries, à Martigny rue des Hôtels. On change de voit. à la Tête-Noire, à Trient, ou au col de la Forclaz. Voit. partic. v. p. 80. Voit. de retour moins chères. On tâchera de partir à bonne heure, si l'on ne veut pas s'arrêter en route ni coucher à Martigny. A pied, un guide (12 fr.) est tout à fait inutile, et l'on peut aussi se passer de porteur en envoyant sa valise par l'intermédiaire du bureau des Messageries, moyennant 3 fr. jusqu'à Martigny.

Chamonix, v. p. 79. On remonte la vallée et traverse l'*Arve*. — 30 min. *Les Praz-d'en-Haut* (hôt.: des Praz, National, bons). On laisse à dr. le village des *Bois* et le *glacier des Bois* (p. 82).

30 min. *Les Tines* (hôt.: à la Mer-de-Glace, au Touriste) et, à dr., un chemin conduisant au Chapeau (p. 82). Puis un défilé boisé.

15 min. *Lavancher* (1173 m.; H.-P. Beau-Séjour, à 10 min. à dr., dans le haut). Au Chapeau, v. p. 82; au pavillon de Lognan, v. ci-dessous.

15 min. *Les Iles.* Sur l'autre rive (pont), *la Joux* (p. 83). — 5 min. *Grassonnay.* — 25 min. *Les Chazalets*, où la route passe sur la rive dr. de l'Arve. Là aboutit, à g., le sentier de la Flégère mentionné p. 83.

15 min. (8 kil. de Chamonix). **Argentière** (1250 m.; *H. de la Couronne*, ch. t. c. 2 fr. 50, 1ᵉʳ dé. 1.25, dî. 3.50; *H. du Mont-Blanc & du Chardonnet*, mêmes prix; *H. de Bellevue*, recomm.), au pied de l'énorme glacier du même nom, qui descend entre l'*Aiguille Verte* (4127 m.) et l'*Aiguille du Chardonnet* (3822 m.).

Pavillon de Lognan et *glacier d'Argentière*. Un chemin muletier conduit en 2 h. d'Argentière au *pavillon de Lognan* (2043 m.; aub. Devouassoud; guide, 6 fr.; mulet, 6 fr.). On a ¼ d'h. plus haut un coup d'œil magnifique des séracs grandioses du *glacier d'Argentière*. Il y a souvent dans ce glacier des espèces de fondrières. De là on atteint en ½ h., avec un guide, la *Mer de Glace d'Argentière*, horizontale et presque sans crevasses, où l'on peut s'avancer sans danger. Panorama grandiose, du milieu, sur les cimes qui se dressent de tous les côtés: Aiguille du Chardonnet, Aig. d'Argentière, Tour-Noir, Mont-Dolent, les Courtes, les Droites, Aig. Verte. On peut aller sur le glacier jusqu'au *Jardin d'Argentière* (2684 m.), îlot rocheux au pied de l'Aig. d'Argentière: flore riche en été. Un sentier au S.-O., par les *chalets de Lognan* et la *Pendant*, permet de descendre en 2 h. ½ du pavillon aux Tines ou à Lavancher (v. la carte).

EXCURSIONS DU PAVILLON DE LOGNAN. — A l'*Aig. du Chardonnet* (3822 m.), 7 h., avec un guide, difficile. — A l'*Aig. d'Argentière* (3907 m.), 8 h., avec un guide, difficile. — Au MONTANVERT (p. 81), par le col des **Grands-Montets** (3241 m.), 8 h., avec un guide (30 fr.), pénible, mais très intéressant. Le point le plus élevé du col est entre la *Petite Aig. Verte* (3492 m.) et l'*Aig. des Grands-Montets* (3300 m.; facile du col), dans le haut du *glacier des Rognons.* — A COURMAYEUR (p. 92), par le col Dolent (3543 m.), entre le *Mont-Dolent* (3823 m.) et l'*Aig. de Triolet* (3876 m.), 14 h., avec un guide, très difficile. Descente par le *glacier de Pré-de-Bar* aux chalets du même nom et dans le *Val Ferret* (p. 93). — A ORSIÈRES, sur la route du Grand-St-Bernard à Martigny (p. 74), par le *col du Chardonnet*, 12 h., avec un guide, la première course difficile, la seconde très difficile. On monte en 4 h. ½ au col du Chardonnet (3325 m.), par les glaciers d'Argentière et du Chardonnet, qui sont très raides. De ce col, situé entre l'Aig. du Chardonnet et l'Aig. d'Argentière, on passe par le *glacier de Saleinaz* à la *cabane de Saleinaz* (2 h.; 2691 m.), d'où il y a une descente escarpée, à dr. des séracs grandioses du glacier, vers *Praz-de-Fort* et par les *glaciers de Trient* et *d'Orny*, à *Orsières* (4 h.; v. *la Suisse*). — A Orsières par le *col d'Argentière*, 12 h., très difficile; guide, 60 fr. Le col d'**Argentière** (3516 m.), d'où l'on a une vue superbe, se trouve entre le *Tour-Noir* (3836 m.) et les *Aig. Rouges du Dolent* (3691 m.). Descente dangereuse par le *glacier de la Neuvaz* aux chalets de *la Fouly*, dans le *Val Ferret* (p. 93).

D'Argentière à Orsières par le col du Tour (3280 m.), 12 à 13 h. (guide, 40 fr.), pénible, mais sans grande difficulté pour les alpinistes. Route du col de Balme jusqu'au *Tour* (35 min.; p. 75), puis à dr. par la moraine du *glacier du Tour* et par ce glacier au col, entre l'*Aig. du Tour* (3540 m.) et la *Tête-Blanche* (3430 m.), l'une et l'autre intéressantes à gravir de là. On redescend sur le plateau de névé du *glacier du Trient*, puis à dr. par la *Fenêtre de Saleinaz* (3264 m.) au *glacier de Saleinaz* et à la cabane de ce nom (v. ci-dessus), ou bien à g. par le *col d'Orny* (3119 m.) aux *cabanes d'Orny*, à env. 4 h. d'*Orsières*.

Au delà du village, la route monte à g. en décrivant des courbes très hardies et laissant à dr. le chemin du col de Balme (p. 75), qui se voit en face, avec son hôtel. — 25 min. *Trélechamp* (1400 m.; hôt. des Montets). Beau coup d'œil à dr. sur le glacier du Tour et en arrière sur la magnifique Aiguille Verte. — 15 min. *Col des Montets* (1445 m.), sur la limite des bassins du Rhône et de l'Arve.

La route passe ensuite de l'autre côté de la vallée et descend lentement. — 20 min. *Hôtel du Buet* (1337 m.); 2 min. plus loin, une cantine, où un poteau indique à g. le chemin de la *cascade à Bérard ou *à Poyaz* (25 min.), située dans une gorge sauvage et qui mérite d'être vue (détour de $1/2$ h.; 50 c.). Le chemin de la *vallée de Bérard* conduit au *Buet* (p. 78; 5 h. $1/2$ à 6 h.), qu'on aperçoit à l'arrière-plan. — 15 min. L'*Eau-Noire*, qu'on traverse. Puis une large vallée solitaire, entourée de hautes montagnes couvertes de pins. En face, le *Bel-Oiseau* (p. 98). On voit le Mont-Blanc pour la dernière fois entre le hameau du *Nant* et Valorcine.

10 min. *Valorcine* (1250 m.). La vallée se rétrécit; la route descend jusqu'au torrent, qui bouillonne sur les rochers, et le retraverse au bout de 5 min., dans une gorge pittoresque. — 15 min. *Hôtel Barberine* (poste de gendarmes) et confluent de la *Barberine* et de l'Eau-Noire. Le premier torrent, à g., forme une *cascade* et il y en a une belle $1/2$ h. plus haut, la *cascade de Barberine*.

5 min. *Frontière*, à un pont sur l'Eau-Noire (1123 m.).

Le **Châtelard** (*hôt. *Suisse au Châtelard*, ch. 2 à 3 fr., dé. 2.50 à 3, dî. 3.50 à 4), sur la rive g., est à mi-chemin entre Chamonix et Martigny. C'est 6 min. plus loin, au *restaur. de la Madeleine*, en face des ruines d'un hôtel incendié, que se séparent les deux routes de la vallée du Rhône: à dr., celle de Martigny; à g., celle de Vernayaz (v. ci-dessous).

La route de Martigny passe à 5 min. de là sur la rive dr. de l'Eau-Noire. L'ancien chemin mal famé de *Mapas* (mauvais pas), qui conduisait dans la vallée, reste à g., tandis que la route monte beaucoup. De l'autre côté de la sombre et profonde vallée du torrent monte aussi la route de Vernayaz.

40 min. La **Tête-Noire**, rocher qu'on traverse dans le tunnel de la *Roche-Percée.* — 10 min. (3 h. d'Argentière). *Hôtel de la Tête-Noire* (1194 m.; déj., 3 fr. 50). Il y a 2 min. en deçà un belvédère en bois d'où l'on a une vue magnifique de la gorge de l'Eau-Noire.

Un sentier à g. de l'hôtel descend en 20 min. au **gouffre de la Tête-Noire**, sombre gorge au fond de laquelle bouillonne le Trient, qui forme là plusieurs cascades et où il y a un curieux pont naturel. Billets d'entrée, à l'hôtel, avec un guide, 1 fr. Il y a 35 min. de montée raide pour retourner à l'hôtel. Un autre sentier (raide), qui traverse l'Eau-Noire, conduit directement à Finhaut (v. ci-dessous).

Le chemin tourne ici brusquement à dr., pénètre dans la magnifique forêt de sapins de Trient et contourne la base de la Tête-Noire. Le *Trient*, qui rejoint un peu plus loin l'Eau-Noire, bouillonne au fond de la vallée.

30 min. **Trient** (1292 m.; hôt.: **de Trient, du Midi, du Glacier-de-Trient).* A l'extrémité de la vallée est l'Aig. du Tour, avec le magnifique glacier du Trient. On peut aller par cette vallée rejoindre le chemin du col de Balme (p. 75).

Ensuite un bout de chemin escarpé en lacets, où aboutit, déjà à une assez grande hauteur (poteau), celui du col de Balme à la Forclaz.

30 min. **Col de la Forclaz** ou *col de Trient* (1523 m., v. p. 75).

La vue est encore restreinte de la route au col; mais $1/2$ h. plus bas, on a une **vue magnifique de la vallée du Rhône jusqu'à Sion. Dans le bas est Martigny, qu'un piéton atteint en 2 h. $1/4$ par les innombrables lacets de la route, tandis qu'on y va en 1 h. $1/2$ par le vieux chemin direct. Pour les localités et *Martigny*, v. p. 75-74.

II. De Chamonix à Vernayaz, par Finhaut et Salvan.

7 h. 3/4. Même route que ci-dessus jusqu'au Châtelard, puis route praticable seulement aux voitures légères, mais plus belle que la précédente et plus courte de 12 kil. Voit. partic., v. p. 80. Il y a eu aussi sur cette route un service de voitures dans le genre de celui de la Tête-Noire, à 16 fr. par personne; se renseigner aux bureaux.

Jusqu'au *Châtelard*, à la bifurcation de la route de la Tête-Noire, v. p. 95-96. De là il y a encore 4 h. de marche. On monte à g. à l'hôt. en ruine, pendant env. 40 min. A une croix, on prend à dr. et on continue à peu près à la même hauteur.

45 min. (1 h. 25 du Châtelard). **Finhaut** ou *Fins-Hauts*, dans un site charmant (1237 m.; hôt.: *de Fins-Hauts, du Bel-Oiseau, Beau-Séjour, du Perron, du Mont-Blanc, Mont-Fleuri,* bons).

On peut aller d'ici en 1 h. à l'hôtel de la Tête-Noire. Il faut se faire montrer le sentier étroit qui descend rapidement à un pont sur l'Eau-Noire. On remonte à dr. sur l'autre rive, en passant à quelques maisons, où l'on prend au besoin un enfant pour se faire conduire à l'hôtel.

A 2 h. à l'O., par un bon sentier, le **col de la Gueula* (1945 m.), au S. du Bel-Oiseau. Vue splendide par dessus la vallée de la Barberine, sur le Mont-Blanc, le glacier du Trient, etc., et à l'E. sur les Alpes Bernoises (plus belle encore de la cime rocheuse de **Six Jeur*, 2056 m., à 20 min.

au S.-E. du col). On peut descendre du col à *Emosson*, dans la vallée de la *Barberine*, et à la *cabane de Barberine*, au C. A. S. (1 h.; 1870 m.), d'où l'on peut faire des ascensions intéressantes: à la *Pointe des Rosses* (2964 m.; 3 h. 1/2), au *Pic de Tanneverge* (2932 m.; 3 h. 1/2 à 4 h.), au *Mont-Ruan* (3078 m.; 4 h. 1/2), etc. A Sixt par le *col de Tanneverge* (difficile), v. p. 77. — Ascensions faciles de Finhaut, avec un guide: au *Bel-Oiseau* (2638 m.), 4 h.; à la *Rionda* (2377 m.), 3 h.; à la *Rebarmaz* (2474 m.), 3 h. 1/2.

Ensuite on monte un peu, puis on continue de plain-pied, et on a toujours une *vue superbe. Plus loin on descend en lacets dans un bois, longe la montagne à une certaine hauteur et passe à **Triquent** (994 m.); hôt.: *du Mont-Rose*, bon; *de la Dent-du-Midi*.

1 h. *Gorges du Triège* («buffet» au pont). On y visite les belles *cascades du Triège*, encadrées de rochers et de sombres sapins, où il y a des degrés et des ponts en bois (entrée, 1 fr.). Ensuite on remonte lentement pendant 20 min., puis on redescend de même, entre de curieux rochers polis par des glaciers et à l'*hôt. de la Creusaz*.

30 min. (1 h. 1/2 de Finhaut). **Salvan** (925 m.; hôt.: *Grand-Hôtel*, *H. des Gorges-du-Triège*; *Bellevue*, *de l'Union*, *Mon-Repos*, bons). On y voit un gros bloc erratique et des sculptures préhistoriques remarquables, ressemblant à des inscriptions.

Visite intéressante à la *cascade du **Dalley**, formée par la *Salanfe*. Un chemin commode y conduit en 40 min. env., par le petit village voisin, *les Granges* (hôtel), sur le versant de la montagne du côté de la vallée du Rhône. La Salanfe forme encore plus loin la Pissevache (v. p. 74).

On fait de Salvan (bons guides), par le vallon de Salanfe, au N.-O., l'ascension de la **Dent du Midi** (cime de l'O., 3260 m.), qui se gravit aussi de Champéry (p. 73), et celles des sommets qui s'y rattachent: *Cime de l'Est* (3185 m.), *Cathédrale* (3166 m.), *Forteresse* (3164 m.), *Dent Jaune* (3212 m.), *Doigt* (3200 m.), etc.; ce sont des courses très difficiles.

Autres excursions de Salvan, v. *la Suisse*.

On descend enfin commodément à Vernayaz en 1 h., par d'innombrables lacets qui passent et repassent un torrent, au milieu de châtaigniers. — *Vernayaz*, v. p. 74.

---

11. De Paris à Aix-les-Bains.

A. Par Mâcon, Ambérieu et Culoz.

581 kil. Trajet en 9 h. 25 à 16 h. 15. Prix: 65 fr. 15, 44 fr., 28 fr. 75. Départ de la gare de Lyon, excepté pour les trains de luxe, qui partent de la gare du Nord: v. l'Indicateur.

Jusqu'à *Culoz* (559 kil.), v. p. 58-59. La ligne d'Aix est séparée de l'autre par un bâtiment qu'il faut traverser pour changer de voiture, Culoz ayant été jusqu'à l'annexion de la Savoie une gare frontière. La voie tourne ensuite au S.-E. et traverse le Rhône et des terrains marécageux. — 566 kil. *Chindrieux*.

Puis le *lac du **Bourget** (231 m. d'alt.), qui s'étend à dr., à peu près du N. au S., sur une longueur de 16 kil. et une largeur moyenne de 5 kil., formant une superficie de 4462 hectares. Sa profondeur atteint 145 m. Il se décharge au N.-O. dans le Rhône par le *canal de*

Savières. Près de Chindrieux, à dr., le vieux *château de Châtillon*, dominant le lac, à ¹/₄ d'h. de la stat. de Chindrieux et 16 kil. d'Aix, d'où l'on y va en excursion (vue). On trouve dans le bas des barques pour passer à l'abbaye de Hautecombe (env. 1 h.; p. 102). — La voie longe d'abord la rive E. de ce beau lac, immortalisé par Lamartine. Il est toutefois inférieur à celui d'Annecy, que la France ne possédait pas encore quand Lamartine écrivit «le Lac». L'eau de celui du Bourget est d'un bleu magnifique et il nourrit un poisson fort estimé, le «lavaret», dans le genre de la «féra» du lac de Genève et ressemblant quelque peu au maquereau. A l'O. sont des hauteurs dont la principale est la Dent du Chat (p. 103), et l'on y remarque surtout l'abbaye de Hautecombe (p. 102). La rive dr. est aussi d'abord assez encaissée, et l'on y passe dans 4 tunnels, dont le troisième a 1300 m.; mais ensuite c'est une plaine fertile, où l'on s'écarte du lac. Beau coup d'œil après le 3ᵉ tunnel; on contourne une partie du lac.

581 kil. *Aix-les-Bains* (buffet; p. 100).

B. Par Mâcon, Lyon et Culoz.

(*Lyon-Genève.*)

636 kil. Trajet en 13 h. à 21 h. 45. Prix: 71 fr. 35, 48 fr. 20, 31 fr. 45. De Lyon: 124 kil.; 3 h. 10 à 5 h. 15; 14 fr., 9 fr. 45, 6 fr. 20. — *De Lyon à Genève:* 168 kil.; 4 à 6 h.; 18 fr. 90, 12 fr. 80, 8 fr. 30.

Jusqu'à *Lyon* (512 kil.), v. R. 1. — *Lyon*, R. 2.

Les trains de Lyon à Aix-les-Bains et ceux à destination de Genève partent de la gare de Perrache, d'où on traverse le Rhône et contourne la ville au S.-E., après avoir laissé à dr. les lignes de Marseille et de Grenoble. Mais il y a une gare spéciale aux *Brotteaux*, à l'E., non loin du parc de la Tête-d'Or (v. p. 6), d'où le départ a lieu 20 à 25 min. après celui de Perrache. A g., toujours l'église de Fourvière. On traverse ensuite de nouveau le Rhône. — 9 kil. *St-Clair*, dernière gare de Lyon, pour les trains omnibus et où aboutit un embranch. de la ligne de Paris à Lyon, qui passe par un grand tunnel sous la colline de la Croix-Rousse. — 17 kil. *Miribel*, bourg industriel de 3339 hab., avec un château en ruine. On s'éloigne du Rhône. — Halte de *St-Maurice-de-Beynost*. — 21 kil. *Beynost*. — 26 kil. *Montluel*, bourgade industrielle, avec les restes d'un château très ancien. — 31 kil. *La Valbonne*, où il y a un camp avec un polygone, à dr. — 39 kil. *Meximieux*, petite ville dominée par un château du xıᵉ s., qui a été restauré. On traverse l'*Ain* 3 kil. plus loin. — 47 kil. *Leyment*. A dr., le château de la Servette. On se rapproche du Jura. Puis on traverse l'*Albarine*, affluent de l'Ain.

52 kil. **Ambérieu** (*buffet; hot. de la Gare*), où l'on rejoint la ligne de Paris-Aix par Mâcon. Suite du trajet, par (102 kil.) *Culoz*, où s'embranche la *ligne de Genève*, v. p. 58-59 et 98.

Aix-les-Bains. — Hôtels. — Les hôtels d'Aix passent en général pour chers au fort de la saison des eaux, du 1er juillet au 15 septembre. On y déjeune à midi et dîne à 6 h. 1/2 ou 7 h. — De 1er ordre: *Splendide-Hôtel* (pl. a), chemin de Mouxy, dans le haut de la ville (vue; ch. 4 à 7 fr., écl. 75 c., s. 1 fr., rep. 1.50, 4 et 6, v. c., p. 14 à 20); *Gr.-H. Bernascon & Regina* (pl. b), au S. du jardin public, nouveau; *Gr.-H. d'Aix* (pl. c), avenue de la Gare et rue du Casino, comme les suiv.; *Gr.-H. Lamartine*; *H. Métropole* (ch. 3 à 8 fr., écl. 75 c., s. id., rep. 1.50, 3.50 et 4.50, p. 10 à 16, om. 1, 1.50 av. bag.); *Gr.-H. de l'Europe, Vénat & Bristol* (pl. d); *Louvre & Savoy-Hôtel* (pl. e), p. dep. 12 fr., écl. 75 c.; *H. du Helder* (pl. f), avenue de la Gare, av. rest. (v. ci-dessous); *H. du Nord & Grande-Bretagne*, rue du Casino; *Gr.-H. d'Albion & du Mont-Revard* (pl. g), sur la colline au-dessus du parc; *H. des Bergues* (pl. h), avenue de la Gare (dé. 3 fr., dî. 4); *International*, id. (pl. i; ch. et s. dep. 4 fr., écl. 50 c., rep. 1.50, 3 et 4; p. 10 à 16); *Terminus*, boul. de la Gare. — De 1er et de 2e ordre: *H. des Bains*, rue du Casino; *Beau-Site*, au-dessus du jardin public (ch. 4 à 7 fr., écl. 60 c., s. 75, rep. 1.25, 3.50 et 5, p. 11 à 15, om. 75 c.); *Gaillard*, rue Daquin; *de Paris*, id.; *Britannique & Thermal* (pl. k), à g. de l'établissement; *Dussuel*, à dr.; *de la Poste*, place Carnot (ch. 3 fr. 50, écl. 75 c., s. id., rep. 1.50, 3.50 et 4.50, p. 10, om. 1.25); *H. du Grand-Café*, même place; *de Genève* (pl. l), rue du Casino; *de l'Arc-Romain*, en face des bains; *de la Couronne* (pl. m), rue de Chambéry, du côté de la place Carnot; *Damesin*, même rue, à g. en descendant (ch. t. c. 3.50 à 6 fr., rep. 1.25, 3 et 4, p. 7.50 à 15, om. 1); *H. du Parc* (pl. n), id., à dr.; *du Mont-Blanc* (pl. o), au coin des aven. de Marlioz et de Tresserve, *de Marlioz*; *Mirabeau*, rue Dr-Garrot, près de la gare; *H. des Deux-Mondes*, avenue Marie, même quartier; *Germain*, rue des Écoles; *Dufrène*, id.; *Château-Durieux* (pl. p), plus loin, boul. des Côtes; *Folliet* (pl. q) et *Derouge*, rue Lamartine, en deçà à g. de ce boulevard; *Beauséjour*, dans le haut du boulevard; *H. du Centre & des Voyageurs* (pl. r), place du Revard, bon (ch. dep. 2 fr. 50, rep. 75 c., 2.50 et 3 fr., p. dep. 8); *H. Durand, Garin, de Russie*, rue de Genève, etc. — Il y a un très grand nombre de *villas*, de *maisons meublées* et de *pensions*. Voir les remarques p. xxi. — *Agence de location:* Mermoz, avenue de la Gare.

Restaurants: dans divers hôtels; *R. du Helder* (hôt.; dé. 3 fr., dî. 4), *de la Renaissance, du Louvre* (hôt.; 3 et 4 fr.), *Brass. Russe* (2.50 et 3), tous avenue de la Gare. — *Confiserie Rumpelmayer*, avenue Marie, près de la gare.

Cafés: *Grand-Café*, place Carnot; autres place du Revard; *café du Centre*, place du Revard, etc. — Bière au *Bar Mauresque*, place du Revard.

Établissement thermal. *Bains*, 50 c. à 2 fr. *Douches*, 50 c. à 2 fr. 50. *Portage*, d'ordinaire, 75 c., 1 fr. 25 aller et retour. L'établissement est fermé de 11 h. à 2 h. et après 5 h. du soir. *Visite des grottes*, 50 c. les jours ordinaires, 1 fr. quand elles sont illuminées. — La liste des *médecins* pratiquant à Aix est affichée à l'établissement.

Voitures de place: course, à la gare, 1 fr. pour 1 pers., 75 c. par pers. si l'on est plusieurs; en ville, 1 ou 2 pers., 1 fr.; 3 ou 4 pers., 2 fr., plus 50 c. par gros colis; l'heure, à 1 chev., 3 fr.; à 2 chev., 4 fr. La nuit, de 10 h. à 6 h., la moitié en sus. Les courses hors de la ville sont aussi tarifées et les cochers doivent toujours vous remettre le tarif. — *Anes*, 1 fr. l'h., 4 fr. 1/2 journée, 7 fr. 1 journée.

Tramways, à air comprimé: de la *place de Genève* au *port Puer* (p. 102), 25 c.; au *Petit-Port* ou *port Cornavin*, au S. du port Puer, id.; à *Marlioz* (p. 102), 30 c.; à *Grésy* (p. 106), 30 c.

Voitures publiques pour excursions, place du Revard, place Carnot et place de la Mairie. On y trouve tous les renseignements désirables sur les programmes et les prix, qui varient de 3 à 5 fr. Voir aussi p. 102-105. — *Bateaux*, v. p. 102.

Casinos. *Cercle*, rue du Casino: entrée, 3 fr.; par abonnement, 1 pers., 40 fr.; 2 pers. d'une même famille, 60 fr.; 3 pers., 70 fr., etc. *Villa des Fleurs*, avenue de la Gare: 1 jour 3 fr.; 10 j. 20; saison 40, 60 pour 2 pers. d'une même famille, 75 pour 3, etc.

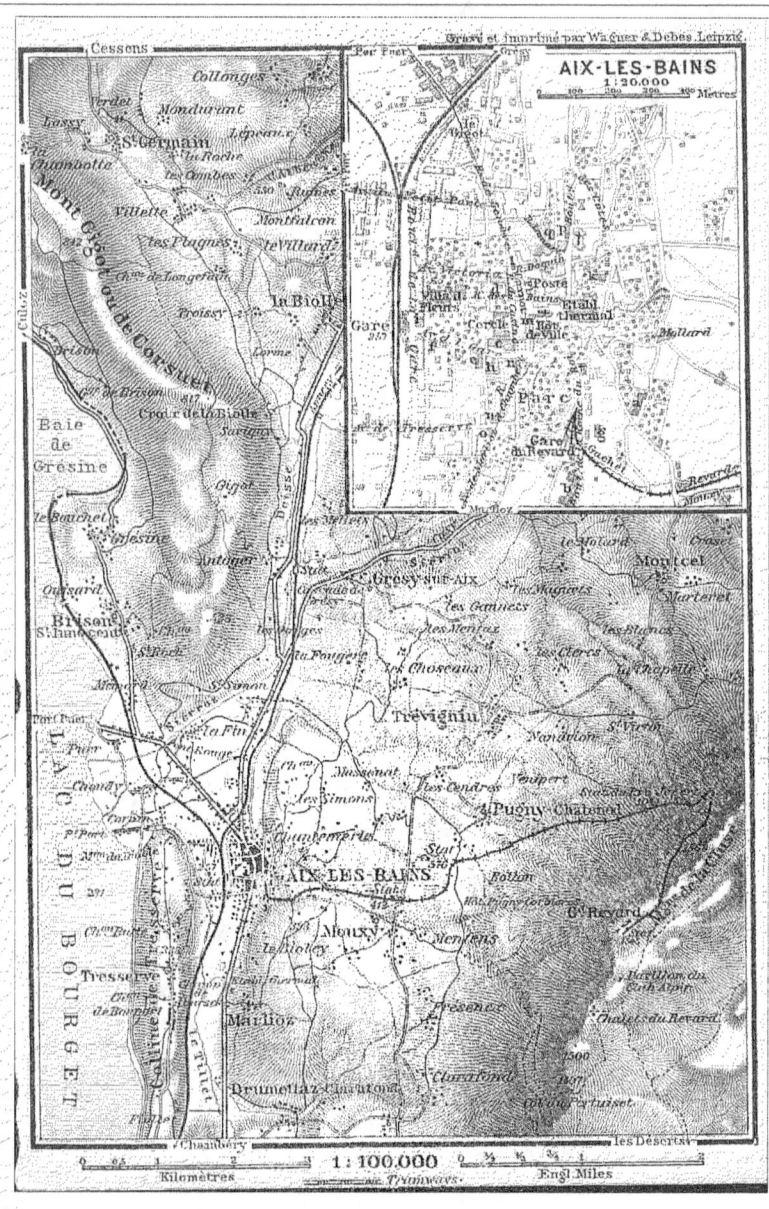

Poste et télégraphe, rue des Ecoles, près de l'établissement.

Renseignements: *syndical d'initiative*, place de l'Hôtel-de-Ville; *Agence Internationale*, place Carnot.

Temples: *T. Evangélique*, au-dessus du jardin public; *T. Anglican*, rue du Temple, derrière la villa des Fleurs.

Aix-les-Bains (257 m.) est une ville de 8328 hab., bien située, dans une plaine entourée de montagnes, à env. 25 min. du lac du Bourget, et jouissant d'un climat très doux (10° en moy.). Elle doit une grande importance à ses *eaux thermales sulfureuses*, déjà connues des Romains, qui l'avaient nommée *Aquæ Gratianæ*, et aujourd'hui très fréquentées, la mode et le jeu y étant toutefois aussi pour une bonne part. Il y vient annuellement env. 35 000 étrangers, tant baigneurs que touristes. C'est une station de bains et de villégiature élégante et mondaine.

L'avenue de la Gare aboutit à la *place du Revard*, près du parc (p. 102). A g., la rue du Casino, la plus importante; à dr., la rue de Chambéry, et un peu plus haut à g. la continuation de cette rue du côté de la *place Carnot*, anc. place Centrale, où est la *vieille église*, à g. de laquelle on monte en quelques minutes aux bains.

L'*établissement thermal* est alimenté par 2 sources très abondantes, à 45 et 47°, la fontaine St-Paul, ou l'Eau d'alun, et l'Eau de soufre. Il est surtout fréquenté pour le traitement des rhumatismes et des maladies de la peau, qui consiste dans l'emploi de douches de toute espèce, de massages et de bains, après lesquels le patient est souvent porté au lit enveloppé de couvertures. Cet établissement reste ouvert toute l'année; il est en grande partie moderne et bien organisé. L'usage des eaux en boisson est gratuit; il y en a même des robinets publics sur la place en dehors de l'établissement.

Devant cet édifice s'élève l'*arc de Campanus*, semblable à un arc de triomphe, mais qui est un monument funèbre du IIIe ou du IVe s., érigé par un certain L. Pompeius Campanus à sa famille. Il a 9 m. 16 de hauteur et 6 m. 71 de largeur. Huit niches y renfermaient les urnes de personnages dont les noms s'y lisent encore.

L'*hôtel de ville*, près de là, du côté du jardin public, est l'anc. château du marquis d'Aix, du XVIe s., dont on remarque surtout l'escalier. Il y a un petit *musée*, dit musée Lepic, visible tous les jours, moyennant 50 c., de 9 h. à 11 h. et de 1 à 4, 5 ou 6. Il occupe en partie les restes d'un temple de Diane ou de Vénus. On y remarque particulièrement des débris de constructions lacustres du lac du Bourget.

Le *cercle* est un édifice richement décoré, du temps où il y avait à Aix une banque de jeux: on y joue encore beaucoup aujourd'hui, et il s'y donne de grandes fêtes. La *villa des Fleurs* (v. p. 100) a un beau jardin où ont lieu des concerts.

Il y a une *nouvelle église* en construction, de style romano-byzantin, sur les plans d'A. Bertin, au commencement du boulevard des Côtes, au N. de l'établissement.

Des *promenades* de la ville, les plus fréquentées sont le *parc*, au-dessus de la place du Revard, où l'on remarque un Ganymède en bronze, par Turcan, et un groupe de lions par A. Geoffroy, et la *promenade du Gigot*, de l'autre côté de la rue du Casino, dans la direction du lac du Bourget (v. ci-dessous).

Marlioz, à 1500 m. au S. d'Aix, sur la route bien ombragée de Chambéry (tramw., 30 c.), a trois sources d'eau sulfurée sodique froide, qui s'emploient principalement en boisson (10 c. le verre; abonnem., 4 fr.) et en inhalations (1 fr. 50), et qui complètent ainsi l'usage de celles d'Aix, peu utilisées en boisson. L'établissement est fermé de 11 h. à 1 h. 1/2. Il y a un grand et beau *parc* et un café-restaurant.

EXCURSIONS D'AIX-LES-BAINS.

Le **lac du Bourget** (v. la carte ci-jointe) et l'*abbaye de Haute-combe* sont les premiers buts d'excursion à Aix-les-Bains. Le lac (v. p. 98) est à 2 kil. 1/2 ou 1/2 h. de marche de la ville, par la rue de Genève, la route de Seyssel à g. de la promenade du Gigot et l'avenue de Port-Puer, à g. au delà du chemin de fer d'Annecy. Un tramw. y conduit pour 25 c., en correspond. avec les bateaux à vapeur. L'embarcadère est au *port Puer* ou *Grand-Port* (cafés; bain, 1 fr.). Il y a tous les jours, dans la saison, des promenades en bateau sur le lac, jusqu'à 4 fois au cœur de l'été, avec arrêt d'env. 1 h. à *Haute-combe*; prix, 3 fr. aller et retour. Café-rest. Beurriaud, avec chambres, près de l'abbaye; rep. à 2 fr. 50.

Autres promenades, quand il fait beau: à *Bourdeau* et au *Bourget* (v. p. 103; 3 fr.); à *Pierre-Châtel* (p. 59), par le Rhône (6 fr.), etc.

Barques, à 2 rameurs: 1re heure, 3 fr.; 2e h., 2 fr. 50; 3e h., 2 fr.; pour Hautecombe, 6 pers. au plus, 9 fr.; Bourdeau, 5 fr.; le Bourget, 8 fr., etc. La navigation sur le lac n'est pas toujours sans danger.

On peut aussi aller à l'abbaye en voiture (2 h. 1/4), en contournant le lac, par Châtillon (p. 99), ce qui fait également une très belle excursion.

L'abbaye de Hautecombe, de l'ordre de Cîteaux (bernardins), est surtout curieuse par sa situation pittoresque et par sa chapelle, qu'on visite tous les jours, de 7 h. 1/2 à 9 h., 10 h. à 11 h. 1/2, 2 h. à 3 h. et 3 h. 3/4 à 6 h. (offrande à volonté). Cette chapelle a servi, du xiie s. au xviiie s., de sépulture aux princes de la maison de Savoie, et elle est restée sous le patronage des rois d'Italie. Elle avait été vendue et en partie détruite à la Révolution, mais elle a été refaite, ainsi que les monuments, de 1824 à 1843, par les soins du roi Charles-Félix (m. 1831) et de sa veuve, Marie-Christine de Naples (m. 1849), qui y sont aussi inhumés. La décoration en est d'une richesse excessive et maniérée. Les voûtes sont couvertes de réseaux de stuc et de peintures. Il y a en outre plus de 300 statues et quantité de bas-reliefs, de peintures, etc., qui encombrent la chapelle, mais il y a du nombre des œuvres fort remarquables, en particulier la statue de Charles-Félix, par Cacciatore, et le groupe de Marie-Christine protégeant les arts, par Albertoni. Il y a encore d'autres sculptures par ces artistes. Les peintures sont surtout de Gonino et des frères Vacca. La visite se fait sous la conduite d'un

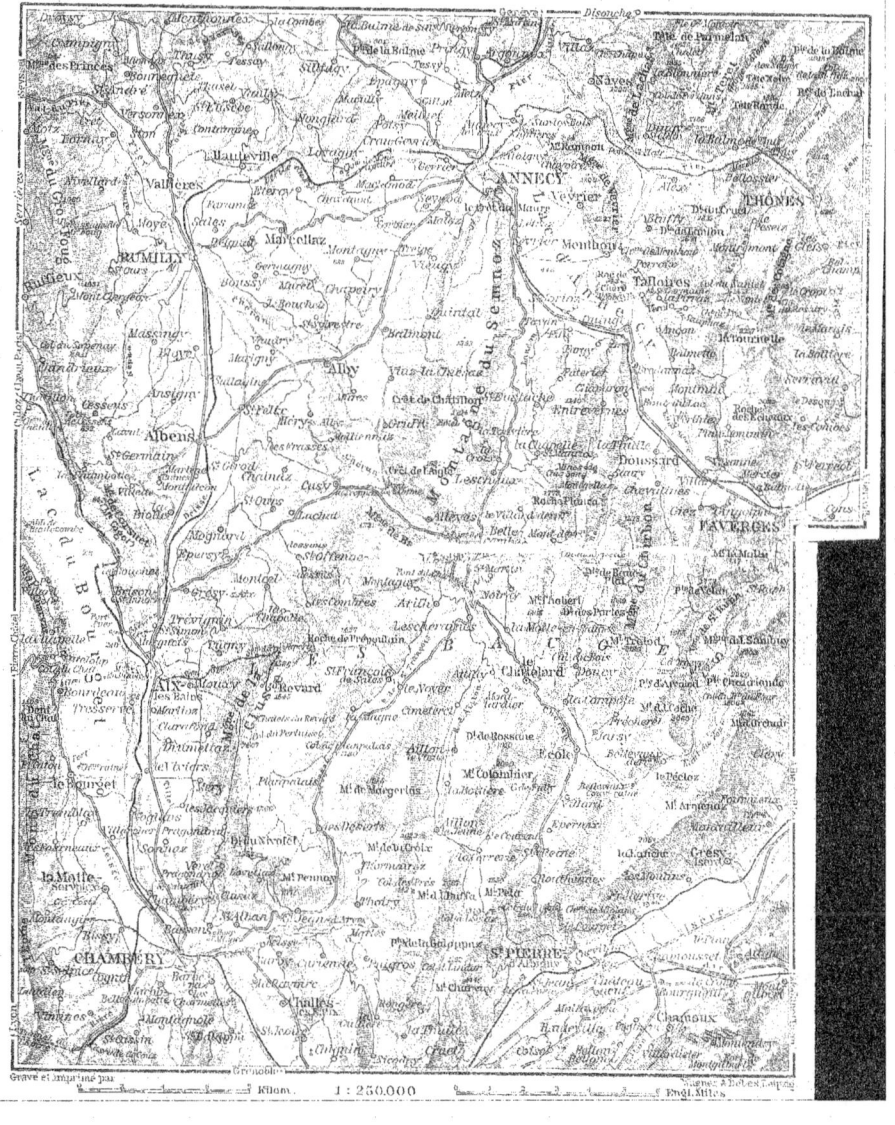

1 : 250.000

religieux, mais on n'a le temps de rien examiner. — Les appartements royaux, qu'on peut visiter ensuite, sont plus que modestes. — Il y a peu de chose à voir aux alentours, si ce n'est une fontaine intermittente. — Café-restaur. à g. un peu au delà de la chapelle.

Le *col du Chat* (v. ci-dessous) est à env. 2 h. de l'abbaye, par le hameau de *Grateloup*, au delà duquel on rejoint la route du Bourget.

Les **gorges du Sierroz**, à ½ h. d'Aix, par la route de Genève, en passant à *St-Simon* (source d'eau minérale), sont curieuses, mais peu étendues. Un tramway y mène 6 fois par jour à l'entrée, pour 30 c. De là, un petit bat. à vap. vous transporte pour 1 fr. (1.50 all. et ret., 1.75 tramw. compr.) à l'autre extrémité (1200 m.), où il y a une galerie au-dessus du torrent, et l'on va ensuite au moulin et à la *cascade de Grésy* (restaur.; stat., v. p. 106). Un petit monument y rappelle la baronne de Broc, qui s'y tua par accident en 1813. — *Gorges du Fier*, v. p. 106.

La **colline de Tresserve** (338 m.), au S.-O. d'Aix, au bord du lac et au delà du chemin de fer, offre de jolies promenades et de belles vues. On va en ½ h. d'Aix au village de *Tresserve*, qui est sur cette colline et où il y a des villas, des châteaux, un observatoire et un bois, dit «bois Lamartine».

Le **Bourget**, **Bourdeau** et le **col du Chat** se visitent surtout en voiture, et il y a des breaks qui mènent certains jours jusqu'au col; trajet en 5 h. aller et retour. Prix, v. p. 100. Voit. partic.: à 1 chev., 20 fr., à 2 chev., 25 fr. — *Le Bourget* (hôt. Ginet) est un village à 9 kil. d'Aix, par Tresserve et le bord du lac, et à 3 kil. de la stat. de Viviers (p. 117), à l'extrémité S. du lac et à l'embouchure de la Leisse dans ce lac. Il a un château en ruine et une église des styles de transition et ogival, avec de magnifiques hauts-reliefs du XIII.e s. autour du chœur, ainsi que les restes d'un cloître du XVe s. — *Bourdeau* ou *Bordeau*, 4 kil. plus loin, à dr. de la route du col, a aussi un château en ruine, qu'on visite particulièrement pour le point de vue. — Le *col du Chat* (638 m.; hôt. Bret), à env. 7 kil. du Bourget, par une belle route en lacets, qui passe à l'O. de Bourdeau, est à peu près en face d'Aix, dans la longue et étroite montagne qui sépare le lac du Bourget de la vallée du Rhône. *Vue magnifique. La route redescend à l'O. vers Pierre-Châtel (p. 59).

La **Dent du Chat** (1400 m.), principal sommet près du col, mais non le plus élevé de la *montagne du Chat* (1497 m.), se gravit de là en 2 h. ½ env., mais on y va d'habitude plutôt directement du Bourget, en 3 h. On monte d'abord à g. au delà de l'église une route de voit. qui se détache de celle du col, jusqu'au hameau de *Bredi* (¼ d'h.), puis un chemin en lacets qui passe au-dessus du Bourget (¼ d'h.) et ensuite un autre à dr., qui n'est plus à la fin qu'un sentier en pente douce, sur le flanc de la montagne, et mène en 1 h. ½ env. à un abri du C.A.F., à ¾ d'h. du sommet, près d'une source. Il y a en outre des sentiers plus courts à partir de Bredi, coupant les lacets du précédent. *Vue superbe du sommet, d'un côté jusqu'au Mont-Blanc et d'autre part sur la vallée du Rhône, qu'on domine à pic.

Pour *Châtillon*, à l'autre bout du lac, v. p. 99. On peut réunir l'excursion de ce côté à celle de la Chambotte (v. ci-dessous).

La **Chambotte**, qui se visite encore particulièrement en voiture (18 kil.; trajet et prix comme ci-dessus), est un hameau au sommet du *mont Gigot* ou *de Corsuet*, au N. d'Aix, dominant le lac du Bourget et d'où la vue est fort belle et très étendue. La route qui y mène est d'abord la même que celle des gorges du Sierroz (v. p. 103). Ensuite elle passe par *la Biolle* (env. 7 kil.) et *St-Germain* (4 kil.), en laissant à dr. les *ruines de Montfalcon*, puis le chemin du col de Cessens (v. ci-dessous). Il y a dans le haut un hôtel-restaur., où l'on n'entre qu'en payant 50 c. On peut redescendre en 1 h. à la stat. de Chindrieux et aller de là à Châtillon (p. 99).

Le **col de Cessens** (852 m.), avec le restaur. des *Tours de César*, à 1 h. de St-Germain (v. ci-dessus), où l'on va aussi d'Aix en voiture, est fréquenté pour la vue, surtout belle du côté du Mont-Blanc.

Le *Revard** ou *Grand-Revard* (1545 m.), partie de la *montagne de la Cluse* (1568 m.) qui domine Aix au S.-E., se gravit depuis 1892, en été, par un chemin de fer à crémaillère (9 kil. 400), dont la gare est à dr. au-dessus du parc (p. 102). Le trajet se fait en 1 h. 15 à la montée et 1 h. 5 à la descente. Prix, aller et retour, 5 fr. 15 à 5 h. 30 et 8 h. 10 du matin, 7 fr. à 10 h. 30 du mat. et 5 h. 15 du soir, et 10 fr. 30 à 1 h. 30 et 2 h. 50. Il faut un temps bien clair pour jouir de cette excursion. Vue d'abord à g., du côté du lac. Stat. de *Mouxy* (412 m.). La montée devient plus considérable. Stat. de *Pugny* (576 m.), à 10 min. au S. de laquelle est l'hôtel de *Pugny-Corbières* (620 m.; de 1er ordre). Viaduc sur une gorge. Stat. du *Pré-Japert* (1044 m.). Autre gorge et tunnel. La voie tourne brusquement du N.-E. au S. et la vue est à dr. On est bientôt ensuite sur le plateau du *Revard* (1545 m.), non loin du point culminant. Par un temps favorable, la *vue y est splendide, surtout du côté des hautes montagnes, qu'on découvre alors jusqu'au Mont-Blanc, semblable à une gigantesque muraille de neige. *Grand-Hôtel*, avec *chalet-restaurant* (ch. dep. 3 fr., t. d'h. 4 et 5 fr., v. c.; dé. ou dî. à part, 2 fr. de plus). Il y a aussi un *kiosque*, où l'on peut monter librement, mais à la descente duquel on vous demande 1 fr. La vue est aussi belle dans le bas. On peut faire sur le plateau des promenades intéressantes. Le sommet un peu plus élevé au S., dans le même massif que le Revard, est la *Dent du Nivolet* (p. 119), reconnaissable à sa croix; il faut env. 2 h. 1/2 pour y aller. La descente de là à Chambéry prendrait env. 4 h.

Le **pont de l'Abime**, la *grotte de Bange* et le *Châtelard* sont encore desservis par des voit. d'excursion (p. 100), l'une d'elles allant même jusqu'à St-Pierre-d'Albigny (p. 120). Prix: 2 fr. 50 jusqu'au Châtelard, 6 jusqu'à St-Pierre-d'Albigny, 9 fr. 20 et 8 fr. 15 avec retour de là à Aix par le ch. de fer. Il y a aussi une voit. (Ruffier) allant seulement jusqu'au pont de l'Abîme: 3 fr. aller et retour. — La route passe d'abord par la vallée du Sierroz (Grésy, p. 103), puis par les *Bauges* ou *Beauges* (env. 1000 m.), vaste plateau

rocheux et pittoresque, entrecoupé de gorges et aux riches pâturages,
dont font même partie le Revard (p. 104) et le Semnoz (p. 111).
Le *pont de l'Abîme*, à 15 kil. au N.-E. d'Aix, est un pont suspendu,
de 64 m. de long, à 94 m. au-dessus de la gorge du *Chéran* (restaur.).
— Le chemin qui y conduit se détache de la route à g., à *la Troppaz*
(*Cusy*), 1 kil. en deçà. Le *pont de Banges*, 6 kil. au delà de la
Troppaz, sur la route, est un pont en pierre également curieux, sur
le Chéran (cascades). 1 kil. plus loin, *Martinod* (aub.), d'où l'on
monte en ¹/₄ d'h. à la *grotte de Banges*, qui n'est pas autrement remarquable. Après Martinod, le *pont de la Charniat* ou *de l'Etrier*
(2 kil.), où on laisse à g. la route du Semnoz (v. ci-dessous). Près
de là, à un moulin, la *grotte du Pré-Rouge*, plus intéressante que
la précédente, mais d'un accès difficile. S'adresser au moulin. —
Enfin encore 6 kil. de route. — 29 kil. *Le Châtelard* (762 m.; hôt.:
de l'Harmonie ou Viviand, de la Poste), toute petite ville au centre
des Bauges, sur un escarpement que contourne le Chéran et dominée par des ruines de château sans importance, mais d'où l'on a une
fort belle vue. On recommande le Châtelard comme séjour agréable
et point de départ d'excursions intéressantes.

Au *Trélod* (p. 111), env. 4 h. ¹/₂ avec un guide, par *Doucy* (1 h. ¹/₄)
et le *Cul-du-Bois* (1 h.), jusqu'où l'on peut aller en voit., mais alors en
faisant un détour par la route ci-dessous (25 min. de dist.) et la *Compôte*
(10 min.), pour gagner *Doucy* (1 h.). Il reste enfin 2 h. de montée assez
raide à faire jusqu'au sommet du *Trélod* (p. 111), par le *col du Charbonnet*,
à l'E. — Au *Semnoz*, etc. (p. 111), d'abord par la route d'Aix, puis comme
ci-dessous. — Au *Colombier* (2049 m.), au S., 3 h. d'ascension facile et intéressante, même sans guide, par la route du col du Frêne (v. ci-dessous)
jusqu'au pont du Chéran (20 min.), puis tout droit, par divers chalets,
un bois et des pâturages.

La route se prolonge du Châtelard sur St-Pierre-d'Albigny
(20 kil.), par (5 kil.) *Ecole* et (14 kil.) le **col du Frêne* (956 m.),
qui est renommé pour sa vue sur la vallée de l'Isère et les montagnes qui la bordent. Il y a pour les piétons des raccourcis à la montée
et surtout à la descente (¹/₂ h.) sur *St-Pierre-d'Albigny* (p. 120).

Le **Semnoz** (p. 111) se visite même encore d'Aix-les-Bains. Service
de voit., v. p. 111. La route est d'abord la même que celle du Châtelard, jusqu'au *pont de la Charniat* (23 kil.; v. ci-dessus). De là, il y a
encore 6 kil. de route jusqu'à Leschaux. Belle vue du lac d'Annecy. De
Leschaux au sommet, etc., v. p. 111.

D'Aix-les-Bains à *Chambéry*, v. R. 14 B; à *Annecy* et à *Genève* et *Chamonix*, R. 12 et 8. Autre route de *Chamonix* à partir d'Annecy, par le
lac d'Annecy, la *vallée de l'Arly*, etc., p. 113.

VOYAGES CIRCULAIRES d'Aix-les-Bains: 1⁰ par *Chambéry*, *Albertville*, le
lac d'Annecy, *Annecy* et les *gorges du Fier*; — 2⁰ même tour, plus le trajet
de *Chambéry* à *Grenoble* par Voiron, avec retour par la vallée de l'Isère; —
— 3⁰ à *Grenoble* par *Chambéry* et *Allevard*, avec retour par la *Grande-
Chartreuse*; — 4⁰ à *Genève* et à *Chamonix*. Voir l'Indicateur. Tous les
billets sont valables pour 15 jours.

12. D'Aix-les-Bains à Annecy et à Genève.

40 kil. jusqu'à Annecy, trajet en 1 h. à 2 h. 35, pour 4 fr. 50, 3 fr. et 1 fr. 95. — 60 kil. d'Annecy à Genève, par Annemasse, trajet en 2 h, 30 à 2 h. 45, pour 6 fr. 65, 4 fr. 65 et 3 fr. — Dans le trajet en sens inverse, visite de la *douane* quand on est sorti de la zone franche, à partir d'Evires, à la station où le voyageur s'arrête. — Vue à dr. à l'aller. On peut s'arrêter, avec un billet direct pour une stat. située au delà, à celle de Lovagny, afin de visiter les gorges du Fier (v. ci-dessous).

D'Aix-les-Bains à Genève par Culoz : 88 kil. ; 2 h. 25 à 2 h. 50 ; 9 fr. 95, 6 fr. 75 et 4 fr. 40. Itinéraire, v. p. 99-98, 59-60 et 66.

Aix-les-Bains, v. p. 100. On laisse à g. la ligne de Culoz (Paris). Au delà du lac du Bourget, la Dent du Chat (p. 103). A dr., le Revard et la Dent du Nivolet (p. 104 et 119). Le chemin de fer remonte d'abord au N. la vallée du *Sierroz*, près de ses gorges (à g.; p. 103). — 4 kil. *Grésy-sur-Aix*, où est la cascade mentionnée p. 103, à g. près de la voie, et où il y a encore des ruines visitées par les baigneurs d'Aix, surtout une tour de 25 m. de haut, d'où l'on a une belle vue. Ensuite un petit tunnel. — 12 kil. *Albens* (hôt. de France). On aperçoit plus loin, dans une échancrure à dr., le Semnoz et la Tournette (p. 111 et 112). — 17 kil. *Bloye*.

21 kil. **Rumilly** (hôt. : *de la Poste*, dans la ville ; *du Cheval-Blanc*, à la gare), à g., ville de 4389 hab., sur le *Chéran* et dans une plaine fertile. Elle est d'origine romaine et ce fut une place assez importante jusque dans les temps modernes.

Excursion intéressante au N.-O. dans le **Val du Fier** ou le bas de la vallée du Fier (v. encore ci-dessous), par la route de Seyssel. Il y a au 1er train du matin, et aussi, dans la saison, au 1er de l'après-midi, des voit. publ. qui mènent en 2 h. 1/4 à la stat. de Seyssel (17 kil.), pour 2 fr. 50. La partie curieuse de la vallée en aval, qui est très pittoresque, commence à *St-André* (hôt.-rest. du Club-Alpin), à 10 kil. de Rumilly, et elle s'étend jusqu'aux *portes du Fier*, à 4 kil. de là. Belle vue à la sortie, sur la vallée du Rhône et le Mont-Colombier (1534 m.). — *Seyssel*, v. p. 59.

Le chemin de fer traverse ensuite le Chéran, sur un haut viaduc, et tourne à l'E. dans la jolie vallée du Fier. A g., sur un mamelon avant la stat. suivante, les ruines d'un château fort. Au loin, le Parmelan (p. 111). — 27 kil. *Marcellaz-Hauteville*. Ensuite le *défilé du Fier*, de plus en plus pittoresque, dans lequel il y a, sur un parcours de 6 kil., 10 ponts-viaducs, la plupart très élevés, et 2 petits tunnels. A la sortie du 2e tunnel, à g., le restaur. et l'entrée de la galerie du Fier (v. ci-dessous). Du même côté, le *château de Montrottier*, des XIVe et XVIe s., à env. 1/4 d'h. de la station suivante.

33 kil. *Lovagny* (restaur. à la gare et à l'entrée des gorges), où l'on visite, à près de 10 min. à l'O., les *gorges du Fier*, qui sont très curieuses, dans le genre de celles de la Diosaz (p. 65) et du Trient (p. 74). Le torrent s'y est creusé, dans des rochers calcaires de 90 m. de haut et sur une longueur de 260 m., un lit d'env. 4 à 10 m. de largeur, à l'aspect le plus sauvage. Une galerie adaptée solidement aux rochers en rend la visite très facile (1 fr.). Cette galerie est à 27 m. au-dessus des eaux en temps ordinaire, mais le torrent monte

rapidement de 26 m. dans les fortes crues. Il y a à l'entrée un «chalet-restaurant.»

· Belle vue à dr., après la stat., sur le Parmelan, le Semnoz et la Tournette; ensuite un tunnel de 1155 m., encore un viaduc sur le Fier, et l'on redescend vers

40 kil. Annecy, à dr. (p. 108). Douane et formalités qu'elle impose pour le retour en France, v. les remarques à l'article Bellegarde, p. 59. Correspond. pour le bateau, 50 c.

La ligne d'Annemasse-Genève tourne ensuite au N. et traverse le Fier, pour remonter la vallée de l'un de ses affluents, la Fillière. A dr., le Parmelan (p. 111), qu'on verra longtemps. En arrière, à dr., la Tournette (p. 112) et le lac d'Annecy (p. 110). Un tunnel. Pont sur le torrent. — 45 kil. *Pringy* (483 m.). La Caille (v. ci-dessous) est à env. 10 kil. au N. — 50 kil. *St-Martin-Charvonnex* (568 m.). — 56 kil. *Groisy-le-Plot-la-Caille* (655 m.).

CORRESPOND. vers midi et le soir pour *Thorens* (hôt. du Nord), bourg à 6 kil. 1/2 à l'E., sur la Fillière, avec un château de la famille de Salles.

CORRESPOND. aussi au 2e train d'Annecy, pour la Caille (hôt.-pens. de l'Etablissement), station d'eaux thermales sulfureuses à 6 kil. à l'O., sur les Usses, torrent dans une profonde gorge, que la route de Chambéry-Annecy à Genève y traverse sur un pont suspendu, dit *pont de la Caille*, de 192 m. de long et 147 de haut (hôtel et café).

Puis un viaduc courbe de 22 m. de haut, un autre viaduc, un tunnel et le grand *viaduc d'Evires*, haut de 48 m. — 63 kil. *Evires*, où la voie atteint son point culminant, 767 m. Douane, v. p. 106.

Plus loin encore un tunnel de 1577 m., un viaduc de 30 m. de haut sur le Foron, un petit tunnel et deux petits viaducs. On a désormais une *vue splendide de la vallée de l'Arve et du Mont-Blanc, à dr. La voie fait un grand circuit d'env. 8 kil., à l'E., pour descendre dans la vallée. Par un temps clair, on voit déjà au N. le lac de Genève. — 72 kil. *St-Laurent*. Puis encore un viaduc au-dessus d'un ravin. A dr., le Môle (p. 62) et les Voirons (p. 69). Un autre viaduc près de la Roche, où s'embranche la ligne du Fayet-St-Gervais (Chamonix). Beau coup d'œil, à dr., sur la ville.

78 kil. La Roche-*sur*-*Foron* (p. 61). — Ligne du Fayet (Chamonix), v. p. 61. — Plus loin, l'attention est attirée à dr. par la longue crête du Vergy (p. 62). A g., le Salève (p. 61). — 82 kil. *Pers-Jussy-Chevrier*. — 85 kil. *Reignier* (509 m.). Ensuite encore 3 viaducs. On longe l'Arve (p. 62) à dr. — 91 kil. *Monnetier-Mornex*. Ascension du *Salève*, v. p. 61. On rejoint enfin à g. la ligne de Bellegarde (p. 59-61), et on traverse l'Arve.

94 kil. *Annemasse* (p. 61). On passe ensuite la frontière suisse. — 96 kil. *Chêne* (p. 68).

100 kil. *Genève*, gare des Eaux-Vives. Voir p. 66.

13. Annecy et ses environs.

(V. la carte p. 102.)

ARRIVÉE: par le chemin de fer, v. R. 12; par le lac, p. 110 et 113; par les routes de montagne, p. 113-115. — Douane à la gare quand on vient d'au delà d'Evires (v. p. 106). — Omnibus de la gare pour le bateau, 50 c.

HÔTELS: *Gr.-H. Verdun*, promenade du Pâquier, recomm. (ch. dep. 3 fr., rep. 1.50, 3.50 et 4, p. 8 à 12); *Gr.-H. d'Angleterre*, rue Royale (ch. dep. 4 fr., rep. 1.50, 3.50 et 4, p. 10 à 12, om. 50 à 75 c.); *H. du Mont-Blanc*, rue Vaugelas, nouveau; *H. du Commerce*, rue Royale, en face de la Visitation (ch. 2 à 4 fr., dé. 2.50, dî. 3); *H. des Négociants*, même rue, 5 (dî. 2 fr. 50). On doit construire un *Grand-Hôtel* et un *casino*.

CAFÉS: *du Théâtre*, prom. du Pâquier; plus. rue Royale; *C. de la Gare*.

POSTE ET TÉLÉGRAPHE: rue Royale, à côté de l'hôtel d'Angleterre.

VOITURES DE PLACE: à 1 chev., course, 1 fr. 50; heure, 2.50; à 2 chev., 2 et 3 fr.; heure, 3 et 4 fr.; 1/2 h. suiv., 1 et 1.50. Il y a un tarif spécial pour les courses et excursions hors de la ville. — Tramway de Thônes, v. p. 114. — Voitures pour Albertville, pour Chamonix, etc., v. p. 113 et 114.

BATEAUX A VAPEUR sur le lac, v. p. 110. — BATEAUX POUR PROMENADE: à rames, 50 c. l'heure; à voiles, 60 c.; 3 fr. pour une journée; avec un batelier, 1 fr. 50 la 1re h., puis 75 c. par 1/2 h. et 10 fr. pour une journée.

RENSEIGNEMENTS, gratuits, au *Syndicat d'initiative*, sur le quai à dr. à l'extrémité de la rue du Pâquier. Fermé de midi à 2 h. et le dim. après-midi.

BAINS: *chauds*, rue Vaugelas, 34; *froids*, dans le lac, quai de la Tournette. *Temple protestant*, avenue Berthollet, au delà du ch. de fer (à 10 h.).

Annecy (448 m.) est une ville ancienne et industrielle de 12894 hab. Jadis capitale du comté de Genevois, elle appartint ensuite aux ducs de Savoie et aux rois de Sardaigne, qui l'ont cédée à la France avec la Savoie en 1860, et elle est maintenant le chef-lieu du départ. de la *Haute-Savoie*, avec un évêché. Elle occupe un beau site, près du joli lac du même nom (v. p. 110), et c'est un séjour agréable; mais elle offre peu de curiosités. La partie ancienne est sillonnée d'un certain nombre de canaux, et elle a encore des rues avec de grandes arcades et des passages voûtés.

La rue de la Gare mène à la rue Royale, où l'on tournera à g. Du même côté est la *chapelle de la Visitation*, dépendant du couvent du même nom. Ce couvent n'est pas celui qui fut fondé par St François de Sales et Ste Jeanne de Chantal (v. ci-dessous), mais la chapelle, reconstruite en 1878, possède les corps des deux saints (m. 1622 et 1641). Elle n'a rien de remarquable comme architecture, mais elle est richement décorée de marbres et de peintures. Dans le chœur se voient des hauts-reliefs en marbre, relatifs à St François et Ste Jeanne de Chantal.

La rue Royale se continue dans la rue du Pâquier, qui aboutit à la promenade (v. ci-dessous). La rue à dr. en deçà des arcades conduit à *Notre-Dame-de-Liesse*, église curieuse seulement par son clocher roman. Son maître autel est surmonté d'un Couronnement de la Vierge en marbre.

A l'extrémité du côté du lac, la ville est dominée par son anc. *château fort*, aux tours carrées à mâchicoulis, qui date surtout des XIVe et XVIe s. Il sert maintenant de caserne.

La **promenade du Pâquier**, qui a de magnifiques arbres, s'étend en ligne dr. de la rue du même nom, d'abord à quelque distance du lac, vers les hauteurs qui le bornent au N.-E. Elle offre des coups d'œil charmants sur ce lac et la Tournette. A l'entrée, à dr., est le *théâtre,* avec un café. Vers le milieu, à g., en face du lac, la *préfecture*, grand et bel édifice moderne dans le style Louis XIII. Sur l'esplanade qui le précède, la *statue de Sommeiller* (1815-1871), un des ingénieurs du tunnel du Mont-Cenis, bronze par Becquet.

Dans la rue Guillaume-Fichet, en deçà de la préfecture, se trouve un *haras,* qu'on peut visiter à partir de 1 h. dans la semaine et de 9 h le dimanche. Plus loin, le *lycée Berthollet,* qui est moderne.

De l'autre côté du canal qui part du lac, un *jardin public,* avec la *statue de Berthollet* (v. p. 110), en bronze, par Marochetti. Près de l'hôtel de ville, un *monument de Carnot,* par R. Guimberteau, un buste en bronze du président, avec une statue de la Savoie en deuil assise sur le devant.

L'hôtel de ville, entre le lac et le théâtre, est une construction moderne à cour intérieure. Il renferme un *musée,* public les mardi, mercr., jeudi et dim. de 9 h. à midi et de 1 h. $\frac{1}{2}$ à 4 h., seulement le dim. aux vacances, du 1er août au 30 sept., mais les étrangers peuvent toujours le visiter en s'adressant au concierge.

Musée. — COUR: antiquités lacustres et inscriptions romaines. — IIIe ÉTAGE, à g. en entrant par la façade. Galerie en face, *histoire naturelle,* bien étiquetée. — Salles du côté de la cour, sculptures, surtout des moulages, et objets divers: 1re S., art grec; 2e S. arts grec (statuettes de Tanagre), égyptien (statuettes originales) et assyrien; 3e S., arts grec et romain; 4e S., sculptures antiques et modernes, vases antiques, objets du moyen âge, faïences, etc.; 5e S., sculptures modernes; 6e S., échantillons de bois, de graines et de soie; buste de Callaud, pharmacien-chimiste (1781-1855). — Salles parallèles à l'extérieur: 7e S., au fond, suite de l'histoire naturelle; 8e S., en revenant, petites antiquités, même préhistoriques et mexicaines; armes et armures; 9e S., ethnographie; 10e S., collection industrielle, y compris le modèle de la machine perforatrice de Sommeiller (v. ci-dessus); 11e S., histoire naturelle; 12e S., peintures, sceaux, curiosités, autographes, manuscrits, incunables, etc.; 13e-15e S., suite des peintures (vues du Mont-Blanc et du lac d'Annecy par Cabaud, etc.), géologie, minéralogie, plans-reliefs.

L'hôtel de ville renferme encore la *bibliothèque,* ouverte dans la semaine comme le musée, excepté durant les vacances.

Sur la place voisine, l'*église St-Maurice,* du xve s., assez curieuse à l'intérieur. Elle a un grand maître autel goth. moderne.

Près du canal du Thiou, du côté du château, par la rue à g. en sortant de St-Maurice, la *Ste-Source* ou église du premier monastère de la Visitation. Plus loin, sur le canal, le *palais de l'Isle,* anc. maison forte des comtes de Genevois, qui a servi plus tard de palais de justice et de prison et qui est maintenant en ruine.

La *cathédrale,* sur la rive dr. du même canal, ou à dr. en venant de Notre-Dame (p. 108), est un édifice goth. peu remarquable du xvie s. — A côté, l'*évêché,* de 1784.

EXCURSIONS D'ANNECY.

Aux *gorges du Fier,* v. p. 106. Ch. de fer: 80, 55 et 35 c., 1 fr. 20, 85 et 55 c. aller et retour.

Sur le lac. — BATEAUX A VAPEUR, en été, au moins 8 fois par jour; trajet en 1 à 2 h. jusqu'à l'extrémité, pour 1 fr. 40 et 90 c., 2 h. 15 à 3 h. pour le tour du lac, qui coûte 3 et 2 fr., plus cher que deux billets simples. 1re cl. seulement au départ de midi, Restaurant à bord (prix élevés). Billet pour Menthon, bain compris, 1 fr. 20 et 1 fr. — Bureau de la compagnie, rue Royale, 11. — L'ouverture de la *ligne d'Annecy à Albertville* (44 kil.; v. p. 113 et 120), à laquelle on travaille, amènera sans doute des changements dans le service des bateaux.

Le *lac d'Annecy (446 m. d'alt.) a 14 kil. de long sur 1 à 3 kil. $1/2$ de large, et il est entouré de prairies, de vignobles, de beaux villages et de charmantes villas, encadrés dans un horizon de montagnes où dominent, à g. les Dents de Lanfon et le massif escarpé de la Tournette, à dr. la longue croupe du Semnoz (v. p. 111). Sa superficie est de 2704 hect. et sa profondeur atteint 80 m. 60.

L'embarcadère est au canal près du jardin public (p. 109). Le bateau se dirige immédiatement vers l'autre rive. Vue en arrière sur le Parmelan (p. 111) et jusqu'au Salève (p. 61). On s'arrête d'abord à *Veyrier* (hôt. Brunet), au pied de la montagne de ce nom ou *Mont-Baron* (1300 m.), où il y a des grottes et dont le sommet offre une très belle vue (nouveau sentier). Route de Thônes, v. p. 114. De là on va en face, à *Sévrier*, sur la route du Semnoz (v. p. 111), ou bien l'on continue sur

Menthon (*hôt. des Bains,* p. dep. 7 fr. 50 par j.; villas à louer), village qui occupe un joli site, abrité du nord. Il est à quelque distance du lac, mais sur le bord, dans une baie, se trouvent des *bains* d'eau sulfureuse, avec des restes de constructions romaines et l'hôtel, près du Roc de Chère, qui sépare Menthon de Talloires (v. ci-dessous). Sur une hauteur à env. 2 kil. à l'E., dans la direction du col de Bluffy (p. 114), le vieux *château* où naquit, en 923, St Bernard de Menthon, fondateur des hospices du Grand et du Petit St-Bernard. Sur le Roc de Chère est le tombeau du critique et historien H. Taine (1828-1893). — Le bateau va ensuite directement à Talloires ou retraverse le lac pour toucher en face à *St-Jorioz.*

Talloires (488 m.; hôt.: *Beau-Site; de l'Abbaye,* recommandé; *Bellevue*; guide, Jean Lovy), à env. 1 h. d'Annecy, est la plus importante des localités des bords du lac. C'est un gros village, dans un joli site et jouissant d'un climat très doux, grâce aux montagnes qui l'abritent des vents du N. et de l'E., en particulier la Tournette. Il y a une anc. *abbaye,* des IXe-XIe s., maintenant morcelée. Talloires est la patrie du célèbre chimiste Berthollet (1748-1822). Ascension de la Tournette, v. p. 112.

Talloires est au plus bel endroit du lac, à l'entrée de la seconde partie, que masquaient, à Annecy, le Roc de Chère et une presqu'île de l'autre rive. — *Duingt* (hôt. Bouvier), la station suiv., avec son vieux *château,* sur cette presqu'île, présente un aspect très pittoresque. Le ch. de fer longe le lac en deçà. Le bateau ne s'arrête plus ensuite, avant de revenir, qu'au *Bout-du-Lac,* hameau de *Doussard* (2 kil. plus loin), où l'on a la correspondance pour Albertville (v. p. 113).

Au S. de Doussard se trouve le **Charbon**, longue montagne boisée et rocheuse dont les principaux points sont le *Banc-Plat* (1915 m.) et le *Trélod* (2186 m.). L'ascension s'en fait surtout maintenant du côté E., par la *combe de l'Ire*, jusqu'à env. 3 h. de Doussard, où l'on prend à dr. par les *chalets du Planay* (1/2 h.; gîte), puis à dr., par un nouveau sentier, en 3/4 d'h. env. au *Banc-Plat*, d'où la vue est déjà fort belle, ou bien à g., en 3 h. env., au *Trélod*, où l'on va aussi directement du Banc-Plat, en 2 h. 3/4. Vaste panorama.. — Par le versant O., on gravit le Banc-Plat, cime intermédiaire où l'on parvient en 4 h. 1/2, par *Saury* (1 h.), *Montgellaz* et les chalets de *la Combe*, à 1 h. du sommet. — Ascension du Trélod du côté du Châtelard, situé au S.-O., v. p. 105.

Au Semnoz: 17 kil. de route (tramway projeté), par la rive dr. du lac jusqu'à *Sévrier* (5 kil.), puis à dr. jusqu'au *col de Leschaux* (904 m.; hôt. Collomb), au S.-E. de la cime, où commence l'ascension proprement dite qui demande 1 h. 1/2 à 2 h.

Voiture partic. pour le col, 12 à 15 fr. Il y a tous les jours dans la saison un service de voit. publ. de la rue du Pâquier pour *Leschaux*; prix, 3 fr., 5 fr. aller et retour. Cheval ou mulet de là au sommet, 5 fr.; 14 fr. 10 pour toute l'excursion, y compris le dîner et le coucher à l'hôtel. — Départ de Leschaux pour Annecy à 9 h. du m., arrivée à 11 h.-11 h. 1/4. — D'Aix-les-Bains au Semnoz, v. p. 105.

Le ***Semnoz** (1704 m.) est une montagne couverte de bois et de pâturages, qui s'étend au S. d'Annecy et à l'O. de son lac, sur une longueur d'env. 20 kil. La cime principale est le *Crêt de Châtillon*, où il y a un indicateur de montagnes. Un peu au-dessous se trouve un *hôtel*, où l'on peut aller loger pour assister au coucher et au lever du soleil, mais il est bon de se renseigner d'abord. Bien que cette montagne soit relativement peu élevée, elle est célèbre pour son panorama, et on l'a surnommée le Righi de la Savoie. Ce panorama embrasse en particulier, de g. à dr., à commencer par le N., les lacs de Genève et d'Annecy, le Parmelan, la Tournette, la chaîne des grandes Alpes et tout particulièrement les grandes cimes du massif du Mont-Blanc, les Alpes du Dauphiné, le lac du Bourget, la chaîne du Jura, etc.

Au Parmelan, excursion également recommandée et sans difficulté. Il y a un bon sentier et, au sommet, un chalet du C. A. F., suffisamment approvisionné de vivres.

Le plus court serait, pour les piétons, par *Villaz* (hôt.-rest. du Château de Bonnatray), à env. 1 h. au S.-E. de la stat. de St-Martin-Charvonnex (p. 107) et d'où l'on compte 3 h. 1/2, par le *chalet de Disonche*. On va encore par *Nâves*, à 3 kil. au N. de *Sur-les-Bois* (v. p. 114), et on fait l'ascension de là en 3 h., par un bon sentier menant au *chalet Chapuis*, etc. (v. p. 112).

Le chemin le plus pittoresque et le plus fréquenté est le suivant, par *Dingy*, que dessert le tramw. de Thônes (p. 114), et de là par *la Blonnière* (900 m.), 3 kil. plus loin, jusqu'où l'on peut aller en voiture (1 fr. 50) et d'où il suffit de 2 h. 1/2 à 3 h. pour atteindre le sommet. On n'a pas besoin de guide de ce côté, à moins qu'on ne veuille visiter les «lapiaz» du sommet. On prend à g. à l'extrémité de la Blonnière, descend vers un ruisseau et remonte par une pente très raide ou en contournant le vallon à dr., à un premier plateau

(¹/₂ h. ; 1130 m.), où il y a un chalet. Belle vue de là sur les vallées du Fier et de la Fillière, Annecy et son lac. Ensuite à dr., par un sentier entre des sapins, au *chalet Chapuis* (¹/₄ d'h. ; 1230 m.), à partir duquel il y a un bon sentier (1 h.), jusqu'au pied de ces rochers à dic qui donnent au Parmelan l'aspect d'une forteresse gigantesque. Il ne reste plus enfin qu'à gravir le *Grand-Montoir*, sentier en lacets, avec degrés et barres de fer (¹/₂ h.). Le *Parmelan (1835 m.), dont le sommet et le chalet ne sont plus qu'à ¹/₄ d'h. de l'extrémité du Grand-Montoir, n'est pas seulement une montagne d'aspect original et imposant; c'est aussi un des premiers belvédères de la contrée, et il surprend encore par l'étrangeté du plateau qui le termine. Le panorama est dans le genre de celui du Semnoz, mais plus étendu, et la vue subite du Mont-Blanc, à l'arrivée sur le plateau, cause une vive admiration. Ce plateau présente, comme le Désert de Platé (p. 78), une grande étendue de rochers nus et crevassés dits *lapiaz*, aux formes singulières, semblables à celles d'un glacier, et l'on y rencontre des cavernes pleines de glace, en particulier celle dite de l'Enfer.

A la Tournette, pénible, mais sans danger ni difficulté grâce à l'amélioration des sentiers, qui vont maintenant jusque près du sommet. L'ascension demande env. 6 h., de Talloires (p. 110), de Thônes (p. 115) et du Bout-du-Lac (p. 110). Il faut un guide (10 fr.; v. Talloires) et des provisions, qu'on trouve aux points de départ et même encore plus loin. — De *Talloires* (p. 110), d'où l'ascension est le plus pénible, mais aussi plus courte et plus intéressante, on monte d'abord à l'E. à *St-Germain* et par les hameaux de *la Pirraz*, *Verel*, et *la Sauphaz*, jusqu'où l'on peut aller en voiture, au *col du Nantet* (1438 m.). De là, on passe au S. aux *chalets du Nantet* (du Carabinier) et au *chalet du Loo* ou *de l'Haut* (1875 m.), à mi-chemin, à 3 h. de Talloires. Enfin on gagne, par le *chalet du Casset* (1 h. à 1 h. ¹/₂; 2170 m.) et l'*Arpeiron*, à l'O. de la *vallée de Montremont*, le pied des parois à pic de la Tournette, hautes de 400 à 500 m., dans lesquelles le C. A. F. a créé un sentier montant jusqu'au *Fauteuil* (v. ci-dessous). — Du *Bout-du-Lac* (p. 110), on suit la route d'Albertville, jusqu'à *Villard* (4 kil.; omnibus), et l'on prend au N. par *Vesonne* (¹/₄ d'h.), *Montmin* (1 h.; 1045 m.) et les *prés du Lars*, d'où la dernière partie de l'ascension se fait en lacets jusqu'au *Fauteuil* (v. ci-dessous). — De *Thônes* (p. 115), on suit d'abord la route de Faverges, qu'on quitte en deçà du col, au hameau de *Belchamp* (50 min.); puis on gagne au S.-O. les *chalets du Rosairy* (env. 2 h. ¹/₂), où commence la partie pénible de l'ascension (2 h. à 2 h. ¹/₂), à la fin par des échelles de fer, jusqu'au *Fauteuil*. — La *Tournette (2357 m.), cette montagne superbe qu'on admire au S.-E. d'Annecy, sur les bords de son lac, et qui est la principale des environs, présente comme le Parmelan des murailles gigantesques et un grand plateau, au milieu duquel est un énorme rocher de 30 à 35 m. de haut, dont le sommet paraît inaccessible. C'est le *Fauteuil*, qu'on ne peut de fait escalader que par une cheminée ou crevasse, dans laquelle sont scellées des échelles en fer. Le panorama de la cime est naturellement à peu près le même que ceux du Semnoz et du Parmelan, mais encore plus étendu et plus complet: on y voit bien, par ex., la chaîne des Aravis (p. 115-116). La Tournette est placée presque en face du Mont-Blanc et à une heureuse distance qui permet d'en voir l'ensemble et les détails; on y aperçoit aussi les géants de la Tarentaise et du Dauphiné, et à ce panorama des grandes Alpes, avec leurs glaciers, s'ajoutent encore des perspectives riantes sur les vallées, les lacs et les plaines. Le lever et le coucher du soleil y sont également superbes.

A Albertville, par le lac et Faverges: bat. à vap. et voit. publ. en correspond. 3 fois le jour (courrier, partant du ch. de fer); trajet en 4 h. 1/4, dont 1 h. 1/4 de bateau, pour 4 fr. 15 et 3 fr. 65. Changement de voiture à Faverges. Le *chemin de fer* en construction d'Annecy à Albertville (44 kil.) sera peut-être terminé en 1901. Il passe par la rive O. du lac et suit plus loin à peu près la direction de la route ci-dessous. Il a un tunnel d'env. 1800 m. à Annecy, un de 250 m. à Duingt (p. 110) et un de 1200 m. à Albertville.

Jusqu'au *Bout-du-Lac (Doussard*; 14 kil.), v. p. 110. La route (30 kil.) remonte la large vallée de l'*Eau-Morte* jusqu'à Faverges, qu'on aperçoit de loin. Les regards sont surtout attirés de ce côté, à g., par la *Dent de Cons* (2068 m.), sommet principal de la petite chaîne de montagnes qui sépare Faverges d'Albertville. Par un temps clair, on voit le Mont-Blanc à g., avant la ville.

10 kil. **Faverges** (507 m.; hôt.: *de Genève,* recommandé; *de la Poste*), ville de 2681 hab., avec un vieux *château,* transformé en manufacture de soieries. Route de Thônes par Serraval, v. p. 115; de Frontenex (Albertville) par le col de Tamié, p. 120.

Notre route tourne au N.-E. et quitte la vallée de l'Eau-Morte. On voit encore le Mont-Blanc. Plus près, le *Charvin* (p. 115) et au pied, *Marlens,* d'où l'on y monte en 6 h. On traverse plus loin la *Chaise,* dont on suit la rive dr., en contournant le massif de la Dent de Cons.

22 kil. *Fontaines-d'Ugines* (412 m.; hôt.: Carrin, de Chamonix). *Ugines,* à env. 1 kil. à g., sur une colline, est une petite ville mal bâtie, avec un château en ruine. Route de Chamonix, v. ci-dessous. On retraverse la Chaise, qui se jette un peu plus loin dans l'*Arly,* et on suit la rive dr. de ce torrent jusqu'à l'arrivée. A g., une fabrique de pâte à papier. — 30 kil. *Albertville* (p. 120).

A Chamonix. A. par le chemin de fer, la route directe ou la vallée du Rhône, etc., v. R. 12 et 8. — B. par le lac, la vallée de l'Arly et St-Gervais: 88 kil., service combiné de bat. à vap. et de voit. publ. en été, à 6 h. du mat., trajet d'env. 12 h., pour 17 fr. 50 et 15 fr. — Belle route, mais trajet un peu long, qu'abrégera toutefois le chemin de fer d'Annecy à Albertville, dont on pourra profiter jusqu'à Ugines (env. 36 kil.).

Jusqu'au *Bout-du-Lac* et aux *Fontaines-d'Ugines* (36 kil.), v. p. 110 et ci-dessus. Là, on tourne à g. et passe dans le bas d'Ugines pour atteindre les bords de l'*Arly,* qui coule d'abord dans une gorge profonde et très pittoresque. 4 ponts rapprochés sur le torrent, puis 2 autres encore plus rapprochés, entre lesquels il y a un tunnel; un second tunnel plus loin et encore 2 ponts sur des affluents de l'Arly, le second avant Flumet.

44 kil. *Flumet* (917 m.; hôt.: du Mont-Blanc, des Balances), gros village avec un château en ruine et un bureau de douane (visite dans le trajet en sens inverse). Route d'Annecy par le col des Aravis, v. p. 115. — La route principale continue par la belle vallée de l'Arly, en laissant à dr. un beau pont et traversant de nouveau deux fois le torrent. La vallée est maintenant assez large.

On commence à apercevoir le Mont-Blanc, à dr., et le Buet, dans la direction de la vallée. — 48 kil. ¹/₂. *Le Pratz.*

54 kil. *Mégève* (1125 m.; H. du Soleil-d'Or ou Conseil, H. Tissot; H.-Pens. du Panorama), bourgade où l'on s'arrête pour le déjeuner. Douane dans le trajet en sens inverse (v. p. 113). On peut faire d'ici, en 6 h. aller et retour, l'ascension du *Mont-Joly* (p. 89), situé au S.-E.; guide inutile; mulet, 6 fr.

La route se dirige ensuite vers *Sallanches* (16 kil.; p. 63), par *Combloux* (8 kil.), village en deçà duquel on a une *vue magnifique de la vallée supérieure de l'Arve et du Mont-Blanc. Courrier le matin, en 1 h. 50.

En continuant vers Chamonix, on prend un chemin qui se détache à dr. de la route, à 3 kil. de Mégève et tourne à l'E., en restant à une assez grande hauteur et offrant aussi une *vue superbe de la vallée de l'Arve, avec Sallanches (p. 63), l'Aiguille de Varan (p. 63) et la Pointe du Colloney; puis du massif du Mont-Blanc.

62 kil. *Le Fréney.* On passe ensuite sur un haut pont au-dessus de la gorge dans laquelle se trouvent, à g., les bains de St-Gervais (p. 64) et l'on tourne au N.

65 kil. *St-Gervais-le-Village* (p. 64), que l'on traverse pour descendre, par un long circuit, à la route de Chamonix.

69 kil. *Le Fayet,* où l'on rejoint cette route, près des bains de St-Gervais. — Suite du trajet jusqu'à *Chamonix,* v. p. 65-66.

A Thônes et dans la chaîne des Aravis : 21 kil. de tramw. jusqu'à Thônes, de l'avenue d'Aléry, non loin de la gare, en 1 h. 50, pour 2 fr. et 1 fr. 45. Il y a en outre, dans la saison, deux services combinés de voitures d'excursion et de bateaux d'Annecy par Thônes, Serraval et le lac ou réciproquement; départs vers 7 h. du mat. et midi, trajets en 7 à 10 h., arrêts compris; billets valables pour 15 jours; prix, 8 fr.

Jusqu'à *Alex* (v. p. 115), il y a une seconde route intéressante, en dehors du parcours du tramway. Elle suit le bord oriental du lac jusqu'au delà de *Veyrier* (7 kil.), puis contourne la montagne au S. Elle offre de là de très belles vues des deux parties du lac, du Semnoz en arrière, du château de Menthon à dr., des dents de Lanfon en face, et elle passe au *col de Bluffy* (3 kil.; env. 800 m. d'alt.; aub.), d'où elle redescend dans la vallée du Fier à *Alex* (13 kil.). De l'autre côté, à g. le Parmelan (p. 112) et à dr. la chaîne des Aravis (p. 116).

Le tramway suit la direction de la route de la vallée du Fier, mais en majeure partie sur un chemin spécial. Il passe dans la ville par la rue Vaugelas, puis derrière la préfecture, où il tourne au N. et plus loin à l'E. Prem. stat. : *Vignières, Annecy-le-Vieux* (fonderie de cloches) et *Sur-les-Bois* (7 kil.). Belles vues, à g. sur le massif du Parmelan, à dr. sur la Tournette et les curieuses *Dents de Lanfon* (1683 m.), etc. On redescend ensuite dans la vallée du *Fier* par un défilé pittoresque entre la *montagne de Veyrier,* à dr. (p. 110) et la *montagne de Lachat,* à g. — 11 kil. *Dingy-Parmelan,* stat. au pont St-Clair, à env. ¹/₄ d'h. de *Dingy* (hôt. Paradis), par où l'on monte au Parmelan (v. p. 112). Ensuite la vallée s'élargit. A dr. descend la route neuve d'Annecy à Thônes par le bord du lac et le col de Bluffy (v. ci-dessus), qui va rejoindre celle du

tramway. — 15 kil. *Alex* (592 m.), village qui a un anc. château
où naquit Jean d'Arenthon, évêque de Genève (XVIIe s.). La
vallée se rétrécit de nouveau. — 19 kil. *Morette*, où l'on traverse
le Fier, près d'une cascade.

21 kil. **Thônes** (625 m.; hôt.: *de Plainpalais, du Midi*,
recommandé; *du Commerce, du Cheval-Blanc*), ville industrielle,
de 2914 hab. et station d'été, dans un beau site, au confluent du
Fier et du *Nom.* La *grande place* est bordée d'arcades et on y voit
la statue d'Avet, un des originaires du pays qui ont fait fortune à
l'étranger et fondateur de l'hôpital qui domine la ville. Collège et
école d'horlogerie. Promenades et excursions variées.

A la *Tournette*, au *Charvin*, v. ci-dessous. A *Talloires* (p. 110), par le
col du Nantet (2 h. ³/₄; p. 112), 4 h. ¹/₂ à 5 h. à pied.

DE THÔNES A FAVERGES (ANNECY): 19 kil., suite du voyage circulaire
mentionné ci-dessus. — 2 kil. *Les Clefs*, où l'on traverse le Fier pour
en quitter la vallée. Dans le fond de cette vallée, dont la localité principale est *Manigod* (hôt. du Grand-Carre), se trouve le *Charvin* (2414 m.),
première cime de la chaîne des Aravis au S. (v. p. 116), dont l'ascension, recommandée aux botanistes, se fait sans difficulté en 6 h. ¹/₂ à 7 h.
de Thônes. On y monte aussi de Serraval (v. ci-dessous) et de Marlens
(p. 113; 6 h.). Très belle vue. — La route de Faverges remonte tout droit
le vallon du Petit-Fier, à dr. duquel se montre la Tournette (ascension,
v. p. 112). — 5 kil. *Col du Marais* ou de Serraval (auberge), que précède,
à dr., un château en ruine. — 10 kil. *Serraval.* Pont de 50 m. de haut
sur un torrent. Descente en lacets et *défilés du Desson* et *des Combes*, où
coule la *Chaise.* — 16 kil. *St-Ferréol.* — 19 kil. *Faverges* (p. 113).

DE THÔNES AU GRAND-BORNAND: 12 kil., route desservie par une voit.
publ. l'après-midi; trajet en 3 h. On remonte au N.-E. la vallée du Nom, en
longeant à g. le *Mont-Lachat* (2028 m.). — 3 kil. *Les Villards-sur-Thônes*, village qui a de beaux chalets. On laisse 3 kil. plus loin à dr. la route du
col des Aravis et le village de *St-Jean-de-Sixt*, situé sur un plateau (1012 m.).
— 9 kil. *Pont des Étroits*, sur le *Borne*, qui passe près de là dans un défilé
dit *les Étroits* et que longe une route menant à Bonneville (20 kil.; p. 62),
par *Entremont* (4 kil.; hôtel), qui a une anc. église abbatiale remarquable;
le *Petit-Bornand* (9 kil.; auberges), la *gorge du Borne* et *St-Pierre-de-Rumilly*
(16 kil.; p. 62). — La route du Grand-Bornand continue tout droit, par la
vallée de ce nom. — 12 kil. **Le Grand-Bornand** (931 m.; hôt.: *Milhomme* ou
de la Victoire, Gaillard, du Commerce), gros village bien situé et en partie
reconstruit depuis 1894, à la suite d'un grand incendie. Il fait un commerce très important de fromages dits «reblochons». C'est aussi un lieu de
villégiature et un centre d'excursions. La vallée est encore particulièrement fréquentée par les botanistes. *Vallée d'Entremont*, v. ci-dessus. *Col
des Aravis*, v. ci-dessous. — On peut passer du Grand-Bornand, au N.-E.,
par le *col des Annes* (env. 3 h.; 1710 m.) dans la belle *vallée du Reposoir*,
où l'on redescend à *Pralong* ou *le Reposoir* (env. 2 h. ¹/₂; hôt. Pessey-
Girod), à ¹/₄ d'h. en aval de la *chartreuse du Reposoir*, que les hommes seuls
peuvent visiter. La vallée débouche dans celle de l'Arve près de *Cluses*
(env. 12 kil.; p. 62).

DE THÔNES A FLUMET: 31 kil. de route, mais pas de voit. publ., sauf
celle du Grand-Bornand jusque près de *St-Jean-de-Sixt* (env. 8 kil.; v.
ci-dessus). — La route de Flumet continue de remonter la vallée du Nom,
qui tourne au S. dans une gorge. — 12 kil. 5. *La Clusaz* (1040 m.; hôt.:
du Passage-des-Aravis ou *Gallay, du Lion-d'Or*), village qui est aussi un
séjour d'été, au milieu de prairies resserrées entre de hautes montagnes.
Puis divers hameaux et des sentiers qui abrègent. — 20 kil. ***Col des
Aravis** (1498 m.; chalet-rest.), entre le *Rocher de l'Étale* (2483 m.), à dr., et
la *Porte des Aravis* (2332 m.), à g. On a 10 min. plus haut, au S., une vue
magnifique du massif du Mont-Blanc. Ce col est à peu près au milieu

de la *chaine des Aravis*, qui commence au N.-E. de Faverges (p. 113) pour se terminer à la vallée de l'Arve, à l'E. de Cluses (p. 62), et qui compte encore parmi ses principaux sommets: au S., le *Charvin* (2414 m.; v. p. 115); au N., le *Rocher de la Balmaz* (2652 m.), la *Tête Pelouse* (2582 m.), la *Pointe Percée* (2752 m.; p. 63) et la *Pointe d'Arreu* (2468 m.). On redescend par la rive g. du ruisseau des Aravis. — 24 kil. *La Giettaz* (1110 m.; hôt.), où on laisse à g. un chemin qui mène à Sallanches (4 h.; p. 63), par le *col Jaillet* (2 h. 1/4). La route de Flumet continue au S. par la vallée de l'Arondine. — 31 kil. *Flumet* (p. 113).

14. De Lyon à Chambéry.

A. Par St-André-le-Gaz.

107 kil. Trajet en 3 h. à 4 h. Prix: 12 fr. 10, 8 fr. 10, 5 fr. 25.

Jusqu'à *St-André-le-Gaz* (64 kil.), où l'on change de train, v. R. 19. La ligne de Chambéry s'embranche ici à l'E. — 70 kil. *Les Abrets-Fitilieu.* — 74 kil. *Pressins*, où aboutit la ligne de Virieu-le-Grand par Belley (p. 59). On découvre une vue de plus en plus belle à dr. sur les montagnes du massif de la Grande-Chartreuse (p. 166), où l'on remarque surtout la Dent de Crolles (p. 168), avec son long plateau blanc, qui se termine à pic.

78 kil. *Pont-de-Beauvoisin* (hôt. de la Poste), ville de 2010 hab., moitié dans l'Isère et moitié en Savoie, sur le *Guiers* ou *Guiers-Vif*, et ainsi nommée d'un pont construit au xvie s. — Tramw. de St-Béron-St-Genix, v. ci-dessous. — On passe ensuite la rivière.

84 kil. *St-Béron* (321 m.; hôt. de la Gare). Beau château.

DE ST-BÉRON A ST-LAURENT-DU-PONT (*Grande-Chartreuse; Voiron*): 16 kil.; tramw. à vap., gare près du ch. de fer; 45 min. à 1 h. 15; 1 fr. 50 et 95 c. On passe par les *gorges de Chailles*, où le Guiers coule entre des rochers à pic de 150 à 200 m. de haut. — 6 kil. *Chailles-la-Bauche-les-Bains*, stat. desservant le hameau de Chailles et les petits bains de *la Bauche*, aux eaux froides ferro-manganiques, qui sont spécialement reconstituantes. — 9 kil. Les Echelles (380 m.; *hôt. Durand*, bon), localité ainsi nommée des «échelles» ou escaliers que la route a remplacées. Il y a à 4 kil. en deçà un tunnel de 308 m. de long, par lequel la route a été détournée du défilé où étaient les «échelles». Sur les côtés de l'anc. route qui le traverse se trouvent les **grottes des Echelles**, 3 ou du moins 2 grottes intéressantes, la deuxième une sorte de gorge qu'on traverse en partie par une galerie et à l'issue de laquelle on a une belle vue. S'adresser au gardien, à l'entrée du tunnel; 1 fr., grat. pour les membres du C. A. F. Près de là est un chalet-hôtel et de l'autre côté le village de *St-Christophe-la-Grotte*, au delà duquel passe la grande route. — Service de voit. 1 fois par jour, du 1er juil. au 15 sept., vers 9 h. 1/2 du m., des Echelles à la Grande-Chartreuse (env. 28 kil.; hôt. Mollard, etc.), par *St-Christophe* (2 kil.), *le Châtelard* (5 kil.), une gorge avec un tunnel dans le promontoire rocheux du *Frou*, St-Pierre-d'Entremont (12 kil.), le col du Cucheron (20 kil.; 1080 m.) et *St-Pierre-de-Chartreuse* (23 kil.; p. 168). — 10 kil. *Entre-deux-Guiers* (hôt. du Commerce). — 16 kil. *St-Laurent-du-Pont.* Pour cette ville et le trajet de là à la *Grande-Chartreuse* ou à *Voiron*, v. p. 165.

DE ST-BÉRON A ST-GENIX-D'AOSTE: 16 kil.; tramw. se raccordant avec le précédent; 1 h. 10 à 3 h.; 1 fr. 50 et 90 c. Cette ligne court aussi, en majeure partie, dans la vallée du Guiers, qu'elle descend au N.-O. Stat. principale (7 kil.), *Pont-de-Beauvoisin* (v. ci-dessus), que la ligne traverse. — *St-Genix*, v. p. 25.

On passe ensuite, à g., à une grande hauteur et au-dessus d'une gorge boisée, et l'on a désormais une belle vue à g. — 89 kil. *Lépin-*

Lac-d'Aiguebelette (hôt.: Pioz, Berthet, du Mont-Lépine), stat. en deçà du *lac d'Aiguebelette* (à g.; 374 m.), aux eaux d'un bleu magnifique, qui a 4 kil. de long, 2 de large et 71 m. de profondeur. Puis un petit tunnel, après lequel on revoit le lac, et un autre tunnel, de 3062 m.

97 kil. *La Cascade-de-Couz,* stat. ainsi nommée de la cascade de ce nom, qui se voit un peu au delà, à dr.: elle a 50 m. de haut, mais elle est un peu maigre en été. On redescend ensuite rapidement. A g., des coteaux couverts de vignes; de l'autre côté de la vallée où est Chambéry, la Dent du Nivolet, avec sa croix (p. 119). La voie fait enfin un grand circuit au N.-O. pour rejoindre la ligne d'Aix-les-Bains. — 107 kil. *Chambéry* (v. ci-dessous).

B. Par Culoz et Aix-les-Bains.

138 kil. Trajet en 3 h. 45 à 6 h. 10. Prix: 15 fr. 55, 10 fr. 55, 6 fr. 80.

Jusqu'à *Aix-les-Bains* (124 kil.), v. p. 98-99. La colline boisée de *Tresserve* masque ensuite pour un temps le lac du Bourget. Belle vue à dr. — 129 kil. *Viviers.* Le Bourget (p. 103) est à 3 kil. à l'O. Ensuite, à dr., la ligne de St-André-le-Gaz (v. ci-dessus); à g., la Dent du Nivolet, avec sa croix (p. 119).

138 kil. **Chambéry.** — Hôtels: *de France,* quai Nézin, 5, près des boulevards, bon (ch. 2 fr. 50, b. 25 c., s. 50, rep. 1.50, 3 et 4, p. 9 à 12, om. 50 c.); *des Princes,* rue de Boigne, 4; *de la Poste & Métropole,* rue d'Italie, 9, à g. au delà du théâtre (40 ch. à 2 fr. 50, t. c., rep. 1, 3 et 3.50, p. 8.50, om. 50 c.); *de la Paix,* en face de la gare et qui lui sert de buffet (ch. 2 fr. 50, s. 50 c., rep. 1, 3 et 4); *du Commerce,* rue Vieille-Monnaie, 8, près de la colonne de Boigne, bon (ch. 2 à 3 fr., dé. ou dî. 2.50).

Cafés: *C. du Commerce,* rue de Boigne, 10; *C. Baboulaz,* en face du palais de justice, à côté du musée; *Gr.-C. de la Perle,* place St-Léger; *Gr.-C. Gurret,* boul. de la Colonne; *cafés-rest.* sur le même boulevard; autres à *l'hôtel de la Paix,* etc.

Voitures de place: course, de jour, à 1 chev., 75 c.; à 2 chev., 1 fr.; de nuit (10 h. à 6 h.), 1 et 1.25; heure, 2 et 3 fr. 25 ou (nuit) 2.50 et 3.50 la 1re h., les autres se fractionnant par 1/4 d'h.

Tramway pour *la Motte-Servolex* et voit. publ. pour *Challes,* v. p. 119.

Poste et télégraphe, sur le boulevard, près de la fontaine des Eléphants (p. 118).

Syndicat d'initiative (renseign. grat. et excurs.), place Octogone.

Bains, rue d'Italie, 17. — *Temple protestant,* rue de la Banque.

Chambéry (269 m.) est une ville de 21762 hab., sur la *Leisse,* l'anc. capitale de la *Savoie* et auj. le chef-lieu du départ. du même nom, formé d'une partie du duché, cédé à la France avec Nice par le traité de 1860. C'est aussi le siège d'un archevêché.

Comme beaucoup d'anc. capitales, Chambéry a une physionomie à part, mais manque un peu d'animation. C'est cependant une ville prospère et un centre intellectuel et industriel (gaze) assez important. Elle a des institutions de bienfaisance considérables, dues en grande partie à la munificence du général *de Boigne* (m. 1830), qui avait acquis une grande fortune aux Indes, au service du roi des Mahrattes.

En tournant d'abord à g., puis à dr. par la rue de la Gare, on traverse la rivière et l'on est sur une place où se trouvent le musée, à g., le palais de justice, à dr., et la *statue d'Ant. Favre* (1557-1624), le «président Faber», jurisconsulte éminent et père de Vaugelas, bronze moderne par Gumery.

Le MUSÉE, dans une assez belle construction neuve, est public t. les j., excepté les lundi et vendr., de 1 h. à 4 h. en hiver (15 sept.-15 mai) et de 1 à 5 en été et visible encore les lundi et vendr. «gratuitement» pour les étrangers, de 10 à 5.

REZ-DE-CHAUSSÉE, *collections diverses*. 1re et 2e vitr., à dr., antiquités de l'âge de la pierre. 3e-10e vitr., à la suite et au milieu, palafittes du lac du Bourget. 11e-13e v., antiquités romaines, en particulier un caducée très bien conservé. 14e-16e v., ethnographie. 17e et 18e v., objets du moyen âge et des temps modernes, coins et médailles. 19e v., coupes et médailles d'honneur, uniformes et armes. Ensuite une belle boiserie provenant d'un buffet d'orgue et des sculptures. 20e v., autres uniformes et armes, en particulier du roi Charles-Albert (m. 1849). 21e v., coins, médailles et miniatures. 22e v., faïences. 23e v., costumes de Savoie. 24e v., bois gravés, etc. — Au milieu, surtout des moulages, un relief des Alpes, par le lieut. *Lehr*, et un marbre par *Etex*, St Benoît sur un lit de ronces.

Ier ÉTAGE, *bibliothèque*, qui compte 40000 volum., ouverte tous les jours non fériés de 9 h. à midi et de 2 à 4 ou 5.

IIe ÉTAGE, *peintures*. — 1re salle, à dr.: *Molin*, Judas et Satan; puis deux tapisseries de Beauvais, une Vierge du *Guerchin* et quelques tableaux modernes. — 2e salle, quelques bons tableaux anciens, en particulier deux Vierges (345, 156), la 2e par *Sassoferrato*; un Jésus en croix, de *Santi di Tito* (176), un portrait (297), une Circoncision (53) par *Goltzius*, une Cène (56) par *Godefroy* (1482), une Adoration des mages (2) de l'*école de Cologne* et des Scènes de la vie de la Vierge (214), par l'*Angelico*; masque, par *Laurana*. — 3e salle: copies; quelques tableaux modernes; 66, *Dagnan-Bouveret*, Chevaux à l'abreuvoir; 237, *Janet Lange*, Néron au cirque; 238, 315, *Huggard*, de Saussure à la Mer de glace et le Mont-Blanc au coucher du soleil; 316, *P. Vautier*, la Seine à Paris; 194, *A. de Panelli*, Palestrina jouant de l'orgue. — 4e salle: surtout des portraits; meubles anciens remarquables. — 5e salle: 242, *Dosso Dossi*, Muse; 174, *le Calabrèse*, Judith; 43, *A. del Sarto*, Ste Famille; 16, *Rubens* (?), l'Enfant Jésus et St Joseph; 175, *le Calabrèse*, Didon sur le bûcher; 50, les *frères Lenain*, Rixe de musiciens ambulants; 177, *Stephano Pieri*, Evanouissement de la Vierge.

Le *palais de justice* est une construction moderne peu remarquable. Il y a derrière un *jardin public*.

En deçà de la place du Palais, le long de la Leisse, sont des boulevards qui s'étendent jusqu'au théâtre. Au commencement se voit le *monument commémoratif* de la première réunion de la Savoie à la France, en 1792, statue colossale en bronze de Savoyarde, par Falguière. Plus loin, la *fontaine des Eléphants*, une colonne de marbre, avec une statue du général de Boigne (p. 117), sur un piédestal massif d'où sortent quatre éléphants aussi en bronze, donnant de l'eau par leurs trompes. Ce monument médiocre est d'après Sappey. — Le *théâtre* est richement décoré à l'intérieur.

La *cathédrale*, près de là, à dr., est des xiie et xve s., la façade inachevée. L'intérieur est décoré de grisailles imitant des sculptures goth. flamboyantes.

La rue de Boigne, qui commence à là fontaine et dont une partie est bordée de hautes arcades, mène vers le château. Elle passe à dr. près de l'*hôtel de ville*, qui est une jolie construction moderne. Dans le haut de la place où aboutit la même rue, à l'entrée du châ-

.teau, le *monument des frères de Maistre* (Joseph, 1754-1821, et Xavier, 1764-1852), par Ern. Dubois (1899).

Le CHATEAU, bâti sur une éminence, est un édifice imposant et pittoresque, fondé au XIII⁰ s., mais qui n'a plus guère d'ancien que trois tours, un bâtiment du côté de la ville et sa *Ste-Chapelle*, des styles goth. et de la Renaissance, avec une très belle voûte et des vitraux anciens. Il est maintenant occupé par le préfet, le commandant militaire, etc. On peut monter à la tour ronde de l'intérieur, qui offre une belle vue (pourb.). En haut de la rampe d'accès du côté de la rue du Lycée, près de cette tour, le beau *portail St-Dominique*, d'un ancien couvent, du XV⁰ s., reconstruit depuis peu à cet endroit. — Il y a derrière le château un *jardin botanique*, avec un petit *muséum*, visible en s'adressant au gardien.

On pourra redescendre vers la gare par la rue du Lycée, qui aboutit à la place du Palais, près des boulevards.

Les ENVIRONS DE CHAMBÉRY (v. la carte p. 102) sont charmants, et l'on y peut faire quantité d'excursions intéressantes. Au S. (1 h. aller et ret.), *les Charmettes*, où se voit encore la maison de campagne qu'habitèrent J.-J. Rousseau et Mme de Warens et qui est peu changée (50 c. d'entrée).

A 6 kil. à l'E. de Chambéry (tramw., de la gare, 70 et 45 c.) se trouvent les bains de Challes (hôt.: *du Château*, bien situé, au delà des bains; *de France*, *de Châteaubriand*, *du Centre*, *de l'Europe*, tous en deçà, dans la localité; villas et maisons meublées), dont l'eau est sulfurée-sodique froide, la plus sulfureuse que l'on connaisse, contenant 0 gr. 205 de soufre par litre. On y traite la scrofule, la tuberculose, la syphilis, les maladies de la peau, des voies respiratoires, digestives et urinaires, etc. Bain, 2 fr. Buvette, abonn., 10 fr. L'établissement est dans un *parc*, morcelé et peu ombragé, où il y a aussi un *casino* (entrée, 1 fr. 50; abonn., 20 à 40 fr.).

A 5 kil. au N.-E., *la Motte-Servolex* (hôt. et cafés-rest. au tramw.), bourg que dessert un tramw. à vap. partant des boulevards (50 et 30 c., 80 et 50 all. et ret.). Important pensionnat des Frères. Château de la Motte à 1500 m. à l'O. Ce tramw. doit être prolongé vers le Bourget (5 kil.; p. 103), etc.

L'ascension de la *Dent du Nivolet* (1558 m.), qui offre un très beau panorama, demande 4 h. 1/2 à 5 h., dont env. 3 h. peuvent se faire en voiture, par la route du Châtelard, jusqu'aux Déserts. Il y a à l'O. un autre chemin plus court (4 h.), mais plus raide, qui se termine par une cheminée où il y a des échelles. Au sommet se dresse une croix gigantesque. — *Cascade de Couz*, v. p. 117.

De Chambéry à *Grenoble*, R. 23; à *Albertville*, v. ci-dessous.

DE CHAMBÉRY A LA GRANDE-CHARTREUSE: 39 kil., voit. d'excurs. du syndicat d'initiative (p. 117), en été, les jeudi et dim. et aussi le mardi en août, vers 7 h. du m., trajet en 5 h., pour 5 fr., 8 fr. aller et retour. On passe par la *cascade de Couz* (6 kil.; p. 117), le *tunnel des Echelles* (13 kil.; grottes; p. 116) et *St-Laurent-du-Pont* (19 kil.; p. 116), et on suit de là le chemin ordinaire. — On peut naturellement aussi faire cette excursion, tous les jours, par St-Béron (ch. de fer), etc. (v. p. 116).

15. De Chambéry à Albertville et à Moûtiers (Tarentaise).

49 kil. de chemin de fer jusqu'à *Albertville*, trajet en 1 h. 25 à 1 h. 50, pour 5 fr. 60, 3 fr. 80 et 2 fr. 45. — 28 kil. de là à *Moûtiers*, aussi en chemin de fer, en 1 h. à 1 h. 10, pour 3 fr. 25, 2 fr. 20 et 1 fr. 45.

Chambéry, v. ci-dessus. On suit d'abord la ligne de Modane (Turin; R. 18). A dr., le *mont Granier* (p. 174); puis les montagnes

de l'autre côté de la vallée de l'Isère. — 10 kil. *Chignin-les-Marches*.
A g., en deçà, les ruines du château de Chignin.

14 kil. **Montmélian** (281 m.; *buffet*; hôt.: *Chavoz*, près de la
gare; *des Voyageurs*, dans le bas), petite ville à ¼ d'h. à dr., sur le
versant de la rive dr. de l'Isère. On remarque en deçà, sur une butte
rocheuse, les restes d'une forteresse qui en faisait autrefois une place
très importante. — Ici s'embranche la ligne de Grenoble (R. 23).

Belle vue ensuite sur la vallée de l'*Isère*, que la voie remonte
quelque temps en tournant à l'E. Du même côté se montre une
partie du Mont-Blanc. — 18 kil. *Cruet*.

25 kil. *St-Pierre-d'Albigny* (hôt. de la Gare), ville de 2931 hab.,
à 2 kil. au N. (409 m. d'alt.). A 50 min., sur un rocher à pic, le pittoresque *château de Miolans*, prison d'Etat du xvie au xviiie s. et
maintenant propriété particulière. — Au Châtelard par le col du
Frêne, v. p. 105.

La ligne d'Albertville, pour laquelle on change de train, se détache plus loin à g. de celle de Modane et passe du même côté près
du château, non loin de Chamousset (p. 139). C'est la continuation
de la ligne principale sur la rive dr. de l'Isère. Sur les hauteurs de
l'autre rive, au confluent de cette rivière et de l'Arc, se trouve le
fort de Montperché. — 35 kil. *Grésy-sur-Isère*, à quelque distance
à g. On y a trouvé des antiquités romaines. A g., *Montailleur*, qui
a un vieux château et une tour isolée sur un mamelon.

41 kil. *Frontenex*. A g., la *montagne de la Sambuy* (2203 m.).
Une route d'env. 18 kil., à dr. de cette montagne, relie Frontenex à
Faverges (p. 113), par le *col de Tamié* (8 kil.; 908 m.), d'où l'on a une belle
vue et au delà duquel se trouvent la vieille *abbaye* (½ h.; trappistes) et la
gorge du même nom (aub.), puis une belle *cascade*, formée par l'Eau-Morte.

49 kil. **Albertville**. — Hôtels: *Million*, à l'extrémité de la rue de la
République, assez loin de la gare (ch. t. c. 3 fr.; rep. 1, 2.50 et 3), recomm.;
H. de la Balance, même rue, 41; *H.-buffet de la Gare*, bon (ch. t. c. 2 fr., rep.
75 c. et 2 fr. 50). — *Renseignements* gratuits (syndicat d'initiative), au bureau
de la correspond. du ch. de fer, rue de la République, 84. On y peut avoir
aussi des voit. partic., qui sont tarifées.

Albertville est jolie ville de 6371 hab. et un chef-lieu d'arr. de la
Savoie, sur l'Arly, un peu au-dessus de son confluent avec l'Isère.
Elle se compose de deux parties séparées par la rivière: l'*Hôpital*,
sur la rive dr., et *Conflans*, sur une colline escarpée de la rive g.
Elle porte le nom d'Albertville depuis la réunion de ces deux par-
ties par le roi Charles-Albert, en 1835.

L'*Hôpital*, la partie principale, où est la gare et que traverse la
rue de la République, n'a guère de curieux que sa belle *église neuve*,
du style goth. primitif à g. de cette rue.

Conflans, la partie la plus ancienne, est maintenant un faubourg
d'aspect pittoresque, mais mal bâti. Il a conservé des constructions
intéressantes, en particulier un ancien *couvent* du xiie s., sur la
grand'place, et des restes de fortifications, surtout une *porte*, située
plus loin, à l'opposé de la ville. L'*église*, à g. en deçà de la place

a une belle chaire en bois sculpté, un grand retable tout doré et des fonts assez curieux.

Les ENVIRONS D'ALBERTVILLE sont beaux et l'on y peut faire quantité d'excursions et d'ascensions, mais il y a des hauteurs fortifiées plus ou moins inaccessibles pour les touristes et où il vaut mieux ne pas aller. S'adresser, pour renseignements, au bureau du syndicat d'initiative, rue de la République, 84. — Ascensions: à la *Belle-Étoile* (1846 m.), au N.-O., 5 h.; à la *Dent de Cons* (2068 m.), plus loin vers l'extrémité de la même crête, 6 h.; à la *Sambuy* (2203 m.; p. 120), à la *Pointe de Chaurionde* (2291 m.), au delà du col de Tamié (p. 120), 6 à 7 h.; — au *Grand-Arc* (2489 m.), au *Bellachat* (2488 m.), au S., de chaque côté du col de Basmont (v. ci-dessous), 8 à 9 h. et 7 à 8; — à la *Roche-Pourrie* (2045 m.), à l'E., 5 h.; au *Mirantin* (2465 m.), un peu plus loin, 6 à 7 h.; — au *Grand-Mont* (2698 m.), au S.-E., 9 à 10 h., etc.

D'Albertville à *Annecy*, v. p. 113. Correspond. du ch. de fer.

D'Albertville à **Chamonix**, PAR UGINES: 74 kil., route et voit. publ., comme d'Annecy par *Fontaines-d'Ugines* (8 kil.), entre 8 et 9 h. du mat., trajet en 10 h. 1/4, pour 14 fr. 75. — *Ugines* et suite de la route, v. p. 113-114.

D'Albertville à **Beaufort**: 20 kil., route desservie 2 fois le jour par un courrier (3 h.; 2 fr.). On traverse l'Arly, tourne immédiatement à g. dans le bas de Conflans et remonte plus loin, à dr., la pittoresque vallée du *Doron de Beaufort*, en passant à *Venthon* (3 kil. 5) et à *Villard-de-Beaufort* (16 kil.) et en traversant trois fois le torrent. On aperçoit le Mont-Blanc à g. après le 2e pont. — **Beaufort** (758 m.; hôt.: *du Mont-Blanc*, recomm.; *du Cheval-Blanc*; guides) est une petite ville bien située et un centre d'excursions, sur le Doron et au débouché de trois vallées. Le *château* qui lui a donné son nom, occupé par une école, est situé sur une colline en deçà (997 m.; 2 h. 1/2 all. et ret.), au débouché de la vallée de Hauteluce (v. ci-dessous). — De Beaufort à *St-Gervais*, par le *col du Joly*, 10 h. avec un guide, assez intéressant. Il y a une route de voit. jusqu'à *Hauteluce* (1 h. 1/2; 1153 m.; hôt. Mollier), puis un chemin muletier, par *Belleville*, et un sentier plus ou moins marqué au col (2 h. 1/4; 1999 m.), au S. du *Mont-Joly* (p. 89), d'où on voit le Mont-Blanc. Descente du côté des *Contamines* (p. 89). — Au *col du Bonhomme*, par la *vallée de la Gitte*, v. p. 90. — Aux *Chapieux* (Bourg-St-Maurice), env. 5 h., d'abord par la partie supérieure de la vallée du Doron, qui est magnifique, jusqu'à *Roselend* (12 kil.; 1480 m. d'alt.), hameau où l'on peut aller en voit.; puis, le mieux avec un guide ou un porteur, par le *cormet* ou *col de Roselend* (2 h.; 1980 m.). — *Les Chapieux* et de là à *Bourg-St-Maurice*, v. p. 91.

La ligne d'Albertville à Moûtiers est le prolongement de celle de Chambéry dans la vallée de l'Isère, mais après avoir traversé l'Arly en aval. La vallée est d'abord assez large et en partie plantée de vignes. Vue à dr. — 6 kil. *Tours.* — 9 kil. *La Bâthie*, village que dominent, à g., les ruines d'un anc. château des archevêques de Tarentaise. A 3 kil. de là, à dr., celles d'*Esserts-Blay*. Dans le haut du vallon de dr., entre le *Grand-Arc* (2489 m.), à dr., et le *Bellachat* (2488 m.), à g., se trouve le *col de Basmont* (1607 m.), par où l'on peut passer en Maurienne: 6 h. de Cevins (v. ci-dessous) à Aiguebelle (p. 139), dont 4 h. de montée. En face (N.-E.), la *Tournette* (2454 m.; autre, v. p. 112). — 13 kil. *Cevins* ou plutôt *la Roche*, dépendance de ce village.

Ici commence la **Tarentaise**, partie méridionale de la Savoie qui comprend la *vallée supérieure de l'Isère* et la *vallée du Doron de Salins*, son affluent. Les deux rivières prennent naissance dans les plus hautes montagnes de France, après les grands sommets des massifs du Mont-Blanc et du Pelvoux, et elles descendent entre trois autres chaînes de montagnes qui se dirigent plus ou moins du S. au N., de sorte que leurs versants se trouvent en grande partie couverts de pâturages et de bois de sapins et de mélèzes. La Tarentaise offre donc, à côté de scènes de premier ordre, une variété d'aspects, un charme que n'ont pas, par ex., les Alpes du Dauphiné. Ses montagnes font partie des *Alpes Grées*, qui s'étendent jusqu'aux plaines du Piémont, entre la Doire Ripaire (p. 142) et la Doire Baltée (p. 92). Elle était à peine connue des touristes il y a env. 25 ans, et elle n'est pas encore visitée comme elle le mérite. On y rencontre encore d'assez jolies coiffures de femmes.

La vallée se rétrécit après Cevins; la voie passe dans deux tunnels, puis sur la rive g. de l'Isère. A g., les ruines du *château de Briançon*, dont les seigneurs furent longtemps la terreur de la contrée. La voie repasse sur la rive dr., pour y rester. — 20 kil. *Notre-Dame-de-Briançon*, au confluent de l'Isère et du torrent de Celliers.

De Notre-Dame-de-Briançon a la Chambre: (*Cheval-Noir*), 7 à 8 h., par un chemin qui remonte la vallée de Celliers et passe à *Bonneval-les-Granges* (1 h.), *Celliers* (2 h.; 1378 m.) et le *col de la Madeleine* (1 h.; 1984 m.), passage important entre le *Cheval-Noir* (p. 123), à g., et le *Gros-Villan* (2688 m.), à dr. Très belle vue de ce col. On en redescend par divers chalets et le village de *St-Martin-sur-la-Chambre* (env. 3 h. 1/2; 623 m.). — *La Chambre*, v. p. 139.

Encore un tunnel et, à g., une tour en ruine. La vallée s'élargit de nouveau. A dr., le vallon du Morel (p. 123), par où l'on va aussi, d'Aigueblanche, au col de la Madeleine. On commence à apercevoir, dans la direction de la vallée, des sommets du massif de la Vanoise (p. 135). — 25 kil. *Aigueblanche* (hôt. des Voyageurs). Enfin une gorge où la route monte beaucoup et où le chemin de fer passe dans un tunnel de 1464 m., en laissant à dr. le confluent de l'Isère et du Doron de Salins.

27 kil. **Moûtiers**-*en-Tarentaise* (480 m.; hôt.: *du Parc*, à dr. au delà du pont; *Vizioz*, recomm., *Bertoli*, tous deux sur la place), ville de 2489 hab. et chef-lieu d'arr. de la Savoie, sur l'Isère, anc. capitale de la Tarentaise (v. p. 121) et siège d'un évêché, qui a dû son origine à un monastère fondé au ve s. Sa *cathédrale*, sans importance comme édifice, est assez bien décorée à l'intérieur et possède, dans son trésor, des objets ayant appartenu à St Pierre II, archevêque de Tarentaise au xiie s., en particulier un bâton abbatial à poignée d'ivoire; puis un riche coffret à bijoux du xiie s., une châsse émaillée du xiiie s., une statuette en ivoire du xvie s.

De Moûtiers à *Bourg-St-Maurice* et *Val-d'Isère*, v. R. 16; à *Salins*, *Brides*, *Pralognan*, etc., R. 17.

Excursions. — Les guides de la Tarentaise, à Moûtiers, à Brides, à Pralognan et surtout à Tignes et à Val-d'Isère, etc., n'admettent pas, en général, le tarif du C. A. F. Les prix que nous indiquons sont d'après ce tarif ou basés sur l'usage, mais il importe toujours de s'entendre d'avance. On compte 8 à 15 fr. par jour, plus la nourriture, pour les courses ordinaires, 12 à 20 pour les courses au-dessus de 3000 m. et 30 à 60 pour les plus difficiles. Porteurs, 5 à 6 fr. par jour. Mulets, 8 à 10 fr., 15 au plus. — Principal guide de Moûtiers, *Th. Cullet*.

*__Au Mont-Jouvet.__ L'ascension de cette montagne, qui se fait aussi par-
ticulièrement de Brides-les-Bains (p. 132) et de Bozel (p. 133), est une des
plus belles et des plus faciles de la Tarentaise. 6 h. de montée, 10 h. aller et
retour. Des poteaux du C. A. F. permettent de faire cette ascension sans
guide. On va d'ordinaire, de Moûtiers, par *Feissons-sur-Salins* (1300 m.), à
env. 2 h. par le chemin muletier; puis par la *Croix de Feissons* (1/2 h.; 1420 m.),
premier plateau où, en s'écartant un peu du chemin, on a une belle vue
sur la vallée de l'Isère. Depuis quelque temps déjà on aperçoit en arrière,
à g., les glaciers de la Vanoise (p. 135), avec le Grand-Bec, la Pointe de la
Rechasse, le Dôme de Chasseforêt; à dr. de ces glaciers, les Aiguilles de
Polset et de Péclet; en deçà, l'Aiguille du Fruit, la Croix de Verdon, etc.
— Puis on suit pendant 1/2 h. un bon chemin sous bois, on monte à dr.
dans des clairières et l'on continue au N.-E., par les pâturages qui s'étendent jusqu'au pied du Jouvet. On aperçoit au bout d'env. 4 h. le sommet
de cette montagne, entre deux autres plus rapprochées, dont la principale est la *Grande-Côte* (2543 m.), à dr. 1 h. plus loin, le *plan de l'Aiguaz*
(2250 m.), au pied de cette hauteur, où il y a une bonne source, et à moins
de 3/4 d'h. de là, le *chalet-hôtel* du C. A. F. (2480 m.; rep. 3 fr. 50 et 4 fr. 50,
v. n. c.), qui n'est qu'à 20 min. du sommet. On prend enfin par l'arête à g.,
pour gravir le cône terminal, qui n'offre aucune difficulté. Le *__Mont-__
__Jouvet__ ou *Jovet* (2563 m.), qu'on a nommé le «Righi de la Tarentaise»,
doit à sa position isolée, entre les vallées de l'Isère et du Doron, d'être
l'un des principaux belvédères de la Tarentaise, et il offre un panorama
très remarquable: au N., le Mont-Blanc et les montagnes qui s'y rattachent; à dr., le Grand-Combin et le Mont-Rose; au S.-E., la chaîne de la
Vanoise et au S. les grands sommets du Dauphiné, avec les Ecrins, en forme
d'éventail. — Aime (p. 124) et Bozel (p. 133), qu'on ne voit pas du sommet,
sont au N. et au S.; on y descendrait en 3 h. 1/2 à 4 h.

*__A la Pointe de Crève-Tête,__ au S.-O., 5 h. 1/2 de montée, avec un guide,
et, si l'on veut, à dos de mulet jusqu'à 10 min. du sommet. On y va par
le *pré de Dagand* (1 h. 1/4) ou *le Puits* (2 h.), à g. au delà du Doron; puis
par le *col de la Croix-de-la-Coche* (2 h. 1/2 de Moûtiers), le *col de la*
Grande-Coche (beaux bois; 1/2 h.), dit aussi les «Désertés»; le *Pas de Pierre-*
Larron (1/2 h.), nommé à tort «col de la Coche», et une pente boisée au
S., qui mène à l'*arête de Longechat* (1 h.; env. 2100 m.), par laquelle on
arrive, facilement au sommet en 1 h. La __Pointe de Crève-Tête__ (2327 m.),
extrémité supérieure du massif qui s'élève, au S. d'Aigueblanche, entre
les vallées du Morel et du Doron, offre aussi une très belle vue de la
Tarentaise, particulièrement de la vallée de l'Isère, en aval et en amont
de Moûtiers, de la vallée du Doron, du Mont-Blanc, de la chaîne de la
Vanoise et, à l'E., au Mont-Pourri ou Thuria. — On peut aussi aller à la
Pointe de Crève-Tête par le chemin du *col de la Madeleine* (v. ci-dessous),
jusqu'aux *Avanchers*, qui ne sont qu'à 1 h. 1/2 au-dessous du *Pas de Pierre-*
Larron, par où l'on peut naturellement aussi redescendre.

Le *__Cheval-Noir__ (2834 m.), plus loin au S.-O., offre une vue encore
supérieure. L'ascension est sans difficulté, mais demande env. 9 h. 1/2
de Moûtiers. Elle se fait d'ordinaire par le *col de la Madeleine* (7 h.;
p. 122), où mènent deux chemins différents, d'abord par *Aigueblanche*
(1/2 h.; p. 122), à l'O. Celui qu'on suit le plus souvent va de là par *Doucy*
(1 h. 40; 932 m.), *les Granges* (40 min.; 1284 m.), *la Croix-de-Chantemerle*
(20 min.), *les Echappaux* (1/2 h.; 1514 m.) et *le Biolay* (50 min.; 1308 m.), dans
la vallée de Celliers, dont on rejoint le chemin (p. 122) au *Roset* (40 min.),
à 1 h. 50 du col. — L'autre chemin, un peu plus court, va d'Aigueblanche
par *le Bois* (1/2 h.) et *les Avanchers* (50 min.; 1100 m.; v. ci-dessus), dans
la vallée du *Morel*; puis à l'O. par *Pierre-Fort* (2 h.; 1718 m.) et *Riondet*
(1 h. 1/4; 2158 m.), à 1 h. 1/4 du col (p. 122). De là encore 2 h. 1/2 de
montée, en contournant la crête S. du Cheval-Noir. — L'ascension peut
aussi se faire, en 7 h. environ, avec un guide, par la vallée de Belleville,
au S.-O. de Moûtiers, où l'on passe par le pont du Doron et qu'on remonte
par *Fontaine-le-Puits* (6 kil. 5) et *Villarly* (2 kil.; 1106 m.; aub.), jusqu'à
St-Jean-de-Belleville (1 kil.; 1150 m.; auberges). De là, on va à l'O. par
Deux-Nants (1 h.; 1460 m.) et le *chalet d'Orgentil* (1 h.), dans le vallon de
ce nom, d'où il y a encore 2 h. 1/2 à 2 h. 3/4 d'ascension.

Le Perron des Encombres (2828 m.), encore plus au S. dans la chaîne de montagnes du côté de la vallée de l'Arc, se gravit en 5 h. 3/4, avec un guide, de *St-Martin-de-Belleville* (1380 m.; auberges), qui est 1 h. - 1 h. 1/4 plus haut que St-Jean, dans la vallée de Belleville (v. p. 123). On continue de là par un vallon à dr., en passant à *Gitamélon* (2 h. 1/2; 1797 m.), à *Genouillet* (1/2 h.), à *Casse-Blanche* (1/2 h.) et au *col des Encombres* (1 h. 1/2; env. 2337 m.), entre le *Perron*, à dr., et la *Pointe du Collet-Blanc* (2689 m.), à 3/4 d'h. du sommet du Perron. La vue y est inférieure à celles des cimes précédentes. On peut redescendre du col en 3 h. 1/2 à 4 h. à *St-Michel-de-Maurienne* (p. 141).

16. Haute vallée de l'Isère et ses montagnes.

I. De Moûtiers à Tignes et à Val-d'Isère, par Bourg-St-Maurice.

27 kil. jusqu'à Bourg-St-Maurice, par une grande route que dessert 4 fois le jour une corresp. (ch. de fer projeté), trajet en 3 h. 1/2 à 4 h., pour 4 fr. (banquette) et 3 fr. — 26 et 32 kil. de là à Tignes et à Val-d'Isère, par une route, que dessert un courrier ordinaire jusqu'à Ste-Foy (11 kil.), en 2 h., pour 1 fr. 50, et, du 1er juil. au 15 sept., une voit. publ. menant jusqu'à Val-d'Isère, en 6 h. 3/4 (43/4 au retour). Départ de cette voit. de Bourg-St-Maurice vers 5 h. du m. et de Val-d'Isère à 2 h. du soir. On fera au moins bien de profiter de la voiture de Ste-Foy. Trajet à pied de là en 4 h. et 5 h. 1/2 environ. Un mulet ne devra pas se payer plus de 10 fr., y compris le salaire du conducteur: 8 est le prix ordinaire d'une journée, et l'on en trouverait déjà un pour 12 à 15 fr. à Bourg-St-Maurice. — *Passeport*, v. p. 88.

Moûtiers, v. p. 122. La route du Bourg remonte la rive dr. de *l'Isère*, qui tourne au N.-E. et dont la vallée n'est pas moins remarquable qu'en aval. — 5 kil. *St-Marcel*. Plus loin, un défilé, le *Détroit du Sieix* («Saxum»), où l'on passe dans 3 petits tunnels. À dr. est le petit village de *Centron*, qui a remplacé la ville antique de ce nom. Puis un autre défilé et, à dr., le massif du Mont-Jouvet (p. 123). — 11 kil. *Villette*. Plus loin à dr., les glaciers du Mont-Pourri (p. 125).

14 kil. *Aime* (651 m.; hôt. du Petit-St-Bernard), l'*Axuma* des Romains, aujourd'hui plutôt un village qu'une ville. On y a trouvé des restes intéressants de l'antiquité, particulièrement des inscriptions, et l'on voit en dehors, du côté de l'Isère, la vieille *église St-Martin*, construite de débris antiques.

Un bon chemin, en partie praticable aux voitures, conduit au N. en 7 h. à *Beaufort* (p. 121), par le *cormet* ou *col d'Arèches* (4 h.; env. 2000 m.), situé au N. du *Crêt du Rey* (2689 m.), dont l'ascension serait plus courte à partir de Villette (v. ci-dessus). Vue très étendue au N.

L'ascension du *Mont-Jouvet* (p. 123) est un peu plus courte d'ici que de Moûtiers. Il y a un pont sur l'Isère et un bon chemin par *Longefoy*, au S.-O.; puis un sentier au S., par le *lac* et le *col du Jouvet*.

Autres ascensions: au *mont St-Jacques* (2406 m.), au S., 5 h., facile et intéressante; au *Crêt du Rey* (2689 m.), au N.-O., 6 h. 1/2, même remarque; à la *Pierre-Menta* (2715 m.), au N., 6 à 7 h.; au *Roignais* (3001 m.), à l'E. de là, v. p. 125.

Ensuite la route court sur le flanc d'une montagne qui glisse et où il y a eu un éboulement considérable en 1897. Sur les hauteurs de dr., le village de *Macot*, où il y a d'anc. mines de galène argentifère. — 20 kil. *Bellentre* (hôt. Savoie).

A 2 h. 1/2 au N., *les Chapelles* (gîte), d'où le *Roignais* (3001 m.) se gravit en 5 h., par *Lansevard* (2 h. 1/2).

A env. 2 h. 1/2 au S., par un chemin qui se détache de la route, à dr. 1200 m. plus loin, et passe par *Landry* (1 h. 1/4), se trouve **Peisey** (1300 m.; *hôt. Collin*), village qui a eu des mines de plomb argentifère et dont plus d'un habitant a fait fortune ailleurs dans la tabletterie, la quincaillerie et la fabrication des bronzes. Un incendie en a détruit 29 maisons en 1899.

Le *****Mont-Pourri** ou *Thuria* (3788 m.), un des principaux sommets de la Tarentaise, à la fois remarquable par lui-même, par sa situation et son panorama, n'a été gravi qu'assez rarement jusqu'à ce jour, à cause de la longueur et des difficultés de l'ascension. Elle est même dangereuse au N., par le *Grand-Col* (2937 m.; à Ste-Foy, v. p. 126), au pied duquel il y a un refuge du C. A. F. (env. 2650 m.), à 4 h. de Peisey, et d'où il faut encore 6 à 7 h. pour atteindre le sommet principal, par l'arête et les glaciers. Mais il y a une autre route bien préférable au S. (9 h. 1/2; guide, v. p. 122), par les *chalets de la Plagne* (3 h. 1/4; v. ci-dessous), où l'on peut aller coucher; le *glacier des Platières* et le *Pas de l'Echelle* (2 h.), qu'on escalade pour gagner l'arête.

La vallée de Peisey se bifurque au delà de ce village. A g., on va à ses anc. *mines* de plomb argentifère (3/4 d'h.), puis, en contournant le massif de l'*Aiguille du Midi de Peisey* (3360 m.; ascension, v. p. 129), aux *chalets de la Plagne* (2 h. 1/2; 2100 m.; gîte) et au *col du Palet* (1 h. 1/2 à 2 h.; p. 128), par un mauvais sentier, qui laisse à dr. le *lac de la Plagne* (20 min.; 2155 m.), puis à g. le sentier du col de la Tourne (p. 129). — A dr., on irait en 5 h., par le *col de Frette* (3 h.; 2504 m.), à *la Chiserette*, dans la vallée de Champagny (p. 129).

Les glaciers du Mont-Pourri présentent à dr., après Bellentre, un aspect superbe. En face, on a le massif que dominent le *Roc de Belleface* (2861 m.) et la *Lancebranlette* (2933 m.), à g. du Petit-St-Bernard (p. 94).

27 kil. Bourg-St-Maurice ou *le Bourg* (815 m.; *hôt. des Voyageurs* ou *Mayet,* bon; dé. ou dî. 3 fr.), petite ville assez animée, par suite de sa situation près de la frontière et sur la route du Petit-St-Bernard. On y remarque, près de l'hôtel, une *maison* dont la façade est toute couverte de magnifiques sculptures modernes.

De Bourg-St-Maurice à *Courmayeur,* par le *Petit-St-Bernard,* v. ci-dessous et p. 94-93. Voit. publ. 1 fois par jour en été pour le Petit-St-Bernard, à 5 h. du m.; trajet en 6 h., pour 10 fr. Retour, v. p. 94. — De Bourg-St-Maurice aux *Chapieux,* par *Bonneval-les-Bains,* v. p. 91. — Bonneval-les-Bains (1084 m.; *hôt. des Bains*) n'est qu'à 6 kil. de Bourg-St-Maurice. C'est un hameau sur la rive g. du torrent des Chapieux, avec un *établissement thermal* modeste, alimenté par une source sulfurée calcique très abondante, à 35° C. Ses eaux sont dans le genre de celles de St-Gervais (p. 64) et d'Aix-les-Bains (p. 100), et l'on y peut traiter les maladies de la peau, les rhumatismes, la chlorose, l'anémie et la gravelle.

La route de Tignes tourne à l'E. avec la *vallée de l'Isère* et traverse deux de ses affluents, le *torrent des Glaciers* et le *Reclus,* qui descendent, à g., du Bonhomme et du Petit-St-Bernard.

3 kil. *Séez* (904 m.), village après lequel on laisse à g. la route du Petit-St-Bernard (32 kil.; env. 3 h. par les raccourcis). On aperçoit déjà des pics neigeux dans le haut de la vallée. La route se rapproche encore plus loin de la rivière; on passe à une belle cascade et on gravit une rampe de 3 kil., d'où l'on a une belle vue en arrière.

11 kil. *Ste-Foy* (1051 m.; hôt.: du Mont-Blanc; du Mont-Iseran; du Mont-Pourri; Gacon, recommandé).

En face, à 20 min., est situé *Villaroger* (1100 m.), par où l'on monte en 5 h. 1/2 au Grand-Col du Mont-Pourri (p. 125), en passant aux *chalets du Cousset* ou *du Thuria* (1874 m.).

Un sentier conduit à l'E. de Ste-Foy, en 7 h., à *Valgrisanche*, dans la vallée de ce nom. Il passe par le *col du Mont* (2646 ou 2632 m.), à 3 h. 1/2 de Ste-Foy, entre le *Bec de l'Ane* (3193 ou 3218 m., 1 h. du col; facile), à g., et la *Pointe d'Archeboc* (v. ci-dessous), à dr. On redescend de là en 2 h. dans la vallée, à *Fornet*, où l'on peut coucher.

Le sentier du col laisse à g., à *la Crau* (2 h. 1/4) un autre sentier, qui mène aux *chalets de la Sassère* ou *Sachère* (2039 m.), à 3 h. 1/2 de Ste-Foy, d'où l'on peut faire en 6 h. 1/2 à 7 h., avec un guide, l'ascension assez facile de la **Tête du Rutor** ou *Ruitor* (3486 m.). Montée par la *combe*, le *glacier* (2 h. 1/2; env. 2600 m.) et le *col de l'Avernet* (2 h. 1/2; env. 3230 m.) et de là à côté des *Vedettes* (1/4 d'h.), rochers situés un peu plus haut au delà de la frontière, dans le grand *glacier du Rutor*, et au *col du Rutor* (1 h.; env. 3350 m.). Il y a à cet endroit, par où l'on monte de Valgrisanche, une cabane du C. A. I., et le sommet n'est plus qu'à 1/2 h. *Vue superbe. — L'ascension se fait aussi de la Thuile, au N.-O., sur la route de Pré-St-Didier (p. 94).

La **Pointe d'Archeboc** (3283 ou 3278 m.) se gravit facilement, en 5 h. 1/2 à 6 h., de Ste-Foy, d'abord par un bon chemin qui monte sous bois au-dessus de la route de Tignes et tourne en amont de la Thuile dans un vallon, dont le dernier hameau est *le Plan* (2210 m.), à 4 h. de Ste-Foy. Là on prend au N.-E. par les *lacs Verdet*. Le sommet est sur la frontière, au-dessus du *glacier de l'Ormelune* et du Val Grisanche, du côté de l'Italie.

15 kil. *La Thuille* (1272 m.; aub. du Mont-Vanoise), hameau après lequel la vallée se rétrécit de plus en plus et prend un aspect grandiose. Les deux versants sont en partie boisés de sapins et de mélèzes. De l'autre côté de la rivière descendent en longues traînées blanches des torrents qui ont leurs sources dans les glaciers du Mont-Pourri. On en rencontre aussi deux au bord de la route, près de quelques chalets, et au *Bioley*, à env. 1/2 h. et 1 h. 1/4 de la Thuille. A une grande hauteur sur l'autre rive, *la Gurra* (1590 m.), qui a un beau clocher.

23 kil. *Les Brévières* (1572 m.; hôtel). Cet endroit est sur un petit plateau où l'on a une belle vue en arrivant, à g., des hauteurs au delà de Tignes, en particulier des rochers de Franchet, de la Pointe de Front, du Dôme, etc., et du glacier au pied de la Tsanteleina; en arrière, jusqu'au Mont-Blanc. — Des Brévières à la Grande-Sassière, v. p. 127.

Il y a encore ensuite une gorge grandiose, et on traverse l'Isère en deçà de *la Chaudanne*, hameau à quelques min. de Tignes.

26 kil. **Tignes** (1659 m.; *H. du Club-Alpin, H. des Touristes*, deux aub.; télégr.), village dans une petite plaine, sur la rive g. de l'Isère, en face d'une forte et belle *cascade* qui descend, à l'E., du lac de la Sassière (p. 128) et au confluent d'un torrent qui vient, à l'opposé, du lac de Tignes (p. 128).

La route de voitures redescend vers la rivière, qu'elle traverse, et continue de remonter la vallée, en laissant à g. le hameau de *Franchet* et ses rochers (p. 130). Ensuite vient encore un défilé sauvage, au sortir duquel on se retrouve dans une petite plaine et passe à d'autres hameaux, *Daille* (1801 m.) et *le Crey* (1822 m.)

32 kil. **Val-d'Isère**, auparavant *Val-de-Tignes* (1849 m.; hôt. *Moris*, au pont, ch. t. c. 2 fr. 50 à 3.50; rep. 80 c. à 1 fr., 3 et 3.50;

p. 10), petit village qui est devenu depuis peu, grâce à son bon hôtel, un centre d'excursions. Téléphone avec Tignes.

II. Excursions de Tignes et de Val-d'Isère.

GUIDES : *Fréd. Rond*, de Val-d'Isère ; *Victor* et *Jean-Maurice Mangard*, du Fornet, 3 kil. au delà de Val-d'Isère (v. p. 126). Il n'y a pas de tarif officiel, et il faut débattre les prix d'avance (v. p. 122). D'ordinaire, 6, 8 et 10 fr. par jour. Mulets et conducteurs, 8 fr.

A. De Tignes.

Au lac de Tignes, belle petite excursion d'env. 2 h., aller et retour, par un chemin raide, mais facile à trouver : v. p. 128.

*A la Grande-Sassière : 6 h. ¹/₂, excursion très recommandée, plus fatigante que difficile. On va d'habitude coucher aux derniers *chalets des Sales*, à 2 h. de Tignes, afin de ne point repasser trop tard sur le névé. Guide (v. ci-dessus) et provisions nécessaires. Au bout de 1 h. de montée raide, à dr. du torrent qui descend de la cascade, on aperçoit la cime de la Grande-Sassière et, en se retournant, la Grande-Motte, avec son vaste manteau blanc. Un peu plus loin, on passe à une puissante cascade ; puis on découvre à dr. la Tsanteleina (p. 130), aussi presque toute blanche. — Des chalets (2338 m.), on gagne à l'O. l'arête par laquelle se fait l'ascension, mais on pourra redescendre par les éboulis du S.-O. 30 min., un petit plateau où l'on a en face le Mont-Pourri. Puis une première pente d'éboulis, par où l'on arrive en 1 h. 10 sur l'arête (2963 m.), et l'on revoit l'aiguille. 1 h. plus loin, une petite cheminée ; ¹/₄ d'h. après, le glacier (3278 m.), qui est sans danger ; ¹/₂ h. de là, un mauvais pas, qui demande ¹/₄ d'h. et au sortir duquel on aperçoit le Mont-Blanc, enfin ³/₄ d'h. d'escalade pénible sur des éboulis de grès schisteux. La **Grande-Sassière* (3756 ou 3759 m.) est un des principaux sommets de la Tarentaise, le 3ᵉ pour la hauteur (Grande-Casse, 3861 m. ; Pourri, 3788 m.) et le moins difficile des trois. C'est de plus un des premiers belvédères de cette partie des Alpes. Au N. se voient le Mont-Blanc, le Grand-Combin, le Cervin, le Mont-Rose et, au loin, les glaciers de l'Oberland. Au pied du spectateur, les ravins désolés du Val Grisanche et du Val de Rhêmes et les grands glaciers de la frontière. A l'E., le Grand-Paradis, la Grivola et les plaines de la Lombardie, souvent masquées par la brume. Au S.-E., par delà les sommets qui séparent la vallée de l'Isère de celle de l'Arc, un vaste horizon de glaciers d'où émergent quantité de cimes de la frontière dépassant 3000 m., de la Levanna au Roche-Melon, et dans le fond, le Mont-Viso. Au S.-O., où brille le lac de Tignes, la Grande-Motte, la Grande-Casse, les glaciers de la Vanoise, le Thabor et les Alpes du Dauphiné ; plus près, la masse imposante du Mont-Pourri, etc.◗

La *Grande-Sassière* se gravit aussi, et plus facilement, des *Brévières* (p. 126), en 5 h., par *Chenal-Dessous*, *Chenal-Dessus* et le *chalet de Balmot* ; on pourrait du moins redescendre par là (3 h., au lieu de 4). —

Passage du Dôme et col de la Bailletta (Val-d'Isère), v. p. 130. — Ascension de la *Grande-Motte*, par le lac de Tignes et le col de la Leisse, v. ci-dessous et p. 131 et 137.

A **Notre-Dame-de-Rhêmes** (*Aoste*): env. 8 h., avec un guide. On suit le chemin de la Grande-Sassière jusqu'au delà des chalets des Sales (v. p. 127), puis on continue le long du torrent jusqu'au *lac de la Sassière* (3 h. de Tignes; 2446 m.), lac sombre et triste qu'alimente surtout le glacier de la Goletta ou de Rhêmes et l'on monte à g., pendant 1 h. par le glacier, au *col de la Goletta* (3063 m.), dit à tort *col de Rhêmes* (v. p. 130), à 4 h. ½ de Tignes, entre les prolongements E. de la Grande-Sassière et la Tsanteleina. Vue magnifique en arrière sur la Grande-Motte, la Grande-Casse; à dr., sur le Grand-Paradis, etc. On redescend de là aux *chalets de Soches* (env. 1 h. ¼), d'où il n'y a plus qu'à suivre la vallée jusqu'à *Notre-Dame-de-Rhêmes* ou *Rhêmes-Notre-Dame* (2 h. ¼, mauv. aub.; hospitalité chez le curé).

A **Bozel**, PAR LE COL DU PALET (*Pralognan; Moûtiers*): env. 8 h., 9 h. en sens inverse, un des plus beaux passages de la Tarentaise. Un guide n'est pas nécessaire, mieux vaut prendre un mulet avec son conducteur jusqu'au col (prix, v. p. 122). — Le sentier monte rapidement, à l'O. de Tignes, sur la rive dr. du torrent qui descend de son lac, dans une gorge boisée et pittoresque. Vers le haut, à dr., le sentier du col de la Tourne (p. 129). On atteint en 1 h.-1 h. ¼ le *lac de Tignes* (2088 m.), beau lac poissonneux, alimenté par le glacier de la *Grande-Motte* (p. 137), qui se dresse fièrement au S. Beau coup d'œil en arrière sur la Grande-Sassière et la Tsanteleina. L'eau du lac s'infiltre en grande partie dans le sol et ressort un peu plus bas pour former le torrent. Notre chemin passe à dr. et laisse à g. le sentier du *col de la Leisse* (env. 2 h., p. 131). On tourne plus loin à dr., vers un bloc de rocher, et on atteint par une montée très raide et un sentier mal tracé une sorte de plateau où est le dernier chalet et d'où l'on voit à dr. la *vallée de Peisey* (p. 125), avec ses petits lacs; à g., les *rochers de Pramecou* (3021 m.). Le **col du Palet** (2658 m.) est au delà de ce plateau, à 2 h. ½ de Tignes. A dr. de la vallée de Peisey, le Mont-Pourri; à g., l'Aiguille du Midi; à g. du col, à la suite de celui de la Grande-Motte, le *glacier de Pramecou* et une série d'autres glaciers superbes, sur le versant N. du massif de la Grande-Casse (p. 136), qui est très escarpé de ce côté. Le sentier, qui appuie à g., est aussi en grande partie très raide à la descente, jusqu'à la grange de *la Plagne* (1 h. ½; 2030 m.), près d'un petit lac d'où sort le *torrent de Prémou*, dont on suit dès lors la vallée. Plus loin, une gorge (¾ d'h.) et une dernière descente en lacets (¼ d'h.). En face, le *Grand-Bec de Pralognan* (v. ci-dessous). De nombreux torrents descendent des glaciers; plus loin aussi deux belles cascades, à dr. On passe plusieurs fois le torrent et traverse *Laisonnay* (¼ d'h.; 1568 m.), *Fribuge* (½ h.), et *Champagny-le-Haut* ou *le Bois* (¼ d'h.; 1480 m.; hôt. Ruffler; guide).

Le Grand-Bec de Pralognan (3403 m.), au S. de la vallée, se gravit d'ici en 6 h. env. all. et ret., avec un guide. On se dirige par des pâturages, au N.-E., vers une dépression visible du village, à g. d'un rocher où il y a un peu de neige, à la base de l'arête N. du pic, où l'on arrive en 2 h. ½. De là on gagne en ½ h. env. le *glacier de la Becca-Motta*, on gravit une crête rocheuse au milieu de ce glacier, demandant près de

2 h., et l'on est sur le second sommet, d'où quelques min. suffisent pour atteindre, à l'O., le point culminant. Le panorama n'est pas seulement très étendu du côté de la Savoie, comme le veut la position dégagée de la montagne, au N., et son altitude, mais il comprend encore les grands sommets de la Maurienne et du Dauphiné, le Viso, le Grand-Paradis, etc.

Le Sommet de Belle-Côte (3421 m.), point culminant de l'*Aiguille du Midi de Peisey* (3360 m.), au N., se gravit aussi de Champagny-le-Haut, en 4 h. 1/2 à 5 h., par le *chalet de l'Ecurie* (2 h.; 2300 m.), puis par le *glacier du Cul-du-Nant* (3 à 4 h.). Très belle vue, surtout du Mont-Pourri et de la Grande-Casse. — Peisey, v. p. 125.

Passé Champagny-le-Haut, on atteint *la Chiserette* (10 min.; 1451 m.; guide) où aboutit le sentier de la vallée de Peisey par le col de Frette (p. 125). Le chemin est ensuite carrossable. Il passe dans la *gorge de Champagny*, gorge grandiose où il est taillé dans le roc au-dessus du torrent, qui bondit en cascades à une grande profondeur. Plus loin, une belle vue sur le bas de la vallée et celle du Doron, que domine la Pointe de Crève-Tête (p. 123), et on atteint *le Planay* (3/4 d'h.), hameau de Champagny d'où était originaire Pierre de Tarentaise, qui fut le pape Innocent V (1276).

Les piétons se rendant à *Pralognan* ont plus court de prendre ici, à g. d'une chapelle, un sentier qui traverse le torrent et en suit la rive g., pour rejoindre la route dans le haut des lacets qu'elle forme au-dessus du Villard (40 min.; p. 133).

Ensuite *Champagny-le-Bas* (5 min.; env. 1200 m.; hôt. Roche), d'où la route passe à une certaine hauteur à dr. de la vallée, pour redescendre rapidement vers la route de Pralognan et *Bozel* (1 h.; p. 133), en laissant à g. un sentier qui mène directement au *Villard* (p. 133).

A Peisey, DE TIGNES PAR LE COL DE LA TOURNE OU LE COL DU PALET: 6 h. 1/2 à 7 h., avec un guide. Même chemin que ci-dessus jusque vers le lac de Tignes ou jusqu'au col du Palet. Le *col de la Tourne* (2826 m.), entre les *Rochers Rouges* (3010 m.), à dr., et les *Rochers du Chardonnet* (2816 m.), à g., est plus pénible, mais plus curieux que celui du Palet. Les deux sentiers se rejoignent du reste bientôt à la descente et passent entre le Mont-Pourri et l'Aiguille du Midi, etc. (v. p. 125).

B. DE VAL-D'ISÈRE.

Au lac de Tignes (*col du Palet; Bozel*): 3 h. 1/2 à 4 h., sentier praticable aux mulets, par *Daille* (20 min.), où l'on passe sur la rive g. de l'Isère, puis par *les Etroits* le *vallon de la Thouvière*, une belle gorge à dr., les *chalets* (1 h. 1/2) et le *pas de la Thouvière* (3/4 d'h.; 2253 m.), d'où la vue s'étend déjà jusqu'au Mont-Blanc. Pour le *lac de Tignes*, le *col du Palet*, etc., v. p. 128. Descente à Tignes (p. 126) en 3/4 d'h. à 1 h.

*A la Grande-Sassière (p. 127): env. 3/4 d'h. de plus que de Tignes (v. p. 127), dont on va rejoindre le chemin par la route de voitures, qu'on quitte après la gorge, pour monter à *Franchet* (p. 126) et de là aux *Sales* (p. 127), etc.

Aux Rochers de Génépy (3157 m.): env. 5 h., avec un guide, par le *vallon de la Thouvière*, en laissant à dr. le sentier du lac de Tignes (v. ci-dessus); puis à g. par le *col de Fresse* (2 h. 1/2; 2589 m.) et au S. vers les rochers. *Vue magnifique, du Mont-Blanc aux montagnes du Dauphiné.

A la Pointe de la Sana (3450 m.): 5 h. 1/4 avec un guide. On monte d'abord au S., puis au S.-O., par le *vallon du Charvet*, en 3 h. 1/4 au *glacier de la Barme-de-l'Ours*, situé au pied des beaux escarpements de la Sana. Ensuite on s'élève par ce glacier, de l'O. à l'E., jusqu'à un col (3110 m.) à l'E. du pic, et l'on arrive par des pentes de neige au sommet. *Panorama des plus beaux et des plus étendus de la chaîne des Alpes. On peut redescendre facilement, à l'O., à Entre-deux-Eaux (p. 135), en 3 h. 1/2.

*A la Tsanteleina (3606 m.), la *Pointe de Bazel* des cartes françaises (autre, v. ci-dessous), au N.-E., sur la frontière: env. 6 h. 1/2 par la route du versant S., découverte en 1890 par M. H. Ferrand, course d'alpiniste, avec un guide, plus facile néanmoins que par la route du côté O., qui en outre demande 3 h. 1/2 de plus. On suit d'abord en amont le chemin de la vallée, qui se prolonge jusqu'au *Fornet* (35 min.; 1936 m.), et là on prend au N., par les prés, en laissant plus loin à g. le sentier du col de la Bailletta (v. ci-dessous). Puis on monte au *plateau du Quart* (1 h. 3/4; env. 2550 m.), de là à une terrasse où il y a un lac et, en appuyant à l'E., au *glacier du Quart* (1 h. 20; env. 2980 m.). Ensuite par ce glacier et une barre de rocs qui les sépare au *glacier de Quart-Dessus* (env. 3/4 d'h.); de ce dernier à une dépression dite *col Bobba* (1 h. 1/4; 3436 m.), entre la Tsanteleina au N. et la «Cime de Quart-Dessus» (3474 m.) au S.; une pente de neige difficile, si elle est molle, conduit enfin par des rochers faciles jusqu'au sommet de la Tsanteleina (1/2 h. à 1 h., selon l'état de la neige). *Panorama superbe, par le site de la montagne, entourée de glaciers, et par son étendue, au N. jusqu'à la Jungfrau et au S. jusqu'au Viso.

Le *col de la Bailletta* (2855 m.), mentionné ci-dessus, à env. 3 h. du Fornet, mène dans le vallon de la Sassière, au *lac du Santet* ou *Sautet* (1 h. 1/2; 2779 m.) et au *lac de la Sassière* (3/4 d'h.; p. 128), etc. C'est par ce col et le lac du Santet qu'est l'anc. route de la Tsanteleina. — Un autre col mettant plus directement Val-d'Isère en communication avec le vallon de la Sassière est le *Passage du Dôme* (env. 2800 m.), dans le haut du vallon qui monte au N. du village, entre la *Pointe du Front* (2964 m.) et le *Dôme* (3033 m.; 4 h.), à dr.; les *Rochers de Franchet* (2818 m.) et la *Pointe de Picheru* (2957 m.), à g., encore peu explorés des touristes.

A la Pointe de Bazel (3443 m.) et à la Pointe de Calabre (3363 m.), au N. des sources de l'Isère: env. 1 h. 1/2 et 2 h. 1/2 du col de Rhêmes, où l'on arrive de Val-d'Isère en 3 h. 3/4, avec un guide. On passe par le *Fornet* (35 min.; v. ci-dessus), puis par les *chalets de St-Charles* (1 h.; 2071 m.), où on quitte la vallée (sources de l'Isère, etc., v. ci-dessous) pour monter au *col de Rhêmes* (2 h. 10; 3062 m.; autre, v. p. 128), sur la frontière, entre les deux pics, et qui débouche sur de vastes glaciers par lesquels on peut gagner les chalets de Soches (env. 3 h.) et Notre-Dame-de-Rhêmes (p. 128). — La *Pointe de Bazel* proprement dite est, d'après les gens du pays, le sommet coté 3443, à g. du col. On y monte de là assez facilement en 1 h. 1/4, d'abord directement, puis par la face N. — La *Pointe de Calabre* (3363 m.), l'autre cime, à dr., demande 1 h. 1/2, par un îlot de rochers (1/2 h.) et les rochers supérieurs de l'arête (1 h.). Belles vues, très étendues.

A la Pointe de la Galise (3345 m.): env. 6 h., course d'alpiniste, avec un guide. Jusqu'aux *chalets de St-Charles* (1 h. 35), v. ci-dessus. De là, toujours par la vallée, qui forme la *gorge de Malpasset*, au *Prariond* (25 min.; 2272 m.), cirque où il y a un chalet-refuge du C. A. F. Ensuite on appuie à g. pour gagner, par des moraines et un petit glacier, le *col de la Galise* (2 h. à 2 h. 1/4; 2998 m.), échancrure sur la frontière, d'où l'on a de belles vues à l'E. et à l'O. (à Cérésole, v. p. 132). La cime, au N.-E., se gravit de là en 2 h. env. par le glacier, un mauvais couloir, des rochers fort raides et une pente de neige. *Horizon merveilleux.

A la Cime d'Oin et à la Grande Aiguille Rousse, AVEC DESCENTE DU CÔTÉ DE BONNEVAL: 9 h. 1/2, belle course, sans difficulté, avec un guide. Jusqu'au *Prariond* (2 h.), v. ci-dessus. On continue de monter vers les

sources de l'Isère, puis on prend par une moraine et des pentes de gazon
à dr. du *glacier du Col de la Vache*, et on traverse dans le haut (1 h. 1/2), à
g., ce glacier facile, afin d'atteindre le *col de la Vache* (1 h.), sur la frontière, d'où l'on voit, au N.-E., le beau *lac Cerru*. La **Cime d'Oin** (3277 m.)
est au S. du col; on atteint le sommet en 35 min. par une arête schisteuse.
Au S.-E., sur le territoire italien, est la *Cime du Carro* (3310 m.); au S.-O.,
sur le territoire français, la **Grande Aiguille Rousse** (3482 m.), qu'on gagne
en 1 h. 1/2 en redescendant d'abord au glacier (1/4 d'h.) et remontant au
S. une arête jusqu'à une dépression dite *col du Bouquetin* (env. 3300 m.), à l'E.
de l'aiguille (1/2 h.), dont le sommet est encore à 3/4 d'h. par une autre
arête. *Panorama superbe de la chaîne frontière, de la Tarentaise et de la
Maurienne, s'étendant jusqu'au Cervin et au Mont-Rose, aux montagnes du
Haut-Dauphiné, etc. — La *Petite Aiguille Rousse* (3484 m.) est à moins de
1/2 h. à l'O. de la Grande. De cette dernière, on revient à la dépression entre
les deux (20 min.), puis on va passer (1/4 d'h.) entre l'Aiguille Rousse et
l'*Aiguille de Gontière* (3192 m.), et l'on descend au S. vers les *chalets de
Lechans* (env. 1 h.; p. 148), à env. 2 h. de *Bonneval* (p. 147).

A Bonneval, par le col du Mont-Iseran: env. 5 h., sentier de
mulets pénible, mais bien tracé et recommandable, où un guide est
inutile quand il fait beau. Mulets, 7 à 8 fr. pour le col, 12 fr. 50
à 15 fr. pour Bonneval. — On remonte d'abord la vallée de l'Isère
jusqu'aux maisons de *Laissenant* (10 min.; 1866 m.), où l'on prend à
dr. Ensuite il y a une montée raide, d'env. 1/2 h., en partie sous bois,
et l'on traverse deux torrents. Dans le haut, le sentier est marqué,
en prévision de mauvais temps, par des pyramides de pierre. Belle
vue en arrière sur le Mont-Pourri, à l'arrière-plan; la Grande-Motte
et la Grande-Casse, plus près, à g. de la vallée de l'Isère; la Grande-
Sassière, la Tsanteleina, la Pointe de Bazel, la Pointe de Calabre, etc.,
à droite. Le **col du Mont-Iseran** (2769 m.; refuge), à 2 h. 1/2-3 h. de
Val-d'Isère, est le principal passage entre les vallées supérieures de
l'Isère et de l'Arc. Le nom de Mont-Iseran ne désigne pas un sommet,
mais l'ensemble du massif où sont les sources de l'Isère; c'est un
nom comme ceux de Mont-Cenis, Mont-St-Bernard, Mont-Genèvre,
etc. L'horizon y est restreint, mais on a plus loin une *vue magnifique des glaciers et des cimes qui s'étendent de la Levanna au Roche-
Melon, surtout, en face, de la Pointe de l'Albaron (Chalanson), des
pics rocheux et des cimes neigeuses qui l'environnent. Passant plus
bas dans un petit torrent, on arrive dans le *vallon de la Lenta*,
qu'on va descendre jusque près de Bonneval. Il y a trois descentes
rapides, la principale vers la fin. On traverse deux fois la Lenta
sur des ponts, à env. 3/4 d'h. et 1 h. 1/2 du col, et le torrent forme
une belle cascade un peu avant le second. C'est surtout dans les
parties dégagées du vallon que la vue est magnifique. A dr., le
Pelaou-Blanc (p. 147); à g., la Pointe des Arses (p. 147). On tourne
vers la fin à dr. pour descendre sur *Bonneval*, à 2 h. 1/4-2 h. 1/2 du
col (3 à la montée; v. p. 147).

A Entre-deux-Eaux, par le col de la Leisse: 6 h. 1/2 à 7 h., avec
un guide, par le *col de Fresse* (2 h. 1/2; p. 129), d'où l'on monte au S.-O.
au *col de la Leisse* (env. 1 h.; 2780 m.), à l'E. du glacier de la Grande-
Motte. On descend ensuite lentement dans le *vallon de la Leisse*, où l'on
a à dr. l'*Aiguille de la Grande-Motte* (3663 m.), qui se gravit aussi de ce
côté (v. p. 137), et à g. la *Pointe de la Sana* (3450 m.; p. 130). Ce vallon, do-

miné encore à dr. par la *Grande-Casse* (3861 m.; p. 137), débouche au-dessus d'*Entre-deux-Eaux* dans celui qui descend du col de la Vanoise (v. p. 135).

A CÉRÉSOLE, par le *col de la Galise:* env. 9 h., avec un guide; sentier pénible. Jusqu'au *col de la Galise* (4 h. à 4 h. 1/4), v. p. 130. On redescend ensuite à g., en moins de 2 h., aux *chalets de Cerru*, laisse à g. un sentier menant dans le *Val Savaranche*, par le *col de Nivolet* (2641 m.) et descend dans la vallée de l'*Orco*, en 2 h. 3/4, à *Cérésole* (1620 m.; hôtels), localité italienne avec des bains d'eau ferrugineuse, au N. du massif imposant de la Levanna (p. 148).

17. Vallée du Doron et massif de la Vanoise.

I. De Moûtiers à Brides-les-Bains et à Pralognan.

13 et 27 kil. Correspond. du ch. de fer et omn. dans la saison pour *Brides-les-Bains* (6 kil.): 1 fr. et 50 c. Les hôtels ont aussi des omn. à la gare. Il y a un tramway de Moûtiers à Brides. Voit. publ. de là en été (1er juillet-15 sept.) pour *Pralognan*, par *Bozel*, à 6 h. du m. et 1 h. 1/2 du s., trajet en 5 h., pour 5 fr., 2 fr. jusqu'à Bozel. Départ pour le retour à 8 h. 1/2 du m. et vers 4 h. du s., trajet en 3 h.; prix, 2 et 4 fr.

Moûtiers, v. p. 122. La route traverse l'Isère et remonte d'abord la rive dr. du *Doron de Salins*. Il y a sur la rive g. un chemin plus court de 1 kil. et où la vue est plus dégagée, mais pénible et sans ombre.

1 kil. 6. **Salins** (492 m.; hôt. *des Bains*, de 1er ordre; *Miège*; maisons meublées), petit village qui a un établissement thermal avec deux sources d'eaux chlorurées sodiques fortes (35 et 36°). Ces eaux, seulement inférieures à celles de Salies-de-Béarn, dans les Pyrénées; de Nauheim en Allemagne et de Salins du Jura, contiennent 16 gr. de sels par litre, dont 10 gr. 22 de chlorure de sodium. Elles s'emploient surtout en bains, contre les affections scrofuleuses et lymphatiques. Beaucoup de baigneurs logent à Moûtiers (omnibus). L'établissement, reconstruit en 1890-91, à dr. de la route, est sous la même administration que celui de Brides et a le même tarif (v. ci-dessous).

On tourne ensuite à l'E., en laissant à dr. la belle *vallée de Belleville;* on passe le torrent et monte assez rapidement. Vue magnifique sur les glaciers de l'extrémité N. du massif de la Vanoise, avec le Grand-Bec de Pralognan (p. 128). En deçà, la Dent de Villard.

6 kil. **Brides-les-Bains.** — HÔTELS: *Gr.-H. des Thermes et Nouvel-Hôtel*, dépendant de l'établissement (pens., 10 à 15 fr.); *Grand-Hôtel, Gr.-H. des Baigneurs, H. Grumel* (ch. 1 fr. 50 à 5 fr., déj. ou dîn. 3 fr.; p. t. c., même le 1er déj., 6 fr.); *chalets* dépend. de l'établ., *villas et appartements meublés.* — ÉTABLISSEMENT: *eau*, en boisson: 1 jour, 75 c.; abonn., 1 pers., 12 fr. pour la saison; 2 pers., 22; 3 pers., 30; 4 pers., 36 fr. — BAINS: en baignoire, 1 fr. 50 et 2 fr.; en piscine, 4 fr. 50, moins en société; *douches*, 1 à 3 fr.; réduct. de 1/3 sur tout au commenc. et à la fin de la saison. — CASINO, au parc: entrée, gratuite si l'on est à l'hôtel des Thermes, sinon 1 fr. pour 1 jour, 15 fr. pour 25 jours, 40 en y comprenant le théâtre, 5 fr. de moins pour les dames; places au théâtre, 4, 3 et 2 fr. — GUIDES pour excursions, s'adresser à la pharmacie près de la poste, en deçà du parc, env. 8 fr. pour un jour, nourriture comprise, 5 fr. pour 1/2 j., 13 et 7 av. un mulet. — *Chapelle anglicane* vers l'extrémité supé-rieure du village.

Brides-les-Bains (570 m.) est un joli petit village, dans un beau site, bien supérieur à celui de Salins et, pour cette raison peut-être, beaucoup plus fréquenté. On y exploite une source d'eau thermale, sulfatée calcique et chlorurée (36°), qui s'emploie en bains et en boisson, et qui est particulièrement laxative et purgative. On y traite surtout l'obésité. L'établissement est près de l'hôtel des Thermes, la source un peu plus loin, sur le bord du torrent. Saison du 15 mai au 30 septembre.

Excursions. — Au MONT-JOUVET (p. 123), 6 h. 1/2 en gagnant par la route le chemin qui y mène de Moûtiers, 5 h. par *Bozel* (7 kil.; v. ci-dessous), le hameau de *la Cour* (6 kil.; 1529 m.) et le *vallon des Reys*, au N.-O., par où on atteint le chalet-hôtel en 1 h. 1/2 du hameau. — Dans les *vallées de Champagny* et *de Pralognan*, v. ci-dessous et p. 129.

Vallée des Allues. — A 1 h. 1/2 de Brides est le village des *Allues* (1128 m.; aub. Meilleur). Un bon sentier de mulets remonte de là la vallée. Il mène en 1 h. au hameau de *Morel* (gîte), d'où l'on gravit en 4 h. env. la **Croix de Verdon** ou *Dent de Burgin* (2744 m.), point culminant du premier massif à g. de la vallée. — Ensuite, à env. 2 h. 1/2 de Morel, les *chalets du Fruit* (2050 m.). A l'E. est l'**Aiguille du Fruit** (3056 m.), dont l'ascension est difficile et dangereuse; elle se termine par une sorte de tour, haute d'env. 20 m., qu'il faut escalader en s'accrochant à de petites aspérités: env. 7 h. 1/2 des chalets. — 3/4 d'h. au delà de ceux du Fruit, les *chalets du Saut* (2154 m.), dans un site pittoresque, à l'E. de la *Pointe* ou **Croix du Vallon** (2955 m.), dont l'ascension est facile et intéressante. Cette ascension se fait en 2 h. 1/2 des *chalets de Gébroulaz*, situés encore à 3/4 d'h. à dr. de ceux du Saut, d'où l'on prend par le versant S. — Le sentier à g. aux chalets du Saut mène à deux cols en tournant plus loin de nouveau à g., au *col de Chanrouge* (1 h. 1/2; 2538 m.), d'où l'on descend à Pralognan, en passant au N. du Mont-Blanc de Pralognan; — en continuant tout droit, au *col Rouge* (2 à 3 h.; 2736 m.), d'où l'on va aussi à Pralognan, par les chalets de Ritort (p. 138). Le premier sentier demande 5 h., le second 8. *Vues grandioses des glaciers de la Vanoise.

Au delà de Brides, la route continue sur la rive g., par de belles prairies et les hameaux de *la Perrière* et *le Carrey*, et elle retraverse le torrent avant Bozel. A dr., sur la hauteur, à 7 kil. de Brides, *St-Bon* (aub.), beau village à l'issue d'un vallon parallèle à la vallée du Doron, où l'on va en excursion de Brides.

13 kil. **Bozel** (806 m; hôt.: *Favre*, près de l'église; *H. des Alpes* ou *Machet*, sur la route, ordin. et assez cher), dans un beau site et d'où l'on peut faire diverses excursions.

Au *Mont-Jouvet*, v. p. 123. A *Tignes*, par *Champagny* et le *col du Palet*, v. p. 129. — A la *Dent de Villard* (2291 m.), hauteur boisée au S.-E., 3 h., facile, d'abord par le vallon au S. et en passant aux *Moulins* et à *Mont-charvet*; puis en appuyant à l'E. — Au *Rocher de la Loze* (2533 m.), au S.-O., facile, avec un guide, par *St-Bon* (3/4 d'h.), le *Praz* (1/2 h.), le *Biolley* (1 h. 1/2) et, à l'O., le *col de la Loze* (1 h.), où il y a un petit lac. Encore 1 h. 1/4 de là au sommet. Très belle vue. On peut redescendre à l'O. par la vallée des Allues (v. ci-dessus).

On longe ensuite à dr. le massif boisé que domine la *Dent de Villard* (2291 m.), en laissant à g. le chemin de Champagny. — 16 kil. *Le Villard* (895 m.), au confluent du Doron et du torrent de Prémou. — Puis la route monte rapidement en lacets, jusqu'à une altit. de 1103 m., au-dessus de la *gorge de la Ballande*, qui présente, au bord du torrent, des gouffres très curieux, toutefois, dit-on, gâtés depuis peu par l'installation d'une fabrique de carbure de calcium. Il y a un sentier qui y descend à dr. du pont et qui en remonte à Planay (v. ci-dessous). Belle vue de la route dans la direction de Bozel et, en avant, sur les glaciers de la Vanoise, au versant du Dôme de Chasseforêt (p. 137).

20 kil. *Planay*. A g., la *Pointe de la Vuzelle* (2578 m. ; 3 h. de Pralognan), avec deux torrents et où se voient des grottes inaccessibles. — 23 kil. *Villeneuve*, à dr. de la route, au pied du rocher de ce nom (v. p. 135). On traverse le torrent 1 kil. plus loin dans une petite gorge boisée, après laquelle on revoit les glaciers. A dr., la *Dent Portetta* (2634 m.) et le *Rocher de Plassas* (2865 m.) ; à g., les hameaux des *Granges* et de *Darbellay*, qui font partie de Pralognan, et plus loin, au delà de l'église, le *Barioz*.

27 kil. **Pralognan** (1424 m. ; *H. de la Grande-Casse & du Petit-Mont-Blanc*, en face à l'arrivée, ch. 2 fr. 50 à 6 fr. 50, b. 50 c., rep. 1 fr. 50, 3 fr. 50 et 3 fr., v. n. c. ; *H. de la Vanoise*, nouv. propr. ; télégraphe), village dans une petite plaine, au confluent du Doron et de la *Glière* et dominé au S.-E. par les parois à pic des contreforts du massif de la *Vanoise*, le *Grand-Marchet* (2561 m.), d'où tombent deux belles cascades, et le *Petit-Marchet* (2569 m.). Sa situation exceptionnelle, à la montée du col de la Vanoise, qui contourne ce massif au N., et en face de la dernière partie de la vallée du Doron, qui tourne au S. et s'élève vers le col de Chavière (p. 138), en laissant voir à dr., dans le fond, les Aiguilles de Polset et de Péclet (p. 138), etc., fait que Pralognan est devenu le premier centre d'excursions de la Tarentaise. Il n'est cependant pas encore, faute d'être bien connu, aussi fréquenté qu'il le mérite. — Guides : *Abel et *Jos. Amiez, de la Croix ; *Séraphin et Marie-Sér. Gromier, du Planay ; *J.-A. Favre ; J.-B. et Aug. Amiez. Prix, v. p. 122.

Si le temps n'est pas favorable pour une ascension ou si l'on ne veut pas en faire, visiter au moins les *cascades* des environs et monter par le chemin du *col de la Vanoise* jusqu'au delà de la Glière (v. p. 135), pour avoir une vue suffisante de la Grande-Casse, et à 1/2 h. à g. du chemin du col, au *Mont-Bochor* (2025 m.), à 1 h. 1/4 de Pralognan, pour la vue de la vallée dans la direction du col de Chavière (p. 138). Pour aller aux cascades, on prend un sentier à dr. de la maison derrière l'hôt. de la Vanoise, puis on appuie à g. et on arrive en 1/4 d'h. env. à la longue *cascade de la Fraîche*. 5 min. plus loin est la *cascade du Grand-Marchet*, qui tombe à pic dans une fente de rocher, en passant sous une arcade qu'elle s'est creusée.

On recommande encore d'aller, dans la direction du Petit-Mont-Blanc (v. ci-dessous), au *Fond de Chollière* (10 min.) et de monter un peu sur la première croupe qui le domine à dr. et d'où l'on a une très belle vue : à dr., le glacier de l'Arselin ; en face, la Grande-Casse ; à g., la double Pointe de la Glière.

Gorge de la Ballande, v. p. 133. Voiture, 6 fr.

II. Excursions de Pralognan.

Au **Petit-Mont-Blanc** (2685 m.), à dr. à l'entrée de la vallée supérieure du Doron : 3 h. 1/2, facile, par *les Planes* (p. 137) et un sentier de bergers au N., passant au *col des Saulces* ou *du Lac-Blanc* (3 h. ; 2379 m.). On peut se passer de guide (7 fr.). *Vue splendide du Mont-Blanc de Chamonix, des glaciers de la Vanoise, de la Grande-Casse, de l'Aiguille du Fruit, etc. Descente plus facile au S. à la Motte (p. 138). On peut aussi redescendre à l'O. en 3 h. 1/2 à Bozel (p. 133), par des sentiers très recommandables.

Au **Rocher de Villeneuve** (2202 m.), au N.-O., au-dessus du village de ce nom (v. p. 134): 2 h. 1/2, sans difficulté, par *la Croix*, à g. de la route. On peut se passer de guide (7 fr.). *Vue embrassant de plus que le Mont-Blanc la vallée du Doron du côté de la gorge de la Ballande.

Au **Rocher de Plassas** (2865 m.), hauteur aux formes étranges près du Mont-Blanc: 4 h., avec un guide (12 fr.), par le *col des Saulces* (v. p. 134), puis par une arête un peu difficile. *Vue plus étendue que du Mont-Blanc. On peut redescendre au N., du côté de la Dent Portetta.

A la **Dent Portetta** (2634 m.): env. 4 h., avec un guide (8 fr.). On l'aborde par le versant E., où l'on arrive en 3 h. à l'entrée d'une gorge dans un site imposant; on monte à dr. par des pentes raides, pour gagner le versant O., et on se dirige enfin du N. au S., en 1/4 d'h., vers le sommet, dont la *vue est au moins égale à celle du Petit-Mont-Blanc.

Au **Grand-Marchet** (2561 m.), l'un des massifs rocheux à pic dominant Pralognan, celui de g., qu'on prend de là pour le plus petit: 4 h., avec un guide (12 fr.); assez difficile. On monte d'abord par un détour, en escaladant une cheminée, aux chalets du *Petit-Marchet* (2 h. 1/4), d'où l'on gagne ceux du Grand-Marchet et la cime, par une autre cheminée.

A Termignon, par le col de la Vanoise: env. 7 h. 1/2, bon sentier, le plus fréquenté et en partie très beau, mais un peu long, entre les vallées du Doron et de l'Arc (Maurienne), praticable aux mulets et où l'on n'a pas besoin de guide lorsqu'il fait beau (20 fr., 10 jusqu'à Entre-deux-Eaux). Un mulet n'est agréable que pour la montée et la traversée du col (15 fr.). On monte à g. au Barioz, passe au bout de 20 min. au hameau de *Fontanette* et 1 h. après aux chalets de *la Glière* (env. 2025 m.), les derniers de ce côté, où on laisse à dr. le sentier du Morion (v. p. 136). En face, à dr., l'*Aiguille de la Vanoise* (2812 m.). A 35 min. des chalets, le *lac des Vaches* (2323 m.), presque à sec. Puis 15 à 20 min. de montée en face de la *Grande-Casse* (p. 136). On atteint 20 min. plus loin le point culminant (croix) et un plateau où est le *lac Long* (2478 m.). Vers l'extrémité du lac (20 min.), à dr., au delà de l'Aiguille de la Vanoise, on revoit les montagnes de la rive dr. du Doron. De ce côté, entre le pied de l'aiguille et le *lac des Assiettes*, est le *refuge de la Vanoise* du C. A. F. (2486 m.), avec une cantine, à 3 h. de Pralognan. — Le **col de la Vanoise** (2527 m.; *ref. Félix-Faure*, projeté) est à l'extrémité du lac Long, au milieu de ce plateau désolé, entouré de montagnes nues ou couvertes de glaciers, parmi lesquels on remarque surtout celui de la Grande-Casse. La vue y est restreinte. Le sentier redescend un peu, en longeant encore deux petits lacs, et se perd plus ou moins à la naissance du torrent qui descend vers Termignon (perches). A dr., la *Pointe de la Rechasse* (v. p. 136). Plus loin, à g., le *vallon de la Leisse* (p. 131) et à g. de ce vallon la *Grande-Casse* et la *Grande-Motte* (v. p. 137), à dr. le *Rocher du Col* (3202 m.), et plus loin, entre deux glaciers, la *Pointe du Vallonet* (3466 m.; autre, v. p. 136). On arrive en 3/4 d'h. du col en vue d'Entre-deux-Eaux, à l'extrémité du plateau, où le torrent s'enfonce déjà entre les rochers. Ensuite vient une descente raide en lacets, de 1/2 h., vers le *pont de la Croix-Vie.* — *Entre-deux-Eaux* (2161 m.), près de là à dr., à 4 h.-4 h. 1/4 de Pralognan, se compose de quelques chalets d'été, les plus élevés de ce côté, avec deux auberges modestes, chez Ed. et chez Jos. Richard. — *Col de la Leisse* et ascension de la *Grande-Motte*, v. p. 137. — Le chemin de Termignon passe ensuite à l'extrémité du *vallon de la Rocheure*, dont il traverse le torrent (25 min.), et laisse à dr. la gorge presque inaccessible où coule le Doron de Termignon. Du même côté, le *Dôme de Chasseforêt* (p. 137). Puis on remonte vers un petit col, par la *chapelle St-Barthélemy* (1/2 h.) et la *Fontaine Froide* (20 min.). *Vue splendide du Chasseforêt. A 10 min. de là, le col (2383 m.); puis un petit lac. 25 min. après commence une forte descente, en vue des *chalets de Chavière*. 10 min., on retrouve les sapins. Belle gorge boisée. 20 min. plus bas, on aperçoit Termignon; 1/4 d'h., raccourci à g.; 1/4 d'h., *le Villard* et un pont sur le torrent; 10 min., à dr., une magnifique *cascade*, descendant des glaciers de la Vanoise, et 20 min. pour atteindre enfin *Termignon* (p. 144).

Au Morion ou **Mont-Rond** (env. 2450 m.): 3 h., ascension facile et recommandée, qui peut se faire à dos de mulet (10 fr. avec le conducteur). C'est une hauteur à dr. à la montée de la Vanoise, qu'on quitte aux chalets de la Glière (p. 135). Très belle vue.

A la Pointe du Dard ou *Dar* (3266 m.), extrémité du massif rocheux du *Mont-Pelvoz* (3273 m.), qui s'avance à l'O. dans le glacier de la Vanoise, 7 h., avec un guide (12 fr.). On monte par le *col de la Vanoise* jusqu'au N. du massif (3 h.), et on prend de là au S. dans la direction du *glacier de la Vanoise* (1 h.), qu'on traverse. Belle vue, surtout du massif de la Vanoise et de son immense glacier. — Le *Pelvoz*, aussi sans difficulté, demande 1/2 h. de plus.

A la Pointe de la Rechasse (3223 m.), vers l'extrémité N. du massif glaciaire de la Vanoise: 6 h. 1/2, avec un guide (12 fr.). Même route que la précédente, mais en tournant à l'O. sur le glacier, pour gravir la montagne du côté S. La vue y est également fort belle.

A la Pointe de Creux-Noir (3148 m.), au N.-E. ou à g. de la montée du col de la Vanoise: env. 5 h., avec un guide (12 fr.), par les chalets de *la Glière* (p. 135) et le glacier au S. de la Pointe du Vallonet de la Glière (v. ci-dessous). *Vue superbe de la vallée supérieure du Doron et du col de la Vanoise, avec leurs grands sommets: Dôme de Chasseforêt, Aig. de Polset et de Péclet, Grande-Casse, etc. — **La Pointe du Vallonet** (3343 m.), derrière celle de Creux-Noir (v. ci-dessus), donne une *vue plus complète et saisissante, embrassant aussi le Mont-Blanc de Chamonix. L'ascension n'est guère que d'env. 1/2 h. plus longue, mais elle est pénible. Guide, 12 fr.

A la Pointe de la Glière (3386 m.), plus loin du même côté: 5 h. 1/2, avec un guide (30 fr.), difficile. On tourne à g. après le premier lac (2 h.) et monte vers une dépression par laquelle on arrive presqu'au pied du petit glacier qui descend entre les deux sommets de la Glière (1/2 h.; le 2e, 3313 m.). De là, au pied des rochers à g. de ce glacier (1/2 h.); puis par ces rochers (1 h.) et sur les champs de neige du glacier, vers la dépression entre les deux sommets (1/2 h.), dont le plus élevé s'atteint ensuite en moins de 1 h. Très belle *vue, s'étendant du Cervin, en Suisse, aux Ecrins, dans le Dauphiné.

Au Grand-Bec de Pralognan, v. p. 128. 8 à 9 h. de Pralognan; guide, 15 fr.

A la Grande-Casse: 6 à 7 h. du refuge de la Vanoise (p. 135), course de premier ordre, seulement pour les ascensionistes éprouvés, avec de bons guides (30 fr.; porteur, 20). On monte d'abord par le glacier de ce nom, où il faut beaucoup de prudence, et dont on gagne en 2 h. 1/4 le 3e plateau; puis on s'élève en 3 h. 1/4, par les rochers de la rive dr. et la Grande-Fente, jusqu'à une arête très étroite et vertigineuse, par où il faut encore 1/2 h. à 3/4 d'h. pour atteindre le sommet. Ou bien l'on prend, au col de la Vanoise, par une arête au-dessus du lac Rond, pour aborder le glacier seulement au bout d'env. 2 h. La **Grande-Casse** ou *Pointe des Grands-Couloirs* (3861 m.) est la plus haute cime de la Tarentaise et du midi de la Savoie, au N.-E. du massif de la Vanoise, immédiatement au-dessus du vallon de la Leisse. La vue y est toutefois moins belle et moins complète que ne le voudrait son altitude, parce qu'elle n'est pas isolée, mais fait partie d'un massif, dont un sommet très rapproché dépasse encore 3800 m. et plusieurs autres 3300 m.

A la Grande-Motte: env. 6 h. 1/2 d'Entre-deux-Eaux, par l'anc. itinéraire, 1 h. de moins par le nouveau. C'est une des plus belles courses de la région, relativement facile, avec un bon guide (30 fr.; porteur, 20). L'ascension peut aussi se faire du côté de Tignes, par le col de la Leisse, mais elle est moins fatigante d'Entre-deux-Eaux. L'anc. direction est à l'E., du *col de la Leisse* (2780 m.), où l'on arrive en 3 h. 1/4 à 3 h. 1/2 d'Entre-deux-Eaux, et d'où il faut 3 h. pour atteindre le sommet, par le glacier et des pentes de neige. La nouvelle, recommandée comme bien plus directe et préférable, quand la neige doit être mauvaise à l'E., est par le versant S., en partant du chemin du même col, gagnant un mamelon vert au-dessous du contrefort S. (1 h. 3/4), puis ce contrefort (2 h. 1/4) et continuant par des pentes de neige sans difficulté (20 min.). L'**Aiguille de la Grande-Motte** (3663 m.) est le dernier grand sommet au N.-E. de la chaîne de la Vanoise, au-dessus du glacier de ce nom, qu'on remarque surtout en montant de Tignes au col du Palet (p. 128), et elle offre pour cette raison une vue magnifique au N., jusqu'au Mont-Blanc; en deçà, sur les montagnes de la frontière, avec leurs glaciers, sur la Grande-Sassière, la Tsanteleina, etc.; à g., sur le Mont-Pourri et la vallée de Peisey; au S., sur la vallée de l'Arc, le Viso, le mont d'Ambin, le Thabor, etc.

***Au Dôme de Chasseforêt:** 6 h. à 6 h. 1/2, 2 h. 1/2 à 3 h. du refuge des Lacs, où il est bon d'aller coucher, magnifique course de glacier, très facile de ce côté (de Termignon, v. p. 144) et très recommandée, avec un guide (25 fr.; porteur, 15). On remonte d'abord, de Pralognan, la vallée du Doron, d'où l'on a bientôt une belle vue, en arrière sur la partie N. de la Vanoise, avec la Grande-Casse; puis, à g., sur les glaciers au pied du Dôme de Chasseforêt. Au bout de 1/2 h., *les Planes* (1597 m.) et, à dr., le sentier du Petit-Mont-Blanc (p. 134) et du col de Chanrouge (p. 133). 1/2 h. plus loin, *Prioux* (1727 m.), où l'on quitte le chemin du col de Chavière (p. 138). On gravit ensuite à g. le versant O. du massif de la Vanoise, jusqu'aux *chalets des Nants* (2 h.; 2210 m.); puis on prend au N., par le nouveau *refuge des Lacs* (env. 3/4 d'h. à 1 h.; 2700 m.), près de deux petits lacs. De là on continue encore vers le N. jusqu'à un petit plateau formant col et où il y a aussi un lac (1/4 d'h.; 2740 m.), et de là à l'E., par le glacier, vers l'arête (1 h. 1/2; 3350 m.) et, en appuyant au S., par un plateau de glacier vers le sommet (1 h. 1/4). Le ***Dôme de Chasseforêt** (3597 m.) forme comme le centre du grand massif de la *Vanoise,* dont les glaciers ont plus de 12 kil. de longueur à vol d'oiseau et jusqu'à 6 kil. de largeur. Ce n'est toutefois pas le sommet le plus élevé, la Dent Parrachée (p. 142), à l'extrémité S., atteignant 3712 m. Principales cimes du panorama, de g. à dr., en commençant par le N.: Mont-Blanc, Grand-Combin, Mont-Rose, Mont-Pourri, Grande-Sassière, Tsanteleina, Grivola, Grand-Paradis, Grand-Bec de Pralognan, Aig. de la Glière, Grande-Casse, massif du Mont-Iseran et montagnes à l'E. de la vallée de

L'Arc, de la Levanna au Roche-Melon; Viso, mont d'Ambin, Thabor, Dent-Parrachée, Aiguilles de Polset et de Péclet, Pelvoux, Ecrins, Meije, Grandes Rousses, etc. — On peut fort bien revenir par le *col de la Vanoise* (p. 135); c'est une course de glacier jusqu'à l'extrémité du plateau, à g. des *Pointes du Dar et de la Rechasse* (p. 136).

La *descente du Dôme à Termignon* est assez facile, mais fatigante et monotone. On marche d'abord sur des éboulis, à dr. desquels il y a de grandes crevasses, puis sur des pentes de neige rapides et par un ressaut de rocher un peu difficile, et on quitte le glacier au bout d'env. 2 h. Ensuite on arrive en 1 h. aux *granges de l'Arpont* (2216 m.), d'où un sentier agréable, qui longe la Dent Parrachée à une grande hauteur au-dessus du Doron, va rejoindre, en 1 h. 1/2 env., au-dessous du *Villard* (p. 136), le chemin de la Vanoise à *Termignon* (p. 144).

A l'Aiguille de Polset (*Péclet*): 9 à 10 h., seulement 7 h. ou 6 h. 1/2 des chalets de la Motte ou de Ritort, où l'on peut coucher. Guide, 20 fr.; porteur, 12 fr. Jusqu'au chalet du Plancoulour (3 h. 1/2), v. ci-dessous. De là, on monte à dr., par des pentes fort raides, au petit *lac Blanc* (1 h.; 2499 m.); puis au N., par des éboulis, jusqu'aux premières neiges (1 h. 1/2); au S.-O., par le glacier, où il y a des crevasses, au *col de Gébroulaz* (3 h., env. 3450 m.), entre les Aig. de Polset et de Péclet, et enfin au S.-E. jusqu'au sommet (1/2 h.). L'**Aiguille de Polset** (3538 m.) forme, avec l'*Aiguille de Péclet* (3566 m.), dont l'ascension est plus difficile, le dernier massif important à l'O. des montagnes de la Tarentaise, et il offre pour cette raison, de ce côté, la meilleure vue des monts du Dauphiné: Grandes-Rousses, Aiguilles d'Arves, Meije, Ecrins, Pelvoux, Ailefroide, etc. Elle embrasse aussi la plupart des grands sommets visibles des hauteurs voisines et en particulier le massif de la Vanoise. On peut redescendre du côté du col de Chavière (v. ci-dessous), par où l'ascension se fait de Modane (v. p. 142).

A Modane, PAR LE COL DE CHAVIÈRE: 9 à 10 h., sentier peu intéressant, mais le plus court pour regagner le chemin de fer (10 à 11 h. en sens inverse, 6 h. 1/2 jusqu'au col). On peut se passer de guide (20 fr.), quand il fait beau. Il y a bien d'abord un chemin praticable aux voitures légères, jusqu'au delà du 2e pont (1 h. 1/2), mais ce n'est plus ensuite qu'un sentier, qui finit par se perdre et qu'on retrouve difficilement au delà du col. Porteur jusqu'au col, où l'on se fait indiquer la direction pour la descente, 10 fr. Mulet et son conducteur, 12 fr. — Jusqu'à *Prioux* (1 h.), v. p. 137. On continue tout droit et on traverse deux fois le torrent. Le chemin se transforme en un sentier qui monte sur un petit plateau où sont les chalets de *la Motte* (1 h.; 1931 m.). Là on commence à voir le col, à g. de l'Aig. neigeuse de Polset. Ensuite on laisse à g. le pont et les chalets de *Ritort* (1/2 h.; 1973 m.), au delà desquels est le *col d'Aussois* (2 h. à 2 h. 1/2; env. 3000 m.), par où l'on va aussi dans la vallée de l'Arc (v. p. 142; 3 à 4 h. de descente vers Modane). Plus loin, à dr. de notre sentier, le *col Rouge* (p. 138). Le sentier commence à disparaître, surtout après le chalet de *Plancoulour* (1 h.; 2215 m.), d'où se fait de ce côté l'ascension de l'Aig. de Polset (v. ci-dessus); mais il n'y a plus qu'un mamelon à gravir (20 min.) pour apercevoir le signal du col de Chavière. On aborde la neige après un deuxième ressaut (3/4 d'h.). La vue s'étend jusqu'au Mont-Blanc de Chamonix. Il y a encore au moins 1 h. d'ascension pénible sur des clapiers et le névé jusqu'au col de **Chavière** (2806 m.), échancrure dans l'arête qui relie l'*Aiguille de Polset* (v. ci-dessus) à la *Pointe de l'Echelle* (p. 142), à env. 5 h. de Pralognan. La vue y embrasse de plus, au S., le Thabor, le Viso et les montagnes du Haut-Dauphiné: Ecrins, Pelvoux, etc. — La descente est d'abord assez rapide et mauvaise; mais on gagne bientôt des pâturages, où l'on se dirige à dr., vers la vallée qui s'aperçoit déjà du sommet. Eviter seulement de descendre trop bas. On ne retrouve sûrement le sentier qu'à env. 1 h. 1/2 du col, à la hauteur du dernier saut des 4 belles *cascades* qui descendent à dr. du *glacier de Chavière* (à l'extrémité de ce glacier, la *Pointe-Rénod*, p. 142). On longe ensuite un escarpement rocheux, en passant au-dessous des premiers sapins, et l'on tourne à g., par le hameau de *Polset* (3/4 d'h.; 1809 m.). Un peu après commence une longue descente en lacets, sous bois, en partie très mauvaise et très raide, où l'on aperçoit, au bout de 25 min., mais encore plus de 1 h. avant d'atteindre Modane, les ouvrages qui précèdent le tunnel du Mont-Cenis, le fort du Sappey, qui le commande, et la ville elle-même. On ne ressort de la forêt que 35 à 40 min. plus loin. Ensuite on traverse le torrent (1/4 d'h.), puis *Loutraz* (10 min.; «l'Outre-Arc») et (à g.) l'*Arc* (5 min.), et l'on passe sous le chemin de fer, qui fait un grand circuit autour de Modane, pour gagner plus haut, à dr., le *tunnel du Mont-Cenis* (p. 141). Si l'on ne veut pas s'arrêter à *Modane* (p. 141), il est plus court de longer la voie à dr., pour gagner la gare (20 min.).

18. De Chambéry en Maurienne.

I. De Chambéry à Modane (Turin).

98 kil. de chemin de fer jusqu'à Modane, trajet en 2 h. 50 à 3 h. 15, pour 11 fr. 20, 7 fr. 50 et 4 fr. 90. — *Passeport*, v. p. 88.

Jusqu'à *St-Pierre-d'Albigny* (25 kil.), v. p. 120. La ligne de Modane tourne ensuite à dr., traverse des bas-fonds et l'Isère sur un pont à treillis et passe dans un tunnel courbe d'env. 200 m. Beau coup d'œil à g. sur le château de Miolans. — 29 kil. *Chamousset* (hôt. de la Gare), à g., au confluent de l'Isère et de l'*Arc*. Omn. pour la Rochette (p. 174; 1 fr. 25).

La **Maurienne** est la vallée de cette dernière rivière, qui forme une sorte de croissant, s'étendant du N.-O. au N.-E., entre les montagnes de la Tarentaise (p. 121) et celles du Dauphiné et de la frontière d'Italie. La partie qu'on va remonter en chemin de fer jusqu'à Modane, est étroite et pittoresque, et l'on y a de très beaux coups d'œil. Elle a des établissements industriels et de mines qui lui donnent de l'animation, mais elle est peu fertile. Voir aussi p. 143.

38 kil. *Aiguebelle* (324 m.), où fut, sur un rocher à dr., le château des Charbonnières, berceau des comtes de Savoie. Du même côté, sur le versant de la montagne boisée que l'on contourne, une *mine de fer* desservie par un funiculaire, dont on remarque les feux le soir à une grande hauteur. Plus haut est le *fort de Montgilbert* (1374 m.), auquel font face, de l'autre côté de la vallée, ceux d'*Aiton* et de *Montperché*. A g., le *Grand-Arc* (2489 m.) et le *Bellachat* (2488 m.), entre lesquels est le *col de Basmont*, par où l'on passe en Tarentaise (Cevins; p. 121). La voie traverse la rivière. — 48 kil. *Epierre*. Ruines de château et carrières de granit. Puis un tunnel et, à dr., les pyramides du *Grand-Miceau* (2687 m.) et du *Grand-Clocher* ou *pic du Frêne* (2808 m.; p. 177) — 61 kil. *St-Avre-la Chambre* (hôt. Jay). En Tarentaise par le col de la Madeleine, v. p. 122. St-Colomban-des-Villards, Grand-Clocher et Grand-Cucheron, v. aussi p. 177. — Encore un tunnel. On contourne, à dr., le *Grand-Châtelard* (v. p. 140) et on retraverse l'Arc.

71 kil. **St-Jean-de-Maurienne** (hôt.: *de la Paix, d'Europe*, rue Neuve; *de la Gare*), vieille ville mal bâtie, de 3278 hab., anc. chef-lieu de la Maurienne, auj. chef-lieu d'arr. de la Savoie et siège

d'un évêché, à 1 kil. à dr., au pied du Grand-Châtelard et près du confluent de l'Arc et de l'Arvan.

En haut de la rue qui y conduit, à dr., se voit la *statue du Dr Fodéré* (1764-1836), «créateur de la médecine légale», bronze par L. Rochet. — La rue Neuve, en face, la principale de la ville, est en partie bordée d'arcades. Elle conduit à la CATHÉDRALE, à côté d'une grosse tour carrée sans caractère. C'est une église des XIIe et XVe s., avec un portique moderne et qui n'a rien de curieux à l'extérieur. Sous ce portique, le modèle d'un tombeau de Humbert Ier de Savoie (m. vers 1048) et un bas-relief destiné à ce tombeau, l'Empereur donnant au comte l'investiture de la Maurienne. A l'intérieur, on remarque surtout, dans le chœur, 43 *stalles* goth. du XVe s., avec autant de grandes statues en bas-relief, par Mochet; à g., un *tabernacle*, grande et magnifique pyramide goth. en albâtre, avec des niches garnies de statuettes. En face, le *tombeau de Pierre de Lambert*, évêque de Maurienne, érigé en 1580. Il y a un autre tombeau d'évêque, du XVe s., avec statue couchée, dans la chapelle de g., et la chaire ne manque pas non plus de valeur.

Au N. de la cathédrale se trouve un beau *cloître* du XVe s., à arcades en albâtre. On y entre par une porte à g. dans la nef ou, du dehors, par une autre derrière le chœur: s'adresser au sacristain.

M. Vuillermet, imprimeur, rue du Musée, possède un *musée d'antiquités*, qu'on peut obtenir de visiter.

A 6 kil. au S.-E. de St-Jean, sur la rive dr., par la route de Modane, se trouve *St-Julien*, village situé sur le torrent dévastateur du même nom, détourné depuis 1896 par un tunnel de 204 m. de long (1000 m. d'alt.), à l'issue duquel il forme une cascade artificielle de 80 m. de haut, d'une beauté grandiose et sauvage.

De St-Jean-de-Maurienne au *Lautaret* par les montagnes, v. p. 204 et ci-dessous.

DE ST-JEAN-DE-MAURIENNE A ST-JEAN-D'ARVES: env. 26 kil., route très accidentée, par la vallée de *l'Arvan*, et courrier (4 h. 1/2 du m.; 3 fr.) allant jusqu'à *St-Sorlin-d'Arves* (27 kil.; 4 fr.), en passant au *Chambon*, à env. 1 kil. 1/2 au S. de St-Jean-d'Arves, situé sur une hauteur (env. 1550 m.; 2 aub.; guides), au N.-O. et au N.-E. des massifs des *Aiguilles d'Arves* (p. 204) et des *Grandes-Rousses* (p. 183) et d'où l'on peut faire quantité d'excursions, ainsi que passer à *la Grave* (11 et 12 h.), soit par le *col de l'Infernet* (p. 204), soit par le *col de Martignare* (p. 204), soit par le *col Lombard* (p. 204). Voir la carte p. 182.

ASCENSIONS de St-Jean. Au *Cheval-Noir* (2834 m.; p. 123), au N.-E., env. 9 h., par le *Pas de Roche* ou col de la Platière (3 h. 1/2; env. 2000 m.), *la Sausse* et *Deux-Nants* (2 h.; v. p. 123). — Au *Perron des Encombres* (2828 m.; p. 124), à l'E., 6 h. 1/2 à 7 h., par St-Julien (v. ci-dessus), *Tourmentié* (1297 m.) et un chalet du C. A. F. à env. 6 h. de St-Jean et 1/2 h. du sommet. On y monte aussi de St-Michel-de-Maurienne (v. p. 141), en 6 h., par le *col des Encombres* (4 h.; p. 124). — Au *Grand-Châtelard* (2148 m.; v. ci-dessus), au N.-O., 4 h., par *Plan-du-Villard*, *Sous-la-Croix*, *l'Eglise* (1 h.), le *Cruet*, *Jrul* et les *chalets de la Balme* ou *du Sapey* (1 h. 1/2; 1562 m.). — A la *Pointe de l'Ouillon* (2436 m.), à l'O., 7 h., par *Fontcouverte* (1 h. 1/4; bonne aub.), *la Rochette* (40 min.), le pont de la *Tessuire*, les *Comborsières* et le *Plan de la Guerre*. Peut se faire à dos de mulet. — Au *Mont-Charvin* (2267 m.), au S.-O., env. 4 h. 1/2, facile, en partie par la route de St-Julien d'Arves (v. ci-dessus).

On traverse ensuite l'Arvant, affluent de l'Arc. La vallée, qui s'était élargie, forme maintenant un défilé où la voie passe dans

4 tunnels et traverse 3 fois la rivière. A g., le *Perron des Encombres* (p. 124 et ci-dessus) et le *Mont-Brequin* (3194 m.). A dr., le *fort du Télégraphe*, au delà duquel passe la route du Lautaret (p. 204).

83 kil. St-Michel-de-Maurienne (710 m.; hôt.: *des Alpes*, à dr. près de la gare, bon; *de la Gare*, assez bon), composé de deux villages industriels. 2017 habitants.

Route de *Lautaret* par le col du Galibier, v. p. 205. *Perron des Encombres*, v. ci-dessus. *Mont-Thabor*, p. 143.

Ensuite la voie commence à monter considérablement à l'extrémité S. du massif de la Vanoise (p. 135), et les travaux d'art se multiplient. Encore 3 ponts et 5 tunnels. — 93 kil. *La Praz* (957 m.), et 3 autres tunnels.

98 kil. Modane (1057 m. à la gare; *buffet; hôt. International*, en face de la gare), ville de 2771 hab. et dernière stat. française, où l'on arrive au pied de la chaîne de montagnes frontière, que le ch. de fer traverse par le *tunnel du Mont-Cenis* (v. ci-dessous) et où la vallée de l'Arc tourne au N.-E. Douanes française et italienne. La station est aux *Fourneaux*, partie industrielle de la ville, où il y a des fabriques de papier, d'aluminium et de carbure de calcium. *Modane* même, $1/4$ d'h. plus loin, n'a à peu près rien d'intéressant, mais occupe un site curieux, dans un bassin encaissé entre de hautes montagnes, sauf à l'O. La vallée de l'Arc y tourne au N.-E., en laissant à dr. la frontière d'Italie. Le *tunnel du Mont-Cenis* (v. ci-dessous) est à peu de distance de la station, mais env. 73 m. plus haut, et le ch. de fer fait pour y arriver un détour de 5 kil., en passant derrière la ville et dans deux autres souterrains, de 575 et 172 m. L'entrée se voit de la vallée, et l'on peut y monter directement, mais cela n'en vaut guère la peine.

Le tunnel du Mont-Cenis, ainsi nommé parce qu'il remplace la route du Mont-Cenis (p. 144), mais qui en est à 27 kil. à l'O. et devrait plutôt s'appeler *tunnel de Fréjus*, puisqu'il passe sous la Pointe de ce nom (v. p. 143), a 13052 m. de longueur et se trouve à une altitude de 1159 m. à l'entrée, de 1294 m. vers le milieu, jusqu'où il monte (1234 m. au-dessous du point le plus élevé du col), et de 1291 m. 50 à la sortie. Ce travail gigantesque, dont l'idée première est due à l'ingénieur Médail, de Bardonnèche (1784-1844), et remonte à 1832, a été commencé en janv. 1861 et achevé le 26 déc. 1870. Le percement s'est fait à l'aide de machines spéciales mues par l'air comprimé, sous la direction des inventeurs: Sommeiller (p. 76 et 109), Grandis et Grattoni. Avec les moyens ordinaires de perforation, il eût fallu 36 ans au lieu de 9. Le nombre des ouvriers employés de chaque côté a été en moyenne de 1500 à 2000, et l'ensemble des frais s'est élevé à 75 millions. La largeur est de 8 m. et la hauteur de 6 m.; les parois sont presque partout maçonnées et la voie est double. La galerie est toujours éclairée par des lanternes, placées à 500 m. les unes des autres; elle n'est pas humide, mais un peu chaude, surtout au milieu. La traversée se fait en $1/2$ h.

De Modane à Turin: 107 kil.; 3 h. à 4 h. 15; 13 fr. 15, 9 fr. 10 et 5 fr. 95 en express, 12 fr. 10, 8 fr. 35 et 5 fr. 10 en train omnibus. Le service des trains d'Italie est réglé sur l'heure de l'Europe centrale, en avance de 55 min. sur celle des ch. de fer français. La voie contourne la ville de Modane, comme il est dit ci-dessus. Belles vues à dr. et à g., sur la vallée de l'Arc et le massif de la Vanoise, avec la Pointe-Rénod (v. p. 142), à g., et la Pointe de l'Echelle (v. p. 142), à dr. Puis vient le tunnel du Mont-Cenis (v. ci-dessus). Belle vue aussi à la sortie. — 21 kil. Bardonnèche (1258 m.; hôt.: *Aquila Nera*, etc.), première stat. italienne. On peut faire d'ici comme de Modane, et en moins de temps (env. 6 h.), l'ascension du *Mont-Thabor* (v. ci-dessous), par *Mélezet*, dans la belle *Vallée-Étroite*. Passage de la frontière par le *col de l'Echelle*, direction de Névache (env. 3 h. 1/2) où de Briançon, plus pénible de ce côté; v. p. 222. — Le trajet en chemin de fer est encore ensuite très intéressant, au moins dans sa première moitié. On descend dans la vallée de la *Doire Ripaire*. Beaucoup de tunnels et de viaducs. — 32 kil. *Oulx* (hôt. Alpi Cozie). Route de Briançon, v. p. 222. — 62 kil. *Bussoleno*. Embranch. de 8 kil. sur *Suse* (p. 144). — 107 kil. *Turin*. V. l'*Italie septentrionale*, par Bædeker.

Excursions de Modane.

Si l'on a peu de temps, visiter la *cascade de St-Benoît* (v. ci-dessous), où l'on peut aller en voiture. — A *Pralognan*, par le col de Chavière, v. p. 138. — **A la Dent Parrachée** (3712 m.), point culminant du massif de la Vanoise, au N.-E. de Modane: env. 8 h. 1/2, avec un guide, de préférence en juin ou juillet, quand il y a encore de la neige. On traverse l'Arc et suit d'abord, à dr., une route de voit. qui passe au *Bourget* (3/4 d'h.), à la magnifique *cascade de St-Benoît* (1/2 h.), divisée en deux parties d'env. 100 et 70 m. de haut; puis aux *forts de l'Esseillon* (p. 143) et à *Aussois* (env. 3/4 d'h.; 1439 m.; hôt. du Soleil-d'Or; guide: A. Damevin). Des sentiers pénibles et peu intéressants mènent de là en 6 h. 1/2 à 7 h., au N.-O., à Pralognan, par le *col d'Aussois* (p. 138). Pour la Dent Parrachée, on monte d'abord au N., par les *chalets de la Fournache* (1 h. 1/2), puis au N.-E. et par l'arête au S.-O. (2 h. 1/4). *Panorama splendide, d'abord de tout le massif de la Vanoise et ensuite des montagnes de la Maurienne, de la Tarentaise et des montagnes du Haut-Dauphiné. On peut redescendre du côté de Pralognan (7 h.; p. 134), par les chalets de Ritort (env. 5 h.; p. 138). — **A la Roche Chevrière** (3282 m.), à l'E. du col d'Aussois (v. ci-dessus), env. 8 h. de Modane ou 6 h. d'Aussois, en partie par le chemin du col, jusqu'aux *chalets du Fond*, d'où il y a encore env. 2 h. 1/2 de montée. — **A la Pointe de l'Echelle** (3432 m.), à l'E. du col de Chavière (p. 138), 6 h. à 6 h. 1/2, sans grande difficulté pour les montagnards, avec un guide, mais pénible. On appuie à. en deçà du col pour passer au *lac de la Partie* (3 h.), d'où l'on gagne un champ et un couloir de neige (1 h. 10), qu'il faut gravir (50 min.), et l'on atteint enfin le sommet (1 h.) par l'arête et la face orientale. Des chutes de pierres étant toutefois à craindre de ce côté, il vaut mieux y monter de Modane (7 h.), en prenant à g. du chemin de la Dent Parrachée (v. ci-dessus) après le premier torrent au delà du pont de Loutraz et montant au N. par les *chalets de Pierre-Brune* (1 h. 1/2) et dans la direction de l'*Aiguille Doran* (3049 m.; dangereuse), jusqu'au fond du vallon (1 h.), puis à dr. vers le petit *col de la Masse* (2 h.), entre le *Râteau* (3126 m.), au S. (2 h. 1/4 de là), et la Pointe de l'Echelle, plus loin au N., qu'on gagne de là en 2 h. 1/2. *Panorama grandiose. — **A la Pointe-Rénod** (3372 m.), à l'O. du cirque de Chavière, même genre d'ascension, env. 7 h., avec un guide. On quitte le sentier du col de Chavière un peu au delà de *Polset* (p. 138), on descend à g. vers le torrent, qu'on traverse (3 h. 1/4), on monte péniblement de l'autre côté au *glacier de Chavière* (1 h. 1/2), par où l'on gagne un premier pic (1 h. 1/4), puis le sommet proprement dit (1 h.). Très belle *vue des Alpes du Dauphiné. — **A l'Aiguille de Polset** (3538 m.), env. 9 h., avec un guide, ascension intéressante, mais difficile, aussi d'abord dans la direction du col de Chavière, par *Polset*, puis en quittant le sentier en deçà du col (4 h. 1/2), pour gravir la terrasse qui supporte le *glacier de Chavière* (2 h.). De là on gagne en 2 h. env. le *col de Gébroulaz*, à 1/2 h. du sommet, où l'on passe aussi en venant de Pralognan, par où l'on peut redescendre (v. p. 138).

Au Mont-Thabor (*col de Fréjus*; *Bardonnèche*), ascension facile, avec un guide. Elle peut même se faire à dos de mulet, mais elle demande une journée; env. 8 h. de montée. On prend au S.-O., passe au-dessus du tunnel et traverse, à env. 1 h. 1/2 de Modane, le hameau de *Charmaix* (aub.). En deçà se trouve le pèlerinage de *Notre-Dame-de-Charmaix* (1508 m.), qui date, dit-ou, du temps de Charlemagne. On y a une très belle vue, et la chapelle est déjà un but d'excursion recommandé. — Une nouvelle route mène de là à g. en 2 h. 3/4 au *col de Fréjus* (2551 m.), où il y a un poste d'hivernage militaire et d'où l'on peut faire en 1 h., au N.-E., l'ascension de la *Pointe de Fréjus* (2900 m.) et un sentier descend du col en 2 h. à Bardonnèche (p. 142). — Le vieux chemin remonte après Charmaix la *combe de la Grande-Montagne*, püis la quitte (1 h. 1/4) pour monter par un vallon à g., vers le *col de la Roue* (1 h. 3/4; 2564 m.), d'où il redescend vers *Bardonnèche* (2 h.). — Pour le Thabor, on continue de remonter la combe (les raccourcis à dr. sont pénibles), un sentier qui franchit le *col de la Vallée-Etroite* ou *de la Replanette* (1 h. 3/4; 2445 m.), sur la frontière, pour redescendre dans la vallée de ce nom, qui tourne au N.-E. et se termine à Bardonnèche (env. 3 h. 1/2). On prend ensuite par le premier vallon de dr., passe entre la curieuse *Roche de Serù* ou *la Muande* (2880 m.) et le beau *lac Peyron* ou *Peyrot* (env. 1/2 h.; 2440 m.), puis à g. par le *col de la Muande* (3/4 d'h. à 1 h.; belle vue), et on rejoint le sentier qui vient du fond de la vallée et mène à une *chapelle* à 5 min. au-dessous du sommet. — Le *Mont-Thabor (3182 m.) est un magnifique belvédère, sur la frontière entre la France et l'Italie, offrant un panorama des plus étendus, dans lequel le massif du Pelvoux et surtout les Ecrins se présentent à merveille. La chapelle est un pélerinage célèbre dans la contrée, et il y a fête le dim. qui suit la St-Barthélemy (24 août). — Au N. du Thabor, mais séparé de lui par un abîme, se dresse le *pic du Thabor* (3205 m.), dont l'ascension est plus difficile. — En redescendant par la Vallée-Etroite, on peut se rendre à *Bardonnèche* par *Mélezet* (p. 142) ou bien dans le Dauphiné par le *col des Thures* ou le *col de l'Echelle* et *Névache* (v. p. 222). — Il est aussi possible et même facile de descendre du Thabor au S.-O. à *Névache* (6 h.; p. 221) et de là à Briançon (p. 220), ou au N.-O. à *Valmeinier* (4 h.), village à 9 kil. de *St-Michel-de-Maurienne* (p. 141).

II. Haute vallée de l'Arc et ses montagnes.

46 kil. de route, desservie 1 fois le jour en été par une voit. publ. qui part à 3 h. du soir et arrive à 9 h. 20. Départ pour le retour à 6 h. du m. et arrivée à 10 h. 1/4. Prix, 5 fr. 50. Courrier pour Lanslebourg aussi à 3 h.; 2 fr. (correspond. 3 fr.). — Second service de Modane à Bonneval à 4 h. du m., arrivée à 10 h. 1/2; de Bonneval à 6 h. du s., à Modane à 10 h. 1/2.

Cette partie de la *Maurienne* (p. 139) est surtout intéressante, pour les touristes, par les montagnes de la frontière au delà de Lanslebourg, mais elle est loin de présenter l'aspect verdoyant de la Tarentaise (p. 121). En outre les montagnes qui les séparent n'ont plus de ce côté des glaciers comme ceux de la Vanoise, et les versants de dr. n'en ont que vers l'extrémité de la vallée. La Haute-Maurienne, où il y a cependant un chalet-hôtel du Club Alpin (p. 147), offre aussi moins de ressources que la Tarentaise, et l'on doit pouvoir se suffire à soi-même, si l'on ne veut payer trop cher voitures et porteurs, qui n'ont pas de tarif (v. p. 122).

La route remonte d'abord à une certaine distance la rive g. de la rivière. — 4 kil. *Villarodin* (1240 m.), puis dans une gorge que commandent les vieux *forts de l'Esseillon* (1517 m.).

Au S., sur la frontière, est l'*Aiguille de Scolette* ou la *Pierre-Menue* (3505 m.), dont l'ascension se fait en 7 h., avec un guide, par le *Nant de Ste-Anne*, *l'Hortière* et *Au Vallon*. Belle course. Panorama merveilleux.

La vallée s'élargit de nouveau; on laisse à dr. *Bramans* et traverse le *ruisseau de St-Pierre*, dont la gorge présente des parties grandioses, 3/4 d'h. plus haut, au delà de la chap. de *Notre-Dame-de-Délivrance* (1558 m.).

On va par cette gorge au *col du Petit-Mont-Cenis* (2201 m.), au *col de Clapier* (2491 m.) et au *col d'Ambin* (2854 m.), et l'on fait encore de là les ascensions du *Signal de Cléry* ou *Cima Ciusalet* (3320 m.), des *Dents d'Ambin* ou *Aig. de Savine* (3382, 3375 et 3343 m.; difficiles), etc. Ref. d'Ambin du C. A. I., au pied du *glacier de l'Agnel*.

Le Verney, hameau après lequel on passe sur la rive dr. de l'Arc. 16 kil. *Sollières*. On a une très belle vue de la vallée en montant, sur l'autre rive, jusqu'aux *chalets de Mont-Froid* (3 h.; 2278 m.), sur le versant N.-O. de la montagne de ce nom (2834 m.).

18 kil. **Termignon** («Interamnium»; 1280 m.; *hôt. du Lion-d'Or*, bon), bourg au confluent de l'Arc et de la Leisse. L'église a 3 riches autels à l'italienne, à retables tout dorés. — Guides: Duport, Pantin; porteur: Jos. Gros. — Passages du courrier vers 5 h. du soir à la montée et 10 h. du mat. à la descente.

A Pralognan par le *col de la Vanoise*, moins recommandable qu'en sens inverse (5 longues heures jusqu'à Entre-deux-Eaux), v. p. 135. On pourrait aussi y aller par le *Dôme de Chasseforêt* (v. p. 137), mais l'ascension est moins facile de ce côté, et la course ne peut être entreprise que par de solides marcheurs et avec de bons guides.

Au Dôme de l'Arpont (3619 m.), au S.-O. du Dôme de Chasseforêt, qu'il surpasse de 22 m.: 6 h. 3/4 à 7 h., par *le Mont*, chalets à 1 h. 1/2 au N.-E.; puis par une arête à l'O., le *glacier de l'Arpont* (2 h. 1/2; crevasses) et le côté N. du rocher du Dôme. *Panorama naturellement encore plus étendu que celui du Dôme de Chasseforêt (p. 137). On peut redescendre du côté de Pralognan, en 5 h., par les Nants (p. 137).

La route monte et redescend dans une gorge boisée. Belle vue en arrière sur la Dent Parrachée (p. 142).

26 kil. **Lanslebourg** (1398 m.; hôt.: *Valloire*, assez cher; *Jorcin*), bourg déchu depuis l'ouverture du tunnel du Mont-Cenis. — Courrier pour Modane à 9 h. du matin.

La **route du Mont-Cenis**, construite de 1803 à 1810, par ordre de Napoléon Ier et auparavant très fréquentée, est maintenant desservie par des voit. publ. de Lanslebourg au Mont-Cenis (5 h. du s., en 2 h. 1/2; 3 fr.) et de là à Suse (4 h. du s., en 2 h., 3 fr.). Il y a par cette route 37 kil. de Lanslebourg à Suse. Elle s'élève d'abord lentement, par 6 grands lacets, à travers des pâturages, où passe un sentier (télégr.) qui abrège de 3/4 d'h. On y a de beaux coups d'œil sur les massifs de Péclet, de la Vanoise et de la Levanna. 23 refuges sont espacés le long de cette route, où le vent, «la Lombarde», souffle quelquefois avec une violence extrême. Le point culminant (2091 ou 2084 m.) est au 5e de ces refuges (n° 18), à 25 min. du dernier lacet, et la frontière entre ce refuge et le suivant. Plus loin, les aub. de *la Ramasse* et des *Tavernettes* (1964 m.). Le nom de Ramasse rappelle qu'avant la construction de la route on descendait du col à Lanslebourg en «ramasse» (schlitte), conduite par un seul homme, faisant, dit-on, 10 kil. en 20 minutes. — A 14 kil. 6 de Lanslebourg, l'anc. *hospice du Mont-Cenis* (1930 ou 1924 m.), fondé par Louis le Débonnaire, reconstruit par Napoléon Ier et maintenant transformé en caserne. Il y a à côté un *hôtel* et un *lac* d'env. 2 kil. de long et 1 kil. de large, d'où sort la Cenise. On fait d'ici l'ascension de la *Pointe de Ronce* (3620 m.), en 6 h., par le *col Chapeau* (5 h.; 3440 m.), et même celle du *Roche-Melon* (p. 146). — 18 kil. *La Grande-Croix* (1850 m.; aub.) et près de là, en aval, une belle cascade de la Cenise. La route descend très rapidement (beaux coups d'œil), et il y a encore des sentiers qui abrègent, mais plus loin que celui du télégraphe. — 27 kil. *Molaret.* — 32 kil. *Giaglione* ou *Jaillon.* — 37 kil. *Suse* (hôt. du Soleil; ch. de fer, p. 142): v. l'*Italie septentrionale*, par Bædeker.

De **Lanslebourg au Grand-Roc-Noir** (3537 m.) et à la **Pointe de Vallonet** (3566 m.): 6 h. jusqu'au premier pic et env. 1 h. de là au second, pénible, mais sans grande difficulté. Quitter la route aux *Champs* (20 min.), en deçà de Lanslevillard (v. p. 145), et monter au N. entre deux vallons, puis par la face S.-E. jusqu'au pied du Grand-Roc-Noir, à l'E., dont l'escalade demande de là ¼ d'h. — Pour pousser jusqu'à la *Pointe de Vallonet*, plus au N., traverser du pied du pic une crête de neige à l'E., puis descendre un peu au N. vers la Pointe, qui se gravit enfin en ½ h. Beau panorama. — On peut au retour aller rejoindre la route de Bonneval à la Magdeleine (v. ci-dessous), en 2 h. ½ du pied du Grand-Roc-Noir, par le glacier voisin et les *chalets de la Fesse* (1 h. ½).

La route de voitures de Bonneval, qui se détache de la route du Mont-Cenis au pont de Lanslebourg, passe aussi plus loin sur la rive g., mais revient bientôt sur la droite. — 29 kil. *Lanslevillard* (1479-1499 m.), qui a une chap. St-Sébastien avec de vieilles peintures murales. Ensuite une forte montée en lacets, après laquelle on découvre les pics et les glaciers du fond de la vallée. Du côté gauche se trouvent des escarpements rocheux qui atteignent près de 800 m. de hauteur. Ils forment le revers d'une demi-douzaine de glaciers inclinés vers le vallon de la Rocheure (p. 136) et que dominent: la *Pointe du Grand-Vallon* (3228 m.), le *Grand-Roc-Noir*, la *Pointe de Vallonet*, les *Pointes du Châtelard* et les *Croix de Don-Jean-Maurice* (v. ci-dessous). A dr., un long glacier que traverse la frontière et où se trouve la *Pointe de Ronce* (3620 m.). Il y a sur la rive g. un sentier qui conduit également à Bessans. La route s'écarte du torrent, dont elle est même séparée par une colline, après laquelle on se trouve dans un bassin tapissé de verdure, mais où les arbres deviennent de plus en plus rares. Trois hameaux: *le Mas, la Magdeleine* et *la Chalpe*.

38 kil. **Bessans** (1721-1742 m.; *hôt. Cimaz*, au pont), village mal bâti et malpropre, sur la rive g., où repasse encore le chemin. L'*église* mérite une visite, à cause de ses autels en bois, ornés de statuettes par Clapier (xviiie s.). Toutefois la principale curiosité de l'endroit est une *chapelle* près de là, décorée de fresques très originales, du xvie s., et qui a un beau plafond en bois peint.

Excursions. — **Aux Croix de Don-Jean-Maurice** (3140 m.): 4 h. ½, par un sentier à g. de la route, sur le versant de la montagne, que surmontent 3 croix; puis par le *glacier de Méan-Martin*, à ¾ d'h. du sommet. — **A l'Aiguille de Méan-Martin** (3288 m.), 5 h. ¼, par la même route jusque sur le *glacier* (3 h. ½), ensuite au N.-O. vers une sorte de col (3105 m.) à g. de l'Aiguille (¾ d'h.) et de là à la cime (¾ d'h.). On en peut redescendre en 3 h. ½ env., à Val-d'Isère (p. 126). — **Aux Pointes du Châtelard** (3362, 3434 et 3503 m.), env. 7 h., aussi par le *glacier de Méan-Martin* (3 h. ¾), qu'on traverse de l'E. à l'O., vers le *col de Véfrette* (env. 1 h.; 3200 m.), au N. de la *pointe 3362 m.* Cette pointe se gravit de là, par l'arête, en ¾ d'h. On en redescend à l'O. pour monter à la *pointe 3434 m.* (¾ d'h.) et de là, par une pente de neige, à la *pointe 3503 m.* (½ h.), la plus haute de ce côté de la vallée après le Grand-Roc-Noir (v. p. 144), qui est du reste assez éloigné pour ne pas masquer la *vue, superbe dans toutes les directions et à peu près la même des trois pics. On peut facilement s'en retourner du côté d'Entre-deux-Eaux (3 h. ¼; p. 135), par le *glacier de Véfrette* et le *vallon de la Rocheure* (1 h. ½); du côté de Lanslebourg (2 h. ½; p. 144), par les *chalets de la Fesse* (v. ci-dessus), ou bien du côté de Bonneval (env. 5 h.; p. 147), en retournant par le glacier au *col de Véfrette* (1 h.), retraversant le glacier de *Méan-Martin* (1 h.) et continuant au S. par la rive g. du *Vallon*, puis au N.-E. par les *chalets des Roches* (2252 m.).

*À la **Pointe de Charbonel** (3760 m.), 6 à 7 h., ascension facile, avec un guide, soit par la triste *vallée de Ribon*, au S.-E., jusqu'aux chalets de *Pierre-Grosse* (1 h. ¼; 2061 m.), puis à l'E. par des pâturages, des éboulis, l'arête N.-O. et le *glacier de Charbonel*; — soit par la riante *vallée d'Avérole*, parallèle à la précédente un peu au delà de Bessans, d'où l'on gagne au S.-E. le *glacier de Charbonel*. Du Mont-Blanc à la Meije, la Pointe de Charbonel n'est surpassée en hauteur que par la Grande-Casse (p. 137) et le Mont-Pourri (p. 125), et c'est en outre un sommet isolé. Le *panorama y est donc vraiment exceptionnel et s'étend jusqu'aux Alpes du Dauphiné et de la Savoie, au Grand-Paradis, etc.

A la Pointe d'Albaron (3662 m.), *Pointe de Chalanson* sur la carte de l'Etat-Major, qui donne le nom d'Albaron à un sommet voisin, appelé dans le pays *Pointe du Grand-Fond* (v. ci-dessous): 7 h. 1/2 à 8 h., ascension assez facile, avec un guide. On prend par la *vallée d'Avérole* (v. ci-dessus), traverse le torrent à *la Goulaz* (1/2 h.) et monte 10 min. plus loin à g. vers un contrefort de la montagne où il y a une croix (40 min.; env. 2060 m.; vue): puis vers les *granges du Lau* (1/4 d'h.), de là par un vallon au N.-E., où l'on passe le torrent du Grand-Fond (1 h.; cascade), et vers la moraine du glacier du Grand-Fond (3/4 d'h.; env. 2660 m.), où l'on a déjà une vue splendide. Ensuite on passe à g. de l'*Ouillarse* (3341 m.), pour aborder seulement 1 h. plus haut le grand *glacier du Grand-Fond*, au S.-O. de la Pointe, où l'on doit marcher avec précaution, quand il n'y a pas de neige. Il faut encore env. 3 h. pour atteindre le sommet. Le *panorama est aussi l'un des plus merveilleux des Alpes, dans le genre de celui de la Pointe de Charbonel. — On peut redescendre du côté de Bonneval (5 à 7 h.) par l'itinéraire de l'ascension au départ de ce village, ou par le beau *glacier* et le *col des Evettes*, à l'E. de l'*Ouille du Midi* (3057 m.), ou encore par le même *glacier* et le *col du Greffier* (2 h. 1/2; 3112 m.; belle vue), après lequel il y a, du côté du *glacier des Chardonnières* ou du *Vallonet*, au S. de l'Ouille du Midi, un couloir très raide, impraticable s'il n'y a pas assez de neige. — La Pointe du Grand-Fond elle-même, *l'Albaron* de l'Etat-Major (3392 m.), se gravit en 6 h. 1/2, aussi par la *vallée d'Avérole* et les *granges du Lau*, puis par les *chalets de la Parse* (2 h. 1/2) et le côté g. de la montagne.

Au Roche-Melon (3537 m.), 7 h. 1/2, avec un guide, par la *vallée de Ribon* (v. p. 145), en passant aux chalets ou hameaux de *Pierre-Grosse* (1 h. 1/2), *Giaffa*, *Saussier* et *l'Arselle* (1 h.; 2163 m.), jusqu'au pied du *glacier de Roche-Melon* (1 h.; 2262 m.), qu'on traverse. La pyramide du Roche-Melon est déjà en Italie. Il y a sur la cime une petite *chapelle*, qui est un pèlerinage surtout fréquenté le 5 août, et l'on y a érigé en 1899 une Vierge en bronze. Le *panorama est des plus beaux, et il ouvre au touriste venant du N. une perspective nouvelle sur le versant italien. On peut redescendre en 5 h. env. à Suse (p. 144).

De Bessans à Lanzo (*Turin*): env. 15 ou 16 h., selon qu'on passe par le col du Collerin, celui de l'Autaret ou celui d'Arnès, tous à l'E., sur la frontière. Il faut naturellement un guide. Le deuxième de ces passages est le plus facile. Le sentier est d'abord le même pour tous les trois, dans la *vallée d'Avérole* (v. ci-dessus), jusqu'au hameau d'*Avérole* (1 h. 3/4; 2035 m.). De là on monte au N.-E., en 3 h. 1/2 au col du Collerin (3238 ou 3202 m.), au S. du Mont-Collerin (3462 m.) et au milieu de glaciers, d'où l'on redescend à *Balme* (5 h.; 1458 m.; aub.), dans la *vallée de la Stura d'Ala*, à l'extrémité de laquelle on tourne à dr., après *Ala* (1 h.), dans celle où est *Lanzo* (3 h.; v. ci-dessous). — Le col de l'Autaret (3088 m.), qui est encore à env. 3 h. au S.-E., par le *vallon de la Lombarde*, d'où vient le torrent, est traversé par un sentier praticable aux mulets. On en redescend par le *vallon de Malciaussia*, que domine à l'O. la pyramide du Roche-Melon (v. ci-dessus), à *Usseglio* (5 h.; 1265 m.), puis à *Viù* (3 h.), d'où il y a une route conduisant à *Lanzo* (2 h.), petite ville reliée à *Turin* par un chemin de fer (32 kil.). — Le col d'Arnès (3035 ou 3014 m.) est à l'E. dans la direction primitive de la vallée d'Avérole, au S. de la *Pointe d'Arnès* (3310 ou 3540 m.), à env. 4 h. du hameau. Il faut, pour y arriver, traverser un coin du glacier de son nom. On passe encore ensuite le *col de la Rossa* (1/2 h.; 2851 m.) et on redescend par le *lac de la Rossa* à *Usseglio* (4 h. 1/2), où l'on rejoint le sentier précédent.

Le chemin de Bonneval reste enfin sur la rive g. de l'Arc, jusqu'à ce village. Il passe un peu après Bessans à l'extrémité de la vallée d'Avérole, où la Pointe de Charbonel (p. 145) présente à dr. un coup d'œil grandiose. Plus loin, à g. du chemin, le *rocher du Châtel* ou *Bec-Rond* (1848 m.), qu'on a déjà aperçu, sur la rive dr. du torrent; une cascade et l'*Aiguille de Méan-Martin* (p. 145). Il y a un dernier pont à l'arrivée.

46 kil. **Bonneval** (1835 m.; *chalet-hôtel du Club Alpin*, 5 min. au delà du village, recommandé; télégr.), dans un petit bassin où pousse encore un peu d'orge et de seigle, mais où l'hiver est très rigoureux. — Guides: *Blanc, dit le Greffier; J.-J. Culet et J.-M. Blanc. Prix: 6, 8 et 10 fr. par jour. Mulets et conducteurs, 8 et 10 fr.

A *Val-d'Isère* par le *col du Mont-Iseran* (5 h. à 5 h. 1/2), v. p. 131. Mulet jusqu'au col, 8 fr.; à Val-d'Isère, 15 fr. Le chemin n'est pas celui qui longe l'Arc, mais celui qui passe au-dessus du village et du chalet-hôtel et qui monte à l'E. par le *vallon de la Lenta*, etc. — A *Val-d'Isère* par le *col du Bouquetin* (p. 131) et les *glaciers des sources de l'Isère* (p. 131), magnifique excursion de 10 à 12 h., avec un guide.

Excursions de Bonneval.

A la **Pointe des Arses** (3203 m.), au N.: env. 4 h., facile, en partie (1 h.) par le chemin du col du Mont-Iseran, puis à dr. par des pâturages et des éboulis; ou bien par la rive dr. de l'Arc et le plateau des *Lauzes* (2 h.; 2641 m.), jusqu'où l'on devrait au moins aller, à cause de sa *vue magnifique, en particulier sur les glaciers de la frontière d'Italie. — L'ascension de l'*Ouille-Noire* (3360 m.), au N. de la Pointe des Arses, est aussi recommandée comme très belle et peu difficile (v. ci-dessous).

A l'**Aiguille Pers** (3451 m.), plus loin, à dr. du col d'Iseran: 6 h., aussi d'abord par le chemin de ce col, jusqu'à la dernière montée (2 h. 1/4), d'où l'on continue par le vallon de la Lenta vers le *col Pers* (1 h. 3/4; 3015 m.), qui a déjà une belle vue; puis à l'E. vers les pics cotés 3317 (3/4 d'h.) et 3399 (1/2 h.), qui sont faciles, et enfin vers la cime (1/2 h.), dont le *panorama est de toute beauté. On peut redescendre du côté des chalets de Lechans (2 h. 3/4; v. p. 148), par le *glacier du Grand-Pissaillas* et le *col de l'Ouille-Noire* (3/4 d'h.; 3258 m.), au N.-E. de la cime de ce nom (v. ci-dessus).

Au **Pelaou-Blanc** (3136 m.), principal sommet à l'O. du vallon de la Lenta (v. ci-dessus): 4 h. 1/2 à 5 h., avec un guide, d'abord par le chemin du col du Mont-Iseran (p. 131) jusqu'au delà du second pont (2 h. 1/2), puis au S.-O. au *glacier* à l'E. du pic (1/2 h.) et par ce glacier, dans la même direction, au *col des Fours* (1 h.-1 1/4; 2987 m.), d'où on gagne le sommet, au N., en 1/2 h. On en peut redescendre en 3 h. 1/2 du côté de Val-d'Isère (p. 126).

Aux **Pointes du Châtelard** (v. p. 145), 6 h. 1/4: à g. du chemin du col du Mont-Iseran, vers les *chalets des Roches* (50 min.; 2252 m.); puis par la gorge du Vallon (1 h. 20), dont on remonte la rive g.; le *glacier de Méan-Martin* (1 h. 20), des éboulis et le *col de Véfrette* (1 h. 5), etc., comme en venant de Bessans.

A la **Pointe d'Albaron** (3662 m.), au S.-E., env. 7 h., en passant l'Arc au village et remontant jusque près de la *cascade du Vallonet* (25 min.), puis par un sentier de la rive g. en 1 h. à un plateau et à la base du névé (40 min.), qu'on traverse, jusqu'au pied de la muraille de rocher de l'autre côté (25 min.) et par là sans difficulté en 1 h. 35, et le long de la Pointe du Grand-Fond (p. 146), en 1 h., à une dépression dans le glacier, d'où l'on aperçoit enfin l'Albaron, dont le sommet est encore à 1 h. 3/4 de là (v. p. 146).

Au **Roc de Pareis** (2661 m.), à l'E., excursion facile et intéressante d'env. 3 h., pour laquelle on remonte d'abord la vallée, par l'*Ecot* (1 h.; 2046 m.), peut-être la localité la plus élevée de France; puis on prend à dr.

par la rive g. de la *Recula*, décharge du glacier des Evettes, qui forme
une grande *cascade* et sort plus haut du *lac d'Evette* (2489 m.), en deçà
duquel on tourne à droite. Très belle vue.

Le **Mulinet** ou **Cime Martellot** (3469 m.), dent rocheuse visible de
Bonneval à dr. de la vallée de l'Arc, se gravit en 7 h. env., avec un
guide. Jusqu'à *l'Ecot* (1 h.), v. p. 147. On y prend aussi à dr., mais
pour remonter plus loin, au N.-E., l'*Ouille de Trièves* (3/4 d'h.), la vallée
entre la montagne et la moraine, le *glacier du Mulinet* (3 h. 1/4) et une
cheminée. *Panorama immense, embrassant les plaines de l'Italie, la
plupart des grands sommets du Dauphiné et de la Savoie, et où le Mont-
Blanc se présente sous un aspect particulier, comme le dôme d'une cathédrale, entouré de nombreux clochetons.

Le **Mont-Levanna**, qui termine la vallée de l'Arc à l'E., sur la frontière, et qui est un des plus beaux belvédères de la contrée, présente trois
cimes principales: la *Levanna Centrale* (3640 ou 3619 m.), la *Levanna
Occidentale* (3593 ou 3607 m.) et la *Levanna Orientale* (3564 ou 3555 m.),
à g. et au sommet du glacier de la source de l'Arc. La première et la
dernière se gravissent rarement. On monte à la Levanna Centrale en 2 h.
du col de Girard (v. ci-dessous). La Levanna Orientale ne peut guère
s'escalader que dans le cas exceptionnel où il y a de la neige. — L'ascension de la *Levanna Occidentale* (7 h. 1/2) est facile pour des alpinistes,
avec un guide, et recommandée pour la vue. On passe aussi par *l'Ecot*
(v. p. 147), d'où l'on monte aux *granges de la Duis* (3/4 d'h.; 2161 m.), non
loin de la source de l'Arc (v. ci-dessous) et aux *chalets de Lechans* (1 h.
1/4; 2390 m.), où l'on pourrait coucher. De là aux *Aiguilles Rousses*, v. p. 131.
En continuant vers la Levanna, on monte encore au N., puis à l'E., pour
gagner le *glacier* (2 h. 1/2), qu'on traverse tout droit (3/4 d'h.), et l'on gravit
enfin le contrefort O. de la montagne, jusqu'au sommet (1 h. 1/4).

De Bonneval a Cérésole, par le col du Carro: env. 9 h., par le
chemin de la Levanna Occidentale jusqu'au delà des *chalets de Lechans* (v.
ci-dessus) et encore plus loin dans la direction du N., env. 1 h. 1/2 d'ascension pénible jusqu'au col du Carro (3140 m.), puis 4 h. 1/2 de descente,
dont 1 h. sur le *glacier du Carro*, qui est tout crevassé, et les *chalets de la
Mendetta* et des *Rocce*. *Cérésole*, v. p. 132.

De Bonneval a Lanzo: env. 13 h., avec un guide, par le *col de Girard* et par le *col de Séa*, sur la frontière, à 5 h. 1/2 et 4 h. 1/2 au N.-E.
et à l'E. Les sentiers se confondent jusqu'à *l'Ecot* (v. p. 147). Le premier continue vers les *granges de la Duis* (v. ci-dessus), puis tourne à
l'E. vers la *source inférieure de l'Arc* (1/2 h.; 2188 m.). Le col est dans
cette direction, et il faut marcher env. 3 h., à la fin sur le *glacier de la
Source de l'Arc*, pour atteindre le col de Girard (3084 ou 3044 m.), d'où l'on
gagne *Forno* (4 h.; 1236 m.; hôt.), sur la *Stura della Gura*, dans la vallée
de laquelle il y a une route menant à *Lanzo* (env. 3 h. 1/2; p. 146). — Dans
la seconde direction, on monte de l'Ecot à l'E., en 3 h. 1/2, par le *lac des
Evettes* (1 h. 1/2; 2489 m.) et le glacier du même nom, au *col de Séa* (2 h.;
3085 m.), d'où l'on redescend aussi vers *Forno* (5 h.).

III. LE DAUPHINÉ

19. De Lyon à Grenoble (Marseille).

131 kil. Trajet en 3 h. 10 à 5 h. Prix: 13 fr. 65, 9 fr. 15, 5 fr. 95. Départ de la gare de Perrache (p. 6). Cette ligne est plus agréable en été pour aller à Marseille que celle de la vallée du Rhône (R. 36, 38 et 41), mais elle est plus longue de 95 kil., et on ne saurait la conseiller pour le trajet direct (14 h. et 14 h. 40). Vue surtout à gauche.

Lyon, v. p. 6-24. On traverse le Rhône, laisse à g. la ligne de Genève-Chambéry, puis à dr. celle de Marseille par Avignon, et gagne un plateau qui n'a rien de curieux. — 8 kil. *Vénissieux*, que dessert aussi un tramw. de Lyon (p. 7). — 12 kil. *St-Priest*. — 18 kil. *Chandieu-Toussieu*. — 22 kil. *Heyrieux*. — 27 kil. *St-Quentin-Fallavier*. La voie redescend. — 31 kil. *La Verpillière*. — 34 kil. *Vaulx-Milieu*. — 38 kil. *La Grive*.

42 kil. **Bourgoin** (*hôt. du Parc*), à g., ville industrielle de 6659 hab., le *Bergusium* des Romains, sur la *Bourbre*, qui y formait auparavant de vastes marais. Elle a une église goth. à deux tours sans flèches. — A côté, *Jallieu*, autre ville industrielle, de 4415 hab. Ligne de là sur St-Hilaire-de-Brens (Crémieu; p. 25). — 51 kil. *Cessieu*.

57 kil. **La Tour-du-Pin** (*Grand-Hôtel*, sur la place), ville manufacturière de 3704 hab. et chef-lieu d'arr. de l'Isère, à g. contre une colline. Elle est dominée par une belle *église* neuve du style goth., qui a une très belle chaire en bois, de beaux autels et, à la sacristie, un grand triptyque remarquable de 1551, représentant des scènes de la Passion, attribué à Jac. Binck. 5 min. plus haut que l'église, un calvaire et une Vierge en bronze. On y va pour la vue.

La voie monte. A dr., un long étang; à g., les montagnes du Dauphiné.

64 kil. *St-André-le-Gaz* ou mieux *le-Gua*, c.-à-d. «le Gué» (buffet; hôt. Gros). Ligne de Chambéry, v. R. 14 A.

72 kil. *Virieu-sur-Bourbre*, à g., dominé par un *château* des xive-xviie s., très bien conservé et décoré de précieuses tapisseries des xve-xviie s. Plus loin, à g., le château de Pupetière. — 80 kil. *Chabons*. — 85 kil. *Le Grand-Lemps* (hôt. Lacroix, etc.).

Du GRAND-LEMPS A CHARAVINES (*lac de Paladru*): 15 kil., tramw. à vap., suite de la ligne de Vienne (p. 271), à la fin par la gorge où coule la *Fure*, décharge du lac de Paladru, qu'utilisent 34 usines (6000 ouvriers) et 5 moulins. — Charavines (510 m.; hôt.: *de la Poste*, dans le village; *du Lac*, à Pagetière) est un centre industriel (papeteries, etc.) à 500 m. au S. du lac, au bord duquel est le ham. de *Pagetière*. — Le lac de Paladru (501 m. d'alt.; 390 hect. de superficie) est une nappe d'eau de plus de 6 kil. de long, 1000 à 1200 m. de large et 36 m. de profondeur, sur le plateau assez élevé dit des *Terres-Froides*. Les bords en sont boisés et pittoresques et il est très poissonneux. Il est fréquenté dans la saison pour les bains. A l'autre extrémité est le village de *Paladru* (hôt. des Bains) que dessert un omnibus. — A 3 kil. au N. de Pagetière, les ruines de la *chartreuse de la Sylve-Bénite*, dans un site pittoresque.

Belle vue à g. sur les montagnes de la Grande-Chartreuse (v. p. 153) et à dr. sur celles de la rive g. de l'Isère. On commence à apercevoir, à g., la chaîne de Belledonne (p. 184).

95 kil. *Rives* (buvette; hôt. de la Poste), ville industrielle de

3032 hab., à 2 kil. au S., sur la *Fure*. Il y a surtout des aciéries estimées et des papeteries. Ligne de St-Rambert, v. p. 271.

Ensuite un *viaduc* de 42 m. de haut. On se rapproche des montagnes et le paysage s'embellit; on descend en tournant au N., puis à l'E., passe sur un remblai de 40 m. de haut et dans 2 tunnels. A Voiron, on traverse le Cours près de l'église (à g.).

105 kil. **Voiron** (290 m.; hôt.: *de la Poste*, rue des Terreaux et Rose-Sage; *du Louvre*, av. de Romans; *du Midi*, rue des Terreaux), ville industrielle de 12022 hab., à g., sur la *Morge*. Elle a des tissages mécaniques de soie très importants (4000 métiers), des tissages de toile à la main et des papeteries. Il y a une très belle *église St-Bruno*, dans le style ogival du xiiie s., avec deux tours à flèches en pierre, élevée de 1864 à 1873, sur les plans de Berruyer, de Grenoble. On y remarque particulièrement les boiseries, le maître autel, les fonts, les vitraux, des peintures décoratives et des mosaïques. Voiron a une *école nationale professionnelle*, à env. 10 min. de la gare, du côté opposé au Cours. — Sur une hauteur qui domine la ville (735 m.; 1 h. ¹/₂) et où on la voit de très loin, la *statue de Notre-Dame-de-Vouise*, en cuivre repoussé, d'après celle du Puy (p. 51). Elle a 7 m. de haut et elle est sur une tour de 16 m. (vue), dont il faut demander la clef à la Mairie de Voiron.

Tramway pour *St-Laurent-du-Pont* et *St-Béron*, avec correspondance pour la *Grande-Chartreuse:* v. p. 165.

Le chemin de fer tourne rapidement au S. au delà de Voiron. — Halte de *St-Jean-de-Moirans*.

112 kil. *Moirans* (buvette; hôt. de Paris), ville ancienne de 3253 hab., dans un beau site, sur la Morge. Ligne de Valence, v. R. 22.

On descend enfin dans la vallée de l'Isère, qu'on remonte jusqu'à Grenoble, en contournant au S. le massif de la Grande-Chartreuse et en passant au N. d'un autre massif qui se termine par le *Bec de l'Echaillon*, à dr. en deçà de la stat. suivante. Il y a dans ce dernier des carrières de pierre fort estimée. Très belles vues. La voie passe dans un petit tunnel sous le lit d'un torrent, la Roise.

117 kil. *Voreppe* (hôt. du Petit-Paris), bourg à 1 kil. au N. Tramway de Grenoble.

De Voreppe au couvent de Chalais et a la Grande-Aiguille (de Grenoble, v. p. 162): 5 h. ¹/₂ à 6 h. On monte en 2 h., à l'E., par un chemin muletier sur la rive g. de la Roise, à l'ancien couvent de Chalais (940 m.), maintenant propriété particulière. Il n'a par lui-même à peu près rien de remarquable, mais il occupe un très beau site, dominant la vallée de l'Isère. A côté, une *maison forestière*, où l'on peut avoir des rafraîchissements. Il faut encore 1 h. pour monter du couvent à la **Grande-Aiguille** (1095 m.), qui jouit d'une très belle vue à l'O., au N. et au S.; il n'y a qu'à suivre un chemin de croix qui s'y trouve.

124 kil. *St-Egrève-St-Robert*. Il y a au second village un hospice d'aliénés et une usine à ciment Vicat. D'ici à la Grande-Chartreuse, v. p. 166. Belle vue encore à g. sur les montagnes, en particulier sur la *Pinéa* (1779 m.) et *Chamechaude* (2087 m.; p. 169). Près de la voie, à g., le *Casque de Néron* (p. 161). La voie traverse

l'Isère au-dessus de son confluent avec le Drac. Au g., les forts de Grenoble (p. 160) et, plus haut encore, une exploitation de ciment, avec un ch. de fer funiculaire. A dr., près de la voie, le polygone. Vue magnifique en face sur les montagnes.

134 kil: *Grenoble* (buffet).

20. Grenoble.

HÔTELS : en ville, *Grand-Hôtel* (anc. H. Primat; pl. a, B5), avec restaur., rue de la Halle, près de la place Grenette (ch. t. c. dep. 3 fr., 2e dé. 3.50, dî. 4.50; om. 1); *H. Monnet* (pl. b, B4), avec restaur., place Grenette (ch. t. c. dep. 3 fr. 50, rep. 1.50, 3.50, ou 4 en été, et 4.50 ou 5, p. 10 à 14, om. 75 c. à 1 fr.); *H. de l'Europe* (pl. c, B5), même place (pas de table d'hôte); *H. des Trois-Dauphins* (pl. d, B4), rue Montorge, 7 (ch. t. c. 3 à 4 fr., rep. 1.25, 3 et 3.50, p. 9 à 12, om. 50 c.); *H. d'Angleterre* (meublé; pl. e, A5), place Victor-Hugo, 5, de 1er ordre, av. rest.; *H. Vachon* (meublé); *H. des Alpes*, rue Bressieux, recomm. (ch. dep. 2 fr., dé. ou dî. 2.50); — à la gare, *H. de Savoie*, *H. de Bordeaux*.

RESTAURANTS : *R. de l'Art-Nouveau* (à la carte; genre paris.), av. Alsace-Lorraine, 2; *Dreveton*, place Grenette, 8-10, au 1er (dé. 2.50, dî. 3.50); *R. Lafayette*, rue Lafayette, 5 (mêmes prix).

CAFÉS : *Cartier*, *des Deux-Mondes*, *de Lyon & des Négociants*, etc., place Grenette; *Gr.-C. Debon*, rue de la Halle, à côté du Grand-Hôtel; *Gr.-Café Glacier*, *C. du Tonneau*, *Grand-Café*, *Gr.-C. de Russie*, *C. Anglais*, place Victor-Hugo. — *Brasserie du Rhin* (av. rest.), place Grenette, derrière la fontaine.

VOITURES DE PLACE : 3 pers., 75 c. la course, 1 fr. 75 l'heure; 4 pers., 1 fr. et 2 fr. 25, dans le jour (de 6 h. à 11 h.); 50 c. en sus pour la course et 75 c. pour l'heure de 11 h. à min., place Grenette et au théâtre. 25 c. de plus pour prendre à domicile. 25 c., par colis.

TRAMWAYS ÉLECTRIQUES : de la *place Grenette* à la *gare* (10 c.), au *pont du Drac* (10 c.; omnib., tramw. él. en construction), à la *Tronche* (15 c.), au *Cimetière* (10 c.); à *la Monta* (35 c.) et à *Voreppe* (60 c.; v. p. 153); à la *Bajatière* (10 c.), par la porte des Alpes (pl. B6) et à *Eybens* (30 c.), village avec un vieux château, à 6 kil. au S., aussi par la porte des Alpes et par la route de Vizille; à *Claix* (8 kil., 55 c.; Pont-de-Cl., v. p. 215) et à *Varces* (65 c.), autre village à 12 kil. au S., par le cours St-André (p. 155).

Tramway et voit. publ. pour Uriage, Sassenage, Veurey, la Grande-Chartreuse, les gorges d'Engins, de la Bourne et de la Vernaison (Goulets), Briançon, etc., v. aux articles spéciaux, p. 161, 163, 165, 169 et 177.

POSTE ET TÉLÉGRAPHE : place Vaucanson (pl. 12, A B5).

BAINS : *B. des Dauphins*, rue Montorge, 7; *du Jardin-de-Ville*, dans le jardin de ce nom (pl. B4; 60 et 80 c.); *Marron*, rue Vicat, 1; — *Ecole de natation*, boul. Gambetta (pl. A 6); entrée, 20 c.; réservée aux dames le vendred. — *Chalets de nécessité*, dans le Jardin de Ville, au square des Postes, etc.

LIEU DE DIVERTISSEMENT : *Casino*, rue Expilly, 4, près de la rue Vicat.

TEMPLE PROTESTANT, rue Lesdiguières (pl. 13, C5). Office à 10 h. 1/2.

Société des Touristes du Dauphiné (v. p. 182), avenue Thiers, 4. — *Club Alpin Français* (section), rue Montorge, 2. — Le *Syndicat d'initiative*, aussi rue Montorge, 2, donne aux touristes des renseignements gratuits sur le Dauphiné et leur délivre, contre envoi du montant, plus les frais d'une lettre recommandée, des coupons d'hôtel valables pour trois mois: demander la liste des «hôtels correspondants» avec les prix et conditions. — *Société Dauphinoise d'Amateurs Photographes*, rue du Lycée, 9.

Grenoble (214 m.) est une ville de 64 002 hab., l'anc. capitale du *Dauphiné* et auj. le chef-lieu du départ. de l'Isère et du command. d'une subdivision du xive corps d'armée, le siège d'un évêché, d'une université, etc., sur l'Isère, qui la divise en deux parties inégales, celle de la rive dr. relativement très petite. C'est en outre une

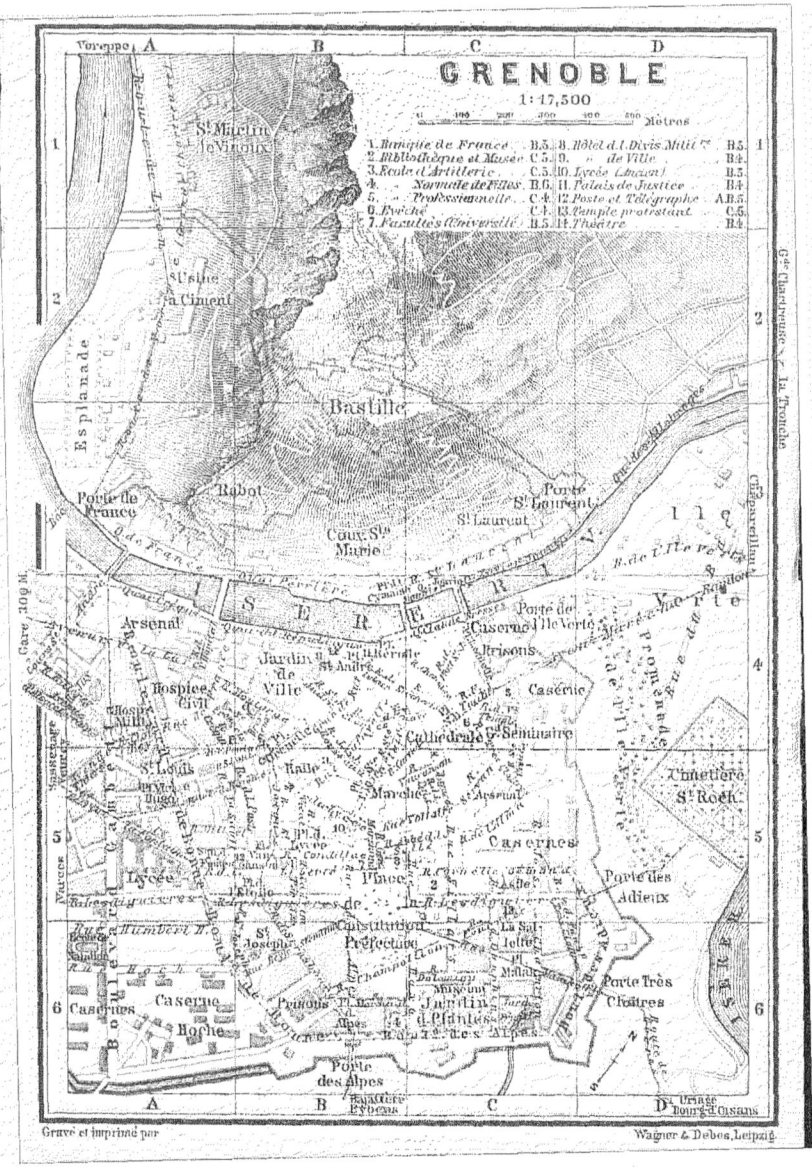

place forte de 1re classe, défendue par une enceinte continue et par
des forts détachés, à l'extrémité du massif de montagnes que contourne l'Isère et qui en dominent la rive dr. Mais ce qui fait de
Grenoble une des principales villes de France pour les touristes,
c'est le site original qu'elle occupe, à la jonction des belles vallées
de l'Isère et du Drac et au milieu de montagnes s'élevant jusqu'à
3000 m., qui lui font un horizon superbe, particulièrement en hiver
et au printemps, quand les crêtes sont couvertes de neige.

Grenoble est la *Gratianopolis* des Romains, auparavant le *Cularo* des
Allobroges. Son nouveau nom lui fut donné en l'honneur de l'empereur
Gratien (375-383), qui en fonda l'évêché. Elle eut toute sorte de maîtres
au moyen âge, mais elle appartint surtout aux évêques, quand l'un d'eux
l'eut délivrée d'une invasion de Sarrasins ou de Hongrois (995), puis à leurs
rivaux, les comtes d'Albon, qui prirent le titre de Dauphins et cédèrent
leurs possessions à la France en 1349, à la condition qu'elles seraient
l'apanage du fils aîné du roi. Elle fut de 1369 à 1501 le siège du tribunal
de l'Inquisition, établi pour rechercher et punir les Vaudois. Les guerres
de religion du XVIe s. y furent particulièrement sanglantes; elle eut surtout
alors pour gouverneurs deux chefs du parti calviniste, le trop fameux
baron des Adrets et le duc de Lesdiguières (v. p. 213, St-Bonnet), sous
lequel elle fut très prospère. Grenoble fut la première grande ville qui
ouvrit ses portes à Napoléon 1er à son retour de l'île d'Elbe, en 1815; une
conspiration bonapartiste y éclata l'année suivante et fut sévèrement
réprimée par les Bourbons. — Outre sa nouvelle université, cette ville a
une école préparatoire de médecine, une école d'artillerie et une école
d'aérostation, avec ballon captif. L'industrie y a surtout pour objets la
fabrication des gants de peau, perfectionnée par un habitant de Grenoble,
Xavier Jouvin (1800-1844), et la fabrication du ciment inventé ici par *Vicat*.
La ganterie occupe plus de 5000 personnes dans la ville, env. 24000 dans
la région, et la production annuelle est de 1200000 douzaines de paires
de gants, pour une valeur de 35 millions.

La partie ancienne de la ville a des rues étroites et tortueuses,
mais il y a un beau quartier neuf à l'opposé de l'Isère, et la partie
du côté de la gare a subi une transformation complète, par suite de
l'agrandissement de l'enceinte.

Nous laissons à dr., à la gare (v. pl. A 4), l'avenue d'Alsace-Lorraine, qui conduit vers le quartier neuf, à la place Victor-Hugo
(pl. A 5), et nous prenons en face l'*avenue de la Gare,* par où l'on
arrive dans la vieille ville en croisant le *cours St-André* et passant
à dr. à l'*hôpital général,* puis par la rue Montorge, à gauche.

La petite *place Grenette* (pl. B 4-5), à l'extrémité de cette rue,
est le centre de la ville. Elle est décorée d'une fontaine avec des
dauphins en bronze, par Sappey, et on voit de là, au N., le sommet
du St-Eynard (p. 161).

Un passage voûté à g. de la fontaine, à la rue Montorge, conduit
au *Jardin de Ville* (pl. B 4), promenade avec kiosque pour la musique et bassin décoré d'une statue en bronze, le Torrent, par Basset,
de Grenoble. C'est l'anc. jardin de l'hôtel de Lesdiguières, dont une
partie subsiste dans l'*hôtel de ville* (pl. 9, B 4), à l'E., où l'on remarque une inscription rappelant une des assemblées qui ont pré-
paré la révolution de 1789. Devant, un Hercule au repos, sous les
traits du connétable, bronze par Jacob Richier.

Derrière ce jardin, la *place St-André* (pl. B 4), avec une *statue de Bayard*, bronze moderne, par Raggi (1823). L'illustre chevalier, né en 1476 dans le Dauphiné, est mort en 1524 à Romagnano et non à Rebecq ; quoi qu'en dise l'inscription, qui lui attribue en outre des paroles apocryphes. L'*église St-André*, anc. chapelle du château des Dauphins, du xiiie s., n'a de remarquable que son clocher gothique. On y voit, à g. du chœur, un tombeau érigé à Bayard au milieu du xviie s. Dans le bras dr. du transept, un Martyre de St André, par Restout.

Le PALAIS DE JUSTICE (pl. 11, B 4), au N. de la place St-André, est l'un des principaux édifices de Grenoble. Il a remplacé au xve s. le château des Dauphins. La façade est surtout de la Renaissance. Une partie a été reconstruite de 1890 à 1897, dans le style primitif. L'entrée des salles est naturellement publique lorsqu'il y a audience, et on peut encore le visiter en d'autres moments en le demandant au gardien. Plusieurs sont surtout remarquables par leurs plafonds et leurs lambris. La *Cour d'Assises*, au 1er étage de la partie neuve, a des boiseries modernes dans le style de la Renaissance, par Borgey. La *salle des Réunions Générales*, du côté de l'Isère, et la *salle des Audiences Solennelles*, du côté de la place St-André, aussi au 1er, entre les deux cours, ont des lambris et des plafonds en bois très remarquables du xviie s., d'après Jean Lepautre, par Dan. Guillebaud. A la suite de la seconde, un reste de l'anc. chapelle, l'absidiole, en saillie sur la place. La *Chambre des Réunions du Tribunal civil*, au 1er dans la partie ancienne du palais, a maintenant des *boiseries encore plus remarquables, par Paul Jude, de 1521-1524, auparavant dans une autre salle, où elles étaient moins bien placées, et aussi une très belle cheminée goth., en pierre et en bois.

La rue du Palais et la rue Brocherie, à l'E. de la place St-André, conduisent à la *cathédrale, Notre-Dame* (pl. C 4), construction lourde des xie-xiie et xvie s., dont le portail a été refait de nos jours dans le style roman. Elle a dans le chœur, à dr., un très beau *tabernacle* en pierre, de 1455-1457, haut de plus de 14 m., mais privé de ses statues. A côté, un trône épiscopal en bois du même style, et en face, un tombeau d'évêque érigé en 1407, auj. aussi sans statue. A l'abside, des bas-reliefs dorés du xviiie s., des scènes de la vie de la Vierge.

Sur la même place, le *monument du Centenaire de la Révolution française* (v. p. 155, hôtel de ville), par H. Ding, une jolie fontaine, surmontée d'un groupe représentant les trois ordres.

En face de la cathédrale, au n° 6, est la *tour de Clérieux*, bon point de vue (jusqu'au Mont-Blanc), ouvert aux visiteurs de 8 h. du m. à 7 h. du s. (35 c.). Autre belvédère, v. p. 160.

Nous prenons maintenant à dr. de la cathédrale pour aller dans le quartier neuf, au milieu duquel se trouve, à dr., la grande et belle *place de la Constitution* (pl. B 5-6), entourée d'édifices modernes remarquables. Au S. est l'*hôtel de la préfecture* (pl. B 6), dans le style de la Renaissance, sur les plans de Questel. En face, *l'hôtel de la division militaire* (pl. 8) et *l'Université* (pl. 7; env. 500 étud.); à l'E., *l'école d'artillerie* et le *musée-bibliothèque*, ce dernier édifice aussi sur les plans de Questel. Au milieu de la place, un petit square avec un jet d'eau. La ville est alimentée d'eau par les excellentes sources de Rochefort, à 10 kil. au S., qui permettent de distribuer tous les jours 1000 litres d'eau par habitant.

Le *musée (pl. 2, C5) est public tous les jours de 8 h. à 5 h. en été et de 9 à 4 en hiver, excepté les lundi et jours de fête, et il est encore visible alors pour les étrangers. Les salles du haut ne sont toutefois publiques que le dim. et le jeudi. Il occupe la partie gauche de l'édifice et les principales salles sont celles du rez-de-chaussée, renfermant les peintures et les sculptures. Ces dernières sont peu nombreuses et peu remarquables, mais la galerie de peinture compte plus de 360 numéros, et c'est une des plus importantes de province. L'édifice est parfaitement approprié à son usage, avec des salles éclairées du haut. Il y a des étiquettes. Catalogue, 75 c. Vestiaire obligatoire seulement pour les parapluies mouillés.

Le VESTIBULE a des peintures allégoriques par *Blanc-Fontaine* et *Rahoult*, artistes de Grenoble. Sculptures: à dr., 675, *le Harivel-Durocher*, la Comédie; à g., 662, *A. Dumont*, l'Enfance de Bacchus. En outre une cloche de pagode.

Peinture. — Ire SALLE, à g.: 202, *Rigaud*, portr. du duc de Noailles; s. nº, *Jouvenet*, marine; 203, *Rigaud*, portr. de St-Simon, évêque de Metz; s. nº, *David*, portr. du peintre Vincent; 231, *école française*, Lesdiguières; 22, *Bourdon*, la Continence de Scipion; 815, attr. à *Ant. Watteau*, Musiciens; *Poussin*, Moïse frappant le rocher; 169, *Monnoyer*, Fleurs; *154, *Lesueur*, la Famille de Tobie remerciant Dieu; 64, 65, *Desportes*, Cerf aux abois; Animaux, fleurs et fruits; — 45, 46, *le Bourguignon*, Combats de cavalerie; *178, *Pater*, Baigneuses; 35, *Callet*, portr. de Louis XVI; 148, *Largillière*, beau portr. de femme; 134, 135, 133, *Jouvenet*, St Simon, St Barthélemy, esquisse d'une composition allégorique qui décore le palais de justice de Rennes; 88, *Fragonard*, belle tête de vieillard; 214, *de Troy*, portr. de femme; 223, *Vien*, l'Enlèvement de Proserpine; 219, *L.-M. van Loo*, portr. de Louis XV; 213, *Tournières*, portr. de Ch. de Beauharnais, gouv. du Canada; 243, *école franç. du XVIᵉ s.* (d'ap. *H. van der Goes*), Vierge; 38 (au-dessous), *école de Clouet*, portr. de l'amiral Coligny.

IIe SALLE, à g.: *297, *Palmezzano*, Ste Famille; 345, *école espagnole*, portr. d'homme; — *326, *le Pérugin*, St Sébastien et Ste Apolline, volet d'un grand retable peint vers 1521, dont on retrouve les parties à Nantes, Lyon, Toulouse et Strasbourg; 819, *le Dominiquin (Zampieri)*, Adam et Eve; 314, *Sassoferrato*, le Sauveur; — 327, *Varotari*, dit *le Padouan* (?), Vénus endormie et l'Amour; 296, *Palma* (?), Adoration des bergers; 263, *262, *P. Véronèse*, J.-C. ressuscité apparaît à la Madeleine, J.-C. guérit la femme hémorroïsse; 315, *Sassoferrato*, la Vierge; 250, *le Caravage*, portr. d'homme; *289, *Bernardino Licinio*, la Vierge avec l'Enfant, St Jean-Baptiste, St Antoine et St Jacques; 320, *Schidone*, Vierge; 304, *Procaccini*, Vierge; 823, *Tiepolo*, Danaë; 336, *Tadd. di Bartolo*, la Vierge, l'Enfant, St Jean-Baptiste et St Jérôme (vers 1430); 298, 299 (plus loin), *Panini*, Ruines d'architecture; 255, attr. à *Bellini*, portr. d'homme; 251, *Tadd. di Bartolo*, la Vierge, l'Enfant et des saints; 259, *Bugiardini*, portr. de Michel-Ange; 270, *Cerquozzi*, Combat de cavalerie; *286, *Guardi*, le Doge traversant la place St-Marc; 321, *Salario*, le Christ portant sa croix; 265, *le Canaletto*, Vue de Venise; 287, (ap. 263) 288, *Lanfranc*, têtes de vieillards; 268, *P. Véronèse*, Jésus apparaissant à la Madeleine; 309, *le Tintoret*, Ste Famille, inachevée; 258, *Bronzino*, portr. d'homme; *343, *Ribera*, Martyre de St Barthélemy;

310, le Tintoret, portr. du doge Gritti; — 99, Cl. Lorrain, marine; 322 Strozzi, les Disciples d'Emmaüs; *98 (au delà de la porte), Cl. Lorrain, paysage; 406, Rembrandt, tête de vieillard; 385, Honthorst, les Disciples d'Emmaüs; 357, Ph. de Champaigne, l'Assomption; 398, A. Moro (?), portr. de femme; 373, van den Eeckhout, portr. d'homme; 363, de Champaigne, portr. de l'auteur; 351, Bloemart, Adoration des mages; — 353, van Bloemen, Ruines du temple de la Sibylle à Tivoli; 427, van Thulden, les Parques et le Temps; 424, Terburg (?), portr. de femme; 429, van de Velde le J., marine; s. nº, Swanevelt, paysage; 356, de Champaigne, Résurrection de Lazare; 417, attr. à tort à J. van Ruisdael, le Torrent; 396, K. de Moor, portr. d'un amiral hollandais; 426, van Thulden, la Trinité; *421, Snyders, Chien et chat; 354, Bol, portr. de femme; 367, de Crayer, Martyre de Ste Catherine; 823, Neefs, Intérieur de cathédrale; 382, Hobbema, beau paysage, œuvre de jeunesse (1659); *412, Rubens, St Grégoire, invoquant le St-Esprit; 362, de Champaigne, portr. de l'abbé de St-Cyran; 366, de Crayer, la Vierge, l'Enfant et des saints; 457, école hollandaise, portr. d'homme; 435, 434, J. Weenix, Gibier et fruits; 360, 358, de Champaigne, St Jean-Baptiste; Louis XIV, conférant l'ordre du St-Esprit au duc d'Anjou, son frère, plus tard duc d'Orléans; *394, van der Meulen, Louis XIV traversant le Pont-Neuf; 364, J.-B. de Champaigne, Bénédiction de l'Ordre de St-Dominique; 423, Teniers, Partie de quilles; 821, A. van Everdingen, Une cascade; s. nº, école flam., nature morte; 445, Rokes, dit Zorg, id.; 352, van Bloemen, paysage; 387, Jordaens, Adoration des bergers; 372, van Dyck (?), Madeleine pénitente; 388, Jordaens (?), le Sommeil d'Antiope; 374, van den Eeckhout, portr. d'homme (1669); 422, Snyders, Perroquets et autres oiseaux.

IIIᵉ SALLE: tableaux modernes: à g., 129, Hillemacher, Antoine rapporté mourant à Cléopâtre; 179, Pelouse, le Soir; s. nº, Detaille, Bataille de Champigny, fragment; 804, Hareux, la Romanche à Livet; 12, Bellet du Poisat, Entrée des hussites au concile de Bâle; 204, Rochegrosse, la Curée; 121, 805 (plus loin), Harpignies, paysages; s. nº, Lansyer et Toudouze, id.; de Neuville, Bataille de Rezonville, fragment; 813, H. Scheffer, Arrestation de Charlotte Corday; 32, Brouillet, le Paysan blessé; 80, Faure, la Source; 784, Bastet, le Crédo; 54, Debelle (de Gren.; 1805-97), Entrée de Napoléon à Grenoble en 1815; s. num. et 124, Hébert (de Gren.), portraits; 201, Ricard, portr. de Rahoult; 61, Delacroix, St Georges; 14, Biennoury, Mort de Messaline; 117, Guétal, le Lac de l'Echauda; 2, Achard, Vue prise de St-Egrève. — IVᵉ SALLE, à g.: 316, d'ap. Raphaël, le Baptême de Constantin, copie attr. à Nic. Poussin; s. nº, Hébert, modèles de mosaïques; *161, Merle, le Rédempteur; 10, J. André, paysage; 68, G. Doré, id.; s. nº, Uhlmann, Sylla chez Marius; 151 bis, le Comte du Nouy, Homère. — A côté, la salle d'exposition de la bibliothèque (v. p. 159), où il y a des bustes et des portraits.

Sculpture et archéologie, dans les salles parallèles à celles de la peinture, en revenant vers le vestibule, moulages et originaux. — Iʳᵉ SALLE: 658, L. Desprez, l'Innocence; 690, Truphème, Angélique attachée au rocher; 646, Basset, les Premières fleurs, bronze; 663, Fessard, Adonis; 681, Montagne, Femme conduisant un enfant au bain; 683, Rambaud, Bayard enfant, bronze (réduction; v. p. 174); à la fen. vois., 863, Basset, le Torrent, bronze; à la porte de la salle suiv., 664, Frémiet, Une chatte et ses petits; s. nº, Ding, Gratianopolis, buste; 868, Etcheto, Fr. Villon, petit bronze; du côté de l'autre porte, s. nº, Ding, la Muse de Berlioz, statuette; 676, Marcellin, le Berger Cyparisse. — IIᵉ SALLE: moulages d'après l'antique; vers le milieu, 666, Gardet, Tireur d'arc; s. nº, Rambaud, Berlioz mourant; 669, Husson, Haydée. A la sortie, des bustes, une stèle grecque du vᵉ s., un torse et d'autres sculptures antiques originales. — IIIᵉ SALLE: antiquités, sculptures diverses, modèles de sculptures modernes; 679, 680, deux lions en bronze; fenêtre du xvıᵉ s., etc.

Au 1ᵉʳ étage se trouve la galerie Genin, qui est ouverte seulement le dim. et le jeudi. Elle compte 4 salles et comprend de belles collections de meubles anciens (coffre goth.), d'objets d'art, bas-reliefs, ivoires, faïences, porcelaines, tapisseries, etc., et une petite collection ethnographique. Au milieu de la 2ᵉ salle, le monument de la première femme du donateur, statue couchée par Fabisch. — Au 2ᵉ étage, les *dessins* et les *gravures*. On y voit exposés quantité de dessins remarquables des maîtres anciens, les esquisses des peintures décoratives du musée-bibliothèque et, au fond, un grand pastel de Tourneux, le Point d'orgue.

La *bibliothèque*, qui occupe le côté dr. de l'édifice, est ouverte aux lecteurs tous les jours de 11 h. à 4 h., excepté les lundi et vendr. et durant les vacances, et la grande salle est publique les mêmes jours et aux mêmes heures. La bibliothèque de Grenoble compte 234400 vol., dont 7307 manus., et c'est la plus riche de province en ouvrages de théologie. Sa grande *salle d'exposition* est aussi décorée de peintures allégoriques par Blanc-Fontaine et Rahoult. Il y a tout autour et au milieu des vitrines renfermant les curiosités (on peut lever les rideaux): de dr. à g., manuscrits et incunables (v. ci-dessous), riches reliures, sceaux et médailles. Dessus, des bustes de célébrités du Dauphiné. A l'entrée, un relief des environs de Grenoble, puis dans les vitr. du milieu, à hauteur d'appui, la suite des médailles; dans celles du haut, les antiquités: casque mérovingien du viᵉ s., et, au-dessous, le croissant de la Buisse, pièce préhistorique ainsi nommée des grottes où on l'a trouvée; bronzes, vases peints et autres, beaucoup de belles statuettes et de petits bustes en bronze. Au milieu, un grand vase de Sèvres.

MANUSCRITS: très intéressante collection de *bibles* et de *livres d'heures* des xiᵉ-xviᵉ s.; *Bible vaudoise* (xiiiᵉ s.); *roman de Galahaut et du roi Artus* (xiiiᵉ s.); œuvres de *Marguerite d'Oyngt*, dans la langue vulgaire du Lyonnais et du Dauphiné au xiiiᵉ s.; *Bible de Raoul de Presles* (xivᵉ s.); *Dante*, «Liber de vulgari eloquio sive idiomate» (xvᵉ s.); poésies de *Charles d'Orléans* (xvᵉ s.); *roman de Mélusine*; *roman de la Rose*; *Martin Franc*, le «Champion des Dames»; poésies d'*Alain Chartier* (xvᵉ s.), etc.

INCUNABLES ET LIVRES RARES: Catholicon de 1460, avec belle reliure du temps, vers le fond à g. (vitr. 129); Danse Macabre, édition princeps de *Guyot Marchand*, Paris 1485, exemplaire unique (vitr. 115); Bible des Poètes d'Ant. Vérard, 1493; Histoire de Mgr *Gérard de Roussillon*, ex. unique; 1ʳᵉ édit., très rare, de l'Hypnerotomachia Poliphili d'*Alde Manuce*, 1499; Albertus, «De re ædificatoria», Florence, 1485; «Decisiones» de Guy Pape, 1ᵉʳ livre imprimé à Grenoble, 1491, etc.

Le *Jardin des Plantes* (pl. C 6), à peu de distance à g. derrière la préfecture, comprend un jardin botanique et une petite promenade, ouverte toute la journée. L'entrée est par la rue Dolomieu. Le jardin botanique comprend une partie consacrée aux plantes alpines. Il y a aussi à l'entrée un *muséum*, public tous les jours en été, excepté les lundi et vendr., de 11 h. à 4 h. Le rez-de-chaussée et le 1ᵉʳ étage sont consacrés à la zoologie et la partie de g. du 1ᵉʳ, particulièrement intéressante, à la zoologie du Dauphiné et de la Savoie. Au 2ᵉ étage, à dr., la minéralogie, importante aussi par sa collection spéciale du Dauphiné; la géologie et la paléontologie; à g., la botanique.

Sur la place qui porte son nom, à l'O. de celle de la Constitution, s'élève la *statue de Vaucanson* (pl. B 5), le célèbre mécanicien

11*

(1709-1782), né à Grenoble, bronze moderne par V. Chappuy, de Grenoble. Derrière, l'hôtel des postes et télégraphes, et le square des Postes, avec le monument de Doudart de Lagrée (1823-1868), premier explorateur du Mékong, dans le style khmer, par l'architecte Alf. Recoura et le sculpteur Aug. Rubin.

On a des quais et des ponts de l'Isère une très belle vue, s'étendant jusqu'au Mont-Blanc. Les quais sont remarquables, avec trottoirs en ciment du pays, employé aussi avec avantage dans plusieurs rues. Il y a quatre ponts, dont un suspendu. A l'extrémité de ce dernier, sur la rive dr., se trouve la *fontaine du Lion*, décorée d'un lion écrasant un serpent, par Sappey. A l'extrémité du suivant en amont, la *statue de Xav. Jouvin* (v. p. 155), bronze par H. Ding (1881).

L'église de ce quartier, *St-Laurent* (pl. C3), surtout du xie s., n'a de remarquable qu'une *crypte* beaucoup plus ancienne, peut-être du vi[e] s., en forme de croix terminée par des hémicycles; elle a 28 colonnes, dont 15 en marbre blanc de Paros. On y descend du dehors, sous la conduite du sacristain, qui demeure rue St-Laurent, 9.

Grenoble a une assez belle promenade, dite de l'*Ile-Verte* (pl. D 4-5), en dehors de l'enceinte, à l'E., entre la porte de ce nom, sur la rive g., et la porte des Adieux, par où l'on va au cimetière. Le *cimetière* renferme plusieurs monuments remarquables, sculptés par Sappey, Irvoy et Ding.

Environs de Grenoble, Uriage, Grande-Chartreuse, vallée de la Bourne, etc., v. ci-dessous; de Grenoble dans la *vallée inférieure du Rhône* (Valence), R. 22; à *Chambéry* (Allevard), R. 23; à *Briançon*, par la route et par Gap (montagnes du Haut-Dauphiné), R. 24 et 27; à *Gap par la Mure*, R. 26; à *Digne* (Basses-Alpes), R. 31; à *Marseille*, R. 44.

21. Environs de Grenoble.

I. Promenades et petites excursions.

Les points de vue qu'on a de la ville sont naturellement de beaucoup surpassés par ceux dont on jouit des hauteurs du **mont Rachais** (1057 m.) qui domine la ville au N.; mais une grande partie en est occupée par le *fort Rabot* et, plus haut, le *fort de la Bastille* (483 m.), où l'on ne peut entrer qu'avec une permission écrite du commandant de place. On peut toutefois monter jusqu'à l'entrée du fort Rabot, où l'on arrive du quai en ¼ d'h., en passant à g. du couvent Ste-Marie (pl. B 3). Il y a un *belvédère*, pour lequel il faut une carte qui se délivre gratuitement au Syndicat d'initiative (p. 154).

Le *panorama est aussi beau et même plus étendu du sommet du **Jala** (650 m.), partie du Rachais au-dessus de la Bastille. Il faut 3 à 4 h. pour y faire une excursion. On prend, à l'E., la route de la rive dr., l'espace de 500 m., puis on monte à g. par un chemin en lacets. Il y a sur ces hauteurs des carrières d'où s'extrait de la roche à ciment et que dessert un funiculaire descendant vers le S.-O., aux fours qui sont à la porte de France (pl. A 3). — La montagne plus à l'O. est le *Casque de Néron* (1305 m.), dont l'ascension est dangereuse et la vue relativement restreinte. Il y a eu en 1888 un éboulement considérable.

Au N.-E. de Grenoble, sur la rive dr. de l'Isère, se trouve *la Tronche* (1 kil. ¹/₂; omnib., 15 c.), bourg dont l'église renferme une belle Vierge de la Délivrance, par le peintre *Hébert*, de Grenoble (né en 1817). Belle promenade de là au N., en passant au pied de l'éminence où se trouve le *couvent de Montfleury*, à *Bouquéron* (3 kil. ¹/₂), hameau qui a un vieux château converti en établissement hydrothérapique et que dessert un omnibus partant de la place Grenette (40 c.). — Env. ¹/₄ d'h. plus haut se trouve *Corenc*, admirablement situé et qui jouit d'une très belle vue. Au-dessus s'élève le **St-Eynard** (1359 m.), d'où la vue est magnifique, la plus belle des hauteurs des environs immédiats de Grenoble. Il y a près du sommet un fort, accessible par une route du côté du Sappey (p. 169); on n'y peut non plus entrer sans autorisation.

A Sassenage et aux gorges du Furon (v. la carte p. 54): 3 à 4 h. ou une demi-journée, selon qu'on poussera plus ou moins loin. Il y a 6 kil. jusqu'à Sassenage, que dessert un tramw. à vap. partant du *square des Postes, boul. Gambetta, cours St-André et cours Berriat*, et qui traverse le *Drac*, etc. Prix: 45 et 30 c. Ce tramway va même jusqu'à *Veurey*, village industriel 11 kil. plus loin (1 fr. 10 et 75 c.) et 4 kil. en deçà des carrières de l'Echaillon (p. 153).

Sassenage (*hôt. des Cuves*) est une localité considérable, dans un beau site, au pied d'une hauteur escarpée. Il y a, à dr. de la route, un *château* remarquable du XVIIᵉ s., qui se visite en l'absence du propriétaire et qui est riche en œuvres d'art, parmi lesquelles on cite surtout les Evangélistes de Murillo.

On visite surtout à Sassenage les **gorges du Furon**, ravin entre des rochers à pic, où le torrent forme des cascades et où sont des *grottes* avec des excavations appelées *cuves* et formant deux étages circulaires, d'où rayonnent des galeries. Il faut absolument, pour y pénétrer, un guide (Hourseau, Lanat) et de la lumière. Bureau sur la place de Sassenage. Tarif, 2 fr. pour une pers., puis 50 c. par personne. Elles sont inaccessibles quand il y a beaucoup d'eau, en toute saison encore pénibles et sur divers points impraticables aux dames. La visite demande 1 h. all. et ret., 2 h. de Sassenage.

Le Furon traverse encore plus haut d'autres ravins sauvages, le *passage des Portes-d'Engins* et les *gorges d'Engins*: v. p. 170.

Au château de Beauregard, à la tour Sans-Venin et au Moucherotte, charmante excursion de 5 à 6 h., si l'on ne va que jusqu'à la tour Sans-Venin, et qu'on peut alors réunir à la précédente, soit à l'aller, soit au retour. Course un peu longue, de 10 à 12 h., mais sans difficulté et très intéressante jusqu'au Moucherotte. Voit. publ. pour Seyssinet, rue du Lycée. 30 (50 c.); tramw. de Grenoble à Sassenage jusqu'à la stat. des Balmes,

20 min. en deçà; voit. de louage, si l'on veut, jusqu'à Beauregard et même jusqu'à St-Nizier, ce qui abrège l'excursion et la rend très facile.

On suit d'abord la route de Sassenage (p. 161), puis prend à g. à partir du pont du Drac, tourne à g. au bout de $^1/_4$ d'h. et à dr. 25 min. plus loin, et l'on arrive 10 min. après au joli village de *Seyssinet* (400 m.; cafés-rest.). Un chemin en lacets (poteau) à la sortie, avec de magnifiques points de vue, conduit en 15 à 20 min. au **château de Beauregard** (415 m.), du XVIIIe s., remarquable surtout par son site, qui passe pour le plus beau des environs de Grenoble. A moins de 10 min. de là, à dr. de la route, se trouve un ravin pittoresque nommé le *Désert*, dont il faut demander la clef au château. La *tour Sans-Venin (750 m. d'alt.), sur une hauteur isolée au delà du château, est un reste peu considérable d'une forteresse du moyen âge, mais d'où le panorama est encore plus étendu. L'ascension jusque là est assez pénible et plus ou moins longue, selon qu'on y va directement ou par la route ($^1/_2$ h. à $^3/_4$ d'h.). La vue s'étend sur les Alpes jusqu'au Mont-Blanc. Il y a une *auberge* (Chapot) près de la tour et dans le voisinage se trouve *le Pariset* (2 aub.), à env. 2 h. de Grenoble.

C'est ordinairement de ce côté que se fait l'ascension du Moucherotte, la belle montagne située au S. On peut aller en voiture jusqu'à *St-Nizier*, au S.-O., par où elle est le plus facilement accessible, mais il y a un chemin de traverse plus direct et plus intéressant, demandant 1 h. $^3/_4$. Par ce chemin, il faut appuyer à g. à une bifurcation au bout de $^1/_2$ h., puis à dr., hors des bois, en vue d'une ferme (à g.). On passe ensuite au pied des *Trois-Pucelles* (v. ci-dessous), et l'on est en $^1/_2$ h. à *St-Nizier-du-Pariset* (1171 m.; hôt. Revollet; guides). C'est là que commence l'ascension proprement dite du Moucherotte, qui demande env. 3 h. Le sentier est indiqué par des poteaux, d'abord à g., hors du village, par la *ferme Ravix* ($^1/_2$ h.), une prairie et une *cheminée* (1 h. $^1/_4$; marches), d'où il y a encore env. 1 h. de montée. Le *Moucherotte (1906 m.), qui est isolé et à pic au N. et à l'E., est un des principaux belvédères facilement accessibles aux environs de Grenoble. La vue n'y embrasse pas seulement les sommets bordant les vallées de l'Isère et du Drac et le massif de la Grande-Chartreuse, mais encore une grande partie des montagnes du Haut-Dauphiné, de la Maurienne et de la Tarentaise et particulièrement, par la trouée du Grésivaudan, le massif majestueux du Mont-Blanc.

Les **Trois-Pucelles**, rochers à pic qui de fait sont au nombre de 4 (on n'en voit que 3 de Grenoble), sont très difficiles à gravir. Le point culminant, la *Grosse-Pucelle* (1550 m.) avait déjà été escaladé antérieurement, mais les autres, la *Grande-Pucelle*, la *Pucelle de St-Nizier*, à l'O., et la *Petite-Pucelle*, à l'E., ne l'ont été pour la première fois qu'en 1889.

De Grenoble au *couvent de Chalais* et à la *Grande-Aiguille*, v. p. 153. Outre le ch. de fer, il y a un omn. de la place Grenette à Voreppe (60 c.).

II. Uriage et ses environs.

Un TRAMWAY À VAPEUR, celui du Bourg-d'Oisans (p. 177), relie Grenoble à Uriage (12 kil. 6). Il part de la gare du ch. de fer et il traverse la ville, où il a des arrêts aux *places Victor-Hugo* (pl. A 5), *Vaucanson* et *de la Constitution* (pl. B 5), et il sort de la ville par la *porte Très-Cloîtres* (pl. D 6), d'où il suit la route par *Gières* (6 kil. 5). La distance est de 13 kil. Trajet en 1 h. à 1 h. 10, pour 1 fr. et 75 c. Billets d'aller et retour seulement aux bureaux. — En venant en *chemin de fer* de Chambéry, on peut naturellement descendre à la station de *Gières-Uriage*, non loin de laquelle passe le tramway.

HÔTELS : *Grand-Hôtel, H. du Cercle, H. Monnet, Ancien-Hôtel, H. des Bains,* etc., sous la direction de l'établissement et où les chambres sont tarifées (1 à 10 fr.; serv. 25 et 50 c.); *H. du Rocher, de Paris* (meublé), *Chabert* (id.). *Reymond,* également bien situés; *H. du Midi, des Négociants,* encore près de l'établissement; *H. du Nord,* au delà du parc; *H. du Globe* (pens. 7 à 12 fr.); *H. Prince* (meublé), *H. de l'Europe; H. des Alpes,* modeste; *H. Basset,* grand; *H. du Louvre,* etc., de plus en plus loin. — Appartements et villas.

BAINS ordinaires : 1 fr. 25 ou 1 fr. 50, selon l'époque et l'heure où on les prend. — DOUCHES ordinaires, 1 à 2 fr.

BUVETTE : 6 fr. pour la saison, 80 c. pour 10 verres d'eau, 10 c. le verre.

CASINO : entrée, 1 fr.; 21 jours, 15 fr., 3 et 30 fr. avec stalle au théâtre; 5 et 40 fr. av. place réservée, etc. — Bon restaur.; rep., 9 à 12 fr.

GUIDES : *Franç.* et *Et. Boujard.* Tarif des guides, 6, 8 et 10 fr. par jour; des porteurs, 5, 6, et 7 fr.

VOITURES DE PLACE : à 1 chev., 2 fr.; à 2 chev. 2.50 l'heure, jusqu'à 11 h. du m., 50 c. de plus de 11 h. du m. à 10 ou 11 h. du soir. — *Mulets* et *chevaux de montagne,* 1 fr. 50 l'h.; *ânes,* 1 fr. — *Tramway* pour Vizille et le Bourg-d'Oisans, v. p. 177.

Uriage (414 m.) est une petite localité renommée par ses *bains* et située dans un joli vallon, qu'entourent des coteaux boisés, avec un vieux *château*, au comte de St-Ferriel, comme l'établissement, et de charmantes villas. Les bains sont alimentés par une *source chlorurée sodique et sulfureuse* abondante, bien plus fortement minéralisée, mais moins chaude (27°) que celles d'Aix-la-Chapelle (55°). Elle fut utilisée dès le temps des Romains, car on y a retrouvé les restes de thermes antiques. L'eau d'Uriage est fortifiante et dépurative; elle convient surtout aux personnes délicates et elle s'emploie spécialement contre les maladies cutanées. L'*établissement* proprement dit, en partie reconstruit depuis peu, est fort bien organisé. Il est adossé à la colline du château et précédé des hôtels mentionnés ci-dessus. A côté s'étend une grande promenade qui manque un peu d'ombre. A l'entrée de la rue qui longe cette promenade, une *fontaine* avec un beau bas-relief en marbre, par Sappey. La *chapelle d'Uriage,* bâtiment très modeste, un peu plus loin, à dr., attenant à l'hôtel du Rocher, a 16 tableaux de maîtres anciens, surtout : *Paul Véronèse,* l'Apparition de la Vierge à deux solitaires; *Lor. Lotto,* Jésus au milieu de ses apôtres, bénissant une jeune fille; *C. Dolci,* la Descente de croix, tous trois au maître autel. Il y a aussi un beau retable en bois.

Promenades. — Les buts de promenade aux environs d'Uriage sont nombreux et charmants. On va surtout au château, qui présente un aspect si pittoresque sur la colline au-dessus des bains. Une route et plusieurs sentiers y conduisent en 10 à 15 min. — Le château d'**Uriage** (507 m.), dont dépendent les bains, est ouvert au public le vendr. de 2 h. à 5 h. Il date des XIIIe-XVIe s., mais il est plus remarquable par son site que par son architecture. Ce qui lui mérite aussi particulièrement une visite, ce sont les collections qu'il renferme et qui en font une sorte de musée, des collections d'antiquités égyptiennes, grecques, romaines et du moyen âge, de médailles, de tableaux anciens, de tapisseries et d'histoire naturelle.

Viennent ensuite surtout la vallée de *Vaulnaveys* (1/2 h.), dans la direction de Vizille (9 kil.; p. 177), dont la route longe le parc; la **montagne des Quatre-Seigneurs* (940 m.; fort), par *Villeneuve* (3/4 d'h.; route de voit.), au S.-O. ou à dr. de la route de Vizille; la *colline de Bellevue* ou *Signal de Montchaboud* (735 m.) et le *Combeloup* (982 m.), d'abord par Vaulnaveys, puis à dr.: courses de 2 h. 1/2 à 4 h. aller et retour. Mulet, 6 fr.; âne, 4 fr.

Excursions. — A LA CHARTREUSE DE PRÉMOL: 2 h. 1/4, par un chemin muletier d'où l'on a de très beaux points de vue; mulet, 6 fr.; âne, 4 fr. On passe par *St-Georges* (1/4 d'h.), au S.-E. ou à g. de la route de Vizille; *Belmont* (1/2 h.), *le Gua* (1/2 h.), la *croix de Prémol* (20 min.; env. 800 m.) et une forêt, au sortir de laquelle (1/2 h.) on arrive à la **chartreuse de Prémol** (1095 m.), en ruine depuis la Révolution et dont il reste peu de chose, mais qui occupe une charmante solitude. On peut avoir des rafraîchissements chez le garde. — Ascension de la Croix de Chamrousse, v. ci-dessous.

*A LA CASCADE DE L'OURSIÈRE: 3 h. 1/2, course recommandée; mulet, 8 fr.; âne, 6 fr. On passe par le château, *St-Martin-d'Uriage* (env. 1/2 h.; hôt. des Touristes), *les Bonnets*, la *Grivolée* (3/4 d'h.), le *col du Replat* (1/2 h.; 1084 m.), où est le *chalet des Seiglières* (restaur.), et la forêt voisine, où l'on tourne à dr. au bout de 1/2 h., pour arriver, à peu près en 1 h. 1/4 de là, au *chalet de l'Oursière* (1480 m.; restaur.), au pied de la grande cascade. La *cascade de l'Oursière est fort abondante et tombe de 100 m. de hauteur, mais en plusieurs nappes, entre des rochers et des arbres, qui lui donnent un aspect très pittoresque. — De là à la Croix de Chamrousse ou à la Croix de Belledonne, v. ci-dessous.

*A LA CROIX DE CHAMROUSSE (pron. «chanrousse»): 6 h., 6 h. 1/2, 10 h. aller et retour, avec un guide (6 fr.). Il y a plusieurs chemins, le principal praticable aux mulets (10 fr.; âne, 8 fr.; 2 fr. de plus avec retour par l'Oursière). On passe par la *chartreuse de Prémol* (2 h. 1/4; v. ci-dessus) et les pâturages de la *Roche-Béranger* (1850 m.), env. 2 h. 1/2 plus loin, où il y a un *chalet-aub.* de la S. T. D. et un «jardin alpin», créé par la même société, pour la conservation des plantes des Alpes. Ensuite encore env. 1 h. 1/2 jusqu'à la Croix de Chamrousse (v. ci-dessous). — Un autre chemin, un peu plus long et en partie mauvais, passe par la *cascade de l'Oursière* (3 h. 1/2; v. ci-dessus), puis par la *prairie de l'Oursière* (1/2 h.; 1614 m.), au-dessus de la cascade; le *chalet de l'Echaillon* (1/2 h.; 1835 m.), les quatre *lacs Robert* (1 h.), autrefois un seul, et le *col du Petit-Infernay* (1/2 h.; 2170 m.), à 1/2 h. de la Croix (v. ci-dessous). — Le plus court de tous les chemins, par lequel on monte au sommet en 4 h. 1/2 à 5 h., est celui qui passe au *Recoin*, mamelon à 50 min. au-dessous; mais il n'est que pour les piétons et il est difficile à trouver. — Le sommet de **Chamrousse** (2255 m.), que couronne une grande croix, offre un immense panorama, seulement un peu masqué au N.-E. par le massif de la Croix de Belledonne (v. ci-dessous).

*A LA CROIX DE BELLEDONNE (v. la carte ci-jointe): 1 jour 1/2 aller et retour, 1 jour en partant du chalet-hôtel de la Pra (v. ci-dessous). Guide nécessaire; 12 fr. Mulet jusqu'au chalet de la Pra, 14 fr.; âne, 12 fr. D'abord même chemin que pour la *cascade* et la *prairie de l'Oursière* (4 h.; v. ci-dessus), d'où l'on monte en 1 h. 1/4, par la rive g. du torrent de Doménon, au *col de l'Oursière* (1970 m.) et en 3/4 d'h. de là au *chalet-hôtel de la Pra* (2145 m.; téléphone; de Revel, v. p. 173), au C. A. F., excellent point de départ pour cette excursion. A l'O. de là est le *Colon* (2393 m.; 50 min.), qui se voit du parc d'Uriage, quelquefois encore couvert de neige au cœur de l'été. — Ensuite on atteint en 1/4 d'h. le *col de la Pra* (env. 2200 m.), où l'on rejoint le chemin de Revel (p. 173). De là on monte aux *lacs Doménon* (env. 1 h. 1/2), souvent gelés, et dans la région des neiges, entre la *Grande-Lance de Domène* (2813 m.), aussi à g. (v. p. 165), et la *Grande-Vaudène* (2789 m.), à dr. On y a presque devant soi, à g., les pics de Belledonne, mais il faut encore 1 h. 3/4 de marche, sur des éboulis

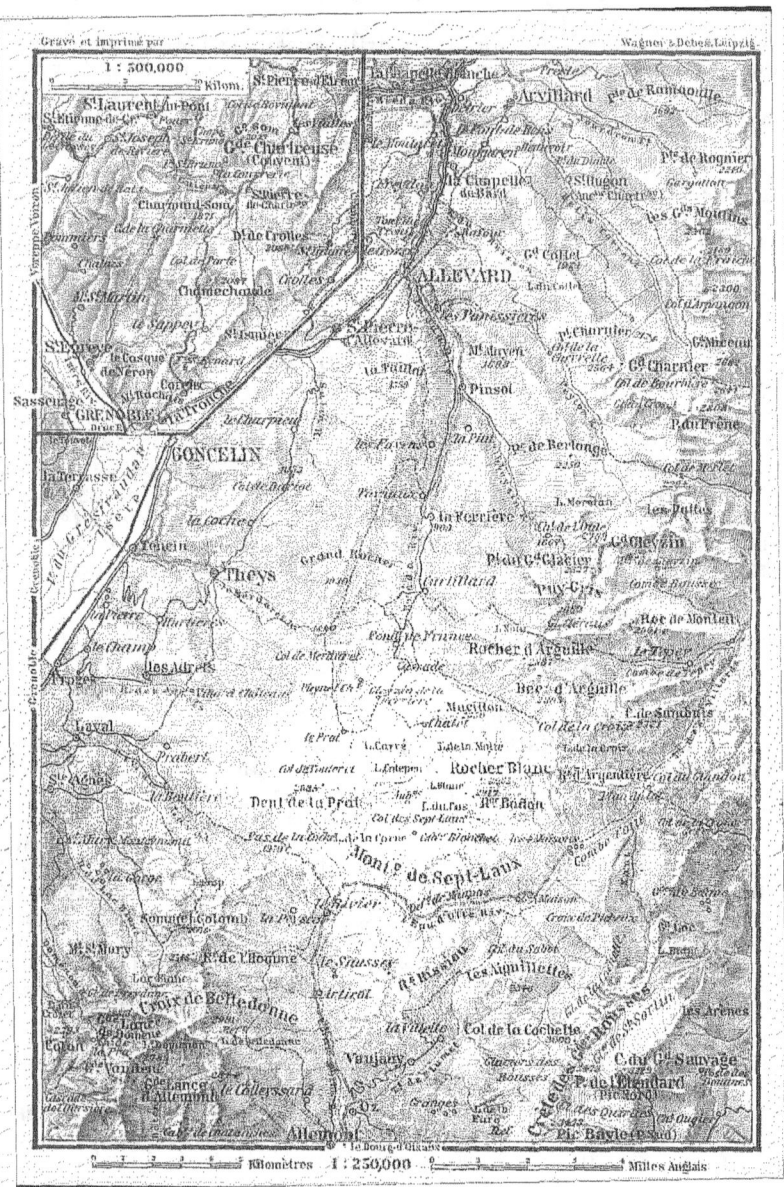

et des névés, pour arriver au *col de Belledonne*, par où l'on monte aussi d'Allemont (p. 182), et ¹/₂ h. de là à la *Croix de Belledonne* (p. 184).

On fait aussi particulièrement du chalet de la Pra, en 2 h. ¹/₂ à 2 h. ³/₄, l'ascension facile de la *Grande-Lance de Domène* (2813 m.), par la même route que la précédente jusqu'aux lacs Doménon. La vue est peut-être supérieure à celle de la Croix de Belledonne.

La *Grande-Lance d'Allemont* (p. 184) est plus difficile et demande 6 h.¹/₂ de la Pra, aussi par les lacs et le col du Grand-Doménon, puis par le *col de la Portette* (4 h. à 4 h. ¹/₄; p. 184).

III. Grande-Chartreuse.
Voir la carte ci-contre.

Des nombreux chemins de Grenoble à la Grande-Chartreuse, la grande majorité des touristes suivaient encore naguère les routes de voitures par *la Placette* et *le Sappey* (v. ci-dessous), en allant d'un côté (39 kil.) et revenant de l'autre (28 kil.), tandis qu'on préfère maintenant, du moins pour l'aller, se rendre en ch. de fer à *Voiron*, de là en tramw. à vap. à *St-Laurent-du-Pont* et par la voit. de correspond. au couvent. Le trajet en voiture par la Placette est en effet long et peu intéressant avant St-Laurent, où les deux itinéraires se confondent. L'autre route de voit., par *le Sappey*, est au contraire fort belle, par un temps favorable, à cause de la vue sur les montagnes de la vallée de l'Isère. On fera donc bien d'aller d'un côté, par le ch. de fer, etc., et de revenir de l'autre, par la voit. publ., en prenant, pour s'assurer une place à la voit., un billet circulaire au Syndicat (p. 154): 1re cl., 12 fr. 40; 2e, 11 fr. 45; 3e, 10 fr. 15. Si l'on ne devait pas revenir à Grenoble, on monterait à la Chartreuse par le Sappey (dép. à 6 h. du m.; 6 fr.; s'asseoir à reculons), et l'on redescendrait par St-Laurent (9 kil.) en voit. ou à pied. — Ch. de fer de Grenoble à Voiron: 26 kil.; dép. vers 7 h. 15, trajet de 30 à 35 min.; 2 fr. 90, 1 fr. 95, 1 fr. 30. Tramw., en correspond.: 19 kil., en 1 h. 10 à St-Laurent, pour 1 fr. 65 et 1 fr. Voit. publ. de là à la Chartreuse: 9 kil.; en 1 h. ³/₄, pour 2 fr. (1 fr. 50 au retour). Arrivée vers 11. Départ pour le retour par le Sappey à 2 h. ¹/₂ (et à 3 h. du 15 juin au 15 sept.), par St-Laurent à 2 h. 50. — Il y a en été (15 juin-15 sept.) un second service à 2 h. de l'après-midi; on arrive alors au couvent le soir. Si l'on ne veut y coucher, aller à *St-Pierre-de-Chartreuse* (p. 168). Il pourra aussi être avantageux et agréable, le matin, d'*emporter son déjeuner* (v. p. 167). — Enfin il y a encore depuis quelque temps un service de *St-Laurent* à la Chartreuse par le *Désert*, demandant ¹/₄ d'h. de plus, et un par la route ordinaire, avec descente aux *Echelles* (p. 116) et réciproquement, plus un service de St-Laurent à *St-Pierre-de-Chartreuse* (p. 168).

Route de *St-Béron* à St-Laurent, v. p. 116.

Jusqu'à *Voiron* (26 kil.), v. p. 154-153. Le tramway, qui suit en partie la route de St-Laurent, part de la gare, traverse le ch. de fer et monte beaucoup, en faisant quantité de circuits très prononcés. Belles vues. — 3 kil. *La Buisse.* — 4 kil. *Coublevie.* — 6 kil. *Croix-Bayard.* — 9 kil. *St-Etienne-de-Crossey.* Ensuite le *défilé du Grand-Crossey*, long d'env. 2 kil., entre de hauts rochers, et où l'on passe d'abord à une grande hauteur, puis dans un tunnel de 240 m. — 13 kil. *Pont-du-Demay.* — 15 kil. *St-Joseph-de-Rivière.*

19 kil. **St-Laurent-du-Pont** (410 m.; hôt.: *des Princes, de l'Europe*, etc.), petite ville dans une belle vallée. Elle a une *église* moderne dans le style du XIIIᵉ s., reconstruite par les chartreux à la suite d'un incendie, avec des stalles du XIVᵉ s., d'une de leurs anc. maisons. Plus loin à g., un *hôpital* dû aussi aux chartreux.

La *gare* est au centre, un peu au delà de la grand' place et des hôtels. — Suite de la ligne vers *St-Béron*, v. p. 116.

La route de la Chartreuse prend à dr. de la place et remonte la *vallée du Guiers-Mort,* qui est à peu près, en somme, la partie la plus intéressante de l'excursion.

2 kil. *Fourvoirie,* endroit où se trouvent les laboratoires des chartreux pour leur liqueur (p. 168), qu'on ne visite pas, ainsi que des usines, même des carrières de pierre à ciment. Son nom signifie «trouée» («forata via»). La vallée y est en effet si étroite que jadis il n'était pas possible d'y passer, avant que les chartreux y eussent pratiqué, au XVI^{e}s., un chemin qu'on a élargi de nos jours. Il était autrefois fermé par une porte, quand toute la partie supérieure appartenait au monastère. La **gorge qui se trouve au delà est magnifique; elle a au moins sur d'autres gorges rocheuses, par ex. celles de la Bourne (p. 170), l'avantage d'être bien boisée. C'est le commencement du *Désert,* l'ancien domaine de la Chartreuse, maintenant à l'Etat, y compris le couvent. — 4 kil. 7. *Pont St-Bruno,* de 42 m. de haut, au delà duquel il y a un vieux pont pittoresque en ruine. La route continue de s'élever, sur la rive dr., à une grande hauteur au-dessus du Guiers. Un peu plus loin, à dr., le rocher dit l'*Œillette* ou *Aiguillette.* Ensuite (5 kil.) un tunnel de 66 m., puis 3 autres plus courts. A la sortie du dernier, on aperçoit en face le Grand-Som, avec sa croix (p. 168). — 7 kil. 4. *Pont St-Pierre,* qu'on laisse à dr., à 1700 m. en deçà du couvent. On irait par là à St-Pierre-de-Chartreuse (env. 2 kil. $^1/_2$ jusqu'à l'hôt. du Désert; p. 168). Enfin une montée en lacets, et on aperçoit le couvent à g. au dernier circuit, en sortant d'un bois, à 9 kil. de St-Laurent.

En dehors de la route du Désert, par Fourvoirie (v. ci-dessus), on recommande aux piétons (7 à 8 h. de Grenoble) un chemin par *St-Robert* (6 kil.; stat., p. 153; voit. de Gren., 35 c.), la *Monta* (¼ d'h.), *Proveysieux* (¾ d'h.; aub. des Grands-Gouziers), *Savoyardière, Pomaray* (½ d'h.; aub. Pra), le *col de la Charmette* (2 h.; 1200 m.; maison forestière; refuge à 5 min. à l'O.), d'où le *Charmant-Som* (1871 m.), à l'E., peut se gravir en 1 h. ½ (de là au col de Porte, v. p. 168); puis par l'*habert de Tenaison* (½ h.), où l'on prend à dr. au delà du ruisseau; le *col de la Cochette* (¾ d'h.), l'*habert de Malamille* (¾ d'h.), l'*habert Valhombrée* (½ h.), le *pont de la Tannerie* (¼ d'h.) et au delà à g. par la *Courrerie* (½ h.; p. 168), à ½ h. de la *Grande-Chartreuse.*

La **Grande-Chartreuse** (977 m.) est le monastère qui fut fondé en 1084 par St Bruno et devint la maison-mère d'un ordre jadis très répandu, d'où le titre de Grande qui la distingue. Plusieurs fois incendiée, elle a été rebâtie en dernier lieu en 1676, et elle n'a rien de bien remarquable comme architecture. L'entrée est au N., du côté opposé à celui de l'arrivée.

Les hommes sont admis à visiter le couvent et peuvent même y loger deux jours (ch., 1 fr.), mais non ceux qui voyagent en groupes. Les dames n'y sont pas admises, mais peuvent loger à côté, dans une dépendance tenue par des religieuses et où la nourriture est la même qu'au couvent. Hôtels à St-Pierre, v. p. 168. Il importe d'arriver à l'heure pour les repas et pour la visite. On vous demande votre carte ou votre nom à l'arrivée.

Repas: à 7 h. 1/2, 11 h., midi et 1 h., 6 et 8 h. du soir. Pas de viande et pas de café, mais du vin et un verre de liqueur. Prix: 2 fr. 50 et 2 fr. — Un repas champêtre au dehors est préférable sous plus d'un rapport. — *Visites*: dans la sem., à 8 h., 10 h., 1 h. et 4 h. 1/4; les dim. et fêtes, à 10 h., 1 h. et 4 h. On est servi et conduit par des domestiques ou des frères. La porte se ferme à 8 h.

On distingue parmi les chartreux des «pères» et des «frères», en tout env. 150, servis par de nombreux domestiques salariés. Les religieux ont un costume blanc, excepté les frères qui n'ont pas encore fait de vœux, lesquels sont vêtus de brun dans la semaine. Les pères (38 à 40) se distinguent des frères en ce qu'ils ne portent pas de barbe. Ils sont prêtres et ils occupent des cellules (v. ci-dessous), où ils se livrent à la prière, à l'étude ou à des travaux manuels, y prenant même leurs repas, sauf les dimanches et fêtes, où ils mangent en commun. Ils ne sortent que pour aller aux offices, le jour et la nuit, et pour une promenade dans le Désert, une fois par semaine. Ils sont astreints au silence, qu'ils ne rompent qu'à l'église et à la promenade, lorsqu'ils y sont autorisés par leur supérieur. Ils ne mangent jamais de viande, ne font qu'un repas substantiel par jour et jeûnent au moins une fois par semaine. Au cimetière, ils sont inhumés sans cercueil et la face en dessous, avec une croix de bois sans nom, sauf les supérieurs (!), qui ont un monument.

Tout est naturellement dans le couvent d'une simplicité monacale. Les étrangers y sont reçus dans les salles et logés dans les cellules destinées autrefois aux prieurs des différentes provinces de l'ordre venant au chapitre général. Le cloître, sur lequel donnent les cellules des pères, a 215 m. de long et 23 m. de large. On visite surtout la grande salle du chapitre, où sont les portraits des généraux de l'ordre, des copies de la Vie de St Bruno par Lesueur et une statue du saint par Foyatier, une galerie où sont les plans des anc. chartreuses, la jolie chapelle St-Louis, le cimetière et une cellule, quand il y en a une de vide. On ne voit l'église que d'une tribune. Le couvent a une bibliothèque de 25 à 30000 volumes.

Une *cellule* de chartreux est de fait une maisonnette isolée, composée principalement d'un rez-de-chaussée et d'un premier étage, qui ont chacun deux pièces. La première du bas est le bûcher et la seconde l'atelier pour les travaux manuels, avec un tour, un banc de menuisier, etc. Au 1er étage se trouve d'abord une pièce qui était au début la cuisine et qui n'a plus guère d'emploi, depuis que les solitaires reçoivent leurs aliments tout préparés. Ensuite vient la chambre, qui sert en même temps de réfectoire, d'oratoire et de salle d'étude. Le lit est une alcove à rideaux, autrefois fermée par des volets. La literie se compose d'une paillasse de grosse toile, d'un traversin, de draps en laine et de couvertures. Il y a à côté une stalle et un prie-Dieu, où le religieux récite la plus grande partie des offices les jours non fériés, aux heures indiquées par le son de la cloche. Là aussi un modeste cabinet d'étude, avec quelques livres. Enfin chaque maisonnette a un petit jardin clos de mur, que cultive le chartreux et qui lui sert de promenoir.

Quand on couche au couvent, on peut se faire réveiller pour assister, de la tribune, à l'office de la nuit, de minuit à 2 h. Il n'a de curieux que son caractère lugubre. La chapelle est à peine éclairée et l'office est une psalmodie uniforme.

Après n'avoir longtemps fabriqué qu'un élixir, les chartreux font, comme on sait, avec des plantes aromatiques de leurs montagnes, une *liqueur* très estimée, pour laquelle ils ont dû transporter leurs laboratoires à Fourvoirie (p. 166). Ils en fabriquent, dit-on, maintenant 1 600 000 litres par an. C'est là pour la maison une source de grands revenus, largement employés en bonnes œuvres. La demi-bouteille de chartreuse jaune se vend au couvent 3 fr. 60. On y vend aussi des souvenirs, etc.

A 1/2 h. - 3/4 d'h. au N., par la route du haut en face du couvent, se trouve *Notre-Dame-de-Casalibus* (N.-D. des Cabanes), chapelle à l'endroit où fut construit le premier couvent, qu'une avalanche détruisit en 1132, et un peu plus loin la *chapelle St-Bruno*, reconstruite au XVIIe s. et plusieurs fois restaurée. Il faut en avoir bien le temps pour entreprendre une promenade de ce côté sans manquer la voiture, quand on repart le même jour, et demander les clefs si l'on veut visiter les chapelles.

On fait en 3 h. 1/2 de la Grande-Chartreuse l'ascension du Grand-Som. Un guide n'est guère nécessaire (3 fr.), car le chemin est indiqué par des plaques du Club Alpin. Départ de bon matin, après avoir demandé la veille qu'on vous ouvre alors la porte. Mulet jusque près du col, en le demandant aussi d'avance, 5 fr. On passe par les chapelles et le *col de Bovinant* (1812 m.), à 2 h. 1/4 du couvent et 1 h. 1/4 du sommet. Le reste de l'ascension est pénible, mais sans danger. — Le **Grand-Som** (2033 m.; pron. «son») est la troisième des montagnes du massif de la Grande-Chartreuse, mais il est peu inférieur à la *Dent de Crolles* ou *Petit-Som* (2066 m.), au S.-E., et au *pic de Chamechaude* (2087 m.; v. p. 169). L'un et l'autre sont assez éloignés, et la *vue est par conséquent aussi très étendue du Grand-Som; elle atteint à l'E. les Alpes de la Savoie jusqu'au Mont-Blanc, au S.-E. les massifs des Sept-Laux, de Belledonne, de Taillefer et du Vercors, au N. le lac du Bourget et le Jura, au N.-O. Lyon et les plaines du Lyonnais, à l'O. les montagnes du Forez et de l'Ardèche.

Pour le *retour par le Sappey,* on prend une route neuve dans la direction du S., en laissant à dr. celle de St-Laurent-du-Pont. Elle reste d'abord généralement sous bois, et la vue ne se dégage bien qu'aux abords du Sappey (v. p. 169). A 1500 m. du couvent on passe près de la *Courrerie,* grand corps de bâtiment qui servait jadis de résidence au «dom courrier», chargé de visiter les propriétés des chartreux, et où se trouve maintenant l'exploitation agricole du couvent. On rejoint ensuite la route qui monte du pont St-Pierre (p. 166), puis on traverse le Guiers-Mort, là où était la *porte de l'Enclos* ou du *Grand-Logis,* la limite du Désert de ce côté. — 3 kil. 1/2. *Hôt. du Désert & du Grand-Som* (env. 800 m.; ch., 3 fr.; dé. 3 et 3.50, dî. 3.50 et 4; recomm.), dépendance du village de *St-Pierre-de-Chartreuse* (849 m.), situé 1/4 d'h. plus haut à g. et où il y a aussi des hôtels, en particulier l'*hôt. Victoria* (ch. 2 fr.; dé. 3, dî. 2.50). Voit. de St-Laurent-du-Pont, v. p. 165. La route de Grenoble continue dans la même direction, quitte la vallée et remonte. On a encore une belle vue en arrière sur le Grand-Som. En face, Chamechaude (v. ci-dessous). Montée assez monotone de plus de 2 h. — 12 kil. *Col de Porte* (1352 m.), dans une forêt entre *Chamechaude* (2087 m.), à g., et la *Pinéa* (1779 m.), à droite.

On peut faire facilement de ce point l'ascension de la *Pinéa* même, en 1 h. 1/2, et celle du *Charmant-Som* (1871 m.), en 2 h. 1/2, d'abord par le même chemin, puis en prenant à g. ou à dr. *Vue magnifique surtout du second sommet, d'où l'on peut redescendre au col de la Charmette (p. 166). — *Chamechaude* (2087 m.), sommet principal du massif de la Chartreuse (v. p. 168), se gravit plus difficilement et plutôt, avec un guide, du Sappey (v. ci-dessous). L'ascension demande de là env. 3 h. 1/2. *Panorama superbe.

Ensuite une descente rapide. — 13 kil. 1/2. *Sarcenas,* où l'on relaie. Sortant enfin de la forêt, on commence, par un temps clair, à jouir de la *vue des Alpes du Dauphiné par delà la vallée de l'Isère.

16 kil. *Le Sappey* (1000 m.; hôt. des Touristes, etc.), village d'où la route descend dans le vallon de la Vence, pour remonter par une belle gorge boisée. — 21 kil. 1/2. *Col de Vence* (750 m.), entre le *St-Eynard* (p. 161), à g., et le *Rachais* (p. 160), à dr. La partie la plus intéressante de cette route est au delà du col (aub. de la Chapelle), à cause de la *vue splendide qu'on a à la descente sur les vallées de l'Isère et du Drac et les montagnes de l'autre côté, une grande partie du Haut-Dauphiné. On aperçoit même à g. le Mont-Blanc. — 24 kil. *Corenc.* On laisse à g. *Bouquéron* et *Montfleury* (p. 161). — 26 kil. 1/2. *La Tronche* (p. 161), où l'on se retrouve dans la vallée de l'Isère. — 28 kil. 1/2. *Grenoble* (p. 154).

IV. Gorges d'Engins, de la Bourne et de la Vernaison. Goulets.

28 kil. de Grenoble au *Villard-de-Lans* et 24 ou 35 de là à *Pont-en-Royans,* selon que le trajet se fait tout entier par les gorges de la Bourne ou qu'on fait le détour par les Goulets; puis 11 kil. jusqu'à la stat. de *St-Hilaire-St-Nazaire* ou celle de la *Sône* (p. 172), sur la ligne de Grenoble à Valence, par laquelle on reviendra ou continuera sa route. Cette excursion est très recommandée, au moins la visite des gorges de la Bourne et des Goulets, qu'on pourrait naturellement aussi faire de Pont-en-Royans, d'où la montée la rend toutefois plus longue et plus pénible. Voit. publ. en été (15 juin-15 sept.), de Grenoble, place Grenette, 10, vers 6 h. du mat.: au *Villard-de-Lans* en 4 h. 1/2 (déjeuner; 1 h. 1/4 d'arrêt), à *Pont-en-Royans* en 10 h. 1/4, arrêts compris, et 1 h. 1/2 de là à *St-Hilaire.* En sens inverse, départ de Pont-en-Royans pour le retour, vers 8 h. 1/4 du mat.; déj. aux Baraques et arrivée à Grenoble vers 7 h. du s. (se renseigner). Prix: pour le Villard-de-Lans, 4 fr.; Pont-en-Royans, 8 fr. 50; St-Hilaire (autre voit., 4 fois par jour), 85 c. Billets circulaires pour le trajet en voit. et le retour à Grenoble par le ch. de fer (R. 22) ou vice versa: 15 fr. 10, 13 fr. 10 et 12 fr. 10. La voit. va alors à la gare de St-Marcellin (p. 172).

Nota. Il y a un service du même genre de *Grenoble* à *Pont-en-Royans* par *l'Albenc* (p. 171) et la *Balme-de-Rencurel* (p. 171). Départ au premier train du mat. et à Pont à 4 h. 1/2 du soir. On suit dans la montagne une route magnifique passant dans les *gorges de la Drevenne,* qui sont également superbes, et dans le haut desquelles on a en arrière une vue splendide de la vallée de l'Isère. On arrive dans la vallée de la Bourne à la Balme, où il y a un long arrêt. 5 fr. en voit. (4 h. 1/2) de l'Albenc à la Balme, 7 fr. jusqu'à Pont-en-Royans (12 kil.). On peut aussi, de la Balme, aller rejoindre au pont de Goule-Noire (env. 4 kil.) les voitures mentionnées ci-dessus.

Jusqu'à *Sassenage* (6 kil.), v. p. 161. Notre route traverse la localité et gravit plus loin, en tournant à g., une côte très raide de 4 kil. de long, que va remplacer une rampe plus douce, mais qui allongera le trajet de 1800 m. On a de là une très belle *vue à dr., puis à g.; dans le bas, St-Egrève (p. 153), dominé par le Néron.

On arrive enfin dans le *passage des Portes-d'Engins*, défilé où coule à g. le *Furon*, qui forme une cascade et plus bas les gorges qu'on visite de Sassenage (p. 161).

15 kil. *Engins* (aub.). C'est env. 5 kil. plus loin que la route traverse les **gorges d'Engins**, longues de 2 kil. et pittoresques, mais qui sont encore peu de chose en comparaison de celles de la Bourne. On y remarque des rochers striés par un anc. glacier.

Ensuite vient une plaine un peu monotone, d'env. 7 kil. de long, jusqu'au Villard. — 21 kil. *Jaume*, aub. à une bifurcation près de *Lans* (1020 m.; hôtels), bourgade qu'on voit à g. La vallée est fermée du même côté par la chaîne aride des *montagnes de Lans*, dominée par la Moucherolle (v. ci-dessous). Bientôt après on rencontre à dr. la *Bourne* naissante, qui coule d'abord paisiblement dans la prairie.

28 kil. **Le Villard-de-Lans** (1043 m.; *hôt. de la Poste,* etc.; guide, *Victor Marchand*), bourg qui n'a par lui-même rien d'intéressant.

Le **col de l'Arc** (1743 m.), à env. 3 h. à l'E.-N.-E. du Villard-de-Lans, est renommé pour sa vue. Il doit son nom à sa belle forme en arc retourné. Il est situé au S. du *pic St-Michel* (1938 m.), qui se gravit facilement de là en 1/2 h. et d'où la vue est naturellement encore plus belle. Le chemin qui y conduit (plaques indicatrices) redescend à *Clair* (env. 3 h. 1/2), à 2 kil. de la route où passe le tramway de Varces (p. 154).

La **Grande-Moucherolle** (2289 m.), qui est, après le Grand-Veymont (p. 216), la principale des montagnes de Lans, se gravit du Villard en 5 h. L'ascension est plus pénible que difficile, mais on ne saurait la faire sans guide (8 fr.). On va d'ordinaire par la *scierie Jarrand*, au S. (3/4 d'h.), puis par la *fontaine de l'Oule* (2 h.; 1747 m.) et le *col de la Moucherolle* (1 h. 1/2), entre les deux cimes à peu près égales de la Moucherolle, que relie une crête dangereuse. La principale, à l'E., se gravit de ce col en 3/4 d'h. La montagne fait partie du massif grandiose qu'on voit de la ligne de Grenoble à Marseille après la montée de Vif (p. 215). Elle se dresse à pic au-dessus de la vallée de la Gresse, et elle offre un panorama superbe, surtout à l'E., du côté du Haut-Dauphiné.

La route de Pont-en-Royans fait un circuit pour descendre à la vallée de la Bourne, que les piétons gagnent par un raccourci, au S.-O. Les ****gorges de la Bourne** commencent à 3 kil. 1/2 du Villard. Le ruisseau si paisible qu'on a vu dans les prairies de Lans, y prend, à 1 h. 1/2 de sa source, les allures des torrents les plus furieux. Les eaux d'un vaste lac remplissant le bassin qu'on vient de quitter ont dû entamer ici, comme du côté d'Engins (v. ci-dessus), les montagnes calcaires, que les torrents entaillent de plus en plus avec le temps. Les gorges de la Bourne sont si étroites et les rochers qui les bordent si escarpés, qu'il était impossible d'y passer avant l'ouverture de la route, en 1874. Cette route, en partie à une grande hauteur au-dessus du torrent, y est en bien des endroits taillée sous les rochers, en encorbellement au-dessus de l'abîme ou même en tunnel, quand elle n'est pas obligée de changer de rive pour tourner de plus grands obstacles. Elle est donc excessivement pittoresque, et les coups d'œil y varient à chaque instant. La *première gorge* a env. 1 h. de long, et l'on y passe dans 3 tunnels et sur 2 ponts, le second, à 8 kil. du Villard, de 35 m. de haut et nommé *pont de Goule-Noire*, à cause d'une grotte voisine.

La route directe de Pont-en-Royans continue de descendre la vallée. — 40 kil. (de Grenoble). *La Balme-de-Rencurel* (700 m.; hôt. Belle, etc.; route de l'Albenc, v. p. 169), hameau après lequel vient la *seconde gorge*, également grandiose, mais moins longue, où il y a encore 2 tunnels. Elle aboutit à un cirque de rochers, où l'on remarque une petite cascade d'env. 100 m. de haut. — 47 kil. *Choranche* (230 m.; Gr.-H. Continental), qui a des eaux thermales sulfureuses. — 52 kil. *Pont-en-Royans* (v. ci-dessous).

La route des Goulets prend à g. en deçà du pont de Goule-Noire et s'élève au S. par la montagne. 2 tunnels. — 43 kil. (de Grenoble). *St-Julien-en-Vercors* (720 m.; hôt. Faresse). Ensuite on redescend. — 46 kil. *St-Martin-en-Vercors* (hôt. du Vercors). — 51 kil. *Les Baraques* ou *la Baraque* (660 m.; hôt. Combet ou du Midi, bon, etc.), hameau situé en amont des Grands-Goulets.

6 kil. plus haut se trouve *la Chapelle-en-Vercors* (945 m.; hôt. Bellier, etc.), village desservi par des voit. publ. de St-Martin et Pont-en-Royans, etc., d'où la route se continue au S. vers Die (p. 274).

Les *gorges de la Vernaison sont au moins aussi grandioses que celles de la Bourne. La première, les **Grands-Goulets**, de 2 kil. de long, commence un peu en aval des Baraques. La route y passe à 80 m. au-dessus du torrent, par des tunnels et des galeries et sur des rochers en encorbellement. Ensuite vient une petite vallée, puis, à 6 kil. des précédents, les **Petits-Goulets**, où il y a 5 tunnels et où l'on est jusqu'à 150 m. au-dessus de la Vernaison. — 61 kil. *Ste-Eulalie.*

63 kil. **Pont-en-Royans** (300 m.; *hôt. Bonnard*, à l'extrémité d'aval, etc.), toute petite ville dans un site excessivement pittoresque, sur des rochers escarpés de 50 m. de haut, au confluent de la Bourne et de la Vernaison et dominée par une hauteur où sont les ruines d'un château fort. On en a une belle vue d'ensemble à une certaine distance en aval, de la route de St-Hilaire (p. 172).

22. De Grenoble à Valence.

99 kil. Trajet en 2 h. à 3 h. 15. Prix: 11 fr. 20, 7 fr. 50, 4 fr. 90.

Grenoble, v. p. 154. On suit d'abord la ligne de Lyon, jusqu'à *Moirans* (19 kil.; p. 153), puis on tourne à g., pour continuer de descendre la vallée de l'Isère. Vue surtout à g. à partir de là. On passe à une grande hauteur et à une certaine distance de la rive droite. — 24 kil. *Vourey.*

27 kil. **Tullins** *(hôt. de la Pomme-d'Or)*, ville industrielle de 4740 hab., avec un petit établissement de bains d'eau bicarbonatée sodique (15°). Les environs de Tullins et la vallée de l'Isère en général sont renommés pour leurs noix, dites «noix de Grenoble», et il s'en récolte, dit-on, pour plus de 2 millions ¹/₂ entre Tullins et Vinay (v. ci-dessous). — 32 kil. *Poliénas.* Puis deux tunnels.

37 kil. *L'Albenc* (hôt. Buisson). Voit. publ., en été, pour la Balme-de-Rencurel, par les gorges de la Drevenne (v. p. 169).

41 kil. *Vinay* (hôt. Porreau, etc.), bourg avec un joli château moderne, sur une éminence à dr. Corresp. (1 h.; 1 fr.) pour le

pélerinage de *Notre-Dame-de-l'Osier* (2 hôt.), sur une hauteur au
N.-O. Belle vue. — La vallée se rétrécit et il y a encore un petit
tunnel, puis un haut viaduc, avant

51 kil. **St-Marcellin** (*hôt. du Petit-Paris*), à dr., ville de 3308
hab. et chef-lieu d'arr. de l'Isère, dans un assez beau site. Eglise
à clocher roman. Ruines d'un château. Belles promenades.

Voit. publ. 2 fois par jour pour *Pont-en-Royans* (17 kil.; v. p. 171
et p. 169). A 1 h. de ce côté, dans un site pittoresque de la rive g. de l'Isère,
se trouvent les ruines du *château de Beauvoir*, qui fut une des résidences
favorites des Dauphins.

Voit. publ. aussi 2 fois par jour de St-Marcellin à **St-Antoine** (75 c.; *hôt.
Dupeley*), à 12 kil. au N.-O. Là est l'anc. abbaye mère de l'ordre des frères
hospitaliers de St-Antoine ou Antonins, jadis très important et qui fut
aboli en 1768. Elle a été rebâtie au xviiᵉ s. et n'a plus rien d'intéressant. L'***église** est au contraire un magnifique monument des xiiiᵉ et xivᵉ s.,
remarquable à l'extérieur par les sculptures de son portail et à l'intérieur par les galeries de la nef et ses œuvres d'art: maître autel du
xviiᵉ s., tapisseries d'Aubusson des xvᵉ-xviiᵉ s., peintures murales anciennes dans la 2ᵉ chap. de g., reliquaires des xviᵉ-xviiᵉ s., tableaux, etc.
La sacristie renferme aussi des œuvres d'art, tableaux, boiseries, etc.

55 kil. *La Sône* (2 hôt.). Voit. publ. pour Pont-en-Royans, desservi toutefois plus sûrement de la station suivante. Puis on passe
assez près de l'Isère. Au loin, les rochers des gorges de la Bourne
et de la Vernaison (p. 170 et 171). — 62 kil. *St-Hilaire-St-Nazaire*
(hôt. Marchand, etc.).

De St-Hilaire-St-Nazaire a Pont-en-Royans: 11 kil., voit. publ.
4 fois par jour, pour 75 c. On traverse l'*Isère* sur un beau pont suspendu
(5 c.), près de son confluent avec la *Bourne*, et l'on passe dans *St-Nazaire*
(2 kil.; hôt. Romanet), qui a des tissages de soieries, un château en ruine
et une grotte (1 fr.). Le *canal de la Bourne*, que longe ensuite la route, y
passe sur un aqueduc et y forme une cascade. Ce canal sert à l'irrigation
de la vallée du Rhône. On traverse aussi la *Bourne*. Belle vue, à l'arrivée,
sur *Pont-en-Royans* (p. 171).

On aperçoit encore plus loin les rochers des gorges de la Bourne
et de la Vernaison et d'autres du même genre. — 67 kil. *St-Lat-
tier*. Puis on s'éloigne de la rivière. — 72 kil. *St-Paul-lès-Romans.*

79 kil. **Romans** (*hôt. de l'Europe*), à g., ville industrielle de
16 702 hab., bien située, sur la rive dr. de l'Isère. Elle s'est formée à
partir du ixᵉ s. autour d'une abbaye dont il reste, au pont de l'Isère,
l'*église St-Bernard*, bel édifice dont le portail, le clocher et la nef
sont du style roman et le chœur du style ogival. A la gare, place
Sadi-Carnot, un *monument* en souvenir des Etats du Dauphiné qui
y furent tenus en 1788. A l'O. de la ville, une colline avec un
grand *séminaire* et un *calvaire* précédé d'un chemin de croix. Commerce très actif. Fabrique importante de chaussures (6000 ouvriers),
etc. — Tramw. à vap. de Tain (p. 272). — Sur l'autre rive de l'Isère,
Bourg-de-Péage (4982 hab.), en quelque sorte un faub. de Romans,
relié par un tramway à Chabeuil et Valence (p. 274).

Le chemin de fer traverse plus loin la rivière, dont il s'écarte de
plus en plus à g. — 87 kil. *Alixan.* — 91 kil. *St-Marcel-lès-Va-
lence.* Puis on descend vers la vallée du Rhône et l'on rejoint à dr.
la ligne de Lyon. Du même côté se montrent les ruines de Crussol,

sur une hauteur de la rive dr. du Rhône (p. 274). Enfin un tunnel de 480 m., sous une partie des boulevards de Valence.

99 kil. *Valence* (p. 272).

23. De Grenoble à Chambéry. Allevard et ses environs.

I. De Grenoble à Chambéry.

63 kil. Trajet en 1 h. 45 à 2 h. Prix : 7 fr. 05, 4 fr. 75, 3 fr. 10. Vue surtout à g.

Grenoble, v. p. 154. Cette ligne remonte la partie de la vallée de l'Isère appelée *vallée du Grésivaudan* («Gratianopolitanus pagus»), qui est fort belle. Elle contourne Grenoble assez loin au S. Belles vues sur les hauteurs des environs, avec leurs forts et leurs neiges, le massif de Belledonne à dr. (v. ci-dessous et p. 184) et l'extrémité de celui de la Grande-Chartreuse à g. (p. 165).

6 kil. *Gières-Uriage.* Tramway pour Uriage, v. p. 163.

Ensuite un petit tunnel, et l'on arrive au bord de l'Isère, dont le cours est très capricieux. — 11 kil. *Domène* (220 m.; hôt. des Touristes, etc.), bourg industriel qui a surtout des papeteries et où sont les ruines intéressantes d'une abbaye du xie s. Tramway de Grenoble.

A 1 h. 1/2 au S.-E. se trouve *Revel* (632 m.; aub. Liaud; guides, J.-B. Liaud et Fr. Eymard), d'où l'on peut faire l'ascension de la Croix de Belledonne (2981 m.). C'est une belle course, facile avec un guide, mais qui prend une très forte journée, 8 h. 1/2 à 9 h. de marche à la montée. Il est préférable d'aller coucher au chalet-hôtel de la Pra (5 h.; p. 164). On passe d'abord aux granges de *Freydières* (1 h. 1/2; 1125 m.), dans une forêt, au *Pré-Reymond* (1 h. 1/4), au pied de la Petite et de la Grande-Lance de Domène (p. 164), au *chalet du Mercier* (3/4 d'h.), aux deux *lacs du Crozet* (3/4 d'h.; 1968 m.), dominés à g. par la Grande-Lance et à dr. par le *Colon* (p. 164), et au *col de la Pra* (3/4 d'h.; env. 2200 m.), où l'on rejoint le chemin d'Uriage (p. 164), à 3 h. 1/2 de la *Croix de Belledonne* (p. 184).

16 kil. *Lancey,* hameau à 1 h. 1/2 duquel est *la Combe-de-Lancey* (guide), d'où se fait aussi l'ascension de la Croix de Belledonne (v. ci-dessus), en 7 h.: on rejoint le chemin de Revel au Pré-Reymond. Lancey a aussi une grande papeterie. Plus loin, à dr. de la voie, le *château de Vorz,* du xvie s. — 20 kil. *Brignoud.* A dr. encore une papeterie et un château. A g., la Dent de Crolles (p. 168), derrière laquelle est la Grande-Chartreuse. — 26 kil. *Tencin* (hôt.), à dr., avec un château du xviiie s., qui a remplacé celui de Mme de Tencin (1681-1749), mère de d'Alembert. Il y a derrière une belle gorge dite le *Bout-du-Monde,* avec une cascade.

Une route de 7 kil. relie Tencin à *Theys* (hôt. Moreynas; guides), petite ville d'où l'on va en 8 h. 1/2 aux Sept-Laux (p. 176), par *le Merdaret* (3 h.; 1840 m.), sorte de col jouissant d'une très belle vue; puis par le *chalet de Gleyzin* (2 h.), où l'on rejoint le chemin venant d'Allevard (v. p. 176).

30 kil. *Goncelin* (hôt. Bayard; café-rest. à la gare), bourg d'où il y a une correspond. pour Allevard (1 fr. 50; v. p. 174). Il y en a encore une pour *le Touvet* (3 kil.; 25 c.; hôt. Naviael), localité considérable de l'autre côté de la vallée, au delà de laquelle est la chaîne de montagnes de l'*Haut-du-Seuil* ou *Aup du Scieu.* — 35 kil. *Le Cheylas-la-Buissière.* Ensuite à dr. le *château Bayard,* où na-

quit en 1476 le «chevalier sans peur et sans reproche» (1476-1524). Plus loin à g. le *fort Barraux*, qui commande la vallée de l'Isère et défendait la frontière avant l'annexion de la Savoie. Charles-Emmanuel, duc de Savoie, le construisit par bravade sous les yeux de Lesdiguières (p. 213), qui le laissa faire et s'en empara dès qu'il fut fait et armé, en 1598. Le connétable avait encore remporté en 1591 près du château Bayard une victoire importante sur une armée de Savoie.

41 kil. *Pontcharra-sur-Bréda* (hôt. Domenjon), bourg relié par une jolie route à Allevard (v. ci-dessous). Il y a depuis peu, sur le pont du Bréda, une statue de Bayard enfant, par Rambaud. Sur un monticule en deçà à dr., une *tour* neuve commémorative sur l'emplacement du château où naquit St Hugues, évêque de Lincoln. — Tramway pour Allevard, v. ci-dessous.

TRAMWAY pour *Barraux* (3 kil.) et *Chapareillan* (7 kil.; hôt. Leroy; guide), localité de 2179 hab. — C'est de Chapareillan que se fait l'ascension recommandée du **Granier** (1933 m.), extrémité N. du massif de la Grande-Chartreuse. Elle demande 4 h. 3/4 à 5 h., et il faut un guide. Cette montagne calcaire, en partie boisée, offre une vue magnifique, surtout à l'E., sur les Alpes de la Savoie. Il y a un peu au-dessous du sommet un plateau crevassé («lapiaz»), dont le passage est difficile et même assez dangereux à certains endroits. Une partie de cette montagne s'est écroulée en 1248, ensevelissant une ville et plusieurs villages, avec 5000 hab.

On traverse ensuite le Bréda. A l'O. se montre le Granier, au N. la Dent du Nivolet, avec sa croix (p. 119). — 46 kil. *Ste-Hélène-du-Lac*. Le village, au bord d'un grand lac, est à 3 kil. à dr. — Puis on traverse l'Isère. Belle vue du pont sur la vallée et sur le Mont-Blanc. — 49 kil. *Montmélian*, où l'on rejoint la ligne de Chambéry à Modane (Albertville; v. p. 120). — 54 kil. *Chignin-les-Marches*. Dernier coup d'œil à g. sur le Granier.

63 kil. *Chambéry* (p. 117).

II. Allevard et ses environs.

MOYENS DE TRANSPORT: *chemin de fer*, ligne de Grenoble à Chambéry, jusqu'à Pontcharra (v. ci-dessus) et de là *tramway* jusqu'à Allevard (15 kil.; 50 min.; 1 fr. 40 et 85 c.). On suit la *vallée du Bréda*, qui a des gorges pittoresques. — 8 kil. *Détrier*, d'où il y a un embranch. sur la petite ville de *la Rochette*, à 3 kil. au N.-E. — La vallée du Bréda tourne ensuite au S. Voir la carte p. 165.

HÔTELS : *des Bains*, à l'établissement (p. 7 à 12 fr.); *du Louvre* (8 à 12 fr.), *de la Planta* (dép. des Bains), à l'entrée de la ville et dans le haut du parc; *du Parc*, un peu plus bas (p. 7 à 12 fr.); *H. Véry*, près de l'église; *H. de France* (p. 9 fr.), *H. du Commerce*, rue des Fossés (p. 6 à 8 fr.); *H. du Dauphiné*, avenue des Bains (dé. 2 fr. 50, dî. 3, p. 5 à 6); *H. Beauséjour*, rue des Bains; *H. Victoria*, avenue de la Planta; *H. du Chalet*, rue de Jérusalem, près de la gare, etc. — Beaucoup de villas et de maisons meublées.

EAU MINÉRALE, prise en boisson et gargarismes, 14 fr. par abonnement. — BAINS: 1 fr. 25 à 1 fr. 70. — DOUCHES: 1 fr. 05 à 2 fr. 50.

CASINO, abonnement: 25 fr. pour 21 jours, 20 fr. pour 15 et 15 fr. pour 10.

GUIDES : *Jos. Baroz*, père et fils, *Franç. David*, *Jos. Chavot*, d'Allevard; *Jean Rey*, *Jean* et *Séraphin Baroz*, *Ant. Mounier*, de la Ferrière (p. 176); *Ach. Biot*, de Pinsot (p. 175). — TARIFS des guides et des porteurs: I (1re catég.; v. p. 182), 1 jour, guide, 7 fr.; porteur, 5; 1 j. 1/2, 11 et 7; 2 j., 14 et 9; — II, 1 j., 10 et 6 fr.; 1 j. 1/2, 13 et 8; 2 j., 16 et 10; — III, 1 j. ou 1 j. 1/2, 15 et 10; 2 j., 18 et 12 fr. — Indemnités de retour, 2 à 7 fr. Demander les tarifs.

VOITURES, CHEVAUX et ANES tarifés pour promenades et excursions: v. les affiches. — Cheval de selle, à l'heure, env. 3 fr.; âne, 1 fr., en faisant prix d'avance.

Allevard (475 m.) est une ville de 2726 hab., sur la rive g. du Bréda, dans une vallée charmante, une des plus belles du Dauphiné. Elle possède un *établissement thermal* très fréquenté, avec une source sulfureuse iodée et gazeuse (16° 7), dont l'eau s'emploie en bains, en boisson et surtout en inhalations, pour le traitement des maladies de l'appareil respiratoire, des affections catarrhales et tuberculeuses. Il est bien organisé, et il a un assez joli parc, avec casino.

La route de Pontcharra débouche près de la place de l'Eglise à l'opposé de celle de Goncelin (p. 173; avenue de la Planta). — L'*église* est un bel édifice moderne du style ogival. A l'autel de la Vierge, un beau groupe par Fabisch.

La vieille ville est mal bâtie et a plutôt l'air d'un bourg manufacturier. C'est qu'en effet il y a des *hauts fourneaux*, qui fabriquent, avec les produits des mines des environs, des fers et des aciers estimés. Ils se trouvent sur les bords pittoresques du Bréda, où l'on va en quelques min. de l'établissement de bains, en tournant à g. au bout de la rue principale, puis à dr., où l'on voit son viaduc. Sur la rive dr. est un *château* du XVIIIe s., qui n'a guère de curieux que son magnifique parc.

Promenades, jalonnées de plaques indicatrices du Club Alpin. — Au *Bout-du-Monde*, le fond de la gorge du Bréda, à dr. un peu au delà de l'usine, 1/4 d'h., 50 c. de péage. C'est une sorte de cirque entouré de rochers et avec une cascade. Il y a sur la droite un sentier public d'où l'on peut déjà s'en faire une idée. — A *la Bâtie*, château du moyen âge en ruine et beau point de vue, à l'O., 1/4 d'h., par le chemin de Cotard, qui se détache de la rue de la Planta (route de Goncelin). — A la *tour du Treuil*, également du moyen âge et un beau point de vue, au N., 20 min., par un chemin à g. de la route de Pontcharra sur la rive g., qui passe au cimetière. — A *la Taillat* (1359 m.), où sont les principales mines de fer et d'où l'on a aussi une belle vue, au S., 1 h. 1/2, en prenant de l'autre côté de la voie ferrée qui dessert les usines, à l'opposé de la ville. — A *Brame-Farine* (1231 m.; chalet-hôtel), la montagne qui sépare la vallée d'Allevard de celle du Grésivaudan, à l'O. (en haut de la place de l'Eglise), 1 h. jusqu'au *Crozet* (hôt.), 1 h. 3/4 à 2 h. jusqu'au sommet. Le nom est, dit-on, une corruption de «(mons) Bramantium ferinarum» (mont des bêtes sauvages qui brament). La vue y est malheureusement presque partout masquée par des arbres. On peut redescendre «en ramasse» ou traîneau (1/2 h.; 4 fr. pour 1 ou 2 pers.).

Excursions. — A LA CHARTREUSE DE ST-HUGON, au N.-E.: env. 3 h. par la route de voit., 2 h. 1/2 par la route cavalière. La route de voitures, d'abord par la rive dr. en aval, passe par *la Chapelle-du-Bard* (1 h.), que dessert le tramway, et *le Pont-de-Bens* (3/4 d'h.), la route cavalière par *Montgaren* (1 h. 20), d'où l'on a une très belle vue, et par *Beauvoir* (1/2 h.). Elles se rejoignent en amont du *pont du Diable* (2 h. 1/2 ou 2 h.), pont ancien à plus de 80 m. au-dessus de la gorge du Bens. On arrive ensuite en 1/2 h. à la chartreuse de **St-Hugon** (827 m.; aub.), fondée plus bas en 1175 et reconstruite à cet endroit en 1675. Les bâtiments étaient considérables mais il en reste peu de chose, surtout l'anc. logement des étrangers. A 1/4 d'h. de là sont de vieilles forges, dans un site pittoresque.

Aux SEPT-LAUX, au S.: env. 9 h., avec un guide (13 fr., 15 jusqu'à la pyramide). On peut aller en voit. jusqu'au Curtillard (14 kil.; omn., mat. et soir; 3 fr.). A pied, on va en 1 h. 1/4 par la rive g. ou en 1 h. 1/2 par la rive dr. du Bréda (bifurcation aux fourneaux) à *Pinsot* (2 hôt.; guide,

v. p. 174), qui a une belle vue, et par la rive dr., en 1 h. ¹/₄ de là à *la Ferrière* (909 m.; hôt. Ramus; guides, v. p. 174), puis en ³/₄ d'h. au Curtillard (990 m.; *hôt. du Curtillard & des Bains*, bon), qui a un petit établissement d'eau minérale. En voiture, on prend un chemin en lacets qui part de la rive dr. au bas de la place de l'Eglise. La vallée du Bréda se termine au delà du Curtillard par de hautes montagnes, surtout : en face, la *Belle-Etoile* (2720 ou 2731 m.); à g., le *Moucillon* (2350 m.) et le *Rocher-Badon* (2917 m.). On aperçoit la belle *cascade du Pissou* ou du *Fond-de-France* (³/₄ d'h.; 1033 m.), où conduit un sentier à ¹/₂ h. du Curtillard. Ensuite 2 h. de montée pénible jusqu'au *chalet de Gleyzin* (1610 m.), où aboutit le chemin de Theys par le Merdaret (p. 173). De là en 1 h. ¹/₂ env. au *lac Noir*; on laisse à dr. le *lac Carré*, passe au *lac de la Motte* (¹/₂ h.), au *lac Cotepen* (2151 m.), près du *lac Blanc* (2277 m.) et au *lac du Cos* ou du *Col* (¹/₂ h.; 2182 m.), où se trouvent une cabane de pêcheur et le *chalet-hôtel des Sept-Laux* (env. 2190 m.), à la soc. des Tour. du Dauphiné, 5 min. en deçà du *col des Sept-Laux* (2184 m.), à 5 h. ¹/₂ du Curtillard. On désigne sous le nom de **Sept-Laux** cette vallée haute où se voient *sept lacs*, mais qui de fait en a onze, les autres situés plus haut. Elle présente de plus un chaos de rochers imposant qui lui a fait donner le nom de *Montagnes Abîmées*. — Le plus haut des sommets qui dominent les lacs, le *Rocher-Blanc* ou *Pyramide des Sept-Laux* (2981 m.), à l'E. du lac Blanc, se gravit de là en 2 h. ¹/₂. Guide: 16 fr. d'Allevard, 5 des Sept-Laux. *Vue superbe. — On peut se rendre en 5 h. ¹/₂, avec un guide, du chalet-hôtel des Sept-Laux à Allemont en Oisans, par le *col de l'Homme* (1 h.), qui jouit d'une *vue splendide sur les Grandes-Rousses et les montagnes du Grésivaudan; puis par la *cheminée du Diable*, un mauvais couloir, et le *Rivier-d'Allemont* (2 h.; 1280 m.; aub.: Moulin, Ferréol), hameau dans la *combe d'Olle*, au bas de laquelle se trouve *Allemont* (10 kil.; p. 182). — A env. ¹/₂ h. en amont du Rivier se trouvent la *cascade* et le *défilé de Maupas*. Le chemin se continue de ce côté vers le *col du Glandon* (4 h. du Rivier; 1951 m.), par où l'on irait à *St-Colomban-des-Villards* (1 h. ³/₄; v. p. 177).

Au Puy-Gris, au S.-E.: env. 9 h., avec un guide (15 fr.), difficile par *Pinsot* et la *combe de Gleyzin*, l'ancien chemin, du moins à partir du *col de Puy-Gris* (env. 2800 m.), à peu près à 1 h. du sommet, facile par le *Curtillard* et la *combe de Valloire*. Par ce dernier itinéraire, on remonte du *Curtillard* (v. ci-dessus) la *combe de Valloire*, vers les *chalets de la Petite-Valloire* (1 h. ¹/₂; env. 1580 m.) et de *la Grande-Valloire* (³/₄ d'h.; 1836 m.), le petit *lac Blanc* et, à g., le *lac Noir* (1 h. ¹/₄; env. 2300 m.) et le *lac Glacé* (¹/₂ h.; 1609 m.), d'où l'on aperçoit la cime aiguë du Puy-Gris à dr. de la combe. De là on gagne au N.-E. le *col de Comberousse* ou *du Lac-Glacé* (1 h.; env. 2780 m.), puis la *Selle du Puy-Gris* (³/₄ d'h.); on prend par le versant S. sur le *glacier de Cléraus*, on suit un instant la base des rochers, jusqu'à une sorte de couloir de terre facile à gravir, et on atteint par là l'arête du Puy, à l'endroit où elle n'offre plus de difficulté, à 15-20 min. de la cime. Le **Puy-Gris** (2906 m.? non 2960 ni 2992) a été longtemps regardé comme le sommet le plus élevé de la région, mais il est maintenant reconnu comme inférieur au Rocher-Blanc (v. ci-dessus), toutefois assez éloigné pour n'en pas masquer la vue. *Panorama splendide, s'étendant au N.-E. et à l'E. jusqu'au Mont-Blanc et aux grandes cimes de la Tarentaise, au S. et au S.-E. sur celles du Haut-Dauphiné, au N.-O. sur le massif de la Chartreuse, etc.

Au Grand-Charnier, à l'E.: 7 h., avec un guide (10 fr.). Par la vallée du Bréda, rive dr., jusqu'aux *Panissières* (¹/₄ d'h.), puis à l'E. par la vallée du Veyton, qu'on ne traverse pas au premier pont (³/₄ d'h.; route de Pinsot; v. ci-dessus), mais trois fois ensuite. On arrive en 2 h. ¹/₄ d'Allevard à la *scierie de la Chevrette* (1113 m.), où on laisse à dr. un chemin menant à la *Chambre* (7 h. ³/₄; p. 139), par le *col de Merlet* (3 h. ³/₄; 2294 m.); on monte en 2 h. ¹/₂ au *col des Plagnes*, au pied du *Petit-Charnier* (2124 m.), et il y a encore 2 h. ¹/₄ d'ascension pénible jusqu'au sommet du **Grand-Charnier** (2564 m.), une des principales montagnes de la chaîne qui sépare la vallée de l'Isère de celle de l'Arc. Vue très étendue. — On peut y monter aussi directement d'Allevard, par les pâturages du Collet.

Au Grand-Clocher ou pic du Frêne (2808 m.), env. 7 h. 1/2, avec un guide, par la *chartreuse de St-Hugon* (2 h. 1/2 ou 3 h.; p. 175) et en continuant par sa vallée jusqu'au *col du Frêne* ou *de la Pierre* (env. 3 h.; 2400 m.), puis à dr. par l'arête de la montagne. Il y a au sommet un grand signal en maçonnerie. On peut redescendre du col en 3 h. à *St-Colomban-des-Villars* (1104 m.; hôt. du Glandon), gros village et petite station d'été, dont les femmes ont un costume pittoresque. 12 kil. de cet endroit à la stat. de ch. de fer de *la Chambre* (p. 139).

Au Grand-Cucheron ou Grands-Moulins (2462 m.), env. 7 h., avec un guide, aussi par la *chartreuse de St-Hugon* (2 h. 1/2 ou 3 h.; p. 175), puis au S.-E. par les *chalets de la montagne d'Arvillard* (2 h. 1/2; env. 1650 m.) et de là par le *col de la Fraîche* (1 h., 2181 m.), à 1/2 h. du sommet. Vue magnifique. On peut redescendre du col en 4 h. à *la Chambre* (p. 139).

24. De Grenoble à Briançon, par la route.

Voir les cartes p. 54 et 182. — Chemin de fer, p. 214.

I. De Grenoble au Bourg-d'Oisans, par Uriage.

54 kil. *Tramway à vapeur*, de la gare, avec correspond à chaque train pour Uriage et 3 fois le jour pour le Bourg-d'Oisans; trajet entier en 3 h. à 3 h. 1/4; prix: 5 fr. 30 et 3 fr. 95. — On peut aussi aller de Grenoble au Bourg-d'Oisans en profitant du ch. de fer jusqu'à la stat. de *Jarrie-Vizille* (14 kil.; p. 21 ı), d'où il y a un tronçon de tramway allant rejoindre l'autre dans Vizille; cela abrège d'env. 5 kil., et la stat. de Jarrie-Vizille est naturellement le point de départ pour les voyageurs venant de la direction opposée à Grenoble. De cette stat. au Bourg-d'Oisans: 35 kil., 3 fr. 60 et 2 fr. 70.

Grenoble, v. p. 154; de là à *Uriage* (13 kil.), p. 163. On parcourt encore ensuite une jolie vallée. — 16 kil. *Vaulnaveys-le-Haut.* — 18 kil. *Vaulnaveys-le-Bas.* — 20 kil. *Pont-du-Mas.*

22 kil. **Vizille** (281 m.; *hôt. du Parc*, près du château), ville industrielle mal bâtie, de 4516 hab., sur la Romanche. C'est la *Vigilia* des Romains, poste important de leur voie militaire d'Italie à Vienne. Elle a un grand *château*, qui en a remplacé un des Dauphins. Il a été construit au XVIIe s. par Lesdiguières (p. 213), possédé ensuite par la famille de Créquy, puis par les Villeroy, qui l'agrandirent au XVIIIe s., incendié deux fois de nos jours et restauré par Casimir Périer, son ancien propriétaire. Il a servi en 1788 à une réunion célèbre de députés du Dauphiné, qui préluda à la Révolution en déclarant inadmissibles les impôts non votés par les états généraux. Sur la petite place qui le précède, un *monument du Centenaire*, avec une belle statue de la Liberté, par H. Ding (1888). Au-dessus de la porte principale, une statue équestre remarquable de Lesdiguières, par J. Richier. Ce château n'a rien de bien curieux à l'intérieur; on le visite moyennant 1 fr. Il a un beau parc, avec pièce d'eau, cascade, ruines de l'ancien château, etc., qu'on visite pour 50 c.

Voitures publiques pour *Laffrey* (2 fr.) et pour *la Mure* (3 fr.). v. p. 209.

24 kil. *Le Chaudon*, où il y a une papeterie. — 25 kil. *Le Péage-de-Vizille.* — 28 kil. *L'Ile-de-Falcon.*

30 kil. **Séchilienne** (356 m.; *buffet*; hôt.: de la Gare, du Petit-Versailles ou Boissac), stat. à 1/4 d'h. du village de ce nom (978 m.), qui a un château, à gauche.

Le **Taillefer** (2861 m.), au S.-E., se gravit d'ici en 7 h. 1/2 à 8 h., avec un guide (Eug. Mistral, de Séchilienne; 8 fr.; autres à la Morte). Il y a plusieurs chemins, le plus court par *St-Barthélemy-de-Séchilienne* (20 min.), *Belle-Lauze* (1 h. 1/2), des bois et des prés, la *côte des Sallières* (1 h.), l'anc. *mine de Brouffier* (galène argentifère) et l'*arête de Brouffier*. On laisse à dr. après Belle-Lauze le hameau de *la Morte* (détour de 1/2 h. à 3/4 d'h.), où il y a un *chalet* de la soc. des Tour. du Dauphiné (1348 m.) et où mène aussi un chemin de Laffrey (p. 209). L'ascension prend de là 5 h. — *Panorama superbe, embrassant non seulement les grands sommets de cette partie du Dauphiné : Chamrousse (N.), Belledonne, montagnes des Sept-Laux, Grandes-Rousses, Aiguilles d'Arves et du Goléon (S.-E.), Meije, Ecrins, Pelvoux, Ailefroide, etc., mais même les montagnes de la Savoie, jusqu'au Mont-Blanc. Le Taillefer se rattache au N.-E., par une crête, à la *Pyramide* (env. 3/4 d'h.), à peu près de même hauteur. On peut redescendre à l'E. vers le Bourg-d'Oisans, par *Oulles* et *la Paute* (v. la carte et ci-dessous).

Ensuite un arrêt au *chemin de St-Barthélemy* (v. ci-dessus) et la route pénètre dans la *gorge de Livet*, qui est bordée de hautes montagnes en partie boisées et souvent ravagée par la Romanche. Pont sur le torrent. En face, la Grande-Lance d'Allemont (p. 184); derrière, les trois pics de Belledonne (p. 184), etc. — 34 kil. *Gavet*, qui a une usine. — 36 kil. *Les Clavaux*. — 38 kil. *Rioupéroux* (554 m.), où il y a une papeterie. — 41 kil. *Livet* (645 m.), où l'on retraverse la Romanche, au pied du *Grand-Galbert* (2565 m.; à dr.). La gorge prend encore un aspect plus sauvage. En face, le massif des Grandes-Rousses (p. 183); à g., le Grand-Pic de Belledonne (p. 184); à dr., le Taillefer (v. ci-dessus). Un torrent dévastateur descend à g. de la *Petite-Vaudène* ou *Voudène* et un autre non moins dangereux à dr., de l'*Infernet* ou *Cornillon* (2494 m.). Autre pont sur le torrent et *cascade* à gauche. Belle vue plus loin sur la *combe d'Olle*, vallée comprise entre la chaîne de Belledonne à g. et celle des Grandes-Rousses à dr., et sur les vastes glaciers de cette chaîne, dominés par l'Etendard (p. 183).

48 kil. *Rochetaillée-Allemont* (711 m.), stat. à 3 kil. au S.-O. d'*Allemont* (p. 182; omn. des hôtels) et qui dessert aussi Oz, 1/2 h. plus loin (v. p. 182). — 50 kil. *Les Grandes-Sables*. Notre route tourne au S. En face, la partie N.-O. du massif du Pelvoux, avec le glacier de Mont-de-Lans.

51 kil. *La Paute-Ornon* (730 m.), hameau où aboutit la route de la Mure par le col d'Ornon (p. 209-210). Le Taillefer peut aussi se gravir de ce côté, le mieux par *Oulles* (1371 m.; env. 2 h.).

54 kil. **Le Bourg-d'Oisans**. — Hôtels : *Grand-Hôtel*, près de la gare (ch. 3 fr. 50 à 10 fr., rep. 1 fr. 25, 3 fr. 50 et 4 fr., à table d'h.); *Buffet-Hôtel*, encore plus près; *H. Ramel*, dans la ville, pas cher; *H. de Milan*, vers l'extrémité (faire prix), etc. — Voitures de correspond. pour la route du Lautaret, St-Christophe, le col d'Ornon (p. 180, 186 et 210), près de la gare, bureau devant le Grand-Hôtel.

Le *Bourg-d'Oisans* (719 m.) est une ville de 2375 hab., la localité principale de l'*Oisans*, pays des *Uceni* sous les Romains. Elle est située vers le milieu d'une petite plaine de forme allongée, où se réunissent la Romanche et plusieurs de ses affluents, à leur descente des massifs du Pelvoux et des Grandes-Rousses. Elle n'a rien

de curieux, mais elle doit une certaine importance à sa situation
sur la route de Briançon et, pour les alpinistes, comme point de
départ pour les excursions dans le massif du Pelvoux (v. p. 182).

Correspond. pour *St-Christophe* (p. 186). A *la Mure*, par le col d'Ornou,
v. p. 210-209 ; départ vers 10 h. 1/2.

II. Du Bourg-d'Oisans à Briançon.

65 kil., service de voit. publ. le jour en été (15 juin - 15 sept.), le matin,
en correspond. avec le tramw. et le ch. de fer (v. l'Indicateur), et service
de nuit toute l'année (dép. à min. 1/2). Trajet en 9 h. 1/4 et 8 h. 3/4, pour
12 fr. A *la Grave*, en 4 h. ; au *Lautaret*, en 7 h. le mat., y compris 1 h.
pour le déj. à la Grave, et en 6 h. la nuit ; au *Monêtier*, en 8 ou 7 h. Départs de Briançon vers 5 h. (été) et 9 h. 1/4 du mat., et au Bourg-d'Oisans vers 2 h. et 5 h. 1/2. Prix : la Grave, 5 fr. ; le Lautaret, 7.50 ; le Monêtier, 10 ; Briançon, 12.

La route continue de remonter la vallée de la Romanche, mais
elle tourne d'abord au N. et reprend la première direction au bout
de 1 kil., après avoir traversé la rivière. Plus loin, dans le haut à
g., se trouve Huez (p. 183).

5 kil. *Pont St-Guillerme* (742 m.), au *Clapier*, où se détache,
à dr., la route de voit. de la vallée du Vénéon (p. 185). La vallée de
la Romanche devient des plus sauvages à la *rampe des Commères*,
où elle forme un défilé. A plus de 500 m., sur les hauteurs en apparence inaccessibles de la rive dr., se voient les maisons d'*Auris*.
A 1 kil. du pont, un premier tunnel. *Vue magnifique en aval sur
la vallée, dominée par les Grandes-Rousses. — 7 kil. 5. *La Rivoire*.

Ici s'embranche, à dr., un chemin qui mène à *Mont-de-Lans* (5 kil. ;
v. ci-dessous), par *Bons*, et qui passe (1/4 d'h.) à une *porte romaine* creusée dans le rocher par la route antique de l'Oisans.

8 kil. *Le Garcin.* — 9 kil. *Vue de la *gorge de l'Infernet*, en
amont, la plus belle partie de la route, aussi avec un tunnel, qu'on
atteint 1 kil. plus loin. Il a 180 m. de long et 3 ouvertures latérales, et il est éclairé la nuit.

11 kil. 5. *Le Freney* (943 m. ; hôt. Reymond, modeste), un village.

Pic de l'Etendard, v. p. 183. — A *Vénosc*, par le *col de l'Alpe*, p. 185.
On va bien aussi du Freney au *refuge du lac Noir* (p. 187), en 5 h. 1/4,
par *Mont-de-Lans* (1 h. ; 1281 m. ; aub. : Villars, Rouard), village qui a
donné son nom au principal glacier du Dauphiné, situé toutefois à 5-6 kil.
en ligne droite au S.-E. (v. p. 187) ; puis par les *chalets de Millorsol* (1 h. 1/4 ;
2077 m.).
A 3 kil. du Freney, à g. de la route du côté de la Grave (v. p. 180),
le village de *Mizoën* (1006 m.), d'où l'on a une très belle vue. Par là aux
Grandes-Rousses et à *St-Jean-d'Arves*, v. p. 183.

Ensuite une troisième gorge très étroite et encore plus sauvage,
où l'on est pour un temps au niveau du torrent. A g., le chemin de
Mizoën (v. ci-dessus). Puis un petit tunnel, après lequel la gorge
s'élargit. A dr., le clocher de Mont-de-Lans (v. ci-dessus). — 15 kil.
Le Dauphin (1000 m. au pont). On traverse encore la Romanche,
deux petits tunnels et une gorge creusée dans le gneiss, nommée la
combe de Malaval («mauvais vallon»). A 3 kil., à g., la *cascade de
la Pisse*, tombant de 200 m. de hauteur ; puis un chaos de rochers

12*

éboulés, après lequel on se retrouve au niveau du torrent. A dr.,
le *glacier de Mont-de-Lans* et les cascades qui en descendent. Plus
loin, un tunnel courbe sous un torrent. A dr., une fabrique de talc,
desservie par un câble; à g., une anc. mine de plomb. A dr. encore
le fameux pic de la *Meije* (v. ci-dessous), entouré d'autres glaciers.
— 24 kil. *Les Fréaux* (1386 m.). Aussitôt après ce hameau, à g.,
la *cascade du Saut-de-la-Pucelle*, haute d'env. 80 m.

26 kil. **La Grave** (1526 m.; *H. de la Meije* ou *Juge, H. des Alpes*
ou *Tairraz*, bons), gros village au S. duquel la *Meije* (3987 m.;
p. 191), une des principales cimes du massif du Pelvoux, offre un
*coup d'œil grandiose. On en a comparé le site à celui de la Wen-
gernalp, en Suisse. — Excursions, v. p. 200; promenade recommandée au *plateau de Paris*, p. 201.

On passe bientôt ensuite dans deux tunnels, de 280 et de 600 m.
de long, éclairés à l'électricité. Au sortir du premier, un pont sur
un torrent; après le second, à dr. un raccourci, que suit le télégraphe. A dr., toujours la Meije.

29 kil. **Villard - d'Arène** (1651 m.; *hôt. Clot*, à côté de l'église,
petit et primitif). Excursions, v. p. 200.

Puis la route s'écarte de la Romanche en montant à g., tandis
qu'il y a encore à dr. des chemins qui abrègent de ½ h. Très belle
vue à dr. sur la chaîne de la Meije. On traverse enfin des prairies
où il y a des plantes rares, et l'on monte au col, en face de l'extrémité supérieure de la vallée de la Romanche, qui tourne au S. Très
belle vue des *Ecrins* (p. 192), en face; de la *Grande-Ruine* (p. 202),
à dr., et du *pic de Neige Cordier* (p. 200), à g. Ensuite, en arrière,
les *Grandes-Rousses* (p. 183). Raccourci à gauche.

38 kil. **Le Lautaret**, col au point culminant de la route, à 2075 m.
d'altitude, où il y a un grand *hôtel* (des Glaciers) et un *hospice*,
maintenant annexé à cet hôtel, formant une station alpestre recommandable et très fréquentée dans la saison. Prix : ch. t. c. 4 à
6 fr., déj. ou dîn. 3 fr. 50, p. 10 à 12 fr. Poste et télégraphe. Le
site est désolé et la vue assez restreinte, mais fort belle à l'O. et au
S.-O., sur les sommets déjà nommés et leurs glaciers, surtout le pic
Gaspard et le glacier de l'Homme. Les environs du Lautaret sont
renommés pour leur flore. — Excursions et route de *St-Michel-de-
Maurienne*, v. p. 204-206.

La route de Briançon redescend ensuite dans la vallée de la
Guisane, dans la direction de laquelle l'attention sera longtemps
attirée par le pic de Rochebrune (p. 223). La vue en arrière est encore grandiose. A g., le *Grand-Galibier* (p. 205); à dr., le *pic de
Combeynot* (p. 205) et la *montagne des Agneaux* (p. 207). A 1900 m.
du col, à g., la route du Galibier (v. p. 205). Ensuite un tunnel
courbe de 150 m. de long et à trois ouvertures latérales, sous deux
torrents; puis un autre de 400 m., à quatre ouvertures, dans lesquels
on a dû faire passer la route pour la soustraire aux ravages des torrents et aux éboulements (coursière au dehors). On perd plus loin

de vue la Meije. Les quatre localités suivantes restent à dr. dans le bas. — 42 kil. *La Madeleine.* — 45 kil. *Le Lauzet* (1687 m.; aub.). A Valloire, par le col de la Ponsonnière, v. p. 207. A dr., le *glacier du Casset* (p. 206), etc. — 46 kil. *Les Boussardes.* — 48 kil. *Le Casset* (1515 m.). A dr., le *pic des Prés-les-Fonds* (p. 207).

51 kil. **Le Monêtier** ou *Monêtier-les-Bains,* auparavant *M.-de-Briançon* (1493 m.; hôt.: *de l'Europe* ou *Izoard; des Voyageurs* ou *Alliez*), ville de 2052 hab., en grande partie incendiée en 1890. En dehors, près de la rive g. de la Guisane, se trouve un *établissement thermal* fort modeste, qui a des sources d'eaux sulfatées calciques abondantes, à la température de 40 et 50°, avec trois piscines peu utilisées. — Excursions, v. p. 206.

Passé le Monêtier, la route descend doucement dans la vallée fertile et très peuplée de la Guisane. — 53 kil. 5. *Les Guibertes* (1429 m.). Curieuse vue en arrière sur le Doigt de la Meije (p. 191). — 57 kil. *Villeneuve.* — 58 kil. *La Chirouze.* — 59 kil. 5. *Chantemerle* (1353 m.). — 61 kil. *St-Chaffrey* (1320 m.). A dr., le *pic de Prorel* (p. 221). Avant la montée de Briançon, à dr., une route menant à sa gare (hôtels). — 65 kil. *Briançon* (p. 220).

25. Massif du Pelvoux et ses environs.

Le massif du Pelvoux, ainsi nommé du *Mont-Pelvoux* (p. 198), l'un de ses principaux sommets et le plus anciennement connu, mais non le plus élevé, est l'ensemble de montagnes à peu près limitées au N. et au N.-E. par les vallées de la Romanche et de la Guisane (route de Briançon), à l'E. et au S.-E. par celles de la Durance et de son affluent la Biaysse; au S. par celles du Drac de Champoléon, de la Séveraisse et de la Bonne, et à l'O. par celles de la Malsanne et de la Lignare. Ce massif forme une chaîne principale comprenant la *Meije* (3987 m.), les *Écrins* (4103 m.) et le *Pelvoux* (3954 m.), puis les chaînes secondaires d'*Olan* (3883 m.) et de la *Muzelle* (3459 m.), au S.-O. de la précédente; la chaîne de *Bonvoisin* (3506 m.), au S., etc. C'est le massif le plus considérable du Dauphiné et l'un des plus intéressants à visiter, malgré l'âpreté de ses montagnes. Aussi est-il de plus en plus le rendez-vous des alpinistes, qui y peuvent faire des ascensions de premier ordre. La *Meije* a été comparée au *Cervin* de la Suisse, où les difficultés d'ascension sont bien moins grandes. On a de même comparé les *Écrins* à la *Jungfrau*, et il y a encore bien d'autres rapprochements possibles entre les Alpes du Dauphiné et celles de la Suisse.

Nous avons réuni ici à ceux qui concernent le massif du Pelvoux les renseignements relatifs aux montagnes environnantes, telles que *Belledonne*, les *Grandes-Rousses*, le *Goléon*, les *Aiguilles d'Arves*, le *Galibier*, etc., situés au N. de la vallée de la Romanche.

Les principaux centres d'excursions dans ces montagnes du Dauphiné sont le *Bourg-d'Oisans* (Allemont, Oz; v. p. 182), *St-*

Christophe-en-Oisans et *la Bérarde*, dans la vallée du Vénéon (p. 187 et 189), *Vallouise* (p. 196) et *Ailefroide* (p. 197), *la Grave* (p. 200), *Villard-d'Arène* (p. 200), le *Lautaret* (p. 204), et le *Monêtier* (p. 206).

Les *hôtels* et les *auberges* y sont encore souvent un peu primitifs, mais ils s'améliorent. Le Club Alpin Francais (Paris, rue du Bac, 30) et la société des Touristes du Dauphiné (S. T. D.; Grenoble, avenue Thiers, 4), créés en 1874 et 1875, ont de leur côté fait de grands sacrifices pour faciliter les excursions dans le massif du Pelvoux, en y plaçant des poteaux-indicateurs et construisant des *refuges* et des *chalets-hôtels*, que nous mentionnons à l'occasion. Il importe toujours, avant d'y aller, de se renseigner sur l'état d'un refuge, les ressources qu'il offre et le nombre de personnes qu'on y peut rencontrer.

On y trouve aussi d'excellents *guides*, pour lesquels la S. T. D. a établi des *tarifs:* en général 6 à 15 fr. par jour pour un guide et 5 à 10 fr. pour un porteur, plus les nourritures ou 3 fr. s'ils doivent se nourrir. La société a divisé les courses et ascensions en plusieurs *catégories*, généralement trois, en commençant par les plus faciles, et en courses extraordinaires. Lorsqu'on ne revient pas au point de départ, il y a ordinairement à payer une indemnité de retour, fixée aussi par les tarifs, que les guides doivent avoir avec leur livret.

Sauf indication contraire, il sera entendu qu'il faut un guide ou du moins qu'il est utile d'en avoir un pour les excursions ci-dessous. Comme ils sont peu nombreux, il est bon de s'en assurer un d'avance. Des provisions, un piolet et une corde sont aussi presque toujours nécessaires. Nous ne pouvons naturellement indiquer ici que les excursions principales.

Enfin on trouve encore dans les principaux centres d'excursions des *mulets*, qui se louent, avec le conducteur, tout compris, de 5 à 8 fr. pour ½ journée et 10 à 12 pour une journée, le plus souvent 6 et 10 d'après le tarif de la S. T. D., qu'on se fera montrer.

I. Excursions du Bourg-d'Oisans, d'Oz et d'Allemont.

Le *Bourg-d'Oisans* (p. 178) est au moins le point de départ pour les excursions dans le massif du Pelvoux quand on vient de Grenoble, et le rendez-vous des ascensionistes qui ont en vue les Grandes-Rousses. Toutefois si l'on préfère sacrifier un peu de ses aises pour abréger les courses de ce côté, on ne revient pas immédiatement au Bourg-d'Oisans, mais descend à la suite de la première excursion à **Oz** (830 m.; aub.: *Martin*, etc.) ou à **Allemont** (env. 800 m.; hôt.: *Leydier*, *Perratone*, à la Fonderie). On peut aussi aller directement à ces villages par la route mentionnée p. 178, en 2 h. et 2 h. ½, moins en profitant du tramw. et des omnibus. — D'Allemont aux Sept-Laux, etc., v. p. 176.

GUIDES: *Nic. Molière* et *Et. Vernet*, du Bessey-d'Oz; *P. Ginet* et *Franç. Michel*, d'Allemont. — TARIFS: I (1ʳᵉ catég.: v. ci-dessus), 1 jour. guide, 6 fr.; porteur, 5 fr.; 1 j. ½, 9 et 8; 2 j., 11 et 10; — II, 1 j., 8 et 5; 1 j. ½,

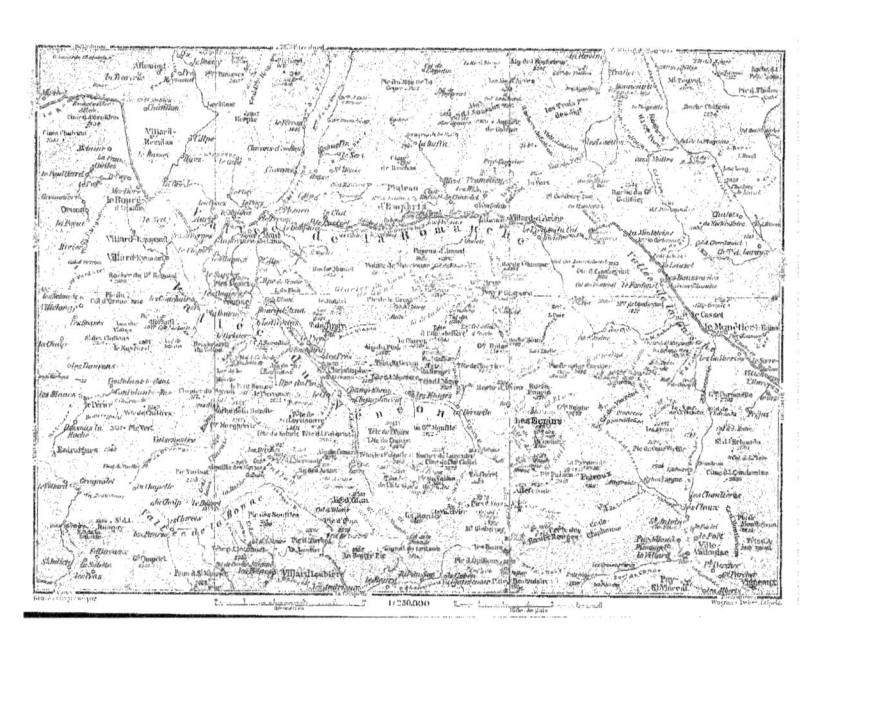

11 et 8; 2 j., 15 et 11; — III, 1 j. ou 1 j. 1/2, 16 et 11 ; 2 j., 19 et 14; 2 j. 1/2, 23 et 17 fr. — Du Bourg d'Oisans, 2 fr. en sus. — Indemnités de retour, 2 ou 4 fr. Demander les tarifs.

Aux Grandes-Rousses, diverses excursions, du *Bourg-d'Oisans* ou mieux d'*Oz*, parce qu'on en a de ce côté une meilleure vue et qu'on y est plus près du *refuge de la Fare* (4 h.; v. ci-dessous).

Ces montagnes forment une chaîne isolée au N. de la vallée de la Romanche. Elles doivent le nom de Rousses à leur couleur ocreuse. Il y a des deux côtés de la crête des glaciers qui s'étendent jusqu'à plus de 10 kil. de distance. Les principaux sommets sont, en commençant par le S.: l'*Herpie* (2995 m.), le *pic Blanc,* dit aussi *de la Pyramide* (3332 m.), le *pic sans nom* ou *pic de la Pyramide* (env. 3400 m.), le *pic Bayle* ou *pic Sud* (3473 m.) et l'*Etendard* ou *pic Nord* (3473 m.). — Voir aussi la carte p. 165.

Du Bourg-d'Oisans, il y a une route de voit. jusqu'à Huez (6 kil.). On suit la route de Briançon jusqu'au delà du premier pont, tourne à g., passe à la belle *cascade de Sarennes* (env. 1/4 d'h.), à *la Garde* (35 min.; 982 m.), à *Huez* (40 min.; 1496 m.; 2 aub.), aux chalets de *l'Alpe* (35 min.) et au plateau de *Brandes* (25 min.; 1800 m.), où sont d'anc. mines d'argent déjà exploitées par les Romains. et des mines d'anthracite, et les ruines d'une ville antique; — puis au *lac Blanc* (1 h. 15; 2548 m.), alimenté par un des glaciers des Grandes-Rousses, qui le dominent à l'E. On y a une très belle vue à l'O. sur les massifs de Taillefer, de Belledonne, etc. Au bord de ce lac passait une voie romaine qui traversait l'Oisans et dont on voit encore des traces. — L'*Herpie* (2995 m.), une des cimes les plus rapprochées des Grandes-Rousses, se gravit facilement du lac, en 1 h. 1/2. Guide, tarif 2 (v. ci-dessus). Vaste panorama. — Au N. du lac sont les *Petites-Rousses.* Le *lac de la Fare* (refuge, v. ci-dessous) est à moins de 4 kil. en ligne droite. Pour faire l'ascension de l'Etendard (v. ci-dessous), on ira coucher à ce refuge ou bien à Oz.

D'Oz, on compte env. 4 h. jusqu'au *lac Blanc,* par un sentier qui monte au S.-E., en passant aux *chalets de Poutran* (2 h. 1/2; 1900 m.) et contournant à la fin des collines où sont deux lacs. — Pour se rendre au refuge, on prend au contraire au N.-E. du village, par *le Bessey* (35 min.; 1100 m.), le *Plan du Seye* (40 min.; 1440 m.) et l'*Alpette* (1 h.; 1925 m.). Le *refuge de la Fare* (2216 m.), construit par la S. T. D., est à env. 4 h. d'Oz et 1/2 h. en deçà du *lac de la Fare* (2660 m.), également au pied du glacier des Grandes-Rousses. — Le pic **Bayle** ou *pic Sud* (3473 m.), le plus rapproché du lac, se gravit moins souvent que l'Etendard, plus au N. Cependant il ne présente aucune difficulté; l'ascension demande env. 3 h. 3/4 à 4 h. du refuge. Guide, tarif 3. On y monte de là d'abord dans la direction de l'E., jusqu'au *col de la Pyramide* (3380 m.), au S. de l'arête du pic Bayle lui-même, puis par cette arête au N. Vue, v. ci-dessous. — *L'**Etendard** ou *pic Nord* (3473 m.) n'offre guère non plus de difficulté et demande à peu près le même temps. Guide, tarif 3. On y monte de ce côté directement par l'arête O. ou mieux par la face N., que l'on gagne par le *col de la Cochette* (3 h.; env. 3100 m.). *Panorama splendide de ce sommet comme de l'autre, les Grandes-Rousses étant isolées. A l'E. et au N.-E., les Aig. d'Arves et les grandes cimes de la Savoie jusqu'au Mont-Blanc; au S., le massif du Pelvoux; à l'O., celui de Belledonne, etc. — On peut redescendre par l'arête E. et le *col des Quirlies* (env. 2950 m.), au delà duquel est le *Grand-Sauvage* (3229 m.); puis au S.-E. par le *glacier des Quirlies* et la *vallée du Ferrand,* en passant aux *chalets Aubert* et *Gourand* (3 h. 1/4; 1995 m.), au *Perron,* à *Clavans* (3/4 d'h.; 1304 m.; aub. Aubert) et à *Mizoën* (env. 1/2 h.; p. 179), d'où on gagne enfin le *Freney* (env. 3/4 d'h.; en tout env. 6 h.; p. 179). On mettrait le même temps pour aller à *St-Jean-d'Arves* (p. 204), soit en tournant au N.-E. au bas du glacier des Quirlies (v. ci-dessus), pour passer par le *col de la Valette* (env. 2250 m.), à 3 h. 1/2 du pic, et les *chalets des Aigues-Rouges* (1/2 h.), soit en prenant au bas de l'arête par la droite du *glacier de St-Sorlin*, pour rejoindre l'autre chemin aux chalets ci-dessus, d'où l'on continue au N. sur *St-Sorlin*, puis à l'E. sur[*St-Jean-d'Arves* (p. 204).

Aux pics de Belledonne, d'Allemont et aussi d'Oz et du Bourg-d'Oisans, en allant coucher au *refuge de Belledonne* (v. ci-dessous), à 3 h. d'Allemont. Ces pics, qu'on gravit aussi du côté de Revel (p. 173) et d'Uriage (p. 164), sont au nombre de trois: *Croix de Belledonne*, *pic Central* et *Grand pic de Belledonne*.

La *Croix de Belledonne (2981 m.) est assez facile à gravir d'Allemont, en 5 h. à 5 h. 1/2, avec un guide (tarif 2). On passe, au N.-E., par *Mollard* (1 h.) et le *refuge de Belledonne* (2 h.; 2165 m.) de la S. T. D., près du *lac de Belledonne*, d'où l'on a une très belle vue. Puis on monte, par un clapier et un couloir de neige assez facile, au *col de Belledonne* (1 h. 1/2 à 2 h.), où l'on rejoint le chemin montant d'Uriage (p. 164) et de Revel (p. 173), à 1/2 h. de la cime. *Vue magnifique, s'étendant jusqu'au Mont-Blanc, mais en partie masquée au N.-E. par le grand pic. — Le **Grand pic de Belledonne** (2981 m.) est beaucoup plus difficile. L'ascension n'en est même guère possible qu'à l'aide des câbles qu'on y a adaptés, et la descente est encore plus difficile. Env. 6 h. d'Allemont au sommet. Guide, tarif 3. Même chemin que ci-dessus jusqu'au *refuge de Belledonne* (3 h.; 2165 m.); ensuite on laisse à g. le chemin du petit pic pour contourner le grand au N.-E. Pas de difficulté encore pendant env. 1 h.; puis on gravit un névé fort incliné, une roche glissante et un couloir très pénible, après lequel on est au pied du pic proprement dit (1 h.). On longe ce pic au S., par des escarpements, pour atteindre le 1er câble (1/4 d'h.), scellé dans un rocher à pente très raide, où l'on passe au-dessus d'un précipice (5 min.). A 1/4 d'h. de là, le 2e câble, plus long, dans une cheminée, où il y a un passage encore plus difficile. Il ne reste plus enfin qu'une courte escalade à exécuter pour être au sommet (1/4 d'h.). *Panorama superbe, particulièrement au S.-E. sur le[massif du Pelvoux, à l'E. et au N.-E. sur les montagnes de la Savoie et de la Suisse. — Le *pic Central de Belledonne* (2938 m.), dont l'ascension est également difficile, demande env. 1/2 h. du pic de la Croix.

La **Grande-Lance d'Allemont** (2844 m.), à l'O. de ce village, se gravit sans difficulté sérieuse en 5 h. 1/2 environ. On peut redescendre au N.-O. au chalet de la Pra (p. 164), en 2 h. 3/4, et au S. à Livet (p. 178), en 4 h. 1/2. Guide, tarif 3. 3 h. 1/4 de montée, par des pâturages (1 h. 3/4) et un petit glacier (1 h. 25), jusqu'au *col de la Portette*, par où l'on monte aussi de la Pra (p. 165), et 3/4 d'h. de là à la base du pic, puis en 1 h. 1/4 au sommet, par des couloirs à l'O. et au N. Le *panorama est merveilleux, supérieur à celui de Belledonne au S., mais en partie masqué au N. par cette montagne. La descente sur Livet s'effectue du col de la Portette (1 h. 3/4), d'abord directement vers les anc. mines argentifères de *Chalanches* (3/4 d'h.), puis vers la *cascade du Bâton* (1 h. 1/4). On peut aussi, des anc. mines, regagner Allemont.

Au *Taillefer*, v. p. 178.

A St-Christophe et à la Bérarde: env. 21 et 31 kil., 4 h. 1/2 et 7 h. 1/2 de marche, du Bourg-d'Oisans, par la *vallée du Vénéon*, qui se jette dans la Romanche 1/2 h. plus haut, rive g. Il y a une *route de voitures* qui se détache de celle de la Grave à dr. au *pont St-Guillerme* (5 kil.; p. 179) et va maintenant jusqu'à St-Christophe. Guide inutile.

Voit. publ., en été, vers 8 h. du mat., du Bourg-d'Oisans à *St-Christophe*, en correspond. avec le tramway et la voit. de Briançon; trajet en 4 h., pour 5 fr. Départs pour le retour vers 2 h. du soir. — Mulet de St-Christophe pour la Bérarde, 10 fr.

Il y a sur la rive g. un *sentier* qui n'est pas toujours praticable, mais qui abrège d'env. 1/2 h.; il passe par *le Vert* (1/4 d'h.) et *les Gauchoirs*

(1 h. 25; v. ci-dessous), et on rejoint la route aux Ougiers (10 min.; v. ci-dessous).

La *VALLÉE DU VÉNÉON* est une des plus belles des Alpes du Dauphiné. Elle s'élève au S.-E. à une grande hauteur dans le massif du Pelvoux, et elle offre de magnifiques vues. Beaucoup d'œil aussi en arrière, à l'entrée, sur le massif de Belledonne (v. p. 184).

En face de la route, quand on a passé le pont, le **Rochail** (3070 m.), avec le glacier de *Villard-Notre-Dame* (anc. *V.-Eymond*), localité à 1552 m. d'alt. sur la rive g. et à 2 h. 3/4 du Bourg-d'Oisans. Ascension de là en 5 h., par la *cabane du Loson* (2 h.), l'extrémité O. du glacier (3/4 d'h.) et le *col du Rochail* (2 h. 1/4; 3050 m.). Guide du Bourg, 12 fr. Vue surtout belle au N., du côté des Grandes-Rousses.

A g., la route longe le *Pied-Montet* (2344 m.). — 10 kil. *Les Ougiers*, hameau avec un pont sur le Vénéon, où aboutit le sentier du Bourg-d'Oisans (v. ci-dessus).

A env. 800 m. de ce côté, *les Gauchoirs* (847 m.), hameau sur la rive g. (sentier du Bourg, v. ci-dessus) et sur un torrent qui descend du **lac de Lovitel** ou *Lauvitel* (1500 m. sur 500 m.; 1800 m. d'alt.), lac charmant à 1 h. 1/2 au S. Il est profondément encaissé, mais il y a maintenant un sentier à l'E. et de plus un chalet-refuge au N.-E. Ses eaux, d'un beau bleu, s'écoulent par trois ruisseaux souterrains qui sortent une centaine de mètres plus bas. Il y a un radeau dont on profite pour le traverser (3/4 d'h.), quand ce radeau se trouve à portée. De l'autre côté, à 3 h. 3/4 du lac, est la *Brèche de Lovitel* ou de *Valsenestre* (2634 m.), entre le *Clapier du Peyron* (3172 m.) et le *Signal de Lovitel* (2906 m.). Ce passage, qui conduit à *Valsenestre* (3 h.; v. ci-dessous), est de moyenne difficulté.

On voit ensuite à dr. de la route la *Brèche du Vallon* ou *Aiguille de Vénosc* (2813 m.), entre le vallon du lac de Lovitel (v. ci-dessus) et celui de la Pisse. Puis on laisse à g. **Vénosc** (1049 m.; *hôt. Martin*; guide, *L.-J. Rochette*), village dans un site charmant et qui doit une certaine prospérité au commerce des plantes récoltées dans les montagnes voisines. En face se dresse la *Roche de la Muzelle* (v. ci-dessous et p. 188). En deçà, une cascade.

DE VÉNOSC AU FRENEY : 3 h. 1/2, trajet facile, mais peu intéressant, pouvant se faire à dos de mulet; guide inutile. Belle vue en arrière sur la Roche de la Muzelle. Flore renommée. On passe par des pâturages et une forêt; aux *chalets de l'Alpe* (1 h. 1/2), au col de l'Alpe (1 h.; 1620 m.) et à *Mont-de-Lans* (3/4 d'h.; p. 179). Pour *le Freney* (1/2 h.), v. p. 179.

13 kil. *Le Bourg-d'Arud* (980 m.; aub. Giraud; faire prix), hameau dépendant de Vénosc.

Le *vallon de la Pisse*, où est le petit lac de la Muzelle (3 h. 1/4), s'élève rapidement au S. vers le col de la **Muzelle** (1 h. 3/4; env. 2500 m.), que précède un petit glacier. Il est situé entre le *Clapier du Peyron* (v. ci-dessus) et la *Roche de la Muzelle* (p. 188). On y a une très belle vue au N. Descente également rapide de là sur *Valsenestre* (2 h.; 1279 m.; p. 210).

La route de voitures traverse le Vénéon au Bourg-d'Arud et monte assez rapidement au *Clapier de St-Christophe*, chaos de rochers tombés du *Soreiller* (2332 m.), au S., et dont un morceau forme sur le torrent, à 25 min. du hameau, une sorte de pont naturel où passait auparavant le sentier. On atteint de là en 5 min., par un pont, le *Plan-du-Lac* (1094 m.), l'anc. bassin d'un lac, qu'un barrage doit rétablir pour alimenter une usine à établir au Bourg-d'Arud. La route nouvellement prolongée jusqu'à St-Christophe en longe la rive dr. Plus de végétation. En face se voit la superbe *chaîne des Fétoules* (v. ci-dessous) et on met 30 à 35 min. pour arriver à l'extrémité du Plan. Un peu en deçà, à dr., la belle *cascade de l'Enchâtra*, entre le Soreiller et l'*Aig. de l'Enchâtra* (2574 m.) d'où est descendue en avril 1891 une avalanche qui a détruit une partie du hameau de ce nom, dans le haut sur l'autre rive, à env. 1 h. ³/₄ du pont. C'est de ce hameau que se fait l'ascension de la Roche de la Muzelle (p. 188). — On gravit ensuite une forte rampe, d'où l'on voit encore à dr. la *Tête de Lauranoure* (p. 188) et les *Aig. du Canard* (p. 188) et *des Arias* (p. 188). Parvenu dans le haut (¹/₂ h.), on retrouve un peu de culture et l'on aperçoit St-Christophe. — 10 min. plus loin, le *⃰pont du Diable*, sur le torrent de ce nom, et à 10 min. de là

21 kil. **St - Christophe** - *en - Oisans* (1470 m.; aub. *Pierre Turc*, qu'on transforme en hôtel; poste), village au pied de l'Aiguille du Plat et en face de la Tête de Lauranoure, des Aig. du Canard et des Arias, etc. (v. p. 188). Il n'a d'importance que pour les alpinistes, comme centre d'excursions (v. p. 187). Au cimetière, les tombes d'Em. Zsigmondy et d'Ern. Thorant, qui se sont tués en 1885 et 1896 dans l'ascension de la Meije (p. 191).

En continuant de St-Christophe sur la Bérarde (au moins 3 h.), on a encore longtemps devant soi la *chaîne des Fétoules*, que le Vénéon contourne à dr. De distance en distance, de petites montées entrecoupées de paliers. Au bout de ¹/₂ h. (ou ³/₄ d'h. et ainsi plus loin), *le Clot*. A dr., le *glacier* et la belle *cascade de la Mariande*. On laisse à g. *Champ - Ebran*. Belle vue en arrière. A ¹/₂ h. du Clot (poteau), à dr., le chemin de la Lavey (v. p. 187). Vue de son vallon, avec une belle *cascade,* plusieurs *glaciers* et l'*Aig. d'Olan* (p. 189). Env. ¹/₄ d'h. plus loin, *Champhorent*, hameau en deçà duquel on descend à dr. En ³/₄ d'h., on se retrouve au niveau du torrent et on passe à l'extrémité du vallon de la Lavey (p. 187). Coup d'œil magnifique en arrière sur la Roche de la Muzelle (p. 188). Vers le haut de la vallée, on a devant soi la chaîne superbe des *Ecrins* (p. 192), dont on n'aperçoit guère que le second sommet, le pic Lory. A dr. de là, le *pic Coolidge* (p. 193). Deux petits ponts tremblants sur des torrents. — A env. 2 h. ¹/₄ de St-Christophe, *les Etages* (1595 m.), hameau au sortir duquel il faut appuyer à g. Enfin, env. ³/₄ d'h. plus loin,

La Bérarde (1738 m.), dernier hameau de la vallée, dont la maison principale est le *⃰chalet-hôtel* de la société des Touristes du Dauphiné, qui est bien aménagé, bien tenu et tarifé comme hôtel, mais non pour les provisions à emporter. On peut encore y loger au *chalet Rodier*. Ce hameau n'a rien de curieux, mais c'est un excellent point de départ pour des excursions dans le massif du Pelvoux, par la vallée haute du Vénéon, au S., et par la vallée des Etançons, au N., vers la chaîne de la Meije. Il y a une chapelle construite par les chartreux. La vue qu'on a de la localité est peu remarquable, mais un peu au delà, sur l'autre rive du torrent, on aperçoit les sommets de la Meije.

II. Excursions de St-Christophe et de la Bérarde.

St-Christophe et *la Bérarde* étant assez rapprochés l'un de l'autre (v. p. 186), un certain nombre d'excursions leur sont communes, en particulier celles pour lesquelles on passe par le refuge en ruine de *la Lavey* (1780 m.; reconstruit en 1900), à 3 h. et 3 h. ¹/₂ de distance, dans le vallon de ce nom, qu'on a à dr. en allant de St-Christophe à la Bérarde.

GUIDES et PORTEURS: à St-Christophe, *Pierre Gaspard* et son fils *Maximin, Casimir Gaspard, *Christophe, Claude* et *Jos. Roderon, *Jos. Turc; Etienne Paquet, Jos. Turc,* dit le Zouave, *Alex. Turc;* — à la Bérarde, *J.-B.* et *Hippol. Rodier;* — aux Etages, *Christ.* et *Pierre Turc.*

TARIFS: I (1ʳᵉ catég., v. p. 182), ¹/₂ journée, guide, 4 fr.; porteur, 4 fr.; 1 j., 8, 10, 12 et (port.) 8; — II, 1 j., 15 et 10; 1 j. ¹/₂, 23 et 15; 2 j., 30 et 20; — III, 1 j., 22 et 12; 1 j. ¹/₂, 28 et 18; 2 j., 32 et 22; — IV, 1 j. ¹/₂, 40 et 25 fr.; 2 j., 50 et 30 fr. — Pour les Ecrins, en redescendant du même côté, 60 et 35 fr.; en redescendant de l'autre côté, 80 et 45 fr.; — pour le pic central de la Meije, 40 et 25 fr.; le pic occidental, face sud, 80 et 45; le pic occid. par les arêtes et le pic central, 130 et 70; les Ecrins par la muraille du glacier Noir, 150 et 100 fr.; réduction si l'on ne va pas jusqu'au sommet. — Indemnités de retour (p. 182), 3 à 10 fr.: demander les tarifs.

A. De St-Christophe.

Outre celui de *la Lavey* (v. ci-dessus), il y a encore aux environs de St-Christophe deux abris pour les courses et les ascensions: le bon *refuge du lac Noir* (2820 m.) et le *refuge de la Selle* (2685 m.), le premier, reconstruit en 1895, à 3 h. ¹/₂-4 h. au N. (v. ci-dessous), le second à peu près à la même distance au N.-E. (v. p. 188).

*Au glacier de Mont-de-Lans et au col de la Lauze, PAR LE LAC NOIR, avec retour par le vallon de la Selle. Le col de la Lauze est un des plus beaux passages de ces montagnes, qu'on prend surtout en partant de la Grave (p. 180); mais c'est aussi un but d'excursion de St-Christophe. Il vaut mieux y aller par le lac Noir et redescendre par le vallon de la Selle. La course entière demande env. 12 h., mais on peut la faire en deux fois, en couchant à l'un des refuges, de préférence à celui du lac Noir. On gagnerait env. 1 h. en revenant par le même chemin, mais la traversée du glacier est pénible l'après-midi. Il est encore plus court de redescendre à la Grave (3 h. ¹/₄). Il faut un guide (tarif 2). On prend au N.-O. de St-Christophe un chemin à mi-côte, par *le Puys*; ensuite on tourne au N. et au N.-E. et on passe par les *escaliers* et la *brèche de la Mura* (4 h. ¹/₂; 2850 m.), au N.-E. de la *Tête du Toura* (2918 m.; ³/₄ d'h. du refuge, facile), au delà de laquelle est le *refuge du Lac-Noir* (2820 m.), au C. A. F., à 10 min. à l'E. du *lac Noir* (3 h. ³/₄; 2800 m.), un petit lac encaissé entre les montagnes. De là on arrive bientôt, en passant au pied du *Jandri* (3292 m.; 1 h. ¹/₂, facile), au vaste *glacier de Mont-de-Lans*, le plus grand du Dauphiné, qui a env. 8 kil. de long sur 3 de large ou 15 kil. car. de superficie. La traversée n'offre pas de difficulté. On atteint en 3 h. le *col de la Lauze (3453 m.), petite dépression à l'O. du *pic de la Grave* (3673 m.; difficile; 1 h. ½ à 2 h. du col). On a un vaste panorama du col même et surtout du signal, quelques mètres plus haut. Il s'étend jusqu'au Mont-Blanc et au Mont-Rose. Vue grandiose des Alpes du Dauphiné. Ce col a été comparé à celui de l'Alphubel, en Suisse, la Meije (p. 191) étant digne de rivaliser avec la pyramide du Cervin. On redescend en 2 h. (4 h. de montée), par un couloir très raide et pénible, au *refuge de la Selle* (2685 m.), à la S. T. D. Il est situé sur la rive dr. du *glacier de la Selle*, dominé de l'autre côté par le Plaret (v. ci-dessous). 1 h. de descente rapide mène ensuite au fond du *vallon de la Selle*, qui est peu intéressant. Il y a un chemin muletier, qui longe le *ruisseau du Diable*, entre le massif du Jandri et de la Tête du Toura, à dr., et celui de l'Aiguille du Plat, à g. (v. ci-dessous). Enfin on arrive en 2 h. à St-Christophe.

*A l'Aiguille du Plat ou *Plat de la Selle* (3602 m.), au N.-E.: 5 h. ¼ à 7 h., course assez difficile; tarif 3. On monte à peu près directement, par des pentes très raides au *glacier du Plat* (2 h. ½ à 3 h.); on traverse ce glacier jusqu'à l'arête S.-O. du Plat (1 h. ½ à 2 h.), du côté de la *Tête du Graou*, et l'on monte par cette crête au sommet (1 h. à 1 h. ½). Panoramas les plus complets et des plus intéressants des Alpes dauphinoises. — *Tête du Graou*, v. p. 190.

A la Roche de la Muzelle (3459 m.): env. 8 h. ½, ascension difficile et même dangereuse, quand il y a du verglas sur les rochers; tarif 3. On passe d'abord par le hameau de *l'Enchâtra* (env. 2 h. ½; 1420 m.; v. p. 186), d'où il vaut mieux partir, pour abréger la course; de là on remonte le ravin de la *Pisse*, jusqu'au *glacier du Vallon* (3 h. ¼; 2153 m.); puis les rochers et le glacier au N.-O. jusqu'au pied de la Roche (1 h. ½); on gagne par des couloirs la crête du N.-E., et on atteint par là le sommet (1 h.). La Roche, qui présente un aspect très remarquable, offre en outre, par suite de sa situation en sentinelle à l'O. de la chaîne des Ecrins et de la Meije, un *panorama qui est des plus beaux de l'Oisans.

A la Tête de Lauranoure ou *Loranoure* (3341 m.): 4 h. ½, assez difficile; tarif 3. On traverse le Vénéon au S., passe de l'autre côté aux chalets de l'*Alpe du Pin* (1 h.; 1812 m.), et monte tout droit, par des pâturages et des éboulis, à l'extrémité O. du *glacier du Pierroux* (1 h. ¾; 2875 m.), qu'on traverse, pour escalader ensuite le pic proprement dit (env. 2 h.). Vaste et magnifique *panorama, comme de tous les sommets en face de l'hémicycle formé par la chaîne des Ecrins et de la Meije.

A l'Aiguille ou Bec du Canard (3270 m.): 7 h. ½ à 8 h., 4 h. ½ de la *Lavey*, assez difficile; tarif 3. Ce pic est à l'O. du refuge. Il y a une arête très étroite à franchir entre deux précipices, puis un couloir près du sommet. Vue détaillée de la grande chaîne.

A l'Aiguille des Arias (3401 m.): 7 h. ½ à 8 h., difficile; tarif 4. D'abord à l'*Alpe du Pin* (1 h.; v. ci-dessus), puis au S.-E. dans la *combe de la Mariande* (1 h.), par la rive g. de son torrent au *glacier de la Mariande* et jusqu'au sommet de ce glacier (2 h.), ensuite par un couloir de neige au S.-E. jusqu'au *col des Arias* (1 h. ¾; env. 3100 m.), une brèche à l'O. de l'aiguille. De là on redescend un peu vers le *glacier du Grand-Vallon*, et l'on tourne au N.-E. pour aborder la cime par l'autre versant; on traverse une bergschrund (½ h.), escalade des rochers escarpés et gagne l'arête S.-O. (¾ d'h.), d'où il y a encore près de 1 h. jusqu'au sommet. La vue est naturellement encore supérieure à celle de l'Aig. du Canard, qui est masquée au S.-O. par celle des Arias. — Du haut du glacier de la Mariande, on peut gagner au S.-O. le *col de la Mariande* (¾ d'h.; env. 3100 m.), d'où l'on redescendrait en 4 h. à 4 h. ¹/₂ dans la vallée de la Bonne, au *Désert-en-Valjouffrey* (p. 210). Il est aussi possible d'y descendre directement du pic des Arias.

A la **Tête de l'Ours** (3045 m.), env. 5 h. ¹/₂, sans danger ni difficultés; tarif 2. On remonte quelque temps le *vallon de la Lavey*, puis on tourne à g. à un ravin. Ensuite on gravit des rochers et le *glacier de l'Ours* pour arriver au *col de l'Ours* (4 h. ¹/₂), au S. de la montagne, et ¹/₂ h. suffit enfin pour atteindre le sommet. Belle vue. — Du col de l'Ours, on gravit aussi, en 20 min., au S., la *Pointe Lemercier* (3225 m.), dite aussi *Pointe Nord des Têtes du Crouzet* ou *Bessonnes*. — La *Pointe Jeanne* ou *Pointe Sud* (3245 m.) se gravit en ¹/₂ h. du *col du Crouzet*, situé au S. et auquel on arrive en remontant plus loin le vallon de la Lavey et prenant ensuite par le *glacier des Fétoules* (env. 5 h. de St-Christophe). — On peut redescendre par le *vallon des Étages* (env. 2 h.), à l'E., et gagner de là au N. *les Étages* (1 h. à 1 h. ¹/₂; p. 186) et *la Bérarde* (p. 186).

*A la **Tête des Fétoules** (3465 m.): 7 h. ¹/₂ à 8 h., 5 h. à 5 h. ¹/₄ de *la Lavey* (refuge), facile, sauf sur un point de l'arête, où il ne faut pas être trop sujet au vertige; tarif 3. On monte à l'E. de la Lavèy au *glacier des Fétoules* (env. 2 h. ¹/₂), qui est crevassé dans le bas; puis à g., par les rochers et les moraines de la rive dr. et par le névé, au *col des Fétoules* (1 h. ¹/₂; env. 3215 m.), au S. du sommet, qu'on atteint enfin par l'arête (env. 1 h.), en passant au-dessus du glacier du Vallon. *Panorama magnifique.

La **Tête de l'Etret** (3563 m.), un peu plus loin au S., est difficile. Tarif 3. On y monte en 5 à 5 h. ¹/₂ de *la Lavey*, par le *glacier* (2 h. ¹/₄) et le *col de la Lavey* (env. 1 h. ¹/₂). — L'**Aiguille d'Olan** (3383 m.), à dr. à l'extrémité du vallon de la Lavey, est difficile, surtout de ce côté. Tarif 4. Env. 5 h. du refuge, par le *glacier des Sellettes* (3 h.), des rochers escarpés et un couloir. Vue restreinte. — Le **pic d'Olan** (3578 m.), plus au S., est très difficile. On y monte en 7 h. ¹/₂ du refuge, par le *col d'Olan* (4 h.), mais mieux, s'il y a de la neige, de la Chapelle-en-Valgaudemar (v. ci-dessous). Guide de St-Christophe, 65 fr.; porteur, 35 fr. — Au S.-O. de là est le **pic de Turbat** (3030 m.), dont l'ascension, assez facile, se fait en 5 h. à 5 h. ¹/₂ de la Chapelle, et entre les deux pics, le *col de Turbat* (2690 m.). Descente de là au Désert-en-Valjouffrey (p. 210), 3 h.

A la **Chapelle-en-Valgaudemar**, ᴘᴀʀ ʟᴇ ᴄᴏʟ ᴅᴇꜱ Sᴇʟʟᴇᴛᴛᴇꜱ: 12 h. à 12 h. ¹/₂, passage difficile, surtout quand il n'y a pas de neige sur les crevasses des glaciers; tarif 3. On passe par *la Lavey* et le *glacier des Sellettes* (v. ci-dessus), pour atteindre le col des Sellettes (8 h. à 8 h.¹/₂; 3200 m.), entre le pic d'Olan et la *cime du Vallon* (3418 m.; ¹/₂ h. à ³/₄ d'h. du col). Il y a encore un petit glacier sur l'autre versant. — La *Chapelle-en-Valgaudemar* (*hôt. du Mont-Olan*) est dans le fond de la vallée, sur la rive g. de la Séveraisse. Guides: *Philomen Vincent*, des Navettes; *P. Galland*, du Casset. Aux *pics de Turbat* et d'*Olan*, v. ci-dessus. Voit. publ. pour *Corps* (env. 26 kil.; p. 212), par le chemin en aval, qui va rejoindre la route de Corps à Gap (p. 213). — 2 h. plus haut dans la vallée se trouve *le Clot* (v. ci-dessous).

Au **Clot-en-Valgaudemar**, ᴘᴀʀ ʟᴇ ᴄᴏʟ ᴅᴇ ʟᴀ Mᴜᴀɴᴅᴇ: 10 h. à 10 h. ¹/₂, assez facile, quand il y a de la neige; tarif 2. En 7 h. à 7 h. ¹/₂, par *la Lavey* et le *glacier de la Muande* au col de la **Muande** (3059 m.) au S.-E. de ce glacier. 3 h. pour descendre de là au S.-E. au *Clot-en-Valgaudemar* (p. 212).

Autres courses de St-Christophe (Meije, etc.), v. la Bérarde et la Grave (p. 201).

B. DE LA BÉRARDE.

Il y a 2 refuges praticables aux environs de la Bérarde: le *refuge du Carrelet* (2070 m.), à 1 h. ¹/₂ au S.-E., dans la vallée du Vénéon, et le *refuge du Châtelleret* (2250 m.), à 2 h. au N., dans le vallon désolé des Étançons. Le *refuge de la Bonne-Pierre* (2570 m.), à 2 h. ¹/₂ au N.-E., au N. du glacier de ce nom, est maintenant abandonné comme trop humide.

— *Guides* et *tarifs*, v. p. 187. Voir également ci-dessus pour les excursions communes aux deux localités.

*A la **Tête de la Maye** (2522 m.), au N.-O. : env. 2 h. $^1/_2$; course assez facile (guide, tarif 1). On traverse le ruisseau des Etançons, sur le pont en aval du hameau, et l'on prend à dr. à un poteau, remonte le vallon jusqu'à des éboulis (20 min.) par lesquels on gravit à g. le versant E. de la montagne, où il y a un petit sentier en lacets d'abord à peine marqué (edelweiss), mais qu'il est question de rendre muletier. On appuie vers le haut au S.-O., puis au N., et on passe par une cheminée où il y a des degrés. *Vue grandiose. On a comparé ce belvédère au Gornergrat, près de Zermatt, et au Faulhorn, dans les environs de Grindelwald (Suisse). Au fond de la vallée des Etançons, la Meije, avec sa crête déchiquetée; puis surtout, de g. à dr., le massif plus rapproché où sont la Grande-Ruine, la Tête de Charrière et la Roche d'Alvau; le massif des Ecrins, plus en arrière, et l'Ailefroide, encore plus loin. — De la Maye au *Rouget*, v. ci-dessous.

Nota. Outre la Tête de la Maye, les touristes qui redoutent les grandes ascensions doivent au moins visiter, de la Bérarde, le **glacier de la Pilatte* (p. 195; tarif 1), à $^3/_4$ d'h. du refuge du Carrelet, jusqu'aux branches supérieures, 1 h. $^1/_4$ plus haut. Les torrents seuls sont souvent difficiles à traverser le soir. — Le *glacier du Chardon* est aussi curieux à visiter et plus rapproché de la Bérarde, à 1 h. $^1/_2$-2 h., à l'extrémité du vallon qui s'embranche à dr. au pied de la Tête de Chéret (p. 195).

A la **Tête du Graou** (3172 m.): env. 5 h., assez facile; tarif 3. On suit le chemin de St-Christophe jusqu'au delà des *Etages* (1 h.), puis on monte au N., par le vallon du *ruisseau d'Enhaut* (Damou), et de là à l'O.-N.-O. par le *col du Graou* (env. 3000 m.), qui est dominé au S. par la *Tête de Marsare* (3119 m.), dont l'ascension demande 1 h. de plus. Vue assez belle déjà de l'éminence au N. du col. On peut redescendre du col en 2 h. à *St-Christophe* (p. 186).

A la **Tête du Rouget** (3421 m.): 7 h., pénible et assez difficile; tarif 4. On y monte surtout par la *Tête de la Maye* (2 h.; v. ci-dessus), la *Tête de l'Aure* (1 h.; 2708 m.) et la *Roche Blanche*, qui en sont comme les contreforts. — Plus loin encore dans cette crête est le *pic Gény* (3436 m.). *Panorama superbe, plus étendu que celui de la Maye.

*Au **Plaret** (3570 m.): 5 h. $^1/_2$ ou 6 h., sans grandes difficultés; tarif 3. Il y a deux itinéraires. Dans le premier on y monte par la rive dr. du *vallon des Etançons* et le *glacier du Plaret* (3 h.), en appuyant à g. Dans le second, un peu plus long, mais à l'ombre le matin, on passe par *les Etages* (p. 186), la *combe d'Amont*, au N.; un petit glacier et un grand couloir au N.-O. (1 h.). *Panorama aussi dans le genre de celui de la Maye et plus étendu, embrassant le glacier de Mont-de-Lans, le Râteau, la Meije, la muraille de la Grande-Ruine, les Ecrins, l'Ailefroide, le magnifique glacier de la Pilatte, le massif de Clochatel, les Rouies, l'Olan, etc.

A la **Tête de la Gandolière** (3549 m.), au N.-E. du Plaret: 8 à 9 h., aussi sans grandes difficultés, sauf sur les rochers vers le sommet; tarif 3. Même chemin que ci-dessus, jusque sur le *glacier du Plaret*, d'où l'on continue vers le N. — On y monte aussi du *Châtelleret*, en 4 h., à l'O., par le *glacier de la Gandolière* (1 h. $^1/_2$) et l'arête qui le borne au S. — *Panorama du même genre. — Plus au N. dans le même chaînon se trouvent les *cols de la Gandolière* (3123 m.), de *la Selle* (3100 m.) et *du Replat* (3385 m.), par où l'on peut passer, en moins de 4 h., au refuge de la Selle. Sur les côtés du dernier col, les *Têtes du Replat* (3432 et 3454 m.), qui se gravissent de là en $^1/_2$ h.

Au **Râteau** (3754 m.): 7 h. à 7 h. $^1/_2$, difficile; tarif 4. On passe

par le *Châtelleret* (2 h.; refuge) et pousse jusqu'au pied de la montagne
(3/4 d'h.), où l'on tourne à g. et monte dans la direction de l'arête S.-E.,
qu'on atteint en 2 h. 3/4; puis on est en 1 h. 1/2 là où elle se relie à l'arête
orient., et 1/2 h. plus tard on escalade le sommet. Corniche de neige terminale assez dangereuse. Vaste panorama. La descente par l'arête orient.
est très difficile et dangereuse. On arrive de ce côté en 6 h. env. à la Grave,
d'où il vaut mieux monter (env. 8 h.). — Il a été question d'un ch. de
fer de la Grave au Râteau. — *Brèche de la Meije*, v. p. 203.

A la Meije, *Grand Pic* ou *pic Occidental:* 1 jour, aller et retour, du *Châtelleret* (refuge), ascension très difficile et même dangereuse. On en vient à ne monter guère de plus de 80 m. et à ne
descendre de plus de 70 m. à l'heure à l'endroit le plus difficile.
Tarif exceptionnel (v. p. 187). On arrive, du refuge, en 1 h. env.
au *glacier des Etançons*, dont la montée est facile; en 1/2 h. de là à
un *promontoire* et 3/4 d'h. après au *Carrefour* (env. 3100 m.), au
pied du *Grand-Couloir*, où commence l'ascension proprement dite,
une escalade de rochers très difficile, d'abord de 1 h. 1/2 à 2 h.
jusqu'à la *pyramide Duhamel* (3580 m.), puis d'env. 3/4 d'h. jusqu'à
une petite terrasse, appelée *Campement de Castelnau*, et de 2 h. 3/4
jusqu'au *glacier Carré*, que précède un endroit dangereux, le *pas
du Chat*, étroite corniche sur laquelle il faut passer en rampant.
Il y a heureusement au pied de ce glacier une autre corniche per-
mettant une halte, à 7 h. 1/4 du refuge et 3747 m. d'altitude. La
traversée du glacier ne présente pas généralement de difficulté. On
arrive par là en 1 h. à la *brèche du Glacier-Carré*, et il reste enfin
1 h. 3/4 d'escalade moins difficile sur des rochers, sauf les 10 dernières min., au *Chapeau du Capucin*, ou *Cheval-Rouge*, surtout
s'il y a de la neige: total, 10 à 11 h. d'ascension. La ***Meije** ou
Meidje (3987 m.), la troisième cime du massif du Pelvoux, après
les Ecrins (p. 192) et le pic Lory (p. 192), mais la plus difficile à
escalader, présente trois pics: le *pic Oriental* (3911 m.), noir du
côté de la Bérarde, mais d'une blancheur éblouissante du côté de
la Grave; le *pic Central.* (3970 m.), svelte et gracieux, avec son
Doigt, «si fragile en apparence, vu des autres pics ou du Monestier,
qu'on dirait que le premier coup de vent va l'emporter, et qui se
penche vers le glacier des Etançons de façon à émerveiller à la fois
et à faire frissonner» (Coolidge); le *pic Occidental* (3987 m.), relié
au précédent par une crête dentelée, qui est très difficile et dangereuse. La Meije, qu'on a comparée au fameux Mont-Cervin, en Suisse,
s'est défendue trois ans de plus que lui. Boileau de Castelnau est
le premier qui en ait atteint le sommet, en 1877, par la face S.,
avec les guides P. Gaspard père et fils. — Le panorama est naturellement vaste et splendide, dans le genre de celui des Ecrins (v.
p. 192), auxquels la Meije n'est inférieure que de 116 m. — La descente du même côté est également très difficile et demande, s'il est
possible, comme dans toutes les courses de ce genre, plus de précaution que la montée. Mais il est plus facile de s'en retourner du
côté de la Grave (8 h.). On descend alors à l'E., par les *arêtes:* d'abord
des rochers où il y a une cheminée difficile, puis la *brèche Zsig-*

mondy (1 h. $^1/_4$), un passage encore plus difficile, le *pic Central* (1 h. $^1/_2$; v. ci-dessus) et le *rocher de l'Aigle* (env. 1 h.; 3445 m.; refuge, v. p. 200).

Au Pavé (3831 m.), à l'E. du pic Oriental de la Meije: env. 5 h. du *Châtelleret*, escalade difficile; tarif 3. Jusqu'au *col du Pavé* (2 h. $^3/_4$), v. p. 193. Ensuite par une pente de neige vers l'O. ($^3/_4$ d'h.), une cheminée à dr. et l'arête méridionale (1 h. $^1/_2$). La vue est limitée à l'E. par le pic Gaspard (p. 202) et au N. par la Meije, mais le Pavé est la hauteur la plus rapprochée du versant S. de cette montagne et par conséquent le meilleur belvédère pour l'observer. — *Grande-Ruine*, v. p. 202.

A la Tête de Charrière (3442 m.): 4 h. $^1/_2$, difficile seulement de la Brèche au sommet; tarif 3. On longe sur la rive g. le ruisseau des Etançons, jusque dans le *vallon de la Bonne-Pierre* (1 h. $^1/_2$), puis on monte quelque temps sur les éboulis au N.-E. et au N. vers le *glacier* (1 h. $^1/_2$) et par là ($^1/_4$ d'h.) vers la *brèche de Charrière* (1 h.; 3261 m.), d'où il faut près de 1 h. pour escalader le pic, qui la domine à g. On peut redescendre de la Brèche au *glacier inférieur de la Plate-des-Agneaux*, puis au *chalet-hôtel de l'Alpe* (env. 4 h.; p. 201), etc. — La **Roche d'Alvau** (3534 m.) et la **Roche Faurio** (3716 m.), au N. et au N.-E. du glacier de la Bonne-Pierre, sont deux sommets difficiles et plus ou moins dangereux qui s'escaladent du refuge en 3 et 5 h.

  *Aux Ecrins: 8 à 9 h., du *refuge du Carrelet*, course de premier ordre, mais sans difficultés excessives pour les alpinistes qui ont la tête et le pied sûrs; tarif exceptionnel (v. p. 187). L'ascension s'est faite d'abord par la face N., où elle est peut-être plus belle, mais on préfère maintenant la face S., parce qu'on y a le rocher, au lieu de la glace, et un câble: on pourra du moins redescendre du côté N. (v. p. 200). On monte d'abord à l'E., au *glacier du Vallon de la Pilatte* (1 h. $^1/_2$), et de là au *col des Avalanches* (2 h.; 3611 m.). Ensuite commence l'escalade, par des couloirs et par le *Rocher-Blanc*, avant lequel il y a un passage difficile, mais où l'on trouve un câble placé par le C. A. F. (1 h.). Puis on atteint l'arête, la traverse et aborde le petit *glacier des Ecrins* (1 h. $^1/_2$), où l'on passe également au-dessus d'un abîme effrayant et par une mauvaise barre de rochers, et on rejoint l'arête entre le pic Lory (v. ci-dessous) et le sommet des Ecrins, à env. 2 h. du pied du glacier. Les ***Ecrins** ou la *Barre des Ecrins* (4103 m.) sont le principal sommet du massif du Pelvoux et de tout le Dauphiné, ainsi que son plus beau belvédère. Alentour se groupent et rayonnent 42 glaciers, 12 vallées et plus de 130 pics dont la hauteur moyenne dépasse 3000 m. Des trouées y permettent en outre à la vue de s'étendre jusqu'aux montagnes de l'Oberland, sur celles de la Savoie, sur le Grand-Paradis, le Cervin, le Mont-Rose, le Viso, les Alpes Maritimes, les Cévennes, les monts d'Auvergne, le Jura. — Dans la descente par la face N. (v. ci-dessus), on passe à l'E. du *pic Lory* (4083 m.), le plus élevé du massif après les Ecrins, et à l'E. du *Dôme de Neige des Ecrins* ou *pic de la Bérarde* (3980 m.; 4e sommet du massif), pour gagner le *col des Ecrins* (3 h. $^3/_4$; p. 199), d'où l'on redescend à l'O. au *refuge de la Bonne-Pierre* (2 h.; p. 189). On peut aussi par là gagner Vallouise (v. p. 196).

  Au Fifre (3730 m.), sommet le plus rapproché des Ecrins au S., dit aussi *Pointe de Balme-Rousse*: env. 5 h. $^1/_2$ d'ascension pénible du *Carrelet*;

tarif 3. D'abord au *col des Avalanches* (3 h., v. ci-dessus); puis par des rochers désagrégés au versant S. de l'arête occident. (1/2 h.), celle qui descend vers le glacier du Vallon; ensuite directement par cette arête à la cime (2 h.). *Vue des plus magnifiques, surtout du versant S. des Ecrins et du cirque incomparable du glacier Noir.

Au **pic Coolidge** (3750 m.), env. 5 h. du *Carrelet*, difficile; tarif 3. On gravit un contrefort du pic entre le bassin du Vallon, au N., et le bassin de la Temple, au S., en côtoyant le premier pendant env. 1 h. 1/4; puis on tourne à dr., dans la direction du col de la Temple, jusqu'à l'endroit où le glacier se divise («replat de la Temple»; 1 h. 1/2); on prend à g. pour gagner (1 h. 1/4) l'arête qui relie les Ecrins à l'Ailefroide (v. p. 195) et de là le sommet (3/4 d'h.). *Vue particulière de la masse imposante des Ecrins, dont on est séparé par un abîme, et l'un des plus beaux panoramas du massif. Précipices de tous les côtés, excepté au S.-E.

A Villard-d'Arène ou à la Grave. — Cols plus particulièrement praticables du côté de la Bérarde. Pour les autres, v. p. 202-203. Les courses par le *refuge du Châtelleret* (p. 189) et le *chalet-hôtel de l'Alpe* (p. 201) prennent 2 h. ou 1 h. 1/2 de moins si l'on part du premier ou s'arrête au second. Il faut compter 1/2 h. de plus pour aller du chalet-hôtel de l'Alpe à la Grave au lieu de s'arrêter à Villard-d'Arène. — I. *PAR LE COL DU PAVÉ, un des plus intéressants du massif du Pelvoux, mais maintenant non des plus faciles: 10 à 11 h.; tarif 2. Du *Châtelleret*, on continue de monter au N., par le *glacier des Etançons* (p. 191), en vue de la Meije, dans la direction de sa brèche (p. 203), jusqu'au pied de la magnifique muraille de la Meije, puis à dr., par un glacier assez raide et crevassé descendant du Pavé, où il faut passer des ponts de neige et de glace peu solides et franchir une bergschrund. Le **col du Pavé** ou *de Castelnau* (3495 m.), à env. 4 h. 1/4 du refuge, est une échancrure dans la crête au S. du Pavé (p. 192), d'où l'on a surtout une très belle vue de la Meije. De là on descend sans difficulté par un couloir de neige à la moraine du *glacier du Clot-des-Cavales* (1 h. 1/2), au S.-E., et par cette moraine au *chalet-hôtel de l'Alpe* (1 h.), à 2 et 2 h. 1/2 de *Villard-d'Arène* et de *la Grave* (p. 180). — II. PAR LE COL DES CHAMOIS: 9 h. 1/2 à 10 h., de moyenne difficulté; tarif 2. Du *Châtelleret*, au N.-E. à un couloir de neige (2 h. 1/4) et par ce couloir et une grande bergschrund au **col des Chamois** (3/4 d'h.; 3150 m.), plus au S. que le précédent, dans la crête partant du Pavé. De là aussi par un couloir de neige à la moraine du *glacier du Clot-des-Cavales* (1 h.), au S.-E., et par là au *chalet-hôtel de l'Alpe* (1 h.), etc. — III. PAR LE COL DES AIGLES: env. 10 h. 1/2, assez difficile; tarif 2. Du *Châtelleret*, d'abord dans la direction du col précédent, ensuite à dr., par des rochers assez faciles et un couloir de glace au **col des Aigles** (3 h. 1/2; env. 3200 m.); de là par des rochers assez escarpés au *glacier du Clot-des-Cavales* (3/4 d'h.), à l'E., et par ce glacier et sa moraine au *chalet-hôtel de l'Alpe* (2 h.), etc. — IV. *PAR LE COL DU CLOT-DES-CAVALES: 9 h. 1/2 à 10 h., facile; tarif 2. Le trajet est moins pénible, mais plus long en sens inverse (p. 203). Du *Châtelleret*, immédiatement à l'E., par un sentier entre des éboulis, des rochers et des moraines et par une cheminée au N. au **col du Clot-des-Cavales** (3 h.; 3128 m.; rue de la Meije), au-dessus du glacier de ce nom, et descente par ce glacier, à l'E., au *chalet-hôtel de l'Alpe* (2 h. $^3/_4$), etc. — V. PAR LE COL DE LA GRANDE-RUINE: 10 h. à 10 h. $^1/_2$, assez facile; tarif 2. On gagne env. $^1/_2$ h. en n'allant pas jusqu'au refuge du Châtelleret; on suit alors le *vallon des Etançons* jusqu'au torrent qui descend de la Grande-Ruine (1 h. $^1/_2$), le sommet au delà de la Tête de Charrière (p. 192), et l'on monte au N.-E., par des pentes faciles, à la moraine de la rive dr. du glacier, au N.-O. de la Grande-Ruine (2 h.), puis par les rochers à l'E. au **col de la Grande-Ruine** (2 h.; 3140 m.), échancrure qui n'est plus, depuis la découverte de la brèche Giraud-Lézin, le passage le plus rapproché du sommet dont il porte le nom. On redescend au *glacier du Clot-des-Cavales* (1 h.), qui est très crevassé de ce côté, et de là au *chalet-hôtel de l'Alpe* (1 h.), etc. — VI. PAR LA BRÈCHE GIRAUD-LÉZIN: 15 à 16 h., difficile; tarif 2. Même itinéraire que pour le col précédent jusqu'à la moraine (3 h. $^1/_2$), puis à dr., par le glacier, qui est crevassé, à un couloir (1 h. $^1/_4$) et de là par des rochers difficiles à la **brèche Giraud-Lézin** (3 à 4 h.; 3598 m.). La descente, plus facile, se fait du côté du *glacier de la Plate-des-Agneaux* ($^3/_4$ d'h.), par la gauche duquel on gagne le *chalet-hôtel de l'Alpe* (2 h. $^1/_4$), etc. — VII. *PAR LE COL DE LA CASSE-DÉSERTE: 11 h. $^1/_2$ à 12 h., course assez facile, à laquelle on peut joindre la magnifique ascension de la Grande-Ruine; tarif 2 (pour le col). Même itinéraire que pour les deux passages précédents jusqu'au sommet de la moraine (3 h. $^1/_2$) et par le glacier (crevasses), en appuyant plus à dr., puis par un couloir de neige. Le **col de la Casse-Déserte** (2 h. $^1/_2$; 3510 m.) est entre la *Grande-Ruine* (p. 202) et le *pic Bourcet* (3697 m.; env. 3 h. $^1/_4$ du col, difficile). On en descend aussi au *glacier de la Plate-des-Agneaux* (1 h.) et de là au *chalet-hôtel de l'Alpe* (2 h.), etc.

A la Grande-Aiguille (3422 m.), au S.-O. de la Bérarde, au delà du Vénéon, 5 h., difficile; tarif 3. C'est une ascension monotone, par les escarpements N.-O., sur des clapiers et des rochers, mais on y a une *vue superbe, supérieure à celle de la Tête de la Maye (p. 190).

Au Rocher de l'Encoula (3538 m.): env. 7 h.; tarif 3. Ascension monotone, mais assez facile, par le *vallon des Etages*, jusqu'au *col de l'Encoula* (6 h.; 3405 m.), au S. du Rocher, puis plus intéressante. Escalade d'une petite cheminée du col à la cime. *Panorama magnifique. On peut redescendre à l'E. dans la vallée du Vénéon.

A la Cime de Clochatel (3575 m.): env. 6 h. $^1/_2$, pénible; tarif 3. Même itinéraire que le précédent, prolongé jusqu'au *glacier du Vallon* (2 h.), puis à g. vers un promontoire ($^3/_4$ d'h.) et par là au pied des rochers de la **crête** (1 h. $^1/_2$), dont l'escalade demande encore 2 h. *Panorama également magnifique. On peut aussi redescendre à l'E., par où l'ascension est encore possible.

Au Clot-en-Valgaudemar (p. 189). — I. PAR LE COL DES ROUIES ET AUX ROUIES: 10 à 11 h., pénible et même dangereux, quand il y a beaucoup de neige; tarif 3. On y monte par les *glaciers du Chardon* et *des Rouies*. Le **col des Rouies** (5 h. $^1/_2$; env. 3300 m.) est dans le haut du vallon de la Lavey (p. 189), entre le *Vaxivier* (v. p. 195) et les *Rouies*. La vue y est comparable à celle du col de la Lauze (p. 188). L'ascension des **Rouies** (3634 m.) demande encore env. 1 h., par l'arête N. ou l'arête N.-E. Elle est très recommandée, et elle ne présente pas de difficulté. Le panorama y est admirable, et l'on y a la plus belle vue du côté S.-O. des Ecrins. On en peut redescendre au S. dans la direction du col de la Muande (p. 189), puis au N.-O. par le glacier de la Lavey à St-Christophe (6 h. 1/2; p. 186). — II. Par le col du Chardon: 7 h. 1/2 à 8 h.; tarif 2. On monte aussi par le *glacier du Chardon*, vers le milieu duquel on appuie à g. dans la direction du **col du Chardon** (env. 5 h.; 3092 m.), entre les *pics du Says*, à g. (v. ci-dessous), et le pic oriental du *Vaxivier* (v. ci-dessous), à dr. — III. Par le col du Says: env. 9 h.; pénible; tarif 2. Comme ci-dessous au *glacier de la Pilatte* et par ce glacier jusqu'au premier plateau, puis à dr. par le *glacier du Says* ou *col du Says* (5 h. 1/4; 3136 m.), au S. des pics de ce nom (v. ci-dessous et p. 213), d'où la descente se fait surtout d'abord par de mauvais rochers.

A la Tête de Chéret (3159 m.): env. 5 h. 1/2, difficile; tarif 2. On prend par le *refuge de Carrelet* (1 h. 1/2), d'où l'on arrive en 3/4 d'h. au *glacier de la Pilatte* (v. p. 196), qu'on longe quelque temps à dr., pour gravir ensuite à dr. des rochers, des pâturages et un petit glacier (2 h. 1/2), appuyer encore à dr. dans le haut de ce glacier et atteindre enfin, par un petit couloir de neige (1/2 h.), le sommet de la montagne. *Panorama superbe du massif du Pelvoux. Descente en 3 h. par l'arête S., un petit col, une cheminée assez difficile et le *glacier du Chardon*, puis par un sentier facile.

Aux pics du Says (3372 et 3409): env. 6 h.; difficile. Même itinéraire que ci-dessus jusqu'au *glacier de la Pilatte* (2 h. 1/4), puis on remonte ce glacier au S.-O. (1 h. 1/4), on tourne au N.-O. pour gagner le pied des pics (1/2 h.) et on grimpe par un couloir de neige à l'arête N. (3/4 d'h.) à 1 h. de la cime, ou par des rochers à l'arête S. *Panorama encore supérieur à celui de la Tête de Chéret. Au *col du Says*, etc. v. ci-dessus.

Au Vaxivier (3311 m.): env. 5 h. 1/2; difficile. On va en 3 h. 1/2 au pied N., par le *glacier du Chardon* (v. ci-dessus), y gravit pendant 1 h. un couloir de neige escarpé, puis prend par l'arête rocheuse et très mauvaise de l'O. Descente du col sur le *Clot-en-Valgaudemar*, v. p. 212.

Aux Bans (3651 m.): 6 h. à 6 h. 1/2 de montée du *Carrelet* et presque autant de descente, très difficile; tarif 4. En 2 h. par le *glacier de la Pilatte* (v. p. 196 et ci-dessus), jusqu'à son plateau supérieur ou *grand cirque*; puis des crevasses considérables à traverser; en 2 h. au *col des Bans* (3400 m.) et env. 2 h. de là par les rochers du versant N.-E., une crête neigeuse, des pentes de glace, l'arête difficile à l'E., etc.

A Ailefroide (*Vallouise*) — I. Par le col de la Temple: 9 h. à 9 h. 1/2, dont 5 h. à 5 h. 1/2 de montée, passage le moins pénible de ce côté en Vallouise; tarif 2. On abrège la course de 1 h. 1/2 en partant du *Carrelet*, et on peut s'arrêter sur l'autre versant au refuge Cézanne, à 1 h. d'Ailefroide. On monte du Carrelet par la rive g., dans la *combe du Vallon*, puis (1/2 h.) on tourne à dr. dans la direction du *glacier de la Temple*, qu'on rejoint vers le haut (2 h.), et on le traverse à l'E. (crevasses) pour atteindre le **col de la Temple** (1 h.; 3283 m.), au N. du *pic de la Temple* (3314 m.; 1/2 h. de là). Très belle vue de ce col en arrière, sur une partie des cimes déjà connues et en face sur le Pelvoux, dont on est séparé par le grand *glacier Noir*, sur lequel on redescend, après une pente d'éboulis et un couloir rocheux (1 h.). On passe sur le glacier à g., au pied de la muraille des Écrins. On quitte la moraine à 2 h. 1/2 du col; 1/2 h. plus loin, le *Pré de Madame-Carle* (1854 m.), un désert de pierres, où est le *refuge Cézanne* (p. 198) et 1 h. après Ailefroide, à 1 h. 3/4 de *Vallouise* (p. 196). — II. Par le col de la Coste-Rouge: env. 6 h., dont 3 de montée, passage le plus court, mais plus pénible que le précédent, avec lequel il se confond en partie et où les chutes de pierres sont à craindre, tarif 2. Arrivé au *Carrelet*, on se dirige au N.-E. vers le *glacier de la Coste-Rouge* (1 h. ¹/₂ à 1 h. ³/₄), qu'on traverse pour atteindre le **col de la Coste-Rouge** (1 h.; 3152 m.), au S. du pic de la Temple. De là on redescend par un couloir de neige au *glacier Noir* (¹/₂ h.), où l'on retombe dans l'itinéraire précédent, à 2 h.-2 h. ¹/₂ du *pré de Madame-Carle,* etc. — III. PAR LE COL DE L'AILEFROIDE : 8 h. ¹/₂ à 9 h. du *Carrelet*, pénible; tarif 2. D'abord au magnifique ***glacier de la Pilatte** (³/₄ d'h.), le plus grandiose du Dauphiné, et par ce glacier jusqu'à son premier plateau (¹/₂ h.), puis à l'E., en 2 h. ¹/₂, par le *glacier du Coin,* à des rochers escarpés qu'on escalade, pour arriver, en 1 h., au sommet du **col de l'Ailefroide** (3306 m.), au S. de l'*Ailefroide* (p. 199). On redescend par le *glacier du Sélé* (1 h. ¹/₄), où il y a une large bergschrund; puis par le vallon désolé de *la Sapenière* au *refuge Puiseux* (1 h. ¹/₂) et à *Ailefroide* (1 h. ¹/₄; v. p. 197). — Le trajet est plus difficile et même périlleux en sens inverse, à la descente des rochers S. — IV. PAR LE COL DU SÉLÉ: env. 8 h. du *Carrelet,* assez facile; tarif 2. On monte aussi vers le *glacier de la Pilatte* (³/₄ d'h.), qu'on longe plus longtemps à l'E., pour gagner du même côté le **col du Sélé** (3 h. ³/₄; 3302 m.), entre la *Pointe du Sélé* (3483 m.; 1 h. ¹/₄ du col) et la *Crête des Bœufs-Rouges* (3454 m.; 1 h. ¹/₂; v. p. 197). Descente également par le *glacier du Sélé,* qui est souvent crevassé, au *refuge Puiseux* (2 h. ¹/₄) et à *Ailefroide* (1 h. ¹/₄), etc. Vue admirable des Bans (p. 195). — V. *Par le col de la Pilatte* (3444 m.), 8 à 9 h. du *Carrelet*, dont 4 h. à 4 h. ¹/₂ de montée, difficile et dangereux; tarif 3. On traverse de ce côté tout le **glacier de la Pilatte,* grandiose surtout dans la partie supérieure. La descente demande d'abord des précautions excessives; elle mène dans le *vallon des Bans,* à *Entraigues* (3 h. ¹/₂; p. 197). — *Par le col des Ecrins,* p. 199.

III. Excursions de Vallouise et d'Ailefroide.

A. DE VALLOUISE.

Vallouise ou *Ville-Vallouise* (env. 1200 m.; *H. des Ecrins; H. d'Ailefroide* ou *Rolland,* au Poët, à 20 min. dans la direction d'Ailefroide) est un assez gros village, important pour les touristes comme centre d'excursion, non loin du ch. de fer de Briançon, station de l'Argentière-la-Bessée (p. 220), et desservi de là par une correspondance. Il n'est toutefois pas assez rapproché des principales montagnes du massif du Pelvoux (v. plus loin Ailefroide), et la vue de ce côté y est très bornée. L'*église* est intéressante.

GUIDES : **Pierre Reymond, *Jos. Estienne,* des Claux; **Pierre Sémiond, Pierre-Ant. Barnéoud et Eug. Estienne,* du Sarret; *Jos. Garnier,* du Puy-Aillaud; *Barnéoud,* des Claux.

TARIFS: I (1ʳᵉ catég.; v. p. 182), ¹/₂ journée, guide, 4 fr.; porteur, 4; 1 j., 8 et 6; — II, 1 j., 15 et 10 fr.; 1 j. ¹/₂, 22 et 14; 2 j., 27 et 18; — III, 1 j.

et 1 j. 1/2, 25 et 15 fr.; 2 j., 32 et 24 fr. — Ascension des Ecrins, 50 et 25 fr.
— Indemnités de retour (p. 182), 3 à 10 fr. Demander les tarifs.

A la Pointe de l'Aiglière ou *Eyglière* (3325 m.), au S.-O.: env.
6 h. à 6 h. **1/2,** assez facile; tarif 2. On passe par *Puy-St-Vincent*
(3/4 d'h.), traverse une forêt et remonte un beau vallon, par les
granges de Narreyroux (1 h.), etc., jusqu'au *col de l'Aiglière* (3 h. 1/2;
3208 m.), au S.-O. de la Pointe, qu'on gravit de là en 3/4 d'h. à 1 h.
On y monte aussi par le *col d'Entraigues* (env. 5 h.; 2926 m.), au
N.-E. de la Pointe, d'où il y a encore env. 1 h. 1/2 de montée. *Panorama splendide et très étendu. On peut redescendre au N.-O. du
dernier col, par le vallon de la *Selle*, à *Entraigues* ou *Entre-les-
Aigues* (env. 4 h. 1/2; 1610 m.; aub. Chautard), au confluent des torrents de la *Selle* et des *Bans*, qui forment l'*Onde*, à env. 2 h. de Vallouise, par *Béassac, les Gresourières et le Villard*.

A la Crête des Bœufs-Rouges (3454 m.): 7 h., ascension longue, mais
sans grande difficulté en suivant le glacier E. jusqu'en haut; tarif 2. On
passe par *Béassac* (1 h. 1/2; v. ci-dessus) et quitte le chemin d'Entraigues
1/2 h. plus loin; 3 h. de là au pied du *glacier*, puis 1 h. 1/2 jusqu'à la
brèche et enfin 1/2 h. pour gagner le sommet. Vue très belle, mais cependant inférieure à celle de l'Aiglière. Descente à *Entraigues* (v. ci-dessus),
3 h. 20, et de là à Vallouise, 2 h. — On y monte aussi du *col du Sélé* (p. 196).
Au pic de Montbrison (2825 m.), à l'E., 5 h. 1/2, à la fin assez difficile.
A la Cime de la Condamine (2936 m.), plus au N.: 6 h., par *le Poët*
(v. ci-dessous), la combe du Coul et l'arête S., facile avec un guide.
De Vallouise en Valgaudemar. — C'est par le vallon des Bans qu'on
atteint, en 6 h. 1/2, le col du **Sellar** ou *Célard* (3067 m.), qui fait commu-
niquer la Vallouise avec le Valgaudemar, au *Clot* (p. 212), à env. 9 h. de Ville-
Vallouise. Il est pénible, mais assez facile au début de l'été et ensuite
difficile. Ce col est situé entre le pic des **Aupillous** ou *Opillous* (3506 m.),
au N., et le pic de **Bonvoisin** (3560 m.), au S., deux sommets dont les ascensions sont difficiles (tarif 3). Le premier se gravit en 3 h. 1/2 env. du col
du Sellar, le second en 2 h. 1/2 du col du Loup (v. ci-dessous). *Vue superbe,
embrassant non seulement le massif du Pelvoux, mais les montagnes des
hautes vallées du Drac et de la Durance et celles du Queyras: le Sirac (v.
ci-dessous), à peu de distance au S.-O., est imposant. Le **col du Loup**-du-
Valgaudemar (3112 m.), assez facile de ce côté, est plus au S., à l'O. du vallon
de la Selle; il faut 7 h. pour y monter de Vallouise et 3 h. à 3 h. 1/2 pour
en redescendre au Clot. — Plus au S. encore, le **col du Sirac** (3100 m.),
dominé au S. par le *pic de Verdonne* (3324 m.). Le trajet de Vallouise au
Clot par ce col prend 10 h. à 10 h. 1/2, dont 6 h. 3/4 à 7 h. pour la montée,
et la descente sur le Valgaudemar est aussi très difficile.

Autres excursions, v. ci-dessous. 2 h. de plus pour le trajet de
Vallouise à Ailefroide ou 4 h. aller et retour.

Au *Monêtier* (env. 6 h. 1/2) par le *col de l'Eychauda* (4 h. 1/2 à 4 h. 3/4)
et au *lac de l'Eychauda* (4 h. 1/2), v. p. 207.

B. D'AILEFROIDE.

Ailefroide (1505 m.), hameau à 2 h. au delà de Vallouise, par
le Poët (hôt., p. 196) et *les Claux* (1 h.; à dr., vallée de l'Eychauda,
p. 207), a maintenant un *chalet-hôtel* (Rolland) dépendant de l'hôtel
d'Ailefroide du Poët, qui en fait un centre d'excursions comme la
Bérarde (p. 186), de l'autre côté du massif du Pelvoux. Il est même
d'accès plus facile, mais ce n'est non plus qu'un endroit sans attrait,

dans un site désolé et à vue bornée, à la jonction des *vallons de la Sapenière* et de *St-Pierre,* qui contournent la montagne au S.-O. et au N.-O.

Il y a de plus de ce côté des refuges alpins fort utiles : le *refuge* ou *abri Puiseux* (2219 m. ; v. ci-dessous) et le *refuge Lemercier* (2724 m. ; v. ci-dessous), à 2 h. et 4 h. d'Ailefroide, sur le versant S.-E. du Pelvoux ; le *refuge Cézanne* (env. 1854 m. ; p. 199), à 1 h. 1/2 d'Ailefroide, dans le vallon de St-Pierre ; le *refuge* ou *abri Tuckett* (2504 m. ; p. 199), env. 2 h. 1/4 plus loin. — Il a été aussi question d'un ch. de fer de l'Argentière (p. 220) aux Écrins (p. 200).

Guides et *tarifs,* v. à l'article Vallouise, p. 196.

Nota. Les touristes qui redoutent les courses difficiles peuvent au moins aller visiter le facile et superbe *glacier Blanc (5 h. ; p. 200), jusqu'à son plateau supérieur. On peut par là arriver aisément jusqu'au *col des Écrins* (8 à 9 h. ; p. 199), dont l'autre versant est seul difficile et dangereux. On y admire un des plus merveilleux cirques de glaciers des Alpes et on voit la Barre des Écrins de la base au sommet. — On pourrait aussi, sans difficultés bien sérieuses, monter jusqu'au *col Émile-Pic* (p. 200), dont le versant opposé est seul périlleux. La vue, moins bornée, y est encore plus remarquable. Ces courses, ainsi faites, sont très recommandées.

A la Tête de la Draye, belvédère à l'E., derrière le chalet-hôtel, sur un contrefort du Paillon (2794 m.), ascension facile d'env. 2 h., par un chemin muletier. Très belle vue du Pelvoux, des Écrins, du glacier Blanc, etc.

Au Mont-Pelvoux : 2 itinéraires principaux du *refuge Lemercier* (v. ci-dessus), à 5 h. de Vallouise, pas trop difficile pour les touristes exercés ; tarif 3. On prend par le *vallon* de la Sapenière (v. ci-dessus), un des plus tristes qu'on puisse voir. Le chemin muletier s'y prolonge encore jusqu'à env. 1 h. de là. On quitte ensuite le fond de ce vallon pour monter à dr. à l'abri précaire dit *refuge Puiseux* (1 h. ; 2219 m.), dans la *grotte de Soureillan.* Continuant de monter dans la direction du Pelvoux, on atteint en 2 h. le *refuge Lemercier* (2724 m.), qui peut recevoir 15 personnes. *Vue superbe, notamment dans la direction du Mont-Viso (p. 227). Le coucher du soleil y est d'une majesté incomparable. — Des 2 itinéraires à partir de ce refuge, le plus ancien, qui demande env. 4 h. 1/2, prend vers le *glacier du Clot-de-l'Homme* (1/2 h.), traverse ce petit glacier en couloir très crevassé (env. 1/2 h.), puis passe par des rochers très raides, les *Rochers-Rouges,* où il faut craindre les chutes de pierres, et mène ensuite par ces rochers, en 2 h. 1/2 à 3 h., au plateau de glace et de névé entre les pics du Pelvoux, qu'on traverse pour gravir le plus élevé (1/2 h.). — Le 2e itinéraire est plus court de 1 h. à 1 h. 1/2 env. et permet d'éviter le glacier du Clot-de-l'Homme. Il consiste à monter à l'E. de ce glacier vers le *couloir Tuckett,* pour gagner par là ou mieux par les rochers de la rive dr. le pied du *Petit-Pelvoux.* — Le **Pelvoux** (3954 m.), qui n'occupe que le troisième rang, après les Écrins et la Meije, dans la chaîne de montagnes à laquelle il a donné son nom (v. p. 181), quand on le croyait la plus élevée, a trois cimes dites : *pointe Puiseux* (3954 m.), *Pyramide* (3938 m.) et *Petit-Pelvoux* (3762 m.). *Vue grandiose, embrassant les grands sommets

du massif (Ecrins, Meije, etc.), les Grandes - Rousses, les belles
Aiguilles d'Arves, le Mont-Blanc, le Mont-Pourri, le Cervin, etc.

Au mont Salvador-Guillemin (*pic Sans-Nom*; 3915 m.), à l'O. du Pelvoux: env. 4 h. 1/2 du *refuge Lemercier*, difficile; tarif 3. Même itinéraire que pour le Pelvoux (p. 198) jusqu'au delà du *glacier du Clot-de-l'Homme* (1 h.), puis à l'O., à un autre glacier au S.-E. du pic (1/2 h.) et, vers son extrémité (1/2 h.), par un couloir de neige et des rochers où est la partie dangereuse de la montée, vers l'arête du pic ou vers une brèche au S.-O. du Pelvoux, et de là au sommet. *Panorama merveilleux.

Au Sommet de l'Ailefroide. 1° A LA CIME OUEST (3925 m.): 7 h. du *refuge Puiseux*, assez difficile; tarif 3. A l'O. jusqu'au *glacier du Sélé* (1 h. 1/2), puis au N.-O. au *glacier de l'Ailefroide* (1 h. 1/4), et par ce glacier à la crête de l'autre côté (2 h.), par là à une épaule neigeuse (1 h.) et par des rochers et des couloirs à la cime principale (1 h. 1/4). — 2° A LA CIME CENTRALE (env. 3880 m.): 6 h. 3/4 du refuge. Comme ci-dessus jusqu'au *glacier de l'Ailefroide* (2 h. 3/4), puis au N. par ce glacier jusqu'au contrefort rocheux de la cime (1 h. 3/4), au N.-O. par les rochers et à l'O. par un couloir de neige (2 h. 1/4). — 3° A LA CIME EST (3854 m.): 6 h. 1/2 du refuge, par le *glacier du Sélé* (1 h. 1/2), le versant et l'arête S. et un couloir de neige. Vue surtout belle au S., dans la direction du Viso.

A la Bérarde. — I. PAR LE COL DE LA TEMPLE (v. aussi p. 195):
9 h. à 9 h. 1/2, un des plus beaux passages du Dauphiné, sans
difficultés sérieuses, mais un peu pénible à cause de sa longueur. On
peut abréger en allant coucher au refuge Cézanne (p. 198) ou bien
encore en s'arrêtant à la descente au refuge du Carrelet (p. 189).
On prend au N.-O. le *vallon de St-Pierre*, où l'on passe d'abord par
un pont sur la rive g., puis par un autre pont sur la droite, et on
arrive en 1 h. 1/2 au *refuge Cézanne* (env. 1854 m.), à l'extrémité
du *Pré de Madame - Carle*; de là en 1 h. 1/4, par une moraine fort
désagréable, au *glacier Noir,* au pied de la sinistre muraille des
Ecrins, qui s'élève à 1200 m.; par ce glacier, qui est facile, et par
des rochers pénibles et une cheminée, en 3 h. env. au **col de la
Temple** (3283 m.), d'où la vue est très belle. De là on redescend en
partie par le *glacier de la Temple,* qui est assez incliné et plus ou
moins crevassé. On atteint le bas en moins de 1 h. et on descend
sur le *refuge du Carrelet*, à 3 h. du col. Ensuite il n'y a plus qu'à
suivre la *vallée du Vénéon* pour gagner *la Bérarde* (1 h.; p. 186).
— II. PAR LE COL DES ECRINS: env. 10 h., 6 1/2 du refuge Tuckett,
difficile; tarif 3. Du *Pré de Madame-Carle* (1 h. 1/2; v. ci-dessus),
on escalade déjà des rochers difficiles pour - atteindre le *refuge
Tuckett* (2 h. 1/4; 2504 m.), sur la moraine du *glacier Blanc*
(p. 200). De là on monte encore par ce glacier, puis par le *glacier
de l'Encoula,* au **col des Ecrins** (env. 3 h.; 3415 m.), dans l'arête
de rochers entre le *Dôme de neige des Ecrins* (p. 192) et la *Roche-
Faurio* (3716 m.; env. 1 h. du col). Vue assez bornée. On redescend par un couloir de neige assez raide du *glacier de la Bonne-
Pierre,* le glacier même et sa moraine de dr., en 2 h. 1/2 au refuge
de ce nom, d'où il faut aussi 1 h. 3/4 pour gagner *la Bérarde*
(p. 186). — Par le *col de la Coste-Rouge,* v. p. 196; par le *col du
Sélé,* plus long de ce côté qu'en sens inverse, p. 196; par le *col
de la Pilatte,* p. 196; par le *col de l'Ailefroide,* p. 196.

*Aux Écrins (face N.): env. 8 h. du *refuge Tuckett* (v. p. 199), course de tout premier ordre, encore plus pénible que de la Bérarde (p. 192); tarif exceptionnel (p. 197). On se dirige d'abord, comme ci-dessus, par les *glaciers Blanc* et *de l'Encoula*, vers le *pied des Écrins* (2 h.), où commence l'ascension proprement dite; de là on arrive en 2 h. à une grande *bergschrund*, qu'on traverse sur un pont de neige; puis on gravit une pente de glace très escarpée, où il faut tailler beaucoup de marches, jusqu'à de petits *rochers noirs*, qu'il faut contourner, et l'on atteint près du sommet une *arête* terrible au-dessus du glacier Noir, par laquelle on escalade le cône terminal des *Écrins* (p. 192), à 3 h. de la bergschrund.

Au pic de **Neige Cordier** (3615 m.): 5 h. du *refuge Tuckett*, ascension de difficulté secondaire; tarif 3. On aborde à 1 h. du refuge le magnifique *glacier **Blanc** et l'on monte en 3 h. 1/2, par ce glacier, qui est fort raide, par deux bergschrunds et un couloir, au *col Émile-Pic* ou *de la Plate-des-Agneaux* (3502 m.; au chalet-hôtel de l'Alpe, v. ci-dessous et p. 201). On a de là une *vue superbe. Puis il y a encore 1/2 h. d'ascension jusqu'au sommet, situé au N.-E. Il y a à la fin de mauvais rochers, qui demandent beaucoup de précaution à la descente.

A **Villard-d'Arène** (LA GRAVE). — I. PAR LE COL DU GLACIER-BLANC: 9 h. 1/2 à 10 h. du *refuge Tuckett*, dont 3 h. 1/2 de montée, assez difficile; tarif 2. Il vaut mieux faire cette traversée en sens inverse (v. p. 203). — II. PAR LE COL ÉMILE-PIC: env. 11 h. du *refuge Tuckett*, difficile et dangereux; tarif 2. Il vaut mieux traverser ce passage en venant de l'Alpe. Au *col*, v. ci-dessus. Descente en 3 h., par les pentes dangereuses du *glacier de la Plate-des-Agneaux*, au *chalet-hôtel de l'Alpe*, etc. (v. p. 201).

IV. Excursions de la Grave et de Villard-d'Arène.

La Grave (p. 180) occupe, pour les touristes, une situation toute particulière, sur une grande route, à proximité des plus belles parties des hautes Alpes du Dauphiné et surtout en face de la Meije, qui offre de là une vue grandiose. C'est un site analogue à celui de la Wengernalp en face de la Jungfrau, en Suisse.

Villard-d'Arène (p. 180), moins bien situé que la Grave, a du moins l'avantage d'être 125 m. plus haut et 3 kil. plus près du chalet-hôtel de l'Alpe (v. ci-dessous).

Il y a de ce côté, comme étapes d'alpinistes: au pied du massif du Pelvoux, le *refuge-hôtel Chancel* (accessible aux mulets; 2550 m.; v. p. 201), à 3 h. de la Grave; le *refuge de l'Aigle*, au pied du rocher de ce nom (3445 m.), qui est à dr. du glacier de Tabuchet, à 6 h. de la Grave, important pour l'ascension de la Meije en venant de là; le *chalet-hôtel de l'Alpe* (access. aux mulets; 2090 m.; v. p. 201), à 3 h. de la Grave et env. 2 h. 1/2 de Villard-d'Arène. Du côté des Aig. d'Arves, le *refuge du Lyon-Républicain* (Lombard; env. 2400 m.; p. 204), à 3 h. 1/2 de la Grave.

GUIDES: *Émile Pic, *Louis Faure et *Jules Mathon, de la Grave; François et Édouard Pic et Jules Mathonnet, de la Grave.

TARIFS: I (1re catég.; v. p.182), 1/2 journée, guide, 4 fr.; porteur, 4 fr.; 1 j., 8 et 6; 1 j. 1/2, 12 et 10; 2 j., 16 et 12; — II A, 1 j., 12 et 8 fr.; 1 j. 1/2, 18 et 12; 2 j., 22 et 15; — II B, 1 j., 15 et 10; 1 j. 1/2, 23 et 15; — III A, 1 j., 18 et 12; 1 j. 1/2, 25 et 15; 2 j., 30 et 20; — III B, 1 j., 22 et 12; 1 j. 1/2, 28 et 18; 2 j., 32 et 22. — IV A, 1 j. ou 1 j. 1/2, 30 et 20; 2 j., 38 et 26; 2 j. 1/2, 45 et 30; — IV B, 1 j., 40 et 25; 2 j., 50 et 30. — Pour la Meije centrale, l'Aig. méridionale d'Arves, et le pic Bourcet, 50 et 30 fr.; la Meije occidentale ou les Écrins: 80 et 45; les Écrins en col, 90 et 50; la Meije occidentale par le pic central et les arêtes, 130 et 70 fr.; réduction si l'on ne va pas jusqu'au sommet. — Indemnités de retour (p. 182), 3 à 8 fr. Demander les tarifs.

Nota. Si l'on ne veut faire qu'une promenade, monter de la Grave au *plateau de Paris ou d'Emparis* (env. 2460 m.; chalet-hôtel), à 2 h. 1/2 au N.-O., où l'on peut même arriver à mulet (6 et 12 fr.). On y a une vue magnifique; c'est la Flégère du pays. On a déjà un beau coup d'œil du ressaut entre *les Terrasses* et *le Chazelet* (p. 204), à 1/2 h.-3/4 d'h. de la Grave. Du Chazelet, le sentier du plateau, à l'O., traverse le *Gua* et monte en lacets par les *chalets de Clot-Raffin* (1 h. 1/4), à 1/2 h. du sommet. — On va souvent aussi en promenade au *glacier de la Meije*, qui est accessible aux mulets; 2 h. de marche, par les chalets de Chalvachère (p. 202); mulet et guide, 5 fr.

A St-Christophe, par le col de la Lauze (*glacier de Mont-de-Lans*): 9 h. 1/2 à 10 h. de *la Grave*, si l'on redescend par le lac Noir, 10 h. 1/2 à 11 h. par le vallon de la Selle, course de glacier presque sans difficulté jusqu'au col et même jusqu'à St-Christophe par le lac Noir. Tarif 2 B. On traverse la Romanche et monte au S.-O., en partie dans le vallon du torrent du Tabuchet, par les chalets et le *lac de Puyvacher*, au *refuge-hôtel Chancel* (3 h.; env. 2550 m.). à l'E. du *Peyrou d'Aval* (2650 m.) et en face du *Peyrou d'Amont* (2862 m.). De là, on monte, dans la même direction, vers le petit *lac du Glacier* (env. 1/2 h.) et par la gauche de ce glacier, qui est crevassé, au petit *col des Ruillans* (1 h.), à la base du *Râteau* (p. 190; env. 8 h. de la Grave), et par l'extrémité E. du *glacier de Mont-de-Lans* (p. 187), aussi crevassée, mais sans grande difficulté, au *col de la Lauze* (1 h. 1/2; 3453 m.), etc.: v. p. 188.

Au **Bec de l'Homme** (3457 m.): 6 h. 1/2 de *la Grave* ou de *Villard-d'Arène*, assez difficile; tarif 3 A. On y monte par le *pic de l'Homme* (3 h. 1/2; 2904 m.), et l'arête N. du Bec. Très belle vue de la Meije.

A la Meije (p. 191), *Grand Pic* ou *pic Occidental*, 18 à 20 h., du *refuge de l'Aigle* (p. 200), avec les mêmes difficultés que de celui du Châtelleret (p. 191). mais avec une plus belle vue dans la première partie de l'ascension, durant laquelle on traverse le *glacier du Tabuchet*, jusqu'au pied du pic Central (2 h.), pour gagner de là le pied du pic Occidental (3 h. 1/2), à la *brèche de la Meije* (v. p. 203), d'où l'on se dirige vers les rochers qui précèdent la *pyramide Duhamel* et continue comme il est dit p. 191. Guide, tarif spécial, p. 200. — La *Meije Centrale* (3970 m.) demande de ce côté env. 2 h. 1/2 du même refuge, du côté du pic Occidental, et la *Meije Orientale* (3911 m.), 3 h. du côté N.-E.; guides, tarifs 3 et 4.

Au chalet-hôtel de l'Alpe (2090 m.): 3 h., 2 h. 1/2 de *Villard-d'Arène* (p. 200), par un sentier muletier qui commence à ce village et remonte la rive dr. de la *Romanche* (poteaux). Il y a seulement, dans la seconde moitié, à escalader un versant dit le *pas de l'Ane-à-Falque*. Le *chalet-hôtel de l'Alpe* (lit, 1 fr. 50, dé. ou dî., 3.50, v. c.), dit le «refuge paquebot», à cause de la disposition de ses lits, occupe un site charmant dans le haut de la vallée de la Romanche, à son confluent avec le torrent descendant du glacier d'Arsine (p. 203) et près du *lac Pair*. C'est un point de départ important pour des excursions dans le massif du Pelvoux.

La *source* de *la Romanche* est 1 h. ¹/₄ plus loin, au lac de *l'Etoile*, à l'extrémité du glacier de la Plate-des-Agneaux, dans un cirque grandiose de montagnes, dont les principales sont, de dr. à g., la *Roche-Méane* (v. ci-dessous), la *Grande-Ruine* (v. ci-dessous), le *pic Bourcet* (p. 194), la *Tête de Charrière* (p. 192), la *Roche d'Alvau* (p. 192), la *Roche Faurio* (p. 192) et le *pic de Neige Cordier* (p. 200).

Au pic de Neige du Lautaret (*cime orientale*, 3537 m.), 5 h. ¹/₂ du *chalet-hôtel* de *l'Alpe* (v. p. 201), difficile, tarif 3 A. On remonte encore quelque temps le cours de la Romanche, puis on continue vers le *glacier du Clot-des-Cavales* (col, v. p. 193) et l'on tourne à dr., où commencent les difficultés. Il y a d'abord des pentes et des éboulis pénibles à gravir, puis une paroi de rocher dont l'escalade demande beaucoup de précaution. On arrive ainsi en 4 h. ¹/₂ au pied de l'arête S.-E. du pic, dont l'ascension demande encore env. 1 h. et où il y a aussi de mauvais passages. Très belle vue, dans le genre de celle du pic Gaspard, qui domine celui-ci à l'O.-S.-O. (v. ci-dessous).

Au pic Gaspard (3880 m.): 6 h. ¹/₂ à 7 h. ou 7 h. ¹/₂ à 8 h. du *chalet-hôtel* de *l'Alpe* (v. p. 201), difficile; tarif 4 B. On monte d'abord au S.-O. le vallon du *Clot-des-Cavales*, puis on prend par le second des petits glaciers au N., le *glacier Claire*, le *col Claire* (3350 m.) et un couloir au S.-E. du pic, ou bien (encore plus difficile) par le *glacier supérieur du Clot-des-Cavales* (2 h. ¹/₂), puis par des rochers très escarpés et à la fin peu solides à un couloir (3 h.), d'où l'on gagne un premier pic (1 h. ¹/₂) au S. du pic Gaspard, et enfin ce pic lui-même (³/₄ d'h.). Vue superbe, s'étendant au N.-E. jusqu'au Mont-Blanc et au Grand-Paradis, mais bornée au S. par la Grande-Ruine et les Ecrins. — Au *Pavé*, v. p. 192; à la Bérarde, par la *brèche de la Meije*, etc., v. ci-dessous.

A la Grande-Ruine (3754 m.): 6 h. à 6 h. ¹/₂ du *chalet-hôtel de l'Alpe* (p. 201), assez facile, surtout s'il y a de la neige; tarif 3 B. On remonte le vallon de la Romanche, le quitte au delà de celui du Clot-des-Cavales, passe à g. entre une énorme moraine frontale et la *Roche-Méane* (v. ci-dessous), contourne cette hauteur au S.-E., puis à g. du *glacier de la Casse-Déserte*, au-dessus de celui de la Plate-des-Agneaux, et on monte dans la direction du *col de la Casse-Déserte* (3 h. ¹/₂), pour gagner en deçà, par le *glacier supérieur de la Plate-des-Agneaux* (crevasses) le pied de l'arête S.-E. (1 h. ³/₄) et par cette arête, qui présente des difficultés, le signal de la Grande-Ruine (1 h. ¹/₄), dit *Pointe Brevoort*. *Panorama de toute beauté. On peut redescendre du glacier à la Bérarde par le col de la Casse-Déserte (3 h.; p. 194). — La **Roche-Méane** (3700 m.?), dont l'ascension est très difficile, se gravit en 2 h. ¹/₂ du glacier supérieur de la Plate-des-Agneaux, par l'arête principale et la face N.-O.

A la Bérarde. — I. Par la brèche de la Meije, à l'O. du pic Occidental (p. 191), 10 h. à 10 h. ¹/₂ de *la Grave*, assez difficile sur le versant de la Grave, par où il vaut cependant encore mieux monter; tarif 3 B. On peut s'arrêter en route, à la descente, au refuge du Châtelleret. Traversant la Romanche, on se dirige d'abord au S. vers les *chalets de Chalvachère* (1 h.), dans le vallon de ce nom; puis on passe au *gîte Bouillet* (3 h.) et on arrive à une *bergschrund* (3 h.), qu'il faut traverser pour atteindre la *brèche* (¹/₂ h.). Par un autre itinéraire, on s'élève directement au S. vers le *glacier de la Meije*, au N.-O. du pic Occidental, et l'on atteint en 2 h. les *Enfetchores* (2300 m.), arête rocheuse dans ce glacier. Ensuite on

escalade cette arête (3 h.) et traverse la bergschrund pour être à la
brèche de la Meije (1 h. ³/₄ à 2 h.; 3300 m.; du refuge de l'Aigle,
v. p. 201). De là on descend assez facilement, par le *glacier des
Etançons* (p. 191), en 2 h. ¹/₄ au *refuge du Châtelleret* (p. 189), d'où
il y a encore 1 h. ¹/₂ jusqu'à *la Bérarde* (p. 186). — II. PAR LE COL
DU CLOT-DES-CAVALES: env. 9 h. (4 à 5 jusqu'au col) du *chalet-
hôtel de l'Alpe* (p. 201), assez facile et moins pénible que le trajet en
sens inverse, mais un peu plus long. Tarif 2 B. V. p. 193. Descente
par le *Châtelleret.* — III. PAR LA BRÈCHE DE CHARRIÈRE (3261 m.),
au S. de la tête de ce nom (p. 192), 6 h. du *chalet-hôtel de l'Alpe* (p.
201), dont 3 h.¹/₂ de montée; assez difficile; tarif 3 B. Il faut traverser
le *glacier de la Plate-des-Agneaux* et gravir un couloir de neige où
tombent des pierres. — IV. PAR LA BRÈCHE D'ALVAU (env. 3015 m.),
entre la *Roche d'Alvau* (3534 m.; p. 192), à l'O., et la *Roche Faurio*
(3716 m.; p. 192), à l'E., au-dessus du *glacier de la Plate-des-
Agneaux,* env. 9 h. du *chalet-hôtel de l'Alpe* (p. 201), très difficile;
tarif 3 B. Descente vers le *refuge de la Bonne-Pierre* (1 h. du col;
p. 189).

A Ailefroide (*Vallouise*). — I. PAR LE COL EMILE-PIC: 10 à 11 h. du
chalet-hôtel de l'Alpe (p. 201), sans difficulté pour les alpinistes; tarif 3 A. On
peut coucher en route à l'un des refuges de l'autre versant. En ¹/₂ h. à la
fourche des vallons qui montent vers les glaciers du Clot-des-Cavales
(p. 202) et de la Plate-des-Agneaux; 1 h. après au pied de la montée,
1 h. ¹/₂ plus loin au *glacier de la Plate-des-Agneaux,* où il y a beaucoup
de crevasses, et en 3 h. ¹/₄ de là au col Emile-Pic ou *de la Plate-des-
Agneaux* (3502 m.), à l'E. du *pic de Neige Cordier* (p. 200). Vue assez
bornée, mais *coup d'œil sublime au delà du col, sur l'immense bassin
du glacier Blanc et en face sur les Ecrins. Descente en ¹/₂ h. au *glacier
Blanc,* puis en 1 h.-1 h. ¹/₄ au *refuge Tuckett* (p. 200), 1 h. ¹/₄-1 h. ¹/₂ au
Pré de Madame-Carle (p. 199), ³/₄ d'h. au *refuge Cézanne* (p. 199), ¹/₂ h. à
Ailefroide (p. 197) et 1 h. ³/₄ à *Vallouise* (p. 196). — II. PAR LE COL DU
GLACIER-BLANC (3268-3308 m.): 11 à 12 h. du *chalet-hôtel de l'Alpe* (p. 201),
difficile à la montée, par le *glacier d'Arsine* (6 h. ³/₄); tarif 3 A. Descente
par le magnifique *glacier Blanc* vers le *refuge Tuckett* (2 h.), etc.; v. p. 200.
On monte sans peine à l'E. du col du Glacier-Blanc, en 20 min., au *pic
signalé 3355,* qui offre une *vue admirable.

*A l'Aiguille du Goléon,** au N.: 6 h. ¹/₂ et 6 h. ³/₄ de *la Grave,*
assez facile; tarif 2 A. Il y a deux itinéraires principaux, l'un, direct
et plus commode, par la face S.; l'autre par le versant O. Dans le
premier, on suit d'abord la direction du col Lombard (v. p. 204)
et continue par les *chalets de Puy-Garnier.* Par le second, on va
au N. jusqu'au *col de Martignare* (v. p. 204), d'où l'on prend
à l'E. par un couloir et des éboulis à la fin un peu pénibles. L'***Aiguille** ou **Signal du Goléon** (3429 m.) est un des principaux sommets
au N. de la Grave et sans doute celui qui offre la *vue la plus grandiose du massif du Mont-Pelvoux, en particulier de la Meije, grâce
à son isolement de ce côté et à sa hauteur. Très belle vue aussi
des fières Aiguilles d'Arves. Au N. s'étend le *glacier Lombard,* au
delà duquel sont les Aig. de la Saussaz (p. 204) et le col Lombard
(v. p. 204).

Aux Aiguilles d'Arves: env. 6 h. ¹/₂ et 10 h. de *la Grave,* par le
col Lombard (v. p. 204), ascensions au moins difficiles; tarifs 4 A (Aig.

Centr.) et 4 B (Aig. Sept.) et tarif spécial (Aig. Mérid.; p. 200). Les **Aiguilles d'Arves** sont au nombre de trois : l'*Aig. Méridionale* (3504 m. ?), qui est très difficile et même dangereuse ; l'*Aig. Centrale* (3511 m.), qui n'est pas très difficile, et l'*Aig. Septentrionale* (3400 m.), qui est très difficile, autant, dit-on, que celle du Grand Pic de la Meije. — Les *Aiguilles de la Saussaz* (3304 et 3321 m.), de l'autre côté (S.) du col Lombard, se gravissent de là en 3 h.

A **St-Jean-d'Arves.** — 1. Par le col de l'Infernet : env. 8 h., chemin et sentiers muletiers ; guide utile jusqu'au col ; tarif 1. On monte d'abord au N., par l'église aux *Terrasses* (1/4 d'h.), puis au *Chazelet* (1/2 h.), où on laisse à dr. le sentier du col de Martignare (v. ci-dessous), et ensuite au N.-O. par *les Rivets* et *les baraques des Salomons* (1 h. 3/4) et de *la Buffe* (1/2 h.). Le col de l'Infernet (2690 m.) est une faible dépression à 4 h. 1/4 - 4 h. 1/2 de la Grave, à l'O. du *pic du Mas-de-la-Grave* (3023 m. ; facile ; 1 h. 1/2). On y a une *vue superbe au N. et au S. Le sentier redescend au N., par la vallée de *l'Arvette*, à *Entraigues* (2 h. 1/2), sur l'*Arve*, d'où l'on monte au N. à *St-Jean-d'Arves* (1 h. 1/4 ; 1550 m. ; p. 184). — II. Par le col de Martignare : 7 h. 3/4, sentiers muletiers, sauf au col ; guide comme ci-dessus. Même chemin que le précédent jusqu'au *Chazelet* (3/4 d'h. ; v. ci-dessus). On continue de là au N. par le *Chal* et la droite d'un vallon à l'extrémité duquel est le *col de Martignare* (3 h. 1/4 ; env. 2600 m.), à l'O. de l'Aig. du Goléon et des Aig. de la Saussaz (v. ci-dessus). Très belle *vue en arrière sur le massif du Pelvoux. On appuie à dr. à la descente, où l'on a une belle *vue des Aig. d'Arves (v. ci-dessus), dépasse un vallon rocheux à g. et en gagne un second, où sont les *granges de la Saussaz* (env. 1 h.), pour rejoindre plus bas à g. le sentier du col ci-dessus. — III. Par le col Lombard : 10 h. ; sentiers, sauf aussi au col, où il y a même un coin de glacier ; guide nécessaire ; tarif 1. Le sentier qui y conduit, par le col Lombard (refuge), prend d'abord au N.-E., après le premier tunnel de la route du Lautaret, et passe par *Ventelon* (env. 3/4 d'h.), *les Hières* (1/4 d'h. ; 1770 m.), *Pramélier* (1/2 h. ; 1850 m.). Plus loin, il tourne à g. dans un vallon sauvage. En face se voient déjà les Aig. d'Arves. On traverse plus loin la partie inférieure du *glacier Lombard*, qui est facile, et sur la moraine duquel est le *refuge du Lyon-Républicain* (2 h. ; env. 2400 m.), on arrive au *col Lombard* (3160 m.), à 5 h. 3/4 de la Grave, entre les Aig. de la Saussaz, au S., et les Aig. d'Arves, au N. (v. ci-dessus). On redescend par les *chalets du Rieu-Blanc* (1 h. 1/2 ; env. 2240 m.) et diverses granges jusqu'à la *vallée de l'Arvette* (1 h. 1/2), où l'on rejoint les deux chemins précédents.

V. Excursions du Lautaret.

Le *Lautaret* (p. 180) est plutôt une station d'été qu'un centre d'excursions. Cependant on peut faire de là un certain nombre de celles qui sont indiquées à la Grave (p. 200) et au Monêtier (v. p. 206). Les *guides*, au départ de cet endroit, sont ceux de l'une ou de l'autre des localités qui viennent d'être citées, en principe avec les mêmes tarifs. — Comme *refuge*, il n'y a à proximité que le *chalet-hôtel de l'Alpe* (3 h. 1/2 ; p. 201), relié aussi maintenant au Lautaret par un chemin muletier, seulement de 1/2 h. plus long que celui de la Grave.

Excursions communes au Lautaret et à la Grave en passant par le chalet-hôtel de l'Alpe (v. p. 205) : au *pic de Neige du Lautaret* (p. 202), au *pic Gaspard* (p. 202), à la *Grande-Ruine* (p. 202), à la *Bérarde* par le col du Clot-des-Cavales, la brèche de Charrière et la brèche d'Alvau (p. 203), à *Ailefroide* par les cols Emile-Pic et du Glacier-Blanc (p. 203).

A la Pyramide du Laurichard (2775 m.), au S.-O. du col : 2 h.¹/₂, facile ; tarif. — On remonte le vallon du torrent du Lautaret pour gagner au S. du pic le *col du Laurichard* (2 h. ; 2660 m.), et on arrive au sommet en ¹/₂ h. par l'arête S. Belle vue, particulière- ment vers le haut de la vallée de la Romanche. — On peut redes- cendre du col en 1 h. ¹/₂ au *chalet-hôtel de l'Alpe* (v. ci-dessous).

Au pic de Combeynot (3163 m.), entre les vallées de la Romanche et de la Guisane : 3 h. ³/₄, sans difficulté ; tarif 2 A. Prendre en deçà du col le vallon d'où descend la *Guisane,* puis un autre vallon à dr., conduisant à une terrasse d'où la montée est plus considérable. Le sommet O. où l'on arrive par là (2 h. ¹/₂) est plus élevé de 10 m. que celui qui est à l'E. *Panorama magnifique, s'étendant aussi jusqu'au Mont-Blanc. On se trouve en face du cirque formé au N.-E. par le massif du Pelvoux, avec les grands glaciers d'Arsine, de la Plate-des-Agneaux et du Clot-des-Cavales.

Au chalet-hôtel de l'Alpe (p. 201) : 2 h., par un sentier qui contourne la *Pyramide du Laurichard* au N.-O. et rejoint celui de Villard-d'Arène dans la *vallée de la Romanche,* au-dessus du pas de l'Ane-à-Falque (p. 201).

A la Roche du Grand-Galibier (3242 m.), à l'E. de la route du col de ce nom : env. 4 h. ¹/₂, facile ; tarif 2 A. On monte au N., par le sentier qui coupe les lacets de la route (p. 180), à la *Mandette* (³/₄ d'h. ; v. ci-dessous), puis à dr. vers l'arête S.-E. et par là à g. au sommet. *Panorama superbe des Alpes du Dauphiné et s'éten- dant jusqu'au Mont-Blanc. — La *Roche du Petit-Galibier* (2830 m.), à l'O. de la route, d'où l'on y monte en 50 min., offre aussi une très belle vue.

A la Part ou *pic des Trois-Evêchés* (3120 m.) : 3 h. ¹/₂ à 4 h., sans dif- ficulté ; tarif 2 A. L'itinéraire est par le vallon du *torrent de Roche-Noire,* au N.-E., au fond duquel on gravit la crête de la montagne pour arriver d'abord à une première cime cotée 3096 m., d'où l'on gagne bientôt l'autre. *Panorama dans le genre de celui du Grand-Galibier (v. ci-dessus). Le second nom de ce pic vient de ce qu'il est à la limite des évêchés de Grenoble, de Gap et de St-Jean-de-Maurienne.

A St-Michel-de-Maurienne, par le Galibier : 44 kil., route ma- gnifique et voit. publ. du 15 juin au 15 sept. ; trajet en 6 h. (8³/₄ en sens inverse), pour 12 fr. Cette route (sentiers qui abrègent) est le chemin direct entre les hautes Alpes du Dauphiné et la Savoie et la plus haute de l'Europe après celle du Stelvio (Tyrol ; 2760 m. contre 2460 env.). Elle prend à g. de celle de Briançon, 1900 m. au delà du Lautaret et elle monte au N. par des lacets très prononcés et si raides qu'il faut 7 chevaux sur une voiture contenant 16 personnes. On passe à la grange de *la Mandette* (4 kil. 3 ; v. ci-dessus). Vue splendide en arrière sur les montagnes jusqu'à la frontière d'Italie. Plus loin, une *cantine* où l'on fait halte, puis un *tunnel* de 380 m., à 8 kil. du Lautaret et env. 200 m. au-dessous du **col du Galibier** (2658 m.), entre le Petit (à g.) et le Grand-Galibier (v. ci-dessus). La vue est naturellement encore plus étendue du col même, qui est d'un accès facile, et elle embrasse de plus les montagnes du côté de la Savoie. Celles qu'on voit de la route au delà du tunnel étant exposées au S., n'ont plus de glaciers comme du côté du Dauphiné à la montée. On passe bientôt aux *chalets*, puis aux *granges du Galibier.* — 16 kil. *Pont de l'Achate* (2144 m.), refuge où on traverse *la Valloirette* et où aboutissent les sentiers des cols de la Ponsonnière (p. 207) et des Rochilles (p. 222). La route descend la vallée. Par le deuxième vallon à g. se voient les Aiguilles d'Arves (p. 204). — 20 kil. *Bonnenuit* (env. 1700 m.). — 23 kil. *Les Verneys* (env. 1560 m.; aub.). — 26 kil. 5. **Valloire** (1430 m.; hôt.: *Gr.-H. de Valloire, Gr.-H. des Alpes,* bons), gros village dans un beau site, au confluent de la Valloirette et de la Neuvachette et maintenant un lieu de villégiature, desservi en outre par un courrier de St-Michel (4 fr.). — La route remonte ensuite sur la rive dr. de la Valloirette, qui s'enfonce dans une gorge. Le plateau qu'on parcourt se termine env. 6 kil. plus loin par un escarpement où est le *fort du Télégraphe* (1600 m.), dominant la vallée de l'Arc. Le chemin en est interdit au public et la route tourne à 1200 m. en deçà du N. au S., à 4 kil. 5 de Valloire, en passant dans un petit *tunnel,* à l'issue duquel il y a une *cantine.* De là elle descend par d'immenses lacets, d'où l'on a une vue magnifique de la vallée de l'Arc, avec St-Michel dans le fond et dominée en face par le Perron des Encombres (p. 124). On traverse ensuite une très belle forêt et enfin la *Neuvache,* l'*Arc* et le ch. de fer. — 44 kil. *St-Michel-de-Maurienne* (p. 141).

VI. Excursions du Monêtier.

Le *Monêtier-les-Bains* (p. 181) a également son importance comme point de départ pour des excursions, par sa proximité de la partie du Pelvoux qui forme le massif secondaire de *Séguret-Foran,* et par sa proximité de Briançon.

GUIDES: *Jacques Boy* et *Xav. Gallice.*

TARIFS: I (1re catég.; v. p. 182), 1/2 journée, guide, 4 fr.; porteur, 4 fr.; 1 j., 8 et 6; — II, 1 j., 12 et 8 fr.; 1 j. 1/2, 18 et 12; 2 j., 22 et 15; — III, 1 j., 16 et 10 fr.; 1 j. 1/2, 22 et 14; 2 j., 27 et 18 fr. — Indemnités de retour (p. 182), 3 à 7 fr. Demander les tarifs.

Au *pic de Combeynot* et au *Grand-Galibier,* v. p. 205.

Au chalet-hôtel de l'Alpe, PAR LE COL D'ARSINE: env. 5 h., sentier de mulets pénible, mais voie la plus courte pour gagner les massifs de la Meije et des Ecrins; guide inutile (tarif 1). On suit d'abord la route du Lautaret, jusqu'au *Casset* (1/2 h.; p. 181), puis on prend à g. le vallon du *Petit-Tabuc,* en longeant à dr. la *montagne du Vallon* (3089 m.) et à g. la *montagne de Ste-Marguerite* (2590 m.). On aperçoit bientôt, à g., le *glacier du Casset,* dominé par le pic des Agneaux (v. p. 207). Ensuite on arrive au *lac d'Arsine* (1 h. 1/2 à 2 h.), après lequel vient une montée très raide, suivie d'une sorte de cirque dominé à g. par la *Roche de Jabel* (3363 m.) et où sont trois autres petits lacs et les *chalets d'Arsine* (env. 1 h. 1/2). Le sentier tourne à cet endroit au S.-O. dans la direction du grand *glacier d'Arsine,* que dominent, à g. et à dr., la *montagne des Agneaux*

(v. ci-dessous) et le *pic de Neige Cordier* (p. 200), et il atteint le **col d'Arsine** (env. ¹/₂ h.; 2400 m.), près du glacier, d'où l'on descend au N.-O., par une pente très raide et un petit lac, au *chalet-hôtel de l'Alpe* (env. 1 h.; p. 201).

Au pic des Prés-les-Fonds (3363 m.), le plus haut sommet visible du Monêtier, au S.-O.: env. 6 h. ¹/₂, relativement facile. D'abord par le beau *vallon du Tabuc* aux cabanes des *Grangettes* (2 h.), puis à dr. par les pâturages et des éboulis au *glacier des Prés-les-Fonds* (1 h. ¹/₂), qu'on traverse pour gagner l'arête N. un peu au-dessous du *col des Prés-les-Fonds* (3100 m.; 2 h.¹/₄), et par cette arête le sommet (env. 1 h.). On peut redescendre par l'arête O., vers le *col du Casset* (3280 m.), et par le *glacier du Monêtier* (1 h.) au vallon du Tabuc, à env. 1 h. ¹/₄ du Monêtier.

Au lac de l'Eychauda : 4 h. ¹/₂, assez facile; tarif 1. On remonte d'abord, au S., le beau *vallon du Tabuc* (2 h.); puis on passe, dans la même direction, par le *col des Grangettes* (1 h. ¹/₂ à 2 h.; 2658 m.) ou, plus à l'E., par le *col de Montagnole* (2 h.; 2750 m.?), entre les *Rochers de Montagnole* (à dr., 2846 m.) et l'*Yret* (2853 m.), d'où l'on redescend en ¹/₂ h. à ³/₄ d'h. au lac. Le lac de l'Eychauda ou *Echauda* (2525 m.) est une nappe d'eau d'env. 700 m. de long sur 400 de large, dans un site désolé et grandiose, baignant le pied du *glacier de Séguret-Foran* et où flottent de petits icebergs. Par ce glacier et le *col de Séguret-Foran* (3336 m.), qui est difficile, on irait au refuge Cézanne (p. 198). En suivant au contraire, par la rive dr., la décharge du lac, dans une gorge bordée au N.-E. par le *Rocher de l'Yret* (2853 m.), on rejoint en 1 h. le sentier du Monêtier à Vallouise (v. ci-dessous).

A la montagne des Agneaux (3660 m.), 6 h. ¹/₂ à 7 h., difficile, tarif 4. 6 h. env. jusqu'au *col Tuckett*, à l'E. du pic et au-dessus du *glacier du Monêtier*, d'où il y a encore ¹/₂ h. d'escalade au N.-O. *Panorama superbe. — Le *col Tuckett* (3500 m.) et le *col Jean-Gauthier* (3250 m.), à l'O. du pic, sont deux passages difficiles menant en Vallouise par le refuge Tuckett (p. 200).

A Vallouise, PAR LE COL DE L'EYCHAUDA ou *de Vallouise :* env. 6 h., sentier de mulets; tarif 1. On remonte le vallon du *torrent de Corvaria,* parallèle, à l'E., au vallon du Tabuc. A g., *la Cucumelle* (2703 m.), dont la cime offre une très belle vue. On arrive en 3 h. au **col de l'Eychauda,** *Echauda* ou *Vallouise* (2429 m.), entre la Cucumelle et les *Roches des Neyzets* (2752 m.), d'où l'on redescend dans le *vallon de l'Eychauda* et passe par *Rieou-la-Selle, Fourchier, Chambran, les Choulières* et *les Claux,* à 2 h. ¹/₂ du col, ³/₄ d'h. de *Vallouise* (p. 196) et 1 h. d'Ailefroide (p. 197).

A Valloire, PAR LE COL DE LA PONSONNIÈRE: 7 h., d'abord par la route du Lautaret jusqu'au *Lauzet* (6 kil.; p. 181) et ensuite par la rive g. du torrent du *Rif,* les *chalets de l'Alp,* le *lac* et le *col de la Ponsonnière* (3 h.; 2617 m.), entre le *pic de la Ponsonnière* (3025 m.) et la *Crête de Colombe* (3181 m.), à g., et les *pics de la Moulinière* et *des Béraudes* (2936 m.), à dr. De là on redescend en 1 h., par les *chalets des Mottes,* au *pont de l'Achate* (¹/₂ h.), où l'on rejoint la route du col du Galibier à St-Michel-de-Maurienne par *Valloire* (p. 206).

A Névache, ETC., PAR LE COL DE BUFFÈRE, 4 h. ¹/₂ à 5 h., course peu intéressante, par un sentier de mulets où l'on n'a pas besoin de guide. On suit d'abord la route de Briançon jusqu'au delà des *Guibertes* (p. 181), au *Freyssinet* (¹/₂ h.), d'où l'on monte à g. vers une maison qui se voit du bas. On met env. 1 h. ¹/₄ pour atteindre, à g., *Puy-Freyssinet* et encore 1 h. ¹/₄ jusqu'au col de Buffère (2536 m.), entre des pics rocheux également visibles du bas. On a à la montée une belle vue en arrière sur une partie du massif du Pelvoux, mais on ne voit plus à la descente que des pics dénudés et sans glaciers. On atteint alors en 3/4 d'h. les *chalets de Buffère* et 3/4 d'h. plus bas, par un sentier pénible, la vallée de la *Clairée*, torrent au delà duquel est *Lacou*, ham. de *Névache*, dont les parties principales sont encore à env. 10 et 20 min. en aval (v. p. 221).

26. De Grenoble dans les montagnes, par la Mure.

I. De Grenoble à la Mure. Valbonnais et Valjouffrey.

50 kil. de ch. de fer jusqu'à *la Mure*, trajet en 2 h. 30 à 2 h. 40, pour 5 fr. 70, 3 fr. 85 et 2 fr. 55. Billets d'excursion de Grenoble (Synd. d'init., p. 154) à la Mure, avec retour en voit. par Laffrey (p. 209) et Vizille (p. 177), valables 15 jours : 9, 7 et 6 fr. — Il doit y avoir bientôt un ch. de fer électr. de la Mure à Gap.

Jusqu'à *St-Georges-de-Commiers* (19 kil.), v. p. 214-215. On change de train et il faut se placer à dr. pour la vue. C'est ici que commence la **ligne de la Mure*, ligne d'intérêt local, à voie étroite, excessivement intéressante par ses ouvrages d'art et qui traverse une région très pittoresque, importante aussi par ses mines d'anthracite. Elle monte de 602 m. sur un parcours de 27 kil. et redescend de 44 m. sur 4 kil. — D'abord une rampe de 275 mm. et des lacets au N. et au S., avec un tunnel courbe qui n'a que 100 m. de rayon, et 3 autres tunnels. A dr., la ligne de Veynes et toujours le *Drac*.

27 kil. *Notre-Dame-de-Commiers* (479 m.). Tunnel. On continue de remonter, à une très grande hauteur, les escarpements de la rive dr. du Drac, et l'on y a des *coups d'œil superbes sur la vallée, les montagnes de Lans (Grande-Moucherolle) et, en arrière, le massif de la Grande-Chartreuse, etc., comme de l'autre ligne (p. 215). Les cailloux roulés qu'on voit encore dans les tranchées à cette hauteur donnent une idée des ravages incroyables causés dans cette région par le torrent. 3 tunnels, le 2e de 440 m., formant une boucle. Dans le bas, à dr., une partie du chemin qu'on vient de parcourir. Pont, tunnels de 300, 308 et 403 m., viaduc, autre tunnel de 403 m. et *viaduc de la Rivoire*, à une hauteur de 300 m. Au loin, à dr., le Mont-Aiguille (p. 216). On quitte ensuite la vallée du Drac et passe encore dans 3 petits tunnels. A dr., le château de la Motte.

36 kil. **La Motte-les-Bains** (706 m. à la stat.; *hôt. du Château*), hameau dans un ravin encaissé entre de hautes montagnes et au milieu duquel s'élève une colline (620 m.) où est l'*établissement thermal*, un anc. château, transformé et agrandi. Il faut 1/4 d'h. pour s'y rendre de la gare. Ses eaux, à la température de 58 à 62° à leurs sources, rentrent dans la catégorie des chlorurées-sodiques fortes et s'emploient avec un grand succès dans le traitement des catarrhes, des rhumatismes, des affections scrofuleuses, etc. L'établissement est bien organisé, mais c'est une station thermale paisible. Les sources sont env. 1/2 h. plus loin, au bord du Drac, et les eaux viennent de là par une canalisation.

Le site des *sources* est curieux, et l'on y fera une promenade intéressante, par un sentier qui descend de l'établissement dans la prairie, traverse un petit torrent et remonte sur la rive gauche. Il y a à la fin une longue descente en lacets. Les eaux sont refoulées par une pompe établie dans un modeste bâtiment, en utilisant une *cascade* de 130 m. de haut, qui ne se voit bien que de la rive g. du Drac. On passe de ce côté par un pont suspendu, dit *pont d'Avignonet*, et le sentier remonte sur un plateau par où l'on irait, en 2 h. 1/2 à 3 h. de la Motte-les-Bains, au Monestier-de-Clermont (p. 215).

Montagnes intéressantes à gravir aux environs: le *Monteynard* ou *Signal de Notre-Dame-de-Vaulx* (1713 m.), au N., en 3 h. 1/2 à 4 h.; le *Seneppi* (1772 m.), au S., aussi en 3 h. 1/2 à 4 h. Belles vues.

Ensuite la partie la plus curieuse de cette ligne au point de vue des ouvrages d'art. On contourne le ravin de la Motte, par des lacets et de fortes rampes, d'où l'on a une vue grandiose. Il y a 4 viaducs, le premier avec courbe de 100 m. de rayon et haut de 35 m., le second tout près du premier en retour et les deux autres à un lacet sous le second, de 23 et de 38 m. de haut, séparés par un tunnel. Puis encore un tunnel sous l'embranch. suivant.

42 kil. *La Motte-d'Aveillans* (867 m.), bourg qui a d'importantes mines d'anthracite.

EMBRANCH. de 3 kil. sur *Notre-Dame-de-Vaulx*, qui a aussi des mines d'anthracite. — Correspond. de là (3/4 d'h.; 1 fr.) pour **Laffrey** (925 m.; *hôt. Charlaix*), village dans un beau site, sur la route de Grenoble (42 kil.) à Corps (38 kil.) par la Mure (13 kil.). C'est à Laffrey que Napoléon Ier, revenant de l'île d'Elbe, rencontra le détachement de troupe envoyé contre lui, comme le rappelle une plaque au mur du cimetière, à dr. à la sortie du village au S.-E. A peu de distance de ce côté, à g. de la route, est le *Grand lac de Laffrey* (911 m. d'alt.), qui a 3 kil. de long et 800 m. de large; au N.-E., le petit *lac Mort;* au S. du grand, le *lac de Petit-Chat* (930 m. d'alt.), et plus loin encore le *lac de Pierre-Châtel*, moins grands de moitié environ. Ceux-ci sont séparés par une chaîne de collines de Notre-Dame-de-Vaulx et de la Motte-d'Aveillans, et l'extrémité du dernier est à peu près à mi-chemin de *la Mure* (v. ci-dessous). Laffrey n'est qu'à 8 kil. de *Vizille* (p. 177; correspond.). — Jolie promenade de Laffrey à *la Morte*, à env. 3 h. 1/4 à l'E., au pied du Taillefer (p. 178).

La ligne de la Mure traverse encore ensuite un tunnel de 1071 m. — 46 kil. *Peychagnard* (917 m.).

50 kil. **La Mure** (882 m.; hôt.: *Pelloux, du Nord,* bons; dé. 3 fr.), ville industrielle de 3384 hab., avec des fabriques de clous et de toile d'emballage, des marbreries, etc.

De la **Mure** à Vizille, par *Laffrey:* 21 kil., correspond. (2 h. et 2 h. 1/2; 3 fr.) et service de voit. du voyage circulaire de Grenoble par chemin de fer avec retour par la route (v. p. 208). On passe par *Pierre-Châtel* (5 kil.) et son lac, puis par les autres lacs, mentionnés ci-dessus, etc.

De la **Mure** à *Mens* et à *Clelles,* v. p. 216.

Le Valbonnais et le Valjouffrey.

Le *Valbonnais* et le *Valjouffrey* sont la partie inférieure de la vallée de la *Bonne,* affluent du Drac, de la Mure à Entraigues (v. p. 210) et la partie supérieure, au delà d'Entraigues. Cette vallée, dont la rivière est bien dénommée, est remarquable par ses paysages et sa végétation et présente dans le haut aux alpinistes des montagnes de premier ordre, se rattachant au massif du Pelvoux (R. 25).

De la **Mure** au **Bourg-d'Oisans:** 46 kil., route desservie l'été par une voit. de correspond. au premier train du matin, trajet en 8 h. 1/2, dont 1/2 h. d'arrêt au Périer, pour 9 fr.

On suit la route de Gap jusqu'au *Pont-Haut* (5 kil.; v. p. 211), d'où l'on continue à l'E. par la belle vallée de la *Bonne*. — 13 kil. **Valbonnais** (816 m.; *aub. Dussert*), gros village sur une terrasse au S. du *Quaro* (2610 m.), avec un château du xviie s. et les les ruines d'un autre château. La route redescend. Voir la carte p. 182.

18 kil. *Entraigues* (750 m.; aub.), où la Bonne se grossit de la *Malsanne*, dont on va remonter la vallée. A *la Salette*, v. p. 211. A l'E. se dresse le *Pic-Vert* (2557 m.). — Route de *la Chapelle-en-Valjouffrey*, v. ci-dessous. La route du Bourg-d'Oisans remonte au N. dans la vallée de la Malsanne. — 23 kil. **Le Périer** (967 m.; *hôt. des Alpinistes*), dans un cirque de montagnes. — 27 kil. *La Chalp*, à l'E. de la *Pointe de Larmet* (2785 m.). — 33 kil. **Col d'Ornon** (env. 1360 m.), entre le *pic du Col d'Ornon* (2876 m.) et un contrefort du *Taillefer* (p. 178), qui en sont assez éloignés à l'E. et à l'O. On en redescend dans la vallée de la *Lignare*, en laissant à g. *Ornon*, dont on traverse plusieurs hameaux. — 43 kil. *La Paute*, sur la route de Grenoble (tramway), 3 kil. en aval du *Bourg-d'Oisans* (p. 178).

De la Mure à la Chapelle-en-Valjouffrey (*Valsenestre*, le *Désert-en-Valjouffrey*): 25 kil. de route, dont 18 desservis jusqu'à Entraigues par un courrier et, l'été, la voit. du col d'Ornon (v. ci-dessus). Voit. partic. d'Entraigues à la Chapelle, 4 fr.

D'*Entraigues* (v. ci-dessus), on continue de remonter à l'E. la vallée fertile de la Bonne. Voir la carte p.182. — 21 kil. *Gragnolet*, où aboutit le sentier de la Salette (p. 211). — 25 kil. *La Chapelle-en-Valjouffrey* (980 m.; *hôt. Guibert*; guide, P. Gaillard), village où la Bonne se grossit du *Béranger*, qui descend au N.-E. du *Valsenestre*. — Au confluent, le *pic de Valsenestre* (2759 m.; assez difficile; guide, 15 fr.).

Le Valsenestre est un beau vallon, bien boisé et abrité. *Valsenestre* (1279 m.; aub.: *Blanc, Vial*; guide, Blanc-Lapierre), hameau à env. 1 h. 1/2 de la Chapelle, se trouve au pied de la chaîne de montagnes qui sépare la vallée du Vénéon de celle de la Bonne. On passe particulièrement de là dans la première par le *col de la Muzelle* (p. 185). Ascension de la roche de la Muzelle (p. 188), 7 h. 1/4, difficile; guide, 20 fr.

Le chemin de la vallée de la Bonne se continue jusqu'au *Désert-en-Valjouffrey* (1285 m.; petite aub. primitive; guide, Cél. Bernard), village aussi sur le versant S.-O. des montagnes de la rive g. du Vénéon.

Passage de ce côté par le *col de la Mariande* (assez diff.; 6 h. 1/2 de montée; guide, 15 fr.), v. p. 188. Du Désert à la *Chapelle-en-Valgaudemar* (p. 189) par le *col de la Vaure* (2600 m.), au S.-E., 8 h. 3/4 dont 41/4 de montée facile (guide, 8 fr.); par le *col de Turbat* (2690 m.), au fond de la vallée, où sont l'Aig. et le Pic d'Olan (p. 189), aussi 8 h. 3/4, mais moins facile (guide, 12 fr.). Ascension du *pic de Turbat* (3030 m., p. 189), 1 h. 1/4 du col.

II. De la Mure à Corps. La Salette. Le Valgaudemar.

25 kil. de route de la Mure à *Corps* et correspond. 2 fois le jour, 3 fois en été; trajet en 3 h., pour 3 fr. — Pour la Salette et le Valgaudemar, v. p. 211.

La route de Corps et Gap descend de la Mure, par des lacets
que coupe le vieux chemin (3 kil.), dans la vallée de la *Bonne,*
affluent du Drac. — 5 kil. *Le Pont-Haut,* où on la traverse et laisse
à g. la route de Valbonnais (v. p. 210). Ensuite on monte sur le
plateau fertile du *Beaumont,* qu'arrose un canal dérivé de la Bonne
a la Chapelle-en-Valjouffrey (v. p. 210). A dr., les montagnes
du Dévoluy (p. 217), surtout l'*Obiou* (v. ci-dessous), au delà duquel apparaît le Mont-Aiguille (p. 216). — 12 kil. *La Salle.* La
route court ensuite à une grande hauteur sur la rive dr. du *Drac,*
puis descend pour remonter par un lacet, à g. au débouché du vallon
de la Salette.

25 kil. **Corps** (962 m.; hôt.: *du Palais, de la Poste*), toute petite
ville, sur une terrasse dominant au S. la vallée du Drac.

Une route conduit de ce côté, par *Pellafol* (10 kil.), à *la Pœterle* (12 kil.;
aub.), d'où se fait, en 6 h., avec un guide, l'ascension difficile de l'**Obiou**
(2793 m.), principale cime du Dévoluy (p. 217), qui se voit déjà de Corps.
Très beau panorama.

La Salette. Le Valgaudemar.

De Corps à Notre-Dame-de-la-Salette: env. 10 kil., par une route en
partie encore fort raide et mauvaise (ch. de fer à crémaillère concédé); voit.
de correspond., 4 fr.; mulet, 3 fr. 50. Aller et retour de la Mure, 12 fr. 50;
de Gap, 18 fr. 50.

Le chemin prend au N. de Corps, par le vallon que traverse la
route de la Mure. La première partie est assez belle, jusqu'au village de *la Salette* (5 kil.). Ensuite commence la montée, sur les
flancs escarpés et dénudés à g. du cirque dans le haut duquel est le
sanctuaire (v. la carte p. 182). Nature sauvage et vue grandiose vers
la fin, quand on contourne le cirque. Pour les piétons, il y a un
chemin plus court qui est d'abord la continuation de la route dans
la vallée et qui contourne ensuite le cirque à dr., à noter au moins
pour la descente. — **Notre-Dame-de-la-Salette,** qui ne se compose
que d'une église et de deux *hôtelleries,* celle de dr. pour les dames
et l'autre pour les hommes, est située sur un petit plateau, à une
altitude d'env. 1800 m., entre des montagnes couvertes seulement
de pâturages.

C'est là que, suivant le récit qu'ils en firent, la Vierge apparut en
1846 à un garçon et une fille de 12 et 14 ans, leur parlant, pleurant sur
la perversité des hommes et disant que si l'on ne faisait pénitence, elle
serait impuissante à retenir plus longtemps le bras de son fils, etc. Leur
récit ne fut pas toutefois pleinement accepté d'abord par toutes les autorités ecclésiastiques. Une demoiselle de Lamerlière fut accusée par des
prêtres d'avoir fait cette apparition, et l'un d'eux prétendit même en
tenir l'aveu de sa bouche, tandis qu'on établit un «alibi» de sa part, dans
le long procès qui en fut la suite. Quoi qu'il en soit, les pèlerins affluè-
rent bientôt de toutes parts, et ils sont encore nombreux aujourd'hui, surtout à l'anniversaire de l'apparition, le 19 septembre.

Une *église* du style roman a été construite sur le plateau, de
1852 à 1861, et richement décorée, grâce à la générosité de ces
pèlerins. Ses agrandissements postérieurs et les dimensions de ses
annexes, montrent que le pèlerinage est toujours en vogue. On en

14 *

visitera aussi la sacristie, dont le trésor est très riche. Sur le lieu même de l'apparition, devant l'église, sont des *groupes de statues* qui en représentent les diverses scènes, etc. A côté de l'un d'eux, la maigre *fontaine* qu'ont fait couler, selon la légende, les larmes de la Vierge, et dont l'eau s'emporte et s'expédie (1 fr. le litre), comme celle de Lourdes.

La hauteur voisine surmontée d'une croix offre une vue curieuse du Dévoluy, qu'on voit déjà bien du bas. — Plus loin, à g., est le *Gargas* (2213 m.), dont l'ascension est facile (1 h. 1/4-1 h. 1/2) et la vue naturellement supérieure, puisqu'il domine la vallée de la Bonne, au delà de laquelle sont les montagnes du Haut-Dauphiné. En passant à dr. ou à g. de là, par le *col de Gargas* ou le *col d'Hurtière* (3/4 d'h.; sentier), on va en 2 h. à 2 h. 1/2 dans la vallée de la Bonne, qu'on rejoint à *Gragnolet* ou plus en aval, à 1/2 h. d'Entraigues (p. 210).

De Corps à la Chapelle-en-Valgaudemar: env. 26 kil. de route, dont 6 dans la direction de Gap (v. p. 217) jusqu'au *pont de la Trinité.* Voit. publ. pour *St-Firmin* (10 kil.), l'après-midi, 3 fr. pour 1 à 3 personnes.

Jusqu'au *pont de la Trinité* (6 kil.), v. p. 213. On y tourne à g. dans la vallée de la *Séveraisse*, le *Valgaudemar* ou *Valgodemar*, vallée bien arrosée et fertile qui se dirige au N.-E. vers le massif du Pelvoux (R. 25). — 10 kil. *St-Firmin* (hôt. Davin), localité principale de la vallée, sur la rive dr. Ensuite *Maussuc.* La vallée est surtout dominée, en face, par le pic d'Olan (v. ci-dessous). — 17 kil. *St-Maurice.* — Plus loin, à dr. une route venant de Gap par Chauffayer (p. 213) et la rive g. Puis *les Roux.* — 22 kil. *Villard-Loubière.* A l'extrémité du vallon au N., le *pic des Souffles* (3099 m.). On passe ensuite sur la rive g. aux *Andrieux.* — 26 kil. **La Chapelle-en-Valgaudemar** (env. 1050 m.; *hôt. du Mont-Olan*; guide, *Phil. Vincent*), village qui est un centre alpiniste.

Au *Désert-en-Valjouffrey*, par Villard-Loubière et le *col de la Vaure* ou le *col de Turbat*, v. p. 210; à *St-Christophe-en-Oisans*, par le col des Sellettes, p. 189. Au *pic de Turbat* (3030 m.), env. 6 h. 3/4, par le col de ce nom (5 h. 1/2). — **Au pic d'Olan** (cime nord, 3578 m.): env. 12 h., ascension de premier ordre; guide, 40 fr.; port., 20 fr. On monte d'abord au N., par la *Combe Froide*, à l'E. de l'arête mérid., puis par le *pas d'Olan* (5 h. 1/2; 2680 m.) dans cette arête et un petit glacier à l'O. (3/4 d'h.) vers la crête au S.-O., par où on gagne d'abord habituellement la *cime sud* ou *l'Epaule* (1 h. 1/4 à 2 h. 3/4; 3510 m.), et on atteint de là successivement la *cime centrale* (3574 m.) et la *cime nord* (3578 m.), par les brèches qui les séparent et qui demandent chacune env. 2 h. L'ascension est toutefois, dit-on, moins difficile, aussi du glacier, par le couloir de la *brèche centrale.* De St-Christophe, v. p. 189. — A L'AIGUILLE DES MORGES (3006 m.), au S.-E.: 6 h. 1/2, facile (guide, 8 fr.), par *Navettes* (1 h. 1/4), dans la combe de ce nom, au S.; puis le *col de Morges* (4 h. 1/2; 2750 m.), à l'E. — AUX PICS DE PARIÈRES (pic sud ou *Tête de Claphouse*, env. 3050 m.), plus au S.: env. 7 h., assez facile (guide, 8 fr.), d'abord comme ci-dessus, puis au S.-E., par le *col de Parières* (6 h. 1/2; env. 2900 m.), dans le glacier, au S. du pic central, le *pic de Parières* proprement dit (2945 m.), et par l'arête S. au sommet (1/2 h.). A 1/4 d'h. au S. du col sont les *lacs de Crupillouze.* — A CHAMPOLÉON (p. 214): env. 8 h., assez facile (guide, 8 fr.), par la *combe des Navettes* et le *col de Val-Estrèche* (5 h. 1/4; 2620 m.).

La route de voit. du Valgaudemar se prolonge jusqu'à 1/2 h. de la Chapelle, au Casset, et ensuite il y a un chemin muletier, par le *Rif-du-Sap*, jusqu'au **Clot-en-Valgaudemar** (1463 m.), 1 h. 1/2 plus loin. A 500 m. en deçà du Clot est un *refuge - hôtel* du C. A. F. (lit, 1 fr.; rep. 3 fr., v. c.), qui fait maintenant du Clot un centre d'excursions.

A St-Christophe-en-Oisans (env. 10 h. 1/2), par le *col de la Muande* (5 h. 1/4), v. p. 189; à *la Bérarde* (9 h. 3/4 ou 8 h. 1/4), par le *col des Rouies* (6 h.), le *col du Chardon* (5 h.) ou le *col du Says* (5 h. 1/2), v. p. 194-195. — **Aux Rouies** (3634 m.), env. 7 h., par le *col des Rouies*, pas difficile; guide, 20 fr.; v. p. 194. — **Au Vaxivier** (3311 m.), 6 h. 1/2, par le *col du Chardon*, à la fin difficile; guide, 20 fr. (?); v. p. 195. — **Aux pics du Says** (3372 et 3409 m.), 8 à 9 h., par le *col du Says* (3136 m.), d'où l'on redescend sur le glacier pour monter, à l'E., comme du côté de la Bérarde (v. p. 195). Guide, 15 fr. — **Au Mont Gioberney** (3350 m.), 3/4 d'h. du col du Says, au S.; facile. — *A Vallouise* (10 à 11 h.), par le *col du Sellar* (5 h. 1/4), le *col du Loup-du-Valgaudemar* (5 h. 1/2) ou le *col du Sirac* (env. 6 h.), v. p. 197. Aux *pics des Aupillous et de Bonvoisin*, par le même col, v. aussi p. 197; guides, 20 fr. — A CHAMPOLÉON (p. 214): 7 h., facile, mais peu intéressant (guide, 8 fr.), par la *combe de Chabourneau*, au S., le *lac* (2 h. 3/4; 2227 m.) et le *col de Vallonpierre* (1 h.; 2620 m.), à l'O. du Sirac.

III. De Corps à Gap. Le Champsaur.

35 kil. de route de Corps à *Gap* et correspond, tous les jours et même 2 fois en été: à 8 h. 1/4 du mat., et à 3 h. du soir, s'il y a au moins 3 voyageurs ou si l'on paie pour 3; trajet d'env. 6 h., pour 6 fr. La route est peu intéressante et l'on y est mal en été sous les rayons du soleil du midi (1re voit.).

La route de Gap redescend de Corps dans la vallée du Drac. — 5 kil. *Le Mothy*, ham. d'*Aspres-les-Corps*, qui est en deçà, à g. — 6 kil. *Pont de la Trinité* (773 m.), sur la Séveraisse, avant lequel s'embranche à g. le chemin du Valgaudemar (p. 212). La route remonte et laisse plus loin à g. un autre chemin par où l'on va rejoindre celui du Valgaudemar en venant de Gap. — 12 kil. *Chauffayer* (911 m.), dépendance d'*Aubessagne*. On traverse le Drac. — 15 kil. *La Guinguette*. On continue par la rive g. du Drac. — 22 kil. *Les Baraques*, hameau qu'un pont relie à St-Bonnet.

St-Bonnet (1022 m.; *hôt. Félix-Para*, nouveau), sur la rive dr., est une petite ville dénuée d'intérêt, mais connue comme patrie du duc de Lesdiguières (1543-1626), longtemps le chef du parti calviniste dans cette contrée, mais qui abjura en 1622 et consentit dès lors à combattre ses anciens coreligionnaires, pour avoir le titre de connétable. — Route du *Champsaur*, v. ci-dessous. — L'ascension du *Chaillol-le-Vieux* (p. 214), à l'E., se fait également de St-Bonnet, en 7 h. 1/2 env., par Chaillol (2 h. 1/2), le *refuge du Chaillol* (1 h. 1/4; 1780 m.), au C. A. F.; le *col de la Vénasque* (1 h. 1/4), etc. (v. p. 214).

La route remonte en vue de hauteurs dénudées et quitte la vallée du Drac, que remonte une route menant dans le *Champsaur* (v. ci-dessous). — 24 kil. 5. *Brutinel*, relais. — 27 kil. *Laye* (1204 m.).

30 kil. *Col Bayard* (1246 m.), où il y a une auberge-refuge. La route redescend ensuite rapidement, en lacets. — 31 kil. *Chauvet*. Ensuite, à g., la route du col de la Manse (v. p. 214), et on aperçoit Gap, où l'on arrive en passant, à g., près de la gare.

37 kil. *Gap* (p. 217).

Le Champsaur.

Le *Champsaur* est la haute vallée du Drac, dirigée de l'O. à l'E., au delà de St-Bonnet (v. ci-dessus), jadis très fertile («champs d'or»?), mais que le débordement a ruiné. On travaille sérieusement à reconstituer ses forêts. L'alpiniste trouve encore de belles excursions à faire à l'extrémité de la vallée, mais elle est très chaude en été.

En venant de *Corps*, on rencontre à g., à 500 m. au delà de Brutinel (p. 213), une route de voit. qui va rejoindre, par la rive g. du Drac (5 kil. 5), la route qui mène de Gap dans le Champsaur (v. p. 213), et il y en a aussi une de St-Bonnet par la rive dr. (10 kil. 5).

DE GAP À CHAMPOLÉON ET À ORCIÈRES: 29 et 30 kil., route et voit. publ. à 3 ou 4 h. du mat., jusqu'au pont des Corbières (25 kil.) pour Champoléon et jusqu'à Orcières même (5 h.; 3 fr.). Départ d'Orcières au milieu de la journée.

La route d'Orcières s'embranche à dr. à celle de Corps à 3 kil.¹/₂ de Gap (v. p. 213). — 9 kil. 5. *Col de la Manse* (1268 m.), où il y a un *refuge national*. — 13 kil. *Pont-de-Frane*, où aboutit le chemin de raccordement avec la route de Corps (v. p. 213). — 16 kil. *La Plaine*, où l'on rejoint la route de *St-Bonnet*. Au N., *Chaillol-le-Vieux* (v. ci-dessous). On longe le Drac. — 20 kil. 5. *Pont-du-Fossé* (1120 m.; aub.), où on traverse le torrent. — 25 kil. *Pont des Corbières*, à la bifurcation des routes.

Orcières (1402 m.; hôt. de la Poste, modeste), jusqu'où va la voiture, à 5 kil. à l'E., n'a déjà plus guère d'importance pour les alpinistes.

Champoléon ou les *Borels-en-Champoléon* (1268 m.; 2 aub., chez les guides J. Vincent et Babel), 4 kil. au N. de la bifurcation, est un tout petit village, en communication avec le Valgaudemar par les cols mentionnés p. 212.

C'est le meilleur point de départ pour gravir, à l'O., le *Chaillol-le-Vieux* (3163 m.), principal sommet au S. du massif du Pelvoux et un belvédère de premier ordre. L'ascension se fait en moins de 7 h., par un sentier muletier passant au *col de la Vénasque* (4 h. ¹/₄; env. 2550 m.), où aboutit aussi le chemin de St-Bonnet par le *refuge* (p. 213), puis au *col de Rebeyron* (1 h. ¹/₄; 2716 m.), à env. 1 h. ¹/₂ du sommet. *Panorama immense et l'un des plus beaux qu'on puisse avoir des montagnes du Haut-Dauphiné. — Descente sur St-Bonnet (p. 213) en 5 h. ¹/₂. On peut aussi redescendre sans grande difficulté, sinon sans peine, avec un guide, en 4 h. ¹/₂ à 5 h., dans le Valgaudemar, au N., par le *col de Londenière* ou du *Sellon* (2 h.) et la *combe des Navettes* (³/₄ d'h.), d'où l'on arrive en 1 h. ¹/₂ à 1 h. ³/₄ à la *Chapelle-en-Valgaudemar* (p. 212).

27. De Grenoble à Briançon, par le chemin de fer.

219 kil. De Grenoble à Gap: 137 kil.; 5 h. 20 à 6 h. 10; 15 fr. 45, 10 fr. 40, 6 fr. 70. De Gap à Briançon: 82 kil., 3 h. 10 à 4 h.; 9 fr. 30, 6 fr. 25, 4 fr. 10. — *A Gap, par la Mure,* v. R. 26.

Grenoble, v. p. 154. Cette ligne, celle de Marseille jusqu'à Veynes (110 kil.), est très curieuse sous le rapport des ouvrages d'art et des pays qu'elle traverse. Elle laisse à g. celle de Chambéry et remonte quelque temps la vallée du Drac. Belle vue à g., au delà des montagnes qui séparent l'Isère de la Romanche, et sur celles de la rive g. de cette dernière, en particulier sur le Taillefer et la Pyramide, qui s'y rattache (p. 178). Très beau coup d'œil en arrière sur le massif de la Grande-Chartreuse, dominé par la Dent de Crolles et le pic de Chamechaude (p. 168).

8 kil. *Pont-de-Claix,* hameau qui doit son nom à un ancien *pont* remarquable, du xviie s., sur le *Drac,* pont en dos d'âne avec une arche de 46 m. d'ouverture, à côté duquel on en a construit de nos jours un à voûte surbaissée, de 52 m. Au Villard-de-Lans par le col de l'Arc, v. p. 170. Tramway de Grenoble, v. p. 154.

Plus loin, à g., à *Jarrie,* le *château de Bonrepos,* du xve s. Puis un petit tunnel et le confluent du Drac et de la *Romanche.* Vaste terrain couvert de galets qui témoigne des grands ravages dans la contrée par les deux torrents.

14 kil. *Jarrie-Vizille,* stat. à 3 kil. de Vizille (p. 177), que dessert un tronçon de tramway en correspond. avec le chemin de fer, passant dans un défilé de la vallée de la Romanche (30 et 20 c.).

Le chemin de fer traverse ensuite la Romanche, et l'on revoit à dr., en arrière, le massif de la Grande-Chartreuse, qu'on aura encore longtemps en vue. A g., une tour, reste du château de Champ (xiie-xiiie s.). — 19 kil. *St-Georges-de-Commiers* (315 m.).

Ligne de *la Mure* et route de *Corps* et *Gap,* v. R. 26.

La grande ligne traverse plus loin le vaste lit du Drac, à côté d'un pont suspendu (à g.; 295 m. d'alt.), et un petit tunnel. — 21 kil. *Vif* (hôt. du Nord, etc.), à 1500 m. à dr. De là au Villard-de-Lans (p. 170), par le col de l'Arc, 5 h.

Ensuite vient la **partie la plus curieuse de la voie, qui va s'élever rapidement (25 mm. par m.) à l'extrémité d'une chaîne de collines entre les vallées du Drac et de la Gresse, en formant deux boucles. D'abord un petit tunnel et un viaduc courbe de 26 m. de haut, appuyant à g. On aperçoit la suite de la voie à une grande hauteur du même côté, puis à dr. A g. reparaissent, à la fin de la première boucle, le viaduc, Vif, sa station, le Drac et St-Georges, à une grande profondeur. *Vue superbe dans la même direction sur les montagnes déjà nommées, qui semblent s'élever avec le voyageur, comme ailleurs les arbres semblent courir. On se retrouve dans la vallée du Drac. Sur l'autre rive, dans le haut, la ligne de la Mure. On quitte définitivement la vallée par la seconde boucle, où il y a un tunnel de 1148 m., au sortir duquel on a à dr. la magnifique vue qu'on vient d'avoir à g. Enfin encore un viaduc, et la voie se redresse. A dr., le massif de la *Grande-Moucherolle* (p. 170), qui se présente, surtout après la stat. suiv., comme un bastion gigantesque au-dessus de la vallée de la Gresse, et plus loin le *Grand-Veymont* (v. p. 216). — 33 kil. *St-Martin-de-la-Cluze* (622 m.), en face duquel était autrefois la *fontaine ardente,* un bassin d'où se dégageait du gaz hydrogène qui brûlait à la surface de l'eau; un établissement industriel en a pris la place. — Plus loin, 4 tunnels. Belle vue à dr. en arrière. — 43 kil. *Le Monestier-de-Clermont* (847 m.; hôt. du Lion-d'Or). Puis un tunnel de 836 m., à la sortie duquel on aperçoit un instant, à dr., le *Mont-Aiguille* (v. ci-dessous), qui se montre bien d'abord sous forme d'aiguille. A g., le *Trièves*, vaste plateau raviné, au delà duquel se voient les montagnes encore plus ravagées du Dévoluy (v. p. 217). A dr. encore le Grand-Veymont et le Mont-Aiguille. — 52 kil. *St-Michel-les-Portes* (819 m.), stat. à 2 kil. ¹/₂ à l'E. du village des Portes (hôt. du Soleil-Levant; guides).

Le **Grand-Veymont** (2346 m.), sommet principal de la longue chaîne de montagnes du Vercors, dont fait aussi partie la Grande-Moucherolle (p. 170), peut se gravir d'ici sans difficulté, en 4 h. ¹/₂ à 5 h. Guide, 6 fr. On gagne à l'O. le vallon de la *Pellas*, y tourne au S.-O., laisse à g. *Pellas*, passe à *Freychinet* et monte au *col de la Fouille* (env. 1880 m.), au S. du Grand-Veymont lui-même, dont on gagne de là le sommet en 1 h. ¹/₂. La vue y est fort belle, comme à la Grande-Moucherolle, mais en partie masquée par cette hauteur. Au retour, on peut, sans allonger beaucoup, gagner la station de *Clelles* (v. ci-dessous), par *Pellas* et *Trésanne*, au S.-E.

Le **Mont-Aiguille** (2097 m.), à env. 3 h. au S.-O. du village, était auparavant des plus difficiles à escalader, mais le Club Alpin y a fait poser des câbles aux passages vraiment dangereux. Cependant l'ascension, qui prend 2 h. ¹/₂ du pied des escarpements, demande toujours une tête et un pied sûrs, un guide (20 fr.) et une corde. C'est un massif calcaire de forme allongée, aux parois abruptes et terminé par un assez grand plateau couvert d'herbe. Le nom d'Aiguille est toutefois justifié par l'aspect que présentent ses petites faces (v. ci-dessus). La vue n'y est pas très étendue.

Après St-Michel, à g., le massif du Pelvoux, avec ses glaciers. 5 tunnels, puis un viaduc de 45 m. de haut, d'où l'on a une belle vue; 2 tunnels, 3 viaducs, le troisième aussi de 45 m. de haut, et un tunnel de 630 m. La voie fait de grands circuits. Vues à g. en arrière et à dr. sur le Mont-Aiguille, qui finit par se présenter comme une haute muraille.

57 kil. *Clelles-Mens* (831 m.; hôt. Chrétien, à la gare). Clelles est à 1 kil. ¹/₂ à l'E., sur la route de Mens (v. ci-dessous).

Le *Mont-Aiguille* (v. ci-dessus) se gravit également d'ici, en 5 h. ¹/₂.
De Clelles à la Mure: 32 kil., courrier et, en été, voit. du Synd. d'init. de Grenoble (p. 154), av. 3 h. d'arrêt à Mens; 1ʳᵉ partie du trajet en 2 h., pour 1 fr. 50, et 2ᵉ en 2 h. ¹/₂, pour 1 fr. 75. On traverse la région peu intéressante du *Trièves*. La route descend par *Clelles* (1 kil. ¹/₂), dans la vallée de l'*Ebron*, qu'elle traverse, et remonte par la gorge de l'un de ses affluents. — 14 kil. **Mens** (798 m.; *hôt. du Lion-d'Or*, etc.), toute petite ville qui n'a rien de curieux. Une route de 31 kil. la relie à l'E. à *Corps* (la Salette; p. 211). Du même côté, le *Châtel* (1942 m.), dont l'ascension demande 4 h. — Au S.-E. se dresse l'*Obiou* (p. 211), dont l'ascension est dangereuse de ce côté. — La route de la Mure prend au N. et monte par un grand circuit à l'O. Raccourci de 2 kil. à dr. — 22 kil. *St-Jean-d'Hérans*. On redescend ensuite vers le *Drac*, le traverse, longe son affluent la *Bonne* et rejoint la route de Corps. — 32 kil. *La Mure* (p. 209).

Encore 3 viaducs, le second de 50 m. de haut et courbe, d'où l'on a une très belle vue en arrière. La voie s'élève de nouveau par une rampe qui atteint 25 mm. Tunnel de 567 m. — 67 kil. *St-Maurice-en-Trièves* (981 m.; petit buffet). Tunnel de 800 m., viaduc de 28 m. de haut, tunnel moins important, viaduc, 2 petits tunnels, 2 viaducs, le premier de 30 m. de haut, 4 autres tunnels et une gorge boisée, la fin du Trièves. La voie atteint son point culminant au *col de la Croix-Haute* (1167 m.) et redescend immédiatement par une pente de 12 mm. $^1/_2$, où il n'y a plus de tunnel, mais encore un viaduc de 22 m. de haut. — 82 kil. *Lus-la-Croix-Haute* (1014 m.; hôt. Armand). La contrée est toujours assez nue et désolée; les montagnes à l'E. sont celles du *Dévoluy*, pays ainsi nommé, dit-on, du latin «devolutum», à cause des éboulements qui y sont survenus et des ravages que les torrents y ont causés depuis que ces montagnes sont déboisées. La principale est l'*Obiou* (2793 m.), au N.; viennent ensuite le *Grand-Ferrand* (2761 m.), qui se dresse à g. au delà du village de Lus, et la *montagne d'Aurouze*, dont le point culminant est le *pic de Bure* (2712 m.).

Ascensions de l'*Obiou* et du *pic de Bure*, v. p. 211 et ci-dessous. — Le **Grand-Ferrand** (2761 m.; autre, p. 219) se gravit de Lus en 8 h. On va d'abord par le *vallon du Trabuëch* où de *la Jarjatte* jusqu'aux *Granges des Forêts* ou à *la Baraque* (env. 1300 m.), où l'on peut arriver en voiture en 1 h. $^1/_2$; puis on monte sous bois, par une prairie et des éboulis, au petit *lac de Ferrand* (1 h. $^3/_4$ à 2 h.; env. 1950 m.); de là on gagne le *col de Charnier* ou *de Ferrand* ($^1/_2$ h.; 2180 m.), à dr. du *Petit-Ferrand* ou *Tête de Lauzon* (2594 m.); on va passer entre les deux Ferrand (1 h.; env. 2550 m.), et il reste env. 1 h. $^3/_4$ d'escalade pénible par la casse ou le clapier de cette montagne crétacée, qui ressemble à une ruine et se termine par une grande plate-forme. *Vue splendide, surtout au N.-E. jusqu'au Mont-Blanc et à l'E. sur le massif du Pelvoux. La descente prend env. 4 h., jusqu'au vallon, et demande encore plus de précaution que la montée, sur les pierres branlantes des corniches.

La voie descend dans la vallée du *Buëch*, qu'elle traverse. — 89 kil. *St-Julien-en-Beauchêne* (922 m.; hôt. des Alpins). A 5 kil. au N.-E. de là, par une bonne route, les ruines de la *chartreuse de Durbon*. — Plus loin, à g. de la voie, des murailles de rochers, avec des ruines. 2 ponts. — 95 kil. *La Faurie* (840 m.). Tunnel et pont. — 103 kil. *Aspres-sur-Buëch* (762 m.; hôt. Malaterre). A dr., la ligne de Die. Pont et tunnel. La voie tourne au N.-E. dans la vallée du Petit-Buëch et laisse à dr. celle de Marseille, dont les trains vont toutefois jusqu'à Veynes.

110 kil. **Veynes** (815 m.; *buffet-hôtel; hôt. Dousselin*), toute petite ville, située un peu plus loin. Lignes de Digne et de Marseille, v. R. 31 et 44; ligne de Die, p. 274.

La ligne de Gap continue de remonter la vallée du Petit-Buëch, au S. des montagnes du Dévoluy. Vue surtout à dr. Pont sur la *Béous*. A g., le *pic de Bure* (v. ci-dessous); à dr., la *montagne de Céuse* (2019 m.). — 117 kil. *Montmaur*, village à 2 kil. à g., avec un vieux château.

Le pic de **Bure** (2712 m.) se gravit de la station en 6 h. à 6 h. $^1/_2$, avec un guide, par le *plateau de Bure* (3 h. $^1/_2$) d'où l'on a déjà une belle vue.

123 kil. *La Roche-des-Arnauds*. A g. maintenant la *montagne de Charance* (1902 m.) et, plus loin, *Chaillol-le-Vieux* (p. 214). — 127 kil. *La Freissinouse* Puis un viaduc de 52 m. de haut, à deux étages, et une forte descente, par une rampe de 25 mm. Belles vues à droite.

137 kil. **Gap** (739 m.; *buvette; hôt.: des Négociants, de Provence, du Nord*, tous rue Carnot), le *Vapincum* des Romains, ville de 11 376 hab. et chef-lieu du départ. des *Hautes-Alpes*, sur la Luye,

affluent de la Durance. Elle était jadis plus importante, mais elle a beaucoup souffert des guerres de religion, elle a été ravagée par la peste en 1630 et incendiée en 1692 par Victor-Amédée II de Savoie.

L'avenue qui part de la gare aboutit en face de la *Pépinière*, une promenade publique, à l'avenue d'Embrun, où nous tournons à dr. Sur une place à l'extrémité, puis encore à dr. A un carrefour, la *statue de Ladoucette*, ancien préfet des Hautes-Alpes (m. 1848), marbre par E. Marcellin (v. ci-dessous).

La rue Carnot, la principale, contourne de là à g. la vieille ville, qui est fort mal bâtie. Elle croise bientôt la rue Elisée, qui mène à dr. à une petite place où est la *statue d'E. Marcellin* (1821-1884), le sculpteur, de Gap, par Schrœder.

La *cathédrale*, plus loin à dr., est une église somptueuse et originale, reconstruite depuis 1866, sur les plans de Laisné, dans un style qui est un mélange de goth. et de roman modernisés. Elle est en pierres et marbres de diverses couleurs, et l'on en remarque particulièrement les colonnes de marbre, surtout les quatre colonnes monolithes du chœur; puis les boiseries, en noyer, et particulièrement la chaire. Elle est aussi décorée de mosaïques et elle a des vitraux par Hirsch, de Paris.

Sur la même place est l'*évêché* et un peu plus loin, derrière, rue St-Arey, la *préfecture*, où l'on visite le *monument de Lesdiguières* (p. 213), par Jacob Richier, apporté à Gap à la Révolution et placé là en 1836. Il y a en outre à la préfecture un petit *musée*, qui comprend des collections intéressantes d'antiquités, d'ornithologie, de géologie et de minéralogie relatives à la region.

De Gap à *Corps* (la Salette), *la Mure*, etc., v. R. 26; à *Barcelonnette*, etc., R. 30.

A 14 kil. au S. (10 kil. 1/2 à pied, par Châteauvieux), sur la route de Gap à Sisteron (56 kil.; p. 231), que dessert une voit. publ. partant de grand matin (1 fr. 60; voit. partic., 10 et 20 fr.), se trouve **Tallard** (*hôtels*), bourgade sur la rive dr. de la Durance, où l'on visite un *château en ruine, en majeure partie des xive-xvie s. et incendié en 1692. C'était un château fort commandant la vallée. L'ensemble est très pittoresque et il y a encore de belles parties, assez bien conservées, surtout la chapelle et la salle des gardes. S'adresser à la gardienne, à g. à l'entrée. Ancien parc dit la Garenne. Départ de la voiture pour le retour vers 3 h. 1/2 du soir.

146 kil. *La Bâtie-Neuve-le-Laus*. *La Bâtie* (hôt. Gelpi), à g., a un anc. château en ruine des évêques de Gap. Correspond. (1 h. 1/2; 1 fr. 25) pour *Notre-Dame-du-Laus*, pèlerinage qui doit son origine à des apparitions de la Vierge en 1664, dans un vallon au S. (hôtelleries).

153 kil. *Chorges* (hôt. de la Poste), à g., bourg d'origine antique (Caturiga), ruiné par toute sorte de conquérants et un grand incendie: on n'y voit plus que quelques vestiges de monuments galloromains.

Puis une forte descente, des viaducs, le premier de 46 m. de haut, et 2 tunnels, entre lesquels on aperçoit à dr. la *Durance*. Montagnes ravinées, mais cependant en partie boisées.

160 kil. *Prunières* (736 m.). — Vallée de l'Ubaye, Barcelonnette (correspond.), etc., v. p. 228.

Ensuite 2 viaducs. La voie court sur la rive dr. de la Durance, dont le lit est d'ordinaire presque à sec en été. Montagnes toujours ravinées. A dr., le Morgon; à g., le St-Guillaume (v. ci-dessous).

165 kil. *Savines* (766 m.; hôtel et guides), localité considérable sur la rive g., au N. du *Grand-Morgon* (2326 m.), belle montagne dont l'ascension demande 6 h. Un peu plus loin est le *pic de Martin-Jean* ou *Grand-Ferrand* (2098 m.; autre p. 217). — Puis un pont à treillis sur un torrent et 2 tunnels, de 857 et 959 m. Beaucoup d'œil à dr. sur Embrun.

175 kil. **Embrun** (870 m.; hôt.: *Thouard*, sur la place; *de la Poste*, en deçà, rue d'Italie), ville de 3430 hab., chef-lieu d'arr. des Hautes-Alpes et anc. place forte, sur un rocher dominant la rive dr. de la Durance et au S.-E. du mont St-Guillaume (v. ci-dessous). C'est l'*Ebrodunum* des Romains, dont Adrien fit la métropole des Alpes Maritimes, et un ancien archevêché. Elle fut ravagée plusieurs fois par les barbares, fut longtemps en lutte au moyen âge avec ses archevêques, auxquels l'empereur Conrad III avait accordé en 1147 le titre de prince, fut prise et rançonnée par Lesdiguières en 1585, bombardée et prise de nouveau par Victor-Amédée II de Savoie, en 1692.

L'édifice principal est l'anc. *cathédrale*, au delà de la place. Elle est du XIIe s., avec un beau clocher restauré, une façade du XIIIe s. et un curieux portail latéral au N., précédé d'un porche à colonnes en marbre rose, reposant sur deux lions et deux hommes assis. L'intérieur n'a rien de bien remarquable, sauf le buffet d'orgue, du XVIe s., suspendu à un pilier, et le maître autel, de la fin du XVIIIe s., en mosaïque, avec des anges sous les traits de Louis XVI et de Marie-Antoinette. La sacristie renferme une Vierge donnée par Louis XI et de magnifiques ornements des XVIe-XVIIIe s.

Il subsiste à côté de l'église une grosse *tour* carrée à créneaux. — Un peu plus loin, une *terrasse* plantée d'arbres, au-dessus de la vallée de la Durance.

Le *mont St-Guillaume* (2628 m.), au N.-O., se gravit en 5 h. 1/2 à 6 h., par une route de voit. jusqu'à *Cabeyère* (1 h.; env. 1150 m.), puis par un chemin muletier qui tourne à l'O. et mène à la *chapelle St-Guillaume* (4 h. 1/2; 2544 m.), pèlerinage fréquenté le 2e dim. de juillet. Le sommet est encore 1/4 d'h. plus loin, mais la vue y est moins belle.

D'EMBRUN À CONDAMINE-CHÂTELARD (*vallée de l'Ubaye*): 44 kil., route neuve bientôt terminée, d'abord à l'E. par la *vallée du Crévoux*, où sont le *Villard*, *Champrond*, *Praveyral*, *Crévoux* (14 kil.) et *la Chalp*; puis au S. par le *tunnel du Parpaillon* (12 kil.; 2643 m. d'alt.), de 468 m. de long, sous le col de ce nom (env. 2775 m.), entre le *Grand-Lombard* (2996 m.; 3/4 d'h. de là), au N., et le *Grand-Parpaillon* (2879 m.); puis par la *vallée du Parpaillon*, où l'on passe à Ste-Anne (13 kil.; 1744 m. d'alt.). — *Condamine-Châtelard*, v. p. 229.

Encore un viaduc, un petit tunnel et un viaduc courbe. Belle vue à dr. — 181 kil. *Châteauroux.* 2 autres petits tunnels. — 187 kil. *St-Clément.* On traverse la Durance, à l'embouchure du *Guil*, et

15*

un bras de cette rivière. Belle vue à dr. sur Mont-Dauphin. A g.,
la *Pointe de Fouran* (2650 m.).

192 kil. **Mont - Dauphin - Guillestre** (889 m.; hôt. de la Gare).
Mont-Dauphin est une petite place forte, sur une hauteur escarpée
formée de cailloux roulés et agglomérés, à la jonction des vallées de
la Durance et du *Guil.* Sa population n'est que de 328 âmes, non
compris la garnison. Les fortifications sont dues à Vauban (1693).
Pour *Guillestre* et la *vallée du Guil,* v. p. 224.

La vallée de la Durance se rétrécit de nouveau un peu plus loin.
— 195 kil. *St-Crépin.* — 200 kil. *La Roche-de-Rame* (2 hôt.).

A g., la *vallée de Freissinières*, qui s'ouvre à une assez grande hauteur
au-dessus du *Couffourent*, gorge dans le genre de celles de la Diosaz (p. 65),
du Fier (p. 106) et du Trient (p. 74), traversée par la *Biaysse*, qui y
disparaît sur une longueur d'env. 80 m. avant de se jeter dans la Durance.
Au-dessus de cette gorge est le village de *Pallon* (³/₄ d'h.) et plus loin
Freissinières (1 h. ¹/₄; aub.). La Biaysse forme 2 h. plus loin la belle *cascade de Dormillouse*, qui a plus de 100 m. de haut.

Puis on retraverse la Durance. — 206 kil. *L'Argentière - la -
Bessée* (977 m.; hôt. Girard, à la Bessée-Basse). L'Argentière, à g.,
doit son nom à des mines de plomb argentifère.

CORRESPOND. à tous les trains, dans la saison, pour *Vallouise* (2 fr.),
situé à env. 10 kil., et courrier de là à Ailefroide, 2 h. plus loin. La voit.
va tourner par la Bessée, mais il y a un bout de route plus court, passant de l'autre côté du ch. de fer et rejoignant l'anc. route à env. ¹/₂ h.
de la station. On remonte de là au N.-O. une vallée fertile arrosée par la
Gyronde. A l'entrée, à dr., sont les restes du *mur des Vaudois*, rempart construit par les Vaudois persécutés pour se retrancher dans cette vallée. A
mi-chemin se trouve *Vigneaux.* Belles vues, en face sur le massif du Pelvoux et en arrière sur les montagnes du Queyras. — *Vallouise,* v. p. 196.

La voie monte ensuite rapidement, par une rampe de 25 mm.,
dans un *défilé grandiose bordé de rochers à pic et où elle passe
dans 6 tunnels, de 150 à 900 m. Belles échappées de vue, surtout,
à g., sur le massif du Pelvoux (p. 181 et 196). — 214 kil. *Prelles.*
Encore deux petits ponts, le second sur la Durance. On voit enfin
les hauteurs fortifiées qui environnent Briançon. A g., le Prorel et
le clocher de Notre-Dame-des-Neiges (p. 221). Au loin, dans la
direction de Briançon, la pyramide neigeuse du Chaberton (p. 222).

219 kil. **Briançon,** gare au faub. *Ste-Catherine* (1203 m.), à
20 min. de la ville. Omn., 90 c. avec 10 kilos de bagages, 1 fr. 25
avec 30 kilos.

HÔTELS: *Grand-Hôtel*, dans le bas de la ville, nouveau, recommandé;
Terminus-Hôt., à la gare et par conséquent loin de la ville, bon (ch.,
2 fr. 50 à 6 fr.); *H. de la Paix*, dans le haut de la ville (nouv. propr.;
ch. 2 fr. 50, rep. 75 c., 2.50 et 3 fr.); *Bellevue*, route du Lautaret. — Voitures
pour Bourg-d'Oisans (Grenoble) et pour Oulx, p. 179 et 222.

Briançon (1321 m.), le *Brigantium* des Romains, est une ville
de 7177 hab., un chef-lieu d'arr. des Hautes-Alpes et une place
forte de première classe, au-dessus du confluent de la Guisane et de
la Durance, encore peu importante. Elle n'a par elle-même rien de
curieux; ses rues, sillonnées par des ruisselets d'eau claire appelés
«gargouilles», sont étroites et en bien des endroits si raides que les
voitures n'y peuvent circuler. Mais elle a de loin, de l'avenue qui

y monte de la gare et surtout de la route du Lautaret, un aspect
fort pittoresque, et c'est vraiment une forteresse formidable, commandant parfaitement l'importante route d'Italie en France par le
Mont-Genèvre (p. 222). Elle a une *triple enceinte* de murs, et les
hauteurs environnantes sont couronnées d'une dizaine de *forts*, construits de 1722 jusqu'à nos jours, celui de la ville dit *fort du Château*. Les plus élevés jouissent de très beaux points de vue, mais
il faut une permission du commandant de place pour les visiter, et
on n'oubliera pas les conseils de prudence p. xviii. Les plus grands
forts sont sur la rive g. de la Durance, et ils sont reliés à la ville
par le **pont Asfeld,* de 1734, qui a une seule arche de 40 m. d'ouverture et 56 m. de hauteur (pont Baldy, v. p. 223). On a une très belle
vue de là, de même qu'à la *place de la Paix*, qui forme en deçà
l'angle de la ville au-dessus de la vallée de la Durance. La pyramide neigeuse dans le haut de la vallée est le Chaberton (p. 222).
A l'opposé, en aval, le pic de Montbrison (p. 197). Hors de l'enceinte de la ville, dans le haut, la *place du Champ-de-Mars*, par
où passent les routes de Grenoble, du Mont-Genèvre et de Névache
(v. ci-dessous et p. 222) et d'où l'on a aussi une belle vue.

On recommande particulièrement, comme point de vue aux environs,
le sommet dit la *Croix-de-Toulouse* (1973 m.), à env. 2 h. au N., au-dessus
de la redoute des Sallettes, qui est à 1/4 d'h. de la ville. Encore 2 h. de
la Croix au *Signal de St-Chaffrey* (2570 m.), en montant au N.-O.

Le pic de **Prorel** (2572 m.), à l'O. de la ville, d'où l'on a une vue
générale du Briançonnais, se gravit facilement en 3 h. 1/2 à 4 h., par *Notre-
Dame-des-Neiges* (2297 m.), un pèlerinage, à env. 3/4 d'h. du sommet.

Autres excursions de Briançon: dans le *massif du Pelvoux*, du côté
du Monêtier, v. p. 206-208; du côté de Vallouise, p. 220 et 196-200; dans les
montagnes de la frontière, p. 221-223.

28. De Briançon à la frontière et en Italie.

I. De Briançon à Bardonnèche (MODANE), par le *col de l'Echelle:* 5 h. 1/2
par le chemin direct, 7 h. par Névache. On pourrait aller en voiture
jusqu'à la frontière, à moins de 2 h. de Bardonnèche. — *Passeport,* v. p. 88.

Briançon, v. p. 220. On sort de la ville au N., par le Champ-de-
Mars (v. ci-dessus), laisse à g. la route du Lautaret et rejoint la rive
dr. de la Durance, dans une gorge dont les hauteurs sont fortifiées. —
3 kil. *La Valchette,* où le chemin de Névache s'embranche à g. de la
route du Mont-Genèvre (p. 222), pour continuer par la rive dr. et
gagner la vallée de la *Clairée* ou *Clarée*. On y traverse plusieurs
hameaux de *Val-des-Prés* et l'on passe sur la rive g. — 14 kil. *Plampinet* (1496 m.; aub.), hameau de Névache. Puis celui de *Robion*
(1602 m.), 1/2 h. plus loin, après 2 ponts sur lesquels on retraverse
le torrent. C'est de là que part le chemin du col de l'Echelle, que
le piéton rejoint déjà de Plampinet par un sentier qui prend à dr.
après le second pont et fait gagner 1/2 h. à 3/4 d'h.

Névache (1641 m.; aub.: *Balcet*, Ville-Basse; *Ant. Faure*), dont le centre
est encore à plus de 1/2 h. au delà dans la vallée et à 20 kil. de Briançon,
est un village formé de divers hameaux fort espacés, les deux principaux

dits *Ville-Basse* et *Ville-Haute,* toujours dans la vallée de la Clairée. *Eglise* de la fin du xvᵉ s., curieuse par ses boiseries. — Guides : Barth. Ize, Claude Roux, Cl. et Cél. Faure. De Lacou, le troisième hameau, au Monêtier par le col de Buffère, v. p. 208.

Dans le haut de la vallée de la Clairée (carte, p. 182), à g., est le *col des Rochilles* (env. 4 h. ; 2451 m.), par où l'on rejoint, au Plan de l'Achate, la route du Galibier (p. 205-206).

On peut faire de Névache en 7 h. à 8 h., avec un guide, l'ascension du *Mont-Thabor* (p. 143), par le *col du Vallon* (3 h. ¹/₄ ; 2626 m.), au N., sur la frontière, d'où l'on redescend dans la Vallée-Etroite (v. p. 142 et ci-dessous), ou bien par le chemin du col de Rochilles (v. ci-dessus ; env. 3 h. ¹/₂) et le *col de Laval* ou *des Muandes* (2 h. ; env. 2800 m.), d'où l'on rejoint le chemin de Valmeinier (p. 143), ou encore par les *chalets des Thures* (1 h. ¹/₂ ; 2050 m.), le *col des Thures* (¹/₂ h. ; 2283 ou 2184 m. ; poste militaire) et la Vallée-Etroite (v. ci-dessous). — On gagnerait aussi par là, à peu près dans le même temps, la stat. de Modane (p. 141).

Le *col de l'Echelle* (1790 ou 1771 m.), le moins élevé de la région, est une espèce de vallon où passe la frontière (postes de douaniers ; papiers), à 4 h. de Briançon, 1 h. ¹/₄ de Plampinet et 1 h. ¹/₂ de Névache. La vue y est bornée. On en redescend, à ¹/₄ d'h. de la frontière, par une sorte d'escalier taillé dans les rochers (¹/₄ d'h.), à la *Vallée-Etroite* (¹/₄ d'h. ; au Mont-Thabor, v. p. 143) et on passe en aval à *Mélezet* (¹/₂ h.) pour arriver à g. à *Bardonnèche* (¹/₂ h.), dont la station est plus loin à dr. (v. p. 142). L'heure y est de 51 min. en avance sur l'heure française.

II. De Briançon à Oulx (LIGNE DU MONT-CENIS), par le *Mont-Genèvre,* 27 kil., route et voit. publ. du 1ᵉʳ juin au 30 sept., à 5 h. ¹/₂ du mat. (3 h. du s. d'Oulx, heure de Paris) ; trajet en 4 h. ¹/₄, pour 6 fr. Voit. partic. à 2 chev., 30 fr. ; à Mont-Genèvre, 15 fr.

Jusqu'à *la Valchette* (3 kil.), v. p. 221. On y traverse la Durance et il y a encore env. 1500 m. plus loin un pont, puis une longue montée, par 6 grands lacets, que coupe un sentier fort raide.

11 kil. Mont-Genèvre (1860 m. ; *hôtellerie* à l'hospice et deux *aub.* ; guide, Fél. Rignon), le *Mons Janus* des Romains, village au *col* du même nom, l'un des meilleurs et des plus sûrs dans les Alpes, parce qu'il est exposé au midi et abrité des vents du N. Aussi est-ce le chemin qu'ont pris la plupart des armées qui ont franchi les Alpes depuis l'antiquité. La route actuelle ne date néanmoins que de 1802, comme le rappelle un obélisque de 20 m. de haut, situé un peu plus loin.

Au N.-E. de Mont-Genèvre, sur le territoire italien, se trouve le **Chaberton** (3135 m.), cime calcaire isolée, dont l'ascension est facile, mais interdite, parce que cette hauteur est maintenant fortifiée. Elle demande 4 h., par le *vallon des Baises* et le *col du Carrier,* au N. du Chaberton, jusqu'où l'on peut aller à dos de mulet, à ³/₄ d'h. du sommet. Beau et vaste panorama.

La route descend ensuite dans la vallée de la Doire, en longeant à g. le Chaberton et faisant deux grands lacets. — 13 kil. *Clavières.* Douane italienne. — 19 kil. *Césanne* (1358 m. ; hôt. de la Croix-Blanche), sur la Doire. Contrée jolie et fertile. Puis une gorge. — 27 kil. *Oulx* (1121 m. ; p. 142).

III. De Briançon à Abriès, par le *col d'Izoard* et *Château-Queyras*: 45 kil., route neuve, rejoignant à Château-Queyras (env. 33 kil.) celle de Guillestre-Mont-Dauphin (p. 224). Il a été question d'un service de cars alpins par cette route. — A Abriès par le ch. de fer et cette dernière route. v. p. 220 et 224.

Briançon, v. p. 220. On sort de la.ville du côté de la gare, avant laquelle on traverse la Durance. La route prend là à g. et monte par deux grands lacets aux pieds des forts des Trois-Têtes et d'Anjou, en laissant plus bas des raccourcis pour les piétons.

Le chemin de dr., après le pont, se dirige tout droit au S. vers la *Cerveyrette*, qu'il franchit, à 2 kil. de Briançon, sur le *pont Baldy*, à une seule arche de 80 m. de haut et 40 m. d'ouverture. 1 kil. plus loin est *Villar-St-Pancrace*, d'où il y a, à g. ou au S.-E., un chemin muletier un peu plus court que la route, par où l'on va en 7 h. 1/2 de Briançon à Château-Queyras. Il appuie à g. à 1 h. 3/4 de Villar, aux *chalets des Ayes* (env. 1700 m.); puis il passe au *col des Ayes* (2 h. 3/4; 2610 m.), entre le *pic des Ayes*, à dr., et le *pic des Beaudouis* (2848 m.), à g., et il descend par les *chalets de l'Eychaillon* (1/2 h.) à *Brunissard* (1 h.; 1785 m.), où il rejoint la route.

Ensuite la vallée de la *Cerveyrette*, qu'on remonte à l'E. — 10 kil. *Cervières* (env. 1620 m.; aub. V. Faure). Guides: Alph. Rey, J.-A. Faure-Brac.

En continuant de remonter la vallée de la Cerveyrette, qui contourne les massifs montagneux à l'E. de Cervières, et en appuyant tout à fait au S. (à dr.) au dernier hameau, *les Fonds* (2 h. 3/4; 2060 m.), on va en 9 h. à Château-Queyras par le *col de Péas* (2 h. des Fonds; 2620 m.), à l'E. du pic de Rochebrune (v. ci-dessous). En allant au contraire tout droit à partir des Fonds, par le *col de Malrif* (3 h.; env. 2800 m.), on va en 9 h. 1/4 à Abriès (p. 226).

L'ASCENSION DU PIC DE ROCHEBRUNE, recommandée aux personnes qui ont l'habitude de la montagne, se fait en 5 h. env. de Cervières (du col, v. ci-dessous), avec un guide (9 fr.), par *le Laus* (env. 1730 m.), 1/2 h. plus loin sur la route, puis à g. par *Blétonnet*, la *fontaine des Oules* (1 h. 1/2; env. 2250 m.) et le *col des Portes* (1 h; 2800 m.), où est l'anc. *refuge Vignet* (inhabitable), et le versant des Oules, au N.-E., où il faut passer avec précaution sur des rochers branlants, franchir une corniche et escalader une cheminée, pour gagner le sommet en 1 h. 1/2 à 2 h. — Du col d'Izoard (v. ci-dessous), env. 4 h.: à g. (E.) du refuge, par le col Perdu (1/2 h.; env. 2500 m.), descente vers l'extrémité N.-O. de la *casse des Oules* (1/4 d'h.), montée par là au pied de Rochebrune et à dr. au *col des Portes* (v. ci-dessus), à 2 h. 1/2 du refuge d'Izoard, etc. — Le pic de Rochebrune (3324 m.; petite croix de bois) est une montagne offrant une *vue de premier ordre, sur presque toute la chaîne des Alpes, mais non sur les plaines de l'Italie. Si l'on ne veut redescendre dans l'une des deux directions ci-dessus, on peut encore le faire au S. sur Château-Queyras (3 h. du col; p. 225), par le vallon de *Souliers* (1800 m.), hameau d'où il n'y a plus que 4 kil.

La route tourne au S. à Cervières et il y a un sentier plus court. A 1/2 h., *le Laus* (v. ci-dessus). 1 h. plus loin par la route, les *chalets d'Izoard*, puis à 20 min., un *refuge national*.

19 kil. **Col d'Izoard** ou *Izouard* (2409 m.), 10 min. au delà de ce refuge. Ce col est situé entre l'*Arpelin* (2599 m.), à g., et le *Clot de la Cime* (2734 m.), à dr. — 25 kil. *Brunissard* (1785 m.), où aboutit le chemin du col des Ayes (v. ci-dessus), dans la vallée de la *Rivière*; à 1/4 d'h. de là, *la Chalp*, et 1/4 d'h. après *Arvieux* (1556 m.), à 5 kil. de Château-Queyras, dont on rejoint la route 1500 m. en aval.

33 kil. *Château-Queyras* (p. 225). De là à *Abriès* (12 kil.), v.
p. 225-226.

29. Vallée du Guil, Queyras et Mont-Viso.

I. De Mont-Dauphin-Guillestre à Abriès: 36 kil., correspond. tous les
jours et cars alpins dans la saison, au train partant le matin de Briançon;
trajet en 6 h. à 6 h. $1/_2$, pour 6 fr. 50 et 5 fr.; env. 4 h. et 4 ou 3 fr. 50
jusqu'à Château-Queyras. La vallée est relativement peu fréquentée et
tout y est encore primitif. Beaucoup de poussière aussi sur la route. —
Passeport, v. p. 88.

Station de *Mont-Dauphin-Guillestre* (889 m.) et *Mont-Dau-*
phin, v. p. 220. La route passe au pied du rocher de Mont-Dauphin et traverse d'abord une plaine, où se réunissent le *Guil* et la
Chagne. — 3 kil. *Guillestre* (pron. «guïêtre»; 950 m.; hôt.: Imbert,
Ferrary, insuffisants), petite ville de 1361 hab., d'origine ancienne,
mais d'aspect misérable. Eglise avec porche comme à celle d'Embrun (p. 219). Fontaine érigée en mémoire du général J.-B. Albert,
de Guillestre (1771-1822).

A 20 min. de la ville, sur les bords du Guil, à g. de la route d'Abriès,
la *Charrière* ou *rue des Masques*, sorte de fentes rocheuses bizarres, où la
tradition veut que les druides aient célébré leurs mystères.

DE GUILLESTRE A ST-PAUL-SUR-UBAYE: 27 kil. de route, la plus facile
pour passer de la vallée du Guil dans celle de l'Ubaye; env. 5 h. $1/_2$ à
6 h. de marche, dont 4 h. $1/_4$ (17 kil.) jusqu'au col; chemin en partie
praticable aux voitures, dans la vallée de la *Chagne*, au S.-E., où l'on
passe à *Vars* (env. 2 h.; 1660 m.); puis par le *refuge national* (1 h. $3/_4$) et le
col de Vars ($1/_2$ h.; 2115 m.), d'où l'on redescend dans la vallée de l'Ubaye
(6 kil.). — *St-Paul-sur-Ubaye*, v. p. 229.

DE GUILLESTRE A MALJASSET, PAR LE COL DES HOUERTS (*Font-Sancte*):
env. 10 h., chemin et sentier où il faut un guide à partir d'*Escreins* (env.
1840 m.), hameau à 3 h. de distance, d'abord aussi par la vallée de la
Chagne, puis à g. par celle du *Rioubel.* Le *col des Houerts* (env. 2750 m.)
est 3 h. plus loin dans la même direction ou à l'E., et l'on en redescend
au N.-E. en 1 h. $3/_4$ env. à *Maljasset* (p. 230). — On peut aussi faire par
Escreins l'ascension de la **Font-Sancte** (3370 m.), principale cime du
Queyras, puisque le Viso n'en fait point partie. Elle demande de là
7 à 8 h., et c'est une grande course de montagne, d'abord par le vallon
qui mène au col, à g. duquel est le sommet, puis par un couloir de neige
où il y a un passage difficile. *Panorama immense et superbe, du Mont-
Blanc aux Cévennes et des monts d'Auvergne aux Alpes Maritimes.

La **vallée du Guil** devient très intéressante à 2 kil. de Guillestre;
la route y arrive à une grande hauteur, par une rampe d'où l'on a
en arrière une belle vue du massif du Pelvoux. Là commence la
combe du Queyras, défilé sauvage entre de hautes murailles de
rochers, qui s'étend, avec une interruption de 2 kil. au Veyrier (v.
p. 225), jusqu'à 2 kil. $1/_2$ en deçà de Château-Queyras. On a
donné le nom de **Queyras** à toute cette région, dont les montagnes,
âpres et grandioses, sont encore peu connues des touristes. La route,
qui n'a pu d'abord trouver place dans la combe, y descend toutefois
plus loin. De l'autre côté, la *crête de Catinat*, qui s'élève jusqu'à
2455 m., au *Roc Saphie*.

9 kil. *La Maison-du-Roi* (aub.), hameau, ainsi nommé, dit-on,

parce que Louis XIII s'y arrêta en 1629. Il est situé au débouché de la belle *combe de Ceillac*, qui s'élève à dr. entre des hauteurs boisées et qu'arrose le *Cristillan*.

De la Maison-du-Roi a Maljasset (Maurin), par le *col de Girardin* et par le *col de Tronchet*, env. 5 h. et 5 h. 3/4, avec un guide. On passe d'abord par *Ceillac* (1630 m.; aub.), village à 8 kil., où aboutit le chemin de Château-Queyras par le col de Fromage (v. ci-dessous); puis on continue à dr. par le vallon du Mélezet (plusieurs hameaux) jusqu'à *St-Claude* (3/4 d'h. à 1 h.; 1800 m.), où les deux sentiers se séparent. En prenant encore à dr., on passe au *lac Ste-Anne* (2 h. 1/4; 2418 m.), où il y a une chapelle, au N. de la Font-Sancte (p. 224), et on atteint le *col de Girardin* (1 h. 1/4; 2699 m.), d'où 1 h. suffit pour redescendre à *Maljasset* (p. 230). — Le sentier de l'autre vallon, moins recommandable, traverse deux hameaux, passe en vue d'une très belle cascade et atteint en 2 h. 1/2 le *col de Tronchet* (2666 m.), à moins de 1 h. 1/4 de *Maljasset* (p. 230).

La route, qui va maintenant longer le torrent, le traverse 3 fois dans une première gorge. — 17 kil. *Le Veyrier* et bientôt encore un pont. — 18 kil. *La Chapelue*; puis un nouveau défilé, avec un pont. Ensuite on monte pour passer à l'extrémité de la combe d'Arvieux, par où descend la route de Briançon par le col d'Izoard (p. 223), et on aperçoit Château-Queyras.

24 kil. **Château-Queyras** (1340 m.; *hôt. Puy-Cot*), localité qui a un peu d'importance grâce à son vieux *château fort*, dans un site des plus pittoresques, sur un rocher au milieu de la vallée, dont l'autre versant est boisé.

Au S.-E., le *Sommet-Bucher* (2260 m.), accessible en 3 h. par une route stratégique. Vue étendue. — A dr. de là, la belle *vallée de Bramousse*, par où l'on peut aller en 6 h. à dos de mulet à Ceillac (v. ci-dessus). On passe par le col du **Petit-Fromage** (2269 m.), où l'on monte aussi de Molines (v. ci-dessous), en 1 h. *Vue admirable de ce col, au N., sur les fières aiguilles calcaires appelées les *Mamelles* (2618 et 2722 m.), dont l'ascension est périlleuse (1 h. 1/2); au S., sur la *chaîne de Ceillac*, où la *Saume* (3203 m.) et les *Henvières* (3273 m.) sont couvertes de glaciers escarpés. De Château-Queyras à *Briançon* (Rochebrune), v. p. 224-223.

La route se rapproche ensuite de nouveau du Guil. — 27 kil. *Ville-Vieille* (1378 m.), qu'on laisse à dr., au débouché de la *combe de Molines*, arrosée par l'*Aigue-Agnelle* ou *Aigue-Blanche*.

Une route de voit., qui n'est plus ensuite qu'un chemin muletier, mène par là vers plusieurs cols sur la frontière. Le village de *Molines* (env. 1660 m.; aub.) est à env. 5 h. 1/2. En aval, sur la rive g., étaient de curieuses «colonnes coiffées», c.-à-d. des aiguilles découpées dans la montagne par le torrent et au sommet desquelles étaient restés des blocs de pierre auxquels elles devaient leur conservation; il n'en reste plus qu'une entière, de 15 m. de haut. Au S.-O. de Molines se trouvent le petit col Fromage et les Mamelles (v. ci-dessus), que masque toutefois une première chaîne de montagnes. Le chemin se bifurque à Molines. A dr., on va à *St-Véran* (6 kil.; 2 aub.; guides), village le plus élevé de France, à 1990-2050 m. d'alt., d'où l'on peut continuer vers le *col St-Véran* (env. 3 h. 1/2; 2844 m.), à g., ou le *col Blanchet* (4 h.; 2909 ou 2897 m.), à dr., au N.-E. de la *Tête des Toillies* (v. ci-dessous), pour redescendre vers Castel-Delfino (4 h. 1/4 à 4 h. 1/2; v. p. 226). Au S.-E. de la *Tête des Toillies* (3179 m.; v. aussi p. 230), qui se gravit de là en 3/4 d'h. (assez difficile), se trouve le *col de la Noire* (env. 2700 m.), à 4 h. 3/4 de St-Véran, par où l'on va ordinairement se côté à Maljasset (3 h. 1/2 de descente; p. 230).

A g. après Molines, on monte par un chemin plus fréquenté, qui passe encore à *Pierre-Grosse* ou *Peyregrosse* et *Fongillarde* (1 h.; 1950 m.), au col

Agnel (2 h. $^1/_4$; 2699 ou 2744 m.), à $^1/_2$ h. en deçà duquel il y a un anc. hospice-refuge, transformé en poste militaire (2498 m.). Le col est au S.-O. du Pain-de-Sucre (v. ci-dessous). Le chemin redescend, en vue du Mont-Viso (à g.; p. 227), dans la vallée de la Varaïta, où le rejoignent les sentiers des cols St-Véran et Blanchet (p. 225), et il mène en 4 h. $^1/_4$ à **Castel-Delfino** ou *Château-Dauphin (hôt. de France)*, toute petite ville qui appartint au Dauphiné jusqu'en 1713, où elle fut échangée avec le Piémont contre Barcelonnette (p. 228). On peut rentrer d'Italie en France par le col de Valante et aller par là au Mont-Viso (p. 227).

L'**Aiguillette**, dite aussi le *Pain-de-Sucre* et la *Mée* (3202 m.), au N.-E. du col Agnel, se gravit assez facilement de là en 1 h. $^3/_4$ à 2 h. La vue y est très belle. — Plus loin est le **Pic Asti** (3168 m.), dont les roches escarpées et friables rendent l'ascension très difficile. Ensuite la **Grande-Aiguillette** (3297 m.), qui se gravit aussi sans difficulté du col Agnel, en 3 h. env., et dont la vue n'est pas moins belle. — 3 h. plus loin, le *col de Valante* (p. 227). — On peut rentrer du col Agnel dans la vallée du Guil, au N., par le *col Vieux* ($^1/_2$ h.; 2738 m.) et le *vallon de Foréant*. La *Roche-Taillante* (p. 227) se gravit facilement en 2 h. $^1/_2$ du col Vieux.

31 kil. *Aiguilles* (1450 m.; aub.), village reconstruit de nos jours, à la suite de deux grands incendies, et dont les riches villas rappellent que quantité de ses habitants vont faire le commerce en Amérique, comme ceux de Barcelonnette (p. 228), et en rapportent des fortunes considérables.

36 kil. **Abriès** (1552 m.; *Gr.-H. d'Abriès*, nouveau; 8 fr. par j.), localité principale du haut de la vallée du Guil, à son confluent avec le Bouchet. Il s'y tient des foires importantes. Belle *église* romane. Sur le versant N. en deçà du village, au-dessus de la route, un *calvaire* précédé d'oratoires. On peut faire plus loin des excursions et des ascensions intéressantes dans les montagnes de la frontière. — Guides: Hipp. Véritier, dit « Lapin »; Ant. Véritier et Claude Reynaud.

Le *vallon du Bouchet*, qui s'élève vers le N. et tourne ensuite à l'E., forme dans cette partie la jolie *combe de Valpreveyre*. Des chalets de Valpreveyre (1859 m.), à 6 kil. d'Abriès, se détache, au S.-E., le riant *vallon d'Urine*, qui mène au *col d'Urine* (2537 m.). C'est de ce côté qu'on fait, au S., l'ascension pénible, mais assez facile de la **Tête de Pelvas** ou *Bric d'Urine* (2936 ou 2929 m.), qui demande 5 h. $^1/_2$ d'Abriès (guide, 8 à 10 fr.). C'est un cône d'où la *vue est grandiose et presque illimitée. On peut aussi y monter directement d'Abriès, en 5 h. env., par la *Colette de Jily* (2 h. $^1/_2$), au S.-E. du *Jily* (2473 m.). — Vers l'extrémité, à l'angle oriental de la frontière, se trouve le **Bric-Bouchet** ou *pic Bouchier* (3003 ou 2998 m.), dont l'ascension demande 5 h. $^1/_2$ d'Abriès. Elle est pénible dans la seconde moitié et dangereuse à la fin. Guide, 12 à 15 fr. On va par Valpreveyre jusqu'à une *cabane* en ruine à 3 h. $^3/_4$ d'Abriès, puis à la *Passette* (1 h. $^1/_4$; 2875 m.), d'où il y a encore $^1/_2$ h. d'ascension. — En continuant de monter au N. au coude formé par le vallon du Bouchet, où se trouve *le Roux* (1 h. d'Abriès; 1767 m.), on passe à *la Montette* ($^1/_2$ h.; 1852 m.), à l'extrémité d'un autre vallon qui se dirige à l'E. vers les *cols St-Martin* ou *d'Abriès* (2650 m.), et l'on va au **Bric-Froid** (3310 ou 3302 m.), aussi à un angle prononcé de la frontière. L'ascension en est assez facile. Elle prend env. 6 h. d'Abriès. Guide, 8 fr. — Un sentier mène en 3 h. à 3 h. $^1/_4$ au N.-O. de la Montette, par le *Val Tourane*, au *col des Turres* (2810 ou 2807 m.), par où l'on passe dans la vallée italienne de ce nom, à *Turres*, *Bousson* et *Césanne* (5 h.), sur la route d'*Oulx* (p. 222).

II. D'Abriès au Mont-Viso. — La route se prolonge plus loin au S.-E. dans la vallée du Guil, menant vers des cols assez fréquentés, où il n'y a plus toutefois que des sentiers.

A 3 kil. $^1/_2$ est le village de *Ristolas* (1633 m.), à 2 kil. $^1/_2$ de là le hameau de *la Monta* (1660 m.; aub.) et 1 kil. $^1/_2$ plus loin celui de l'*Echalp* ou *la Chalp*. On trouve des guides dans ces trois localités.

Entre la Monta et l'Echalp se détache au N.-E. le sentier du col La-croix ou *de la Croix* (3 h. $^1/_2$ d'Abriès; 2320 ou 2309 m.), à env. $^1/_4$ d'h. en deçà duquel il y a un hospice-refuge (2300 m.). Vue grandiose de ce col sur le Viso et le Val Pellice. On en descend en 3 h. $^1/_2$ à la petite ville de *Bobbio* (732 m.; hôt. del Camoscio), sur le Pellice, dans la plus importante des *vallées vaudoises*, occupées depuis six siècles par des communautés vau-doises immigrées de France, particulièrement de la vallée de Freissinières (p. 220). 10 kil. de Bobbio (voit. publ.) *Torre Pellice* (hôt. de l'Ours), petite ville reliée par ch. de fer à *Pignerol* (17 kil.) et *Turin* (38 kil.; p. 142).

Un autre sentier, au S. après l'Echalp, monte par le *vallon de Foréant* au *col Vieux* (4 h. $^1/_4$; p. 226), en passant par les *lacs Egourgeou* (2 h. $^1/_2$) et *Foréant* (1 h.). Du premier lac, on gravit sans difficulté, en 2 h. $^1/_2$, avec un guide, la **Roche-Taillante** (3200 m.), curieuse montagne qui do-mine la vallée à l'O. et dont l'arête, de 10 kil. de long, a la forme d'un cimeterre. Il faut gagner une échancrure dans la crête à l'O. du sommet ($^3/_4$ d'h.), puis suivre de petits couloirs entre les énormes dalles du revers de la crête, très inclinées et aux surfaces glissantes.

Plus loin encore dans la vallée du Guil, à dr., le *vallon de Foréant*, par où l'on va au col Vieux (v. p. 226 et ci-dessus). Puis, à g., à près de 4 h. d'Abriès, le sentier de la Traversette (1 h. $^1/_4$).

A env. 1 h. de la bifurcation, la *bergerie du Grand-Vallon*, où l'on pour-rait coucher, et 2 h. plus loin le *col de la Traversette* (2950 m.), au N. du-quel il y a un *tunnel* de 72 m. de long, à 2915 m. d'alt., percé de 1478 à 1480 et maintenant impraticable. — Au N.-O. est le pic **Traverse** (2975 m.), dont l'ascension, sans danger, se fait en 3 h.-3 h. $^1/_2$ de la même bifur-cation. — Au N.-E., le **Granero** (3170 m.), qui se gravit sans difficulté du col, en $^3/_4$ d'h. à 1 h. L'ascension de la *Meidassa* (3105 m.), à dr. du col, est toutefois plus facile et procure à peu près la même vue du Viso et des plaines du Piémont, de bon matin, quand il n'y a pas de brouillard. — Le sentier sur le versant italien passe à dr. près des *sources du Pô* (2019 m.), puis au *Pian del Re* ou Plan du Roi (2 h.; 2041 m.; aub.), d'où se fait l'ascension du Viso (v. ci-dessous), et près de la belle *grotte du Rio Mar-tino* (1530 m.; $^3/_4$ d'h. de Crissolo; guide, 3 fr.), pour aboutir à *Crissolo* ou *Crussol* (133 m.; hôt. de la Couronne; guides), un village. La stat. de ch. de fer la plus rapprochée de là est *Barge* (hôt. du Lion-d'Or), petite ville à 17 kil. au N.-E., d'où l'on peut gagner *Pignerol* (22 kil.) et *Turin* (38 kil.; v. p. 142 et ci-dessus).

Le sentier qui remonte la vallée du Guil jusqu'à l'extrémité passe enfin par le *col de Valante* (2795 ou 2825 m.), à 4 h. de la dernière bifurcation, et descend de là en 3 h. $^3/_4$ à *Castel-Delfino* (p. 226). A g. de ce col est la *Pointe Gastaldi*, appelée à tort *Vi-soulet* (3269 m.; 1 h. $^1/_2$ d'ascension difficile), et à dr. la *cime de la Lauzette* (p. 228). Plus loin, le *Petit-Mont-Viso* (3343 m.) et en-suite le *Mont-Viso* proprement dit.

Le ***Mont-Viso** (3843 ou 3841 m.), sur le territoire italien, à la jonc-tion des Alpes Cottiennes et des Alpes Maritimes, est une des montagnes les plus grandioses par ses murailles gigantesques (schistes, serpentine, etc.) et un belvédère de premier ordre («Viso», vue), par sa situation isolée. L'ascension en est très difficile par la face N., mais relativement facile par la face S. Elle se fait surtout de ce côté en partant du *Pian del Re* ou Plan du Roi (2041 m.; v. ci-dessus; guide, 25 fr., d'Abriès ou de Cris-solo), ou mieux encore du refuge mentionné ci-dessous. On compte 6 h. $^1/_2$ à 7 h. du Plan. De là on prend à l'E. du Viso lui-même et on franchit l'un de ses contreforts par le col ou *passo delle Sagnette* (3 h.; 2975 m.);

pour passer dans le *val delle Forciolline*, où est le *refuge Quentin-Sella* (3/4 d'h.), au C. A. I. De là on monte enfin au N. de ce vallon désolé, et il faut encore 3 h. pour atteindre le sommet, en passant par des couloirs. *Panorama superbe, embrassant toutes les Alpes du Dauphiné, celles de la Savoie, avec le Mont-Blanc, le Weisshorn et le Mont-Rose, dont la distance est de 160 kil. à vol d'oiseau.

On a une vue superbe du Viso en montant à la cime de la **Lauzette** ou *Pointe Joanne* (env. 3031 m.), située près du col de Valante, à l'O. L'ascension, difficile de ce côté. se fait aisément de la vallée du Guil, en prenant la direction du *col de la Lauzette* ou *de Soustre* (2933 ou 2854 m.), qui est sur le versant opposé à celui de Valante, et en appuyant ensuite à g. sur les neiges du côté N. (3/4 d'h.).

30. De Gap à Barcelonnette et à la frontière.

I. De Gap à Barcelonnette : 23 kil. de ch. de fer jusqu'à *Prunières*, trajet en 35 à 55 min., pour 2 fr. 70, 1 fr. 80 et 1 fr. 20. — 41 kil. de route et correspond. 3 fois le jour en été et 2 fois en hiver de là à *Barcelonnette*, trajet en 4 h. 1/2, pour 3 fr. 50. Se hâter pour avoir de la place à la voiture. — *Passeport*, v. p. 88.

Jusqu'à *Prunières* (23 kil.), v. p. 218. La route prend au S., traverse la Durance et passe à l'O. du majestueux promontoire du *Grand-Morgon* (p. 219), sur le versant de l'un de ses contreforts, d'où l'on a une belle vue. — 13 kil. *Ubaye* (742 m.; hôtel), où l'on arrive dans la vallée de ce nom.

La **vallée de l'Ubaye**, dont la rivière est un affluent de la Durance, forme un peu plus haut une gorge, commandée sur la rive g. par le *fort de St-Vincent*. La route passe de ce côté, où elle est taillée dans le roc et où il y a des tunnels. 2 kil. avant le Lauzet, à dr., la route de Digne à Barcelonnette (p. 233), et le *pont du Pas-de-la-Tour*, de 50 m. de haut.

21 kil. *Le Lauzet* (963 m.; hôtels), près d'un petit lac («laus»), qu'on longe ensuite à dr. Belle vue en arrière. En avant se voient bientôt, jusqu'au relais du Martinet, les pics de la Séolane, des Besses, du Grand-Rembert et de la Séolane-Basse. — 26 kil. *Le Martinet*. On retraverse l'Ubaye et la vue est bornée. — 30 kil. *Revel* (hôtel), en face de *Méolans,* où il y a, entre le pont et l'église, une très belle «marmite de géant». — 34 kil. *Les Thuiles.* Ensuite la vallée s'élargit beaucoup.

41 kil. **Barcelonnette** (1133 m.; *hôt. du Nord*), ville de 2288 hab. et chef-lieu d'arr. des Basses-Alpes, sur la rive dr. de l'Ubaye. Elle a été fondée au XIIIe s. par Raymond-Bérenger, comte de Provence, de la maison de Barcelone, et elle a appartenu tour à tour à la Savoie et à la France, qui l'a gardée depuis le traité d'Utrecht (1713), en échange de Château-Dauphin (p. 226). Aucune ville n'a peut-être autant souffert des guerres de frontières que Barcelonnette. — *Tour* du XVe s., un ancien clocher. — *Fontaine* avec un buste du député Manuel, originaire des environs (1775-1827), par David d'Angers. — Beaucoup d'habitants vont en hiver exercer dans la plaine diverses industries, et il y en a qui émigrent en Amérique, surtout au

Mexique, où les «Barcelonnette» sont les maîtres du commerce des nouveautés. On en voit de belles maisons à l'E., où se trouve aussi le petit *musée Chabrand,* composé de collections d'histoire naturelle, de collections ethnographiques, etc.: s'adresser à la mairie.

Barcelonnette est entourée de montagnes pittoresques, encore peu connues des touristes, mais où il y a quantité de belles excursions à faire, au moins au commencement de la bonne saison. Dans la chaîne qui sépare la vallée de l'Ubaye de celle de la Durance, au N., se trouvent le *Grand-Bérard* (3047 m.), la plus haute, en face de Barcelonnette, qui se gravit en 6 h., par le *col de la Pare* (4 h. 1/2; 2661 m.), situé au S.-O.; à dr. de là, le *Petit-Clausis* (2937 m.); à g., la *Sonaille* ou *Grande-Epervière* (2889 m.); derrière, le *Parpaillon* (2996 m.), etc.; dans la chaîne au N.-E., derrière laquelle se trouve Larche (p. 230), la *Tête de Cuguret* (2805 m.) et le *Sommet de Vallon-Long* (3039 m.; v. p. 230), etc.

Route de *Digne,* v. p. 233; route de *St-Paul-sur-Ubaye,* v. ci-dessous.

DE BARCELONNETTE A ALLOS *(Colmars* et *St-André-de-Méouilles)*: 35 kil. de route, mais pas de voit. publ.; raccourcis considérables pour les piétons. La route prend dans le haut de la ville la direction du S., remonte d'abord la vallée du *Bachelard,* affluent de l'Ubaye, et serpente au bout de 1 h. au-dessus des *gorges de la Malune.* Route très pittoresque, mais pays presque désert. — 11 kil. 1/2. *Les Agneliers-Bas,* hameau d'où l'on peut faire à l'O., en 4 h. 1/2 env., avec un guide (4 fr.), l'ascension facile du *Roc de Séolane* (2910 m.), qui jouit d'une très belle vue. De l'autre côté de la vallée est le *Lan* (2590 m.), dit à tort le *Chapeau-de-Gendarme.* La route continue de monter en lacets. — 20 kil. *Col d'Allos, de Valgelaye* ou *de la Foux* (2250 m.), à 300 m. en deçà duquel il y a un *refuge national.* Ensuite on descend en lacets dans la vallée du *Verdon* (raccourci). — 27 kil. *La Foux* (1659 m.; aub.). — 35 kil. 1/2. **Allos** (1425 m.; *hôt. du Midi*), village ancien, jadis une ville fortifiée, et petit séjour d'été des méridionaux, au S. de la *Rochegrande* (2412 m.). — Excursion intéressante, avec un guide, au *lac d'Allos* (2173 m.), belle nappe d'eau de 1500 m. de long et 600 de large, à 2 h.-2 h. 1/2 à l'E., dans un cirque de montagnes dénudées, dont les principales sont le *Pelat* (3053 m.), au N., et les *Tours* (2745 m.), au S.-E. — D'Allos (voit. publ.) à *Colmars* et *St-André-de-Méouilles,* v. p. 233.

II. De Barcelonnette à St-Paul-sur-Ubaye et à Maljasset *(Maurin)* : 36 kil., route se confondant en partie avec celle de Coni par Larche (v. aussi p. 230) et desservie par une voit. publ. jusqu'à St-Paul (22 kil.); départ à 11 h. du mat. (à 2 h. au retour) et trajet en 2 h. 1/2, pour 2 fr.

2 kil. *Faucon.* — 8 kil. *Jausiers* (1237 m.; 2 hôt.), jolie localité, avec des villas d'«Américains». — 12 kil. *Condamine-Châtelard* (1308 m.), où aboutit la route d'Embrun par le col du Parpaillon (p. 219). — Puis le *fort Tournoux,* à g., sur une hauteur qui commande la route, au confluent de l'*Ubaye* et de l'*Ubayette.* — 14 kil. 1/2. *Gleizolles,* où on laisse à dr. la route de Larche (p. 230). Plus loin, après deux ponts, un autre défilé, le *pas de la Reyssole,* où la route est taillée en encorbellement et en galerie et passe même en balcon au-dessus du torrent.

22 kil. **St-Paul**-*sur-Ubaye* (1470 m.; *hôt. Hellion*), bourgade qui a des carrières de marbre vert.

De St-Paul à Guillestre par le *col de Vars,* v. p. 224. — Il y a à l'E., à la frontière, de nombreux sommets dépassant 3000 m.; l'un des principaux, à l'E., le *Brec de Chambeyron* (3388 ou 3380 m.; difficile; Aiguille, v. ci-dessous), se gravit en 7 h. 1/2 à 8 h. de St-Paul, par *Grande-Serenne* (v. ci-dessous), le *pont du Châtelet* ou *Castellet* (89 m. de haut), sur l'Ubaye; *Fouillouze* (2 h.; 1852 m.) et le *col de la Gippière* (2918 m.), à 1 h. ³/₄ du sommet.

Le Brec de Chambeyron (v. ci-dessous) se montre ensuite de plus en plus distinctement. — 24 kil. *Petite-Serenne.* — 25 kil. *Grande-Serenne.* — 28 kil. *St-Antoine.* La vallée se resserre encore et devient sauvage. — 31 kil. ¹/₂. *La Blachière.* — 34 kil. *La Barge.*

36 kil. **Maljasset** ou *Maurin* (1910 m.; *aub. Ollivier*), village qui a des carrières de beau marbre vert et d'autres.

Dans la vallée du Guil par les *cols de Girardin* et de *Tronchet*, v. p. 225. — Il faut 7 h. à 7 h. ¹/₂ pour gravir de Maljasset l'**Aiguille de Chambeyron** (3400 m.), à l'E., mais au sommet de laquelle on parvient le mieux par la face N. — Le chemin qui continue de remonter la vallée passe à *Combe-Brémond* (1/₄ d'h.), au *lac du Paroird* (1/₄ d'h.; 2046 m.), au *Gâ* (1/₄ d'h.; 2065 m.), de là à g. aux *Blavettes* (35 min.; 2353 m.), etc., et il atteint à 3 h. ¹/₂ de Maljasset le *col de Longet* (2672 ou 2656 m.), d'où l'on pourrait redescendre en 4 h. ¹/₄ à *Castel-Delfino* (p. 226). Il y a des *lacs* en deçà et au delà. On a du col une belle vue du Viso. Près du col est la **Tête des Toillies** (3179 m.; v. aussi p. 225), qui se gravit sans difficulté en 1 h., en tournant à g. en deçà du col. Très belle vue, particulièrement du Viso. — En prenant à dr. après le Gâ, on arrive en 1 h. ¹/₂ de là à une *cabane du Rubren* (2353 m.), d'où le **Grand-Rubren** (3341 m.) se gravit sans grande difficulté en 2 h. ¹/₂ à 3 h., dont 1 h. ¹/₄ pour atteindre la première crête au fond du vallon. La *vue embrasse un cirque immense et superbe de montagnes: masse imposante du Viso, Cervin, Mont-Blanc, Grand-Combin, etc.

III. De Barcelonnette à Larche: 26 kil.; voit. publ. à 5 h. du mat. (3 h. du soir au retour) et trajet en 4 h., pour 2 fr.

Jusqu'à *Gleizolles* (14 kil. ¹/₂), v. p. 229. Ensuite à l'E. dans la vallée de l'*Ubayette*, au pied du massif que dominent la *Tête de Cuguret* (2905 m.) et le *Sommet du Vallon-Long* (3039 m.). — 18 kil. *Meyronnes* (1599 m.; aub.). — 24 kil. *Certamussat.*

26 kil. **Larche** (1697 m.; *hôt. de la Paix*), village qui a donné son nom au col que la route traverse 6 kil. plus loin, sur la frontière, le **col de Larche** (1995 m.), dit aussi *col de la Madeleine* et *col de l'Argentière*, du nom de la première localité italienne. Ce col est célèbre par le passage de l'armée française en 1515, qui fut relativement une opération militaire supérieure au passage du St-Bernard en 1800.

Sur le versant italien, près du col, se trouvent une caserne de carabiniers, la douane et le beau *lac de la Madeleine* (aub.). Plus loin, à 7 kil. du col, l'*Argentière* (Argentera; 2 aub.). — Au N.-E., sur la frontière, la *Pointe della Signora* (2199 m.); derrière, le *vallon de l'Oronaye* et le *col de Ruburent* ou *Riouburent* (3 h. de Larche; 2520 ou 2494 m.), de chaque côté duquel il y a plusieurs lacs et par lequel on peut retourner dans la vallée de l'Ubayette, et au N. du vallon, la *Tête de Moyse* (3110 ou 3100 m.), au sommet en arête dentelée (5 h. de Larche).

31. De Grenoble à Digne et à Puget-Théniers.

I. De Grenoble à Digne. Basses-Alpes.

198 kil. Trajet en 7 h. et 7 h ¹/₄. Prix: 22 fr. 25, 15 fr. 05, 9 fr. 75.

Jusqu'à *Veynes* (110 kil.), où l'on change de voiture, v. R. 27.

On retourne ensuite en arrière l'espace de 4 kil. et regagne la vallée du Buëch, que l'on continue de descendre. — 117 kil. *Pont-*

de-Chabestan. Plus loin, à g., le village de *la Bâtie - Montsaléon,* le *Mons Seleuci* des Romains, près duquel l'usurpateur franc Magnence fut défait par Constance, en 353. On y a trouvé des restes de constructions antiques et beaucoup d'objets gallo-romains. 2 tunnels. Beau coup d'œil à droite.

125 kil. **Serres** (*hôt. Moulin*), toute petite ville pittoresque, adossée à un promontoire rocheux et à pic de la rive dr. du Buëch.

Le paysage a décidément un autre caractère; les montagnes sont arides et ravinées, mais des amandiers annoncent la Provence. Petit tunnel. — 135 kil. *Eyguians-Orpierre.* — 140 kil. *Laragne.* — 147 kil. *Mison.* On retraverse le Buëch à Sisteron, sur un haut viaduc courbe, près de la *Durance* (à g.), et l'on passe dans un tunnel de 666 m. sous la citadelle, avant lequel on a une belle vue à gauche.

159 kil. **Sisteron** (483 m.; *hôt. Lachaud*), la *Segustero* de l'antiquité, vieille ville de 3905 hab., chef-lieu d'arr. des Basses-Alpes et anc. place forte, dans un défilé au confluent de la Durance et du Buëch, où elle commandait la route de la Provence. Elle est dominée par une vieille *citadelle,* qui présente un coup d'œil imposant, surtout du côté opposé à la gare ou avant le tunnel à l'arrivée, et le site est très pittoresque. Grand commerce d'amandes.

On arrive à la ville par une avenue et une promenade où se voient des *tours* de son anc. enceinte et son *église Notre-Dame,* jadis cathédrale, surtout des xie et xiie s. Elle avait un dôme sur le tambour qu'on remarque à la croisée, à côté du clocher. Le portail est original et a de jolies colonnettes.

La ville même est mal bâtie et malpropre dans la partie basse. La grande rue, près de l'église, mène directement de l'autre côté (porte crénelée) au pied des hauts rochers à pic où s'élève la citadelle. A côté coule la Durance et au delà se dresse le *mont de la Baume,* également à pic. Plus loin à g., le confluent des deux rivières, un pont et le viaduc du chemin de fer. Il y a aussi sur la Durance un pont où l'on descendra pour jouir du coup d'œil pittoresque de la ville de ce côté.

Vue étendue du *Mollard,* mamelon à l'E., où l'on monte en 3/4 d'h., par un sentier sous bois. — Excursion à la **Baume** (v. ci-dessus; 1149 m.), par un sentier forestier très raide, mais bien entretenu, en 1 h. 1/4 à l'arête et 1 h. 1/2 au sommet. A env. 50 m. au-dessous, au N., une petite grotte (baume), dite *grotte d'Argent.* — Au **Signal de Lure** (1827 m.), point culminant d'une longue crête isolée au S.-O. de Sisteron, d'où la vue est immense, surtout au S., env. 7 h., avec un guide, pénible, mais sans difficulté. On gagne d'abord, par une route à dr. de celle de Marseille, la vallée du *Jabron,* de l'autre côté de laquelle est la montagne de Lure, traverse la rivière à 9 kil. de la ville et gravit la crête par le *Pas de la Combe* (1 h.), le *Pas des Portes* (env. 1 h.), le *Pas de Madame* (ferme; 1/2 h.; gîte) et le *Pas de Frère-Jean* (1 h. 1/2), à 1 h. du sommet.

Le chemin de fer descend ensuite, sur la rive dr., la vallée de la Durance, torrent dévastateur dont le lit très large est le plus souvent presque à sec en été. Vue surtout à g. et en arrière sur Sisteron. Çà et là, des oliviers, que l'habitant du Nord prend d'abord pour des saules. — 165 kil. *Peipin.* — 171 kil. *Château-Arnoux.* Sur

l'autre rive (ponts suspendus), *Volonne*, adossé à une colline escarpée où sont les ruines d'un château du XIᵉ s.

176 kil. *St-Auban* (423 m.), au confluent de la Durance et de la
Bléone. On y change de voit. et quitte la ligne de Marseille (R. 44).

L'embranch. de Digne traverse la Durance et remonte la rive dr.
de la Bléone, torrent dont le lit est également très large. — 180 kil.
Malijai. Au loin à dr., la *montagne de St-Michel-de-Cousson*
(p. 233), avec un ermitage. A g. de la voie, un manoir à quatre tours.
Au fond de la vallée, un amphithéâtre de montagnes atteignant
près de 2900 m. — 189 kil. *Mallemoisson*. — 194 kil. *Champtercier*.
Près de Digne, à dr., la ligne de St-André-de-Méouilles (p. 233).

198 kil. **Digne** (596 m.; hôt.: *Boyer-Mistre, Rémusat,* tous
deux sur le Cours, bons), la *Dinia* des Romains, ville de 7276 hab.
et chef-lieu du départ. des *Basses-Alpes,* dans un site pittoresque,
sur la rive g. de la Bléone. Elle était jadis plus importante, mais
elle a beaucoup souffert des guerres de religion et elle a été ravagée
par la peste en 1629.

Les gares P.-L.-M. et du Sud sont près l'une de l'autre, en deçà
de la ville, sur la rive dr. de la Bléone, de l'autre côté de laquelle
on aperçoit le *lycée,* grand et bel édifice de construction récente. On
traverse la rivière par un beau pont moderne, près de son confluent
avec le torrent des Eaux-Chaudes (v. ci-dessous) et l'on arrive immédiatement, à g., au *Cours* ou *boulevard Gassendi,* la rue principale,
qui a deux magnifiques rangées de platanes. Sur une place vers le
milieu, la *statue de Gassendi,* le philosophe et mathématicien, né à
Champtercier (1592-1655), bronze moderne par Ramus.

Sur la colline située derrière est la *cathédrale,* surtout du XVᵉ s.,
mais avec un portail moderne du style goth. du XIIᵉ s., précédé d'un
perron. L'intérieur, à trois nefs, a été décoré de nos jours de peintures polychromes. On y remarque le buffet des orgues, une statue
de St-Vincent de Paul par Daumas (1869), à dr., et une statue
d'évêque du XVIIᵉ s., dans la 2ᵉ chap. du même côté.

Le Cours passe plus loin, à dr., près du *musée,* qui comprend
surtout des collections d'histoire naturelle et de peintures. Il est
public le dim. et toujours visible pour les étrangers.

A l'extrémité du Cours, à dr., une *fontaine* monumentale pittoresque. Plus loin à g., *Notre-Dame,* église romane des XIIᵉ-XIIIᵉ s.,
qui ne sert plus au culte que pour le cimetière voisin, dont le
gardien à la clef. L'intérieur présente encore un beau vaisseau,
avec des restes de peintures murales des XVᵉ et XVIᵉ s.

Il y a un **établissement thermal** à 3 kil. à l'E. de la ville (om., 50 c.),
dans la belle vallée d'où descend le *torrent des Eaux-Chaudes*. Il est alimenté
par des eaux sulfureuses très abondantes (25 à 48°) connues depuis longtemps. L'organisation est simple, mais les eaux sont, dit-on, très efficaces
dans le traitement des blessures, des rhumatismes et de la paralysie.

Les **Basses-Alpes**, surtout les Alpes de Provence au S. de la Durance
et plus particulièrement au S. de Digne, sont loin d'offrir, en général, le
même intérêt au voyageur que les Alpes de la Savoie et du Dauphiné.
Comme on l'a vu en passant du bassin de l'Isère dans celui de la Durance

ou en arrivant en Provence, les montagnes sont presque partout dénudées et ravinées et le paysage est trop souvent triste et désolé. Aussi les touristes ne les fréquentent guère, du moins dans la saison des courses de montagnes. Les excursions n'y sont pas du reste seulement difficiles à cause de la chaleur en été, mais encore à cause de l'insuffisance des moyens de communication et du peu de ressource qu'offre le pays. Le nouveau chemin de fer et les services de voitures mentionnés ci-dessous permettront du moins de s'en faire une idée sans trop de fatigue.

De Digne a Barcelonnette: 84 kil., 11 h. de voit. publ., la nuit, à l'aller comme au retour (v. l'Indicateur); prix, 8 fr. La route remonte la vallée de la Bléone, par *la Javie* (15 kil.), puis passe par le *col de Labouret* (1216 m.) et par la toute petite ville de *Seyne-les-Alpes* (42 kil.; 1786 hab.; hôt. des Trois-Rois), qui occupe un joli site. Elle rejoint avant le *Lauzet* (64 kil.) la route mentionnée p. 228.

II. De Digne à Puget-Théniers (Nice).

44 kil. de ch. de fer (Sud-France; voie étroite), jusqu'à *St-André-de-Méouilles*, trajet en 2 h. 10, pour 3 fr. 70 et 2 fr. 70. — 48 kil. de route et correspond. le mat. de St-André à *Puget-Théniers*, trajet d'env. 7 h., pour 4 fr. 50 et 6 fr. Éviter les places d'intérieur. Voit. partic. pour 3 pers., 20 fr. — Ch. de fer de là à *Nice*, v. p. 373. 12 h. de Digne à Nice. Gare à Digne, v. p. 232.

La voie traverse bientôt la *Bléone* et tourne au S. — 6 kil. *Gaubert-le-Chaffaut.* Tunnel de 250 m. et rampes de 25 mm. dans la *montagne de St-Michel-de-Cousson* (1516 m.). — 8 kil. *St-Jurson.* — 13 kil. *Mézel.* Puis les *cluses de l'Asse*, gorges très curieuses, aux rochers à pic et dénudés, où on longe la rive dr. du torrent de ce nom. Tunnel de 460 m. — 19 kil. *Chabrières.* — 24 kil. *Chaudon-Norante,* que précède et suit un tunnel. — 32 kil. *Barrême* (685 m.; hôt. Abbès), bourg à g. avant la stat. et où l'on traverse un bras de l'Asse.

Correspond. pour Castellane, à 25 kil. au S.-E., par (6 kil.) *Senez*, le *Sanitium* des Romains, aujourd'hui un village, avec une anc. cathédrale romane. — Castellane *(hôt. du Levant)* est une ville de 1782 hab. et néanmoins un chef-lieu d'arrond., sur le *Verdon*. Elle n'a guère de curieux que la beauté de son site et des restes de fortifications; mais on visite en aval les *gorges du Verdon*, suite de défilés grandioses, dont les parois atteignent jusqu'à 500 m. de hauteur et qui s'étendent jusqu'à plus de 15 kil. — Route de St-André-de-Méouilles à Castellane, v. ci-dessous.

La voie remonte plus loin le vallon d'un des bras de l'Asse, en le traversant plusieurs fois. — 41 kil. *Moriez*, village après lequel viennent une rampe de 27 mm. et un tunnel de 1150 m., à la sortie duquel on atteint 941 m. d'altitude. Descente non moins rapide de là dans la vallée du *Verdon*.

44 kil. **St-André-de-Méouilles** (908 m.; hôt. *Trotabas*), village sur cette rivière, provisoirement la dernière station. Le chemin de fer doit être prolongé sur Puget-Théniers en traversant, par un tunnel de 3800 m., la *Colle de St-Michel* (1812 m.), montagne qui sépare la vallée du Verdon de celle du Var.

Correspond. pour *Castellane* (v. ci-dessus; 1 fr.), à 19 kil. en aval, par la rive dr. du Verdon, et pour *Colmars*, et *Allos*, à 32 et 40 kil. au N. dans le haut de la vallée du Verdon. La route de ce côté traverse deux fois le torrent pour éviter la *montagne de Cordœil* (2117 m.), et passe à *Thorame-Haute* (12 kil.; hôtel). — Colmars (1259 m.; hôt. *Maurel*) est une anc. place forte (708 hab.) qui doit son nom à une colline où était un temple de Mars. Elle est dans un fond, sur la rive g. du Verdon. C'est depuis peu un lieu de villégiature des méridionaux. — *Allos*, v. p. 229.

La ROUTE DE PUGET-THÉNIERS se confond d'abord avec une route qui mène aussi à *Castellane* (16 kil.; v. ci-dessus; chemin de fer concédé). Elle descend au S. la rive dr. du Verdon l'espace de 4 kil., le traverse, longe encore quelque temps le torrent et tourne à l'E., en laissant à dr. un chemin qui continue également sur Castellane. — 8 kil. *St-Julien.* Puis une gorge sauvage. — 13 kil. *Vergons* (1031 m.), au S. de la *Chamatte* (1880 m.). On monte au col de *Vergons* ou de *Toutes-Aures* (1124 m.). — 19 kil. *L'Iscle* et un nouveau défilé. — 23 kil. *Rouaine* et la **cluse de Rouaine,* une des plus belles gorges de cette région. — 28 kil. *Les Scaffarels.* La voiture fait un détour pour desservir, à 2 kil. au N., le bourg d'*Annot* (hôt. Grac), qui est un séjour d'été des Niçois. On arrive ensuite dans la vallée du *Var,* qu'on franchit sur le curieux *pont de Gueydan* (route de Guillaumes, p. 374) et encore plus loin.

41 kil. **Entrevaux** *(hôt. Chauvin),* ville de 1391 hab. et anc. place forte sur la rive g. du Var, entre des hauteurs dont l'une est fortifiée. On n'entre dans cette ville que par une seule porte, à pont-levis et précédée d'un pont sur le Var. L'accès en est même impossible ou du moins interdit aux voitures. Les environs sont agréables et bien cultivés, mais la ville est mal bâtie et malpropre. — La route continue de suivre la vallée du Var, sur une digue.

48 kil. *Puget-Théniers.* Pour cette ville et la ligne de là à *Nice,* v. p. 374-373.

IV. LES CÉVENNES ET LES BORDS DU RHÔNE

32. De Clermont-Ferrand à Nîmes.

304 kil. Trajet en 8 h. 30 et 12 h. Prix : 34 fr. 25, 23 fr. 15, 15 fr. 15. Cette route est très intéressante, et on ne devra la parcourir que de jour. Il y a, dit-on, jusqu'à 108 tunnels et 32 viaducs. — Vue surtout à gauche.

Clermont-Ferrand et de là à *St-Georges-d'Aurac* (94 kil.), v. p. 33-35. — On se rapproche de nouveau de l'Allier, qu'on traverse.

101 kil. *Langeac* (515 m. ; hôt. & café Bardel, à la gare), à g., ville de 4391 hab., sur la rive g. de l'Allier. Eglise du xve s. qui a des boiseries anciennes.

On longe maintenant la rivière, dont la vallée devient encore plus intéressante et où les travaux d'art sont très nombreux et très remarquables. — 107 kil. *Chanteuges* (530 m.), qui a des restes d'une vieille abbaye, surtout l'église, des xive et xvie s. A dr. et à g., des montagnes basaltiques. Le granit est ensuite la roche dominante. Un tunnel et un viaduc. — 114 kil. *Prades-St-Julien* (550 m.). 2 viaducs, 3 ponts, dont un sur l'Allier, et 10 tunnels. — 125 kil. *Monistrol-d'Allier* (608 m.). Une galerie voûtée, 10 viaducs ou ponts et 12 tunnels. Gorges grandioses. — 135 kil. *Alleyras* (670 m.). 12 tunnels et 6 viaducs. Ruines à dr. après le 1er tunnel. Dernier viaduc à 28 arches, tournant à g. — 149 kil. *Chapeauroux* (752 m.). 7 tunnels et 3 viaducs. — 156 kil. *Jonchères* (832 m.), avec un château en ruine, du xve s., à g. de la voie. 5 viaducs ou ponts, dont encore un sur l'Allier, et 5 tunnels.

168 kil. **Langogne** (913 m. ; *buffet*; *Gr.-H. Chalier*, avenue de la Gare, etc.), ville de 3634 hab., à 1 kil. au S. ou à dr. de la voie.

CORRESPONDANCE, au milieu de la journée, pour *Mende*, à 50 kil. au S.-O.; arrivée vers 6 h. Prix, 9 fr. 75 et 8 fr. 50 (v. également p. 237, Villefort). Pays montagneux, mais monotone, désert et dénudé. On passe à 20 kil. de la stat., à *l'Habitarelle*, près de *Châteauneuf-de-Randon*, toute petite ville au siège de laquelle mourut B. du Guesclin, en 1380. Le gouverneur anglais, qui avait promis de se rendre, n'en fut pas moins obligé de tenir parole. — *Mende* (H. de Paris, H. Manse), v. le *Sud-Ouest de la France*, par Bædeker.

A 15 kil. au N.-E. de Langogne, par *Pradelles* (5 kil. ; correspondance), *Montbel* (hôt.), où il y a un établissement d'eaux minérales froides, alcalines et ferrugineuses. Vallon boisé et beau château.

Puis de nouveau 2 ponts, le second sur l'Allier, et ensuite, à g., une église en ruine, du xive s. 2 tunnels et 3 autres ponts. A g. avant sa stat., les ruines de Luc. — 180 kil. *Luc* (971 m. 50), à dr., dominé par les ruines d'un château, avec une Vierge. On traverse encore deux fois l'Allier. — 187 kil. *La Bastide* (1024 m. ; hôt.), où doit aboutir une ligne en construction venant de Mende (44 kil.).

A 9 kil. au N.-E. se trouve *St-Laurent-les-Bains*, village entouré de montagnes, avec des eaux thermales carbonatées sodiques (53°) et deux établissements de bains. Ces eaux étaient connues des Romains. Le chemin qui y conduit passe, à g. à env. 3 kil. de la Bastide, près de la *Trappe de Notre-Dame-des-Neiges*, qui est curieuse à visiter. — A 26 kil. de St-Laurent est *Valgorge* (p. 248).

Enfin un dernier pont sur l'Allier et un tunnel de 893 m. dans la ligne de faîte des *Cévennes*, par lequel on passe du bassin de la Loire dans celui du Rhône. La voie atteint ici son point culminant,

à 1030 m. d'altit., et elle en a gravi plus de la moitié depuis Langeac (88 kil.). Elle redescend encore plus rapidement. 8 tunnels.
Belles échappées de vue. Les hauteurs sont maintenant dénudées
et annoncent le Midi. — 197 kil. *Prévenchères.* 12 tunnels ou galeries, le 3ᵉ tunnel de 1507 m., et 6 viaducs ou ponts, le dernier
viaduc de 72 m. de hauteur, courbe, à deux étages et avec une route
au premier, celle de Mende (v. ci-dessous), traversant l'*Altier* avant
le dernier tunnel.

208 kil. **Villefort** (606 m.; *buffet; hôt. Balme;* guide), toute
petite ville située plus loin à g., point de départ pour des excursions
dans le massif du Mont-Lozère.

CORRESPONDANCES pour *Mende* (p. 236), à 59 kil. à l'O.-N.-O., 3 fois
le jour dans la saison, à 9 h. 1/2 du mat., midi 1/2 et 9 h. du soir; trajet
en 6 h. 1/2 et 7 h., pour 10 fr. à la 1ʳᵉ voit. (prix unique), 6, 5 et 4 fr.
aux autres. A pied, il vaut mieux partir d'ici que de Langogne (v.
p. 236). La route suit d'abord la direction du N., puis tourne à l'O.,
après un petit tunnel, dans la vallée de l'*Altier*, où elle passe par le
viaduc mentionné ci-dessus. On voit au N. la *montagne du Goulet* (1490 m.)
et au S. le *Mont-Lozère* (v. ci-dessous). Vieilles châtaigneries; deux hameaux. — 12 kil. *Altier* (auberges), avec un vieux château. On monte
ensuite au *col du Bleymard* (1175 m.), d'où l'on redescend vers la vallée
du Lot, en laissant à g. *le Bleymard* (1058 m.; aub.), localité de 649 hab.,
près de laquelle on croise la voie («draye») suivie depuis l'antiquité par
les troupeaux de moutons qui viennent de Provence passer la bonne
saison sur le plateau central. Au pic de Finiels, v. ci-dessous. — 31 kil.
St-Jean-de-Bleymard (H. St-Jean; H. Teissier, propre; voit. de louage),
hameau à 500 m. du village, sur le *Lot*, dont la source est à 4 kil. au N.
On descend sur la rive dr. — 36 kil. *St-Jean-du-Tournel*, qui a un château
en ruine, sous lequel la route passe d'abord dans un tunnel. — 38 kil.
Bagnols-les-Bains (914 m.; *Grand-Hôtel, H. des Bains,* etc.), village sur le
Lot, qui a des eaux thermales sulfurées sodiques (31° 5 à 42°), exploitées
déjà par les Romains et bien fréquentées, par les habitants de la région
et les méridionaux, pour le traitement des affections rhumatismales,
lymphatiques et scrofuleuses, etc. C'est toutefois une station simple et
dans un site assez peu attrayant. — 45 kil. *Ste-Hélène.* On traverse le Lot,
passe un petit col et rejoint la route de Langogne (v. p. 236). — 52 kil.
Badaroux. — 59 kil. *Mende* (p. 236).

EXCURSION intéressante et facile de 2 jours, au S.-O. de Villefort,
dans le massif du **Mont-Lozère**, au *roc de Malpertus*, au *pic de Finiels* et
au *signal des Laubies*. Le 1ᵉʳ jour, ascension du Malpertus et descente à
Pont-de-Montvert (9 h.); le 2ᵉ, aux deux autres sommets et descente au
Bleymard (7 h. 1/2), d'où l'on retourne à Villefort ou se rend à Bagnols
et Mende. Partir de bon matin, lors des chaleurs.

1ᵉʳ jour, de Villefort. On passe au-dessus du chemin de fer et suit,
vers le S., à quelque distance, la rive dr. d'un ruisseau, qu'on traverse
à *Palhères* (3 kil.). Puis on tourne à g., au delà de ce village, dans un
chemin muletier, qui laisse à dr. deux chemins d'exploitation et court
parallèlement au ravin, qu'il domine de haut. — 2 h. *Costeilades* (1048 m.),
village misérable où l'on fait bien de prendre un guide, enfant ou pâtre,
au moins jusqu'aux *sources du Tarn*, 1 h. 1/4 plus haut. Là, on tourne
à l'O., et on atteint en 3/4 d'h. le *roc de Malpertus* (1683 m.), qui offre
une très belle vue, embrassant l'Aigoual au S., les monts d'Aubrac et de
la Margeride au N., les vallées du Lot et de l'Aveyron à l'O. On redescend au S.-O., en évitant de trop se rapprocher du Tarn, et l'on passe
par *Camarquès*, l'*Hôpital* et *le Mazet*, pour arriver à *Pont-de-Montvert*
(hôt. des Cévennes), bourg sur le Tarn et la route de Genolhac (29 kil.;
v. p. 238) à Florac (26 kil.; voit. pour Mende). C'est ici qu'eut lieu le
premier acte d'hostilité qui donna lieu à la guerre des *Camisards* (1703),

16*

ainsi nommés parce qu'ils portaient sur leurs habits, en signe de ralliî-
ment, une chemise («camisa») ou blouse en toile blanche. Le bourg est
presque entièrement protestant.

IIᵉ jour. On monte d'abord au N. de Pont-de-Montvert, par un ravin,
à *Champlong - de - Lozère* (3 kil.), *Pré - Soulayran* (1 kil.; 1190 m.) et *Finiels*
(1 kil. 1/2), à env. 1 h. 1/2 de Pont et à mi-chemin du *col de Finiels* (sentier
qui abrège). A l'O. se trouve le *pic de Finiels* (1702 m.). La vue y est
aussi très belle, mais masquée au N. et à l'O. Elle est plus dégagée du
signal des Laubies (1660 m.), 3/4 d'h. plus à l'O., où l'on voit non seulement toute la chaîne des Cévennes, mais encore les plateaux et les gigantesques murailles des Causses. On retourne au col pour gagner la
nouvelle route du Bleymard ou bien l'on y descend directement au N.,
par la voie des troupeaux (v. p. 237). — *Le Bleymard*, v. p. 237.

Le pays est encore très accidenté après Villefort et l'on a de
belles échappées à dr. sur les Cévennes. On aperçoit Villefort à g.
après un premier tunnel, suivi de six autres et d'un viaduc de 40 m.
de haut. — 214 kil. *Concoules* (584 m.), et 6 tunnels. — 221 kil. *Genolhac*. 4 viaducs et 6 tunnels, l'avant-dernier viaduc courbe et de 46 m.
de haut (beau coup d'œil en arrière, à dr.). — 228 kil. *Chambori-
gaud*. 3 tunnels, le premier de 1723 m. — 233 kil. *Ste-Cécile-d'An-
dorge*. 4 tunnels. On sort des Cévennes, et l'on voit bientôt des mûriers. A dr., le *Gardon d'Alais*, torrent à peu près à sec en été.

238 kil. *La Levade*. Plus loin, à g., se voit la *montagne du
Gouffre*, qui a glissé, en février 1896, et qui a détruit des constructions dépendant de la houillère du même nom et le chemin de fer,
avec son mur de soutènement du côté du Gardon. La voie a dû
pour cette raison être détournée et passe par la rive dr. jusqu'à la
station suivante.

241 kil. *Grand' Combe - la - Pise*. La Grand' Combe, dont font
partie la Levade et la Pise, est le centre d'une commune de 13 358
hab., qui exploite des mines de houille considérables et qui a des
usines d'agglomérés. — Un tunnel. — 252 kil. *Tamaris*. Fabrique
de briquettes, etc. Un petit tunnel.

255 kil. **Alais** (*buffet*; hôt.: *du Luxembourg, Larnaude*, place
de la République, où sont aussi les principaux cafés), à dr., ville
prospère de 24 382 hab. et chef-lieu d'arr. du Gard, sur la rive g.
du Gardon. Elle est en grande partie moderne et bien bâtie dans
les quartiers neufs, mais peu intéressante pour les touristes. Alais
est le centre d'un bassin houiller très important et fait un grand
commerce de soie, etc. Fonderies et forges, verreries, tuileries et
briqueteries.

L'avenue de la Gare, à dr. à la sortie, croise bientôt le boulev.
Louis-Blanc, par où nous reviendrons, puis une longue rue à l'ex-
trémité g. de laquelle on aperçoit le monument de la place de la
République, et elle aboutit à la place St-Sébastien, que décore
une *statue de J.-B. Dumas* (1800-1884), le chimiste, bronze par
G. Pech. — On monte de cette place, par des escaliers, à la place
Pasteur, anc. promenade de la Maréchale, au pied de l'anc. *citadelle*,
transformée en caserne et en prison. En deçà est le *monument de
Pasteur* (1822-1890), par Tony-Noël, une statue en bronze du savant

chimiste, qui s'illustra d'abord à Alais par ses études sur les maladies des vers à soie, une statuette aussi en bronze de la Sériciculture et des bas-reliefs en marbre. — Un peu plus loin à g., un jardin public, au bas duquel se voit un *buste de la Fare-Alais* (1791-1846), poète cévenol, par Bastet.

L'*hôtel de ville*, sur la place voisine, n'a rien de bien remarquable. Il renferme la bibliothèque.

La rue presque en face, à g., mène à l'anc. *cathédrale* (St-Jean), édifice peu intéressant, en majeure partie du xviiie s., avec porche goth. sous le clocher à la façade, grande nef et tribunes sur les bas côtés. — Sur la place à g. du chœur, l'anc. *évêché*, transformé en restaurant. A dr., au commencement de la rue de la Meunière, le *buste de l'abbé de Sauvages*, originaire d'Alais, bronze aussi par Bastet.

La place de la République, au bord du Gardon, où nous conduit ensuite, à g., la Grand' Rue, est la plus importante d'Alais. Il y a une fontaine avec le *monument de Florian* (1755-1794), originaire de la contrée, une statue en bronze et un groupe représentant deux héros de l'écrivain, Estelle et Némorin, par A. Gaudez.

La rue Docteur-Serres, puis le boul. Louis-Blanc, à dr. à l'opposé du Gardon, ramènent de cette place au chemin de fer en passant près du vaste *lycée Dumas* et au *palais de justice*.

D'Alais a Uzès: 40 kil. par *Nozières* (v. ci-dessous) et 52 par *St-Julien-de-Cassagnas* (p. 250). — *Uzès*, v. p. 245.

D'Alais a l'Ardoise: 59 kil.; 2 h. à 2 h. 50; 6 fr. 60, 4 fr. 45, 2 fr. 90. Gare spéciale à l'E. de la ville ou sur la rive g., à 1 kil. de la gare principale. — 7 kil. *Méjannes-Mons.* On passe plus loin sous la ligne d'Uzès (p. 250). — 10 kil. *Celas*, aussi sur cette ligne. — 15 kil. *Brouzet.* A g., le *Serre du Bouquet* (p. 250), où l'on passe dans un *défilé* creusé par J'Alauzène. — 21 kil. *Seynes.* — 59 kil. (11e st.) *L'Ardoise* (p. 248).

Embranch. de 31 kil. d'Alais à *Quissac* (le Vigan). Il se détache de la ligne de Nîmes à *Mas-des-Gardies* (v. ci-dessous), et tourne dans la vallée du Gardon d'Anduze. — 17 kil. *Lezan*, d'où un tronçon de 6 kil. conduit à *Anduze* (hôt. Béchard), ville anc. de 3657 hab., dominée par un château en ruine. Autre château et vieille tour dans la ville. Beau parc des Cordeliers, avec buste de la trouveresse Clara d'Anduze, bronze par Legastellois. — Le ch. de fer doit être prolongé jusqu'à *St-Jean-du-Gard*, petite ville située 13 kil. plus loin dans la vallée. — *Quissac*, etc., v. p. 257.

260 kil. *St-Hilaire.* — 265 kil. *Mas-des-Gardies.* Embranch. de Quissac, v. ci-dessus. — 268 kil. *Vézenobres.* Tunnel de 392 m. et viaduc sur le Gardon. — 270 kil. *Ners.* Un tunnel. A dr., un donjon du xiie s. — 274 kil. *Boucoiran.* A g., au loin, le château de Méric. — 276 kil. *Nozières.*

De Nozières a Uzès (*Remoulins*); 19 kil., ligne traversant à l'E. le Gardon et une belle plaine. — *Uzès*, v. p. 245.

280 kil. *St-Géniès.* — 285 kil. *Fons.* Viaduc et tunnel. — 294 kil. *Mas-de-Ponge.* Plus loin à dr., la Tour Magne (p. 254); on passe dans un tunnel sous sa colline; on rejoint les lignes de Lyon par Tarascon et par le Teil (R. 33 A et B), et l'on entre en gare à reculons.

305 kil. *Nîmes* (buffet; p. 250).

33. De Lyon à Nîmes.

A. Par Tarascon, rive gauche du Rhône.

280 kil. Trajet en 4 h. 30 à 9 h. 20. Prix : 31 fr. 45, 21 fr. 25, 13 fr. 90. — De Paris, la ligne directe de Nîmes, sinon la plus rapide, passe par Clermont-Ferrand (R. 32).

Jusqu'à *Tarascon* (252 kil.), v. R. 36 et 39. La ligne de Nîmes est de l'autre côté ou à dr. de la gare. On passe en aval de la ville et traverse le Rhône sur un viaduc de près de 600 m. de long.

253 kil. **Beaucaire** *(hôt. du Grand-Jardin)*, ville commerçante de 9020 hab., qui a dû son nom (Bellum Quadrum) au *château*, dont les restes la dominent, surtout le donjon, qu'on voit déjà en arrivant à Tarascon, et une chapelle romane. Sa célèbre *foire*, du 22 au 28 de juillet, a beaucoup perdu de son importance. Très beau quinconce de platanes, qui comprend, dit-on, le plus beau que l'on connaisse. Ici commence le *canal de Beaucaire*, long de plus de 50 kil., qui relie le Rhône à la Méditerranée près d'Aigues-Mortes (p. 300).

. On traverse le canal et laisse à dr. la ligne de Remoulins, Uzès, etc. (p. 244 et 245). A dr., des carrières de pierre. Viaduc, tranchées et tunnel. — 264 kil. *Bellegarde*. — 269 kil. *Manduel-Redessan*. — 275 kil. *Grézan*, où aboutit la ligne de la rive dr. (v. ci-dessous). Plus loin, à dr., la ligne directe de Paris par Clermont-Ferrand (R. 32); en face, la Tour Magne (p. 254). — 280 kil. *Nîmes* (p. 250).

B. Par le Teil et Remoulins, rive droite du Rhône.

280 kil. Trajet en 6 h. 5 et 8 h. 45. Prix comme ci-dessus. Vue à g

Lyon, v. p. 6. Départ de la gare de Perrache. De là à *Givors* (21 kil.), v. R. 6. Ensuite un tunnel de 1074 m. — 26 kil. *Loire*. On aperçoit avant la stat. suiv. la ville de *Vienne* (p. 268), dominée par les murailles de la Bâtie (p. 270).

33 kil. **Ste-Colombe-*la-Vienne***, bourg relié à la ville par un pont suspendu, où l'on va de la gare en tournant à g. dans la grand'rue, puis à dr. En amont, sur le fleuve, la tour mentionnée p. 270. Plus loin, le célèbre vignoble de la *Côte-Rôtie*. — 39 kil. *Ampuis*.

44 kil. *Condrieu* (hôt. du Commerce), petite ville industrielle (broderie), à dr. sur un coteau, avec un *château* en ruine. Puis un petit tunnel. — 50 kil. *Chavanay* (hôt. à la station), d'où l'on peut faire, en 4 h. à 4 h. 1/2, l'ascension du Pilat (p. 46), par *Pélussin* (6 kil.; 3291 hab.; voit. publ.; hôt. : Flachier, Fabry), et d'où il doit même y avoir un ch. de fer à crémaillère jusqu'à l'hôt. du Mont-Pilat (p. 46). — 53 kil. *St-Pierre-de-Bœuf*. Un tunnel de 768 m. A g., les Alpes. — 61 kil. *Serrières*. Beau pont suspendu sur le Rhône, qui en a quantité dans son cours inférieur. Un viaduc et un petit tunnel. A g., le pont de la ligne de St-Rambert à Firminy (R. 7). — 65 kil. *Peyraud* (buffet), aussi sur cette ligne, sous laquelle on passe un peu après. — Un tunnel de 669 m. — 72 kil. *Andance*. Puis on traverse la Cance et l'Ay. — 77 kil. *Sarras*. — Halte d'*Arras*. —

86 kil. *Vion.* On traverse plus loin le *Doux*, puis un tunnel de 616 m., à Tournon.

93 kil. **Tournon** (*H. de l'Assurance* ou *Bassot*, bon; *Grand-Hôtel*), ville de 5344 hab. et chef-lieu d'arr. de l'Ardèche, dans un site très pittoresque, à g. en deçà de la station. Sur une promenade à l'entrée, une petite *statue du général Rampon* (1759-1842), par le comte Joach. Rampon. La rue Thiers, un peu plus loin, passe au *lycée*, fondé en 1542 par le cardinal de Tournon (1489-1562), conseiller de François Ier, originaire de cette ville. Un peu plus loin, un pont et une passerelle suspendus, sur le Rhône, par lesquels Tournon communique avec Tain, situé en face (p. 272). A g. de là, à Tournon, un vieux *château* du style goth., maintenant l'hôtel de ville, le palais de justice et la prison, sur un rocher au pied duquel passait le fleuve. A dr., une belle promenade. Derrière le château, l'*église*, des styles goth. fleuri et flamboyant.

EMBRANCH. de 33 kil., par la vallée pittoresque du Doux, sur *Lamastre* (hôt. du Midi), ville de 3763 hab. Cette ligne d'intérêt local doit être prolongée jusqu'au Cheylard (v. ci-dessous), 20 kil. plus loin au S.-O. A 6 kil. à l'O. de Lamastre, *Désaignes* (3683 hab.), qui a des restes de constructions antiques et du moyen âge et une source d'eau bicarbonatée sodique.

96 kil. *Mauves*. — 106 kil. *St-Péray* (hôtel-café Fabry, à la gare). Vins blancs très estimés et vins mousseux. Valence (p. 272) est à 4 kil. sur l'autre rive (pont suspendu; omn., 50 c.). A dr., sur une hauteur escarpée, les ruines du *château de Crussol* (p. 274). — 113 kil. *Soyons*. — 117 kil. *Charmes*. A 3 kil. à l'O., *St-Georges-les-Bains* (hôt.-pens.), où il y a un établiss. d'eau ferrugineuse. Belle vue ensuite à g. à l'arrière-plan, sur les montagnes escarpées de la rive g. de la Drôme (Rochecourbe, 1592 m.). — 121 kil. *Beauchastel.* On traverse l'*Erieux*. A g., un pont suspendu, Lavoulte, et le pont de la ligne de Livron.

126 kil. **Lavoulte-*sur-Rhône***, ville de 2604 hab., à g., dominée par un anc. *château fort* et sous laquelle on passe en tunnel. *Eglise* moderne romane, en briques. Les hauts fourneaux n'existent plus, bien que les importantes mines de fer du voisinage ne soient pas épuisées.

Ligne de *Livron* à *Privas*, v. p. 274 et ci-dessous.

LIGNE à voie étroite de 48 kil. sur le Cheylard, par la vallée très pittoresque de l'*Erieux*, plus tard jusqu'à Yssingeaux (p. 48); ouvrages d'art remarquables. — Le *Cheylard* (hôt. Courtial) est une ville de 3198 hab., située dans une gorge, qui a pour industrie le moulinage de la soie et la fabrication des foulards. Château en ruine.

Ensuite, à dr., des montagnes nues et escarpées.

131 kil. **Le Pouzin** (*hôtel-café des Voyageurs*, à la gare), petite ville industrielle d'origine antique, à dr., sur l'Ouvèze. Belle *église* goth. moderne. Usines (distillerie, etc.) à g. à la gare. Pont suspendu.

Du Pouzin à Privas (*le Coiron*): 21 kil.; 35 à 40 min.; 2 fr. 45, 1 fr. 65, 1 fr. 10. Cet embranch. quitte la vallée de l'Ouvèze pour y revenir à Privas, après avoir fait un détour au S. Haut viaduc; belle vue à dr.; à g., au loin, les Alpes. — 7 kil. *St-Lager-Bressac.* — 12 kil. *Chomérac.* Gorges aux flancs à pic. — 15 kil. *Alissas.* Encore un haut viaduc. On voit déjà de loin à dr. Privas, que la voie contourne. La ville est dominée par le *Mont-Toulon* (426 m.), sur lequel il y a un calvaire.

21 kil. **Privas** (322 m. ; hôt. : *de la Croix-d'Or, du Louvre*, à l'Esplanade) ville de 7843 hab. et chef-lieu du départ. de l'*Ardèche*. Ce fut au xvie s. une des premières places fortes du Vivarais et elle fut incendiée et rasée en 1629 par Louis XIII, pour s'être mise à la tête du parti calviniste dans le pays. Elle a des manufactures assez importantes (soie) et des mines de fer, mais elle est fort peu intéressante pour le touriste. L'avenue de la Gare y mène à l'Esplanade, petite place d'où elle se continue par le cours du Palais, qui jouit d'une belle vue sur la vallée et les montagnes environnantes, et d'où monte, à g., le cours du Temple (route d'Aubenas), qui passe près de l'*église* (à dr.), édifice moderne massif du style de transition. La rue de la République, près de l'Esplanade, mène de l'autre côté de la ville au Champ-de-Mars et à un vallon qui offre également une belle vue.

Au S.-O. de Privas, dans la direction du cours du Temple, se trouve le **Coiron**, contrefort des Cévennes limité au S. par la vallée de l'Ardèche. C'est un massif granitique et calcaire, recouvert par un volcan d'une couche de 100 à 125 m. de laves et de pouzzolane et curieux au point de vue géologique, mais profondément raviné et triste. — Le massif est parcouru par deux routes principales, l'une menant au N.-O. au Puy et l'autre au S.-O. à Aubenas. — La *route du Puy* (90 kil. ; p. 48), qui passe par le Monastier (71 kil. ; p. 52), suit la crête du massif et longe, à env. 10 kil. de Privas, le *Roc de Gourdon* (1061 m.), qui offre une très belle vue, puis, 15 kil. plus loin, le *Signal du Champ-de-Mars* (1345 m.), d'où la vue est également fort belle. A env. 1 h. 1/2 de là, à 27 kil. de Privas, se trouve *Mézilhac* (aub. Laffont), bourgade d'où une route conduit, au S., par la vallée pittoresque de la Volane, à Antraigues (15 kil., p. 248) et à Vals (22 kil. ; p. 246). — La *route d'Aubenas* (31 kil.), desservie par 2 voit. publ. (dép. à 10 h. et 4 h. 1/2 ; env. 3 h. 1/2 ; 3 et 4 fr.), se confond d'abord avec celle du Puy et prend ensuite à g., en deçà du Roc de Gourdon (v. ci-dessus), pour traverser le massif au *col de l'Escrinet* (12 kil. ; 792 m. d'alt.) et descendre au S., par *Vesseaux* (23 kil. ; aub.). — *Aubenas*, v. p. 246. — Une troisième route traverse encore ce massif au S. de Privas, par *Berzème* (13 kil. ; 760 m.) et *Montbrul* (18 kil.), hameau où sont des grottes et un anc. cratère, à env. 3 kil. de la stat. de *St-Jean-le-Centenier* (p. 246).

136 kil. *Baix.* 3 tunnels. — 143 kil. *Cruas*, à dr. Ruines considérables et pittoresques d'une vieille *abbaye* fortifiée, dont l'église est à deux étages. Toujours des mûriers. — 147 kil. *Meysse.* On traverse plus loin le *Lavaison.*

151 kil. *Rochemaure* (hôt. Cavard), que dominent, à dr., les ruines pittoresques d'un *château*, avec une grande enceinte crénelée et son donjon au sommet d'un rocher basaltique. Pont suspendu sur le Rhône, par où l'on va à Montélimar (5 kil. ; p. 276). Usine à ciment. A 2 kil. à l'O., l'anc. volcan de *Chenavari* et une chaussée de basalte, dite *pavé des Géants.* Les ruines de Rochemaure se revoient ensuite en arrière à g., puis à dr. A g., au loin, les Alpes.

156 kil. **Le Teil** (*buffet ; hôt. du Commerce*), ville de 4940 hab., avec un *château* en ruine, à dr. Belle *église* neuve. Importante fabrique de *chaux* hydraulique et de *ciment*, dits de la Farge. *Pont suspendu* où passe une route menant à Montélimar (5 kil. ; p. 276). Correspond. à tous les trains pour cette ville, par Viviers (v. ci-dessous). Ligne d'Alais, v. p. 246.

Ensuite un tunnel de 685 m. ; un pont sur le Frayol et un tunnel de 786 m., avant lequel se voit déjà à g. Viviers.

**165 kil. Viviers-*sur-Rhône* (*hôt. Allignol*, près de la gare, ordi-
naire), vieille ville pittoresque, mais très mal bâtie, de 3414 hab.,
jadis capitale du *Vivarais* et siège d'un évêché. En prenant la rue
à g. de l'hôtel, puis la première ruelle à dr., on monte à la *cathédrale*, église romane et goth., dans une anc. enceinte fortifiée et
sur un rocher escarpé du côté du Rhône, avec des restes de remparts. Elle a un clocher roman à créneaux, un porche et un chœur
du style flamboyant, dont la voûte est remarquable. Viviers a encore de vieilles maisons intéressantes, en particulier une de la Renaissance près de l'hôtel de ville, où mène la rue du bas mentionnée
ci-dessus. Fabriques de chaux, de ciment, de carreaux-mosaïques,
etc. Un pont suspendu relie Viviers à Châteauneuf-du-Rhône
(p. 276), à dr. en daçà de la vieille ville.

172 kil. *St-Montant*. Sur l'autre rive est Donzère (p. 276).

178 kil. Bourg-St-Andéol (*hôtels*), ville de 4264 hab., qui a une
église romane du XIIe s., une tour et des restes de fortifications du
moyen âge. Place de la Mairie, près du Rhône, la *statue de Madier
de Montjau* (1814-1892), avocat et homme politique, par Charpentier. Au Champ-de-Mars, une *fontaine* monumentale moderne,
avec la statue de Dona Dierna, bienfaïtrice de la ville au XIIIe s., par
Delorme. Un pont suspendu relie la ville à Pierrelatte (5 kil.; p.276).

186 kil. *St-Just-St-Marcel*. On franchit plus loin l'*Ardèche*.
Vallée de cette rivière, v. p. 248.

193 kil. Pont-St-Esprit (*hôt. Béchard*, ordinaire), ville de
4289 hab., avec un *pont* en pierre de 840 m. de long, sur le Rhône,
construit de 1265-1309, par les frères pontifes (p. 284) et où il y
avait une chapelle dédiée au St-Esprit. Ce fut longtemps le seul
entre Lyon et Avignon. On y arrive par le boulevard à g. à l'entrée
de la vieille ville, où l'on remarque une fontaine. A g. au pont,
une petite *citadelle* de 1595-1627, encore occupée par la troupe.
On va par le pont à la stat. de Bollène (5 kil.; p. 277). A dr., près
du quai, l'*église St-Saturnin*, du style goth., et l'anc. *église du
St-Esprit*, en partie romane, avec un dôme massif en pierre. Elles
sont séparées par une place précédée de deux escaliers et qui a sur
le quai un beau balcon.

A 10 kil. à l'O., la *chartreuse de Valbonne*, de fondation ancienne, mais
rebâtie au XVIIIe s. et toujours occupée.

On aperçoit ensuite, sur la rive g. du Rhône, *Mondragon*, avec son
château en ruine (p. 277). La voie s'éloigne du fleuve. Un tunnel.
A g., sur une hauteur escarpée, les ruines importantes du *château
de Gicon*. On traverse la *Cèze*.

205 kil. Bagnols-*sur-Cèze (*hôt. Daudel*), ville de 4500 hab.,
centre d'un petit bassin houiller. — 210 kil. *Orsan-Chusclan*.

215 kil. *L'Ardoise*. Ligne d'Alais, v. p. 239. On se rapproche
de nouveau du Rhône pour un instant.

219 kil. *St-Geniès-Montfaucon*. Montfaucon, à ¼ d'h., près du
Rhône, a un vieux *château* imposant. — 223 kil. *Roquemaure*,

petite ville à g., dominée par un *château* en ruine. Pont suspendu
sur le Rhône. Au delà se voient encore, sur la rive g., les ruines du
château de Lhers et, plus loin, celles de *Châteauneuf-Calcernier*
(p. 280). Près de Villeneuve, un tunnel de 335 m. — 233 kil. *Ville-
neuve-Pujaut*, stat. desservant le village de *Pujaut*, situé en deçà,
et *Villeneuve-lès-Avignon* (p. 288), dont on voit l'anc. fort à g. et
qui n'est qu'à un petit $^1/_4$ d'h. de la stat. suivante. — Un tunnel.

235 kil. *Pont-d'Avignon* (hôt.-rest. au pont). Correspond. pour
Avignon (p. 280). A g., la nouvelle ligne de raccordement avec la
rive gauche. Encore un petit tunnel. — 246 kil. *Aramon*, qui a
donné son nom à l'un des principaux cépages du Midi de la France.
Un pont suspendu de 270 m. de long, d'une seule portée, le relie
depuis 1900 à Barbentane (p. 292). Autre tunnel. La voie s'éloigne
définitivement du Rhône et gagne la vallée du *Gardon*. — 251 kil.
Théziers.

259 kil. **Remoulins** (*buffet; hôt. du Nord*, etc.). Le pont du Gard
est à 3 kil. à l'O. (v. ci-dessous); on y va en traversant le bourg et
son pont suspendu, où l'on tourne à dr., sur la route venant de Lafoux (v. p. 245). — Voit., 4 fr. pour 1 à 3 pers., aller et retour. Omnibus du café-rest. de la stat. du Pont-du-Gard, v. ci-dessous.

Le **pont du Gard** sur le *Gardon* ou *Gard*, à un détour de la
vallée (café-rest.), est un des monuments les plus grandioses qui
restent des Romains. C'est une partie d'un aqueduc de 41 kil. de
long, destiné à conduire à Nîmes les eaux de deux sources des environs d'Uzès (v. p. 245) et attribué à Agrippa, gendre d'Auguste
(19 av. J.-C.). Il a plus de 269 m. de long sur 49 m. de haut, et il
se compose de trois rangs d'arcades superposés, en retraite l'un sur
l'autre, les deux premiers de 6 et de 11 arcades de mêmes dimensions, le troisième de 35 arcades plus petites. Le tout est admirablement construit, en grosses pierres sans ciment, sauf le canal du sommet. Les pierres en saillie ont sans doute servi de points d'appui
aux échafaudages, comme à l'aqueduc de Roquefavour (p. 305). On
montera au sommet par le coteau de la rive g. ou par un escalier
intérieur dans le haut à l'autre extrémité, et on le traversera pour
avoir une idée de ses dimensions. Le pont qui est adossé à l'E. au
premier étage est de 1745. Le chemin de l'autre côté, à dr., mène
à la *stat. de Pont-du-Gard* (v. ci-dessous), en deçà de laquelle il
y a un bon café-rest. (dé. 2 fr. 50, dî. 3).

Suite de la ligne de Nîmes et ligne de Tarascon, v. p. 245.

De Remoulins à Uzès (*Alais*)*:* 20 kil.; 30 à 40 min.; 2 fr. 25, 1 fr. 50, 1 fr.

Cette ligne remonte d'abord la vallée du Gard, dont on aperçoit
bientôt le pont à g. — 5 kil. *Pont-du-Gard*, stat. à 10 min. au N.-E.
du pont (v. ci-dessus; omn. jusque là, 2 fr. par pers. all. et ret.). —
8 kil. *Vers.* — 16 kil. *Pont-des-Charrettes*, d'où l'on voit déjà
à dr. Uzès.

20 kil. **Uzès** (*hôt. Béchard,* à dr. à l'extrémité de l'Esplanade), ville ancienne («Ucetia») et intéressante, de 4819 hab., et chef-lieu d'arr. du Gard, dans un site pittoresque, à $1/4$ d'h. de la gare (omn., 20 c.). L'Esplanade, qui fait suite à la route, débouche sur de beaux boulevards contournant la vieille ville. En y prenant à dr., on passe d'abord à l'*église St-Etienne,* construction massive peu curieuse du xviiie s. Ensuite on arrive, par un escalier, à l'anc. *cathédrale,* dont on remarque surtout le curieux campanile du xiie s., dit la *tour Fénestrelle,* reste d'une église antérieure, détruite en 1611, quand l'évêque et son chapitre se furent convertis au protestantisme. Cette tour est à sept étages, le premier carré et les autres ronds, tout percés d'arcades. L'église est des xviie et xviiie s. Elle a une belle façade moderne. A l'intérieur, deux étages de tribunes sur les bas côtés, le premier, seulement entre les piliers, ajouté au xviiie s., avec de belles grilles en fer. Au transept, à g. et à dr., la Résurrection de J.-C. et la Résurrection de Lazare, du peintre Simon de Châlons. Beau buffet d'orgue à volets, du xviie s. A côté de l'église, l'*ancien évêché,* du xviie s., auj. sous-préfecture et tribunal. Le boulevard à dr. mène à une promenade au-dessus du «parc de l'évêché» et où se trouve la *statue de Brueys,* le vice-amiral, tué à la bataille d'Aboukir (1798), bronze par Duret. Remontant ensuite à g., le long d'une autre construction massive, qui fut un séminaire, nous arrivons à l'*hôtel de ville,* édifice du xviiie s., qui a une assez belle cour. Nous le traversons pour voir le *Duché,* le château des ducs d'Uzès, des xie, xiiie, xive et xvie s. On peut obtenir de le visiter, mais l'intérieur est relativement peu curieux. Une partie en a été détruite et le reste plus ou moins bien restauré au xixe s. On en remarque particulièrement le donjon, du xiie s., la chapelle goth., et un reste de tour du xive s. Derrière, où l'on va par la rue à g. en arrivant, la *tour de l'Horloge,* de la même époque, et à l'extrémité de la rue entre les tours, la place du Puits-des-Cercles, puis à g. la place aux Herbes, qui sont entourées de vieilles arcades. Un peu au delà de la seconde place, on se retrouve à St-Etienne. — Uzès a encore çà et là des restes de constructions de la Renaissance, par ex. à la première des deux places ci-dessus.

D'Uzès à *St-Julien-de-Cassagnas, Nozières, Alais,* etc., v. p. 239.

LIGNE DE NÎMES (suite). — Plus loin, un pont sur le Gardon. — 260 kil. *Lafoux-les-Bains* (hôt. de la Poste), hameau où il y a un établiss. hydrothérapique. Il est aussi à 3 kil. du pont du Gard, où l'on va en prenant à g. de la stat. et passant sous la voie.

LIGNE DE REMOULINS A TARASCON. C'est à *Lafoux* que s'embranche cette ligne, qui gagne la rive g. du Rhône par un tunnel après *Comps* (3e st.; 29 kil.) et rejoint ensuite la ligne de Nîmes, pour passer par *Beaucaire* (p. 240) et traverser le fleuve. — *Tarascon,* v. p. 292.

265 kil. *Lédenon.* — 269 kil. *St-Gervasy-Bezouce.* — 273 kil. *Marguerittes.* — 276 kil. *Grézan.* On rejoint ici la ligne de Tarascon à Nîmes (p. 240) et plus loin celle d'Alais (R. 32).

280 kil. *Nîmes* (p. 250).

C. Par le Teil et Alais. · Vals-les-Bains.

303 kil. Trajet en 9 h. et 10 h. 45. Prix: 34 fr. 15, 23 fr. 10, 15 fr. 10. — A *Vals:* 197 kil.; 5 h. à 6 h. 30; 22 fr. 15, 15 fr., 9 fr. 80.

Jusqu'au *Teil* (156 kil.), v. p. 240-242. On laisse ensuite à g. la ligne de la rive dr. du Rhône et tourne au N.-O. pour gagner les montagnes volcaniques du *Vivarais.* La voie s'élève rapidement, traverse 2 petits tunnels, 3 viaducs et un autre tunnel, de 893 m. — 163 kil. *Aubignas-Aps. Aps* (hôt. de la Poste), à env. 20 min. au S., est l'anc. *Alba Helviorum,* la capitale des Helviens; on voit à g. les restes de son *château,* construction massive du moyen âge. — 1 tunnel et 5 viaducs. — 170 kil. *St-Jean-le-Centenier.* A Privas par Montbrul, v. p. 242. On redescend dans une belle vallée. Viaduc sur la Claduègne.

176 kil. *Villeneuve-de-Berg,* petite ville à 4 kil. au S.-O. (corresp.), patrie de l'agronome Olivier de Serres (1539-1619), qui introduisit en France la culture du mûrier: on lui a érigé une pyramide et une statue. — Ensuite un viaduc sur l'*Auzon* et la ligne de Vals, à dr.

182 kil. *Vogué-Vals* (buffet, ordinaire), stat. à env. 20 min. au S. de *Vogué* (v. ci-dessous). — Suite de la ligne d'Alais, v. p. 248.

De Vogué à Vals et à Nieigles-Prades, embranchement de 19 kil.
Cet embranch. traverse d'abord l'*Auzon,* puis l'*Ardèche* et un tunnel. A dr., contre les rochers de la rive g., se montre *Vogué,* village pittoresque, avec les restes considérables du *château* de la famille de ce nom, du XVIe s. — 6 kil. *St-Sernin.* Embranch. de Largentière, v. p. 248. — Puis deux viaducs sur des vallons.

10 kil. **Aubenas** (hôt.: *Vigier, du Nord, St-Laurent*), ville de 8224 hab., sur une hauteur à g., plus près de la stat. suiv. (pas de voit.). Elle a un *château* des XIIIe et XVIe s., maintenant occupé par l'administration et où se voit une statue d'Oliv. de Serres (v. ci-dessus), par Bailly. *Eglise* en partie du XVe s., qui renferme le monument du maréchal d'Ornano (1581-1626), favori de Gaston d'Orléans, frère de Louis XIII, mort dans un cachot de Vincennes. *Collège* avec *chapelle* à dôme du XVIIe s., dont la décoration est remarquable. Restes de fortifications. Grand commerce de soie.

Tramw. élect. (25 et 15 c.) entre cette ville et Vals (v. ci-dessous). — Voit. publ. pour *Privas,* v. p. 242.

Ensuite un tunnel, et l'on revoit Aubenas à dr. Puis 3 viaducs. — 13 kil. *Pont-d'Aubenas.*

15 kil. *Vals-les-Bains-la-Bégude,* stat. à 1500 m. au S. de Vals, desservi par un tramw. électr. qui traverse le village de la Bégude, puis l'Ardèche et passe aux établiss. d'eaux minérales.

Vals-les-Bains. — HÔTELS. Sur la rive g., près des établissements et des promenades: *Gr.-H. des Bains, H. Continental & de Russie* (dé. 2 fr. 50, dî. 3), *de la Favorite, de Lyon, de Paris, des Délicieuses.* Dans la ville: *Gr.-H. Robert, Durand, Terminus, de la Poste, du Louvre, de l'Europe, des*

Colonies; *H. de la Juliette*, à l'entrée de la ville. — Beaucoup de *maisons meublées.* — CAFÉS : *C. du Casino*, d'autres près des établiss.; *C. des Etrangers*, *C. Européen*, dans la grand'rue, le dernier à l'extrémité du tramway. — ETABLISSEMENTS D'EAUX MINÉRALES : buvettes, rétributions à volonté ; bains, 2 à 3 fr.; douches, 75 c. à 3 fr. — CASINO : entrée pour 1 jour, 1 fr. 8 jours, 6 fr.; 1 mois, 12 fr. Concerts de 3 h. à 4 h. — TRAMW. ÉLECTR. du centre de la ville à la gare (v. p. 246) et de là à *Aubenas* (p. 246; 45 et 25 c.). — *Poste*, dans une ruelle à dr. en deçà de l'église. — *Eglise réformée* au commencement de la grand'rue.

Vals est une ville de 3817 hab., en elle-même peu curieuse, mais dans un assez joli site, sur la *Volane*, au milieu de montagnes volca-niques, et célèbre par ses *eaux minérales* froides, les unes bicarbo-natées sodiques, analogues à celles de Vichy, qui toutefois sont chaudes, les autres sulfatées - arsénicales ferrugineuses. Il y a au moins une centaine de sources exploitées, peu abondantes, et leur nombre, comme celui des établissements ou des maisons qui les ex-ploitent, augmentent toujours, faute de périmètre de protection. Les eaux de Vals, employées surtout dans les maladies des voies digestives et du foie, contre la gravelle et la goutte, s'exportent beaucoup, et la station est surtout fréquentée par les méridionaux, mais par une société bien différente de celle de Vichy. L'exporta-tion y est d'env. 7 millions de bouteilles par an (14 à Vichy) et le nombre des buveurs et baigneurs d'env. 5000 (plus de 80 000 à Vichy).

En entrant dans la ville, on a à dr. le *parc de la Volane*, dit aussi simplement le *Parc*, sur les deux rives de la Volane, prome-nade où se trouve le *casino*, mais trop dénuée d'ombre et exposée au vent et à la poussière, quelquefois très forts. Il y a là, sur la rive dr., une longue galerie souterraine comprenant quatre sources, mais c'est de l'autre côté, sur la rive g., que sont les principales *sources*, les *bains* et une partie des hôtels. La source de la *Madeleine*, près de la rive g., est la plus riche que l'on connaisse en bicarbonate de soude (7 gr. 28 par litre), surtout recommandée aux diabétiques et aux goutteux. A côté est la *Précieuse*, gazeuse et alcaline, spéciale-ment conseillée dans la dyspepsie flatulente et dans les maladies de foie. Dans un petit bassin de rocailles au même endroit, la *source *Firmin*, qui n'est pas utilisée, mais qui est une curiosité. Elle est intermittente et ne jaillit que toutes les 2 h. 35 (v. l'affiche), pen-dant 5 min., en un gros jet qui s'élève à 7 et 8 m. de hauteur. L'eau en est sulfureuse. — De l'autre côté de la rue est l'*établissement Dupasquier*, le principal pour les bains, avec les *sources Souveraine* et *Alexandre* (intermittente). — Derrière cet établissement, à g., à l'hôtel des Bains, les *sources Chloé. Pauline* et *Constantine* (7 gr. 05 de bicarb. de soude); puis, à dr., la *source Rigolette*, alcaline forte, et la *source Désirée*; le beau petit *parc de la Dominique*, avec la *source Dominique*, découverte en 1602, source ferrugineuse-arséni-cale, dont l'eau s'emploie dans la chlorose et l'anémie; etc. — A dr. et à g. de la rue de la rive g. se trouvent encore d'autres établisse-ments et quantité de sources particulières. A g., la *source St-Jean*, peu minéralisée.

La ville elle-même, qui a plutôt l'air d'une bourgade assez vulgaire, n'a à peu près de curieux que son *église* neuve, du style gothique.

Excursion très intéressante plus loin dans la vallée de la Volane, où le torrent coule entre de magnifiques colonnades de basalte, jusqu'à *Antraigues* (7 kil. ; aub.), d'où l'on peut monter en 1 h., au S.-O., à la *coupe d'Aizac* (814 m.), cratère de l'un des volcans auxquels sont dues les rochers basaltiques du Vivarais. La vallée est encore intéressante au delà d'Antraigues (à *Mézilhac*, v. p. 242).

Le chemin de fer continue de remonter la vallée de l'Ardèche. —19 kil. *Nieigles-Prades*, deux localités qui ont des mines de houille et dont les environs sont aussi intéressants pour les géologues.

A 10 kil. à l'O., dans la vallée (omnibus), se trouve **Neyrac** (*hôt. des Bains*, etc.), qui a des eaux bicarbonatées sodiques, ferrugineuses et calciques, connues depuis longtemps et exploitées dans deux établissements. — 2 kil. plus loin, *Thueyts* (aub.), bourg bâti au-dessus de colonnades de basalte et près duquel est le rocher dit *pavé des Géants*, la plus belle des prétendues chaussées basaltiques du Vivarais. Il se trouve le long d'un torrent qui passe à l'E. et en aval d'un pont à deux étages, dit *pont du Diable* ou la *Gueule d'Enfer*, où il y a une *cascade* de plus de 100 m. de haut, malheureusement à peu près à sec en été. Le Pavé atteint 80 m. de hauteur, à l'*escalier du Roi*, l'extrémité sur la rive g. de l'Ardèche, par où l'on revient au bourg. — Un petit chemin conduit enfin au N., à g. de la *Gravenne* (845 m.), anc. volcan d'où la vue est fort belle, en i h. 1/2 à *Montpezat* (hôtel).

DE VOGUÉ A LARGENTIÈRE (*Valgorge ; Tanargue*): 18 kil. de ch. de fer ; 40 à 50 min. ; 2 fr., 1 fr. 35, 90 c. — Ligne de Vals jusqu'à *St-Sernin* (p. 246), où celle de Largentière tourne à l'O. — 9 kil. *La Chapelle - Vinezac*. — 14 kil. *Uzer-Joyeuse*, stat. à env. 7 kil. au N.-E. de la petite ville de *Joyeuse* (château, restes de remparts), que dessert une correspond. de Ruoms (v. ci-dessous). — 18 kil. **Largentière** (*hôt. Mazarin*), ville de 2472 hab. et chef-lieu d'arr. de l'Ardèche, dans un site pittoresque, mais mal bâtie. Elle est redevable de son nom à d'anc. mines d'argent. Elle a une assez belle *église* de transition et un anc. *château* bien conservé, transformé en hospice. — Correspond. pour Valgorge (18 kil.). La route tourne plus loin à l'O., sur un plateau d'où on voit les Alpes, en arrière. — 8 kil. *Rocles* (aub.). A dr. de la route se montre le Tanargue. —18 kil. *Valgorge* (aub.), bourgade dans la vallée de la Baume. Au N. est le **Tanargue** (1519 m.), ramification des Cévennes qui se termine par un plateau, dont l'extrémité E., le *Grand - Tanargue* (1441 m.), offre une très belle vue, s'étendant jusqu'au Mont-Blanc. Excursion intéressante de 4 h., en montant au *signal de Coucoulude* (1448 m.), à l'O., et revenant par le Grand-Tanargue. — Une route relie Valgorge à la stat. de *la Bastide* (35 kil., p. 236), par *St-Laurent-les-Bains* (26 kil. ; p. 236).

LIGNE D'ALAIS (suite). La ligne principale descend la vallée de l'Ardèche. — 188 kil. *Balazuc*. Tunnel de 200 m.

195 kil. **Ruoms** (*hôt. Théodore*), à dr., bourg qui se compose de deux parties, une nouvelle, où est la station, et une ancienne avec des restes de fortifications fort curieux, dont les tours sont transformées en maisons.

La vallée de l'Ardèche, si curieuse en aval (v. ci-dessous), forme en amont le *défilé de Ruoms*, et plus haut, dans la direction de Largentière (v. ci-dessus), est la vallée pittoresque de la *Ligne*.

De **Ruoms à Vallon**. Gorges de l'Ardèche. — 9 kil. jusqu'à Vallon; correspond., 75 c. Descente des gorges de l'Ardèche, v. ci-dessous. **Vallon** (*hôt. du Louvre*) est une petite ville au S.-E. de Ruoms, à 1 kil. de la rive

g. de l'Ardèche. M. Ollier de Marichard y possède un musée préhistorique, composé d'objets trouvés dans les grottes des environs, et il en fait volontiers les honneurs aux étrangers.

Les *gorges de l'Ardèche, en aval de Vallon, jusqu'à env. 1 h. en deçà de St-Martin-d'Ardèche (v. ci-dessous), sont fort belles et bordées de rochers pittoresques, avec de nombreuses grottes. La plus grande partie, au delà du pont d'Arc, ne peut se visiter qu'en barque, mais il y a une route jusqu'au pont (env. 1 h.), qui est surtout à voir. Cette route sort de Vallon au S.-E. et passe au pied des rochers où est le village de *Vieux-Vallon*, qui a un château en ruine; puis atteint les bords de plus en plus escarpés de l'Ardèche, où elle est taillée dans le roc et où elle passe même dans un petit tunnel. Coup d'œil magnifique sur la rivière, dont l'eau est d'une limpidité parfaite. Le *pont d'Arc est un rocher de 66 m. de hauteur, en travers de la rivière, qui formait auparavant un lac en amont et qui a fini par s'y creuser un passage, par une arcade d'env. 32 m. de haut et 59 de large. C'est le plus grand pont naturel que l'on connaisse. La vue en est encore plus belle en aval qu'en amont, et l'on devra suivre la route jusqu'à l'endroit où elle y rejoint l'Ardèche. Il est difficile de passer dessus, où il y a eu une forteresse au temps des guerres de religion. Il y a une auberge près de là et l'on y trouve dans la saison des barques pour la descente de la rivière, qui demande env. 6 h. jusqu'à St-Martin-d'Ardèche (faire prix; env. 25 fr. pour 1 à 5 pers.). Le lit de l'Ardèche varie dans les gorges comme le paysage, mais, avec de l'expérience, la navigation n'y offre aucun danger et l'eau y est du reste peu profonde. La rivière coule entre des rochers de 100 à 300 m. de haut, où il y a des rapides émouvants, et ses méandres vous préparent des surprises. Les bateliers vous désignent les divers sites et les curiosités. — La *grotte de St-Marcel-d'Ardèche*, à 40 m. de hauteur sur la rive g., après le rocher de Castel-Vieil, et à près de 6 h. de Vallon, est une des plus curieuses qui existent. On en a toutefois exagéré la longueur; du moins la partie accessible n'a que 2070 m. de long ou 2260 avec ses deux ramifications. C'est l'ancien lit d'une rivière souterraine et plutôt une galerie qu'une suite de salles. Il y a des stalactites et des stalagmites, mais en partie mutilées. — Près de St-Martin, sur la rive dr., le site pittoresque d'*Aiguèze*, avec un vieux manoir. — *St-Martin-d'Ardèche* (hôt. Castanier), sur la rive dr., est à 5 kil. 1/2 de la station la plus proche, St-Just-St-Marcel (p. 243), et à 9 kil. de Pont-St-Esprit.

Passé Ruoms, on traverse l'Ardèche, qui tourne à g., et on la quitte, pour remonter quelque temps la vallée du *Chassezac*, l'un de ses affluents. — 202 kil. *Grospierres*. — 209 kil. *Beaulieu-Berrias*.

CORRESPOND. pour les Vans (11 kil.; 1 fr.; *hôt. Dardaillon*, bon), petite ville ancienne, au N., avec une église et quelques vieilles maisons intéressantes. C'est des Vans ou de St-Paul (v. ci-dessous) qu'on visite le *bois de Païolive*, situé entre les deux localités. Il faut un guide, et l'on prend d'ordinaire Benj. Miguel, qui demeure près de là, sur la route, 4 kil. en deçà des Vans. Ce bois, où il y a toutefois plus de pierres que de bois, renferme des rochers excessivement pittoresques et sauvages, dont le guide vous dit les noms plus ou moins caractéristiques. Beaucoup ressemblent à des ruines, et une partie sont, dit-on, les restes de grottes qui furent habitées. L'endroit le plus curieux est le *bois de Gagniet*, où l'on ne devra point s'aventurer seul. Remarquables aussi le site de la *chapelle St-Eugène* et les *corniches de Chassezac*. La visite prend aisément une demi-journée. La célébrité du bois de Païolive est toutefois maintenant surpassée par celle de Montpellier-le-Vieux (v. le *Sud-Ouest de la France*).

2 petits tunnels, un haut viaduc et un tunnel de 690 m. — 218 kil. *St-Paul-le-Jeune* (aub.). Correspond. aussi pour les Vans.

Puis un tunnel de 910 m. — 223 kil. *Gagnières*. Houillères, pont à treillis sur la *Gagnières*, tunnel et pont sur la *Cèze*. A g., sur une hauteur, les ruines du *château de Castillon*. — 226 kil. *Robiac*, qui a un château en ruine. 3293 hab.

EMBRANCH. de 6 kil. sur **Bessèges** (*hôt. du Commerce*, etc.), ville de 7962 hab., sur la Cèze, centre d'un bassin houiller très important et remarquable par la quantité et les dimensions des végétaux fossiles qu'il renferme, à une profondeur de 200 m. Il y a aussi des forges et une verrerie.

La voie tourne au S.-E. dans la vallée de la Cèze, qui a des parties fort pittoresques. Tunnel. A dr., sur une hauteur, le *château de Montalet.* Houillères. — 230 kil. *Molières-sur-Cèze.* 2666 hab. Autre tunnel.

235 kil. **St-Ambroix** (hôt.: *Périn, du Luxembourg,* dans la grand'rue), à g., ville industrielle et pittoresque de 3307 hab., dominée par les ruines d'un *château,* sur un rocher, avec une *chapelle* moderne à créneaux et tour supportant une Vierge. A dr. de la voie, un rocher à pic surmonté d'une tour moderne. On monte aux ruines par de vilaines ruelles avec des escaliers, par ex. à g. de la promenade qui précède la grand'rue. Belle vue du haut. Au commencement de la même rue, un joli *hôtel de ville* moderne et plus loin, à g., une *église* neuve romane.

Puis encore 4 tunnels. On quitte la vallée. — 240 kil. *St-Julien-de-Cassagnas,* station entre deux lignes.

A 1 h. au S.-E. se trouvent les **Fumades** (*hôtels*), où il y a trois établissements d'eaux minérales froides, hydrosulfurées calciques et bitumineuses, qui s'emploient, en boisson et en bains, contre les maladies de la peau et de la poitrine. Ces eaux étaient connues des Romains, et l'on a trouvé des antiquités près des sources. Belles promenades aux environs, surtout, à l'E., au *défilé de l'Argensole*, petite rivière qui descend du *Serre du Bouquet* (631 m.), cirque rocheux et boisé qui a aussi des parties fort intéressantes (gouffres, au S.) et où se trouvent des ruines et le pèlerinage du *Guidon du Bouquet*, à 3 h. ½ des Fumades. A l'E., le Serre du Bouquet a des parois presque à pic de 250 à 300 m. de haut. On peut redescendre au S.-E. à la stat. de *Brouzet* (1 h.; p. 239), puis gagner Alais en chemin de fer.

DE ST-JULIEN-DE-CASSAGNAS AU MARTINET, 11 kil. de ch. de fer, au N.-O., par *St-Jean-de-Valériscle*, où il y a des mines de houille et une grotte intéressante. Le *Martinet* a des mines d'antimoine sulfuré.

DE ST-JULIEN-DE-CASSAGNAS A UZÈS (*Remoulins*): 38 kil., suite de la ligne précédente, d'abord par celle d'Alais (viaduc), puis au S. — 9 kil. *Celas*, aussi sur la ligne d'Alais à l'Ardoise (p. 239), au-dessus de laquelle on passe. Tunnel de 352 m. — 16 kil. *St-Just-et-Vacquières*. 2 hauts viaducs. — 20 kil. **Euzet-les-Bains** (*hôtel* et maisons meublées), qui a 6 sources d'eaux froides sulfurées calciques et ferrugineuses, dans un beau parc. — 2 autres stat. sans importance. — 34 kil. *Montaren*, dominé par un vieux château. — 38 kil. *Uzès* (p. 245).

Puis un viaduc et la ligne d'Uzès, à g. — 245 kil. *Salindres.* 2562 hab. Fabrique de produits chimiques. Ruines d'un château. On rejoint la ligne de Clermont à Nîmes et traverse un tunnel.

254 kil. *Alais* (buffet). Voir la suite p. 238-239.

34. Nîmes.

ARRIVÉE: ligne de *Paris-Clermont-Ferrand*, v. R. 32; de *Lyon*, R. 33; de *Cette-Montpellier*, R. 35.

HÔTELS: *du Luxembourg* (pl. a, E 4), à l'Esplanade, bon (ch. t. c. dep. 3 fr., rep. 1.50, 3 et 4, p. 11.50 à 12.50); *du Midi* (pl. b, E 3), square de la Couronne; *Manivet* (pl. c, C 3), boulev. Victor-Hugo, près de la Maison-Carrée; *du Cheval-Blanc* (pl. d, D 4), place des Arènes, bon (ch. t. c. 2 fr. 50, rep. 1.25,

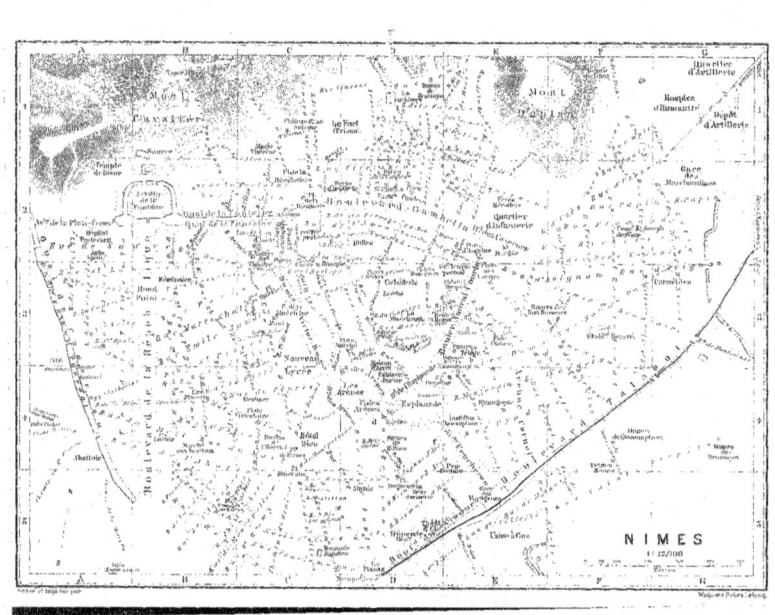

NIMES

3 et 3.50); *d'Europe* (pl. c, E 3), square de la Couronne; *des Colonies* (pl. f, D 4), aven. Feuchères, 4 (ch. dep. 3 fr., rep. 50 c. ou 1 fr., 2.50 et 3, p. 6.50), *des Voyageurs*, même rue, 11 (dé. 2 fr., dî. 2.50), tous les deux près de la gare.

CAFÉS: *C. Pelloux*, à l'Esplanade (rest.; dé. 4 fr., dî. 5); *Tortoni, Français*, boul. Amiral-Courbet; *Gr.-C. de la Bourse*, boul. Victor-Hugo, près des Arènes; *C. de l'Univers, de Paris*, près de la Maison-Carrée; *des Fleurs*, près de la gare (dé. 2 fr. 50, dî. 3), etc.

VOITURES DE PLACE, pour 4 voyageurs: le jour, la course, 75 c., 1 fr. à domicile; l'heure, 1 fr. 75; la nuit, 1 fr. 25 ou 1 fr. 50 et 3 fr.; pour aller à la Tour Magne, 1 fr. 50 et à l'h. pour le retour, si l'on garde la voiture; pour les environs, prix à débattre.

TRAMWAYS ÉLECTR. (v. le plan): de la gare aux boulevards, «côté gauche» et «côté droit»; de la place de la Couronne à l'octroi de Montpellier (v. pl. B 5) et aux casernes d'artillerie (pl. G 1). Prix, 10 c., 15 c. avec correspondance. Tram-omnibus pour diverses autres directions.

POSTE ET TÉLÉGRAPHE (pl. E 3), place de la Couronne.

TEMPLES PROTESTANTS: *Grand Temple* (pl. E 3), place de ce nom; *Petit Temple* (pl. C 2), rue des Flottes. — Synagogue (pl. E 4), rue Roussy, 40.

BAINS: *Garcin*, ruelle des Stes-Maries, 2, et rue Pavée, 3; *Bérard* (pl. F 3), rue Notre-Dame, 36, av. piscine; *B. du Louvre*, place de la Couronne et rue Monjardin, 56.

PRINCIPALES CURIOSITÉS: *Arènes* (p. 252), *Maison-Carrée* (p. 253), *jardin de la Fontaine* (p. 253), *cathédrale* (p. 254), *école des Beaux-Arts* (p. 255), *musée de peinture* (p. 255).

Nîmes est une ville de 74601 hab., le chef-lieu du départ. du Gard et le siège d'un évêché et d'un consistoire calviniste. Elle est située à l'extrémité S. d'une chaîne de collines se rattachant aux Cévennes, et le vent et la poussière la rendent trop souvent désagréable. Elle a de beaux boulevards, de beaux quartiers modernes, et c'est la plus riche de France en monuments antiques. C'est aussi un centre industriel très important, surtout pour les soieries, et elle fait un très grand commerce de vins et de spiritueux.

Capitale des Volces Arécomiques, Nîmes. *Nemausus*, se soumit aux Romains l'an 121 av. J.-C. et devint une de leurs principales colonies dans les Gaules. Ils se plurent à l'embellir, et elle eut son Capitole, des temples d'Auguste et d'Apollon, une basilique, un théâtre, un cirque, un amphithéâtre, des thermes, un aqueduc dont il reste le fameux pont du Gard (p. 244), une vaste enceinte de remparts, un forum, un champ de Mars, etc. Elle fut d'abord saccagée par les Vandales en 407, et elle appartint assez longtemps aux Visigoths, puis aux Sarrasins et aux comtes de Toulouse. Les trois quarts de ses habitants ayant embrassé le calvinisme, elle eut beaucoup à souffrir des guerres de religion, jusqu'en 1704 ou à la fin de celle des Cévennes (Camisards), provoquée par la révocation de l'édit de Nantes (1685) et les rigueurs qui en furent la suite. Les passions politiques n'y furent pas moins ardentes que les convictions religieuses, et la réaction de 1815 y fut encore poussée plus loin qu'à Toulouse, à Avignon (p. 281) et à Marseille (p. 320). La ville fut quatre mois à la merci de bandits qui commirent toutes sortes d'excès et d'atrocités, qui massacrèrent d'abord des soldats inoffensifs et sans armes et plus tard seize protestants, qui traitèrent ignominieusement des femmes et des filles calvinistes sur la voie publique, qui envahirent le temple et en dispersèrent les fidèles par la violence, etc. — Nîmes est la patrie de Nicot, qui introduisit le tabac en France en 1564, du ministre protestant J. Saurin (1677-1730), de Guizot (1787-1874), du poète Reboul (1796-1864), d'Alph. Daudet (1840-1897), etc.

La gare (pl. E 5) est établie sur un viaduc, au bas duquel est un *buste de P. Talabot*, rappelant l'ouverture du premier chemin de fer de la région, en 1837. On entre de là dans la ville par la magnifique *avenue Feuchères*, qui aboutit à l'*Esplanade* (pl. D 4), belle place à g. de laquelle se dressent les Arènes (v. ci-dessous). Au milieu de cette place est une *fontaine monumentale décorée de cinq statues par Pradier : au sommet, la Ville de Nîmes ; aux angles, le Rhône, le Gard, la Fontaine de Nîmes (p. 253) et la Fontaine d'Eure, une de celles qui alimentaient l'aqueduc antique (p. 244). — Eglise à dr., v. p. 255. — Derrière la fontaine, le *palais de justice* (pl. D 4), construction moderne avec une belle colonnade corinthienne. — A g. de l'Esplanade, le *buste de P. Soleillet,* l'explorateur africain (1842-1886), bronze par Amy.

Les *Arènes (pl. C D 4) sont un amphithéâtre antique formant une ellipse de 132 m. 18 sur 101 m. 38 de diamètre et 21 m. 32 de hauteur. Elles sont donc inférieures pour les dimensions à celles de Rome (Colisée, 187 m. 77 sur 155. 63 et 48. 50), de Capoue (169 m. 87 sur 139. 60), de Vérone (154 m. 18 sur 122. 89 et 32. 51) et même d'Arles (136 m. 15 sur 107. 62 ; p. 294), mais c'est le mieux conservé, à l'extérieur, de tous ces monuments. Elles sont construites en pierres de 2 à 3 m. cubes, parfaitement ajustées, sans mortier, comme dans tous les édifices romains de grand appareil. L'extérieur présente deux étages de 60 arcades, le premier avec de gros contreforts carrés, le second avec des colonnes doriques, et au-dessus règne un attique avec 120 consoles percées de trous, où étaient engagés les mâts du vélarium dont on couvrait l'amphithéâtre. — Il y avait quatre portes extérieures, aux extrémités des axes, la principale au N.-O., du côté du lycée (v. ci-dessous). Les visiteurs y entrent par la porte suivante, à l'opposé du palais de justice (pourb.). Le massif des constructions mesure 33 m. 54 d'épaisseur. Il y avait 35 rangs de gradins, divisés en 4 précinctions, la 1re destinée aux dignitaires, la 2e aux chevaliers, la 3e aux plébéiens et la 4e aux esclaves. 24 000 personnes pouvaient y prendre place et 124 vomitoires permettaient de les évacuer en quelques minutes. Les gradins et les couloirs sont construits de façon à laisser écouler facilement les eaux de pluie, recueillies dans le bas par un aqueduc, qui servait au besoin à inonder l'arène pour des naumachies. On n'a pas dû y donner de combats de bêtes féroces, car le podium est peu élevé. Aujourd'hui, on y donne des courses de taureaux, même à l'espagnole, avec mise à mort (« corrida de muerte »). La construction de ces Arènes remonte aussi au Ier ou au IIe s. de notre ère, et elles furent également transformées en forteresse au moyen âge, puis envahies par des habitations, dont elles ne furent débarrassées qu'en 1809. Elles ont été restaurées à partir de 1858 et de nouveau en 1899.

Nous prenons maintenant au N.-O. le boulev. Victor-Hugo, dans l'axe duquel se voit la tour Magne (p. 254). Au commencement, à g., le LYCÉE (pl. C 3-4), un anc. hôpital, transformé et embelli d'une jolie *tourelle* à haut-relief, à l'angle du côté des Arènes.

Plus loin à g., ST-PAUL (pl. C 3), église romane bâtie de 1838 à 1849, par Questel. Il y a de belles fresques par *Hipp.* et *Paul*

Flandrin: dans l'abside, J.-C. entre St Pierre et St Paul, tendant les mains à un roi et à un esclave; à la chapelle de g., le Couronnement de la Vierge et la Procession des vierges; à celle de dr., le Ravissement de St Paul et la Procession des martyrs.

La **Maison-Carrée (pl. C2-3) est un des plus beaux temples romains qui existent encore, et des mieux conservés. Elle forme un parallélogramme de 25 m. 13 de longueur, 12 m. 29 de largeur et autant de hauteur, avec 30 colonnes corinthiennes, dont 20 engagées dans les murs de la cella. C'est donc un temple pseudopériptère, prostyle et hexastyle ou ayant seulement des colonnes dégagées sur la façade, dont six de front. On y monte par un escalier raide de 15 degrés. Les colonnes sont cannelées et couronnées de chapiteaux d'un travail admirable. L'entablement est d'une grande richesse, mais d'un goût exquis, comme le reste. On n'a pu déterminer absolument à qui fut dédié ce temple ni à quelle époque il fut construit; on l'a d'abord supposé du temps d'Auguste, mais il est plutôt, à en juger par le style, du temps des Antonins, c.-à-d. du IIe s. Il était probablement sur le forum, avec d'autres édifices dont on a retrouvé les fondations. Après avoir servi d'église, de maison consulaire, de magasin, de remise et d'écurie, ce magnifique monument a été bien restauré vers 1824 et transformé en *musée des antiques.* Alentour sont des débris de monuments antiques, en particulier ceux du fronton d'une basilique.

Musée des antiques. Ce musée est public t. les j. de 8 h. à 11 h. 1/2 et de midi 1/2 à 4, 5 ou 6 h., selon la saison. De chaque côté de l'entrée un «dolium» antique, d'une contenance de plus de 800 litres. A l'intérieur: en face, une *tête d'adolescent, bronze grec, le plus précieux du musée, entre deux vases aussi en bronze et de même origine; derrière, un pavé antique en mosaïque, la Vénus de Nîmes, diverses statuettes, un buste de divinité dont la tête seule est antique et, dans le coin à g., une Vénus mutilée. Il y a encore, au milieu, des vitrines contenant une riche collection de médailles, les antiques à g. Des médailles aussi et des sceaux le long des murs. Autres vitr. au mur du côté dr.: beaux vases peints, fragments de sculptures, verres. Du côté g., suite des verres, petits bronzes, fers, ouvrages en os, etc. Parmi les bronzes, 2e grande vitr. de g., une statuette de Jupiter gaulois et une anse de vase d'origine grecque. Sur les côtés de la porte, des vases en terre cuite.

Le *théâtre* (pl. C2-3), de l'autre côté du boulevard, est une piètre construction moderne qui fait mieux ressortir la Maison-Carrée. Le boulevard porte plus loin le nom d'Alphonse Daudet et il y a à l'extrémité un square décoré d'une *statue d'Antonin* (pl. C2), par Bosc (1874). L'empereur Antonin le Pieux (138-161) était, par son père, originaire de Nîmes. — Ensuite, à dr., le boulev. Gambetta, qui limite de ce côté la vieille ville.

Nous prenons à g., en deçà d'un canal, et nous arrivons en 5 min. au **jardin de la Fontaine** (pl. B2), à l'extrémité du vaste boulev. de la République. C'est une belle promenade qui rappelle un peu les jardins de Versailles et doit son nom à la *fontaine de Nîmes,* source qui sort plus loin de la colline. Il est dessiné et décoré dans le vieux style français et ses trois bassins ont un aspect monumental. Ils sont en partie construits sur des fondements antiques, mais avec des statues et des vases du xviiie s. A dr., une *statue de Reboul* (p. 251), aussi par Bosc, avec un bas-relief rappelant le chef-d'œuvre du poète, «l'Ange et l'Enfant».

«Un ange, au radieux visage,	Comme dans l'onde d'un ruisseau.
Penché sur le bord d'un berceau,	Charmant enfant, qui me ressemble,
Semblait contempler son image,	Disait-il, oh! viens avec moi!» ...

Le prétendu TEMPLE DE DIANE (pl. A 2), à g. de la fontaine (petit café), fut probablement plutôt un *nymphée* dépendant des thermes, dont on voit à côté quelques restes. La façade présente encore trois arcades. L'intérieur se compose d'une grande salle et de deux couloirs, la salle ayant une voûte, en partie écroulée, et des niches, qui ont dû renfermer des statues. Il y a peu de chose à voir, des fragments d'architecture (pourb.). Des restes de constructions situés derrière passent pour ceux du réservoir de l'aqueduc. Ils sont visibles du chemin qui gravit la colline à gauche.

Derrière la fontaine s'élève une colline, le *mont Cavalier* (114 m.), avec des allées formant une agréable promenade.

La **Tour Magne** (pl. B 1), qui en occupe le sommet, est une ruine romaine imposante, de forme octogone, ayant encore 28 m. de haut. C'était probablement un mausolée; mais on a voulu aussi y voir un trésor public, un fanal, une tour à signaux, etc. Elle a été comprise dans les remparts sous les Romains. Il y a un escalier par lequel on peut monter au sommet pour jouir de la *vue, qui est fort belle; le gardien demeure un peu plus bas, dans la maison rouge.

Le *cimetière protestant*, dans le voisinage, renferme une statue de Pradier, l'Immortalité, à dr. le long du mur.

Nous retournons maintenant dans la ville jusqu'à St-Paul (p. 252) et nous prenons en face la rue de la Madeleine, pour aller dans le centre.

La **cathédrale**, *St-Castor* (pl. D 3), à dr., passe pour avoir été construite sur les ruines d'un temple d'Auguste, mais elle a été plusieurs fois réédifiée et restaurée. La façade présente une frise très curieuse des xie-xiie s., des scènes de la Genèse, qui commencent du côté gauche. L'intérieur, restauré de nos jours, se compose d'une large nef romane, qui a sur les côtés, entre les piliers, de petites chap. sans fenêtres, comme on en voit beaucoup dans les églises de la contrée, et au-dessus, de belles tribunes, qui font même le tour du chœur. St-Castor est décoré de peintures modernes: 1re chap. de g., le Baptême de J.-C., par *Sigalon*; 3e à g., la Mort de St Louis, par *Doze*; 3e à dr., la Ste Famille, aussi par *Doze*, et pour autel, un sarcophage chrétien mutilé.

Un peu plus loin dans la même direction, nous arrivons au *Grand Temple* (pl. E 3) et au boulev. Amiral-Courbet.

Au delà du temple, au N., se voit encore un monument romain, la *porte d'Auguste* (pl. E 2), reste de l'enceinte fortifiée, à deux grandes arcades et deux petites, construite sous Auguste, l'an 16 av. J.-C. comme l'indiquent des restes d'inscription.

L'**église St-Baudile** (pl. E 2), près de la porte d'Auguste, a été construite de 1870 à 1875 par *Mondet*. C'est un très bel édifice goth. en forme de croix, à trois nefs et avec deux clochers sur la façade. Le chœur se termine par un mur droit percé d'une magnifique fenêtre. Cette église a de beaux vitraux et un maître autel en marbre blanc, avec statuettes en bronze.

A dr. du boulevard, en retournant vers l'Esplanade, se trouve l'**école des Beaux-Arts** (pl. D E 3), l'anc. lycée, auparavant un collège des jésuites, dont la chapelle subsiste de l'autre côté. Elle a sur le boulevard une jolie *façade* datant de 1894, par Max-Raphaël, décorée de statues de la Peinture et de la Musique.

Il y a ici plusieurs MUSÉES, dont l'entrée est à dr. ou sur le derrière, par la Grande-Rue. — Dans la cour et ses cloîtres, un *musée lapidaire* public t. les j. de 1 h. à 4 ou 5 h., comprenant des inscriptions, des autels, des stèles, des fragments architectoniques et des sculptures. — Au 1er étage, à g., un *musée de moulages et de modèles* d'œuvres d'art et de monuments de Provence, des réductions en liège de monuments antiques; à dr., le commencement du *musée d'histoire naturelle;* au 2e et au 3e étage, la suite de ces musées.

La *bibliothèque de la ville,* qui compte 70 000 vol. et 250 man., est aussi installée dans l'anc. collège, au nº 19. Elle est ouverte tous les jours de 9 h. à midi et de 2 à 5, en hiver encore de 8 h. à 10 h. du soir.

A g. vers l'extrémité du boulevard, à l'Esplanade, le *square de la Couronne* (pl. E 3), avec la *statue d'Alph. Daudet* (p. 251), par Falguière.

L'**église Ste-Perpétue** (pl. E 4), à côté de l'Esplanade, est un édifice original et remarquable datant de 1852-1864, sur les plans de *Feuchères*. Elle est d'un style goth. modernisé, que caractérisent des ogives surhaussées. La principale de la façade forme une sorte de porche, sous un clocher d'une grande hardiesse, et porte sur deux colonnes monolithes. Le portail est richement sculpté et entouré de trois niches renfermant des statues. Le motif se répète aux portails latéraux, un peu en retraite et flanqués de clochetons. A l'intérieur, les arcades surhaussées reposent sur des faisceaux de quatre colonnettes, portés par des piliers. Il y a sur les côtés du chœur des tribunes avec des colonnes cannelées dans le style classique, bien que l'église soit gothique.

Le **musée de peinture et sculpture** (pl. D 5), dans le quartier au S. des Arènes, est public tous les jours de 9 h. à midi et de 1 à 4 ou 5 h.

VESTIBULE: 1, *Briant*, buste du peintre Sigalon; 12, *L. Morice*, Rosa mystica.

SALLE CENTRALE. Sculptures: 8, *Lepère*, Lyssia; 10, *Leroux*, Mère et enfant; 38, *Injalbert*, Hippomène, bronze; *13, *Pradier*, la Poésie légère; 6, *Franceschi*, le Réveil, etc. — Peintures: à l'entrée, 226, *Lehoux*, Martyre de St Laurent; en face, 228, *Schommer*, Edith retrouvant le corps de Harold après la bataille de Hastings; à g., 296, *Leenhardt*, Un meurtre au village.

Ire SALLE DE G. : à dr., 135, *van Dyck*, Ronde d'enfants; 243, *Rubens*, Ste Famille; — 224, *Franck*, le Serpent d'airain; 245, *Hobbema*, paysage; 44, *Franck*, Josabeth sauvant Joas; 95, *Sigalon*, portr. de femme; 83, *Rigaud*, portr. d'un magistrat; 148, *Rogman*, paysage; *37, *P. Delaroche*, Cromwell ouvrant le cercueil de Charles Ier; 182, *le Garofalo (Tisio; ?*), la Vierge à la chaise; 213, *Berghem*, paysage; 136, *van Dyck* (?), portr. d'un maréchal de France; 93, *Sigalon*, portr. d'homme; 14, *Fr. Boucher*, paysage; 139, *van Dyck*, portr. du prince Rupert; 171, *le Guerchin*, Mort de Didon; 100, *de Troy*, Faucheuse endormie; 227, d'ap. *J. Steen*, la Fête aux huîtres; 170, *Gasp. Poussin*, paysage; 34, *J.-B. Corneille*, Ste Geneviève de Paris; — 146, *M.-J. van Mierevelt*, portr. d'un magistrat; 63, 62, *Largillière*, portr. d'un magistrat et du maréchal de Berwick; 75, *Parrocel*, l'Immaculée Conception; 61, *Largillière*, le Maréchal de Villars; 54, *Jalabert* de Nîmes, Horace, Virgile et Varius chez Mécène; 74, *Natoire*, Repas de Cléopâtre et d'Antoine; 82, *Rigaud*, portr. de Turenne; 71, *P. Mignard*, portr. d'un magistrat; 67, *Ch. Lefèvre*, la Chute de Satan; — 45, *Gendron*, Sacrifice chez les druides; 177, *le Tintoret*, Martyre de Ste Agnès; 186, *Viani*, Vision de St François; 218, *le Garofalo*, la Vierge et l'Enfant; 219, *N. Poussin*, Jésus et la Samaritaine; 175, *le Guide*, Ste Madeleine; 178, *Salv. Rosa*, paysage; 169, *G. Poussin*, paysage; *183, *le Titien*, la Vierge et l'Enfant, entre St-Dominique et Ste Catherine; 294, *J. Salles*, Entrevue de J. Cavalier, chef des Camisards, avec le maréchal de Villars; 125, *P. Neefs*, Intérieur de cathédrale; 68, *C. Vanloo*, portr. de sa mère; 176, *le Guide*, Judith; 90, *Sigalon*, Locuste faisant l'essai d'un poison; *69, *C. Vanloo*, portr. de l'auteur; 82, *Rigaud*, portr. de Ch. de Parvillez; 212, *Rubens* (?), portr. d'homme; 159, *Weenix*, Volailles; 96, *Smith*, le Songe d'Athalie; 152, *Rubens*, Jeune fille; 137, *van Dyck*, portr. d'un magistrat; 15, *Boucher*, l'Education d'un chien; 185, *le Titien*, portr. de l'auteur (?); 174, *Preti*, *le Calabrais*, Jésus parmi les docteurs; 104, *Verdier*, l'Homme entre deux âges; 105, *Jos. Vernet*, marine; 252, 253, *Brascassat*, la Campagne de Rome; Une vache; 244, *Rubens*, Ste Famille; 157, 158, *Schut*, les Bords du Rhin; paysage; 155, *Jac. van Ruisdael*, paysage. — Au milieu, 29, *Delaplanche*, Jeune femme endormie, plâtre.

IIe SALLE DE G. : *legs Gower*, collection de plus de 400 tableaux non catalogués, dont beaucoup de petits et beaucoup de copies, légués à la ville par l'Anglais Gower. Ils sont surtout des écoles flamande et hollandaise. A citer, entre autres, de dr. à g. : 133, *Teniers*, Une fileuse; 223, *inconnu*, Lucrèce Borgia; 8, *Berghem*, Cavalier, pâtre et chasseur; 130, *van de Velde* (?), marine; 58, 13, *P. Potter* (?), Animaux; 119, *Rembrandt* (?), portrait; 150, *J. Steen*, Femme avec un verre de vin; — 67, *de Conink*, Scène de cabaret; 32, *Cl. Lorrain*, Lever de soleil (marine); puis de belles Vierges de l'école italienne, plusieurs beaux primitifs et, 30, une autre marine de *Cl. Lorrain*. — IIIe SALLE DE G. : estampes, bustes et petits bronzes.

Ire SALLE DE DR., de l'autre côté de la salle centrale. Au milieu, une grande *mosaïque antique* fort remarquable, qui a pour sujet principal le mariage d'Admète avec Alceste. — Peintures : à dr., 88, *Adélaïde Salles-Wagner*, la Légende des Aliscamps; 172, *Giordano*, l'Enlèvement de Déjanire; 33, *Cordouan*, marine; 78-80, *Reinaud Levieux*, St Jean-Baptiste et Hérode, St Jean-Baptiste conduit en prison, Décollation de St Jean-Baptiste; 64, *J. Laurens*, Effet d'orage; 275, *Brillouin*, l'Ecot de Lantara ou le portr. de l'hôte; — 42, *Ferrier*, David vainqueur de Goliath; 208, *Besnard*, Episode d'une invasion au moyen âge; 281, *le Camus*, Bords de la Seine à Andé; — 202, *Carabain*, vue de Vérone; — 22, *Cabat*, Chasse; 236, *Colin*, de Nîmes, la Mare de Guéville; 107, *Blanc*, Persée sur son cheval Pégase; 292, *Moutte*, Au soleil; — 277, *Sain*, l'Hiver en Provence; 268, *Olive*, les Rochers du Plan; 27, *Hierle*, d'ap. *le Titien*, la Mise au tombeau.

IIe SALLE DE DR., dite de *Chazelles-Chusclan*, riche collection de *gravures*, 5 *autographes* de Voltaire, 28 *volumes* remarquables par leur importance, leur rareté et leurs reliures; table en mosaïque, 3 beaux *vases* de Sèvres.

IIIe SALLE DE DR., dite de *Salles-Wagner*, des deux artistes, le mari et la femme, qui en ont peint les tableaux, des copies et des originaux, des pastels, des aquarelles et des dessins, les num. 1 à 54 de Mme Salles et le 39, à dr., son portrait; le 22, celui de son mari; les num. 55 à 103, de M. Salles.

La rue Bourdaloue, au N. du musée, mène à l'O. à une petite place où se trouve, derrière l'Hôtel-Dieu, la *porte de France* (pl. C 4), un des restes de l'enceinte romaine. Elle n'a qu'une arcade. La rue de Montpellier, en deçà, à dr., ramène aux Arènes.

Excursion au *pont du Gard*, v. p. 244-245. Il vaut mieux y aller en chemin de fer qu'en voiture (22 kil.). De Nîmes à *Arles* et à *Marseille*, p. 240, 292-293 et R. 41; à *Montpellier* et à *Cette*, R. 35.

De Nîmes à Aigues-Mortes: 40 kil.; 1 h. 25 à 1 h. 35; 4 fr. 50, 3 fr., 1 fr. 95. On suit d'abord la ligne de Montpellier, jusqu'à *St-Césaire* (p. 259). — 22 kil. (4ᵉ st.) *Vauvert*, ville de 4375 hab. — 25 kil. *Le Cailar*, aussi sur la ligne d'Arles à Lunel (p. 300). 27 kil. *Aimargues*, etc., v. p. 300.

De Nîmes au Vigan (Aigoual; Tournemire).

93 kil. de ch. de fer; 3 h. 15 à 3 h. 40; 10 fr. 50, 7 fr. 05, 4 fr. 60.

Ligne de Montpellier jusqu'à *St-Césaire* (p. 259). Ensuite par la plaine fertile de *la Vaunage*. — 10 kil. *Caveirac*. — 13 kil. *Langlade*. — 16 kil. *Nages*. — 19 kil. *Calvisson*. — 22 kil. *Gongeniès*. — 25 kil. *Junas-Aujargues*. Puis on arrive dans la vallée du *Vidourle*, rivière qui a généralement peu d'eau, mais qui est sujette à des crues très rapides et extraordinaires.

29 kil. **Sommières** (*buffet; hôtels*), ville très ancienne de 3740 hab., sur le Vidourle, où sont les restes d'un pont romain, sous le pont actuel, et que dominent les ruines d'un *château*, dont le donjon imposant se voit de la station sur un rocher dans la direction de la voie. Lignes de Lunel et de Montpellier, v. p. 259 et 265.

Puis un tunnel, après lequel on revoit les ruines du château, à dr. en arrière. A dr. encore d'autres ruines et le château de Pondres. On remonte la vallée sinueuse du Vidourle. — 37 kil. *Fontanès*. — 41 kil. *Vic-le-Fesq*. — 45 kil. *Orthoux*.

50 kil. **Quissac** (*buffet*). Embranch. d'Alais (p. 239). — 55 kil. **Sauve** (*hôtel*), à g., petite ville dominée par un château en ruine. Le pays ne présente plus, sur un long parcours, que des montagnes pelées et une plaine stérile, couverte de rochers calcaires.

64 kil. **St-Hippolyte-du-Fort** (*hôt. du Cheval-Blanc*), ville de 4446 hab., qui a des restes de fortifications et une école d'enfants de troupe. On la voit plus loin à g. de la voie en retraversant le Vidourle, dont on va quitter la vallée par un petit tunnel. — 69 kil. *La Cadière* («Cathedra»?).

77 kil. **Ganges** (*hôt. de la Croix-Blanche*), à g., ville de 4302 hab., à 1 kil. au S.-O., près de la rive g. de l'Hérault. C'est un centre industriel considérable, qui a surtout des filatures de soie et de coton et des fabriques de bonneterie de soie. Près de la gare, un grand couvent de construction récente, semblable à un château.

Il y a aux environs diverses *grottes*, en particulier la grande *grotte des Doumiselles* ou *des Fées*, à 4 ou 5 kil. au S.-E., garnie de magnifiques stalactites et qui a une salle de 48 m. de haut. La visite en est assez difficile, surtout pour des dames, et elle est fort coûteuse, au moins pour une personne seule, car on paie 5 fr. d'entrée et «il faut compter au moins une quarantaine de francs de torches, de feux de Bengale, etc.» — Excursions intéressantes de Ganges: au S.-O., dans les gorges de la *Vis* et vers le plateau du *Larzac*; au N., dans le *vallon de Sumène* (v. ci-dessous) et dans la *vallée de l'Hérault.*

Le pays qu'on parcourt ensuite est beaucoup plus intéressant et les ouvrages d'art se multiplient. La voie monte et passe dans 5 tunnels et sur des murs de soutènement.

82 kil. **Sumène** (*hôt. de la Rose*), à g., autre petite ville industrielle (soie). — Puis on passe·dans la vallée de l'*Hérault*. 6 tunnels et plusieurs viaducs et ponts. — **87 kil.** *Pont d'Hérault.* Correspond. pour Valleraugue (9 kil.; v. ci-dessous). — Encore 3 tunnels et 3 viaducs, et à g. un curieux pont ancien avec un petit aqueduc.

93 kil. **Le Vigan** (224 m.; hôt.: *des Voyageurs, du Midi*, modestes), ville de 5199 hab. et chef-lieu d'arr. du Gard, sur l'*Arre*, dans une contrée pittoresque. Elle a aussi des fabriques de bonneterie et des filatures de soie. et elle possède des mines de houille. C'est un point important de ce côté dans les excursions vers l'*Aigoual* et les Causses, surtout depuis l'ouverture de la ligne de Tournemire (p. 259), mais il n'y a guère de curiosités. La rue qui part de la gare, à g., mène en quelques min. au centre, sur une longue place où se trouve, à dr., la *statue du chevalier d'Assas* (1733-1760), qui se dévoua pour sauver l'armée française à Clostercamp, bronze par Gatteaux. Au delà, à g., devant l'hôtel de ville, le *monument du sergent Triaire* (1771-1799), qui s'illustra en faisant sauter le fort d'El-Arich (Egypte), statue du héros et statue de la République lui présentant une branche de laurier, bronzes par Léop. Morice. En tournant de là à g., on arrive à la belle *promenade des Châtaigniers*, et une rue à g. au milieu ramène dans le centre de la ville à l'*église*, qui a des chapelles latérales surmontées de tribunes et possède quelques tableaux. La rue qui prend un peu plus bas et traverse la vieille ville, puis le chemin de fer (premier passage au-dessus de la voie) conduit à un vieux *pont* original et dont l'entourage est très pittoresque.

A 2 kil. au S.-O. (omn. dans la saison), par la rive g. de l'Arre, puis à dr., se trouvent les *bains de Cauvalat*, qui ont des eaux sulfurées calciques froides, dans un beau site.

Excursion intéressante du Vigan, au N., à l'*Aigoual*, d'où l'on peut gagner les *Causses* (v. le *Sud-Ouest de la France*, par Bædeker). Il y a une belle route neuve directe, de 40 kil., par (4 kil.) *Aulas*, (8 kil.) *Arphy*, (21 kil.) la *baraque de Ribot*, au S.-O. de la *montagne d'Aulas* (1422 m.), et *la Séreyrède* (v. ci-dessous), mais elle est préférable pour la descente, à cause de la vue. D'ordinaire, on fait l'ascension à partir de *Valleraugue* (28 kil.), que desservent une voit. publ. du Vigan (15 kil.) et une correspond. de la stat. de Pont-d'Hérault (v. ci-dessus). — **Valleraugue** (864 m.; *hôt. Bourbon*, sur le quai) est une petite ville sur l'Hérault, la patrie du naturaliste *de Quatrefages* (1810-1892) et du général *Perrier* (1838-1888), ancien directeur du service géographique de l'armée, auxquels on y a érigé des monuments, par Léop. Morice. — Il y a de là une longue montée en lacets par la route (22 kil.), mais des raccourcis qui abrègent au moins de moitié, jusqu'à *la Séreyrède* (1388 m.), col où il y a une maison forestière. La

route continue sur Meyrueis (2 h. ½ à 3 h.; v. le *Sud-Ouest de la France*)
et on la quitte pour monter à l'E.-N.-E. (6 kil.). — L'**Aigoual** ou *Signal
de la Hort-Dieu* (1567 m.), où il y a un *observatoire* et un *refuge-restaur.*
du Club Alpin, est le principal sommet des Cévennes en deçà du Mont-
Lozère (p. 237), et il offre pour cette raison un très beau panorama, qui
s'étend sur la partie S. de cette chaîne de montagnes, la vallée du Rhône,
le Mont-Ventoux et les Alpes Maritimes à l'E., la Méditerranée et les
Pyrénées Orientales, les plaines du Languedoc à l'O.

Du Vigan à Tournemire (Millau, etc.), 62 kil. de chemin de fer; v. le
Sud-Ouest de la France, par Bædeker.

35. De Nîmes à Montpellier et à Cette.
(Toulouse, les Pyrénées.)

50 kil. jusqu'à Montpellier, trajet en 1 h. 5 à 2 h. 10, pour 5 fr. 60,
3 fr. 80 et 2 fr. 45. — 28 kil. de Montpellier à Cette, trajet en 35 à 50 min.,
pour 3 fr. 25, 2 fr. 20 et 1 fr. 45.

Nîmes, v. p. 250. — Pays peu intéressant; plaines plantées de
vignes, surtout après Lunel. Au loin, à dr., l'extrémité des Cévennes.
4 kil. *St-Césaire.* Lignes d'Aigues-Mortes et du Vigan, v. p. 257. —
7 kil. *Milhaud.* — 10 kil. *Bernis.* — 12 kil. *Uchaud.* — 17 kil.
Vergèze. — 19 kil. *Aigues-Vives.* — 21 kil. *Gallargues.* Ligne
du Vigan, v. ci-dessous. On traverse le *Vidourle.*

27 kil. **Lunel** (*buffet; hôt. du Palais-Royal,* sur la place), ville
de 7203 hab., auparavant célèbre par ses vins muscats, mais qui
en produit maintenant moins, ses vignes ayant été en partie détruites par le phylloxéra. — Près de la gare, à g., la belle avenue
Victor-Hugo, qui aboutit au boul. Lafayette, par lequel on va, à
dr., à la place de la République, le centre de la ville, où s'élèvent
une petite reproduction de la *Liberté éclairant le monde,* par Bartholdi, et un grand *calvaire.* Au delà, un canal qui relie la ville à
la Méditerranée et une belle *promenade* publique, avec une statue
par Amy, le Remords. En deçà, à g., le cours Valatoura, qui passe,
à g., près de l'*église,* en partie des styles roman et de la Renaissance;
elle n'a de curieux que son clocher et de vieux tableaux, mal éclairés,
dans le chœur.

Ligne d'*Arles*, avec embranch. sur *Aigues-Mortes*, v. p. 300.

EMBRANCH. de 15 kil. sur *Sommières* (le Vigan; p. 257), par *Gallargues*,
sur la ligne de Nîmes (v. ci-dessus), puis par la vallée du *Vidourle*
(p. 257). A 10 kil., *Aubais*, stat. qui a un beau château en ruine.

30 kil. *Lunel-Viel.* — 33 kil. *Valergues.* — 36 kil. *St-Brès.*
— 39 kil. *Baillargues.* — 42 kil. *St-Aunès.* — 44 kil. *Les Mazes-
le-Crès.* On passe à Montpellier devant la citadelle (à g.) et sous la
ligne de Palavas (p. 265).

50 kil. *Montpellier* (buffet).

Montpellier. — GARES: *gare P.-L.-M.* (pl. D 5), la principale, desservant Nîmes, Paris, Marseille, Cette, Perpignan, Bordeaux, etc.; *de Palavas* (pl. D 4), pour la ligne de ce nom (p. 265); *de Rabieux* ou *Montpellier-
Chaptal* (pl. A 5), pour la ligne de Béziers par Mèze (v. le *Sud-Ouest de
la France*).

HÔTELS: *Gr.-H. Continental,* place de la Comédie (pl. d, C 4); *Grand-
Hôtel* (pl. a, D 5), rue Maguelone, 8 (ch. t. c. dep. 5 fr., rep. 1.50, 3.50 et

4.50); **H. de la Métropole* (pl. f, D5), rue du Clos-René, 3 (ch. t. c. dep. 4 fr., rep. 1.25, 3.50 et 4.50); *H. du Midi* (pl. c, C5), boul. Victor-Hugo, 9 (6 fr. par j.); *Maguelone* (pl. b, D5), rue de ce nom, 5; *Delmas*, rue de la République, 9 (pl. e, C5; ch. 2 à 3 fr., dé. 2.50, dî. 3); *H. Sérane*, boul. Victor-Hugo, 6, modeste, avec restaur. fréquenté (rep. 2 fr. et 2 fr. 50). — *Pension de famille Cornillier*, Faub.-St-Jaumes, 6, près du jardin des Plantes (dep. 6 fr. par j.).

CAFÉS: *Gr.-C. Riche, de France, de Montpellier, C. de la Rotonde*, place de la Comédie; *Gr.-C. de l'Opéra*, au théâtre (dé. et dî. à 2 et 3 fr.), etc.

PATISSIERS-CONFISEURS: *Caizergues*, rue de la Loge, 27; *Meuton*, id., 19; *Maury*, rue du Palais; autres rue Nationale. Spécialité de Montpellier, les dattes farcies.

VOITURES DE PLACE: course, à 1 chev., 1 fr. 25; à 2 chev., 1.50; heure, 1.50 et 2.

TRAMWAYS ÉLECTR.: 1, de la *gare P.-L.-M.* (pl. D5) à l'*Ecole Normale* (pl. A1); 2, de l'*octroi de Palavas* (pl. D5-6) à l'*Esplanade* (pl. D3-4); 3, de l'*octroi de Toulouse* (pl. A6) au *Peyrou* (pl. A B3); 4, de l'*octroi de Lodève* (pl. A4) à la *gare de Palavas* (pl. D4); 5, de la *place de la Comédie* (pl. CD4) à *Castelnau* (pl. D1); 6, de l'*hôpital général* (pl. B2) à l'*hôpital Suburbain* (pl. A1). Prix: 5 à 20 c.

POSTE & TÉLÉGRAPHE, place de la Préfecture (pl. C3).

BAINS: *E. Durand*, rue de la Merci, 2 (pl. B4).

TEMPLES PROTESTANTS: cours Gambetta, 19, et rue Maguelone, près de la gare de Paris-Lyon.

PRINCIPALES CURIOSITÉS: *place de la Comédie* (v. ci-dessous), *Peyrou* (p. 261), *cathédrale* (p. 262), *musée* (p. 263).

Montpellier est une ville prospère de 73931 hab., le chef-lieu du départ. de l'*Hérault* et du XVIe corps d'armée, sur une colline au pied de laquelle coule le Lez et d'où l'on a une belle vue.

Son origine ne remonte guère au delà de 737 ou de la destruction de Maguelone (p. 265) par Charles-Martel, et sa prospérité date du XIIe s., où fut créée son école de médecine, auj. encore célèbre. L'évêché de Maguelone y fut transféré en 1536. Le calvinisme y forma un parti puissant. Louis XIII l'assiégea durant deux mois et s'en empara en 1622, sans faire une victime ni un prisonnier. Elle revint bientôt à son ancienne prospérité; mais l'industrie et le commerce ne s'y sont pas développés de nos jours au même degré que dans les grandes villes voisines: c'est surtout une ville universitaire. L'université de Montpellier, une des plus anciennes de province, fondée en 1289 (Toulouse, 1223), et qui avait été supprimée en 1794, a été rétablie, comme les autres, en 1896. Les cours en sont fréquentés par 1400 à 1500 étudiants, dont près de 500 en médecine et 200 étrangers. On y a aussi créé en 1872 une école d'agriculture, à 1500 m. au N.-O., et il y a encore une école supérieure de commerce.

Montpellier est une ville bien bâtie dans la partie neuve, mais aux rues généralement étroites, tortueuses et mal pavées dans la partie ancienne. En sortant de la grande gare (pl. D5), on est en face d'un square, où se voit le *monument de Planchon* (1823-1888), anc. directeur du jardin botanique de la ville, qui a été le bienfaiteur de la région en y introduisant les vignes américaines après l'invasion du phylloxéra, buste en bronze, sur une colonne précédée d'une statue de vigneron, par A. Baussan. A dr. de ce square, la belle rue Maguelone, qui mène vers le centre de la ville.

La place de la Comédie (pl. CD4), à laquelle se rattache à dr. l'Esplanade (p. 265), est la principale et comme le centre de Montpellier. Au milieu, une *fontaine des Trois-Grâces*, par d'Antoine (1776). A. g., le théâtre, bel édifice du style de la Renais-

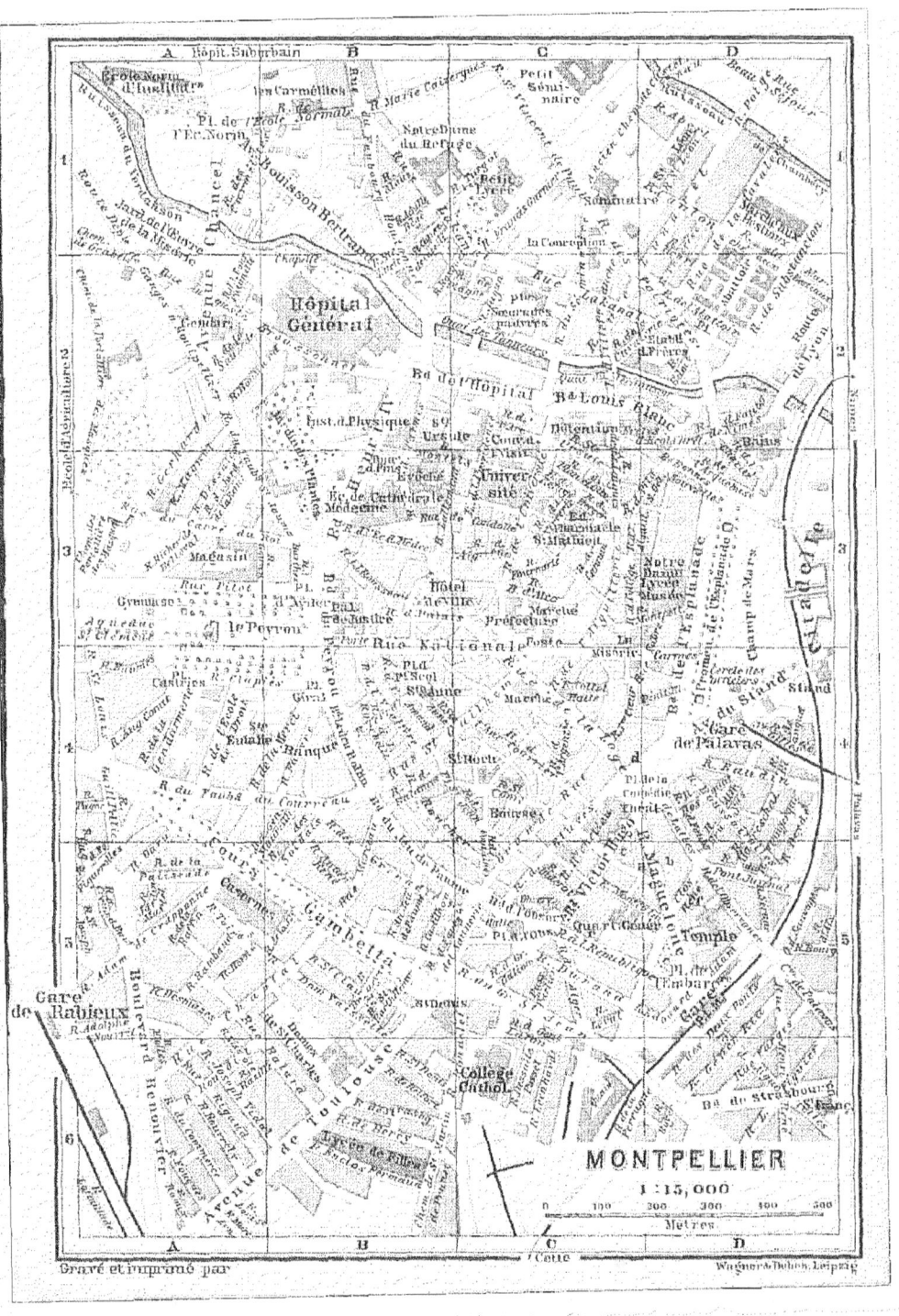

MONTPELLIER

1:15,000

Metres

sance, sur les plans de Cassien-Bernard, rebâti de 1883 à 1889, à la suite d'un incendie. Les principales sculptures sont par Injalbert.

Des boulevards font d'ici le tour de la vieille ville; ceux de g. qu'on suivra d'abord, à moins qu'il n'y ait lieu de visiter immédiatement, à dr., le musée Fabre (p. 263), montent vers le Peyrou. Le premier est celui de Victor-Hugo, à l'extrémité duquel on voit, à dr., la *tour de la Babotte*, reste des remparts du xiie s., transformée pour un temps en observatoire astronomique. Après le second boulevard, dit de l'Observatoire, sur une petite place, la *statue d'Edouard Adam* (1768-1807), en bronze, par Vital Dubray. Ed. Adam apporta à la distillation des vins des perfectionnements d'une importance capitale pour le Midi.

Le *Peyrou (pl. A B 3-4), dans le haut de la ville (monter la rampe à g.), est une belle promenade datant surtout des xviie et xviiie s. A dr. du boulevard, la *porte du Peyrou*, arc de triomphe de 15 m. de haut sur 18 m. de large, érigé en 1691 en l'honneur de Louis XIV, par d'Aviler, d'après d'Orbay. Les bas-reliefs, par Phil. Bertrand, de Montpellier, rappellent les victoires de Louis XIV, l'union de la Méditerranée avec l'Atlantique par le canal du Midi et la révocation de l'édit de Nantes. Des deux côtés de la grille du Peyrou, deux groupes en pierre, par Injalbert (1883), l'Amour domptant la Force. Au milieu de la promenade s'élève une belle *statue équestre de Louis XIV*, en bronze, par J.-B. Debay (1829). Dans les parterres : à dr. et à g., Jeunesse et Chimère, la Sirène, bronzes par Aubé et par P. Granet; à g., le Paradis perdu, Hécate et Cerbère, marbres par Dieudonné et par Marcello. A l'extrémité, un *château d'eau* monumental, qui a la forme d'un pavillon hexagone, avec une porte à chaque face et des colonnes corinthiennes. Il est alimenté par un bel *aqueduc* construit de 1753 à 1766, qui amène l'eau du Lez d'une distance de près de 14 kil. et se termine au Peyrou par une double rangée d'arcades superposées, de 880 m. de long et 21 m. 50 de haut. — Belle vue du château d'eau, jusqu'aux Cévennes (pic St-Loup) et aux Pyrénées (Canigou). — Concert militaire le dimanche.

A la porte du Peyrou commence la *rue Nationale* (pl. B C 3-4), belle rue neuve qui s'étend, à travers la vieille ville, jusqu'à la préfecture (p. 263) et doit être prolongée jusqu'à l'Esplanade (p. 265). Au commencement, à côté de la porte, le *palais de justice* (pl. B 3), bel édifice bâti en 1839 sur les plans d'Abric, avec un péristyle corinthien, décoré des statues de deux illustrations du pays, le cardinal de Fleury (1653-1743) et Cambacérès (1753-1824), la première par J.-B. Debay, l'autre une copie. Le plafond de la 1re chambre de la cour d'appel est par Vien, celui de la 2e par J. de Troy, et les peintures de la cour d'assises sont par E. Michel.

Un peu plus bas que le Peyrou, à g. du boulevard, s'étend le **jardin des Plantes** (pl. B 2-3), le plus ancien de France, fondé par Henri IV en 1593 et organisé alors par le botaniste Richer de Belle-

val. Il est grand et toujours bien tenu. Il a de magnifiques spéci-
mens de végétaux exotiques cultivés en pleine terre.

De l'autre côté du boulevard, en face du jardin des Plantes, la
tour des Pins, autre reste des anciens remparts, où sont maintenant
les archives municipales. Il y a au sommet deux pins et sur la
façade une plaque avec une inscription en provençal rappelant
Jacques Ier d'Aragon, né à Montpellier en 1208. Ensuite, l'*Institut
de physique et de chimie.*

La **Faculté de médecine** (pl. B 3), à côté et attenant à la cathédrale (v. ci-dessous), est l'anc. évêché, antérieurement un couvent.
Une grande partie de la façade a encore des mâchicoulis et il y a
des restes de cloître dans la cour. A l'entrée, rue de l'Ecole de Médecine. les statues en bronze de deux médecins célèbres originaires
de Montpellier, la Peyronie (1678-1747) et Barthez (1734-1806), par
Gumery et par Lami. Le siège du professeur dans le grand amphithéâtre provient des Arènes de Nîmes. La salle du conseil et une
salle voisine renferment des portraits de professeurs depuis 1289.

Au 1er étage, à dr., est une partie de la *bibliothèque universitaire* (plus
de 137500 vol.), la section de médecine, ouverte de midi 1/2 à 6 h. 1/2
et de 8 h. à 10 h. du soir, sauf durant les vacances. Le reste (section centrale) est à l'Université (v. ci-dessous) et accessible de 9 h. 3/4 du m. à
11 h. 3/4 et de midi 1/2 à 6 h. 1/2.

Au 2e étage, *le musée Atger*, collection assez importante de tableaux,
dessins, et gravures, publique les mardi et vendr. de midi à 4 h. et visible
encore en le demandant à la bibliothèque. Il y a particulièrement des
œuvres de Français, mais aussi bon nombre d'Italiens et d'artistes des
Pays-Bas.

La Faculté possède encore un *conservatoire anatomique* ou musée, ouvert
tous les jours aux étudiants de midi à 4 h.

La **cathédrale** (pl. B 3) a été fondée au xive s., mais en partie
reconstruite après les guerres de religion, restaurée et agrandie de nos
jours, par Révoil. Elle a un grand porche original, mais disgracieux,
dont la voûte est très élevée et soutenue en avant par deux espèces
de tourelles rondes massives, de 4 m. de diamètre. La façade a en
outre deux tours, et il y en a aussi deux au transept, l'une d'elles
reconstruite en 1856. Le côté g. n'est pas dégagé, mais il y a à dr.,
au transept, un joli portail moderne, avec tympan par A. Baussan
(1884). L'intérieur se compose d'une belle et large nef, de chapelles
latérales entre les piliers et d'un beau chœur moderne. On y remarque
particulièrement, dans la 5e chap. de g., une Vierge en marbre, par
Santarelli, élève de Canova; parmi les tableaux, à g. dans le transept, la Chute de Simon le Magicien, par *Séb. Bourdon,* de Montpellier; à dr., Jésus donnant les clés à St Pierre, par *J. de Troy.*

A peu de distance au S. de la cathédrale est l'*Université*
(pl. C 3), siège des facultés de droit, des lettres et des sciences.
Elle n'a rien de curieux comme édifice; c'était avant 1889 l'Hôtel-
Dieu, que remplacent maintenant l'hôpital général (pl. B 2) et l'hôpital suburbain, plus au N.-O., au delà de l'Ecole Normale (pl. A 1).

Il y a au rez-de-chaussée, en partie dans la cour, un petit *musée lapidaire* et de moulages, ouvert le samedi après-midi.

En remontant, plus près de la cathédrale, du côté de la rue Nationale, on passe à g. non loin de l'*hôtel de ville* (pl. B C 3), dont le plus curieux est sa cour. Sur le devant, un petit square, avec un buste du félibre *Mouquin-Tandoun*, par Taillefer, et la *fontaine des Licornes*, par d'Antoine, érigée en mémoire du maréchal de Castries, le vainqueur de Clostercamp (1760).

Revenus à la rue Nationale, nous allons d'abord voir, de l'autre côté, *Ste-Anne* (pl. B 4). C'est une église moderne, dans le style goth. du XIIIᵉ s., avec un clocher sur un porche à la façade et à trois nefs d'égale hauteur, séparées par des colonnes d'une grande légèreté. — Il y a près de là, rue Eugène-Lisbonne, 14, au Conservatoire de musique, un *musée archéologique* visible seulement sur autorisation.

La *préfecture* (pl. C 3), à g. de la rue Nationale, est un bel édifice achevé en 1870, sur les plans de Bésiné. Sur la place, la jolie *fontaine de la Ville*, avec un groupe en marbre par Journet (1775). Plus loin, à l'extrémité actuelle de la rue Nationale, l'*hôtel des Postes & Télégraphes,* construit en 1884.

Le *musée **Fabre** (pl. D 3) est du même côté, près de l'Esplanade. Il a été fondé par le peintre Fr.-Xav. Fabre, de Montpellier (1766-1837), élève de David, qui passa 40 ans en Italie. Enrichi encore par des dons et des legs considérables (Valedau, Bruyas, etc.) il compte auj. plus de 800 tableaux et c'est un des premiers de province. Il est public le dim., de 11 h. à 4 ou 5 h., et ouvert aussi les autres jours gratuitement pour les étrangers, de 9 h. à midi et de 1 h. ¹/₂ à 4 ou 5 h. On entre par la rue Montpelliéret, sur laquelle le musée a une façade décorée de statues de Séb. Bourdon, Vien et Raoux. Il y a une autre façade, du style classique, sur l'Esplanade. Vestiaire gratuit.

SALLE D'ENTRÉE, où l'on monte du côté g.: de g. à dr., 203, *V. Giraud,* le Retour du mari; — 45, *P. Cabanel,* de Montpellier, Héro retrouvant le corps de Léandre; 216, *Glaize,* de Montpellier, Ce qu'on voit à vingt ans; 374, *Ronot,* A la hotte; devant, s. nᵒ, *L. Cavalier,* Ecce Homo; 380, 382, *A. et H. Scheffer,* portr. d'hommes; 317, *Monvoisin,* Mort de Charles IX; 288, *Em. Lévy,* Jugement de Midas; devant, s. nᵒ, *Cot,* Mireille, d'ap. Mistral; 9, *L. Béroud,* Au Louvre, étude.

CABINET voisin, du côté dr. par rapport à l'entrée, quelques petits tableaux et quelques sculptures; paysage par *Glauber* et bustes par *Canova.*

GALERIE PRINCIPALE, à la suite: à g., 543, *le Guerchin,* tête de jeune homme; 468, *Allori,* la Vierge et l'Enfant; 602, *le Tintoret,* portr. d'un sénateur; — 625, *Ribera,* tête d'apôtre; 520, *Fra Bartolommeo,* Ste Famille; 576, *Raphaël* (?), portr. de Laurent de Médicis; 538, *Giordano,* Ste Famille; 573, *le Pérugin* (?), St Christophe, fresque transportée sur toile; 786, *van der Wilt,* portr. d'homme; 483, *le Canaletto,* le Grand-Canal, à Venise; 470, *A. del Sarto,* la Vierge; 596, *Schidone,* Ste Famille; 603, *le Titien,* portr. de vieillard; 466, *Allori,* Vénus et l'Amour; 548, *le Guide,* tête de Vierge; 525, *Gaspre (Dughet),* paysage; *624, *Ribera,* Ste Marie l'Egyptienne; 587, *S. Rosa,* Nymphes au bain; 98, *Palma le J.,* Massacre des habitants d'Hippone; 750, *Rubens,* portr. de Fr. Franck; 515, *le Dominiquin,* paysage; 505, *Cardi da Cigoli,* St François; 765, *Swanevelt,* paysage; *570, *P. Véronèse,* Mariage de Ste Catherine; 728, *Moucheron,* paysage; *747, *Rubens,* le Christ en croix; 746, *Roghman,* paysage; 527, *Gaspre (Dughet),* paysage; 697, *M. d'Hondecoeter,* Oiseaux; — 629, *Jos. de*

Sarabia, la Vierge et l'Enfant; 626, *Jean de Joanès*, portr. de St François de Borgia; 632, *Zurbaran*, Ste Agathe; 155, *Fabre*, fondateur du musée, son portrait; 631, *Zurbaran*, l'Ange Gabriel; 149, *Rizi* ou *Ricci*, Adoration des bergers; 488, *Ann. Carrache*, Pietà; 546, *le Guerchin (Barbieri)*, Hérodiade; — 716, *van der Meulen*, Cavaliers devant une maison de paysans; 752 (à dr. de la porte); *J. van Ruisdael*, Cascade; 663, *P. Campana*, Descente de croix; 674, 673, 675, *Dietrich*, paysages, Jésus couronné d'épines; 734, *A. van Ostade*, Joueur de luth; 683, *van Dyck*, la Vierge et l'Enfant; 582, *Rosselli*, St Antoine; 638, *Berghem*, paysage; 509, *Dan. de Volterre (Ricciarelli)*, Décollation de St Jean-Baptiste; *577, *Raphaël* (?), portr. de jeune homme, «morceau capital de la galerie Fabre»; 557, *Locatelli*, paysage; 586, *Salv. Rosa*, paysage; 579, *Fabre*, d'ap. *Raphaël*, la Vierge à la chaise; 480, d'ap. *Michel-Ange*, le Jugement dernier, copie de 1570, antérieure aux additions qu'y fit Dan. de Volterre; 578, d'après *Raphaël*, St Michel, belle copie; 549, 547, *le Guide*, Ste Agathe, St Pierre; 526, *Gaspre (Dughet)*, paysage; 510, *Dolci*, la Vierge au lis; 592, *Sassoferrato*, la Vierge; 524, *Gaspre*, paysage; 508, *Lor. di Credi*, Ste Famille; 511, *Dolci*, le Sauveur; 564, *Moroni*, portr. d'Aléoni, général vénitien. — Dans les vitrines, de petits objets d'art fort remarquables: émaux, ivoires, camées agates, jeu d'échecs chinois, porcelaines, etc. — Autour de la salle, des sièges en tapisserie, une crédence et des guéridons anciens.

SALLE DU FOND: à g., 719, *van Mieris le V.*, l'Enfileuse de perles; 734, *Adr. van Ostade*, Intérieur d'estaminet; 222, *Greuze*, Prière du matin; — 796, *Adr. van der Werff*, Suzanne au bain; 681, *C. du Jardin*, Devant un cabaret; 815, *K. Bodmer*, Sous bois; 226, *Greuze*, Jeune fille; 780, *Teniers le J.*, Tabagie ou l'Homme au chapeau blanc; 699, *Huysmans*, paysage; 761, *Steen*, le Repos du voyageur; 224, *Greuze*, la Jeune fille aux mains jointes; 800, *Phil. Wouwerman*, les Petits sables; 698, *Hondius*, Chasse au sanglier; *678, *Gér. Dou*, la Souricière; 223, *Greuze*, le Petit mathématicien; 781, *Teniers le J.*, Tabagie ou l'Homme à la cruche de grès; 225, *Greuze*, la Jeune fille au panier; 682, *van Dyck*, la Vierge et l'enfant Jésus debout sur ses genoux; 741, *P. Potter*, Trois vaches; 648, *van Bloemen*; — 652, *Both*, paysages; 755, *Ryckaert*, Arracheur de dents; *666, *Cuyp*, Bords de la Meuse; s. n°, *école flam. du XVIe s.*, la Visitation; 807, *Wynants*, paysage; 656, *Brauwer*, Alchimiste; 714, *Metsu*, Marchande de poisson hollandaise; 779, *Teniers le J.*, Fumeur; 227, *Greuze*, Petite fille; 802, *Phil. Wouwerman*, Foire aux chevaux, le Rueur; 754, *J. van Ruisdael*; 700, *Huysmans*, paysages; 803, *Wouwerman*, Armée en marche; 677, *Dietrich*; 785, *van Goyen*; 791, *A. van de Velde*, paysages; 568, *Pannini*, Monuments de Rome antique; 748, *Rubens*, paysage avec ruines romaines; 462, *Reynolds*, le Petit Samuel; *771, *Teniers le J.*, Kermesse; *221, *Greuze*, le Gâteau des Rois; 428, *J. Vernet*, marine; 792, *G. van de Velde*, la Petite flotte; 743, *Pynacker*, paysage; 801, *Phil. Wouwerman*, le Coup de l'étrier; 776, *Teniers*, Concert champêtre; *762, *Steen*, Repas hollandais; *769, *Teniers le J.*, paysage, le Grand château, avec la famille du peintre; 753, *J. van Ruisdael*; 639, *Berghem*, paysages; 712, *Maes*, portr. de femme; 637, *Berghem*, paysage, les Fagots; 715, *Metsu*, l'Ecrivain; 692, *école de Memling* (?), 5 scènes de la vie de la Vierge et de J.-C.; 708, *Knaus*, Au cabaret.

SALLE VOISINE: *dessins* portant les noms des artistes, une Eve d'*Injalbert* (marbre), quelques *petits bronzes*, des médailles et deux meubles en marqueterie. — Puis 3 CABINETS avec la suite des *bronzes*, quelques *vases antiques*, des *estampes* et encore des *dessins*; dans le 1er aussi un marbre de *Bartolini*, Vénus couchée; dans le 2e, des œuvres d'*Al. Cabanel*, aussi de Montpellier, et son buste par *P. Dubois*; dans le 3e, le modèle de la statue de Voltaire par *Houdon*, des dessins de *Bruyas*, etc.

SALLE A G. DE L'ENTRÉE, où l'on se trouve en sortant de ces cabinets: tableaux de l'école française, de valeur secondaire, entre autres plusieurs de *Fabre*, le fondateur du musée; 268, *J. Laurens*, la Mosquée bleue de Perse; 83, 84 (en face), *Ant. Coypel*, Enée dans l'incendie de Troie, Mort de Didon.

ESCALIER de la galerie haute: sculptures modernes (inscriptions).

GALERIE HAUTE ou *galerie Bruyas*, du nom de l'un des principaux donateurs du musée: à dr., 370, *Rigaud*, portr. de Fontenelle; 246, *Ingres*,

Stratonice; 261, *Largillière*, son portrait; 346, *N. Poussin*, portr. du card. J. Rospigliosi; 44 et s. n°, *P. Cabanel*, Nymphe surprise par un satyre, Vénus; 22, *Bourdon*, portr. d'un Espagnol; 32, *Brascassat*, Taureau; 340, *Poussin*, Baptême de J.-C.; 49, *Chardin*, portr. de femme; 215, *Glaize*, le Sang de Vénus; 339, *Poussin*, Mort de Ste Cécile; 218, *Granet*, le Tasse visité dans sa prison par Montaigne; 228, 230, *Greuze*, le Paralytique, tête d'enfant; s. n°, *E. Friant*, Une lutte; 31, *Brascassat*, Vaches au pâturage; 60, *Cot*, Prométhée dévoré par un vautour; 231, 229, *Greuze*, le Désir, le Petit paresseux; 135, *Dutilleux*, marine; 372, *Robert-Fleury*, la Toilette; 214, *Glaize*, 367, *Ricard*, portr. de Bruyas, qui figure 14 fois dans cette galerie; 381, *A. Scheffer*, Un philosophe, étude; 211, *Glaize*, son portrait; 196, *Gérard*, la Pasta en Muse; 69 (ap. les colonnes), 73, 61, 68, 63, 62, etc., *Courbet*, portr. de Bruyas, portr. de l'auteur, la Fileuse endormie, la Rencontre (Bruyas et l'artiste), Solitude, têtes d'étude; 182, *G. Doré*, le Soir sur les bords du Rhin; 24, *Bourdon*, portr. de femme; — 100, 104, 99, 102, 103, 106, *Delacroix*, Michel-Ange dans son atelier, Daniel dans la fosse aux lions, Charge de cavaliers arabes, la Mulâtresse, Femmes d'Alger, portr. de Bruyas; 66, *Courbet*, les Baigneuses; 417, *Troyon*, Trois bœufs et vaches; 375, *Théod. Rousseau*, la Mare; 55, *Cogniet*, Femme et enfant; — 183, *Fromentin*, Tentes arabes; 57-59, *Corot*, paysages; 391, *Tassaert*, Ciel et enfer; 43, 42, *Al. Cabanel*, portr. de l'auteur, Velléda; 133, *G. Doré*, Souvenir des Alpes; 249, *Eug. Isabey*, marine; 140, 141, *Fabre*, portr. de Canova, Abel expirant; 427, 426 (plus loin), *Jos. Vernet*, Tempête, paysage; 34, *Al. Cabanel*, Phèdre; 94, *J.-L. David*, Hector, étude; 438, *Vincent*, St Jérôme; 92, 93, *David*, portraits; 237, *Henner*, le Bon Samaritain; 217, *Glaize*, les Insultes au Christ; 371, *Hub. Robert*, paysage.

Aux colonnes du fond: sculptures modernes. — Au milieu, 860, *Gumery*, Faune jouant avec un chevreau, bronze.

Le même corps de bâtiment renferme la *bibliothèque municipale*, qui compte env. 100 000 vol. et 10 000 estampes. Elle est publique les jours non fériés, excepté le jeudi, de 1 h. à 5 h. et de 7 h. $^1/_2$ à 9 h. $^1/_2$ du soir, seulement de 1 h. à 6 h. en juin, juillet et août.

L'*Esplanade* (pl. D 3-4) est une promenade de 500 m. de long. A l'E., un *Champ-de-Mars* et la *citadelle*, construite jadis, comme celle d'Alais et le Fort de Nîmes, pour contenir les protestants; au S., la *gare de Palavas* (v. p. 259 et ci-dessous). Vue dégagée au N. Concerts militaires le mardi et le jeudi. — Foire le lundi de Quasimodo et le 2 novembre.

De Montpellier à *Castres* et *Montauban* par Bédarieux, à *Béziers* par Paulhan et Mèze, v. p. 266 et le *Sud-Ouest de la France*, par Bædeker.

DE MONTPELLIER A PALAVAS : 12 kil. de ch. de fer, avec gare spéciale (pl. D 4); trajet en 25 min., pour 1 fr. et 60 c. La voie traverse le Lez avant la première station, puis elle passe sur une langue de terre entre des étangs qui sont réunis par un canal et séparés de la mer seulement par des dunes. — *Palavas* (hôt.: *Poujol, Grand-Hôtel*, etc.; *casino*) est un village très fréquenté pour les bains de mer, grâce à sa magnifique plage de sable fin, à l'embouchure du Lez canalisé. Curiosité: bains de famille sur la plage, d'un genre méridional, le parapluie servant de cabine. — A 4 kil. au S.-O., sur une île située entre des étangs et le canal et reliée par un chemin aux dunes, se trouvait **Maguelone**, ville fondée, dit-on, par des Phocéens et longtemps prospère comme port de mer. Les Sarrasins s'en étant emparés, Charles-Martel la leur reprit et la détruisit, en 737. Elle se releva toutefois de ses ruines, mais Louis XIII la fit raser en 1633, à l'exception de son anc. *cathédrale*, curieux édifice du style roman, restauré de nos jours (gardien à côté). Il y a à l'intérieur des tombeaux intéressants du XVI° s., des débris d'architecture du moyen âge et quelques antiquités romaines. On peut monter sur l'église, d'où la vue est très belle.

De Montpellier au **Vigan** (AIGOUAL): 92 kil.; 3 h. 15 à 3 h. 30; 10 fr. 30, 6 fr. 95, 4 fr. 55. Départ de la grande gare et ligne de Nîmes jusqu'aux

Mazes (p. 259). — 12 kil. (3e st.) *Castries*, à g., bourgade qui a un *château* avec un parc alimenté par un aqueduc de près de 7 kil., dont on voit ensuite la longue rangée d'arcades. — 26 kil. (6e st.) *Boisseron*, qui a aussi un château et d'où l'on aperçoit déjà, à g., le donjon de Sommières. — 28 kil. *Sommières*, où l'on rejoint la ligne de Nîmes au Vigan (p. 257).

De Montpellier à Lodève. I. PAR PAULHAN: 69 kil.; 2 h. 15 à 2 h. 45, env. 7 fr. 85, 5 fr. 30 et 3 fr. 45. Départ de la gare de Paris-Lyon (p. 259). — 19 kil. (4e st.) *Montbazin*. Lignes de Montpellier-Chaptal à Béziers par Pézenas et de Montbazin à Cette par Balaruc (v. p: 267). Plus loin, un tunnel et un viaduc. — 27 kil. *Villeveyrac.* 2 autres stations. Puis on traverse l'*Hérault* et rejoint la ligne de Béziers. — 40 kil. (8e st.) *Paulhan* (buffet). Lignes de Béziers par Pézenas et de Castres et Montauban par Bédarieux, v. le *Sud-Ouest de la France.* — 52 kil. (10e st.) Clermont-l'Hérault (hôt.: *du Commerce, de la Renaissance*), ville industrielle de 5083 hab., qui a des tanneries et des manufactures d'étoffes communes (limousines, etc.) et de draps pour la troupe. Eglise des XIIIe-XIVe s. et château en ruine. — A 1 h. 1/2 à l'O. se trouve le petit village de **Mourèze** (*café-rest.*), dans un *cirque* très curieux de roches dolomitiques rappelant Montpellier-le-Vieux, près des gorges du Tarn (v. le *Sud-Ouest de la France*). On peut avoir, en les commandant 12 h. d'avance au chef de gare ou au correspondant du ch. de fer, des voit. pour ce cirque, à 20 et 30 fr. pour 4 et 8 personnes. — 57 kil. *Rabieux*, où aboutit la ligne suivante. — Encore 2 haltes. — 69 kil. *Lodève* (v. ci-dessous).

II. PAR RABIEUX: 58 kil., ligne d'intérêt local, 3 h. par le seul train en corresp., pour env. 5 fr. 25, 3 fr. 35 et 3 fr. Départ de la gare de Rabieux (p. 259). — 8 kil. (2e st.) *St-Georges-d'Orques.* A 5 kil. à l'O., *Murviel-lès-Montpellier*, qui a remplacé l'*Altimurium* de l'antiquité, dont il reste des murs. — 32 kil. (5e st.) **Aniane** (*hôt. Blaquières*), petite ville ancienne, qui s'est formée au VIIIe s. autour d'une abbaye, fondée en 780 par St Benoît d'Aniane et importante au moyen âge. Cette abbaye a été rebâtie au XVIIIe s. et elle sert maintenant de maison de détention. A 7 kil. au N., **St-Guilhem-le-Désert** (*aub.*), village dans un site curieux, entouré de rochers et près des *gorges de l'Hérault.* Il a aussi une *église* romano-byzantine très remarquable, de l'abbaye à laquelle il a également dû son origine, une partie du *cloître* de cette abbaye, des restes d'une double *enceinte*, deux vieilles *tours*, des ruines de deux *châteaux*, des *grottes*, une cascade, etc. — 36 kil. *Gignac*, toute petite ville où l'on remarque deux églises, celle de Notre-Dame, en dehors, au S., peut-être un anc. temple de Vesta, et aussi une vieille tour. On traverse ensuite l'*Hérault.* Encore 2 stations. — 46 kil. *Rabieux*, où l'on rejoint la ligne précédente.

58 kil. **Lodève** (hôt.: *du Nord, du Commerce*), ville de 8416 hab. et chef-lieu d'arr. de l'Hérault, la *Luteva* des anciens, dans un joli site. Elle fut gouvernée au moyen âge par des vicomtes, puis par ses évêques, qui eurent jusqu'en 1789 le droit de battre monnaie. C'est auj. une ville manufacturière, fabriquant surtout des draps pour l'armée. Son anc. *cathédrale* date des XIIIe et XVIe s.

La ligne de Cette laisse ensuite à dr. celle de Paulhan-Lodève (v. ci-dessus). — 58 kil. *Villeneuve-lès-Maguelone*, stat. avant laquelle on traverse la *Mosson.* Puis, à g., des *salines* et l'*étang de Vic.* — 64 kil. *Vic-Mireval.* — 71 kil. *Frontignan*, à dr., ville de 3902 hab., célèbre par ses vins muscats. Elle est au bord de l'*étang d'Ingril*, que la voie traverse sur une jetée de 1300 m. de long. On côtoie plus loin à g. la *Méditerranée* et à dr. l'*étang de Thau*, étang salé de 18 kil. de long et 5 à 8 de large, sur les bords duquel il y a des salines très importantes et où débouche le *canal du Midi*, construit au XVIIe s. par P. Riquet, pour relier la Méditerranée à l'Atlantique, par la Garonne (v. le *Sud-Ouest de la France*).

78 kil. Cette (*buffet;* hôt.: **Grand-Hôt.,* quai de Bosc, 17, ch. t. c. 3 à 5 fr., rep. 1.50, 3.50 et 4; *H. Barrillon,* même quai, 10, ch. 2 fr. 50, dé. 3, df. 3.50; tramw.-omn. à la gare, 15 c.), vieille ville et port de mer de 32729 habitants. Elle est adossée à l'O. à une colline, le *mont St-Clair* ou *mons Setius* de l'antiquité (180 m.), entre l'étang de Thau et la Méditerranée et à la jonction des chemins de fer de Lyon et du Midi. Son nom, dérivé du grec «Sétion», lui assigne une origine antique, mais son importance ne date que de la fin du xviie s., où fut créé son port, sous la direction de Riquet, dont il complète le canal (v. p. 266). Cette faisait encore naguère un grand commerce de vins imités de ceux d'Espagne, par le mélange de différentes espèces, l'addition d'eau-de-vie, etc.; mais les nouveaux droits de douane ont compromis ce commerce.

Cette est une ville sans monuments, mais qui s'est embellie ces derniers temps, où il s'est construit un beau quartier près de la gare.

Le *port* a trois bassins, réunis par des canaux à l'étang de Thau, où débouche à l'O. le canal du Midi, et à la gare des chemins de fer, qui est entre l'étang et un canal latéral. L'avenue Victor-Hugo, au delà de ce canal, traverse le quartier neuf, que coupe un canal transversal. On y tourne à dr. pour gagner la vieille ville, en passant le canal de Cette, sur lequel il y a quatre ponts. A l'extrémité est l'ancien bassin, avec un beau môle terminé par un fort. Le mouvement du port se chiffre annuellement par près de 2 millions $\frac{1}{2}$ de tonnes.

La rue de l'Esplanade, en face du 2e pont, monte au *square du Château-d'Eau,* sur le versant de la colline. Pour arriver au sommet de cette colline ($\frac{1}{2}$ h.), qui offre une belle vue, il faut prendre à g. de ce square ou par la rue de l'Hôtel-de-Ville, en face du 1er pont du côté du bassin.

Il y a un petit *musée municipal* sur la place que longe l'avenue Victor-Hugo, non loin de la gare. Il est visible tous les jours excepté le lundi et public les dim. et jeudi de 11 h. à 4 h. — Rez-de-chaussée, quelques plâtres. — Dans l'escalier, la Mort de St Louis à Tunis, par *Belloc.* — Salle du 1er, presque uniquement des tableaux modernes: *Marius Roy,* 2 scènes militaires; *Pichot,* Mort de Démosthène; *Alex. Cabanel,* étude; *P. Cabanel,* l'Enfant prodigue; *Silvestre,* le Sac de Rome par les Vandales; *Rob. Mols,* le quai des Esclavons à Bordeaux, etc.

Cette a une *station zoologique* dépendant de l'université de Montpellier.

EMBRANCH. de 13 kil. sur (6 kil.) *Balaruc-le-Vieux,* à env. 2 kil. de Balaruc-les-Bains (v. ci-dessous) et *Montbazin,* stat. de la ligne de Montpellier à Béziers par Paulhan (p. 266). — Il y a aussi un *bateau à vapeur* pour *Balaruc-les-Bains,* par l'étang de Thau et allant jusqu'à *Mèze;* départ du quai de la Bordigue, près du 1er pont du côté de la gare, 4 fois le jour; trajet en 1/2 h. jusqu'à Balaruc; prix, 50 c., 75 aller et retour. — Balaruc-les-Bains (*hôtel* à l'établissement), à l'extrémité N.-E. de l'étang de Thau, a un établissement thermal alimenté par des eaux chlorurées sodiques fortes, à une température de 47 à 48°, qui s'emploient surtout contre la paralysie, le rhumatisme et la scrofule. — **Mèze** (*hôt. Eustache*) est une ville de 6215 hab., au N.-O. de l'étang, avec des salines et desservie également par un ch. de fer, une seconde ligne de Montpellier à Béziers.

De Cette à *Toulouse*, etc., v. le *Sud-Ouest de la France*, par Bædeker.

◆

36. De Lyon à Avignon par Vienne, Valence et Orange (Lyon-Marseille).

230 kil. Trajet en 3 h. 20 à 7 h. 30. Prix : 25 fr. 95, 17 fr. 55, 11 fr. 50. A *Vienne*: 31 kil.; 45 min. à 1 h., 3 fr. 60, 2 fr. 40, 1 fr. 60. — De Vienne à *Valence*: 75 kil.; 1 h. 15 à 2 h. 15; 8 fr. 50, 5 fr. 75, 3 fr. 75. — De Valence à *Orange*: 96 kil.; 1 h. 45 à 3 h. 30; 10 fr. 85, 7 fr. 25, 4 fr. 75. — D'Orange à *Avignon*: 28 kil.; 30 min. à 1 h.; 3 fr. 25, 2 fr. 20, 1 fr. 45.

De Lyon à Marseille par cette ligne: 351 kil.; 5 h. 15 à 11 h. 30; 39 fr. 50, 26 fr. 70, 17 fr. 45. Ligne plus agréable en été par Grenoble: 426 kil.; 14 h. et 14 h. 40; 47 fr. 80, 32 fr. 30, 21 fr. 10. Voir R. 29 et 44.

Nota. On peut aussi aller à *Avignon par la rive droite du Rhône*, en prenant son billet pour *Pont-d'Avignon*: 235 kil.; 5 h. 20 et 7 h. 35 ou 40; 26 fr. 40, 17 fr. 85, 11 fr. 70. Voir R. 33 B.

Enfin le trajet peut encore se faire *par le Rhône* même, en bateau à vapeur, v. p. 8. Départ de Lyon les mercr. et sam. de chaque semaine à 6 h. du matin, arrivée à Avignon vers 6 h. du soir, de là le lendemain à 6 h. et à Marseille à midi. Jusqu'à Avignon surtout, les bords du Rhône ne manquent pas d'intérêt; les hauteurs de la rive dr., avec leurs châteaux en ruine, rappellent un peu les bords du Rhin en Allemagne.

Lyon, v. p. 6. Départ de la gare de Perrache. On traverse le Rhône pour en suivre la rive g., et on laisse à g. les lignes de Genève, Chambéry-Turin et Grenoble-Marseille. Belle vue en arrière sur la ville; puis vue à dr. — 5 kil. *St-Fons.* — 10 kil. *Feyzin.* — 15 kil. *Sérézin.* La voie longe le Rhône. — 21 kil. *Chasse* (café des Voyageurs, à la gare), d'où la ligne de Marseille se raccorde avec celle de St-Etienne par un tronçon de 3 kil., qui traverse le Rhône et aboutit à Givors (p. 42). On aperçoit de loin, à dr. avant la stat. suiv., la ville de Vienne, qui présente un beau coup d'œil, avec les hauteurs qui la dominent et leurs deux châteaux en ruine. — 29 kil. *Estressin*, qui est relié à Vienne par un tramway. Puis un tunnel de 200 m., sur la *Gère*, déjà dans Vienne, et un second tunnel, de 800 m., sous la ville même.

31 kil. **Vienne.** — Hôtels : *du Nord*, place de Miremont (dé. 3 fr.); *de la Poste*, cours Romestang, 15 (dé. 2 fr. 50). — Cafés: *de la Terrasse*, à côté de ce dernier hôtel; *Joubert*, près de la gare; autres place de Miremont. — Tramways: de la gare, par les quais, à *Estressin* (v. ci-dessus; 15 c.) et à *Grand-Lemps* (p. 271), d'abord par la vallée de la Gère (p. 270). — *Poste*, rue de la Halle, près de la place de Miremont.

Vienne est une ville de 24 977 hab. et chef-lieu d'arr. de l'Isère, dans un site pittoresque, au confluent du Rhône et de la Gère et sur le versant d'une colline entourée de montagnes. Elle est mal bâtie, assez mal pavée et assez malpropre, comme en général presque toute cette partie du Midi.

C'est la *Vienna Allobrogum* des Romains, dont elle fut une colonie florissante. Elle devint la capitale de la Viennaise, une des dix-sept provinces des Gaules à la fin de l'empire, et elle fut même la résidence de plusieurs empereurs; mais il y reste peu de chose de cette époque.

Vienne fut le berceau du christianisme dans les Gaules, et elle eut jusqu'à la Révolution des archevêques portant le titre de primat des Gaules.
Elle devint encore la capitale du premier et du second royaume de
Bourgogne (413-534; 879-933). Ensuite elle tomba au rang de chef-lieu de
comté et fut gouvernée par ses archevêques, puis par les comtes d'Albon,
plus tard dauphins de Viennais et qui cédèrent leurs domaines à la couronne en 1349 (v. p. 155). Il s'est tenu à Vienne plusieurs conciles, entre
autres le concile œcuménique de 1311-1312, où fut aboli l'ordre des templiers. — Cette ville est aujourd'hui importante par son industrie; il y a
des manufactures de draps (vallon de la Gère, p. 270), des tanneries, des
usines (fer et cuivre), des papeteries, des verreries, etc. Grande culture
de primeurs aux environs, surtout de cerises et d'abricots.

Au sortir de la gare, on a en face le cours Brillet, qui descend
vers le Champ-de-Mars et le Rhône, en croisant la Grande-Rue
(p. 271). Nous prenons en deçà à dr. et suivons le *cours Romestang* jusqu'à la place de Miremont, qui mène dans le centre de la
ville (hôtels).

A l'extrémité est le MUSÉE-BIBLIOTHÈQUE, de construction récente. — Le *musée*, dont l'entrée est à dr., est public les dim. et
jeudi de 10 h. à midi et de 2 à 4 ou 5 h. et visible aussi les autres
jours. Il est encore peu important.

Au pied de l'escalier, un bas-relief par *Em. Hébert*, Plus de pleurs
que de joie. Il y a 4 salles au 1er étage. La 1re renferme des peintures
modernes, désignées par des inscriptions; la 2e des faïences, et de petites antiquités: sculptures (tête de femme en bois) et terres cuites,
verres, médailles, statuettes de bronze. Dans la 3e, quelques grands
tableaux sans importance, quelques plâtres et une levrette antique en
marbre. La 4e contient une petite collection d'amateur. — La *bibliothèque* occupe le reste du 1er étage.

La *cathédrale* (St-Maurice), qui se voit de là à g., est une assez
belle église goth. des XIIe-XVIe s. Sa façade, tournée vers le Rhône,
est exhaussée sur une terrasse, précédée d'un escalier et entourée
d'une balustrade du style flamboyant. Elle présente à distance un
beau coup d'œil, avec ses trois portails, sa grande fenêtre et ses
deux tours du même style, mais elle produit de près l'effet d'une
ruine, au moins dans la partie supérieure, construite en pierre trop
tendre. On remarque ensuite à l'extérieur de l'église la galerie à
arcades qui en fait le tour dans le haut, et des rangées de colonnettes aux bas côtés, celles de g. avec des arcades romanes surmontées de modillons.

L'intérieur de St-Maurice a la forme d'une basilique, c'est-à-dire qu'elle
est à trois nefs, dont deux bas côtés, et sans transept ni pourtour, forme
commune dans l'E. et le S.-E. Les bas côtés se terminent par des murs
droits, celui de dr. avec un beau vitrail du XVIe s. Il y a encore, avec
des colonnes engagées, des pilastres cannelés et rudentés et des chapiteaux byzantins. Au-dessus des arcades de la nef et du chœur règne une
galerie gothique. De chaque côté du grand portail, les sarcophages de deux
abbés, morts en 486 et 1245. Dans le chœur, un autel en marbre vert,
par Michel-Ange Slodtz, et le tombeau d'un archevêque du XVIIIe s., par
le même. Tableau de Chabord, le Christ au tombeau, à dr. du chœur. Au
portail latéral de g., par où l'on sortira, et à g. de là, de curieuses sculptures mutilées, du XIIe ou du XIIIe s.

A g. de la nef de la cathédrale se voit une porte de cloître du
XVe s. La rue à g. en face du chœur de l'église croise près de là
l'importante rue Poète-Martial, où nous tournons à droite.

Le *TEMPLE D'AUGUSTE ET DE LIVIE*, à g., sur la place du Palais, est un monument romain dans le genre de la célèbre Maison-Carrée de Nîmes (p. 253), un peu plus grand même, mais moins beau et moins bien conservé. C'est un pseudopériptère de 27 m. de long, 15 m. de large et 17 m. 35 de haut, avec 6 colonnes cannelées sur la façade, 5 autres de chaque côté et des pilastres engagés sur le derrière. Il était entouré d'un péristyle, et on en a retrouvé l'escalier en le dégageant pour le restaurer. Les dégradations dont il porte encore les traces sont en partie le résultat de sa transformation en église au moyen âge, où l'on mura les entre-colonnements et y pratiqua des portes et des fenêtres. — Tout autour, des débris de monuments antiques: de colonnes, de riches entablements, etc.

La rue à dr. à l'extrémité de la place mène à celle de l'hôtel de ville (v. ci-dessous); nous retournons d'abord à la rue Poète-Mistral, qui passe plus haut, à g., près de la même place (à dr., la rue Ponsard, qui vient de la place de Miremont), et nous continuons tout droit. A dr., l'*hôpital*. A l'extrémité, d'énormes *arcades romaines*, que l'on considère comme un reste du forum.

Sur la place de l'Hôtel-de-Ville, où nous redescendons, se voit la *statue de Ponsard*, le poète dramatique, de Vienne (1814-1867), bronze par Dechaume. L'*hôtel de ville* lui-même est un assez bel édifice moderne de style néoétrusque.

Une rue qui commence un peu plus bas, à dr., à la place où est le temple antique, conduit à l'*église St-André-le-Bas*. Elle est du style de transition et aussi dégradée à l'extérieur, où elle n'a de curieux que sa tour, mais elle est restaurée à l'intérieur.

Un peu plus bas, on se trouve à l'embouchure de la *Gère* dans le Rhône. Il y a beaucoup d'établissements industriels dans le vallon de cette rivière, surtout des manufactures de draps, qui utilisent les déchets de laine et les vieux lainages filés à nouveau, dits «laine renaissance», et qui fournissent des produits d'un bon marché extra-ordinaire. — On voit bien du quai les *ruines du château de la Bâtie*, du XIIIe s., sur la hauteur de la rive dr. de la Gère, et une *Vierge* moderne colossale, sur celle de la rive g., où étaient le château de Pipet et la citadelle romaine. Belle vue de cette hauteur, où l'on monte en 15 à 20 min.

Nous revenons maintenant par le quai du Rhône. Il y a sur le fleuve, au bas de la rue qui descend de la cathédrale, un *pont suspendu*, qui relie à Vienne le bourg de *Ste-Colombe* (p. 240). La *tour carrée* qu'on y voit du pont, à dr., a été construite au XIVe s., comme celle de Villeneuve-lès-Avignon (p. 288), à l'extrémité d'un pont de pierre qui fut détruit en 1651. Il y avait eu là antérieurement un pont romain.

Plus loin dans la ville, à g. du quai, se voit la petite tour de l'*église St-Pierre*, où l'on arrive par la rue Delorme. C'est une église romane remarquable à trois nefs, une anc. abbatiale du IXe s., présentant à l'intérieur deux étages d'arcades, avec colonnes de marbre antiques. Elle a été bien restaurée les temps derniers pour y installer un *musée lapidaire,* visible comme l'autre musée.

Ce musée comprend des débris architectoniques, des fragments de statues, des bas-reliefs, des sarcophages, des inscriptions et des vases. A remarquer particulièrement, dans la collection de dr., 176, un bas-relief mutilé représentant deux déesses; dans celle de g., 57, un torse colossal de femme. Dans une chapelle à dr. du chœur, des antiquités chrétiennes, en particulier des sarcophages de l'anc. abbaye.

Le quai par où nous sommes venus à ce musée et la Grande-Rue derrière, aboutissent près de là au *Champ-de-Mars,* non loin de la gare (p. 269). La partie inférieure de cette place, où l'on a retrouvé un bout de voie romaine, a été transformée en un jardin où se voient encore d'autres antiquités.

En continuant enfin tout droit par la rue d'Avignon, on arrive, à env. 12 min. de la gare, à dr., au *Plan de l'Aiguille,* pyramide antique de 16 m. de hauteur, qui fut probablement une des bornes d'un grand cirque. Pour le peuple, c'est le tombeau de Pilate. Elle est creuse à l'intérieur et sa base forme un carré percé de quatre arcades à colonnes corinthiennes, dont la sculpture n'a pas été achevée.

DE VIENNE AU GRAND-LEMPS (*Charavines*): 53 kil., tramw. à vap. de la gare, desservant une région industrielle, mais peu intéressante. Détail des stations, v. l'Indicateur. La principale localité sur le parcours est *St-Jean-de-Bournay* (24 kil.; hôt. du Nord), ville de 3308 hab., centre pour la broderie du tulle, la passementerie et le tissage de la soie. — *Le Grand-Lemps* et de là à *Charavines,* v. p. 152.

En repartant de Vienne pour Valence, on passe à dr. près du Plan de l'Aiguille. Sur les deux rives du Rhône, des montagnes avec des vergers et des vignes, dont l'arrière-plan est formé à dr. par la chaîne du Pilat (p. 46). — 36 kil. *Vaugris.* Sur l'autre rive le fameux vignoble de la Côte-Rôtie (p. 240). Un petit tunnel. — 43 kil. *Les Roches-de-Condrieu.* Beaucoup de mûriers dans la vallée. — 52 kil. *Le Péage-de-Roussillon.* — 56 kil. *Salaise.*

61 kil. *St-Rambert-d'Albon* (buffet; 3 hôt.). 3005 hab.

De St-Rambert à *Annonay, Firminy* et *St-Just-sur-Loire,* v. R. 7.

DE ST-RAMBERT A RIVES (Grenoble): 56 kil.; 1 h. 20 à 2 h. 15; 6 fr. 25, 4 fr. 25, 2 fr. 75. Cette ligne traverse une plaine et un plateau à peu près monotones. — 21 kil. (2e st.) *Beaurepaire* (hôt. du Commerce), petite ville à g. Correspond. pour le Grand-Serre (en 2 h. 1/4; v. ci-dessous). — 37 kil. (5e st.) *La Côte-St-André,* stat. pour la ville ancienne et déchue du même nom (3826 hab.), qu'on aperçoit à 5 kil. à g. C'est la patrie du compositeur Berlioz (1803-1869), à qui elle a érigé une statue en bronze, d'après Lenoir. Ensuite, à dr., les montagnes de la vallée de l'Isère. On rejoint à g. la ligne de Lyon. — 56 kil. (9e st.) *Rives* (p. 152).

On continue de longer le Rhône. — 67 kil. *Andancette.*

73 kil. *St-Vallier* (hôt.: des Voyageurs, de la Poste, etc.), à dr., ville industrielle de 4140 hab., avec un château gothique. Fabriques de porcelaine et de poterie.

DE ST-VALLIER AU GRAND-SERRE: 31 kil., tramw. à vap., par la vallée de la *Galaure,* qui forme près de St-Vallier la *passe de Rochetaillée* (stat.; 5 kil.), gorge très étroite que dominent les ruines considérables d'un château des Dauphins. Stat. princip.: 6 kil., *St-Uze,* bourg industriel (poterie, porcelaine, etc.); 16 kil., *Châteauneuf-de-Galaure;* 22 kil., *Haute-*

rives, qui a des fabr. de poterie et de papier et où l'on voit la statue du général de Miribel (m. 1893), bronze par Marquet de Vasselot. — *Le Grand-Serre* (hôtel) est un bourg encore muré. Eglise du xiiie s. Correspond. pour Beaurepaire (p. 271).

Plus loin, deux petits tunnels, entre lesquels se voient, à g., les ruines du prétendu château de Pilate. — 80 kil. *Serves*, que dominent, à dr., des ruines considérables. Il y en a encore d'autres sur la rive dr. du Rhône.

87 kil. *Tain* (hôt. de la Poste), à dr., ville de 2928 hab., au pied du coteau dit l'*Ermitage* (à g.), dont les vins sont très renommés, et en face de Tournon (p. 241). Elle a une église moderne romane, bien décorée de peintures à l'intérieur. Sur la place de l'Hôtel-de-Ville, en face de la rue qui mène à Tournon, à dr. en venant de la gare, se voit un autel antique (taurobole) trouvé aux environs.

TRAMW. A VAP. pour *Romans* (p. 172), à 18 kil. à l'E., par *Clérieux* (8 kil.), où il se bifurque sur *St-Donat*.

Ensuite, à g. de la voie, se montrent les Alpes, quelquefois même le Mont-Blanc. — 97 kil. *La Roche-de-Glun*. On traverse l'*Isère*. Près de Valence, sur la rive dr., la hauteur où sont les ruines de Crussol (p. 274). A g., la ligne de Grenoble (R. 22). A dr., Valence; puis un tunnel de 480 m. sous une partie de ses boulevards.

106 kil. **Valence** (*buffet*). — HÔTELS : *Gr.-H. de la Croix-d'Or*, place de la République (ch. t. c. 3 à 6 fr., rep. 1 fr. 50, 2 fr. 50 et 3 fr. 50); *H. du Louvre & de la Poste*, avenue Victor-Hugo, bon (ch. 2 à 10 fr., rep. 1 fr. 50, 2 fr. 50 et 3 fr. 50); *de France*, place de la République; *de l'Europe, de la Tête-d'Or*, avenue de Lyon (boulevards); *de Paris*, à la gare, bon; *des Voyageurs*, à g. près de la gare, modeste (ch. 1 fr. 50, déj. ou dîn. 2). — CAFÉS : *Gr.-C. de la Bourse*, avec rest., à l'Esplanade; *Gr.-C. de Valence*, etc., place de la République; *Gr.-C. Glacier*, plus loin, au coin des boulevards. — *Poste & télégr.*, rue Jonchère, 21, près des boulevards.

Valence, la *Valentia* des Romains, est une ville de 26212 hab. et le chef-lieu du départ. de la *Drôme*, sur la rive g. du Rhône. Elle est assez mal bâtie, sauf sur les boulevards, et elle a relativement peu de curiosités.

Devant la gare est la *statue de Bancel* (1822-1871), par Amy. En prenant la rue en face, puis à dr. l'avenue Victor-Hugo, on arrive bientôt sur la belle *place de la République*, où se voit déjà de loin le grand MONUMENT D'EMILE AUGIER (1820-1880), de Valence, par la *duchesse d'Uzès*, la statue en bronze du dramaturge, sur un énorme piédestal, autour duquel sont figurés la ville de Valence, la Poésie antique, la Comédie moderne, le Rhône et la Drôme, aussi en bronze. — Pour les boulevards de dr., v. p. 273.

A g. de la place, du côté du Rhône, est une esplanade où s'élève la *statue de Championnet*, le général en chef de l'armée d'Italie, qui s'empara du royaume de Naples en 1798, bronze par Sappey. Vue de là sur les hauteurs de l'autre rive et les ruines de Crussol (p. 274).

La CATHÉDRALE, *St-Apollinaire*, à quelques pas à dr. de la place, est une église remarquable du style roman auvergnat, consacrée en 1095 par le pape Urbain II et restaurée plusieurs fois, en partie encore au xixe s., où l'on a reconstruit (1861) la belle tour de la façade, avec un porche et un beau portail. On restaure le chœur à l'extérieur. L'intérieur est en forme de croix et à trois nefs très élevées, la majeure voûtée en berceau, les bas côtés à voûtes d'arête. On remarque particulièrement l'abside, avec sa colonnade. Dans le chœur est un monument en marbre érigé à Pie VI, qui mourut exilé à Valence (1799); le buste est par le Laboureur.

En sortant de la cathédrale par le portail latéral de g., on est devant le *Pendentif*, curieux édifice funéraire dégradé, de 1548, qui se trouvait là dans le cloître de l'église.

Derrière, rue Pérollerie, 7, la *maison Dupré-Latour*, peu curieuse à l'extérieur, mais qui a à l'intérieur (sonner; pourb.) un corridor, un escalier et des bas-reliefs remarquables de la Renaissance.

Dans la Grand'Rue, parallèle à la précédente un peu plus haut, la *maison des Têtes*, autre édifice curieux du xvie s. (1531), avec 2 statues, 9 médaillons, 4 bustes et des fenêtres richement décorées à la façade, qui est fort dégradée, un corridor et une cour également curieux et bien conservés, où l'on peut entrer.

En continuant tout droit, on passe près de la préfecture, et on remarque dans la rue qui y conduit, à g., une prétendue *maison moresque* de construction moderne.

Plus loin, l'*église St-Jean-Baptiste*, rebâtie de nos jours dans le style roman. Elle a une large nef et une belle tribune d'orgue en pierre, à pendentif et à sculptures. Elle possède aussi des tableaux anciens, entre autres deux Vierges aux donateurs, sur bois; Abraham, Agar et Ismaël, de chaque côté du chœur, et des fonts remarquables, à dr. près de l'entrée.

Un peu au delà est le *musée*, public les dim. et jeudi de 1 h. à 4 h. Rez-de-chaussée: antiquités et débris architectoniques, surtout des chapiteaux romans, des fragments de frises, etc.

Ier étage. — 1re salle: moulages, Dormeuse en marbre par *Pradier*, mosaïque antique. — 2e salle, peintures: à dr., 23, *Huet*, Coucher de soleil; 55, *Loudet*, Céphale et Procris; 57, *Feyen-Perrin*, Vanneuse bretonne; 30, *A. Jeanssens*, Un oiseleur; 26, 24, *Lapito*, paysages; 34, *Couder*, le Comte de Montalivet; 33, *Gérard*, Charles X; 1, *J. Varnier*, Championnet; 65, *Champel*, Vue d'Alger; 66, *Jeanron*, Vue des Catalans; s. n°, *Layraud*, Inès de Castro; — 13, *F. Clément*, Mort de César; 14, *école de Rubens*, l'Élévation de la croix; 52, *le Guerchin* (?), la Mort de Didon; 29, *Devéria*, Mort de Jane Seymour; 28, *Rossi*, Animaux; 45, *Snyders*, Fleurs; 4, *J. Varnier*, Louis-Philippe; 44, *Snyders*, Fleurs; — 15, *David*, Mort d'Ugolin. — Au milieu, des sculptures par *J. Debay* et *H. Varnier*, et des souvenirs de Championnet. — 3e salle: dessins, 2 tapisseries de Beauvais et quelques antiquités, des statuettes en bronze. — 4e salle, galerie à g.: histoire naturelle, moulages, médailles, curiosités.

Le même corps de bâtiment renferme la *bibliothèque* de la ville.

Revenus à l'église St-Jean-Baptiste, nous prenons à dr. la rue Madier-de-Montjau, qui nous mène d'abord à la place où se trouvent l'*hôtel de ville*, construction neuve d'un style sévère, et le *théâtre* qui est un peu plus ancien.

Sur les boulevards, qui partent de la place de la République et où aboutit la rue Madier-de-Montjau, la *statue du comte de*

Montalivet (1766 - 1823), homme d'Etat et ministre sous Napoléon Ier, par Crauk. Plus près de la place de la République, une *fontaine* moderne remarquable.

De Valence à *Grenoble*, v. R. 22

Excursion intéressante aux ruines de Crussol, ruines d'un château du XIIe s., sur une hauteur de la rive dr. du Rhône, en face de Valence. C'est un type assez curieux et assez complet des fortifications du moyen âge, et l'on y a une fort belle vue. On y va par un omnib. (t. les 1/2 h.) qui mène en 40 min. à *St-Péray* (4 kil. ; 25 c. ; p. 241), mais que l'on quitte en deçà, avant de traverser un torrent. La montée demande 3/4 d'h.

TRAMW. A VAP. de Valence à *Romans* (Bourg-de-Péage, 33 kil. ; v. p. 172), par *Chabeuil* (hôt. Lespinasse), petite ville industrielle à 11 kil. à l'E. ; il doit être prolongé vers Pont-en-Royans (p. 171).

113 kil. *Portes*. — 115 kil. *Etoile*.

123 kil. *Livron* (buffet; hôt. des Voyageurs), ville de 4241 hab., à env. 1/2 h. à l'E. (station du Pont, v. ci-dessous), sur une colline dominant la *Drôme*, où les protestants furent vainement assiégés par Henri III en 1574. Château en ruine. — Suite de la ligne d'Avignon, v. p. 275.

DE LIVRON A PRIVAS, embranch. de 32 kil., traversant le Rhône, d'où l'on a, à dr., une belle vue de Lavoulte et de son château. — 2 kil. *Lavoulte* (p. 241), où l'on croise la ligne de Lyon à Nîmes, pour l'aller rejoindre par un détour à dr. et un tunnel. — 11 kil. *Le Pouzin* (p. 241). De là à *Privas*, v. p. 241.

De Livron à **Veynes** (*Briançon; Digne*): 117 kil., 4 h. 30 et 6 h. 35; 13 fr. 20, 8 fr. 85, 5 fr. 75.

Cette ligne remonte la vallée de la Drôme. — 6 kil. *Pont-de-Livron*, station près de Livron. — 9 kil. *Allex-Grane*. — 18 kil. **Crest** (*hôt. Reboul)*, ville industrielle de 5582 hab., sur la rive dr. de la Drôme. Elle a eu un château, dont ne purent s'emparer Simon de Montfort ni Lesdiguières, et que Richelieu fit démolir. Il en reste l'énorme *donjon* carré, du XIIe s., qui a servi de prison d'Etat.

EXCURSION intéressante: au N., par la route de la Chapelle-en-Vercors (p. 275), aux *gorges d'Omblèze*. De Beaufort, on va au *Plan-de-Baix* (6 kil. ; aub.) et de là en 1 h. env. aux *gorges d'Omblèze*, où la *Gervanne* forme la belle *cascade de la Druise*, haute de 40 m., qu'on peut voir d'abord en prenant à dr. 1 kil. 1/2 du village (en tout 50 min.). — Autre excursion recommandée, env. 30 kil. de Crest. Il y a le matin un courrier pour *Beaufort* (16 kil.), d'abord par la vallée de la *Drôme*, puis au S.-E., par *Aouste* (v. ci-dessous), dans la belle *vallée de la Vèbre*, qui forme la magnifique *gorge de la Forêt de Saou* (pron. «sou»), 15 à 20 kil. de Crest.

La voie traverse la Drôme. — 22 kil. *Aouste*, localité industrielle. — 24 kil. *Piégros-la-Clast*. — 33 kil. *Saillans* (hôt. Frachet), toute petite ville après laquelle la vallée présente de belles parties. Tunnel de 307 m. Autre pont sur la Drôme. — 40 kil. *Vercheny*, au pied du *Roc de Barry* (1115 m.). On retraverse la Drôme, dans le *défilé de Pontaix*. — 47 kil. *Pontaix-Ste-Croix*, dans un site pittoresque.

54 kil. **Die** (395-410 m.; hôt.: *St-Domingue, des Alpes*), ville de 3681 hab. et chef-lieu d'arr. de la Drôme, sur la rive dr. C'est la *Dea Vocontiorum* des Romains, consacrée à Cybèle, et une de leurs principales colonies sur la route de Milan à Vienne par le Mont-

Genèvre (p. 222); mais il n'y reste que des débris de monuments antiques, sauf une *porte,* dite de St-Marcel, un anc. arc de triomphe en l'honneur de Marius, à l'extrémité de la rue St-Marcel, située à g. dans le haut de la rue principale, en venant de la gare. Son anc. *cathédrale,* en partie romane (XIe s.) et goth., avec des colonnes antiques, est sur la place de l'Horloge, où mène une rue à dr. de la rue principale. Elle a une belle chaire de la Renaissance, des boiseries du XVIIe s., etc. Dans le voisinage, l'hôtel de M. de Fontgalland, qui possède une importante collection d'antiquités. A la *mairie,* une mosaïque gallo-romaine et une promenade publique. Die a encore des restes de fortifications qu'on voit en venant de la gare.

A 1 kil. de la ville, l'établissement thermo-résineux et hydrothérapique du *Martouret,* le plus ancien de ce genre, fondé en 1852. Il est ouvert du 1er juin au 1er octobre. Pension dep. 12 fr. par jour.

Excursion à la *montagne de Glandasse* (2025 m.; v. ci-dessous), 4 h. à 5 h. 1/2, par *Valcroissant* (1 h. 3/4), où il y a une anc. abbaye de l'ordre de Cîteaux. On peut aller à cheval jusqu'au sommet.

Une route qui monte au N. de Die mène à *la Chapelle-en-Vercors* (36 kil.; courrier le matin), par (6 kil.) *Chamaloc* (520 m.), un tunnel de 600 m. sous le *col de Rousset* (1411 m.; refuge-aub. en deçà), 12 kil. 1/2 plus loin, mais seulement à 9 kil. par le vieux chemin; puis par *Rousset* (6 kil., 3 par les raccourcis; 916 m. d'alt.), qui offre une belle vue à la descente, et par *St-Agnan-en-Vercors* (7 kil. 1/2; 760 m. d'alt.; 2 aub.) à 4 kil. de *la Chapelle-en-Vercors* (945 m.; p. 171).

La ligne de Veynes continue de remonter la vallée de la Drôme. A g., la *montagne de Glandasse* (v. ci-dessus). — 61 kil. *Pont-de-Quart-Châtillon.* On traverse le *Bez.* — 68 kil. *Recoubeau* (500 m.). La voie commence ensuite à monter considérablement, par des rampes de 20 mm. (plus de 300 m. sur 23 kil.).

74 kil. **Luc-*en-Diois*** (581 m.; *hôt. Nal),* vieille localité («lucus»), après laquelle viennent les *rochers du Claps* («collapsus»?), chaos produit en 1442 par un éboulement de montagne, qui barra la Drôme et produisit deux lacs. La voie traverse la rivière, passe dans un tunnel de 407 m., repasse sur la rive dr. et dans un tunnel, de 660 m. — 80 kil. *Lesches-Beaumont.* Trois autres tunnels, le premier encore de 318 m. (643 m.). On quitte ensuite la vallée de la Drôme. — 88 kil. *Beaurières* (746 m.). La voie fait une boucle au N., en passant dans 4 petits tunnels et un autre de 1025 m. Puis vient la dernière montée, vers le *col de Cabre* (1180 m.), sous lequel il y a un tunnel de 3761 m. (888 m. d'alt. à l'entrée). — 98 kil. *LaBeaume* (882 m.). Descente rapide vers la vallée du Buëch. — 104 kil. *St-Pierre-d'Argençon* (777 m.). Aux environs, une source ferrugineuse dite la «fontaine vineuse». Encore un tunnel de 330 m. — 110 kil. *Aspres-sur-Buëch,* où l'on rejoint la ligne de Grenoble à *Veynes,* etc. (p. 217).

LIGNE D'AVIGNON (suite). — On traverse ensuite la Drôme. Belle vue à g. sur la vallée et les Alpes à l'arrière-plan. Beaucoup

de ·mûriers. La contrée prend de plus en plus le caractère méridional : hauteurs dénudées, champs fertiles au printemps, mais des-
séchés en été et en automne ; beaucoup de poussière et chaleur
intolérable pour l'habitant du Nord en été ; en d'autres temps, trop
souvent le *mistral* (p. 279). — 126 kil. *Loriol.* 3330 hab. — 133 kil.
Saulce. — 139 kil. *Lachamp-Condillac,* où l'on se retrouve au bord
du Rhône. A dr., les rochers de Rochemaure (p. 242), avec des carrières de pierre à ciment.

150 kil. **Montélimar** (*buffet* ; hôt. : *de la Poste,* sur les boulevards ;
des Princes, dans la grande rue ; *de France,* boul. de la Gare ; *du
Parc,* à dr. près de la gare, ch. 1 fr. 50, dé. ou dî. 2.50), ville ancienne et prospère de 13741 hab. et chef-lieu d'arr. de la Drôme,
adossée à g. à une colline où est son vieux *château,* peu intéressant,
transformé en prison. Il y a près de la gare un joli *jardin public*
et à dr. sont des boulevards qui contournent une partie de la vieille
ville. Au delà du jardin, à g., une place d'où l'on aperçoit le château et dans le haut de cette place, à dr., la grande rue, précédée
d'une porte du XVIIIe s. Belle vue de la hauteur où est le château,
qu'on verra aussi de l'autre côté. Les boulevards y longent le Roubion, que traverse le tramw. de Dieulefit (v. ci-dessous). — Montélimar est renommé pour son nougat.

Routes menant, sur la rive dr., à *Rochemaure* (5 kil. ; p. 242) et au
Teil (5 kil. ; correspond. à tous les trains ; p. 242). — A 4 kil. au S.-E. de
Montélimar, les *bains de Bondonneau,* aux eaux bicarbonatées froides.

DE MONTÉLIMAR A DIEULEFIT : 29 kil., tramw. à vap. de la gare, d'abord
par la vallée du *Jabron* et à la fin par un pays montagneux. — **Dieulefit**
(389 m. ; *hôt. Maury*) est une ville industrielle (poterie, draperie, etc.) et
en partie protestante, de 3544 hab., dans un beau site, sur le Jabron, qui
coule près de là dans une belle gorge. Bel hôtel de ville et église modernes. 2 sources d'eaux minérales peu exploitées.

On traverse le *Roubion* et le *Jabron.* — 159 kil. *Châteauneuf-
du-Rhône.* Belle vue à dr. sur Viviers, où conduit un pont suspendu (p. 243). On longe à dr. le fleuve ; à g., les rochers à pic du
défilé de Donzère. — 164 kil. *Donzère* (hôt. du Commerce).

A 15 kil. à l'E.-N.-E., le monastère de la *Trappe d'Aiguebelle,* que les
hommes sont seuls admis à visiter.

A g., avant Pierrelatte, se montre sur une hauteur la *Garde-
Adhémar,* qui a une curieuse église du style roman à deux absides.

171 kil. *Pierrelatte* (hôt. du Palais), ville de 3218 hab., où se
voit un rocher qui est censé avoir été apporté par un géant («petra
lata»). Sur la place, un buste de Madier de Montjau, homme politique moderne, par Enderleng.

DE PIERRELATTE A NYONS : 42 kil., ch. de fer ; 1 h. 5 ; 4 fr. 70, 3 fr. 20,
2 fr. 05. — 7 kil. *St-Paul-Trois-Châteaux,* petite ville déchue, assez importante dans l'antiquité sous le nom de *Tricastrum.* Elle a une anc. cathédrale remarquable, du style roman. — 19 kil. *Grignan-Chamaret.* **Grignan**
(*hôt. des Bons-Enfants*), à 4 kil. de Chamaret, est une petite ville où se
voient les restes du magnifique *château* des comtes de ce nom, dont
l'un épousa la fille de Mme de Sévigné. On n'est admis à le visiter que
le jeudi, de 1 h. à 5 h., quand ce n'est pas un jour de fête ou de foire.

Il y a une galerie de tableaux importante par ses portraits, surtout ceux de la marquise de Sévigné et de sa fille, par Mignard. Mme de Sévigné est morte dans ce château en 1696, et elle est inhumée dans l'église voisine, où son tombeau est seulement recouvert d'une dalle de marbre avec inscription. Elle a une *statue* sur la place de l'Hôtel-de-Ville, par les frères Rochet. — 28 kil. **Valréas** (hôt.: *de France, du Nord*), ville de 5429 hab., chef-lieu d'un canton du départ. de Vaucluse enclavé dans celui de la Drôme et jadis capitale du Haut-Comtat. Elle a souffert des guerres de religion et elle conserve peu de chose du temps des papes d'Avignon. Grande fabrication de boîtes en carton. — La voie descend, pour arriver à Nyons, une pente qui atteint 30 mm. — 42 kil. **Nyons** (*H. des Voyageurs & du Louvre*), vieille ville industrielle et commerçante de 3611 hab. et chef-lieu d'arr. de la Drôme, sur l'*Eygues*, dans un site bien abrité du N. par les derniers contreforts occid. des Alpes, ce qui fait qu'elle pourrait être une station d'hiver. Nyons fait un grand commerce d'huile d'olive renommée, de fruits, de truffes et d'essence de lavande. Restes de remparts, surtout la *tour Randonne* (fin du XIIIe s.), place du Foussat, transformée en chapelle en 1862-1864. Place principale (Carnot) entourée d'arcades de 1300-1320. Sur la place du Champ-de-Mars doit être érigée la statue équestre de Philis de la Charce, héroïne locale du XVIIIe s., par Campagne. — A 9 kil. au N.-E. de Nyons (voit. publ. dans la saison), les petits *bains de Condorcet*, aux eaux froides sulfatées calciques, etc. — Correspond. de Nyons pour *Carpentras* (43 kil.; p. 289), par *Vaison* (16 kil.; p. 279).

180 kil. *La Palud.* On voit ensuite à g., sur une hauteur, Bollène avec sa tour.

183 kil. *Bollène-la-Croisière.* *Bollène* (hôt. de la Croix), à 4 kil. à l'E., est une ville de 5484 hab., d'origine antique. Elle a encore une partie de ses fortifications du XIVe s. et une tour du XVe s:, reste d'un prieuré. Mines de terre réfractaire; filatures de soie.

CORRESPOND. à la gare pour *Pont-St-Esprit* (1/2 h.; p. 243). — A *Nyons* (v. ci-dessus), 41 kil., par *Suze-la-Rousse* (12 kil.), qui a un *château* remarquable du XVIe s.

187 kil. *Mondragon,* bourg dominé, à g., par les ruines pittoresques d'un château. Encore des rochers à pic sur la gauche. — **193 kil.** *Mornas,* qui a un château en ruine (à g.). — **195 kil.** *Piolenc.* Puis la plaine fertile d'Orange. On traverse l'*Eygues.* L'horizon est borné à g. par le Mont-Ventoux (p. 290). A dr., à Orange, son arc de triomphe et, plus loin, son théâtre antique.

202 kil. Orange. — HÔTELS: *H. de la Poste & des Princes*, avenue de l'Arc-de-Triomphe, bon (dé. 3 fr.); *H.-café d'Europe*, près de la gare (petit). — *Cafés:* place de l'Hôtel-de-Ville et cours St-Martin. — *Poste*, place des Cordeliers, près du théâtre romain. — *Tram-omnibus* de la gare au cours St-Martin, 10 c.

Orange est une ville de 9980 hab. et un chef-lieu d'arr. de Vaucluse, l'*Arausio* des Romains, dont elle fut une importante colonie, comme le prouvent l'arc de triomphe et le théâtre qu'elle a conservés de l'antiquité, mais c'est sans cela une ville peu intéressante.

Devenue au moyen âge le chef-lieu d'un comté, puis d'une principauté, elle appartint en dernier lieu comme telle à la maison de Nassau, dont la ligne de Nassau-Dietz, régnant aujourd'hui en Hollande, a conservé le titre pour ses princes héritiers. Orange fut prise par Louis XIV en 1660, et la possession lui en fut reconnue par le traité d'Utrecht, en 1713.

On arrive de la gare dans la ville par une avenue de beaux platanes, à dr., et en traversant la Meyne, pour prendre à dr. et retraverser plus loin la rivière, si l'on veut voir d'abord l'arc de triomphe, ou bien tourner à g., puis à dr., si l'on va au théâtre. L'omnibus continue tout droit vers le cours St-Martin (p. 279), en passant à g. non loin du théâtre.

L'***ARC DE TRIOMPHE** est au N. de la ville, sur la route de Lyon, à 20 min. de la gare. C'est un monument assez bien conservé de 22 m. de hauteur, 21 de largeur et 8 d'épaisseur, le plus beau des arcs antiques existant en France. Il est percé de trois arcades, celle du milieu sensiblement plus grande que les deux autres. La face opposée à la ville est la mieux conservée; elle présente quatre colonnes corinthiennes cannelées, celles du milieu supportant un fronton triangulaire. Les pieds-droits, les voûtes, qui ont de magnifiques caissons, les archivoltes et l'attique sont richement décorés. L'attique surtout a de curieux bas-reliefs, avec de nombreux personnages très mouvementés (batailles), mais petits et qu'il est difficile de bien distinguer. Sur les côtés se voient encore de nombreux trophées. Même ordonnance et même décoration pour les autres faces, excepté celle de l'O., maintenant privée d'ornements. Le nom de Sacrovir, sur l'un des boucliers, à dr. du côté de la ville, a fait supposer que le monument fut érigé après la défaite de ce chef des Eduens, l'an 21 de notre ère; mais d'autres ne le font remonter qu'au IIe s.

En revenant sur ses pas et continuant tout droit, par la rue Victor-Hugo, on passe à g. près de l'*église Notre-Dame*, anc. cathédrale peu intéressante, en partie des XIe et XIIe s. — A quelques pas de là, dans la même direction, l'*hôtel de ville*, édifice assez remarquable de 1671, restauré en 1888, sauf sa vieille tour originale, à campanile en fer. — Sur la même place, une *statue de Raimbaud II*, comte d'Orange, tué au siège d'Antioche en 1099, marbre par Daniel Duloole (1846). — La rue Grande-Fusterie mène de là au théâtre antique, devant lequel il y a un *monument allégorique*, le Génie ancien et l'Art moderne, par Injalbert (1899).

Le ***THÉÂTRE ROMAIN**, qui surprend par sa masse imposante, est adossé à une colline dans laquelle était construit l'amphithéâtre et qu'indique de loin une statue de la Vierge (p. 279). Les gradins ont été en partie refaits, mais la scène, chose unique, s'est conservée à peu près tout entière, et l'on peut s'y rendre compte des dispositions d'un théâtre chez les Romains. La muraille qui en forme le fond, du côté de la ville, n'a pas moins de 36 m. de hauteur, 103 de longueur et 4 d'épaisseur. Elle n'a pour décoration que des arcades aveugles. Dans le haut se voient encore les consoles où étaient placés les mâts du vélarium de l'amphithéâtre. Contrairement à l'usage, la scène avait un toit. Ce théâtre contenait env. 7000 spectateurs. Il a été restauré de 1894 à 1897 pour en faire un «théâtre national» où doivent avoir lieu tous les ans de grandes représentations. On peut le visiter en s'adressant au gardien (porte à dr.; pourb.), et on peut monter au-dessus de la scène, comme dans l'amphithéâtre, pour juger de cette construction gigantesque, encore admirable, bien que privée de son revêtement décoratif, incomplète et plus ou moins en ruine. Il y a dans l'aile gauche une sorte de petit *musée*, formé de statues, fragments et inscriptions trouvés à Orange. Dans la partie principale, le *buste de Caristie*, architecte, qui s'est particulièrement occupé des antiquités d'Orange. — A côté du théâtre, à dr. de sa façade, quelques restes d'un vaste *cirque*, surtout une porte triomphale et un portique. — On peut aussi voir l'intérieur en montant à la colline par un mauvais escalier vers l'extrémité de la rue de gauche. Sur la colline même, il n'y a, outre la Vierge, que des ruines informes du château des princes d'Orange, qui avait été construit avec des matériaux pris à des monuments romains. Il a été détruit en 1673, par ordre de Louis XIV. La vue y est assez belle.

Du même côté est le cours Portouls, avec un *monument de 1870-71*, en l'honneur des soldats de l'arrond. morts alors pour la patrie, un groupe en bronze par le sculpteur G. Michel.

En prenant à g. au retour la rue qui passe devant le théâtre romain, on arrive sur le *cours St-Martin*, belle promenade où se trouvent le *théâtre* de la ville, jolie construction datant de 1885, et, à l'autre extrémité, une *statue du comte de Gasparin*, agronome et homme politique né à Orange (1783-1862), bronze par P. Hébert.

D'ORANGE A L'ISLE-SUR-SORGUE PAR CARPENTRAS: 38 kil.; 1 h. 40 à 2 h. 15; 4 fr. 25, 2 fr. 85, 1 fr. 85. — 7 kil. *Jonquières*. On traverse l'*Ouvèze*. — 14 kil. (3ᵉ st.) *Sarrians*, 2660 hab. Restes de remparts. Omnibus dans la saison pour les bains de *Montmirail*, à env. 4 kil. au N.-E., où il y a des sources d'eaux sulfureuse, ferrugineuse et saline, dans un beau site, au pied de magnifiques rochers dits *Dentelles de Montmirail*. — 22 kil. (5ᵉ st.) **Carpentras** (p. 289). — 28 kil. *Pernes* 3790 hab. Patrie de Fléchier (1632-1710), évêque de Nîmes. Eglise Notre-Dame du xiᵉ s. Restes de fortifications, en particulier trois *portes*. Vieille tour, dite *tour Ferrande*, dans laquelle il y a des fresques du xiiiᵉ s. Ancien *château* (école) dominant le bourg. — 34 kil. *Velleron*. A 2 kil. à l'E., les bains de *Notre-Dame-de-Santé*, aux eaux bicarbonatées sodiques. — 38 kil. *L'Isle-sur-Sorgue* (p. 291).

CORRESPOND. à Orange pour **Vaison** (26 kil.; *hôt. du Commerce*), ville de 2793 hab., sur l'*Ouvèze*. Elle est d'origine antique et fut importante sous les Romains, comme le prouvent les nombreuses antiquités qu'on y a trouvées, en particulier la statue de Diadumène qui est au British Museum. Elle fut jusqu'au xiiᵉ s. le siège d'un évêché, et son anc. *cathédrale* est un monument intéressant de diverses époques, avec un cloître du xiᵉ s., transformé en musée lapidaire. On y remarque ensuite, dans la ville haute, la vieille *église St-Quentin*, dédiée à l'un de ses anciens évêques. Il y a un *pont romain* sur l'Ouvèze, de vieux *remparts* et un *château* du moyen âge, sur un rocher dans le quartier de la rive g. — Voit. publ. pour *Nyons* (16 kil.; p. 277) et pour *Carpentras* (27 kil.; p. 289).

Le chemin de fer traverse maintenant la plaine à une grande distance du Rhône. Cette plaine est déjà fort exposée au *mistral*, le terrible vent du N.-O., qui souffle surtout en hiver et en automne sur les bords de la Méditerranée, et qui assainit du reste l'atmosphère. On tâche de se protéger à la campagne par des plantations de cyprès. A g., toujours le Mont-Ventoux.

210 kil. *Courthézon*, ville de 3105 hab., qui a des *remparts* du
XIVe s. et un beau *château* moderne. A dr., la hauteur où se trouve,
du côté du Rhône (6 kil. de Bédarrides), *Châteauneuf-Calcernier*
ou *Châteauneuf-du-Pape*, dominé par les ruines (donjon) d'un
château des papes. — 216 kil. *Bédarrides*, petite ville au confluent
de l'*Ouvèze* et de la *Sorgue*. On traverse cette dernière rivière. —
220 kil. *Sorgues*, ville industrielle de 4161 hab. Embranch. de Carpentras, v. p. 289. — 224 kil. *Le Pontet*. On se rapproche de nouveau du Rhône, et l'on découvre de loin, à dr., Avignon.

230 kil. *Avignon* (buffet). Suite de la ligne de Marseille, v. R. 39.

37. Avignon et ses environs.

ARRIVÉE. Outre la *grande gare* (pl. B 4), sur la ligne de Marseille, il
y a la *gare du Pont-d'Avignon*, sur la ligne de Nîmes (p. 244), rive dr.,
desservie par un omn.-tramw. et qui doit être raccordée à l'autre par un
tronçon de 3 kil. en aval de la ville.

HÔTELS : *H. de l'Europe* (pl. æ, C 1), place Crillon, un peu à l'écart, mais
recomm. comme hôtel de famille (ch. 2.50 à 10 fr., b. 50 c., s. 50 c. et 1 fr.,
rep. 1.50, 3.50 et 4 fr.); *Gr.-H. d'Avignon* (pl. a, C 3), rue de la République
(ch. t. c. 3 à 5 fr., rep. 1.50, 3 et 3.50); *H. Crillon* (Pons; pl. d, B 3), cours
de la République, 45, avec jardin-rest. (mêmes prix); *H. du Louvre* (pl. b,
C 2), rue St-Agricol, 23, où la grande salle à manger est une anc. salle du
chapitre des templiers, du style goth. (dé. 2 fr. 50, dî. 3); *H. du Luxembourg* (pl. c, D 3), rue du Chapeau-Rouge, un peu à l'écart, mais recommandé (ch. t. c. 3 fr., rep. 1, 2.50 et 3); *H. du Cours*, petit, en face de la
poste (ch. 2 fr.; rest. à la carte pas cher); *H. de France*, place Pignotte
(pl. D 3), pas cher; *H. St-Yves*, rue Thiers.

CAFÉS : *Althen* (de France), *Février*, *de Paris*, etc., place de l'Hôtel-
de-Ville (pl. C 2); *Gr.-C. des Négociants*, rue de la République, 13; *Gr.-C.
Moderne*, brasserie du Palmier (concert), cours de la République.

VOITURES DE PLACE : course, de la station, 50 c.; à domicile, 75 c.; le
double après minuit; 1 fr. 60 l'heure.

TRAMWAYS ÉLECTR. : de l'*hôtel de ville* (pl. C 2), par la gare, à *St-Ruf*,
au S. (abbaye en ruine), à *Monclar*, au S.-O.; à *St-Véran*, au N.-E. (ruines
d'un prieuré), et plus loin au *Pontet* et à *Sorgues* (v. ci-dessus); de la
place Carnot (près de St-Pierre; pl. D 2) à *St-Lazare* (pl. F 3) et à la *Rotonde*, par la rue Thiers; de la *gare* à *Pont-d'Avignon* (stat.) et à *Villeneuve*
(p. 288). Prix, dep. 10 c. (en ville).

POSTE & TÉLÉGRAPHE (pl. B 3), cours de la République.

BAINS : *Grands-Bains de la Poste*, rue de la République, 20, au Gr.-H.
d'Avignon, etc.

Temples protestants (pl. C 3), rue Joseph-Vernet et rue de la République.
— *Synagogue* (pl. D 3), place Jérusalem.

PRINCIPALES CURIOSITÉS : *remparts* (p. 281), *palais des Papes* (p. 282),
cathédrale et promenade du Rocher des Doms (p. 283), *musée* (p. 284), *St-
Pierre* (p. 286), *Villeneuve-lès-Avignon* (p. 288).

Avignon est une ville de 45107 hab., le chef-lieu du départ. de
Vaucluse et le siège d'un archevêché. Elle est bâtie sur la rive g. du
Rhône, au bord duquel s'élève un rocher portant l'anc. palais des papes
et la cathédrale. Ces édifices, qui la dominent, et les vieilles fortifications qui l'entourent, lui donnent de loin un aspect original et
pittoresque, mais, à part celle qui va de la gare à la place de l'Hôtel-
de-Ville, presque toutes les rues y sont étroites, tortueuses et mal

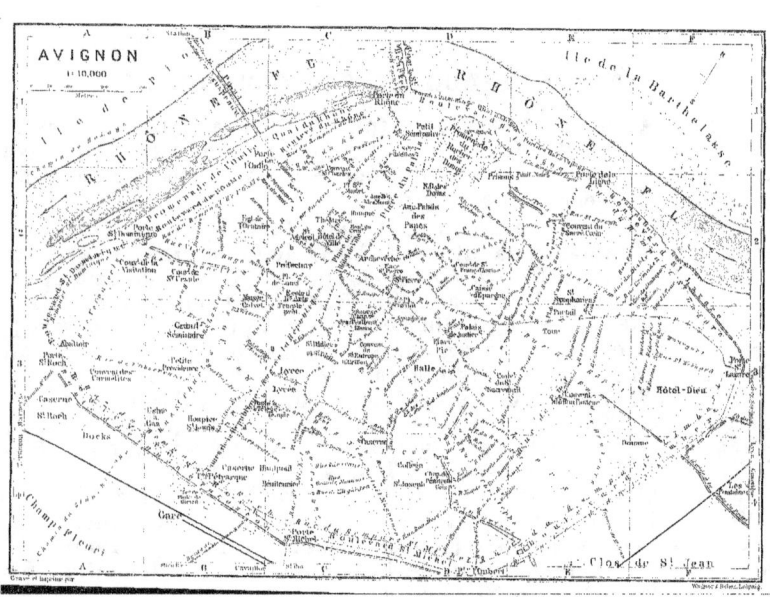

pavées. Le séjour en est peu agréable quand souffle le *mistral* (v. p. 279), mais il y a maintenant de l'exagération dans le vieux dicton: «Avenio ventosa, cum vento fastidiosa. sine vento venenosa».

Avignon, *Avenio*, déjà puissante avant leur conquête, fut une colonie florissante des Romains; mais elle n'a presque rien conservé de ses monuments antiques. L'importance qu'elle a auj. pour le visiteur, elle la doit aux papes, qui en ont fait leur résidence depuis 1309 jusqu'en 1377: *Clément V* (1305-1316), *Jean XXII* (1316-1334), *Benoît XII* (1334-1342), *Clément VI* (1342-1352), *Innocent VI* (1352-1362), *Urbain V* (1362-1370) et *Grégoire XI* (1370-1378). Ils ont encore possédé ensuite le «Comtat-Venaissin» jusqu'à son annexion à la France, en 1791. Restée calme jusqu'à cette époque, elle fut alors divisée en deux partis, l'un favorable et l'autre opposé à l'annexion, et l'assassinat d'un membre du premier parti fut suivi du massacre des adversaires, qui avaient été arrêtés par ordre du trop fameux Jourdan, dit Coupe-Tête. Enfin les réactionnaires royalistes y commirent à leur tour en 1815 des excès, dont fut victime, entre autres, le maréchal Brune. — Avignon a été, durant les XVIe-XVIIIe s., un centre artistique d'une certaine importance, surtout pour la peinture religieuse, et ses églises et chapelles renferment encore quantité de tableaux remarquables, par *Simon de Châlons*, les *Mignard*, surtout *Nicolas Mignard*, dit *M. d'Avignon*, les *Parrocel*, particulièrement *Pierre Parrocel*, *Reinaud Levieux*, *Philippe Sauvan*, etc. De nos jours, cette ville est devenue un des principaux centres du *félibrige* ou de la culture de la poésie provençale.

Le département de Vaucluse produit le plus de truffes en France, 380000 kilos par an, sur 2600000. Ensuite viennent ceux des Basses-Alpes et du Lot (300000) et ceux de la Dordogne et de la Drôme (130000).

Les *remparts, que longent des boulevards et le chemin de fer et près desquels se trouve la gare, au S. de la ville, ont été construits par les papes au milieu du XIVe s. Ils sont surtout bien conservés au boul. St-Michel, à dr. en venant de la gare, et c'est un curieux spécimen des fortifications à cette époque. Les portes seulement sont en partie détruites, la porte l'Imbert (pl. D 4) depuis 1896, et la porte de l'Oulle (pl. BC 1) seulement depuis 1900, mais l'enceinte, auj. trop grande, a conservé ses 39 tours rondes ou carrées, ses mâchicoulis et ses créneaux. Il y avait devant les portes des ouvrages de défense et tout autour aussi des fossés, qui ont également disparu.

Dans le square devant la gare (pl. B 4) s'élève la *statue de Philippe de Girard* (1775-1845). inventeur de la filature mécanique du lin, bronze par Guillaume.

Une belle avenue moderne, très animée, dite *cours* et *rue de la République*, toute différente du reste de la ville, qui est mal bâti et morne, mène directement de la gare au centre, à l'hôtel de ville.

Vers l'extrémité du Cours, à dr., rue Joseph-Vernet, après la poste, le *muséum Requien* (pl. BC 3), qui doit son nom à son fondateur (p. 282). Un trait de repère sur la façade, de nov. 1840, à env. 1 m. 50 de hauteur, donne une idée des proportions que peuvent atteindre ici les crues du Rhône. Le muséum est un musée d'histoire naturelle, public le dim. de midi à 4 h. et visible aussi les autres jours. Il est important par ses collections relatives au département et il a une bibliothèque spéciale. Ce musée occupe une partie d'une anc. maison de bénédictins (St-Martial), dont on remarquera la chapelle, du style flamboyant, auj. un *temple protestant.* Derrière est un petit *jardin public*, où se trouvent un groupe de Lutteurs par Charpentier et des *bustes de Requien* (1788-1851) et du félibre *Roumanille*. Dans l'autre partie de la rue Joseph-Vernet, à g. du Cours, est le musée Calvet (p. 284).

Plus loin à dr. du Cours, le *lycée* (pl. C 3), anc. collège des jésuites, dont la chapelle (fermée) possède une grande et belle toile de *N. Mignard*, la Visitation. — Ensuite, encore à dr., une *fontaine* en mémoire de P. Pamard, maire de la ville de 1856 à 1865. Dans le voisinage est l'église St-Didier (p. 287). Nous continuons par la rue de la République.

Dans la rue du Collège-du-Roure, à g. à l'extrémité de la précédente, se voit une maison qui a une *porte* goth. richement sculptée. Il y a du reste çà et là dans la ville de vieilles constructions particulières intéressantes, et l'on y remarque aussi beaucoup de Vierges dans des niches aux coins des rues.

La *place de l'Hôtel-de-Ville* ou *de l'Horloge*, est comme le centre d'Avignon, et toujours très animée dans les belles soirées.

L'*hôtel de ville* (pl. C 2), à g., n'a plus d'ancien que son beffroi, des XIVe et XVe s., qui ne se voit que de loin ou derrière l'hôtel. Il a une horloge avec un jaquemart. Le reste est de 1845.

Plus loin, aussi à g. de la place, le *théâtre*, à côté, est une jolie construction moderne style Renaissance, à loggia, sur les plans de Feuchères, et avec statues de Corneille et de Molière, par Brian.

Un *monument du Centenaire*, par Charpentier et Férigoule, a été érigé en 1891 au fond de la place, en mémoire de la réunion du Comtat-Venaissin à la France. Il se compose d'une statue symbolique, en bronze, sur un haut piédestal entouré d'autres groupes, en pierre, et précédé d'un lion en bronze.

L'anc. **palais des Papes* (pl. D 2), plus loin, place du Palais, est transformé en caserne depuis 1812, mais on peut le visiter en s'adressant au casernier (pourb.), à dr. à la porte du côté de la place. C'est un vaste et sombre édifice goth., plutôt un château fort qu'un palais, dominant la ville et les environs. Il est formé d'un assemblage irrégulier de bâtiments construits sous quatre différents papes, de 1335 à 1364. La partie S., du côté de l'hôtel de ville, est la moins ancienne; la plus vieille est celle du N., qui a été restaurée au XIXe s. et où sont les archives du département et de la ville. Il y avait sept tours; il en reste encore six. La grande tour de Trouillas, dans la partie N., a été la prison du tribun romain Cola Rienzi (m. 1354). Les murs atteignent 4 m. d'épaisseur. Les principales salles ont été divisées en plusieurs étages pour les besoins du casernement. Une partie de la salle du Consistoire et les deux chapelles, situées l'une au-dessus de l'autre, ont des restes de fresques par Sim. Martini ou Memmi et Mathieu de Viterbe, des Prophètes et des scènes des vies de St Jean-Baptiste, St Jean l'Evangéliste et St Martial. On projette de restaurer le palais et d'y installer un musée.

Sur la même place, en face du palais, un anc. hôtel dit à tort *hôtel des Monnaies* (pl. C 2), construit en 1610 et maintenant transformé en Conservatoire de musique. Il n'a de curieux que son étrange façade, qui a pour principaux ornements, au 1er étage, deux grosses guirlandes; au 2e, un grand écusson, et sur l'attique deux aigles et deux gerfauts. Les deux étages n'ont pas de fenêtres sur la place. Plus loin, la *statue de Crillon* (1565-1615), le «brave Crillon» de Henri IV, bronze moderne par Véray. A l'extrémité de la place, l'anc. *palais des archevêques*, du xive s., aujourd'hui le Petit-Séminaire (pl. D 1).

La **cathédrale** ou *Notre-Dame-des-Doms* (de «Dominorum»; pl. D 2), sur le rocher au N. de l'anc. palais, est une église romane massive et sombre, fondée, dit-on, au ive s., mais surtout du xiie s., et encore plusieurs fois remaniée et partiellement reconstruite. Elle est précédée d'un porche qu'on fait remonter au ive s. et qui fut décoré par Sim. Martini de fresques dont il reste peu de chose. Le clocher est couronné d'une statue de la Vierge, de 1859. L'intérieur, à une seule nef, modifiée à la Renaissance, est assez richement orné. Il y a des tribunes avec de belles balustrades de la Renaissance, en marbre. Dans la grande chap. du côté g., le tombeau de Benoît XII (m. 1342), du style goth., par Jean Lavenier, et des fresques d'Eug. Devéria, très mal éclairées. Dans une chap. à dr., une Vierge de Pradier. La lanterne, à l'entrée du chœur, a aussi des restes de peintures, et le chœur même renferme, à g., l'anc. trône des papes, en marbre. Mais la principale curiosité de l'intérieur est le *tombeau de Jean XXII* (Jacques d'Euse), deuxième pape d'Avignon (1316-1334), chef-d'œuvre du style goth. du xive s., malheureusement mutilé à la Révolution. Il était auparavant au milieu de l'église; il est auj. dans une chap. fermée, mais qu'on peut ouvrir, à dr. du chœur, près de la sacristie (pourb.). Le pape y est représenté couché sous un baldaquin goth. fort riche.

Principaux tableaux: St Bruno, Annonciation, par *Pierre Parrocel*, et Assomption, par *Pierre Mignard*, dans la chap. du tombeau; Assomption, par *P. Parrocel*, à g. dans le chœur, et St Ruf en prière devant la Vierge, par *P. Parrocel*; Annonciation, par *Nic. Mignard*, et Présentation, par *R. Levieux*, au commencement de la nef; Visitation et Purification, par *N. Mignard*, dans la 4e chap. de droite.

A côté de la cathédrale se trouve la belle promenade du **Rocher des Doms** (pl. D 1); elle s'étend jusqu'à l'extrémité du plateau, qui se termine à pic à env. 100 m. au-dessus du Rhône. On y remarque, du côté du Rhône, la *statue d'Althen*, bronze par Brian. Althen est le Persan qui introduisit dans le Comtat Venaissin, en 1766, la culture de la garance, jusqu'à nos jours une des principales ressources de la contrée, avec l'industrie de la soie, mais abandonnée maintenant, parce qu'on est parvenu à extraire plus économiquement de la houille un rouge qui remplace celui de la garance. Il y a aussi, dans la pièce d'eau, un bronze par Charpentier, la Vénus aux hirondelles. On a de cette promenade de beaux *points de vue, que les arbres obligent de chercher en faisant le tour du plateau: au N., les bords du Rhône et Villeneuve-lès-Avignon, avec son anc. fort et ses vieilles tours, par delà l'île de la Barthelasse (pl. EF1); au N., sur une hauteur de la rive g., Châteauneuf-Calcernier (p. 280); à l'horizon, à l'O., les Cévennes; au S., la vieille ville d'Avignon; au S. et à l'E., la vallée de la Durance et les Alpes, précédées du Mont-Ventoux (p. 290).

On voit de la promenade, à g. sur le Rhône, le célèbre *pont d'Avignon* ou *St-Bénézet* (pl. D 1), depuis longtemps en ruine. Il a été construit de 1177 à 1185, sous la direction de St Bénézet, par les «frères pontifes» ou «faiseurs de ponts». Il y a une chapelle St-Bénézet, du xve s. L'extrémité sur la rive dr. était à la tour Philippe le Bel qui subsiste de l'autre côté (p. 288). — En aval est un *pont suspendu* (pl. B 1), aboutissant à une île et auquel fait suite un pont en bois, conduisant à Villeneuve (en tout plus de 900 m.).

St-Agricol (pl. C 2), dans la rue du même nom, qui commence à l'extrémité de la rue de la République du côté de l'hôtel de ville, est une église des xive et xve s., primitivement romane, fondée en 680, et dont le clocher est moderne dans la partie supérieure.

3e chap. de dr., reconstruite dans le style classique: Vierge en bois par *Coyzevox*, Ste Elisabeth et St Jean-Baptiste par *Péru*, d'Avignon. 4e chap., Ste-Famille par *Trevisani*, Assomption attr. au *Bourguignon*, etc. Au fond du bas côté dr., le «tombeau des Doni», sorte de retable de la Renaissance, par *Imbert Bouchon*. Dans le chœur, un assez bel autel et une Descente du St-Esprit par *Guilhermis*, d'Avignon (xvie s.), et St Bernard en prière, par *P. Parrocel* (derrière l'orgue). A un pilier entre la 3e et la 4e chap., N.-D. de Pitié d'ap. Carrache, par *N. Mignard*. A un pilier entre la 2e et la 3e chap., une Nativité par *N. Mignard*. 1re chap., fonts par *Mariotti*.

La rue St-Agricol aboutit à la rue Jos.-Vernet, en face de l'*Oratoire* (pl. B C 2), assez belle chapelle du xviiie s., ordinairement fermée (s'adresser à St-Agricol). Elle a au maître autel une Adoration des bergers par N. Mignard.

Le *musée Calvet (pl. B 2-3), plus loin à g., vers le milieu de la rue, dans un bel hôtel du xviiie s., a été fondé en 1810 par le médecin de ce nom, qui avait déjà réuni d'importantes collections. Il est public le dim. de midi à 4 h. et visible aussi les autres jours pour les étrangers.

Rez-de-chaussée. — Vestibule: *antiquités romaines* trouvées dans la contrée, particulièrement à Vaison (p. 279): sculptures, stèles, autels, etc. Côté g., à g., « l'Ours », statue de chef gaulois trouvée à Vachères (Basses-Alpes); à dr., fragment de statue de soldat celte avec bouclier; au milieu, une statue de nymphe, décapitée, de Pourrières (p. 315). Côté dr.: moulage du Diadumène de Vaison; statue de Mars décapitée, bustes. — Ire galerie, à dr. au fond du vestibule: *sculptures antiques et sculptures modernes*. Au milieu: à g., *Véray*, Moissonneuse; au mur, près de la 3e travée, un fragment de bas-relief funéraire grec, d'un tombeau de jeune fille; à dr., *Simian*, l'Art étrusque; *Bosio*, Jeune Indienne; *Pradier*, Cassandre; *Espercieux*, Femme grecque se disposant à entrer au bain; *Mathet*, Oréade ou nymphe des montagnes; *David d'Angers*, buste de Cuvier. — IIe galerie, du côté de la cour: *sculptures du moyen âge et de la Renaissance*, dont beaucoup provenant d'édifices du pays; à g., belle Descente de croix peinte et dorée, en bois; tombeau du card. de Brancas, belle œuvre goth. avec diverses statuettes rapportées; à dr., moulages du Portement de croix de l'église St-Didier par Laurana (p. 287) et d'une magnifique cheminée Renaissance; cheminée du xviie s.; à dr. de là, un très beau haut-relief, la Justice, la Force et la Tempérance, en marbre, du tombeau du maréchal de Chabannes, tué à la bataille de Pavie (1525); en deçà, des fragments du tombeau du card. de la Grange (m. 1402); puis, en retournant vers l'entrée, le tombeau d'Urbain V, du style goth., etc.

Au rez-de-chaussée se trouve aussi, à g. de l'entrée, la *bibliothèque de la ville*, qui compte env. 130 000 vol. et 3600 man., ouverte t. les j. non fériés de 9 h. à midi et de 2 à 4 ou 5 h., en hiver aussi de 8 à 10.

Au fond du jardin, à g., la *salle des illustrations vauclusiennes*, qui contient quantité de portraits et de bustes, désignés pour la plupart par des inscriptions. Au milieu, une grande mosaïque antique de Vaison.

Au pied de l'escalier du 1er étage, deux autels romains bien conservés et deux bas-reliefs de Vaison, des monuments funéraires et des vases antiques. — Dans l'escalier, divers tableaux: *Laugée*, la Question; *R. Levieux*, Jacob et Laban; *J.-P. Laurens*, Jésus au jardin des Oliviers, et un buste de P. Parrocel (1670-1739), par *Bastet* (1890).

Ier ÉTAGE. — GALERIE. 1re travée, de dr. à g.: 377, *van den Eeckhout*, le Calvaire; 367, 366, *Brueghel de Velours*, les Quatre Éléments, le Feu (allégorie); — dans le coin opposé de l'autre côté, 458, 459 (2 faces), *inconnus du xve s.*, St-Michel et l'Annonciation, le 459 peut-être de *Nic. Froment*; 463, *inconnu du xvie s.*, St Jérôme; 260, *le Valentin*, la Diseuse de bonne aventure, variante de celle du Louvre; 368, *l'h. de Champaigne*, portr. d'homme; 482, *inconnu du xvie s.*, portr. de femme; 253, *Simon de Châlons* (travaillait de 1545 à 1585 à Avignon, où sont dispersés d'autres tableaux de sa main), Jésus descendu de la croix; 252, *Simon de Châlons*, Adoration des bergers; 447, *inconnu du xvie s.*, Pierre de Luxembourg, évêque de Metz (m. 1387).

2e travée, à dr.: 430, *Teniers le J.*, Intérieur; 421, *J. van Ruisdael*, 387, *Hobbema* (?), paysages; 362, *Brauwer*, Scène rustique; 427, *Steenwyck*, St Pierre-aux-Liens; 411, *van der Neer*, paysage; 410, *P. Neefs le Vieux*, Intérieur d'église; 418, *Rottenhammer*, Adoration des bergers; 380, *Fr. Floris* (de Vriendt), Crésus et Solon; 460, *inconnu du xve s.*, Adoration des mages; 359, *Holbein le J.*, portr. d'homme; 399, *Mabuse*, Ecce Homo; 456, *inconnu du xve s.*, Résurrection de J.-C.; 384, *Gér. de Harlem* (?), Adoration de l'enfant Jésus; 335, *Salv. Rosa*, paysage; 329, *Piazzetta*, Enfant; 338, *Sassoferrato*, la Vierge et l'Enfant; 336, *Salv. Rosa*, paysage; 296, *le Guerchin*, Agonie de St Jérôme; 475, *inconnu du xvie s.*, portr. d'André Doria; 306, *Ann. Carrache*, Polyphème et Galatée; 308, *Louis Carrache*, Jésus pleuré par les anges; 347, *Al. Turchi* (Al. Véronèse), les Noces de Cana; 319, *Francucci* (Inn. da Imola), Ste-Famille, d'après Raphaël; 312, *Lor. di Credi*; 464, *inconnu du xvie s.*, Vierge; 318, *Jacobello del Fiore*, la Vierge allaitant l'enfant Jésus; 322, *école de Giotto*, le Couronnement de la Vierge. Buste d'Hor. Vernet, par *Thorwaldsen*. — Côté gauche, en recommençant, peintres français: 192, 191, *Nic. Mignard*, dit *M. d'Avignon* (m. 1668), J.-C. mort, le Vicelégat Frédéric Sforze mettant Avignon sous la protection de St Pierre de Luxembourg (v. ci-dessus, no 447); 199, *Pierre Mignard*, portr. de Mme de Montespan et de son fils, le duc du Maine; puis encore d'autres P. Mignard; 51, 54, *Séb. Bourdon*, Baptême de J.-C., portr. de l'artiste; 316, 315, 314, 317, *Dughet* (Gaspre), paysages; 212, 213, *P. Parrocel*, la Vierge et l'Enfant, l'Annonciation; 128-130, *Grimou*, portraits; 158, 159, 160 (?), *Largillière*, portraits, le 2e celui du maréchal de la Feuillade; 211, *P. Parrocel*, St François d'Assise; 97, *J.-L. David*, Mort de Jos. Barra, ébauche; 83, *Couder*, Adoration des mages.

3e travée, à g.: marines et paysages de *Jos. Vernet*, d'Avignon; 283, *Carle Vernet*, fils de Jos., le Corso à Rome; à dr., deux beaux bahuts de la Renaissance italienne.

4e travée, tableaux modernes, moins importants: s. no, *P. Vayson*, Troupeau de moutons; 133 (autre côté), *Gudin*, Vue du port du Havre (1834); 118, *Géricault*, Combat de Nazareth (1799); 285, 284, *Hor. Vernet*, fils de Carle, Mazeppa; 286, *H. Vernet*, Jos. Vernet attaché à un mât pour étudier une tempête.

1re SALLE LATÉRALE, du côté de l'entrée: quelques tableaux modernes; magnifique *Christ en ivoire, de 70 cent. de hauteur, par Jean Guillermin (1659), avec deux bras de rechange; diverses curiosités; médailles, ivoires, émaux, faïences italiennes, miniatures, reliures des xvie et xviie s., etc.

SALLE SUIVANTE: antiquités, verres, petits bronzes, terres cuites, etc., aussi des objets du moyen âge, à dr.; des armes, des médailles modernes; au milieu, des vases et une lampe en bronze; puis des médailles plus anciennes et de petites sculptures modernes.

DERNIÈRE SALLE: suite des médailles; petite collection ethnographique, grand Bouddha à 46 bras, du Tonkin; chinoiseries.

La rue Jos.-Vernet laisse plus loin à dr. le *Grand-Séminaire* (pl. B 3), qui possède un panneau de Sim. de Châlons, l'Enfant Jésus jouant avec d'autres enfants; une Assomption et un St Ignace de N. Mignard et une Circoncision par Vien. — Ensuite la rue croise celle de la République et passe devant le *musée Requien* (p. 281). — Puis vient la rue des Lices, qui passe à g. devant une *caserne*, en partie l'anc. «Aumône générale», du xvi⁰ s.; puis devant une anc. *chapelle* du xvii⁰ s., transformée en gymnase, et à dr. au *collège St-Joseph* (pl. D 4), qui comprend les restes de l'église des Cordeliers, où était le tombeau de la belle Laure, immortalisée par Pétrarque, maintenant détruit. Ce collège possède, comme tableaux, un St François d'Assise par Dom. Piola, de Gênes; un St Louis de Gonzague et un St Stanislas Kotzka par Sauvan; un St Grégoire le Grand et une Ste Cécile par P. Parrocel, et un St Jérôme par Ribera.

Près de là, rue des Teinturiers, la *chapelle des Pénitents-Gris* (pl. D 4), de forme très irrégulière et qui n'a d'un peu remarquable que des tableaux.

Elle a le privilège de l'exposition perpétuelle du St-Sacrement et une partie des tableaux s'y rapportent. Dans une nef hexagonale où l'on arrive d'abord (18 tabl.): Ste Claire, St Roch, St Véran, par *P. Parrocel*; Vierge de *N. Mignard*, Ste Praxède de *Mignard*, «l'aïeul de Nicolas»; Nativité par un inconnu, etc. Dans une chap. à g. (4 tabl.), St Hyacinthe, par *P. Parrocel.* Dans la nef principale (13 tabl.): St Benoît, la Visitation, par *N. Mignard*; St Ignace, Supplice de St Geniès, par *P. Parrocel.*

La rue Philonarde, à la suite de la rue des Lices, aboutit près de la rue Carréterie (pl. E 3), au commencement de laquelle se voient une *tour* goth. à mâchicoulis, avec une petite flèche, reste de l'église des Augustins, dont les chapelles latérales ont été transformées en maisons, comme on le reconnaît dans les cours, et, presque en face, un *portail* du style flamboyant.

St-Symphorien ou l'église des Carmes (pl. E 2-3), sur la place voisine, possède aussi beaucoup de tableaux, dont plusieurs particulièrement dignes d'attention. Elle a en outre de beaux fonts de la Renaissance.

Tableaux: 2⁰ chap. à dr., l'Adoration des mages par *Guilhermis*, et l'Annonciation d'ap. Lanfranc, par *P. Parrocel*; 7⁰ chap., St Eloi par *N. Mignard*; chœur, Martyre de St Symphorien par *Sauvan*; 2⁰ chap. du côté g., Ste Famille par *P. Parrocel*; chap. vois., St André par *N. Mignard*; 2 chap. plus loin, St Simon Stock, aussi par *N. Mignard* et différent de celui des Pénitents-Blancs (p. 287).

Revenu de cette église à la rue Carréterie, on regagne le centre de la ville à dr., par la rue Saunerie et la rue des Marchands.

St-Pierre (pl. D 2), à dr. près de l'extrémité de la rue Saunerie, est une église goth. du xiv⁰ s., avec une belle façade du xvi⁰ s., nouvellement restaurée. Il y a une jolie Vierge au trumeau du portail par *Bernus* ou par *Péru*, et les portes ont de très belles sculp-

tures, en noyer, cachées par des boiseries: le Combat de St Michel
contre Lucifer, St Jérôme, et l'Annonciation, par *Ant. Volardi*,
d'Avignon. L'intérieur de l'église, qui n'a que deux nefs, est riche
en œuvres d'art, mais très sombre.

Tribune de l'orgue en pierre, du style goth. fleuri. Chaire du même
genre par *Jacques Malhe*, garnie de six jolies statuettes en marbre, qui
proviennent du tombeau de Jean XXII (p. 283). Grand St-Sépulcre et Crucifix, à l'extrémité du bas côté. Belle Adoration des bergers par *Simon de
Châlons.* 13 tableaux de *P. Parrocel*, 7 dans la même nef et 6 dans les chap.
voisines, dont dix épisodes de la vie de St Antoine de Padoue, primitivement dans le cloître de l'église. Immaculée Conception, Ste Barbe et
Ste Marguerite, Ste Famille, par *N. Mignard*. 15 tableaux de valeur secondaire encadrés de boiseries du xviie s., dans le chœur. Retable de la Renaissance dans la chapelle voisine à gauche.

A une certaine distance au N. de cette église, par la rue Banas-
terie, se trouve la *chapelle des Pénitents-Noirs* (pl. E 2), à côté des
prisons (s'adresser derrière). Elle n'a de curieux à l'extérieur qu'un
grand haut-relief, à la façade, mais elle est remarquable par sa
décoration intérieure, surtout les boiseries, dans lesquelles sont
encastrés 26 tableaux.

Tableaux. Antichapelle: *Levieux*, St Guillaume et Ste Famille; à. g.,
Raspay, la Trinité; *Riminaldi*, St Sébastien. Chapelle: au-dessus de la porte,
d'ap. *Rubens*, Hérodiade; côté g., d'ap. *le Guide*, Ste Madeleine; *Levieux*,
St Jean-Baptiste; *P. Parrocel*, Prédication de St Antoine; côté dr., *N. Mignard*, St Pierre; *Levieux*, Baptême de J.-C.; *N. Mignard*, Assomption;
P. Mignard, Miracle de St Antoine. Sanctuaire: *N. Mignard*, Christ en
croix, Visitation; *P. Parrocel*, St Roch et St Sébastien, Ascension.

Plus près de St-Pierre, au S., la chapelle des *Pénitents-Blancs*
(pl. C3), surtout du xve s., mais mutilée et aussi seulement importante par ses tableaux.

Nef de g.: *Sim. de Châlons*, Adoration des mages (à la tribune); *P.
Parrocel*, la Pêche miraculeuse; *P. Mignard*, l'Incrédulité de St Thomas,
St Pierre recevant les clefs. A l'autel: *N. Mignard*, St Simon Stock,
différent de celui de St-Symphorien (p. 286); *P. Parrocel*, la Résurrection
et l'Ascension de J.-C. Nef de dr., *Ch. Parrocel*, les Stes Femmes au
tombeau; *P. Mignard*, les Disciples d'Emmaüs. «Noli me tangere».

Plus loin dans la même direction, l'église et la place St-Didier
(pl. C3), cette dernière avec le monument du félibre *Théod. Aubanel*
(1829-1886), un buste et une petite statue de Provençale, en bronze,
par Et. Leroux.

St-Didier (pl. C3) est une anc. collégiale du xive s. Elle a à la
2e arcade de g. une belle petite tribune goth. en pierre. Dans la
1re chap. de dr., un beau Portement de croix en haut-relief de 1481,
par *Fr. Laurana*. Au chœur, une Ste Famille par *Sauvan*, une
Epiphanie par *P. Parrocel* et un assez bel autel par *Péru* (xviie s.).
A l'entrée de la sacristie, du côté g., une Descente du St-Esprit par
Sim. de Châlons et un Sacré-Cœur par *Sauvan*.

Près de cette église, à g. de la rue de la Masse, qui est dans la
direction du chœur, se trouve l'anc. *hôtel Crillon*, de la fin de la
Renaissance. Il a de grandes fenêtres surmontées de guirlandes, de
médaillons, de cartouches, de masques, etc., et une belle porte en
bois. — Nous retournons du côté de l'église à la rue de la République.

Villeneuve-lès-Avignon.

Les archéologues visiteront avec intérêt *Villeneuve-lès-Avignon*, à env. 1/2 h. de l'hôtel de ville d'Avignon, que dessert un tramway partant de la gare et passant par Pont-d'Avignon (p. 280).

Villeneuve-lès-Avignon n'est plus qu'une ville de 2735 hab., mais elle fut très prospère au temps des papes d'Avignon, à partir du xive s., où elle fut habitée par des cardinaux et des prélats de leur cour, et encore plus tard comme place forte des rois de France à la frontière de Provence et en face du domaine papal. Aussi a-t-elle encore des constructions curieuses qui attestent son anc. prospérité, mais en nombre relativement très restreint et plus ou moins en ruine, car elle a compté, par ex., jusqu'à une vingtaine d'églises ou chapelles publiques.

Au bord du Rhône, en face du pont St-Bénézet d'Avignon (p. 284), la *tour de Philippe-le-Bel*, qui en commandait l'extrémité, et d'autres restes des fortifications du xive s.

Sur une hauteur, l'anc. *fort St-André*, qui a une belle enceinte flanquée de tours, du xive s. Il y a à l'intérieur des maisons habitées par des familles pauvres et un couvent caché par de hauts murs et fermé au public. On a de l'entrée une belle vue d'Avignon.

L'ÉGLISE PAROISSIALE, dans la grande rue, est également du xive s., une anc. collégiale. Elle renferme des tableaux remarquables.

Côté g.: 3e chap., St Bruno, par *N. Mignard*; 5e chap., Visitation, par *Ph. de Champaigne*; l'Annonciation, par *le Guerchin*; Côté dr.: 4e chap., Mariage de Ste Catherine, par *N. Mignard*; Ste Famille, par *R. Levieux*. Au chœur, un Christ aussi de *Levieux*, St Bruno, par *N. Mignard*. On remarque aussi le maître autel. Dans la sacristie, une Vierge en ivoire du xvie s. A côté de l'église, un cloître goth. peu remarquable.

L'HOSPICE, un anc. couvent, desservi par des religieuses trinitaires, à dr. dans la rue en face du portail latéral de l'église, est ouvert aux visiteurs de 9 h. à midi et de 1 à 4, 5 ou 6 h. (offrande). Il possède, dans sa chapelle, le *tombeau d'Innocent VI* (m. 1362), qui rappelle celui de Jean XXII à la cathédrale d'Avignon, avec lequel il se trouvait d'abord. C'est un monument très remarquable du style goth., à baldaquin en pierre, jadis tout garni de statuettes et abritant encore la statue en marbre du défunt. — Il y a au 1er étage un petit *musée* modestement installé, surtout des peintures de même provenance.

Au delà de l'église, à dr., la montée du fort. Plus loin, à g. de la grande rue, d'anciens hôtels particuliers. Ensuite, à dr., les ruines de l'anc. *chartreuse du Val-de-Bénédiction*, fondée en 1356 par Innocent VI. Les parties encore habitables sont occupées par diverses familles. L'entrée en est publique, et l'on peut en voir librement l'extérieur, en passant par les cloîtres et corridors qui y servent maintenant de ruelles. On y remarque encore le portail sur la rue, les cloîtres, les ruines de l'église et de la chap. des Morts, une citerne couverte, un grand puits, etc.

D Avignon à *Arles* et à *Marseille*, v. R. 39 et 41; à *Aix, Apt, Digne*, etc., R. 42 et 43.

D'Avignon a Orgon: 34 kil., ligne d'intérêt local s'embranchant à *Barbentane* (6 kil.; v. p. 292), et prenant à l'E. la direction de la Durance. — 19 kil. (3ᵉ st.) *Château-Renard*, ville de 6194 hab., dans un beau site. — 23 kil. *Noves* (2111 hab.), qui a encore de vieux *remparts* flanqués de tours. C'est la patrie de Laure, immortalisée par Pétrarque. — 29 kil. (8ᵉ st.) *Plan-d'Orgon*, aussi sur la ligne de Tarascon. — 33 kil. *Orgon*, halte pour la ville. — 34 kil. *Orgon*, gare (p. 300).

38. Excursions d'Avignon.

I. D'Avignon à Carpentras (Mont-Ventoux).

27 kil. de chemin de fer; 1 h. 10 à 1 h. 50; 3 fr., 2 fr. 05, 1 fr. 35.

Avignon, v. p. 280. On suit la ligne de Lyon jusqu'à *Sorgues* (10 kil.; p. 280), d'où part l'embranchement. — 14 kil. *Entraigues*, bourg industriel, où se voient, à dr., deux vieilles tours. On traverse ensuite l'*Isle*. — 17 kil. *Althen-les-Paluds*. — 21 kil. *Monteux*, à dr., bourg de 3847 hab., sur l'Auzon, avec les ruines d'un *château* des papes d'Avignon.

27 kil. **Carpentras** (hôt.: *de l'Univers*, place de l'Hôpital; *du Cours-Michel*. boul. du Musée, à g. de cette place), la cité antique de *Carpentoracte*, ville industrielle de 10797 hab. et chef-lieu d'arr. de Vaucluse, dans un site pittoresque, sur la rive g. de l'Auzon. Elle a eu jadis de l'importance comme première capitale du Comtat-Venaissin. Carpentras est renommé pour ses berlingots.

L'avenue à dr. de la gare mène à la place de l'Hôpital, où s'élève l'*Hôtel-Dieu*, fondé au xviiiᵉ s. par l'évêque Malachie d'Inguimbert, et que précède la *statue* du prélat, bronze par Daumas (1858). — A g. de la même place, le boul. du Musée; au fond, la rue de la République, qui mène dans le centre de la ville.

L'*église St-Siffrein*, l'anc. cathédrale, où l'on arrive par là directement, a été reconstruite de 1504 à 1519, dans le style goth., en partie sur les plans d'un architecte de Bretagne. Elle n'a guère de curieux à l'extérieur que le portail latéral du S., en lui même et par la sculpture énigmatique qui le surmonte, dite la «boule aux rats» (aussi à la cathédrale du Mans); mais l'intérieur forme un beau vaisseau richement décoré.

De chaque côté du chœur, des tribunes du xviiᵉ s. Au-dessous de la tribune de g., un curieux et beau triptyque sur fond d'or. Autour de l'abside, des tableaux italiens dont les sujets sont tirés de la vie de St Siffrein, évêque de Carpentras de 555 à 570, et surtout une Vierge par Trevisani. L'abside a aussi des vitraux du xvᵉ s. et deux chapelles en ont de modernes par Maréchal. Le chœur a une belle grille en fer forgé du xviiiᵉ s. et il y en a d'autres ailleurs. La tribune du S. est destinée à la bénédiction du St-Clou (St-Mors), fait avec un ou deux clous de la croix de J.-C. Celle qui est à l'entrée de la nef est décorée de quatre tableaux, dans un riche encadrement doré. Plus haut de ce côté, une petite tribune qui était, dit-on, réservée au bourreau. La principale chap. est celle de la Vierge, à g. en entrant, très richement décorée. La chaire, qui est remarquable, date de 1784. — A g. du chœur, d'où l'on y entre par une sacristie, se trouvent des restes de la *vieille église*, notamment une coupole du xᵉ s. — Fête de St-Siffrein, les 26 et 27 nov., avec musique spéciale et renommée, en partie par Elzéar Gennet, dit Carpentrasso (m. 1535), anc. maître de chapelle à la Sixtine et émule de Palestrina.

A côté de l'église est le *palais de justice*, l'ancien évêché, de 1640, qui a conservé, dans la salle des assises, des peintures de Mignard et de son école. Il y a à dr. dans la cour un petit *arc de triomphe* romain, peut-être contemporain de celui d'Orange et décoré comme lui de trophées, avec des captifs enchaînés, mais sans frise ni attique. Pour le voir de près, s'adresser au concierge.

En continuant, dans la même direction, par la rue de l'Evêché, on arrive à la *porte d'Orange*. Elle est dans une tour crénelée du XIVe s., de 37 m. de haut, éventrée du côté de la ville, mais à voir des boulevards.

Le boulevard à dr. à la sortie mène à l'angle N.-E. de la ville, au-dessus de la vallée de l'Auzon, d'où l'on a une belle *vue du Mont-Ventoux* (v. ci-dessous), souvent couvert de neige en hiver. En deçà s'étend la longue rangée d'arcades de l'*aqueduc* de la Durance, du XVIIIe s. A cet endroit de la ville, l'*église de l'Observance*, du XVIe s. et restaurée en 1882. Le tour de ville se continue par les boul. du Jeu-de-Ballon et des Platanes, jusqu'à l'Hôtel-Dieu. La rue de la Porte-de-Mazan, à dr. entre les deux boulevards, nous ramène dans le centre, par l'*hôtel de ville*, la rue des Halles, qui a des arcades (à g., le passage Boyer) et la place de l'Ange, d'où nous continuons par la Grande-Rue et la rue de Monteux.

Le MUSÉE, au no 11 du boulevard, par lequel on retourne à la place de l'Hôpital, est public le dim. de 2 h. à 4 h. et visible aussi les autres jours.

REZ-DE-CHAUSSÉE, au fond de la cour, collection lapidaire : fragments d'architecture, vases et inscriptions.

Ier ÉTAGE. — 1re salle: gravures, aquarelles et dessins. — 2e salle, peintures: paysages et portraits, notamment par *J. Laurens, P. Flandrin, Jos. Vernet, Duplessis* et *Rigaud; Mars et Vénus* par *le Brun, Vierge* et belle *Adoration des mages* de l'école ital. du XVIe s., etc. — 3e salle: tableaux modernes, moulages et antiquités, bronzes, vases et verres, et des médailles.

La *bibliothèque*, réunie au musée, compte 42 000 vol., dont beaucoup d'ouvrages sur la contrée, et 1076 manuscrits.

De Carpentras à *Orange* et à l'*Isle-sur-Sorgue* (Vaucluse), v. p. 279. — Correspond. pour *Nyons* (43 kil.; p. 277), par *Vaison* (27 kil.; p. 279).

Le Mont-Ventoux (1912 m.) se gravit maintenant surtout de *Ste-Colombe* (aub.), à 19 kil. de Carpentras, où l'on va par la petite ville de *Bédoin* (15 kil.; hôt. du Mont-Ventoux). Il y a une route de 18 kil. jusqu'au sommet. Voit. publ. pour *Bédoin* (15 kil.; à 2 h.), 1 fr.; pour le sommet, 7 fr. aller et retour. — Cette montagne, une des dernières ramifications des Alpes au S.-O., forme une pyramide isolée que l'on voit de très loin et d'où l'on a un *panorama superbe. Comme son nom l'indique, il y règne ordinairement des vents violents. Le sommet est dénudé et reste longtemps couvert de neige. Les flancs, jadis bien boisés, sont depuis longtemps ravinés et arides, mais l'Etat en a entrepris le reboisement, qui se fait par portions. Dans la bonne saison, les habitants des localités voisines y élèvent beaucoup d'abeilles. On y récolte aussi beaucoup de truffes. Il y a au sommet un *observatoire*, construit depuis 1882, un petit *hôtel* pas trop cher, ouvert du 1er juillet au 28 sept., et une petite *chapelle*, but d'un pèlerinage le 14 septembre.

II. D'Avignon à la fontaine de Vaucluse.

24 kil. de chemin de fer, jusqu'à l'*Isle-sur-Sorgue*, et correspond. de là aux trains venant d'Avignon (1 fr. 50 aller et retour; voit. partic., 3 à 4 fr.), bientôt un tramway, pour le village de *Vaucluse* (7 kil.) à 10 min. duquel est la fontaine.

Vaucluse est toujours un endroit intéressant par son site, mais la fontaine n'est bien curieuse que lorsque les eaux sont assez hautes pour se déverser de la grotte, ce qui n'est pas le cas en été ni en automne.

A la condition d'envoyer ses bagages à Arles ou de prendre une voiture à St-Remy, on peut faire d'Avignon une belle excursion aboutissant à Arles : d'abord à *Vaucluse* (v. ci-dessous), ensuite en ch. de fer à *Cavaillon* (p. 305), *Orgon* (p. 306) et *St-Remy* (p. 293), de là en voiture ou à pied, par les Alpines, aux *Baux* (p. 298); puis en ch. de fer de *Paradou* (p. 298) à *Mont-Major* (p. 298) et enfin jusqu'à *Arles* (p. 293).

Avignon, v. p. 280. Le ch. de fer est une partie de la ligne de Cavaillon, etc. (R. 42). — 6 kil. *Montfavet.* — 9 kil. *Morières.* Puis un tunnel de 1 kil. — 13 kil. *St-Saturnin.* — 16 kil. *Gadagne.* A g., au loin, sur une colline, les ruines du *château de Touzon* (2 kil. de Thor). — 19 kil. *Thor*, ville de 2640 hab., sur la Sorgue, avec une église romane du XIIe s. et de vieux remparts.

24 kil. **L'Isle**-*sur-Sorgue* (hôt. : *de Pétrarque-&-Laure, St-Martin*, sur le cours), à g., ville industrielle de 6266 hab., avec des fabriques de couvertures, de tapis, etc. Elle a une belle promenade, le *cours Salviati*, le long d'un bras de la Sorgue, par où l'on prend à dr. en venant de la gare pour aller à Vaucluse. L'*église*, du XVIIe s., est très richement décorée à l'intérieur, de sculptures ornementales, de statues, de peintures polychromes, de dorures, de peintures murales et de tableaux. A l'arcade du chœur, la Trinité, par Lacroix (1853). Dans le chœur, un grand retable en bois doré, avec tableau par R. Levieux. Autres tableaux : 1re chap. à dr., Ste Fauste par N. Mignard; 2e, la Vierge et St Dominique, par Sauvan; 5e et 4e de l'autre côté, Annonciation et Docteurs de l'Eglise par P. Mignard; 3e, Ste Elisabeth de Hongrie par Sauvan; 2e, Nativité de J.-C. par P. Parrocel; deux Présentations par S. Vouet et par N. Mignard, etc.

De l'Isle-sur-Sorgue à *Carpentras* et *Orange*, v. p. 279; à *Pertuis*, à *Volx*, etc., R. 42 et 43.

La ROUTE DE VAUCLUSE prend à g. vers l'extrémité du cours mentionné ci-dessus et laisse bientôt à g. celle de Carpentras. Elle traverse une plaine et passe à la fin sous un aqueduc d'irrigation.

Vaucluse (hôt. de Pétrarque-&-Laure, bon; faire prix) est un petit village qui doit son nom au cirque près duquel il se trouve («vallis clausa») et sa renommée à sa fontaine.

La *fontaine de Vaucluse, source de la *Sorgue*, qui est immédiatement assez abondante pour faire marcher des papeteries, est env. 10 min. plus loin, à g., au fond de ce cirque grandiose, qui se termine par des rochers à pic de 200 m. de haut. Elle a été illustrée par Pétrarque («chiare, fresche e dolci acque»), qui se retira dans cette solitude à partir de 1337, près de son ami le cardinal de Cabassole, dont on voit le *château* en ruine sur la hauteur de l'autre rive. La source est dans une grotte de 8 à 9 m. de largeur, d'où elle jaillit avec impétuosité, quand les eaux sont assez hautes, par dessus un déversoir naturel formé de blocs de rocher. Son débit peut atteindre alors 150 m. cubes à la seconde et le coup d'œil est magnifique. Mais quand les eaux sont basses (4 m. c. $^1/_2$ au minimum) la rivière n'est plus alimentée que par des filtrations sous le déversoir, qu'il faut gravir pour voir la source dormant au fond de la grotte, à une profondeur qui peut dépasser 20 m. Cette source est le produit de l'infiltration des eaux dans la région calcaire qui s'étend à l'E. jusqu'à la vallée de la Durance.

On peut monter en 1 h. $^1/_2$ au sommet du rocher des sources, d'où l'on a une belle vue et où se voient des «avens» ou puits dans lesquels s'infiltrent les eaux.

39. D'Avignon à Arles.

35 kil. Trajet en 45 min. à 1 h. 45. Prix: 4 fr. 05, 2 fr. 70, 1 fr. 75.

Avignon, v. p. 280. Après le départ, vue à dr. et en arrière sur la ville et jusqu'à Châteauneuf-Calcernier, sur sa hauteur. On traverse la *Durance*, non loin de son confluent avec le Rhône, et l'on s'éloigne du fleuve.

6 kil. *Barbentane,* stat. pour le bourg de ce nom, qu'on voit à 3 kil. à dr. sur un rocher, avec une belle *tour* du XIVe s. Un pont sur le Rhône le relie à Aramon (p. 244). Ligne d'Orgon, v. p. 289. — 12 kil. *Graveson.* A Tarascon, qu'on voit à dr., un viaduc et un haut remblai, sur lequel est établie la gare.

22 kil. **Tarascon** (*buffet*; hôt.: *des Empereurs, du Louvre,* cours National, où sont les cafés), aussi ville calme de 9023 hab., sur la rive g. du Rhône, en face de Beaucaire (p. 240). Elle est censée devoir son nom à la Tarasque, monstre qui aurait ravagé le pays au Ier s. de notre ère et dont l'aurait délivré Ste Marthe, venue alors en Provence (v. p. 302). Une fête populaire en rappelle encore quelquefois le souvenir.

Les principales rues sont le cours National, à dr. en venant de la gare, et l'avenue de la République, qui y fait suite. On arrive par là au pont et, à dr., à l'église et au château.

L'*église Ste-Marthe,* fondée au XIIe s., a été reconstruite aux XIVe et XVe s. Elle a encore un beau portail roman au S. On remarque à l'intérieur 7 tableaux de Vien, des scènes de la vie de Ste Marthe, dans les bas côtés (inscriptions); 7 de P. Parrocel, un St François d'Assise de C. Vanloo, dans la 5e chap. de dr.; une Pietà d'Ann. Carrache, dans la 7e; un Mignard, etc. Il y a sous l'église une crypte peu intéressante, dont l'entrée est sous l'orgue. On y voit au premier palier un vieil autel et un bénitier fait d'un chapiteau antique, et dans le bas le tombeau de Ste Marthe (refait) et deux autres tombeaux.

Le *château* est un édifice imposant des XIVe et XVe s. qui a été fini et habité par le roi René d'Anjou, comte de Provence (v. p. 310).

Il sert maintenant de prison et ne peut se visiter qu'avec une autorisation spéciale du préfet des Bouches-du-Rhône, mais on l'a restauré depuis peu en vue d'une nouvelle destination.

De Tarascon à *Nîmes*, v. p. 240; à *Remoulins*, p. 245.

De Tarascon à St-Remy et à Orgon, ligne d'intérêt local de 35 kil., avec gare spéciale, près de l'autre, au delà du remblai. 15 kil. jusqu'à St-Remy, en 40 à 55 min., pour 1 fr. 55, 1 fr. 15 et 85 c. — On longe au N. la petite chaîne de montagnes des *Alpines*, où il y a des carrières de pierre déjà exploitées par les Romains pour les édifices d'Arles. Plaine arrosée par le *canal des Alpines* et où l'on cultive, pour les graines, beaucoup de fleurs et de légumes. — 15 kil. (5e st.) **St-Remy** (*H. de Provence*, sur les boulevards, ch. t. c. 2 fr., rep. 1, 2.50 et 3; *H. de la Ville-Verte*, en face de l'église), ville riante de 5976 hab., entourée de boulevards qui ont de magnifiques arbres. Elle a une belle et grande *église* moderne du style classique, à dôme et bien décorée de peintures polychromes, avec un clocher goth. du XIVe s. Mais St-Remy est surtout connu par ses deux monuments romains, restes de la ville de *Glanum Livii*, détruite par les Visigoths en 480. Ils sont à 1/4 d'h. de l'hôtel de ville, par la route de Maussane (8 kil.; p. 299). Le premier est un *arc de triomphe*, dont le haut est en partie détruit. Il n'est pas très grand et il n'a qu'une seule arcade, mais il est bien proportionné et il a encore de beaux restes d'ornements (caissons) et de sculptures, représentant des captifs. Cet arc est du Ier ou du IIe s. de notre ère. L'autre monument, situé à côté et bien conservé, est un *mausolée, dit le *tombeau des Jules*, d'après l'inscription de l'architrave. Il a 18 m. de haut, et il se compose de trois étages: une sorte de stylobate carré, avec bas-reliefs dans le haut; une riche ordonnance de portiques et de demi-colonnes cannelées et enfin un petit temple rond composé de dix colonnes corinthiennes cannelées, où sont deux statues drapées, avec des têtes modernes. Ce magnifique monument est selon les uns de l'époque de César (Ier s. av. J.-C.), selon d'autres d'une époque bien moins reculée. — Les piétons qui veulent aller de St-Remy aux *Baux* (p. 298) continuent par la route de Maussane (v. p. 299), tandis que pour s'y rendre en voiture il faut revenir prendre dans la ville une route plus longue (12 kil.), qui part de la place de l'église. Voiture: 10 fr., 20 fr. jusqu'à Arles, en s'arrêtant aux Baux.

La ligne d'Orgon traverse aussi après St-Remy une plaine à peu près dénuée d'intérêt. — 30 kil. *Plan-d'Orgon*. Ligne de Barbentane, v. p. 289.

La ligne d'Arles longe ensuite le Rhône. A g., la chaîne des Alpines (v. ci-dessus). — 27 kil. *Ségonnaux*. A g. encore les ruines de Mont-Major (p. 298), à dr. la ville d'*Arles* (buffet).

---

35 kil. **Arles** (*buffet*). — GARES: *Grande Gare*, sur la ligne principale (v. ci-dessous); *gare de Fontvieille*, pour la ligne de Salon (p. 298), à 5 min. de la place Lamartine (pl. E 1) et à g. de l'avenue de Mont-Major (pl. E 1), au delà des deux viaducs de la grande ligne; *gare de la Camargue* (pl. A 1-2), faub. de Trinquetaille, pour les lignes des Stes-Maries (p. 302) et du Salin-de-Giraud (p. 302). Correspond. pour cette dernière gare à la première; 25 c.

HÔTELS: *H. du Forum* (pl. a, C 3), place du Forum (ch. t. c. 2.50 à 3 fr., rep. 1.50, 2.50 et 3); *H. du Nord*, à côté (pl. b; ch. 2.50 à 4 fr., rep. 1.50, 2.50 et 3). — *Cafés*, surtout place du Forum. — *Poste & télégraphe* (pl. D 3), place de la République. — *Voit. de place*, 2 fr. 25 l'heure.

Arles, l'*Arelate* des anciens, est une ville de 24 567 hab. et un chef-lieu d'arr. des Bouches-du-Rhône, sur la rive g. du Rhône, près de l'endroit où il se divise en deux bras, formant l'île de la Camargue (p. 300). Sur la rive dr. est le faubourg de *Trinquetaille*, relié à la ville par un pont de fer; il n'a rien d'intéressant.

— Arles, dont les origines sont douteuses, rivalisait avec Marseille au temps de Jules César. Elle s'embellit bientôt de nombreux monuments et elle fut surnommée la «Rome gauloise». *Constantin le Grand* l'habita souvent et réunit par un pont de pierre à celui de la rive g. le quartier commerçant de la rive dr., aujourd'hui Trinquetaille. Elle eut sous les Romains jusqu'à 100000 habitants. Le christianisme y avait déjà été, dit-on, prêché par un disciple des apôtres, *St Trophime*. Arles devint sous Honorius le siège de la préfecture des Gaules; elle demeura assez longtemps indépendante après les invasions, puis elle fut la capitale d'un royaume (879), à la chute duquel elle s'érigea en république (1150-1251). Elle se soumit enfin à *Charles d'Anjou*, comte de Provence, et elle suivit dès lors la destinée de ce pays, qui fut réuni à la France en 1482. Son histoire ne relate plus ensuite que des faits d'importance locale, surtout la peste de 1720-1721 et une grande inondation en 1755. — Arles a un port d'une certaine importance, bien qu'à 43 kil. de l'embouchure du Rhône. — Les Arlésiennes sont encore en partie célèbres par leur beauté (types grec, romain et sarrasin) et leur joli costume, qui toutefois est moderne, avec sa «chapelle» de fichu blanc, ses bijoux sur la poitrine et son ruban diadème en velours noir.

On arrive de la Grande Gare et de celle de Fontvieille dans la ville par la *place Lamartine* (pl. E 1), ainsi nommée par reconnaissance pour le poète, qui fit comprendre Arles dans le tracé du chemin de fer, en 1842, et qui doit y avoir un monument, avec buste par Pradier.

Arles a conservé près de là, au N. et à l'E., une partie de ses *remparts romains*, et elle est entourée de beaux boulevards; mais à l'intérieur, elle ne présente guère que des rues étroites, tortueuses et très mal pavées.

A une bifurcation de la rue par laquelle on y entre directement de la place, la *fontaine Pichot* (pl. E 1), à la mémoire d'Am. Pichot (1796-1877), écrivain originaire d'Arles.

Les *Arènes (pl. E 3), plus loin à g., sont un des plus grands amphithéâtres que les Romains aient élevé dans les Gaules, mais elles sont moins bien conservées que celles de Nîmes (p. 252). Construites de gros blocs de pierre sans ciment, elles forment une ellipse, dont le grand axe mesure 136 m. 15 et le petit 107 m. 62. Elles pouvaient contenir 26000 spectateurs. L'extérieur présente deux étages de 60 arcades, avec des pilastres et des colonnes engagées, le premier étage d'ordre dorique, le second d'ordre corinthien. Il y a quatre portes, aux extrémités des axes, la principale, l'entrée actuelle, en face de la rue du St-Esprit. L'attique est détruit. Ces arènes sont probablement du Ier ou du IIe s. de notre ère. Elles furent transformées en forteresse au VIIIe s., où l'on éleva au-dessus des portes des tours, dont trois subsistent encore: celle de l'O., la plus haute, offre une belle vue. Plus tard, elles furent encombrées de masures, et elles n'ont été déblayées que de 1825 à 1830. On peut les visiter, en s'adressant au gardien, en face, Rond-Point-des-Arènes, 6 (pourb.). Elles servent de nouveau en été à des spectacles, des courses de taureaux, qui ont lieu le dimanche.

Le **théâtre antique** (pl. D 3), à dr. derrière les Arènes, après la «tour des Cordeliers», ne présente plus que des ruines peu cou-

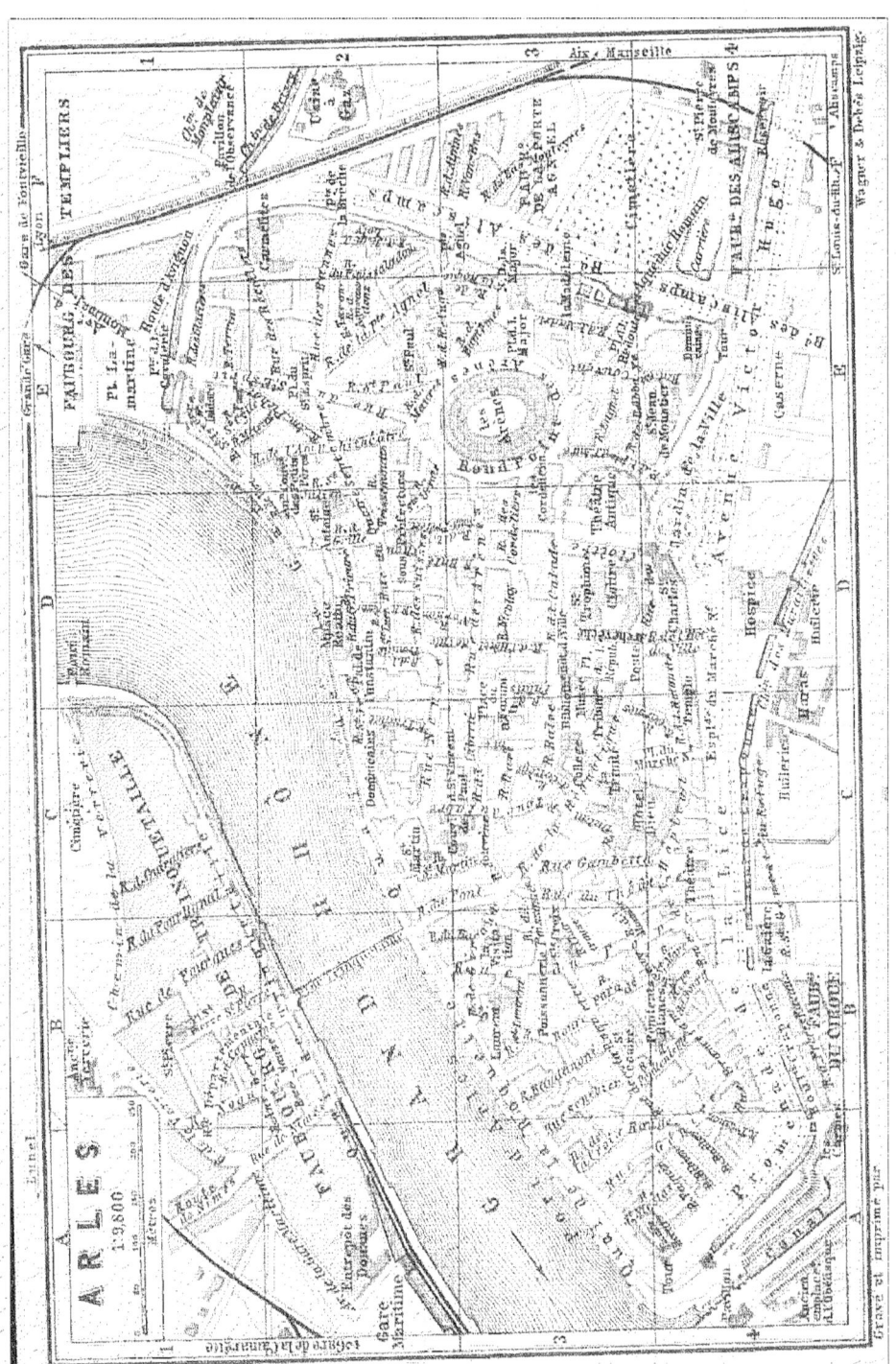

ARLES

1:9,800

Mètres
50   0   100 150 200 250

FAUBOURG DES TEMPLIERS

Aix Marseille

Wagner & Debes Leipzig

sidérables. Il passe pour avoir été commencé sous Auguste, mais
achevé au IIIe s. Il était aussi grand que celui d'Orange (p. 278), mais
il fut détruit dès le Ve s., et les matériaux employés à la construction de plusieurs églises. Sur la scène se trouvait un portique, dont
il est resté debout deux colonnes entières, l'une en marbre dit africain, l'autre en marbre de Carrare. Comme le prouvent des restes
de sculptures, ce théâtre était richement décoré; on y a trouvé des
œuvres d'art qui sont au musée lapidaire (p. 296), et la Vénus d'Arles
que possède le Louvre et dont il y a un moulage dans le grand
escalier de l'hôtel de ville (p. 296). C'est elle qui a fait dire au
poète provençal Aubanel:

> «Siès bélo, ô Vénus d'Arle, à faire véni fou!»

Au delà des ruines, un *jardin public* attenant aux boulevards.

La rue qui longe la scène du théâtre nous conduit maintenant
à la place de la République, en passant à dr. au cloître de St-Trophime (v. ci-dessous), qu'on verra plutôt après l'église.

La *place de la République* (pl. D 3) a au milieu un *obélisque
romain*, sans hiéroglyphes. C'était la «meta» d'un ancien cirque, à
l'extrémité S.-O. de la ville (pl. A 4). La base est une fontaine moderne, avec quatre lions de bronze dus à Dantan (1829). La hauteur totale du monument est de 19 m. 82, celle de l'obélisque même
de 15 m. 28.

*St-Trophime, l'anc. *cathédrale* (pl. D 3), sur la même place, est
un édifice très ancien, fondé, dit-on, sur les ruines du prétoire
romain et consacré en 606; mais il a été remanié plusieurs fois,
agrandi de tout le chœur en 1430 et restauré au XIXe s. Il est du
style roman, à trois nefs et à transept, avec tour sur la croisée, les
collatéraux voûtés en quart de cercle. La partie la plus remarquable est le *portail*, du style roman du XIIe s., avec 6 colonnes,
en partie sur des lions; 10 des statues de saints et une Lapidation
de St Etienne entre ces colonnes, un linteau et un tympan richement sculptés, représentant le Christ avec les symboles des évangé-
listes, le Jugement dernier, des scènes de la Bible, etc.

L'intérieur est simple. A dr. se voit un tombeau du XVIe s. A g., un
Christ en croix par un peintre inconnu, les fonts, sur un devant de vieux
sarcophage chrétien, etc. Aux murs des bas côtés, 11 vieilles tapisseries;
au-dessus de l'arc de triomphe, une Lapidation de St Etienne par *Finsonius*
(p. 312), œuvre principale de l'artiste (1614); dans la chap. de dr., une
Adoration des mages par le même, et au transept du même côté, un Concile d'Arles par un inconnu. Dans la chap. sombre à dr. de l'abside, un
St-Sépulcre du XVIe s., composé de 10 personnages; un tombeau ancien
à l'autel et deux autres sur les côtés; plus loin, une grille du XVIIIe s.;
au transept, une belle Annonciation, et dans la chap. voisine un vieux
sarcophage chrétien, au-dessus duquel est un grand bas-relief représentant
l'Assomption. Belle chaire en pierre de 1897, sur les plans de Revoil. —
L'empereur Frédéric Barberousse a été sacré dans cette église en 1178.

Un escalier à dr. du chœur après la sacristie (inscription) conduit au *cloître de St-Trophime*, qui se compose de quatre galeries
de 19 et de 17 m. de longueur, des styles roman, de transition et
ogival, avec des colonnettes en marbre aux riches chapiteaux, repré-

sentant des scènes de la Bible, des pilastres cannelés et des statues.
Ce cloître est public et donne sur la rue par laquelle nous sommes
venus du théâtre.

L'anc. *archevêché*, entre St-Trophime et le cloître, du côté de
la place, est là où se trouvait le prétoire romain, dont on a découvert des restes en 1898.

Le *musée lapidaire (pl. C D 3), dans une anc. église, en face de
St-Trophime, est surtout très riche en sarcophages antiques et chré-
tiens, en marbre et à bas-reliefs, provenant des Aliscamps (p. 297).
Il est public le dim. de 10 h. à midi et ouvert t. les j. de 9 à 5. —
On y a ajouté en 1898 un *Musée Arlésien* (v. ci-dessous).

Musée lapidaire. — CÔTÉ GAUCHE. 1re travée: colonne en granit provenant du port et entaillée par les amarres des navires avec une inscription en l'honneur de l'empereur Constantin; groupe de Médée et ses enfants; partie de sarcophage avec Cueillette des olives. — 2e travée: tombeau de Messianus, chef des navigateurs utriculaires d'Arles. — 3e travée,
les plus beaux sarcophages chrétiens: Miracles de J.-C., les Apôtres (tombeau du prêtre Concorde, avec portique), le Bon pasteur, le Lavement des
pieds et Pilate se lavant les mains, Jésus avec ses apôtres et les saintes
femmes, le Passage de la mer Rouge. — 4e travée, encore des tombeaux chrétiens remarquables: les Evangélistes et des apôtres (décapités); sarcophage
de Moïse; médaillons représentant les défunts, scènes de la vie de Suzanne,
de la vie de Jonas. — 5e travée: Danseuse antique, mutilée; sarcophage
avec la Multiplication des pains et dont le couvercle est celui du sarcophage de St Hilaire, évêque d'Arles de 429 à 449; bel autel d'Apollon, du
théâtre antique; au-dessus, Apollon et les Muses. — Musée Arlésien, v.
ci-dessous. — A g. du chœur, une belle tête de femme dite de Livie, sur
un autel de la Bonne Déesse, Cybèle.

CHŒUR. — Petit autel dit de Léda (plutôt d'Apollon), petits fragments
et de petites antiquités, notamment des vases, des terres cuites, des verres,
des bronzes, des médailles, des bijoux, en particulier une sorte de grosse
perle en or, dans la vitrine de gauche.

CÔTÉ DROIT. — 6e travée, à g. en revenant, le Dieu Mithra (décapité),
avec les signes du zodiaque; piédestal antique de l'obélisque mentionné
p. 295. Danseuse antique, mutilée. — 7e travée: à g., tombeau de la
fille de Chrysogone, avec des têtes de Méduse; au-dessus, la Résurrection
de la fille de Jaïre; en face, une chasse au cerf et au sanglier, d'un tombeau du IIe s.; tête colossale d'Auguste. — 8e-10e travées: sarcophages
païens et chrétiens ou parties de sarcophages; Mariage romain, Multiplication des pains; fragments d'architecture.

NEF. — A dr., tombeau avec instruments de musique; buste de Silène,
du théâtre antique; tombeau de Cornélia Jacona, etc. Au milieu, un grand
sarcophage où est représentée la mort d'Hippolyte. A g., encore des sarcophages, des cippes, un Silène, des tuyaux en plomb d'aqueduc romain.

Musée Arlésien (*Museon Arlaten*). — Ce musée, créé depuis 1897, sur
l'initiative du poète provençal Mistral, est une collection ethnographique
locale. Il est installé au 2e étage du tribunal, voisin de l'anc. église
où est le musée lapidaire, et on y entre par une petite porte à dr. de la
5e travée de ce dernier, du côté gauche. Il est actuellement divisé en
8 groupes: 1, anthropologie; 2, alimentation: agriculture, élevage des
bestiaux, chasse et pêche; 3, habitation: mobilier, ustensiles, costumes,
bijoux et jeux; 4, cultes, traditions, superstitions, sorcellerie, etc.;
5, sciences; 6, industrie et commerce; 7, coutumes et fêtes populaires;
8, bibliographie et iconographie.

L'*hôtel de ville* (pl. D 3), à côté de la cathédrale, est de 1673-75,
sauf la *tour de l'Horloge* et le Mars en bronze qui la couronne, du
milieu du XVIe s. On remarque la voûte plate du vestibule.

La *place du Forum* (pl. CD 3), à quelques min. à g. derrière l'hôtel de ville, est en effet l'anc. forum romain et encore le centre de la ville, avec les hôtels et les principaux cafés. On y voit, à g. de l'hôtel du Nord, deux colonnes antiques avec un reste de fronton.

Les autres restes de l'antiquité dispersés dans la ville sont sans importance, si ce n'est toutefois ceux du *palais de Constantin* (pl. D 2), engagés dans des maisons au N., près du Rhône, mais qu'on voit du quai. Ce palais, bâti par Constantin le Gr. de 306 à 330, fut occupé par les divers souverains du pays jusqu'au XIIIe s.

Là aussi, l'ancien *Grand-Prieuré*, qui renferme le petit *musée Réattu* (pl. D 2), ainsi nommé de son fondateur, un peintre arlésien (1760-1833). S'adresser au concierge.

REZ-DE-CHAUSSÉE et ESCALIER, tapisseries d'Arras. — PREMIER ÉTAGE. — Salle A: dessins, pastels, etc., par *Réattu*. — Salle B: à g., 14, *le Caravage*, Brigand calabrais; 13, 15, *van Bloemen*, 2 paysages; 8, *Ribera*, St Jérôme; 9, *le Guerchin*, Catherine d'Aragon; 21, *le Tintoret*, Sénateur vénitien; 22, *Ann. Carrache*, portr. de femme; 16, *Sanders*, Marchande de fruits; 29, d'ap. *Holbein*, portr. d'homme; 46, *Mengs*, portr. de femme; 25, d'ap. *Rubens*, Persée délivrant Andromède; 28, *Réattu*, Narcisse se mirant dans l'eau; 70, *Jos. Vernet*, Tivoli; 67, *Watteau*, Joueur de guitare; 58, 59, *Salv. Rosa*, paysages; autres tableaux de *Réattu*, en particulier des grisailles faites pour le temple de la Raison à Marseille, etc. — Salle C: 142, *A. Potter*, les Saintes-Maries, dans la Camargue (p. 302); au-dessus, 138, une jolie grisaille de *Lemire*, dit *Sauvage*; 148, *Poilpot*, la Proie; 154, *vieille école ital.*, Vierge; 158, *Fouqué*, portr. de la fille de Réattu, donatrice de la collection. — Salle D: 183, *Glaize*, le Premier duel. — Salle E: encore quelques tableaux et des photographies de monuments du pays. — Salle F, de l'autre côté de l'escalier: des estampes et un bas-relief attribué à *Jean Goujon*.

La rue Réattu, en face du Grand-Prieuré et la rue du 4 Septembre, à g., ramènent à celle par laquelle on est allé aux Arènes. Dans la seconde est l'*église St-Antoine* (pl. D 2), reconstruite dans le style goth. au XVIIe s. Elle a dans le chœur une sorte de grand retable en bois de l'époque, d'une ornementation fort riche, et à dr. de l'entrée une cuve baptismale en métal, reposant sur des bœufs.

On devra encore visiter les Aliscamps, au delà des boulevards du S., près du jardin public (p. 295).

Les **Aliscamps** ou *Champs-Elysées* (v. pl. F 4) sont l'anc. cimetière romain, consacré aux sépultures chrétiennes par St Trophime. Ils eurent au moyen âge une telle célébrité qu'on y apportait les morts de fort loin et que le Dante en fait mention dans son Enfer (IX, 112). Plus tard, ils furent négligés, les monuments en furent détruits et dispersés et les terrains morcelés. On a toutefois recueilli de nos jours les sarcophages qui s'y trouvaient encore et on en a placé la plus grande partie le long d'une promenade nommée l'*allée des Tombeaux*. Ils sont nombreux, mais sans ornements, les plus remarquables étant au musée et à St-Trophime. A l'entrée, une petite *chapelle*, avec un reste de la porte du cimetière. Puis la maison du gardien, qui fait voir l'église du fond. Vers le milieu, à dr., le *monument des consuls* victimes de la peste en 1720. A l'extrémité, les ruines d'une *église St-Honorat*, reconstruite au xie s., dans le style roman, et inachevée, avec une tour octogone.

D'Arles à *Marseille*, v. R. 41. — *Excursions d'Arles*, v. ci-dessous. Arles doit être aussi reliée à *Nîmes* par une ligne partant de la gare de Trinquetaille (p. 293).

40. Excursions d'Arles.

I. D'Arles à Mont-Major et aux Baux (St-Remy).   Ligne de Salon.

A *Mont-Major:* 6 kil. par la ligne d'intérêt local de Salon (gare de Fontvieille, v. p. 293) et 4 kil. par la route. — Aux *Baux:* 15 ou 17 kil. par la même ligne, jusqu'à *Paradou* ou à *Maussane*, puis 5 ou 4 kil. de route. — D'Arles à *Salon:* 46 kil.; 1 h. 45 à 2 h. 10; 5 fr. 15, 3 fr. 50, 2 fr. 25.

Arles, v. ci-dessus. Cette ligne passe au S. des *Alpines* (p. 293).

6 kil. **Mont-Major** ou *Montmajour*, hameau célèbre par les **ruines d'une abbaye*, fondée au vi[e] s., rebâtie aux xie-xive s. et en partie de nouveau au xviiie s. C'est cette dernière partie qu'on a devant soi en arrivant. On peut pénétrer librement dans une sorte de cour du côté de la route, en passant sous une grande arcade, et on fera bien de voir d'abord tout l'extérieur des ruines avant de demander le gardien, qui montre l'intérieur. Elles sont sur une colline dont on fera le tour à g., en passant près de la chapelle Ste-Croix (v. ci-dessous). L'autre côté est très pittoresque. On y remarque particulièrement une grosse *tour* carrée de 1369, haute de 26 m. (vue), qui était destinée à la défense de l'abbaye. Du même côté se voit une *chapelle*, en partie souterraine, qu'on visite avec le gardien. La tradition veut que ce soit celle de St Trophime (p. 294) et on y montre sa cellule et sa cachette dans les persécutions. Les parties les plus curieuses à l'intérieur des ruines sont l'*église*, du xiie s., et le *cloître*, du style roman. — La *chapelle Ste-Croix* est une curieuse construction de l'an 1019, qui présente à la base 4 absidioles, dont une précédée d'un porche; au-dessus, un étage carré, avec fronton sur chaque face, et au sommet une lanterne. Devant et sur les côtés se voient à fleur de terre des sarcophages creusés dans le roc vif et maintenant sans couvercles et vides.

Puis la halte de *Darbousille*. — 9 kil. *Fontvieille*, à dr., petite ville, avec une tour de son anc. château. — 11 kil. *Fontvieille-Carrières*, où il y a d'importantes carrières de pierre. — 13 kil. *Mont-Paon*, à 100 m. près, aussi rapproché des Baux que Paradou.

15 kil. *Paradou*, stat. à 4 kil. au S.-O. des *Baux*, qu'on visite aussi de Maussane (p. 299). Le chemin qui y mène d'ici traverse la voie, appuie à dr. au bout de $^1/_4$ d'h., là où aboutit, à g., celui de Mont-Paon, et rejoint 20 min. plus loin, à dr., celui qui vient de Maussane, près de la colline des Baux.

Les Baux (*hôt. Monte-Carlo*, modeste et où il faut faire prix; guide, 3 à 10 fr.) sont une anc. ville, qui n'a plus 350 hab., mais qui a dû en avoir au moins dix fois autant. Ce fut au moyen âge la capitale florissante d'un comté, dont les titulaires furent longtemps très puissants en Provence, où ils finirent par posséder 79 villes et châteaux. Celui des Baux existait encore tout entier en 1426, mais les parties défensives en furent déjà détruites par Louis XI et la place fut définitivement démantelée sous Louis XIII (1632), par ordre de Richelieu.

Ce qui rend cet endroit très curieux, c'est l'aspect pittoresque, l'importance et l'originalité de ses ruines. Il est d'abord situé sur un contrefort rocheux des Alpines et dans un vallon bordé de rochers ruiniformes. Au sommet est un vaste *château seigneurial*, mainte- nant dans un état de ruine avancé, mais dont il y a encore des restes intéressants, notamment par le fait que certaines parties ont été tail- lées dans le roc vif. Il y a aussi des *maisons* du même genre, plus ou moins en ruine. L'*église* est des styles de transition et gothique. A côté est l'anc. *maison des Porcelets* (école), dont le salon existe encore et qu'on peut visiter. Près de là aussi un petit *musée*, dont l'entrée est libre. Un peu plus bas, l'anc. *temple protestant*, de la Renaissance (1571), avec l'inscription calviniste «Post tenebras lux». Plus haut, à dr. du château seigneurial, une anc. église St-Claude, assez bien conservée. On arrive de là à une sorte de place d'où l'on a une belle vue et où il y a une citerne, alimentée d'eau de pluie par une surface dallée, etc.

Sur les rochers au S. ou à l'opposé de la localité, dans le bas de la colline, sont deux *stèles* sculptées dans le calcaire. La principale est donnée à tort, dit-on, comme représentant les trois Maries («Trémaïé»; p. 302) et serait de fait un monument votif d'un camp de Marius, le représentant lui-même avec une prophétesse et Julie. — De l'autre côté de la colline, au N.-E., une construction dite *pavillon de la Reine-Jeanne* et, en face, le *Val d'Enfer*, où l'on peut faire une belle promenade de 1/2 h.

La route par laquelle on est arrivé aux Baux se continue par les Alpines vers *St-Remy* (12 kil.; v. p. 293). Les piétons y vont par un che- min neuf à dr. au delà des ruines, qui aboutit près d'un «mas» (ferme), à 35 min. des Baux, dans la route de Maussane à St-Remy. Cette route, où l'on tourne à g., pour traverser les Alpines, passe à 1 h. 1/4 de là aux ruines de St-Remy (p. 293), qu'on voit déjà de loin.

17 kil. *Maussane*, stat. aussi à env. 4 kil. des Baux et à 8 kil. de St-Remy (p. 293). — 23 kil. *Mouriès*. — 31 kil. *Aureille*. — 33 kil. *La Jasse-de-Brahis*. — 38 kil. *Eyguières* (hôt. Payan). 2326 habitants.

D'EYGUIÈRES A MEYRARGUES: 47 kil., ligne d'intérêt local, qui longe plus ou moins le *canal de Craponne* (p. 304), le *canal de Marseille* (p. 305) et la *Durance*. — 7 kil. *Lamanon*. Ligne de Cavaillon à Miramas (p. 306). — 15 kil. (4e st.) *Mallemort*. 2201 hab. — 26 kil. (8e st.) *La Roque-d'An- théron*. Château du XVIe s. A 1/2 h. à l'E., l'anc. *abbaye de Silvacane*, de l'ordre de Cîteaux, du XIIe s. — 30 kil. *St-Christophe*, halte près du vallon de ce nom, où il y a un grand et curieux *bassin* de décantage du canal de Marseille, dont la contenance est d'env. 1300000 m. cubes. — 38 kil. (11e st.) *Le Puy-Ste-Réparade*. 1305 hab. Ruines. — 47 kil. (14e st.). *Meyrargues* (p. 309).

On traverse ensuite les canaux de Craponne et des Alpines. — 41 kil. *St-Tropez*. — 46 kil. *Salon* (p. 306).

II. D'Arles à Aigues-Mortes. Ligne de Lunel.

A *Aigues-Mortes:* 52 kil., dont 39 sur la ligne de Lunel, jusqu'à Aimargues; 2 h. à 3 h. 20; 5 fr. 95, 4 fr., 2 fr. 60. — D'Arles à *Lunel:* 45 kil.; 1 h. 15 à 2 h. 15; 5 fr. 05, 3 fr. 40, 2 fr. 20.

Arles, v. p. 293. On traverse le *Grand-Rhône* ou principal bras du fleuve, puis l'extrémité N. de l'*île de la Camargue,* delta formé par les alluvions du Rhône et qui s'agrandit toujours, au moins à l'embouchure du grand bras. Sa superficie est d'env. 75 000 hect., mais il y a des marais et des étangs qui en occupent une grande partie, le principal l'*étang de Valcarès* ou *Vaccarès,* qui compte pour 6000 hect., mais n'a que 50 cm. de profondeur moyenne, et il y a de vastes plaines arides, env. les $^4/_5$, par suite de l'excès de sel que contient le sol. On travaille toutefois au dessèchement et à l'assainissement du sol, et l'on y a planté 6000 hect. de vignes submersibles, dont le vin est, dit-on, peu généreux, mais convient surtout pour les coupages avec les vins espagnols. Il y a aussi des pâturages, où paissent d'assez grands troupeaux de moutons, de taureaux et de chevaux à demi sauvages. Cette île est desservie par les lignes des Saintes-Maries et du Salin-de-Giraud (p. 302).

12 kil. *La Camargue.* On traverse le *Petit-Rhône,* puis le canal de Beaucaire (p. 240), à St-Gilles.

18 kil. **St-Gilles** *(hôt. du Midi),* ville de 6110 hab., qui a dû son origine à une abbaye fondée par le saint de ce nom (Ægidius) et qui fut la patrie du pape Clément IV (m. 1268). Elle possède une *église* dont le *portail, du XIIe s., est décoré avec un luxe extraordinaire, tout couvert de bas-reliefs en marbre et en pierre d'une grande finesse, mais malheureusement fort mutilés. Ce portail rappelle, par les dispositions et le style, celui de St-Trophime d'Arles, mais il est encore plus riche et il y a trois portes. Le reste de l'église, construit seulement en partie sur le plan et dans le style primitif, comprend une grande crypte à trois nefs, dont une partie est également du XIIe s., et la sacristie, à g., une partie de l'église primitive. On visite encore derrière l'église, dans une tourelle, un escalier très pittoresque dit la *Vis de St-Gilles,* et dans le voisinage de la place, à l'O., une *maison romane,* restaurée de nos jours et servant de presbytère.

Plus loin à g., deux étangs. — 29 kil. *Gallician.* — 32 kil. *Le Cailar,* aussi sur la ligne de Nîmes à Aigues-Mortes (p. 257), avec laquelle la nôtre se confond jusqu'à la stat. suivante.

39 kil. *Aimargues* (hôt. du Cheval-Blanc, très ordinaire). 2766 hab. — Changement de voiture pour Aigues-Mortes. Il n'y a plus ensuite qu'une stat. du côté de *Lunel* (p. 259), la petite ville de *Marsillargues* (3507 hab.), avant laquelle on traverse le Vidourle, et une du côté d'Aigues-Mortes, celle de *St-Laurent-d'Aigouze,* après laquelle on aperçoit, à g., la *tour Carbonnière,* du XIIIe s.

52 kil. **Aigues-Mortes** (*H. St-Louis,* recomm., dé. 3 fr., dî. 3.50; *H. de la Macreuse, H. Fayn*), ville de 3897 hab., située près d'é-

tangs et de marais qui lui ont donné son nom, principalement
l'*étang de la Ville et du Roi*, et sur quatre canaux navigables, qui
la relient à la mer (6 kil.), au Rhône (Beaucaire) et aux étangs (salines). C'est bien une ville morte, et depuis longtemps, par suite
de l'ensablement de son ancien port; mais c'est précisément pour
cela une des plus intéressantes qu'on puisse visiter.

Aigues-Mortes a été fondée en 1246 par St Louis, qui s'y embarqua pour ses deux croisades, en 1248 et 1270, et son fils Philippe
le Hardi la fit entourer, dès 1272, de **fortifications qui sont une
des curiosités de la France, peut-être supérieures à celles de Car-
cassonne et d'Avignon (p. 281), en ce qu'elles forment un tout ho-
mogène, d'une même époque, mais inférieures aux premières en ce
qu'elles se présentent de plain-pied, au lieu d'être sur une hauteur
et visibles de loin et qu'elles ont beaucoup perdu de leur pittoresque dans une restauration. L'enceinte forme un carré long, d'env.
545 m. sur 300, avec des murs crénelés, de 8 à 10 m. de hauteur,
et 20 tours, carrées ou rondes, avec 10 portes. On y a seulement
fait des modifications aux créneaux après l'invention des armes à
feu, et le fossé a été comblé. Dans l'angle N.-O., à dr. en venant
de la gare, se trouve une sorte de citadelle, avec la *tour de Constance,* la plus importante, commencée par St Louis. Elle atteint,
avec la tourelle de guet qui la surmonte, 28 à 30 m. de hauteur sur
20 à 22 m. de diamètre, et ses murs ont jusqu'à 6 m. d'épaisseur.
Cette tour a servi de prison à bien des protestants après la révocation de l'édit de Nantes. Une autre, au S.-O., la *tour des Bourguignons,* a servi de tombeau aux Bourguignons qui s'étaient emparés de la ville en 1421; ils furent tous massacrés par les troupes
royales et jetés dans cette tour, où on les recouvrit de sel. Pour
visiter ces tours et les remparts, où l'on fera une promenade intéressante, s'adresser au gardien, à g. à l'entrée de la ville.

La ville elle-même est à peu près dénuée d'intérêt; elle est bâtie
sur un plan régulier, avec de larges rues, mais déserte. Sur la place
publique est une *statue de St Louis,* en bronze, par Pradier. Beaucoup de moustiques à l'arrière-saison.

Les environs sont curieux à visiter. Ils sont maintenant plantés de vignes submersibles, à l'aide de pompes à feu, sur une superficie de 170 hectares. — Bains de mer très fréquentés par les habitants de Nîmes au *Grau du Roi* (hôtels), sur le littoral, à env. 6 kil.
au S.-O. de la ville, où conduit en été (50 c.) un bat. à vap. qui passe
entre des étangs et de grandes salines. Il y a aussi un omnibus (50 c.).

D'Aigues-Mortes aux *Saintes-Maries* (p. 302), env. 20 kil.

III. D'Arles à St-Louis-du-Rhône.

41 kil. Trajet en 1 h. 15 et 1 h. 30. Prix: 4 fr. 60, 3 fr. 10, 2 fr.

Arles, v. p. 293. Cette ligne se détache à dr. de celle de Marseille, traverse le *canal de Bouc* et le longe, puis suit la rive g. du

Grand-Rhône, dans une plaine marécageuse, entre la *Camargue* (p. 300) et la *Crau* (p. 304). — 9 kil. *Mas-de-la-Ville.* — 16 kil. *Beyne.* — 20 kil. *Mas-Thibert.* — Halte de *la Forêt.* — 30 kil. *La Porcelette.* — 34 kil. *L'Eysselle.* Puis, à dr., le *Salin-de-Giraud* (v. ci-dessous) et le port de St-Louis.

41 kil. **St-Louis-du-Rhône** (*Gr.-H. St-Louis*), localité d'origine récente, d'env. 1600 hab., avec un bon port, à l'embouchure du Rhône. Une *tour* (vue), bâtie en 1737 au bord de la mer et qui en est maintenant à plus de 7 kil., donne une idée de l'importance des atterrissements, et quatre tours-sémaphores du même genre, échelonnées le long du fleuve, étaient devenues de même successivement inutiles depuis le temps des Romains.

Le *port*, achevé en 1871, se compose d'un bassin de 14 hect. et 6 m. 50 de profondeur, communiquant avec le Rhône par une écluse et avec le *golfe de Fos* par un *canal* de 3500 m. de long, terminé par un *avant-port* de 100 hect. et que protègent des jetées de 1740 et 2000 m. de long.

IV. D'Arles aux Saintes-Maries.

38 kil., ligne d'intérêt local, partant de la gare de la Camargue (p. 293; omn., 25 c.). Trajet en 1 h. 40. Prix: 3 fr. 90 et 2 fr. 35. Billets d'aller et retour à 1 fr. 50 les dim. et jeudi dans la saison pour les Stes-Maries, où l'on va prendre des bains de mer, d'une façon primitive.

Arles, v. p. 293. Cette ligne, qui en laisse bientôt à g. une autre sans intérêt pour le touriste, desservant l'importante saline dite *Salin-de-Giraud* (38 kil.), traverse la *Camargue* (p. 300) et y passe à l'O. de l'*étang de Valcarès*, le long du *Petit-Rhône* et entre des étangs plus petits. 8 stat. intermédiaires sans importance. Contrée néanmoins curieuse en son genre et belle au printemps, mais exposée aux fièvres et infestée par les moustiques en automne.

38 kil. **Les Saintes-Maries** (*hôt. de la Poste*, près de l'hôtel de ville), toute petite ville des bords de la Méditerranée, jadis sur un îlot du Rhône et pour un temps très prospère. Elle doit son nom actuel à Marie Jacobé, Marie Salomé et Marie-Madeleine, qui, selon la tradition, abordèrent là en Provence avec Marthe (p. 292), leur servante Sara, Lazare et St Maximin (p. 299).

L'*église*, reconstruite au XIIe s., avec ses petites fenêtres, des créneaux et une tour sur le chœur, a l'aspect d'un fort. Elle renferme les reliques de Marie Jacobé et Marie Salomé (Marie-Madeleine, v. p. 330), dans une chapelle haute au-dessus de l'abside, d'où on les descend solennellement aux fêtes. C'est le but de l'un des pèlerinages les plus anciens et les plus populaires de la Provence, les 24 et 25 mai et aussi (moins important) le 22 octobre. Il y vient beaucoup de bohémiens, qui ont un culte particulier pour la servante noire Sara, inhumée dans la crypte.

Des Saintes-Maries à *Aigues-Mortes* (p. 300), env. 20 kil.

V. LA PROVENCE

41. D'Arles (Lyon) à Marseille.

86 kil. Trajet en 1 h. 30 à 2 h. 40. Prix : 9 fr. 65, 6 fr. 50, 4 fr. 25.

Arles, v. p. 293. Laissant ici à dr. la ligne de St-Louis-du-Rhône, qui prolonge celle de Lyon sur la rive g. du fleuve, on traverse des terrains marécageux, sur un viaduc de 769 m. de long, et on tourne à l'E. — 9 kil. *Raphèle*. On arrive ensuite dans la *plaine de la Crau* (celt. «craigh»), le *Campus Lapideus* ou *Cravus* des anciens, plaine d'env. 20000 hect., entre le Rhône à l'O., les Alpines au N., des étangs à l'E. et la mer au S., toute couverte de cailloux amenés sans doute par le Rhône, après la fonte d'une partie des glaciers des vallées des Alpes. Cette plaine est à peu près stérile, sauf là où il y a des canaux d'irrigation, le principal le *canal de Craponne* (v. p. 306), et elle est exposée au mistral (p. 279), dont la voie est en partie protégée par une épaisse bordure de cyprès. — 16 kil. *St-Martin-de-Crau*. — 28 kil. *Entressen*.

33 kil. *Miramas* (buffet; hôtels). Ligne de Cavaillon, v. p. 306.

DE MIRAMAS A PORT-DE-BOUC *(Martigues):* 26 kil.; 1 h.; 2 fr. 65, 2 fr., 1 fr. 45. — 10 kil. (2ᵉ st.) *Istres* («Ostrea»), ville de 3496 hab., au S. de *l'étang de l'Olivier*, près de l'étang de Berre (v. ci-dessous) et de l'embouchure de deux canaux d'irrigation dans cet étang. Elle a de grandes fabriques de soude. — 15 kil. (4ᵉ st.) *Lavalduc*, au bord de l'*étang* de ce nom. — 21 kil. (6ᵉ st.) *Fos*. La localité, à 3 kil. à l'O., près de l'*étang de l'Estomac*, dont le nom est une corruption du grec «stoma», embouchure, doit elle-même son nom, ainsi que le golfe voisin, aux «Fossæ Marianæ», canal creusé en 104 av. J.-C. par les légions de Marius, venues en Gaule pour combattre les Teutons. Il reliait entre eux les étangs à l'O. — 26 kil. **Port-de-Bouc** *(hôt. du Commerce)*, village avec un petit *port*, dans un site original, sur une langue de terre qui contourne l'*anse de Bouc* et sur le *golfe de Fos*, dans lequel débouchent le *canal d'Arles à Bouc* et l'*étang de Caronte*, reliant celui de Berre à la Méditerranée. Il y a d'importantes salines à l'E., sur les bords de l'anse. — *Martigues* (v. p. 305) est à 7 kil. à l'E. de Port-de-Bouc: omnibus, 50 c.

38 kil. *St-Chamas* (2 hôtels), bourg près de l'extrémité N.-O. de l'*étang de Berre*, lac salé qui s'étend à dr. du ch. de fer et qui a 22 kil. de long sur 6 à 14 de large, soit plus de 15500 hect. de superficie. Il a été question d'en faire un port militaire et un refuge pour les navires de commerce, en agrandissant la passe de l'étang de Caronte (v. ci-dessus). St-Chamas a une poudrerie très importante. A env. ¹/₄ d'h. au S.-E. (dr.), sur la *Touloubre*, se trouve le beau *pont Flavien*, pont antique dû à un prêtre de Rome et d'Auguste du nom de Flavus. Il a un petit arc de triomphe corinthien à chaque extrémité. Le ch. de fer traverse lui-même cette rivière sur un beau *viaduc* courbe, de 385 m. de long et 26 m. de haut et on aperçoit le pont romain à dr.

52 kil. *Berre*, stat. pour la petite ville qui a donné son nom à l'étang, à 3 kil. de distance (hôt. du Luxembourg). Jolies promenades. Importantes salines de l'autre côté de l'étang de Vaine.

59 kil. *Rognac* (buffet). Omn. pour Berre (50 c.)

DE ROGNAC A AIX: 26 kil.; 45 à 55 min.; 2 fr. 90, 1 fr. 95, 1 fr. 30. — 7 kil. *Velaux*, stat. avant laquelle on voit, à dr., un château en ruine. — 12 kil. *Roquefavour* (hôt.-rest. Arquier), où se trouve une merveille de l'architecture moderne (1842-47), le fameux *aqueduc de Roquefavour*, sous lequel on va passer et qui se voit de la station à dr. Il a 392 m. 50 de long et 82 m. 50 de haut, avec trois étages d'arcades. Il fait partie du *canal de Marseille*, dérivation des eaux de la Durance destinée à alimenter Marseille et ses environs, même pour les irrigations. Ce canal, qui commence à Pertuis (p. 309), a 92 kil. de long ou 158 avec ses 5 dérivations principales, dont 21 en tunnels, l'un d'eux mesurant 3675 m. Il a été construit de 1839 à 1849 par l'ingénieur de Montricher. — 19 kil. *Les Milles*, d'où l'on voit encore l'aqueduc en arrière. — 26 kil. *Aix* (p. 310).

Rognac et les 4 stations suiv. sont aussi desservis par la ligne de la banlieue de Marseille dite *ligne de l'Estaque* (p. 329).

63 kil. *Vitrolles.* Puis on s'éloigne de l'étang. — 68 kil. *Pas-des-Lanciers* («pas de l'Anxiété»; hôt. de la Gare).

DE PAS-DES-LANCIERS A MARTIGUES: 19 kil.; 50 min.; 1 fr. 95, 1 fr. 45, 1 fr. 15. — 6 kil. (3e st.) *Marignane*. A dr., l'étang de Berre (p. 304). — 15 kil. (6e st.). *La Mède*, où se voient dans l'étang de curieux rochers dits les «Trois-Frères». — 19 kil. **Martigues** (*Gr.-H. de Martigues, H. du Cours*), «Maritima», vieille ville déchue de 5659 hab., anc. chef-lieu de principauté, à la jonction des *étangs de Berre* et *de Caronte* (v. p. 304) et avec un *port* relié par ce dernier à celui de Bouc (v. p. 304). C'est surtout une ville de pêcheurs, appréciée des peintres, la «Venise provençale». La gare est à *Jonquières*, le quartier principal, au S. de l'étang de Berre. On traverse le *canal du Roi* pour arriver de là dans le quartier de *l'Ile*, où il y a deux autres canaux et qui est séparé du quartier de *Ferrières* par la principale partie du *canal maritime*. A l'O. de Ferrières se trouvent des *salines*.

Puis le *tunnel de la Nerte*, de 4638 m. (env. 5 min.), le plus long de France; on passe entre des rochers sauvages, et bientôt l'on a un coup d'œil magnifique sur la Méditerranée et le golfe de Marseille, avec ses îles rocheuses de Pomègue, de Ratonneau et d'If. — 75 kil. *L'Estaque.* Autre ligne et tramway, v. p. 329 et 318. Encore un tunnel, de 475 m. — 80 kil. *St-Louis-les-Eygalades.* Autre ligne et tramway, v. aussi p. 329 et 318. Partout des maisons de campagne; un paysage tout méridional entouré de montagnes et, au premier plan, le port de mer le plus important de France.

86 kil. *Marseille* (p. 316).

42. D'Avignon à Aix (Marseille), par Pertuis.

109 kil. Trajet en 4 h. et 4 h. 30. Prix: 12 fr. 40, 8 fr. 30 et 5 fr. 40. — 29 kil. d'Aix à Marseille, trajet en 1 h. à 1 h. 30, pour 3 fr. 35, 2 fr. 25 et 1 fr. 50. Vue d'abord belle à g., jusqu'à Cavaillon, puis à droite.

Avignon, v. p. 280. Jusqu'à l'*Isle-sur-Sorgue* (24 kil.), p. 291. On aperçoit ensuite de loin, à g., le cirque rocheux où est la fontaine de Vaucluse (p. 291) et on traverse le *Coulon* ou *Calavon*.

33 kil. **Cavaillon** (*buffet; hôt. Arnaud*, à dr. sur le boulevard), ville de 9405 hab., la *Cabellio* des Romains, avec les restes peu importants d'un *arc de triomphe* antique, sur une place à l'extrémité du boulevard qui la contourne à dr., en passant derrière l'église, et au pied d'une colline d'où l'on a une belle vue. L'*église* est une anc. cathédrale des XIIe-XIIIe s., surtout romane, avec un assez beau cloître à dr. du chœur, par où l'on entre. Elle a de riches autels, de

belles boiseries, des bas-reliefs dorés dans la 1re chap. à g., etc. — Cavaillon est renommé pour ses melons.

Ligne d'*Apt* et *Volx* (Digne, Gap, etc.), v. R. 43.

De Cavaillon a Miramas (Marseille): 36 kil.; 1 h. à 1 h. 30; 4 fr. 05, 2 fr. 70, 1 fr. 75. — 4 kil. *Cheval-Blanc* (v. ci-dessous). On tourne au S. et traverse la *Durance*. — 6 kil. *Orgon* (*hôt. de Londres*), petite ville avec les ruines d'un *château*, sur une colline, et des restes de remparts. Lignes d'Avignon et de Tarascon, v. p. 289 et 293. — 17 kil. (4e st.) *Lamanon*. Ligne d'Eyguières à Meyrargues (p. 299). — 24 kil. **Salon** (*hôt. de la Poste*), ville de 10936 hab., patrie d'*Ad. de Craponne* (1519-1559), l'ingénieur qui commença les canaux d'irrigation de la plaine voisine, la Crau (p. 304), et à qui elle a érigé un monument. Son principal édifice est l'*église St-Laurent*, anc. collégiale du xive s., qui renferme le tombeau de Nostradamus, le célèbre astrologue (m. 1566). Salon a encore des restes de remparts et un vieux *château*. — A 6 kil. au S.-E. est *Lançon*, village près duquel se voit un camp romain entouré de murs avec des tours. Ligne d'Arles, v. p. 299-298. Elle doit se prolonger, du côté de Lançon, vers la Calade (32 kil.; p. 310). — 36 kil. (7e st.) *Miramas* (p. 304).

La ligne principale arrive ensuite sur le bord de la *Durance*, dont elle remonte la rive dr. — 37 kil. *Cheval-Blanc*. Ligne de Miramas, v. ci-dessus. A dr., sur les hauteurs, deux châteaux en ruine. — 49 kil. *Mérindol*.

A env. 3 kil. au N.-O. se trouve la *gorge du Regalon*, qui est très pittoresque. A un endroit, il faut y traverser une grotte et à d'autres c'est une sorte de crevasse de 100 m. de profondeur, juste assez large pour qu'on y puisse passer de côté.

54 kil. *Les Borrys*. — 57 kil. *Le-Puget-de-Lauris*. — 60 kil. *Lauris*, bourg qui a un château du xvie s.

65 kil. **Cadenet** (*hôt. Anonge*), à g., petite ville dominée par les ruines d'un château. On y a trouvé des antiquités et l'église renferme une belle vasque antique, servant de fonts. C'est la patrie du compositeur Félicien David (1794-1877) et d'André Etienne (1774-1838), le «petit tambour», qui s'illustra à Arcole en battant la charge sous le feu de l'ennemi et qui a été immortalisé par Mistral: il a sur la place une statue par Amy. — 71 kil. *Villelaure*.

77 kil. *Pertuis* (buffet). Pour cette ville et la suite du trajet, v. p. 309-310.

43. D'Avignon à Digne, par Apt.

128 kil. Trajet en 7 h. 45. Prix: 18 fr. 10, 12 fr. 25, 7 fr.

Jusqu'à *Cavaillon* (33 kil.), v. R. 42. La ligne d'Apt remonte au N.-E. la vallée du Coulon, qu'elle traversera plusieurs fois. — 40 kil. *Robions*. — 44 kil. *Maubec*. — 48 kil. *Les Beaumettes*. 51 kil. *Goult-Lumières*, avec le pèlerinage de Notre-Dame-des-Lumières. — 34 kil. *Bonnieux*, stat. pour la petite ville de ce nom, à 1 h. au S. Elle a encore ses *remparts* du moyen âge et elle possède une église du xiie s. A peu près à mi-chemin entre cette stat. et la suiv., le *Coulon* est traversé par un pont romain bien conservé, le *pont Julien*, qui est peut-être néanmoins antérieur à l'époque de Julien. On le voit à g. du ch. de fer. — 61 kil. *Le Chêne*. Haut et long viaduc avant la stat. d'Apt.

65 kil. **Apt** (*hôt. du Louvre*, place Bouquerie), l'*Apta Julia* de l'antiquité, ville de 5851 hab. et chef-lieu d'arr. de Vaucluse, sur la rive g. du Coulon. Elle a pour spécialité la confiserie. La ville est à env. 10 min. à dr. au delà de la station (halte plus rapprochée, v. ci-dessous). On traverse le Coulon, puis la place Bouquerie et un peu plus loin à g. celle où est la *sous-préfecture*, l'anc. évêché (xviiie s.), qui comprend en même temps la mairie (petit musée) et le tribunal. La rue des Marchands, à g. en deçà, passe sous la *tour de l'Horloge*, du xvie s. L'*église* ou l'anc. cathédrale, à laquelle elle se rattache, est en partie du xie s., avec une crypte intéressante pour les archéologues. A g. de l'entrée, une chapelle du xviie s. dédiée à Ste Anne, dont l'église possède les reliques, dans une châsse du xie s. Elle a un dôme surmonté d'une statue de la sainte, qui est représentée aussi à l'intérieur par un groupe avec la Vierge, par Benzoni. Dans cette chapelle aussi des tableaux par Parrocel, à dr.; par Mignard, à g., etc. Dans la nef, 9 grands tableaux par Delpech et Maron, d'Apt, la Vie de la Vierge. A dr. de l'entrée, un sarcophage gallo-romain.

A 8 kil. d'Apt et à 5 de St-Martin-de-Castillon (v. ci-dessous) se trouve *Auribeau*, d'où l'on fait, en 1 h. 1/2 env., l'ascension du *Grand-Luberon* (1125 m.), principal sommet de la chaîne de montagnes qui sépare au S. la vallée du Coulon de celle de la Durance. Très belle vue.

En continuant le trajet, on voit la ville à dr. et on passe à la *halte d'Apt*, qui en est plus rapprochée. Puis la voie monte pour gagner la vallée de la Durance, en traversant une petite chaîne de montagnes. — 71 kil. *Saignon*. — 77 kil. *St-Martin-de-Castillon*. — 82 kil. *Viens*. Plus loin, un tunnel.

85 kil. *Céreste*, bourg d'origine antique, avec une tour et deux ponts romains et des restes de remparts. — 91 kil. *Reillanne*, autre bourg fort ancien, qui a des ruines et une église intéressante. On arrive ensuite dans la vallée de la *Largue*, qu'on traversera plusieurs fois. — 97 kil. *Lincel-St-Martin*. — 104 kil. *St-Maime-Dauphin*.

EMBRANCH. de 7 kil. sur **Forcalquier** (12 kil.; hôt.: *Lardeyret, Lachaud*), ville de 3018 hab. et chef-lieu d'arr. des Basses-Alpes, jadis plus importante et chef-lieu de comté. Elle est bâtie sur le versant d'une colline calcaire, d'où son nom antique de «Forum calcarium», et il y a eu sur cette colline un château maintenant remplacé par une *chapelle*, que couronne une statue dorée de la Vierge. On a de là une très belle vue. Dans la ville, une *église* des xie, xiiie et xviie s. et une *fontaine* goth. du xve s.

La ligne principale passe enfin par un petit tunnel pour sortir des montagnes et arriver dans la vallée de la Durance, où elle rejoint la ligne de Grenoble à Marseille par Aix (R. 44).

112 kil. *Volx* (p. 308). De là à *St-Auban* (26 kil.), dans la direction de Grenoble, v. p. 308, et de St-Auban à *Digne* (22 kil.), p. 232.

44. De Grenoble (Lyon) à Marseille.

305 kil. Trajet en 11 h. Prix: 34 fr. 25, 23 fr. 15, 15 fr. 15. — A *Aix*: 276 kil.; 9 h. 30 et 10 h. 15; 31 fr., 20 fr. 95, 13 fr. 70.

PRINCIPALES CURIOSITÉS de cette ligne: la *voie ferrée*, les *montagnes* jusqu'à Sisteron et la ville d'*Aix*.

Grenoble, v. p. 154. Jusqu'à *St-Auban* (176 kil.), R. 31. On y laisse à g. la ligne de Digne et l'on continue de descendre la rive dr. de la Durance. Sur l'autre rive, les *Capucins des Mées*, curieux escarpements composés de pyramides et d'obélisques de 150 m. de haut, découpés par les eaux dans des rochers calcaires, où il y a aussi des grottes. Ils sont assez rapprochés de la stat. suiv., d'où l'on y va par le pont suspendu qui se voit en deçà. Du même côté, *les Mées*, bourg qui a un vieil aqueduc (correspond.). — 181 kil. *Peyruis-les-Mées*. — 189 kil. *Lurs*. — 194 kil. *La Brillanne*. A g., un pont en pierre menant à *Oraison*. On s'éloigne ensuite de la Durance. — 200 kil. *Villeneuve*.

202 kil. *Volx*. Lignes d'Avignon par Apt et de Forcalquier, v. R. 43. — Avant Manosque, à dr., sur une hauteur, une des tours où l'on allumait dans le Midi des feux servant de signaux.

209 kil. **Manosque** (hôt.: *Pascal*, sur le boulevard à dr. de la porte Saunerie; *de Versailles*, rue du 4 Septembre), ville commerçante de 5265 hab., à 1 kil. 1/2 à dr., au pied de la colline où est la tour. La partie ancienne, qui est mal bâtie, est entourée de boulevards où sont des restes de remparts, en particulier la *porte Saunerie*, du xive s., qu'on a devant soi en arrivant de la gare par la rue du 4 Septembre. De là part la rue Grande, à dr. de laquelle est l'*église St-Sauveur*, du style de transition, dont le clocher a un beau campanile en fer. On laisse un peu plus loin à g. la grande place du Terreau et on arrive à la petite place de l'Hôtel-de-Ville, où se trouve l'*église Notre-Dame*, du style roman et bien décorée à l'intérieur. Elle a, dans la chapelle à g., une Vierge du xe ou du xie s. L'*hôtel de ville*, du côté opposé, renferme quelques curiosités. La rue qui part de là mène à la *porte Soubeyran*, à l'extrémité N.-O. de la vieille ville, qui est dans le genre de l'autre et également remarquable, mais dont le haut a été refait. On a plus court, pour le retour, par les boulevards de g. que par ceux de dr.

DE MANOSQUE A GRÉOULX (*Riez; Moustiers*); 23 kil. au S.-E., correspond. 1 fois par jour, trajet en 2 h. 1/4, pour 2 fr. La voiture va traverser la Durance sur le pont suspendu de Manosque (5 kil.), puis passe par *Vinon* et la *vallée du Verdon*. — **Gréoulx** (hôt.: *de l'Établissement, du Grand-Jardin*, aux bains; *Nègre*, etc., dans la localité) est un bourg dans un site pittoresque, sur le *Verdon*. Il est connu par son bon *établissement de bains*, qui a une source d'eau thermale sulfurée calcique (37° 50), employée contre les maladies de la peau, le rhumatisme et la scrofule, et dont dépend un grand et beau *parc*. Le bourg même, à 500 m. à l'E. des bains et fréquenté aussi comme lieu de villégiature, est dominé par un *château* remarquable du xiiie s., bâti par les templiers. On y voit encore de nombreuses *grottes* jadis habitées. — A 21 kil. au N.-E. de Gréoulx se trouve **Riez** (*hôt. des Alpes*, très modeste), petite ville desservie aussi par une voit. publ. de Manosque (3 h. 3/4; 4 fr.). C'est l'*Albece Reiorum* des Romains. On y voit des restes de constructions antiques, surtout 4 *colonnes corinthiennes*, encore debout, avec chapiteaux, architrave et entablement, et un anc. baptistère, dit le *Temple*, qui forme à l'intérieur une curieuse rotonde avec 8 colonnes antiques. — Encore 14 kil. plus loin dans la même direction (voit. publ.), **Moustiers-Ste-Marie** (hôt. *Fournier*, très modeste), toute petite ville connue par ses faïences des xviie et xviiie s. Elle est située dans un ravin que traversent des ponts et au pied de hauts rochers entre lesquels est tendue une chaîne de fer supportant une étoile dorée donnée comme l'ex-voto d'un ancien chevalier.

213 kil. *Ste-Tulle.* — 217 kil. *Corbières.* On se rapproche de nouveau de la Durance, dont la rive g. offre une belle vue (ruines, etc.). Tunnel de 525 m. — 229 kil. *Mirabeau,* où est le château de la famille de ce nom. Correspond. aussi pour Gréoulx (2 h.; 2 fr. 50). Pont suspendu sur la Durance, puis un tunnel de 280 m. On est enfin plus loin dans une plaine, et l'on voit à g. la partie de la ligne où l'on repassera après avoir touché Pertuis.

244 kil. **Pertuis** (195 m. 5; *buffet;* hôt.: *du Cours, de Provence,* place du 4 Septembre), ville de 4910 hab., où aboutit la ligne d'Avignon par Cavaillon (R. 42). Sur le Cours, où l'on arrive directement de la gare en un petit $^1/_4$ d'h., une jolie *fontaine* moderne. Plus loin, la place du 4 Septembre, puis la place Mirabeau, où se trouvent l'*église St-Nicolas,* qui a des sculptures intéressantes, et la *tour de l'Horloge,* du XIIIᵉ s. Il y a une autre *tour* remarquable, du XIVᵉ s., au delà de la place de Diane, où l'on va de celle du 4 Septembre par la rue Colbert (à dr. en arrivant) et la suivante.

A 5 kil. au N. (voit. publ.), *la Tour-d'Aigues,* bourg qui a un magnifique château en ruine de la Renaissance, avec donjon du moyen âge.

En continuant sur Aix, on retourne en arrière l'espace d'env. 2 kil. $^1/_2$ et on traverse la Durance pour la quitter.

250 kil. *Meyrargues* (206 m.; hôt. Terminus), qui a un vieux château remarquable, à 2 kil. à g., visible plus loin de la ligne d'Aix.

Ligne d'*Eyguières* par *Lamanon,* v. p. 299.

De **Meyrargues** à **Draguignan** (Grasse, Nice), ligne à voie étroite du «Sud de la France»: 98 kil., en 4 à 5 h., pour 8 fr. 25 et 6 fr. 05. Cette ligne traverse une région montagneuse qui a des parties très intéressantes. — D'abord une petite plaine. — 30 kil. (7ᵉ st.) *St-Martin.* Les montagnes se rapprochent. — 37 kil. *Varages,* sur une hauteur à g. Petit tunnel. La voie serpente désormais dans les montagnes. Profondes tranchées. Tunnel. — 43 kil. **Barjols** (304 m.; *hôt. du Pont-d'Or* ou *Rouvier*), ville industrielle de 2413 hab., qui a surtout des tanneries, à env. 1 kil. à dr., dans un fond au delà de sa station. — 45 kil. *Pontevès,* et de nouveau une petite plaine. — 52 kil. *Cotignac-Rognette* (405 m.), stat. à 7 kil. au N.-O. de la petite ville de Cotignac. On rentre ensuite dans les montagnes. Belles vues. — 60 kil. *Aups-Sillans,* à env. 9 kil. au S.-O. de la petite ville d'Aups. Descente rapide. — 68 kil. **Salernes** (242 m.), autre ville industrielle, de 2713 hab., qui a des fabriques de carreaux en terre cuite et que dominent les ruines considérables d'un *château* du XIIᵉ s., visible à dr. après la station. La voie longe un instant une gorge à une grande hauteur. — 75 kil. *Entrecasteaux.* Vue étendue et belle à dr., jusqu'aux monts de l'Esterel (p. 335). — 82 kil. **Lorgues** (*hôt. de la Poste*), ville de 3196 hab., qui a de grandes briqueteries et où l'on remarque une fontaine du XVᵉ s., une porte du XIVᵉ s., etc. Partout des oliviers. 3 petits tunnels. — 91 kil. *Flayosc* (2411 hab.). Belle vue de nouveau à dr. avant Draguignan, qu'on voit de loin et dont on contourne la vallée. — 98 kil. *Draguignan* (buffet; p. 332).

Puis un tunnel de 450 m. A g., le château de Meyrargues. — 253 kil. *Reclavier.* A g., le *mont Ste-Victoire* («mons Victoriæ»; 1010 m.), près de laquelle Marius défit les Teutons l'an 102 av. J.-C. Il y a une croix monumentale à l'O. (946 m.). — 261 kil. *Venelles.* A g., une longue rangée d'arcades du *canal d'Aix,* dit

canal du Verdon. — 265 kil. Puy-Ricard, avec un château en ruine.
— 268 kil. La Calade, d'où il doit y avoir un embranch. sur Salon
(p. 306). Puis un tunnel de 700 m. Par un temps clair, on distingue
à dr. les fines découpures du pont-aqueduc de Roquefavour (p. 305),
distant de 8 kil. — 271 kil. Pey-Blanc.

276 kil. **Aix** (buffet). — Hôtels: Nègre-Coste (pl. a, D 3), cours Mirabeau, 33 (ch. t. c. dep. 2 fr. 50, rep. 1, 2.50 et 3, p. dep. 8 fr., om. 25 c.);
de la Mule-Noire (pl. b, E 3), rue Lacépède (ch. et s. 2 fr. 50; dî. 3); du
Louvre (pl. c, C 3), rue de la Masse, 1, à g. au commenc. du cours Mirabeau (ch. 2 à 3 fr., dé. ou dî. 2 fr. 50); du Palais (pl. d. E 2), rue Chastel,
près du palais de justice; — Gr.-H. Sextius, à l'établiss. thermal (pl. B C 1),
bon (ch. t. c. 2 à 5 fr., rep. 1, 3 et 3 fr. 50, p. 8, om. 60 c.). — Cafés:
Oriental, etc., cours Mirabeau. — Une spécialité sont les calissons (pâtiss.
d'amandes) et les biscotins d'Aix. — Bains, à l'établ. thermal (p. 312), 75 c.
à 1 fr., linge compris. — Poste et télégraphe (pl. D 3), rue du Lycée. —
Les églises sont ordinairement fermées de midi à 3 h. — Temple protestant
(pl. C 3), rue de la Masse.

Aix (200 m.), est une assez belle ville de 28913 hab., l'anc.
capitale de la Provence et auj. un simple chef-lieu d'arrond. des
Bouches-du-Rhône, avec un archevêché, une université, une école
des arts et métiers, etc.

C'est l'Aquæ Sextiæ des Romains, qui fut leur plus ancien établissement dans les Gaules et dut son nom à ses eaux thermales (p. 312) et
au consul Sextius Calvinus, par lequel elle fut colonisée l'an 123 av.
J.-C. En 102, Marius défit les Teutons dans les plaines voisines (v.
p. 309). Aix fut ensuite enrichie de monuments dont malheureusement
il n'est presque rien resté, à la suite des invasions. Après s'être relevée
avec peine, elle devint la capitale de la Provence, et il s'y forma, sous
le roi René (v. ci-dessous), une cour élégante et lettrée, où se polit la
langue provençale. Elle fut réunie à la couronne en 1481, et en 1536 elle
tomba au pouvoir de Charles-Quint, qui s'y proclama roi d'Arles et de
Provence, mais dut l'évacuer deux mois plus tard. Elle souffrit aussi des
querelles religieuses au XVIe et même au XVIIIe s., et elle a souvent été
ravagée par la peste. — Aix est célèbre par son huile d'olive.

En tournant à g. à la bifurcation près de la gare (pl. C 4), on
arrive à la place de la Rotonde (pl. C 3), où est la belle fontaine de
la Rotonde, décorée de statues de la Justice, par Ramus; du Commerce, par Chabaud; de l'Art, par Ferrat, et de lions et d'enfants
montés sur des cygnes, par Fr. Truphème. Là commence le cours
Mirabeau, à l'entrée duquel sont des statues de l'Industrie et de la
Science, aussi par Truphème. C'est une magnifique promenade,
entre la vieille ville et la ville neuve, situées à g. et à dr., et il y a
trois autres fontaines. la deuxième donnant de l'eau minérale, la
troisième (pl. E 3) surmontée d'une statue du roi René, par David
d'Angers. René d'Anjou, le «bon roi» et l'ami des troubadours, fut
duc de Lorraine, roi de Naples et comte de Provence (1408-1480).

Nota. S'il devait être ensuite trop tard, aller d'abord d'ici au musée
(p. 313), par la rue d'Italie, un peu plus loin à dr. et la 2e aussi à droite.

La rue Thiers, à g., un peu plus loin dans la direction du cours
(à dr., la rue d'Italie), mène à une place où se voit d'abord le palais
de justice (pl. D 2), édifice moderne qui occupe l'emplacement du
palais des comtes. Il a une colonnade, précédée des statues en
marbre de Portalis et du comte Siméon, jurisconsultes de Provence

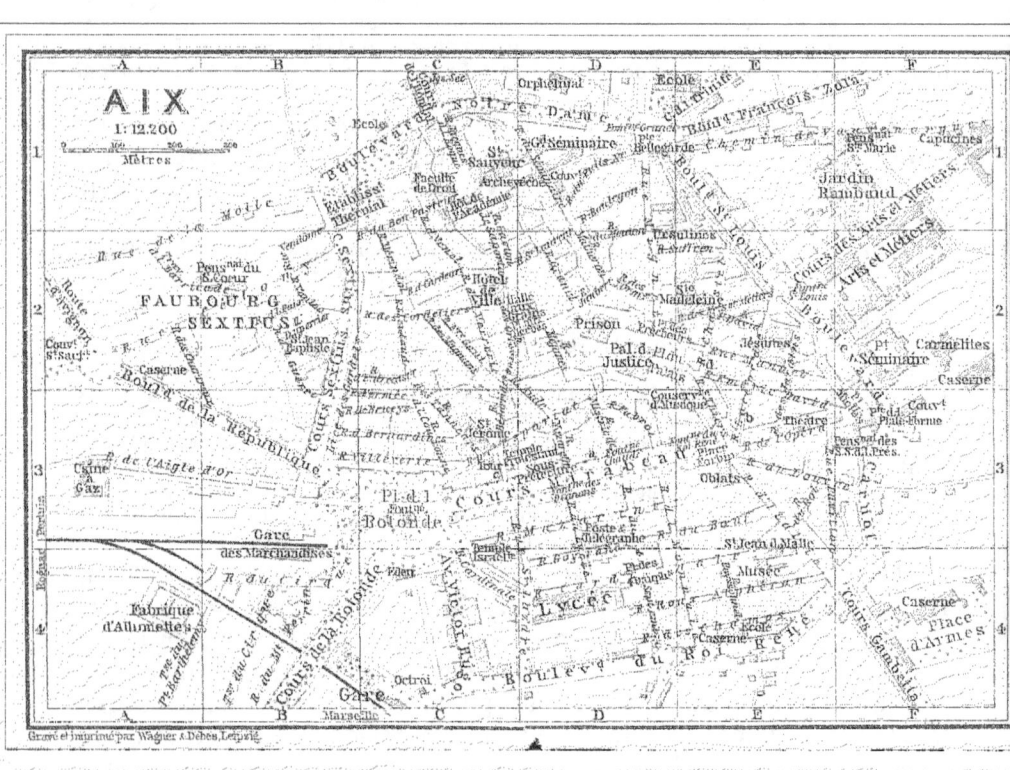

qui prirent part à la rédaction du Code civil; elles sont par Ramus, d'Aix. A l'intérieur, une belle salle des pas perdus. — Derrière, la *prison* (pl. D 2), et plus loin, la halle et l'hôtel de ville (v. p. 312).

A la suite de la place du Palais est la place des Prêcheurs (pl. D E 2), où se voit une *fontaine* de 1760, par Chastel, d'Aix, avec un obélisque et des médaillons de C. Sextius Calvinus (p. 310), de Charles III, dernier comte souverain de Provence; de Louis XV et de Louis XVIII, dernier comte titulaire.

La belle ÉGLISE DE LA MADELEINE (pl. E 2) est de 1703, mais elle a une façade moderne dans le style de la Renaissance, dont le fronton, Jésus chez Marthe et Marie, est par Bosc. La chap. des fonts, à dr., est une rotonde imitée de celle de la cathédrale (p. 312).

Cette église possède, comme les autres, un certain nombre de *tableaux* anciens remarquables, en particulier : dans la nef et les chap., la Nativité de J.-C., par *Mignard ;* la Mort de St Joseph, par *Jac. Vanloo ;* une Annonciation de l'*éc. flam. du* xv*e s.* et une autre de *J.-B. Vanloo,* d'Aix ; au bras g. du transept, le Martyre de St Blaise, par *de Crayer ;* Un ange offrant à l'enfant Jésus les instruments de la Passion, par *C. Vanloo ;* Ste Madeleine, par *Serre ;* au bras dr., l'Apothéose de St Louis, par *Vien ;* la Visitation, par *Levieux.* Sur l'autel de la Vierge, une statue par *Chastel ;* etc.

La rue des Arts-et-Métiers, à dr. de la Madeleine, conduit aux boulevards qui font le tour de la ville, et elle se prolonge par le cours des Arts-et-Métiers. Au carrefour, la *fontaine St-Louis* (pl. E 2), avec un buste sur une colonne antique. A dr. du cours, l'*école des Arts et Métiers* (pl. F 2), qu'on peut obtenir de visiter. Elle compte env. 300 élèves internes, dont les études et l'apprentissage durent trois ans. Il y a une forge, une fonderie, des ateliers de tournage, de modelage et d'ajustage, parfaitement organisés. — A g. du cours, le *jardin Rambaud* (pl. E F 1), belle promenade appartenant à la ville.

Sur le boul. Carnot, celui de dr. en venant de la Madeleine, le *petit séminaire* (pl. F 2). A l'extrémité du boul. St-Louis, qui fait suite au précédent de l'autre côté du cours, une grande et belle *école normale* (pl. D E 1), surmontée d'une tour avec dôme, achevée en 1882. A l'angle des boulevards, la *fontaine Granet* (pl. D 1), avec le buste du peintre de ce nom, originaire d'Aix (1775-1849), sur une colonne antique. — Le boul. Notre-Dame continue le tour de ville jusqu'à l'établissement thermal (p. 312), en passant à g. tout près de la cathédrale. A dr., cours de l'Hôpital, est le singulier *monument de Jos. Sec* (pl. C 1), qui se l'est érigé en 1792, une sorte de tour carrée, avec statues de Moïse, la Justice, etc.

La *CATHÉDRALE, St-Sauveur* (pl. C. 1), est vers l'extrémité N. de la vieille ville (rues y conduisant du centre, v. p. 312). De fondation très ancienne, elle fut reconstruite à partir du xi*e* s., le chœur en 1285, et deux nefs ont été ajoutées au xiv*e* et au xvii*e* s., de sorte que la nef primitive est devenue le bas côté du S. Son beau *portail* goth. a de magnifiques *portes* en noyer, sculptées de 1505 à 1508 par J. Guiramand, de Toulon. Elles sont cachées par des volets, mais on peut se les faire montrer. Les hauts-reliefs représentent 4 prophètes et 12 sibylles, dans des niches à dais et avec des guirlandes de fleurs et de fruits d'une grande richesse. La *tour* est du xive s.

A l'intérieur, à dr., un *baptistère* du vi^e s., avec 8 colonnes antiques, d'un temple d'Apollon bâti à cet endroit. Dans la grande nef: à dr., deux triptyques fermés, le premier, par un inconnu, composé de quatre petits tableaux très anciens, des scènes de la Passion, et de volets modernes (patrons de la ville), le second, par *Nic. Froment*, d'Avignon, le *Buisson ardent, avec le roi René, la reine Jeanne de Laval et l'Annonciation, en grisaille, à l'extérieur; à g., l'Incrédulité de St Thomas, par *L. Finsonius* (1613), élève du Caravage († à Amsterdam en 1617), et une belle chaire moderne. Dans le chœur, des *tapisseries* de 1511, des scènes de la vie de J.-C., qui passent pour être d'après *Matsys*. Le maître autel et celui de la chap. St-Jean (rotonde) ont des bas-reliefs par *Veyrier*, élève de Puget. Il y en a aussi, de la Renaissance, à l'autel de la 1re chap. de la nef de g., la Vierge, Ste Marthe et St Maurice.

Au S. ou à dr. de la cathédrale est un petit *cloître* roman, qui a de beaux chapiteaux historiés et renferme des sculptures; on y entre par la 1re porte après le baptistère ou du dehors de l'église. — Du même côté, l'*archevêché* (pl. C D 1), qui possède des tableaux, des sculptures et surtout des gobelins remarquables.

En face de l'évêché et de la cathédrale, l'*Université* (Faculté de Droit, pl. C 1; env. 850 étud.), précédée d'un *buste de Peiresc* (1580-1637), conseiller au parlement d'Aix et grand protecteur des lettres, des arts et des sciences.

Nous retournons au centre de la ville par la rue Gaston de Saporta. L'*hôtel de ville* (pl. C 2), sur la place où elle nous conduit, est un édifice du xviie s., avec une *tour* de 1505, en saillie sur la place. Dans la cour se voit la statue de Mirabeau, marbre par Fr. Truphème, et dans l'escalier celle du maréchal de Villars, gouv. de Provence, par Coustou. L'hôtel de ville renferme une riche *bibliothèque*, fondée au xviiie s. par le marquis de Méjanes et qui compte auj. env. 150000 vol., dont 1230 manus., entre autres le livre d'heures du roi René, illuminé par lui-même, et un missel de 1422. Elle est publique tous les jours de la sem., excepté le lundi et du 15 août au 15 oct., en été (avril-août), de 9 h. à 11 h. du m. et de 2 h. à 5 h. du s.; en hiver, de 1 h. à 4 h. et de 8 à 10 du soir. Il y a au 1er étage un musée d'histoire naturelle public le jeudi de 1 h. à 3 h.

Sur la même place, la *halle aux grains* (pl. C D 2), qui a un fronton par Chastel, et une *fontaine* de 1755, surmontée d'une colonne antique, trouvée en 1626 près de la ville, avec celle de la promenade Pierre-Puget à Marseille. — En prenant à g. derrière la halle, on arrive bientôt au palais de justice (p. 310).

La rue des Cordeliers, à g. de l'hôtel de ville, mène au cours Sextius, qui fait suite, à dr., au boul. Notre-Dame (p. 311) et aboutit à g. au boul. de la République, près de la place de la Rotonde (p. 310).

L'*établissement thermal* (pl. B C 1) est à l'angle N.-O. de la vieille ville. Il ne reste que des substructions des thermes romains, et l'établissement n'a rien de curieux comme construction; mais il est bien organisé et il a même une piscine. Il y a deux sources, dont les eaux sont bicarbonatées calciques, très faiblement minéralisées, mais importantes par leur thermalité (34 à 36°). Ces eaux ont de l'analogie avec celles de Plombières. Elles s'emploient surtout contre les rhumatismes, les affections des voies digestives et des voies urinaires, contre certaines maladies de femme et l'éréthisme nerveux. — Dans le jardin, du côté du boulevard, la belle *tour de Toureluco* (d'où l'on «reluque tout»), tour octogone du XIe s., le seul reste de l'anc. enceinte de la ville, dont on a fait un réservoir.

Sur le cours Sextius, à dr. en revenant des Thermes, se trouve l'*église St-Jean-Baptiste* (pl. B 2), du XVIIe s.; elle a une belle chaire en bois sculpté du XVIIIe s. — Dans la rue Espariat, qui part de la place de la Rotonde en deçà du cours Mirabeau, l'*église du St-Esprit* ou *St-Jérôme* (pl. C 3), en face d'une tour de 1494, qui a un beau campanile en fer. Cette église, du XVIIIe s., possède un autel fort riche, sinon du meilleur goût, et, au bras g. du transept, un beau triptyque peint en 1505 pour le parlement d'Aix, l'Assomption, etc.

Du milieu du cours Mirabeau, à la première fontaine, on aperçoit le *lycée Mignet* (pl. D 4), vaste construction achevée en 1884.

L'ÉGLISE ST-JEAN-DE-MALTE (pl. E 3-4), à g. de là, vers l'extrémité de la rue Cardinale, est un assez bel édifice goth. du XIIIe s., avec un haut clocher tout en pierre, des XIVe et XVe s. Le bâtiment voisin est l'anc. commanderie de St-Jean, dont dépendait l'église et qui renferme maintenant le musée (v. ci-dessous).

Le bras g. du transept de l'église contient le **tombeau d'Alphonse II*, comte de Provence (1209), avec sa statue couchée et celles de Raymond-Bérenger IV, son fils, et Béatrix, reine de Naples, sa petite-fille, inhumés avec lui. Ce monument, du style goth., a été refait en 1828. Le chœur a un *autel*, des *stalles* et des *vitraux* modernes remarquables. Il y a aussi dans cette église quantité de *tableaux* anciens. Dans la 4e chap. de dr., une Résurrection, par *L. Finsonius* (p. 312). Dans le bras dr. du transept, la Mort de St Joseph et l'Apothéose de St François de Paule, par *Jouvenet.* Au-dessous, un Enfant Jésus et une tête de St Jean, sculptures par *Veyrier*. Au chœur, la Vierge du Carmel, par *Mignard*, et d'autres tableaux par *Garcin*. Dans la chap. du tombeau et la suiv., St Bruno et une Apparition de Jésus à la Madeleine, par le même. Dans la 2e aussi un Enfant Jésus et un St Jean, par *Veyrier*, et dans la suiv. le tombeau du prieur Viany, avec buste par le même artiste, dont on verra aussi 2 statues et 4 bustes dans la dernière chap. de ce côté. Enfin dans la précédente un St Blaise guérissant un enfant, par *Garcin*.

Le **MUSÉE* (pl. E 4) est public les dim. et jeudi de midi à 4 h., mais on peut aussi le visiter les autres jours. Il comprend, au rez-de-chaussée, des antiquités et des sculptures; au premier étage, des peintures, etc. Il y a presque partout des étiquettes explicatives. Catalogue des antiquités, sculptures et objets de curiosité (1882, 4 fr.), des peintures, dessins, miniatures, estampes et sculptures modernes (1900). Conservateur, M. *H. Pontier*. Il y a beaucoup de tableaux anciens de valeur, même parmi ceux qui sont seulement donnés comme d'artistes inconnus ou des œuvres d'école.

REZ-DE-CHAUSSÉE. — VESTIBULE, *antiquités lapidaires*: débris de monuments et de sculptures; 2 sarcophages chrétiens; *Combattant perse de l'école de Pergame, copie antique d'après une statue des groupes qu'Attale, roi de Pergame, fit ériger sur l'Acropole d'Athènes, l'an 299 av. J.-C.; mosaïques; inscriptions; têtes et bustes; bas-reliefs; pierres sculptées égyptiennes, etc. — GALERIE PARALLÈLE au vestibule: histoire naturelle, collection bien organisée et étiquetée. — Iʳᵉ GALERIE DE GAUCHE (pas touj. ouverte): *sculptures* de la Renaissance et des temps modernes, importante collection de moulages d'après l'antique; 754, statue du roi René par *David d'Angers*, plâtre, modèle de celle qui est à Angers; encadrement de porte de la Renaissance. Dans une cour voisine, la statue du naturaliste Mich. Adanson (1727-1806), d'Aix. par *M. Meusnier.* — IIᵉ GALERIE DE GAUCHE, outre les moulages, 779, une statue en plâtre bronzé de Vauvenargues (1715-1747), d'Aix, par *Hugoulin*, et d'autres œuvres modernes: 824, *H. Vidal*, le Paysan du Danube; 812, *Ramus*, Pêcheur; 785, *Maurette*, Chevrier; 759, *Fabisch*, la Fille de Jephté; 743, *At. Charpentier*, Jeune mère, bas-relief; 792, *Pontier*, Ixion; 815, 814, *Truphème*, Mirabeau (modèle), la Rêverie; 813, *Roubaud*, Eurydice. — On revient sur ses pas.

PREMIER ÉTAGE. — D'abord une galerie avec des estampes, des dessins, une momie, etc. Les 3 salles à g. sont les plus importantes; elles contiennent les *peintures anciennes.* — IIIᵉ SALLE, *écoles d'Italie.* Au fond: 457, *Preti, le Calabrais*, Martyre de Ste Catherine; à g., *le Caravage (Amerighi)*, St Paul l'Ermite. Côté g., en se retournant vers l'entrée: 508, *éc. lomb.*, Abraham renvoyant Agar; 469, attr. à *Séb. del Piombo*, tête de vieillard; 465, *Giordano* (?), Enlèvement d'Hélène; 481, 482, *G.-B. Salvi (Sassoferrato)*, deux Vierges; jolie petite Vierge aussi au-dessus de la première; 474, *le Bassan*, les Pèlerins d'Emmaüs; 446, *le Guerchin (Barbieri)*, Vision de Ste Thérèse; 471, *Maratti*, Adoration des mages; 532, *inconnu du XVIIᵉ s.*, Moine en extase; 443, *le Caravage (Amerighi)*, Salomé; — 458, *éc. des Carrache*, Jeux d'enfants; — 507, *école vénit.*, Martyre de Ste Cécile; 494, *éc. vénit.*, St Sébastien; attr. à *G.-A. Boltraffio*, Adoration de l'enfant Jésus; 472, *le Parmesan*, la Vierge, Jésus et Ste Anne; 462, *Crespi*, l'Annonciation; 450, *éc. du Baroche*, St François recevant les stigmates; 476, *Preti* (?), Ste Madeleine. — Vitrine: petits bronzes et ivoires. Buste du baron de Fabregoules, fondateur du musée, par *H. Ferrat.*

.IIᵉ SALLE, *écoles allemande, flamande et hollandaise*, beaucoup de petits tableaux. A g.: 387, *G. van Wittel*, Rome; 345, *éc. de Rubens*, portr. d'homme ayant pour pendant celui de l'autre côté de la porte (n° 346); 270, 269, *éc. des Franck*, Suzanne et les vieillards, St Michel; — 237, *éc. des Brueghel*, Foire dans une ville du Nord; 300, *maître de Flémalle*, la Vierge, St Pierre, St Augustin et un prieur, très beau; 278, *Nic. van Haeften*, le Bénédicité; d'ap. *Fr. van Mieris*, Femme endormie; 281, *M. van Hellemont*, Concert en famille; 301, d'ap. *Lucas de Leyde*, le Chirurgien; 314, *P. Neeffs*, Intérieur d'église; 362, *J. Steen*, Adoration des bergers; *J. Juncker*, Chimiste dans son laboratoire; 368, *J. Livens* et non *Teniers*, la Robe de Joseph est présentée à Jacob; 374, *Terburg*, la Leçon de chant; 255, d'ap. *Durer*, la Fuite en Egypte; *éc. de R. van der Weyden*, l'Etable de Bethléem; 225, *H. van Balen*, Festin des dieux; 373, *Terburg*, l'Ordonnance; 400, *éc. flam. du XVᵉ s.*, Vierge allaitant l'enfant Jésus; 315-318, *P. Neeffs*, Intérieurs d'église; 319, *Aert van der Neer*, paysage; *éc. flam. du XVIᵉ s.*, portraits; — puis plusieurs autres beaux paysages, par *Immenraet* (285), *Moucheron* (313), *K. du Jardin* (287), *Wynants* (394, 395), etc.; — 366, *éc. de Teniers le V.*, St Paul et St Antoine Ermites; 336, *van Ravestein*, portr. de femme; divers autres portr. de l'*éc. hollandaise*; 283, *éc. de Holbein*, portr. de Thomas Morus; 248, *J.-G. Cuyp*, portr. de femme; 233, attr. à *D. Bouts*, Charles-Quint enfant; 356, *H. Saftleven III*, Intérieur; 298, *éc. de Gér. de Lairesse*, le Triomphe de la Beauté; 334, *Porbus le J.*, portr. d'homme; 253, 252, *Gér. Dou* (?), Moine en prière, portr. de femme, mais non de sa mère; 303, *Metsu*, Leçon de musique; 288, *K. du Jardin*, Jésus insulté; 390, *P. Wouwerman*, paysage; 330, *Poelenburg*, Adoration des bergers; *éc. des Franck*, plus. tabl., surtout (264) l'Arrivée des Hébreux dans la terre promise; 754, buste de J.-B. Vanloo, le peintre, d'Aix, par *G. Coquelin.*

Iʳᵉ SALLE, *écoles françaises* et fin des précédentes. A g.: 79, *Greuze*, Triomphe de Galatée; divers portraits, dont un d'homme par *Largillière* (96); 142, *P. Puget*, son portrait; 234, *J. van Breda*, Combat de Leuze (1691); 18, *Bourdon*, la Halte; 170, *Tournières*, Joueuse de mandoline; 240, *de Champaigne*, portr. de l'abbé Arnauld; 95, *de Largillière*, portr. de Mme de Gueidan en naïade; — 243, attr. à *J.-B. de Champaigne* (à dr. de la porte), le Christ apparaissant à Ste Thérèse; 93, *de Largillière*, portr. de Mme de Gueidan en Flore; 152, *Rigaud*, Gasp. de Gueidan; 612, *Q. de la Tour*, le Duc de Villars, grand pastel; 157, *Rigaud*, portr.; 140, *éc. de Poussin*, paysage; 34, *éc. des Clouet*, Denis du Val, seigneur de Stors; 153, *Rigaud*, Gasp. de Gueidan; — 179, *J. Vernet*, paysage; 127, *les frères Lenain*, Soldats jouant aux cartes; 239, *de Champaigne*, Pompone de Bellièvre. Sculptures: *Fr. Truphème*, Félicien David; 776, 777, *Houdon*, Paesiello et Suffren.

Iʳᵉ SALLE de l'autre côté: tableaux modernes; 171, *A. Truphème*, la Dictée; 81, *Guay*, Latone et les paysans; 68, *Fournier*, Oreste; — 138, *R. Ponson*, Golfe de Bandol; — 43, *Coste*, le Port s'éveille; — 126, *Moutte*, le Port de Marseille. — 791, *Pilet*, Un coup de vent, statue de marbre. — 2ᵉ et 3ᵉ SALLES, à dr. de la précédente, collection léguée par le peintre Granet, originaire d'Aix (1775-1849): à dr., 87, *Ingres*, Jupiter et Thétis; 63, *Feyen-Perrin*, la Parisienne à Cancale; 84, *Hédouin*, les Moissonneurs; 21, *Brascassat*, Argus gardant Io; 162, *Sieurac*, Triomphe de Fabius; 58, *Dubufe*, les Prisonniers de Chillon; 82, *Guillemot*, le Roi René signant une lettre de grâce; — 163, *Signol*, la Malédiction de Noé; — au-dessous, un beau bas-relief grec; — 107, *Loubon*, Camp du Midi (1854), environs d'Aix; 90, *Julien*, Caracalla poignardant Géta; 119, *Luminais*, Tendresse maternelle; 108, *Loubon*, Menons de la Camargue; 53, *L. David*, portr. d'un jeune garçon; 185, *Watelet*, Anciens quais de la Saône à Lyon. Au milieu, des sculptures, des antiquités, des bronzes, des terres cuites, des médailles, etc. 766, buste de l'abbé de l'Epée par *H. Ferrat*. — CABINET VOISIN: estampes; vieux paravent avec peinture grossière représentant une procession de la Fête-Dieu à Aix. — 4ᵉ SALLE, de l'autre côté de la Iʳᵉ: tableaux, dessins et esquisses de *Granet*, son portrait par *Ingres* (360), beau meuble et deux bahuts. — 5ᵉ SALLE, à côté des précédentes: encore quelques tableaux anciens, entre autres (368) Mars et Vénus par *N. Mignard*; un triptyque de l'*école flam. du XVIᵉ s.*, l'Adoration des mages (391), 4 meubles anciens, un bas-relief en bois, 2 vieux fauteuils, des estampes, des armes, des faïences, etc.

La rue d'Italie, un peu au delà de l'église, ramène à g. à l'extrémité du cours Mirabeau.

D'Aix à *Rognac* (aqueduc de Roquefavour; Marseille), v. p. 305-304.

La ligne de Marseille a ensuite un viaduc de 23 m. de haut, à 37 arches et courbe, sur l'Arc, d'où l'on a de belles vues. A g., le mont Ste-Victoire (p. 309). Puis 2 petits tunnels. Contrée accidentée, boisée et fertile. — 282 kil. *Luynes*. Encore un tunnel.

287 kil. **Gardanne** (*buffet; hôt.-café Truc*), à g., ville de 3062 hab., au centre d'un bassin houiller.

De Gardanne à Carnoules (ligne de Nice): 79 kil.; 2 h. à 3 h. 50; 8 fr. 85, 5 fr. 95, 3 fr. 90. — A g., le mont Ste-Victoire (p. 309). — 8 kil. (2ᵉ st.) *La Barque-Fuveau*, où doit aboutir la ligne de Valdonne (p. 329). — 20 kil. (5ᵉ st.) *Trets*, ville importante dans l'antiquité et au moyen âge, ruinée au xᵉ s. par les Sarrasins. Elle a encore une partie de son enceinte des xIIᵉ et xIIIᵉ s. et un vieux château. — 24 kil. *Pourrières* («Campi putridi»), gros village aux environs duquel eut lieu la défaite des Teutons par Marius, l'an 102 av. J.-C. — 29 kil. *Pourcieux*. — Ensuite un petit tunnel.

37 kil. **St-Maximin** (hôt.: *du Var, de France*, tous deux sur la grande place), ville de 2419 hab., à quelque distance à gauche. Son *église*, du style goth. des xIIIᵉ-xvᵉ s., mais bâtie sur une crypte bien plus ancienne, est la plus belle de ce style en Provence. Elle est relativement peu remarquable à l'extérieur et elle n'a pas de façade, mais elle est fort belle et même grandiose à l'intérieur. Elle est à 3 nefs, sans transept, avec des chap. sur les côtés, où l'on a malheureusement bouché les fenêtres pour

les autels. Elle possède de plus des œuvres d'art considérables: *maître autel monumental et 94 stalles de la fin du xviie s., chaire du xviiie s., belles orgues, nombreux tableaux anciens, en particulier un grand rétable du xvie s., par Ant. Bozen, etc. L'entrée de la crypte est à g. vers le milieu de la nef. On y voit 4 sarcophages remarquables ornés de sculptures, peut-être du ive s., ceux de Ste Madeleine, de St Maximin, l'un des premiers apôtres du pays, de Ste Marcelle et Ste Suzanne e^de St Sidoine. Il y a ensuite un très beau *reliquaire de Ste Madeleine, en bronze doré, de 1860. On montre à la sacristie la *chape de St Louis d'Anjou, évêque de Toulouse (m. 1297), qui est encore très curieuse, bien que mutilée et incomplète: elle a figuré à l'exposition universelle de 1867.

La *Ste-Baume*, avec la grotte où Ste Madeleine finit ses jours, est à env. 15 kil. au S.-O. On y va plutôt d'Auriol (p. 329). Il y a cependant le matin une voit. publ. de St-Maximin à St-Zacharie (19 kil.; 1 fr. 25; p. 330). Voit. partic. pour la Ste-Baume dep. 20 fr.

43 kil. *Tourves*, avec un *château en ruine d'aspect imposant, sur une colline que la voie traverse par un petit tunnel. De l'autre côté, à g., une Vierge sur un rocher.

56 kil. (11e st.) **Brignoles** (hôt. *Fabre*, rue Grande, 27), à g., ville de 4824 hab. et chef-lieu d'arr. du Var. Les comtes de Provence y avaient un château, là où est la sous-préfecture, et elle fut saccagée par Charles-Quint.

67 kil. (13e st.) *Forcalqueiret-Garéoult*. A dr., des ruines importantes, sur une hauteur. — 74 kil. *Besse* (hôt. Gamet), situé assez loin à g., au bord d'un lac profond et poissonneux. La voie tourne. A g., en contrebas, la ligne de Nice. — 79 kil. (16e st.) *Carnoules* (p. 331).

291 kil. *Simiane*, à g., avec un château qui a encore un donjon du xiiie s. — 294 kil. *Bouc-Cabriès*. — 298 kil. *Septèmes*. Fabriques de produits chimiques. 3 tunnels. On passe sur le canal de Marseille, qui traverse à dr. un tunnel de 3300 m. — 302 kil. *St-Antoine*. Puis un viaduc de 31 m. de haut et ensuite, à dr., la mer. — 304 kil. *Les Ayygalades-Accates*. — 305 kil. *Ste-Marthe-Tour-Sainte*. Il y a en deçà à g. une tour moderne de 30 m. de haut, avec une statue de la Vierge, de 10 m. Beau coup d'œil à dr. sur Marseille.

305 kil. *Marseille* (v. ci-dessous).

45. Marseille.

Arrivée: ligne de *Paris-Lyon*, v. R. 36, 39 et 41; de *Grenoble-Aix*, R. 44; de *Vintimille-Nice*, R. 46. Marseille a 4 gares, mais une seule est importante pour les étrangers, la gare *St-Charles* ou gare principale (pl. F 2), qui a un *buffet* (assez cher), et un *Terminus-Hôtel*, dont les chambres se louent de 5 à 13 fr. On y est plus ou moins importuné, à l'arrivée, par les commissionnaires et les cochers. On notera, pour le retour, que le côté du départ est à dr. en venant de la ville et non à g., comme d'ordinaire aux grandes gares. Les 4 autres sont: la *gare du Prado* (pl. H 7), pour les quartiers du S.-E., desservie par un embranch. partant de la stat. de la Blancarde (p. 329), la *gare du Vieux-Port* (pl. B C 5), la *gare maritime* (pl. C 1-2) et la *gare d'Arenc*, un peu plus loin, pour le service de marchandises du port. — *Omnibus* des hôtels à la grande gare: 50 c. à 1 fr. 50. *Voitures de place*, p. 317. Il y a aussi des *omnibus de famille*: à 4 pl., le jour, 1 ou 2 pers., 2 fr. 50; 3 ou 4 p., 3.50; à 6 pl., 4 fr.; à l'heure, 3 et 4 fr.; de min. à 6 h. du m., 1 fr. de plus. Bureau en ville, rue Grignan, 17.

Hôtels: *Gr.-H. Noailles & Métropole* (pl. c, E 4), rue Noailles, 24, bon (ch. t. c. 4 à 10 fr., dé. 4, dî. 6, v. n. c., p. dep. 12 fr.); *Grand-Hôtel* (pl. b, F 4), à côté, 26 (ch. t. c. dep. 5 fr., rep. 1.50, 4 et 6, v. c., p. dep. 12); *Gr.-H. du Louvre & de la Paix* (pl. a, E 4), même rue, 3 (anglo-allem.; ch. t. c. dep. 4 fr. 50, rep. 1.50, 4 et 6, v. n. c., p. dep. 12.50): ces trois de 1er ordre. — *H. du Petit-Louvre* (pl. d, E 4), rue Cannebière, 18 (dep. 8 fr. par j.); *H. des Colonies* (pl. f,

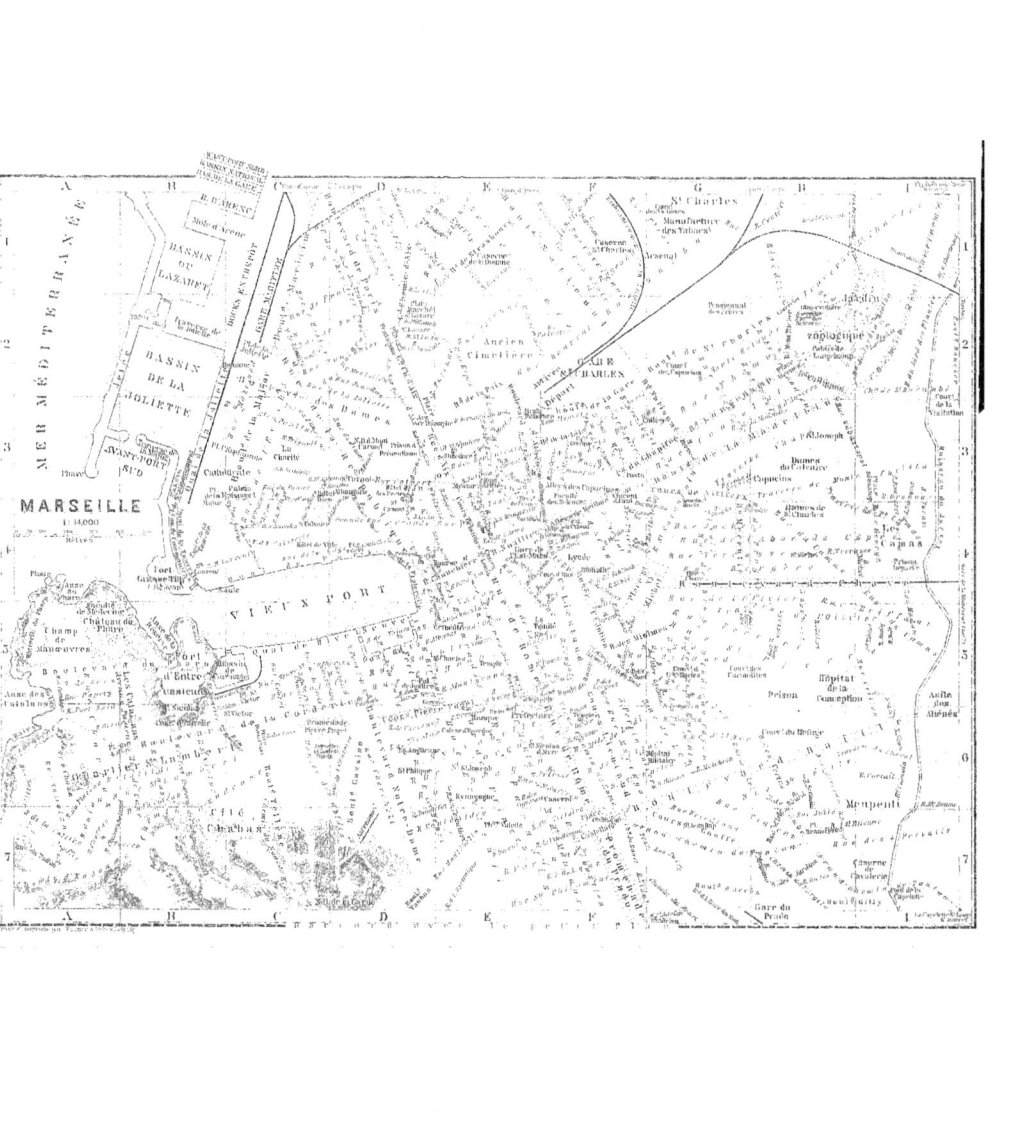

MARSEILLE
1:14.000

E 4), rue Vacon, 15, bon (ch. 3 fr., rep. 1.50, 3.50 et 4, p. 9); *H. d'Orléans* (pl. g, E 4), même rue, 19 (rest.: dé. dep. 3 fr., dî. dep. 4); *Modern-Hotel* (pl. s, D 4), entre la bourse et le port (meublé; ch. 4 à 6 fr.); *Gr.-H. de Genève* (pl. m, D 4), rue des Templiers, 3, derrière le précédent, bon (ch. t. c. dep. 3 fr. 50, rep. 1.50, 3 et 4, p. dep. 10); *H. de Castille & de Luxembourg* (pl. e, E 5), à l'angle des rues Jeune-Anacharsis et St-Ferréol, entrée dans cette dernière, n° 3 (ch. t. c. 3 fr. 50, rep. 1.50, 3 et 4, p. 10); *H. des Princes* (pl. h, E 4), place de la Bourse, 12 (ch. dep. 2 fr. 50, t. c.; pas de table d'hôte ni de rest.); *H. des Phocéens* (pl. i, E 4), rue Thubaneau, 4, recommandé; *Gr.-H. de Paris* (meublé; pl. n, D 3), rue Colbert, 15; *Gr.-H. de la Poste* (meublé; pl. o, E 3), au coin des rues Colbert et d'Aix, bon (ch. t. c. 2 fr. 50); *H. de Rome* (pl. l, E 4), cours St-Louis, 7, particulièrement fréquenté par le clergé; *H. des Négociants*, cours Belsunce, 33 (pl. p, E 4), bon (ch. t. c. 2 fr. 50, rep. 1, 2.50 et 3, p. 8 fr.); *H. de Provence* (pl. q, E 4), même cours, 12 (mêmes prix), avec rest.; *H. des Deux-Mondes* (pl. r, E 3-4), id., 32-34 (voy. de comm.); *H. Beauvau* (pl. j, D 4), rue Beauvau, 4, avec façade sur la mer (pens. dep. 8 fr.); *H. Continental*, rue Suffren, 8, dans le voisinage (ch. t. c. 2 à 5 fr., rep. 1, 3 et 3.50, p. dep. 8.50). — Près de la gare St-Charles: *H. de Russie*, boul. d'Athènes (pl. E 3), 31, nouveau, de 1er ordre; *H. de Bordeaux & d'Orient* (allem.; pl. k, E 3), même boulevard, 11 (ch. t. c. dep. 3 fr., 2e dé. 2.50, dî. 3, v. n. c., p. 8). — Près du bassin de la Joliette, *H. de Tunis*, rue Mazenod, 38 (pl. C 2-3: ch. dep. 2 fr.). — La *cuisine* se fait surtout en Provence à l'huile, au lieu de beurre, et le pays a ses mets spéciaux, qui ne sont pas toujours du goût des habitants du Nord. Marseille a pour spécialité la *bouillabaisse*, qu'on ne peut bien apprécier, dit-on, que si elle est faite par un cordon-bleu marseillais. C'est un mélange de toutes sortes de poissons bouillis à l'huile et au vin blanc, avec de l'orange, de l'ognon, du laurier, de l'ail, du persil, des clous de girofle et particulièrement du safran. La *brandade* est une sorte de purée de morue, l'*aïoli* une sorte de mayonnaise faite avec de l'ail et de l'huile.

Restaurants: *Café-Glacier* (v. ci-dessous); *Maison Dorée*, rue Noailles, 5 (dé. 4 fr., dî. 5, v. c., et à la carte); *Roubion*, chemin de la Corniche (p. 325), tout de 1er ordre (faire prix; déj., 6 fr., v. n. c., et à la carte); *R. des Provençaux*, cours St-Louis, 6, ordinaire (dé. 2 fr. 50, dî. 3); *R. du Commerce*, rue Colbert, 7, bon (dé. 2 fr. 50, dî. 2); *R. de la Californie* (avec hôtel), cours Belsunce, 44, très fréquenté (mêmes prix), etc.

Cafés, les principaux, remarquables par leur élégance, dans les rues Noailles et Cannebière: *Maison Dorée* (v. ci-dessus); *C. de Marseille*, *de France* (peintures par Magaud), *de la Cascade*, *du Commerce*, *de l'Univers*; *C. Glacier*, *C. de la Bourse*, place de la Bourse; *C. Turc*, à g. à l'extrémité de la Cannebière du côté du port.

Confiseurs-patissiers: *Castelmuro*, rue Paradis, 21; *Linder*, rue St-Ferréol, 65 A.

Brasseries: *Br. de Strasbourg*, place de la Bourse, 11; *Taverne Alsacienne*, allées de Meilhan, 36; *Brasserie Nationale*, place Castellane, 10; *Br. de Munich*, rue Paradis, 17, etc. La bière de Marseille jouit d'un certain renom.

Voitures de place. (Nuit, de 10 h. à 6 h.)	**Course**		**Heure**	
	Jour	Nuit	Jour	Nuit
A 1 cheval, 2 places	1 fr. —	1 fr. 50	2 fr. —	2 fr. 50
A 2 chevaux, 4 places	1 » 25	2 » —	2 » 25	3 » —
Bagages, par gros colis	— » 25	— » 25	— » 50	— » 50

1 fr. 50 la course au lieu de 1 fr., si une voit. doit se rendre à domicile. — Les limites des courses ordinaires sont en dehors de notre grand plan, sauf du côté de N.-D.-de-la-Garde, où elles s'arrêtent aux boul. Notre-Dame et de la Corderie, qui y sont toutefois encore compris.

Tramways. Marseille et sa banlieue sont desservies par un important réseau de tramways électriques, que nous énumérons en commençant par les principaux points de départ pour l'étranger. Prix ordinaire à l'intérieur de la ville, 10 c.; puis par sections, jusqu'à 50 c. Pas de correspondances. Il n'y a pas de bureaux, mais les points de correspond. sont marqués sur les billets. — 1. *Cannebière* (pl. E 4) - *St-Louis* (v. pl. CD 1). — 2. *Bourse* (pl. E 4) - *boul. Baille* (pl. I 6). — 3. *Cours St-Louis* (pl. E 4) - *Prado* (pl. F 7)· *Mazargues* (petit pl. F 4). — 4. *Cours St-Louis* (pl. E 4) - *Prado* (pl. F 7) - *Madrague de Montredon* (pet. pl. D 4). — 5. *Cours Belsunce* (pl. E 4) - *le Canet* (pl. D 1). — 6. *Vieux Port* (pl. D 4) - *St-Barthélemy* (pl. H 1). — 7. *Quai de la Fraternité* (pl. D 4) - *St-Barnabé* (pl. I 2). — 8. *Quai de la Fraternité* (pl. D 4) - *Endoume* (pl. A 7). — 9. *Quai de la Fraternité* (pl. D 4) - *boul. Vauban* (pl. D 7 ; ascens. de N.-D.-de-la-Garde). — 10. *Place Carnot* (pl. D 3) - *l'Estaque* (pl. CD 1). — 11. *La Joliette* (pl. B 3) - *Vieux Port* (pl. D 4). — 12. *La Joliette* (pl. B 3) - *place Castellane* (pl. F 7). — 13. *La Joliette* (pl. B 3) - *Longchamp* (musée ; pl. H 2). — 14. *Boulevard Dugommier* (pl. E F 3-4) - *Croix-Rouge* (pl. I 1). — 15. *Boul.* *Dugommier* (pl. E F 3-4) - *cimetière St-Pierre* (pl. I 5). — 16. *Gare St-Charles* (pl. F 2) - *allées de Meilhan* (pl. F 4). — 17. *Boul. du Musée* (pl. F 4) - *St-Marcel* (pl. I 7). — 18. *Boul. du Musée* (pl. F 4) - *Ste-Marguerite* (pl. G 7). — 19. *Préfecture* (pl. E 6) - *Prado* (pl. F 7) - *Corniche* (pet. pl. C - A 4 - 1). — 20. *Préfecture* (pl. E 6) - *Corniche* (pet. pl. A - C 1-4) - *la Mer* (p. pl. C 4).

Chemin de fer de l'Est-Marseille: tramw. à vap. partant du voisinage de la rue Noailles (pl. E F 4) et passant d'abord dans un tunnel de 635 m., jusqu'au delà de la place St-Michel, pour continuer par le boul. Chave jusqu'à la stat. de *la Blancarde* (p. 329 ; 25 et 15 c.) et au grand *cimetière St-Pierre* (30 et 20 c.). Départs tous les 1/4 d'h.

Omnibus très nombreux. Pour *Notre-Dame-de-la-Garde* (ascenseur, v. p. 324), du cours du Chapitre (pl. F 3), 15 c. On pourra aussi particulièrement profiter de celui de la *place Castellane* à la *Joliette* par le Vieux Port (10 c.).

Poste: hôtel, rue Colbert (pl. D 3); bureaux auxiliaires, rue Cannebière, 16; place de la Bourse, 6 (poste seulem.), etc.

Télégraphe: bureau central à l'hôtel des Postes (v. ci-dessus); bureaux auxiliaires aussi d'ordinaire à la poste et à la Bourse, à la gare St-Charles, place de Rome, etc. — Téléphone: communication locale, 25 c. par 5 min. de conversation; avec d'autres villes, prix divers, 4 fr. 50 le jour et 2.70 la nuit avec Paris; 2 et 1.20 avec Lyon, etc.

Théâtres: *Grand-Théâtre* (pl. E 5), place du même nom: 1res, 7 fr. 50; faut. d'orch., 6; 3e, 5; 4e, 2.50, etc. *Gymnase* (pl. F 4), rue du Théâtre-Français, 4: faut. d'orch., 6 fr.; stalles num., 4; 1res, 3; part. 1.50, etc. *Variétés* (pl. E 4), rue de l'Arbre, en face du coin de la rue Noailles: faut. et loges, 5 fr. 50; 1res, 2.50 et 2, part. num., 1.65.

Cafés-concerts: *Palais de Cristal*, allées de Meilhan, 32 (entrée, 1 fr. 10; places réservées plus chères); *Alcazar* (pl. E 3), cours Belsunce, 42, à dr. à l'extrémité (mêmes prix); *Alhambra*, place Sadi-Carnot (Centrale; pl. D 3; prix variables, plus élevés le dim. soir). — Concerts en plein air: aux *allées de Meilhan*, les dim. et jeudi de 5 h. à 7 h. du s. en été et de 3 à 5 en hiver et au *jardin zoologique* (p. 328).

Bains. Bains chauds: *B. Maures Hammam*, allées de Meilhan, 14; *Longchamp*, boulev. Longchamp, 26; *Gr.-Bains de Marseille*, rue de la République, 13; *B. Phocéens*, rue Paradis, 17. — Bains de mer: *B. des Catalans* (20, 25 et 60 c.), dans l'anse du même nom (pl. A 5-6, v. p. 325), où passe le tramway de la Corniche; *B. du Roucas-Blanc* et *B. du Prado*, plus loin sur le chemin de la Corniche (v. le petit plan).

Bateaux. Service local: *traversée du Vieux Port*, par les bateaux-mouches, 5 c.; de l'Est à l'O. en barque, 40 c. pour une pers. et 15 c. par pers. en sus; du *Vieux Port* au *Pharo*, en bat. à vap., 10 c.; au *Pharo* ou à la *Joliette* en barque, 1 fr. et 25 c.; de la *Joliette* au *Pharo* ou à la *Réserve*, 75 et 25 c.; aux *bains des Catalans*, en bat. à vap., 15 c., 25 all. et ret.; course *à bord d'un navire* ou d'un navire à terre, 20 et 10 c.; transport d'une *malle*, 50 c.; d'un *petit colis*, 10 c.; à *l'heure*, dans le port, 1 fr. et 25 c.; — pour la visite du *château d'If*, en bat. à vap. , du Vieux Port, à 10 h. 1/4, 2 h., 3 h., 3 h. 3/4 et 4 h. 3/4, retour à midi et toutes les heures l'après-midi; prix, 3, 2 et 1 fr. 50 aller et retour; tour du château d'If, 25 c. — Autres services: pour *Ajaccio*, *Bastia*, *l'Ile-Rousse* et *Calvi* (Fraissinet, pl. de la Bourse, 6), v. p. 387; pour *Alger*, *Comp. Gén. Transat-*

lantique (rue de la République, 12), les lundi, mercr. et vendr. à midi 30;
Comp. de navigation mixte (Cannebière, 54), le vendr. à 5 h. du soir. Pour
les relations avec les autres ports de l'Algérie et de la Méditerranée en
général, les voyages de long cours et les détails, les adresses des autres
compagnies maritimes, consulter les Indicateurs, les affiches spéciales et
le livre d'adresses intitulé «l'Indicateur Marseillais», qu'on trouve dans
les hôtels et les cafés.

Banques: *Banque de France*, place Estrangin-Pastré (pl. E6); *Crédit
Lyonnais*, rue St-Ferréol, 25; *Société Générale*, rue Noailles, 24; *Société
Marseillaise*, rue Paradis, 63. — TRÉSORERIE GÉNÉRALE, rue Montgrand, 58.
— CHANGEURS: *Ferrand*, place de la Bourse, 3; *Bouverot*, rue de la Ré-
publique, 11; *Jourdan*, place du Change, 2 (Vieux Port); *Cahn*, id., 5.

Consulats: *Allemagne*, rue St-Jacques, 96 (9 h.-midi); *Angleterre*, rue
Joseph-Autran, 1; *Autriche*, rue Sylvabelle, 77 (10 h.-midi et 2-4); *Belgique*,
rue Pierre-Dupré, 17 (mêmes heures); *Danemark*, rue Paradis, 54 (3-4½);
Espagne, rue de la République, 31 (10 h.-midi et 3 6); *Etats-Unis*, rue Breteuil, 59 (10 h.-midi et 2-4); *Italie*, rue Chevalier-Rose, 12 (9 h.-midi et 2-4,
ou 3-5, en été); *Pays-Bas*, rue de la Darse, 19 (2 h.-4 h.); *Russie*, rue de la
Darse, 27 (2 h.-4 h.); *Suède et Norvège*, rue Dieudé, 21 (9 h. ½-11 h.½ et 3-5).

TEMPLES: *calviniste* et *luthérien* (pl. E5), rue de Grignan, 15, au coin
de la rue St-Ferréol (10 h. ½); *église libre*, cours Lieutaud, 133 (pl. F6;
9 h.). — ÉGLISES GRECQUES: rite grec catholique, rue Montaux, 19 (pl. EF6);
rite grec orthodoxe, rue de la Grande-Armée, 23 (pl. F3; 10 h.). — SYNA-
GOGUE, rue Breteuil, 107 A (pl. E6).

Principales curiosités: *Cannebière* (p. 320), *Bourse* (p. 320), *port* (p. 321),
cathédrale (p. 322), *Notre-Dame-de-la-Garde* (p. 324), *St-Vincent-de-Paul*
(p. 325), *palais de Longchamp* et ses *musées* (p. 326), *promenade du Prado*
(p. 328) et *chemin de la Corniche* (p. 325).

Marseille est une ville très animée de 442 239 hab., dont 72 200
Italiens en 1896, la 3ᵉ ville de France, après Paris et Lyon, son
principal port de mer, le chef-lieu du départ. des *Bouches-du-
Rhône* et du commandement du xvᵉ corps d'armée, le siège d'un
évêché et d'une faculté des sciences, avec plusieurs écoles supérieures, etc. C'est aussi une des plus belles villes de France, bâtie
en amphithéâtre sur les collines qui en forment la baie et dont l'une
porte la chapelle de Notre-Dame-de-la-Garde (p. 324). Paris excepté, aucune ville n'a subi de nos jours de plus grandes transformations et ne s'est plus embellie que Marseille. Elle a relativement peu de monuments remarquables, et presque tous sont modernes, bien qu'elle soit très ancienne.

Marseille est la *Massilia* des anciens. On la dit d'origine phénicienne,
mais la fondation en est généralement attribuée aux Phocéens, qui se
seraient établis vers 600 av. J.-C. dans cette baie, où ils avaient trouvé un
port naturel à l'abri de tous les vents, et ses plus anciennes monnaies portent l'image d'un phoque, par allusion au nom des Phocéens. Les Massaliotes devinrent bientôt les maîtres de la Méditerranée, battirent sur mer
les Carthaginois qui s'étaient alliés aux Ligures, leurs ennemis, fondèrent
des colonies telles que Nice, Antibes, la Ciotat, Agde, etc., et explorèrent
une partie des côtes d'Afrique et du nord de l'Europe (Euthymènes et
Pythéas). Ce furent les habitants de Marseille, menacés par des peuplades
voisines, qui appelèrent les Romains dans les Gaules, en 153 et 125 av.
J.-C. La ville conserva néanmoins son indépendance jusqu'au moment
où, s'étant déclarée pour Pompée, elle fut assiégée et prise par César,
l'an 49 av. J.-C. Elle eut sous l'empire des écoles célèbres. Le christianisme y fut introduit au IIIᵉ s. par St Victor ou même, selon la légende,
au Iᵉʳ s., par St Lazare, le ressuscité. Elle fut ravagée par les Visigoths,
les Bourguignons et surtout les Sarrasins. Ensuite elle fit partie du
royaume d'Arles, fut soumise à un vicomte et à son évêque, redevint in-

dépendante, reconnut le pouvoir des comtes de Provence et fut annexée
à la France avec ce pays, en 1481. Alphonse d'Aragon l'avait saccagée
en 1423; elle résista victorieusement au connétable de Bourbon en 1524.
Marseille manifesta encore plusieurs fois dans la suite son esprit d'indépendance, par ex. en refusant de reconnaître Henri IV, jusqu'en 1596,
et pendant la guerre de la Fronde: aussi Louis XIV lui ôta ses franchises
en 1660. Une peste épouvantable lui enleva 40000 hab. en 1720. En
1793, elle prit parti pour les Girondins et fut soumise au régime de la
Terreur; en 1814, une partie de la population se montra réactionnaire
au point de massacrer des bonapartistes et une colonie de mamelucks
amenés d'Egypte par Napoléon. Puget et Thiers sont deux des nombreuses illustrations de Marseille. Son port, dont l'importance s'est considérablement accrue par suite de la conquête d'Alger et de l'ouverture
du canal de Suez, a maintenant des concurrents très sérieux dans ceux
de Trieste et de Gênes, qui ont subi de grandes améliorations et sont
avantageusement desservis par les lignes du Brenner, de l'Arlberg et
surtout du St-Gothard. Aussi s'occupe-t-on de le relier au Rhône par
un canal qui le mettra en communication directe et économique avec
toute la région que baignent le Rhône et la Saône jusqu'à Chalon, où
commence le réseau des canaux du centre.

En jetant les yeux sur le plan, on voit que Marseille est divisée en quatre parties principales par deux grandes rues qui se
croisent à angle droit au *cours St-Louis* (pl. E 4), l'une allant du
N.-O. au S.-E., l'autre du N.-E. au S.-O. La première, longue de
5 kil., porte successivement les noms de *boulevard de Paris*, *Grand
Chemin d'Aix*, *rue d'Aix*, *cours Belsunce*, *cours St-Louis*, *rue de
Rome* et *Prado*, et elle traverse les *places d'Aix*, *St-Louis*, *de Rome*
et *Castellane*; l'autre, de plus de moitié moins longue, se compose
du *boulevard de la Madeleine*, des *allées de Meilhan*, une promenade (v. p. 325) et des *rues Noailles* et *Cannebière*.

La *gare St-Charles* ou grande gare (pl. F 2), bien que non loin
du centre de la ville, n'en donne pas une bonne idée à l'arrivée, car
elle est située sur une hauteur, sans voie d'accès directe, et dans
un quartier inanimé. Il faut descendre une rampe ou des escaliers
et contourner la butte pour arriver dans une grande artère, dite
d'abord *boul. d'Athènes* (pl. EF 3), puis *boul. Dugommier*. Ce dernier aboutit à la *rue Noailles*, par où l'on descend à la *Cannebière*.

La *Cannebière, dont le nom dérive du grec *cannabis* (prov.
«cannèbe»), corderie, et la RUE NOAILLES, son prolongement, sont
la plus belle partie et comme le centre de la ville, et les Marseillais
n'ont pas tort d'être fiers de leur Cannebière. Elle est plus pittoresque et elle a des cafés au moins aussi luxueux que les grands boulevards de Paris. «Si Paris avait une Cannebière, il serait un petit
Marseille», a dit Méry. On descend par là directement au port,
mais on n'y voit pas la pleine mer.

La Bourse (pl. D E 4), à dr. de la Cannebière, est un grand et
beau monument bâti de 1852 à 1860, sur les plans de *Coste*. La
façade est décorée d'un portique corinthien en avant-corps, à cinq
arcades et avec une loggia ornée d'un bas-relief par Toussaint, Marseille recevant les produits du monde entier. Sur l'attique, des
statues de la Méditerranée et de l'Océan. Sous le portique, des
statues colossales de la France et de Marseille. De chaque côté du

même portique, en dehors, des hauts-reliefs représentant le génie du commerce et de l'industrie et la navigation, par Guillaume; des statues de Pythéas et d'Euthymènes, par Ottin, etc. La grande salle est dans le genre de celle de la Bourse de Paris, avec galeries au rez-de-chaussée et au 1er étage, et la voûte est décorée de bas-reliefs par Gilbert. Il y a au premier étage une salle superbe, décorée de peintures par Magaud. C'est là que siège la *chambre de commerce* de Marseille, vieille et riche institution, qui organisa la compagnie d'Afrique et les premiers consulats, qui armait en guerre contre les pirates barbaresques, etc. C'est elle qui a construit la Bourse, pour laquelle elle a dépensé près de 9 millions en comptant les expropriations, et on lui doit encore l'achèvement du port, ainsi que ses appareils hydrauliques. — Les affaires se traitent à la Bourse de 11 h. à midi et de 4 à 6.

Au delà de la Bourse se trouve la *vieille ville*, toute différente de l'autre, avec son dédale de vieilles rues pittoresques, mais mal famées. On y a percé au xixe s. plusieurs grandes artères, la plus importante la *rue de la République*, qui a plus de 1 kil. de long et qui est grandiose. Elle conduit à la gare maritime et aux docks du nouveau port (p. 323). — De l'extrémité de la Cannebière se voit, sur la hauteur à g., l'église de Notre-Dame-de-la-Garde (p. 324).

Le *port ne s'est composé jusqu'en 1850 que du bassin où aboutit la Cannebière, le *Vieux Port* (pl. C D 5-4), qui forme à peu près un parallélogramme d'env. 900 m. de long sur 300 de large, soit 28 hect. ½ de superficie. Il est toujours plein de bâtiments de tous les pays, et il présente une animation, un spectacle qu'on ne saurait décrire. Il est devenu de nos jours tellement insuffisant qu'on l'a augmenté au N. de 5 bassins (p. 323), qui en égalent ensemble plus de cinq fois les dimensions, et il a encore été question de l'agrandir au S. Son commerce comprend naturellement toutes sortes de denrées et de produits, mais il a surtout pour spécialités les céréales et les graines oléagineuses, les huiles, le sucre, le café, les peaux, la laine, la soie et particulièrement encore les moutons d'Algérie jusqu'à 2 millions par an. Le mouvement du port se chiffre par plus de 10 millions ½ de tonneaux de jauge par an, dont près des ²/₃, pour l'importation, et à ce commerce énorme s'ajoute encore une industrie considérable, mettant en œuvre les produits importés, surtout dans la fabrication de savons renommés, plus de 120 millions de kilos par an.

Du quai de la Fraternité, à l'extrémité de la Cannebière, nous suivons à dr. le quai du Port, où se voit plus loin l'*hôtel de ville* (pl. C4), édifice de 1663-1683, intéressant par ses sculptures ornementales. Le Vieux Port est en partie fermé à g. par un promontoire où se trouve le *fort d'Entrecasteaux*, anc. *fort St-Nicolas* (pl. B5), que Louis XIV fit construire sur les plans de Vauban, pour « avoir aussi sa bastide à Marseille », « bastide » étant ici le nom qu'on donne aux maisons de campagne. L'entrée du bassin est

défendue de l'autre côté par le *fort Grasse-Tilly*, anc. *fort St-Jean*
(pl. B 4), jadis le château Babon ou des chevaliers de Malte, reconstruit sous le roi René (p. 310) et sous Louis XIV. Plus loin à g.,
par delà l'*anse de la Réserve*, sur un autre promontoire plus considérable, est le *château du Pharo* (pl. A 5; p. 325), ancien palais
impérial, sur les plans de Lefuel, donné par l'ex-impératrice Eugénie à la ville et où est installée une *école de médecine et de pharmacie*. Son jardin est public. Le nom de Pharo vient d'un ancien
phare, remplacé par celui qui se trouve maintenant sur un troisième promontoire, au delà de l'*anse du Pharo*. Un petit canal,
longeant le fort Grasse-Tilly, relie le Vieux Port au Nouveau Port
(v. ci-dessous).

La **Santé** ou l'*intendance sanitaire* (pl. B C 4), située en deçà,
possède, dans sa grande salle, quelques œuvres d'art très remarquables (s'adresser au concierge): à g., *Hor. Vernet*, le Choléra à bord
de la Melpomène; *David*, St Roch priant pour les pestiférés, une des
premières œuvres de l'artiste (1780); *Puget*, la Peste à Milan, haut-
relief en marbre; *Gérard*, Mgr de Belsunce pendant la grande peste
(v. ci-dessous); *Tanneur*, la Justice revenant de l'Orient avec la peste
à bord; *Guérin*, le Chevalier Roze faisant inhumer les pestiférés.

La ***cathédrale***, la *Major* ou *Ste-Marie-Majeure* (pl. B C 3), sur
une terrasse à dr., vers le commencement du Nouveau Port, est une
vaste et somptueuse église moderne de style néo-byzantin, de 140 m.
de long, érigée de 1852 à 1893, par *Vaudoyer, Espérandieu* et *Revoil*.
Elle est construite en pierres blanches et vertes à l'extérieur, grises
et roses à l'intérieur. Il y a deux tours à dômes sur la façade, un
dôme de 61 m. de haut sur la croisée, un plus petit sur chaque bras
du transept et d'autres sur les chapelles. La façade présente une
grande arcade formant porche, entre les deux tours. L'intérieur est
à trois nefs, avec tribunes sur les bas côtés, supportées par des
colonnes monolithes grises, à bases et chapiteaux en marbre blanc.
Il est d'un effet grandiose et fort riche, bien que la décoration soit
loin d'être achevée. Les chapelles sur les côtés du chœur sont
grandes comme bien des églises ordinaires. Il y a des mosaïques
aux arcades de la nef, aux pendentifs, etc., et le pavé est aussi en
mosaïque. Riche maître autel en marbre à baldaquin, surmonté d'un
joli dôme doré. Cet édifice a déjà coûté env. 14 millions et l'on doit
encore en dépenser 6 pour l'achever.

Sur la place, devant l'évêché, la *statue de Mgr de Belsunce*
(1671-1755), évêque de Marseille qui se signala par sa charité et son
dévouement durant la grande peste de 1720 (p. 320), bronze par
Ramus. A dr. de l'église, les restes de la *vieille cathédrale*, bâtie
sur les ruines d'un temple de Diane.

Le **bassin de la Joliette**, à g. après l'avant-port, est le plus important de ce côté; il a près de 23 hect. de superficie. C'est là qu'on
voit et peut visiter les grands paquebots. Plus loin, près de la *gare
maritime*, les *bassins du Lazaret* (22 hect.) et *d'Arenc*, réservés à la

comp. des Docks et Entrepôts. Sur les bords, de vastes *docks*, dont le bâtiment principal a 360 m. de long, avec caves et six étages, donnant une surface de plus de 238 000 m. et pouvant loger 180 000 tonnes de marchandises. Ensuite encore le *bassin de la Gare Maritime* (18 hect.), près duquel est la *gare d'Arenc;* puis l'immense *bassin National* (48 hect.); à dr. de là, des *bassins de radoub* et enfin le nouveau *bassin de la Pinède*, commencé en 1895 et encore inachevé. On ne devra pas négliger, par un temps favorable, de faire une promenade sur la grande *jetée de la Joliette,* qui a 3595 m. de long et qui a été formée par des enrochements jusqu'à 29 m. de profondeur: aussi a-t-elle coûté près de 50 millions. On en pourra revenir en bateau (v. p. 318).

Un **canal** de 54 kil. doit relier Marseille au *Rhône*. Il partira du bassin de la *Madrague*, au delà du nouveau port, traversera le massif montagneux du *Rove* par un *tunnel* d'env. 7 kil. 1/2, puis passera dans le petit *étang de Bolmon*, à l'extrémité S. de l'*étang de Berre* et à *Martigues*, d'où il se confondra avec les *canaux de Bouc* et *d'Arles*, jusqu'au *pont à Clapets*, pour gagner de là directement le *Rhône*, où il aboutira au *Bras-Mort*, à env. 10 kil. en amont de *St-Louis* (p. 302).

A la place de la Joliette aboutit la rue de la République déjà mentionnée, par où l'on peut retourner directement à la Cannebière. Nous la suivons jusqu'au boulev. des Dames, qui la traverse et où nous tournons à g., vers la place d'Aix.

L'ARC DE TRIOMPHE (pl. D 3), au centre de cette place, a été commencé en 1825 et achevé en 1832. Destiné dans le principe à rappeler la victoire du duc d'Angoulême au Trocadéro (1823), il a été finalement orné par David d'Angers et Ramey de hauts-reliefs figurant les batailles de Fleurus, d'Héliopolis, de Marengo et d'Austerlitz et de statues allégoriques sur les colonnes corinthiennes des pieds-droits. Il porte aujourd'hui l'inscription: «A la République, Marseille reconnaissante».

D'ici nous descendons par la rue d'Aix, en laissant à g., rue des Dominicains, l'*église St-Théodore*, qui a un St Jérôme attribué à Zurbaran. A la suite de la rue d'Aix vient le *cours Belsunce* (pl. E 3-4; p. 320), un des plus beaux de Marseille, transformé en 1891, où l'on a transporté près de la cathédrale (p. 322) la statue de Mgr de Belsunce qui s'y trouvait. Dans le vieux quartier à dr. entre la rue d'Aix et le cours a été percée depuis peu la rue Colbert, où est le nouvel *hôtel des Postes* (pl. D 3), construit de 1889 à 1891 sur les plans de Huot. Le cours Belsunce aboutit aux rues Noailles et Cannebière, et l'extrémité de ce côté est très fréquentée par le peuple, par les gens en quête de travail et les flâneurs, et pour cette raison un des endroits curieux de Marseille.

Le *cours St-Louis* (pl. E 4; p. 320), de l'autre côté, est dans le même genre que le cours Belsunce, mais plus petit. La *rue de Rome*, qui y fait suite, nous conduit maintenant dans le quartier S.-O.

La PRÉFECTURE (pl. E F 6), à env. 700 m. de la Cannebière, à dr. de la rue de Rome, avec sa façade principale sur la place St-Ferréol,

est un vaste et somptueux édifice datant de 1861-1867, dans un style
Renaissance modernisé, sur les plans de Martin. La façade et la
cour d'honneur sont richement décorées de sculptures et l'intérieur
de peintures murales, par Magaud.

A peu de distance au delà de la préfecture, à l'O., au commencement du cours P.-Puget, qui traverse le quartier distingué de la
ville, se voit sur une petite place la jolie *fontaine Estrangin*, donnée
en 1890 par le commerçant de ce nom et dont les sculptures sont
par A. Allar: la Ville de Marseille, avec un jeune Mercure; le Rhône,
la Durance, etc. Le *cours Pierre-Puget*, qui est bien ombragé, conduit à la promenade du même nom (v. ci-dessous), en passant à dr. au
Palais de justice (pl. D 5), que précède une place avec la *statue
de Berryer*, l'illustre avocat, bronze par Fabre. Ce palais est
également un bel édifice moderne, construit de 1858 à 1862, sur
les plans de Martin. Il a un grand perron et un portique de six
colonnes ioniques, avec un fronton et des bas-reliefs par Guillaume,
représentant la Justice. La salle des pas perdus est entourée d'une
galerie supportée par seize colonnes de marbre rouge et décorée à
la voûte de figures des grands législateurs: Solon, Justinien, Charlemagne et Napoléon Ier, de médaillons des grands jurisconsultes et
de bas-reliefs symboliques.

La *promenade Pierre-Puget* ou *de la Colline* (pl. C D 6) est établie
sur l'un des réservoirs de l'aqueduc (p. 305 et 326), qui y forme une
cascade, et décorée d'une *colonne antique* provenant des environs
d'Aix, avec un buste de Puget. Il y a aussi une *statue de l'abbé
Dassy*, fondateur de l'Institut marseillais des jeunes aveugles, situé
près de là. On a déjà de cette promenade une belle vue de Marseille,
de son port et de la Méditerranée, mais naturellement inférieure à
celle de Notre-Dame-de-la-Garde.

Un *ascenseur* dessert la colline de Notre-Dame-de-la-Garde. Il part
de la rue Cherchell (pl. D 6-7) et aboutit à 250 m. du sanctuaire. Prix:
montée, 60 c., descente, 40 c.; aller et retour, 80 c. Dans le jardin du bas,
un *diorama*, où est reproduite une scène maritime.

*Notre-Dame-de-la-Garde (pl. D 7) est une chapelle occupant le
sommet dénudé et fortifié d'une colline au S. du port. Outre l'ascenseur, on peut prendre, pour y monter, soit le boul. Notre-Dame
(pl. D 6-7), au cours P.-Puget, soit le boul. Gazzino, plus près de la
promenade, qui aboutit à un escalier par lequel il y a encore 140
degrés à gravir jusqu'à l'église basse ou 174 jusqu'à l'église haute.
Notre-Dame-de-la-Garde est un pèlerinage, dont le vieux sanctuaire
du moyen âge a été remplacé de nos jours par un bel édifice de style
néo-byzantin, achevé en 1864 sur les plans d'*Espérandieu*. Il y a
sur la façade un clocher de 45 m. de haut, surmonté d'une statue
colossale de la Vierge par Lequesne. L'intérieur n'a qu'une nef,
avec chap. latérales. Il est décoré de mosaïques et il y a sur l'autel
principal une Vierge en argent sous un baldaquin en bronze doré;
dans la 2e chap. de dr., une Mater dolorosa peinte par A. Scheffer.
Sous l'église est une crypte, dont une chapelle renferme une Mater

dolorosa sculptée par *Carpeaux.* *Vue magnifique du haut de la tour (50 c.) et à peu près aussi belle d'en bas.

Si on en a le loisir et que l'on ne soit pas fatigué, on redescendra jusqu'à la promenade Puget (p. 324), à l'entrée de laquelle on prendra à dr. pour passer sous la passerelle de cette entrée et aller par le boulev. de la Corderie, à g., à l'anse des Catalans (v. ci-dessous).

Non loin de l'endroit où l'on arrive par là au boul. de la Corderie se trouve l'**église St-Victor** (pl. C6), reste de la puissante abbaye du même nom, fondée par St Cassien (m. vers 440), plusieurs fois réédifiée, en dernier lieu par Urbain V, qui en avait été abbé, et nouvellement restaurée. Les tours à créneaux sont de 1350. La crypte est ouverte le sam. de 7 h. 1/2 à 9 h. du mat. et toujours visible en s'adressant au sacristain. Il y a une «grotte St-Lazare», une Vierge noire du IVe s., une croix donnée pour celle du martyre de St André et de vieux tombeaux, en particulier de soldats de la légion thébaine.

Plus loin, à dr., le *fort d'Entrecasteaux* et le *château du Pharo* (p. 322).

Le *chemin de la Corniche (pl. A 6) commence un peu au delà du fort et se prolonge sur la côte, où il est en partie taillé dans des rochers, jusqu'à une distance de 7 kil., au delà du Prado (p. 328). Il passe d'abord à l'*anse des Catalans*, où sont divers *établissements de bains*, et où il est question de creuser les bassins du *port sud*. Ce chemin, dépourvu d'ombre et agréable seulement quand il ne fait pas trop chaud, offre des *coups d'œil magnifiques sur la baie de Marseille. On a devant soi les *îles d'If* (p. 329), *de Ratonneau et de Pomègue*. Il sera agréable de parcourir le chemin de la Corniche en voiture (tramw., p. 318), en allant au Prado par la place de Rome (pl. F 5) et revenant par l'anse des Catalans ou réciproquement. On fera bien aussi de profiter du tramway pour rentrer en ville de l'anse des Catalans. — Près de la batterie d'Endoume (petit pl. A 1), se trouve un *laboratoire de zoologie marine*, avec un aquarium, ouvert le dim. de 2 h. à 6 h. et qu'on peut encore visiter en d'autres moments.

Marseille a encore un beau monument dans le quartier N.-E., le palais de Longchamp, avec son riche musée et d'autres curiosités.

A g. de l'extrémité supérieure de la rue Noailles s'étend le *boulevard Dugommier*, déjà nommé p. 320. A dr., le *boulevard du Musée*, avec le *lycée*, puis l'*école des Beaux-Arts* et la *bibliothèque publique*. La bibliothèque est ouverte tous les jours, excepté les dim. et fêtes, de 9 h. à midi et de 2 à 4 ou 5 et 7 ou 8 à 10 (vac. en sept.). Elle compte près de 100 000 vol. et plus de 1600 manuscrits. Il y a aussi un riche cabinet de médailles (20 000) ouvert comme la bibliothèque, sauf le soir.

Plus loin, les belles *allées de Meilhan* (pl. F 4), promenade où se donnent des concerts en plein air (p. 318). Là aboutissent, à g., les *allées des Capucines*. La *Faculté des sciences* est à l'angle du même côté.

Sur la place à la jonction des allées et devant l'église St-Vincent, le MONUMENT DES MOBILES DES BOUCHES-DU-RHÔNE, à la mémoire des mobiles du département, morts en 1871 pour réprimer l'insurrection en Algérie, œuvre de *J. Turcan*, l'un des combattants. Il se compose surtout d'une colonne surmontée d'une statue de la France blessée, en bronze, et de groupes de combattants, placés à la base.

L'**église St-Vincent-de-Paul** (pl. F 3), dite des *Réformés*, parce qu'elle a remplacé une église des Augustins réformés, est maintenant une des principales de Marseille, avec sa nouvelle façade à deux tours, qui domine une grande partie de la ville. Elle est du style goth. du XIIIe s., sur les plans de Reybaud et de l'abbé Pougne. La décoration en est encore inachevée.

Près de là, à g., le *cours du Chapitre* (pl. F G 3), à la suite duquel vient le *boulevard de Longchamp* (pl. G H 3-2), montant au palais de ce nom, situé à près de 1500 m. de la rue Noailles.

Le *palais de Longchamp (pl. H 2), construit de 1862 à 1869, par *Espérandieu*, est un magnifique édifice du style de la Renaissance, très remarquable par l'originalité de son plan et par son architecture, auxquelles ajoute encore sa situation. Il occupe une éminence dans le haut d'un long boulevard, dont il est séparé par un beau jardin. Sur les côtés sont deux grands bâtiments et au milieu un arc de triomphe, que relient, à la hauteur du premier étage, d'élégantes colonnades en hémicycle. Les bâtiments renferment les musées (v. ci-dessous). L'arc de triomphe, auquel on arrive par de grands escaliers sur les côtés, est le *château d'eau* de l'aqueduc de Marseille (p. 305), qui aboutit derrière. Sur le devant se trouve une vasque d'où une cascade abondante tombe sur des gradins, et dans cette vasque, un groupe colossal par *Cavelier*, représentant la Durance entre la Vigne et le Blé, sur un char traîné par quatre taureaux. C'est aussi à Cavelier que sont dues les frises de l'arc de triomphe et des musées. A dr. et à g., des Tritons et des Génies par *Lequesne*. Les animaux à l'entrée du jardin sont de *Barye*.

Le *MUSÉE DES BEAUX-ARTS, dans le bâtiment de g., est public tous les jours, excepté les lundi et vendr., de 8 h. à midi et de 2 h. à 6 h. en été, 9 h. à midi et 2 à 4 en hiver, fermé du 20 au 31 janv. et du 20 au 31 juillet. Il y a des étiquettes. Catalogue en préparation et numéros non définitifs.

Rez-de-chaussée. — A l'entrée, le modèle et le bronze de l'Aveugle et le Paralytique par *Turcan*. — GALERIE DU MILIEU, surtout des sculptures: De dr. à g., au milieu et au mur: *Delaplanche*, Pecoraro; *Turcan*, l'Enlevement de Ganymède; *Allar*, Hécube et son fils Polydore, haut-relief en bronze; *Préault*, Ophélie, bas-relief en br.; *Carrier-Belleuse*, Psyché; — autre côté, *Poitevin*, le Joueur de toupie, br.; *Moreau*, Studiosa; *Clésinger*, Combat de taureaux, petit groupe; *Delaplanche*, Enfant monté sur une tortue, br.; *Cl. Vignon*, Daphné, changée en laurier; *Poitevin*, le Joueur de billes; *Fr. Truphème*, le Moineau de Lesbie; — autre côté, *Allouard*, Héloïse au Paraclet; *Chardigny*, la Pêche et la Cueillette des olives, bas-reliefs; *Lombard*, Judith, Ste Cécile, plâtres; *Croisy*, la Fondation de Marseille, haut-relief, etc.

SALLE DE DR. (par rapport à l'entrée). Sculptures: au milieu et à dr., *Ducommun du Locle*, Cléopâtre, bronze; *Clésinger*, Thiers; *Ch. Rauch*, l'Ange de la prière; *A. de Gravillon*, Incinération; 47, *Bontoux*, l'Enfant à la toupie. — Tableaux: à dr. de la porte, *Castellani*, Prise de Son-Tay (Tonkin; 1883); à g., *Debon*, Défaite d'Attila dans les plaines de Châlons; d'ap. Raphaël par de *Boullogne*, l'Incendie du Bourg.

SALLE DE G. ou à l'autre bout de la galerie, dont la porte est surmontée d'un tableau par *Bouguereau*, Inondation à Tarascon en 1856. Cette salle est consacrée à *P. Puget*, de Marseille (1622-1694), sculpteur et peintre, et il y est représenté par des originaux ou des reproductions de ses œuvres. Sculptures originales: Faune, inachevé, et sa maquette; médaillon de Louis XIV, du Dauphin et d'un inconnu; bas-relief représen-

tant Louis XIV, etc. Moulages: Milon de Crotone, Cariatides de l'hôtel
de ville de Toulon, haut-relief de la Peste de Milan (p. 322), tête de
Christ, etc. Peintures: le Sauveur du monde; le Baptême de Constantin
et le Baptême de Clovis, le Sommeil de l'enfant Jésus, Vierge, portrait
de l'artiste, etc. — CABINET DE DR.: gravures et aquarelles; *Carrier-
Belleuse*, le Miroir. — CABINET DE G.: dessins et une fresque attribuée au
Corrège.

Ier **étage.** — ESCALIER: Marseille colonie grecque et Marseille porte
de l'Orient, peintures murales par *Puvis de Chavannes*, de 1869. Sculptures
décoratives par *Cavelier*, *Poitevin*, *Chauvet*, *Chabaud*, *Ferrat*, *Truphème* et
Guindon.

GALERIE DU MILIEU, à dr.: 176, *Raoux*, la Lettre; 240, *Drouais*, portraits; 232, *de Troy*, la Peste de Marseille (1720); de chaque côté, *Monnoyer*, Raisins et Fleurs; — 326, *le Tintoret (Robusti)*, le Doge Morosini;
école allem., Renaud et Armide, dans un beau paysage; 305, *Maratta*, le
Cardinal Cibo; 283, *Castiglione*, la Ferme; s. n°, *Wynants*, la Métairie;
327, *le Tintoret*, les Vertus théologales; 411, *Zeeman*, marine; 364, *Ph. de
Champaigne*, l'Assomption de la Vierge; — 358, 357 (plus loin), *Bouts* et
Boudewyns, paysages; 377, *Holbein le J.* (?), portr. d'un seigneur allemand;
400, d'ap. *Rubens*, la Flagellation; s. n°, *Bordone*, Mendiants; 389, *van
Ostade* (?), Marché aux poissons; 372, 373, *Flinck*, Ateliers de peinture et
de sculpture; 365, *Ph. de Champaigne*, Apothéose de la Madeleine; 284,
Césari (le Josépin), l'Ivresse de Noé; 381, *Jordaens*, la Pêche miraculeuse,
fort dégradée; 367, *J.-B. de Champaigne*, St Paul lapidé; 274, *P. Véronèse*,
Princesse vénitienne; 394, *Rembrandt* (?), Une sibylle; s. n°, *Porbus le J.*,
portr. de Philippe-Guillaume de Nassau; 391, *Porbus le V.*, portr. d'un
gentilhomme; 352, *Bol*, Ancien roi de Pologne; 22, *Séb. Bourdon*, portr.
de Phil. de Champaigne (?); s. n°, *Vasari*, la Passion; *de Péréda (Espagnol)*, Déposition de la croix; 406, *Snyders*, Animaux et fruits; 390,
Peters, marine; 399, 398, *Rubens*, la Résurrection; l'Adoration des bergers,
esquisses; *331, *le Pérugin*, Famille de la Vierge; 368, *de Crayer*, l'Homme
entre le Vice et la Vertu; s. n°, *van Kessel*, nature morte; 376, *Holbein
le J.* (?), portr. d'un jeune homme; 397, *Rubens*, Chasse au sanglier; 268,
inconnu, tête de juif; 374, *van Goyen* (?), Rivière avec canotiers; 280, *Ann.
Carrache*, Une noce de village; au-dessous, 386, *van Mol*, Adoration des bergers; 360, *Brueghel le V.*, Environs d'Anvers; 346, *Zurbaran*, St François;
367, *Decker*, paysage; s. n°, *Teniers*, Corps de garde de singes; s. n°,
van Veen, St Paul sur le chemin de Damas; 378, *van Goyen*, paysage; 317,
S. Rosa, Un ermite en méditation; 281, *L. Carrache*, l'Assomption; *404, *J.
van Ruisdael*, paysage; 313, *Preti*, le Calabrèse, St Jérôme; 410, *Zeegers*,
le Roi David; 269, *le Caravage (Amerighi)*, le Christ mort soutenu par des
anges; 486, *Ribera*, Scène de cabaret; — s. n°, *Berchem*, le Passage du
bac; 344, *Ribera*, Jean de Procida (?); 323, *Raphaël* (?), St Jean écrivant
l'Apocalypse; 131, *Natoire*, St Jérôme; 267, *inconnu*, l'Homme à la ganse
jaune; 235, *Poussin*, Pastorale; 38, *Ant. Coypel*, Joseph vendu par ses frères;
62, *Finsonius*, Madeleine; 237, *Tocqué*, le Comte de St-Florentin; 231, *le
Sueur*, la Présentation au temple; 133, *Nattier*, la Duchesse de Châteauroux;
185, *Rigaud*, le Duc de Villars; 236, *Taraval*, Job et sa femme; 73, *Fragonard*, allégorie (Marseille); 242, *Fr. de Troy*, Une liseuse; 345, *Ribera* (?),
St Pierre.

Ire SALLE DE G. (par rapport à l'entrée): à dr., s. n°, *Ziem*, Entrée
du Vieux port de Marseille; *Carot*, vue du Tyrol italien; *A. Scheffer*, *Madeleine*; *Daubigny*, les Graves, paysage; *Bellangé*, Episode de la prise de
Malakoff; — *Ribot*, Joueur de hautbois; *Isabey*, Village à falaise; *Courbet*,
le Cerf à l'eau; 463, *Boulanger*, St Sébastien et l'empereur Maximien Hercule; — 49, *Saintpierre*, Esmeralda; 249, *Viger*, la Toilette du sacre (impératrice Joséphine); plus loin, *Gervais*, les Stes-Maries; *Tanzi*, Un coin
de l'étang; 165, *Protais*, Retour au champ; — *Comerre*, Silène et les Bac-
chantes; — *Courbet*, *Brascassat*, paysages; *J. Laurens*, Tête de voie romaine en
Bithynie; *Diaz*, *Corot*, paysages; au-dessus de la porte, *Philippoteaux*, Dernier banquet des Girondins. — IIe SALLE DE G.: petits tableaux et portraits.

SALLE DE DR. ou à l'autre bout de la galerie: s. n°, *Guindon*, l'Arrivée

des pêcheurs; 489, *Saintpierre*, Une caresse inattendue; 491, *Silbert*, St.
Marin de Dalmatie; 480, *Ponson*, marine, etc.

Le MUSÉE D'HISTOIRE NATURELLE, dans le bâtiment de dr., n'est
public que les dim. et fêtes et le jeudi, de 2 h. à 4 h. ½ ou 6 h.   Il
y a des étiquettes.   Le *rez-de-chaussée* est consacré aux mammifères, aux poissons, à la paléontologie et à la minéralogie, le *1ᵉʳ
étage* aux oiseaux et à la conchyliologie, aux insectes, à la suite des
poissons, aux rayonnés, aux arachnides (scorpions) et aux échino-
dermes (oursins).   Les salles de ce musée sont décorées de peintures
à la cire par *Léop. Durangel*, *Raph. Ponson* et *Jos. Lalanne*, représentant des animaux antédiluviens, les phénomènes de la nature,
les productions de la Provence, etc.

Derrière le palais se trouve un petit *jardin public*, à l'extrémité
duquel est le débouché de l'aqueduc de la ville (p. 305) et où il y a,
à g., un buste de Lamartine. — A dr., un petit *jardin zoologique*,
qui forme une jolie promenade.   L'entrée principale est de l'autre
côté, boul. du Jardin-Zoologique.

Le Prado (pl. F 7) est la principale promenade en dehors de Marseille, surtout fréquentée dans la belle saison, vers le soir, comme le
chemin de la Corniche (p. 325), qu'on prend souvent pour le retour
(tramw., ³/₄ d'h.; 40 c.).   C'est une magnifique avenue de 3200 m. de
long, commençant à la place Castellane, à l'extrémité de la rue de Rome
(p. 323) ou à plus de 1200 m. de la rue Noailles, et tournant à dr. à
1400 m. de là pour se diriger vers la mer (1800 m.). Il y a de belles villas.

Vers l'extrémité se trouve, dans un beau *parc* à g. en allant vers
la mer, le CHÂTEAU BORÉLY (petit pl. D 4), qui est peu curieux, mais
qui renferme le *musée d'archéologie* de la ville, public les dim. et
jeudi, excepté les jours de courses, de 2 h. à 4 h. ½ en hiver et 6 h.
en été, et ouvert tous les jours aux étrangers.   Entrée sur le derrière.

Rez-de-chaussée. Iʳᵉ et IIᵉ SALLES, à g.: antiquités gréco-romaines,
vases, inscriptions; dans la 2ᵉ aussi des bas-reliefs (96, à la cheminée)
et des papyrus.   IIIᵉ SALLE (galerie): suite des sculptures et inscriptions, sarcophage, statue d'orateur romain, bustes, etc. — IVᵉ SALLE,
«salon doré» richement meublé dans le style Louis XVI et décoré de
peintures attribuées à Chaix: l'Enlèvement des Sabines et le Triomphe
de Psyché. — Vᵉ-VIIIᵉ SALLES, antiquités égyptiennes. Dans la 5ᵉ, des
sarcophages, des sculptures et des inscriptions. Dans la 6ᵉ, de petites
antiquités: statuettes, vases, bijoux scarabées, amulettes, émaux; entre
les fen., des enseignes religieuses et militaires. Dans la 8ᵉ, des antiquités égypto-grecques, sculptures, inscriptions et terres cuites.

Iᵉʳ étage. — ESCALIER: grand plafond attr. à Chaix, Icare. — Iʳᵉ SALLE,
en face: verres antiques. — IIᵉ SALLE: objets du culte, orfèvrerie, bronzes
divers, ornements d'église, sculptures religieuses. — IIIᵉ SALLE: faïences.
— IVᵉ SALLE, à g. du palier de l'escalier: plan de Marseille en 1821,
curiosités diverses. — Vᵉ SALLE, à dr., chambre Louis XVI. — ORATOIRE:
4 beaux bas-reliefs en marbre par Foucault. — VIᵉ SALLE: vases et terres
cuites antiques. — VIIᵉ SALLE: bronzes antiques, statuettes et ustensiles,
bijoux et objets divers, même du moyen âge. — VIIIᵉ SALLE (galerie),
à dr. à l'entrée de celle où est le plan: chinoiseries. — IXᵉ SALLE à la
suite: modèle du pont-aqueduc de Roquefavour (p. 305), autres modèles
de monuments.

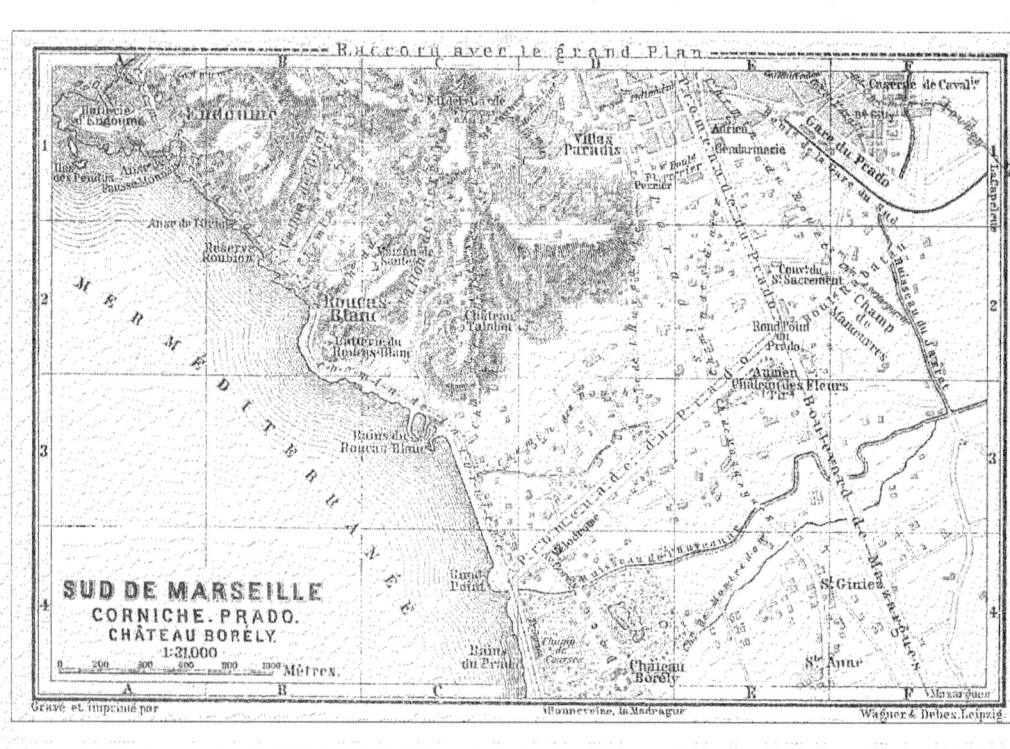

Raccord avec le grand Plan

SUD DE MARSEILLE
CORNICHE. PRADO.
CHÂTEAU BORÉLY.
1:31,000

0   200   300   600   800   1000 Mètres.

Gravé et imprimé par   Bonnevine, la Madrague   Wagner & Debes, Leipzig.

La partie du parc à g. en deçà du château est transformée en *jardin botanique* et on y voit une *statue de Puget* par Ramus.

Le *champ de courses* de Marseille est établi dans l'autre partie du parc, voisine de la mer. — Il y a près du parc et plus loin, sur la plage, des *cafés* et des *restaurants* où il est bon de faire prix d'avance. Roubion, v. p. 317. — De cet endroit de la côte partent divers câbles télégraphiques sous-marins reliant la France à l'Afrique, à l'Asie, etc.

Excursion intéressante, en été, du Vieux Port au fameux **château d'If**, dans l'îlot de ce nom, à 3 kil. à l'O. Bateau, v. p. 318. On n'y peut débarquer que lorsqu'il fait beau. C'est près de là qu'est le *port du Frioul*, qui sert de lazaret. Le château, illustré par Alex. Dumas dans «Monte-Cristo», est un donjon construit en 1529 et qui a servi de prison d'Etat. On en visite les principaux cachots. Belle vue du sommet. — A l'O., les deux grandes îles de *Ratonneau* et de *Pomègue*.

Lignes partant de Marseille, v. p. 316.

DE MARSEILLE A ROGNAC, par la *ligne de l'Estaque*, une ligne de banlieue : 28 kil., de la grande gare. Stat. : *St-Barthélemy, le Canet, St-Joseph*, où il y a un anc. château transformé en pensionnat du Sacré-Cœur. — 7 kil. *St-Louis-les-Eygalades*, près de la belle vallée des Eygalades, aussi sur la ligne d'Arles (p. 305). Puis *Séon-St-André* et *Séon-St-Henri*. — 11 kil. l'**Estaque** (*H.-R. Mistral*), siège de diverses industries et lieu de divertissement des Marseillais, au bord de la mer et avec des bains. — 19 kil. *Pas-des-Lanciers*. — 24 kil. *Vitrolles*. — 28 kil. *Rognac* (p. 304). Les 4 dernières localités sont également desservies par la grande ligne (v. p. 305), St-Louis et l'Estaque aussi par des tramways (v. p. 318).

46. De Marseille à Toulon, Cannes, Nice, Monaco, Menton et Vintimille (Italie).

A *Toulon :* 67 kil., trajet en 1 h. 10 à 2 h. 15, pour 7 fr. 50, 5 fr. 05 et 3 fr. 30. — A *Cannes :* 194 kil. ; 3 h. 40 à 6 h. 45 ; 27 fr. 85, 14 fr. 75, 9 fr. 55. — A *Nice :* 225 kil. ; 4 h. 25 à 8 h. ; 25 fr. 30, 17 fr. 10, 11 fr. 20. — A *Monaco :* 240 kil. (242 jusqu'à Monte-Carlo) ; 5 h. 25 à 9 h. 15 ; 27 fr. 25, 18 fr. 50¹ 11 fr. 95. — A *Menton :* 249 kil. ; 5 h. 50 à 9 h. 40 ; 28 fr., 18 fr. 90, 12 fr. 35. — A *Vintimille* (Italie) : 260 kil. ; 6 h. 35 à 10 h. ; 29 fr. 40, 19 fr. 95, 13 fr. 10. — Vue surtout à droite. — *Train de luxe* en hiver, entre Paris et Vintimille, par Lyon et Marseille, v. l'Indicateur.

Marseille, v. ci-dessus. Cette ligne reste d'abord à une certaine distance de la mer, mais parcourt un pays accidenté et souvent intéressant. — D'abord un petit tunnel. A dr., Notre-Dame-de-la-Garde. — 6 kil. *La Blancarde*, d'où se détache l'embranch. de la gare du Prado (p. 316) et où aboutit le tramw. à vap. de l'Est-Marseille (p. 318). Ensuite à dr., le cimetière marseillais de St-Pierre. On passe sous un aqueduc. — 7 kil. *La Pomme*, sur l'Huveaune, qu'on va traverser plusieurs fois. — 9 kil. *St-Marcel*. On traverse le canal de Marseille (p. 305). — 12 kil. *St-Menet*.

A 4 kil. au N. (omn. dans la saison), **Camoïns-les-Bains** (hôt. : *Heureux, Cambrai*), établissement d'eaux sulfureuses desservi aussi de Marseille (13 kil.) par une voit. publ., cours St-Louis, 14. On y traite surtout les maladies de la peau. C'est en même temps un lieu de villégiature.

Ensuite, à g., un château moderne. — 13 kil. *La Penne.* — 15 kil. *Camp-Major*.

17 kil. *Aubagne* (buffet ; hôt. du Cours), à dr., ville industrielle (poterie) de 8400 hab.

EMBRANCH. de 17 kil. sur *Valdonne*, localité importante par ses mines de lignite. — 10 kil. *Auriol*, bourg industriel à 2 kil. à l'E. — La ligne doit être prolongée jusqu'à *la Barque-Fuveau* (10 kil.), sur celle de Gardanne à Carnoules (p. 315). Au N.-N.-O., le *mont Garlaban* (687 m.), qui offre une très belle vue dans la direction de Marseille. 2 h. 1/2 d'ascension. Il y a une croix au sommet.

L'excursion de la Ste-Baume se fait surtout de la stat. d'Auriol. On y trouve une voit. publ., qui passe par le bourg et mène jusqu'à *St-Zacharie* (9 kil.; 50 c.; hôt. du Lion-d'Or), d'où il y a encore 13 kil. de mauvais chemin (voit. partic., 10 à 20 fr.) jusqu'à *l'hôtellerie de la Ste-Baume*, dépendance d'un couvent, où des religieuses hébergent les pèlerins. — La Ste-Baume est la grotte où, selon la tradition, se retira et mourut *Ste Madeleine* (p. 302 et 316). Elle a été transformée en *chapelle* et c'est encore aujourd'hui un pèlerinage, où l'on monte en 3/4 d'h. de l'hôtellerie, par un charmant sentier dans une forêt séculaire de hêtres. La Ste-Baume a donné son nom à la chaîne de montagnes dans laquelle elle se trouve et qui offre de très belles vues. On monte en 20 à 25 min. à l'arête terminale, par un sentier 5 min. en deçà de la grotte, et en 10 min. de l'arête, à dr., au *St-Pilon* (985 m.), piton rocheux avec une chapelle, au-dessus de la grotte, ou bien en 1/2 h. env. à g. au *Joug de l'Aigle* (1130 m.) et 1 h. au sommet principal, dit *pointe des Béguines* (1154 m.). La *vue, à peu près aussi belle du St-Pilon, s'étend de Marsillargues (p. 300) à Nice et de la pleine mer aux Alpes. — Joli trajet d'env. 4 h. 1/2 de la Ste-Baume, au S.-O., par le *col de Bretagne* (2 h.) et le vallon de *St-Pons*, localité où il y a des ruines d'une abbaye cistercienne, à *Gémenos*, petite ville qu'un omn. relie à *Aubagne* (p. 329).

Ensuite des tunnels de 400 m. et de 2600 m. — 27 kil. *Cassis* (hôt. Liautaud), stat. pour le petit port de ce nom (Carsicis portus), à 3 kil. au S. Puis encore deux tunnels, le second de 1600 m. A g. de la voie est le village de *Ceyreste* (Cæsarista), où se voient les restes d'un camp, des remparts et une fontaine antiques. Belle vue à dr. sur le golfe des Lèques.

37 kil. *La Ciotat-Gare*, d'où un embranch. de 5 kil. mène au S.-O. à **la Ciotat** (hôt.: *du Commerce, de l'Univers*, au port), ville prospère de 12734 hab., dans un beau site, sur le golfe, où on l'aperçoit ensuite. Elle a remplacé l'anc. colonie massaliote de *Citharista*. *Port* peu important, qui se livre surtout à la pêche et en particulier à la pêche du corail. Magnifique promenade, avec une belle vue, appelée *la Tasse*, sur le quai que le ch. de fer longe jusqu'au port. Vastes ateliers de construction des Messageries Maritimes, qu'on peut visiter, de l'autre côté du port.

Les plants d'oliviers sont de plus en plus importants. 44 kil. *St-Cyr*. Puis des hauteurs qui cachent la mer; un tunnel, et l'on se retrouve plus loin sur la côte.

51 kil. **Bandol** (*H. de la Ville; H. des Bains*, en dehors, recommandé), petit port et station d'hiver naissante, sur une jolie baie. Grande culture d'immortelles. Au loin à dr., la presqu'île du cap Sicié, avec l'île des Embiez.

58 kil. *Ollioules-Sanary*. — *Ollioules* (hôt. St-Laurent) est une ville de 3966 hab., dans une jolie vallée bien abritée, à 3 kil. 1/2 à g. (voit. de Toulon) et à 1200 m. au N. de laquelle sont les magnifiques *gorges d'Ollioules*, d'env. 2 kil. de long, que traverse une anc. route. — *Sanary*, auparavant *St-Nazaire* (hôt.: de St-Nazaire, des Bains), est aussi une petite ville et un port, à 2 kil. à dr. de la station.

Ensuite, à dr. de la voie, la *presqu'île du cap Sicié,* avec la hauteur où est Six-Fours (p. 345).

62 kil. **La Seyne**-*sur-Mer* (*hôt. de la Méditerranée,* au port), ville prospère de 16341 hab. et port de mer, à $^1/_4$ d'h. à dr. (omn.), avec des *chantiers de constructions navales* très importants, à la Société des Forges et Chantiers de la Méditerranée (2000 ouvriers), qu'on peut visiter. Bateau de Toulon, v. p. 345. — Correspond. pour *Tamaris,* à env. 5 kil., sur la rade de Toulon (v. p. 344).

Après la Seyne, à g. de la voie, les deux forts de St-Antoine, en deçà du *Faron* (p. 345), et un petit tunnel.

67 kil. **Toulon** (*buffet,* ordinaire; p. 340). — Plus loin, à g., toujours le Faron. Le ch. de fer s'éloigne beaucoup de la côte, où il ne revient qu'après Fréjus (p. 332). — 75 kil. *La Garde,* à g. après sa station, avec une hauteur où sont les ruines d'un château du xvie s. A g., le *Coudon* (p. 345).

78 kil. *La Pauline,* où se détache l'embranch. d'Hyères (p. 346). A g., une belle et riche *chapelle* moderne du style du xive s., décorée de sculptures par Pradier. — 81 kil. *La Farlède.* La voie remonte la belle vallée du Gapeau et passe entre les dernières ramifications des Alpes, à g., et les *montagnes des Maures,* à dr. (p. 349). Beaucoup de cerisiers. — 84 kil. *Solliès-Pont* (hôtel), centre important pour la culture des cerises et curieux lors de la floraison.

A 14 kil. au N., par la riante *vallée du Gapeau* et dans une belle forêt, se trouve la **chartreuse de Montrieux,** que les hommes seuls peuvent visiter (v. p. 166). Elle est moderne, mais 1 kil. $^1/_2$ plus loin sont les *ruines* curieuses d'une autre, du xiie s. On peut y aller en profitant de la voit. publ. qui dessert 3 fois le jour Méounes, par *Solliès-Toucas* (3 kil.) et *Belgentier* (8 kil.). On la quitte en deçà, à env. 20 min. du couvent. *Méounes* (hôtel), 3 kil. au N., a une église intéressante.

90 kil. *Cuers,* petite ville, à g. Voit. pour Collobrières (p. 351). — 98 kil. *Puget-Ville,* localité pittoresque, à g. avant la stat., au pied d'une colline où il y a une tour du xiie s. et entourée d'oliviers.

102 kil. *Carnoules.* Ligne de Gardanne, p. 316-315. — 105 kil. *Pignans.* A dr., sur un contrefort de la chaîne des Maures, est l'ermitage de *Notre-Dame-des-Anges* (2 h. $^1/_4$; 779 m.), d'où l'on a une vue magnifique (clef à Pignans). — 110 kil. *Gonfaron.* La voie passe par des tranchées de grès rouge, dans une plaine couverte d'oliviers et de mûriers, dans la vallée de l'Aille, puis dans celle de l'Argens, qui contournent les montagnes à l'E.

121 kil. *Le Luc et le Cannet,* deux localités à g., la première (hôt. de la Poste) une petite ville à 3 kil. à l'O. (omn.), sur une hauteur.

A $^1/_4$ d'h. au S.-S.-E. (omn.), le modeste établissement de bains de *Pioule,* aux eaux sulfatées calciques froides.

Excursions de la stat. du Luc (voit. publ.; 2 fr. 25), au S.-E., à travers les Maures, à (19 kil.) *la Garde-Freinet* (p. 351) et à (30 kil.) *Cogolin* (p. 350); au N. au (13 kil.) *Thoronet,* village où sont les restes de l'*abbaye* cistercienne de ce nom, surtout l'église, du xiie s., et le cloître.

On se rapproche ensuite de la chaîne des Maures. — 130 kil. *Vidauban.* Puis la belle vallée de l'*Argens,* qu'on traverse. A g., sur une hauteur, le *château d'Astros*, dans les dépendances duquel se trouve la *perte de l'Argens*, sous deux ponts naturels de 15 et de 30 m. de long, autrefois un seul de 60 m., qu'on ne peut voir, sauf l'issue du second pont, qu'en le demandant au château.

136 kil. *Les Arcs* (buffet; hôt. Reybaud), bourg également à une certaine distance à g. Marché aux bestiaux et aux cocons.

Des Arcs à Draguignan et de Draguignan à Grasse. — DES ARCS A DRAGUIGNAN, embranch. de 13 kil., par *Trans* (9 kil.). A g. à l'arrivée, la gare de l'autre ligne (v. ci-dessous).

Draguignan (180 m.; hôt.: *Bertin*, boul. de la Liberté; *Féraud*, rue Nationale, 27, etc.), chef-lieu du départ. du *Var*, est une assez belle ville de 9963 hab., sur la Nartubie et au pied du *Malmont* (656 m.). Sa fondation remonte au vᵉ s., mais elle n'a d'importance que depuis qu'elle a remplacé Toulon comme chef-lieu, en 1793. En traversant, près de la gare, la place du Champ-de-Mars, on arrive au beau boul. de l'Esplanade, puis, à g., aux *allées d'Azémar*, promenade plantée de superbes platanes, devant la *préfecture*. — Dans la rue de la République, à g. du théâtre, en deçà des allées, est le *musée-bibliothèque*, au n° 9. Le musée comprend quelques beaux tableaux, surtout 2 *Teniers*, des Fumeurs et un Médecin de village; 2 *Rubens* (?), 2 *Rembrandt* et un *Panini*. On y remarque aussi une riche armure du xviᵉ s., 4 vases de la Chine et du Japon, etc. — Plus loin, la place du Marché, près de laquelle est une belle *église* moderne du style goth., sur les plans de Révoil. — Ligne de Meyrargues, v. p. 309.

DE DRAGUIGNAN A GRASSE *(Nice)*: 64 kil., chemin de fer du Sud de la France, suite de la ligne de Meyrargues; gare à côté de l'autre. La région qu'on parcourt est fort intéressante. Traversant l'embranch. des Arcs, on monte en laissant la ville à g. Vue étendue à dr. — 11 kil. *Figanières*. — 16 kil. *Callas*, stat. entre deux petits tunnels. A dr., sur une hauteur escarpée, *Claviers*, au milieu d'un bassin que l'on contourne par un grand circuit, en passant à (19 kil.) *Bargemon*, stat. qui précède celle de (22 kil.) *Claviers* même. Très belle vue de la hauteur au N., près d'une chapelle Ste-Anne (625 m.). La voie court à une grande hauteur (409 m.). Petit tunnel. — 33 kil. *Seillans*. Plaine couverte d'oliviers à dr. — 37 kil. *Fayence* (1702 hab.), bâti en amphithéâtre à g. Coups d'œil pittoresques de ce côté et à dr. — 42 kil. *Callian*, aussi à g., sur une hauteur. — 45 kil. *Montauroux*. Montée et descente rapide. Vue étendue à g. — 51 kil. *Tanneron*. Puis un *viaduc* de 72 m. de haut sur la *Siagne*. Site grandiose. On remonte. Tunnel de 535 m. Au loin à g., à une grande hauteur, *Cabris*. — 58 kil. *Peymeinade*. Encore un haut viaduc, qu'on revoit à dr. en arrière. — 61 kil. *St-Jacques*. Un troisième viaduc et un tunnel sous Grasse. — 64 kil. *Grasse* (267 m.; p. 357), gare à mi-côte au S.-E. (buffet), assez loin de l'autre (v. p. 357).

144 kil. *Le Muy* (H. Sermet), à g., où l'on voit une tour dans laquelle des Provençaux s'embusquèrent, en 1536, pour tirer sur Charles-Quint, dans sa retraite après son expédition infructueuse dans leur pays: ils ne tuèrent qu'un personnage que son costume plus élégant leur fit prendre pour l'empereur.

Au pied des Maures, les éboulements et le défilé bizarres dits *San-Traou-della-Roque* et le *Jeu-de-Ballon* (prendre un guide). Ascension intéressante au *rocher de Roquebrune*, dit les *Trois-Croix* (371 m.), entre le Muy et Roquebrune, d'où l'on a une belle vue, malgré son peu d'élévation. Ses formes curieuses le font remarquer de bien des endroits dans la région.

150 kil. *Roquebrune.* — 154 kil. *Puget-sur-Argens.* — En arrivant à Fréjus, à g., les ruines de son amphithéâtre.

158 kil. **Fréjus** (hôt.: *du Midi, du Forum*, près de la gare, modestes; station du Sud, v. p. 351), ville déchue de 3510 hab. et siège

d'un évêché, le *Forum Julii* des Romains, mais dont la fondation remonte encore à une plus haute antiquité. Bien que relativement peu considérables, ses ruines romaines lui donnent un intérêt particulier.

Elle était jadis beaucoup plus importante, comme on le reconnaît à sa vieille enceinte, cinq fois plus grande que celle d'aujourd'hui. Elle avait un port considérable, fondé par César et agrandi par Auguste, qui y envoya les galères prises à Antoine à la bataille d'Actium (31 av. J.-C.), tandis qu'elle est maintenant à plus de 1 kil. 1/2 de la mer, par suite des atterrissements de l'Argens. Cette ville a vu naître l'acteur romain Roscius, le général Agricola, le poète Corn. Gallus, Sieyès, Désaugiers, etc.

Les *Arènes*, à g. en sortant de la gare (p. 332), sont traversées par un chemin public et peuvent par conséquent se visiter librement. Elles sont à peu près du temps de Septime-Sévère (193-211). Il en reste surtout les piles et une grande partie de la galerie qui en faisait le tour sous les gradins. Elles mesurent aux deux axes 113 et 85 m., et elles pouvaient contenir env. 9100 spectateurs. Elles sont adossées au N. à un monticule volcanique, et de ce côté se voient des restes de *remparts romains*, comme il y en a encore ailleurs.

La ville même est au contraire à dr. au sortir de la gare. On arrive bientôt par là à la place du Marché, d'où partent, en face la rue Sieyès (p. 334), à g. la rue Nationale (p. 334) et à dr. une rue qui traverse la voie ferrée. Plus loin était le *port*, qui avait 600 m. de long et 560 de large. Là se trouve la *butte St-Antoine*, l'anc. *citadelle du Couchant*, dont le tertre, de 7 m. de haut, a été formé pour abriter le port des vents du N.-O. Elle n'a pas moins de 800 m. de tour et elle a conservé une grande partie de ses murs de soutènement, qui présentent à l'O. (dr.) des espèces de niches cintrées, destinées à augmenter la résistance à la poussée des terres. Il y a de plus trois tours au S. et à l'E., d'où partait un môle, et l'une de ces tours a dû servir de phare. Sur la plate-forme, maintenant propriété particulière, existaient des maisons et des magasins. — A env. 5 min. au S.-O. de là, à dr. en deçà de la ligne du Sud (p. 351), sont les restes des *Thermes*, en partie occupés par une métairie.

Revenu dans la ville, on voit ensuite, près du chemin de fer, d'autres restes des murs, en particulier une belle *tour* du xvie s., qui est restaurée; puis la *porte Dorée* ou mieux *d'Orée*, c'est-à-dire du bord de la mer. Cette arcade antique, également restaurée, doit avoir fait partie d'une stoa ou portique d'env. 21 m. de long sur 10 de large. En remontant de là, on arrive à g. à la *place du Cours*, plate-forme jusqu'au pied de laquelle venait la mer. Sur cette place doit être érigée la statue du Dr Grisolle (1811-1869), savant médecin de Paris originaire de Fréjus. On y a une belle vue de l'ancien bassin du port et de la mer jusqu'à St-Raphaël (p. 334). On aperçoit de ce côté une sorte de tourelle qui porte le nom de *lanterne d'Auguste*, mais qui n'a pu être un phare, vu qu'elle est peu élevée (10 m. 50) et que la pyramide qui la termine est massive. Près de là se trouve encore un rempart comme celui de la butte St-Antoine, l'anc. *citadelle du Levant*, qui formait l'autre extrémité du port. Il y a aussi de fortes murailles, soutenues par de grands contreforts, et dans l'intérieur sont des salles voûtées, une anc. citerne. Le forum était en deçà.

Plus haut passe la route de Cannes, qui part de l'extrémité de la place du Cours. Elle laisse au N. les restes peu considérables du *théâtre antique* et d'autres parties des murs d'enceinte, et elle passe aux ruines les plus importantes de l'*aqueduc*, des arcades qui atteignent 18 m. de hauteur. Cet aqueduc amenait à Fréjus les eaux de la Siagnole et avait 40 kil. de long; il en subsiste encore ailleurs d'autres travaux de ce genre.

La rue Désaugiers, dans le bas de la place du Cours, ou la route de Cannes, dans le haut, nous ramène dans le centre de la ville, à la place de l'Evêché. La *cathédrale,* qui s'y trouve, est un édifice roman des xie-xiie s., avec un baptistère, à g. du porche, et un ancien cloître goth., dont les arcades sont murées, au delà du porche. Elle a sur la place une porte ornée de sculptures de la Renaissance, cachées par une boiserie et qu'on ne peut voir qu'en s'adressant au sacristain, à l'entrée du cloître. Dans l'église même (très sombre), on remarque des boiseries du xvie s.

La rue Sieyès, à la suite de la rue Désaugiers, nous ramène enfin à la place du Marché, en passant à g. devant une maison ancienne qui a une belle porte décorée de deux atlantes. La rue Nationale qui monte de là à l'opposé de celle par laquelle nous sommes d'abord descendus, est le prolongement de la route de Cannes. Il y a du côté droit, à g. de l'hôtel de ville, où il faut s'adresser, un petit *musée d'antiquités,* dont la principale curiosité est une tête de Jupiter, de 40 cm. de haut.

Il faut encore mentionner le *pont romain*, où Lépide fit camper ses troupes. Il est à env. 20 min. à l'O. des Arènes, dans la direction et près du chemin de fer, mais de l'autre côté de la voie. Il traversait un canal qui est maintenant détourné.

De Fréjus à *Hyères* et à *St-Raphaël* (25 et 20 c.) par la ligne du Sud, v. p. 351. Il y a aussi, le jour, un omn. pour St-Raphaël (25 c.); départs de la place du Marché.

Le chemin de fer traverse ensuite l'emplacement du port de Fréjus, laisse apercevoir à g. la porte Dorée et l'aqueduc et passe à dr. près de la Lanterne d'Auguste.

162 kil. St-Raphaël. — Hôtels: *Grand-Hôtel*, un peu à l'écart, à quelque distance de la mer (ch. dep. 4 fr., b. 75 c., s. id., rep. 1 fr. 50, 3.50 et 5, v. n. c., p. dep. 10, om. 1 et 2 fr.); *Gr.-H. Continental & des Bains*, sur la plage (ch. et s. 3 à 10 fr., b. 75 c., rep. 1.50, 3 et 4, v. n. c., p. 9 à 12, om. 75 c. à 1 fr.); *H. Beau-Rivage*, aussi sur la plage (ch. t. c. 5 à 8 fr., rep. 1.50, 4 et 5, v. n. c., p. 9 à 12, om. 1 fr.); *H. de la Poste & des Négociants*, près des gares, av. café (ch. t. c. 3 à 5 fr., rep. 75 c., 2.50 et 3 fr., v. c., p. 6 à 12); *H. de France*, aussi près des gares, modeste. — Voit. publ. des gares pour *la Boulerie* et *le Dramont* (v. ci-dessous); de la vieille ville pour Fréjus (p. 334). — *Voit. de louage* chez Albin, aussi dans la vieille ville, derrière l'hôtel de ville. — *Bains de mer* en face de l'hôtel des Bains.

St-Raphaël est une ville de 4270 hab. et un petit port sur le

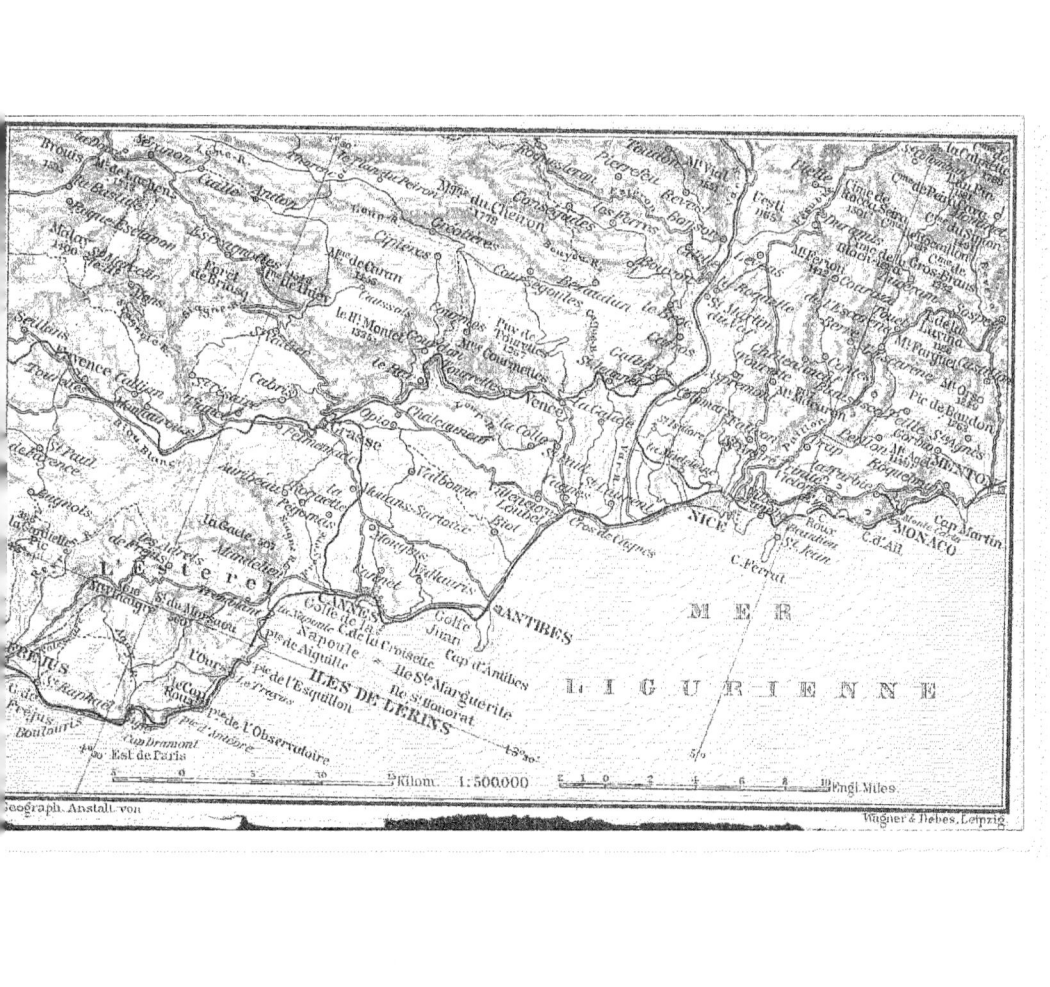

MER LIGURIENNE

NICE · MONACO · ANTIBES · CANNES · ILES DE LÉRINS · FRÉJUS · L'ESTEREL

golfe de Fréjus, où Napoléon 1er débarqua à son retour d'Egypte, en 1799, et s'embarqua pour l'île d'Elbe, en 1814: un petit obélisque y rappelle le premier de ces événements. Elle est devenue une station d'hiver, grâce à la beauté de son site et à une colline qui l'abrite des vents de l'E., mais elle est exposée au mistral. Elle se divise en deux parties, la vieille ville, avec le port, en deçà de la gare à l'arrivée, où il n'y a rien de curieux, et la ville neuve ou ville d'hiver, à dr. et au delà, où il y a des boulevards s'étendant à 4 kil. de distance et où sont éparses quantité de villas. Près de la gare se voit *Notre-Dame-de-la-Victoire*, belle église neuve de style néo-byzantin, avec dôme, par Aublé. A côté, un *casino*.

Valescure (*Grand-Hôtel*, *H. des Anglais*; om., 50 c.), à env. 3 kil. au N.-O., complète St-Raphaël comme station d'hiver, pour ceux à qui ne convient pas la proximité de la mer. Il se compose de deux grands hôtels et d'un certain nombre de villas, dispersés dans des bois de pins et des vallons et abrités du N. par un rideau de montagnes. On y va par la vieille ville, en passant à g. de son église, puis en traversant d'abord une petite plaine. Site charmant et paisible, avec clientèle spéciale, surtout anglaise, comme ceux de Costebelle (p. 348), du cap d'Antibes (p. 337), du Cannet (p. 356), de Cimiez (p. 367) et du cap Martin (p. 385).

De St-Raphaël à *Fréjus* et *Hyères* par la ligne du Sud, v. p. 351-349. Les deux gares se touchent. — Ascension du *Mont-Vinaigre*, v. ci-dessous. — Le Touring-Club de France a entrepris la construction d'une route nouvelle, *la Corniche d'Or*, entre St-Raphaël et la Napoule (p. 336).

Le trajet est maintenant fort beau. Le chemin de fer contourne à g. les *monts Esterel*, pour suivre désormais la côte, qui présente un coup d'œil magnifique, avec ses rochers aux couleurs rouge et grise, tranchant sur la verdure et sur le bleu foncé de la mer, la «côte d'Azur».

L'Esterel est un massif de montagnes isolé, d'env. 20 kil. d'étendue du N. au S. et 15 de l'O. à l'E., formé de porphyre rouge et de roches primitives d'éruption, tandis que les ramifications des Alpes qui l'avoisinent le sont de masses calcaires stratifiées. Ces montagnes sont à peu près désertes et incultes; il y a des bois de chênes-liège et de pins appartenant à l'Etat. Le principal sommet est le **Mont-Vinaigre** (616 m.; tour-belvédère), près de la route de Fréjus à Cannes (36 kil.) et presque à mi-chemin entre les deux villes (aub. des Adrets; 17 et 19 kil.). L'ascension s'en fait le mieux de St-Raphaël (v. ci-dessus), de la Napoule ou d'Agay (v. ci-dessous), en 4 h., à pied. On peut aller en voit. (20 à 25 fr.) de St-Raphaël jusqu'au *Malpey* (18 kil.), maison forestière à l'O., à 1 h. du sommet; de Cannes (20 fr.) jusqu'à l'aub., qui est à l'E., aussi à 1 h. du sommet. *Vue magnifique. — Cap Roux*, etc., v. ci-dessous.

165 kil. *La Boulerie* ou *Boulouris* (Gr.-Hôtel), mieux abrité que St-Raphaël. 2 kil. plus loin est *le Dramont* ou *Armont*, qui a d'importantes carrières de porphyre bleu-clair. — **170 kil.** *Agay* (hôt. Drevet, près de la stat., bon), l'*Agathon* de Ptolémée, avec un petit port et une grande rade bien abritée. Ascension du Mont-Vinaigre, v. ci-dessus. — Tranchées dans le porphyre, viaducs et petit tunnel. A dr., le *cap Roux*, dont «les escarpements couleur de braise sont un des spectacles les plus grandioses de la Méditerranée» (El. Reclus). Ascension du Grand-Pic, v. ci-dessous; d'Agay, elle demande 2 h. 3/4. Au loin, Cannes et les îles de Lérins (p. 351 et 356).

180 kil. *Le Trayas* (hôt.-rest. Sube; du Trayas et rest. de la Réserve; dé. 5 fr.), station isolée dans un des plus beaux sites de l'Esterel, où l'on vient en excursion de Cannes.

Excursions. — Le Trayas est le principal point de départ pour des excursions dans la plus belle partie de l'*Esterel* (p. 335). L'hôtel est à env. 1200 m. en deçà de la station ou à l'opposé de Cannes, sur la côte. — A env. 400 m. dans cette direction, près d'un poste forestier, se détache à dr. un chemin en lacets qui retourne d'abord vers la station et se bifurque ensuite, à dr. vers le *col des Lentisques* (1/2 h.; 265 m.); et à g. vers le col de l'Evêque (3/4 d'h.; 165 m.; v. ci-dessous). Entre les deux est le pic d'Aurelle (316 m.), qui se gravit du premier col en 25 min. et qui offre une très belle vue. Le sentier qui mène au sommet laisse à g. un chemin qui le contourne et relie les deux cols. En continuant tout droit du col des Lentisques, on arrive en 1/2 h. au *Mal-Infernet, gorge grandiose de 1/4 d'h. de long, très curieuse par ses rochers et sa luxuriante végétation. Le sentier qui la remonte se prolonge au-dessus du ravin où passe le grand chemin et le rejoint à g. en deçà du col des Lentisques, un peu au delà d'un petit col où convergent quatre autres sentiers, le troisième descendant vers le col de l'Evêque. — Le chemin du *col de l'Evêque* est en partie l'anc. voie Aurélienne des Romains. En deçà du col y aboutissent: à dr., le chemin et le sentier déjà mentionnés qui contournent le pic d'Aurelle (v. ci-dessus); à g., un sentier par où l'on y monte de l'hôtel Sube. Tout droit au delà du col, la route passe à l'O. du massif du cap Roux (p. 335), au pied duquel on aperçoit, à g., une vieille tour située près de la *Ste-Baume*, grotte peu intéressante, avec une chapelle (fermée; pèlerinage), où habita, dit-on, St Honorat (p. 356). On fait de là, en le contournant à g. ou au N., l'ascension du *Grand-Pic du Cap-Roux (453 m.), qui demande env. 2 h. de la station du Trayas. C'est le plus beau belvédère de l'Esterel, et il offre une vue superbe de la côte et des Alpes.

Ensuite deux autres tunnels, dont un de 810 m. — 185 kil. *Théoule* (hôt.-pens. Baron). — 186 kil. *La Napoule* (hôt. des Bains, à dr., sur le golfe de ce nom et avec un rest. des Bains-de-Mer), et le *château* (se loue meublé), où l'on vient en promenade de Cannes. 2 ponts, le 2e sur la *Siagne*. A g., une vallée où l'on aperçoit Grasse (p. 357), son chemin de fer et les Alpes. — 191 kil. *La Bocca*, à la bifurcation des deux lignes. A g. encore, de magnifiques pins parasols, des jardins avec des palmiers, etc. Petit tunnel et tranchée.

194 kil. **Cannes**, station dans la ville même (p. 351), que la voie traverse, pour regagner plus loin la côte. A g. avant la stat. suiv., *Cannes-Eden* (H. de Cannes-Eden, Savoy-H.), extrémité E. de la ville.

200 kil. *Golfe-Juan-Vallauris*, stat. sur le *golfe Juan*, où Napoléon Ier débarqua à son retour de l'île d'Elbe, en 1815 (colonne commémorative). Le hameau de *Golfe-Juan* (hôt. de la Plage) est en voie de devenir une station d'hiver. Tramw. de Cannes (p. 353). *Vallauris* (6247 hab.; hôtels; omn.), dans un beau site à 1/2 h. au N.-O. (tramw.; 30 et 15 c.), a de nombreuses et intéressantes fabriques de faïences, poteries et terres cuites artistiques.

Ensuite, à dr. de la voie, le *cap d'Antibes* (v. ci-dessous).

203 kil. *Juan-les-Pins* (hôt.: Grand-Hôtel, 10 fr. par j.; H. Terminus), nouvelle station d'hiver et de bains de mer. Cap d'Antibes (1/2 h.), v. ci-dessous.

205 kil. Antibes. — Hôtels : *H. des Aigles-d'Or*, *H. Victoria*, rue Thuret, près de la place Nationale; *H. Cosmopolitain* (meublé), place Macé, avec restaur. et brasserie, nouveau; *H. National & d'Alsace*, rue de la République, 44, pas cher; *Terminus*, à la gare (ch. t. c. dep. 3 fr., rep. 1.50, 3 et 3.50). — *Omnibus* pour l'hôt. du Cap (v. ci-dessous), 3 fois le jour; prix, 1 fr. — *Tramway* pour Cannes, v. p. 353.

Antibes est une anc. ville forte, de 9329 hab., et petit port, dans un site magnifique, l'*Antipolis* de l'antiquité, fondée par les Massaliotes (p. 319), pour résister aux Ligures.

Au N. de la baie qu'on longe pour arriver à la ville, du côté du port, s'élève le *Fort-Carré*, construit par Vauban. *Vue magnifique de ce côté jusqu'à Nice, que domine un amphithéâtre de montagnes aux cimes neigeuses, si ce n'est en été. Les remparts de la ville même ont été démolis depuis 1896.

Le *port*, où l'on descend directement de la gare, est protégé, vers la pleine mer, par un môle de 470 m. de long, dû aussi à Vauban. On entre de là en ville par la rue Aubernon, après laquelle vient le cours Masséna. L'*hôtel de ville* et l'*église*, à g., sont peu remarquables. Devant l'hôtel de ville, le *buste du général Championnet* (1762-1800), général en chef de l'armée d'Italie en 1798, mort à Antibes. L'église a une grosse tour carrée qui domine la ville, avec une autre dans le voisinage, un reste de l'anc. château. Près du cours, la belle *place Nationale*, avec une fontaine surmontée d'une *colonne*, en mémoire de la résistance victorieuse de la ville à l'étranger en 1815. Plus loin, la rue de la République, qui traverse de là la ville dans la direction de la gare.

La rue James-Close, à g. de cette dernière, puis la rue de Fersen, à dr., et la rue Arazy mènent vers le *cap d'Antibes*. — De la gare, on y va directement en prenant à dr. le boul. du Cap, percé sur l'emplacement des anc. fortifications.

La presqu'île du cap d'Antibes ou *cap de la Garoupe*, entre le golfe Juan et le golfe de Nice, a env. 4 kil. de long et 2 kil. de largeur moyenne. La végétation y est luxuriante, et il y a des villas et un hôtel qui en font une station d'hiver comme Costebelle (p. 348), etc. Il faut env. 1 h. pour aller à l'extrémité, par une route de voitures qui monte entre les villas et des jardins: voit. partic., 3 fr. 50 à 5 fr. 50 all. et ret., 2 à 3 fr. l'heure, omn., 1 fr. A 20-25 min. d'Antibes, la *villa Thuret*, avec le magnifique jardin du botaniste de ce nom, maintenant à l'Etat et ouverte au public le mardi de 8 h. à 6 h. du soir. Plus loin, à g., le sommet de *la Garoupe* (75 m.), où il y a une *chapelle* (pèlerinage) et un *phare*. La route principale se bifurque enfin à dr. vers le *Gr.-Hôt. du Cap* (ch. t. c. 4 à 6 fr., rep. 1.50, 3.50 et 5, p. 12) et à g. vers la *villa Eilenroc*. Cette villa a un beau jardin sur le versant extrême du cap, visible seulement le lundi de 1 h. à 5 h. D'autres villas et jardins empêchent de descendre de ce côté à la mer, où l'on arrive au contraire par le chemin à g. de l'hôtel, à la pointe de l'Ilette, où il y a une petite villa turque, mais qui n'offre pas d'intérêt. En passant au contraire devant l'hôtel, on arrive au bord du golfe Juan, par où l'on peut aller à la stat. de ce nom (p. 336).

La contrée est encore plus belle après Antibes. On traverse la *Brague* (halte de *Biot*) et le *Loup*, et on s'éloigne un peu de la mer.

213 kil. *Cagnes* (hôt.: Savournin, des Colonies; Isnard, à la gare, pas chers), ville de 3029 hab. et petite station d'hiver, à 1 kil.

à g., sur une hauteur. Elle a un vieux *château* remarquable des Grimaldi (p. 378 et 350), avec un plafond attribué à Carlone, la Chute de Phaéton. Jolies excursions à *Villeneuve-Loubet*, village à 3 kil., sur la route de Grasse, où il y a un beau château; à l'embouchure du *Loup* (p. 337), à ³/₄ d'h., et dans la charmante vallée de la *Cagne*.

214 kil. *Cros-de-Cagnes*, un petit port. — 217 kil. *St-Laurent-du-Var*, stat. à 2 kil. de la localité, située à g. On traverse le *Var*, anc. frontière de la France avant l'annexion de Nice, sur un beau pont viaduc, qui sert aussi pour la route. A dr., le champ de courses de Nice; à g., son ancien jardin d'acclimatation. — 219 kil. *Le Var*. Les jardins aux abords de Nice ont particulièrement beaucoup d'orangers, chargés de fruits dans la saison.

225 kil. **Nice** (*buffet*; déj., 3 fr.; dîn., 4 fr.; v. p. 358).

On passe ensuite dans un tunnel de 600 m., sous la colline de Cimiez, puis sur le Paillon. — 227 kil. *Nice-Riquier*, halte desservant un nouveau quartier de Nice. A dr., le mont du Château et son cimetière. — Ensuite un tunnel de 1490 m., sous le Montalban, et l'on a un beau coup d'œil à dr. sur la baie de Villefranche.

229 kil. **Villefranche** (hôt.: *Eden*, sur la route de Nice; *Réserve*, près du port; *de l'Univers*, sur le quai; *Laurent* ou *Audibert*, un peu au-dessus; *Belle-Vue*, rue Droite, recommandé), ville de 4430 hab. et port militaire, avec une *rade* célèbre (2900 m. de long et 1800 de large), dans un site excessivement pittoresque, entre des hauteurs boisées et dominée à dr. par un vieux fort. Elle est mal bâtie et elle n'a rien de curieux comme ville, mais elle est propre et elle a un climat supérieur à celui de Nice. La stat. de chemin de fer est au N. de la ville, qui s'étend, avec ses dépendances, à l'O. de sa profonde baie (env. 2 kil. ¹/₂), et la route de Nice, préférable pour les promeneurs, y arrive au contraire par le S., en longeant la baie.

Tramway de Nice, v. p. 361. — Route menant en 1 h. au *col des Quatre-Chemins* (p. 371). — On peut se faire conduire en barque de Villefranche à la baie de *Passable* (75 c., 1 fr. pour 2 pers.), puis aller à St-Jean par la presqu'île de ce nom (v. p. 339 et ci-dessous).

On traverse plus loin l'extrémité N. de la presqu'île St-Jean, et la voie longe généralement la côte.

231 kil. **Beaulieu.** — Hôtels: près de la gare, *H. Bristol*, grande maison neuve (ch. dep. 10 fr.); *H. des Anglais & Victoria* (ch. dep. 3 fr., rep. 1.50, 3.50 et 5, p. dep. 10 fr.); *Empress H.* (ch. 3 à 8 fr., b. 50 c., rep. 1.50, 3.50, 4.50, p. dep. 10); *H.-rest. de la Gare*, modeste; au bord de la mer, *H. Métropole* (ch. t. c. 6 à 15 fr., rep. 1.50, 5 et 6, p. dep. 10); plus à l'Est, *H. Beaulieu*. Diverses *pensions*. — Voit. de place: course, à 1 chev., 1 fr., le jour et 1.50 la nuit; à 2 chev., 1.50 et 2.50; heure, 2.50 et 3, 3.50 et 4.

Beaulieu, devenu depuis peu une station d'hiver, est un village dans un beau site, bien abrité, au milieu de riches plantations d'oliviers, de figuiers, de citronniers et d'orangers et sur une large baie que la *presqu'île de St-Jean* sépare à l'O. de celle de Villefranche. La partie principale de la localité est à dr. de la voie, au bord de la mer, et l'on y va surtout par un passage inférieur en deçà de la station.

A l'E. de la presqu'île est St-Jean (hôt.: *St-Jean & Réserve*, nouveau; *Namouna*, av. rest., *Victoria*, etc.), village de pêcheurs à 25 min. de Beaulieu, but de promenade des étrangers à Nice (omn., 60 c.). Les habitants se livrent à la pêche du thon pendant les mois de février, mars et avril. — A l'extrémité de la presqu'île, que contourne une route de voit., le *cap Ferrat*, où il y a un phare, un lac et une dépendance du jardin d'acclimatation de Paris, avec restaurant. — A St-Jean se rattache la petite *presqu'île de St-Hospice*, où l'on peut faire une charmante promenade jusqu'à une vieille tour (20 min.).

On voit ensuite au loin, à dr., Monaco. — Tunnel. — 234 kil. *Eze.* Le curieux village de ce nom est à 1 h. $\frac{1}{4}$ de distance, sur un rocher escarpé (350 m.) où il ressemble à une forteresse, et à 1500 m. de la route de la Corniche (p. 370). Il est d'origine très ancienne et il a des restes d'un château fort. — Puis 4 tunnels. A g., la *Tête-de-Chien*, qui est fortifiée (v. p. 381).

237 kil. *La Turbie* (Eden-Hôtel, nouveau), stat. à env. 1 h. $\frac{1}{4}$ du village, situé sur la route de la Corniche (p. 370) et que dessert maintenant un chemin de fer partant de Monte-Carlo (p. 381). — Encore 2 tunnels. A l'approche de Monaco, belle vue à dr. sur le rocher où est cette ville. Au loin, Bordighera, en Italie (v. ci-dessous).

240 kil. **Monaco** (p. 377). Puis un viaduc d'où l'on a aussi une belle vue à dr. sur la ville. Dans le bas, à dr., *la Condamine*; à g., le vallon de Ste-Dévote et le chemin de fer de la Turbie (p. 381 et 370).

242 kil. **Monte-Carlo,** stat. au-dessous du casino (à g.; p. 380).

On aperçoit plus loin à dr. le *cap Martin,* avec son hôtel et la villa Cyrnos (p. 385); en arrière, Monte-Carlo, Monaco et, dans le haut, l'hôtel et la tour de la Turbie. — 245 kil. *Cabbé-Roquebrune.* Le bourg de *Roquebrune* est à g. dans le haut, sur la route de la Corniche (p. 370), au milieu de riches plantations d'orangers et de citronniers. Il est dominé par les ruines d'un château. Son église Ste-Marguerite possède une réduction du Jugement dernier de Michel-Ange et un très beau christ (sacristie). Belle vue sur Monaco à dr. Ensuite un tunnel de 560 m., dans le cap Martin.

249 kil. **Menton** (p. 382). La ville est à droite.

Ensuite un tunnel de 503 m. sous Menton. — 251 kil. *Menton-Garavan,* stat. desservant le quartier E. de Menton (p. 384).

La frontière d'Italie est un peu plus loin au petit *torrent de St-Louis* (p. 384-385). Puis 6 autres tunnels, le principal de 550 m., sous Vintimille, qu'on voit à dr. après avoir encore traversé la *Roya* (v. ci-dessous).

260 kil. **Vintimille,** en ital. *Ventimiglia* (buffet, assez cher; hôt., à la gare: *Suisse & Terminus*, ordinaire; *des Voyageurs; d'Europe,* pas cher; *rest. de la Maison-Dorée*), stat. frontière et ville d'env. 8500 hab., pittoresquement adossée à une montagne, que couronne

22*

une anc. forteresse. On y arríve en traversant un faubourg à dr., puis la Roya, et en montant par une rampe à dr. Dans le haut, d'abord la *cathédrale,* qui est peu intéressante, et la *mairie* (Municipio). Derrière l'église, une *promenade* sur une terrasse dont on a aperçu les arcades en arrivant et d'où la vue s'étend vers Bordighera. Au fond de la vallée de la Roya, des cimes souvent couvertes de neige. La rue Garibaldi traverse la ville haute, curieuse seulement pour ceux qui ne connaissent pas encore l'Italie. Cette rue aboutit à la *porte de Nice* et se prolonge au delà par la route de la Corniche (p. 370). En prenant à dr. à cette porte et en appuyant à g. à une bifurcation, on monte en 1 h. env. aux ruines du *château d'Appio,* du xiiie s., d'où l'on a une très belle vue, comme, du reste, de divers points de la ville et en particulier de la route qui en contourne le promontoire.

Vintimille est le siège des douanes française et italienne. L'heure y avance de 51 min. sur celle de Paris. Ligne de Gênes (125 kil.), par *Bordighera* (5 kil.), *San Remo* (16 kil.), etc., v. l'*Italie septentrionale,* par Bædeker.

La *vallée de la Roya* est magnifique. On peut faire par là en un jour, aller et retour, une excursion jusqu'à St-Dalmas-de-Tende: 42 à 43 kil., soit 21 kil. de route jusqu'à la frontière, 5 de là à *Breil* (p. 377) et ensuite 1½ jusqu'à *la Giandola* (p. 377), où l'on rejoint la route de Tende, à 16 kil. de *St-Dalmas-de-Tende* (p. 377).

47. Toulon.

ARRIVÉE. Ligne de Marseille, Nice, etc., v. R. 46. La *gare* (pl. E 1) est au N. de la ville neuve. Voitures, v. ci-dessous.

HÔTELS: *Grand-Hôtel* (pl. a, E 2), place de la Liberté, non loin de la gare (ch. dep. 2 fr. 50, au moins si l'on prend ses repas à l'hôtel; pens. dep. 10); *Gr.-H. Victoria* (pl. b, E F 3), boulev. de Strasbourg, 27, près du théâtre (ch. t. c. 3 à 8 fr., rep. 1.25, 3 et 3.50, om. 1, p. 10.75); *H. de la Paix* (pl. c, E 3), place d'Armes; *H. du Louvre* (pl. d, E 3), rue Corneille, 11, aussi près du théâtre, bon (dé. 2 fr. 50, dî. 3); *H. du Nord*, place Puget (pl. e, E 3; mêmes prix); *H. du Port* (petit), avec le *rest. des Négociants*, quai Cronstadt, près de l'arsenal (dé. 2 fr. 50, dî. 3).

CAFÉS-RESTAUR.: *du Commerce*, au port; *de la Marine*, place d'Armes; *Continental, de la Rotonde, Gr.-Café & Taverne Alsacienne*, boul. de Strasbourg, où il y a aussi un *casino*, près de la place. — *Buffet* à la gare.

VOITURES DE PLACE: le jour, à 2 pl., 1 fr. 25 la course et 1 fr. 75 l'heure; à 4 pl. 1 fr. 50 et 2 fr.; la nuit, de 10 h. à 6 h., à 2 pl., 1 fr. 50 et 2 fr. 50, à 4 pl., 2 et 3 fr. Colis, 20 c.

TRAMWAYS ÉLECTR.: 1, de *la Valette*, au S.-E. du Mont-Faron (v. la carte des environs), par le faub. de *St-Jean-du-Var*, le boul. de Strasbourg (pl. D-F 1-3) et le faub. du Las à *Ollioules* (p. 330); 2, de la *gare*, par le Mourillon (pl. D-F 6-8) aux *bains Ste-Hélène* (pl. F 8). Prix: 10 à 20 c.

POSTE ET TÉLÉGRAPHE (pl. E 2-3): rue Hippolyte-Duprat, près du théâtre.

BATEAUX A VAPEUR: pour *St-Mandrier* et pour la *Seyne*, v. p. 345; pour les *îles d'Hyères* (p. 348), d'ordinaire les mardi, jeudi et sam. à 7 h. du m. (ret. de 1 à 2 h.); prix, 2 fr. 50 et 1 fr. 50 jusqu'à Porquerolles, 3 et 2 jusqu'à Portcros. — *Barques* pour promenades, env. 2 fr. 50 l'h.; prix à débattre d'avance.

BAINS: *B. chauds*, place d'Armes, 14; rue Neuve, 14, etc.; *B. de mer*, au Mourillon (pl. F 8: tramway).

Temple protestant (pl. 12, F 2), rue Picot.

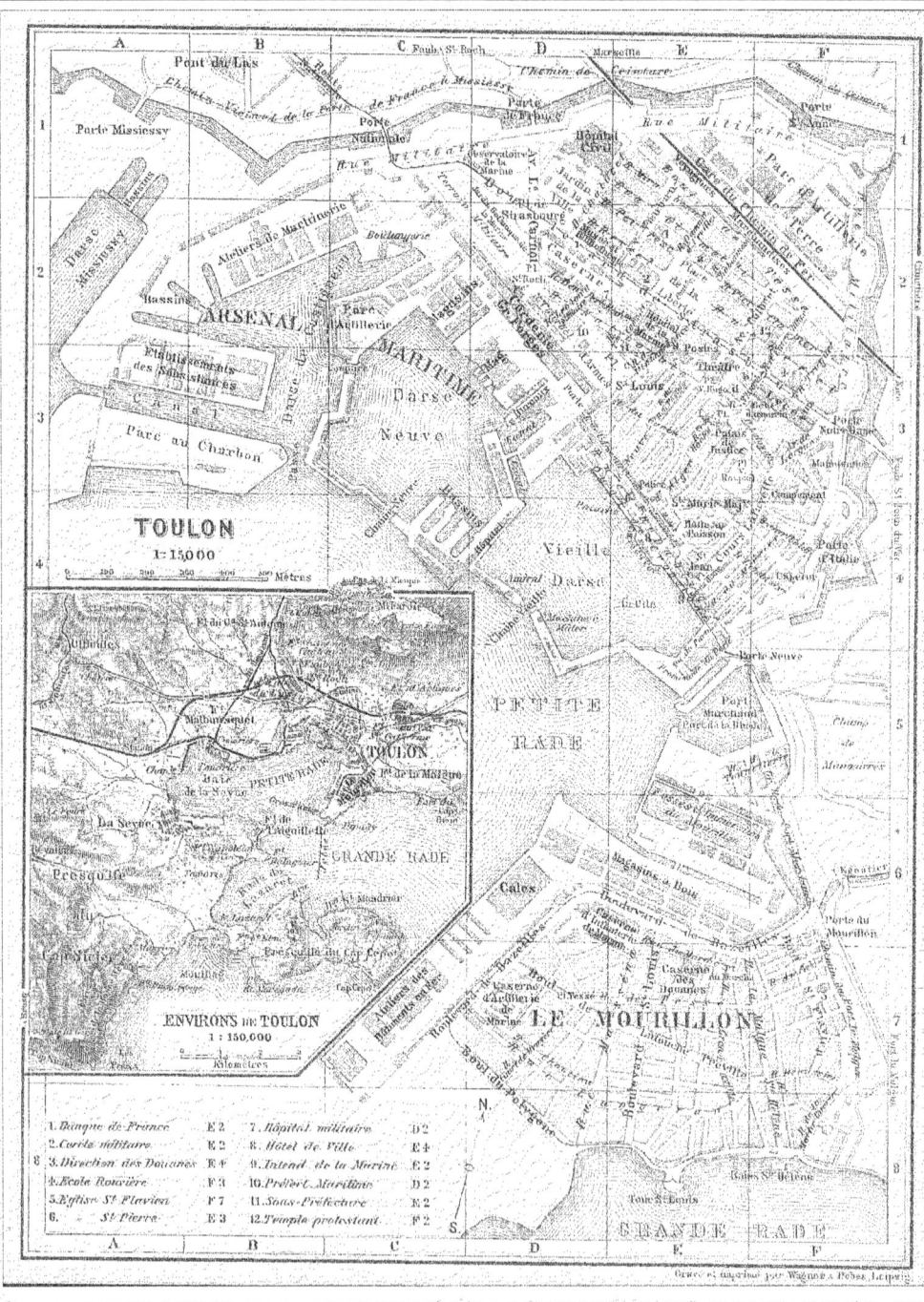

TOULON
1:15,000

ENVIRONS DE TOULON
1:150,000

Gravé et imprimé par Wagner & Debes, Leipzig.

Toulon est une ville de 95 276 hab., le principal port militaire de France après celui de Brest, et une place forte de 1ʳᵉ cl., dans un beau site, sur une baie profonde et sûre de la Méditerranée, fermée par une presqu'île (p. 345) et entourée de montagnes couvertes de forts détachés.

C'est le *Telo Martius* des anciens. Elle passe pour avoir été fondée par des Phéniciens, qui auraient établi à cet endroit une teinturerie de pourpre, à laquelle elle devrait son surnom de «Martius». Toulon n'a toutefois d'importance que depuis les temps modernes. Charles-Quint put s'en emparer deux fois, en 1524 et en 1536, mais les fortifications élevées sous Henri IV et sous Louis XIV lui permirent de résister victorieusement, en 1707, aux forces réunies du prince Eugène, de l'Angleterre et de la Hollande. En 1793, les royalistes livrèrent la place aux Anglais et à leurs alliés, les Espagnols et les Napolitains, qui en furent expulsés après un blocus de six semaines, dans lequel se distingua pour la première fois Bonaparte, alors commandant d'artillerie. Les vaincus se vengèrent en incendiant l'arsenal et la plus grande partie de l'escadre française, et les vainqueurs en faisant expier cruellement leur trahison aux habitants et transférant le chef-lieu du départ. du Var à Draguignan. Un dernier événement notable de l'histoire de cette ville est la visite officielle de l'escadre russe en 1893.

La partie ancienne de la ville est mal bâtie, tandis que les quartiers neufs, créés depuis l'agrandissement de l'enceinte, sous le second empire, présentent de larges rues et de belles constructions.

La *gare* (pl. E 1) donne sur la place Vauban, où il y a un *monument de 1870-71,* groupe en marbre par L. Guglielmo, et l'avenue Vauban conduit de là au *boulevard de Strasbourg,* qui traverse la ville de l'E. à l'O.

La PLACE DE LA LIBERTÉ (pl. E 2), un peu plus loin à g. de ce boulevard, est décorée d'une belle *fontaine,* à la gloire de la Révolution française, avec statues par André Allar, de Toulon (1890), et entourée de palmiers.

Le **théâtre** (pl. E 3), qu'on rencontre ensuite à dr., est un bel et grand édifice moderne sur les plans de *Feuchères* et de *Charpentier.* La façade principale, de l'autre côté, a un beau fronton par *Klagmann* et des statues de la Comédie et de la Tragédie lyrique par *Daumas,* de Toulon. La façade du boul. de Strasbourg est décorée de 6 Muses colossales, en plein relief, par *Montagne,* aussi de Toulon. La salle, qui peut contenir 1800 pers., a un plafond allégorique par *Duveau.* — Plus loin encore, sur le boulevard, à dr. le *lycée* et à g. l'*école Rouvière,* dont la porte est surmontée d'un beau bas-relief par Allar.

Au S.-E. du Théâtre et plus bas que le lycée se trouve la petite *place Puget* (pl. E 3), qui a une fontaine pittoresque de 1780. On peut descendre directement de cette place au port par la rue Hoche et la rue d'Alger (p. 342). Nous allons au S.-E. jusqu'au *cours Lafayette,* où nous tournons à dr., à la rue Traverse-Cathédrale.

Ste-Marie-Majeure (pl. E 3-4), l'anc. *cathédrale,* à peu de distance, par cette rue, est un édifice roman des xiᵉ et xiiᵉ s., considérablement agrandi au xviiᵉ s., avec une façade de cette époque et un clocher du xviiiᵉ s. Elle a des sculptures remarquables. Celles de la chap. à dr. du chœur sont par des élèves de Puget: une sorte de grand retable, le Père Eternel entouré d'anges, dont deux thuriféraires particulièrement remarquables, par *Veyrier*, et, à g., sous verre, un anc. devant d'autel, l'Ensevelissement de la Vierge, par *Verdiguier*. Dans une niche au-dessus de l'arcade de la chap. à g. du chœur, une belle Vierge dorée entourée d'anges, attribuée à *Puget* lui-même. Dans la chap., une Vierge attr. à *Canova* et divers tableaux. Devant la chap., à g., une Assomption de *P. Mignard*. La chaire, un peu lourde, est de *Hubac*, de Toulon.

Vers l'extrémité du cours Lafayette est la place Louis-Blanc, avec *l'église St-Jean* ou *St-François-de-Paule* (pl. E 4), du xviiie s., richement décorée à l'intérieur.

Le **port**, un peu au delà, comprend 5 bassins principaux: la *Darse Vieille*, un petit *port marchand*, à l'E.; la *Darse Neuve* ou *Vauban*, à l'O.; la *Darse de Castigneau*, plus loin à l'O., et la *Darse Missiessy*, encore au delà, du même côté. La Darse Vieille, le plus ancien de ces bassins, sert maintenant en grande partie au commerce, qui a surtout pour objets les articles nécessaires aux approvisionnements et aux constructions de l'escadre; les autres, sauf le petit port marchand, sont réservés à la marine militaire.

Au delà des bassins s'étendent la *petite rade* et la *grande rade*, qui sont vastes et très sûres. Elles communiquent par une large passe entre la pointe Pipady, à g., et celle du *fort de l'Aiguillette*, à dr. C'est la prise de ce fort qui décida la lutte en 1793 (p. 341), car il commande le port, que les Anglais évacuèrent aussitôt à la hâte. Plus loin, sur un autre petit cap, encore deux forts qui jouèrent aussi un rôle important, le *fort Balaguier* et, dans l'intérieur des terres, le *fort Napoléon*, l'anc. *fort Caire*, surnommé alors *Petit-Gibraltar*. La grande rade est fermée au S., à env. 5 kil. de Toulon, par la *presqu'île du cap Cépet*, prolongement à l'E. de la *presqu'île du cap Sicié* (p. 345), qui forme le côté O. des deux rades, de sorte qu'elles ne sont accessibles qu'à l'E.

L'hôtel de ville (pl. 8, E 4), vers le milieu du beau quai Cronstadt, sur la place dite *Carré du Port*, a deux belles cariatides ou plutôt des atlantes, par *Puget*. Sur la place, le *Génie de la navigation*, statue colossale en bronze, par Daumas. En deçà, un hermès double de Janus et de Jupiter par Hubac. Au delà de la place aboutit la *rue d'Alger*, la plus animée du vieux Toulon. — Près de là, à g. de cette rue, *l'église St-Pierre* (pl. 6, E 3), qui a une belle chaire et des statues par Hubac.

L'arsenal (pl. A-D 1-4) est à l'extrémité du quai et il a pour entrée, à dr., rue de l'Arsenal, une *porte monumentale* de 1738, nouvellement restaurée, à quatre colonnes monolithes en marbre cipolin et décorée de statues de Mars et de Bellone, par Lange et Verdiguier.

On visite l'arsenal, les jours ouvrables, avec une autorisation, qu'on obtient facilement à l'entrée, si l'on est Français, sur la présentation d'une preuve d'identité. Les étrangers ont d'ordinaire besoin d'une lettre de recommandation de leur gouvernement, contresignée par le ministre de France compétent. Il faut s'y présenter à 2 h. précises. On est conduit par un marin, qui donne des explications. Eviter, s'il est possible, de se joindre à un groupe de visiteurs trop considérable, afin de mieux voir et de mieux entendre et de ne pas se trouver retardé. La visite ordinaire, qui prend 1 h. à 1 h. $\frac{1}{2}$, consiste uniquement à parcourir le musée maritime, la salle d'armes et les quais autour de la Darse Neuve où l'on voit certainement des quantités de matériel et des navires dont l'ensemble est intéressant, mais on n'entre dans aucun chantier ni même aucun navire, de sorte que c'est pour le public une curiosité médiocre, au moins si l'on a déjà vu un arsenal.

Cet arsenal a été créé sous Louis XIV, sur les plans de Vauban. Il couvre une superficie de 270 hect. et occupe 12 à 13 000 ouvriers. Le *musée naval*, à dr. non loin de l'entrée, comprend des sculptures de Puget et de ses élèves et une collection de tous les types de navires. A la suite, à dr., sont les *forges* et d'autres *ateliers*; à g., le *magasin général*; puis le *parc d'artillerie* et la vaste *salle d'armes*, qui contient une collection fort importante d'armes à feu et d'armes blanches, très soignées et en partie disposées avec beaucoup d'art, en trophées, lustres, corbeilles, vases, lyres, pins, grilles, etc. Il y a aussi quelques statues, une Bellone et une Renommée par Puget. On passe en bac dans l'îlot compris entre la Darse Neuve et la Darse Vieille, où sont des *bassins de radoub* et où était le *bagne*, évacué en 1873, les forçats étant maintenant transportés en Nouvelle-Calédonie. Un pont mobile ramène enfin dans la cour près de l'entrée.

Les parties de l'arsenal situées autour de la Darse de Castigneau: *boulangerie, chaudronnerie, fonderie, ateliers d'ajustage et de montage, magasin d'outillage, buanderie, abattoir, minoterie à vapeur, magasin de subsistances*, etc., ne se visitent qu'avec une autorisation spéciale. Plus loin encore est la *Darse de Missiessy* (pl. A 2), où se trouvent un *parc aux ancres*, un *atelier de torpilles*, deux *bassins de radoub*, avec une grue hydraulique, des *casernes*, etc. Il y a aussi une vaste dépendance dite *arsenal du Mourillon*, à l'E. de la rade, au delà du port marchand, où sont les bois de construction, conservés en partie dans de vastes fosses, et où se construisent des navires.

La visite d'un *vaisseau de guerre* en rade est intéressante. On s'y rend avec une barque (v. p. 340), et on demande à l'officier de quart une autorisation, qu'il accorde habituellement sans difficulté l'après-midi. Pourboires interdits. — Excursion en rade, jusqu'à la presqu'île du cap Cépet, v. p. 344-345.

La PLACE D'ARMES (pl. D E 2-3), plantée de très beaux platanes, est la plus importante de la ville. Il y a concert t. les j. dans l'après-midi, excepté les lundi et samedi. Le fond est occupé par la *préfecture maritime* (pl. 10), édifice de 1786-1788. Du côté opposé, à peu de distance de la place, se trouve l'*église St-Louis* (pl. E 3), qui est peu intéressante.

La rue Courbet, au delà de la Préfecture, conduit à la *place St-Roch* (pl. D 2) et l'avenue Lazare-Carnot de là au **jardin de la Ville** (pl. D 1), belle promenade vers l'extrémité O. du boul. de Strasbourg (p. 341). On y remarque, à g., une anc. porte d'église du xviie s., encadrant un motif de fontaine. Il y a concert militaire dans ce jardin le samedi. Derrière est l'HÔPITAL CIVIL ou *la Charité*.

Le **musée-bibliothèque** (pl. D 2), près de ce jardin, est un très bel édifice du style de la Renaissance, avec loggia sur la façade, construit de 1883 à 1887 par *Gaudensi-Allar*.

Musée. Le musée est public tous les jours excepté les lundi et sam., de 2 h. à 5 h. en été et 1 h. à 4 h. en hiver, et encore visible à d'autres moments pour les étrangers.

Rez-de-chaussée, côté gauche. Vestibule: moulages, faïences, terres cuites. — Salle de g.: suite des moulages (étiquettes); à dr., celui de la porte de l'hôtel de ville (p. 342); au milieu, un buste de Puget, par *Injalbert;* au fond, une statue équestre de Brennus apportant la vigne dans les Gaules, plâtre par *M. Pascal;* en deçà, un marbre de l'hermès de Janus et Jupiter par Hubac; au mur, 19 bas-reliefs dorés et 2 bronzés de *Puget* et de son école. — Salle de dr., par rapport à l'entrée: suite des moulages et modèles; au milieu, *Godebski,* la Force étouffant le génie; *G. Lange,* Abel mort, Faune à la grappe, Faucheur battant sa faux; *Montagne,* Chloë à la fontaine; *Coulon,* Flore et Zéphyre. — A la suite, une petite salle avec des antiquités préhistoriques et autres, etc. — 2e et 3e salles, au retour, histoire naturelle.

Premier étage. — On monte par un bel escalier à la *loggia,* qui est décorée de peintures murales par *Montenard, Gallian* et *E. Dauphin,* etc., et où il y a encore quelques sculptures. A dr. est la galerie de peinture et à g. la bibliothèque. — Vestibule de la galerie de peinture: portraits d'amiraux, désignés par des inscriptions, etc. — Salle de g.: de dr. à g., *J. Victors,* portr. d'un bourgmestre; *L. David,* portr. de deux filles de Jos. Bonaparte; *Protais,* En marche; *P. de la Rose* (1665-1745), Chantier de constructions navales; *A. Feyen-Perrin,* la Chanson; *Leleux,* l'Improvisateur arabe; *Largillière,* portr. d'un gentilhomme; — *Paulin Guérin* (de Toulon), Adam et Ève; *Giotto,* Vierge sur un trône; *Jos. Vernet,* le Torrent; *Fr. Boucher,* Amour jouant avec deux tourterelles; *G. Garaud,* l'Yvette à Dampierre; *Solimena,* Abdication de Charles-Quint, St-Benoît guérissant les malades; *Tuccio di Andrea,* Jésus et les apôtres, prédelle; *de Tournemire,* Rue conduisant au bazar de Chabran-el-Kébir; *Anna Greuze,* la Petite fille au chien; *Verbruggen,* Fleurs. Au milieu, des souvenirs de l'amiral Baudin (1784-1854) et d'autres curiosités, un plan-relief de Toulon de 1690 et un souvenir de l'escadre russe à la ville de Toulon (1893), un groupe en argent et or. — Dans les 2 cabinets du fond, des dessins, des estampes, des gouaches, etc.

Salle de dr., par rapport à l'entrée: *Em. Noirot,* Rade de Toulon en oct. 1893; *J.-A. Laurens,* Village fortifié dans le Khorassan; *P. Lehoux,* En déroute; *L. Garcin,* Départ de la Société du Décaméron; *M. d'Hondecoeter,* Poule défendant ses poussins; *R. Lefèvre,* portr. de Louis XVIII; *J.-B. de Jonghe,* paysage; *Both,* vue de Paris avec la tour de Nesle; *Giraud,* Danseuse du Caire; *H.-E. Delacroix,* Salut au soleil; *Brueghel le V.,* Proverbes flamands; *P. Guérin,* Charles X; *Sogliani,* Vierge; *Magaud,* la Vérité; *Cauvin,* marine; *M. Tkatchenko,* Toulon, 13 oct. 1893; *de Tournemire,* Eléphants privés traversant une rivière; *Carrière,* le Premier voile; *C. Ginoux,* la Madeleine à la Ste-Baume; *Protais,* la Prière du soir à bord.

La *bibliothèque,* dans l'autre partie du 1er étage, compte 32 000 vol., dont une bible manuscrite de 1442, et possède des médailles. Elle est ouverte t. les j. de la sem., excepté le sam., de 9 h. à midi et de 2 à 5. Vacances en août et en septembre.

Un peu au delà du musée, sur le boulevard, nous nous retrouvons à l'extrémité de l'avenue Vauban (gare), puis à la place de la Liberté (p. 341).

Excursions. — A Tamaris, aux Sablettes et a St-Mandrier, sur les *presqu'îles des caps Sicié et Cépet* (p. 342), excursion surtout recommandée parce qu'on traverse les deux rades. Bat. à vap. à peu près toutes les 1/2 h., de l'extrémité de la rue d'Alger (pl. E 4); trajets en 18, 27 et 35 min., pour 20 et 15 ou 25 et 20 c. — **Tamaris** *(Gr.-H. de Tamaris, H. de Balaguier,* hôtel en construction; villas à louer) est une petite station d'hiver, qui doit son nom aux arbustes de la côte à cet endroit et que dessert aussi la stat. de la Seyne (p. 331). En deçà est *Manteau,* dans un joli site, avec la grande villa de Michel-Pacha, concessionnaire des phares et quais

de Constantinople, qui a créé Tamaris et les Sablettes. A Tamaris même,
un laboratoire de biologie de l'université de Lyon. — Plus haut, le *fort
Napoléon* (p. 342). *Les Sablettes* (hôt.: des Sablettes, de la Plage), plus
loin dans la même direction, sont une station de bains de mer sur la
langue de terre qui relie les deux presqu'îles. Omnibus aussi de la Seyne
par Tamaris. — **St-Mandrier** se compose surtout d'un *hôpital* pour les
matelots, visible seulement en principe sur une autorisation du directeur
du service de santé. Il n'a guère de curieux que sa chapelle ronde et
une vaste citerne à écho multiple, mais il est situé au milieu de grands
bois de pins et d'eucalyptus et il y a à côté un beau *jardin botanique*,
avec des palmiers et d'autres plantes exotiques. Sur une colline plus loin
au S.-E., une *pyramide* érigée à la mémoire de l'amiral Latouche-Tréville
(m. 1805), à l'endroit où il venait observer les mouvements de l'escadre
anglaise pendant le blocus de Toulon. On a de là une *vue splendide, en
particulier au soleil couchant.

Au cap Brun, à l'E., où conduit un omnibus partant toutes les heures
de la place Armand-Vallé, près de la porte d'Italie, à l'E. (pl. F 4; 25 c.).
On passe près du *fort de la Malgue*, construit par Vauban et qui sert
maintenant de prison militaire. C'est à partir de ce fort, situé de l'autre
côté de la presqu'île du Mourillon, que le paysage est pittoresque, et la
*vue est superbe au cap, où se trouve le *fort du cap Brun*.

*Tour de la presqu'île du cap Sicié, excursion d'une bonne 1/2
journée, très recommandée par un temps clair et sans vent et qui peut
se faire en partie en voit. (15 fr. de la Seyne). On va d'abord en bat. à
vap. (toutes les 1/2 h.; en 12 à 15 min.; 15 et 10 c.) à *la Seyne* (p. 331),
et de là on monte à *Six-Fours*, petite ville déchue, sur une colline isolée
(214 m.), à 4 kil. à l'O., où l'on peut aller en profitant d'un omn. qui va
à Reynier et passe à 1500 m. de là. Six-Fours a dû son nom à six forts
du moyen âge et en a un autre depuis 1876. Il y a une église des Xe et
XVIIe s., riche en œuvres d'art, parmi lesquelles on remarque surtout un
polyptyque du XVe s. et une Vierge en marbre attribuée à Puget: la clef
est dans le bas, chez le curé. Très belle vue aussi de la hauteur où est
cette église. Ensuite on va au *Brusq* (hôtel), hameau et petit port env.
1 h. plus loin, sur la côte O., que dessert une fois le jour une voit. publ.
de Toulon (pl. Gambetta; en 2 h.; 75 c.). Puis on monte, par un joli sentier le long de la falaise, à la *chapelle Notre-Dame-de-la-Garde* (1 h. 1/2 à
2 h.; 359 m.), pèlerinage fréquenté surtout au mois de mai et qui est fermé
en temps ordinaire (clef à Reynier, hameau de Six-Fours). La vue y est
aussi fort belle, de même qu'au *sémaphore* voisin, 1/4 d'h. plus loin et
d'où l'on redescend en 20 min. au hameau de *Janas* ou *les Maïs* (aub.
Bonnegrâce). De cet endroit, on retourne à la Seyne par le chemin direct
(env. 1 h.) ou bien en faisant un détour d'env. 1 h. par les Sablettes et
Tamaris (v. ci-dessus). Dernier départ de la Seyne pour Toulon à 7 h.

Au Faron (546 m.), montagne au N., sur laquelle sont établis 5 forts,
1 h. 1/2 d'ascension à pied. On peut aussi y monter en voiture. *Vue
magnifique sur Toulon et la mer au S. et sur les Alpes au N. Par un
temps clair, on distingue même la Corse. La montagne voisine plus
élevée, au N.-E., est le *Coudon* (702 m.), dont l'ascension peut se faire de
la station de la Garde (p. 331). La vue y est encore plus belle, mais il
y a aussi un fort, qui en rend le sommet inaccessible.

Aux gorges d'Ollioules (10 kil. 1/2; p. 330); tramw, p. 340. — A la chartreuse de Montrieux, v. p. 331.

48. De Toulon à Hyères
et d'Hyères à St-Raphaël par la côte.

21 kil. de chemin de fer; 35 min. à 1 h.; 2 fr. 35, 1 fr. 60, 1 fr. 05. Voit.
publ. de Toulon à Hyères plus. fois par jour, de la place Puget; 18 kil.;
trajet en 1 h. 1/2; prix, 1 fr. et 75 c. Le chemin de fer est préférable. —
Billets circulaires, v. p. 349. — On doit construire une ligne directe

(comp. du Sud) de Toulon, port marchand (pl. EF5), à Hyères, s'y raccordant avec la ligne du littoral (p. 349).

Toulon, v. p. 340. Cette ligne se détache de celle de Nice à *la Pauline* (11 kil.), 2e stat. après Toulon (v. p. 331). — 14 kil. *La Crau.* A g., la chaîne des *Maurettes* (293 m.), collines au S. desquelles est située Hyères, à 1/4 d'h. de sa stat.; à dr., les *monts du Paradis* (299 m.) et *des Oiseaux* (306 m.; v. p. 348). Belle vue à g. sur la ville, dominée par son hôtel Continental et la hauteur où sont les ruines du château.

21 kil. Hyères. — ARRIVÉE. La *gare du P.-L.-M.* et la *gare du Sud-France* (stat., v. p. 349) sont à côté l'une de l'autre, à 1/4 d'h. au S. du centre de la ville. Voit. de place, 1 fr.; omn. des hôtels, dep. 25 c.; correspond., 10 c., 20 à domicile.

HÔTELS: *Gr.-H. des Iles-d'Or*, vers l'extrémité O. de l'avenue des Iles-d'Or (ch. t. c. 3.50 à 6 fr., rep. 1.50, 3.50 et 5, v. n. c., p. dep. 9, om. 1.25, av. bag.); *Gr.-H. Continental*, un peu plus haut, boul. Marie-Louise (ch. t. c. dep. 4 fr 50, rep. 1.50, 3.50 et 5, v. n. c., p. 10 à 15, om. 2, av. bag.); *H. & P. des Hespérides*, un peu plus loin, av. des Iles-d'Or; *Gr.-H. des Palmiers*, au-dessous de la place des Palmiers (ch. t. c. 4 à 7 fr., rep. 1.50, 4 et 6, v. c., p. 9 à 15, om. 1); *H. des Ambassadeurs*, H. d'Europe, avenue des Iles-d'Or, plus près du centre; *H. du Parc*, avenue des Palmiers; *H. des Iles-d'Hyères*, même avenue et place de la Rade (ch. t. c. 2.50 à 5 fr., rep. 1, 2.50 et 3, v. c., p. 7.50 à 10), *H. de Paris*, avenue Gambetta, bon (ch. t. c. dep. 2 fr. 50, dé. 3, dî. 3.50, p. 8), ces deux derniers ouverts toute l'année. — *Gr.-H. d'Orient*, au jardin Denis; *H. de la Méditerranée*, id., ordinaire; *H. & P. des Etrangers*, rue St-Antoine, même quartier (dep. 6 fr. par j.). — A peu près hors de la ville à l'E., boul. d'Orient, à 1/4 d'h. du centre: *H. Châteaubriand* (rep. 2, 3.50 et 4, v. n. c., p. 10 à 14, om. 1.50). — Hôtels à Costebelle, v. p. 348. — Beaucoup de *Villas* et d'*appartements* à louer (v. p. XXI). — Agences de location: *V. Astier*, avenue Gambetta, 18; *Vve Jouan*, avenue des Iles-d'Or, 4.

CAFÉS: *de la Maison-Dorée*, à l'hôtel de Paris; *de l'Univers*, avenue des Palmiers; *du Siècle*, place de la Rade.

CASINO: avenue des Palmiers; nouveau en construction plus au S.

VOITURES DE PLACE: ordin., le jour, 1 fr. 50 la course, 2 fr. l'heure, pour 2 pers.; landaus, 2 fr. et 3 fr., pour 1 à 4 pers., et 25 c. par pers. en sus; la nuit (6 ou 7 h. du s. à 7 h. du m.), 2 et 3 ou 2.50 et 3.50. Tarif spécial pour certaines courses dans la banlieue. Les voitures de remise sont naturellement plus chères.

OMNIBUS: du haut de l'avenue Gambetta (Portalet), pour *Costebelle* et l'*Ermitage*, dans la saison, à 9 h., 11 h. 1/2, 1, 2, 3 et 4 h.; pour *Giens* (p. 348), à 8 h., 11 h. et 2 h.; 75 c.; de la place de la Rade, pour *Carqueiranne* (p. 348), à 8 h. 1/4, 11 h., 1 h. et 5 h. 1/2; 50 c.; etc. — Voit. publ. pour *Toulon*, v. p. 346.

POSTE ET TÉLÉGRAPHE, avenue des Palmiers, 2.

BANQUES: *Crédit Lyonnais*, à côté de la poste; *Société Générale*, avenue Gambetta, 6; *Banque Anglaise*, avenue des Iles-d'Or.

TEMPLES PROTESTANTS: avenue des Iles-d'Or et av. Beauregard (angl.).

Hyères est une ville prospère de 17 708 hab., parfaitement située, à 1 h. de la mer, au pied d'une colline escarpée et au S. de montagnes qui l'abritent des vents froids du N., du N.-E. et du N.-O., mais non toutefois complètement du mistral, le terrible vent de la Provence. C'est la plus ancienne des stations d'hiver de la Méditerranée. Le climat y est d'une douceur exceptionnelle et sec, mais cependant assez variable, et l'on a vu des froids rigoureux y compromettre pour longtemps la végétation de ses magnifiques jardins, plantés d'orangers, d'oliviers, de palmiers, de lauriers-roses, etc. Hyères fait

un grand commerce de primeurs et de fleurs (violettes) avec Paris;
les petites fraises seules y figurent, dit-on, pour 500 à 800 000 kilos
ou 60 000 fr., et l'ensemble produit de 8 à 12 millions.

Hyères est à ¼ d'h. de la gare, d'où l'on y arrive par une magnifique avenue de palmiers. Il y a du reste ici partout de ces arbres
et la ville se nomme souvent «Hyères les Palmiers». On y est d'abord
dans la *ville neuve* et l'avenue, qui porte à la fin le nom d'avenue Gambetta, aboutit au pied de la colline, à une rue transversale
d'env. 2 kil. de long, nommée à l'O. (à g.) *avenue des Iles-d'Or* et
à l'E. *avenue Alphonse-Denis*. Au delà est la *vieille ville*, qui est
assez mal bâtie (v. ci-dessous).

Vers le milieu de l'avenue des Iles-d'Or est la *place des Palmiers*, centre du quartier des étrangers, avec le square situé au-dessous. Elle est plantée de beaux dattiers, qui atteignent jusqu'à 20 m.
de hauteur, et au milieu se trouve une pyramide érigée au baron de
Stulz, tailleur badois qui acquit une très grande fortune à Londres
et qui l'employa plus tard en bienfaits, dont profita la ville d'Hyères,
où il mourut en 1832. Il y a musique dans le jardin voisin, durant
la saison, le mercr. et le dim. après-midi.

L'avenue Alph.-Denis mène à l'E. à la *place de la Rade*. Là
se trouve le prétendu *château Denis*, qui renferme la *bibliothèque*,
publique t. les j., excepté le jeudi et le dim., de 9 h. à 11 h. et
de 1 h. à 4 h., ainsi qu'un petit *musée*, composé surtout de collections d'histoire naturelle et public les dim. et jeudi de 1 h. à 5 h.
Derrière, le *jardin Denis*, une promenade publique.

Parallèlement à la première partie de l'avenue Alph.-Denis, au
S., est la belle *avenue des Palmiers*, qui compte plus de 70 dattiers,
dont quelques-uns portent des fruits, qui toutefois ne mûrissent
pas. Les avenues Beauregard et Godillot, dans le bas au-dessous
de la place des Palmiers, en ont encore davantage.

Au N. de la place de la Rade, la *place de la République*, avec une
statue de Massillon (1663-1742), le prédicateur, d'Hyères, bronze
par Pécou (1896). A dr., l'*église St-Louis*, du xii[c] s., mais remaniée
de 1822 à 1840. On y remarque la chaire et les stalles, un retable dans
la chap. à dr. du chœur et les vitraux. — En montant par la rue à
l'opposé de cette église, on arrive à la petite place Massillon, où
est l'*hôtel de ville*, anc. chapelle des templiers. — L'*église St-Paul*,
au delà de l'hôtel de ville, dans la même direction, n'a rien de
curieux; mais elle est sur une place d'où l'on a une très belle vue.
On y va aussi de l'avenue des Iles-d'Or, par la rue à dr. de l'hôtel
Continental. — De là, il faut env. ¼ d'h. pour monter à la villa
qui occupe l'emplacement de l'anc. *château*. Il y a encore vers le
sommet de la colline une *enceinte* en ruine, garnie d'une dizaine
de tours assez bien conservées. Les visiteurs sont admis de 8 h. à
5 h. (pourb.). Le sommet de la colline (204 m.) offre naturellement
la plus belle *vue d'Hyères.

Hyères a, non loin de l'avenue de la Gare, un *jardin d'acclima-*

tation, succursale de celui de Paris. On y va par l'avenue Riquier, à g. du rond-point en venant de la ville. Entrée libre.

Excursions. — A COSTEBELLE: env. 2 kil. 1/2, omn. dans la saison; voit. part., 3 fr. 50. — **Costebelle** (hôt.: *de l'Ermitage, Costebelle & d'Albion*, de 1er ordre; *H.-Pens. Les Mimosas*, p. 7-10 fr.) est un groupe d'hôtels et de villas préférés par les Anglais, sur une petite colline (98 m.) au S. d'Hyères, dans la direction de la gare, à dr. ou à g. de laquelle il faut passer pour s'y rendre. Il s'y trouve une vieille *chapelle*, avec un clocher moderne surmonté d'une statue de la Vierge, qu'on aperçoit déjà de loin. Vue très belle de là sur la plaine et sur la mer. A l'O., le charmant *val de Costebelle*, et de l'autre côté le *mont des Oiseaux* (306 m.), dont l'ascension demande 1 h. 1/2 et qui offre aussi une très belle vue. Dans la vallée, de jolies villas à louer; plus loin, à dr. en descendant à l'opposé d'Hyères, *St-Pierre-des-Horts* (lat. «hortus»), avec un beau *château* moderne dans le style du XIIe s., qui se loue meublé. Plus loin au S., sur le *golfe de Giens*, les ruines du *couvent de St-Pierre-d'Almanarre* (ar. «al-manar», le phare) et au bord de la mer, près d'un établissement de bains, à env. 6 kil. d'Hyères, les maigres ruines de *Pomponiana*, ville gallo-romaine sur laquelle on manque de documents positifs. Des fouilles y ont été faites depuis 1843, et l'on y a découvert, sur une grande étendue de terrain, des substructions de toutes sortes. — On peut réunir cette excursion à celle de Giens (v. ci-dessous), les Salins-Neufs n'étant qu'à 1/4 d'h. env. au S.-E. de Pomponiana. — A l'O. sur le golfe, à dr. de la route, le magnifique *château de San-Salvadour* et, à env. 9 kil. au S.-O. d'Hyères, *Carqueiranne* (hôt. Beau-Rivage), où l'on peut séjourner. Omn. par le chemin direct (6 kil.), 50 c.

Aux SALINS-D'HYÈRES: 8 kil. de ch. de fer, suite de la ligne de Toulon (autre v. p. 349); 15 à 20 min.; 1 fr., 70 et 45 c. — 4 kil. La Plage, où l'on arrive au bord de la mer. Henri IV voulut y reconstruire la ville d'Hyères, détruite dans les guerres de religion, et y fit commencer un port dont il reste encore des murs. Au S.-O., l'*hippodrome*. Près de la station, *la Bicoque*, propriété avec parc et aquarium ouverts aux visiteurs. Cafés-rest. et bains de mer. — Les **Salins-d'Hyères** ou *Vieux-Salins* (restaur.) occupent une superficie de 400 hect. et produisent 10000 tonnes de sel par an. Ils ne sont intéressants qu'en été. Le village est à une certaine distance au delà de la station, près de laquelle il y a un quai d'embarquement pour les vaisseaux-écoles qui sont dans la *rade* (v. ci-dessous).

A LA PRESQU'ÎLE DE GIENS (*Salins-Neufs; îles d'Hyères*). Une route qui passe à l'E. de la colline de l'Ermitage et qui est desservie 2 et 3 fois le jour par une voit. publ. (75 c.), de la place de la Rade, conduit directement au S. à cette presqu'île, qui commence à 5 kil. d'Hyères. Elle a 7 kil. de long et elle se compose d'une anc. île reliée à la terre ferme par deux isthmes très étroits, deux espèces de dunes très basses, entre lesquelles est l'*étang des Pesquiers*. Les **Salins-Neufs**, au commencement de cet étang, ont plus de 500 hect. de superficie et produisent annuellement env. 10000 tonnes de sel. Il y a aussi env. 5 kil. jusqu'au hameau de **Giens**, dans l'anc. île (*Gr.-H. Audibert, Gr.-H. de la Paix*, pas chers). On y voit des ruines peu considérables d'un vieux château. A l'extrémité de la presqu'île, un hospice pour enfants scrofuleux, dit *sanatorium Renée-Sabran*, qui dépend de l'administration des hospices de Lyon. Sur un rocher de la côte, au S.-E., un petit fort dit la *Tour-Fondue*, remplaçant un anc. château. — C'est à l'E. que s'étend la rade d'**Hyères**, où l'escadre de Toulon fait souvent ses évolutions. Cette rade, bien abritée, n'a pas moins de 18 kil. de long sur 10 de large, soit env. 150 kil. carrés de superficie et jusqu'à 70 m. de profondeur. Au S. de la presqu'île, la petite *île de Roubaud*, avec un phare, qui fait partie des *îles d'Hyères*.

Aux ÎLES D'HYÈRES: bat. à voile pour la principale d'entre elles, celle de Porquerolles, de la tour mentionnée ci-dessus (75 c.), en correspond. avec l'omn. de Giens, et bat. à vap. de Toulon pour la même et celle de Portcros, les mardi, jeudi et sam.; trajet en 2 et 3 h., pour 2 fr. 50 et 1 fr. 50 ou 3 et 2 fr. — Les **îles d'Hyères**, les *Stœchades* des anciens, appelées aussi autrefois les *îles d'Or*, se composent surtout de l'*île de*

Porquerolles, la principale et la plus rapprochée de la presqu'île de Giens, de 8 kil. de long sur 2 kil. de large, l'*île de Portcros*, plus à l'E., qui mesure 4 kil. sur 2 1/2; l'*île du Levant* ou *du Titan*, encore plus loin, à peu près aussi grande que la première, et la petite *île de Bagaud*, au N. de celle de Portcros. Elles sont faiblement peuplées et en partie fortifiées. Le climat de ces îles est inférieur à celui d'Hyères. Celle de *Porquerolles*, où l'on aborde près du hameau du même nom (hôt.-rest. du Progrès; dé. 3 fr.), que domine un *château fort*, est très bien boisée et présente une végétation et une flore admirables. On y peut faire de belles promenades, en particulier vers le *cap des Mèdes*; 2 h. 1/2 à 3 h. aller et retour.

D'Hyères à St-Raphaël par la côte.

83 kil. Chemin de fer à voie étroite, de la comp. du Sud, dont la *gare* est près de celle du P.-L.-M. et qui a encore une station plus rapprochée de la ville, *Hyères-Ville*, au delà de l'extrémité de l'avenue des Palmiers (p. 347). Trajet en 3 h. 45 et 4 h. Prix: 6 fr. 40 et 4 fr. 70 (2ᵉ cl.). Vue surtout à droite. Wagons à couloir longitudinal et à plate-formes. — Les deux comp. de ch. de fer (P.-L.-M. et S.-F.) délivrent à Hyères et même à Toulon des billets circulaires très avantageux, pour la ligne suiv. et l'autre jusqu'à Nice, avec retour de St-Raphaël par Carnoules ou réciproquement (env. 325 kil.), valables 15 jours; prix: 29, 21 et 14 fr.

Contrairement à celle des Salins (v. p. 348), cette ligne passe d'abord loin de la mer, à travers la plaine qui la sépare des montagnes des Maures, sur un parcours d'env. 10 kil. Après *Hyères-Ville*, un pont sur le *Gapeau*. — 7 kil. *St-Nicolas-Mauvanne*. A dr., les *Vieux-Salins*, la *rade* et les *îles d'Hyères* (v. p. 348). Pont sur le Pansard. — 11 kil. *La Londe*, qu'habitent de nombreux ouvriers italiens travaillant aux mines de plomb argentifère de *Bormettes*, sur la côte.

Les montagnes des Maures sont ainsi nommées parce qu'au moyen âge elles furent le dernier repaire des Maures dans leurs incursions en Provence. Comme l'Esterel, plus à l'E. (p. 335), elles forment une chaîne de montagnes à part, non seulement parce qu'elles sont isolées des Basses Alpes par les vallées où passe la grande ligne, de Marseille en Italie, mais encore par leur nature, les roches qui les constituent étant le granit, le gneiss et le schiste (même formation que la Corse), tandis que les autres de la contrée sont des montagnes calcaires. Elles sont limitées ensuite au S.-O. par le Gapeau, près d'Hyères, et au N.-E. par l'Argens, près de Fréjus. Ce sont des montagnes d'ordre secondaire, dont les principales cimes ne dépassent pas 780 m. d'altit., mais cependant intéressantes, bien que peu connues des touristes. Elles sont assez boisées (pins d'Alep, chênes-liège), mais relativement peu habitées; leurs baies bien abritées pourraient sans cela devenir, grâce au chemin de fer, de nouvelles stations d'hiver. Châtaigniers superbes, produisant la plus grande partie des «marrons de Lyon».

17 kil. *La Verrerie*, près de la belle *forêt du Don*. — 21 kil. *Bormes* (hôt. St-François, simple), à g., localité de 2059 hab., sur une colline et bien abritée. Ruines de château. Fabriques de bouchons. Très belle vue du haut de la colline. On se rapproche ensuite de la mer, qu'on longe souvent et qui offre de magnifiques coups d'œil, quand la voie n'est pas obligée de couper à travers les caps et les pointes de terre. — 23 kil. *Le Lavandou* (hôt.: de la Méditerranée, des Etrangers), petit port de pêcheurs, dans un fort joli site, abrité du mistral, à dr. sur la côte. Il doit son nom aux lavandes dont sont couvertes les collines voisines. En mer, la

Formigue, écueil où deux navires ont péri de nos jours. Vue des îles d'Hyères. — 26 kil. *La Fossette*. Belle plage. Montée, tunnel et descente. — 29 kil. *Cavalière* (petit hôt.-rest.). Jolie baie entre le cap Laget et le cap Nègre. Plus loin encore des montées et des descentes considérables. — 32 kil. *Pramousquier*. Trajet superbe jusqu'à Cavalaire. — 33 kil. *Le Canadel*. — 37 kil. *Le Dattier*, endroit le plus chaud de la côte, où il y a des dattiers. Tunnel de 350 m. — 40 kil. *Cavalaire*, qui a une belle plage, est l'un des endroits les mieux abrités des bords de la Méditerranée. On rentre ensuite dans la montagne. — 42 kil. *Pardigon*, où il y a un anc. château transformé en hôtel, réservé aux sociétaires du domaine de la Croix, un important vignoble. — 46 kil. *La Croix*, qui dessert ce domaine. — 49 kil. *Gassin*, stat. pour l'anc. village sarrasin de ce nom, perché sur une hauteur à dr. (1 h. $^1/_4$). Vue superbe de là. Aub. Martin. Env. 3 kil. plus loin, au S.-E., le village de *Ramatuelle*, non moins curieux que Gassin.

54 kil. *La Foux* (pron. fousse), près du *golfe de St-Tropez*. A côté de la station, un hippodrome, où des courses ont lieu en juillet.

De la Foux à St-Tropez: 5 kil. 2, tramw. à vap. par la côte, en corresp. avec le ch. de fer; prix, 75 et 45 c. — 1 kil. 5. *Bertaud*, halte au magnifique pin parasol de ce nom, de 6 m. de tour, qui est sur la route. — 3 kil. 9. *La Bouillabaisse*.

5 kil. 2. St-Tropez (*hôt. Continental*, au port), ville de 3599 hab., avec un *port*, sur le vaste *golfe* de son nom, en face de Ste-Maxime (v. p. 351), et une *citadelle* commandant ce golfe, important au point de vue stratégique. Le site est charmant, mais exposé au mistral. Grand commerce de liège. Population intéressante pour l'étranger. Curieuse fête de la Bravade, les 16-18 mai, avec force décharge de tromblons, en souvenir de la résistance victorieuse de la ville aux Espagnols en 1637. St-Tropez est sans cela une ville peu intéressante, mal bâtie et mal pavée.

On y arrive bientôt de la gare au port en tournant à g. immédiatement à la sortie ou un peu plus loin dans la rue Allard. Sur le quai principal, la *statue du bailli de Suffren* (1726-1788), qui s'illustra dans plusieurs campagnes sur mer contre les Anglais, bronze par Marius Montagne. — La rue à dr. vers l'extrémité monte à la petite place où est l'*hôtel de ville*, assez beau bâtiment moderne où il y a de vieilles peintures qui représentent la levée du siège de 1637. A g., une école d'hydrographie. — Le quartier des pêcheurs est pittoresque. La rue à dr. de l'hôtel de ville mène à une anse entre deux tours, et il y en a une seconde plus loin, le port de la Pointe. — La rue en face de l'hôtel de ville passe à l'*église*, qui est bien décorée et possède de belles boiseries. On y voit dans une niche vitrée, à g., le buste de St Tropez, qui est porté à la Bravade. St Tropez fut, dit-on, un officier de la cour de Néron, converti par St Paul et décapité à Pise en l'an 66. En descendant ensuite à dr. et tournant à g. dans la rue des Quatre-Coins, que prolonge la rue Gambetta, on arrive à la *promenade des Lices*, d'où l'on peut continuer à faire le tour de la ville. — Belle vue de la hauteur où est la citadelle. Environs intéressants. Excursions dans les Maures (v. p. 349 et 351).

De la Foux à Cogolin: 4 kil. 2, tramw. à vap., se rattachant au précédent; prix, 60 et 40 c. — 1 kil. 1. *Chemin de Grimaud*, halte dont la localité est toutefois plus éloignée que de Cogolin. — 2 kil. 4. *Les Garcinières*. — 4 kil. 2. Cogolin (*hôt. Cauvet*; voit. chères), localité de 2054 hab., bien située et bien bâtie. Elle a des haras et des fabriques de bouchons. Eglise de la Renaissance. Tour d'un anc. château fort. — A 3 kil. au N. est Grimaud (*hôt. du Midi*), anc. ville déchue qui appartint aux Grimaldi (p. 338 et 378) et où subsistent des ruines de leur château. Station, v.

ci-dessous. Voit. publ. pour la Garde-Freinet (12 kil.) et le Luc (p. 331).
— **La Garde-Freinet** *(hôt. Duclos)*, où l'on va directement de Cogolin (12 kil.)
par une très belle route qui passe à l'O. de Grimaud et offre des coups
d'œil superbes, est un bourg de 1872 hab., sur un col de la chaîne des
Maures, dominé par les ruines du *Fraxinet*, principal établissement des
Sarrasins dans la contrée au IXᵉ et au Xᵉ s. Grande fabrication de bouchons et centre pour l'élevage des vers à soie. La route continue par
l'autre versant dans la direction du *Luc* (env. 20 kil.; p. 331). Il n'y a
que 10 kil. de la Garde, à l'E., au *Plan-de-la-Tour* (v. ci-dessous).

EXCURSION intéressante à l'O. de Cogolin, dans les Maures, à *la Verne*
(voit., 15 fr.). On suit d'abord la route de Collobrières (26 kil.; v. ci-
dessous) jusqu'à la ferme de *Porsangla* (env. 18 kil.), puis on prend un
sentier au S., à 300 m. de cette ferme. La Verne en est à 1 h. 1/2. On
descend dans un ravin, traverse à 5 min. d'intervalle deux petits ruisseaux
et remonte par une belle forêt, en majeure partie à g. du ruisseau de la
Verne (à la fin à dr.), à l'anc. *Courrerie* (ruines), puis à l'anc. **chartreuse de
la Verne** (415 m.), en ruine depuis la Révolution. On y entre par une belle
porte du XVIᵉ s. Les bâtiments sont encore habités par un fermier et
l'on y peut déjeuner sobrement. — On peut aussi faire l'excursion par
la route d'Hyères jusqu'à *la Môle* (8 à 9 kil.), puis, à pied, par un bon
chemin au N. dans la vallée de la *Verne* et la montagne (9 kil.), ou bien
aller d'un côté et revenir de l'autre. Enfin le retour peut s'effectuer par
Collobrières (env. 2 h., 2 h. 1/2 à 3 h. en sens inverse; hôt. Blanc), bourg
industriel (bouchons) d'où il y a une voit. publ. pour la stat. de Cuers
(22 kil.; 2 fr.; p. 331).

Le chemin de fer court ensuite près de la mer, en contournant
le golfe. Vue de St-Tropez à dr. — 56 kil. *Grimaud*, stat. à 5 kil.
1/2 à l'E. de la ville de ce nom (v. ci-dessus). — 59 kil. *Guerrevieille*.

62 kil. **Ste-Maxime**-*Plan-de-la-Tour*. *Ste-Maxime* (Grand-
Hôtel, H. Grillon; villas à louer) est un petit port et une localité
très agréable et bien abritée de 1020 hab., devenue depuis peu une
station d'hiver. *Le Plan-de-la-Tour* (hôtel) est un anc. village sarrasin à 9 kil. 1/2 dans la montagne, desservi 2 fois le jour par un
omnibus.

Puis des bois de pins. — 65 kil. *La Nartelle*. — 69 kil. *La Ga-
ronnette*. — 73 kil. *La Gaillarde*. — 75 kil. *St-Aygulf*. Beau site et
villas. On sort enfin des bois et traverse l'*étang de Villepey*, l'embouchure de l'*Argens* et celle du *Reyran*. *Golfe de Fréjus* à droite.

80 kil. **Fréjus** (p. 332), stat. à 5 min. au S.-O. de la ville et
10 min. de l'autre station. Vue de la ville à g. La voie traverse le
bas-fond qui a remplacé son port. A g., la «lanterne d'Auguste»
(p. 333). On passe sous l'autre ligne.

83 kil. *St-Raphaël* (p. 334), gare près de celle du P.-L.-M.

49. Cannes et ses environs.

ARRIVÉE. La *gare* (pl. E 4), pour la ligne de Marseille à Nice, etc.
(R. 46), et pour celle de Grasse (p. 357) est au centre de la ville, à quelques min. de la mer. Voitures, v. p. 353. Omnibus des hôtels, d'ordinaire 1 fr.

Hôtels et pensions, la plupart sur un grand pied et bons, mais assez
chers. A moins d'indication contraire (v. c.), les *prix* des repas et pensions
s'entendent ici, dans les grands hôtels, *vin non compris*.

Au S., entre le chemin de fer et la rade : *Gr.-H. de Cannes* (pl. F5; Allem.),
boul. de la Croisette (plage), le plus élégant (ch. 4 à 15 fr., écl. 1 fr., s. 1,
rep. 2, 4 et 6, p. 16 à 25, om. 1 fr. et 50 c. par colis); *Gray & d'Albion* (Allem.;
pl. E5), même boul. et rue d'Antibes, avec un grand et beau jardin;
Beau-Rivage (pl. E5), à côté (ch. 3 à 8 fr., s. et b. 1.50, rep. 2, 4 et 6, v. c.,
p. 10 à 20); *Gonnet & de la Reine* (pl. F5), même boul. (ch. t. c. 5 fr., rep. 1.50,
4 et 5, v. c., p. dep. 9); *New Royal*, id. (ch. t. c. 3 à 8 fr., rep. 1.50, 3 et 4,
p. 8 à 12); — *H. de la Plage* (pl. F5), plus loin à l'E. (ch. 3 à 8 fr., b. 75 c.,
s. 50, rep. 1.50, 3 et 4.50, p. 9 à 15); *H. Richelieu* (pl. E5), rue Bossu et au
commenc. du boul. de la Croisette, bien situé (ch. t. c. 3 fr., rep. 1.25, 3 et
3.50, v. c., p. 9 à 12); — *H. Suisse* (pl. F5), rue du Cercle-Nautique (ch. 2.50
à 6 fr., b. 50 c., s. id., rep. 1 fr. 50, 3 et 4, p. 9 à 13); *Pens. Anne-Thérèse*
(pl. F5), rue d'Oustinoff (p. 7 à 10 fr.); *H. Augusta*, même rue; *H. Cosmopolitain*, rue d'Antibes, 96 (ch. t. c. 4 à 7 fr., rep. 1.25, 3.50 et 4, v. c., p. 9
à 14); *H. Victoria* (p. 8 à 10 fr.), *P. du Luxembourg*, *P. Wagram* (dep. 7 fr.),
rue d'Antibes, 98, 100 et 106.

Au centre : *Splendid-Hot.* (pl. E5), allées de la Liberté (ch. 5 à 12 fr.,
b. 1, s. 1, rep. 2, 5 et 6); *H. de l'Univers* (pl. E4), rues Félix-Faure et
de la Gare (ch. t. c. 3 fr., rep. 1, 3.50 et 4, v. c., p. 9 à 10); *H. des Colonies & des Négociants* (pl. E4), en face de la gare, ordinaire (ch. t. c. 3 à
8 fr., rep. 1 ou 1.50, 3 et 4, p. 9 à 12); *H. Union-Suisse*, près de la gare
(ch. dep. 1 fr. 50), etc.

A l'O., dans le quartier dit des Anglais, le mieux abrité : *H. des Princes*
(pl. D5), rue de Fréjus et boul. du Midi (p. dep. 9 fr.); puis successivement dans la rue et sur la route de Fréjus, *H.-P. des Orangers* (ch. t. c.
3 fr., rep. 1, 2.50 et 3, p. 7 à 9), *H. du Pavillon* (pl. C5), av. un grand
jardin (ch. t. c. 5 fr., rep. 1.50, 3.50 et 5, v. c., p. 10 à 12, om. 1.50);
H. du Parc (pl. C4), anc. château des Tours (Allem.; ch. t. c. dep. 3 fr.,
rep. 1.75, 4 et 6, p. dep. 15, om. 1.25 et 60 c. par colis); *H. du Helder*
(pl. C5), *H. Beau-Site & de l'Esterel* (pl. B4-5; ch. 2 fr. 50 à 10, écl. 1, s. 1,
rep. 1.50, 3 et 5, p. dep. 11, om. 1.50 et 2); *H. Belle-Vue* (pl. C4), chemin
de la Croix-des-Gardes (ch. t. c. dep. 8 fr., rep. 1.50, 4 et 6, p. dep. 15);
H.-P. de la Tour (pl. A4), encore plus loin (p. 8 à 15 fr.).

Au N., également abrités et dominant plus ou moins la ville : *H. Continental* (pl. D4; Allem.), route de Grasse (ch. t. c. dep. 4 fr., rep. 1.50,
4 et 5, p. dep. 14); *H. Néva* (pl. D4), rue de la Colline; *H. Beau-Lieu*
(pl. D3), chemin des Vallergues; — *H. Monplaisir-Britannique* (pl. E4),
boul. d'Alsace (8 à 12 fr.); *H. Bristol* (Central; pl. E4), grande maison, un
peu plus haut (ch. 4 à 10 fr., b. 75 c., s. 1 fr., rep. 4 et 5, p. 15 à 20, om.
1 et 1.50); *H. de la Paix* (pl. EF4), assez petit, avec jardin (p. 7 à 10 fr.),
H. de Paris & St-Victor (pl. F4; p. dep. 7), tous deux boul. d'Alsace; *P. de
Genève* (pl. F4), boul. du Cannet (p. 7 à 10 fr.); *H. de France* (pl. F4),
boul. du Cannet; *H. Gallia* (pl. FG4), boul. de Montfleuri, l'anc. casino
des Fleurs, grande maison de 1er ordre, avec vaste jardin, théâtre, etc.;
H. d'Alsace-Lorraine (pl. E4), boul. du Cannet, comme les suiv. (ch. t. c.
dep. 3 fr. 50, rep. 1.50, 3 et 4, p. dep. 8); *P. St-Nicolas* (pl. E4); *H.-P.
d'Europe* (pl. E3; ch. t. c. 2 fr. 50, rep. 1.25, 2.50 et 3.50, p. 7 à 10); *H.
Richemont* (pl. F3; ch. t. c. dep. 3 fr. 50, rep. 1.50, 3.50 et 5, p. 9 à 15);
H.-P. Internationale, rue de la Tour-Maubourg (ch. t. c. dep. 3 fr. 50, 2e
dé. 3.50, dî. 4.50, v. c., p. 7 à 9); *H. des Anglais* (pl. F3; ch. t. c. dep.
3 fr. 50, rep. 1.50, 4 et 6, p. 10 à 18); *Gr.-H. de Provence* (pl. F3; ch.
t. c. dep. 4 fr. 50, rep. 1.50, 4 et 6, p. dep. 10, om. 1.50); *H. du Paradis*
(pl. F2; Allem.); *H. de Hollande* (pl. F2), encore plus loin, bon (ch. dep.
3 fr., rep. 1.50, 3.50 et 5, p. dep. 8); *H. du Prince-de-Galles & Riviera*
(pl. FG2-3), plus à l'E., avec un grand jardin (ch. dep. 2 fr., p. dep. 12).

Au CANNET : *H. de la Grande-Bretagne* (pl. E1), à 2 kil. au N. de la
gare, en face du boul. Carnot et dans un endroit abrité (ch. 3 à 7 fr., b. 75 c.,
s. id., rep. 1.50, 3.50 et 5, p. 10 à 12, om. 1.25 et 1.50); *H.-P. St-James*,
10 min. plus loin à dr., du côté de l'église.

A l'E., boul. d'Alsace et route d'Antibes ou dans les petites rues voisines : *H. Beau-Séjour* (pl. G4; Allem.; ch. 1.50 à 8 fr., b. 50 c. à 1 fr.,

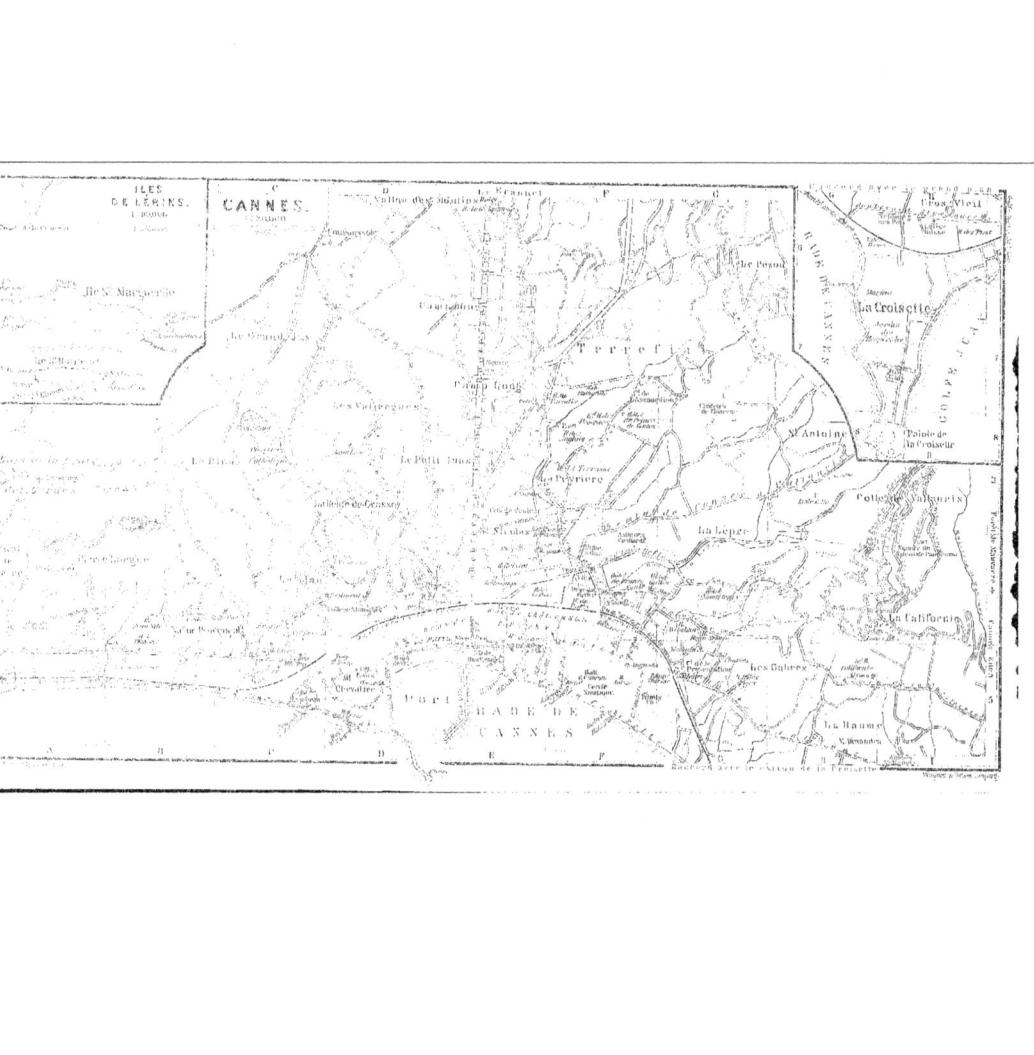

s. 1, rep. 1.50, 4 et 6, p. 11 à 20); *H. Windsor* (pl. G 4; ch. 2 à 8 fr., b. 50 c., s. id., rep. 1.50, 3.50 et 5); **H. St-Charles* (pl. G 5; ch. dep. 4 fr., b. 75 c., s. id., rep. 1.50, 3.50 et 5, p. 12 à 18); *H. Westminster* (pl. G 5); *H. St-Maurice* (pl. G 5); *H.-P. des Anges* (pl. G 5; ch. t. c. dep. 4 fr., rep. 1, 2.50 et 3.50, p. dep. 7); *Gr.-H. Montfleuri* (pl. G 4), chemin de ce nom, très bien situé (ch. 2 à 10 fr., écl. 75 c., s. 1, rep. 1.50 ou 2, 4 et 6, p. 13.35 à 21.75, om. 1.75); *Gr.-H. Californie* (pl. H 5), boul. du même nom, aussi des mieux situés, av. un grand jardin (ch. t. c. dep. 5 fr., rep. 1.50, 4 et 6, p. dep. 12, om. 1.50, s. les bag.); *H. des Pins* (pl., cartouche de la Croisette), boul. Alexandre III, abrité par une forêt de pins (ch. t. c. 4 à 10 fr.,-rep. 1.75, 4 et 5, v. c., p. 10 à 20, om. 1.50); *H. Métropole* et *Savoy-Hôtel* (Anglais), encore plus loin, à Cannes-Eden, à peu près à mi-chemin de Golfe-Juan, aussi de 1er ordre.

Les *villas* et les *maisons meublées* se louent, pour la saison (octobre à mai), 1200 fr., 2000 fr. et au delà. Voir les observations p. xxi. — Agences de location: *Hugues*, rue d'Antibes, 2; *Mouton*, place des Iles, 7; *Taylor & Riddett* (maison angl.), rue de Fréjus, 43-45, etc.

La plupart des hôtels et pensions sont fermés en été. Les suivants sont ouverts toute l'année: H. Gonnet & de la Reine, New-Royal, de l'Univers, Riche-lieu, Néva, Victoria, des Colonies & des Négociants, H.-P. Internationale, et quelques autres près de la gare.

Restaurants: au *Splendid-Hôt.*, allées de la Liberté; *Faisan-Doré*, rue d'Antibes, 18 (dé. 4 fr., dî. 5); *la Réserve*, boul. de la Croisette (v. le car-touche à dr. du plan; belle vue), etc.

Cafés: *des Allées*, *des Iles*, près de l'hôtel de ville; *des Voyageurs*, à l'hôt. des Colonies, etc. — Confiseurs-glaciers, *Rumpelmayer*, boul. de la Croisette, près du Cercle Nautique, et rue d'Antibes, 73, assez cher; *Rohr*, même boul., en face de l'hôt. Gray & d'Albion; *J. Nègre*, rue d'An-tibes, 20; *Lieutaud*, id., 74.

Brasseries: *B. du Lion* (Lœwenbræu), rue de la Foux, avec jardin, près de la gare; rest. Frascati & B. de Genève, boul. de la Croisette.

Voitures de place, dans la ville proprement dite (s'entendre avec le cocher), à 1 ou 2 chev., 1 à 3 pers., course, le jour, 1 fr.; la nuit (8 h. à 7 h. ou 9 à 4) 1.50; hors de la ville, à peu près dans les limites de notre plan, 1.50 et 2.50; heure, 2.50 et 3.50. 25 ou 50 c. en sus pour prendre à do-micile, selon l'éloignement de la stat. où est la voit. demandée. Un colis, 50 c. — Les promenades aux environs sont aussi tarifées.

Tramways (électr.): de la *Bocca* (pl. A 5) à l'*hôtel de ville* (pl. D 5), à *Golfe-Juan* (p. 336) et à *Antibes* (p. 337) et de l'*hôtel de ville* (pl. D 5) au *Cannet* (pl. E 1), par la gare. Prix: 1re cl., 20 à 80 c. sur la 1re ligne; 2e cl., 10 à 40 c.; 25 et 15 c. sur la seconde. — Omnibus du *boul. du Cannet* (pl. F 1-4) à *la Croisette* (cartouche du pl., à dr.), t. les h., 30 c., etc.

Bateau à vapeur, dans la saison pour les îles de Lérins; départs à 10 h. et 1 h. 1/2, à Ste-Marguerite en 1/4 d'h. et St-Honorat en 1/2 h.; retours à 11 h. 25 ou 11 h. 40 et 4 h. ou 4 h. 1/2; prix, 2 et 3 fr. — On va aussi à l'escadre, quand elle est au golfe Juan. — *Bateaux de plaisance*, 3 fr. l'heure.

Poste et tél., rue Notre-Dame et rue Bivouac, au N. de l'église (pl. E 5).

Cercles: *Cercle Nautique* (pl. F 5), boul. de la Croisette (30 fr. pour 15 jours, 50 pour un mois, 150 pour la saison); *Union*, rue d'Antibes, 11; *Grand-Cercle*, même rue, 44; *Régates*, rue Félix-Faure et allées de la Liberté; *International*, rue Bossu, 5. — *Tir aux pigeons* et *Golf-Club*, rue du Golf-Club, à la Bocca (p. 336).

Concerts: *musique municipale*, de 2 h. à 3 h. 1/2 en hiver, les dim., lundi et jeudi aux allées de la Liberté, le lundi au Cercle Nautique et le mercr. au square Brougham. — Café-concert au *casino de Cannes*, rue Bossu, 5; places, 1 à 2 fr. 50.

Médecins: les doct. *de Valcourt*, rue de Fréjus, 49; *Roustan*, rue d'An-tibes, 58; *Baradat*, etc. — *Maison de santé Belmont*, boul. d'Alsace.

Pharmacies: *Déchenaux*, rue d'Antibes, 23; *Gras*, rue Félix-Faure, 2, etc.

Bains chauds: dans la plupart des grands hôtels; *B. de Notre-Dame*, rue de la Foux, 10, et aux bains de mer ci-dessous (dep. 1 fr.). — Bains

DE MER (50 à 75 c.): *Grands Bains* (Bottin), près du Cercle Nautique; *B. de la Réserve*, au restaur. de ce nom; *B. de la Belle-Plage*, boul. du Midi, square Brougham.

BANQUES: *B. de France*, rue Bivouac, près N.-D.-de-Bon-Voyage; *Crédit Lyonnais*, rue d'Antibes, 33; *Société Générale* et *Comptoir d'Escompte de Paris*, rue Hermann; *Taylor*, banque anglaise et agence, rue de Fréjus, 43-45.

LIBRAIR. ET CABIN. DE LECT.: *Vial*, rue d'Antibes, 34; *Robaudy*, id., 42; *Faist*, id., 45.

TEMPLES: *église évangélique* (pl. E 5), rue Notre-Dame (dim. à 10 h. 1/2); *égl. évang. libre*, rue de Fréjus, près de la rue Jean-Dollfus (10 h. 1/2); *Deutsche Kirche* (pl. F 4), boul. du Cannet (10 h. 1/2); *Trinity Church* (pl. F 5), rue d'Oustinoff (11 h.); *Christ Church* (pl. C 5), route de Fréjus (11 h.); *St-Andrew's Presbyterian Church*, route de Grasse (pl. E 4; 11 h.); *St-Paul's Church* (pl. F 3), boul. du Cannet (11 h.); *St-George's Church* (pl. H 5), chemin de la Californie (11 h.). — *Eglise russe*, boul. Alexandre III (10 h. 1/2).

CLIMAT. Cannes est bien protégée contre le vent du N.-O. par l'*Esterel* (p. 335) et contre ceux du N. et du N.-E. par des rangées de collines, mais cependant pas au point que les parties voisines de la plage soient à l'abri du mistral et du vent du N.-E. Cette ville est donc, surtout vers le printemps, moins chaude et moins abritée des vents que Menton et San-Remo; mais l'hiver y est en somme doux et assez sec, sa température moyenne étant de 9°8 (22°2 m. en été). La partie la mieux protégée contre les vents et la plus chaude, par conséquent la plus convenable pour les poitrinaires, est celle du N., qui se couvre de plus en plus d'habitations. Le confortable qu'on trouve à Cannes et sa situation avantageuse, dans une contrée agréable, en ont fait une des principales villes d'hiver des bords de la Méditerranée, fréquentée surtout par l'aristocratie française et par les Anglais. Excellents bains de mer à partir d'avril.

Cannes est une belle ville et une station d'hiver très prospère, de 22 959 hab., au bord du *golfe de la Napoule* et dans un amphithéâtre de montagnes. La conformation pittoresque de la côte, les îles de Lérins, à peu de distance, et une végétation toute méridionale en relèvent encore le charme. A la douceur et à la régularité du climat s'ajoute enfin l'avantage résultant de la façon dont la ville est bâtie, la plupart de ses hôtels, pensions et villas étant dans des endroits dégagés et entourés de jardins.

La rue de la Gare-des-Voyageurs croise la *rue d'Antibes*, qui mène à dr. vers la plage. On y va encore plus directement en continuant, un peu à g., par la rue Bossu, qui passe près de *Notre-Dame-de-Bon-Voyage* (pl. E 5), église neuve du style roman.

Le **boulevard de la Croisette**, où l'on arrive ainsi, contourne la *rade de Cannes*, du port, à dr., à l'extrémité du *cap de la Croisette* (3/4 d'h.), en face de l'île Ste-Marguerite (p. 356). Sur ce boulevard se trouvent plusieurs des principaux hôtels, des villas princières qui se louent, dit-on, jusqu'à 25 000 fr. pour un semestre, et le Cercle Nautique.

La rade est dominée à dr. par le **Mont-Chevalier** (pl. D 5), colline de gneiss où est le vieux quartier du *Suquet*, et qui a un aspect fort pittoresque. Il y a là des restes d'un château, sur l'emplacement du «castrum Massilinum» des Romains, une *église paroissiale* du XIIIe s. et une vieille *tour*, d'où l'on a une *vue magnifique. La clef de cette tour est à la fabrique de poterie voisine (50 c.)

Le boul. de la Croisette aboutit en deçà de la même colline aux **allées de la Liberté** (pl. D E 5), l'ancien Cours, promenade principale de l'intérieur de la ville. On y voit la *statue de lord Brougham* (1778-1868), chancelier d'Angleterre, qui a fondé la réputation de Cannes, en s'y fixant dès 1834 ; cette statue est en marbre, par Liénard. — Marché aux fleurs tous les matins.

L'HÔTEL DE VILLE (pl. D 5), un peu plus loin, est un bel édifice qui date de 1874-1876. Il y a au rez-de-chaussée un *musée*, comprenant des antiquités et des curiosités ethnographiques, données par le baron hollandais Lycklama, public les dim., mardi, jeudi et sam., sauf au mois d'août, de 10 h. à midi et de 2 à 4. Au 2e étage, la *bibliothèque municipale* (22 000 vol.), un petit *musée des beaux-arts* et un *cabinet d'histoire naturelle,* publics les jours ouvrables de 9 h. à midi et de 2 à 5.

Le *port* de Cannes a peu d'importance, mais c'est le plus fréquenté du littoral pour les yachts étrangers. Au delà du môle commence le *boulevard du Midi,* qui a peu d'étendue, parce que la plage est interceptée de ce côté par le chemin de fer. A dr. est le joli *square Brougham* (pl. C 5) et au-dessus passe la *rue de Fréjus,* longue artère qui, sous les noms de *rue* et *route de Fréjus,* traverse le quartier bien abrité de l'O. ou *quartier des Anglais,* dont la limite, à *la Bocca* (stat. ; tramw.), est à env. 3 kil. de l'hôtel de ville. Il y a là de splendides villas, où l'on voit des agaves (aloès) qui montent, dit-on, de 7 m. en 6 semaines ; mais de hauts murs et des arbustes y masquent les constructions. On visitera le magnifique jardin de l'hôt. du Parc (pl. C 4 ; p. 352 ; entrée libre).

Mais c'est surtout au N.-E. et à l'E., sur les collines au delà du chemin de fer, que la ville s'est étendue et se développe encore. Là sont de grands hôtels et quantité de villas dans de jolis sites dégagés et entourés de verdure. De ce côté aussi est une des promenades les plus fréquentées, au moins en voit. (10 fr. pour 3 pers. ; omn., v. p. 353), sur la hauteur de *la Californie* (245 m. ; pl. I 4), à env. 1 h. au N.-E. du centre de la ville. La *vue y est bien dégagée et splendide, supérieure même, dit-on, à celle de la Turbie (p. 381). On y passe près d'une *colonne* avec statue érigée par la reine d'Angleterre à la mémoire de son fils le duc d'Albany, mort à Cannes en 1884 ; puis près de l'un des réservoirs et d'une branche de l'aqueduc qui amène à Cannes la bonne eau de la Siagne. Il y a au sommet un café-rest. et un belvédère (50 c.). — Plus loin est *Vallauris* (v. p. 336), où l'on peut redescendre, par la chap. St-Antoine, pour revenir par le tramw. ou le ch. de fer. — Belle vue aussi d'une tour au *Pezou* (258 m. d'alt. ; p. 356), près de l'endroit dit le « Grand-Pin » (pl. G H 1).

Du côté O., un peu au delà de l'entrée de l'hôtel du Parc, à dr., est le chemin carrossable par où l'on arrive, en 3/4 d'h., sur la hauteur dite la *Croix des Gardes* (164 m. ; pl. A 3), dans le bois du même

23*

nom. On a de là de très belles échappées de vue. Break 3 fois le jour des Allées, pour 3 fr., aller et retour. Le chemin en question passe au-dessus de la *villa Eléonore-Louise* (pl. B 4), qui fut la première de Cannes, celle de lord Brougham. Sur une hauteur voisine, à l'O., le rest. de l'Ermitage.

Environs de Cannes.

Le **Cannet** (*hôtels*, v. p. 352), bourg de 2593 hab., à un peu plus de 2 kil. au N., par le boulevard Carnot, qui y mène directe- ment du pont à g. de la gare (pl. E 4-1), n'est pas seulement un but de promenade, mais encore un endroit bien abrité et parti- culièrement convenable pour les malades qui ne peuvent s'accom- moder du voisinage de la mer. Tramway, v. p. 353. Voit. de place, 6 fr. aller et retour. Pour les promeneurs, il est plus agréable d'y aller ou d'en revenir par le quartier du N.-E. mentionné ci-dessus, à dr. du boul. Carnot. Le Cannet a une jolie *église* neuve du style goth. primitif, dédiée à Ste Philomène, dont la statue est placée d'une façon originale derrière le maître autel, dans la tour. — On peut prendre au retour par le *Pezou* ($^1/_2$ h.; p. 355) et *la Californie*, situés au S.-E. (v. p. 355). — *Vallauris* (p. 336) est à env. 3 kil. au N.-E.

Les *iles de Lérins (v. le cartouche à g. du plan), situées au S.-E. du golfe, en face de la petite presqu'île du cap de la Croisette (p. 354), sont le principal but d'excursion de Cannes. Il y a un service de bat. à vap. dans la saison (v. p. 353). On peut aussi passer en barque du cap de la Croisette à Ste-Marguerite en $^1/_2$ h., pour 50 c. — La première et la plus grande est l'île **Ste-Marguerite** (*rest. de la Réserve*), à 1500 m. du continent. Elle a env. 7 kil. de circonférence, et il y a une belle forêt de pins maritimes. Au N. se trouve un *fort*, construit au xviie s., où fut enfermé, de 1686 à 1698, « l'homme au masque de fer», peut-être Mattioli, gouverneur du duché de Mantoue, que Louis XIV fit enlever pour lui avoir manqué de parole et qu'il obligea à porter un masque pour cacher son identité et éviter des difficultés internationales. En déc. 1873 y fut aussi interné l'ex- maréchal Bazaine, qui s'évada au mois d'août 1874. On peut visiter ce fort. Belle vue de là sur Cannes, sur toute la côte et sur les Alpes Maritimes. — L'île **St-Honorat** (*café-rest. de Lérins*), la seconde, à 5 kil. du continent et séparée de la précédente par un détroit de 700 m., ne mesure que 3 kil. de circonférence, mais elle est plus intéressante. On y voit le vieux et célèbre *monastère de Lérins*, fondé en 410 par St Honorat et maintenant occupé par des religieux de l'ordre de Cîteaux, qui l'ont restauré et y ont ajouté un orphelinat. Les hommes sont seuls admis à le visiter en partie, le dimanche. A côté est un *château fort* ou donjon, construit de 1073 à 1190, où les moines s'enfermaient à l'approche des pirates, dans leurs nombreuses in- cursions sur les côtes de Provence. On peut toujours visiter cette tour.

A env. 4 kil. du centre de Cannes, au delà de *la Bocca* (p. 355), sur une colline à g. de la route de Fréjus, se trouve l'*ermitage de St-Cassien*, pèlerinage et but de promenade des étrangers. A 5 kil. de là, *la Napoule*, avec son château (p. 336). *Théoule*, que dessert le ch. de fer et aussi un bat. à vap. de Cannes, n'est que 2 kil. plus loin. — Enfin à 5 kil. de là la stat. de Trayas, aussi un but d'excursion de Cannes et d'où l'on visite la plus belle partie de l'*Esterel* (v. p. 335).

A 12 kil. au N.-O., par la Bocca et *Pégomas* (9 kil.; omn.; hôtel), *Auribeau*, village près duquel on visite les *gorges de la Siagne*, qui sont très pittoresques.

Pour *Vallauris*, à 5 kil. au N.-E. de Cannes (omn.), au delà de la Californie, v. p. 336 et 356.

De Cannes à Grasse. — CHEMIN DE FER: 20 kil.; env. 40 min.; 2 fr. 25, 1 fr. 50, 1 fr. — ROUTE: 17 kil.; trajet d'env. 2 h. 1/2 en voit. partic.; 18 fr. pour 3 pers., aller et retour.

Le chemin de fer se détache de la ligne de Marseille hors de Cannes, à dr. à la stat. de *la Bocca* (3 kil.; p. 355), passe dans 2 tunnels et monte dans une vallée au N. Vue à g. — Haltes de *Ranguin* et de *Mongins*. — 12 kil. *Mouans-Sartoux*. — 15 kil. *Plan-de-Grasse*. Grasse se voit de loin à g. et ensuite à dr. La voie tourne de ce côté, passe près de l'aqueduc de Cannes et sur un viaduc.

20 kil. **Grasse.** La *gare du P.-L.-M.* (209 m.) est à 2 kil. 1/2 de la ville par la route (omn., 30 c.), mais les piétons y montent en 1/4 d'h. par une traverse à peu près en face de la gare et qui croise 3 fois cette route. — La *gare du Sud* (v. p. 332 et 373; buffet) est à mi-hauteur, à dr., non loin de la place Neuve. — HÔTELS: *Grand-Hôtel*, avenue Victoria, hors de la ville à l'E. (Allem.; ch. t. c. 5 à 10 fr., rep. 2, 4 et 5); *H. de la Poste & Muraour*, boul. du Jeu-de-Ballon; *H. Victoria*, boul. du Rion-Blanquet, recomm.; *H. Gondran & du Commerce*, place Neuve; *H. National*, boul. du Jeu-de-Ballon. — *Café-casino*, avec rest. (déj. 3 fr., dîn. 3.50, v. c.), à belle vue, au-dessus du Cours.

Grasse (325 m. en moyenne) est une vieille ville prospère de 15020 hab. et un chef-lieu d'arr. des Alpes-Maritimes. Elle est peu curieuse par elle-même et mal bâtie dans sa partie ancienne, mais elle occupe un très beau site, au milieu de montagnes. Elle est exposée au S. et abritée des vents froids, ce qui en fait aussi une station d'hiver pour les malades qui ne peuvent s'accommoder du voisinage de la mer. La douceur de son climat est telle, malgré son altitude, qu'elle est entourée de la plus riche végétation méridionale et qu'elle est le centre le plus important de la Provence pour la distillation des parfums (v. p. 358).

La route montant de la gare du bas laisse à dr., dans le haut, la longue place Neuve, où est la poste. Elle aboutit au boul. Fragonard, que les piétons prennent aussi à la fin à g. A dr. de ce boulevard est un beau *jardin public*, orné d'un *buste de Fragonard* (1732-1806), le peintre, originaire de Grasse. Plus haut, le *Cours*, promenade où aboutit la route de Cannes. On a de là une très belle vue, s'étendant jusqu'à la mer. Plus haut, le *casino*, de construction récente. Dans un petit jardin près de là, le buste moderne du félibre *Bellaud de la Belaudière* (1532-1588).

Au Cours commencent la rue du Cours et, plus haut, le boul. du Jeu-de-Ballon. La rue du Cours et son prolongement, la rue Droite, traversent presque toute la vieille ville. La rue Gazan, à dr. entre les deux, mène à l'*église paroissiale*, anc. cathédrale des XIIe-XIIIe s., qui possède, derrière le maître autel, une Assomption par Subleyras. A côté se trouve l'*hôtel de ville*, l'anc. évêché, avec une *tour* romaine ou du moyen âge.

Il y a une source assez curieuse, la *Foux*, à dr. de l'autre extrémité du boul. du Jeu-de-Ballon. Du boulevard (pl. de la Foux) part une avenue (Thiers, puis Victoria) qui contourne un ravin et d'où l'on a de beaux coups d'œil. Plus bas que la Foux, rue des Cordeliers, dans un ancien couvent se trouve la *parfumerie Bruno-Court*, une de celles que l'on visite.

On aura une idée de l'importance de la *parfumerie* à Grasse quand on saura que la culture des fleurs y occupe 25000 hectares et qu'il s'y récolte env. un million de kilogr. de roses et 1850000 kilogr. de fleurs d'orangers. Il est vrai qu'il faut près de 12000 kilogr. de roses pour faire un litre d'essence et 1 kilogr. de fleurs d'orangers pour 1 gr., mais l'essence de rose se vend 2000 à 2500 fr. le litre et l'essence de fleurs d'orangers 5 à 600 fr. Et ce ne sont pas les seuls parfums de Grasse; on en fait encore avec la violette, le jasmin, la tubéreuse, le réséda, la jonquille, etc. Quand les distilleries travaillent, on s'y croirait, au voisinage, dans une boutique de parfumeur. Elles sont au nombre de 33.

Ligne de *Meyrargues-Draguignan*, v. p. 309 et 332; ligne de *Nice* et excursion aux *gorges du Loup*, p. 373-371.

A 12 kil. au N.-O., sur la route de Digne, se trouve **St-Vallier-de-Thiey** (724 m.; hôt.: *du Nord, de l'Acacia*), dans un beau site et dont les environs sont intéressants. On y voit des ruines de fortifications celtiques, composées d'énormes blocs de pierre, et beaucoup de curiosités géologiques, en particulier un pont naturel, dit *Ponadieu*, à 1 h. 1/4 à l'O. — A 15 kil. à l'O. de Grasse et à 8 au S.-O. de St-Vallier (route), **St-Cézaire** (*hôt. Raybaud*), curieux village situé au-dessus d'une gorge grandiose de la Siagne. On y voit plusieurs dolmens, de belles grottes à stalactites (à 2 kil. à l'E., celle de Dozol), la source de *la Foux*, très abondante, qui sort d'une grotte profonde et alimente le canal de Cannes, la source de la *Siagnole* (à 2 h. à l'O., dans une gorge) et des restes de l'aqueduc romain qui en conduisait les eaux à Fréjus (p. 334), en partie utilisé auj. par le nouveau canal de St-Raphaël. — A 18 kil. de St-Vallier, au N. (voit. publ. de Grasse en été; 5 h.; 5 fr.), **Thorenc** (1188 m.; pron. *toran*; *Gr.-H. Climatérique*, p. 9 à 15 fr.; *Gr.-H. de Thorenc*, 8 à 12 fr.; *H. de Thorenc*, 6 à 10 fr.), station d'été sur un plateau frais, abrité du N. et où il y a une belle forêt de sapins. Promenades et excursions intéressantes aux environs, par ex., en 2 h., à *Caussols*, village dans un bassin entouré de vastes plateaux calcaires, dont les eaux s'engouffrent dans des embuts (entonnoirs); en 4 h. au sommet du *Cheiron* (1778 m.), d'où la vue est immense et au N. duquel est une vaste forêt; au *Baurou*, au *Lachens*, etc.

50. Nice et ses environs.

ARRIVÉE. Nice a 3 gares ou stations: la *grande gare* (pl. CD 2), sur la ligne de Marseille à Vintimille ou ligne principale (R. 46); la *gare de Riquier* (pl. H 2), stat. pour le quartier de ce nom, sur la même ligne; et la *gare du Sud* (pl. D 1), pour les lignes de Grasse et de Puget-Théniers (p. 371 et 373). — Voitures de place, v. p. 360. Omnibus: 30 c., plus 25 c. pour une malle et 10 c. pour un petit colis. — Agence des wagons-lits, avenue Masséna, 2. — Pour les renseignements qui manquent ici, con-

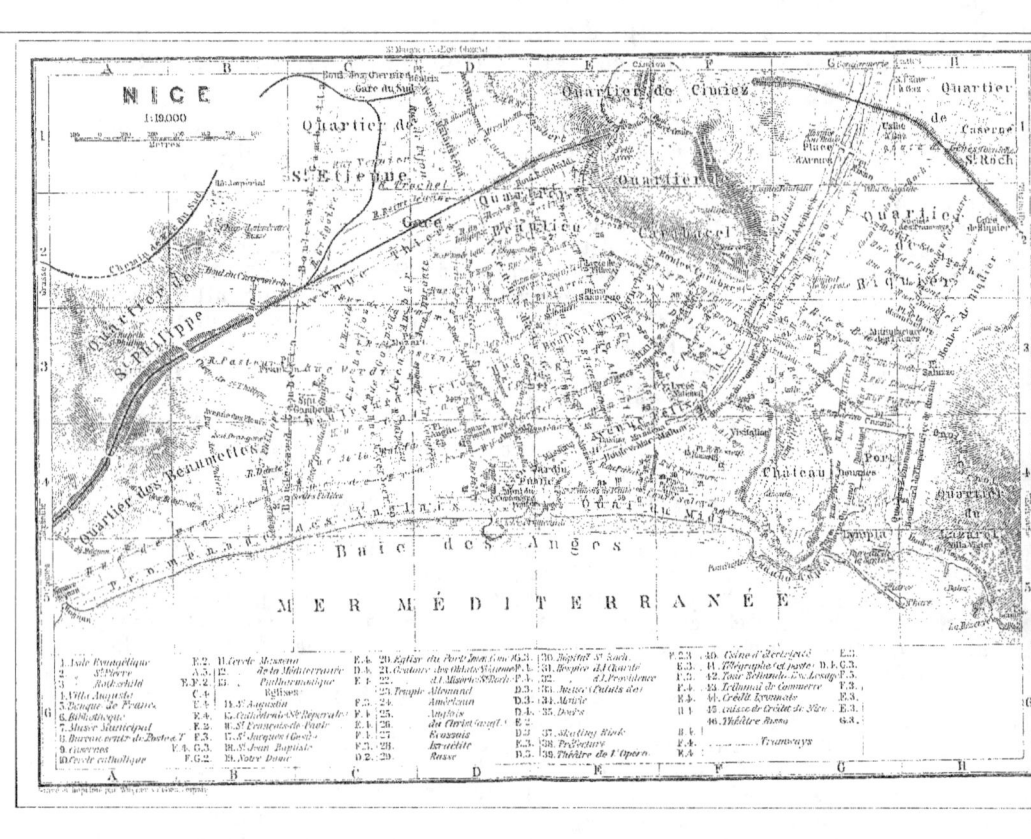

NICE
1:19.000

sulter, dans les hôtels ou les cafés, l'*Annuaire des Alpes-Maritimes* ou l'*Indicateur de Nice.*

Hôtels, la plupart sur un grand pied et bons, les grands avec ascens., calorif., lum. électr., jardins et prix en conséquence. Il est donc prudent de s'entendre d'avance. A moins d'indication contraire (v. c.) les *prix* des repas et pensions s'entendent ici, dans les grands hôtels, *vin non compris.*

Près de la mer. — Promenade des Anglais (pl. A-D 5-4), tous de 1er ordre: n° 1, *H. des Anglais*, à une soc. angl. (ch. dep. 5 fr., écl. 50 c., s. 1 fr. 50, rep. 2, 4 et 6, p. 12 s. la ch., om. 1); 9, *H. de Luxembourg* (ch. dep. 4 fr., écl. 1, s. 1, rep. 2, 4 et 6, p. dep. 12, om. 2); 25, *H. de la Méditerranée* (ch. 10 fr., écl. 1, s. 1, rep. 1.50, 5 et 7, p. 8, om. 1.50); 27, *H. Westminster* (pas pour les passants; ch. t. c. 4 fr., rep. 1.50, 4 et 6, p. dep. 14, om. 1.50); 31, *H. West-End*; 51, *H. de St-Pétersbourg* (ch. dep. 4 fr., écl. 50 c., s. 1 fr., rep. 2, 4 et 6, p. dep. 12). — En outre, au 23, la *Pens. Rivoir* et au 77, la *P. Anglaise.*

Au Jardin Public (pl. DE 4): *H. de la Grande-Bretagne* (Angl.; ch. 4 à 12 fr., écl. 1, s. 1, rep. 2, 4 et 6, p. 14 à 20, om. 1.25); *H. d'Angleterre* (Allem.; ch. t. c. dep. 4 fr., rep. 2, 4 et 6, p. dep. 12, om. 1); *H. de France* (ch. t. c. dep. 5 fr., rep. 2, 4 et 6, p. dep. 12.50, om. 1, s. bag.).

Avenue Félix-Faure (pl. E F 4-3): *H. Cosmopolitain*; *H. de la Paix* (ch. t. c. dep. 5 fr., rep. 2, 4 et 6, p. dep. 15, om. 1); *Grand-Hôtel* (ch. t. c. dep. 4 fr. 50, rep. 1.50, 4 et 6, p. dep. 14, om. 1). — Place Masséna (pl. E 4), 3, *H. du Helder* (meublé). — Square Grimaldi (pl. D 4), *H. Grimaldi* (ch. 4 à 8 fr., rep. 1.50, 4 et 5, v. c., p. 10 à 12, om. 2). — Rue de France (pl. C D 4): 5, *H. & P. Tarelli* (ch. t. c. dep. 3 fr. 50, rep. 1.50, 2.50 et 3.50, p. dep. 7, om. 1); 31-35, *P. de France* (7 à 10 fr.). Plus loin, chemin des Baumettes, *Château des Baumettes* (ch. t. c. 3 à 8 fr., rep. 1.25, 4 et 4.50, p. 10 à 16). — Quai du Midi (pl. E F 4): 19, près du pont des Anges, *H. Beau-Rivage* (ch. t. c. dep. 4 fr., rep. 1.50, 3.50 et 5, p. 11, om. 1). — Rue des Ponchettes (pl. F 4), 13, *H. des Princes*, bien situé, au bord de la mer (ch. t. c. dep. 3 fr. 50, rep. 1.50, 3.50 et 5). A côté, *H.-P. Suisse* (ch. t. c. dep. 3 fr. 50, rep. 1.50, 3 et 4.50). — Rue du Palais (pl. E 4), dans la vieille ville, n° 9, *H. des Etrangers* (ch. t. c. dep. 4 fr., 2e dé. 3, dî. 4).

Dans les quartiers du N.-E., les plus abrités. — Boul. Carabacel (pl F 2): 30, *H. de Nice* (ch. t. c. dep. 5 fr., rep. 1.75, 4 et 6, p. 15 à 20, om. 1.25); 8, *Gr.-H. de Paris*, près du Paillon (ch. t. c. 4 à 12 fr., rep. 1.50, 4 et 5, p. 10 à 15, om. 1.25); 20, *H. Bristol*. — Av. Désambrois (suite du boul. précé; dent), 7, *H. Carabacel*. — Boul. Dubouchage (pl. E 3-2): 15, *H. du Parc*. 25, *H. d'Albion* (ch. t. c. 3 à 6 fr., rep. 1.25, 3 et 4, p. 7 à 14); 26, *H. du Pavillon*; 34, *H. des Empereurs*. — Avenue Beaulieu: 36, *H. de Suède* (Roubion; all.; ch. t. c. 3.50 à 7 fr., rep. 1.50, 3.50 et 5, p. 9 à 15, om. 1); *H. Brugière*, au coin de la rue Lamartine; 7, *H. Jullien* (ch. t. c. dep. 6 fr., rep. 1.50, 4 et 5, p. dep. 14, om. 1.50); 4, *H. de Hollande* (ch. t. c. dep. 3 fr. 50, rep. 1.25, 3 et 4, p. 10 à 15, om. 1.25). — Avenue de la Gare (pl. D E 2-3): *H. de l'Univers*, au coin de la rue Garnier (commerçants); 42, *H. Central* (ch. dep. 2 fr.; restaur., v. p. 360); 8, *H. de la Régence*; près de la gare, *Gr.-H. National* (dé. 3 fr., dî. 4). — Rue Pastorelli (pl. E F 3-2): 45-47, *H. des Négociants*; 30, *H. Beauséjour* (ch. et s. 3 fr., rep. 1, 2.50 et 3); 36, *H. Montesquieu*, de 2e ordre. — Rue Alberti (pl. E 3), 19, *H. d'Europe.*

Dans les quartiers de l'O., jusqu'aux chemins de fer. — Boul. Victor-Hugo (pl. C D 3): 2, *Gr.-H. des Iles-Britanniques* (ch. dep. 4 fr., écl. 1, s. 1, rep. 1.50, 4 et 6, p. dep. 13, om. 1, bag. 50 c.); 8, *Gr.-H. Métropole, Paradis & de Rome* (Angl.; ch. dep. 3 fr., écl. 75 c., s. 1 fr., rep. 1.50, 4 et 6, p. dep. 10, om. 1.50); 33, *H. Victoria*, 22, *H. du Louvre* (ch. t. c. dep. 5 fr., rep. 2, 5 et 6, p. 13 à 18, om. 2); 44, *Gr.-H. des Palmiers* (ch. t. c. dep. 3 fr. 50, rep. 1.50, 3.50 et 5, p. dep. 10, om. 1); 37, *Villa Cardon* (pension); 50, *Splendide-Hôtel* (ch. t. c. dep. 4 fr., rep. 1.50, 4 et 6, p. dep. 10, om. 2); 52, *H. des Orangers*. — Rue Alphonse-Karr (pl. D 3): 2-4, *Palace-Hôtel* (Milliet; ch. t. c. dep. 4 fr., rep. 1.50, 4 et 5, p. 11 à 20, om. 1.50). — Rue de la Paix (pl. C D 2-3): 7, *H. St-Georges*; *H. Gallia*, au coin de la rue d'Angleterre, grand et nouveau (ch. t. c. dep. 4 fr., rep. 1.50, 4 et 5, p. dep. 9); 24, *H. Kaissan* (ch. 4 à 8 fr., rep. 1.50, 3.50 et 4.50). — Rue Cotta (pl. C D 3): 3, *H. de*

l'Amirauté; 2, *H. Longchamp*. — Rue Rossini (pl. C D 3): 4, *H.-P. Internationale* (rep. 1.50, 2.50 et 4, p. 8 à 14); 16, *H. Ermitage & Empress*, nouveau;
H. Continental & de Genève, grande maison. — Avenue Thiers (grande gare;
pl. C2): *Cecil-Hôtel* (ch. 4 à 12 fr., 2e dé. 4, dî. 5); *Terminus-Hôtel*; *H. de
Berne* (ch. t. c. dep. 3 fr., rep. 1.25, 2.50 et 3.50, p. 7.50, 6.50 pour plus
de 8 jours). — Avenue Durante (pl. D 2-3): *H. du Midi*; *H. d'Interlaken*;
H. Riche-Mont; *H.-P. Funel*. — Rue de Belgique, près de la grande gare:
2, *Gr.-H. de l'Avenue* (dé. 2 fr. 50, dî. 3, p. dep. 7); 6, *H. St-Louis* (p. dep.
7 fr.); 7, *H. de la Gare* (id.). — Rue Paganini, 20, dans le voisinage, *H.
des Deux-Mondes* (meublé). — Au delà du ch. de fer: *H. Windsor*, avenue
St-Lambert, à dr. de l'av. Malausséna (ch. t. c. 3 à 7 fr., rep. 1.50, 4 et 5,
p. 8 à 15, om. 1.50); *Eden-Hôtel*, à l'angle des boul. Gambetta et Joseph-
Garnier (pl. C1).

HORS DE LA VILLE: au N., à Cimiez, *Excelsior-Regina-Hôtel*, grande et
somptueuse maison, à l'extrémité du boul. de Cimiez (v. p. 367; ch. t. c.
dep. 8 fr., rep. 2, 5 et 7, p. dep. 22, om. 2); *Riviera-Palace*, à g. à mi-chemin
(ch. t. c. 10 ou 12 à 25 ou 30 fr., rep. 2, 5 et 7, om. 2); en face, *Gr.-H.
Alhambra*, nouveau (ch. t. c. dep. 8 fr., rep. 1.50, 4.50 et 6, p. dep. 15);
Gr.-H. de Cimiez, derrière le premier, renouvelé (Angl.; ch. t. c. 7 à 12 fr.,
rep. 1.50, 3.50 et 5, p. 12 à 18, om. 3.50); — à l'O., au Parc Impérial, *Gr.-
H. Impérial*, grande maison neuve; — au S.-E., au Montboron, *Montboron-
Palace*, boul. Carnot (pl. H4), dans un beau site, à l'entrée de la route
forestière (ch. t. c. dep. 6 fr., rep. 1.50, 4 et 6, p. 16); — au N.-O., à St-
Barthélemy, *H. St-Barthélemy*, sur une colline (ch. t. c. 4 à 8 fr., rep. 1.50,
3.50 et 4, p. 8 à 12; om. gratuit pour la ville 2 fois par jour).

*La plupart des hôtels sont fermés en été jusqu'à la fin de septembre. Les
suivants sont ouverts toute l'année: Gr.-H. des Iles-Britanniques, Gr.-H. de
Cimiez, Château des Beaumettes, H. Beau-Rivage, H. des Etrangers, H. de l'Univers, H. des Négociants, Gr.-H. National, Terminus-Hôtel, H. St-Louis, H. de
la Gare.*

Les APPARTEMENTS A LOUER sont indiqués par des écriteaux; on peut
donc les trouver tout seul, mais il y a aussi des agences qui s'en chargent
et qui reçoivent alors une prime du propriétaire. Les prix dépendent
des quartiers et de l'ameublement. 1 ou 2 chambres meublées, pour l'hiver,
250 à 700 fr.; appartements, 1000 à 5000 fr.; villas, 3000 à 25000 fr. Précautions à prendre, v. p. XXI. — AGENCES DE LOCATION: *Ch. Jougla*, rue
Gioffredo, 55; *Dalgoutte*, rue Croix-de-Marbre, 2, etc.

Restaurants. Jardin Public, 10, *London-House*; Place Masséna, 4,
* *Helder-Armenonville*: deux maisons de 1er ordre et dont les prix sont
élevés. — Place Masséna, 16, *Reynaud & des Gourmets*; *R. Cousin*. — Avenue
de la Gare: 1, *R. Français*, dans le genre du premier; 8, *café de la Régence*; *R. International*; 3, *R. National*, pas cher et recommandé; 42, *R.
Central* (2 et 2 fr. 50). — Boul. Dubouchage: *R. du Musée*. — Promenade
des Anglais: *R. des Bains-de-la-Plage*. — Promenade du Cours: 30-32, *R.
du Cours*, simple. — Restaur. aussi au *Casino Municipal* (p. 365) et à la
Jetée-Promenade (p. 365). — Hors de la ville, à la Réserve (pl. H5), *R. de
la Réserve*, même genre.

Cafés. Place Masséna: *Grand-Café-Glacier*, au rez-de-chaussée du
casino (p. 362); *C. de la Victoire*, 5. — Avenue de la Gare: 8, *Gr.-C. de la
Régence*, assez cher; 49, *C. de l'Avenue*, bon et pas cher.

Brasseries. Place Masséna, 5, *Eden-Taverne*. — Avenue de la Gare:
8, *Brass. Royale*, dépendance du *C. de la Régence* (v. ci-dessus), recommandée; *Régina-Taverne*, à côté, sous les arcades, avec restaur.; *Tav.
Niçoise, Taverne Gothique*; *Tav. Steinhof, Brass. Parisienne*; — *Posada* (genre
Bodega), en face du Rest. London-House, av. succursale sur la Promenade des Anglais, recommandée; *Gambrinus*, rue Pastorelli, 58.

CONFISEURS: *Rumpelmayer*, boul. Victor-Hugo, 26, assez cher; *Voyade,
Féa* (Lapie), place Masséna; *Portaz*, avenue de la Gare, 4; *Muller*, place
St-Dominique.

Voitures de place. Le tarif suivant n'est pas applicable aux fêtes du
carnaval ni lors des courses de chevaux, où il faut faire prix.

TARIF. (Nuit, 7 ou 10 h. du s. à 7 h. du m.)	A 1 chev. et 2 places		A 1 chev. Coupé		A 1 chev. Landau		A 2 chev. et 2 ou 4 pl.	
	Jour	Nuit	Jour	Nuit	Jour	Nuit	Jour	Nuit
Course, dans les limites de la ville, marquées par des poteaux	1fr.—	1fr.50	1fr.25	1fr.75	1fr.50	2fr.75	2fr.—	3fr.—
Course, dans la banlieue	2 » —	2 » 50	2 » 50	3 » —	3 » —	3 » 50	4 » —	5 » —
Heure, dans la ville	2 » 50	3 » —	3 » —	3 » 50	3 » 50	4 » —	5 » —	6 » —
— hors de la ville	3 » 50	4 » —	4 » —	4 » 50	—	—	6 » —	7 » —
Promenade du château, all. et ret., avec 1/2 h. d'arrêt	4 » —	—	5 » —	—	—	—	6 » —	—
Tour de Cimiez par Brancolar, de St-Sylvestre par le vallon Obscur, du boul. Montboron par Riquier	5 » —	—	6 » —	—	—	—	10 » —	—
Villefranche, Trinité-Victor, la grotte St-André, all. et ret., avec 1/2 h. d'arrêt	6 » —	—	7 » —	—	—	—	10 » —	—
Beaulieu et St-Jean, St-Isidore par le Var, Fabron et St-Antoine, St-Pierre de Férie, idem	10 » —	—	12 » —	—	—	—	15 » —	—
Pour le Mont-Gros, Falicon et St-André, Gairaut et Cimiez, idem	12 » —	—	15 » —	—	—	—	20 » —	—
Observatoire, tour du cap Ferrat	12 » —	—	15 » —	—	—	—	20 » —	—
Tour de l'Observatoire par Villefranche, route forest. de Montboron, St-Antoine par St-Isidore, St-Pancrace par Gairaut	15 » —	—	20 » —	—	—	—	25 » —	—

Passé la 1re heure, on compte par 1/4 d'h. Pour prendre à domicile, d'une station voisine, 25 c. de plus; d'une autre station, 50 c. — Bagages, 25 c. par colis. — Pour les courses *hors de la ville*, demander le tarif ou faire prix s'il n'y en a pas.

Tramways (électr.). Prix: 10 c. en ville, 20 c. et davantage au dehors. — I. De la *place Masséna* (pl. E 4) au *pont Magnan* (pl. A 5) et à la *Californie* (15 c.; de là à Cagnes, v. p. 369); au *boul. Gambetta* (pl. C 2-3), etc., par la rue de la Paix; à la *gendarmerie*, par la place d'Armes (pl. G 1). — II. De la *rue de France* (pl. B 4) à la *place Béatrix* (gare du Sud; pl. CD 1), par le boul. Gambetta. — III. De la *gare* (grande gare; pl. C D 2) à la *place Risso* (pl. G 1; de là à Contes, v. p. 376); au *boul. du Czaréwitch* (pl. B 2) et à *St-Maurice*, v. ci-dessous. — IV. Du *port* (pl. G H 4; à Villefranche, v. p. 338) à la *place Masséna* (pl. E 4), par le boul. Mac-Mahon, à la *gare* et de là au *boul. du Czaréwitch* (pl. B 2) ou à *St-Maurice* et au *vallon Obscur* (toutes les 20 min.); — à la *gare de Riquier* (pl. H 2) et à la *rue Victor*. — V. De l'*avenue de la Gare*, rue de l'Hôtel-des-Postes (pl. E 3), à *Cimiez* (p. 367), toutes les 1/2 h.; prix 60 et 25 c. jusqu'à l'Excelsior-Hôtel, 75 et 30 jusqu'au jardin zoologique (p. 368). — VI. De la *place Masséna*, par la rue Gioffredo, au *port* (pour Montboron et Villefranche), et à la *place Saluzzo* (pl. H 3). Les tramw. du boul. Gambetta et de la rue Lépante ne marchent pas encore, mais la Cie est tenue d'ouvrir ces lignes sous peu.

Breaks: pour *Monte-Carlo* (p. 379) et *Menton* (p. 382), à l'agence *Cook*, avenue Masséna, 16 (se faire inscrire), aller par la Grande Corniche et retour par la côte; prix, 8 et 10 fr. — Service du même genre à l'agence *Nice-Excursions*, place Charles-Albert, 2; à l'agence *Fulconis*, boul. du Pont-Vieux, 6; prix, 6 fr. Ces agences ont aussi des services pour divers autres endroits: gorges du Loup (p. 372), St-Martin-Vésubie (p. 375), Sanremo (p. 340), Tende (p. 377), etc. Voir les programmes.

OMNIBUS pour certaines localités, avec départs plus ou moins fréquents et sujets à varier, de l'avenue Félix-Faure, 16; du boul. Mac-Mahon, du boul. du Pont-Vieux, de la place St-François, du pont Garibaldi, etc.

ANES: 4 à 5 fr. par jour et 1 fr. pour le conducteur; demi-journée, 2 à 3 fr. — CHEVAUX: 6 à 10 fr. pour une demi-journée.

BATEAUX A VAPEUR pour la *Corse*, v. p. 388. — Promenades sur mer plusieurs fois par sem., s'adresser à MM. Garuccio, place Cassini.

Postes et télégraphes: bureau principal, place de la Liberté (pl. 8, F3); bureaux auxiliaires, place Grimaldi, 3; place Garibaldi, 2, et avenue de la Gare, 68. Ils sont ouverts de 7 h. du mat. en été et 8 h. en hiver à 9 h. du s. les jours ordinaires et 4 h. les dim. et fêtes, jour et nuit pour les dépêches. Télégraphe aussi à la grande gare.

Théâtres. *Th. de l'Opéra* ou *Municipal* (pl. 39, E4), rue St-François-de-Paule; prix ordin. (on peut s'abonner): loges rez-de-ch. et 1er rang, 40 fr. (et 2 fr. d'entrée); loges 2e rang, 15 (et 2 fr. id.); faut. de la «grande loge», 8; faut. d'orch., 6; stalles d'orch., 4; parterre numéroté, 2,50, etc. — *Gr.-Th. du Casino*; prix: loges 1er rang, 30 fr.; 2e rang, 20; faut., 6; stalles, 4 et 3; parquet, 2, etc. — *Th. de la Jetée-Promenade*: loges, 5 entrées comprises, 50 fr.; faut. 10, 8 et 5; pourt., 4 et 3. — *Kursaal-Théâtre*, rue St-Michel, 2; entrée: 2 fr., 1 fr. et 50 c. — *Cirque*, rue Pastorelli, 29 (pl. E3); prix des places, 4 fr. à 75 c.

MUSIQUE au Jardin Public, t. les j., excepté le lundi, de 2 h. 1/2 à 4 h.

Casinos. — *Casino Municipal* (pl. E4), place Masséna (v. p. 365): entrée, avec droit au concert-spectacle, 2 fr.; abonn. au casino seul, 1 mois, 30 fr.; 3 mois, 45; saison, 60, pour 1 pers.; 50, 70 et 100 pour 2; places au théâtre, v. ci-dessus. — *Casino de la Jetée-Promenade* (pl. D4; p. 365): entrée donnant droit au concert de l'après-midi et au Music-Hall, 2 fr.; abonn. au palais seul, 15 j., 10 fr.; 1 mois, 15; 3 mois, 30 pour 1 pers., 15, 25, 45 et 55 pour 2; au palais-théâtre et au Music-Hall, 30, 50, 110 et 150 fr.

Cercles: *C. de la Méditerranée*, promenade des Anglais, 3; *Gr.-C. Masséna*, au Casino Municipal; *C. Philharmonique*, quai du Midi, 5; *C. de l'Union*, place Masséna, 8, etc. — Il y a, dit-on, à Nice, beaucoup de maisons de jeu clandestines et de joueurs dont il faut se défier.

Carnaval. Les fêtes du carnaval de Nice ont lieu durant les huit jours qui précèdent le carême; elles sont surtout célèbres et belles par la réclame qu'on leur fait, en vue d'attirer et de retenir les étrangers. Les principales réjouissances sont: les *batailles de confetti* ou boulettes de plâtre et autres projectiles que se jettent les promeneurs, batailles où l'on évite de paraître avec un chapeau à haute forme et où l'on fait bien de revêtir un domino, ainsi que de se garantir le cou et la figure; les *batailles de fleurs*, sur la promenade des Anglais; le *jeu des «moccoletti»* ou petites bougies («rats de cave») qu'il s'agit de tenir allumées et de s'éteindre mutuellement, et les «*veglioni*», des bals masqués, au Théâtre Municipal.

COURSES DE CHEVAUX, en janvier; piéton, 1 fr.; cavalier, 5; digue, 3 fr. de supplément; enceinte réservée, homme, 20; dame, 10; voit. à 1 chev., 15; à 2 chev., 20; à 4 chev., 30 fr. Le *champ de courses* est au bord du Var, à un petit 1/4 d'h. de la stat. de ce nom et près du jardin d'acclimatation (p. 338 et 369; tramw.). — *Régates*, en mars ou en avril.

BAINS CHAUDS: *B. Polythermes*, rue St-François-de-Paule, 8; *B. Macarani*, rue Macarani, 5; *B. Masséna*, rue Masséna, 1; *Hammam* (bains turcs), rue de la Buffa, 4; *B. des Galeries*, rue Adélaïde, 2-4 (1 fr. 50 à 3.50); *Bains Parisiens*, avenue de la Gare, 20; *B. des Platanes*, place de la Liberté, 2. — BAINS DE MER (galets et forte pente), plusieurs établissements promenade des Anglais (1 fr.), etc.

MÉDECINS. Il y a à Nice plus de 125 médecins, dont un certain nombre d'étrangers autorisés à exercer dans cette ville. Consulter l'Annuaire.

AGENCES DES VOYAGES: *Cook & fils*, av. Masséna, 16; *Gaze*, Jardin Public, 3; *F.-H. Nauth*, av. Félix-Faure, 10 (bureau de la Cie Hambourg-Amérique).

LIBRAIRIES: *Visconti* (Appy), rue Gioffredo, 62; *Libr. Nouvelle*, avenue Félix-Faure, 50; *Galignani*, id., 48; *Hubert*, place du Jardin-Public, 4;

Ardoin, avenue de la Gare, 44; *Boudet*, id.; 38; *Libr. Internationale*, rue Macarani, 2.

BANQUES: *Banque de France*, quai du Midi, 13; *Crédit Lyonnais*, avenue de la Gare, 15 (v. aussi p. 365); *Société Générale*, rue Gioffredo, 64; *Comptoir National d'Escompte*, avenue de la Gare, 3; *Caisse de Crédit*, rue Gubernatis, 1.

CONSULATS: *Allemagne*, rue Foncet, 14; *Angleterre*, place Bellevue, 4; *Autriche*, rue de l'Hôtel-des-Postes, 1; *Belgique*, avenue Masséna, 8; *Espagne*, id.; *Etats-Unis*, promenade des Anglais, 15; *Hollande*, rue Masséna, 13; *Italie*, place Masséna, 6; *Russie*, rue Meyerbeer, 30; *Suède & Norvège*, place du Jardin-Public, 7; *Suisse*, rue Charles-Albert, 3; etc.

TEMPLES PROTESTANTS: français, *église évangélique vaudoise*, rue Gioffredo (pl. E F 3), 50 (dim., 10 h. 1/2 et 3 h. 1/2); *église évangéliste baptiste*, rue Grimaldi, 1 (pl. D 3; 10 h. 1/2); — anglais, *église épiscopale* (pl. 25, D 4), rue de France, 12 (8 h. 1/2, 11 h. et 3 h.); *église du Christ* (pl. 26, E 2), avenue Notre-Dame, 3 (mêmes heures); *église écossaise* (pl. 27, D 3), boul. Victor-Hugo, 18 et rue Alph.-Karr, 2 (11 h.); — *américain* (pl. 24, D 3), boul. Victor-Hugo, 21 (11 h. et 3 h.); — *allemand* (pl. 23, D 3), rue d'Augsbourg (11 h.). — EGLISE RUSSE (pl. 29, D 3), rue Longchamp, 6, et rue Cotta (10 h. 1/2). — SYNAGOGUES: rue St-Michel, 17 (vendr. 4 h. 1/2 du s. et sam. 8 h. 1/2 du m.); rue du Pont-Neuf, 19 (réformée; sam., 8 h. du m.).

CLIMAT. Le golfe de Nice est entouré au N., au N.-E. et au N.-O. de hautes montagnes, premiers contreforts des Alpes Maritimes, qui ont leur point culminant au *mont Chauve d'Aspremont* (p. 369). C'est à ce paravent naturel que Nice est redevable de son climat, célèbre dans toute l'Europe. Le thermomètre y marque régulièrement 5 à 8 degrés centigr. de plus qu'à Paris en hiver, 2 à 5 de moins en été, et il ne descend que rarement au-dessous de zéro. La température moyenne de l'année y est de 15° 7; elle est de 8° 9 en hiver, 14° 5 au printemps, 22° 2 en été et 16° 6 en automne. Les vents de terre et de mer soufflent très souvent sur les bords du Paillon (v. p. 364), et la plage est sous l'influence des vents d'est et d'ouest, le premier régnant particulièrement en mars et en avril, surtout vif vers midi et très désavantageux pour les personnes malades de la poitrine. On s'est plaint souvent de la poussière qu'il fait alors sur la promenade des Anglais; mais il est facile de se loger ailleurs. Les parties les mieux abritées sont le boulevard Carabacel et les quartiers de Brancolar et de Cimiez; il y a moins de poussière et l'air est plus pur dans ce dernier. On distingue en général trois zones dont il faut tenir compte pour les malades: le voisinage de la mer, la plaine et la colline. Il faut toujours prendre ses précautions au moment où le soleil se couche, car on éprouve alors une impression analogue à celle que provoquerait le contact d'un manteau humide placé sur les épaules, phénomène qui cesse une ou deux heures plus tard. La saison des pluies commence au mois d'octobre; elle dure de cinq à six semaines; toutefois la température n'est pas désagréable. Les personnes atteintes de maladies chroniques, sans fièvre ni douleur, les convalescents et les gens âgés se trouvent fort bien sous son climat sec et chaud, qui active les fonctions vitales, et ils y passent d'autant mieux l'hiver que Nice offre plus de confort et de distraction qu'aucun autre endroit du golfe. On n'oubliera pas toutefois qu'à Nice, comme ailleurs dans le Midi, des vêtements chauds sont encore nécessaires en hiver.

Nice passe pour une ville chère, et avec raison jusqu'à un certain point, bien qu'il y ait des hôtels pour toutes les bourses. Ce qui en renchérit surtout le séjour, ce sont les plaisirs, les nombreuses occasions de dépenses, le voisinage dangereux de Monaco, etc.

Nice, en ital. *Nizza*, est une très belle ville de 93 760 hab., l'anc. chef-lieu du comté du même nom et, depuis sa nouvelle annexion à la France, en 1860, le chef-lieu du départ. des *Alpes-Maritimes*, avec un évêché. C'est, en hiver, le rendez-vous d'un grand nombre d'étrangers, malades ou bien portants, qui veulent passer agréablement ce temps sous son climat. Le fort de la saison commence avec le mois de janvier, par de grandes courses de chevaux, auxquelles succèdent bientôt les célèbres fêtes du carnaval, et elle se termine vers le commencement d'avril par de grandes régates. Cependant la ville est animée du mois d'octobre à la fin de mai, tandis qu'elle l'est moins en été. Il y fait cependant alors, comme il est dit ci-dessus, moins chaud même qu'à Paris, et elle ferait encore dans cette saison, surtout en juin, une bonne station de bains de mer.

Nice est la *Nikaia* (cité de la Victoire) ou *Nicœa* des anciens, fondée vers l'an 350 av. J.-C. par les Marseillais (p. 319), en souvenir d'une victoire remportée par eux sur les Ligures. Elle prospéra rapidement, mais fut supplantée sous les Romains par Cimiez (p. 367). Ravagée à plusieurs reprises par les barbares, puis par les Sarrasins, elle eut encore beaucoup à souffrir, par suite de sa position, des nombreuses guerres qui ont désolé la Provence et le nord de l'Italie et des rivalités entre les divers princes qui ont dominé dans les deux pays. Elle a plus ou moins appartenu aux comtes de Provence jusqu'en 1388, où elle s'est donnée aux ducs de Savoie. Les Impériaux l'ont envahie en 1524, sous le connétable de Bourbon, et en 1536 sous Charles-Quint; les Français en 1543, sous François Ier, aidé de Khaïr-Eddin Barberousse, contre lequel se signala l'héroïne Cath. Ségurane; puis en 1600, 1691, 1706, 1744 et 1792. Annexé une première fois à la France sur sa demande, de 1792 jusqu'en 1814, le comté de Nice fut alors rendu aux Etats Sardes, mais l'Italie l'a rétrocédé à la France, avec la Savoie, en 1860. La cession a été confirmée par un plébiscite, qui réunit 25933 votes favorables contre 160 opposants et 4619 abstentions. — Nice est la patrie du peintre Carle Vanloo (1705-1765), du maréchal Masséna (1758-1817) et de Garibaldi (1807-1882).

Nice est admirablement située, dans la *baie des Anges*, tournée au S. Elle est traversée par le *Paillon*, torrent presque toujours à sec, et dont le lit, large, rocailleux et bordé de magnifiques quais, la divise en deux parties. La rive g. constitue la *vieille ville*, avec ses rues étroites, qui s'élargissent et s'embellissent cependant du côté de la mer, et que domine la colline du Château (p. 366), derrière laquelle est le port (p. 366). La rive dr. forme la *ville des étrangers*, déjà beaucoup plus grande que la vieille ville, et qui occupera bientôt toute l'étendue limitée à l'O. par le torrent du *Magnan* et au N. par le chemin de fer.

De la *grande gare* (pl. CD2), qui est monumentale et dans le voisinage de laquelle on voit une rangée de magnifiques eucalyptus («eucalyptus globulus»), on descend dans la ville par la belle *avenue de la Gare* (pl. DE2-3), qui est bordée de platanes. — A peu de distance, à dr., est *Notre-Dame* (pl. 19, D2), église goth. moderne, bâtie par Ch. Lenormand. Elle est assez simple et les clochers de la façade sont inachevés, mais elle se distingue par la légèreté de ses trois nefs et leurs colonnes fort espacées, qui ne masquent pas la vue. A g. de l'avenue, un *couvent d'Augustines*, maison hospitalière pour les dames; plus loin, du même côté, l'*hospice de la Charité* (pl. 31). — Puis on croise une autre grande artère de la ville neuve. La partie de dr., le *boul. Victor-Hugo*, traverse tout le quartier de la Croix-de-Marbre; celle de g., le *boul. Dubouchage*, où est le Musée Municipal (p. 367), mène au boul. Carabacel. — Ensuite, à dr.

de l'avenue, n⁰ 15, le *Crédit Lyonnais*, succursale de la maison de banque de ce nom, avec salon de lecture pour les clients et bureau de poste auxiliaire, dans un bel hôtel où se font des conférences et où a lieu, d'ordinaire en février et mars, une exposition de peinture, ouverte tous les jours de 9 h. ¹/₂ à 4 h. A dr. encore, à l'extrémité de l'avenue, la rue Masséna, à laquelle fait suite la longue rue de France. Une *croix de marbre*, au commencement de la rue de France, rappelle l'entrevue de Charles-Quint et de François Iᵉʳ, ménagée par le pape Paul III, en 1538.

La *place Masséna* (pl. E 4), entre des maisons à arcades, et la *place du Casino*, l'anc. Pont-Neuf, qui y fait suite, sur une voûte recouvrant le Paillon, forment le centre de la ville des étrangers.

Le **Casino Municipal** (pl. E 4), à g. de la seconde place, est une magnifique construction, élevée en 1883 sur le lit du Paillon, avec un beau jardin d'hiver, un théâtre, des salles de jeu, un café-restaurant, etc. — Derrière se trouve le SQUARE MASSÉNA (pl. E F 4), également sur le Paillon et décoré d'une *statue de Masséna*, en bronze, par Carrier-Belleuse. L'*avenue Félix-Faure*, au N. de là, a des maisons superbes.

Le *Jardin Public (pl. D E 4), auparavant un square à dr. de l'embouchure du Paillon, s'est agrandi de l'espace compris entre la place du Casino et la mer, sur la voûte recouvrant cette embouchure. Il a de belles plantations comprenant des palmiers, des poivriers, des agaves, des lauriers, etc. (musique, v. p. 362). C'est, avec la promenade ci-dessous, un des principaux rendez-vous des étrangers. Du côté du quai s'élève le *monument du Centenaire* de la première réunion de Nice à la France (1793), par Allar et Febvre.

La *promenade des Anglais (pl. A-D 4-5), créée de 1822 à 1824 par des Anglais, désireux de donner du travail aux indigents, et élargie plusieurs fois depuis, s'étend à l'O. le long de la mer. Elle est bordée de palmiers et d'autres arbres, de splendides hôtels et d'agréables villas, avec des jardins. Au commencement se trouve, dans la mer, la JETÉE-PROMENADE (pl. D 4), grande et belle construction en fer et en verre sur pilotis, de style oriental, réédifiée en 1891. C'est une sorte de casino. Entrée, v. p. 362. En face, le beau *cercle de la Méditerranée* (p. 362). La promenade des Anglais se prolonge au delà de l'embouchure du Magnan (pl. A 5; 1900 m.), jusqu'à *la Californie* (5 kil. de la Jetée-Prom.; v. la carte p. 368). On projette de la continuer jusqu'au Var. Si l'on est à pied et que l'on soit fatigué, on peut profiter, pour revenir de là, du tramway qui suit la rue de France, parallèle à la promenade.

Dans le quartier voisin de la promenade se trouve le beau **square Gambetta**, à l'angle du boul. de ce nom et du boul. Victor-Hugo (pl. C 3). — Plus loin, au N.-O., au delà de la grande ligne de chemin de fer et près de celle de Grasse, le *Parc Impérial* avec le somptueux hôt. du même nom (p. 360), derrière l'anc. *villa Bermond*, où le grand-duc Nicolas de Russie est mort en 1865; on a érigé une jolie *chapelle funéraire russe* (pl. B 2) sur l'emplacement de sa chambre.

Le QUAI DU MIDI (pl. E F 4) forme le prolongement de la promenade des Anglais du côté de la *vieille ville* (p. 364), à l'E. du Jardin Public. On y a une belle vue de la colline du Château, avec sa cascade (v. ci-dessous).

Parallèlement au quai se trouve d'abord la *rue St-François-de-Paule*, une des principales de la vieille ville. On y remarque à g. l'*hôtel de ville* (pl. 34), qui a dans sa cour un beau groupe en marbre, Oreste et Minerve, par Hugolin. Plus loin, l'*église St-François-de-Paule* (pl. 16), du XVIIIe s.

Le THÉÂTRE MUNICIPAL ou l'*Opéra* (pl. 39), à dr. de la même rue, est un fort bel édifice, reconstruit depuis l'incendie de 1881, qui a fait beaucoup de victimes.

Plus loin encore, du même côté, la *bibliothèque* (pl. 6), qui compte env. 90 000 vol. et 125 manuscrits. Elle est ouverte tous les jours, en hiver de 9 h. à 4, en été (avr.-nov.) de 9 h. à midi et de 2 à 5$^1/_2$. Il y a aussi une petite collection d'antiquités romaines.

Ensuite vient le *cours Saleya* (pl. F 4), autrefois la principale promenade de Nice et où se tient, dans la saison, un marché intéressant. A dr. s'étendent les *terrasses*, double rangée de maisons basses sur lesquelles sont des terrasses publiques. A g., au fond d'une place, la *préfecture* (pl. 38), l'ancien palais du Gouvernement, bâti de 1611 à 1613, et à g. de là le *palais de justice* (pl. 33), achevé en 1892, dans le style classique.

Le **Château** (pl. G 4) est le nom par lequel on désigne la colline escarpée (97 m.) qui se dresse à l'extrémité du quai voisin et où se trouvait le château fort de Nice, détruit en 1706, sous Louis XIV, par le duc de Berwick. Il n'est guère resté de ce château qu'une grosse tour ronde dans le bas, près du quai, la *tour Bellanda*, maintenant propriété particulière. Dans le haut de la colline se voit une grande *cascade*, formée par le *réservoir d'eau* de la ville, alimenté par le canal de la Vésubie (p. 369). Le plateau a été transformé en promenade. On y monte en 20 min. par des chemins au N. et à l'E., et par l'*escalier Lesage* (198 marches), au S.-O., près de la tour.

On a de là une *vue magnifique: au S., la mer; à l'O., la côte et la presqu'île d'Antibes (p. 337); en bas, la ville de Nice; au N., la vallée du Paillon, le grand Excelsior-Regina-Hôtel, le couvent de Cimiez et l'abbaye de St-Pons (p. 368); au loin, le château de St-André (p. 368), le mont Chauve avec son fort (p. 369), Falicon (p. 368) et les Alpes; plus près au N.-E., le Mont-Gros, avec son observatoire (p. 370); à l'E., l'anc. fort Montalban et le cap Montboron (p. 369).

Du côté N. est l'anc. *cimetière*, où l'on remarque divers monuments: près de l'entrée, une pyramide avec les noms des victimes de l'incendie du Théâtre Municipal en 1881; dans le haut, une autre pyramide en l'honneur de Gambetta (1838-1882), dont le tombeau est quelques pas plus bas, à dr. Derrière cette pyramide, la tombe de l'écrivain russe Al. Herzen (1812-1870). Du côté O., celle de la mère de Garibaldi et de sa sœur.

Le PORT (pl. G 4) est de l'autre côté de la colline. On lui a donné

le nom de *Lympia*, à cause d'une source *(limpida)* qui jaillit à l'E.
de la jetée. On y va directement du quai du Midi par la rue qui
le prolonge en contournant la colline et qui s'appelle *Rauba Capéu*
(« voleur de chapeau »), à cause de la violence du vent qui y règne
d'ordinaire. La *place Bellevue*, où aboutit cette rue, au pied de la
colline, près de la mer, est ornée depuis 1830 de la *statue du roi
Charles-Félix*, qui a créé ce port. On pourra monter de là sur la
colline et en redescendre du côté du cimetière et de la vieille ville.
— Sur la place Cassini, au N. du port, l'*église du Port*, du style
classique, restaurée en 1897, et le *monument de Carnot*, un buste
et une statuette symbolique par Convers.

Dans le square qui porte son nom (pl. G 3), au N. de la colline
du Château, la *statue de Garibaldi* (1807-1882), originaire de Nice,
par Etex et Deloye, érigée en 1891. — Sur la même place, n° 6,
le *musée d'histoire naturelle,* ouvert les mardi, jeudi et sam. de midi
à 3 h., dont on cite surtout la collection de champignons, comme
une des plus belles qui existent.

Le *pont Garibaldi*, sur le Paillon, aboutit sur la rive dr. à
l'extrémité de l'avenue Félix-Faure (p. 365). C'est de ce côté qu'est
la partie la plus peuplée de la *ville neuve*, entre l'avenue de la Gare
et le boul. Carabacel, traversée par le boul. Dubouchage.

Le **Musée Municipal** (pl. 7, E 3), boul. Dubouchage, 39, dans
l'anc. Bourse, près de l'avenue de la Gare, est public tous les jours,
en hiver de 10 h. à 4 h., en été (avr.-nov.) de 9 h. à midi et de 2 à 5¹/₂.

PÉRISTYLE : sculptures. — Iʳᵉ SALLE, de dr. à g. : 12, *Bellel*, paysage ;
92, 93, *Grützner*, Indécision, Après le dîner (histoire de chasse) ; 139, *Po-
rion*, le Général Hoche à Quiberon ; 116, *Loir*, le Quai National à Puteaux,
près Paris ; 64, *P. Bertrand*, Environs d'Hyères ; 127, *Massa*, la Foi. Devant,
un coffre doré avec peintures. En outre des tableaux italiens des XIVᵉ-
XVᵉ s. — IIᵉ SALLE : 65, *Chabal-Dussurgey*, Un rosier de mon jardin ; 69,
Courbet, le Saut du Doubs ; 15, *Bertier*, Tête de Châtelaine ; 112, *Lematte*,
l'Enlèvement de Déjanire ; s. n°, *C. Vanloo*, Thésée et le Minotaure ; au-
dessous, à g., 147, *Ryckaert*, le Pansement ; 211, *Brouillet*, Leçon de clinique
à la Salpêtrière (Charcot) ; 123, *Moreau de Tours*, la Femme adultère, et
des sculptures modernes. — IIIᵉ SALLE : 133 (à dr.), *Neuhuys*, l'Aumône ;
s. n°, *Bonnefoy*, la Bonne place ; 225, *Luminais*, Un exorcisme ; 171, 170 (plus
loin), *C. Vanloo*, portr. de Marie Leczinska et de Louis XV ; 117, *Luminais*,
Pendant la guerre ; 113, *Lerolle*, Jacob chez Laban. — Enfin des pastels,
des aquarelles, des gravures, etc.

Environs de Nice.

Côté nord. — **Cimiez** *(hôtels et voit., v. p.* 360, 361) est l'endroit
le plus important de la banlieue de ce côté, en partie un faubourg,
et le mieux situé, sur une colline où se sont construits depuis peu
de grands hôtels et quantité de villas. On y va par le boul. de
Cimiez (pl. E 1), à l'extrémité duquel est le grandiose *Excelsior-
Hôtel Regina*, à 3 kil. de la grande gare, mais d'où la vue s'étend
jusqu'à la mer. Il y a eu à Cimiez une ville romaine du nom de
Cemenelum, et à dr. au delà de cet hôtel sont les ruines peu con-

sidérables d'un *amphithéâtre*, de 69 m. de long et 57 m. de large.
Il subsiste encore des ruines d'une construction carrée dite *temple
d'Apollon* et des *thermes*, à l'E. ou à dr., à la villa Garin. La
première rue à dr. au delà de l'amphithéâtre mène au *couvent de
Cimiez*, couvent de capucins construit en 1540, sur les fondements
d'un prétendu temple de Diane. Les dames n'y sont admises qu'à
la chapelle, qui a deux tableaux des peintres niçois F. et L. Bréa
(vers 1500), le Christ en croix et la Descente de croix. — La
seconde rue à dr. après l'amphithéâtre conduit à un petit *jardin
zoologique*, sur le versant de la colline à l'E., d'où l'on a une belle
vue. Le tramway va jusque là. Entrée, 1 fr. Café-rest. assez cher.

Env. ³/₄ d'h. plus loin, sur la rive dr. du Paillon, où on la voit
de loin, l'**abbaye de St-Pons**, fondée en 775, là où St Pontius, sénateur romain, subit le martyre en 261, détruite par les Sarrasins en
970 et reconstruite en 999. Cet endroit est surtout fréquenté pour
son point de vue, à l'extérieur. Les dames ne sont pas non plus
admises à l'intérieur de l'abbaye.

A ¹/₂ h. de St-Pons, dans le beau vallon de g., où coule la *Garbe*
ou *Riousec*, le hameau et l'anc. **château de St-André**, de 1687, transformé en école, dans un site pittoresque. — Puis la *grotte de
St-André* (50 c.), espèce de pont naturel sous lequel passe la Garbe.
Une avenue d'eucalyptus y conduit en ¹/₄ d'h. du château.

En continuant de remonter la gorge de la Garbe et tournant à g.
par un chemin en lacets, on arrive en 1 h. env. à **Falicon** (307 m.;
mauv. aub.), village sur une hauteur d'où l'on a une vue magnifique. Non loin de là, la *grotte des Chauves-Souris*, qui a de belles
stalactites.

Plus haut dans le vallon de St-André, à 11 kil. de Nice, est situé
Tourette (*Torretta;* aub.), curieux spécimen des vieux villages fortifiés de la contrée, aux rues étroites et escarpées, traversées par
des voûtes qui en consolident les maisons en prévision de tremble-
ments de terre, mais aussi d'aspect sordide et misérable. Au-dessus,
les ruines pittoresques du château du même nom, du XIVᵉ s., d'où
l'on a une vue très curieuse sur le Mont-Chauve, Aspremont, Châteauneuf, Montalban et la mer.

A 1 h. ¹/₂ au N.-E. de Tourette, par un bon chemin, se trouve
Châteauneuf, anc. bourg fortifié construit après l'invasion des barbares, sur une montagne aride et escarpée (700 m.). Il est actuellement désert, faute d'eau, mais il présente des ruines très curieuses
et on y a une vue magnifique. Il y a près des ruines deux belles
grottes à stalactites. On peut redescendre en ¹/₄ d'h. au *village de
Châteauneuf*, dont l'église est construite sur les ruines d'un temple
païen. Une route mène de là en 1 h. à Contes (p. 376), d'où il y a
un trmw. pour Nice

Au lieu de retourner à Nice par la vallée, on peut, de Falicon
(v. ci-dessus) ou en epassant par là, continuer plus loin à l'O.
et prendre ensuite à g., à une *chap. St-Sébastien* (route du mont

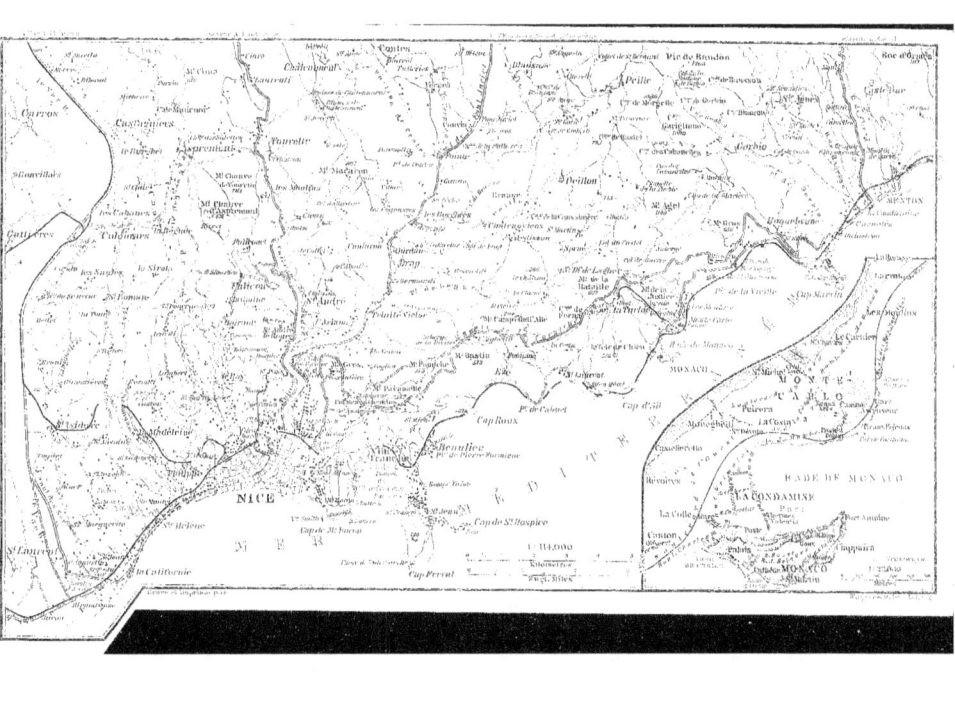

Chauve, v. ci-dessous), une route plus courte, mais moins belle et escarpée, passant par *le Ray* et *St-Maurice,* d'où il y a un tramway pour Nice. — Ce chemin croise bientôt le *canal de la Vésubie,* dérivation de 31 kil. destinée à alimenter Nice et qui a près de là, à **Gairaut,** un *réservoir* avec une *cascade* (vue magnifique). On va directement de Nice à cette cascade par St-Maurice, d'où il y a env. 1 h. ¹/₄ de marche. Une autre route relie la chap. St-Sébastien à Cimiez (p. 367).

De la chap. St-Sébastien (v. ci-dessus) part une route qui gravit le **Mont-Chauve d'Aspremont** ou *Mont-Cau* (848 m.), mentionné p. 363. C'était auparavant le but d'une des principales excursions à faire de Nice pour la vue (3 h. ¹/₂ à 4 h.), mais il y a maintenant au sommet un fort qui le rend inaccessible. — Au N.-O., où la descente est escarpée, se trouve *Aspremont,* gros village sur une hauteur, avec des restes de fortifications, à 15 kil. de Nice (omnibus).

Côtés nord-ouest et ouest. — On visite particulièrement de ce côté (tramw., v. p. 361) le **vallon Obscur,** défilé d'env. 500 m. de long, à 1 h. ¹/₂ de distance, par l'avenue de la Gare et la route de St-Maurice (tramw. jusqu'à St-Sylvestre, à l'entrée du vallon), que l'on peut aussi quitter à g. pour passer à *St-Barthélemy,* où il y a un anc. couvent et un grand hôtel, avec un beau jardin. Le défilé, plus loin, à dr. de la route de voitures, n'est accessible qu'aux piétons et très frais. — Belle promenade aussi dans le **vallon du Magnan,** qui limite la ville proprement dite à l'O. Il y a sur la rive g. une bonne route, qui conduit en 40 min. à *la Madeleine* (stat., v. p. 371). Env. 10 min. en deçà, sur la rive dr., le *Puits aux Étoiles,* défilé étroit et pittoresque dans le genre du vallon Obscur, entre des parois de 35 m. de haut. — Il importe d'avoir de bonnes chaussures dans ces promenades.

Autre excursion très agréable à l'*embouchure du Var,* où était la frontière du comté de Nice, à 6 kil. à l'O. de la ville. Elle est desservie par le ch. de fer (p. 338) et un tramway (70 et 45 c.), qui va jusqu'à Cagnes (p. 337). La promenade des Anglais (p. 365) doit être prolongée jusque là. Un tramway mène de la place Masséna à la *Californie,* extrémité O. de Nice, à 20 min. de la stat. du Var (p. 338) et ¹/₂ h. de l'ancien *jardin d'acclimatation* (restaur. à l'entrée) et du *champ de courses,* situés à dr. et à g. du chemin de fer. Voit. à 2 chev., 20 à 25 fr.

Côtés est et nord-est. — A l'E. de Nice est une chaîne de hauteurs fort rapprochées et facilement accessibles, d'où l'on a de très belles vues. La première du côté de la mer est le **Montboron** (183 m.), cap qui la sépare de Villefranche et qui est maintenant fortifié. On y monte en 1 h. ¹/₂, mais l'accès de la partie fortifiée est interdit au public. Une route, nommée d'abord boulevard Carnot (pl. H 4) et qui contourne ce cap, conduit à *Villefranche* (p. 338; 4 kil. ¹/₂; tramw. du port, t. les ¹/₂ h., pour 70 et 45 c.; barque, 10 fr.). On aperçoit déjà de loin le *château de Montboron*, anc. villa Smith, qu'habite le comte Gurowski. A côté, à g., monte la *«route forestière de Montboron», qui traverse la croupe du Montboron, contourne le Montalban et débouche dans l'anc. route de Villefranche.

En continuant de suivre la route au delà de Villefranche et en prenant ¹/₂ h. après le chemin de dr., qui traverse la voie ferrée, on arrive en ³/₄ d'h. à *Beaulieu* (p. 338). De là à St-Jean, v. p. 339.

Sur le **Montalban** (212 m.), une forteresse du xvıᵉ s., en ¹/₂ h. du Montboron par la route forestière. — Le **Vinaigrier** (369 m.), ainsi nommé, dit-on, à cause du mauvais vin qu'il produisait, se gravit directement en 1 h. ¹/₂ par la vieille Corniche. La route neuve, qui demande 2 h. ¹/₂ à 3 h., passe au N. et contourne le Mont-Gros.

Le **Mont-Gros** (372 m.), au N.-E. de la ville, est le sommet sur lequel s'élève le grand *observatoire de Nice,* dû à la générosité de M. Bischoffsheim et construit depuis 1880 par Ch. Garnier. Cet observatoire est à env. 1 h. ¹/₂ de Nice, sur la route de la Corniche (v. ci-dessous). Il comprend huit pavillons, parfaitement installés pour les observations. Celui du Grand-Equatorial renferme un des plus grands télescopes de l'Europe, long de 18 m., avec une lentille de 77 cm. de diamètre, qui a seule coûté une centaine de mille francs. Ce pavillon a une coupole flottante de 24 m. de diamètre, construite par Eiffel. Elle flotte dans un bain de chlorure de magnésium, avec un contrepoids de 3 kilos, tandis qu'elle en pèse 95 000, et elle se meut avec la plus grande facilité. Le public n'est admis dans les pavillons qu'avec une recommandation facile à obtenir, mais on peut au moins, en le demandant à l'entrée, monter jusque là pour voir l'édifice et jouir du coup d'œil. On y arrive surtout par une route de voitures à l'E. (v. la carte).

51. Excursions de Nice.

I. De Nice à Menton, par la Corniche.

30 kil., route très recommandée; trajet en 4 h., voit. de louage, 25 à 30 fr. Breaks, v. p. 361. Omnibus aussi jusqu'à *la Turbie* et au *Laghet,* du boul. du Pont-Neuf à 8 h. ¹/₂ du m., trajet en 2 h. ¹/₂ et 3 h., pour 2 fr. et 3 fr. aller et retour. De ces endroits pour Nice, à 4 h. et 4 h. ¹/₂.

On recommande de faire au moins une excursion de Nice par la Corniche jusqu'à 5 min. au delà de l'aub. des Quatre-Chemins (v. ci-dessous), et d'en descendre à Villefranche, pour revenir par la côte.

Nice, v. p. 358-367. La célèbre *route de la Corniche,* construite sous Napoléon Iᵉʳ par le préfet Dubouchage, procure au promeneur des jouissances qu'on n'a guère en chemin de fer, d'abord parce que la voie passe dans le bas et ensuite à cause de la rapidité du trajet et des nombreux tunnels qui interceptent la vue. Il n'est pas inutile de convenir avec le cocher qu'il ne prendra pas la route au bord de la mer, mais bien celle du haut (v. la carte), la Grande Corniche, qui est plus belle que l'autre. Elle monte à travers des sites offrant une riche végétation et une vue superbe en arrière sur Nice et les environs. Elle contourne d'abord le *Mont-Gros* (v. ci-dessus), et elle se rapproche de la mer un peu au delà de l'entrée de l'observatoire, en passant au *col des Quatre-Chemins* (345 m.; aub.), jusqu'où l'on va en promenade, à 1 h. $^1/_2$ à 2 h. de la place Masséna (8 kil.). Dans le bas, à dr., on aperçoit Villefranche, où l'on peut descendre en 50 min. ($^1/_2$ h. par les raccourcis), en passant dans le beau *vallon de la Murtha;* puis Beaulieu et la presqu'île boisée de St-Jean (p. 338-339).

On recommande de faire du col l'ascension du **Mont-Pacanaille** ou *Mont-Leuze* (577 m.), qui demande seulement $^3/_4$ d'h. de là, par un bon sentier jalonné par le Club Alpin. C'est un des plus beaux points de vue de la contrée qui n'aient pas été envahis par des forts. On va aussi du col, en 1 h., à la Trinité-Victor (p. 376).

Le rocher pittoresque qui se dresse à pic à dr., avec quelques groupes de vieilles maisons, est celui d'*Eze* (p. 339), où un chemin, à 12 kil. de Nice, conduit en $^1/_4$ d'h. de la route. On en descend en 20 min. à la stat. (p. 339). Un bon chemin le relie directement à la Turbie (4 kil.). Le point culminant de la route (541 m.) est entre Eze et les *monts de l'Allé* (704 m.), qui sont fortifiés et dont les routes sont interdites au public. On a de ce point une vue très étendue en arrière sur les cimes neigeuses des Alpes. Avant la Turbie, à g., le chemin du Laghet (p. 381).

A 17 kil. de Nice, *la Turbie,* qui est desservie par un omn. de cette ville et un ch. de fer à crémaillère partant de Monte-Carlo (p. 381). Très belle vue. Station de la grande ligne, v. p. 339.

La route descend en se rapprochant de la mer. Vue superbe, tout le temps, sur la côte jusqu'à Bordighera, en Italie. A g., le *Mont-Agel* (v. p. 382); plus loin, un second *Mont-Gros* (656 m.). — 25 kil. *Roquebrune* (p. 339). Moins de 1 kil. plus loin aboutit la route de Monaco, et l'on voit cette ville en arrière. A dr. de la route, le cap Martin (p. 385), tout boisé. — 31 kil. *Menton,* v. p. 382.

II. De Nice à Grasse.

Par Cannes (51 kil.), v. p. 338-336 et 357. — Par la ligne du Sud (gare, v. p. 358): 49 kil., env. 2 h. $^1/_4$; 4 fr. 10 et 3 fr. Les billets d'aller et retour sont valables pour 2 jours et l'on peut revenir ou aller par Cannes.

Nice, v. p. 358-367. La ligne du Sud, à voie étroite, parcourt un pays de montagnes fort curieux et elle est intéressante par ses ouvrages d'art. Il y a jusqu'à 17 viaducs, un pont à deux étages et 9 tunnels. Peu après le départ, déjà 4 tunnels, le dernier de 634 m. de long. Belle vue de Nice après les deux premiers. — 4 kil. *La Madeleine.* On traverse le *Magnan* (v. p. 369) et un tunnel de 954 m., puis encore un ravin très pittoresque. — 7 kil. *St-Isidore.* Ensuite on arrive dans la vallée du *Var,* où l'on descend d'abord rapidement. A g., sur la hauteur de l'autre rive, le *château de la Gaude* (p. 372). — 8 kil. *Lingostière.*

13 kil. *Colomars* (62 m.; buffet), où s'embranche la ligne de Puget-Théniers (v. p. 373). La voie tourne à l'O. pour traverser le Var, sur le *pont de Manda,* à deux étages, celui de dessous pour

24*

une route. On monte l'espace de 7 kil. par une rampe de 27 mm. 5, en tournant au S.-O. Viaduc de 32 m. de haut. Belles vues. — 16 kil. *Gattières* (121 m.). Tunnel de 860 m. à la stat. suivante. — 22 kil. *St-Jeannet-la-Gaude* (261 m.). St-Jeannet est à 4 kil. ¹/₂ à dr. et env. 200 m. plus haut, au pied d'un énorme rocher, de plus de 800 m. d'alt., le *Baou*, qui se gravit en 1 h. ¹/₂ environ. La Gaude est à 3 kil. ¹/₂ à g. de la voie. Il y a à l'E. des ruines d'un château des templiers. — Immédiatement après la stat. un autre tunnel; puis la curieuse *gorge de la Cagne*, qu'on franchit par un viaduc de 34 m. de haut. Belle vue à g. On monte toujours.

26 kil. **Vence** (325 m.; *hôt. Auzias*, bon), à g., vieille ville de 3043 hab., qui conserve des restes de fortifications. Elle a une anc. *cathédrale* remarquable, à 5 nefs, sans transept, surtout des xe, xiie et xve s. On y verra 51 belles stalles du xve s., un lutrin de la même époque, un sarcophage du ive s., servant d'autel, dans la 3e chap. de dr., etc.

Plus loin, 3 ponts et de hauts remblais. — 31 kil. *Tourrettes* (317 m.), à dr., village sur une hauteur escarpée et qui a aussi des restes de fortifications, en particulier trois tours. 2 h. ¹/₂ à 3 h. pour gravir d'ici le *Mont-Courmettes* (v. ci-dessous). Ensuite la halte des Valettes, une descente rapide, par une pente qui atteint 27 mm., et on arrive dans la vallée du *Loup*, où la voie fait un circuit, traverse un petit tunnel et passe sur un viaduc de 310 m. de long et 55 m. de haut, en courbe de 200 m., à l'extrémité des gorges du Loup, situées à droite. — 38 kil. *Le Loup* (231 m.), halte à l'extrémité du viaduc.

Les *gorges du Loup, depuis longtemps un but d'excursion de Grasse et de Cannes, sont un défilé très pittoresque, curieux par ses rochers et ses cascades. On y descend de la halte en passant sous le viaduc. Dans le bas, sur la route de Nice à Grasse, le *Gr.-H. du Loup* et deux *restaurants* (truites). On prend là, près du pont, un sentier généralement bon sur la rive g. du *Loup*, qui a sa source au Cheiron (p. 358). L'entaille que le torrent s'est creusée dans le calcaire atteint plus de 400 m. de profondeur et le sentier s'élève peu à peu entre des murailles de rochers à une grande hauteur au-dessus du lit où il bouillonne. On le traverse d'abord au bout de 20 min., aux premières chutes. 5 min. plus loin, à dr., rive g., *l'ermitage St-Arnoux*. Encore 20 min. jusqu'à une deuxième passerelle, et le sentier devient plus raide et mauvais. A env. 1 h. de la route, la *grande cascade de Courmes* ou *du Pas de l'Echelle*, de 40 m. de haut et fort belle, où s'arrêtent la plupart des visiteurs. ¹/₂ h. plus loin, le village de Courmes, puis une autre cascade d'un accès difficile, le *Saut du Loup*.

Sur la hauteur à g. à l'entrée des gorges est le village de *Gourdon* (760 m.), où l'on monte du Loup en 1 h. ¹/₂, par un sentier dit à la fin le «chemin du Paradis». Belle vue du haut. — On fait en 2 h. ¹/₂-3 h. au N.-E. du Loup, avec un guide (5 fr.), l'ascension du *Mont-Courmettes* (1248 m.), d'où la vue est très étendue. Descente de là en 1 h. ¹/₄ à Courmes (v. ci-dessus) et retour par les gorges.

La voie remonte de nouveau rapidement et passe encore sur deux viaducs. — 41 kil. *Bar-sur-Loup* (hôt. du Commerce), bourgade dans un site pittoresque, avec des restes de château fort (hôtel-café) et dont l'église a des sculptures et des peintures intéressantes (danse macabre). Plus loin, un nouveau viaduc et deux tunnels, le second de 470 m. — 45 kil. *Magagnosc.* Encore un tunnel, une descente rapide et deux viaducs, le second, de près de 30 m. de haut, à Grasse. Vue étendue, à g., sur des vallons couverts d'oliviers; très belle vue à dr. sur Grasse. — 49 kil. *Grasse* (267 m.), gare du Sud (v. p. 357).

III. De Nice à Puget-Théniers (Digne).

59 kil. Ligne du Sud; gare, v. p. 358. Trajet d'env. 3 h. 1/4. Prix: 4 fr. 95, 3 fr. 65.

Jusqu'à *Colomars* (13 kil.), v. p. 371. On continue de remonter la *vallée du Var*, dans laquelle la voie est encaissée ou en tunnel à côté de la route et souvent appuyée par de longs murs de soutènement. La route est déviée sur bien des points et passe dans 7 tunnels. Belles vues en amont et en aval. A dr., le Mont-Chauve d'Aspremont (p. 369). — 17 kil. *Castagniers* (82 m.). — 21 kil *St-Martin-du-Var* (118 m.), en face du confluent du Var et de l'Estéron, dans un bassin très fertile et entre des rochers escarpés, couronnés par des villages: à g., *le Broc*, *Gilette* et surtout *Bonson*, suspendu sur un précipice; à dr., *la Roquette* (route de voit. pour Levens, v. p. 375). — 23 kil. *Pont-Charles-Albert* (124 m.), halte près du pont suspendu de ce nom, par où l'on va à ces localités.

CORRESPOND. pour *Gilette* (6 kil.), d'où l'on fait en 3 h. 1/2, par *le Revest* (1 h.; 853 m.), l'ascension facile du **Mont-Vial** (1551 m.), excellent belvédère dans la chaîne de montagnes qui s'étend de l'E. à l'O. entre le Var et l'Estéron. Il y a à 1/2 h. du sommet une grotte, dite *Balme de Touasc*, qui sert de refuge quand on gravit la montagne pour y jouir du lever du soleil. — On y va aussi de *Malaussène* (v. p. 374; 20 min. de sa station), par le *col du Vial* (2 h. 1/2; 1233 m.), à 1 h. 1/4 de la cime, et l'on peut naturellement redescendre d'un côté ou de l'autre.

25 kil. *Levens-Vésubie* (139 m.; buffet; hôt. de la Vésubie, à la gare). Puis on traverse la *Vésubie*. Le torrent sort à cet endroit, près de son embouchure, de la gorge où passe la route de St-Martin-Vésubie (p. 375).

Ensuite la vallée du Var se resserre pour former la *clus du Ciaudan* ou *de l'Echaudan*, où il reste à peine assez de place pour la route et le chemin de fer, entre des parois verticales de 200 à 400 m. de haut. A g. de la vallée du Var, le *Vial* (v. ci-dessus).

29 kil. *La Tinée* (160 m.; buffet).

CORRESPOND. à tous les trains pour St-Sauveur-sur-Tinée; 28 kil. (St-Etienne, v. ci-dessous); trajet en 4 et 5 h. (3½ et 4 au retour), pour 2 fr. La route remonte d'abord, comme le ch. de fer, les *gorges de la Mescla* (v. ci-dessous), puis la belle *vallée de la Tinée*. — 7 kil. *Pont-de-la-Lune* (aub.). — 13 kil. *Roussillon.* — 14 kil. 1/2. *Pont-de-Clans*, hameau où l'on relaie. Ensuite plus de localité sur la route, mais encore un hôtel (H. des Alpes), 1500 m. plus loin. — 28 kil. **St-Sauveur**-*sur-Tinée* (hôt.: *Wiard*, *Richier*), village dans un assez beau site et station d'été, près de la frontière. De là à Valdeblore (St-Martin-Vésubie), v. p. 375; à Beuil (v. p. 374), à l'O., par *Roubion* (3 h.; guide, Maynard), 4 h. 1/2 de chemin muletier. — Une voit. publ. fait encore une fois par jour, la nuit (une autre de jour en été), le service de St-Sauveur à St-Etienne (29 kil.; 3 fr.), en 6 h. à l'aller et 4 au retour, aussi par la vallée de la Tinée et en passant à

Isola (15 kil.; hôt. de France; guide, A. Fabret), où se voit la belle *cascade de la Loucle*, haute de 100 m. — St-Étienne-de-Tinée (1141 m.; *hôt. Issautier*; guide, Ch. Galléan) est un assez gros village dans un beau site alpestre, d'où l'on peut faire particulièrement les ascensions de la *Cime de la Bercia* (2278 m.), au S.-O., en 3 h., et celle du *Chignon de Rabuons* (3008 m.), au N.-E., en 5 h. — Le plus court et le meilleur passage de St-Étienne vers *Barcelonnette* (p. 228) est celui du *col de la Moutière* (2424 m.), qui demande env. 11 h.

On traverse plus loin le Var et l'on passe dans un tunnel courbe de 935 m. La route y franchit aussi deux fois le torrent. — 32 kil. *La Mescla* (186 m.), halte près du confluent du Var et de la *Tinée* («Mescla», mélange). — 39 kil. *Malaussène-Massoins* (234 m.; au Mont-Vial, v. p. 373). On retraverse le Var, près de la *cascade d'Ablé* (aub.). — 42 kil. *Villars-du-Var* (hôt. Malausséna), à dr., dans un site escarpé.

49 kil. *Touët-de-Beuil* (324 m.; hôt. Latty, à la gare, bon), village pittoresque, aussi à dr., contre un rocher très escarpé, et où il y a une belle source formant cascade, près de l'église. — Puis on traverse le *Cians*, qui sort également d'une belle clus. — 50 kil. Le *Cians* (335 m.).

Les *gorges du Cians sont parcourues d'ici par une route qui va jusqu'à Beuil, à 23 kil. A 6 kil. de la halte de Cians, le *moulin de Rigaud* (501 m.; restaur.), au pied de St-Macaire. Les gorges finissent par être si étroites, à 2 h. de Rigaud, qu'on n'y voit plus le ciel. Plus loin, les *moulins de Beuil*, et à 1 h. de là *Beuil* (1454 m.; hôt: Pourchier, Féraud, etc.; guide: Pourchier, Robion), village qui n'a rien d'intéressant, mais dont son altitude fait un séjour d'été. Il est situé sur le versant S. du **Mont-Monnier** ou *Mounier* (2818 m.), dont l'ascension est facile et peut même se faire à dos de mulet (3 h. de montée). Il y a deux cimes, la moins élevée, à g. et avec un *observatoire*, à 2741 m. d'altitude. Ascension peu intéressante, mais très belle vue. — *Guillaumes* (v. ci-dessous) est à 15 kil. à l'O. de Beuil, par *Péone* (1 h. 1/2).

59 kil. **Puget-Théniers** (407 m.; *buffet*; hôt.: *Laugier, de la Croix-de-Malte*), ville de 1224 hab. et chef-lieu d'arr. des Alpes-Maritimes, dans une plaine fertile, colmatée par le Var. Elle n'a à peu près rien de curieux, mais elle occupe un beau site. Ruines d'un château fort et restes de la vieille enceinte, supportant des jardins.

Route de *St-André-de-Méouilles* (correspond. au train du matin; voit. chez Laugier) et chemin de fer de là à *Digne*, v. p. 233.

DE PUGET-THÉNIERS A GUILLAUMES: 34 kil., correspond. à tous les trains, trajet en 4 h. 1/4 à 4 h. 1/2, pour 3 fr. La route, très intéressante, remonte la vallée supérieure du Var. Elle se confond d'abord avec celle de St-André, par *Entrevaux* (7 kil.), jusqu'au *Pont de Gueydan* (13 kil.; p. 234), où elle prend à dr. — 21 kil. *Daluis* (aub.). Ensuite les *gorges de Daluis*, de 6 kil. de long et qui sont grandioses. Les roches vertes et rouges y forment des alternances bizarres, et la route s'y est taillé un passage à plus de 200 m. au-dessus du Var, avec plusieurs tunnels, dont un de 200 m. de long. — 34 kil. Guillaumes (hôt.: *Gynié, de l'Union*), anc. ville qui a des restes de fortifications et que domine un *château* en ruine. — A 7 kil. à l'E., *Péone* (aub.), d'où l'on peut faire en 3 h. l'ascension du *Mont-Monnier* (v. ci-dessus).

IV. De Nice à St-Martin-Vésubie.

58 kil., dont 25 de ch. de fer, jusqu'à *Levens-Vésubie*, où l'on va en 1 h. 1/4 à 1 h. 1/2, pour 2 fr. 10 et 1 fr. 55, et 33 kil. de route, desservie 2 fois le

jour par une correspond., qui mène à *St-Martin* en 4 h. 1/2, pour 2 fr. 90.
— On n'oubliera pas qu'un *passeport* est à peu près nécessaire pour des
excursions à la frontière.

Jusqu'à *Levens-Vésubie* (25 kil.), v. p. 371 et 373. La route de
St-Martin laisse un peu plus loin à g. celle de Puget-Théniers et
remonte la magnifique **gorge de la Vésubie* entre des murailles de
rochers dont la hauteur dépasse 250 m. — 34 kil. 5. *St-Jean-la-*
Rivière (hôt. du Midi), hameau que précèdent deux tunnels, dont
un de plus de 300 m. de long. Le canal de la Vésubie, qui alimente
Nice, commence à un barrage près d'ici. A St-Jean on rejoint la
grande route qui vient de Nice (33 kil.), par *Tourette* (p. 368), le
bourg de Levens (584 m.; H. Beau-Séjour; belle vue) et les rochers
sauvages de Duranus.

St-Jean dépend d'*Utelle* (800 m.; aub.), anc. ville à 1 h. 1/2 à g. On
fait de là en 4 h. env., au N., par le *col du Ginesté* (1 h.), l'ascension du
Mont-Brech (1603 m.), qui offre une belle vue. On en peut redescendre en
3 h. à Roquebillière (v. ci-dessous).

39 kil. *Le Suchet.* — 44 kil. *Bas-Lantosque* (hôt. des Voyageurs), à l'issue d'une gorge, dépendance de *Lantosque*, situé à g.,
dans le haut.

EXCURSIONS. Plus loin, à dr., à env. 6 kil. de Bas-Lantosque, *la Bollène*
(hôt. de la Bollène), qui a beaucoup souffert du tremblement de terre de
1887, et plus loin encore, à 2 kil. de Roquebillière (v. ci-dessous), *Belvé-*
dère (855 m.; hôt. Franco), qui domine l'issue de la vallée alpestre de la
Gordolasque. Cette vallée, italienne dans sa partie supérieure, est très
aride, mais d'un aspect grandiose; au *lac de St-Grat* (1500 m.), un petit
hôtel. On fait par là sans difficulté l'ascension du *Mont-Clapier* (3046 m.),
un des plus beaux points de vue des Alpes-Maritimes (8 h. 1/2 de Belvédère). Près de là, le beau *lac Long* (2572 m.; 21 hect.), au pied du *Gélas*
(p. 376), couvert de glaces flottantes en plein été.

50 kil. *Roquebillière* (578 m.; hôt. de France). — 2 kil. 1/2
plus loin, à dr., une route qui mène, à env. 4 kil. de là, à *Berthemont*
(1000 m.; hôt. des Bains, Grand-Hôtel, etc.), station d'été qui a
6 sources d'eaux sulfurées sodiques, dans le genre de celles de
Luchon, dont 5 chaudes, à 28-30° C., où vint, dit-on, l'impératrice
romaine Cornélie Salonine, femme de Gallien. — Ensuite, à g.,
Venanson, dans un site pittoresque.

58 kil. **St-Martin-Vésubie**, naguère *St-Martin-Lantosque*
(960 m.; hôt.: *Régina, des Alpes, de Londres, Anglo-Américain,*
Bellevue, Vésubie, etc.; pensions), bourg sur une hauteur, au confluent du torrent de la Madone-de-Fenestre et du Boréon. Il est de
plus en plus fréquenté par les Niçois comme séjour d'été. Il y a
une source d'eau sulfureuse froide à 2 kil. au N.

EXCURSIONS DE ST-MARTIN (guides: *A. Ciais, M. Nafta, J.-B. Plent*, etc.).
— On va en 2 h. 1/2 à l'O., par un plateau dénudé et le *col de St-Martin*
(1 h. 1/2; 1508 m.) à *Valdeblore* (1042 m.; hôt. Icard), qui occupe un site
frais, à proximité de prairies, de forêts et de petits lacs, et qu'un chemin
relie à l'O. à St-Sauveur (12 kil. 1/2; p. 373). — En 1 h. 1/2, par la vallée
du Boréon, à la *Ciriegia* (1470 m.; hôt.), où le Boréon forme une belle
cascade de 35 m. de haut, et située près du *vallon de Salèses*, couvert de
magnifiques forêts (v. ci-dessous). On peut continuer par la vallée vers
la *vacherie du Boréon* (40 min.), la *cascade de l'eirestreccia* (40 min.), qui
est moins belle; la *Vastera du Bordon* (45 min.), où il y a un petit lac
marécageux; le *lac de Tre Colpas* (35 min.) et le *col du Pas-des-Ladres*

(35 min.), où le chemin muletier du Boréon rejoint celui du col de Fenestre. — En 4 h. 1/4, par la Ciriegia (v. ci-dessus), la *forêt de Salèses*, sa maison forestière (20 min.), le *col de Salèses* (1 h. 1/2; 2020 m.), sur la ligne de partage des eaux entre la Vésubie et la Tinée, le *pont de l'Ingolf*, sur le torrent de Mollières, et enfin à dr., puis à g., en vue d'une hauteur en forme de pyramide, jusqu'au *lac Noir* (40 min.; 2345 m.), situé en deçà. — En 2 h. 1/2, aussi de St-Martin, au N.-E., à la *Tête de Piagù* (2342 m.). — En 3 h. 1/2 au S., par Venanson (v. ci-dessus), à la *Pointe de Siruol* (2018 m.), qui est couverte de grandes forêts encore peuplées de loups. — En 3 h., à l'E., à la *Madone-de-Fenestre* (1886 m.; nouvel hôtel), pèlerinage au delà de la frontière, mais dans des pâturages appartenant à St-Martin, au milieu d'un amphithéâtre de montagnes très frais. On monte de là en 2 h. aux grands pâturages de *Prats*, parsemés de petits lacs; en 1 h. 30 à 1 h. 40, par un bon chemin, au *col de Fenestre* (2471 m.; refuge), qui jouit d'une vue étendue (descente sur Entraque, Valdieri et Coni), et en 4 h. 1/2 à 5 h. à la cime du *Gélas* (3135 m.). Cette dernière ascension (guide, 12 fr.), par la crête qui domine le *lac Long* (3 h.; p. 375), est un peu difficile (couloir 3/4 d'h. plus loin), mais très intéressante. Le Gélas est le second sommet des Alpes niçoises.

V. De Nice à Tende (Coni).

82 kil., voit. publ., place St-François, hôt. de l'Aigle-d'Or, à 8 h. 1/2 du soir, trajet en 10 h. 1/2, pour 9 et 7 fr. Omn. aussi, le jour, pour Lucéram et la Trinité-Victor. Tramway pour Contes, par Drap, t. les 2 h.; prix: 1 fr. et 60 c., 65 et 45 c. jusqu'à Drap. — *Passeport*, v. p. 375.

Nice, v. p. 358-367. La route prend au N., par la vallée du Paillon. — 8 kil. *La Trinité-Victor*, village qui a une belle église moderne. Il faut env. 1 h. 1/2 pour aller de là au Laghet (p. 381). — Ensuite, sur la route, *Drap* et *Ourdan*. — 10 kil. *Pont de Peille*, où on laisse à dr. la vallée principale, par laquelle on irait à *Peillon*, village à env. 5 kil., dans le même genre, mais encore plus curieux que Tourette (p. 368) et Eze (p. 339); une nouvelle route longe le Paillon, passe au-dessous de Peillon et de Peille et conduit à *l'Escarène* (env. 25 kil.; v. ci-dessous), par une gorge grandiose. Plus loin, à g., un vallon par où l'on va à la petite ville de *Contes*, à 2 kil. de là et 16 kil. de Nice. Ensuite le *vallon de Blausasc*.

20 kil. **L'Escarène** (*hôt. de Paris*), vieux bourg intéressant, avec des maisons goth. et un pont original, dont deux arches sont transformées en habitations. Son église possède, à g. de l'entrée, un curieux tableau du XVIIᵉ s., entouré de 15 prédelles, la Vie de la Vierge.

A 7 kil., *Lucéram*, bourgade des plus curieuses, jadis un puissant municipe et qui a encore des fortifications. — Une route stratégique, sur laquelle on ne peut guère passer sans autorisation, du moins au delà de Peira-Cava, mène en 4 h. de Lucéram, par le *col de St-Roch* (2 h.; env. 1000 m.), à *Peira-Cava* (env. 1450 m.; hôtel), d'où l'on peut faire en 3 h. 1/2 l'ascension de l'*Authion* (2080 m.), hauteur fortifiée d'où la vue est superbe. Il s'y est livré en 1793 une véritable bataille, dans laquelle les Français furent vaincus par les Piémontais.

22 kil. *Touët-de-l'Escarène*. Le pays devient aride. Plus loin, le *col de Braus* (999 m.), et l'on redescend.

41 kil. 1/2. **Sospel** (349 m.; *hôt. Carenco*), ville de 3756 hab. et station d'été, sur la *Bévéra*. Route et dilig. de Menton, v. p. 386.

A 2 kil. dans la haute vallée de la Bévéra se trouve *Moulinet* (782 m.; hôt.: des Alpes, Beau-Séjour), qui occupe un site très agréable et ombragé et qui devient une station d'été. — L'*Authion* (v. ci-dessus) se gravit également d'ici en 3 h. ½. Près des sources de la rivière, le *col de Tourini* (1613 m.; maison forestière), entouré de pâturages et de belles forêts de conifères, dans un site très frais. Vue très étendue.

La route de Tende monte de nouveau pour atteindre le *col de Brouis* (838 m.), d'où l'on a une belle vue. Puis elle descend en laissant à dr. *Breil* (hôt. de l'Union), bourg sur la *Roya*. Ensuite elle remonte la vallée de cette rivière (à Vintimille, v. p. 339). — 62 kil. *La Giandola* (380 m.; café-hôt. de l'Union; hôt. des Etrangers), 20 min. plus loin. Ensuite un défilé et à dr., sur des rochers escarpés, *Saorge* (558 m.), qui a un château en ruine. — 70 kil. *Fontan* (434 m.). Douane franç. pour les voyageurs venant de Tende. Puis la *gorge de Berghe ou *de Gaudaréna*, qui est grandiose et où l'on traverse la frontière (3 kil.).

77 kil. **St-Dalmas**-*de*-*Tende* (676 m.; douane italienne), où il y a un établissement hydrothérapique, dans une anc. chartreuse, avec un très beau jardin. Belles excursions. — Puis encore une gorge sauvage.

82 kil. **Tende** (817 m.; hôt. *National,* etc.), petite ville pittoresque, entourée de rochers escarpés et qui a des restes de fortifications.

La route desservie encore par une voit. publ. jusqu'à *Limone* (env. 18 kil.), passe plus loin dans le *tunnel du col de Tende*, qui a 3360 m. de long et qui est éclairé. Elle laisse à g. avant le tunnel l'anc. route du *col de Tende* (2 h.; 1873 m.), maintenant interdite au public, qui s'élève par 69 lacets entre des hauteurs fortifiées. — De *Vievola* (petite station à 4 kil. de Tende), chemin de fer pour *Coni* (32 kil.; hôt. Barra di Ferro) et plus tard pour Nice (p. 358). Voir aussi l'*Italie Septentrionale,* par Baedeker.

52. Monaco et Monte-Carlo.

Voir le plan sur la carte des Environs de Nice, p. 368.

I. Monaco.

ARRIVÉE. Ligne de Marseille-Nice-Vintimille, v. R. 46. De Nice: 1 fr. 80, 1 fr. 20 et 80 c. De Menton: 1 fr. 10, 75 et 50 c. La *gare* est à *la Condamine,* au pied du rocher de Monaco. Omnibus pour la vieille ville, 20 c.

HÔTELS, à la Condamine : *H. Beau-Séjour,* rue St-Louis, avec vue (ch. t. c. 4 à 5 fr., 2e déj. 3, dîn. 4, p. dep. 8); *H. Bristol,* boul. de la Condamine, le plus rapproché de Monte-Carlo (ch. dep. 3 fr., rep. 3 et 4); *H. Beau-Site,* aussi sur le boulevard (ch. t. c. 3 fr., rep. 3 et 3.50, v. c.); *H. des Etrangers* (ch. t. c. 2.50 à 6 fr., rep. 1.50, 3 et 3.50, v. c., p. 8.50 à 10), *H. de la Paix* (ch. t. c. 3 fr., 2e déj. 3, dîn. 3.50, v. c., p. dep. 8), *Rives-d'Or-Hôt.* (même propr. que Beau-Site), tous trois rue Albert; **H. de la Condamine,* rue des Princes (ch. t. c. 3 fr. 50, rep. 1.50, 3 et 3.50, v. c., p. 7.50 à 10 fr.); *H. d'Angleterre* (rep. 2 fr. 50 et 3, p. dep. 7.50), *H. de Marseille* (rep. 2 et 3 fr.), tous deux rue Florestine; *H. Monégasque,* sur le boulevard, recommandé (dé. 2 fr. et 2.50, dî. 2.50 et 3, p. dep. 7). — Près de la gare: *H. de Nice,* bon (ch. dep. 3 fr., rep. 2.50 et 3, p. dep. 7.50); *H. du Siècle; H. des Négociants* (rep. 2 fr. 50 et 3, v. c.). — Hôtels de l'avenue de Monte-Carlo, v. p. 379.

VOITURES DE PLACE: course, 1 fr. 50; heure, 3 fr., 2 fr. 50 et 5 fr. la nuit, de min. ½ à 7 h. du matin. Pour les courses hors de la principauté, demander le tarif. Pas de tarif pour les voit. de remise, non numérotées.

Tramways (électr.): de la *gare de Monaco* à la *place de la Visitation*, à Monaco (v. ci-dessous), et à la *gare de Monte-Carlo*, par le boul. de la Condamine; puis de la *gare de Monte-Carlo* au *casino* et à *St-Roman*, à l'extrémité E. de la principauté. Prix: 20 et 10 c. par section.

Poste, avenue St-Martin, ouverte de 8 h. du mat. à 7 h. du soir dans la sem. (9 h. à Monte-Carlo) et de 8 à 11 et 2 à 4 les dim. et fêtes. — La principauté a ses propres *timbres-poste*, et les timbres français n'y ont pas de valeur, mais elle est considérée, pour les tarifs, comme faisant partie de la France (15 c. pour une lettre).

Télégraphe, rue des Briques, 20, de 7 h. ou 8 h. du mat. à 9 h. du s., min. à Monte-Carlo.

Bains, *Thermes Valentia*, bains de toute sorte, y compris des bains de mer, à la Condamine, sur le quai.

Il faut un *permis* de la police pour séjourner plus de 15 jours dans la principauté.

Monaco (60 m.) est la capitale de la petite principauté de ce nom, dont faisaient aussi partie, avant 1848, Menton (p. 382) et Roquebrune (p. 339). Elle est d'origine très ancienne, ayant été fondée par les Phéniciens, qui y dédièrent un temple à Hercule Monoikos, d'où son nom de Monaco: c'est seulement au moyen âge qu'on a transformé Hercule en moine dans les armes de la ville. La principauté est une petite enclave du territoire français, qui n'a que 3 kil. $^1/_2$ de long sur 150 à 1000 m. de large. Ses princes, de la vieille famille des Grimaldi, sont des princes souverains, et le prince actuel est Albert Ier, né en 1848 et qui règne depuis 1889.

La ville se compose de deux parties, *Monaco* proprement dit, la vieille partie, qui a env. 3300 hab., dans un site très pittoresque, sur un promontoire au pied de la Tête-de-Chien (p. 339), et *la Condamine*, qui compte 6200 hab., au fond de la baie formée par ce promontoire et une autre hauteur où est Monte-Carlo (p. 379). La Condamine est devenue une jolie station d'hiver et est fréquentée dans la saison pour les bains de mer. Au N.-O. débouche le joli *vallon de Ste-Dévote*, qui doit son nom à une petite *église* dédiée à la patronne de Monaco, but de pèlerinage, au delà du viaduc du ch. de fer. Plus loin, un autre viaduc, de construction récente, où se raccordent les boul. de l'Ouest et du Nord.

En descendant de la gare vers la baie, on arrive à la place d'Armes, d'où les piétons montent à Monaco même par une rampe à dr. et les voitures, comme le tramway, par une avenue qui contourne la presqu'île et aboutit à l'E., à l'opposé du palais, *place de la Visitation* (pl., p. 368, «Gouv.»), d'où l'on y arrive tout droit par la rue des Briques.

Le *palais est une construction originale, à tours crénelées, qui date surtout de la Renaissance. Il a des appartements somptueux, qu'on ne visite plus qu'en été, en l'absence du prince (pourb.). — Derrière le palais se trouvent des magnifiques *jardins*, que fait visiter, en été, un second domestique.

La *place du Palais* est assez originale, avec ses vieux canons (donnés par Louis XIV) et ses piles de boulets.

La *cathédrale*, où l'on va de la place du Palais par la rue du Tribunal, est une magnifique construction moderne, de style romano-byzantin, sur les plans de Ch. Lenormand. La façade a des sculptures remarquables.

Près de cette église, au S. de la ville, la *promenade St-Martin*, jardin public établi sur les anciens remparts et dominant la mer. On y jouit d'une *vue splendide sur la côte, en particulier vers le soir. Il y a un petit *musée*, ouvert dans la saison les dim., mardi et jeudi, en été seulement le dim., de 1 h. à 4 h., et un nouveau *musée océanographique*, très intéressant pour les hommes compétents.

Monte-Carlo n'est qu'à 20-30 min. de la ville haute, par la Condamine. Voitures, v. p. 377.

II. Monte-Carlo.

ARRIVÉE. Ligne de Marseille-Nice-Vintimille, v. R. 46. La *gare principale* est près du casino (ascens., 25 c., 35 all. et ret.) en contre-bas du côté de la mer. *Gare de la Turbie*, v. p. 381. *Voit. et tramw.*, v. p. 377-378.

HÔTELS. — A MONTE-CARLO même, les premiers des maisons grandioses et dont les prix sont en conséquence, surtout dans la saison, du 15 déc. au mois de mai: *H. Métropole* (pl. 1), avenue des Spélugues, sur une terrasse au N.-E. (dr.) des jardins du casino (ch. et éclair. 7 à 25 fr., serv. 1.50, rep. 2, 6 et 7 v. n. c., comme d'ordin.); *H. de Paris* (pl. 2), tout près du casino, dont il dépend (dé. 4 fr., di. 6); *Hermitage*, derrière le précédent; *Grand-Hôtel & Rest. Français* (pl. 3), rue de la Scala, un peu plus haut à g. (ch. t. c. dep. 6 fr., rep. 1.50, 5 et 6); *H. des Anglais* (pl. 4: ch. t. c. 4.50 à 10 fr., rep. 1.50, 4 et 5, p. dep. 12), *St-James-Hôt.* (pl. 5), *Savoy-H.* (pl. 6), trois hôt. allem. et angl. du même genre, au jardin près du palais des Beaux-Arts (ch. t. c. dep. 4.50, 5 ou 6 fr., rep. 1.50, 4 et 5, 7 au 2e hôt.); *H. Mermet* (de 2e o.), *H. de Russie*, tous deux dans l'avenue voisine (de la Costa; au 2e, ch. et s. 3 à 8 fr., écl. 75 c., rep. 1.50, 3.50 et 4.50, v. c., p. dep. 10); *H. des Palmiers*, même avenue (ch. dep. 5 fr., dé. 4, di. 5, v. c.); *H. des Colonies*, même avenue (Allem.; ch. 3 à 5 fr., écl. 50 c., s. id., rep. 1.50, 3 et 4, v. c., p. 11 à 14); *Balmoral Palace*, ch. dep. 4 fr., écl. 75 c., s. 1 fr., rep. 1.75, 4 et 5, p. 12 à 18); *H. Royal*, boul. Peirera, plus haut à g. (ch. t. c. 7 à 12 fr., rep. 1.50, 4.50 et 7, p. 15 à 22); *H. Prince-de-Galles & Victoria*, encore plus haut, boul. du Nord (Angl.; ch. et s. 5 à 12 fr., écl. 1, 1er dé. 1.50, di. 6); *H. Windsor & de Rome*, même boul. et boul. Peirera (ch. 4 à 10 fr., écl. 1, s. 1, rep. 1.50, 4 et 5, p. 14 à 20); *H. Splendide*, avenue Roqueville (transversale; ch. t. c. 3 à 6 fr., rep. 1.50, 3 et 4, p. dep. 9); — *H. Pavillon-du-Parc*, boul. des Moulins, à dr. de l'extrémité des jardins du casino (ch. t. c. 10 à 25 fr., rep. 1.50, 4 et 6, p. dep. 15; aussi hôt. garni); *H. de Londres*, même boulev., recomm. (ch. t. c. 6 fr., rep. 1.50, 4 et 5, p. env. 14); *H. du Helder* (ch. t. c. dep. 8 fr., rep. 1.50, 4 et 6, p. dep. 14 ou 16), *H. Alexandra*, plus loin dans la même direction; *Palace-Hôtel*, un peu plus bas, derrière l'hôt. Métropole; *Villa des Fleurs* (ch. dep. 5 fr., b. 1, s. 1, rep. 1.50, 3 et 4, v. c., p. dep. 12), *H. du Louvre* (ch. t. c. 2.50 à 5 fr., b. 50 c., rep. 1.25, 3 et 3.50), tous deux dans le voisinage de la gare de la Turbie; *P. Villa Lucie*, près de là, av. St-Michel (p. 10 à 15 fr.). — A MONTE-CARLO-SUPÉRIEUR, hors de la ville et desservi par le ch. de fer de la Turbie (p. 381; 40 et 30 c. à la montée, 20 et 15 à la descente), le *Riviera-Palace*, grande maison de 1er ordre (ch. t. c., même un bain, dep. 15 fr., 25 fr. dans la saison; rep. à la carte). — Aux MOULINS, boulev. de ce nom, à l'E.: *H. de la Terrasse* (ch. 4 à 10 fr., b. 75 c., s. 1 fr., rep. 1.50, 4 et 6, p. 12 à 20); *H. d'Europe* (dé. 3 fr., di. 4, v. c.); *Villa Ravel* (maison meublée; p. 8 à 15 fr.); appart. et ch. meublés aussi chez *Mme Boulanger*, au «Palais-Royal», boul. du Nord. — Avenue de Monte-Carlo, menant à la Condamine: *Monte-Carlo-Hôt.*; *H. Beau-Rivage* (Ed. Cachat; ch. dep. 4 fr., b. 50 c., s. 1 fr., rep. 1.50, 3.50 et 5, p. dep. 12); *H. des Princes*, même genre. — Près de la gare de Monte-Carlo, *H. Terminus & Cos-*

mopolitain (ch. dep. 2 fr. 50, rep. 3 et 3.50, v. c., p. dep. 8). — Plus loin, rue du Portier, 6, *H.-Rest. des Gourmets*, modeste, mais bon (dé. 2.50, dî. 3), etc.

　Appartements et *chambres meublées* à louer partout. — Agent, *Roustan*, boul. des Moulins.

　Restaurants: *café-rest. de Paris*, **café Riche*, qui ont des prix élevés (dî. 6 et 5 fr., v. n. c.), et dans les hôtels en général. — Confiseur: *J. Eckenberg*, derrière l'hôt. de Paris et au Gr.-H. & Rest. Français.

　Voit. de place et tramw., v. p. 377-378. Voit. pour *Nice*, 25 fr. aller et retour, avec 3 h. d'arrêt, mais faire prix. — Break de Nice, 3 et 5 fr. (v. p. 361).

　Poste et télégraphe, avenue de Monte-Carlo. Heures, etc., v. p. 378.

　Monte-Carlo (pron. franç. ordin. «Monté-Carle»), qui compte env. 7600 hab. et occupe un site unique et admirable, sur la baie au N.-E. de Monaco, est fréquenté pour son climat doux et tempéré, mais surtout pour ses jeux, au casino.　Monte-Carlo ne date guère que de la création de sa banque de jeux, en 1856.　C'est, sous bien des rapports, la plus belle des stations d'hiver, et tout ce qu'on a vu d'admirable sur la côte avant d'y arriver ne peut faire que l'admiration n'augmente encore quand on la voit pour la première fois; mais c'est une belle qui se pare pour séduire.

　Le *casino, dans de magnifiques jardins au-dessus de la station, sur un rocher du côté de la mer, est une très belle construction dans le style de la Renaissance, en grande partie de 1878, sur les plans de Ch. Garnier.　La façade principale est à l'opposé de la mer, mais il y a derrière une seconde façade fort jolie, avec deux tourelles et des mosaïques, qui manque seulement de perspective.　Sur les côtés, des statues de la Musique et de la Danse, par Sarah Bernhardt et Gust. Doré, etc.　Les *salles de jeu* sont à g. en entrant.　En face, la *salle des fêtes*, très richement décorée de peintures par Feyen-Perrin, Gust. Boulanger, Clairin et Lix.

　Les salles de jeu sont ouvertes, de 11 h. 1/2 du mat. à 11 h. 1/2 du soir, aux étrangers munis d'une carte délivrée par des commissaires à l'entrée (établir son identité), mais non aux habitants de la principauté, ni aux employés du département voisin. Cette carte n'est valable que pour un jour; ensuite il faut une carte de séjour. Vestiaire obligatoire et gratuit. — On peut aussi entrer dans les autres salles de 10 h. à midi, avec une carte spéciale (blanche). — Il y a un concert ordinaire 2 fois par jour et concert de musique classique en hiver, le jeudi, à 2 h. 1/4 (3 à 6 fr.).

　On joue au casino à la roulette et au trente-et-quarante, en principe avec minimum de 5 fr. pour le premier jeu et 20 pour le second, et maximum de 6000 et 12000 fr. La *roulette* compte 36 numéros, plus un zéro, sur lequel on peut aussi poser, mais qui fait sans cela l'avantage de la banque. En effet, non seulement elle ramasse, quand il sort, tous les enjeux sur les autres numéros, mais les «chances simples» (1 contre 1), c.-à-d. les sommes placées sur rouge ou noir, pair ou impair, «manque» (1 à 18) ou «passe» (19 à 36) lui appartiennent alors pour une moitié, l'autre étant «en prison» jusqu'après le coup suivant. La banque a bien d'autres chances de plus que les joueurs. En cas de gain, elle ne donne que 35 fois et non 36 fois la mise en plein sur un numéro et 17 fois quand elle est sur 2, 11 sur 3, 8 sur 4, 5 sur 6, 2 sur 12, 1 sur 18 ou l'équivalent et 1/2 sur 24 (minimum de 10 fr.). Elle a ensuite pour elle la masse d'argent dont elle dispose, protégée de plus par le maximum qu'on ne peut dépasser. L'ambition, la naïveté et l'inexpérience des joueurs sont aussi en sa faveur. On conseille, pour éviter de trop perdre, de ne jouer que sur les chances simples et sur une seule à chaque coup.

　Le *trente-et-quarante* se joue avec six jeux de cartes entiers (312 c.), que le tailleur retourne en faisant deux rangs et comptant les points, les

figures pour 10. La 1re série est dite «noire» et la 2e «rouge». Celle qui
fournit le total le plus rapproché de 30 gagne (on n'annonce que le chiffre
au-dessus, par ex. 2 pour 32), et les mises gagnantes sont doublées. A
nombre égal de part et d'autre, il y a «refait», et l'on recommence, avec
cette distinction toutefois qu'à 31-31 le «refait» est en faveur de la banque,
qui met les enjeux «en prison» et ramasse au coup suivant ceux qui sont
perdants, sans rien donner aux autres. On joue aussi à ce jeu sur la
1re couleur de chaque série, celle de la 1re série s'appelant «couleur»
(c. sur le tapis) et la 2e «inverse». L'une d'elles ne gagne que si la série
correspondante gagne. Si, par ex., la 1re série a 32 points contre 33 ou
davantage à la 2e, et une 1re carte noire, on dit: «rouge perd (noir gagne)
et couleur gagne». Avec une 1re carte rouge dans les mêmes conditions,
c'est: «rouge perd (noir gagne) et couleur» (c. noire perd). De même
pour un nombre de points inférieur à la 2e série avec une 1re carte
rouge: «rouge gagne et couleur», avec une 1re carte noire: «rouge gagne
et couleur perd».

Très belle *vue de la terrasse derrière le casino. Le *tir aux
pigeons* est de ce côté, au delà du chemin de fer. Ses concours, en
hiver, sont célèbres et attirent les amateurs de tous les pays. Il y
a en janvier un grand prix de 20000 fr.

Devant le casino s'étendent des *jardins admirablement tenus
et des plus curieux par leurs arbres et leurs plantes exotiques, que
des étiquettes rendent en outre instructifs. A g. est un *palais
des Beaux-Arts*, où il y a une exposition de janvier à avril, ouverte
de 9 h. à 5 h.: entrée, 1 fr. Plus loin, déjà hors de la principauté,
l'*hôtel du Crédit Lyonnais* et la jolie *gare de la Turbie*; au delà,
à dr. contre la montagne, le vaste bâtiment du Riviera-Palace
(p. 379) et dans le haut à g. la tour de la Turbie et celle du rest.
du Righi d'hiver (v. ci-dessous). Les avenues, les boulevards et
même les simples rues de Monte-Carlo, qui est tout moderne et
surtout fréquenté par une clientèle qu'attirent le jeu et les distractions, ne se composent guère que de constructions luxueuses, hôtels,
villas et maisons meublées dans le dernier genre.

DE MONTE-CARLO A LA TURBIE: 2 kil. 600, ch. de fer à crémaillère;
prix, 3 fr. 10 et 2 fr. 30, 4 fr. 65 et 3 fr. 45 aller et retour. Cette ligne, qui
monte de 410 m., s'élève par des rampes de 17 à 25 mm., sur le versant
S. du vallon de Ste-Dévote (p. 378). Il y a deux stat., à *Monte-Carlo-Supérieur* et à *la Bordina*. La gare terminus est à la route de la Corniche (v.
ci-dessous). — Par les 2 chemins sur les côtés du vallon, on monterait de
la Condamine et de Monte-Carlo à la Turbie en 1 h. 1/4 et 1 h. 1/2; une
nouvelle route de voit. y monte de l'*hôt. Riviera-Palace*. Voitures de Nice,
v. p. 361.

La Turbie (486 m.; *rest. du Righi d'hiver*, à la gare, de 1er ordre; *hôt.-
rest. National* et *hôt.-rest. de France*, sur la route) est un village très ancien
et un but d'excursion facile, mais assez peu intéressant. On y remarque
une tour en ruine, dite *tour d'Auguste*, reste du trophée qui fut élevé à
cet endroit l'an 6 av. J.-C., sur les confins de la Ligurie et de la Provence,
en souvenir de la soumission des peuplades des Alpes par Auguste et
dont on fit une tour au XIIIe s. La *vue est splendide à l'E., sur les montagnes et la côte jusqu'à Vintimille et Bordighera, mais plus ou moins
masquée d'autre part par les montagnes environnantes.

Route de la Corniche, v. p. 370. A 10 min. du village, à dr. de cette
route du côté de Nice, se détache un chemin qui mène en 1/4 d'h. env.
au Laghet ou *Notre-Dame-de-Laghet* (340 m.; 2 restaur.), pèlerinage célèbre
et très fréquenté à la Trinité. Il dépend d'un couvent fondé en 1654.
On en peut redescendre par la Trinité-Victor (p. 376).

A 20 min. au S. de la Turbie est la hauteur dite de la *Tête-de-Chien*

(573 m.), renommée comme point de vue, mais où il y a maintenant un fort qui en rend le sommet inaccessible au public. — Même remarque pour le *Mont-Agel* (2 h. 1/2; 1149 m.), dont le chemin s'embranche à g. de la route du côté de Menton. On peut toutefois monter de ce côté, à pied, jusqu'à la cantine.

53. Menton et ses environs.

ARRIVÉE. Ligne de Marseille-Vintimille, v. R. 46; route de la Corniche, p. 370. Menton a deux gares: la *gare de la Condamine* (pl. D 4), la principale, pour la baie de l'Ouest (p. 384), et la *gare de Menton-Garavan*, pour celle de l'Est (p. 384). Omn. des hôt., d'ordin. 1 fr. et 50 c. pour les bagages.

HÔTELS ET PENSIONS. Nombreuses maisons confortables, en grande partie tenus par des Allemands, assez chères, et où les *repas sont comptés vin non compris*. — Dans la baie de l'Ouest. A distance de la mer, bien situés et dégagés, plusieurs hôtels tout de 1er ordre: *Gr.-H. des Iles-Britanniques* (pl. a, D 4), avenue du Careï (ch. dep. 4 fr., b. 1, s. 1, rep. 1.50, 4 et 6, p. dep. 12); *Gr.-H. National* (pl. b, E 3), quartier Rigaudi (2e dé. 4 fr., dî. 6, p. 12 à 18); *Gr.-H. du Louvre* (pl. c, D 4), rue du Louvre (ch. dep. 3 fr., b. 50 c., s. 75 c. à 1 fr., rep. 1.50, 3.50 et 5); *Gr.-H. des Ambassadeurs* (pl. d, E 4), rue Partouneaux (Allem.; ch. dep. 3 fr., b. 75 c., s. 1 fr., rep. 1.50, 4 et 5, p. 9 à 16); *Gr.-H. Victoria & des Princes* (pl. e, E 4), av. du Careï (ch. t. c. dep. 4 fr., rep. 1.50 à 1.75, 3.50 à 4 et 4.50 à 6, p. dep. 10); *H. d'Orient* (pl. f, E 4), rue de la République (ch. 4 fr., b. 75 c., s. id., rep. 1.50, 4 et 5, p. dep. 10); *Gr.-H. de Russie & d'Allemagne* (pl. h, E 4), rue Villarey (Allem.), *H. des Palmiers*, rue de la République, tous deux au même propr. (ch. 3 à 7 fr., b. 50 c., s. id., rep. 1.50, 3.50 et 4.50, p. 10 à 15); *H. de Turin* (pl. i, E 4; ch. t. c. 3 à 6 fr., rep. 1.50, 3 et 4.50, p. 8 à 12); *H. de Malte* (pl. k, E 4), rue de la République (ch. t. c. 2.50 à 5 fr., rep. 1.50, 3 et 4, p. 8 à 10); *H. de Venise* (pl. l, E 4), rue des Bains. — Au delà de la gare, dans un site dégagé: *Riviera-Palace* (pl. RP, D 3), de 1er ordre (ch. t. c. 4 à 8 fr., rep. 1.50, 3.50 et 6, p. dep. 10); *H. Mont-Fleuri* (pl. m, D 4; ch. et s. 4 à 8, b. 50 c., rep. 1.50, 3.50 et 5, p. 11 à 15). — Près de la mer, promenade du Midi, à l'E. du Jardin Public, en même temps avenue Félix-Faure et rue St-Michel: *H. Royal* (pl. n, E 4), n° 14 (ch. 3 à 8 fr., b. 75 c., s. id., rep. 1.50, 3.50 et 4.50, p. 8 à 16); *H. de Paris* (pl. o, E 4), n° 2 (ch. dep. 4 fr., b. 50 c., s. 1 fr., rep. 1.50, 3.50 et 5, p. dep. 9); *H. Windsor* (pl. g, E 4; ch. t. c. 3 à 5 fr., rep. 1.50, 3 et 5, p. 8 à 12); *H. Balmoral* (ch. 3 fr., b. 1, s. 1, rep. 1.25, 3 et 4, p. dep. 8); *H. des Colonies*, recomm. (ch. 2 à 4 fr., b. 50 c., s. 75 c., rep. 1.50, 3 et 4, p. 8 à 12); *Gr.-H. de Menton* (pl. p, F 4; ch. dep. 2 fr. 50, b. 50 c., rep. 1.50, 3 et 4, p. 9 à 15). Avenue de la gare, *H. du Parc* (pl. q, E 4), recomm. (ch. dep. 3 fr., b. 50 c., s. id., rep. 1.50, 3 et 4, p. dep. 8); *H.-Rest. d'Europe & Terminus* (pl. et, D 4; mêmes prix); *H.-Rest. Suisse* (ch. 2 à 4 fr., rep. 1, 2.50 et 3, v. c.), *H.-Rest. des Deux-Mondes* (ch. dep. 2 fr., rep. 80 c., 2 et 2 fr. 50), modestes. — A l'O. du Jardin Public et avenue Carnot: *H. Métropole & Splendide* (pl. r, D 4); *H. de Londres* (pl. s, D 4-5; Allem.; ch. 2 à 5 fr., b. 50 c., rep. 1.25, 2.50 et 3.50, p. 8 à 10); *H. St-George & Savoy* (pl. t, D 5), boul. de la Madone (Angl.); *H. du Prince-de-Galles*, à l'extrémité de la promenade (Angl.; ch. dep. 3 fr., b. 50 c., s. 1 fr., rep. 1.50, 3.50 et 5, p. dep. 9). Plus près de la ville, *P. de Familles.* — Vallée du Boirigo, *P. des Rosiers* (p. 7 à 9 fr.). — Vallée de Gorbio, dans un site abrité et chaud, à 20 min. du centre de la ville, *H. Alexandra* (pl. v, C 5), maison anglaise (ch. et s. 4 à 15 fr., b. 50 c., rep. 1.50, 4 et 5, p. 11 à 20); *Sanatorium Menton-Gorbio* (250 m. au-dessus de la mer), nouveau. — Au bord de la mer, non loin du cap Martin, *H. Victoria*, av. restaurant. — Au cap Martin (p. 385), le *Gr.-H. du Cap-Martin*, tout de 1er ordre (ch. et écl. dep. 6 fr., s. 1.50, rep. 1.50, 5 et 7.50, p. en nov. et déc. dep. 10). — Dans la baie de l'Est: *H. d'Italie* (pl. w, F 3), au bord de la mer, quai Ste-Anne (ch. 3 à 7 fr., b. 1, s. id., rep. 1.50, 3 et 5, p. 8 à 12); *H. Gr.-Bretagne* (pl. x, F 3), au même propr. (ch. 2 à 5 fr., b. 50 c., s. id., rep. 1.50, 2.50 et 4, p. 12 à 15); *H. Belle-Vue* (pl. y, F 3), dans le haut (Angl.); *H. des Anglais* (pl. z, F 3), au bord de la mer (ch. dep. 2 fr. 50, b. 50 c., s. 1 fr.

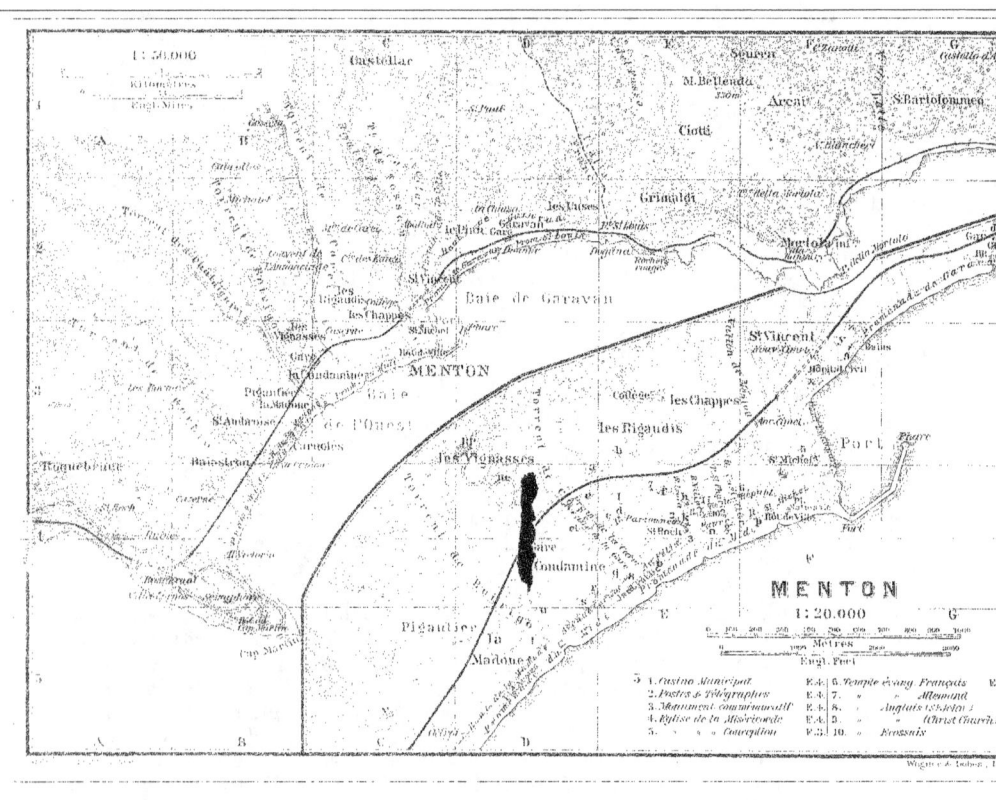

MENTON

1:20.000

rep. 1.50, 3.50 et 5, p. dep. 10); *H. Beau-Rivage* (pl. B R, G 2), quai Garavan (ch. 2.50 à 4 fr., b. 50 c., rep. 1.50, 2.50 et 4, p. 8 à 11); *Grand-Hôtel* (pl. G H, G 2), à la stat. de Garavan (ch. 2.50 à 6 fr., b. 75 c., s. 1 fr., rep. 1.50, 4 et 5, p. 8 à 12); *H. Santa-Maria*, quai Garavan (ch. 2.50 à 5 fr., b. 50 c., s. 75 c., rep. 1.25, 3 et 4, p. 7 à 10); *H. Britannia*, quai Garavan (Angl.; ch. t. c. dep. 3 fr., rep. 1.50, 2.50 et 3.50), les derniers loin du centre.

Tous ces hôtels sont fermés en été, excepté le *Gr.-H. de Menton*, l'*hôt. de France* et ceux qui avoisinent la gare principale.

Il y a en outre plus de 300 *villas* à louer. La liste s'en trouve chez les agents *Gust. Amarante*, place St-Roch, 11, *Tonin Amarante*, *Boylio* et *Palmaro*. Ces agents font les baux et les inventaires. Les loyers varient entre 1000 et 7000 fr. pour la saison. On trouve aussi quantité d'*appartements*, surtout avenue Félix-Faure, rue de la République, etc. Voir p. xxi.

RESTAURANTS : *H. Riviera-Palace* et *H. des Iles-Britanniques* (p. 382), tout de 1er ordre; *H. de Menton*, *H. d'Europe & Terminus*, etc. Abonnements avec réduction.

CAFÉS : *C. de Paris*, rue St-Michel; *C. des Voyageurs*, avenue de la Gare; etc. — CONFISEURS : *Rumpelmayer* (glacier), avenue Félix-Faure, assez cher; *Eckenberg*, au Jardin Public; *Giovanoli*, avenue Félix-Faure.

BRASSERIES : *C. de Paris* (v. ci-dessus); *Br. de Munich*, rue Partouneaux (déj. 2 fr. 50); *Taverne Flamande*, même rue (bière de Pilsen).

MUSIQUE: les lundi, mardi, mercr., jeudi et sam. au Jardin Public, de 1 h. 1/2 à 3 h., ou, s'il fait mauvais, au Casino Municipal, de 2 h. à 3 h. 1/2, et aussi, dans la saison, les lundi et jeudi au jardin de 11 h. à midi; le dim., place du Cercle, de 2 h. à 4 h.

CASINOS: *Casino Municipal* ou *Central* (pl. 1, E 4), rue Villarey (places réserv., 2 et 3 fr.); *casino de Menton*, rue de la République. Entrées, 1 fr.

VOITURES DE PLACE : course dans la ville, à 1 chev., 1 fr. le jour, 1 fr. 50 la nuit; à 2 chev., 1 fr. 75 et 2 fr.; — l'heure, 2 fr. 50 et 2 fr. 75, 3 fr. 50 et 3 fr. 75; — 1/2 journée, 8 à 10 fr.; 1 j., 12 à 15 fr.; 25 fr., à 2 chev. Promenade sur le boul. de Garavan, 4 à 6 fr. Pour le cap Martin, 8; Roquebrune et la vallée de Menton, 8 à 10; la Mortola, 10 à 15; la vallée de Gorbio, 12 à 15 aller et retour; Monte-Carlo, 8 et 12, 12 et 15 aller et retour, avec 1 à 2 h. d'arrêt. — ÂNES: 1/2 journée, 2 fr. 50; 1 j., 5 fr.

TRAM-OMNIBUS, dans la saison, toutes les 20 min., du quartier de *Garavan*, à l'E., à *la Lodola*, à l'O., non loin du cap Martin (30 c.), par la place Nationale (15 c.), et de la *rue Trenca* (hôtel de ville) à la *villa Caserta*, dans la vallée de Careï (30 c.), par la gare (15 c.). — Omnibus pour *Vintimille*, de la place du Cap, à 7 h. du mat. et à 1 h. 1/2 du soir; 1 fr.

POSTE & TÉLÉGRAPHE (pl. 2, E 4), rue Partouneaux; ouv. de 7 ou 8 h. du mat. à 9 h. du soir, les jours ordinaires, et à 4 h. les dim. et fêtes.

BAINS: *Hugon*, rue Partouneaux (ordin., 1 fr. 40; bains de mer chauds, 2 fr. 50); *Lambert*, quai de Garavan, et à l'*hôt. Victoria* (cap Martin).

BANQUES: *Banque de France*, rue Villarey; *Crédit Lyonnais*, avenue Félix-Faure, 15; *Banque Populaire*, rue Partouneaux, 41.

LIBRAIRIES: *Internationale*, avenue Félix-Faure, près du Jardin Public; *Clapot*, un peu plus loin; *Centrale*, rue St-Michel, 3, avec cabinet de lecture.

TEMPLES: *église évangélique française* (pl. 6, E F 4), rue de la République; *église anglaise* (pl. 8, E 4), avenue Carnot; *Christ-Church* (pl. 9, F 3), promenade de Garavan; *temple écossais* (pl. 10, E 4), rue de la République; *église allemande* (pl. 7, E 4), rue des Bains. — *Église gréco-russe*, villa Garelli, rive dr. du Boirigo.

CLIMAT. Menton est protégée contre les vents froids du N. par un hémicycle de hautes montagnes, et la baie de l'Est trouve surtout un abri complet dans une muraille de rocher qui s'avance jusqu'au bord de la mer, et qui lui fait une position semblable à celle d'une serre chaude. Cette baie a donc en hiver une température plus élevée que celle de l'O., soit de 9° 4 C. Néanmoins les vents d'E., d'O. et du S. peuvent s'y faire sentir, quand ils se rencontrent avec la brise de mer, et l'atmosphère s'en trouve facilement agitée vers midi. On compte 40 jours de pluie à Menton du 1er nov. au 30 avril et à peine 1 jour de neige. Il n'y a jamais de brouillard, mais souvent de la rosée le soir. La baie de l'O. est un peu

moins chaude, mais l'air y est plus tonique et elle offre un plus grand
choix de logements, plus éloignés de la mer. Il y a une plus grande variété
de promenades dans des vallées.

Menton est une ville de 9044 hab. et l'une des principales stations d'hiver de la Méditerranée, plus simple et plus calme que Nice
et Cannes, mais non moins favorisée sous le rapport du climat, regar-
dée même comme la meilleure résidence pour les malades de la
poitrine. Elle est particulièrement fréquentée par les Allemands.

D'origine assez ancienne, Menton appartint pour un temps à divers
seigneurs à la fois, mais surtout aux Grimaldi de Monaco. Annexée à la
France de 1792 à 1814, elle fit retour aux princes de Monaco, mais s'affran-
chit plus ou moins de leur dépendance à partir de 1848. La France en a
fait l'acquisition en 1860, moyennant 4 millions payés au prince Florestan.

Menton est agréablement située, sur le *golfe de la Paix*, qui est
partagé en *baie de l'Ouest* et *baie de l'Est* par un promontoire, sur
les flancs duquel s'élèvent les vieux quartiers de la ville. La végétation y est riche; partout des plantations d'orangers et de citronniers, entremêlées de caroubiers, de figuiers, d'oliviers, etc. Le ci-
tronnier y prospère aussi bien qu'en Sicile, surtout sur les collines
latérales, et, ce qui n'a pas lieu en Sicile, cet arbre y porte du
fruit toute l'année. La récolte annuelle est, dit-on, env. 40 millions de citrons, à 25 fr. le mille, sur pied. Les oliviers sont ici
magnifiques, tandis qu'ils sont petits dans la plus grande partie
de la Provence.

De la *gare de la Condamine* ou grande gare (pl. D 4) on arrive
bientôt sur le bord du *torrent de Careï*, dont le lit a été couvert un
peu plus bas pour y construire un casino. Sur l'autre rive est la
partie principale de la ville, au bord de la baie de l'Ouest, et là se
trouvent les principaux rendez-vous des étrangers, de 11 h. à 2 h., le
Jardin Public (pl. E 4) et la *promenade du Midi*, au bord de la mer.

A g., parallèlement à la promenade, commence l'avenue Félix-
Faure (pl. E 4), qui forme, avec la rue St-Michel, la principale
artère de la ville neuve. A un carrefour, dit place St-Roch, un *monument commémoratif* (pl. 3) de la réunion de Menton à la France,
par Puech. De cet endroit part, à g., la rue Partouneaux, où est la
poste et où se voit le *buste du Dr Bennet*, qui a contribué à mettre
Menton en faveur comme station d'hiver.

A la suite de l'avenue Félix-Faure vient la rue St-Michel
(pl. F 4) qui se prolonge jusqu'au port, à la baie de l'Est. L'*hôtel de
ville*, qu'elle dépasse à dr., possède, au 1er étage, à g., un petit
musée, ouvert tous les jours de 9 h. à midi et de 2 à 4 ou 5. On y
voit en particulier quelques objets préhistoriques (crâne, etc.), trouvés dans les grottes de Menton (v. p. 385); de curieux travaux
d'ostéologie, une collection d'histoire naturelle (poissons), etc.

Le quartier de la baie de l'Est, dit *Garavan*, présente un aspect
pittoresque, comme la vieille ville (v. p. 385). Il y a au commencement un petit port. A l'autre extrémité (½ h.), une *fontaine*
commémorative érigée par des Anglais. Le quai se prolonge de là
à dr., et la route de Vintimille monte à g. vers le petit *torrent de*

St-Louis (env. ¼ d'h.), qui forme la frontière. Le torrent descend d'une gorge sauvage que la route traverse sur le *pont St-Louis*, à 65 m. de hauteur. Dans le bas se trouvent les *grottes des Rochers-Rouges* (pl. E 2), où l'on a trouvé des squelettes de troglodytes et les objets préhistoriques mentionnés ci-dessus. La clef est dans un restaur. en deçà. Entrée, 1 fr.! — A la route aboutit, près du pont, le *boulevard Garavan*, qui forme une agréable promenade au-dessus de la baie de l'Est, d'où l'on a une très belle vue de la mer et de la côte, de Bordighera à la Tête-de-Chien.

La *vieille ville*, avec ses rues étroites et tortueuses, au-dessus du port, mérite particulièrement une visite. On a déjà aperçu le clocher de son *église St-Michel* (pl. F 3), du xviie s., mais en grande partie reconstruite depuis le tremblement de terre de févr. 1887. A côté, l'*église de la Conception* ou chap. des Pénitents-Blancs (pl. 5, F 3). Très belle vue de la place devant ces églises.

Il y a eu au-dessus de la vieille ville un château; l'emplacement est converti en un *cimetière* dont les arbres se voient de loin. Il est sur le boul. de Garavan et on y monte de la vieille ville en passant à dr. de l'église de la Conception.

Belle vue également du *couvent de l'Annonciade* (Annunciata; capucins; pl. B 2), où l'on va, en ½ h. env., par un chemin assez bon qui se détache de la route des Monti à g. au delà du ch. de fer, ou mieux par l'hôtel Riviera-Palace. On irait plus loin par la hauteur, en 1 h. ½, aux Monti (p. 386).

Le *cap **Martin** (pl. B 4-5), qui est, avec son grand hôtel, une station d'hiver de premier ordre et même princière, est le principal but de promenade en voiture aux environs immédiats de Menton: 1 h. aller et retour, arrêt non compris. Voitures, v. p. 383. On y va directement en ¾ d'h. par le boul. du Midi et une route qui longe le cap à l'E., où l'on passe au bout de ½ h. par une porte (ruine artificielle); mais on peut profiter de l'omnibus jusqu'à *la Lodola* (p. 383), d'où il n'y a plus que ½ h. de marche, en passant devant la caserne voisine et gagnant de là la côte. Le cap est couvert d'un bois de pins de 70 hectares, transformé en promenade et dont une partie est occupée par le grand et superbe *hôtel du Cap* (p. 382) et son parc. On a une très belle vue de l'extrémité du cap. Dans le bois, au point le plus élevé, en deçà de l'hôtel, se trouvent un *sémaphore* et les maigres *ruines* d'un couvent du xie s. A la descente sur l'autre versant, la *villa Cyrnos* (pl. A B 4), à l'ex-impératrice Eugénie. En continuant par là à dr., on va dans la direction de la Lodola (v. ci-dessus). Il y a de ce côté, à la sortie du bois, quelques maisons (cafés) et, à g., un chemin qui mène en 5 min. à des *ruines romaines* peu intéressantes, probablement d'un anc. tombeau, de la station de *Lumone*. Belle vue dans la direction de Monaco. Dans le haut passe la route de la Corniche (p. 370), à l'endroit où aboutit la route de la côte: Monaco (limite), 3 kil. 5; la Turbie, 9 kil. 2; Menton, place St-Roch, 4 kil. 2.

Autres promenades agréables à l'O. dans les *vallées des torrents de Careï* (route de Sospel, v. ci-dessous), *de Boirigo et de Gorbio*; à l'E. à *Grimaldi* (H. Garibaldi, sur la route, bon), à ½ h. du *pont St-Louis* (p. 385). Du même côté, à *la Mortola Inférieure*, dans un beau site, le jardin de M. Hanbury, le plus riche et le plus pittoresque de la Riviera, très instructif pour les amateurs, et surtout curieux en février et mars, quand les anémones y sont en fleurs. On le visite les lundi et vendr., après s'être inscrit dans le livre des étrangers (1 fr. pour les pauvres).

Excursions de Menton (carte, p. 368). — A *Monte-Carlo* (Monaco) et *Nice*, v. p. 339-338 et 370. Pour aller à Nice par la Corniche, on veillera à ce que le cocher en prenne bien la route, à dr. à la bifurcation près de l'anc. «casino du Cap-Martin», en deçà de Roquebrune, et non celle de g., par Monaco. — A *Vintimille* par le ch. de fer, p. 339; par la route: 10 kil., voit., 12 et 20 fr.; omn., v. p. 383. Cette route est la continuation de celle de la Corniche (p. 370), par le *pont St-Louis*, *Grimaldi* et *la Mortola Inférieure*, mais elle n'est pas aussi intéressante que l'autre partie. Elle longe le chemin de fer, en grande partie à g., puis à dr. avant *Vintimille*, où elle arrive par la porte de Nice (v. p. 340).

On fera également une jolie excursion par la route de Sospel (22 kil.; passeport, v. p. 375), que dessert t. les j. une dilig. faisant le trajet en 3 h. (2 au retour). La route remonte la rive dr. du torrent de Careï et commence à s'élever non loin des *Monti* (6 kil.). 1 kil. plus loin, à peu de distance à dr., le défilé dit *Gourg de l'Ora* et une cascade, après les fortes pluies d'hiver. Ensuite de fortes courbes et le *col de Guardia*, au sommet duquel il y a deux bonnes auberges et un tunnel de 80 m. de long. A g. est *Castillon* (aub. Blancardi), perché sur un rocher (771 m.), à 15 kil. de Menton et 7 kil. de *Sospel* (p. 376). Il a été presque entièrement détruit par le tremblement de terre de 1887 et rebâti au-dessus du tunnel.

Belle excursion aussi à **Castellar** (1 h. ¼ à 1 h. ½; 363 m.; *café-rest. des Alpes;* hôtel projeté) et au **Berceau**, en 2 h. ½; à 3 h. Le Berceau est une montagne qui a deux cimes: le *Roc d'Orméa* (1113 m.), à l'O., et la *cime de Restaud* (1155 m.), à l'E., la plus élevée. Belle vue de là sur la mer, toute la côte, l'île de Corse et les Alpes Maritimes. — On monte encore de Castellar, en 4 h. ½, ou du Berceau, en 2 h., avec un guide (Ben. Parmaro. de Castellar), au *Grand-Mont* ou *Granmondo* (1377 m.), également près de la frontière, plus au N. et par un chemin muletier jusqu'à ¼ d'h. du sommet. Vue aussi belle. — On peut redescendre en 1 h. de Castellar aux Monti (v. ci-dessus) et en 1 h. ¾ au Gourg de l'Ora (v. ci-dessus), d'où l'on gagnerait les Monti en ½ h.

A *Ste-Agnès* (mauv. aub.), village contemporain des incursions sarrasines, où il servait de refuge, au pied d'une crête rocheuse (765 m.) que couronne un vieux château en ruine, en 3 h. ½ par le col de Garde. On retournera à Menton par *Gorbio* (435 m.; 1 h. ½; café-rest. Reynaud) et la route neuve (12 kil.) ou la stat. de Cabbé-Roquebrune (1 h. ¼; p. 339).

Au *Pic de Baudon* (1263 m.), 5 h. ½ de Menton, par *Ste-Agnès* et le *collet de Bausson*, à l'E. de la montagne; ou par *Gorbio* (7 kil.; v. ci-dessus), dont le chemin est moins long et moins pénible; puis par le *col de la Madone-de-Gorbio* (957 m.), où mène du reste aussi un sentier de Ste-Agnès (1 h.). Vue grandiose.

TOUR recommandé à ceux qui ont peu de temps. D'abord en voiture par la route de Sospel (v. ci-dessus) jusqu'au tunnel du *col de Guardia* (3 h. ½; 15 fr.), où l'on pourra déjeuner. Ensuite visiter *Castillon* (v. ci-dessus), puis aller à pied, au S., par un bon sentier qui longe à l'E. le *Siricocca* (1065 m.), à *Ste-Agnès* (2 h.; v. ci-dessus), et de là, par un chemin pierreux, mais d'où l'on a de splendides perspectives sur la côte et la mer, à *Gorbio* et à Menton (v. ci-dessus).

VI. LA CORSE

Bateaux à vapeur. — Les services sont faits auj., de France, par la comp. *Transatlantique* et la comp. *Fraissinet*. Ils sont sujets à varier, et il importe de se renseigner d'avance, en consultant l'Indicateur des chemins de fer et en s'adressant aux agences des compagnies, dans les ports ou à Paris, à Lyon, à Marseille, à Nice, etc., dont les adresses sont aussi dans l'Indicateur, ou aux agences de voyages (p. XIII).

Les DÉPARTS pour la Corse ont lieu, comme il est dit ci-dessous, de *Marseille*, de *Nice* et de *Livourne*, pour *Ajaccio*, *Bastia*, *Calvi* et l'*Ile-Rousse*; — de *Marseille*, les lundi, mardi, jeudi, vendr. et dim. de chaque semaine; de *Nice*, les mercr. et sam., et de *Livourne*, les mercr., jeudi et sam.; — pour *Ajaccio*, les lundi et vendr. de Marseille (le bat. du vendr. continuant sur Propriano, v. p. 391) et le sam. de Nice; pour *Bastia*, les jeudi et dim. de Marseille, le mercr. de Nice et les mercr., jeudi et sam. de Livourne; pour l'*Ile-Rousse* et *Calvi*, le mardi de Marseille et (un port ou l'autre) le mercr. de Nice. Les bateaux sont anciens, petits et peu confortables et les retards ne sont pas rares. — *Services côtiers et retours*, v. à Ajaccio, Bastia, etc., p. 390, 405, 406 et 407.

I. DE MARSEILLE A AJACCIO: 178 milles ou 330 kil. (1 mille, 1852 m.; 3 milles, 1 lieue marine) en 16 à 17 h., comp. Transatlantique, t. les 15 jours, le mercr. à 5 h. du soir, comp. Fraissinet les lundi et vendr. à 4 h. du soir. Prix: 34 fr. en 1re et 23 en 2e, nourriture comprise; 50 fr. 50 et 34 fr. aller et retour, aussi pour Bastia, l'Ile-Rousse et Calvi et avec la faculté de repartir de l'un quelconque des quatre ports. Il y a toutefois lieu d'ajouter 50 c. de droit de port pour débarquement et autant pour embarquement à Bastia.

II. DE MARSEILLE A BASTIA: 209 milles ou 387 kil., les dim. et jeudi à 11 h. du mat., en 19 h., pour 30 fr. 50, 20 fr. 50 et 10 fr. 50.

III. DE MARSEILLE A L'ILE-ROUSSE ET A CALVI OU A CALVI ET A L'ILE-ROUSSE: 160 et 166 milles ou 296 et 307 kil., le mardi à 11 h. du mat., en

15 h. $^1/_4$ au premier et 15 h. $^3/_4$ au second des deux ports, pour 30, 20 et 10 fr., et 1 h. $^1/_4$ de l'un à l'autre, après 9 h. $^3/_4$ et 9 h. $^1/_4$ de station.

IV. DE NICE A AJACCIO: *directement*, en hiver (1er oct.-31 mars), 130 milles ou 214 kil., le sam. à 6 h. du soir, en 12 h. $^1/_2$ env., pour 30, 20 et 15 fr., les 3 cl. sans nourriture; — *par Calvi* ou *par l'Ile-Rousse*, en été, 153 et 163 milles ou 283 et 304 kil., aussi le sam., à 6 h. du s., en 17 h., avec 3 h. d'arrêt à l'escale, pour 34, 23 et 15 fr., les 2 prem. cl. avec nourriture, 30, 20 et 15 fr. pour Calvi ou l'Ile-Rousse seulement. Ces bateaux sont en correspond. avec un autre qui va à *Porto-Torrès*, en Sardaigne (8 h. $^1/_2$).

V. DE NICE A BASTIA: 123 milles ou 228 kil. (bateau venant de Marseille), le mercr. à 5 h. du soir, en 12 h., pour 34 fr. 50, 23 fr. 50 et 15 fr. 50.

VI. DE LIVOURNE A BASTIA: 117 kil., *comp. Fraissinet*, le mercr. à midi, et le sam. à 10 h. du soir; prix, 17 fr. et 14 fr. 15, sans nourriture; *comp. Florio-Rubattino*, le jeudi à 11 h. du m.; trajet en 6 h. $^3/_4$; prix, 21 fr. 20 et 15 fr. 10, nourriture comprise. Bureaux à Livourne: Fraissinet, via S. Sebastiano; Florio-Rubattino, piazza Micheli.

Nota. Un *passeport* peut être utile pour les courses dans l'île.

La **Corse** (lat. *Corsica*, grec *Cyrnos*) est située par 43°-41° 21′ de latitude N. et 6°-8° de longitude E. du méridien de Paris, à 160-170 kil. de la France et seulement 80 de l'Italie, et séparée de la Sardaigne par le détroit de Bonifacio, large de 12 kil. Elle a une superficie de 8722 kil. carrés et elle comptait 290168 hab. en 1896. Une large chaîne de montagnes, composée surtout de granit, la couvre presque en entier. Elle s'abaisse brusquement à l'O., en formant une multitude de promontoires escarpés et de golfes profondément découpés, tandis qu'à l'E. les alluvions ont été plus considérables et la côte paraît plate et arrondie.

Cette île a un caractère sauvage et majestueux, grâce à ses montagnes très élevées, relativement à leur peu d'étendue, la chaîne centrale ayant en moyenne de 1600 à 2300 m. de hauteur, le *mont d'Oro*, 2391 m., le *Rotondo*, 2625 m., et le *Cinto*, 2710 m. La plus grande partie de la Corse est inculte, par suite de l'incurie des habitants et du manque de débouchés, mais il y a du moins dans la montagne des forêts superbes, jadis beaucoup plus étendues, dont on admire surtout les pins laricios, les chênes verts et les hêtres. Il y a notamment aussi de magnifiques châtaigniers, et la farine de châtaigne est la base de la nourriture des montagnards corses. L'olivier y forme encore de grands bois. Mais bien des forêts d'autrefois sont remplacées par le fameux *maquis*, broussailles composées de magnifiques arbousiers, de cistes, de lentisques, de bruyères arborescentes (2 à 3 m.), etc., où paissent les troupeaux et qui sont le refuge des bandits (v. p. 402). De grandes parties de forêts ont été détruites par des incendies plus ou moins volontaires et le maquis subit le même sort. — La *flore* de la Corse se distingue par une richesse extraordinaire; elle réunit toutes les espèces végétales que la vaste zone de la Méditerranée est susceptible de produire. — Sous le rapport minéralogique, au contraire, la Course le cède beaucoup à la Sardaigne; mais elle a quantité de sources d'eaux minérales, dont les plus connues sont celles d'*Orezza* (p. 409), de *Guagno* (p. 397) et de *Guitera* (p. 400). — Diverses parties de l'île produisent aussi d'excellents *vins*. Les meilleurs viennent de *Sari d'Orcino*, de *Cargèse*, de *Chiavari*, etc., sur la côte occidentale, et la région du *cap Corse* en produit aussi de bons. Il y a beaucoup d'abeilles dans le maquis, et le miel est en Corse un article d'exportation. — Cependant ce pays ne rapporte qu'env. 6 millions à l'Etat, tandis qu'il lui en coûte 19, la population étant fort peu laborieuse et encore moins industrielle.

Par sa nature et sa position, l'île est italienne, et il en est de même de son histoire jusqu'en 1769. Réunie ensuite à la France, elle lui a été rattachée de la manière la plus étroite par les Bonaparte. Elle en forme le 86e département, avec Ajaccio pour chef-lieu, et elle se divise en cinq arrondissements: *Ajaccio*, *Bastia*, *Calvi*, *Corte* et *Sartène*. La langue du pays, qui est un dialecte italien, se maintient encore, il est vrai, mais le français se parle à peu près partout.

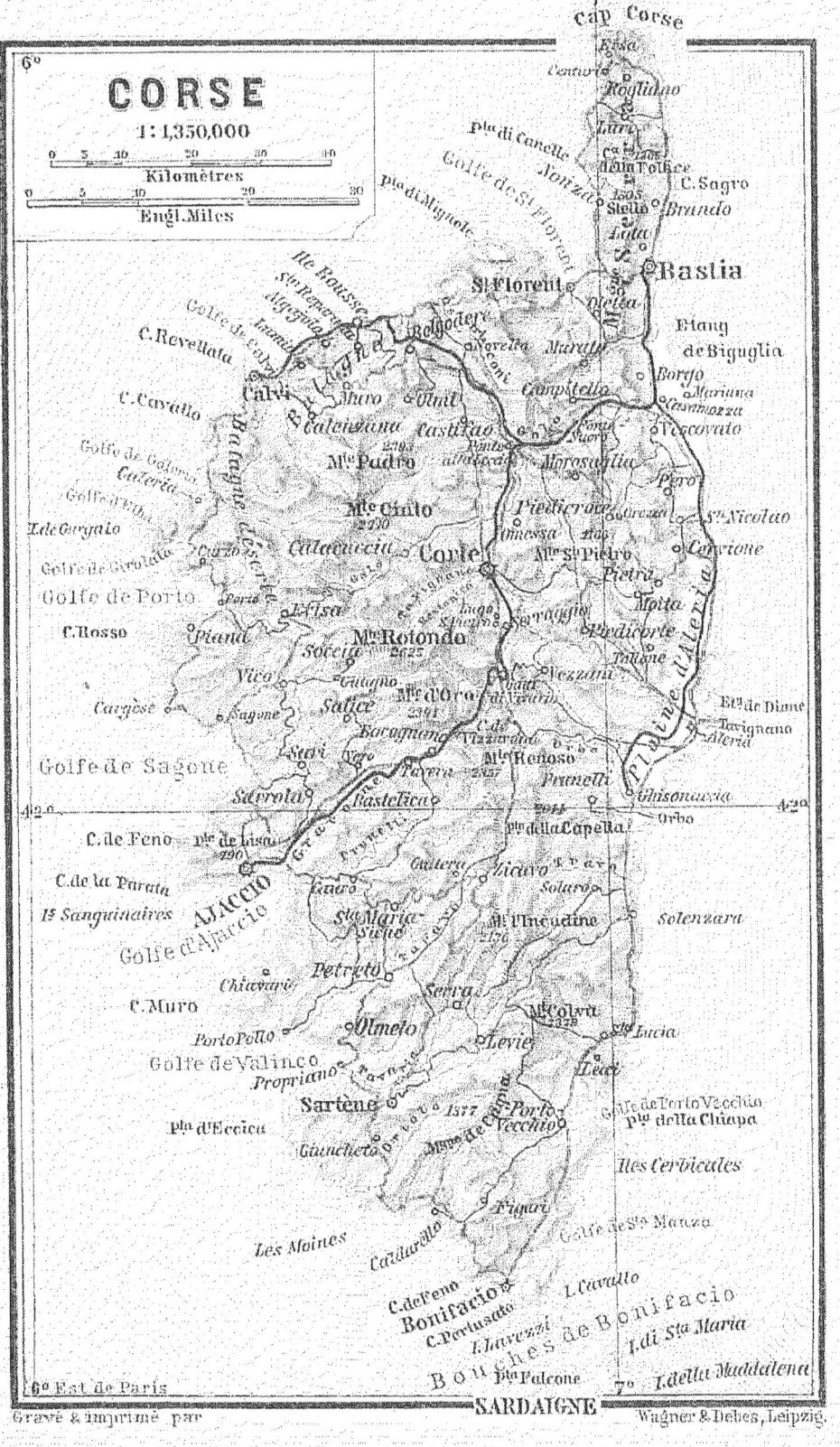

Les beautés naturelles s'unissent dans cette île aux souvenirs historiques pour dédommager le touriste des fatigues et des privations auxquelles il doit s'y résigner; mais elle ne possède guère d'antiquités ni d'œuvres d'art. La meilleure époque pour visiter la Corse est au printemps, en finissant par la montagne, et il faut éviter la plage en été, où elle est encore désolée par les fièvres paludéennes, malgré d'importantes plantations d'eucalyptus.

Les *hôtels* et les *auberges* n'y sont pas chers, mais manquent trop souvent de confortable et de propreté. On fait bien de commander ses repas la veille par dépêche et de faire préparer aussi des chambres dans les petits endroits, quand on est plusieurs, et il ne faut pas s'en remettre aux cochers pour le choix des hôtels ou des auberges. Il peut être également utile d'avoir des boîtes de conserves. Les *voitures publiques*, qui du reste marchent surtout de nuit, y sont encore moins confortables et moins propres, mais il y a maintenant des *chemins de fer* qui permettent au moins d'y faire facilement plusieurs belles excursions. On ne voyage guère ici à pied, le Corse, de même que l'Italien, ne le faisant pas, s'il peut s'en dispenser, et considérant par conséquent le piéton comme un pauvre hère. Les *voitures particulières* se payent env. 20 fr. par jour; mais elles sont d'ordinaire pour 3 ou 4 personnes. Le moyen de locomotion le plus ordinaire et le plus pratique est le *cheval* ou le *mulet*, qu'on peut avoir pour 3 à 10 fr. par jour, avec son guide. Il importe toujours de *bien faire ses conditions*, et il faut se défier des pisteurs et autres intermédiaires bénévoles.

Le Corse est hospitalier et frugal, mais indolent, tandis que sa femme se livre aux travaux pénibles, et les travaux des champs sont surtout faits par des Italiens, des Lucquois, qui sont traités avec dédain. Le Corse est toujours armé, et on sait qu'il aime à se faire justice par lui-même; mais la *vendetta*, dont parle déjà Sénèque (v. ci-dessous), n'existe qu'entre les Corses, et la sécurité ne laisse pas plus à désirer pour l'étranger dans l'île que sur le continent. L'hospitalité, qui doit être acceptée, quand on vous l'offre, est absolument gratuite dans ce pays, mais non toujours agréable.

HISTOIRE. — Comme la Sardaigne, qui l'avoisine et dont les habitants sont issus de la même souche ibérienne, la Corse n'a pas atteint dans l'antiquité un haut degré de civilisation. L'île est représentée par les écrivains de ce temps comme une grande forêt primitive, et elle était mal famée. Cependant les peuples maritimes ne laissèrent pas de se la disputer dans des combats acharnés. Les *Phocéens* qui, pour échapper aux Perses, abandonnèrent l'Asie, fondèrent en 556 av. J.-C., sur la côte orientale, à l'embouchure du Tavignano, la ville d'*Alalia*, appelée plus tard *Aleria*. Mais les *Étrusques* et les *Carthaginois* coalisés les forcèrent, à la suite d'une grande bataille navale, en 536, à renoncer à leur colonie et à passer dans l'Italie méridionale, où ils fondèrent la ville d'Elea ou Velia, en Lucanie. La Corse subit la domination étrusque à partir de cette époque, plus tard encore celle de Carthage, et elle fut occupée par les *Romains* en 238, mais soumise par eux seulement en 162. Les colonies d'*Aleria* et de *Mariana* s'établirent sur la côte orientale, sous Marius et Sylla, mais toutes deux furent détruites plus tard. L'île servit fréquemment de lieu d'exil; c'est ainsi que, sous l'empereur Claude, le philosophe Sénèque y passa huit ans (v. p. 408). Il fait peu de cas du pays et des gens; aussi les Corses ont-ils coutume de dire: «Seneca era un birbone» (gueux). Il est l'auteur de ces vers, en partie assez justes:

> «Prima est ulcisci lex, altera vivere raptu,
> Tertia mentiri, quarta negare deos.»

Strabon leur trouve aussi un caractère vindicatif et indomptable, tandis que Diodore loue leur honnêteté.

Après la chute de l'Empire romain d'Occident, la Corse changea constamment de maîtres; les *Vandales*, les *Byzantins*, les *Ostrogoths*, les *Francs* et les *Sarrasins* s'y succédèrent. Enfin les *Pisans*, après l'an 1070, et les *Génois*, en 1348, parvinrent à y asseoir leur domination, qui se prolongea jusqu'au XVIIIe s. Mais l'oppression génoise provoqua une longue série de révoltes et de conspirations, qui firent apparaître des caractères énergiques et des aventuriers hardis et puissants, tels qu'Arrigo della Rocca, Vincentello d'Istria et Giampolo da Leca, au xive et au xve s.; Renuccio della Rocca et Sampiero, de Bastelica, au xvie s. C'est surtout à dater de 1729 que la révolte contre Gênes prit un caractère sérieux. La république tenta vainement de la réprimer en se servant de troupes impériales allemandes. Le 12 mars 1736, un aventurier allemand, le baron westphalien *Théodore de Neuhof*, débarqua à Aleria avec une suite et un équipage militaires. Bientôt après, il fut proclamé roi de Corse, sous le nom de Théodore Ier, mais les *Français* étant venus au secours des Génois, il ne réussit pas à se maintenir. Néanmoins les Corses continuèrent la lutte contre les Génois, en particulier sous le commandement en chef de *Pascal Paoli* (1724-1807), à partir de 1755, et avec tant de succès qu'ils affranchirent toute l'île, à l'exception de Bastia. Gênes céda alors, en 1768, la Corse à la France, qui eut cependant encore à combattre Paoli et d'autres chefs, et qui ne parvint à asseoir sa souveraineté dans l'île qu'en 1774. Après un exil de 20 ans en Angleterre, Paoli revint en 1790 et resta, comme lieutenant général, à la tête du gouvernement de l'île jusqu'en 1793, où il rompit avec la Convention, se fit nommer généralissime par ses compatriotes et offrit la Corse à l'Angleterre. Les Anglais en profitèrent pour conquérir l'île, qu'ils furent néanmoins obligés d'abandonner en 1796, et depuis lors elle est restée à la France.

54. Ajaccio et ses environs.

ARRIVÉE. A l'*arrivée par mer*, Ajaccio présente de jour un très beau coup d'œil, dans son site magnifique, au bord de son golfe d'azur et avec son amphithéâtre de montagnes, aux cimes le plus souvent couvertes de neige, que domine le mont d'Oro (p. 403). On débarque en rade ou à quai, selon le bateau et les circonstances, et les voyageurs sont assaillis par les bateliers ou les commissionnaires, dont il faut un peu se défier. S'adresser au garçon de l'hôtel qu'on a choisi. On paie 1 fr. pour le débarquement ou l'embarquement, bagage compris. — La *gare*, par où l'on arrive en ch. de fer de Bastia, est au N. de la ville, à 1/4 d'h. de la place du Diamant (p. 392) et 20 min. des principaux hôtels.

HÔTELS: **Gr.-H. d'Ajaccio & Continental* (pl. a), boulev. Grandval, très bien situé (ch. t. c. 3 à 12 fr., rep. 1.50 et 3.50, p. 9 à 15. v. n. c., om. 1.50); *Cyrnos-Palace* (pl. d), même boulev., fermé en 1901; *Schweizerhof (Suisse; pl. c), boul. des Etrangers, parallèle au boulev. Grandval (7 à 11 fr. en hiv., 5 à 9 en été. v. n. c.); *H.-P. des Etrangers* (meublée; ch. 2 à 4 fr.), boulev. Grandval. Ces maisons, tournées au S. et avec jardins, sont pour le séjour d'hiver. — *H. de France*, place du Diamant ou Bonaparte, bon, mais plutôt pour les passants que pour les malades (ch. t. c. 4 à 9 fr., rep. 1, 3 et 3.50, v. c., p. 8 à 12, omn. 1 et 1.50); *H. Grimaud* (restaur.), *H. des Gourmets*, tous deux cours Napoléon.

CHAMBRES MEUBLÉES, env. 50 fr. par mois, service non compris.

CAFÉS: *du Roi-Jérôme*, à l'hôtel de France; *Solférino*, *Napoléon*, cours Napoléon. — *Cercle des Palmiers*, boulev. Grandval, 20.

VOITURES DE PLACE: course, 1 fr. 50 le jour et 2 fr. la nuit; heure, 2 fr.; journée, env. 20 fr. — OMNIBUS: du cours Napoléon à la chap. St-Joseph (3 kil.), 20 c. — CHEVAUX de selle: chez *Urbain* et *P. Petiloni*; 5 fr. pour 3 h., 10 fr. par jour.

DILIGENCES et COURRIERS, v. p. 396 et 399 et s'adresser aux agences, cours Napoléon. Il est très prudent de retenir sa place bien à l'avance.

BATEAUX A VAPEUR de *Marseille*, de *Nice*, de *Calvi* et de l'*Ile-Rousse*, v. p. 387-388. Départs d'Ajaccio: pour *Marseille*, comp. Transatlantique, seul départ le mardi soir tous les 15 j.; comp. Fraissinet, le mercr. à 3 h. et le dim. à 4 h. du soir; pour *Nice*, directement, en hiver, le mardi à 7 1/2 du s.; par *Calvi* ou par l'*Ile Rousse*, en été, le mardi à 1 h. du s., avec 4 h. 1/2 d'arrêt

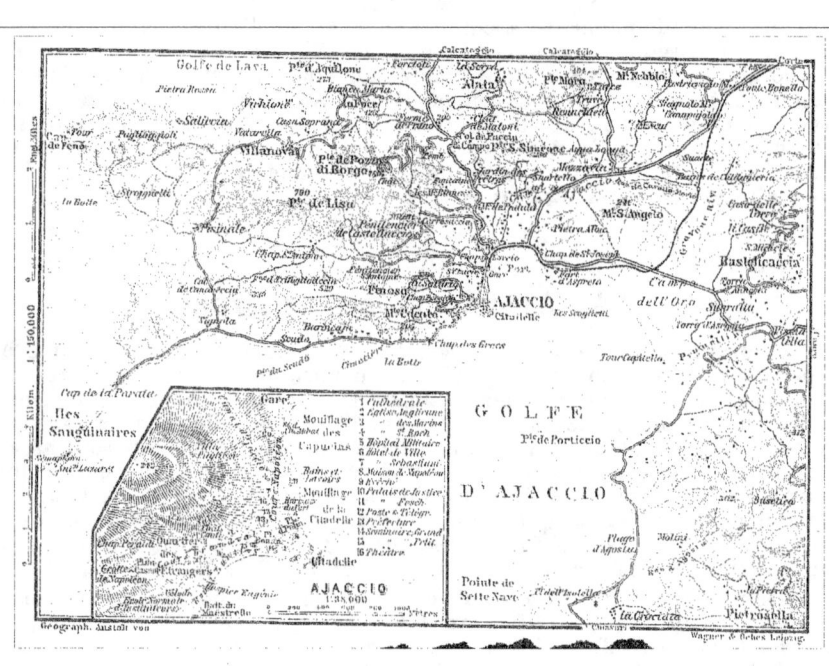

à l'escale (v. p. 407); pour *Propriano* (p. 400), le dim. à 10 h. du m. et le mardi à 8 h. du matin. Bureau, boul. du Roi-Jérôme, 1. — Service local, par le bateau «le Progrès» (agence Lanzi, boul. du Roi-Jérôme), qui se loue aussi pour d'autres excursions: d'Ajaccio à *Chiavari* (p. 396), t. les j. à 7 h. du m., et en hiver lorsque le temps le permet; trajet en 1 h., pour 75 et 50 c.; — d'Ajaccio à *Propriano*, les lundi, mercr. et sam. à midi, en hiver seulement les mercr. et sam., lorsque le temps est beau; trajet en 3 h., pour 4 fr., 7 fr. aller et retour. Départs pour le retour, le matin 1 h., le soir ½ h. après l'arrivée. Se renseigner toutefois d'avance.

Poste et télégraphe (pl. 12), rue de la Préfecture, près du course Napoléon. Dernière levée des lettres à la poste 1 h. avant le départ du paquebot et à la boîte du quai lors du départ.

Bains: dans les hôtels; *bains publics*, boulevard du Roi-Jérôme (50 c.).

Banquiers: *Bozzo-Costa*, *Lanzi* (magasin de nouveautés), boul. du Roi-Jérôme.

Librairie: *Peretti*, avenue du Premier-Consul.

Temple protestant (pl. 2), anglican, boulevard Grandval.

Société de la Station Hivernale, donnant gratuitement des renseignements aux étrangers, boulev. Grandval.

Climat. Le golfe d'Ajaccio est protégé par de hautes montagnes contre les vents du N., du N.-E., de l'E. et du S.-E. et le quartier des étrangers, dans la ville, particulièrement au N. par des hauteurs en partie boisées qui s'avancent jusqu'à la mer. Les vents du S.-O., de l'O. et du N.-O. s'y font toutefois encore sentir et la brise du large aussi de 11 h. à 2 h. L'air y est chaud et humide, bien qu'il y pleuve encore plus rarement qu'aux autres stations d'hiver françaises. La moyenne de la température hivernale, 11° 3, y est d'env. 1° 5 plus élevée. Les principaux avantages d'Ajaccio sur les mêmes stations sont l'absence de poussière, due à la nature granitique du sol, et la régularité dans la température.

Ajaccio, aujourd'hui ville de 20561 hab., fut fondée en 1492 par les Génois, et érigée en chef-lieu de l'île en 1811, par Napoléon. Sa situation est magnifique; elle est bâtie au bord d'un large golfe, compris entre le *cap de la Parata*, au N., près des *îles Sanguinaires*, et le *cap Muro*, au S., et elle est dominée du côté de l'intérieur de l'île par des cimes majestueuses, que la neige couvre jusqu'au cœur de l'été. La ville est assez tranquille, malgré tout ce qu'on fait pour son développement, et c'est toujours une station d'hiver paisible, sans casino ni distractions mondaines.

Le *port* est à l'E. de la ville, dont la partie la plus ancienne, avec la citadelle, occupe au S. de là une langue de terre au pied du mont Salario et dont les autres parties le longent des deux côtés. On a du port, surtout de l'extrémité de la jetée du côté de la citadelle, une vue charmante sur le golfe, la vallée du Gravone et les montagnes, en particulier les mont d'Oro (p. 403) et Renoso (p. 400). A l'extrémité N. de la ville est la gare (v. p. 390) et le quartier S., le moins ancien, est celui des étrangers.

La place des **Palmiers**, qui a aussi de magnifiques platanes, touche aux quais et sépare, avec son prolongement, l'avenue du Premier-Consul, la vieille ville de la partie N. Dans le fond de cette place s'élève une *fontaine* surmontée d'une statue en marbre de *Napoléon Ier* en consul, par Laboureur. Au N., *l'hôtel de ville* (pl. 6), qui date de 1826. Il renferme un petit «musée napoléonien», qu'on peut voir en le demandant. Dans le grand salon, des portraits des Bonaparte, des bustes de Napoléon Ier, de sa mère et du cardinal

Fesch, par Canova, et une statue du roi Jérôme. Dans une autre
pièce, deux grands tableaux: la Bataille de l'Alma, par H. Vernet,
et le Débarquement des alliés en Crimée, par Pils. A dr. débouche
la rue Fesch (p. 393); à g., la rue Napoléon (p. 393), à côté de
laquelle est la *statue de N.-D. de la Miséricorde*, patronne de la
ville, dont la fête se célèbre les 17-19 mars.

La PLACE DU DIAMANT ou *place Bonaparte*, à g. de l'avenue du
Premier-Consul, est le centre de la ville. Elle a, sur un haut piédestal, un monument médiocre, la *statue équestre de Napoléon Ier*
entouré de ses quatre frères («l'Encrier»), par Barye (1865), d'après
Viollet-le-Duc. Il y a musique militaire le dim., à 3 h. de l'après-
midi en hiver et le soir en été. A dr. de la place, l'*hôpital militaire*
(pl. 5); à g. dans le fond, le *grand séminaire* (pl. 14). A la suite
de l'avenue, le *cours* ou *boulevard Grandval*, qui monte à travers le
quartier des étrangers et où sont encore, à g. et à dr., le *petit séminaire* (pl. 15) et l'*évêché* (pl. 9), le *cercle des Palmiers*, le *Grand-
Hôtel*, le *château Conti*, l'*église anglicane* (pl. 2), l'*école normale
d'institutrices*, etc. A l'extrémité est la *place du Casone* (p. 394).

La rue Bonaparte, à l'E. de la place du Diamant, et la 2e à g.
dans la vieille ville, la rue du Collège, mènent à la *cathédrale*
(pl. 1), église à dôme du style italien, de 1592-1603.

Prenant à g. de là la rue St-Charles, on arrive à la petite *place
Letizia*, où est la *maison de Napoléon* (pl. 8), désignée par une inscription. Elle est ouverte le dim. et le jeudi de midi à 4 h., mais
on peut aussi la voir les autres jours, en s'adressant au gardien, qui
demeure en face (1 fr.). Ce n'est plus la maison où est né Napoléon
(1769), car elle a été incendiée en 1793 par les partisans de Paoli,
devenu son ennemi (v. ci-dessous), et reconstruite par la famille
Fesch; mais il y a au moins des souvenirs de lui, des meubles
authentiques, un clavecin de Letizia, la chaise à porteurs dans laquelle elle se fit rapporter de l'église, lorsqu'elle fut prise des douleurs de l'enfantement, etc. Il y a aussi un caveau, où ont été inhumés Letizia, le cardinal Fesch et, en 1899, Charles-Napoléon.

La famille *Bonaparte* était originaire de la Toscane, de la ville de
Sarzana, à ce qu'il paraît; peut-être avait-elle émigré en Corse avec
les puissants Malaspina. Le père de Napoléon Ier, *Charles-Marie Buona-
parte*, était né à Ajaccio, le 29 mars 1746, et avait fait ses premières
études à Corte, à l'université récemment fondée par *Paoli*, puis à Pise, où
il avait étudié le droit. Il devint l'un des avocats en vogue à Ajaccio, et
Paoli l'emmena à Corte, en qualité de secrétaire. Après la bataille de Ponte-
Nuovo (p. 404), qui donna la Corse à la France, en 1769, Charles s'enfuit
dans les solitudes du mont Rotondo, avec sa jeune femme, Letizia Ramolino, qui était alors enceinte de Napoléon. Il revint plus tard à Ajaccio,
où le général français Marbeuf, conquérant de la Corse, le prit sous sa
protection. Charles fut ensuite député de la noblesse pour la Corse, en
1777. Il mourut à Montpellier, en février 1785. Napoléon avait alors
seize ans. Après avoir été élève de l'école de Brienne, il se trouvait,
depuis 1783, à l'école militaire de Paris. L'année 1789 venue, Napoléon
et son frère aîné, Joseph, embrassèrent avec ardeur la cause du peuple.
Il arriva en 1791 au grade de commandant de l'un des bataillons corses
de création récente, et Paoli, mécontent de ses tendances, l'envoya en

1792 à Bonifacio, se joindre à l'expédition contre la Sardaigne. Cette expédition échoua complètement, et il s'en fallut peu que Napoléon ne fût tué par des séditieux, le 22 janvier 1793. Il ne tarda pas à se brouiller tout à fait avec Paoli, et il fut contraint, ainsi que sa famille, de quitter la Corse en fugitif. Il n'y revint plus qu'une seule fois, à son retour d'Egypte, le 29 sept. 1799, mais les Corses ont toujours été fiers de lui.

La rue St-Charles aboutit à la rue Napoléon, qui ramène à g. à la place des Palmiers. Dans cette rue se trouve le modeste *hôtel des Pozzo di Borgo*, l'une des plus grandes familles corses. Le plus connu de ses membres est *Charles-André Pozzo di Borgo* (1768-1842), partisan de Paoli et l'ennemi le plus acharné de Napoléon Ier, qui fut au service de la Russie comme conseiller d'Etat et ambassadeur.

Le **palais Fesch** (pl. 11), à dr. vers le milieu de la rue de ce nom, qui part de la place des Palmiers, comprend le collège, une chapelle, le musée et la bibliothèque. Dans la cour, la statue en bronze du cardinal Fesch, oncle maternel de Napoléon Ier, par Vital Dubray. La jolie *chapelle Fesch*, construite en 1855, forme l'aile dr. du palais. Elle renferme les tombeaux de la mère de Napoléon, Letizia Ramolino, et du cardinal Fesch, morts à Rome en 1836 et 1839. On peut la visiter de 8 h. à 9 h. du mat. et les dim. et jeudi de midi à 4 h.

Le MUSÉE, qui occupe une grande salle et 10 cabinets au premier étage de l'aile g., se compose surtout de tableaux, près de 900, pour la plupart provenant du cardinal Fesch et d'artistes inconnus ou des copies, les principales œuvres de sa collection (env. 3300 num.) ayant été vendues ou gardées par son neveu Joseph Bonaparte, ex-roi d'Espagne. Ce musée est public les dim. et jeudi, de midi à 4 h., et visible aussi les autres jours pour les étrangers. Catal., 60 c.

GRANDE SALLE : de dr. à g., 68, *Fr. Guardi* (?), Motif d'architecture ; — 269, 270, *école ital. du* XVIIe s., portr. d'homme ; 95, *L. Bassan*, Déjeuner champêtre, copie ; 159, *école des Carrache*, St Jérôme ; 285, *école ital. du* XVIIe s., nature morte ; 683, *Phil. Roos*, paysage ; *545, *Leleux*, l'Echeveau embrouillé ; 547, *Paul Leroy*, Joueur de guzla (Egypte) ; 5, *le Caravage*, Un jeune sculpteur ; 649, *Ant. Pereda*, nature morte ; 542, *Jollivet*, «Nunc dimittis» ; — 612, 613, *école franç. du* XVIIIe s., Produits de chasse ; *640, *Winterhalter*, portr. du maréch. Sebastiani ; 88, *Pasqualini*, portr. du card. Fesch ; — 650, *Pereda*, nature morte ; 651, *Ribera* (?), id. ; 646, *Maxado*, portr. d'homme ; 556, *Rigo*, le Prince Napoléon Bonaparte entrant à Constantinople (guerre de Crimée) ; 86 bis, *Panini*, Cour de palais italien ; 614, *école franç. du* XVIIe s., Choc de cavalerie ; 309, *école ital. du* XVIIIe s., portr. d'homme ; 526, *Clouet*, portr. de grande dame ; 313, *école ital. du* XVIIIe s., portr. d'homme ; — 37, *L. Carrache*, St Etienne. — Au milieu : 820, *Iselin*, buste de Mérimée ; 819, *Frison*, Hercule et Antée, plâtre ; vitrine avec des souvenirs de Napoléon Ier, des miniatures, de petits bustes, des médaillons, etc.

CORRIDOR : tableaux sans importance, moulages, etc. — Ier CABINET, à g. : gravures. — IIe CABINET : tableaux des écoles ital. et espagnole ; bronze du masque mortuaire de Napoléon Ier. — IIIe CABINET : 732 (à g.), *G. Flinck*, portr. de femme (1646) ; tableaux de l'école franç., en particulier, *546, *566, *Ziem*, Constantinople, Venise. — IVe-VIe CABINETS : rien d'important. — VIIe CABINET, vieille école ital. : à g., 55, *Filipepi dit S. Botticelli*, la Vierge adorant l'enfant Jésus ; 173, *école de Giotto*, Mariage mystique de St Catherine ; 48, *Lor. di Credi* (?), Vierge ; 215, 218, *école ombr. du* XVe s., Ste Ursule, Ste Catherine. — VIIIe-Xe CABINETS, de l'autre côté du corridor, tableaux sans importance.

La *bibliothèque*, au-dessous du musée, compte env. 40 000 vol.

et 200 manuscrits. Elle est ouverte de midi à 4 h., les lundi, mardi,
mercr. et sam., de 8 à 10 et de 1 à 3 le jeudi, en août et septembre.

La rue Fesch aboutit plus loin au *cours Napoléon*, qui a des allées d'orangers. Dans la partie de dr. ou du côté de la gare, ce cours passe à la place où est la belle *statue de Ch. Abbatucci*, général tué en 1796 à la défense de Huningue; elle est par Vital Dubray. A l'extrémité d'une petite rue en face de la place, le *palais de justice*, achevé en 1873. — Dans l'autre partie du cours, en retournant vers la place du Diamant, l'*église St-Roch* (pl. 4); puis, au n° 11, l'*hôtel Sebastiani* (pl. 7), qui a un grand parc, qu'on peut visiter (pourb.); le *théâtre St-Gabriel* (pl. 16) et la *préfecture* (pl. 13), un joli édifice moderne.

Une des plus belles promenades d'Ajaccio est le quai du quartier S., le **boulevard Lantivy*, surtout fréquenté l'après-midi et qui offre de belles vues. A dr. au delà de l'évêché s'en détache le boul. des Etrangers, parallèle au boul. Grandval. Plus loin, l'*hospice Eugénie*, la *place Miot*, l'anc. *fort Miot* ou *batterie du Maëstrello*, maintenant un gymnase; à dr., le *vélodrome* et l'*école normale d'instituteurs*.

Environs d'Ajaccio.

La **route du Salario**, qui commence à la *place du Casone*, à l'extrémité du boul. Grandval (p. 392), est l'une des plus belles des environs (fiacre, 3 fr.). Elle passe à dr. à la prétendue *grotte Napoléon* et monte lentement en lacets, entre de beaux bois d'oliviers, sur les versants du *mont Salario* (295 m.), jusqu'à la *fontaine du Salario* (4 kil.), située au N. Vues ravissantes sur la ville, le port, le golfe et les montagnes. — A env. ¼ d'h. de la ville, à g. en deçà d'une chap. funèbre dite *chapelle Péraldi*, l'entrée de la *promenade des Pins*, importante pour les malades, parce qu'elle est abritée du vent. Les sentiers y montent au milieu de beaux maquis, jusqu'à mi-hauteur du Salario (³/₄ d'h.), et offrent aussi de jolies vues.

De la fontaine du Salario, la vue s'étend sur la vallée de St-Antoine et Castelluccio (p. 396). Un sentier à l'O. à la dernière courbe de la route mène en ½ h. au pénitencier de St-Antoine (p. 396). Un autre, 50 pas en deçà de la fontaine, permet de gravir en 20 min., en appuyant à l'E. au bout de ¼ d'h., le sommet du *mont Salario* (295 m.), d'où l'on a une belle vue de montagnes, du Capo Tafonato au mont Renoso. En prenant à l'O. à la descente, on trouve au bout de ¼ d'h. et de 25 min. des sentiers qui passent par le *mont Cacalo* (205 m.) et ramènent à Ajaccio (1 h.). On pourrait aussi gagner par là, en passant à une bergerie, la promenade des Pins (1 h. ¼; v. ci-dessus).

La **route de la Parata**, suite du boul. Lantivy (v. ci-dessus) au delà de la place Miot, est aussi fréquentée par les promeneurs et charmante, bien que dépourvue d'ombre. Elle longe constamment la mer, sur un parcours de 13 kil.: fiacre 10 fr.; 1 h. ¼ de trajet. A 1 kil., la *chapelle des Grecs*, qui date de 1632. On remarque, dans les jardins, un grand nombre de *chapelles funèbres* de familles ajacciennes et dans le maquis des *tombeaux* plus modestes, les Corses aimant les sépultures isolées. A 2 kil. ½, le *cimetière* de la ville. Puis

(1 kil. ¹/₂), le chalet de la *Barbicaja,* renommé par ses orangers, et (1 kil.) celui de *Scudo,* aux comtes Pozzo di Borgo, avec un joli jardin, et plus loin un petit restaurant (barques). — Ensuite la contrée est déserte et il n'y a plus sur la route que *Vignola* (2 kil.), une maison de paysans isolée. La route aboutit à une langue de terre d'à peine 30 m. de large, qui rattache à l'île la *tour de la Parata* (env. 45 m.), anc. fortin génois, sur un rocher toujours battu par les flots. La vue de la mer y est grandiose par un fort vent du S.-O., de l'O. ou du N.-O.

Les *îles Sanguinaires,* en face de la Parata, redevables de leur nom à leur couleur, n'ont rien de bien curieux. Il y a env. ³/₄ d'h. de traversée de la tour à la grande île et il faut d'ordinaire commander une barque d'avance, par ex. celle du gardien du phare. On ne saurait recommander d'y aller en barque d'Ajaccio (6 h. de mer).

Le *mont Pozzo-di-Borgo* (780 m.) est le principal but d'excursion aux environs d'Ajaccio, au N.-O., où est le château de la Punta et d'où la vue est magnifique. 12 kil. de route; chev., 5 fr.; voit. (1 h. ³/₄ à 2 h. de montée), 10 à 15 fr. On trouve des rafraîchissements chez le gardien du château. La route de voit. est d'abord celle de Bastia. Immédiatement avant la *station des torpilleurs* ou monte à g., en passant au *haras,* par des collines charmantes couvertes d'arbres fruitiers. A 5 min. de la grande route, le beau *parc Carrosaccia.* On passe sous un aqueduc, dans un beau maquis et un bois d'oliviers. Joli coup d'œil en arrière sur le golfe d'Ajaccio. Puis le *jardin des Prêtres.* A 5 kil., le *col de Faccia-di-Campo,* où l'on prend aussi à gauche. On passe ensuite à une *chapelle,* aux *tours des Monticchi,* des ruines de château du XIVᵉ s., et par une rampe rapide en lacets.

A pied, on peut monter au château en 2 h. ¹/₄. On quitte le cours Napoléon en deçà de la gare et monte le premier chemin à g. Au bout d'env. 20 min., à dr., à la *chapelle de Loreto* (p. 396), on redescend un peu, puis remonte lentement jusqu'à 1 h. d'Ajaccio, dans la direction du pénitencier de Castelluccio (p. 396), visible de loin, sur le versant S. du mont Pozzo-di-Borgo. Ensuite au N.-O. et à la fin au N., par un sentier passable, mais raide, surtout les 20 dernières min., en 1 h. ¹/₄ au château.

Le *château de la Punta* (env. 650 m.), 7 kil. plus loin, a été construit de 1886 à 1894 par les comtes Jér. et Ch. Pozzo di Borgo, avec des restes du palais des Tuileries de Paris, dont il reproduit un des pavillons, de Jean Bullant. On peut le visiter (pourb.).

Dans le *grand salon,* une cheminée de la Renaissance et des peintures: prétendu portr. du pape Clément VII, par Séb. del Piombo (?); portr. de P. Paoli, par un inconnu; de Ch.-A. Pozzo di Borgo (p. 393), par Gérard, et de Napoléon Iᵉʳ, par David (1815). Dans la *salle à manger,* une autre cheminée de la Renaissance, 4 tapisseries et des peintures par le Pordenone, la Foi, l'Espérance et la Charité. — Au Iᵉʳ *étage,* une galerie où il y a encore des tableaux, par Jules Romain (Adam et Eve), le Padovanino, Salvator Rosa, etc.

On a déjà une vue magnifique de la terrasse du château, mais bien plus étendue du sommet de la montagne, jusqu'où l'on devra pousser, ce qui demande env. ¹/₂ h. On prend d'abord le chemin à l'angle N.-O. du château, et à 3 min. de là, à g., près d'un réservoir, un sentier à l'ombre l'après-midi, qui s'élève rapidement à travers le maquis. Le *panorama est grandiose: au N.-E., les principales cimes de la Corse, les monts d'Oro, Rotondo et Cinto, et le singulier Capo Tafonato; au N., les golfes de Lava et de Sagone; au S., celui d'Ajaccio et la ville; au S.-O., les îles Sanguinaires. Le prolongement du mont Pozzo-di-Borgo à l'O. est la *Lisa* (790 m.).

Sur le versant S. du mont Pozzo-di-Borgo est le *pénitencier de Castelluccio* (euv. 180 m.), pour des détenus arabes. On y va en 1 h. 1/2 par la route à g. au delà de la gare, en passant au *pénitencier de St-Antoine*, qui en dépend, ou bien, ce qui est plus intéressant, directement en 3/4 d'h. par la *chapelle de Loreto* (p. 395) et un sentier dans la vallée de St-Antoine.

L'excursion au *pénitencier de Chiavari*, au S. du golfe d'Ajaccio, où sont aussi des détenus arabes, se fait par le bateau mentionné p. 391. Elle n'est agréable que par un temps clair et si la mer est calme. On a durant le trajet de magnifiques coups d'œil. Le dim. et le jeudi, on a le temps, en partant le matin et revenant le soir, de visiter l'établissement (144 m.), à 3 kil. du port (omn.) ou 20 min. par les raccourcis. On y est admis le matin, avec une autorisation. Il intéressera même le simple visiteur, par son organisation et les résultats de son exploitation agricole. On peut déjeuner convenablement à la cantine pour 2 fr.

Charmante excursion à *Cauro*, à l'E., par la route de Sartène et Bonifacio (p. 399-400); 20 kil.; voit., 15 à 20 fr. — A *Calcatoggio*, au N., par la route de Vico, v. ci-dessous.

Excursion intéressante aussi, en une journée, au *col de Vizzavona* (p. 403), en partant par le premier train. De la station de Vizzavona au col en 3/4 d'h. et descente de là en 2 h. à *Bocognano* (p. 402), d'où l'on rentre à Ajaccio par le train du soir.

D'Ajaccio à *Calcatoggio*, *Vico* et *Evisa* et aux *Calanche de Piana*, v. R. 55; à *Bonifacio*, R. 56; à *Bastia*, R. 57; à *Guitera* et *Zicavo*, p. 400; à *Caldaniccia*, p. 402.

55. D'Ajaccio à Evisa par Vico et retour par Porto.

I. D'Ajaccio à Evisa par Vico.

51 kil. 5 jusqu'à *Vico*, voit. publ. à 11 h. du m. (déjeuner avant le départ); trajet en 8 h., pour 4 et 3 fr. — 18 kil. de Vico à *Evisa*; voit. partic., (la commander à l'hôtel d'Evisa), 12 fr.; chev. 6 à 8 fr. — Excursion magnifique et naturellement plus agréable avec une voit. particulière, qui coûte de 60 à 75 fr. Cette première partie de l'excursion prend 2 jours, avec un tour dans la forêt d'Aïtone.

Ajaccio, v. p. 390. On suit d'abord la route de Bastia, en passant à la station des torpilleurs (p. 395), l'*abattoir* et le *château Bacciochi* (à g.); puis on laisse à dr. celle de Sartène-Bonifacio (p. 399). Ensuite la contrée devient uniforme, mais on a en face une jolie vue sur le mont d'Oro. — 6 kil. 5. *Mezzavia*, où l'on quitte la route de Bastia elle-même et passe sous l'aqueduc d'Ajaccio. Puis on monte au N. — 12 kil. 5. *Col de Listincone* (239 m.). La vue devient très belle et s'étend sur le mont Pozzo-di-Borgo, le golfe de Lava et le cap de Feno.

19 kil. *Col de Sebastiano* (415 m.), où il y a une chapelle et un relais (vin). *Vue magnifique et surprenante, au N. jusqu'au Capo Tafonato, encore plus étendue de la cime rocheuse (464 m.) à 10 min. à l'O. de la chapelle, d'où on voit les trois golfes d'Ajaccio, de Lava et de Sagone.

22 kil. *La Marignaninca*, autre relais, moins bien situé pour la vue que le précédent. Il dépend de *Ccleatoggio*, à 5 min. à dr., sur une colline (328 m.; aub. Rose Paoli).

On descend ensuite au beau *golfe de Sagone*, situé à l'embouchure du *Liamone*, dans une plaine malsaine. A dr., la tour génoise de *Capigliolo*.

36 kil. 4. **Sagone** *(2 aub.)*, hameau qui a un petit port et une belle plage, jadis une ville, avec un évêché. Route de Porto, v. p. 399.

La route de Vico prend au N.-E. à Sagone. — 50 kil. 5. *Col de St-Antoine-de-Vico* (496 m.). Belle vue à l'O. et à l'E. A g. s'embranche la route d'Evisa (v. ci-dessous).

51 kil. 4. **Vico** (env. 400 m.; hôt.: *des Gourmets, de France*), vieille petite ville dans un joli site. A ¼ d'h. au S., le *couvent de St-François*, d'où l'on a une belle vue et qui possède un herbier intéressante

De Vico aux bains de Guagno: 11 kil., voit. publ. en correspond. dans la saison; 2 fr. et 1 fr. 50. — La route prend à l'E. A dr. se dresse la *Sposa* ou *Sposata* (1429 m.). On passe par *Murzo* (303 m.) et le *col de Sorro* (625 m.), d'où la vue est fort belle. — 11 kil. **Bains de Guagno** (436 m.; *hôtel* seulement pour les baigneurs), un des établissements les plus importants de la Corse. Il y a deux sources d'eaux thermales sulfureuses, employées dans le traitement des maladies de la peau, des suites de blessures, etc. Belle contrée. Le village de *Guagno* (aub.) est 6 kil. plus loin à l'E., dans un beau site. A l'E.-N.-E., le *mont Rotondo* (p. 404).

En continuant sur Evisa, on retourne au col de St-Antoine, à moins de 2 kil., d'où l'on se dirige vers le N., et il y a une montée fort raide. — 55 kil. (d'Ajaccio, avec le détour par Vico). *Chapelle St-Roch* (755 m.), pèlerinage. On voit ensuite à dr. Guagno et le mont Rotondo.

60 kil. *Col de Sevi* (1094 ou 1101 m.), d'où la vue est fort belle. Ensuite une descente magnifique, dans une forêt, où la route fait de nombreux lacets. — 65 kil. 5. *Cristinacce*, dans un joli site. — 67 kil. 5. *Fontaine de Caracuto*, où s'embranche la route de la forêt d'Aïtone (v. ci-dessous).

69 kil. 5. **Evisa** (842 m.; *hôt. Gigli*, bon et pas cher), bourg dans un site tout particulier, près d'une magnifique forêt de châtaigniers et en vue de montagnes superbes. C'est un lieu de villégiature charmant.

La **forêt d'Aïtone**, une des plus belles de la Corse et de 1700 hect. de superficie, est à 5 kil. du bourg, dans un cirque de montagnes, par la route mentionnée ci-dessus. Elle se compose surtout de magnifiques pins laricios. On recommande d'y faire un tour jusqu'au *col de Vergio* (1464 m.), à 12 kil. au N.-E.: voit., 12 fr.; chev., 5 fr. Suite de la route, v. p. 398.

D'Evisa a Corte: 64 kil. de route, mais voit. publ. seulement à partir de Calacuccia; à 36 kil. d'Evisa et 28 de Corte. On traverse la *forêt*

d'Aïtone jusqu'au *col de Vergio* (v. p. 397), d'où l'on redescend par la
forêt de Valdoniello, aussi fort remarquable, et dont les parties non encore exploitées présentent des arbres qui atteignent jusqu'à 35 m. de
hauteur et 10 m. de tour. Ensuite vient la vallée du *Golo*, où sont les
pâturages du *Niolo*. — 33 kil. *Albertacce* (867 m.; aub.). — 36 kil. *Calacuccia*
(847 m.; hôt. Verdoni).

On peut faire de ce village diverses excursions intéressantes, notamment l'ascension du **mont Cinto** (2710 m.), principal sommet de la Corse,
composé de porphyre. Elle demande env. 7 h. 1/2, avec un guide, et elle
est plus pénible que difficile. La vue y est superbe, mais souvent voilée
au milieu de la journée.

La vallée du *Golo* forme en aval de Calacuccia une gorge magnifique, dite la **Scala di Santa Regina*, qui s'étend jusqu'à env. 10 kil., au
pont de Santa Regina, et que traverse la route. Le reste est moins intéressant. A une aub. 1500 m. en deçà de Castirla, à g., une route qui
continue par la vallée du Golo vers la stat. de Francardo (p. 404). La
route de Corte tourne au S. — 53 kil. *Castirla*. — 58 kil. *Col d'Ominanda*
(657 m.). — 64 kil. *Corte* (p. 403).

II. D'Evisa à Ajaccio par Porto.

22 kil. de route jusqu'à *Porto*, mais pas de voit. publ.; voit. partic.,
env. 15 fr.; chev., 6 à 8 fr. — 11 kil. 5 de Porto à *Piana*, jusqu'où l'on
poussera de Porto le même jour, pour voir à loisir les Calanche. —
71 kil. 5 de Piana à *Ajaccio* et voit. publ. le mat., trajet d'env. 10 h.

La route d'Evisa à Porto descend par de nombreux lacets dans
la *gorge de Porto*, qui est très remarquable. Elle ne traverse aucune
localité. — 4 kil. *Pont de Tavolella* (611 m.), où l'on arrive par
un vaste circuit (vue) et en tournant à la fin tout à fait à l'E., pour
reprendre ensuite la direction opposée. On contourne le cirque
rocheux dit la **Spelunca*. — 11 kil. **Col de Capicciolo* (540 m.),
partie la plus curieuse du parcours. — 17 kil. *Pont de Cario*
(183 m.), qu'on atteint par un lacet au S. dans une vallée entre des
montagnes granitiques, surtout le *Capo alla Polmonaccia* (1715 m.),
à g., et le *Capo d'Orto* (1306 m.), à dr. On rejoint, à moins de
2 kil. de Porto, la route d'Ajaccio, où l'on peut tourner à g., si l'on
ne veut aller à Porto, mais immédiatement à Piana (p. 399). Dans
le cas contraire, on traverse la rivière, et l'on descend en vue du
magnifique **golfe de Porto*.

22 kil. **Porto** (*aub. Versini* et *Perretti*), hameau avec un petit
port d'où s'expédient les arbres descendus des forêts voisines. Au
port, une vieille tour de guet génoise.

DE PORTO A CALVI: 78 kil. de route très intéressante, encore plus en
sens inverse, mais pas de voit. publique. Belle vue à la montée pour
sortir de la vallée de Porto. Plus loin, une petite gorge rocheuse. —
13 kil. *Partinello* (aub.), village dans un beau site. Vient ensuite une suc-
cession de descentes et de montées en lacets à travers un pays toujours
pittoresque; mais il n'y a guère sur la route que des maisons de cantonniers. — 21 kil. **Col de la Croix* (372 m.), d'où l'on a une vue splendide sur le golfe de Porto, en arrière, et sur le *golfe de Girolata*, vers
lequel on redescend. — 33 kil. **Col de Parma* ou *Bocca Parmarella*, d'où
la vue n'est guère moins belle. On redescend vers la vallée du *Fango*,
que la route traverse après s'être rapprochée du *golfe de Galeria*. —
Galeria (aub. Pianacci, assez bonne), à 6 kil. à g. à l'écart de la route,
est un village important, avec un petit port. — 46 kil. (de Porto). *Pont du
Fango*. La route est encore ensuite plus déserte. Elle longe à certains

endroits d'assez près la côte, toujours profondément découpée et fort belle. — 78 kil. *Calvi* (p. 406).

La route de Porto à Ajaccio va traverser la rivière de Porto au débouché de la route d'Evisa (v. p. 398) et contourne encore de l'autre côté le fond du golfe, en montant rapidement. *Vue splendide. A un peu moins de 10 kil. de Porto commencent les célèbres *Calanche de Piana (pron. «calanque»), ensemble de rochers des plus curieux, particulièrement au coucher du soleil, qui donne aux promontoires du golfe une teinte de braise ardente se reflétant dans la mer, d'un bleu intense. Les rochers y atteignent env. 400 m. de hauteur et la route les traverse sur un espace de près de 1800 m.

33 kil. 5 (d'Evisa). **Piana** (438 m.; *hôt. des Calanche,* insuffisant), village à 1500 m. des Calanche, dans un site magnifique, peut-être le plus beau de la côte.

La route s'écarte ensuite de plus en plus de la mer et passe par deux cols d'où l'on a de belles vues, s'étendant au N.-E. jusqu'au curieux Capo Tafonato, souvent couvert de neige. Puis on redescend vers le grand et beau *golfe de Sagone.*

53 kil. **Cargèse** (env. 40 m.; *hôt. Continental*), bourg dont la population descend en partie de Grecs qui se sont réfugiés ici de Morée, en 1676. Il occupe un joli site, sur un promontoire au N. du golfe. L'église latine et l'église grecque y sont en face l'une de l'autre.

Puis on longe généralement la côte, où la route monte et descend.

67 kil. *Sagone,* où l'on retombe dans la route déjà suivie en venant d'Ajaccio (p. 397-396).

56. D'Ajaccio à Bonifacio.

140 kil. de route et voitures publiques tous les jours. Messageries jusqu'à *Sartène:* 85 kil.; 13 h. 1/2, de 10 h. 1/4 du mat. à 11 h. 3/4 du soir; coupé, 10 fr. 50; intér. et banq., 8 fr. 50. Autre voiture de Sartène à *Bonifacio:* 55 kil.; 6 h., de 11 h. 1/2 du m. à 5 h. 1/2 du s.; coupé, 7 fr.; intér., 5 fr. Voit. aussi d'Ajaccio à *Sta - Maria - Siché* à 3 h. 1/2 du s. (ret., 5 h. du m.), prix, 2 fr. 50. — Bat. à vap. de la comp. Fraissinet, le mardi à 8 h. du m. pour *Propriano* (2 h. d'arrêt) et *Bonifacio* (arrivée à 4 h. 1/2), le dim. à 10 h. du m. pour Propriano seulement et, tous les 15 jours, le dim. à midi en hiver et min. en été pour Bonifacio directement, ces trajets en 3 h. et 6 h. 1/4 à 8 h. 1/2, pour 6 et 5 fr. et 10 et 8 fr. — Au retour, départ de la voit. de Bonifacio à 11 h. 1/2 du s., à Sartène à 8 h. 1/2 du m.; de là à 3 h. 1/2 du s. et à Ajaccio vers 5 h. du matin. — Bat. à vap.: de Bonifacio, le sam. à 10 h. du m., par Propriano, où l'on pose 3 h., et directement tous les 15 jours, le lundi à 4 h. du soir.

Ajaccio, v. p. 390. La route, qui passe en majeure partie dans l'intérieur de l'île, est fort intéressante. C'est d'abord, jusqu'à près de 3 kil. de la ville, la même que celle de Bastia, qui commence au cours Napoléon. Elle contourne le port, avec le ch. de fer (p. 402), en offrant comme lui de très belles vues. Ensuite elle monte un peu, pour redescendre dans la *vallée du Gravone* (p. 402), et elle croise le ch. de fer à l'arrêt de *Campo-di-Loro* (p. 402), puis la rivière, qui forme deux bras, entre lesquels s'étend la plaine marécageuse et malsaine dite *Campo di Loro* ou *dell'Oro*. Plus loin, on traverse le *Prunelli*, affluent du Gravone, au *pont de Pisciatella* (11 kil.), où il y a un relais et deux aub. (bon vin). La route tourne à l'E. dans la *vallée du Mutoleggio*, et l'on a bientôt un coup d'œil magnifique en arrière sur le golfe d'Ajaccio. Beau maquis. La vue s'étend de plus en plus, surtout après *le Barracone* (7 kil.).

20 kil. *Cauro* (376 m.; hôt. de France, modeste), village entouré de magnifiques montagnes et but de promenade d'Ajaccio.

De Cauro a Bastelica : 19 kil., voit. publ. 3 fois par sem., en correspond. avec celle d'Ajaccio à Sartène, à 1 h. du s. (ret., 5 h. du m.), trajet en 3 h. Belle route forestière. — **Bastelica** (750 à 800 m.; 2 hôtels) est une localité de 3341 hab., dans un beau site, qui devient un séjour d'été. C'est le lieu où est né *Sampiero*, ardent patriote et adversaire acharné des Génois, qui le firent assassiner, en 1567. Il y a depuis 1890, sur la place de l'église, une statue en bronze par Vital Dubray. — On peut faire de Bastelica en été, en 5 h., avec un guide, l'ascension facile du *mont Renoso* (2357 m.), au S. du col de Vizzavona (p. 403).

28 kil. *Col de St-Georges* (762 m.), où l'on relaie. La vue y est restreinte, mais on a un vaste panorama de la hauteur à 10 min. à l'E. La route redescend. Belle vue des montagnes et du golfe de Valinco. — 32 kil. *Moulin d'Apa*, où s'embranche la route de Zicavo, que là voit. de Sartène suit jusqu'à Sta-Maria (2 kil.), pour revenir ensuite au même point. — *Sta-Maria-Siché* (hôt. Continental) est une petite localité près de laquelle Sampiero (v. ci-dessus) eut un château, maintenant en ruine.

De Sta-Maria-Siché a Zicavo : 28 kil., voit. publ. tous les jours, trajet en 5 h., pour 2 fr. 50 (5 fr. d'Ajaccio; dép. de là à 8 h. 1/2 du mat.). La route monte et offre de belles vues. — 5 kil. *Campo*. — 7 kil. *Frasseto*. — 11 kil. *Col de Granace* (827 m.), d'où l'on a une vue magnifique. Contrée charmante. — 14 kil. *Zevaco*. — 18 kil. *Corrano*. — 22 kil. **Bains de Guitera** (438 m.; *hôtel* à l'établissement), sur la rive dr. du *Taravo*, en somme peu importants. Ils sont alimentés par une source abondante d'eau sulfurée sodique (44°). On y vient au commencement et à la fin de l'été. — 28 kil. **Zicavo** (*hôt. Léandri*, bon), bourg de 1644 hab., dans un site charmant.

Le mont Incudine (2136 m.) se gravit facilement de cet endroit en 5 à 6 h., avec un guide. On peut aller à dos de mulet jusqu'à 1/2 h. du sommet. Il y a à mi-chemin des bergeries où l'on peut coucher, si l'on veut assister du sommet au lever du soleil. Le *panorama de l'Incudine passe pour le plus beau de la Corse. La descente demande env. 4 h. 1/2.

Au lieu de s'en retourner de Zicavo par le même chemin, on peut prendre la belle route de l'intérieur de l'île qui passe à cet endroit et conduit au S. à *Sartène* (60 kil.; v. ci-dessous) et au N. à *Corte* (80 kil.; p. 403); mais il n'y a pas de voit. publ. pour Vivario (58 kil.), où l'on a le ch. de fer pour Corte (22 kil., v. p. 403).

34 kil. **Grosseto-Prugna** (441 m.; hôt.). La route descend par un vallon jusqu'au *Taravo*, qu'elle traverse, et elle remonte rapidement. — 48 kil. *Petreto-Bicchisano* (412 m.; hôt.), dans un joli site. — 57 kil. *Casalabriva*. — 59 kil. *Col* ou *Bocca Celaccia* (594 m.), d'où la vue est très belle. Au S., le golfe de Valinco, vers lequel on va redescendre. — 63 kil. *Olmeto* (325 m.; hôt.). 2068 habitants.

72 kil. **Propriano** (*hôt. Peretti*, bon), ville de 1860 hab., avec un petit port de mer en voie de prospérité, sur le beau *golfe de Valinco*. Bateaux à vapeur, v. p. 391. Départ, pour Ajaccio le mardi à midi,

pour Bonifacio, tous les 15 jours, le lundi à 4 h. du matin. La route s'éloigne ensuite de nouveau de la côte et remonte. A. g., deux menhirs et plus loin un dolmen bien conservé.

85 kil. **Sartène** (299 m.; *hôt. de l'Univers*, simple, mais propre), ville agréable de 6154 hab., et chef-lieu d'arr., dans un site très pittoresque, sur une hauteur, d'où l'on a une belle vue. — Curieuses processions nocturnes le vendredi saint et neuf jours après Pâques.

Le pays que traverse ensuite la route est encore intéressant et très fertile, mais désolé en été par la sécheresse et la malaria. La route continue de monter et de descendre. — 108 kil. *Roccapina*, tout petit hameau, avant lequel on a une très belle vue du *golfe de Roccapina* et du *Lion de Roccapina,* rocher dont l'extrémité affecte la forme d'un lion couché. — 119 kil. *Pianottoli* (aub.), hameau où l'on relaie. — Beau coup d'œil sur Bonifacio à partir du *col d'Arbia* (128 m.), 7 kil. en deçà de la ville.

140 kil. **Bonifacio** (*H. de France* ou *Costa*, ordinaire; *H. des Voyageurs*, tous deux place Fondaco), vieille ville, place et port forte de 3858 hab., mal bâtie et aux rues très étroites et malpropres, mais dans un site des plus pittoresques, sur une presqu'île rocheuse d'env. 1500 m. de long, formant un haut promontoire où est la citadelle. Elle a été fondée au ixe s. par un seigneur toscan du nom de Boniface, après une victoire navale sur les Sarrasins. Plus tard, elle échut aux Pisans, puis à Gênes, qui la favorisa, et elle se montra en retour inébranlable dans sa fidélité à la république, comme le prouve sa défense mémorable contre Alphonse d'Aragon, en 1420. — Curieuse procession le jeudi ou le vendredi saint.

Le *port* est dans une baie dont un côté est formé par le promontoire. On monte de là à la ville par un escalier ou bien par une rue qui va tourner à l'extrémité du quai et rejoint la route d'Ajaccio.

Au milieu de la ville est l'*église Ste-Marie-Majeure*, la cathédrale, d'architecture pisane. — Plus loin, la vieille *citadelle*, qui renferme divers monuments. On y remarque d'abord, à g., le *Torrione*, grosse tour de 24 m. de haut, élevée en 828 par le marquis Boniface. Au pied de cette tour, l'*escalier du Roi-d'Aragon*, de 217 marches, qui descend à la mer; il a été taillé dans le roc, durant le siège de 1420, à l'insu des assiégés, qui ne pouvaient le voir. Non loin de la tour, à dr., *St-Dominique*, belle église du style goth., bâtie par les templiers, le clocher octogone, d'architecture pisane et inachevé. A l'extrémité, un chemin de croix attribué à Watteau. — Puis une grande caserne et l'hôtel du commandant de place, près duquel se trouve un *puits* exécuté par le génie de 1855 à 1866, qui a 64 m. de profondeur sur 3 m. de largeur, avec un escalier en spirale de 337 marches. A dr., presque en face, *Ste-Marie-Madeleine*, etc. Vers l'extrémité de la presqu'île, à g., un cimetière et *St-François;* derrière, plus bas, *St-Antoine*, etc.

Vue charmante sur le détroit et sur la Sardaigne, qui est à une dizaine de kilomètres. En face, Longo Sardo; à g., l'île de *la Maddalena*, où les Italiens ont un port de guerre. Près de la Corse, l'île de *la Lavezzi*, avec un phare, où se perdit en 1855 la frégate française la Sémillante, allant en Crimée avec 800 hommes à bord.

De l'autre côté de l'entrée du port est la *pointe de la Madonetta*, petite presqu'île derrière laquelle il y a de curieuses *grottes («le Camere»), la plus remarquable encore un peu plus loin, près de la *pointe de Dragonuto*. Elles sont baignées par la mer et on ne peut y pénétrer qu'en barque, par un temps calme et avec le vent d'est. On y va de préférence l'après-midi, à cause des effets de lumière. On paie 4 à 5 fr. pour une ou plusieurs personnes, la moitié si l'on ne va qu'à la *Dragonetta*, la plus belle, comparable à la fameuse grotte d'Azur de Caprée. L'ouverture a env. 5 m. de large sur 3 de haut et la falaise présente en avant comme un dôme gigantesque. L'intérieur a env. 30 m. de haut. La voûte y est garnie de stalactites et percée d'une ouverture qui laisse pénétrer le jour. L'eau, qui a 3 à 4 m. de profondeur, y est d'un magnifique bleu d'azur.

De Bonifacio à *Bastia*, v. R. 60. Bateau à vapeur d'*Ajaccio*, v. p. 391. Départ de Bonifacio, tous les 15 jours, le lundi à 4 h. du soir.

57. D'Ajaccio à Bastia.

158 kil. Chemin de fer à voie étroite. Trajet en 5 h. 20 à 7 h. 40. Prix: 17 fr. 80, 13 fr. 35, 9 fr. 75. — Trajet intéressant aussi en voit. et même à pied de Bocognano à Vivario.

Ajaccio, v. p. 390. Belle vue au départ à g. sur le mont Pozzo-di-Borgo (p. 395), puis à dr. sur le golfe et la ville. La voie passe entre des haies d'eucalyptus et de cactus. A g. aussi, la *chap. St-Joseph*. A dr., le *fort d'Aspreto*. Tunnel de 376 m. On traverse la plaine marécageuse et malsaine *Campo di Loro* ou *dell'Oro*, qui s'étend jusqu'à la côte mérid. du golfe et qui est arrosée par le *Gravone* ou la *Gravona*. — 6 kil. *Campo-di-Loro*. — Jolis coups d'œil en arrière. — 9 kil. *Caldaniccia*, hameau qui a 5 sources d'eaux thermales sulfurées sodiques, avec un établissement dont les clients se logent surtout à Ajaccio. — Large vallée déserte, où l'on traverse deux fois le Gravone.

13 kil. *Mezzana-Sarrola* (56 m.). On traverse encore plus loin le Gravone et la voie monte rapidement. Cette ligne est très curieuse par ses ouvrages d'art, et il y a notamment beaucoup de lacets et de viaducs. — 22 kil. *Carbuccia* (207 m.). La contrée devient plus pittoresque et boisée. — 31 kil. *Ucciani* (381 m.). Tunnel. — 35 kil. *Tavera* (465 m.). La voie est de plus en plus curieuse. On passe à une grande hauteur au-dessus de la rivière. Tunnel. Vaste courbe d'où l'on voit en arrière la partie de la voie qu'on vient de parcourir. Autre tunnel.

42 kil. *Bocognano* (672 m.; hôt. de l'Univers), gros village, dans un site grandiose. C'est le pays d'origine des fameux bandits *Bella-coscia* (belle cuisse), de leurs vrais nom Ant. et Jacques Bonelli.

La voie contourne Bocognano en passant en contre-haut sur des viaducs. Ensuite deux petits tunnels et l'on sort de la vallée du Gravone par un tunnel de 3934 m. (9 min.), sous le *col de Vizzavona* ou *la Foce* (1162 m.). Ce col est entre le *mont d'Oro*, au N. (v. ci-dessous), et le *mont Renoso*, au S. (p. 400), où il y a encore de la neige au printemps.

51 kil. **Vizzavona** (env. 900 m.; *buffet*). A côté, le *Gr.-H. Vizzavona*, qui est nouveau. Grande et belle *forêt de Vizzavona* (hêtres), où passe la route de Vivario (v. ci-dessous). Il y a à *la Foce*, à 3 kil. ¹/₂ de la gare par la route ou ¹/₂ h. par un sentier sous bois, un *hôtel*, dit du Monte-d'Oro, qui est une station d'été dépendant de l'hôt. Bellevue d'Ajaccio (pens. dep. 6 fr., vin comp.). Site pittoresque et boisé. Belles promenades aux environs.

Le *mont d'Oro* (2391 m.) se gravit de la Foce en 5 h. ¹/₂, avec un guide. L'ascension est pénible, mais n'offre pas trop de difficulté en été. — On en a une vue d'ensemble fort remarquable du *Belvédère* (1453 m.), à ³/₄ d'h. de l'hôtel. — L'ascension du *mont Renoso* (2357 m.) se fait plutôt de Bastelica (p. 400).

On redescend ensuite par la vallée du *Vecchio*, affluent du Tavignano. Tunnel. — 55 kil. *Tattone* (802 m.). A g., le *mont Rotondo* (v. p. 404). *Gorges grandioses à g.; 4 tunnels et coup d'œil surprenant sur le bas de la vallée après le troisième. La voie fait un grand lacet à dr. à Vivario.

62 kil. *Vivario* ou *Gatti-di-Vivario* (617 m.; buffet; hôtel), localité de 1395 hab. Il y a sur la place une Diane chasseresse en bronze, d'après l'antique. Route de Zicavo, v. p. 400.

68 kil. *Vecchio* (575 m.), que précèdent 3 tunnels et un viaduc de 74 m de haut, sur la rivière de ce nom. Vallée rocheuse et dénudée à dr.; encore 5 tunnels et des viaducs. — 73 kil. *Venaco* (565 m.). 4 tunnels. — 76 kil. *Poggio-Riventosa* (546 m.). 7 tunnels.

84 kil. **Corte** (393 m.; petit *buffet*, dé. 2 fr. 50; hôt.: *du Nord & de l'Europe*, bon; *Paoli*, cours de ce nom, bon, ch. 3 fr., s. 50 c., dé. 3 fr., dî. 4, om. 50 c.), ville malpropre de 5000 hab. et chef-lieu d'arr., dans un site fort pittoresque, sur le *Tavignano*. Une citadelle, sur une hauteur (500 m.), la commande et en fait une place importante, qui fut vivement disputée dans les guerres des siècles passés. Aux alentours, d'autres hauteurs rocheuses et dénudées.

Sur la place principale, la place Paoli, s'élève la *statue de Pascal Paoli*, héros de la lutte pour l'indépendance de la Corse (v. p. 390), bronze par Huguenin. Corte fut le centre de son gouvernement démocratique. On montre encore, dans le *palais de Corte* (tribunal), ses salles d'audience et son cabinet de travail. Cette petite ville, aujourd'hui si calme, eut aussi une université, une imprimerie et un journal, fondés par Paoli en 1765.

Sur une autre place, à la sortie du côté de Bastia, la *statue du général Arrighi de Casanova*, duc de Padoue (1779-1853).

Très belles vues des hauteurs au N. de la ville. — Promenade intéressante dans la *vallée du Tavignano*, du côté de la citadelle.

Route d'*Evisa* par Calacuccia, v. p. 398—397. — Belle excursion de la *vallée de la Restonica*, qui se jette dans le Tavignano, après un cours d'env. 60 kil. C'est une vallée sauvage et pittoresque, avec cascades et belles châtaigneraies, bordée de hautes montagnes granitiques. Il y a une route de voit. jusqu'à env. 1 h. 1/2 de distance. On voit à l'extrémité l'imposante pyramide du mont Rotondo, couverte de neige.

Le mont **Rotondo** (2625 m.) se gravit surtout de Corte, de préférence aux mois de juillet et d'août. On compte 7 à 8 h. pour la montée et 6 h. pour la descente, sans arrêts, de sorte qu'il faut en réalité 2 jours, car cette ascension, en somme peu intéressante, se fait particulièrement pour jouir au sommet du lever du soleil. Plus tard, du reste, la vue est très souvent voilée. Il faut un guide (Jos. Valentini; 10 fr. par jour) avec deux mulets (env. 20 fr.), et l'on est obligé d'emporter des provisions de bouche et des couvertures. — On suit d'abord la vallée de la *Restonica* (v. ci-dessus), puis on regagne le ravin du *Timozzo*, qui forme de belles cascades. Le chemin est praticable aux mulets jusqu'au *pont de Timozzo* (1094 m.), à 2 h. 1/4 de Corte, et même jusqu'aux *bergeries de Timozzo* (env. 1500 m.), 1 h. 1/4 plus loin, où on laisse les montures. De là on arrive aussi en 1 h. 1/4, à travers un chaos de rochers, à la *fontaine de Triggione* (env. 1950 m.), avant laquelle on aperçoit enfin la cime de la montagne. A 1/4 d'h. de là se trouve le *lac du Mont-Rotondo* (2058 m.), près duquel on passe la nuit, à 2 h. du sommet. — L'ascension devient ensuite pénible. La montagne est couverte de neige, de quartiers de roche et d'éboulis. — Le panorama est surtout remarquable par son étendue. Il embrasse la plus grande partie de la Corse, qui produit l'effet d'une immense montagne rocheuse. La masse imposante du mont d'Oro borne l'horizon au S. En redescendant de ce côté, par le *lac Bettianella*, et en appuyant ensuite à l'O., par le chemin du *col de Manganella* (1792 m.), on irait en 5 à 6 h. aux bains de *Guagno* (p. 397).

La contrée est ensuite nue et déserte. Tunnel. A g., l'imposant *mont Rotondo*, couvert de neige. — 83 kil. *Soveria* (457 m.), avec un clocher qui penche. Tunnel. — 97 kil. *Omessa* (375 m.). 2 tunnels. Grande courbe à l'O. et pont sur le *Golo*. Tunnel. — 103 kil. *Francardo* (266 m.). A Castirla, Calacuccia et Evisa, v. p. 398. — On suit désormais presque toujours la rive g. du Golo, rivière principale de l'île, souvent presque à sec en été.

111 kil. **Ponte-Leccia** (195 m.; *buffet; hôt. Cyrnos*), d'où part l'*embranch. de Calvi* (75 kil.; v. p. 406). Beau pont du temps des Génois.

DE PONTE-LECCIA A OREZZA: 32 kil., route desservie par un courrier jusqu'à Piedicroce, 3 kil. en deçà d'Orezza, que dessert aussi la stat. plus rapprochée de *Folelli-Orezza*, sur la ligne de Bastia à Ghisonaccia (Bonifacio; p. 409). — 14 kil. *Morosaglia* (hôt.), patrie de Paoli (p. 390 et 403). — 18 kil. *Col de Prato* (974 m.; aub.), d'où la vue est magnifique. Ascension du mont S. Pietro, v. p. 409. On redescend dans la région appelée la *Castagniccia*, le pays des Châtaignes, et l'on y a de jolis coups d'œil. — 29 kil. *Piedicroce-d'Orezza* (636 m.; hôt. d'Orezza). — 31 kil. *Stazzona*, à 1200 m. d'Orezza (p. 409).

Belle vue ensuite à g. sur la route de Calvi. Tunnel. La ligne de Bastia tourne à l'E., toujours dans la vallée du Golo. — 119 kil. *Ponte-Nuovo* (165 m.), où Paoli fut définitivement vaincu par les Français, en 1769. Tunnel. Le pays devient plus fertile. — 128 kil. *Barchetta* (97 m.). — 132 kil. *Prunelli di Casamozza*. 2 tunnels.

137 kil. **Casamozza** (32 m.; *buffet*), à la bifurcation de la ligne de Ghisonaccia (Bonifacio; v. p. 409). La voie se dirige enfin tout droit vers le N. La côte est plate et il y a des lagunes, qui engendrent la malaria en été.

Dans la vaste plaine à l'E. de Casamozza (6 kil.), à l'embouchure du Golo, se trouvait *Mariana*, colonie romaine fondée par Marius, dont des restes insignifiants sont encore visibles au bord de la mer. Tout près de là sont les ruines d'une belle chapelle et d'une église à trois nefs dans le style pisan, *la Canonica*.

140 kil. *Olivella.* — 142 kil. *Borgo.* — 148 kil. *Biguglia*, qui fut le chef-lieu de l'île sous les Pisans et les Génois. Route de St-Florent, p. 407. A dr., *l'étang de Biguglia*, jadis un bon port et maintenant une source d'infection pour le pays en été.

152 kil. *Furiani.* — 156 kil. *Lupino.* Puis un tunnel de 1422 m., sous la hauteur où est le fort Ste-Croix.

158 kil. Bastia. — Hôtels : *H. Staffe* ou *de France*, *Gr.-H. Lingénieur*, tous deux au boul. Paoli (ch. 3 fr., b. 50 c., 1er dé. 1 ou 1.50, dî. 3 ou 3.50, om. 1).

Cafés : *Gr.-C. Français*, place St-Nicolas; *C. Andreani*.

Bateaux a vapeur de *Marseille*, de *Nice* et de *Livourne*, p. 387-388. Bureau de la comp. Fraissinet, rue du Nouveau-Port; de la comp. Florio-Rubattino, avenue Carnot (celle de la gare). Départs : bat. Fraissinet, pour Marseille, les lundi et jeudi à 1 h. du soir; pour Nice, le vendr. à 8 h. du soir; pour Livourne, le jeudi à 10 h. du m. et le vendr. à 10 h. du s.; bat. Florio-Rubattino, pour Livourne, le lundi, à 10 h. du m. du 1er sept. à fin févr. et à midi le reste de l'année. — *Poste & télégraphe*, rue Salvator-Viale.

Bastia est une ville très ancienne de 22552 hab., avec un assez bon port, la plus commerçante de l'île, dont elle a été la capitale jusqu'en 1811 et où elle n'est plus que chef-lieu d'arrondissement. Elle a été fondée en 1380 par les Génois, qui élevèrent pour sa défense une forteresse à laquelle la localité dut son nom, Bastia signifiant «bastille».

Le *port* se compose de deux bassins, le vieux et le nouveau ou port St-Nicolas. Ce dernier, au N.-E. de la ville, est le plus rapproché de la gare, d'où partent une avenue menant à ce bassin et le *boulevard Paoli* ou *la Traverse*, qui est parallèle au quai et conduit directement dans la ville. — Sur la place devant le nouveau bassin, une *statue de Napoléon I*er, en marbre, par Bartolini (1853). Au delà, le cours Sébastiani, par où on arrive à la place sur laquelle est *l'hôtel de ville*, à dr. Un peu en deçà est la petite *église St-Roch*, englobée dans des maisons; derrière l'hôtel de ville, l'*église de la Conception*; au delà, *St-Jean-Baptiste*, la cathédrale, qui renferme quelques monuments funèbres anciens. — Un peu plus loin que la place, le vieux port et la vieille ville, avec son *donjon* et sa *citadelle*, où sont les *églises Ste-Marie* et *Ste-Croix*, cette dernière remarquable par ses riches ornements de marbre. L'ancien *collège des jésuites* possède une bibliothèque de 30000 vol., des antiquités romaines et des collections d'histoire naturelle.

Belle promenade au bord de la mer vers le N. Les hauteurs sur la côte, d'un accès facile, offrent quantité de beaux points de vue. On voit déjà de Bastia même les îles d'Elbe et de Capraia et la côte d'Italie, à env. 90 kilomètres.

De Bastia à *l'Île-Rousse*, à *Calvi* et à *St-Florent*, v. R. 58; à *Rogliano* et au *cap Corse*, R. 59; à *Bonifacio*, R. 60.

58. De Bastia à l'Ile-Rousse et à Calvi.

A. Par Ponte-Leccia.

121 kil. Chemin de fer. A l'Ile-Rousse en 4 h. 15 et à Calvi en 5 h.
à 5 h. 15. Prix : 11 fr. 20, 8 fr. 30, 6 fr. 10 et 13 fr. 65, 10 fr. 25, 7 fr. 45.

Jusqu'à *Ponte-Leccia* (47 kil.), v. p. 405-404. L'embranch. de
Calvi y tourne au N. et remonte un peu de temps la vallée de l'*Asco*,
puis celle de la *Navaccia*, vallée aride qu'il quitte bientôt pour
franchir une chaîne transversale et redescendre vers la côte. —
53 kil. *Pietralba.* — 66 kil. *Novella.* 4 petits tunnels. — 76 kil.
Palasca. 2 tunnels. Puis vient la contrée fertile de la *Balagne.* —
84 kil. *Belgodere.* La bourgade de ce nom (2 hôt.), que dessert une
voit. publ. (1 h.), est au S.-E., dans un joli site, dominant la vallée
du *Regino.* Beaucoup de mûriers et élevage de vers à soie. Bel'es
excursions aux environs. — 89 kil. *Le Regino.*

En arrivant à l'Ile-Rousse, on passe entre la ville (à g.) et son port.

99 kil. **L'Ile-Rousse** (*hôt. de l'Europe*, bon), petite ville commerçante et propre de 1844 hab., fondée en 1758, par Pascal Paoli
(v. p. 390), comme rivale de Calvi et d'Algajola (v. ci-dessous), qui
étaient dévouées aux Génois. Elle tire son nom de trois îlots de
granit en mer au N. de son port, dont deux sont reliés entre eux et
à la terre ferme par des jetées. La gare est de ce côté et la ville
au S. L'IleRousse a de belles promenades et, au centre, une grande
place plantée de magnifiques platanes et décorée d'une fontaine
avec un *buste de Paoli,* par Varese. Là aussi est l'église. Vue charmante de cette place et de la hauteur de *S. Reparata,* où il y a
une église abandonnée.

Bateaux de *Marseille,* de *Nice* et d'*Ajaccio,* v. p. 387-388. De l'Ile-Rousse
à Calvi et Marseille, tous les 15 jours, le mercr. à 1 h. 1/4 du s., à Nice,
le mardi à 10 h. 1/2 du soir.

La voie longe ensuite plus ou moins la côte jusqu'à Calvi.

107 kil. *Algajola,* anc. ville aujourd'hui dévastée, au bord de la
mer. C'était à l'époque des Génois le centre fortifié de la province
de la Balagne. Il y a des carrières de granit.

116 kil. *Lumio,* village élevé, entouré de plantations d'orangers
et de haies de cactus, et d'où l'on jouit d'une belle vue sur la vallée.

121 kil. **Calvi** (hôt.: *Christophe-Colomb, Maria Josefa,* bons, le
second dans un site magnifique), ville très ancienne de 2132 hab.
et chef-lieu d'arr., avec un port peu sûr, mais le plus rapproché de
France, sur un promontoire qui s'avance très loin dans la mer. Ce
fut une petite république au moyen âge et elle fut le chef-lieu de
l'île pendant la période génoise, très attachée jusqu'à la fin aux
maîtres italiens. Assiégée par les Anglais après la défection de Paoli,
elle fut vaillamment défendue par le commandant français Casa-
bianca, du 19 avril 1793 au 1er août 1794, où elle succomba, mais
pour être reprise l'année suivante par les Français. Elle prétend avoir
vu naître Christophe Colomb, et elle doit lui ériger un monument.

Calvi se compose de deux parties : la *basse ville,* partie moderne, au S. de laquelle se trouvent la gare, la sous-préfecture et l'église, et la *haute ville,* au N., sur une langue de terre dominant le port, avec une enceinte fortifiée et au centre de laquelle est l'anc. cathédrale. L'*église* a un vieux crucifix en bois remarquable, de grandeur naturelle. Il y a des détenus arabes internés à Calvi, et l'on peut en rencontrer dans la ville.

Vue superbe sur le golfe du *cap Revellata* et des montagnes rocheuses de *Calenzana,* à l'E. de la ville.

Bateaux à vapeur de *Marseille,* de *Nice* et d'*Ajaccio,* v. p. 387-388. De Calvi à l'Ile-Rousse et Marseille, tous les 15 jours le mercr. à midi; à Nice, le mardi à 10 h. 1/2 du soir. — Route de *Porto* (Ajaccio) v. p. 398-399.

B. Par St-Florent.

71 ou 79 kil. de route jusqu'à l'*Ile-Rousse,* selon qu'on suit ou non la route directe jusqu'à St-Florent, et chemin de fer de l'Ile-Rousse à Calvi. Voiture publique, par la route directe, pour *St-Florent,* à 7 h. du mat., arrivée à 10 h. 30; retour, 11 h. 45; à 3 h. 30 à Bastia. Voit. publ. aussi par l'autre route tous les 2 jours, jusqu'à *Oletta* (22 kil. 1/2).

Bastia, v. p. 405. La route nationale monte à l'O., où elle fait suite au boul. de Cardo, derrière le théâtre, et elle offre une belle vue à l'E. Elle franchit la chaîne du cap Corse au *col de Teghime* (10 kil.; 541 m. d'altit.; vue magnifique), et elle est également belle à la descente, où elle rencontre celle de la côte occident. du cap Corse au *col de S. Bernardino* (8 kil.; p. 409).

L'autre route, encore plus belle, se détache de celle d'Ajaccio à 9 kil. 1/2 au S. de Bastia, non loin de la stat. de *Biguglia* (p. 405), pour prendre par le *défilé de Lancone* (16 kil.), où elle est taillée dans le roc vif l'espace de 1500 m., et par le *col de S. Stefano* (18 kil.; 349 m.; aub.), d'où la vue est superbe. On en redescend par *Olmeta-di-Tuda* (2 kil.) et par *Oletta* (2 kil. 1/2; hôt.), bourg dans un site pittoresque. On rejoint 1 kil. en deçà de St-Florent la route de l'Ile-Rousse (v. ci-dessous).

23 ou 31 kil. **St-Florent,** *S. Fiorenzo* (*hôt. de l'Europe,* bien tenu), bourgade et tout petit port sur le golfe du même nom, que domine une citadelle. Poissons renommés, dont on expédie d'énormes quantités à Nice. — C'est dans le pays avoisinant qu'était située, au moyen âge, la ville de *Nebbio;* son anc. cathédrale, *Ste-Marie-de-l'Assomption,* du XIIᵉ s. et auj. en ruine, couronne une colline. Dans le voisinage, un grand dolmen.

La route de l'Ile-Rousse (48 kil.), qui se confond d'abord avec la précédente, franchit bientôt après l'*Aliso* et traverse ensuite le *désert des Agriates,* région montueuse où il n'y a que des pâturages et des maquis, avec quelques maisons de cantonniers sur la route. — 23 kil. (de St-Florent). *Col du Cerchio* ou *de Laverro* (312 m.). — 31 kil. Pont sur l'*Ostriconi.* — 40 kil. Pont sur le *Regino,* et ensuite les plaines fertiles de la *Balagne.*

48 kil. *L'Ile-Rousse,* où l'on rejoint la ligne de Calvi (p. 406).

59. De Bastia au cap Corse, aller et retour,

en contournant la presqu'île.

De Bastia a Centuri : 51 kil., courrier, trajet en 8 h., de Bastia à 10 h. du m., de Rogliano à 11 h. — De Centuri a Canari : 27 kil. de route, mais pas de voit. publique. — De Canari a Bastia : 44 kil. et diligence.

La presqu'île du Cap Corse, où l'on peut faire de Bastia une excursion particulièrement intéressante, a 40 kil. de long et 12 à 15 kil. de large. Elle est traversée dans sa longueur par la chaîne des montagnes de la *Serra*, haute de 1305 m., au *mont Stello* et à la *Cima della Follice*. De riantes vallées, très fertiles, s'abaissent à l'E. et à l'O. Une route suit la côte, en passant à mainte vieille tour des Pisans et des Génois, sans perdre de vue, à l'E., les îles pittoresques d'Elbe, de Capraia et de Monte Cristo.

Bastia, v. p. 405. On sort de la ville du côté du nouveau port et on longe la mer. Les localités principales sont généralement dans les vallées et sur les hauteurs, à distance de la côte. — 6 kil. *Brando*, ou plutôt *la Vasina*, hameau de cette commune, qui est connue par sa belle *grotte* à stalactites (entrée, 1 fr. 50), entourée de beaux jardins, 1500 m. plus loin, à g. de la route, et 500 m. en deçà d'*Erbalunga* (aub.), où la voit. publ. arrive à 11 h. à l'aller et à 1 h. ½ au retour. — 14 kil. *Marine de Sisco* (2 restaur.). — 18 kil. *Marine de Pietra-Corbara*. — 23 kil. *Porticciolo*.

26 kil. *S. Severa* (bonne aub.), au débouché de la charmante *vallée de Luri*, où le raisin, les oranges, les citrons et les cédrats mûrissent en abondance.

Une route de 16 kil. conduit d'ici de l'autre côté de la presqu'île, par *Luri* (5 kil. ½; 1963 hab.), et par le *col de Ste-Lucie* (6 kil.; 407 m. d'alt.), près duquel est la prétendue *tour de Sénèque* (v. p. 389), en ruine, d'où la vue est superbe. A env. 5 kil. de l'autre côté du col est *Pino* (v. ci-dessous).

33 kil. *Marine de Meria*. — 37 kil. *Marine de Macinaggio*. La route quitte la côte pour contourner l'extrémité de la presqu'île.

41 kil. **Rogliano**, ou plutôt *Campiano* (aub.), centre de cette commune, dans une belle vallée, des plus fertiles.

46 kil. *Col de St-Nicolas* (300 m.), où l'on a une belle vue vers le cap. — 47 kil. 5. *Boticella* (aub.), ham. d'*Ersa*.

49 kil. *Col de la Serra* (361 m.), où l'on montera un peu à dr., au-dessus d'un moulin, pour jouir complètement de la *vue magni-fique du cap Corse*, tant sur la mer, avec ses îles et ses îlots, que sur la Corse elle-même. A peu de distance de l'extrémité du cap est l'*îlot de la Giraglia*, avec un phare.

51 kil. *Camera*, ham. de *Centuri*, qui a plus bas un petit port.

La route de la *côte occidentale* est encore plus intéressante que l'autre. Cette côte est en grande partie escarpée et profondément découpée, et l'on y a en face les montagnes du centre, au delà du golfe de St-Florent. — 54 kil. *Pecorile* ou *Morsiglia*. — 63 kil. *Pino*, village qui a, près de la mer, un couvent possédant une fine statue de la Vierge du xve s. et, dans sa chapelle, un Ange de la résurrection par Tadolini et cinq tableaux de Pollastrini, de Florence. Route de S. Severa, v. ci-dessus. — 69 kil. *Minervio* (Barrettali). — 78 kil. *Canari* (Marinca), commune composée d'une douzaine de hameaux et qui a deux églises intéressantes. A l'E. est la *Cima della Follicc* (1305 m.). — 89 kil. *Nonza* (aub.), village dans un site très original, sur une falaise de 146 m. de haut. A l'E., le *mont Stello* (1305 m.). On se rapproche du *golfe de St-Florent*, qui présente une belle vue.

103 kil. *Col de S. Bernardino* (72 m.), où l'on rejoint la route de Bastia à St-Florent par le *col de Teghime*, à 8 kil. de ce col et 18 de *Bastia* (v. p. 407).

60. De Bastia à Bonifacio.

176 kil. Chemin de fer en exploitation jusqu'à mi-chemin, à Ghiso-naccia (87 kil.; 3 h. $\frac{1}{2}$; 9 fr. 75, 7 fr. 30, 5 fr. 35) et voit. publ. de là à Bonifacio (90 kil. env. 11 h.), à midi 40 (9 et 7 fr.). Départ de Bonifacio, au retour, à 6 h. du soir. — Le chemin de fer n'a pas été continué à cause des frais énormes d'expropriation.

Bastia, v. p. 405. Même ligne que pour Ajaccio jusqu'à *Casa-mozza* (22 kil.; v. p. 405-404). De là on continue de suivre la côte orientale, qui est généralement déserte, les localités se trouvant à une assez grande distance dans la montagne. La voie traverse bientôt le *Golo* (p. 404). — 25 kil. *Arena-Vescovato*. *Vescovato* (hôt. du Progrès, pas cher) est à 2 kil. $\frac{1}{2}$ à l'O. (correspond.). C'est un endroit d'une certaine importance, le principal du pays fertile dit la *Casinca*, et agréable comme séjour. — Ensuite on se rapproche de la mer. — 29 kil. *St-Pancrace*. — 32 kil. *Folelli-Orezza*.

DE FOLELLI A OREZZA; 23 kil.; correspond. le mat., dans la saison, jusqu'à Piedicroce-d'Orezza (24 kil.), passant à Stazzona (22 kil.), à 1200 m. de l'établissement d'Orezza. — La route, moins intéressante que celle qui part de Ponte-Leccia (p. 404), remonte la vallée déserte du *Fium' Alto*, dont le haut fait partie de la Castagniccia (p. 404). — 22 kil. *Stazzona* (hôt.: du Casino, de la Paix), petit village où se logent la plupart des personnes en traitement à Orezza (*Piedicroce*, v. p. 404). — 23 kil. *Orezza*, l'établissement bien connu par ses eaux ferrugineuses bicarbonatées froides (2 sources), qui s'utilisent en boisson et s'exportent beaucoup. Il est situé dans un fond malsain, ce qui fait que les buveurs logent dans les localités voisines. — Le mont **S. Pietro** (1766 m.), au S.-O., est une montagne dont l'ascension est très facile et le *panorama des plus magnifiques. Il faut 4 h. $\frac{1}{2}$ à 5 h., aller et retour, de Piedicroce, d'où l'on peut monter à dos de mulet jusqu'à $\frac{1}{4}$ d'h. du sommet. On le gravit aussi du col de Prato (p. 404), à pied, en 2 h. $\frac{1}{4}$.

Une voit. publ. va aussi dans la saison de Piedicroce aux eaux de *Pardina* (19 kil.), d'où l'on peut continuer sur *Cervione* (v. ci-dessous). Les eaux de Pardina sont dans le genre de celles d'Orezza.

La voie traverse ensuite le *Fium'Alto* et se rapproche de la mer. — 41 kil. *Padulella*. — 47 kil. *Prunete-Cervione*.

Prunete (aub.), à 500 m., sur la côte, a une belle plage fréquentée pour les bains de mer au commencement de l'été. — *Cervione* (326 m.; hôt.), à 7 kil. au N.-O. (voit. pub.), est une localité importante, dans un très beau site, avec une église intéressante. Un courrier va de là à *Valle-d'Alesani* (15 kil.; aub.), près de l'établissement d'eaux minérales de *Pardina* (v. ci-dessus).

54 kil. *Alistro*. Le chemin de fer s'éloigne de nouveau de la côte. — 60 kil. *Bravone*. Ensuite on parcourt la *plaine d'Aleria*, qui est désolée en été par la malaria. — 68 kil. *Tallone*. — 72 kil.

Pont du Tavignano, où aboutit une route de Corte (50 kil.; p. 403) par la vallée de cette rivière. — 74 kil. *Aleria*, à env. 3 kil. à l'E. de la stat. et 2 kil. au S. de l'*étang de Diane*, où était l'Aleria de l'antiquité (p. 389). Il y a dans cet étang un îlot d'env. 400 m. de tour et 25 m. de haut, formé d'écailles d'huîtres, Aleria ayant eu dans l'antiquité la spécialité de fournir Rome d'huîtres salées.

79 kil. *Puzzichello*, qui a, à 2 kil. ¹/₂ de la stat., un établissement d'eaux sulfureuses froides.

86 kil. *Ghisonaccia* (hôt. Costantini, à la gare), provisoirement la dernière stat., à 5 kil. au N.-O. du village de ce nom, où finit la plaine d'Aleria proprement dite.

DE GHISONACCIA A GHISONI: 22 kil. de la gare, courrier tous les jours. La route remonte en majeure partie la vallée du *Fium' Orbo*. Belles vues en arrière, sur la côte et la mer et en face sur les hauteurs rocheuses du fond de la vallée. — 10 kil. *Pinzalone*, aub. après laquelle commence le *défilé de l'Inzecca*, d'env. 1 kil. de long, où le chemin, très étroit et très sinueux, est taillé dans des rochers à pic au-dessus du torrent. — 14 kil. *Défilé du Strette* ou du *Saut de la Marile*, d'env. 2 kil., après lequel il y en a un troisième, que dominent les rochers imposants du *Kyrié Eléison* et du *Christé Eléison* (1584 m.). — 22 kil. *Ghisoni* (658 m.; hôt. Bernardini), bourg dans un site pittoresque, d'où l'on peut faire de belles excursions dans les forêts et les montagnes environnantes. Des sentiers, où il faut un guide, conduisent en 3 h. env. de là à la Foce (p. 403).

La voiture de Bonifacio part peu de temps après l'arrivée du train du matin. — 91 kil. *Ghisonaccia* (hôt.), le village, après lequel on traverse le *Fium' Orbo*. — 93 kil. *Migliacciaro* (aub.), ham. où il y a un établissement agricole et à 10 kil. à l'O. duquel est l'établissement thermal de *Pietrapola*. — 96 kil. *Casamozza* (Prunelli) — 98 kil. *Vicchiseri*. On traverse plus loin le *Travo*, et la route, sortie de la plaine, commence à parcourir un pays accidenté et très pittoresque. — 109 kil. *La Solenzara* (hôt. des Voyageurs). — 133 kil. *Ste-Lucie de Porto-Vecchio* (aub.).

149 kil. **Porto-Vecchio** (*hôt. des Amis*, bon), ville de 3195 hab., sur un beau *golfe*, comparable à un fiord, avec un port établi par les Génois, probablement à la place de l'anc. *portus Syracusanus*. La malaria s'y fait toutefois sentir, de juin en octobre. Forêts de chênes-liège, les plus belles de la Corse, et commerce de liège.

La route s'éloigne ensuite de la côte et le trajet devient moins intéressant. Plus de localités. On rejoint la route de Sartène (p. 401) 2 kil. ¹/₂ en deçà de Bonifacio. — 176 kil. *Bonifacio* (p. 401).

TABLE ALPHABÉTIQUE

Imprimerie de F. A. Brockhaus, à Leipzig

LA MANCHE

OCÉAN

ATLANTIQUE

NORD-OUEST

NORD-EST

SUD-OUEST

SUD-EST

MÉDITERRANÉE

CARTE ROUTIÈRE
de la
FRANCE.

Échelle 1:3000.000

Kilomètres

Départements:

1. Nord
2. Pas-de-Calais
3. Somme
4. Seine-Infér.
5. Oise
6. Eure
7. Ardennes
8. Marne
9. Seine-et-Marne
10. Seine-et-Oise
11. Seine
12. Eure

13. Calvados
14. Manche
15. Orne
16. Eure-et-Loir
17. Loiret
18. Yonne
19. Aube
20. Meuse
21. Meurthe-et-Moselle
22. Vosges
23. Haute-Marne
24. Haute-Saône
25. Côte-d'Or
26. Nièvre
27. Cher
28. Loir-et-Cher
29. Sarthe
30. Mayenne
31. Ille-et-Vilaine
32. Côtes-du-Nord
33. Finistère
34. Morbihan
35. Loire-Inférieure
36. Maine-et-Loire
37. Indre-et-Loire
38. Indre
39. Vienne
40. Deux-Sèvres
41. Vendée
42. Charente-Inférieure
43. Charente
44. Haute-Vienne
45. Creuse

50. Corrèze
51. Creuse
52. Deux-Sèvres
53. Vienne
54. Vendée
55. Charente-Infér.
56. Charente
57. Dordogne
58. Corrèze
59. Cantal
60. Lozère
61. Ardèche
62. Loire
63. Isère
64. Saône-et-Loire
65. Rhône
66. Haute-Savoie
67. Var
68. Bouches-du-Rhône
69. Vaucluse
70. Gard
71. Hérault
72. Tarn
73. Aveyron
74. Lot
75. Tarn-et-Garonne
76. Lot-et-Garonne
77. Gers
78. Landes
79. Basses-Pyrénées
80. Gers
81. Hautes-Pyrénées
82. Haute-Garonne
83. Aude
84. Ariège
85. Pyrénées-Orient.
86. Corse

www.ingramcontent.com/pod-product-compliance
Lightning Source LLC
Chambersburg PA
CBHW061326050726
47504CB00013B/332